Internationale Standardlehrbücher der
Wirtschafts- und Sozialwissenschaften

Finanzwissenschaft

Von
Joseph E. Stiglitz
Professor an der Princeton University/U.S.A.

Ins
Deutsche übertragen und teilweise
auf Verhältnisse in der Bundesrepublik
Deutschland eingerichtet von
Professor
Dr. Bruno Schönfelder

Zweite Auflage
(Erste deutschsprachige Auflage)

Erster Nachdruck 1994

R. Oldenbourg Verlag München Wien

Titel der amerikanischen Originalausgabe: Joseph E. Stiglitz: Economics of the Public Sector, Second Edition, W. W. Norton & Company, New York – London.
© 1988, 1986 by Joseph E. Stiglitz u.w.

CIP-Titelaufnahme der Deutschen Bibliothek

Stiglitz, Joseph E.:
Finanzwissenschaft / von Joseph E. Stiglitz. Ins Dt. übertr. u.
teilw. auf Verhältnisse in d. Bundesrepublik Deutschland
eingerichtet von Bruno Schönfelder. – 2. Aufl. (1. dt. sprachige
Aufl.). – München ; Wien : Oldenbourg, 1994
(Internationale Standardlehrbücher der Wirtschafts- und
Sozialwissenschaften)
ISBN 3-486-21224-9 brosch.
ISBN 3-486-21192-7 Gb.

NE: Schönfelder, Bruno [Bearb.]

1. Nachdruck 1994

© der deutschsprachigen Ausgabe 1989/1994
    R. Oldenbourg Verlag GmbH, München

Das Werk einschließlich aller Abbildungen ist urheberrechtlich geschützt. Jede Verwertung außerhalb der Grenzen des Urheberrechtsgesetzes ist ohne Zustimmung des Verlages unzulässig und strafbar. Das gilt insbesondere für Vervielfältigungen, Übersetzungen, Mikroverfilmungen und die Einspeicherung und Bearbeitung in elektronischen Systemen.

Satz: Falkner GmbH, Inning/A.
Gesamtherstellung: R. Oldenbourg Graphische Betriebe GmbH, München

ISBN 3-486-21224-9 brosch.
ISBN 3-486-21192-7 Gb.

Inhaltsverzeichnis

Vorwort zur deutschen Ausgabe XVII
Vorwort zur ersten amerikanischen Auflage XIX

Teil I Einführung 1

1. Kapitel: Der öffentliche Sektor in einem gemischtwirtschaftlichen System 2

Ein gemischtwirtschaftliches System 3
Staatlicher Interventionismus in der deutschen Wirtschaftsgeschichte . . . 4
Marktversagen und Staatsversagen 6
Ältere Ansichten über die Rolle des Staates
Wer oder was ist der Staat? 10
Der öffentliche Sektor und die Grundfragen des Wirtschaftens 12
Die Untersuchung der öffentlichen Wirtschaft 14
Normative und positive Ökonomie 15
Meinungsverschiedenheiten zwischen Ökonomen 18
Eine verkürzte Sicht der Folgen einer wirtschaftspolitischen Maßnahme – Unterschiedliche Ansichten über die Funktionsweise der Wirtschaft – Meinungsverschiedenheiten über Werte
Zusammenfassung, Schlüsselbegriffe, Fragen und Probleme 23

2. Kapitel: Der öffentliche Sektor in der Bundesrepublik Deutschland . . 25

Die Rechtsordnung 25
Der Staat als Aufsichtsbehörde 26
Der Staat und die Produktion von Gütern 28
Produktion von Gütern und Diensten durch den Staat – Der Staat und die Produktion durch Privatunternehmen – Steuersubventionen
Der Staat und die Finanzmärkte 36
Der Staat auf dem Kredit- und Kapitalmarkt – Der Staat als Versicherer
Der Staat als Verbraucher von Gütern und Diensten 38
Die Einkommensumverteilung durch den Staat 39
Die Staatsausgaben im Überblick 41
Unterschiedliche Aufgaben des Bundes, der Länder und der Gemeinden
Die Staatsquote in der BR Deutschland und ihre Entwicklung 43
Ursachen der Zunahme der Staatsausgaben – Ein Vergleich zwischen verschiedenen Nationen
Staatseinnahmen 47
Die Steuern im Grundgesetz – Die Steuern der verschiedenen Gebietskörperschaften – Nationale Unterschiede in der Besteuerung
Die Aufstellung des Bundeshaushalts 50
Staatsverschuldung – Gesetzliche Obergrenzen für die Verschuldung – Aufgaben des Haushaltsplans – Möglichkeiten, die Statistiken über die Staatsaktivität zu manipulieren
Zusammenfassung, Schlüsselbegriffe, Fragen und Probleme 57

3. Kapitel: Wohlfahrtsökonomik 59

Die Abwägung zwischen Effizienz und Gerechtigkeit 59
Pareto-Optimalität 62
Pareto-Optimalität und Individualismus – Konsumentensouveränität versus Paternalismus
Pareto-Optimalität und Verteilung 64
Die Nutzenfunktion und der Grenznutzen – Die Nutzenmöglichkeitsgrenze und Pareto-Optimalität – Pareto-Optimalität und das Kompensationsprinzip – Soziale Indifferenzkurven und die Einkommensverteilung
Gesellschaftliche Entscheidungen 74
Gesellschaftliche Entscheidungen in der Praxis – Utilitarismus versus Rawlsianismus – Ein Vergleich zwischen utilitaristischen und rawlsianischen sozialen Wohlfahrtsfunktionen – Rawls und das Gleichheitsziel
Soziale Wohlfahrtsfunktionen und die Vertragstheorie des Staates 80
Grenzen der Analyse mit Hilfe sozialer Indifferenzkurven 81
Interpersonelle Vergleiche
Zusammenfassung, Schlüsselbegriffe, Fragen und Probleme 83

4. Kapitel: Die Rolle des öffentlichen Sektors 87

Die Effizienz des Marktmechanismus: Die unsichtbare Hand 87
Die zwei Hauptsätze der Wohlfahrtsökonomik 89
Die Pareto-Effizienz einer Wettbewerbswirtschaft 91
Wettbewerb und Innovationen
Marktversagen: Ein Grund für staatliches Handeln 96
Mangelnder Wettbewerb – Öffentliche Güter – Externe Effekte – Unvollständige Märkte – Komplementäre Märkte – Informationsmängel – Arbeitslosigkeit, Inflation und Ungleichgewicht – Die wechselseitigen Beziehungen zwischen verschiedenen Arten des Marktversagens
Umverteilung und meritorische Güter: Zwei weitere Begründungen
für staatliche Aktivität 107
Die Rolle des öffentlichen Sektors 108
Eine positive Theorie der Rolle des öffentlichen Sektors
Zusammenfassung, Schlüsselbegriffe, Fragen und Probleme 111

Teil II Theorie der öffentlichen Ausgaben 113

5. Kapitel: Öffentliche Güter und öffentlich bereitgestellte private Güter 114

Definition öffentlicher Güter 114
Güter, deren Rationierung unmöglich ist – Güter, bei denen eine Rationierung nicht wünschenswert ist – Reine und unreine öffentliche Güter – Ineffizienzen bei privater Bereitstellung öffentlicher Güter – Güter, bei denen ein Ausschluß zwar möglich, aber kostspielig ist
Öffentlich bereitgestellte private Güter 123
Rationierungsverfahren für öffentlich bereitgestellte private Güter
Veränderungen in der Bedeutung von öffentlicher und privater
Bereitstellung 126
Effizienzbedingungen für öffentliche Güter 127

Inhaltsverzeichnis VII

Nachfragekurven für öffentliche Güter – Pareto-Optimalität und Einkommensverteilung – Grenzen der Umverteilung und Effizienz beim Angebot öffentlicher Güter – Verzerrende Besteuerung und Effizienz
Eine fähige Regierung als ein öffentliches Gut 136
Zusammenfassung, Schlüsselbegriffe, Fragen und Probleme 137
Anhang: Ein anderes Verfahren zur Analyse der Effizienzbedingungen bei öffentlichen Gütern 138

6. Kapitel: Ökonomische Theorie der Politik 141
Privatwirtschaftliche Mechanismen der Ressourcenallokation 142
Staatliche Mechanismen der Ressourcenallokation 143
Das Problem der Enthüllung von Präferenzen – Das Problem der Aggregation von Präferenzen: Die Vereinbarkeit unterschiedlicher Standpunkte
Abstimmung mit einfacher Mehrheit 144
Das Abstimmungsverhalten eines typischen Steuerzahlers – Der Medianwähler – Die Ineffizienz des Gleichgewichts bei Mehrheitswahl – Das Wahlparadox – Eingipflige Präferenzen und die Existenz eines Gleichgewichts bei Abstimmung mit einfacher Mehrheit – Arrows Unmöglichkeitstheorem – Weitere Ergebnisse zu den Wahlverfahren – Das Zweiparteiensystem und der Medianwähler
Politik und Ökonomie 161
Warum gehen die Bürger zur Wahl? – Wahlen, Interessengruppen und korrupte Politiker – Die Macht der Interessengruppen – Der altruistische Politiker – Die Allgegenwart ineffizienter Gleichgewichte
Andere Verfahren zur Bestimmung des Ausgabenvolumens für öffentliche Güter 166
Lindahl-Gleichgewicht – Neue Enthüllungsverfahren – Einwendungen gegen die Enthüllungsverfahren
Werte und Kompetenzen 171
Zusammenfassung, Schlüsselbegriffe, Fragen und Probleme 172

7. Kapitel: Staatliche Produktion und Bürokratie 175
Staatliche Betriebe und staatliche Produktion in der BR Deutschland 175
Staatliche Produktion privater Güter – Staatliche Produktion versus staatliche Bereitstellung – Die Ausführung von Gesetzen und die Durchführung staatlicher Programme – Strukturveränderungen bei der staatlichen Produktion
Staatliche versus private Produktion: Der Gegensatz zwischen staatlichen und privaten Zielen 181
Andere Möglichkeiten, private und gesellschaftliche Interessen in Übereinstimmung zu bringen – Marktversagen und öffentliche Produktion: Natürliche Monopole – Potentielle Konkurrenz und Effizienz – Versunkene Kosten – Der Fall von Mehrproduktunternehmen und natürliche Monopole – Staatliche Produktion und andere Arten des Marktversagens
Sind staatliche Betriebe weniger effizient? 190
Effizienzvergleiche zwischen dem öffentlichen und dem privaten Sektor
Gründe für Ineffizienz im öffentlichen Sektor 194
Organisatorische Anreize – Individuelle Anreize
Die Bürokratie 197
Unterschiede zwischen Verwaltungstätigkeiten und anderen Produktionstätigkeiten – Was maximieren Bürokraten? – Bürokratische Risikoscheu – Verwaltungsreformen
Zusammenfassung, Schlüsselbegriffe, Fragen und Probleme 206

8. Kapitel: Externe Effekte 208

Externe Effekte: Einige Unterscheidungen 209
Die Folgen von externen Effekten 210
Private Lösungen für externe Effekte 212
Verleihung von Eigentumsrechten – Das Scheitern privatwirtschaftlicher Lösungen
Umweltpolitische Instrumente des Staates 216
Verschmutzungsabgaben – Beauflagung – Ein Vergleich zwischen Beauflagung und Verschmutzungsabgaben – Die Wahl zwischen Verschmutzungsabgaben, Subventionen und Auflagen – Nichtlineare Tarife von Verschmutzungsabgaben – Veränderlichkeit der Grenzkosten und Grenzvorteile einer Entsorgung – Entscheidungen über den Instrumenteneinsatz und die Politik – Probleme einer Kompensation – Privatrechtliche Handhaben gegen externe Effekte
Zusammenfassung, Schlüsselbegriffe, Fragen und Probleme 232

Teil III Ausgabenprogramme des Staates 235

9. Kapitel: Die Analyse öffentlicher Ausgaben 236

Notwendigkeit eines staatlichen Programms 236
Marktversagen 237
Alternative Arten staatlicher Intervention 239
Ein Beispiel: die Universitäten – Die Bedeutung bestimmter Einzelheiten der Ausgestaltung eines Programms
Auswirkungen auf wirtschaftliche Effizienz 241
Reaktionen des Privatsektors auf staatliche Eingriffe – Einkommens- und Substitutionseffekt
Verteilungswirkungen 246
Die Beurteilung der Verteilungseffekte – Gerechtigkeit und Einkommensverteilung
Der Zielkonflikt zwischen Gerechtigkeit und Effizienz 250
Die Begutachtung von Ausgabenprogrammen 252
Politische Entscheidungsprozesse 253
Zusammenfassung, Schlüsselbegriffe, Fragen und Probleme ... 255

10. Kapitel: Kosten-Nutzen-Analyse 258

Kosten-Nutzen-Analyse in der Privatwirtschaft 257
Gegenwartswerte
Öffentliche Kosten-Nutzen-Analyse 259
Die Bewertung nichtmarktgängiger Güter – Bewertungsprobleme
Kosten-Wirksamkeitsanalyse 265
Schattenpreise und Marktpreise 267
Diskontsätze für die öffentliche Kosten-Nutzen-Analyse ... 268
Die Bewertung des Risikos 271
Verteilungspolitische Erwägungen 273
Verteilungsgewichte – Die Auswirkungen staatlicher Programme auf Konzentrationsmaße
Zusammenfassung, Schlüsselbegriffe, Fragen und Probleme ... 279

11. Kapitel: Gesundheitswesen 283

Die Struktur des Gesundheitswesens in der BR Deutschland 284
Die Krankenversicherung – Ärzte und Krankenhäuser – Pharmahersteller
Gründe für die Rolle des Staates bei der Bereitstellung von
Gesundheitsgütern 287
Marktversagen – Ungleichheit und staatliche Eingriffe in die Bereitstellung von Gesundheitsgütern – Warum Märkte für Gesundheitsgüter den üblichen Kriterien für wettbewerbliche Märkte nicht genügen – Folgen beschränkter Information und beschränkten Wettbewerbs – Klagen wegen Kunstfehlern
Versicherung 295
Folgen einer Versicherung – Moralisches Risiko – Der Konflikt zwischen Versicherungsschutz und Anreizeffekten
Reformen im Gesundheitswesen 299
Verringerung des Umfangs des Versicherungsschutzes und Wettbewerb zwischen verschiedenen Versicherungsunternehmen – Reform der Krankenhausfinanzierung – Die Vergütung ärztlicher Leistungen: Gebührenordnung und Kostendämpfung – Veränderungen der Organisation der medizinischen Versorgung und der Anreize für die Ärzte
Anhang 307
Zusammenfassung, Schlüsselbegriffe, Fragen und Probleme 309

12. Kapitel: Landesverteidigung 312

Die Organisation der Landesverteidigung 314
Primat der Politik – Beschaffung von Ausrüstungen und Waffensystemen
Bundeswehrplanung und Kosten-Wirksamkeitsanalyse 320
Zielkonflikte bei der Allokation von Mitteln für die Landesverteidigung – Einige Probleme bei der Allokation der Mittel des Verteidigungshaushalts
Wieviel ist genug?
Der Wert der Marginalanalyse – Abschreckung und Rüstungswettlauf
Zusammenfassung, Schlüsselbegriffe, Fragen und Probleme 329

13. Kapitel: Die soziale Rentenversicherung 331

Probleme der sozialen Rentenversicherung 332
Die Struktur der Sozialversicherung 333
Sozialversicherung, Privatversicherung und Marktversagen 336
Negativauslese, unterschiedliche Schwere des Risikos und Kosten einer Versicherung – moralisches Risiko und Sozialversicherung – Alterssicherung als meritorisches Gut
Gerechtigkeitsprobleme in der Rentenversicherung 341
Umverteilung zwischen den Generationen – Umverteilung innerhalb einer Generation
Allokationswirkungen
Ersparnisse – Das Sinken des Rentenalters – Einige weitere Gerechtigkeits- und Effizienzprobleme
Andere Ansätze für eine Analyse der Sozialversicherung 347
Sicherung der Zukunft der sozialen Rentenversicherung 348
Zusammenfassung, Schlüsselbegriffe, Fragen und Probleme 351

14. Kapitel: Verschiedene Transferprogramme: Sozialhilfe, Wohnungsbauförderung und Wohngeld, Kindergelder und Bevölkerungspolitik 353

Sozialhilfe 354
Sozialhilfe und Sozialversicherung – Sachleistungen oder ungebundene Geldtransfer – Anreizeffekte der Anspruchsvoraussetzungen – Sollte der Staat in die Dispositionsmöglichkeiten der Individuen eingreifen? – Gruppenspezifische oder allgemeine Hilfen – Die negative Einkommensteuer
Wohnungsbauförderung und Wohngeld 362
Gründe für ein wohnungspolitisches Engagement des Staates – Subjektförderung oder Objektförderung
Kindergelder und Bevölkerungspolitik 373
Gründe für eine Umverteilung zugunsten von Familien mit Kindern – Argumente für und wider eine Bevölkerungspolitik – Zur Effizienz geburtenfördernder Maßnahmen
Andere Transfersysteme 378
Inwieweit wird dank Transfers und Sozialversicherung das Auftreten von Armut vermieden? 378
Anhang: Sozialhilfe in den USA 381
Zusammenfassung, Schlüsselbegriffe, Fragen und Probleme 382

15. Kapitel: Das Bildungswesen 384

Die Struktur des Bildungswesens in der BR Deutschland 384
Warum wird Bildung öffentlich bereitgestellt? 386
Liegt Marktversagen vor? – Einkommensverteilung – Unvollkommene Kapitalmärkte – Einige umstrittene Fragen
Wie sollten staatliche Bildungsaufwendungen verteilt werden? 388
Grenzen der Gleichmacherei aufgrund der Reaktionen der Eltern-Schulbildung als ein Filter
Staatliche Finanzierung privater Schulen 392
Abzugsfähigkeit der Schulgebühren von der Steuerschuld-Bildungsscheine
Staatliche Finanzierung der Hochschulen 394
Eine Wiedereinführung von Studiengebühren
Anhang: Das amerikanische Schulsystem 397
Zusammenfassung, Schlüsselbegriffe, Fragen und Probleme 398

Teil IV Steuern: Theorie der Steuern 401

16. Kapitel: Besteuerung: Eine Einführung 402

Der Hintergrund 402
Die Struktur der Besteuerung in Vergangenheit und Gegenwart 403
Zunehmende Steuerbelastung? – Steuervermeidung und Steuerreform
Fünf Kriterien, die ein Steuersystem erfüllen sollte 408
Wirtschaftliche Effizienz 408
Auswirkungen der Besteuerung auf das Verhalten der Wirtschaftssubjekte – Finanzielle Auswirkungen der Besteuerung – Verzerrende und verzerrungsfreie Besteuerung – Pigou-Steuern – Wirkungen im allgemeinen Gleichgewicht – Ankündigungseffekte

Erhebungsaufwand 412
Flexibilität 413
Automatische Stabilisierung – Politische Schwierigkeiten einer Änderung von Steuersätzen – Anpassungsgeschwindigkeit
Transparenz der Besteuerung 416
Gerechtigkeit 417
Horizontale Gerechtigkeit – Vertikale Gerechtigkeit – Das Äquivalenzprinzip – Weitere Probleme bei der Bestimmung der Steuerbemessungsgrundlage – Paretoeffiziente Besteuerung und soziale Wohlfahrtsfunktion
Zusammenfassung, Schlüsselbegriffe, Fragen und Probleme 428

17. Kapitel: Wehr zahlt die Steuern: Steuerinzidenz 430

Die Inzidenz von Steuern auf Märkten mit Wettbewerb 431
Steuerinzidenz und die Nachfrage nach und das Angebot an Arbeit – Die Besteuerung unelastischer Produktionsfaktoren und Güter
Inzidenz der Steuer auf monopolistischen Märkten im Unterschied zu Märkten mit Wettbewerb 439
Inzidenz bei Oligopolen 443
Gleichwertige Steuern 444
Inzidenz einer Steuer gemäß Partial- und Totalanalyse 446
Einschätzung der Gesamtwirkung einer Steuererhöhung
Zusammenfassung, Schlüsselbegriffe, Fragen und Probleme 450

18. Kapitel: Besteuerung und ökonomische Effizienz 452

Besteuerung des Arbeitseinkommens 452
Einkommens- und Substitutionseffekte der Besteuerung – Verzerrende Wirkungen der Lohnsteuer – Die Größe der Zusatzlast – Verzerrungen bei unelastischem Arbeitsangebot
Partielle Verbrauchsteuern 462
Die Konsumentenrente als Maß für Wohlfahrtsverluste – Messung der Zusatzlast
Ineffizienzen bei der Produktion 471
Zusammenfassung, Schlüsselbegriffe, Fragen und Probleme 473

19. Kapitel: Optimale Besteuerung 475

Der Trugschluß eines einfachen Zählens von Verzerrungen 475
Der Trugschluß der Zweitbestlösung 475
Optimale Umverteilung durch Besteuerung 476
Warum verzerrende Steuern erheben? – Der Trade-off zwischen Ungleichheit und Ineffizienz – Warum folgt aus stärkerer Progression notwendigerweise eine schwerere Zusatzlast? – Die Beziehung zwischen Zusatzlast und Umverteilung – Die Nutzenmöglichkeitsgrenze und verzerrende Besteuerung – Rawlsianische Besteuerung – Der Zusammenhang zwischen Progression und Staatsausgaben
Die optimale Struktur der Einkommensteuer 486
Elastizitäten des Arbeitsangebots und Steuersätze – Wirkungen im allgemeinen Gleichgewicht
Umverteilung mit Hilfe von Verbrauchsteuern 490
Die Ineffizienz der Verbrauchsteuern – Weitere Argumente gegen differenzierte produktgebundene Abgaben – Ramsey Steuern – Optimale Verbrauchsbesteuerung bei interdependenter Nachfrage – Alternative Interpretationsmöglichkeiten:

Optimale Verbrauchsbesteuerung bei interdependenter Nachfrage – Umverteilung und Ramsey Steuern – Besteuerung von Zinseinkommen und Besteuerung des Verbrauchs
Optimale Besteuerung und Produktionseffizienz 496
Die Abhängigkeit des optimalen Steuersystems von der Menge der
verfügbaren Steuern 499
Zusammenfassung, Schlüsselbegriffe, Fragen und Probleme 500
Anhang: Ableitung von Ramsey Steuern 501

Teil V Die Steuern in der BR Deutschland 503

20. Kapitel: Die Lohn- und Einkommensteuer 504

Ein Überblick über die Einkommensteuer 504
Weitere Anlagen zur Einkommensteuererklärung
Prinzipien, die der deutschen Einkommensteuer zugrundeliegen 509
Besteuerung des gesamten Einkommens – Die Progression
Bezugseinheit der Besteuerung und die steuerliche Berücksichtigung von
Kindern 515
Gerechtigkeitstheorien und Bezugseinheit der Besteuerung – Kinderbetreuungskosten – Verlagerung von Einkommen innerhalb einer Familie – Vorzüge einer Flat Rate Tax
Steuerabschnitte; ihre zeitliche Abgrenzung 519
Die Ermittlung des Einkommens 520
Die Folgen unterschiedlicher steuerlicher Behandlungsweisen von
Betriebsausgaben – Was sind Verluste aus selbständiger Tätigkeit?
Sonderausgaben und Außergewöhnliche Belastungen 524
Aufwendungen für Versicherungen – Spenden – Außergewöhnliche Belastungen – Schuldzinsen
Die effektiven Steuersätze näher betrachtet 529
Zusammenfassung, Schlüsselbegriffe, Fragen und Probleme 530

21. Kapitel: Die Körperschaftsteuer 533

Die wichtigsten Eigenschaften der Körperschaftsteuer 533
Begründungen für die Existenz der Körperschaftsteuer 534
Die Inzidenz der Körperschaftsteuer und ihre Wirkungen auf die
wirtschaftliche Effizienz 535
Eine Steuer auf den Reingewinn im körperschaftlich organisierten Sektor – Besteuerung des Kapitaleinkommens im körperschaftlich organisierten Sektor – Überwalzung bei einem Monopol – Die Körperschaftsteuer als eine Steuer auf unternehmerisches Handeln – Die Körperschaftsteuer und etablierte Unternehmungen
Abschreibungen und steuerliche Förderung von Investitionen 547
Absetzung für Abnutzung im deutschen Steuerrecht – Effektive Grenzsteuersätze – Abschreibungen, Unternehmenszusammenschlüsse und Leasing
Empirische Arbeiten über die Überwälzung der Körperschaftsteuer und
ihre Zusatzlast 553
Integration der Einkommensteuer und der Körperschaftsteuer 555

Die Vorteile einer Einbehaltung von Gewinnen bei der klassischen Körperschaftsteuer – Das Dividendenparadox – Wirkungen einer Anrechnung der Steuer auf ausgeschüttete Gewinne bei der Einkommensteuer
Zusammenfassung, Schlüsselbegriffe, Fragen und Probleme 566

22. Kapitel: Die Umsatzsteuer 568

Wertschöpfungsteuer oder Konsumsteuer
Eigenschaften einer echten Mehrwertsteuer 569
Probleme der Abgrenzung der Steuerbemessungsgrundlage
Argumente zugunsten einer Besteuerung des Konsums 572
Befreiungen und ermäßigte Steuersätze 574
Argumente für und wider die Mehrwertsteuer 577
Zusammenfassung, Schlüsselbegriffe, Fragen und Probleme 578

23. Kapitel: Die Gewerbesteuer 579
Bestandteile der Gewerbesteuer 579
Steuersystematische Einordnung der Gewerbesteuer
Inzidenz der Gewerbesteuer und ihre Auswirkungen auf die
wirtschaftliche Effizienz 583
Gibt es eine Rechtfertigung für den Fortbestand der Gewerbesteuer?
Zusammenfassung, Schlüsselbegriffe, Fragen und Probleme 587

24. Kapitel: Die Besteuerung des Kapitals 589
Die Kapitalsteuern 589
Die Behandlung des Kapitals durch die Einkommensteuer – 1. Freibeträge und Steuervergünstigungen bei Kapitalerträgen – 2. Steuervergünstigungen für Alterseinkünfte und andere Renten – 3. Immobilienerwerb – 4. Wertzuwächse
Einige Gründe für die Komplexität der Kapitalbesteuerung 593
Gerechtigkeits- und Effizienzüberlegungen bei der Besteuerung des
Kapitals 596
Auswirkungen von Veränderungen der Steuersätze auf die steuerliche Gerechtigkeit
Wirkungen einer umfassenden Kapitalbesteuerung 597
Auswirkungen einer Kapitalsteuer auf die Ersparnisse – Auswirkungen der Kapitalsteuern auf die Risikobereitschaft
Wertzuwachsbesteuerung 603
Der Locked-in Effekt – Konsequenzen und Bedeutung des Locked-in Effekts
Folgen bestimmter anderer Bestimmungen des Steuerrechts über die
Besteuerung der Kapitaleinkommen 607
Eigenheime und Mietwohnungen
Die Besteuerung des Kapitaleinkommens bei einer Inflation 609
Erbschaft- und Schenkungsteuer 610
Die effektive Steuer auf Kapitaleinkommen 611
Zusammenfassung, Schlüsselbegriffe, Fragen und Probleme 614

25. Kapitel: Besteuerung und Arbeitsangebot 616
Auswirkungen der Besteuerung auf die Quantität des Arbeitsangebots . . 616
Die Steuern und die Zahl der Arbeitsstunden – Eintritt in den Ruhestand
Abschätzung der Auswirkungen der Steuern auf das Arbeitsangebot . . . 620

Umfragen – Statistische Untersuchungen, die auf Marktbeobachtungen basieren – Experimente mit einer negativen Einkommensteuer
Implikationen der Schätzwerte für die Elastizität des Arbeitsangebots ... 626
Andere Aspekte des Arbeitsangebots 627
Leistungsbereitschaft – Berufswahl – Ausbildung – Arbeitsangebot und andere Entscheidungen eines Haushalts – Die Form des Arbeitsentgelts
Zusammenfassung, Schlüsselbegriffe, Fragen und Probleme 629

26. Kapitel: Eine Anleitung zur Steuerausweichung 630

Verlagerung von Einkünften 631
Zeitliche Verschiebung von Steuern 633
Lebensversicherungen und betriebliche Pensionsfonds – Wertzuwächse und zeitliche Verschiebung von Steuern – Vermeidung der Risiken, die mit der zeitlichen Verschiebung einer Versteuerung von Wertzuwächsen verbunden sind – Zeitliche Verschiebung von Steuern mit Hilfe negativ korrelierter Wertpapiere – Warenterminmärkte
Steuerarbitrage 635
Schuldenaufnahme zum Zweck des Erwerbs von Kapitalgütern – Wertzuwächse und Abschreibungen – Erhaltungsaufwand und Wertzuwächse – Versteuerung von Wertzuwächsen bei Betriebsaufgabe und bei der Veräußerung wesentlicher Beteiligungen – Berlindarlehen – Steuerarbitrage aufgrund von Bewertungsunterschieden bei den Einheitswerten – Steuerarbitrage aufgrund von Steuerbelastungsunterschieden zwischen verschiedenen Steuerpflichtigen
Beliebte Steuersparobjekte 641
Wem fließt der Nutzen aus Steuersparobjekten zu? 643
Die Landwirtschaft
Zusammenfassung, Schlüsselbegriffe, Fragen und Probleme 645

27. Kapitel: Steuerreform 646

Der Anstoß zu Reformen 647
Kosten der Steuererhebung – Komplexität – Hinterziehung – Steuerausweichung
Grundsätze einer Steuerreform 651
Einige Vorschläge für eine grundlegende Steuerreform
Eine umfassende Einkommensteuer 654
Die Flat Rate Tax 655
Vorteile der Flat Rate Tax: Weniger Steuerausweichung – Verwaltungstechnische Vorzüge der Flat Rate Tax – Umverteilung und Flat Rate Tax – Vorschläge einer modifizierten Flat Rate Tax
Die Konsumsteuer 658
Argumente zugunsten einer Konsumsteuer – Einige Aspekte der Ausgestaltung einer Konsumsteuer – Ist eine Konsumsteuer ungerecht?
Die Flat Rate Konsumsteuer 663
Die amerikanische Steuerreform im Jahre 1986 664
Die deutsche Steuerreform im Jahre 1990 665
Zusammenfassung, Schlüsselbegriffe, Fragen und Probleme 667

Inhaltsverzeichnis XV

Teil VI Verschiedenes 669

28. Kapitel: Föderalismus 670
Die finanziellen Beziehungen zwischen dem Bund, den Ländern und den
Gemeinden 670
Finanzausgleich
Prinzipien des Föderalismus 673
Marktversagen 674
*Nationale öffentliche Güter und lokale öffentliche Güter – Externe Effekte –
Wettbewerb und Maximierungsverhalten*
Umverteilung 676
*Ungleichheit zwischen den Individuen – Ungleichheit zwischen den Gemeinden
und Regionen*
Produktion oder Finanzierung 681
Die Effektivität zweckgebundener Zuweisungen an die Gemeinden 681
Theorie und Praxis
Das Steuersystem und die Ausgaben der Länder und Gemeinden 687
Zusammenfassung, Schlüsselbegriffe, Fragen und Probleme 688

29. Kapitel: Steuern und Ausgaben der Länder und Gemeinden 690
Inzidenzanalyse der Gemeindefinanzen 690
*Örtliche Kapitalsteuern – Einkommen, Löhne und Umsatzsteuer – Verzerrungen –
Grenzen der Möglichkeiten einer Einkommensumverteilung – Mietpreisbindung –
Gemeindesteuern in der BR Deutschland*
Kapitalisierung 695
*Anreize für Pensionszusagen – Die Wahl zwischen einer Finanzierung der
Gemeindeausgaben durch Schuldenaufnahme oder durch die Erhöhung der
Gemeindesteuern – Kurzfristige und langfristige Kapitalisierung – Wem der Nutzen
aus örtlichen öffentlichen Gütern zufließt: Die Kapitalisierungshypothese – Absolute
und relative Kapitalisierung – Die Verwendung von Bodenpreisänderungen zur
Messung des Nutzens aus lokalen öffentlichen Gütern – Tests der Kapitalisierungshypothese*
Zur politischen Ökonomie der Entscheidungen auf Gemeindeebene ... 701
Zusammenfassung, Schlüsselbegriffe, Fragen und Probleme 703

**30. Kapitel: Harmonisierung der Finanzpolitiken und Finanzausgleich in
der Europäischen Gemeinschaft** 705
Die Europäische Gemeinschaft als föderalistische Organisation 706
Harmonisierung der Steuern 707
*Umsatzsteuer und wirtschaftliche Integration – Spezielle Verbrauch- und
Verkehrsteuern*
Finanzausgleich und EG-Haushalt 716
Harmonisierung der Sozialpolitik 720
Zusammenfassung, Schlüsselbegriffe, Fragen und Probleme 720

31. Kapitel: Defizite, wirtschaftliche Stabilität und Wachstum 722
Haushaltsdefizit und wirtschaftliche Stabilität 722
*Stimulierung des Konsums – Liquiditätswirkungen – Wirkungen langfristiger
Verschuldung – Konsumeffekte einer Verringerung der Körperschaftsteuer –*

*Förderung der Investitionen – Konsum kann Investitionen verdrängen –
Die Nachfrage nach Investitionen*
Defizit und Investitionen 731
*Die Last der Schuld – Defizite in offenen Volkswirtschaften – Geschichte der
öffentlichen Verschuldung in Deutschland*
Andere Ansichten über die Wirksamkeit der Fiskalpolitik 736
Supply Side Ökonomen – New Classical Economics – Monetaristen
Die zeitliche Dosierung von Veränderungen der Wirtschaftspolitik:
Diskretionäre oder regelgebundene Eingriffe 739
Wachstum 741
*Investitionen und Wachstum – Forschung und Entwicklung und das Wirtschaftswachstum – Patente – Steuerliche Förderung von Forschung und Entwicklung –
Natürliche Ressourcen und Wirtschaftswachstum – Wachstum und Gerechtigkeit*
Zusammenfassung, Schlüsselbegriffe, Fragen und Probleme 750

Bibliographie 752
Register 765

Vorwort zur deutschen Ausgabe

Die vorliegende deutsche Ausgabe basiert auf der 1. amerikanischen Auflage des Buchs von Stiglitz. Die Veränderungen, die Stiglitz in der 2. amerikanischen Auflage vorgenommen hat, wurden berücksichtigt und zum beträchtlichen Teil eingearbeitet. Es war meine Absicht, eine Übertragung ins Deutsche vorzunehmen und nicht eine bloße Übersetzung.

Die Kapitel 11-15, 20-21, 24 und 26-29 wurden entsprechend den oft andersartigen Verhältnissen in der BR Deutschland stark abgeändert. Dabei war ich jedoch bestrebt, soweit irgendwie möglich und vertretbar der Vorgehensweise von J. Stiglitz zu folgen, wie sie in dem ursprünglichen amerikanischen Text zum Ausdruck kommen. Die Sicht von J. Stiglitz unterscheidet sich in einer beträchtlichen Zahl von Punkten von der Sicht einiger deutscher finanzwissenschaftlicher Lehrbücher. Es konnte nicht darum gehen, Stiglitz im Sinne dieser Literatur „nachzukorrigieren". Stünde in diesem Buch genau das gleiche wie in anderen Lehrbüchern der Finanzwissenschaft, wäre es überflüssig. Besonders stark abgeändert wurde das Kapitel 14. Neu aufgenommen wurden die Kapitel 22, 23 und 30, sämtlich mit Zustimmung und letzteres auf besondere Anregung durch J. Stiglitz. Da dies auch für den deutschen Leser von besonderem Interesse sein dürfte, habe ich bei einigen Kapiteln eine kurze vergleichende Darstellung der amerikanischen Sachlage in den Text oder einen Anhang eingefügt. Die Darstellungen der Rechtslage und der Institutionen in der BR Deutschland wurden durch meine Eingriffe um einiges komplexer als in der amerikanischen Vorlage. Dies schien mir vertretbar. Bei einem deutschen Studenten kann man meineserachtens gerade auf diesem Gebiet mit einem besseren Vorverständnis rechnen als bei einem amerikanischen Undergraduate.

Ich habe es nicht für meine Aufgabe gehalten, den Stiglitzschen Stil dem deutschen Verständnis anzugleichen, wie ein Universitätslehrbuch geschrieben sein sollte. Das amerikanische Lehrbuch enthält in großer Zahl Darstellungen in Farbe. Stiglitz stellte sich auf den Standpunkt, auch diesbezüglich sollte es möglich sein, in Deutschland eine „Innovation" zu vollziehen. Hier mußte ich ihm allerdings antworten, daß die Lage hoffnungslos sei.

Auf Anregung des Verlags und dem deutschen Sprachgebrauch folgend wurde der Titel mit Finanzwissenschaft und nicht Ökonomik des öffentlichen Sektors übersetzt.

Einiges Kopfzerbrechen verursachte die deutsche Bearbeitung des Kapitels 21 zur Körperschaftsteuer. Stiglitz analysiert hier eine Körperschaftsteuer vom klassischen Typ, wie sie in den USA noch besteht. Man könnte meinen, daß die Analyse für die BR Deutschland irrelevant sei, weil eine derartige Körperschaftsteuer in Deutschland längst abgeschafft wurde. Das Kapitel 21 ist aber einer der Höhepunkte des Stiglitzschen Werks und von besonderem Tiefgang. Daher erschien es mir unangebracht, es einfach auf diejenigen Aspekte zusammenzustreichen, die auch unter der gegenwärtig in der BR Deutschland bestehenden Version einer Körperschaftsteuer noch bedeutsam sind. Es ist darauf zu verweisen, daß in anderen westeuropäischen Ländern noch Körperschaftsteuersysteme des klassischen Typs oder ähnliche Systeme bestehen. Auch in der BR Deutschland existiert noch eine Steuer, die eine gewisse Verwandtschaft mit einer Körperschaftsteuer vom klassischen Typ hat, nämlich die Gewerbeertragsteuer. Deswegen habe ich das Kapitel 21 im wesentlichen übertragen und am Schluß noch einige Ausführungen darüber angefügt, welche Schlußfolgerungen unter der heute bestehenden Form der Körperschaftsteuer keine Gültigkeit mehr haben dürften. Ferner habe ich im Zusammenhang mit den Beispielen, die Stiglitz gibt, noch darauf verwiesen, daß selbst dann, wenn in der BR Deutschland noch das Körperschaftsteuerrecht von 1920 gelten würde, einige Bestimmungen des Einkommensteuerrechts zu beachten wären, die die Stiglitzschen Schlußfolgerungen modifizieren.

Das Lehrbuch von Stiglitz hat auf dem amerikanischen Markt für Lehrbücher in Finanzwissenschaft, auf dem es noch eine ganze Reihe anderer hervorragender Lehrbücher gibt, mittlerweile eine führende Position errungen. Außer der vorliegenden deutschen Ausgabe wird auch eine italienische Ausgabe erscheinen.

Die statistischen Angaben basieren, soweit nicht anders bemerkt, auf dem Statistischen Jahrbuch des Bundesamts für Statistik. Wenn sie auf der Grundlage dieses Jahrbuchs berechnet wurden, erschien es übermäßig pedantisch, in jedem Einzelfall die genaue Quelle anzugeben.

Mein Dank gilt insbesondere J. Stiglitz, der dieser deutschen Ausgabe seines Buchs starkes Interesse entgegengebracht hat. Ferner danke ich allen jenen, die geholfen haben, diesen Text von Fehlern zu reinigen. Besonders erwähnen möchte ich Dipl. Vw. Heiner Baßler und meine Mutter.

Bruno Schönfelder

Vorwort zur ersten amerikanischen Auflage

Wäre dieses Buch vor 25 Jahren geschrieben worden, hieße der Titel Public Finance und es hätte sich vor allem mit den öffentlichen Einnahmen befaßt. Der Titel Economics of the Public Sector und die Erweiterung des Themas, die damit zum Ausdruck kommt, sind kein Zufall. In den letzten Jahren haben die Staatsausgaben Rekordhöhen erreicht und machen nun ein Drittel des Bruttosozialprodukts aus. Die Haushaltsdefizite waren für die Ökonomen ein Alarmsignal und zwar unabhängig davon, welcher Schule sie angehören. Es reicht nicht mehr aus, zu wissen, woher das Geld kommt; genauso wichtig ist es, wofür es ausgegeben wird.

Die Wirtschaftstheorie hat sich in den letzten Jahren sehr intensiv mit dem öffentlichen Sektor befaßt. Ein Teil der Literatur hat die öffentlichen Ausgaben zum Gegenstand. Angefangen mit der Kosten-Nutzen-Analyse bis hin zur ökonomischen Theorie der Politik können die Ökonomen inzwischen eine Vielzahl von Aussagen über die öffentlichen Ausgaben treffen. Ein beträchtlicher Teil der jüngeren Literatur hat die Entwicklung neuer und leistungsfähigerer Modelle zum Gegenstand, so etwa die Theorie der optimalen Besteuerung. Ich habe mich entschlossen, unsere heutige Sicht des öffentlichen Sektors auf möglichst einfache Weise und unter weitestgehendem Verzicht auf algebraische Ableitungen darzustellen. Mein Ziel war es, die wichtigsten Ergebnisse einer rasch anwachsenden Forschung einem Undergraduate zugänglich zu machen, der zum ersten Mal einen Kurs in Finanzwissenschaft besucht.

Die Ökonomik des öffentlichen Sektors befaßt sich mit einigen der aufregendsten Fragen in den Wirtschaftswissenschaften. Gesundheitswesen, Landesverteidigung, Bildungswesen, Soziale Sicherheit, Sozialversicherung und Steuerreform gehören zu den Themen, die in der Presse ständig zur Sprache kommen. Die ökonomische Analyse verhilft zu einem besseren Verständnis dieser Auseinandersetzungen. Sollte Bildung öffentlich bereitgestellt werden? Was sind die längerfristigen Perspektiven für die Rentenversicherung? Wie vertragen sich aktuelle Steuerreformprojekte mit unseren Kenntnissen über die Inzidenz der Steuern, über ihre Auswirkungen auf Effizienz und Gerechtigkeit? Diese Fragestellungen hauchen den Vorlesungen Leben ein - deswegen behandle ich sie ausführlich.

Eine Analyse der Ausgestaltung bestimmter Steuern und Ausgabenprogramme hat den zusätzlichen Vorteil, daß sie deutlich macht, wie sehr der Teufel im Detail steckt. Wir haben erfahren müssen, daß es nicht genügt, wohlmeinende Absichten zu hegen. Die Altstadtsanierung, die darauf abzielte, die Innenstädte wieder aufzuwerten, hatte den unbeabsichtigen Nebeneffekt, daß sie das Wohnungsangebot für die Armen verringert hat. Ob die erweiterten Möglichkeiten, Individual Retirement Accounts (IRA) anzulegen, tatsächlich das Sparen gefördert haben oder nur denjenigen, die bereits vorher sparten, eine zusätzliche Steuervergünstigung gewährt haben, ist bestenfalls eine offene Frage. Ich bringe Beispiele für derartige unbeabsichtige Folgen von Maßnahmen nicht nur, um den Kurs interessanter zu machen, sondern auch um den Studenten zu vermitteln, wie man eine Theorie an den Tatsachen überprüfen kann und zwar in der komplexen Umwelt, die für finanzpolitische Entscheidungen charakteristisch ist.

Die Ökonomen können nicht so tun, als wären sie sich bei der Analyse des öffentlichen Sektors einig. Ich habe nicht versucht, die Meinungsverschiedenheiten zu übertünchen. Stattdessen untersuche ich die Gründe, warum die Ökonomen in vielen Fragen nicht einer Meinung sind, sei es die Reform der sozialen Rentenversicherung, des Gesundheitswesens, der Sozialtransfers oder des Steuersystems; sei es die Überwälzung der Körperschaftsteuer oder die Folgen von IRA. Ein Kurs der Finanzwissenschaft sollte den Studenten wenigstens dazu verhelfen, eine wohlinformierte Sicht bestimmter politischer Streitfragen zu erlangen. Dazu müssen sie wissen, warum die Ökonomen sich streiten.

Ökonomen streiten sich in ihrer Eigenschaft als Universitätslehrer auch darüber, was in welcher Reihenfolge in Finanzwissenschaft gelehrt werden sollte. Ich verfahre so, daß ich in den Kapiteln 1 und 2 erst die Grundfragen einführe und einige Kenntnisse über die institutionelle Ausgestaltung des öffenlichen Sektors vermittle. In den Kapitel 3 und 4 wiederhole ich dann die mikroökonomischen Grundlagen, auf denen die finanzwissenschaftliche Analyse aufbaut. Im Teil 2 stelle ich die Theorie der öffentlichen Ausgaben einschließlich der öffentlichen Güter, der ökonomischen Theorie der Politik und der Bürokratie vor. Im Teil 3 wende ich diese Theorie auf die fünf größten Ausgabengruppen in den USA an: Gesundheitswesen, Landesverteidigung, Sozialversicherung, Bildungswesen und Sozialhilfe. In den Teilen 4 und 5 folge ich demselben Muster, stelle die Theorie der Steuern dar und analysiere die Steuern im einzelnen. Der Teil 6 befaßt sich mit den Ländern und Gemeinden. Man könnte ebensogut erst die öffentlichen Einnahmen und dann die öffentlichen Ausgaben durchnehmen. Ich habe die Teile 4 und 5 so geschrieben, daß man sie gleich nach dem Teil 1 lesen kann, ohne daß dadurch Schwierigkeiten entstehen.

Weitere Hinweise, wie man den Kurs aufbauen kann, einschließlich Notizen, Prüfungsfragen und Erweiterungen um bestimmte schwierigere Gegenstände, die mancher vielleicht im Rahmen dieses Kurses besprechen will, enthält das Instructor's Manual, das ich zusammen mit Eleanor Brown von Princeton University und Pomona College vorbereitet habe.

Die Zahl der Personen, denen ich Dank schulde, ist groß. Meine Lehrer am Amherst College, James Nelson und Arnold Collery, haben nicht nur mein Interesse an den Wirtschaftswissenschaften geweckt und insbesondere an der Finanzwissenschaft, sondern auch die Grundlagen für meine weiteren Studien gelegt. Sie zeigten mir durch ihr Beispiel, was es heißt, ein guter Lehrer zu sein. Ich hoffe, daß einiges von dem, was ich von ihnen gelernt habe, seinen Niederschlag in diesem Buch findet. Am Mass. Institute of Technology (M.I.T.) führten mich Dan Holland (jetzt Herausgeber des National Tax Journal) und E. Cary Brown in die formale Analyse des öffentlichen Sektors ein. Ich hoffe, daß sich etwas von der wohlgelungenen Mischung von Politik, Theorie und Beschreibung der Institutionen, die für ihre Forschung charakteristisch war, in diesem Buch wiederfindet. Die Erkenntnisse meiner Kollegen und Mitarbeiter an den Hochschulen und Forschungseinrichtungen, an denen ich tätig war (M.I.T., Yale University, Stanford University, Princeton University, Oxford University, Cambridge University und National Bureau of Economic Research), und den Behörden (Finanzministerium, Arbeitsministerium, Innenministerium, Energieministerium, Agency of International Development, die Bundesstaaten Louisiana und Texas) und internationalen Organisationen (Weltbank, Interamerican Development Bank,

Vorwort zur ersten amerikanischen Ausgabe

OECD), für die ich als Berater tätig war, waren ebenfalls von unschätzbaren Wert. Hervorheben möchte ich Henry Aaron (Brookings Institution), Alan J. Auerbach (University of Pennsylvania), Greg Ballantine (vormalig Stellvertretender Staatssekretär für Steuerpolitik), William J. Baumol (Princeton University), Charles T. Clotfelter (Duke University), Partha Dasgupta (Cambridge University), Peter A. Diamond (M.I.T.), Avinash Dixit (Princeton University), Martin Feldstein (Harvard University), Harvey Galper (Brookings Institution), Robert E. Hall (Stanford University), Arnold C. Harberger (University of Chicago und UCLA). Charles E. McClure (Hoover Institution, vormals Stellvertretender Staatssekretär im Finanzministerium), James A. Mirlees (Oxford University), Alvin Rabushka (Stanford University), Harvey Rosen (Princeton University), Michael Rothschild (University of California, San Diego), Agner Sandmo (Bergen), Eytan Sheshinski (Hebrew University), Nick Stern (London School of Economics), Larry Summers (Harvard University), insbesondere aber Anthony B. Atkinson (London School of Economics), Peter Mieskowski (Rice University), Raj Kumar Sah (Yale University) und Steven L. Slutsky (University of Florida). Eine besondere Dankesschuld habe ich denjenigen gegenüber, die frühere Versionen dieses Manuskripts lasen, darunter Michael Boskin (Stanford University), Lawrence Blum (University of Michigan), David Bradford (Princeton University), John Burbidge (McMaster University), Paul N. Courant (University of Michigan), Victor R. Fuchs (Standford University), Don Fullerton (Stellvertretender Staatssekretär für Steuerpolitik und University of Virginia), Roger Gordon (University of Michigan), Mervyn King (London School of Economics), Laurence J. Kotlikoff (Boston University), Robert J. Lampman (University of Wisconsin), Jerry Miner (Syracuse University), Joseph A. Pechman (Brookings Institution), Jim Poterba (M.I.T.) und John Shoven (Stanford University).

Jane Hannaway schulde ich mehr als man gewöhnlich seiner Gattin schuldet. Ihre Einsichten in das Verhalten von Regierungen im allgemeinen und Bürokratien im besonderen haben wesentlich zu meiner eigenen Sicht beigetragen. Ich fürchte, sie hat mich stärker beeinflußt als ich sie.

Unschätzbare Hilfe bei Schreibarbeiten gewährten mir Linda Siegel (Hoover Institution, Stanford University), Rosemary Handley and Amy Johnson (Princeton University). Jim Bergin (Northwestern University) war mein Assistent und Kritiker.

Joseph E. Stiglitz

Teil I

Einführung

Wie wirkt der Staat auf die Wirtschaft ein? Warum wird ein Teil der Wirtschaftsleistung vom öffentlichen Sektor, ein anderer vom privaten Sektor erbracht? Wie kam es zu der Zunahme der Staatstätigkeit, die sich seit der Jahrhundertwende vollzogen hat? Dies sind einige der Fragen, die im Teil Eins des Buchs angesprochen werden.

Die ersten zwei Kapitel beschreiben den Gegenstand des Buchs und den Bereich der öffentlichen Wirtschaft in der Bundesrepublik Deutschland. Das dritte Kapitel enthält eine Einführung in die Wohlfahrtsökonomik. Sie beschäftigt sich mit der Frage, wie Ökonomen zu einer Beurteilung verschiedener wirtschaftspolitischer Maßnahmen und Programme gelangen.

Die Bundesrepublik Deutschland besitzt ein gemischtwirtschaftliches System (mixed economy). In der Wirtschaft spielen sowohl der öffentliche als auch der private Sektor eine wesentliche Rolle. Kapitel vier charakterisiert Situationen, in denen Märkte unter Umständen schlecht funktionieren und ein Eingriff des Staates möglicherweise wünschenswert ist.

1. Kapitel
Der öffentliche Sektor in einem gemischtwirtschaftlichen System

Unser Leben wird von der Wiege bis zur Bahre in der vielfältigsten Art und Weise vom Staat beeinflußt.

• Die meisten von uns kommen in Krankenhäusern zur Welt, die von der öffentlichen Hand subventioniert werden und zu einem beträchtlichen Teil als öffentliche Betriebe organisiert sind. Die Geburt wird von Ärzten überwacht, die an medizinischen Fakultäten staatlicher Hochschulen ausgebildet wurden. Unsere Ankunft wird alsbald aktenkundig – die Behörden stellen eine Geburtsurkunde aus, durch die wir die Rechte und Pflichten eines deutschen Staatsbürgers erhalten.

• Die meisten von uns besuchen öffentliche Schulen.

• Obwohl die Sklaverei und andere Formen von Zwangsarbeit, wie sie unter der Leibeigenschaft üblich waren, in Deutschland seit den napoleonischen Kriegen abgeschafft sind, besteht nach wie vor die allgemeine Wehrpflicht, mittels derer der Staat die jungen Männer dazu zwingt, seine Kriege zu führen.

• Wir wohnen in Häusern, deren Bau von den öffentlichen Händen direkt oder indirekt subventioniert wurde.

• Mehr als 80% der Aufwendungen für das Gesundheitswesen tragen die Gebietskörperschaften und die öffentlich-rechtliche Krankenversicherung.

• Jeder von uns erhält beinahe während seines gesamten Lebens in irgendeiner Form Geld vom Staat, sei es in der Jugend in Form von Stipendien oder als Erwachsener in Form von Leistungen der Sozialversicherung oder des Arbeitsamts.

• Jeder von uns muß an den Staat zahlen, z.B. Gemeindesteuern, Mehrwertsteuer, Einkommensteuer, Sozialversicherungsbeiträge, Telephon-, Fernseh- und Rundfunkgebühren usw.

• Knapp ein Fünftel aller Arbeitnehmer wird vom Staat beschäftigt. Aber auch der Einfluß, den der Staat auf die Rechtsstellung aller anderen Arbeitnehmer ausübt, ist erheblich. Wenn wir trotz der Sicherheitsvorkehrungen, die vom Staat vorgeschrieben werden, einen Arbeitsunfall erleiden, erhalten wir eine Entschädigung von der öffentlich-rechtlichen Unfallversicherung. Gewerkschaften führen die Verhandlungen, in denen über die Arbeitsbedingungen und die Entlohnung des größten Teils der Arbeitnehmer entschieden wird – die Rechte und der Aufgabenbereich dieser Gewerkschaften aber werden vom Staat abgegrenzt. Der Staat schafft steuerliche Anreize für die Gewährung von Betriebsrenten und schreibt bestimmte Maßnahmen zur Sicherung dieser Rentenansprüche vor. Hieraus erklärt sich die Schaffung des Pensions-Sicherungs-Vereins, von dem diese Rentenansprüche im Konkursfall versichert werden.

• Die Preise landwirtschaftlicher Produkte stehen unter der Kontrolle staatlicher Organe, nämlich der EG-Behörden. In vielen Wirtschaftszweigen wie beispielsweise der Stahlindustrie, dem Bergbau, der Textilindustrie etc. werden die Gewinne der Unternehmen und die Nachfrage nach Arbeitskräften durch staatliche Maßnahmen gegenüber Konkurrenten aus Nicht-EG-Ländern stark beeinflußt.

• Auch als Konsumenten werden wir von der Wirtschafts- und Finanzpolitik berührt: Die Preise, die wir für Nahrungsmittel, Zigaretten, Alkohol, Automobile, Benzin und viele andere Waren bezahlen, sind verhältnismäßig hoch, weil der Staat Steuern, Zölle, Kontingente einsetzt oder andere Eingriffe vornimmt. Die Preise bestimmter anderer Güter sind demgegenüber möglicherweise wegen staatlicher Eingriffe sogar niedriger als sie es ohne derartige Eingriffe wären, beispielsweise die Preise für Wohnung, Bildung, kulturelle Veranstaltungen etc. Was wir essen und trinken, unterliegt staatlichen Eingriffen, ebenso wo wir leben und in welcher Art von Häusern wir wohnen.

• Wir alle gehören zu den Nutznießern staatlicher Dienste: Wir fahren mit dem Auto auf staatlichen Straßen und reisen mit einer staatlichen Eisenbahn. In den meisten Gemeinden obliegt die Müllabfuhr und die Abwasserbeseitigung öffentlichen Betrieben. Das Wasser, das wir trinken, wird von einem öffentlichen Unternehmen bereitgestellt und die Reinheit der Luft von Behörden überwacht.

• Unsere Rechtsordnung stellt einen Rahmen dar, innerhalb dessen die Individuen und die Unternehmungen Beziehungen von wechselseitigem Vorteil eingehen können. Unsere Gesetze bestimmen die Eigenschaften der Verträge, die wir schließen dürfen. Kommt es zu einem Konflikt, können sich die streitenden Parteien zur Lösung des Konflikts an öffentliche Gerichte wenden.

Ein gemischtwirtschaftliches System

Die BR Deutschland weist ein gemischtwirtschaftliches System auf. Viele wirtschaftliche Aktivitäten werden von privaten Unternehmen getragen, andere aber vom Staat. Beabsichtigt oder unbeabsichtigt beeinflußt der Staat das Verhalten des privaten Sektors durch eine Vielzahl von Eingriffen, Steuern und Subventionen. Im Gegensatz dazu wird in der UdSSR und in den Ländern des sowjetischen Machtbereichs das Gros der wirtschaftlichen Aktivitäten vom Staat unternommen. In den meisten anderen westeuropäischen Staaten ist der Staat für einen deutlich größeren Teil der wirtschaftlichen Aktivität verantwortlich als in der BR Deutschland. In Italien beispielsweise gibt es einen großen staatlichen Konzern mit dem Namen IRI, der einen beträchtlichen Teil der Industrie des Landes kontrolliert und praktisch in allen Zweigen der gewerblichen Wirtschaft tätig ist. Der Verantwortungsbereich des Staates hat sich im Verlauf des letzten Jahrhunderts dramatisch verändert. Als das Kaiserreich gegründet wurde, waren die Eisenbahnen, die Banknotenemission und die Versorgungsunternehmen zum beträchtlichen Teil noch in privater Hand. Das Studium der Finanzwissenschaft ist gerade deswegen so wichtig und interessant, weil sich in einem gemischtwirtschaftlichen System beständig die Frage stellt, wo die Scheidelinie zwischen staatlicher und privater Tätigkeit verlaufen soll.

Warum wird der Staat in bestimmten Angelegenheiten tätig und in anderen nicht? Warum hat sich der Bereich der staatlichen Aktivität im Verlauf der letzten 100 Jahre so verändert? Warum mischt sich der Staat in einigen Ländern stärker in die Wirtschaft ein als in Deutschland, in anderen weniger? Tut der Staat zu viel? Erledigt der Staat das, was er anpackt, mit Erfolg? Könnte er etwas besser machen? Dies sind die zentralen Fragen, um die es in der Finanzwissenschaft geht. Diese Fragen stehen seit Jahrhunderten im Mittelpunkt politischer, philosophischer und wirtschaftswissenschaftlicher Kontroversen. Sie sind nicht beendet. Die Wirtschaftswissenschaftler können keine endgültigen Antworten auf diese Fragen geben, aber sie haben doch viel beizutragen. Im Laufe der letzten 50 Jahre ist unser Verständnis für die Wirtschaftstätigkeit des privaten und des öffentlichen Sektors sehr viel tiefgehender geworden – wir sind uns der Stärken der beiden Sektoren und der Grenzen, die ihnen gesteckt sind, bewußter geworden.

Staatlicher Interventionismus in der deutschen Wirtschaftsgeschichte

Die Staatswirtschaft und die staatliche Einwirkung auf die Wirtschaft hat in Deutschland einen wesentlich anderen Entwicklungsgang genommen als in England, Amerika oder auch Frankreich. Der ökonomische Liberalismus, der eine Beschränkung der Staatswirtschaft und Wettbewerbsfreiheit forderte, gewann in Deutschland erst später an Einfluß als in diesen Nationen und verlor einen großen Teil seines Einflusses bereits kurz nach der Gründung des Kaiserreichs. In Amerika datieren stärkere Eingriffe des Staates in die Wirtschaft erst aus der Zeit der Weltwirtschaftskrise, also den dreißiger Jahre. Das im Vergleich zu früher starke Engagement des amerikanischen Staates in der Wirtschaft sieht sich dort in neuerer Zeit seitens der Ökonomen und in der Öffentlichkeit einer zunehmend heftigeren Kritik ausgesetzt. In Deutschland ist die Entwicklung anders verlaufen.

Bis zu Beginn des 19. Jahrhunderts war Deutschland ein rückständiges Land und zwar nicht zuletzt aufgrund staatlicher Eingriffe. Der Zunftzwang war noch zum beträchtlichen Teil erhalten. Die Belastung der Bevölkerung mit Steuern und feudalen Abgaben war groß. Das Aufkommen dieser Steuern floß zum größten Teil in das Militärwesen und den Unterhalt der Paläste der Fürsten. Erfolg und Fortbestand der wenigen frühindustriellen Unternehmungen hingen in erster Linie von der Laune des Landesherrn ab. Der Staat war der bedeutendste Grundbesitzer, Handel- und Gewerbetreibende.

Zur Aufhebung der Leibeigenschaft und zur Durchsetzung der Gewerbefreiheit kam es erst unter französischem Einfluß und dank der militärischen Mißerfolge in den napoleonischen Kriegen. Ab 1818 war insbesondere die Wirtschaftspolitik des Königreich Preußen relativ stark vom Liberalismus beeinflußt[1]. Die bis dahin noch bestehenden Binnenzölle wurden aufgehoben, der Außenzoll im Sinne der Freihandelsidee stark gesenkt. Die meisten Staaten des deutschen Bundes veräußerten schrittweise einen sehr erheblichen Teil ihrer Wirtschaftsbetriebe. Über die Herstellung der Gewerbefreiheit hinaus kann man zumindest bis 1850 nicht von einer staatlichen Industrialisierungspolitik sprechen. Die aufkommende private Industrie erfuhr keine direkte Unterstützung. Nichtsdestoweniger

---
[1] Es ist argumentiert worden, daß nicht zuletzt hiervon die spätere wirtschaftliche Überlegenheit Preußens rührte, die die Einigung „Kleindeutschlands" unter preußischer Führung erst ermöglichte.

– oder vielleicht gerade deswegen – begann Deutschland insbesondere ab 1835 wirtschaftlich aufzuholen. Der Eisenbahnbau beispielsweise erfolgte überwiegend mit privatem Kapital. Die Entstehung des Ruhrgebiets als industriellem Ballungszentrum geht maßgeblich auf private Initiative zurück. Bemerkenswert ist, daß das Königreich Preußen sich in dieser Phase einer relativ liberalen Wirtschaftspolitik nicht von seinem gesamten Besitz an Bergwerken, Hütten und Fabriken trennte und sogar neue Werke errichtete.

Zu einer Trendwende in der Wirtschaftspolitik kam es in den Jahren 1876-1884. In diesen Jahren wurde die Administration des Reichs von liberalen Beamten gesäubert. Wichtige Maßnahmen der nunmehr einsetzenden Wirtschaftspolitik, die als „Staatssozialismus" und „Neomerkantilismus" gekennzeichnet wurde, waren die Schaffung der Sozialversicherung, die Anhebung der Außenzölle insbesondere auf Agrarprodukte, die Verstaatlichung der Eisenbahn und später die Förderung von Kartellen in der Industrie. Der freie Wettbewerb wurde als überholt angesehen und seine Beschränkung durch Kartellbildung begrüßt. Anlässe für diesen neuen Trend waren nicht zuletzt der sogenannte Gründerkrach, eine Wirtschaftskrise im Jahre 1873, die im Vergleich zu späteren allerdings gar nicht so schwer war, und der wachsende Einfluß der Sozialdemokratie auf die Arbeiterschaft.

Im Ersten Weltkrieg wurden in Deutschland zum ersten Mal wesentliche Züge einer zentralen Planwirtschaft verwirklicht. Die erste bedeutende Planungsbehörde war die „Kriegsrohstoffabteilung" im preußischen Kriegsministerium, die alle kriegswichtigen Rohstoffe zentral bewirtschaftete. Diese Planwirtschaft wurde später zum Vorbild für die sowjetische Planwirtschaft.

Nach dem Krieg wurden die staatlichen Eingriffe zu einem beträchtlichen Teil wieder aufgehoben. Daß es weder zu einer Fortsetzung der Planwirtschaft noch zu weitergehenden Sozialisierungen kam, war nicht zuletzt eine Folge des sogenannten Stinnes-Legien Abkommens, in dem die sozialdemokratischen Gewerkschaften und die Arbeitgeber zu einer Verständigung gelangten. Die Arbeitgeber erkannten die Gewerkschaften als gleichberechtigte Partner an und machten wesentliche sozialpolitische Zugeständnisse, insbesondere den Achtstundentag. Die Gewerkschaften distanzierten sich dafür von Sozialisierungsvorstellungen.

Zu einer neuerlichen wesentlichen Verstärkung der staatlichen Einflußnahme auf die Wirtschaft kam es nach der Machtergreifung der Nationalsozialisten. Hitlers Ideal war die Planwirtschaft. 1936 wurde der erste Vierjahresplan in Kraft gesetzt. Durch einen Preisstop wurden Preiserhöhungen untersagt. Die Preise verloren immer stärker ihre Lenkungsfunktion. Zuvor waren die meisten Unternehmen zwangskartelliert worden. Die Kartelle und Unternehmensverbände übernahmen Aufgaben der Wirtschaftsplanung. Die Zulassung neuer Unternehmen in einem Wirtschaftszweig wurde vom Ergebnis einer Bedürfnisprüfung abhängig gemacht – das Unternehmen mußte also „beweisen", daß die in diesem Wirtschaftszweig tätigen Unternehmen nicht in der Lage waren, „wesentliche" Bedürfnisse der Nachfrage zu befriedigen. Zu Sozialisierungen kam es im Rahmen der sogenannten Arisierung der Wirtschaft und im Zusammenhang mit der Enteignung anderer den Nationalsozialisten mißliebigen Elementen. Außer diesen Sozialisierungen trugen auch die zahlreichen Neugründungen staatlicher Unternehmer in kriegswirtschaftlich wesentlichen Bereichen dazu bei, daß der Staatsanteil an der Wirtschaft unter dem Nationalsozialismus einen Höhepunkt erreichte. Dies alles spielte sich bereits vor dem Krieg ab, während des Krieges wurde dann aber die zentrale Bewirtschaftung und Rationierung auf fast alle Güter ausgeweitet.

Nach dem Krieg brauchte die sowjetische Besatzungsmacht auf dem Gebiet der heutigen DDR also nicht erst eine zentrale Planwirtschaft einzuführen. Sie fand sie vielmehr vor und mußte sie nur wieder in Gang setzen. Dies ging mit der Enteignung eines Großteils der noch verbliebenen Privatunternehmen und einer Angleichung der nationalsozialistischen an die sowjetische Planwirtschaft einher.

In der amerikanischen und englischen Besatzungszone wurde die Planwirtschaft mit der Währungsreform gewissermaßen über Nacht abgeschafft. Die Rationierung der meisten Güter und Rohstoffe wurde beseitigt und die Preise freigegeben. Dies wurde zum Ausgangspunkt des westdeutschen Wirtschaftswunders. Allerdings gab es Wirtschaftszweige, in denen eine weitgehende staatliche Regulierung erhalten blieb bzw. wieder in Gang gesetzt wurde. Hierzu gehörten die Wohnungswirtschaft, das Verkehrswesen, die Energiewirtschaft, die Banken und das Versicherungswesen. Die Wohnungszwangswirtschaft wurde erst ab 1961 allmählich abgebaut. Im Bank- und Versicherungswesen setzte bereits in den fünfziger Jahren eine gewisse Deregulierung ein. Ein wesentlicher Schritt war schließlich die Verabschiedung des Gesetzes gegen Wettbewerbsbeschränkungen. Seit dem Ende des 19. Jahrhunderts bis zum Ende des 2. Weltkrieges waren Kartelle als im allgemeinen wünschenswert betrachtet worden. Nicht zuletzt unter amerikanischem Einfluß hatte sich dies nun umgekehrt.

Mißt man den staatlichen Einfluß auf die Wirtschaft an der sogenannten Staatsquote[2], dann kann man seit den fünfziger Jahren wieder ein Steigen der Staatsquote auf Werte beobachten, wie sie zuvor nur während der Weltkriege und unter dem Nationalsozialismus erreicht worden waren. Die wichtigsten Faktoren hierfür waren das Wachstum der Ausgaben der gesetzlichen Kranken- und der gesetzlichen Rentenversicherung. Dies verstärkte sich während der sozialliberalen Regierung. Wesentliche Weichenstellung erfolgten allerdings schon vorher. So handelt es sich bei dem Ausgabenwachstum der gesetzlichen Rentenversicherung zum Teil um eine Folge der Rentenreform von 1957.

In der neueren wirtschaftswissenschaftlichen Literatur werden als Gründe für staatliche Eingriffe insbesondere das sogenannte Marktversagen benannt. Der Gegenbegriff hierzu ist das sogenannte Staatsversagen.

Marktversagen und Staatsversagen

In der ökonomischen Literatur der sechziger und siebziger Jahre wurde die Bedeutung des sogenannten Marktversagens stark betont. Es wurde systematisch geklärt, unter welchen Umständen der Marktmechanismus keine optimalen Ergebnisse gewährleistet.

Auch als der Begriff des Marktversagens noch nicht in der Wirtschaftstheorie eingeführt war, gingen staatliche Eingriffe regelmäßig mit der Begründung ein-

---

[2] Die Staatsquote ist der Quotient aus Staatsausgaben und Sozialprodukt.

her, daß der Markt nicht in der Lage sei, die jeweilige Aufgabe zu lösen. So sei der Markt nicht imstande, den Arbeitnehmern einen angemessenen Versicherungsschutz gegen die wichtigsten sie bedrohenden Risiken zu gewähren, unregulierte Banken seien höchst krisenanfällig, auch die Versorgung mit Wohnungen, Verkehrsleistungen usw. könne nicht dem Markt überlassen werden und es bedürfe einer weitgehenden staatlichen Steuerung der Wirtschaft, um Massenarbeitslosigkeit zu vermeiden. Diese Argumente hatten allerdings aufgrund der Erfahrung des Nationalsozialismus und der Entwicklung in der DDR bereits in den fünfziger Jahren einen beträchtlichen Teil ihrer Überzeugungskraft eingebüßt.

Seit den sechziger Jahren wurden die vorhandenen Erkenntnisse über das Versagen des Staates bei der Lösung von Aufgaben, für die er sich für befähigter hält als den Markt, zu einer systematischen Theorie des Staatsversagens ausgebaut. Selbst dann, wenn mit einigem Recht Marktversagen diagnostiziert werden kann und es infolgedessen so scheint, als gäbe es gute Gründe für ein Einschreiten des Staates, führen staatliche Eingriffe oft zu einem Fehlschlag. Es stellt sich die Frage, ob derartige Fehlleistungen des Staates nur ein Zufall oder voraussehbar sind und aus einer Eigengesetzlichkeit staatlichen Handelns herrühren. Läßt sich etwas für die Gestaltung zukünftiger Programme lernen?

Es sind hauptsächlich vier Gründe, weswegen demokratische Regierungen systematische Fehler machen und die gesteckten Ziele nicht erreichen.

Erstens: In vielen Fällen sind die Folgen eines Eingriffs nur schwer vorhersehbar und sehr komplexer Natur. Beispielsweise wurden während der Weltwirtschaftskrise die sogenannten kassenärztlichen Vereinigungen als Zwangsvereinigungen der Kassenärzte gegründet. Damals ging es in einer Situation, in der ein großer Teil der gesetzlichen Krankenkassen zahlungsunfähig war, darum, die noch vorhandenen Mittel mit Hilfe dieser Vereinigungen so umzuverteilen, daß die Kassenärzte gewisse Honorare erhielten und die Mitglieder dieser notleidenden Kassen weiter ärztlich behandelt wurden. Der Arzt hatte bei einer Behandlung einen Anspruch auf Honorierung durch die kassenärztliche Vereinigung – im Gegensatz zu vorher trat er nicht mehr in eine direkte Beziehung zur Krankenkasse. Man ahnte damals nicht, daß diese kassenärztlichen Vereinigungen sich später als ein höchst wirksames Instrument der Interessenvertretung der Kassenärzte entpuppen würden, mit deren Hilfe sie Honorarforderungen würden durchsetzen können.

Zweitens: Der Staat kann (insbesondere in einer Demokratie) auf diese Folgen nur in begrenztem Umfang Einfluß nehmen. Im Fall der kassenärztlichen Vereinigungen und des Gesundheitswesens ist es bis heute nicht gelungen, im Wege eines demokratischen Entscheidungsprozesses über gewisse Kostendämpfungsbemühungen hinaus zu einer grundlegenden Reform zu gelangen.

Drittens: Diejenigen Personen, die die Gesetze schreiben, haben nur beschränkten Einfluß auf ihre Anwendung. Das Parlament, das das Gesetz verabschiedet, mag sich zwar bemühen, seine Absichten klar zum Ausdruck zu bringen. Nichtsdestoweniger ist die Rechtsanwendung einer anderen Behörde überlassen. Diese erläßt vermutlich eine Vielzahl von Verordnungen zur Ausführung des Gesetzes. Was in diesen steht, ist höchst bedeutsam für die Auswirkungen des Gesetzes. Dies kann man sich etwa am Beispiel des Umweltrechts klarmachen. Die Absicht bei der Verabschiedung des Immissionsschutzgesetzes lag auf der Hand – die Öffentlichkeit sollte vor bestimmten „Immissionen", d.h. Verunreinigungen der Luft, Lärm und anderen Beeinträchtigungen der Umwelt geschützt werden. Offensichtlich konnte es aber nicht darum gehen, jegliche derartigen Beeinträchtigungen zu unterbinden. Die technischen Details sind einer Vielzahl von Behörden und gerichtlicher Entscheidung überantwortet. Man mag mitunter den Verdacht haben, daß diese Behörden und die Gerichte gegenüber Umweltsündern übermäßig nachsichtig sind. Oft handelt es sich dabei jedoch nicht um eine bewußte Entstellung der Absichten des Gesetzgebers durch Exekutive und Rechtssprechung, sondern darum, daß die Formulierungen des Gesetzes einer Interpretation bedürfen. Ferner ist es stets eine offene Frage, ob die Behörden, die das Gesetz ausführen, hierbei sehr effizient sind. In der allgemeinen Volkswirtschaftslehre beschäftigt man sich nicht zuletzt mit den Anreizen, die private Wirtschaftssubjekte haben – entsprechend befaßt sich die Finanzwissenschaft mit der Frage, warum Bürokraten so handeln, wie sie handeln.

Viertens: Der politische Willensbildungsprozeß ist so strukturiert, daß die gewählten Vertreter des Volkes mitunter einen Anreiz haben, Gruppeninteressen zu vertreten. Daß Politiker sich nicht für die offenbaren Interessen der Allgemeinheit einzusetzen, ist dann nicht einfach eine Folge des Geizes oder des schlechten Charakters einiger degenerierter Mitglieder dieses Berufsstandes, sondern die unausweichliche Konsequenz aus der Funktionsweise politischer Institutionen einer demokratischen Gesellschaft[3].

Die Kritiker des staatlichen Interventionismus sind der Überzeugung, daß die vier Quellen des Staatsversagens Grund genug für die Forderung sind, daß der Staat von dem Versuch, angebliche Mängel der Marktwirtschaft zu kurieren, abgehalten werden sollte. Aber selbst wenn man dieser Schlußfolgerung nicht zustimmt, ist das Verständnis für die vier Grenzen staatlichen Handelns doch eine Voraussetzung für den Entwurf einer erfolgreichen Wirtschaftspolitik.

Ältere Ansichten über die Rolle des Staates

Ebenso wie in diesem Jahrhundert unterlagen die Ansichten über die Rolle des Staates in der Wirtschaft auch in der Vergangenheit starken Schwankungen. Im 17. und 18. Jahrhundert beispielsweise vertraten insbesondere die französischen Ökonomen den Standpunkt, daß der Staat aktiv auf die Förderung des Handels und der Industrie hinwirken sollte. Die Vertreter dieser Schule wurden **Merkantilisten** genannt[4].

Nicht zuletzt als Reaktion hierauf schrieb Adam Smith (er wird oft als der Vater der modernen Wirtschaftswissenschaft bezeichnet) sein Buch „Der Reichtum der Nationen" (1776), in dem er sich für eine Begrenzung der staatlichen Interventionen aussprach. Smith wollte beweisen, daß Wettbewerb und Gewinnstreben die Individuen dazu veranlassen würden, in der Verfolgung ihres Eigeninteresses dem Gemeininteresse zu dienen. Gewinnstreben würde die Individuen dazu anreizen, Güter anzubieten, die andere Individuen benötigen. Der Wettbewerb würde dafür sorgen, daß nur jene Unternehmen überleben, die produzieren, was nachgefragt wird, und zwar zum niedrigst möglichen Preis. Smith kam zu

---

[3] Dieser Standpunkt wurde insbesondere von George Stigler vertreten. Vergleiche beispielsweise seine „Theory of Regulation". Bell Journal, Spring 1981, S. 3-21.

[4] Für die deutschen Vertreter dieser Lehre war stattdessen auch der Begriff Kameralisten gebräuchlich.

1. Kapitel: Der öffentliche Sektor in einem gemischtwirtschaftlichen System

dem Schluß, daß die Wirtschaft wie von einer unsichtbaren Hand dazu geleitet wird, zu produzieren, was gebraucht wird und zwar auf die bestmögliche Art und Weise.

Die Ideen von Adam Smith übten auf die Regierungen und die Wirtschaftswissenschaftler gewaltigen Einfluß aus. Viele der bedeutendsten Ökonomen des 19. Jahrhundert, wie die Engländer John Stuart Mill und Nassau Senior, unterstützten die sog. **laissez faire** Doktrin, die lehrte, daß der Staat den privaten Sektor sich selbst überlassen sollte; er solle nicht versuchen, die privaten Unternehmen zu regulieren oder zu kontrollieren. Freie Konkurrenz würde sich für die Gesellschaft am vorteilhaftesten auswirken. Auch in Deutschland waren in der ersten Hälfte des 19. Jahrhunderts unter den Professoren der Wirtschaftswissenschaft die Anhänger von A. Smith in der Überzahl.

Nicht alle Sozialwissenschaftler des 19. Jahrhunderts fanden Smiths Argumentation überzeugend. Ihr Anliegen waren die krassen Einkommensunterschiede, die ihnen ins Auge sprangen, das Elend, in dem ein beträchtlicher Teil der arbeitenden Klassen lebte, und die Arbeitslosigkeit, von der die Arbeiter häufig betroffen waren. Schriftsteller des 19. Jahrhunderts wie Charles Dickens, Emile Zola oder Gerhart Hauptmann versuchten, das Los der arbeitenden Klassen literarisch darzustellen. Sozialwissenschaftler wie Karl Marx, Sismondi und Robert Owen versuchten, Theorien zu entwickeln, die nicht nur ihre Beobachtungen erklärten, sondern Möglichkeiten aufzeigten, wie man die Gesellschaft umgestalten könnte. In der zweiten Hälfte des 19. Jahrhunderts wurden die wirtschaftswissenschaftlichen Lehrstühle Deutschlands vor allem von Vertretern der sog. historischen Schule übernommen, unter denen sich nicht wenige gemäßigte Sozialisten befanden. Die radikaleren Sozialisten hielten das Privateigentum an Kapital für die Wurzel aller Übel. Was Adam Smith für eine Tugend gehalten hat, war für sie das schlimmste Laster. Marx war zwar schwerlich der tiefsinnigste von diesen Sozialwissenschaftlern, aber sicherlich einflußreicher als jeder andere Verfechter verstärkter staatlicher Kontrolle über die Verwendung der Produktionsmittel. Andere wiederum sahen weder im Staat noch im privaten Unternehmen die Lösung – sie befürworteten den Zusammenschluß kleiner Gruppen von Individuen zu Genossenschaften, die das Wohl ihrer Mitglieder fördern sollten. Hierher rührte einerseits der Anarcho-Syndikalismus, der vor allem in den romanischen Ländern einigen Einfluß gewann, aber auch die Genossenschaftsbewegung, die in Deutschland nicht zuletzt mit dem Namen von Raiffeisen verbunden ist und bis heute fortwirkt.

Diese Kontroversen haben bis heute nicht an Aktualität verloren und sie haben die Ökonomen veranlaßt, sich um eine genaue Formulierung der Bedingungen zu bemühen, unter denen die unsichtbare Hand zu einem effizienten Funktionieren der Wirtschaft führt, und um Präzisierung des Begriffs Effizienz. Es ist heute allgemein anerkannt, daß die These, eine Marktwirtschaft sei effizient, nur unter ziemlich restriktiven Annahmen Gültigkeit hat. Die Mißstände, auf die wir hingewiesen haben, machten offenbar, daß der Markt viele Probleme nicht zufriedenstellend löste. Heute ist die Mehrheit der deutschen, aber beispielsweise auch der amerikanischen Ökonomen der Ansicht, daß begrenzte Eingriffe des Staates die schwerwiegendsten Mißstände lindern, aber nicht beseitigen können: der Staat sollte aktiv zur Erhaltung der Vollbeschäftigung beitragen und die schlimmsten Erscheinungen der Armut lindern. Privatunternehmen aber sollten die Hauptrolle in der Wirtschaft spielen. Über die Grenzen und das Ausmaß der staatlichen Aktivität bestehen noch erhebliche Meinungsverschiedenheiten. Einige Ökonomen, wie z.B. der vor allem in den sechziger Jahren als Bestsellerautor hervorgetretene John Kenneth Galbraith glauben, daß der Staat im allgemeinen mehr als das tun sollte. Andere wie die Nobelpreisträger Milton Friedman und George Stigler glauben, daß der Staat sich zu viel in die Wirtschaft einmischt. Bei diesen Meinungsverschiedenheiten kommt es darauf an, für wie schwerwiegend die Folgen des Marktversagens gehalten werden und wie hoch man die Fähigkeit des Staates einschätzt, diese Folgen zu kurieren.

Wer oder was ist der Staat?

In diesem ganzen Kapitel haben wir einfach vom „Staat" gesprochen. Aber was meinen wir damit genau? Wir alle denken in diesem Zusammenhang an Einrichtungen wie beispielsweise das Parlament, den Bundeskanzler, das Verfassungsgericht, die Ministerien. Die Bundesrepublik Deutschland ist föderalistisch organisiert – das heißt, die Staatstätigkeit geht von mehreren Ebenen aus: den Gemeinden, den Ländern und dem Bund. Die Aufgabenverteilung zwischen diesen sogenannten Gebietskörperschaften ist im Prinzip durch das Grundgesetz geregelt. Die Gesetzgebungskompetenzen liegen bei den Ländern, soweit das Grundgesetz nicht dem Bund die Gesetzgebungsbefugnis verleiht. Der größte Teil der Gesetzgebung gehört tatsächlich der sogenannten konkurrierenden Gesetzbebung an, bei der die Länder so lange Gesetze erlassen dürfen, wie der Bund von seinem Gesetzgebungsrecht keinen Gebrauch macht. Zur konkurrierenden Gesetzgebung gehören beispielsweise das Bürgerliche Recht, das Strafrecht, das Arbeitsrecht, das Wirtschaftsrecht und der Umweltschutz. Da facto hat der Bund diesen Bereich der Gesetzgebung weitgehend an sich gezogen. Darüberhinaus kann der Bund Rahmenvorschriften für Gebiete erlassen, die ansonsten eigentlich in die Gesetzgebungskompetenz der Länder fallen. In die Gesetzgebungskompetenz der Länder fallen insbesondere das Kommunal- und Polizeirecht, Unterricht und Kultus. Der Bund ist auf diesem Gebiet etwa durch Rahmenvorschriften zum Hochschulwesen und zu den Rechtsverhältnissen der Presse und des Films tätig geworden. Die Kompetenzen der Gemeinden, Gemeinderecht im Wege des Erlasses von Gemeindesatzungen zu schaffen, sind relativ beschränkt.

Die Durchführung der Gesetze, die Verwaltung also, obliegt vorwiegend den Ländern und bis zum gewissen Grad den Gemeinden und Gemeindeverbänden. Hierbei wird zwischen der sogenannten Landeseigenverwaltung und der Bundesauftragsverwaltung unterschieden. Im ersteren Fall kann der Bund lediglich eine Rechtsaufsicht ausüben. Im letzteren erstreckt sich die Bundesaufsicht nicht nur auf die Gesetzmäßigkeit der Verwaltung, sondern auch auf die Zweckmäßigkeit.

Außer den Gebietskörperschaften gehören zum „Staat" oder zur „öffentlichen Finanzwirtschaft" noch eine Vielzahl anderer Organisationen, deren Haushalte mehr oder weniger vom Haushalt der Gebietskörperschaften getrennt sind. Man bezeichnet sie als „parafiskalische Organisationen". Die wichtigsten davon sind die Organisationen der gesetzlichen Renten- und Krankenversicherung und die Bundesanstalt für Arbeit. Andere parafiskalische Organisationen sind die Industrie- und Handelskammern, die Handwerks- und Ärztekammern. Mitunter werden auch noch die Bundespost, die Bundesbank, die öffentlich-rechtlichen Rundfunk- und Fernsehanstalten und sogar die Kirchen als Parafisci bezeichnet.

1. Kapitel: Der öffentliche Sektor in einem gemischtwirtschaftlichen System

Die Abgrenzung zwischen öffentlichen und privaten Organisationen ist oft unklar. Wenn der Staat eine Körperschaft, ein öffentliches Unternehmen oder eine Anstalt gründet, ist dieses Unternehmen ein Teil des „Staates"? Die Deutsche Lufthansa beispielsweise wurde als eine Aktiengesellschaft mit dem Deutschen Reich als Aktionär gegründet. Sie hat in der Vergangenheit Subventionen vom Reich bzw. Bund erhalten, wird ansonsten aber ähnlich wie ein Privatunternehmen geführt. In Österreich wurden nach dem 2. Weltkrieg bedeutende Teile der Schwerindustrie verstaatlicht. Die österreichischen Betriebe, die in der österreichischen Industrieholding Aktiengesellschaft (ÖIAG) zusammengefaßt sind, unterscheiden sich dennoch nicht sehr stark von den deutschen, die in privater Hand sind. Die Aktien der ÖIAG gehören der Republik Österreich. Sollte man die ÖIAG als Teil des Staates betrachten? Die Sache wird noch komplizierter, wenn der Staat einer der Hauptaktionäre eines Unternehmens ist, aber nicht der Alleineigentümer.

Was unterscheidet die Einrichtungen, die wir als „Staat" bezeichnet haben, von privaten Einrichtungen? Es gibt zwei wichtige Unterschiede. Erstens. In einer Demokratie werden die Personen, die staatliche Einrichtungen leiten, gewählt, oder von gewählten Personen eingesetzt (oder von jemanden eingesetzt, der von einer gewählten Person eingesetzt wurde …). Die „Legitimität" der Person, die sich in einer führenden Position befindet, leitet sich direkt oder indirekt aus Wahlen ab. Im Unterschied dazu, werden die Personen, die für das Management der Siemens AG verantwortlich sind, von den Aktionären der Siemens AG bestimmt. Bei einer privaten Stiftung regelt sich die Bestellung der Personen, die für die Verwaltung des Stiftungsvermögens verantwortlich sind, nach der Verfassung der Stiftung, die durch Stiftungsgeschäft festgelegt wird.

Zweitens ist der Staat mit bestimmten hoheitlichen Rechten ausgestattet, die private Einrichtungen nicht haben. Der Staat kann jemanden zwingen, Steuern zu zahlen (und wenn er nicht zahlt, kann er sein Eigentum beschlagnahmen und/ oder ihn ins Gefängnis werfen). Er hat das Recht, die jungen Männer dazu zu zwingen, Kriegsdienst zu leisten zu einem Sold, der weit unter dem Betrag liegt, zu dem sie sich freiwillig hierzu bereit erklären würden. Der Staat hat das Recht, Privateigentum unter bestimmten Voraussetzungen und gegen Entschädigung zu enteignen.

Es handelt sich nicht nur darum, daß private Einrichtungen und Personen keine derartigen Rechte besitzen, sondern der Staat beschränkt auch unser Recht, anderen Personen vergleichbare Zwangsrechte zu gewähren. Er verbietet es seinen Bürgern beispielsweise, sich als Sklaven zu verkaufen.

Während der Staat mit hoheitlicher Gewalt ausgestattet ist, ist ein jeder privatrechtliche Vertrag dadurch gekennzeichnet, daß er freiwillig ist. Es mag mein Wille sein, daß jemand für mich arbeitet, aber ich kann ihn nicht dazu zwingen. Es mag sein, daß ich sein Grundstück benötige, um ein Bürogebäude zu errichten, aber ich kann ihn nicht zwingen, es mir zu verkaufen. Vielleicht glaube ich, daß eine Transaktion für ihn und für mich von Vorteil wäre, aber ich kann ihn nicht zwingen, an ihr teilzunehmen.

Seine Fähigkeit zum Einsatz von Zwang versetzt den Staat möglicherweise in die Lage, Leistungen zu erbringen, die die Fähigkeiten privater Institutionen übersteigen. Die Unterschiede zwischen den Verfahren, mittels derer die Leiter öffentlicher und privater Institutionen ausgewählt werden, haben vielleicht wesentliche Implikationen für ihre Funktionsweise. Diese Unterschiede sollte man im Auge behalten, wenn weiter unten verschiedene Auffassungen der Rolle des Staates diskutiert werden.

Der öffentliche Sektor und die Grundfragen des Wirtschaftens

Ökonomie ist die Lehre von der **Knappheit**. Ihr Gegenstand ist wie sich Gesellschaften in bezug auf die Verwendung knapper Ressourcen entscheiden. Die folgenden vier Fragen werden gestellt:

Was soll produziert werden?
Wie soll es produziert werden?
Für wen soll es produziert werden?
Wie sollen diese Entscheidungen gefällt werden?

Die Finanzwissenschaft befaßt sich mit diesen vier Fragen ebenso wie andere Teildisziplinen der Volkswirtschaftslehre. Im Unterschied zu diesen interessiert sie sich für die Wahlhandlungen, die im öffentlichen Sektor selbst vorgenommen werden, für die Rolle des Staates. Sie interessiert sich dafür, inwieweit diese Entscheidungen im öffentlichen Sektor gefällt werden und in welchem Maße der Staat die Entscheidungen des privaten Sektors beeinflußt.

Was soll produziert werden? Welcher Teil unserer Ressourcen sollte für die Produktion öffentlicher Güter verwendet werden, die wir uns einstweilen als jegliche Art von Gut oder Dienst, der vom Staat bereitgestellt wird, vorstellen können, wie z.B. Bildung oder Verteidigung, und welcher Teil unserer Ressourcen sollte für die Produktion privater Güter verwendet werden, von Gütern, die auf dem Markt angeboten werden, wie z.B. Autos, Fernsehapparate und Videospiele? Wir veranschaulichen uns diese Wahl anhand der **Produktionsmöglichkeitsgrenze** oder **Transformationskurve**, die die verschiedenen Mengen der zwei Güter darstellt, die mit einer bestimmten Technologie und bestimmten Ressourcen effizient produziert werden können. In unserem Fall sind die zwei Güter öffentliche und private Güter. Abbildung 1.1 zeigt die verschiedenen möglichen Kombinationen öffentlicher und privater Güter, die die Gesellschaft produzieren kann.

Die Gesellschaft kann mehr für öffentliche Güter ausgeben, wie z.B. für Landesverteidigung, aber nur, wenn der private Konsum reduziert wird. Wenn wir uns entlang der Produktionsmöglichkeitsgrenze von G nach E bewegen, dann werden mehr öffentliche Güter erstellt, aber weniger private. Punkte wie I, die unterhalb der Produktionsmöglichkeitsgrenze liegen, werden als ineffizient bezeichnet: die Gesellschaft könnte zugleich mehr öffentliche und mehr private Güter erstellen. Punkte wie N, die oberhalb der Produktionsmöglichkeitsgrenze liegen, werden als unerreichbar bezeichnet: gegeben die verfügbaren Ressourcen und Technologien ist es nicht möglich, gleichzeitig derart viel für öffentliche und für private Güter auszugeben.

Wie sollte produziert werden? Die zweite Frage, wie das, was produziert wird, produziert werden sollte, ist ebenso wichtig wie die erste. In welchen Fällen sollte der Staat die Güter, die von ihm bereitgestellt werden, in staatlichen Betrieben

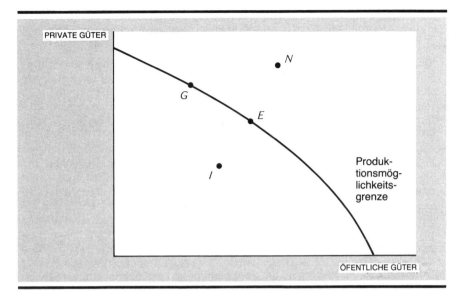

Abb. 1.1 Produktionsmöglichkeitsgrenze der Gesellschaft. Sie stellt das Maximum an privaten Gütern dar, die die Gesellschaft verbrauchen kann, gegeben eine bestimmte Versorgung mit öffentlichen Gütern. Will die Gesellschaft mehr öffentliche Güter verbrauchen, muß sie auf private verzichten.

erzeugen? Unter welchen Umständen sollte der Staat diese Güter von privaten Erzeugern erwerben? Der Großteil der Waffen, die die Armee verwendet, wird von Privatunternehmen erzeugt, aber nur ein kleiner Teil der staatlichen Bildungsaufwendungen fließt Privatschulen zu. In vielen Ländern produzieren öffentliche Betriebe Güter (wie Telekommunikation, Elektrizität oder Stahl) und verkaufen sie an Privatpersonen. Manche Leute glauben, daß die Konsumenten anderenfalls ausgebeutet würden. Andere glauben, daß staatliche Betriebe regelmäßig weniger effizient sind als Privatbetriebe.

In diesem Zusammenhang stoßen wir auf weitere Probleme. Staatliche Politik beeinflußt die Art und Weise, in der Unternehmen die Güter produzieren, die sie produzieren; die Umweltschutzgesetzgebung beschränkt die Umweltverschmutzung durch Betriebe; Sozialversicherungsbeiträge, die Unternehmen für die Arbeiter, die sie beschäftigen, entrichten müssen, verteuern die Arbeit und halten die Unternehmen infolgedessen davon ab, Produktionstechniken zu verwenden, die den Faktor Arbeit in starkem Maße einsetzen; verschiedene Bestimmungen des Steuerrechts mögen der einen Maschine einen Vorzug gegenüber der anderen verleihen. Derartige Fragen stehen oft nicht im Mittelpunkt der politischen Auseinandersetzung. Wichtige Ausnahmen sind die gegenwärtige Debatte über die verzerrenden Einflüsse der Besteuerung und über das Für und Wider von Atomkraftwerken als Energiequellen.

Für wen? Die Frage der Verteilung. Regierungsentscheidungen über Besteuerung und Sozialleistungen bestimmen, wieviel Einkommen verschiedene Personen ausgeben können. Der Staat muß auch entscheiden, welche öffentlichen Güter produziert werden sollen. Bestimmte Gruppen werden von der Produktion des einen öffentlichen Gutes profitieren, andere von der Produktion eines anderen.

Wie werden kollektive Entscheidungen getroffen? Das ist eine Fragestellung, die für die Finanzwissenschaft eine größere Bedeutung hat als für andere Teildisziplinen der Wirtschaftswissenschaften. Es geht um die Prozesse, in deren Ergebnis eine kollektive Entscheidung (collective choice) zustandekommt. Kollektive Entscheidungen sind die Entscheidungen, die eine Gesellschaft als ganzes fällen muß – Entscheidungen beispielsweise über unsere Rechtsordnung, die Größe unserer Armee, unsere Ausgaben für andere öffentliche Güter usw. Wirtschaftswissenschaftliche Einführungslehrbücher analysieren, wie Einzelpersonen ihre Konsumentscheidungen treffen, wie Unternehmen über ihr Produktionsprogramm entscheiden und wie das Preissystem bewirkt, daß die Güter, die von den Konsumenten nachgefragt werden, von den Unternehmen angeboten werden. Kollektive Entscheidungen sind weit komplexer: Die Gesellschaftsmitglieder sind sich selten darüber einig, was wünschenswert ist. Die einen haben mehr Freude an öffentlichen Parkanlagen als die anderen, ebenso wie manche Menschen Schokoladeneiscreme lieber haben als Vanilleeiscreme. Aber während bei privaten Gütern die Personen, die Schokoladeneiscreme mögen, einfach Schokoladeneiscreme kaufen, und diejenigen, die Vanilleeiscreme mögen, Vanilleeiscreme kaufen, müssen wir bei öffentlichen Gütern die Entscheidung gemeinsam fällen. Jeder, der einmal in einer Familie gelebt hat, kennt die Schwierigkeiten kollektiver Entscheidungsprozesse (sollen wir ins Kino oder zum Kegeln gehen?). Öffentliche Entscheidungen sind noch weit komplizierter. Eine der Aufgaben der Finanzwissenschaft ist das Studium kollektiver Entscheidungen in demokratischen Gesellschaften.

Es ist wichtig, das Auseinanderklaffen der Ansichten und Interessen als solches zu erkennen. Es sollte uns hellhörig machen gegenüber Debattenklischees wie „Es ist im öffentlichen Interesse" oder „Es geht um das Wohl der Allgemeinheit". Es kann sein, daß unterschiedliche Regierungsmaßnahmen für unterschiedliche Personen vorteilhaft sind. Es sollte sehr genau herausgearbeitet werden, wer von einer Maßnahme profitiert und wem sie schadet.

Die Untersuchung der öffentlichen Wirtschaft

Die Untersuchung der staatlichen Wirtschaftstätigkeit kann in drei Teilgebiete unterteilt werden.

1. Nachforschungen, welche Aktivitäten der öffentliche Sektor entfaltet und wie diese strukturiert sind. Die Staatstätigkeit ist derart komplex, daß es bereits Schwierigkeiten bereitet festzustellen, welchen Umfang die Staatsausgaben haben und welchen konkreten Verwendungszwecken sie zufließen. Der Haushaltsplan des Bundes allein setzt sich aus 27 Einzelplänen zusammen und stellt ein Dokument mit einem Umfang von fast 4000 Seiten dar. Innerhalb dieses Haushaltsplans ist es nicht immer einfach, die verschiedenen Ausgaben bestimmten Ressorts zuzuordnen. Oft entwickeln verschiedene Verwaltungen ähnliche Aktivitäten. Deswegen enthält der Haushaltsplan nicht nur Einzelpläne für die verschiedenen Bundesbehörden, sondern auch einen sogenannten Funktionenplan. Mittel zur Finanzierung der wissenschaftlichen Forschung beispielsweise finden sich nicht nur in den Einzelplänen des Ministeriums für Forschung und Technologie und des Ministeriums für Bildung und Wissenschaft, sondern auch in den Einzelplänen der meisten anderen Ministerien, wie z.B. des Bundesministers des Innern, der Justiz, der Wirtschaft, des Bundesministeriums für Ernährung, Landwirtschaft und Forsten, für Arbeit und Sozialordnung, für Verkehr usw. Ein Ministerium wie beispielsweise das für Jugend, Familie, Frauen und Gesundheit unterstützt eine Vielzahl von Organisationen und ist in einer breiten Palette von Bereichen tätig, die untereinander oft nur höchst weitläufig verwandt sind.

Wie oben bereits angeführt hat nicht nur der Bund einen Haushalt mit eigenen Einnahmen und Ausgaben, sondern auch die Länder, Gemeinden und Gemeindeverbände und darüberhinaus die weit über tausend parafiskalischen Organisationen. Jeder Bürger zahlt Steuern und Abgaben an mehrere verschiedene Gebietskörperschaften und Parafisci.

2. Die Erlangung eines Verständnisses für die Folgen der Staatstätigkeit in ihrer Gesamtheit und, soweit möglich, eine Prognose derselben. Wenn einer juristischen Person eine Steuer auferlegt wird, wer trägt die Last der Steuer? Es ist unwahrscheinlich, daß der einzige Effekt der Steuererhebung in einer Verminderung der Gewinne dieser juristischen Person besteht. Höchstwahrscheinlich wird zumindest ein Teil der Steuerlast auf die Konsumenten abgewälzt – oder vielleicht auf die Arbeitnehmer durch eine Verringerung der Löhne. Wenn der Staat eine Mietpreisbindung einführt, was werden die langfristigen Folgen sein? Wird die Stellung des Mieters tatsächlich auf lange Sicht verbessert? Was sind die Folgen, wenn die Regierung die Altersgrenze in der sozialen Rentenversicherung verändert? Wenn sie Studiengebühren an den Universitäten einführt? Wenn sie den Bau von Krankenhäusern finanziert?

Wir haben bereits festgestellt, daß die Folgen oft zu vielschichtig sind, als daß eine genaue Prognose möglich wäre. Oft sind die Folgen strittig. Tatsächlich findet der Streit oft nicht einmal nach der Durchführung der Maßnahme ein Ende. In diesem Buch werden wir versuchen, nicht nur alle Seiten einiger der wichtigsten Streitfragen vorzustellen, sondern auch zu erklären, warum sie umstritten geblieben sind und warum es so schwierig ist, einige dieser wichtigen Fragen zu beantworten.

3. Die Bewertung verschiedener wirtschaftspolitischer Maßnahmen. Um eine solche Bewertung vorzunehmen, müssen wir nicht nur die Folgen solcher Maßnahmen kennen, sondern Kriterien für ihre Bewertung entwickeln. Mit anderen Worten, wir müssen die Ziele der Wirtschaftspolitik kennen. Ferner müssen wir uns vergewissern, in welchem Maße ein bestimmter Vorschlag geeignet sein dürfte, diese Ziele zu erreichen. Aber das ist noch nicht alles. Viele Vorschläge haben ganz andere Folgen, als ihre Erfinder beabsichtigen, und man muß in der Lage sein, diese Folgen zu prognostizieren und einer Bewertung zuzuführen.

Normative und Positive Ökonomie

Die Unterscheidung zwischen der Analyse der Folgen einer Regierungspolitik und der Vornahme eines Urteils über ihr Für und Wider, die wir soeben eingeführt haben, ist grundlegend. Die erste Art der Analyse wird häufig als **positive**

Analyse bezeichnet, die letztere als **normative Analyse**. Die positive Ökonomie befaßt sich nicht nur mit der Analyse der Folgen bestimmter Staatshandlungen, sondern auch mit der Beschreibung der Aktivitäten des öffentlichen Sektors und der politischen und wirtschaftlichen Einflußfaktoren, die für die Entwicklung bestimmter Maßnahmenkataloge verantwortlich sind. Wenn Wirtschaftswissenschaftler die Grenzen der positiven Ökonomie überschreiten, betreten sie das Gebiet der normativen Ökonomie. Sie befaßt sich mit der Beurteilung des Für und Wider verschiedener wirtschaftspolitischer Programme und mit der Entwicklung neuer Programme, die besser geeignet sind, bestimmte Ziele zu erreichen.

Die normative Ökonomie macht Aussagen wie z.B. „Wenn der Staat den Import von Öl in einer solchen Weise beschränken will, daß die Kosten für den Staat und die Konsumenten möglichst gering sind, dann sind Importzölle ein geeigneteres Instrument als Importkontingente". Oder: „Wenn es die Zielsetzung der Landwirtschaftpolitik ist, den ärmeren Landwirten zu helfen, dann ist ein System von Preisstützungen weniger geeignet als ein System zweckmäßig gestalteter Transfers." Mit anderen Worten, in der normativen Ökonomie vergleichen die Ökonomen den Grad, in dem verschiedene Maßnahmenkataloge bestimmte Ziele erreichen. Im Unterschied dazu macht die positive Ökonomie Aussagen des folgenden Typs: „Die Einführung des dualen Finanzierungssystems, bei dem die Länder die Finanzierung der Investitionen zur Errichtung von Krankenhäusern übernehmen, führte zum Entstehen von Prestigeobjekten und eines Bettenüberhangs."

Wenn Ökonomen solche Aussagen machen, dann versuchen sie, eine Heranziehung eigener Beurteilungskriterien, eigener Werturteile zu vermeiden. Sie sehen sich in der Rolle eines Beraters, der dem Politiker „technische Unterstützung" gewährt, damit er seine Ziele erreichen kann.

Zugleich versuchen Ökonomen nicht selten, etwas über die Ziele zu sagen, die von den Politikern verkündet werden. Sie bemühen sich beispielsweise aufzuzeigen, in welchem Maße bestimmte Ziele im Konflikt zu anderen stehen, und Vorschläge zu machen, wie ein derartiger Konflikt gelöst werden könnte. Sie versuchen, die Implikationen verschiedener Systeme von Werturteilen in ihrer Gesamtheit herauszuarbeiten. Sie versuchen, zu klären, welche Urteile diesen Systemen zugrundeliegen und welche andere Werturteile von diesen grundlegenden Werturteilen abgeleitet werden können. Die Bemühungen der Wirtschaftswissenschaftler berühren hier oft den Bereich der Philosophie.

Die zwei Herangehensweisen, die positive und die normative Ökonomie, ergänzen sich bis zu einem gewissen Grad; um ein Urteil zu fällen, welche Handlungen der Staat vornehmen sollte, bedarf es der Kenntnis der Folgen solcher Handlungen. Man muß in der Lage sein, genau zu beschreiben, was geschehen wird, wenn der Staat eine bestimmte Art von Steuer einführt oder wenn er eine bestimmte Wirtschaftsbranche subventioniert.

Einige Beispiele mögen der Erläuterung des Unterschiedes dienlich sein. Stellen Sie sich vor, daß das Parlament über die Erhöhung der Tabaksteuer oder die Einführung einer Weinsteuer berät. Die positive Ökonomie befaßt sich mit Fragen wie:

a) Wie stark wird der Preis von Zigaretten oder von Wein steigen?
b) Wie wird sich das auf die Nachfrage nach Zigaretten oder Wein auswirken?

c) Verwenden Haushalte mit geringem Prokopfeinkommen einen größeren Teil ihres Einkommens auf Zigaretten (Wein) als Haushalte mit höherem Prokopfeinkommen?
d) Wie wird sich die Steuererhöhung voraussichtlich auf die Gewinne der Zigaretten- oder Weinhersteller auswirken?
e) Und was werden die Wirkungen auf die Einkommen der Winzer sein?
f) Wie wirkt sich verringerter Tabakkonsum auf das Auftreten von Lungenkrebs und Herzkrankheiten aus? Welcher Teil der mit der Behandlung dieser Krankheiten verbundenen Aufwendungen wird direkt oder indirekt vom Staat getragen? Wie wird sich der verringerte Weinkonsum auf die Häufigkeit von Autounfällen auswirken? Welche Auswirkungen wird eine Erhöhung der Lebenserwartung der Bevölkerung (infolge geringeren Tabak- und Alkoholkonsums) auf die soziale Rentenversicherung haben?

Demgegenüber befaßt sich die normative Ökonomie mit der Bewertung dieser verschiedenen Auswirkungen und gelangt zu einem Urteil über Vor- und Nachteile derartiger Steuersatzänderungen:
a) Wenn es bei der Konstruktion von Steuersystemen vor allem auf die Auswirkungen auf die Armen ankommt, welche Steuer ist besser, die Tabaksteuer oder die Weinsteuer?
b) Wenn es vor allem darauf ankommt, wie stark die Steuer das Nachfrageverhalten verzerrt (im Vergleich zu der Lage vor der Einführung der Steuer), welche Steuer ist besser, die Tabaksteuer oder die Weinsteuer?
c) Wenn es vor allem auf die Senkung der Aufwendungen für das Gesundheitswesen ankommt, welche der beiden Steuern ist besser?
d) Gibt es Steuern, die für die Erreichung irgendeines dieser Ziele besser geeignet sind als diese beiden?

Ein zweites Beispiel: Stellen Sie sich vor, die Regierung und das Parlament beraten, ob die Stahlerzeuger von der Umweltverschmutzung abgehalten werden sollen, indem ihnen eine Verschmutzungsabgabe abverlangt wird oder indem der Erwerb von Entsorgungstechnologien subventioniert wird. Die positive Ökonomie befaßt sich mit Fragen der folgenden Art:
a) Um wieviel wird sich die Umweltverschmutzung infolge der Auferlegung einer Umweltsteuer (der Gewährung einer Subvention) verringern?
b) Welche Erhöhung des Stahlpreises wird die Einführung der Umweltsteuer bewirken?
c) Um wieviel wird sich die Nachfrage nach deutschem Stahl infolge dieser Preiserhöhung vermindern?
d) Was sind die Beschäftigungswirkungen einer solchen Nachfrageänderung? Wie werden sich die Gewinne (oder Verluste) der Stahlerzeuger entwickeln?
e) Wieviel ist die Bevölkerung, die in der Nähe der Stahlwerke wohnt, bereit, für eine Verringerung der Umweltverschmutzung aufzuwenden? Das heißt, wieviel ist ihr diese Verringerung wert?

Wiederum geht es der normativen Ökonomie um die Bewertung der verschiedenen Effekte:
a) Wenn es vor allem um die Lage der Armen geht, welches System ist besser, Steuern oder Subventionen? Als Konsumenten werden die Armen durch Preiserhöhungen für alle Produkte, bei deren Erzeugung Stahl verwendet wird, betroffen. Die Armen wohnen wahrscheinlich näher bei Stahlwerken

als die Reichen und sind infolgedessen vermutlich von der Umweltverschmutzung stärker betroffen. Verringert aber eine Umweltsteuer die Beschäftigung in der Stahlindustrie und die Nachfrage nach Stahl, sind es die ungelernten Arbeiter, die darunter am meisten leiden. Zu welcher Gesamtbeurteilung gelangen wir aufgrund dieser Effekte? Und wie hoch müssen die Umweltsteuern bzw. Subventionen sein, damit die Auswirkungen auf den Wohlstand der Armen möglichst günstig sind?

b) Wenn es auf die Erzielung eines möglichst hohen Volkseinkommens ankommt, was ist vorzuziehen, eine Umweltsteuer oder eine Subvention? Oder wäre es am besten, gar nichts tun? Und wiederum, wenn einer der beiden Alternativen der Vorzug zu geben ist, wie hoch muß die Umweltsteuer bzw. Subvention sein, damit das Volkseinkommen möglichst groß wird?

Dieses Beispiel ist typisch für das Dilemma, vor dem wir in vielen Fällen der wirtschaftswissenschaftlichen Analyse von Regierungsmaßnahmen stehen: Es gibt Gewinner (das sind diejenigen, die dann reinere Luft einatmen) und Verlierer (Konsumenten, die höhere Preise zahlen, Erzeuger, die geringere Gewinne erzielen, Arbeiter, die ihren Arbeitsplatz verlieren). Die normative Ökonomie ist bestrebt, eine systematische Vorgehensweise zu entwickeln, die uns einen Vergleich der Vorteile, die die Gewinner aus einer Maßnahme erzielen, mit den Nachteilen der Verlierer ermöglicht. Im Ergebnis dieses Vergleichs will sie zu einem Urteil über die Vor- und Nachteile des Vorschlags gelangen.

Der Unterschied zwischen normativen und positiven Aussagen tritt nicht nur bei der Erörterung bestimmter Änderungen der Wirtschaftspolitik hervor, sondern auch bei der Diskussion über politische Willensbildungsprozesse. Beispielsweise beschreiben Wirtschaftswissenschaftler die Folgen der Mehrheitswahl. Wenn unterschiedliche Meinungen über die Höhe der Verteidigungsausgaben bestehen, wie kommen diese unterschiedlichen Meinungen im Rahmen des politischen Willensbildungsprozesses zur Geltung? Was wird die Folge sein, wenn das Erfordernis einer Zweidrittel-Mehrheit für die Genehmigung öffentlicher Ausgaben eingeführt wird, die ein bestimmtes Volumen überschreiten? Was sind die Folgen, wenn die Politiker besser bezahlt werden? Oder wenn Beschränkungen für eine Finanzierung von Wahlkampagnen durch private Spenden geschaffen werden? Wenn öffentliche Mittel für die Finanzierung von Wahlkampagnen bereitgestellt werden? Wirtschaftswissenschaftler befassen sich darüberhinaus auch mit der Bewertung unterschiedlicher Strukturen politischer Willensbildungsprozesse. Sind bestimmte Strukturen in einem wohldefinierten Sinne besser als andere? Erscheinen sie besser geeignet, „konsistente" Entscheidungen herbeizuführen? Erscheinen bestimmte Strukturen geeigneter, gerechte oder effiziente Ergebnisse hervorzubringen?

Meinungsverschiedenheiten zwischen Ökonomen

In den vorhergehenden Abschnitten haben wir die Analyse einer Politik in zwei Schritte zerlegt: die Analyse ihrer Folgen und ihre Bewertung. Beide Schritte liefern Anlässe zum Streit.

In den zentralen Fragen der Wirtschaftspolitik hat Einigkeit Seltenheitswert. Manche Leute meinen, daß die Lufthansa privatisiert werden sollte, andere nicht. Manche glauben, daß die Einkommensteuer progressiv ausgestaltet werden sollte (das heißt, daß reichen Leuten ein größerer Teil ihres Einkommens weggesteuert wird als armen), andere befürworten das Gegenteil. Manche glauben, daß Schulgebühren, die beim Besuch privater Schulen anfallen, steuerlich absetzbar sein sollten, andere glauben, daß das nicht so sein sollte. Manche glauben, daß das BAFöG (Bundesausbildungsförderungsgesetz) dahingehend geändert werden sollte, daß die Bedingungen für die Erlangung eines Stipendiums restriktiver werden, andere glauben das Gegenteil. Eine der wichtigsten Aufgaben der ökonomischen Analyse politischer Willensbildungsprozesse ist es, herauszufinden, woher die Meinungsverschiedenheiten herrühren.

Im großen und ganzen gibt es drei Anlässe für Meinungsverschiedenheiten. Die ersten zwei betreffen die, die bei der positiven Analyse der Folgen einer Politik auftreten, der dritte hat mit den Werturteilen zu tun, die die Grundlage für die normative Analyse abgeben.

Eine verkürzte Sicht der Folgen einer wirtschaftspolitischen Maßnahme

Viele Kontroversen rühren daher, daß die eine oder die andere Seite (oder beide) es verabsäumen, die Folgen einer wirtschaftspolitischen Maßnahme in ihrer Gesamtheit zu betrachten. Wir haben bereits verschiedene Beispiele hierfür angeführt, u.a. die Mietpreisbindung. Bei der Diskussion über die Mietpreisbindung wurden nicht selten die Auswirkungen einer Begrenzung der Miethöhe auf die Neubautätigkeit und damit das Angebot an Mietwohnungen übersehen.

Ein historisches Beispiel für eine derartige verkürzte Sicht der Folgen wirtschaftspolitischer Maßnahmen ist die Tür- und Fenstersteuer, die im 19. Jahrhundert in Frankreich erhoben wurde (einige deutsche Staaten besaßen ebenfalls eine Fenstersteuer). Damals galten Fenster als Luxus, und die Häuser der Reichen hatten mehr als die der Armen. Seinerzeit war es verwaltungstechnisch kaum möglich, den Bürgern eine Einkommensteuer aufzuerlegen; dem Staat fehlte es an der Möglichkeit, sich zu vergewissern, wie hoch das Einkommen seiner Untertanen war. In der Tat verfügten die Bürger damals noch nicht über eine Buchhaltung, die es ihnen ermöglicht hätte, ihr eigenes Einkommen zu ermitteln. Infolgedessen mag das Steuerobjekt Fenster ein recht gutes Maß für die Leistungsfähigkeit gewesen sein; sie waren ein teurer Luxus. Diejenigen, die sich viele Fenster leisten konnten, waren vermutlich besser imstande, Steuern zu zahlen. Mit anderen Worten, Fenster mögen ein Steuerobjekt für eine gerechte Besteuerung dargestellt haben. Die Väter des Steuergesetzes hatten zweifellos nicht angestrebt, daß die Fenster zugemauert werden sollten. Das aber war eine der wichtigsten Folgen der Gesetzgebung. Um die Steuer zu vermeiden, bauten die Bürger Häuser mit wenigen Fenstern. Die Steuer bewirkte dunkle Häuser[5]. Die Folgen sind noch heute in französischen Ortschaften sichtbar.

In den folgenden Kapiteln werden wir häufig darauf hinweisen, daß die Folgen einer Wirtschaftspolitik von den Absichten des Staats erheblich abweichen. **Auf lange Sicht** reagieren Unternehmen und Haushalte auf Veränderungen der Steuergesetze und andere Maßnahmen, und diese langfristigen Reaktionen müssen in Rechnung gestellt werden. Im Ergebnis einer derartigen Anpassung mag eine

---

[5] Ein ähnliches Beispiel aus neuerer Zeit ist die Obstbaumsteuer, die Stalin in der UdSSR einführte. Sie führte dazu, daß die meisten Obstbäume gefällt wurden.

Steuer oder eine Subvention, die sich auf ein Gut richtet, Auswirkungen auf andere Güter haben. Jede größere Veränderung der Besteuerung hat regelmäßig indirekte Auswirkungen auf die gesamte Wirtschaft. Obwohl einzelne dieser indirekten Auswirkungen für sich genommen geringfügig sein mögen, sind sie in ihrer Gesamtheit vielleicht doch höchst ernst zu nehmen. In unserer weiteren Erörterung werden wir hierfür einige dramatische Beispiele anführen – so etwa einen Fall, in dem eine Lohnsteuer im Endeffekt keine Auswirkungen auf die Arbeitslöhne hat, sondern den Preis für Grund und Boden drückt.

Unterschiedliche Ansichten über die Funktionsweise der Wirtschaft

Die Wirtschaftswissenschaftler sind sich darüber einig, daß man bei der Bewertung einer wirtschaftspolitischen Maßnahme alle ihre Auswirkungen berücksichtigen sollte, ja sie sehen in der Aufdeckung dieser Auswirkungen eine ihrer wichtigsten Aufgaben. Sie sind darüber uneins, wie die Wirtschaft funktioniert, und infolgedessen darüber, was die Auswirkungen einer Maßnahme sein werden. Wir können zwei Hauptquellen für solche Meinungsverschiedenheiten ausmachen.

Erstens: Es gibt Meinungsverschiedenheiten darüber, wie ausgeprägt der Wettbewerb in der Wirtschaft ist. Im größten Teil dieses Buchs werden wir unterstellen, daß er tatsächlich sehr heftig ist, daß in jedem Wirtschaftszweig eine Vielzahl von Unternehmen aktiv miteinander konkurriert. Jedes einzelne von ihnen ist – gemessen an der Größe des Markts – so klein, daß es keinen Einfluß auf den Marktpreis nehmen kann. Es gibt keine Markteintrittsbarrieren. Besteht für ein Unternehmen die Möglichkeit, seine Gewinne durch einen Eintritt in den Markt zu vergrößern, so wird diese Möglichkeit rasch genutzt. Es gibt wohl kaum einen Ökonomen, der glaubt, daß diese Charakteristika in allen Wirtschaftszweigen anzutreffen sind, aber viele Wirtschaftswissenschaftler sind der Ansicht, daß der Wettbewerb in der Wirtschaft als ganzes intensiv genug ist, daß die Einsichten, die man aus der Analyse eines Wettbewerbsystems gewinnt, wertvoll für das Verständnis der Auswirkungen wirtschaftspolitischer Maßnahmen in einer Wirtschaft wie der deutschen sind. Die meisten Wirtschaftswissenschaftler sind sich auch einig, daß es Wirtschaftszweige gibt, die durch ein Wettbewerbsmodell nicht sehr gut beschrieben werden, und daß für die Untersuchung der Wirkungen einer Steuer auf diese Wirtschaftszweige eine Theorie der Funktionsweise von Monopolen (Wirtschaftszweige mit nur einem Unternehmen) und Oligopolen (Wirtschaftszweige mit einigen wenigen Unternehmen) erforderlich ist. Es gibt aber auch Ökonomen, wie z.B. einige Anhänger der sog. Cambridge Schule oder die Marxisten, die glauben, daß es in der Wirtschaft im großen und ganzen nicht sehr viel Konkurrenz gibt, und daß man mittels einer Analyse, die Wettbewerb unterstellt, kaum Einsichten in die Wirklichkeit gewinnen kann. Wiederum andere glauben, daß auf lange Sicht der Wettbewerb nachhaltig ist, auf kurze Frist aber recht begrenzt. Wir können diese Meinungsverschiedenheiten nicht auflösen, aber wir können zeigen, wie und unter welchen Umständen unterschiedliche Ansichten zu verschiedenen Schlußfolgerungen führen.

Ökonomische Modelle. Bei der Analyse der Auswirkungen verschiedener wirtschaftspolitischer Maßnahmen machen die Ökonomen Gebrauch von Konstrukten, die Modelle genannt werden. Ebenso wie ein Modellflugzeug die wichtigsten Eigenschaften eines Flugzeugs wiederzugeben versucht, versucht eine Modellwirtschaft die wichtigsten Eigenschaften der Wirtschaft wiederzugeben.

Es ist offenbar, daß die tatsächliche Wirtschaft außerordentlich komplex ist. Um feststellen zu können, was vor sich geht, und um Vorhersagen über die Folgen einer bestimmten Veränderung in der Wirtschaftspolitik zu machen, ist es erforderlich, die wesentlichen von den unwesentlichen Eigenschaften zu trennen. Welche Eigenschaften bei der Konstruktion des Modells in das Zentrum der Aufmerksamkeit gelangen, hängt von der Fragestellung ab. Daß Modelle vereinfachende Annahmen machen, daß sie eine Fülle von Details aussparen, ist eine Tugend und nicht ein Laster. Eine Analogie soll dies erläutern. Unternimmt man eine weite Reise, benützt man oft mehrere Landkarten. Eine Karte, die das Netz der Autobahnen und Hauptstraßen wiedergibt, gewährt einen Überblick und ermöglicht es uns herauszufinden, wie wir aus der Ausgangs- in die Zielregion gelangen. Im Anschluß daran werden dann größere Karten herangezogen, die zeigen, wie man vom Ausgangspunkt der Reise zu einer Hauptstraße und von einer solchen wiederum zum Ziel kommt. Würde die Karte der Hauptstraßen und Autobahnen auch jede Nebenstraße enthalten, wäre sie so groß, daß sie unhandlich und verwirrend wäre; die zusätzlichen Details, die für bestimmte Zwecke durchaus wichtig sind, würden uns einfach überfordern.

Eine jede Analyse der Wirkungen verschiedener Änderungen der Regierungspolitik macht den Gebrauch von Modellen erforderlich, d.h. von einfachen Hypothesen über die Reaktionen der Individuen und der Unternehmungen auf diese Veränderungen und über die Wechselwirkung zwischen diesen Reaktionen. Jedermann – Politiker ebenso wie Ökonomen – benützt bei der Diskussion der Wirkungen verschiedener Maßnahmen Modelle. Der Unterschied ist, daß die Ökonomen versuchen, ihre Voraussetzungen offenzulegen und sicherzustellen, daß ihre Annahmen untereinander und mit den statistischen Erfahrungswerten konsistent sind.

Im Rahmen unserer obigen Diskussion über die Wurzeln von Meinungsverschiedenheiten haben wir darauf hingewiesen, daß Wirtschaftswissenschaftler sich häufig über die Intensität des Wettbewerbs in der Wirtschaft uneins sind. Das heißt, einige Ökonomen glauben, daß ein Modell der Wirtschaft, in dem angenommen wird, daß die Unternehmen sich einen heftigen Wettbewerb liefern, eine gute Grundlage für Prognosen, beispielsweise über die Auswirkungen einer Erhöhung der Körperschaftsteuer, abgibt. Diese Ökonomen mögen zugestehen, daß es Fälle gibt, in denen die Unternehmen sich keinen heftigen Wettbewerb liefern. Ihrer Ansicht nach ist das aber eher die Ausnahme als die Regel. Andere Ökonomen glauben, daß die meisten Wirtschaftszweige von drei oder vier großen Unternehmungen beherrscht werden; diese Unternehmen mögen in mancher Beziehung in Konkurrenz zueinander stehen – beispielsweise bei der Entwicklung neuer Produkte – aber sich in anderer Hinsicht, beispielsweise bei der Preispolitik, ohne förmliche Absprache doch aufeinander abgestimmt verhalten. Von diesem Standpunkt aus wird man Ergebnisse, die mit Hilfe des traditionellen Wettbewerbsmodells gewonnen wurden, für irreführend halten. Ein leistungsfähiges Modell müßte Wettbewerbsbeschränkungen in Rechnung stellen.

Zweitens: **Meinungsverschiedenheiten über Größenordnungen.** Selbst wenn sich die Wirtschaftswissenschaftler über Art und Richtung der zu erwartenden Reaktion auf eine Maßnahme einig sind, mag es zu Meinungsverschiedenheiten über die Größenordnung dieser Reaktion kommen. So mag es sein, daß darüber Einigkeit herrscht, daß eine Verringerung der Steuern die Individuen dazu veranlassen wird, mehr zu arbeiten, aber die einen glauben vielleicht, daß dieser Effekt nicht sehr stark ausfallen wird, während andere meinen, daß er sehr erheblich sein wird. Derartige Meinungsverschiedenheiten spielen bei der Beurteilung einer Senkung der marginalen Steuersätze bei der Einkommensteuer eine große Rolle. Als beispielsweise der amerikanische Präsident R. Reagan 1981 eine drastische Senkung dieser Steuersätze durchsetzte, erwarteten die einen hiervon einen nachhaltigen Aufschwung der Wirtschaft, der zu zusätzlichen Steuereinnahmen führen würde. Andere vermuteten, daß der Aufschwung so schwach ausfallen würde, daß das Steueraufkommen per saldo zurückgeht. Dies wiederum würde zu einer vergrößerten Staatsverschuldung führen. die einen ungünstigen Einfluß auf die Wirtschaft ausüben würde. Es stellte sich heraus, daß zumindest kurzfristig die von der Steuerreform ausgelösten Auftriebskräfte sogar schwächer waren, als es ein Teil der Kritiker Reagans vorhergesagt hatte.

Obwohl die Volkswirte großen Wert darauf legen, die Größenordnungen beispielsweise der Wirkung einer Steuervergünstigung für Investitionen auf die Investitionstätigkeit oder einer Veränderung der Einkommensteuersätze auf den Konsum oder einer Erhöhung der Zinsen auf die Spartätigkeit usw. zu ermitteln, muß eingestanden werden, daß unterschiedliche Arbeiten infolge der Verwendung anderen Datenmaterials und anderer statistischer Techniken zu unterschiedlichen Schlüssen gelangen. Es mag sein, daß die Wirtschaftswissenschaftler in der Lage sind, einige dieser Meinungsverschiedenheiten auszuräumen, wenn sie besseres statistisches Material erhalten und bessere Techniken für die Analyse der meist sehr unzulänglichen statistischen Daten entwickelt werden.

Meinungsverschiedenheiten über Werte

Die bislang dargestellten Quellen für Meinungsverschiedenheiten betreffen die positive Ökonomie. Die normative Ökonomie liefert einen weiteren Anlaß zu Meinungsverschiedenheiten. Selbst wenn man sich über alle Folgen einer Politik einig ist, mag man sich immer noch darüber streiten, ob diese Politik empfehlenswert ist. Häufig tritt eine **Konkurrenz zwischen verschiedenen Zielen** (Trade-off) auf: eine Maßnahme mag das Bruttosozialprodukt erhöhen, aber die Ungleichheit vergrößern; sie mag die Arbeitslosigkeit verringern, aber auch die Inflation verstärken; sie kann die Lage einer Gruppe auf Kosten einer anderen verbessern. Mit anderen Worten, es gibt erfreuliche und weniger erfreuliche Folgen einer Maßnahme. Verschiedene Personen mögen diese Folgen unterschiedlich gewichten, beispielsweise der Preisstabilität mehr Bedeutung zumessen als der Vollbeschäftigung, oder Wirtschaftswachstum für wichtiger halten als eine gleichmäßige Einkommensverteilung.

Was Werte anbetrifft, so sind die Wirtschaftswissenschaftler ebenso uneins wie die Philosophen. In diesem Buch werden wir einige der am weitesten verbreiteten Standpunkte vortragen und einige der kritischen Einwendungen, die gegen sie vorgebracht wurden.

1. Kapitel: Der öffentliche Sektor in einem gemischtwirtschaftlichen System 23

Zusammenfassung:

1. In einem gemischtwirtschaftlichen System, wie es in der BR Deutschland besteht, betätigen sich sowohl der Staat als auch private Unternehmen in der Wirtschaft.

2. Seit Adam Smith hat die Wirtschaftswissenschaft die Bedeutung des freien Wettbewerbs für die effiziente Gütererstellung betont. Die Ökonomen und andere haben auch erkannt, daß den Fähigkeiten der Privatwirtschaft, bestimmte grundlegende gesellschaftliche Bedürfnisse zu befriedigen, Grenzen gesetzt und gewisse staatliche Eingriffe erforderlich sind. Zum Wachstum der Rolle des Staates in der Marktwirtschaft ist es nicht zuletzt infolge derartiger Einsichten gekommen.

3. Staatseingriffe stellen keineswegs immer die richtige Antwort dar, wenn die Privatwirtschaft versagt. Der Mißerfolg zahlreicher wirtschaftspolitischer Eingriffe kann vor allem auf drei Ursachen zurückgeführt werden: a) die Folgen staatlicher Eingriffe sind kompliziert und unvorhersehbar; b) der Staat kann die Folgen seiner Handlungen nur sehr begrenzt unter Kontrolle behalten; c) diejenigen, die die Gesetze machen, haben nur einen beschränkten Einfluß auf die Art und Weise, wie diese Gesetze ausgeführt werden.

4. Die BR Deutschland ist föderalistisch aufgebaut. Bestimmte Aufgabenbereiche werden in erster Linie von den Ländern und Gemeinden wahrgenommen (beispielsweise Bildung und Kultur), andere vor allem vom Bund (beispielsweise Verteidigung).

5. Die Ökonomie befaßt sich damit, wie knappe Ressourcen auf verschiedene miteinander konkurrierende Verwendungszwecke verteilt werden. Die Finanzwissenschaft befaßt sich mit der Frage, ob bestimmte Aktivitäten besser staats- oder privatwirtschaftlich organisiert werden, und mit den Entscheidungen innerhalb des öffentlichen Sektors. Hierbei geht es vor allem um die folgenden vier Grundprobleme: Was wird produziert? Wie wird es produziert? Für wen wird es produziert? Auf welche Weise werden diese Fragen entschieden?

6. Im Rahmen der Finanzwissenschaft befaßt sich die positive Analyse mit der Beschreibung der staatlichen Aktivitäten und den Folgen verschiedener Maßnahmen. Die normative Analyse will unterschiedliche Maßnahmen, zwischen denen man wählen kann, bewerten.

7. Meinungsverschiedenheiten über die Beurteilung einer wirtschaftspolitischen Maßnahme werden hervorgerufen durch: Meinungsverschiedenheiten über wesentliche Eigenschaften der Wirtschaft, die Unfähigkeit, die Gesamtheit der Folgen solcher Maßnahmen vorherzusehen, und Meinungsverschiedenheiten über Ziele und Werte.

Schlüsselbegriffe

gemischtwirtschaftliches System
Marktversagen
unsichtbare Hand
Laissez faire
privater Sektor
Gebietskörperschaften

öffentlicher Sektor
Produktionsmöglichkeitsgrenze
normative Ökonomie
positive Ökonomie
ökonomische Modelle
Parafisci

Fragen und Probleme

1. Untersuchen Sie das folgende Gespräch über die EG-Landwirtschaftspolitik:
   A. Die Landwirtschaftspolitik der EG zielt darauf ab, allen Bauern einen vertretbaren Lebensstandard zu sichern. Dies soll erreicht werden, indem ihnen garantiert wird, daß sie ihre Produkte zu einem angemessenen Preis absetzen können. Daß Bauern ihre Produkte zu Schleuderpreisen absetzen sollen, ist genauso verwerflich wie wäre, wenn Arbeiter zu einem Hungerlohn arbeiten müßten.

B. Die Landwirtschaftspolitik der EG ist ein Fiasko. Von den Preisstützungen profitieren vor allem die Großbauern (weil sie mehr produzieren). Trotz dieser Preisstützungen verdienen viele Bauern nicht mehr als den Sozialhilfesatz. Die hohen Garantiepreise haben zu einer Steigerung der Produktion geführt und das hat die EG-Landwirtschaftspolitik äußerst kostspielig werden lassen. Stillegungsprämien und andere Mittel der Produktionsbegrenzung wie die Gewährung von Milchrenten und der Handel mit sogenannten Milchquoten sind verwaltungstechnisch sehr aufwendig, allokativ ineffizient und verfehlen darüber hinaus zum Teil ihre Wirkung, etwa weil die Bauern nur die weniger fruchtbaren Felder umwidmen und die Überschußproduktion sich nur von einem Erzeugnis auf andere verlagert. Die Gewährung von Unterstützungen für bedürftige Bauern wäre einem Garantiepreissystem vorzuziehen.

a) Welche der in der Diskussion gemachten Aussagen sind normativer Natur, welche positiver? (Für diese Klassifizierung ist es unerheblich, ob Sie einer bestimmten normativen Aussage zustimmen oder ob Sie eine bestimmte „positive" Aussage für sachlich unzutreffend halten).

b) Woran liegt es, daß die zwei Meinungen voneinander abweichen? Liegt es an unterschiedlichen Wertmaßstäben oder Zielvorstellungen? Liegt es an Meinungsverschiedenheiten über wesentliche Eigenschaften der Wirtschaft? Oder daran, daß A oder B es verabsäumen, die Konsequenzen einer Maßnahme in ihrer Gesamtheit in Rechnung zu stellen?

2. Benennen Sie für jede der folgenden Maßnahmen wenigstens einen „unbeabsichtigten" Nebeneffekt:
   a) Mietpreisbindung
   b) Minimallöhne
   c) Subventionierung der Krankenhäuser
   d) Straßenbau, um den Pendlerverkehr in die Städte zu erleichtern
   e) Zusammenlegung von Schulen
   f) Garantiepreise in der Landwirtschaft
   g) Einführung einer Höchstgeschwindigkeit von 100 km, um Energie einzusparen.

3. „In den letzten Jahren sind Befürchtungen über einen möglichen Zusammenbruch unserer Rentenversicherung aufgekommen. Manche Leute glauben, daß bei den gegenwärtigen Geburten- und Sterberaten Renten in der heute üblichen Höhe nur über einen außerordentlichen Anstieg der Rentenversicherungsbeiträge finanziert werden können. Manche glauben, daß man infolgedessen die Renten herabsetzen sollte, andere befürworten eine Anhebung der Beitragssätze. Wieder andere befürchten, daß eine Anhebung der Beitragssätze unerwünschte Nebeneffekte haben würde, halten es aber für ungerecht, die gegenwärtig laufenden Renten abzusenken. Sie befürworten daher eine Absenkung der Renten, die in der Zukunft zugesprochen werden."

Trennen Sie die positiven von den normativen Aussagen, die in diesem Text gemacht wurden. Inwieweit sind die Meinungsverschiedenheiten auf unterschiedliche Wertvorstellungen zurückführbar? Inwieweit sind sie auf unterschiedliche Ansichten über die Wirtschaft zurückzuführen?

2. Kapitel
Der öffentliche Sektor in der Bundesrepublik Deutschland

Die Finanzwissenschaft hat sich traditionell vor allem mit den öffentlichen Einnahmen und Ausgaben befaßt. In der BR Deutschland beliefen sich die Steuereinnahmen 1987 auf 451 Mrd. DM oder 28,7% des Volkseinkommens[1]. Addiert man hierzu die Einnahmen aus den wichtigsten sonstigen Zwangsabgaben, nämlich die Sozialversicherungsbeiträge, betrug der Prozentsatz ca. 50%. Die gesamten öffentlichen Ausgaben (inklusive der Ausgaben der Sozialversicherungsträger und inklusive der Ausgaben für Schuldentilgung) beliefen sich auf ca. 60% des Volkseinkommens[2]. Vor dem 1. Weltkrieg, im Jahr 1913, machten Steuern und Staatsausgaben jeweils weniger als 20% des Volkseinkommens aus. Woher rührt diese dramatische Veränderung? Wofür verwendet der Staat all das Geld?

Wir können sechs verschiedene Rollen unterscheiden, in die der Staat schlüpft. Er stellt einen rechtlichen Rahmen für die Handlungen und Geschäfte der Privatpersonen bereit, er reguliert und er produziert. Er erwirbt Güter und Dienste (er tritt also als „Konsument" auf), er errichtet eine Sozialversicherung und er verteilt Einkommen um, das heißt er nimmt Haushalten Geld weg, um es anderen zu geben. Der Großteil der Staatsausgaben entfällt auf diese drei letzten Funktionen.

Die Rechtsordnung

Der Staat erläßt eine Fülle von Gesetzen, die einen Rahmen darstellen, innerhalb dessen die Unternehmen und Haushalte ihre Wirtschaftstätigkeit entfalten können. Wirtschaftswissenschaftler und Philosophen versuchen oft sich vorzustellen, wie es auf der Welt zuginge, wenn es überhaupt keinen Staat gäbe. Ohne Gesetze, die Verfügungsrechte abgrenzen, wäre es nur durch Gewaltanwendung zu verhindern, daß die Individuen einander bestehlen. Ohne die Möglichkeit, ihr Eigentum zu verteidigen, hätten sie nur wenig Anreiz, Reichtümer anzusammeln. Es ist fast überflüssig zu betonen, daß die Wirtschaftstätigkeit dadurch stark beeinträchtigt würde.

Die Rechtsordnung der BR Deutschland gewährleistet aber weit mehr als nur einen Schutz von Verfügungsrechten. Sie macht Verträge, die zwischen Haushalten geschlossen werden, durchsetzbar, und bestimmt, welche Verträge nicht durchsetzbar sein sollen.

---

[1] also des Nettosozialprodukts zu Faktorkosten.
[2] Die Differenz zwischen diesen 50 und 60 Prozent wird zu einem beträchtlichen Teil durch Schuldenaufnahme finanziert. Eine wichtige Rolle spielen aber auch – vor allem bei den kommunalen Haushalten – verschiedene Gebühren.

Das Konkursrecht, das Aktien- und das GmbH-Gesetz begrenzen die Haftung der Investoren. Das Recht der Gewährleistung und Produkthaftpflicht hat einen wesentlichen Einfluß auf die Qualität der erzeugten Güter. Das Gesetz gegen Wettbewerbsbeschränkungen versucht, den Wettbewerb zu fördern, es beschränkt Fusionen und Übernahmen. Das Gesetz gegen den unlauteren Wettbewerb erlegt der Art und Weise, in der der Konkurrenzkampf geführt werden darf, Schranken auf.

Die Auswirkungen unserer Rechtsordnung sind äußerst tiefgreifend, aber die Staatsausgaben für die Finanzierung der Gerichte und für die Durchsetzung des Rechts sind relativ gering: bezieht man Polizei und Gefängnisse in die Betrachtung mit ein, betragen sie ungefähr 1,8% des Volkseinkommens. Weniger als 3% aller Staatsausgaben entfallen auf öffentliche Sicherheit und Ordnung, Gesetzgebung und Rechtsprechung[3].

Der Staat als Aufsichtsbehörde

Zusätzlich zu der Bereitstellung eines rechtlichen Rahmens, innerhalb dessen Unternehmen und Haushalte ihre wechselseitigen Beziehungen abwickeln können, wird der Staat auch in Gestalt einer unmittelbaren Beaufsichtigung der Unternehmen tätig. Man spricht von einer **Regulierung** der Unternehmen durch den Staat[4].

In den Gemeinden bestehen Gewerbeaufsichtsämter, die in Zusammenarbeit mit den Berufsgenossenschaften die auf dem Gebiet der Gemeinde tätigen Betriebe dahingehend kontrollieren, ob sie die verschiedensten Vorschriften wie z.B. Hygiene- und sanitäre, feuerpolizeiliche, arbeitsrechtliche Vorschriften usw. einhalten. Das Kartellamt überwacht Fusionen und soll dafür sorgen, daß keine unerlaubten und den Wettbewerb beschränkenden Zusammenschlüsse von Unternehmen zustandekommen. Ein Teil der Ministerien des Bundes und der Länder fungiert als Aufsichtsorgane. Das Verkehrsministerium und die ihm unterstellte Bundesanstalt für den Güterfernverkehr beispielsweise regulieren die Preisbildung im Luftverkehr, die Operationen ausländischer LKW – Flotten auf deutschen Straßen und viele andere Aktivitäten im verkehrswirtschaftlichen Be-

---

[3] Im Jahre 1988 betrugen die Aufwendungen des Bundes und der Länder für „Öffentliche Sicherheit und Ordnung", 14,1 Mrd. DM und für Rechtsschutz 10,5 Mrd. DM.

[4] Der Begriff Regulierung ist ursprünglich ein amerikanischer Begriff, der mittlerweile in der deutschen Literatur vielfach verwendet wird. Er ist nicht klar definiert. Diese Unbestimmtheit haftet allerdings auch dem älteren deutschen Begriff Aufsicht an. So wird beispielsweise in der Versicherungsaufsicht zwischen einer bloßen Rechtsaufsicht und einer sogenannten materiellen Aufsicht unterschieden, die in die Produktpolitik der Versicherer aktiv eingreift. Die deutsche Versicherungsaufsicht hat sich seit Beginn dieses Jahrhunderts als eine Aufsicht des letzteren Typs verstanden.

reich[5]. Im Bereich des Landwirtschaftsministeriums sind die Bundesanstalt für landwirtschaftliche Marktordnung und das Bundesamt für Ernährung und Forstwirtschaft tätig. Dem Bundeswirtschaftsministerium ist das Bundesamt für Wirtschaft unterstellt, das beispielsweise in der Energiewirtschaft gewisse Regulierungsaufgaben erfüllt. Die wichtigsten Aufsichtsbefugnisse in der Energiewirtschaft als einem sehr stark staatlich reglementierten Wirtschaftszweige liegen aber bei den Wirtschaftsministerien der Länder[6]. Die Umweltministerien des Bundes und der Länder spielen bei Umweltschutzauflagen eine Rolle.

Es gibt noch weitere Aufsichtsorgane für spezielle Wirtschaftszweige. So werden die Banken vom Bundesaufsichtsamt für das Kreditwesen und von der Deutschen Bundesbank beaufsichtigt. Für die Versicherungen und die Bausparkassen ist das Bundesaufsichtsamt für das Versicherungs- und Bausparwesen zuständig. Zur Beaufsichtigung der Börsen sind die Länderregierungen befugt, die zu diesem Zweck einen Staatskomissar einsetzen. Die Bundesanstalt für Flugsicherheit hat wesentliche Aufgaben bei der Gewährleistung der Flugsicherheit[7]. Die Bundesanstalt für Arbeit hat ein Monopol im Wirtschaftszweig Arbeitsvermittlung. Sie kann zwar eine Tätigkeit privater Unternehmen in diesem Bereich zulassen und diese dann beaufsichtigen, hat von dieser Möglichkeit aber nur in geringem Maße Gebrauch gemacht. Auch für bestimmte freie Berufe bestehen Organisationen, die Regulierungsaufgaben wahrnehmen, beispielsweise die Rechtsanwaltskammern[8].

In einigen Wirtschaftszweigen, etwa im Verkehrswesen, Kreditwesen oder in der Versicherungswirtschaft, gibt es Bestrebungen, die Kompetenzen der Aufsichtsbehörden abzubauen. Dies wird **Deregulierung** genannt. In Deutschland ist sie in den letzten Jahren nicht sehr stark vorangekommen. Relativ unbestritten ist die Notwendigkeit von Regulierungen, die den Umweltschutz oder die Arbeitssicherheit betreffen, und hier hat die Regulierungsdichte stark zugenommen. In anderen Bereichen ist der Sinn der Regulierung weniger einsichtig. Im Verkehrswesen, insbesondere im Luftverkehr und beim Güterverkehr auf der Straße sind inzwischen erste Schritte einer Deregulierung erfolgt und stehen weitere bevor. Auch im Versicherungswesen gibt es insbesondere aufgrund eines Urteils des Europäischen Gerichtshofs, der bestimmte Regulierungen als im Widerspruch zum EG-Recht befand, einen Druck in Richtung auf Deregulierung. Im Unterschied zur BR Deutschland ist es in den USA in den letzten 15 Jahren in einigen bis dahin

---

[5] Tatsächlich gehört das Verkehrswesen, insbesondere der Güterverkehr, immer noch zu den Wirtschaftsbereichen, die am stärksten staatlich reglementiert sind. Beim Güterfernverkehr, bei der Binnenschiffahrt usw. gibt es wesentliche Markteintrittshemmnisse („Konzessionierung" neuer Unternehmen) und einen sogenannten Tarifzwang, also keine freie Preisbildung. Der Wettbewerb wird dadurch weitgehend außer Kraft gesetzt. Im Zusammenhang mit dem Übergang zum Binnenmarkt in der EG dürfte es zu einer Liberalisierung der Verkehrsmärkte kommen. Wegen einer Darstellung der gegenwärtigen Lage siehe R. Soltwedel et al.: Zur staatlichen Marktregulierung in der BR Deutschland. Kiel 1987.

[6] Wegen einer Darstellung der Marktordnung auf den Energiemärkten siehe Soltwedel op. cit.

[7] In neuerer Zeit ist die Tätigkeit dieses Amts nicht zuletzt von der Lufthansa als ineffizient kritisiert und eine Privatisierung gefordert worden.

[8] Dieses Beispiel zeigt, daß die Aufsichtsbefugnisse nicht unbedingt einer Behörde übertragen werden müssen.

stark regulierten Wirtschaftszweigen wie der Luftfahrt, der Produktion von Erdgas, dem Gütertransport, der Telekommunikation und dem Bankwesen zu einer bedeutenden Deregulierung gekommen.

Die Ausgaben des Staates für die Finanzierung der Aufsichtsbehörden sind relativ beschränkt. Ihre Bedeutung ist jedoch weit größer als ihr Anteil an den Staatsausgaben. Sie beeinflussen das Wirtschaftsleben auf eine außerordentlich vielfältige Art und Weise, die sich der Messung entzieht. Man kann versuchen, eine gewisse Vorstellung von den Kosten dieser Regulierung zu gewinnen, indem man den Aufwand der Unternehmen für das Ausfüllen von Formblättern und Unterlagen für diese Behörden schätzt.

Im Zuge der Deregulierung wurde in den USA unter Präsident Carter eine Kommission zur Verringerung des Papierumlaufs eingesetzt. In ihrem Abschlußbericht, der 1979 vorgelegt wurde, wurde geschätzt, daß jedes Jahr Angestellte privater Unternehmen und Unternehmer insgesamt 786 Millionen Stunden damit verbringen, Formblätter für den Staat auszufüllen[9]. Das entspricht ungefähr der Arbeitsleistung, die 400000 Arbeitskräfte in einem Jahr erbringen.

Für die BR Deutschland liegen nur Untersuchungen über die Gesamtheit der Verwaltungskosten vor, die den Unternehmen durch verschiedenen Gesetze, Verordnungen und Regulierungen aufgebürdet werden, wobei die Steuer- und Sozialgesetze vermutlich diejenigen sind, die mit den höchsten Verwaltungsaufwendungen für die Unternehmen verbunden sind. Die Kosten der Berichte usw. an Aufsichtsbehörden sind aber auch von einiger Bedeutung. Der Gesamtwert derartiger „Frondienste" der Unternehmen für den Staat wird auf etwa 3% des Bruttosozialprodukts geschätzt[10].

Der Staat und die Produktion von Gütern

Der deutsche Staat tritt in beträchtlichem Maße als Produzent auf. Er ist der größte Unternehmer in der BR Deutschland. Darüberhinaus wirkt er auf private Unternehmen nicht nur über die Gestaltung der Rechtsordnung und durch Beaufsichtigung ein, sondern auch durch Subventionen.

Produktion von Gütern und Diensten durch den Staat

Der Bund ist der Inhaber der Post, der Deutschen Bundesbahn, Anteilseigner der Lufthansa und einer beträchtlichen Zahl weiterer Unternehmen. Zum Teil sind diese Unternehmen wiederum Hauptanteilseigner anderer Unternehmen. 1982 war der Bund direkt und indirekt an insgesamt 808 Unternehmen beteiligt, seitdem ist die Zahl der Beteiligungen auf 239 zurückgegangen[11].

---

[9] Paperwork and Red Tape: New Perspectives, New Directions. Office of Management and Budget, 1979. Bei der Würdigung dieser Zahlen ist allerdings zu beachten, daß staatliche Regulierung in den USA eine größere Rolle spielt als in der BR Deutschland, da ein Teil der Aufgaben, die in der BR Deutschland von öffentlichen Betrieben wahrgenommen werden, in den USA von Privatbetrieben und staatlicher Aufsicht wahrgenommen werden.

[10] H. Dicke, H. Hartung: Externe Kosten von Rechtsvorschriften. Tübingen 1986, S. 48ff.

[11] Diese Beteiligungen werden jährlich vom Bundesminister für Finanzen in der Schrift Beteiligung des Bundes zusammengestellt.

2. Kapitel: Der öffentliche Sektor in der Bundesrepublik Deutschland

Auch die Länder und die Gemeinden produzieren in einem sehr bedeutendem Umfang private Güter[12]. So betreiben sie die meisten Schulen, Krankenhäuser, Versorgungsbetriebe und darüber hinaus noch eine Vielzahl weiterer Unternehmen. Sie betätigen sich als Versicherer (öffentlich-rechtliche Versicherungsunternehmen), in der Industrie (Beispiele sind: Messerschmidt-Bölkow-Blohm GmbH[13], Rheinisch-Westfälisches Elektrizitätswerk AG (RWE)[14], Zahnradfabrik Friedrichshafen AG[15], Brauereien, Luitpoldhütte Amberg, Saarbergwerk AG, Staatliche Porzellan Manufaktur in Berlin), in den verschiedensten Dienstleistungsbranchen (etwa als Gastwirt, siehe z.b. das Hofbräuhaus in München) und sogar als Landwirt.

Ein Großteil der Erzeugnisse öffentlicher Unternehmen ähnelt denen privater Unternehmen. Der deutsche Staat produziert in einem mehr oder minder großen Umfang nahezu alle erdenklichen Arten von Gütern und Dienstleistungen. Er betreibt Reisebüros (ABR, DER u.a.), Speditionen (Schenker), Hotels (in Davos, Euromotel), Metallgießereien und handelt mit allen möglichen Erzeugnissen, nicht zuletzt im Ausland.

Im internationalen Vergleich fällt es auf, daß bestimmte Wirtschaftszweige sich häufiger in öffentlicher Hand befinden als andere. Die Landwirtschaft beispielsweise scheint sich für eine Verstaatlichung besonders schlecht zu eignen[16]. Im Gegensatz dazu befinden sich das Telephon, die Eisenbahnen und zumindest ein Teil des Rundfunks und Fernsehens in vielen Nationen in öffentlicher Hand. In Frankreich und Italien ist eine große Zahl von industriellen Betrieben, die alle möglichen Produkte erzeugen, staatliches Eigentum[17]. Die Umwandlung staatlicher Betriebe in private wird Privatisierung genannt. Zu bedeutenden Privatisierungen kam es seit 1982 im Vereinigten Königreich. In Frankreich verkündete die Regierung Chirac 1986 das wohl umfangreichste Privatisierungsprogramm, das je

---

[12] Über die unternehmerische Tätigkeit von Ländern und Gemeinden gibt es keine umfassende Darstellung. Die meisten Länder halten sich in bezug auf ihren Beteiligungsbesitz bedeckt. Einer der Gründe mag darin bestehen, daß man sich teilweise überhaupt keine Vorstellung über den Umfang und die Breite der unternehmerischen Tätigkeit der Länder und Gemeinden macht und diesen daran gelegen ist, daß das so bleibt.

[13] Messerschmidt-Bölkow-Blohm ist das wichtigste Beispiel einer industriellen Länderbeteiligung. Beteiligt sind Bayern, Bremen und Hamburg. MBB ist der größte deutsche Luft- und Raumfahrtkonzern.

[14] Die RWE sollte als öffentliches Unternehmen aufgefaßt werden, obwohl die Mehrheit der Aktien in privaten Händen ist. Der bestimmende Einfluß der öffentlichen Hand ist durch ein Mehrfachstimmrecht gesichert. Die RWE ist nicht nur in ihrer eigentlichen Aufgabe, nämlich bei der Energieversorgung tätig, sondern hat die dabei erzielten schönen Gewinne dazu genutzt, in bedeutendem Umfang industrielle Beteiligungen zu erwerben. In letzter Zeit ist dies auf zunehmende Kritik gestoßen.

[15] Dieses Unternehmen gehört der Stadt Friedrichshafen und ist eines der 100 umsatzgrößten Unternehmen in der BR Deutschland.

[16] Dies kann man auch daran erkennen, daß in den kommunistisch regierten Staaten die Landwirtschaft jeweils einer der letzten Wirtschaftszweige ist, der sozialisiert wird und einer der ersten, der reprivatisiert wird.

[17] In Frankreich wurde dieser staatliche Sektor nach dem 2. Weltkrieg geschaffen und von der sozialistischen Regierung Mitterands Anfang der 80er Jahre stark erweitert. In Italien wurde unter der Herrschaft von Mussolini ein bedeutender staatlicher Sektor errichtet, der bis heute fortbesteht.

in Europa erfolgt ist. Wegen der Wahlniederlage Chiracs im Jahre 1988 wurde allerdings nur ein Drittel realisiert.

In vielen Ländern ist das Bankensystem oder doch zumindest ein beträchtlicher Teil desselben staatlich. Zu diesen Ländern gehört auch die BR Deutschland, in der eine Vielzahl bedeutender öffentlicher Banken bestehen wie z.B. die Kreditanstalt für Wiederaufbau, die Landesbanken, die über 600 Sparkassen und 28 öffentlich-rechtliche Bausparkassen. Zu den wichtigen öffentlichen Banken gehören schließlich auch die Deutsche Bundesbank und die Landeszentralbanken[18]. Gemessen am Bilanzvolumen aller deutschen Kreditinstitute stehen die öffentlichen mit einem Anteil von über 50% an der Spitze. Zu den zehn gemessen am Geschäftsvolumen größten deutschen Banken gehören vier öffentliche. Berücksichtigt man andere Indikatoren wie die Ertragskraft oder das Dienstleistungsgeschäft, so ist die Bedeutung der privaten Banken größer. Sie unterliegen aber einer intensiven staatlichen Aufsicht.

Die Abgrenzung zwischen staatlichen und privaten Unternehmen ist oft unklar. Der Staat mag im Besitz von mehr als 50% des Kapitals eines Unternehmens sein, aber sein Geschäftsgebaren mag einem Privatunternehmen aufs Haar ähneln. Ein Beispiel hierfür ist Schenker KG, ein bedeutendes Speditionsunternehmen, das eine hundertprozentige Tochter der deutschen Bundesbahn darstellt, oder die Luftfahrtgesellschaft Condor. Die staatlichen Unternehmen in Frankreich oder Österreich haben den Auftrag, sich ähnlich wie private Unternehmen zu verhalten, zusätzlich aber noch gewisse gemeinwirtschaftliche Aufgaben wahrzunehmen. Dies gilt auch für einen Teil der staatlichen Unternehmen in der BR Deutschland.

In der BR Deutschland werden nach den Angaben der Volkswirtschaftlichen Gesamtrechnung (VGR) etwa 14% des Volkseinkommens vom Staat erzeugt[19]. In den USA sind es 12%. In den Graphiken 2.1. und 2.2. ist die Entwicklung in der BR Deutschland (seit 1950) und in den USA (seit 1930) dargestellt. In der BR Deutschland ist, will man die Wertschöpfung des Staates vollständig erfassen, hierzu noch die der rechlich verselbständigten staatlichen Unternehmen hinzuzuzählen. Damit kommt man auf einen wesentlich höheren Wert als 14%. Ihren Höhepunkt erreichte die unternehmerische Tätigkeit des deutschen Staates im Nationalsozialismus. Zum größten Reichsunternehmen entwickelten sich damals die „Reichswerke AG für Berg- und Hüttenbetriebe Herrman Göring". 1943 dürften sich ca. 50% des Grundkapitals aller deutschen Kapitalgesellschaften in der Hand des Staates befunden haben.

Die **Wertschöpfung** staatlicher Behörden und Betriebe wird ebenso wie die jedes anderen Betriebes gemessen. Es wird die Differenz zwischen dem Wert der

---

[18] In den meisten Ländern ist die Notenbank heute staatliches Eigentum und führt ihre Gewinne an den Staatshaushalt ab. Das war nicht immer so. Im 19. Jahrhundert waren die meisten Notenbanken Privateigentum. Auch die Notenbank des Deutschen Reiches war zunächst nicht ausschließlich Eigentum des Reichs.

[19] Hierbei ist zu beachten, daß die Abgrenzung des Staates in der Volkswirtschaftlichen Gesamtrechnung sehr eng ist. Staatliche Unternehmen werden nicht als Bestandteil des Staates betrachtet, wenn sie rechtlich verselbständigt sind. Infolgedessen ist hier beispielsweise die Wertschöpfung durch die Deutsche Bundesbahn und die Deutsche Bundespost nicht erfaßt.

2. Kapitel: Der öffentliche Sektor in der Bundesrepublik Deutschland   31

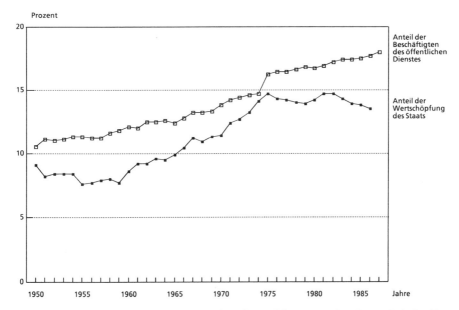

Abb. 2.1   Anteil der Beschäftigten des öffentlichen Dienstes an der Gesamtheit der Erwerbstätigen und Anteil der Wertschöpfung des Staates (im Sinne der VGR) am Volkseinkommen in der BR Deutschland. Der Anteil der Beschäftigten des öffentlichen Dienstes an der Gesamtheit der Erwerbstätigen hat ständig zugenommen. Angehörige des öffentlichen Dienstes sind auch die Beschäftigten der Bundesbahn und der Bundespost (deren Wertschöpfung aber nicht Wertschöpfung des Staates im Sinn der VGR ist) und die der Sozialversicherungsträger. Nicht zum öffentlichen Dienst gehören die Beschäftigten privatrechtlich organisierter Unternehmen, bei denen der Staat Kapitaleigner ist. Quelle: Statistische Jahrbücher des Statistischen Bundesamts.

Outputs und dem Wert der Güter und Dienste, die vom Betrieb gekauft werden, berechnet. Aber während der Wert des Outputs privater Unternehmen aufgrund der Verkaufspreise ihrer Güter und Dienste ermittelt wird, ist das bei öffentlichen Betrieben oft nicht möglich, weil ihre Outputs zum Teil unentgeltlich an private oder an öffentliche Verbraucher abgegeben werden. Infolgedessen setzt sich die Wertschöpfung privater Unternehmen aus Löhnen und Gehältern, Zinsen und Gewinn zusammen, die öffentlicher Unternehmen hingegen oft nur aus Löhnen, Gehältern und Zinsen. Hebt ein Privatunternehmen die Löhne seiner Beschäftigten um 5% an (ohne daß dadurch ein Produktivitätswachstum ausgelöst wird), so ändert sich an der Wertschöpfung nichts: die Gehälter steigen um 5% und um eben diesen Betrag sinken die Gewinne. Zahlt der Staat hingegen seinen Beschäftigten 5% mehr, wächst die Wertschöpfung statistisch ebenfalls um 5%, da der Wert der Outputs aller jener öffentlicher Unternehmen, die sie unentgeltlich abgeben, anhand des Wertes der Inputs gemessen wird.

Unter anderem wegen dieser Schwierigkeit sind viele Wirtschaftswissenschaftler der Meinung, daß eine Statistik der Zahl der im öffentlichen Dienst und in staatlichen Unternehmen beschäftigten Personen einen besseren Eindruck über die Größe des öffentlichen Sektors vermittelt als die Statistik der Wertschöpfung.

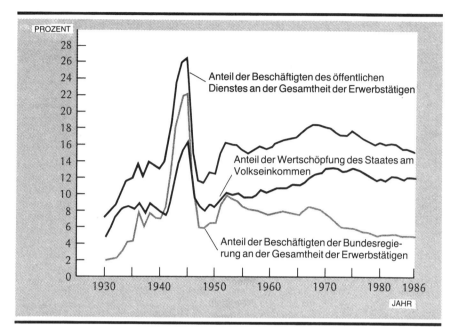

Abb. 2.2 Staatliche Produktion und Beschäftigung im öffentlichen Dienst in den USA.
Die Zeichnung zeigt uns die Wertschöpfung des Staates als Prozentsatz des Volkseinkommens und den Anteil der Beschäftigten des öffentlichen Dienstes an der Gesamtheit der Erwerbstätigen. Quellen: Tax Foundation Facts and Figures, 1983; Economic Report of the President, 1984; Handbook of Basic Economic Statistic, 1983.

Diese Größe ist ebenfalls in den Graphiken 2.1. und 2.2. wiedergegeben. 1987 waren in der BR Deutschland im öffentlichen Dienst (ohne Berücksichtigung der Wehrpflichtigen und ohne vollständige Berücksichtigung der Betriebe, an denen der Staat direkt oder indirekt wesentlich beteiligt ist[20]) 4,6 Mio. beschäftigt. Dies waren 17,7% aller Erwerbstätigen. Der Anteil der Beschäftigten des öffentlichen Dienstes an der Gesamtheit der Erwerbstätigen hat seit der Gründung der BR Deutschland fast stetig zugenommen. 1950 hatte er noch 10% betragen.

Die entsprechenden Prozentsätze für den Anteil der Beschäftigten des öffentlichen Dienstes und der öffentlichen Wirtschaft waren in Frankreich (vor den Reprivatisierungen) ca. 25%, in Schweden und Dänemark über 30%, in den USA, der Schweiz und im Vereinigten Königreich ca. 15% (in letzterem hatte er 1980 noch ca. 20% betragen). Da die statistische Ermittlung der Zahl der Beschäftigten in privatwirtschaftlich organisierten Unternehmen mit staatlichen Beteiligun-

---

[20] Berücksichtigt sind Bundesbahn, Bundespost und andere Betriebe, die als Körperschaften, Anstalten etc. des öffentlichen Rechts geführt werden, nicht aber Betriebe, die privatrechtlich organisiert sind und deren Beschäftigte deswegen nicht als Personal öffentlicher Haushalte gelten. In derartigen privatrechtlich organisierten Betrieben, an denen die öffentliche Hand wesentlich beteiligt ist, sind nochmals mindestens eine halbe Million Arbeitnehmer beschäftigt. Die genaue Zahl ist nicht bekannt.

gen stets Schwierigkeiten bereitet, sind diese Zahlen mit einer gewissen Vorsicht zu genießen[21]. Der Anteil der Beschäftigten des öffentlichen Dienstes ohne Berücksichtigung dieser Unternehmen an der Gesamtheit der Erwerbstätigen ist in den meisten Industrieländern Mittel- und Westeuropas heute in etwa derselbe und beträgt 15 – 18%[22]. Recht große Unterschiede gibt es hingegen in bezug auf die Zahl der Beschäftigten privatrechtlich organisierter Unternehmen mit staatlicher Beteiligung. Unter den westeuropäischen Staaten hat sich Italien am längsten und am nachhaltigsten unternehmerisch betätigt. Besondere Zurückhaltung zeichnete demgegenüber die Schweiz aus.

Der Staat und die Produktion durch Privatunternehmen

Der Staat erzeugt nicht nur selbst Güter, sondern nimmt auch auf die Gütererzeugung der Privatunternehmen vielfältigen Einfluß. Wir sind bereits auf seine Rolle als Aufsichtsorgan eingegangen, auf seine Rolle als Gerichtsbarkeit und auf die Kartellgesetzgebung. Darüberhinaus subventioniert er viele Wirtschaftszweige direkt oder indirekt.

Die Bundesregierung legt in zweijährigen Abständen einen sogenannten Subventionsbericht vor[23]. Dieser enthält aber nur eine rudimentäre Darstellung der sehr erheblichen Finanzhilfen, die die Länder und Gemeinden gewähren[24]. Auch die indirekten Subventionen sind in diesem Subventionsbericht nicht vollständig erfaßt. Bedauerlicherweise ist es daher immer noch schwierig, sich einen Überblick über die Gesamtheit der Subventionen zu verschaffen, die in der BR Deutschland gewährt werden. Politiker bezeichnen Subventionen oft euphemistisch als „Wirtschaftsförderung".

Seit 1980 legen die fünf großen wirtschaftswissenschaftlichen Institute der BR Deutschland sogenannte Strukturberichte vor, in denen auch Schätzungen des Umfangs der Subventionen enthalten sind[25]. Die Schätzwerte der fünf Institute unterscheiden sich erheblich von-

---

[21] Einen knappen Überblick über die öffentlichen Unternehmen in den anderen EG Ländern gibt: H. Brede und A. von Loesch (Hrsg.): Die Unternehmen der öffentlichen Wirtschaft in der BR Deutschland. Baden-Baden 1986.

[22] In einigen skandinavischen Ländern ist er allerdings höher.

[23] Die Vorlage eines Subventionsberichts wurde vorgeschrieben, um das Subventionsdickkicht transparenter zu machen und die Abschaffung überflüssiger Subventionen zu erleichtern. Dieses Ziel wurde im wesentlichen nicht erreicht. Der zuständige Ausschuß des Bundestages macht mit dem Subventionsbericht zumeist wenig mehr, als ihn an das Bundesarchiv zu überstellen. Daß das Subventionswesen zu einem Dickicht geworden ist, läßt sich daran demonstrieren, daß sich der Berufsstand des „Subventionsberaters" etabliert hat. Er leistet privaten Unternehmen Hilfestellung bei der Suche nach und beim Anzapfen von Subventionstöpfen. Der Subventionsbetrug ist zu einem geläufigen Kavaliersdelikt in den Chefetagen geworden.

[24] Die Subventionen der Länder und Gemeinden sind nach Subventionsbericht sogar umfangreicher als die des Bundes. Bei den Gemeinden spielen außer den Finanzhilfen Maßnahmen eine Rolle wie eine Abgabe von städtischen Grundstücken an bestimmte ansiedlungswillige Unternehmen zu sehr günstigen Preisen usw.

[25] Diese Strukturberichte entstehen als Auftragsarbeiten für das Bundeswirtschaftsministerium. Einige der neuesten Arbeiten im Rahmen dieser Strukturberichterstattung sind enthalten in H. H. Härtel (Hrsg.): Analyse der strukturellen Entwicklung der deutschen Wirtschaft. Hamburg 1988.

einander, liegen aber sämtlich wesentlich höher als die Ansätze im Subventionsbericht. In ihm sind beispielsweise die Subventionen des Bundes an die Deutsche Bundesbahn nicht enthalten. Es gibt Hinweise darauf, daß der Subventionsbericht der Bundesregierung auch ein irreführendes Bild über den Entwicklungstrend der Subventionen vermittelt. So trifft dieser Bericht die Aussage, daß die Bedeutung der Subventionen gemessen am Bruttosozialprodukt seit den sechziger Jahren abgenommen habe. Die wirtschaftswissenschaftlichen Institute kommen genau zu dem gegenteiligen Ergebnis. Die Subventionsvergabe habe sich beschleunigt.

Nach den Ansätzen des 11. Subventionsberichts beliefen sich die Finanzhilfen des Bundes und die indirekten Subventionen, die sich in Steuermindereinnahmen des Bundeshaushalts niederschlagen, 1988 auf ca. 32 Mrd. DM[26]. Die zwei größten Empfänger sind Landwirtschaft und Wohnungsbau. Die Landwirtschaft ist in vielen westlichen Industrieländern der wichtigste Empfänger von Subventionen. Die bedeutsamste Einzelmaßnahme zur Subventionierung der Landwirtschaft, nämlich die sogenannten Preisstützungen, wird über den Haushalt der Europäischen Gemeinschaften abgewickelt. Wie groß die direkten und indirekten Subventionen für die Landwirtschaft insgesamt sind, läßt sich nur unter großen Schwierigkeiten schätzen. Aber selbst bei einer nur unvollständigen Erfassung der Subventionen für die Landwirtschaft sind die Ausgaben des Bundes bzw. der EG für die deutsche Landwirtschaft bereits seit einem Jahrzehnt höher als die Einkommen der deutschen Landwirte[27]. Andere wichtige Subventionsempfänger sind der Bergbau, insbesondere die Steinkohleförderung, der Schiffsbau, die Luftfahrt und Unternehmen im Zonenrandgebiet und in anderen Gebieten, denen eine regionale Wirtschaftsförderung zuteil wird.

Bestimmte Maßnahmen des Staates haben obwohl in anderer Gestalt ähnliche Auswirkungen wie eine Subvention. Die Auferlegung von Importzöllen führt zu einer Preissteigerung für das geschützte Erzeugnis – deutsche Unternehmen werden vor ihren ausländischen Konkurrenten geschützt. Zölle stellen im Grunde eine Subvention dar, die vom Verbraucher, nicht vom Staat gezahlt wird.

Eine andere Form der Subventionierung, deren Wert sich nur schwer quantifizieren läßt und darum nicht in den Statistiken aufscheint, ist die Gewährung von Bürgschaften, Garantien und anderen Gewährleistungen. Unternehmen, die nicht kreditwürdig sind, wird dadurch die Aufnahme von Krediten ermöglicht, oder die Kosten des Kredits werden gesenkt.

Bei der Beurteilung staatlicher „Wirtschaftsförderungsprogramme" empfiehlt es sich, zwischen zwei Arten von Kosten dieser Programme zu unterscheiden. Erstens die, die dadurch entstehen, daß Ressourcen nicht ihrer effizientesten Verwendung zugeführt werden. So führen beispielsweise die Subventionen für die Landwirtschaft dazu, daß Arbeitskräfte in der Landwirtschaft verbleiben, ob-

---

[26] Es ist davon auszugehen, daß der Versuch, die Subventionen tatsächlich vollständig anzusetzen, zu einer deutlich höheren Zahl führen würde.

[27] Ein Teil der Subventionen „versickert" also und kommt nicht bei den Landwirten an. Die öffentlichen Ausgaben könnten ohne Einkommensverluste für die Landwirte verringert werden, indem man die Landwirte alle auf Kosten des Staates pensioniert und die Landwirtschaft auf dem Territorium der BR Deutschland einstellt. Offenbar ist das bestehende System der Subventionierung der Landwirtschaft extrem ineffizient. Vgl. U. Koester, E. A. Nuppenau: Die Einkommenseffizienz staatlicher Ausgaben für die Landwirtschaft. Wirtschaftsdienst 1987:2 S. 68-75.

wohl sie anderswo produktiver eingesetzt werden könnten. Die zweite Art ist der Transfer, die Umverteilung von Einkommen von einer Gruppe der Gesellschaft zu einer anderen.

Steuersubventionen („tax expenditures")

Im Zusammenhang mit dem Stichwort Subventionen denkt man zunächst an die sogenannten Ausgabensubventionen oder Finanzhilfen. Bei einer Ausgabensubvention liegt eine Zahlung eines öffentlichen Haushalts vor. Wir haben aber gesehen, daß der Staat auch auf indirektem Wege die privaten Ausgaben für Güter und Dienste subventionieren kann. Gewährt der Staat BAFöG, erscheint dies als eine Ausgabe; macht er aber Ausbildungsaufwendungen steuerlich abzugfähig (das heißt, er läßt es zu, daß diese Aufwendungen von der Bemessungsgrundlage der Einkommensteuer abgezogen werden), erscheint dies nicht als Staatsausgabe. Er könnte aber ebensogut die begünstigte Person besteuern und ihr dann einen Teil dieser Steuereinnahmen als Zuschuß wieder zurückgeben; im Ergebnis sind diese beiden Verfahren vollständig äquivalent. In den Statistiken aber schlagen sie sich ganz unterschiedlich nieder.

Der Staat kann eine Investition mit einem Investitionszuschuß fördern. Wenn er stattdessen bei der Anschaffung der Maschine den beschleunigten Abzug eines Teils der Anschaffungskosten von der Bemessungsgrundlage der Steuer erlaubt, dann wird die Minderung der Steuerlast erneut nicht als Staatsausgabe registriert. Wiederum rufen beide Vorgehensweisen den gleichen Effekt hervor.

Derartige versteckte Subventionen nennen wir **Steuervergünstigungen** oder Steuersubventionen („tax expenditures"; man übersetzt dies auch mit Steuermindereinnahmen). In den letzten Jahrzehnten haben sie im Vergleich zu den direkten Subventionen, an Bedeutung gewonnen[28]. Wir berechnen den Umfang der Steuermindereinnahmen folgendermaßen. Zunächst rechnen wir aus, wieviel Steuern jedes Unternehmen und jeder Haushalt hätte bezahlen müssen, wenn es keine derartigen Sonderbestimmungen gäbe, die eine Vielzahl von Abzügen von der Steuerbemessungsgrundlage oder von der Steuerschuld erlauben. Der Differenzbetrag zwischen der tatsächlichen und dieser Steuerlast zeigt uns den Umfang der versteckten Subvention. Wir können uns vorstellen, daß der Staat die Unternehmen und Haushalte ohne derartige Sonderregelungen besteuert und ihnen dann eine Subvention bzw. einen Transfer[29] gewährt (um eine Maschine zu kaufen, um einen Schulbesuch zu ermöglichen, um eine Versicherung zu erwerben). Eine Mischform von Ausgaben- und Steuersubvention stellen die sogenannten Zulagen dar, deren wichtigster Vertreter die Investitionszulage ist[30].

Der Subventionsbericht des Bundes enthält eine Aufstellung der 20 wichtigsten Steuervergünstigungen und der hierdurch bewirkten Steuermindereinnah-

---

[28] Der Anteil der Steuervergünstigungen an den Subventionen des Bundes beträgt inzwischen über 50 Prozent.
[29] Bei Zahlungen an Unternehmen spricht man häufig von einer Subvention, bei Zahlungen an Haushalte von Transfers.
[30] Hat der Investor eine Steuerschuld, so vermindert sich diese um den Betrag der Zulage. Hat er keine, erhält er die Investitionszulage vom Finanzamt, das hierfür einen Teil seiner Steuereinnahmen verwendet. Um wieviel sich dadurch die Steuereinnahmen vermindern, wird nicht exakt ermittelt, sondern nur grob geschätzt.

men. Sie ist allerdings kritisiert worden, weil sie unvollständig ist. Beispielsweise enthält sie nicht die Steuervorteile, die bestimmte Unternehmen des Bundes wie Bundesbahn oder Bundespost aufgrund einer Befreiung von einer Vielzahl von Steuern, insbesondere aber der Körperschaft- und Gewerbesteuer zuteil werden. Der Subventionsbericht setzt für 1988 die Gesamthöhe dieser 20 Steuermindereinnahmen mit 32,4 Mrd. DM an. Die Tabelle 2.1. zeigt die wichtigsten Steuervergünstigungen laut Subventionsbericht:

Tabelle 2.1 Bezeichnung der Steuervergünstigung

	Steuermindereinnahmen in Mio. DM 1988
Steuervergünstigungen nach dem Berlin-Förderungsgesetz	9 172
Wohneigentumsförderung durch erhöhte Absetzungen bzw. Sonderausgabenabzug	5 400
Umsatzsteuervergünstigungen für die Landwirtschaft	2 950
Sonderabschreibungen und Investitionszulagen für bestimmte Investitionen im Zonenrandgebiet	2 600
Sonderabschreibungen für kleine und mittlere Betriebe	1 500
Ermäßigter Steuersatz für kulturelle und unterhaltende Leistungen	1 370
Verschiedene andere Maßnahmen der Wohneigentums- und Wohnungsbauförderung	2 325
Erhöhte Absetzungen für Wirtschaftsgüter, die dem Umweltschutz dienen	700
Erhöhte Absetzungen für bestimmte Energiesparmaßnahmen an Gebäuden	630
Investitionszulagen für Forschungs- und Entwicklungsinvestitionen	580

Der Staat und die Finanzmärkte

Der Staat reguliert die Finanzmärkte nicht nur, sondern tritt auch selbst in bedeutendem Umfang auf diesen Märkten auf. Kredit- und Versicherungsmärkte gehören zu den Märkten, auf die er besonders starken Einfluß nimmt.

Der Staat auf dem Kredit- und Kapitalmarkt

Gewährt der Staat Kredit zu Zinssätzen, die unterhalb der Marktzinssätze liegen, subventioniert er im Grunde diesen Kredit. Es wird dabei angenommen, daß die hohen Zinssätze, die bestimmte Schuldner sonst zahlen müßten, die Bewertung des Kreditrisikos durch den Markt wiederspiegeln. Wie groß die Subvention tatsächlich ist, wird erst dann deutlich, wenn klar wird, ob der Schuldner in der Lage ist, den Kredit zurückzuzahlen.

In einer Vielzahl von Fällen gewährt der Staat nicht selbst Kredit, sondern tritt als Bürge auf. Da es hierdurch im laufenden Staatshaushalt nicht zu irgendwelchen Ausgaben kommt, ist die Gewährung von Kreditbürgschaften für den Staat (kurzfristig) eine besonders angenehme Methode der Subventionierung eines

2. Kapitel: Der öffentliche Sektor in der Bundesrepublik Deutschland 37

Wirtschaftszweigs[31]. Die tatsächlichen Kosten werden erst später offenbar, nämlich dann wenn der Staat für die Bürgschaft einstehen muß.

Ein beträchtlicher Teil der staatlichen Aktivitäten auf dem Kapitalmarkt wurde aufgrund der Beobachtung eingeleitet, daß private Kreditmärkte anscheinend nicht in der Lage sind, für bestimmte Zwecke Kredit zu günstigen Konditionen bereitzustellen. Ein Beispiel hierfür ist Ausbildungsförderung, soweit sie auf Darlehensbasis vergeben wird. Andere Beispiele sind Kreditgewährungen und staatliche Beteiligungen im Rahmen der Mittelstandsförderung.

Die öffentlichen Banken händigen einen großen Teil aller Kredite und Darlehen aus. Über die Subventionierung verschiedener Aktivitäten sagt das nichts aus, da ein Teil dieser Kredite zu marktmäßigen Konditionen gewährt wird, ein anderer aber implizit einen mehr oder minder große Subventionsbestandteil enthält.

Der Staat als Versicherer

Seit den achtziger Jahren des letzten Jahrhunderts hat sich der Staat in zunehmendem Maße als Versicherer betätigt. Eine erste Gruppe von staatlichen Versicherungen wird als **Sozialversicherung** bezeichnet. Sie umschließt die gesetzliche Renten-, Unfall-, Kranken- und Arbeitslosenversicherung. Die Ausgaben dieser vier Versicherungen machen heute ca. 39% aller Ausgaben öffentlicher Haushalte aus. Wir werden weiter unten deutlich machen, daß diese Versicherungsprogramme mehr als bloße Versicherungen sind, die den Versicherten Ansprüche in Höhe des versicherungsmathematischen Werts ihrer Beiträge gewähren[32]. Sie dienen auch der Einkommensumverteilung an Personengruppen, die als bedürftig angesehen werden. Insoweit sollte besser von Transfer-Programmen gesprochen werden. **Transfers** werden im Rahmen dieses Kapitels weiter unten erörtert werden.

Die zweite Gruppe von staatlichen Versicherungen ähnelt stärker einer Privatversicherung. Hier ist die Aktivität der öffentlich-rechtlichen Versicherungsanstalten zu nennen, die zumeist auf Gründungen des 18. Jahrhunderts zurückgehen und außer ihrer traditionellen Aufgabe, der Feuerversicherung, heute noch eine Vielzahl anderer Policen anbieten. Ein besonderer Fall ist die Exportkreditversicherung. Bei ihr ist es schwierig, für die sogenannten politischen Risiken auf dem Markt einen Versicherer zu finden. Derartige Versicherungen bietet in der BR Deutschland die Hermes Kreditversicherungs-AG an, die dazu befähigt wird, indem der Bund innerhalb eines gewissen Ermächtigungsrahmens für die entstehenden Verluste haftet[33].

---

[31] Die Entwicklung der Bundesbürgschaften und sonstigen Gewährleistungen wird regelmäßig in dem vom Bundesfinanzministerium herausgegebenen Finanzbericht dargestellt.
[32] Der versicherungsmathematische Wert hängt von der tatsächlichen Wahrscheinlichkeit ab, mit der das versicherte Ereignis eintritt. Wenn einer sich gegen einen Unfall versichert, bei dessen Eintritt ihm Kosten in Höhe von 10000 DM entstehen, und wenn die Wahrscheinlichkeit des Eintritts dieses Unfalls 1 Prozent beträgt, dann ist der aktuarische Wert der Versicherung 100 DM. Versichert der Staat das Risiko und verlangt er nur eine Prämie von 50 DM, subventioniert er diese Versicherung im Grunde mit 50 DM.
[33] In den letzten Jahren entstanden erhebliche Verluste. So betrug das aus dem Bundeshaushalt zu finanzierende Defizit 1988 mehr als 1,5 Mrd. DM.

Der Staat als Verbraucher von Gütern und Diensten

Jedes Jahr kauft der Staat Güter und Dienste für viele Milliarden Mark. Solche Anschaffungen werden für Verteidigungszwecke getätigt, für den Straßenbau, für das Bildungswesen, für die Gewährleistung der inneren Sicherheit, den Feuerschutz usw.. Der sogenannte Staatsverbrauch (oder Staatskonsum) beläuft sich auf etwa ein Fünftel des Werts aller Güter und Dienste, die in der BR Deutschland erzeugt bzw. erbracht werden.

Obwohl ein enger Zusammenhang zwischen der Rolle des Staates als Verbraucher von Gütern und Diensten und als Produzent von Gütern und Diensten besteht, gibt es konzeptionelle und praktische Unterschiede. Der Staat „verbraucht" einen sehr beträchtlichen Teil der Güter und Dienste, die er produziert (wie z.B. Landesverteidigung oder Bildung); er kauft einen Teil der Güter, die er verbraucht, von Privatunternehmen (insbesondere militärische Ausrüstungsgegenstände) und er verkauft einige seiner Produkte (insbesondere Elektrizität, Transportleistungen und Dienstleistungen der Post und Telekommunikation) an private Konsumenten und Unternehmen.

Als Staatsverbrauch bezeichnen wir die Aufwendungen, die für Güter und Dienste anfallen, die dem Publikum unentgeltlich zur Verfügung gestellt werden wie Landesverteidigung, staatliche Schulen und Straßen. Im einzelnen ist die Abgrenzung zwischen Staatsverbrauch und anderen Arten von Staatsausgaben (Investitionen, Übertragungen) keineswegs immer eindeutig. Wenn der Staat im Rahmen der Sozialhilfe die Gesundheitsgüter (Dienste von Ärzten und Krankenhäusern, Medikamente usw.), die die Sozialhilfeempfänger konsumieren, bezahlt, könnte man dies statt als eine Form des Staatsverbrauchs als einen Transfer auffassen, als eine Maßnahme der Einkommensumverteilung. In der Volkswirtschaftlichen Gesamtrechnung werden die Sachleistungen der Sozialversicherung und der Sozialhilfe aber zum Staatsverbrauch gerechnet. Der Erwerb dauerhafter militärischer Ausrüstungen wird als Staatsverbrauch des Jahres gerechnet, in dem sie angeschafft werden. Man könnte fordern, daß nur die Abschreibungen als Staatsverbrauch betrachtet werden sollten.

Die Güter und Dienste, die der Staat erstellt oder auf dem Markt erwirbt, können also auf verschiedene Art und Weise klassifiziert werden. Die Graphik 2.3 zeigt die Aufteilung der Staatsausgaben auf Staatsverbrauch und andere Ausgabenarten wie beispielsweise Übertragungen, wie sie die Volkswirtschaftliche Gesamtrechnung ausweist. Auf Bundesebene ist der wichtigste Verwendungszweck der vom Bund erworbenen und erstellten Güter und Dienste die Landesverteidigung. Sie machen ca. 70% aller konsumptiven Ausgaben des Bundes, aber nur etwa 15% des gesamten Staatskonsums aus.

Im Rahmen des sonstigen Staatskonsums spielt das Bildungswesen eine wesentliche Rolle. Für seine Finanzierung sind vor allem die Länder und ferner auch die Gemeinden zuständig, wohingegen der Bund eine vergleichsweise untergeordnete Rolle spielt. Eine andere wichtige Kategorie sind Staatsausgaben für Personen- und Gütertransport, beispielsweise für Straßenbau, Bau von Eisenbahnlinien, Flugplätzen. Der Bund kommt für gut 40% dieser Ausgaben auf, den Rest tragen die Länder und Gemeinden.

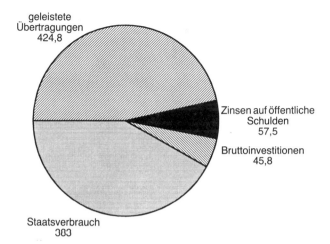

Abb. 2.3 Staatsausgaben 1986: Aufteilung auf geleistete Übertragungen, Staatsverbrauch, Bruttoinvestitionen und Zinsen auf öffentliche Schulden (in Mrd. DM).

Die Einkommensumverteilung durch den Staat

Der Staat betreibt aktiv Umverteilungsprozesse, nimmt also bestimmten Haushalten Geld weg, um es anderen zu geben. Es gibt mehrere Programme, im Rahmen derer der Staat erklärtermaßen Umverteilung betreibt. Hierzu gehören Sozialversicherung, Sozialfürsorge, Wohngeld und sozialer Wohnungsbau, Familienlastenausgleich.

Die erste Gruppe von Programmen, die Sozialversicherung, unterscheidet sich von den anderen, der Sozialfürsorge usw. unter anderem dadurch, daß die Ansprüche eines Beziehers einer Sozialversicherungsleistung zumindest zum Teil von Leistungen dieses Beziehers in Form von Versicherungsbeiträgen abhängen. Da bislang die Bezüge eines großen Teils der Mitglieder der Sozialversicherung den versicherungsmathematischen Gegenwert ihrer Beiträge weit überschritten haben, ist ein Moment der Umverteilung nicht wegzudiskutieren.

Der bedeutendste Teil der Sozialversicherung ist die soziale Rentenversicherung. In der Abbildung 2.4. stellen wir den Prozentanteil der verschiedenen gesetzlichen Versicherungen an der Gesamtheit der Sozialversicherung dar. Die Hauptnutznießer dieser Versicherungen sind Haushalte mit mittlerem Einkommen.

Bei den anderen Umverteilungsprogrammen, der Sozialhilfe, dem sozialen Wohnungsbau, dem Wohngeld und dem Familienlastenausgleich hängt die Gewährung einer Leistung bzw. die Höhe der Leistung jeweils vom Einkommen des Haushalts ab. So wird beispielsweise das Kindergeld ab dem zweiten Kind einkommensabhängig gewährt.

Sowohl bei der Sozialversicherung als auch bei der Sozialfürsorge und bei den anderen Programmen werden die Leistungen entweder in Form von Sachleistun-

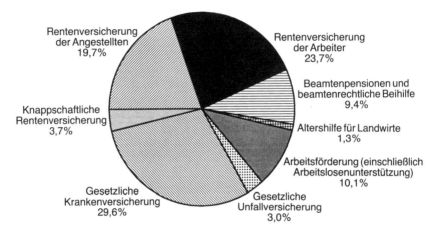

Abb. 2.4 Verschiedene Sozialversicherungsprogramme. Ein Überblick über die Ausgaben 1986. Zusätzlich zur eigentlichen Sozialversicherung haben wir dabei auch noch die Leistungen der Beamtenversorgung berücksichtigt. Die Graphik zeigt den Prozentanteil der einzelnen Programme an der Gesamtheit der Ausgaben.

gen bzw. zweckgebundenen Zahlungen, oder in Form von ungebundenen Zahlungen gewährt. Beispielsweise handelt es sich bei den Leistungen der gesetzlichen Krankenversicherung überwiegend um Sachleistungen. Auch die Sozialhilfe setzt sich bei den meisten Empfängern aus Sach- und Geldleistungen zusammen, wobei die Sach- bzw. zweckgebundenen Geldleistungen (Wohnungsmiete, Krankenversicherung bzw. Übernahme der Krankheitskosten) ein gewisses Übergewicht haben.

Die Staatsausgaben zum Zweck einer Umverteilung werden oft als Übertragungen oder Transfers bezeichnet. Diese Staatsausgaben unterscheiden sich qualitativ von anderen Staatsausgaben, wie z.B. den Ausgaben für Schußwaffen oder Straßen. Transfers weisen einem anderen das Recht auf Konsum zu. Baut der Staat eine Straße, verringert er die Menge anderer Güter (beispielsweise privater Konsumgüter), die die Gesellschaft verbrauchen kann. Gewährt er einen Transfer, dann nimmt er zwar Einfluß darauf, wer etwas verbrauchen kann, aber (wenn wir die Störungen der Anreizstruktur durch derartige Transfers vernachlässigen) nicht auf die Gesamtmenge der Güter, die die Individuen verbrauchen können.

Alle Arten von Staatsausgaben haben Verteilungswirkungen. Der Staat kann beispielsweise eine Straße zu einem Villenviertel bauen, in dem nur reiche Leute wohnen. Obwohl jeder das Recht hat, diese Straße zu befahren, ist es doch nur eine sehr begrenzte Zahl von Individuen, die in den Genuß der Vorteile kommt. Es ist oft schwierig, die Verteilungswirkungen eines Projekts aufzudecken. Bei Transfers hingegen steht die Umverteilungswirkung im Mittelpunkt.

Der Staat nimmt auf die Verteilung der verfügbaren Einkommen nicht nur mittels Subventionen und Transfers Einfluß, sondern auch durch das Steuersystem[34]. Man könnte sich vorstellen, daß alle Mitglieder der Gesellschaft mit dem-

---

[34] Man unterscheidet zwischen der Primärverteilung, d.i. die Verteilung der (Brutto)Einkommen vor Eingriff des Staates, und der Sekundärverteilung, der Verteilung nach seinem Eingriff, also unter Berücksichtigung der Steuern und Transfers.

selben Steuersatz belastet werden, daß der Staat dann allen jenen, deren Einkommen ein bestimmtes Minimum unterschreitet, eine Unterstützung gewährt. Das hätte dieselbe Wirkung wie eine geringere Besteuerung von Individuen mit geringem Einkommen. Die Abgrenzung zwischen den Transfers, die die Sozialfürsorge etc. gewährt und den impliziten Transfers, die im Steuersystem stecken, ist somit bis zum gewissen Grad willkürlich[35].

Die Staatsausgaben im Überblick

Die Darstellung 2.5. zeigt die Aufteilung der Staatsausgaben auf unterschiedliche Aufgabenbereiche für die Jahre 1951 und 1986. Sozialversicherung, Sozialfürsorge und einige andere Posten werden oft als Ausgaben für Soziale Sicherung (sogenannter Sozialhaushalt) zusammengefaßt. Zusammen machten sie 1986 47% aller Staatsausgaben aus.

Die Zusammensetzung der öffentlichen Ausgaben hat sich seit 1951 drastisch verändert. Der Anteil der Verteidigungsaufwendungen an der Gesamtheit der öffentlichen Ausgaben ist von 21% im Jahre 1951 auf 5,5% zurückgegangen. Der Anteil der Ausgaben für Soziale Sicherung an der Gesamtheit der öffentlichen Ausgaben ist sehr stark gestiegen – 1951 hatte er nur 26,8% betragen. Der Anteil der Bildungsaufwendungen erhöhte sich von 7% im Jahre 1951 auf 8,9% im Jahre 1985. Die Aufwendungen für das Wohnungswesen sanken von fast 10% auf 3,8%.

Unterschiedliche Aufgaben des Bundes, der Länder und der Gemeinden

Bislang haben wir uns in erster Linie mit der Gesamtheit der Staatsaufgaben in der BR Deutschland befaßt. In Kapitel 1 stellten wir jedoch fest, daß die Bundesrepublik föderalistisch aufgebaut ist. Die Bundesregierung übernimmt bestimmte Aufgaben, die Länder, Gemeinden und die Parafisci andere. Aus dem Haushalt des Bundes werden 100% aller Verteidigungsaufwendungen finanziert, aber nur 3,6% aller Bildungsausgaben, 37% aller Ausgaben für den Straßenbau, 12% der Ausgaben für das Wohnungswesen, die Raumordnung und die Städtebauförderung und 20% aller Ausgaben für die Soziale Sicherung.

Die Ausgaben der Länder und Gemeinden beliefen sich 1988 auf 416 Mrd. DM. Die Ausgaben des Bundes betrugen im selben Jahr 278 Mrd. DM. Es ist be-

---

[35] Einige Arten von Steuervergünstigungen können als eine Art von Sozialversicherung angesehen werden. Der Umstand, daß Renten nur sehr wenig und Arbeitslosenunterstützungen gar nicht besteuert werden, bewirkt, daß eine DM, die für Renten und Arbeitslosenunterstützung verausgabt wird, beim Empfänger eine stärkere Einkommensaufbesserung hervorruft als wenn sie besteuert würde. Die Wirkung ist dieselbe als würde die Sozialversicherung ausgeweitet. Es lassen sich leicht weitere Beispiele für Abgrenzungsprobleme zwischen Versicherung und Umverteilung oder zwischen Transfers und Staatsverbrauch finden. Beispielsweise werden die Ruhestandsbezüge von Berufssoldaten oft als Arbeitsentgelt und nicht als Transfer eingestuft. Stipendien oder die Subventionierung von Bildungsdarlehen werden oft als Transfer erfaßt, die Ausgaben zur Finanzierung der Universitäten, die es ermöglichen, daß keine Studiengebühren erhoben werden, hingegen nicht. Offenbar sind diese Unterscheidungen recht willkürlich.

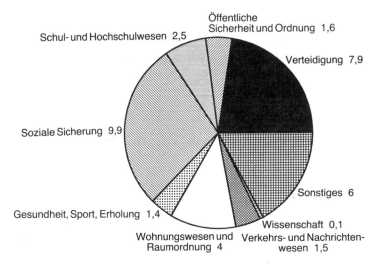

Abb. 2.5a   Aufteilung der Staatsausgaben auf verschiedene Aufgabenbereiche 1951. Die Graphik zeigt die Ausgaben in Mrd. DM aufgegliedert nach Aufgabenbereichen.

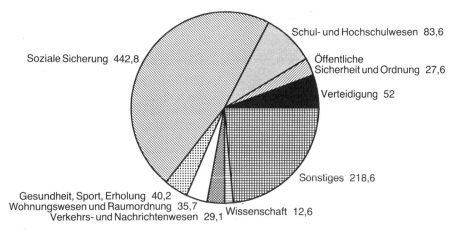

Abb. 2.5b   Aufteilung der Staatsausgaben auf verschiedene Aufgabenbereiche 1986.

hauptet worden, daß es eine „gesetzmäßige" Entwicklung zum Zentralstaat gebe, daß die übergeordneten Gebietskörperschaften im Laufe der Zeit einen immer größeren Teil jener Aufgaben an sich ziehen, die ursprünglich untergeordnete Gebietskörperschaften wahrgenommen haben. Dies wird mitunter als das Popitzsche Gesetz bezeichnet. In den USA ist im Laufe dieses Jahrhunderts tatsächlich ein derartiger Trend aufgetreten. In Deutschland war hingegen zumindest seit der Gründung der Weimarer Republik, die gegenüber dem Kaiserreich eine deutliche Zentralisierung mit sich brachte, keine eindeutige säkulare Zentralisierungstendenz mehr zu erkennen. Im Nationalsozialismus kam es zu einer starken Zentralisierung, danach wieder zu einer Dezentralisierung.

Die Beziehungen zwischen Bund, Ländern und Gemeinden sind ziemlich kompliziert. Bund und Länder sind zwar im Prinzip für die Finanzierung der Aufgaben zuständig, die sie wahrnehmen (**Lastenverteilungsgrundsatz:** Die Finanzierungszuständigkeit folgt der Verwaltungszuständigkeit). Es gibt aber verschiedene Ausnahmen. Hierbei trägt der Bund ganz oder teilweise Kosten, die nach dem Lastenverteilungsgrundsatz den Ländern zufallen müßten. Eine wichtige Rolle spielen die sogenannten Gemeinschaftsaufgaben, wie etwa der Ausbau und Neubau von Hochschulen und Hochschulkliniken, an denen sich der Bund finanziell beteiligt, und die Finanzhilfen des Bundes an die Länder und Gemeinden, bei denen sich der Bund finanziell an bestimmten Investitionen der Länder und Gemeinden beteiligt. In den Beziehungen zwischen Ländern und Gemeinden spielen Aufgaben (z.B. Schulwesen, Polizei, Straßenbau), bei deren Erfüllung sich sowohl die Länder als auch die Gemeinden finanziell engagieren, und Zuweisungen der Länder an die Gemeinden eine große Rolle.

Die Staatsquote in der BR Deutschland und ihre Entwicklung

Da der Einfluß, den der Staat auf die Wirtschaft ausübt, ebenso von seiner Gesetzgebung und von seiner regulierenden Tätigkeit abhängt wie von seinen Ausgaben, läßt sich die Rolle des Staates in der deutschen Wirtschaft nicht mit einer einzigen Zahl messen. Nichtsdestoweniger hält es eine Reihe von Ökonomen für zweckmäßig, das Verhältnis zwischen der Summe der öffentlichen Ausgaben und der Größe der Wirtschaft als Maß heranzuziehen. Die Größe der Wirtschaft wird dabei mit dem Brutto- oder dem Nettosozialprodukt gemessen[36]. Dies führt zu der sogenannten **allgemeinen Staatsquote**.

Unter Umständen ist ein Vergleich des Staatsanteils in der BR Deutschland heute mit dem Staatsanteil in der Vergangenheit und in anderen Nationen aufschlußreich. In der folgenden Tabelle zeigen wir die Entwicklung der Ausgaben der Gebietskörperschaften als Prozentsatz des Nettosozialprodukts (zu Marktpreisen) seit der Gründung des Deutschen Reichs.

Da diese Statistik nur die Ausgaben der Gebietskörperschaften enthält, sind in ihnen diejenigen öffentlichen Ausgaben, die seit dem Zweiten Weltkrieg am stärksten zugenommen haben, nämlich die der gesetzlichen Versicherungen nur zu einem geringen Teil enthalten.

Diese Ausgaben werden nämlich nur insoweit berücksichtigt, als sie durch Zuschüsse des Bundes finanziert werden.

Berücksichtigt man stattdessen die gesamten Ausgaben der gesetzlichen Versicherungen, so erhält man das Bild eines sehr starken Anstiegs der Staatsquote.

Derartige Statistiken über die Entwicklung der Staatsquote vermitteln zum Teil allerdings einen irreführenden Eindruck. Die Ausgaben bestimmter Jahre

---

[36] Das Bruttosozialprodukt ist ein Maß für den Wert der Güter und Dienste, die in der Wirtschaft während eines bestimmten Jahres erzeugt werden. Das Nettosozialprodukt bereinigt diese Größe um die Abschreibungen.

Tabelle 2.2

Jahr	Anteil der Ausgaben am Nettosozialprodukt
1872	14,2
1900	12,3
1913	15,4
1925	22,4
1930	26,9
1938	42,4
1950	31,3
1960	30,5
1970	32,1
1980	38,2
1987	35,4

Quelle: H. C. Recktenwald: Umfang und Struktur der öffentlichen Ausgaben in säkularer Entwicklung. HdF Bd. 1, 3. Auflage S. 719 und eigene Berechnungen.

können die Folge von Leistungsversprechen darstellen, die Jahre früher gegeben wurde. Beispielsweise wurde in der BR Deutschland im Jahre 1957 eine grundlegende Rentenreform vollzogen, die die Ansprüche der Rentner wesentlich erweiterte. Die Folgekosten der Rentenreform traten aber erst später deutlicher hervor und sind noch im Begriff, in vollem Umfang zum Vorschein zu kommen.

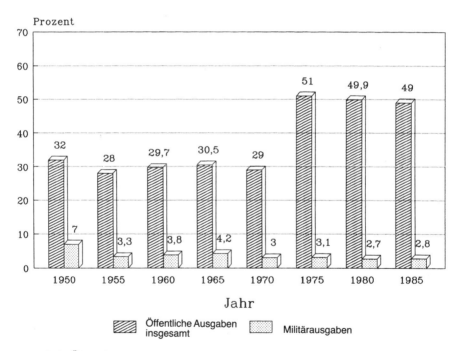

Abb. 2.6 Öffentliche Ausgaben als Prozentsatz des Bruttosozialprodukts. Militärausgaben und gesamte Staatsausgaben einschließlich der Ausgaben der Sozialversicherungsträger.

In der Graphik 2.6. stellen wir die Entwicklung der öffentlichen Ausgaben und die der Militärausgaben als Prozentsatz des Bruttosozialprodukts dar[37]. Es wird deutlich, daß die Bedeutung der Militärausgaben tatsächlich zurückgegangen ist, während die der sonstigen Staatsausgaben angewachsen ist.

Ursachen der Zunahme der Staatsausgaben

In der deutschen Finanzwissenschaft wird die Zunahme der Staatsquote traditionell unter der Bezeichnung Wagnersches Gesetz diskutiert. Adolph Wagner war ein deutscher Ökonom des 19. Jahrhunderts, der behauptete, daß die Staatsquote säkular immer mehr anwachsen werde.

Die starke Zunahme der Staatsausgaben seit der Gründung der BR Deutschland ist vor allem durch die Erweiterung der Tätigkeit des Staates als Versicherer und Gewährer von Transfers bedingt. Die Darstellung 2.7. zeigt, welche Bereiche der Sozialen Sicherung in erster Linie ein zunehmendes Ausgabenvolumen zu verzeichnen haben. Diese rasche Zunahme hat vor allem bei der Rentenversi-

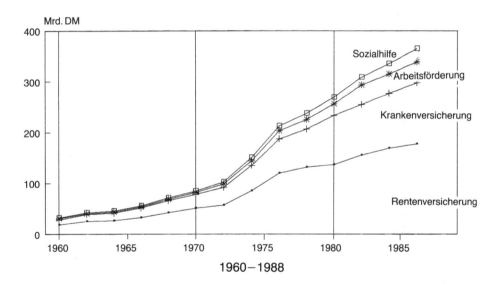

Abb. 2.7 Sozialbudget nach Institutionen. In der Darstellung sind vier besonders wichtige Bestandteile des Sozialhaushalts kumulativ dargestellt. Am bedeutendsten ist die Gesetzliche Rentenversicherung gefolgt von der gesetzlichen Krankenversicherung. Bei der Rentenversicherung haben wir verschiedene kleinere Programme wie etwa die Altershilfe für Landwirte nicht berücksichtigt.

---

[37] Offenbar ist die Staatsquote unterschiedlich hoch je nachdem, ob man die Staatsausgaben auf das Brutto- oder auf das Nettosozialprodukt bezieht.

cherung und der Finanzierung des Gesundheitswesens zu einer krisenhaften Situation geführt und einen Prozeß des Umdenkens ausgelöst.

Es sind vermutlich vor allem die Haushalte mit mittlerem Einkommen, die von diesen Ausgaben profitieren. Die Leistungen werden nicht nach Bedürftigkeit des Empfängers gewährt, sondern aufgrund bestimmter Anspruchsvoraussetzungen, wie Alter, Krankheit usw. Sobald diese Kriterien erfüllt sind, besteht ein Rechtsanspruch auf die Leistungen.

In den USA und zahlreichen anderen westlichen Industrienationen läßt sich ein ähnliches Muster feststellen. Im Unterschied zur BR Deutschland setzte in den USA das starke Wachstum der Staatsquote allerdings wesentlich später ein. Noch 1930 betrugen die öffentlichen Ausgaben dort nur 11% des Bruttosozialprodukts. Eine Sozialversicherung bestand noch nicht. Ab Mitte der dreißiger Jahre kam es zu einem starken Wachstum der Staatsquote, das sich bis in die sieb-

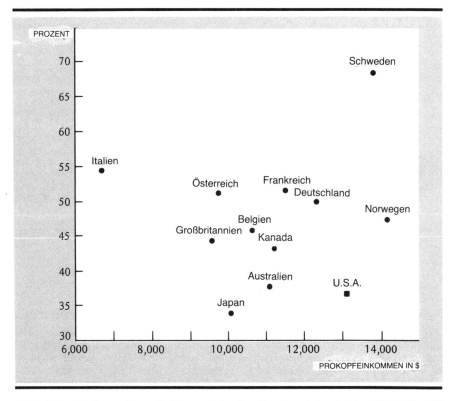

Abb. 2.8 Staatsausgaben als Prozentsatz des Bruttosozialprodukts 1982. Die BR Deutschland nimmt eine mittlere Position ein. Wesentlich niedriger sind die Staatsausgaben in den USA und Japan. Quellen: United Nations: National Accounts and Statistics: Government Accounts and Tables, 1983; United Nations Yearbook 1986; International Monetary Fund: International Financial Statistics 1987.

2. Kapitel: Der öffentliche Sektor in der Bundesrepublik Deutschland 47

ziger Jahre fortsetzte. R. Reagan war bestrebt, die Staatsausgaben zurückzuführen. Diesem Bemühen war allerdings kein größerer Erfolg beschieden[38].

Ein Vergleich zwischen verschiedenen Nationen

Unter den westlichen Industrienationen nimmt die BR Deutschland in bezug auf die Staatsquote eine mittlere Position ein (Darstellung 2.8.). Die USA und Japan haben im Vergleich geringe Staatsquoten. Allerdings sind derartige Vergleiche mit Vorsicht zu genießen. Problematisch ist bei derartigen Statistiken insbesondere die Erfassung verstaatlichter Unternehmen.

Staatseinnahmen

Nachdem wir geprüft haben, wofür der Staat sein Geld ausgibt, wenden wir uns der Art und Weise zu, wie er das Geld für diese Ausgaben beibringt. Er erhebt vierzig Steuern und dazu noch 28 steuerähnliche Sonderabgaben. Wenn die Steuereinnahmen geringer sind als die geplanten Ausgaben, so müssen entweder letztere gekürzt werden oder der Staat verschuldet sich[39].

Die Steuern im Grundgesetz

Steuergesetzgebungshoheit, Steuerertragshoheit und Steuerverwaltungshoheit sind im Grundgesetz geregelt. Die Steuergesetzgebungshoheit liegt im wesentlichen beim Bund[40]. Zwar handelt es sich hier um einen Bereich der sogenannten konkurrierenden Gesetzgebung, die Länder können also gesetzgeberisch tätig werden, sofern der Bund von seinem Gesetzgebungsrecht keinen Gebrauch gemacht hat. Tatsächlich hat der Bund davon höchst reichlichen Gebrauch gemacht. Bundesgesetze über Steuern, deren Aufkommen ganz oder teilweise den Ländern und Gemeinden zufließt, bedürfen der Zustimmung durch den Bundesrat.

Das Grundgesetz verteilt das Steueraufkommen nach Steuerarten auf die verschiedenen Gebietskörperschaften. Reine Bundessteuern sind bestimmte Verbrauchsteuern, nämlich die Mineralölsteuer und ferner die Zuckersteuer, die Salzsteuer, Brantweinsteuer, Tabaksteuer, Kaffeesteuer, Teesteuer und Leuchtmittelsteuer, die Straßengüterverkehrsteuern sowie die sogenannten Kapitalverkehrsteuern, also die Gesellschaftsteuer und die Börsenumsatzsteuer, und die

---

[38] Die Rüstungsausgaben, die bereits unter Carter zugenommen hatten, wurden rasch weiter ausgedehnt. Reagan war demgegenüber bei dem Versuch, die Transfers und die Sozialversicherung zu reduzieren nicht erfolgreich. Die Sozialfürsorge wurde eingeschränkt. Die Rentenversicherung und die staatlichen Ausgaben für Krankenversicherung expandierten im wesentlichen wie zuvor.

[39] In vielen Nationen wird die Differenz zwischen Staatsausgaben und Staatseinnahmen regelmäßig dadurch gedeckt, daß Geld gedruckt wird. Dies ist beispielsweise in Italien häufig der Fall gewesen. Eine besonders große Rolle spielt diese Art der Finanzierung staatlicher Tätigkeit in vielen Ländern der dritten Welt.

[40] Die Länder haben die ausschließliche Befugnis zur Gesetzgebung über die örtlichen Verbrauch- und Aufwandsteuern, die de facto aber von geringer Bedeutung sind.

Versicherungsteuer und Wechselsteuer. Ländersteuern sind die Vermögensteuer, die Erbschaftsteuer, die Kraftfahrzeugsteuer, die Biersteuer, die Spielbankabgabe, die Grunderwerbsteuer, Feuerschutzsteuer und schließlich die Rennwett- und Lotteriesteuer.

Drei der wichtigsten Steuern hingegen sind sogenannte Gemeinschaftsteuern, deren Aufkommen Bund und Länder gemeinsam zusteht, nämlich die Einkommensteuer, die Körperschaftsteuer und die Umsatzsteuer.

Das Aufkommen der Gewerbesteuer und der Grundsteuer steht laut Grundgesetz den Gemeinden zu, ferner das Aufkommen der örlichen Verbrauch- und Aufwandsteuern. Durch Gesetz wurden allerdings Bund und Länder an dem Gewerbesteueraufkommen in Gestalt der sogenannten Gewerbesteuerumlage beteiligt. Den Gemeinden steht ferner ein Teil des Länderanteils am Aufkommen der Gemeinschaftsteuern zu.

Die Verfassung verpflichtet den Gesetzgeber, sowohl zwischen den Ländern als auch zwischen den Gemeinden einen sogenannten Finanzausgleich durchzuführen, der die Unterschiede in der Steuerkraft ausgleichen soll.

Obwohl die Steuern ansonsten im Grundgesetz nicht allzu häufig genannt werden, hat man aus ihm doch eine große Zahl von Regeln für die Besteuerung abgeleitet[41]. Das Bundesverfassungsgericht hat sich bei vielen Gelegenheiten zum Steuerrecht geäußert. Grundsätze, die aus dem Grundgesetz abgeleitet werden, sind der Gleichheitsgrundsatz, das Verbot der Benachteiligung von Ehe und Familie und das Sozialstaatprinzip, das als verfassungsmäßige Grundlage für den progressiven Tarif dient. Das Bundesverfassungsgericht fordert ferner eine Ausrichtung der Besteuerung an der steuerlichen Leistungsfähigkeit.

Die Steuern der verschiedenen Gebietskörperschaften

Von dem gesamten Steueraufkommen entfallen 73,7% auf die Gemeinschaftsteuern. Dem Bund stehen 42,5% des Aufkommens aus Lohn- und veranlagter Einkommensteuer, 50% des Aufkommens der Körperschaftsteuer und 65% des Aufkommens der Umsatzsteuer zu. Größte Einzelsteuer ist die Lohn- und Einkommensteuer, die über 40% des gesamten Steueraufkommens erbringt. Die Bundessteuern machen 10,3% des gesamten Steueraufkommens aus, die wichtigsten davon sind die Mineralölsteuer und die Tabaksteuer. Die Ländersteuern machen nur 4,2% des gesamten Steueraufkommens aus. Die wichtigsten Ländersteuern sind die Kraftfahrzeug- und die Vermögensteuer. Die Gemeindesteuern bestreiten die verbleibenden 11,8% des Steueraufkommens. Den weitaus größten Teil des Aufkommens der Gemeindesteuern liefert die Gewerbesteuer, die damit neben den Gemeinschaftsteuern die vierte „große" und ertragreiche Steuer darstellt. Die Gewerbesteuerumlage steht jeweils zur Hälfte den Ländern und dem Bund zu. In der Zeichnung 2.9. haben wir die Veränderungen des Anteils der wichtigsten Steuern am Steueraufkommen dargestellt.

Konzeptionell unterscheidet man zwischen einem sogenannten Trennsystem, bei dem einzelne Steuern allein einer Ebene zustehen, und dem Verbundsystem, bei dem unterschiedliche Ebenen gemeinschaftlich an einzelnen Steuern beteiligt

---

[41] Wegen einer Darstellung dieser Regeln siehe K. Tipke: Steuerrecht. 11. Auflage, Köln 1987.

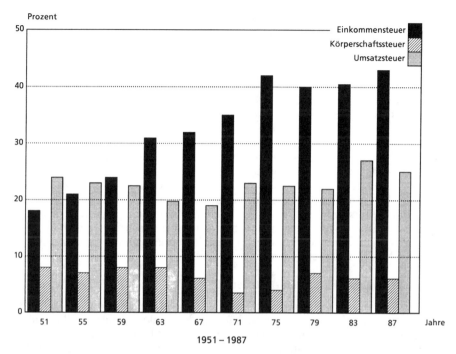

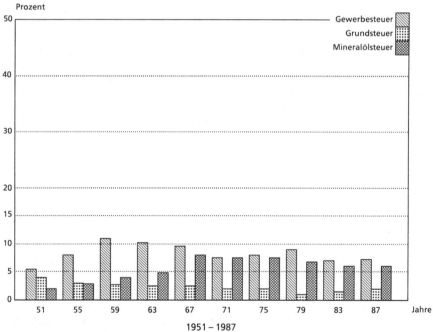

Abb. 2.9 Aufkommen wichtiger Steuern. Prozentanteil am gesamten Steueraufkommen. Quelle: Finanzbericht.

sind. Das Steuersystem der BR Deutschland ist zwar ein Mischsystem, steht aber dem Pol des Verbundsystems näher.

Das Verbundsystem hat den Nachteil, daß es Entscheidungen über Veränderungen der großen Gemeinschaftsteuern erschwert, weil sie jeweils der Zustimmung der Länder bedürfen.

In den USA besteht im Unterschied zur BR Deutschland im wesentlichen ein Trennsystem. Bei einem solchen System ist es naheliegend, daß die unteren Verwaltungsebenen (Länder bzw. Gliedstaaten, Gemeinden) ebenso wie der Bund das Recht haben, auf die Höhe der Steuersätze derjenigen Steuern erheblichen Einfluß auszuüben, deren Aufkommen ihnen zusteht. Möglicherweise wird man ihnen sogar das Recht zubilligen, neue Steuern einzuführen. Wegen der Konkurrenz zwischen den Ländern bzw. Gliedstaaten und Gemeinden um die Ansiedlung von Unternehmen ist zu erwarten, daß sie von der Möglichkeit der Erhöhung von Steuersätzen nur recht zurückhaltend Gebrauch machen. In den USA wurden den Staaten vom Bund angesichts wachsender Ansprüche an ihre Dienste und an die der Gemeinden deswegen erhebliche Finanzhilfen gewährt, die ein Sechstel ihrer Einnahmen ausmachen.

Nationale Unterschiede in der Besteuerung

Die Struktur der öffentlichen Einnahmen ist nicht in allen Nationen dieselbe. In den USA beispielsweise ist die Bedeutung der Einkommensteuer besonders groß, größer als in Westeuropa. Die amerikanischen Umsatzsteuersysteme sind wesentlich anders ausgestaltet als in Westeuropa. Die in den USA bestehenden Einzelhandelsumsatzsteuern sind im Vergleich zur BR Deutschland verhältnismäßig unbedeutend. In Westeuropa ist die Umsatzsteuer in fast allen Ländern eine der wichtigsten Steuern, wobei ihre Bedeutung allerdings im Vereinigten Königreich wesentlich hinter der in den kontinentaleuropäischen Staaten zurückbleibt. Das Gewicht der Einkommensteuer ist relativ unterschiedlich, beispielsweise ist sie in Frankreich nur für 13% des Mittelaufkommens der öffentlichen Haushalte verantwortlich. Der Anteil der Sozialversicherungsbeiträge an der Gesamtheit der öffentlichen Einnahmen ist in den USA in etwa derselbe wie in Japan und im Durchschnitt der europäischen Gemeinschaft, ist aber innerhalb der europäischen Gemeinschaft sehr unterschiedlich[42].

Die Aufstellung des Bundeshaushalts

Die Bundesregierung stellt jährlich sämtliche geplanten Einnahmen und Ausgaben des nächsten Haushaltsjahres in systematischer Weise in Form des Haushaltsplans (andere Begriffe hierfür sind Budget oder Etat) zusammen. Das Grundgesetz regelt in einer Reihe von Artikeln das Verfahren bei der Aufstellung des Haushaltsplans. Im einzelnen sind die Grundsätze, die dabei zu beachten sind, im Haushaltsgrundsätzegesetz enthalten.

---

[42] So betrug dieser Anteil 1984 in den USA 29 Prozent, in Japan 30 Prozent und in der Europäischen Gemeinschaft im Durchschnitt 29 Prozent. Innerhalb der EG hatten Frankreich und Holland mit 44 Prozent den höchsten Anteil, in der BR Deutschland betrug der Anteil 41 Prozent, im Vereinigten Königreich hingegen nur 18 Prozent. Quelle: Revenue Statistics for OECD Member Countries, 1986 Table 15.

Die Aufstellung des Entwurfs des Haushaltsplans obliegt dem Finanzminister. Die verschiedenen Ministerien und sonstigen obersten Bundesbehörden übergeben ihm Voranschläge über ihren Finanzbedarf. Sie beruhen auf Bedarfsanmeldungen der unteren Verwaltungsstellen. In der Realität handelt es sich dabei zumeist um dieselben Anforderungen wie im Vorjahr mit einem gewissen Zuschlag. Die Bedarfsanmeldungen und Voranschläge gehen regelmäßig weit über die Einnahmen hinaus und müssen gekürzt werden. Darauf zu dringen ist insbesondere die Aufgabe des Finanzministers. Nach Prüfung der Voranschläge stellt er dann den Entwurf des Haushaltsplans in eigener Verantwortung auf. Er kann Bedarfsanmeldungen auch ohne Zustimmung des jeweiligen betroffenen Ministers ändern. Der zuständige Minister kann dann die Entscheidung der Bundesregierung einholen. Allerdings kann der Finanzminister gegen diese Entscheidung wiederum Widerspruch einlegen. Dieses Verfahren enthält gewisse Vorkehrungen, die einen Ausgleich zwischen Einnahmen und Ausgaben herbeiführen können. Damit es dazu kommt, ist es vor allem erforderlich, daß die Bundesregierung einen solchen Ausgleich tatsächlich herbeiführen will.

Der Haushaltsplan wird vom sogenannten Finanzkabinett beschlossen. Ihm gehören der Bundeskanzler, der Chef des Bundeskanzleramts sowie die Bundesminister für Finanzen, Wirtschaft und des Inneren an. Dann wird der Haushaltsplan dem Parlament zugeleitet. In der Praxis erfolgt dies regelmäßig ziemlich spät, so daß bis zum Beginn des Haushaltsjahrs kaum mehr Zeit bleibt. Ist der Haushaltsplan bis zum Beginn des Haushaltsjahrs noch nicht vom Bundestag verabschiedet – in der Praxis ist dies häufig der Fall gewesen – hat die Bundesregierung ein Notetatrecht.

Im Rahmen der parlamentarischen Beratung des Haushaltsplans spielt die Debatte im Haushaltsausschuß des Bundestages regelmäßig eine besonders große Rolle. Dort wird der Entwurf Titel für Titel überprüft. Insbesondere bei dieser Gelegenheit kommt der Einfluß der Lobbies zur Geltung. Sowohl während dieser Beratung im Haushaltsausschuß als auch während der Lesungen im Bundestag können im Prinzip Änderungen vorgeschlagen werden. Schließlich bedürfen bestimmte Gesetze, die mit dem Haushaltsplan im Zusammenhang stehen, noch der Zustimmung des Bundesrates. Insgesamt aber hat die Regierung im Rahmen dieser Beratungen eine starke Stellung. Dies rührt nicht nur daher, daß die Regierung aus Vertrauensleuten der Parlamentsmehrheit besteht. Zusätzliches Gewicht verleiht ihr noch der Artikel 113 I des Grundgesetzes, der vorschreibt: „Gesetze, welche die von der Bundesregierung vorgeschlagenen Ausgaben des Haushaltsplanes erhöhen oder neue Ausgaben in sich schließen oder für die Zukunft mit sich bringen, bedürfen der Zustimmung der Bundesregierung. Das gleiche gilt für Gesetze, die Einnahmeminderungen in sich schließen oder für die Zukunft mit sich bringen. Die Bundesregierung kann verlangen, daß der Bundestag die Beschlußfassung über solche Gesetze aussetzt. In diesem Fall hat die Bundesregierung innerhalb von sechs Wochen dem Bundestag eine Stellungnahme zuzuleiten." Man mag den relativ geringen Einfluß des Parlaments beklagen. Der Vorteil dieses Arrangements ist, daß die Bundesregierung, sofern sie nur den politischen Willen dazu hat, recht gute Möglichkeiten hat, einen Ausgleich des Haushalts durchzusetzen[43].

---

[43] Das Fehlen gesetzlicher Vorkehrungen, die einen solchen Haushaltsausgleich erzwingen können, ist in diesem Jahrzehnt in den USA sehr beklagt worden. In den USA wird der

Staatsverschuldung

Überschreiten die Ausgaben die Steuereinnahmen, entsteht ein Haushaltsdefizit, das durch Schuldenaufnahme finanziert werden muß. Das Haushaltsdefizit des Bundes betrug 1988 fast 37 Mrd. DM. Der Haushalt des Bundes wies seit 1972 stets ein Defizit auf. In absoluten Werten erreichte es einen Höhepunkt in den Jahren 1981 und 1982 und dann wieder 1988.

Wenn ein Privatunternehmen ein Defizit aufweist, kann es sich nicht unbegrenzt weiter verschulden. Früher oder später geht es in Konkurs. Da der Staat in der Lage ist, Steuern zu erheben, stürzt die Vergrößerung der Staatsschuld ihn nicht in jene Probleme, die ein hochverschuldetes privates Unternehmen hätte. Der Bundesregierung wird weiterhin Kredit gewährt, wenn der Zins nur hoch genug ist.

Grund zur Besorgnis besteht trotzdem. So wird befürchtet, daß die Haushaltsdefizite inflationistische Folgen haben, daß sie zu einer Erhöhung des Zinssatzes führen und daß sie eine schwere Last für künftige Generationen darstellen könnten.

Das Haushaltsdefizit ist die jährliche Vergrößerung der Staatsschuld. Da die öffentlichen Haushalte über viele Jahre hinweg ein erhebliches Defizit aufwiesen, ist die Gesamtsumme der öffentlichen Staatsschuld stark gewachsen. Sie betrug Ende 1987 882,4 Milliarden DM. Hiervon machte die Gesamtschuld des Bundes 440,4 Mrd. DM aus.

Um die Bedeutung der Schuld und des Defizits zu beurteilen, müssen wir sie zu einer anderen Größe in Beziehung setzen. Die Darstellung 2.11. zeigt das Defizit des Bundeshaushalts als Prozentanteil der Ausgaben und des Bruttosozialprodukts. Natürlich gibt es immer verschiedene Möglichkeiten der Interpretation ein und derselben Zahl. Die Geldentwertung bewirkte, daß der Realwert der Staatsschuld weit weniger stark angestiegen ist als die nominalen Staatsschulden. Das folgende Beispiel macht dies deutlich: Stellen Sie sich vor, daß Sie jemandem versprochen haben, ihm in einem Jahr 100 DM zu zahlen. Wenn die Preise aller Güter und Dienste um 10% zunehmen, dann kann diese Person nächstes Jahr mit 100 DM dieselbe Menge an Gütern erwerben, die sie dieses Jahr mit 91 DM hätte

---

Haushaltsplan vom Office of Management and Budget aufgestellt und der Präsident sendet den Vorschlag dieses Büros an den Kongreß. Die Wünsche des Kongresses unterscheiden sich aber insbesondere dann regelmäßig stark von diesem Vorschlag, wenn eine andere Partei als die des Präsidenten in ihm die Mehrheit hat. Der Kongreß hat ein eigenes Congressional Budget Office, dessen Aufgabe es ist, alternative Vorschläge für den Haushaltsplan auszuarbeiten, sofern der Kongreß dies wünscht. Die nachfolgenden Bemühungen, zwischen den Vorstellungen des Präsidenten und des Kongresses einen Kompromiß zu finden, sind oft durch ernste Schwierigkeiten und das Entstehen einer Pattsituation gekennzeichnet. Zu den großen Haushaltsdefiziten seit Beginn der achtziger Jahre kam es insbesondere deswegen, weil es Reagan zwar gelang, Steuersenkungen durchzusetzen, nicht aber entsprechend nachhaltige Kürzungen der Ausgaben. 1985 versuchte man, einem derartigen Dilemma künftig zu entgehen, indem ein Gesetz verabschiedet wurde, das vorsah, daß immer dann, wenn der Kongreß und der Präsident sich nicht auf einen Haushaltsplan einigen können, dessen Defizit einen bestimmten Schwellenwert unterschreitet, die Ausgaben nach einer bestimmten Formel gekürzt werden. 1987 erklärte der Oberste Gerichtshof dieses Verfahren jedoch für verfassungswidrig. Das Problem ist damit im Grunde bis heute ungelöst.

2. Kapitel: Der öffentliche Sektor in der Bundesrepublik Deutschland   53

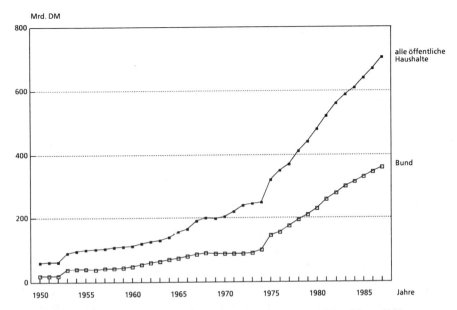

Abb. 2.10 Verschuldung der öffentlichen Haushalte in Mrd. DM des Jahres 1980.

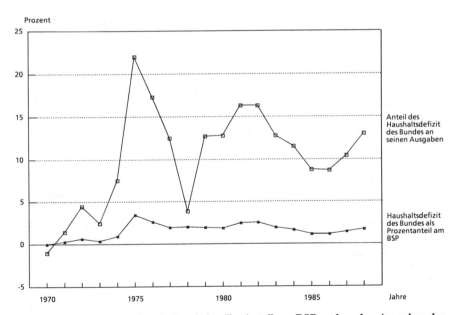

Abb. 2.11 Defizite des Bundeshaushalts: Ihr Anteil am BSP und an den Ausgaben des Bundes.

erwerben können. Der „Realwert" der Schuld ist gesunken. Die Darstellung 2.10. zeigt die Entwicklung des Realwerts der Staatsschuld in Preisen des Jahres 1980.

Gesetzliche Obergrenzen für die Verschuldung

Im Prinzip liefern die Artikel 109 und 115 des Grundgesetzes eine Obergrenze für die Verschuldung. Hiernach stellen die Investitionsausgaben eine Obergrenze für die Verschuldung des Bundes dar, die nur „zur Abwehr einer Störung des gesamtwirtschaftlichen Gleichgewichts" überschritten werden darf. Da man fast stets geltend machen kann, daß eine solche Störung des gesamtwirtschaftlichen Gleichgewichts droht und diese Behauptung kaum widerlegbar ist, ist dies keine sehr wirksame Begrenzung der Schuldenaufnahme durch den Bund.

Bis 1969 lautete der Artikel 115 stattdessen, daß die Aufnahme von Kredit nur „bei außerordentlichem Bedarf und in der Regel nur für Ausgaben zu werbenden Zwecken zulässig" sei. Zwar bereitete auch diese Formulierung erhebliche Interpretationsprobleme, nichtsdestoweniger stellte sie vermutlich eine wirkungsvollere Begrenzung der Kreditaufnahme dar als die neuere Formulierung. Die Änderung des Grundgesetzes stand im Zusammenhang mit der Verabschiedung des Stabilitäts- und Wachstumsgesetzes. Es ist aber keineswegs klar, ob nicht auch im Rahmen der älteren Formulierung eine gewisse antizyklische Konjunkturpolitik möglich gewesen wäre und ob es wirklich erforderlich und sinnvoll war, den Spielraum des Bundes bei der Schuldenaufnahme derart auszuweiten.

Für die Länder und Gemeinden ist in den Landeshaushaltsordnungen regelmäßig festgesetzt, daß die Kreditaufnahme auf den Umfang der Investitionen beschränkt ist. Auch dies ist eine verschiedenen Interpretationen zugängliche Formulierung, ist es doch keineswegs völlig klar, welche Staatsausgaben den Charakter von Investitionen haben.

Aufgaben des Haushaltsplans

Der Etat zeigt die Einnahmen und Ausgaben des Staates ähnlich wie die Gewinn- und Verlustrechnung eines privaten Unternehmens seine Aufwendungen und Erträge ausweist[44]. Der Haushaltsplan vermittelt uns ein Bild davon, was der Staat tut, wofür er sein Geld verwendet und woher er es nimmt.

Wenn man die wirtschaftliche Lage eines privaten Unternehmens analysiert, dann ist die Bilanz weit aussagekräftiger als die Gewinn- und Verlustrechnung. Die Bilanz informiert uns über das Vermögen des Unternehmens und über seine Verbindlichkeiten. Der Differenzbetrag zwischen Vermögen und Verbindlichkeiten ist das Eigenkapital. Nehmen die Verbindlichkeiten rascher zu als das Vermögen, nimmt das Eigenkapital ab; der Kapitaleigner hat Grund, sich Sorgen über die Zukunft des Unternehmens zu machen. Andererseits wird man geneigt sein, ein Unternehmen mit großen und zunehmenden Schulden, dessen Vermögen aber den Umfang der Schulden übertrifft und schneller wächst als diese Schulden, als grundsolide zu betrachten.

---

[44] Im einzelnen unterscheiden sich die Gewinn- und Verlustrechnung der Unternehmen und die Haushaltsrechnung öffentlicher Haushalte allerdings recht erheblich.

Kauft ein Privatunternehmen ein Gebäude oder eine Maschine, dann tritt der Kaufpreis nicht als Aufwand der Periode in Erscheinung, in der der Kauf erfolgt, und mindert infolgedessen auch nicht das Nettoeinkommen des Unternehmens. Vielmehr werden vom Einkommen **Abschreibungen** in Abzug gebracht, die die laufende Abnutzung, die Wertminderung dieser Vermögensgegenstände darstellen. Im Haushaltsplan des Staates (und generell in der Finanzstatistik) erscheint der Kaufpreis des Gebäudes bzw. der Maschine hingegen als Ausgabe der Periode, in der dieser Vermögensgegenstand erworben wird.

Verkauft ein Privatunternehmen eine Maschine oder ein Gebäude, verändert sich das Eigenkapital dieses Unternehmens hierdurch nicht. Es ändert sich nur die Form, in der das Unternehmen sein Vermögen hält – die baren Mittel erhöhen sich und das Anlagevermögen verringert sich. Verkauft der Staat hingegen ein Gebäude, dann behandelt er im Haushaltsplan den Verkaufserlös im großen und ganzen ebenso wie irgendeine andere Form der Staatseinnahmen. Das ausgewiesene Defizit verringert sich.

Der Staat erstellt keine brauchbaren Bilanzen für seine wirtschaftliche Tätigkeit. Im Rahmen der Finanzstatistik wird zwar auch eine sogenannte Vermögensstatistik geführt, die aber im Gegensatz zur Statistik der Einnahmen und Ausgaben unterentwickelt ist und das Vermögen der Gebietskörperschaften nur fragmentarisch darstellt. In der Vermögensübersicht des Bundes beispielsweise ist der Grundbesitz des Bundes nicht erfaßt. Angegeben werden die Eigengesellschaften und Beteiligungen des Bundes und sein Finanzvermögen.

Eine vollständige Auflistung des Vermögens und der Verbindlichkeiten des Staates sollte nicht nur das materielle Vermögen (Baulichkeiten, Beteiligungen, Wertpapiere usw.) enthalten, sondern auch das immaterielle. Der wichtigste Teil dieses immateriellen Vermögens besteht in den Investitionen in die zukünftige Produktivität der Deutschen (das sogenannte „Humankapital"), die sich aus den staatlichen Bildungs- und Forschungsaufwendungen zusammensetzen.

Das Fehlen einer befriedigenden Vermögensrechnung hat wesentliche Implikationen für die Wirtschaftspolitik des Staates. Es führt dazu, daß insbesondere in Zeiten der Rezession, wenn es zu einem erheblichen Defizit im Staatshaushalt kommt, eine systematische Tendenz zur Kürzung der investiven Ausgaben des Staates zu beobachten ist, vor allem der Investitionen in Forschung und Entwicklung und in das Humankapital. Die Folgen dieser Vorgehensweise werden erst in der Zukunft fühlbar. Oder aber der Staat veräußert bei einem Defizit des Staatshaushalts Land oder staatliche Unternehmen. Der Haushaltsplan registriert dann eine Einnahme und es entsteht der Anschein, als ob eine derartige Einnahmenerzielung kostenlos wäre. Eine Vermögensrechnung würde hingegen zeigen, daß das Vermögen des Staates geschrumpft ist[45].

---

[45] Es gibt Meinungsverschiedenheiten darüber, wie eine solche Vermögensrechnung erstellt werden sollte. Strittig ist, welche Verbindlichkeiten und Vermögensgegenstände aufgenommen werden sollten. Der Staat kann Steuern erheben – das ist ein grundlegender Unterschied zu einem privaten Unternehmen. Manche meinen, daß jegliche potentielle Einnahmequelle als Vermögensgegenstand registriert werden sollte. Nicht weniger strittig ist, welche Verpflichtungen des Staates als Verbindlichkeiten registriert werden sollten. Sollte man beispielsweise künftige Leistungsansprüche der Mitglieder der Sozialversicherung als Verbindlichkeit auffassen?

Möglichkeiten, die Statistiken über die Staatsaktivität zu manipulieren

Die Haushaltspläne des Bundes, der Länder und der Gemeinden zeigen die laufenden Einnahmen und Ausgaben dieser Gebietskörperschaften. Wir haben uns davon überzeugt, daß sie den Umfang der staatlichen Tätigkeit und ihre Wirkungen auf die Wirtschaft nur sehr teilweise widerspiegeln. Vergleiche zwischen verschiedenen Ländern oder verschiedenen Zeitperioden, die sich auf diese Haushaltspläne beziehen, sind deswegen stets mit Vorsicht zu genießen.

Wir haben darauf hingewiesen, daß der Einsatz von tax expenditures zu irreführenden Schlußfolgerungen sowohl über den Umfang des öffentlichen Sektors als auch über die Struktur seiner Ausgaben führen kann. Wenn die Bundesregierung den Umfang der Subventionen für die Wirtschaft verschleiern will, dann führt sie neue Steuervergünstigungen ein[46].

Wir haben auch auf eine zweite Möglichkeit der Manipulation der Haushaltszahlen aufmerksam gemacht: Werden Vermögensgegenstände veräußert, lassen sich Einnahmen erzielen. Die Kosten dieser Einnahmeerzielung, nämlich der Abbau des staatlichen Vermögens, treten im Haushaltsplan nicht in Erscheinung. Dies spielte in den letzten Jahren bei der Veräußerung von Beteiligungen des Bundes eine Rolle. Veräußerungen werden beschleunigt abgewickelt, um das Defizit des laufenden Jahres zu verringern.

Etwas anders verhält es sich, wenn Subventionen gewährt werden, die nicht mit sofortigen Ausgaben verbunden sind. Ein Beispiel hierfür sind Kreditbürgschaften. Die Ausgaben treten in der Zukunft auf, wenn der Kredit notleidend wird. Auch eine Erhöhung der Leistungen der Rentenversicherung wirkt sich auf die gegenwärtigen Ausgaben nur relativ wenig aus. Die Hauptlast tritt erst in der Zukunft (in zukünftigen Legislaturperioden) auf. Andere Möglichkeiten der Verringerung des ausgewiesenen Defizits des laufenden Haushalts sind eine beschleunigte Einziehung von Steuern durch eine Erweiterung des Quellenabzugs und eine Erhöhung der Verspätungszuschläge, die ein Steuerpflichtiger zahlen muß, wenn er seine Steuererklärung nicht fristgemäß einreicht.

Man kann das Volumen des Bundeshaushalts verringern (nicht aber das Defizit), wenn man „Sondervermögen" oder unabhängige Anstalten und Körperschaften errichtet. Es macht keinen großen Unterschied, ob die Bundesbahn oder die Bundespost als ein reiner Verwaltungsbetrieb (Regiebetrieb) organisiert sind, als „Sondervermögen" oder als Körperschaften, deren Defizit dann aus dem Bundeshaushalt gedeckt wird. Wenn sie als Regiebetrieb organisiert sind, dann sind alle ihre Ausgaben und Einnahmen im Bundeshaushalt enthalten; wenn sie aber organisatorisch vom übrigen Bundesvermögen getrennt und mit einem eigenen Haushalt versehen werden wie dies beispielsweise bei den Sondervermögen der Fall ist, dann tritt im Bundeshaushalt nur das Defizit in Erscheinung. Internationale Vergleiche sind schwierig, weil die Erfassung staatlicher Produktion im Haushaltsplan in verschiedenen Nationen unterschiedlich vollständig ist und weil es viele Unternehmen gibt, die weder rein privat noch rein öffentlich sind. Sollte ein Unternehmen, in dem der Staat 51% des Kapitals besitzt als öffentlich oder privat eingestuft werden?

---

[46] Zu einer Verschleierung kommt es auch bei den sogenannten Investitionszulagen. Siehe dazu weiter oben.

2. Kapitel: Der öffentliche Sektor in der Bundesrepublik Deutschland

Obwohl derartige Probleme exakte Vergleiche erschweren – und den Politikern einigen Spielraum gewähren, sich diejenigen Statistiken herauszusuchen, die ihnen ins Konzept passen, – so sind die wichtigsten Entwicklungstrends, die wir bei der Analyse der Statistiken seit der Gründung der BR Deutschland herausgehoben haben, doch derart ausgeprägt, daß sie nicht hinwegzudiskutieren sind:

1. Die Größe des öffentlichen Sektors hat deutlich zugenommen
2. Die Bedeutung der Transferzahlungen ist gewachsen
3. Am stärksten ist das Aufgabenvolumen der gesetzlichen Versicherungen gewachsen. Vor allem die Renten- und die Krankenversicherung sind für das starke Wachstum des öffentlichen Sektors seit der Gründung der BR Deutschland verantwortlich.

Zusammenfassung

1. Der Staat tritt in mehreren Rollen auf:
    a) Er bestimmt die Rechtsordnung, in der wir leben.
    b) Er reguliert die Wirtschaftstätigkeit. Er fördert bestimmte Tätigkeiten durch Subventionen und behindert andere durch Steuern.
    c) Er erzeugt Güter, er gewährt Kredit, bürgt für Kredit und verkauft Versicherungsschutz.
    d) Er konsumiert Güter und Dienste.
    e) Er verteilt Einkommen von bestimmten Individuen auf andere um.
    f) Er organisiert eine Sozialversicherung, die Einkünfte für den Ruhestand, bei Arbeitslosigkeit und Arbeitsunfähigkeit gewährt und die Krankheitskosten deckt.
2. Im Verhältnis zum Bruttosozialprodukt ist heute der Umfang des öffentlichen Sektors weit größer als vor dreißig Jahren. Dies ist in erster Linie auf das Wachstum der Transferausgaben und der Sozialversicherung zurückzuführen.
3. Unter den westlichen Industrienationen nimmt die BR Deutschland, was die Größe des öffentlichen Sektors im Verhältnis zum Bruttosozialprodukt anbetrifft, eine mittlere Position ein.
4. Der größte Teil der öffentlichen Ausgaben entfällt auf Soziale Sicherheit, Bildungswesen und Landesverteidigung. Zusammen machen diese Verwendungsrichtungen zwei Drittel des gesamten Volumens der öffentlichen Haushalte aus.
5. Die wichtigsten Einnahmequellen des Bundes und der Länder sind die Einkommensteuer, die Umsatzsteuer, die Körperschaftsteuer und die Mineralölsteuer.
6. Die wichtigste eigene Einnahmequelle der Gemeinden ist die Gewerbesteuer.
7. Das Grundgesetz fixiert die Grundlagen des staatlichen Handelns. Es begrenzt die Möglichkeiten der Steuererhebung. Die Begrenzungen, die es für die Staatsausgaben und die Staatsverschuldung vorgibt, sind nur begrenzt wirkungsvoll.
8. Im Rahmen des Prozesses der Haushaltsaufstellung versucht der Staat, einen Haushaltsausgleich herbeizuführen und die vorhandenen Ressourcen nach seinen Prioritäten zu verteilen.

Schlüsselbegriffe

Privatisierung
Verstaatlichung
Mehrwert
Einkommensteuer
Sozialversicherungsbeiträge
Zölle
Finanzhilfe

Etat
Sozialversicherung
Transfers
Körperschaftsteuer
Umsatzsteuer
Haushaltsdefizit

Fragen und Probleme

1. Um sich darüber klar zu werden, was in der Wirtschaft eigentlich vor sich geht, „bereinigen" Wirtschaftswissenschaftler oft das statistische Material. Oben haben wir eine Inflationsbereinigung vorgenommen. Nicht selten bereinigt man die Daten auch von den Effekten, die von der Zunahme der Bevölkerung ausgehen. Welche Bereinigungen erscheinen ihnen empfehlenswert, wenn Statistiken über Bildungsaufwendungen analysiert werden sollen? Oder Statistiken über die Ausgaben der Sozialversicherungsträger?

2. Geben Sie für die folgenden Aufgabenbereiche jeweils wenigstens ein Beispiel dafür, wie der Staat als Aufsichtsorgan, als Erzeuger oder als Konsument (d.h. als Käufer von Gütern und Diensten, die er dann den Staatsbürgern unentgeltlich zukommen läßt) auftritt:
   a) Bildungswesen
   b) Daseinsvorsorge
   c) Verkehr
   d) Kreditmarkt
   e) Versicherungsmärkte
   f) Nahrungsmittelerzeugung
   g) Wohnungsbau

3. Suchen Sie für jeden der folgenden Bereiche nach je einem Beispiel für eine „tax expenditure" und für eine Finanzhilfe. Erläutern Sie wie man dasselbe Ergebnis erzielen könnte, wenn man eine tax expenditure durch eine Ausgabensubvention ersetzt:
   a) Krankenhauswesen
   b) Wohnungsbau
   c) Bildungswesen

4. Stellen Sie sich vor, Sie wären der Finanzminister und die geplanten Ausgaben übersteigen die geplanten Einnahmen. Denken Sie sich einige Tricks aus, wie Sie das Haushaltsdefizit verringern könnten, ohne daß Sie den Umfang an Gütern, Diensten und Transfers (Subventionen), die der Staat in der Haushaltsperiode bereitstellen will, verringern.
   Stellen Sie sich demgegenüber vor, daß Sie im Wahlkampf versprochen haben, die Staatsausgaben um nicht mehr als 3 Prozent zu erhöhen. Nachdem Sie den Wahlkampf gewonnen haben, stellen Sie fest, daß Sie die Staatsausgaben doch lieber um 5 Prozent erhöhen würden. Wie können Sie das bewerkstelligen und dabei den Schein wahren, daß Sie ihr Wahlkampfversprechen halten?

3. Kapitel
Wohlfahrtsökonomik

Eines der Hauptanliegen der Finanzwissenschaft ist die Beurteilung unterschiedlicher Vorschläge für eine Veränderung der staatlichen Politik. Um zu einem solchen Urteil zu gelangen, steht der Wirtschaftswissenschaftler vor der Aufgabe, die Folgen einer solchen Politik festzustellen, und auf dieser Grundlage Aussagen über ihre Vor- und Nachteile zu machen. Beispielsweise ist absehbar, daß die soziale Rentenversicherung in eine ernste Finanzierungskrise geraten wird: Nach den vorliegenden Prognosen müßte der Beitragssatz der Rentenversicherung bis 2030 von heute 18,7% auf über 30% heraufgesetzt werden, um die nach dem gegenwärtig gültigen Rechtenrecht entstehenden Rentenansprüche befriedigen zu können. Es wurde der Vorschlag gemacht, die Sozialversicherungsbeiträge heute anzuheben, um Rücklagen zu bilden. Nach anderen Vorschlägen sollte entweder das Rentenalter angehoben oder die Rentendynamisierung eingeschränkt werden, oder der Steuerzahler für das Defizit in der Rentenkasse aufkommen. Jede dieser vier Alternativen hat jeweils andere Auswirkungen auf die betroffenen Personengruppen. Eine Einschränkung der Rentendynamisierung würde alle diejenigen besonders treffen, deren Renten noch längere Zeit laufen. Eine Heraufsetzung des Rentenalters würde vor allem diejenigen schlechter stellen, die beabsichtigen, mit 63 bzw. 60 in Rente zu gehen. Eine Erhöhung der Sozialversicherungsbeiträge würde die sozialversicherungspflichtigen Arbeitnehmer schlechter stellen.

Ökonomen interessieren sich vor allem für zwei Aspekte eines jeden Programms: für seine Auswirkungen auf die Allokationseffizienz und für seine Verteilungswirkungen. Trägt das Programm zu einer effizienten Allokation der verfügbaren Ressourcen bei (oder steht es einer solchen wenigstens nicht im Wege)? Sind seine Verteilungswirkungen gerecht? Was ist in diesem Zusammenhang mit „Effizienz" und „Gerechtigkeit" gemeint? Ist es möglich, Effizienz und Verteilungswirkungen zu messen?

Die Wohlfahrtsökonomik befaßt sich mit der Formulierung und Anwendung von Beurteilungskriterien für das Für und Wider bestimmter Vorschläge. Dieses Kapitel stellt die Grundlagen der Wohlfahrtsökonomik dar; im Kapitel 10 werden wir zeigen, wie Wirtschaftswissenschaftler versucht haben, eine Messung von Allokations- und Verteilungswirkungen vorzunehmen. Im Kapitel 4 wird diskutiert, wie Ökonomen die Grundbegriffe der Wohlfahrtsökonomik für Aussagen über die Effizienz des freien Wettbewerbs und staatliches Handeln einsetzen.

Die Abwägung zwischen Effizienz und Gerechtigkeit

Stellen Sie sich eine einfache Wirtschaft mit nur zwei Teilnehmern vor, die wir Robinson Crusoe und Freitag nennen. Robinson Crusoe besitzt zehn Orangen, Freitag nur zwei. Das scheint ungerecht. Übernehmen Sie die Rolle des Staatsmanns und versuchen Sie, vier Orangen von Robinson Crusoe an Freitag umzuverteilen. Wenn Sie das tun, geht eine Orange verloren. Robinson Crusoe hat dann sechs Orangen, Freitag fünf. Die Ungerechtigkeit ist beseitigt, die Zahl der verfügbaren Orangen geschrumpft. In diesem Fall tritt also ein Zielkonflikt (Trade-off) zwischen Effizienz – im Sinne einer möglichst großen Zahl von Orangen – und Gerechtigkeit auf.

Dieser Zielkonflikt steht im Mittelpunkt vieler Auseinandersetzungen um staatliche Politik. Er wird oft wie in der Zeichnung 3.1 dargestellt. Will man mehr Gerechtigkeit erreichen, muß man einiges an Effizienz opfern. Hierbei gibt es zwei Streitfragen. Die erste betrifft die genaue Gestalt, insbesondere die Steigung dieser Kurve. Wieviel Effizienz muß geopfert werden, um die Ungleichheit zu verringern? Macht der Verlust eine oder zwei Orangen aus? Ein Beispiel hierfür ist: Man nimmt gemeinhin an, daß eine progressive Besteuerung die Leistungsbereitschaft verringert. Eine solche Besteuerung führt zu mehr Gleichheit, aber auf Kosten der Effizienz.

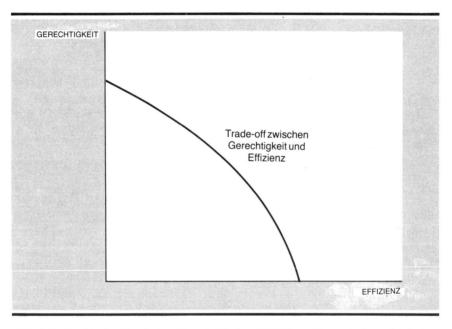

Abb. 3.1 Der Trade-off zwischen Gerechtigkeit und Effizienz. Um mehr Gerechtigkeit zu erreichen, muß im allgemeinen etwas an Effizienz geopfert werden.

Zweitens besteht keine Einigkeit darüber, wie erstrebenswert eine Verringerung der Ungleichheit ist und wie bedauerlich ein Verlust an Effizienz. Manche Schriftsteller behaupten, Ungleichheit sei das Erzübel menschlicher Gesellschaft und man solle sie so weit wie möglich beseitigen ohne Rücksicht auf Effizienzverluste. Andere halten Effizienz für besonders erstrebenswert. Wieder andere glauben, daß es auf lange Sicht weit erfolgversprechender sei, sich nicht um die Verteilung der guten Dinge dieses Lebens zu kümmern, sondern um ihre raschestmögliche Vermehrung, weil auf diese Weise jeder mehr erhält.

3. Kapitel: Wohlfahrtsökonomik 61

Eine Erhöhung der Effizienz wird vielfach mit einer Vergrößerung des Volkseinkommens gleichgesetzt; eine Politik wird als der wirtschaftlichen Effizienz abträglich bezeichnet, wenn sie zu einer Verringerung des Volkseinkommens führt, sei es, indem sie die Leistungsbereitschaft der Individuen oder die Investitionsbereitschaft der Unternehmer verringert. Von einer Politik, die Ressourcen von den Reichen zu den Armen transferiert, sagen wir, daß sie positive Verteilungseffekte hat.

Dies stellt aber nur eine erste Annäherung an das Problem dar. Die Ökonomen haben sich nachhaltig mit der Frage befaßt, unter welchen Umständen die Bezugnahme auf derartige Maßgrößen irreführend oder unmöglich ist. Beispielsweise kann eine Politik dazu führen, daß es sowohl den Reichsten als auch den Ärmsten schlechter geht, dem Mittelstand aber besser. Ist dann mehr Gleichheit erreicht oder nicht? Oder aber: Stellen wir uns vor, die Regierung würde die Steuern anheben und die zusätzlichen Steuereinnahmen verschwenden, die Staatsbürger aber arbeiteten mehr als vorher, um trotz der Steuererhöhung ihren vorherigen Lebensstandard aufrechterhalten zu können. Dann nähme das Volkseinkommen, so wie es normalerweise gemessen wird, zu, die „Effizienz" – wie man das gemeinhin verstehen würde – hingegen ab.

Oft hat die Wahl der Maßgröße wesentliche politische Auswirkungen. In vielen westlichen Ländern wird seit Jahrzehnten bei der Messung der Ungleichheit das Konzept einer Armutsgrenze[1] herangezogen. Es wird gemessen, welcher Teil der Bevölkerung ein Einkommen unterhalb der Armutsgrenze bezieht. Selbstverständlich ist die Bestimmung einer solchen mit großen Problemen behaftet, die uns im Augenblick aber nicht näher beschäftigen sollen.

An dieser Stelle kommt es vielmehr darauf an, daß dieses Meßkonzept bei der Beurteilung unterschiedlicher sozialpolitischer Maßnahmen in der Öffentlichkeit eine große Rolle spielt[2]. Stellen Sie sich vor, daß sich die Regierung zwischen zwei verschiedenen sozialpolitischen Programmen entscheiden möchte, von denen das eine Familien mit einem Einkommen knapp unter der Armutsgrenze auf ein Niveau knapp über der Armutsgrenze anhebt, das andere die Lage der Ärmsten verbessert, aber nicht genügend, daß sie über die Armutsgrenze kommen. Die Regierung mag versucht sein, das erste Programm für vorteilhafter zu halten, da es die „gemessene" Armut verringert, wohingegen das zweite dieses Ziel verfehlt. Bei einer Implementation des zweiten Programms bleibt die Zahl der Personen, deren Einkommen unter der Armutsgrenze liegt, gleich.

Dieses Beispiel weist uns auf eine andere Eigenschaft der meisten Maßgrößen hin: sie enthalten unausgesprochene Werturteile. Unausgesprochen bleibt beim Konzept der Armutsgrenze die folgende Aussage: Die Einkommensverteilung innerhalb der Gruppe der Armen und deren Veränderung, sowie die Einkommensverteilung innerhalb der Gruppe derjenigen, denen es gut geht, und deren Veränderung, sind nicht so wichtig wie Veränderungen, die zu einer Anhebung der Einkommen unter der Armutsgrenze über sie führen. Praktisch jedes erdenk-

---

[1] Bemerkenswerterweise hat sich diese Vorgehensweise inzwischen auch in der UdSSR durchgesetzt. In der Vergangenheit hatten die sowjetischen Marxisten die Existenz von Armut in der sozialistischen Gesellschaft bestritten.
[2] In der BR Deutschland wird nicht selten der Bedarfssatz der Sozialhilfe als Armutsgrenze herangezogen.

liche Meßverfahren für Gleichheit und Ungleichheit ist mit dem Makel behaftet, mit unausgesprochenen Werturteilen befrachtet zu sein. Die Wirtschaftswissenschaftler haben darauf gedrängt, daß diese Werturteile offengelegt werden.

Gibt es Fälle, in denen es möglich ist, ein Urteil über eine Politik zu fällen, ohne daß man hierbei auf Werturteile rekurriert? Die Ökonomen haben eine bedeutende Klasse von solchen Fällen gefunden.

Pareto-Optimalität

Die meisten wirtschaftspolitischen Maßnahmen führen dazu, daß es bestimmten Individuen besser geht, anderen aber schlechter. Mitunter gibt es aber die Möglichkeit zu Maßnahmen, die manche Individuen besser stellen ohne andere schlechter zu stellen. Solche Veränderungen werden nach dem bedeutenden italienischen Ökonomen und Soziologen Vilfredo Pareto **Pareto-Verbesserungen** genannt. Wenn es keine Möglichkeit mehr gibt, derartige Pareto-Verbesserungen einzuführen, wird die erreichte Allokation als **Pareto-optimal** oder Pareto-effizient bezeichnet.

Stellen Sie sich beispielsweise vor, die Regierung prüft, ob eine Brücke gebaut werden soll. Diejenigen, die die Brücke benützen wollen, sind bereit, so viel Maut für ihre Benutzung zu zahlen, daß die Bau- und Unterhaltskosten der Brücke vollständig gedeckt sind. Dann stellt der Bau dieser Brücke höchstwahrscheinlich eine Pareto-Verbesserung dar. Wir sagen „höchstwahrscheinlich", weil es immer noch andere Personen geben mag, die aus dem Brückenbau Nachteile erleiden. So kann es sein, daß es dadurch zu einer Verlagerung von Verkehrsströmen kommt und bestimmte Läden Geschäftseinbußen erleiden. Die Anlieger mögen durch den Verkehrslärm auf der Brücke gestört werden und ihre Lage hätte sich damit verschlechtert.

Zu Stoßzeiten oder im Urlaubsverkehr kommt es bei der Mautentrichtung zu erheblichem Rückstau. Wenn die Maut speziell während dieser Zeiten der Spitzenbelastung angehoben würde und die zusätzlichen Einnahmen dazu verwendet würden, die Mauterhebung selbst zu beschleunigen, so mag das zu einer Verbesserung der Lage aller Beteiligten führen. Die Autofahrer würden es vermutlich vorziehen, etwas mehr zu zahlen als länger zu warten. Aber selbst hier können wir nicht sicher sein, daß eine Pareto-Verbesserung vorliegt. Unter den wartenden befinden sich vielleicht Arbeitslose, für die Zeit keine Rolle spielt, denen es aber an Geld fehlt.

Die Wirtschaftswissenschaftler sind stets auf der Suche nach Pareto-Verbesserungen. Die Vorstellung, daß alle Maßnahmen, die eine Pareto-Verbesserung bewirken, unbedingt empfehlenswert sind, wird als das **Pareto-Prinzip** bezeichnet.

Mitunter gelingt es, Maßnahmenpakete zu konstruieren, die als ganzes eine Pareto-Verbesserung bewirken, obwohl dies bei den einzelnen in ihnen enthaltenen Maßnahmen für sich genommen nicht gewährleistet ist. So würde die Herabsetzung eines Zolls auf die Einfuhr von Stahl für sich genommen keine Pareto-Verbesserung darstellen (die heimischen Stahlerzeuger wären schlechter gestellt). Es könnte aber sein, daß eine Verringerung dieses Zollsatzes in Verbindung mit einer geringfügigen Erhöhung der Einkommensteuer, wobei die zusätzlichen Steuereinnahmen für Subventionen an die Stahlindustrie verwendet werden, die Wohlfahrt aller Bürger des Landes erhöht (und zusätzlich sogar die Wohlfahrt der ausländischen Stahlerzeuger).

Pareto-Optimalität und Individualismus

Das Kriterium der Pareto-Optimalität hat eine wichtige Eigenschaft, die wir hervorheben wollen. Es hat in zweierlei Hinsicht individualistischen Charakter. Erstens bezieht es sich nur auf die Wohlfahrt jedes einzelnen Bürgers, nicht aber auf die Stellung, die er im Vergleich zu anderen einnimmt. Es interessiert sich nicht ausdrücklich für Gleichheit. Eine Veränderung, die den Reichtum der Reichen erhöht, das Einkommen der Armen aber unverändert läßt, wäre immer noch eine Pareto-Verbesserung. Manche Leute glauben, daß die Einkommensunterschiede zwischen arm und reich nicht vergrößert werden sollen. Sie argumentieren, daß dies zu einer Verstärkung sozialer Spannungen führen würde. Viele weniger entwickelte Länder durchlaufen typischerweise eine Phase raschen Wirtschaftswachstums, während der sich zwar die Einkommen aller Schichten der Bevölkerung erhöhen, die der Reichen aber ganz besonders stark zunehmen. Genügt es, bei der Beurteilung einer solchen Entwicklung hervorzuheben, daß es allen besser geht? Dies ist eine Streitfrage.

Zweitens kommt es beim Pareto-Kriterium darauf an, wie jeder Staatsbürger selbst seine Lage beurteilt. Dies steht im Einklang mit dem Prinzip der **Konsumentensouveränität**, das besagt, daß jeder selbst am besten weiß, was er braucht und will und was in seinem besten Interesse ist.

Konsumentensouveränität versus Paternalismus

Die meisten Westeuropäer (und Amerikaner) akzeptieren den Grundsatz der Konsumentensouveränität. Trotzdem ist diese erheblichen Einschränkungen unterworfen. Eltern sind meist der Meinung, daß sie wissen, was im Interesse ihrer Kinder ist. Sie glauben – und hierfür gibt es gute Gründe – daß Kinder die Folgen ihrer Handlungen entweder nicht kennen oder nicht ausreichend berücksichtigen; sie sind oft kurzsichtig. Vergnügen, in dessen Genuß sie kurzfristig gelangen, zählen für sie unverhältnismäßig mehr als langfristige Kosten oder Vorteile einer Handlung. Kinder mögen es bevorzugen, ins Kino zu gehen statt sich auf eine Prüfung in den Wirtschaftswissenschaften vorzubereiten. Oder sie verlassen das Gymnasium, damit sie Geld für den Erwerb eines Autos verdienen können – ihren Lebenschancen als ganzes wäre dies abträglich. Im ersten Fall kann der Staat wenig tun. Im zweiten sieht die Sache etwas anders aus: Die meisten Industrieländer haben eine Schulpflicht bis zum sechzehnten Lebensjahr eingeführt.

Der Glaube, daß auch die Erwachsenen kurzsichtig sind und der Leitung durch eine Regierung bedürfen, wird als **Paternalismus** bezeichnet. In einer Vielzahl von staatlichen Maßnahmen lassen sich Elemente von Paternalismus ausfindig machen; beispielsweise unterstellen Maßnahmen, die auf die Verringerung des Tabakkonsums abzielen, daß viele Erwachsene außerstande sind, die Folgen ihrer Handlungen angemessen zu beurteilen. Dasselbe gilt für das Verbot des Rauschgifthandels.

Viele Sozialphilosophen glauben, daß die Regierung keine paternalistische Rolle übernehmen sollte, daß bei der Beurteilung der Auswirkungen einer staatlichen Maßnahme auf die Wohlfahrt der Staatsbürger keine anderen Maßstäbe angelegt werden sollten als diejenigen, die sie selbst anlegen würden. Obwohl es mitunter gute Gründe dafür geben mag, der Regierung eine paternalistische Rolle zuzuerkennen, – so argumentieren diese Ökonomen und Philosophen – ist es doch praktisch unmöglich, derartige Fälle von anderen zu unterscheiden. Und sie befürchten, daß eine paternalistische Rolle der Regierung, sobald sie nur einmal Platz gegriffen hat, alsbald ein Einfallstor für die Bemühungen der verschiedensten Interessengruppen darstellen würde, der Gesellschaft ihre Vorstellungen darüber aufzuzwingen, was die Staatsbürger tun oder konsumieren sollten.

Es gibt eine bedeutende Gruppe von Fällen, bei denen die meisten Bürger durchaus der Meinung sind, daß eine Beurteilung des staatlichen Handelns nicht einfach aus individualistischer Sicht vorgenommen werden sollte. Das wichtigste Beispiel hierfür ist möglicherweise die große Zahl von Gesetzen, die Ungleichbehandlung und Diskriminierung verbieten, etwa eine Diskriminierung von Frauen bei der Entlohnung oder von Familien mit Kindern bei der Wohnungsvermietung.

Pareto-Optimalität und Verteilung

Der Anwendung des Paretoprinzips sind insbesondere deswegen Grenzen gesetzt, weil es bei der Lösung von verteilungspolitischen Fragen keine Leitlinie liefert. Die meisten wirtschaftspolitischen Maßnahmen begünstigen bestimmte Individuen auf Kosten anderer. In welcher Hinsicht das Pareto-Prinzip uns weiterhilft und wo es versagt, läßt sich mit Hilfe der **Nutzenmöglichkeitskurve** veranschaulichen.

Die Nutzenfunktion und der Grenznutzen

Kehren wir zu unserem Beispiel Robinson Crusoe und Freitag zurück. Wir nehmen diesmal an, daß Crusoe ursprünglich mit 100 Orangen ausgestattet ist, Freitag aber nur 20 hat. Dies ist der Punkt A in der Zeichnung 3.2. Stellen wir uns vor, daß mit einer Erweiterung des Orangentransfers von Crusoe zu Freitag die Verluste an Orangen überproportional zunehmen. Nehmen wir Crusoe vier Orangen weg, erhält Freitag drei (Punkt B). Versuchen wir, acht Orangen zu transferieren, beträgt der Verlust drei Orangen und Freitag erhält nur fünf (Punkt C). Der Raum, in dem alle möglichen Kombinationen liegen, wird **Möglichkeitsraum** genannt. Machen Sie sich klar, daß unterhalb des Punkts C Freitag keine zusätzlichen Orangen erhält, auch wenn wir Robinson mehr wegnehmen (man könnte sich vorstellen, daß Freitag eben nicht mehr tragen kann). Derartige Punkte wie den Punkt D nennen wir Pareto-ineffizient: durch den Übergang von D zu C stellt sich Robinson besser, ohne daß sich Freitag schlechter stellt. Es ist denkbar, daß Freitags Versuch, mehr Orangen zu „tragen" dazu führt, daß er weniger trägt. Versucht er 16 zu tragen, verliert er alle bis auf drei. Im Punkt E stellen sich sowohl Robinson Crusoe als auch Freitag schlechter als in C.

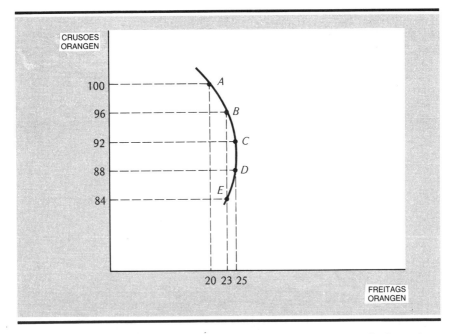

Abb. 3.2 Der Möglichkeitsraum. Die möglichen Mengen von Orangen, die Crusoe bzw. Freitag verzehren können, wenn bei dem Versuch, Orangen zu transferieren, umso mehr verlorengeht, je mehr wir transferieren wollen. Der Punkt D ist Pareto-ineffizient: Crusoe stellt sich in C besser, ohne daß Freitag sich schlechter stellte.

Oft sind die Wirkungen einer Politik komplexer Natur. Stellen Sie sich vor, daß die Regierung die Steuern erhöht, um eine öffentliche Leistung bereitzustellen. Der Staatsbürger arbeitet dann vielleicht mehr (hat weniger Freizeit) und verbraucht weniger, – es geht ihm infolgedessen schlechter; zugleich geht es ihm aber wegen der Verfügbarkeit der öffentlichen Leistung besser. Wir stellen die Summe dieser Änderungen als eine Veränderung der Wohlfahrt des Staatsbürgers dar, als eine seines Nutzens. Stellt diese Änderung den Staatsbürger insgesamt besser, zieht er die neue Situation der alten vor, dann sagen wir, daß sich sein Nutzen vergrößert hat.

Geben wir Freitag mehr Orangen, erhöht sich sein Nutzen. Der Zusammenhang zwischen der Zahl der Orangen und seinem Nutzenniveau wird durch die **Nutzenfunktion** beschrieben; sie ist in der Zeichnung 3.3.A dargestellt. Den Nutzenzuwachs, den eine zusätzliche Orange stiftet, nennen wir den **Grenznutzen**. Wir haben den Grenznutzen GN_{20} eingezeichnet, den die Erhöhung der Zahl der Freitag zur Verfügung stehenden Orangen von 20 auf 21 stiftet, und ferner den Grenznutzen GN_{21}, den eine Vergrößerung der Zahl der Orangen von 21 auf 22 stiftet. In jedem Fall ist der Grenznutzen die Steigung der Nutzenfunktion. Die Steigung ist das Verhältnis zwischen der Veränderung des Nutzenniveaus und der Veränderung in der Zahl der Orangen; im allgemeinen wird die Steigung einer Kurve berechnet, indem man die Veränderung in vertikaler Richtung durch die

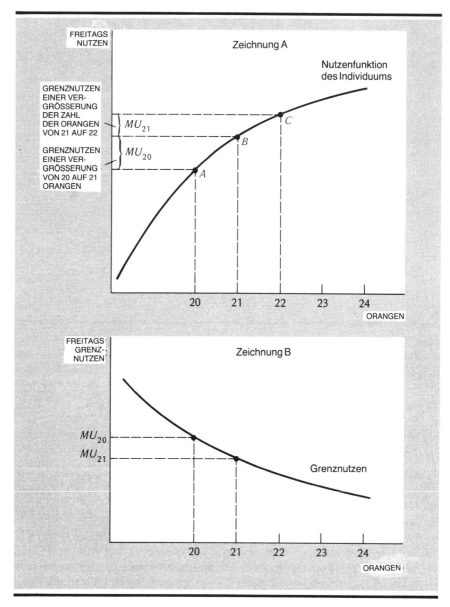

Abb. 3.3 Die Nutzenfunktion und der Grenznutzen (A). Die Nutzenfunktion. Wenn wir Freitag mehr Orangen geben, erhöht sich sein Nutzenniveau, aber die Erhöhung pro zusätzliche Orange fällt umso geringer aus, je mehr Orangen er hat. (B) Der Grenznutzen sinkt, wenn die Zahl der Orangen zunimmt, die wir Freitag geben, d.h. die Steigung der Nutzenfunktion nimmt ab.

in horizontaler Richtung dividiert, wenn die Veränderung in horizontaler Richtung klein ist.

Machen Sie sich klar, daß der Nutzenzuwachs für Freitag, der aus der Veränderung von 21 auf 22 resultiert, geringer ist, als der zwischen 20 und 21. Darin kommt ein allgemeines Prinzip zum Ausdruck, das des **abnehmenden Grenznutzens**. Erhält ein Individuum von einem Gut mehr, dann wird dieses „an der Grenze" weniger wertvoll; das heißt, der Gewinn aus dem Erhalt einer zusätzlichen Einheit des Gutes wird kleiner. Die Steigung im Kurvenabschnitt BC ist geringer als die Steigung im Kurvenabschnitt AB. In der Zeichnung 3.3.B haben wir Freitags Grenznutzen für jedes Verbrauchsniveau in bezug auf Orangen dargestellt.

(Wirtschaftswissenschaftler interessieren sich häufig für die Frage, wie groß der Extravorteil aus der Umverteilung einer Einheit einer Ressource aus einer Verwendungsrichtung in eine andere ist, – sie interessieren sich mit anderen Worten für den Grenzvorteil. Die Analyse der Folgen der Umverteilung einer Einheit einer Ressource aus einer Verwendungsrichtung in eine andere wird **Marginalanalyse** genannt.)

Aus derselben Überlegung folgt, daß Crusoes Nutzen sich verringert, wenn wir ihm Orangen wegnehmen, und daß die Nutzeneinbuße aus dem Verlust jeweils einer zusätzlichen Orange immer größer wird.

Transferieren wir Orangen von Crusoe auf Freitag, wächst Freitags Nutzen und Crusoes verringert sich. Dies läßt sich mittels einer Nutzenmöglichkeitsgrenze darstellen, die das größtmögliche Nutzenniveau zeigt, das ein Individuum (oder eine Gruppe von Individuen) erreichen kann, wenn das der anderen festge-

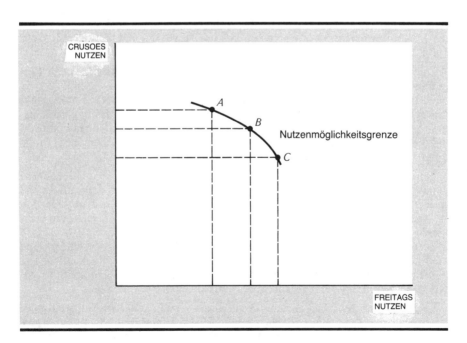

Abb. 3.4 Die Nutzenmöglichkeitsgrenze für Crusoe und Freitag.

schrieben ist. In unserem einfachen Beispiel gilt, daß mit jedem weiteren Transfer einer Orange von Crusoe zu Freitag der Nutzengewinn für Freitag kleiner wird und der Nutzenverlust für Crusoe größer. Bewegen wir uns vom Punkt A in der Zeichnung 3.4 zum Punkt B und dann von B nach C, ist der Nutzenverlust, den Crusoe erleidet, bei der letzteren Bewegung viel größer, obwohl wir ihm genauso viele Orangen weggenommen haben wie bei der ersten. Selbst wenn der Verlust an Orangen, der mit dem Transfer einhergeht, nur eine Orange ausmacht (wie dies beim Übergang von A nach B der Fall ist), folgt aus dem Prinzip des abnehmenden Grenznutzens, daß ein gleichmäßiger Verbrauchszuwachs nur zu einem abnehmenden Nutzenzuwachs führt. Wir haben aber zusätzlich angenommen, daß der Versuch, mehr und mehr Orangen von Crusoe an Freitag umzuverteilen, zum Untergang eines immer größeren Teils der umverteilten Orangen führt, die Freitag infolgedessen gar nicht verbrauchen kann.

Dies war ein einfaches Beispiel. Wirtschaftspolitische Maßnahmen wirken sich gewöhnlicherweise nicht nur auf das Nutzenniveau zweier Individuen aus, sondern auf ganze Gruppen. Regierungstätigkeit ist komplizierter als der Transfer von Orangen. Nichtsdestoweniger ist die Nutzenmöglichkeitsgrenze für die Analyse der Wirtschaftspolitik ein wertvoller Bezugsrahmen.

Die Nutzenmöglichkeitsgrenze und Pareto-Optimalität

Betrachten wir die Nutzenmöglichkeitsgrenze, die in der Zeichnung 3.5 gezeigt wird. Ist die Allokation der Ressourcen ineffizient, befindet sich die Wirtschaft an einem Punkt wie zum Beispiel I – unterhalb der Nutzenmöglichkeitsgrenze. Jede Veränderung, die die Wirtschaft zu einem Punkt wie I' überführt (rechts über I), bewirkt eine Pareto-Verbesserung: beide gesellschaftlichen „Gruppen" stellen sich besser. Jeder Punkt auf der Nutzenmöglichkeitsgrenze entspricht einer Pareto-optimalen oder Pareto-effizienten Ressourcenallokation. Niemand kann seine Lage verbessern, ohne daß ein anderer sich schlechter stellt.

Die erste Frage, die sich bei der Analyse eines wirtschaftspolitischen Programms stellt, ist mithin, ob es einen Übergang von einem ineffizienten Punkt, einem Punkt unterhalb der Nutzenmöglichkeitsgrenze, zu einem effizienten Punkt ermöglicht, oder wenigstens zu einem Punkt näher bei der Nutzenmöglichkeitsgrenze? Oder handelt es sich nur einfach um eine Bewegung entlang der Nutzenmöglichkeitsgrenze, bei der die Verbesserung der Lage einer Personengruppe durch die Verschlechterung der Lage einer anderen erkauft wird?

Den kräftigen Senkungen der Einkommensteuern, die seit Beginn der achtziger Jahre in England und Amerika erfolgt sind, liegt die Ansicht zugrunde, daß dies zu einem Übergang von I zu I' führen würde. Die Großverdiener würden zwar steuerlich relativ stärker als die Durchschnittsverdiener entlastet, die belebende Wirkung auf die Wirtschaft würde aber so ausgeprägt sein, daß es am Ende allen besser geht. Demgegenüber betrifft die Frage, ob die Renten schon heute oder aber erst in der Zukunft gekürzt werden sollen, eine Bewegung entlang der Nutzenmöglichkeitsgrenze wie z.B. von A nach B; es tritt ein Zielkonflikt zwischen der Wohlfahrt der heutigen und der zukünftigen Rentner auf.

Unglücklicherweise läßt sich aus dem Pareto-Prinzip kein Kriterium dafür ableiten, wie man Punkte auf der Nutzenmöglichkeitsgrenze wie z.B. B und A einstufen sollte. Es erlaubt uns keine Aussage darüber, ob A B vorzuziehen ist oder umgekehrt. Es liefert uns keine Antwort auf die Frage, ob die Renten heute oder

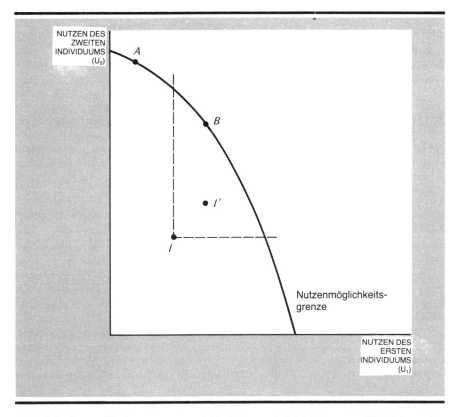

Abb. 3.5 Pareto-Verbesserungen und die Nutzenmöglichkeitsgrenze. Die Nutzenmöglichkeitsgrenze gibt das höchstmögliche Nutzenniveau an, das das zweite Individuum erreichen kann, gegeben das Nutzenniveau, das das erste erreicht. Die Bewegung von I nach I' ist eine Pareto-Verbesserung. Die Bewegung von A nach B ist eine Bewegung entlang der Nutzenmöglichkeitsgrenze; beide Punkte sind Pareto-effizient. Die Bewegung von I nach A ist eine Bewegung von einem ineffizienten Punkt (I) zu einem effizienten Punkt (A), aber keine Pareto-Verbesserung, da sich das Individuum 1 schlechter stellt.

in der Zukunft gekürzt werden sollten. Mehr noch, wir können mit ihm nicht einmal Übergänge zwischen verschiedenen Punkten unterhalb der Nutzenmöglichkeitsgrenze wie I rechtfertigen, es sei denn, der neue Punkt liege rechts oberhalb des alten. Obwohl A Pareto-effizient ist, I aber nicht, ermöglicht das Pareto-Prinzip keine Aussage darüber, ob A I vorzuziehen ist oder nicht. Ist ein Punkt nicht Pareto-effizient, dann wissen wir, daß es Veränderungen gibt, durch die sich alle besser stellen – aber das ist auch alles, was wir sagen können.

Viele Fälle von Ineffizienzen werfen dieses Problem auf. Betrachten Sie nochmals das obige Beispiel einer Erhöhung der Maut während der Stoßzeiten (die zusätzliche Maut soll für die beschleunigte Abwicklung der Fahrzeuge und eine Verbesserung der Verkehrslage verwendet werden). Der Wert der eingesparten (Warte) Zeit ist weit größer als die Kosten einer Bereitstellung zusätzlicher Mauteintreibungsstellen. Aber wenn wir die Maut erhöhen, stellt sich jemand, für den Zeit keinen Wert hat, Geld aber schon, schlechter.

Ein berühmtes historisches Beispiel für eine Effizienzerhöhung, die mit Wohlfahrtseinbußen für viele Personen einherging, ist die Geschichte der Einhegungen des Gemeindelandes (Allmende, commons) in England[3]. In der Vergangenheit hatte jede Gemeinde eine Allmende, auf der jedes Gemeindemitglied sein Vieh und seine Schafe weiden lassen konnte. Der Umstand, daß die Gemeindemitglieder für die Nutzung der Allmende nicht zu zahlen brauchten, führte zu ihrer übermäßigen Nutzung (Überweidung). Die Abschaffung dieser Allmende bewirkte eine Produktivitätserhöhung; aber die Gemeindemitglieder, die das Recht verloren hatten, dort ihr Vieh grasen zu lassen, wurden ärmer. Das neue Gleichgewicht lag näher bei der Nutzenmöglichkeitsgrenze. Der Übergang zu ihm stellte aber keine Pareto-Verbesserung dar.

Pareto-Optimalität und das Kompensationsprinzip

Wir stellten oben fest, daß nicht selten die Möglichkeit besteht, ein Maßnahmenpaket auszuarbeiten, das eine Pareto-Verbesserung herbeiführt. Die Stahlpreise in der EG werden durch Importzölle hochgehalten. Beabsichtigt die Regierung (bzw. die Kommission der EG) eine Absenkung dieser Zölle, könnte sie die Konsumenten fragen, wieviel sie bereit sind, dafür zu zahlen, daß die Zölle gesenkt werden. Kommt dabei heraus, daß die Konsumenten mehr zu zahlen bereit sind als die Stahlindustrie durch diese Maßnahme an zusätzlichen Verlusten erleidet, dann scheint es, daß zumindest im Prinzip die Kombination einer Zollsenkung mit einer entsprechenden Besteuerung der Konsumenten eine Pareto-Verbesserung darstellen würde. Wir könnten die Stahlerzeuger für die Senkung der Zölle entschädigen (kompensieren).

In der Praxis kommt es nur selten zu derartigen Kompensationszahlungen. Wird eine neue Hauptstraße gebaut, erleiden die Inhaber von Läden entlang der alten Hauptstraße Geschäftseinbußen, Entschädigungen hierfür bekommen sie jedoch nicht zu Gesicht. (Gelegentlich erfolgen Versuche, derartige Kompensationszahlungen vorzunehmen; so könnten etwa beim Bau eines neuen Flughafens die Inhaber nahegelegener Grundstücke, deren Wert sich verringert hat, eine Entschädigung erhalten.)

Nichtsdestoweniger gibt es Leute, die glauben, daß es als Kriterium für die Bewertung einer wirtschaftspolitischen Maßnahme ausreicht, daß der Vorteil gemessen in Mark, den die Gewinner aus ihr ziehen, größer ist als die Verluste der Verlierer. Dann könnten die Gewinner die Verlierer zumindest im Prinzip entschädigen. Dies bezeichnet man als das **Kompensationsprinzip**. Ihm liegt die unausgesprochene Annahme zugrunde, daß der Gewinn einer Mark durch eine Per-

---

[3] Siehe M. Weitzman und Jon S. Cohen: A Mathematical Model of Enclosures. In: J. Los and M. Los: Mathematical Models in Economics. London and Amsterdam, 1974. S. 419-31. – Eine Allmende gab es nicht nur in England, sondern auch in vielen anderen Ländern. In Deutschland und England handelte es sich hierbei um eine Hinterlassenschaft des germanischen Rechts, die sich unter der Decke feudaler Beziehungen oft bis ins 18. Jahrhundert erhielt. Die Auflösung der Allmende in England verdankt ihre besondere Berühmtheit dem Umstand, daß sie mit dem Aufkommen erster Ansätze einer Industrialisierung einherging.

son genauso stark gewichtet werden sollte wie der Verlust einer Mark durch eine andere.

Die Kritiker des Kompensationsprinzips betonen, daß man bei einer wirtschaftspolitischen Maßnahme, die verteilungspolitische Konsequenzen hat, über diese nicht hinweggehen sollte. Man sollte die Größe des Gewinns und Verlustes für jede einzelne Gruppe feststellen. Dafür, daß man den Vorteil der Gewinner genauso gewichtet wie die Einbußen der Verlierer, gebe es keine Rechtfertigung[4]. Für die Gesellschaft mag es größere Bedeutung haben, wenn ein armer Bürger 100 Mark verliert als wenn ein reicher 106 Mark gewinnt.

Das Kompensationsprinzip besagt, daß zwischen Robinson Crusoe und Freitag keine Umverteilung von Orangen vorgenommen werden sollte, wenn nicht die Zahl der verfügbaren Orangen dadurch größer wird. In unserem obigen Beispiel, in dem Robinson 100 Orangen hatte und Freitag 20, würde dies bedeuten, daß von einer Umverteilung abzuraten ist, da durch die Umverteilung Orangen verloren gehen. Andererseits wäre jedes Vorhaben, das auf eine Vergrößerung der Gesamtzahl der Orangen hinausliefe, ungeachtet seiner verteilungspolitischen Konsequenzen empfehlenswert. Nach dem Kompensationsprinzip wäre also wünschenswert, daß Robinson 120 Orangen erhält, Freitag aber nur 10. Denn da jetzt mehr Orangen verfügbar sind, könnte Robinson Freitag – im Prinzip – entschädigen.

Derartige Kompensationszahlungen, die dazu führen, daß ein Maßnahmenbündel tatsächlich eine Pareto-Verbesserung darstellt, unterbleiben zumeist, weil es schwierig ist, festzustellen, wer die Gewinner und die Verlierer sind und wieviel sie gewonnen oder verloren haben. Stellen wir uns vor, daß ein Park angelegt wird. Den Leuten in der unmittelbaren Umgebung des Parks wird es dadurch wesentlich besser gehen. Stellen wir uns weiter vor, daß wir für die Verwaltung des Parks zuständig sind, und daß wir aufgrund übernatürlicher Fähigkeiten den Geschmack und die Vorlieben jedes einzelnen Individuums kennen. Rechnen wir aus, um wieviel es jedem infolge der Anlage des Parks besser geht, dann stellt sich heraus, daß der Gesamtwert des Parks (das heißt die Summe dessen, was die Nutznießer zu zahlen bereit sind) größer ist als seine Kosten. Manche Individuen schätzen einen Park viel höher als andere. Verlangt man von jedem Individuum eine Gebühr in Höhe des Nutzens, den es aus dem Park zieht, wäre die Anlage des Parks eine Pareto-Verbesserung.

Stellen wir uns nun vor, daß wir nicht unterscheiden können, wer von dem Park nur ein wenig und wer sehr viel profitiert (obwohl immer noch bekannt sein soll, wie groß der Wert des Parks ist). Verlangt man von allen Anliegern in der Umgebung des Parks eine einheitliche Gebühr für die Finanzierung des Parks, ist die Anlage des Parks keine Pareto-Verbesserung mehr: Es wird Haushalte geben,

---

[4] Es gibt noch weitere Einwendungen gegen das Kompensationsprinzip. Es wurden Beispiele konstruiert, in denen es möglich war, daß bei der Durchführung einer bestimmten wirtschaftspolitischen Maßnahme die Gewinner die Verlierer entschädigen konnten; sobald die wirtschaftspolitische Maßnahme aber durchgeführt war, ergab sich bei der Analyse der Effekte einer Rückgängigmachung dieser Maßnahme, daß erneut die Gewinner aus dieser Rückgängigmachung die Verlierer entschädigen könnten. Das Kompensationsprinzip erlaubt es nicht, eine eindeutige Rangordnung zwischen den zwei zur Auswahl stehenden Situationen herzustellen.

die durch die Anlage des Parks weniger gewinnen, als sie durch die Gebühr einbüßen. Die Begrenztheit der Möglichkeiten zur Informationsgewinnung beschränkt den Kreis der praktikablen Umverteilungs- und Kompensationssysteme empfindlich.

Soziale Indifferenzkurven und die Einkommensverteilung

Wir haben festgestellt, daß es nicht möglich ist, mit Hilfe des Pareto-Prinzips Rangordnungen zwischen Situationen herzustellen, in denen es einigen Individuen besser geht, anderen aber schlechter. Derartige Veränderungen werfen Fragen der Einkommensverteilung auf. Wie gewichtet man den Vorteil der Gewinner im Vergleich zu den Einbußen der Verlierer?

Bei der Analyse von Zielkonflikten bedienen sich die Ökonomen der **Indifferenzkurven**. Stellen Sie sich ein Individuum vor, das zwischen verschiedenen Güterbündeln wählt, die aus verschiedenen Mengen von Äpfeln und Orangen zusammengesetzt sind. Das Individuum zieht ein Güterbündel, das mehr Äpfel und Orangen als ein anderes enthält, diesem anderen vor. Es wird zwei Bündel geben, von denen das eine weniger Äpfel enthält als das andere und zwischen denen es indifferent ist, da es für die geringere Zahl von Äpfeln durch eine genügend große Zahl von zusätzlichen Orangen entschädigt wird. Die Mengenkombinationen von Äpfeln und Orangen, zwischen denen ein Individuum indifferent ist, sind in der Zeichnung 3.6 dargestellt – sie liegen auf einer Indifferenzkurve. Dies läßt sich noch auf eine andere Art beschreiben. Indifferenzkurven stellen die Gesamtheit der Güterbündel dar, die einem Individuum das gleiche Nutzenniveau stiften. Ein Individuum verfügt über eine ganze Familie von Indifferenzkurven, von denen jede ein anderes Nutzenniveau repräsentiert; in der Zeichnung 3.6 sehen wir beispielsweise alle Mengenkombinationen von Äpfeln und Orangen, die dasselbe Nutzenniveau vermitteln wie 100 Äpfel und 100 Orangen. Sie liegen auf der Kurve mit der Bezeichnung U_1. Wir sehen auch alle jene Kombinationen von Äpfeln und Orangen, die dasselbe Nutzenniveau vermitteln wie 200 Äpfel und Orangen, – sie liegen auf U_2.

Offensichtlich ist das Nutzenniveau auf der zweiten Indifferenzkurve höher als auf der ersten. Je mehr Äpfel und Orangen einer hat, umso höher ist sein Nutzenniveau[5]. Indifferenzkurven machen es unnötig, das Nutzenniveau genau zu messen. Es kommt nur darauf an, ob ein Individuum sich auf einer höheren Indifferenzkurve befindet. Dann ist auch sein Nutzenniveau höher.

In Analogie zu der Nutzenfunktion und der Indifferenzkurve eines Individuums kann man eine **soziale Wohlfahrtsfunktion** und eine **soziale Indifferenzkurve** definieren. In ähnlicher Weise wie sich das Nutzenniveau der Individuen nach ihrem Konsum richtet, richtet sich der Wohlstand der Gesellschaft nach dem Nutzenniveau, das ihre Mitglieder erreichen. Eine soziale Indifferenzkurve zeigt uns diejenigen Kombinationen der Nutzenniveaus verschiedener Individuen, zwischen denen die Gesellschaft indifferent ist. Soziale Indifferenzkurven stellen eine elegante Art und Weise der Darstellung jener Zielkonflikte dar, die sich in einer Gesellschaft oft auftun.

---

[5] Wir stellen die Nutzenfunktion mathematisch als $U = U(c_1, c_2, ...)$ dar, wobei c_1 der Konsum der ersten Ware ist, c_2 der Konsum der zweiten Ware usw.

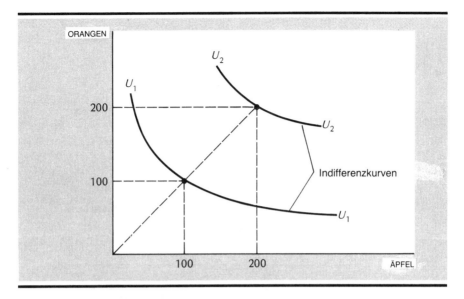

Abb. 3.6 Indifferenzkurven eines Individuums. Eine Indifferenzkurve zeigt uns diejenigen Gütermengenkombinationen, zwischen denen ein Individuum indifferent ist. Das Individuum zieht einen jeden Punkt auf der mit U_2 bezeichneten Indifferenzkurve einem Punkt auf der mit U_1 bezeichneten Indifferenzkurve vor.

Offensichtlich geht es der Gesellschaft besser, wenn es jedermann in ihr besser geht – dies entspricht dem Pareto-Prinzip. In der Zeichnung 3.7 sind alle Kombinationen zwischen dem Nutzenniveau der Gruppe 1 und der Gruppe 2, die auf der sozialen Indifferenzkurve mit der Bezeichnung W_2 liegen, durch ein höheres Maß an sozialer Wohlfahrt gekennzeichnet als die Kombinationen, die auf der Kurve mit der Bezeichnung W_1 liegen.

Ebenso einfach wie die Beziehung zwischen Nutzenfunktionen und Indifferenzkurven ist auch die Beziehung zwischen sozialen Indifferenzkurven und sozialen Wohlfahrtsfunktionen. Rufen Sie sich ins Gedächtnis zurück, daß eine individuelle Indifferenzkurve als die Menge aller Gütermengenkombinationen definiert ist, die dem Individuum dasselbe Nutzenniveau garantieren – für die mit anderen Worten die Nutzenfunktion denselben Wert annimmt. Die soziale Indifferenzkurve ist als die Menge aller Kombinationen der Nutzenniveaus verschiedener Individuen oder Gruppen von Individuen definiert, die der Gesellschaft das gleiche Maß an Wohlfahrt gewähren – für die mit anderen Worten die soziale Wohlfahrtsfunktion denselben Wert hat.

Die **soziale Wohlfahrtsfunktion** liefert uns im Gegensatz zum Pareto-Prinzip (gemäß dem wir eine Situation nur dann als besser als eine andere einstufen konnten, wenn niemand schlechter und irgendjemand besser gestellt war) eine Grundlage für eine Beurteilung einer jeden beliebigen Ressourcenallokation. Wie wir sehen werden, ist das Problem dabei, wie solch eine soziale Wohlfahrtsfunktion gefunden oder festgesetzt werden soll.

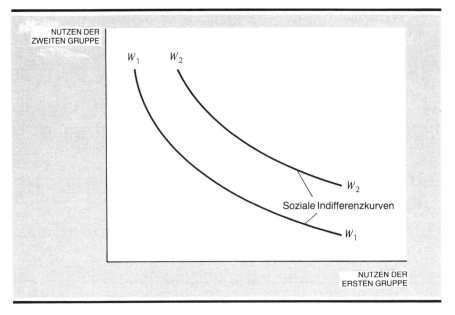

Abb. 3.7 Soziale Indifferenzkurven. Eine soziale Indifferenzkurve zeigt uns diejenigen Kombinationen der Nutzen der Gruppe 1 und der Gruppe 2, zwischen denen die Gesellschaft indifferent ist. Die Gesellschaft ist bereit, Nutzeneinbußen der einen Gruppe in einer bestimmten Höhe hinzunehmen, wenn die andere Gruppe sich dafür in einem bestimmten Maße besser stellt. Punkte auf der mit W_2 bezeichneten sozialen Indifferenzkurve repräsentieren ein höheres Wohlfahrtsniveau als Punkte auf der mit W_1 bezeichneten sozialen Indifferenzkurve.

Gesellschaftliche Entscheidungen

Nunmehr haben wir die wichtigsten Instrumente zur Hand, mit deren Hilfe wir die Vornahme gesellschaftlicher Entscheidungen beschreiben können. Zunächst machen wir die Möglichkeitsmenge ausfindig, die Menge an Alternativen, vor denen die Gesellschaft steht. Wir charakterisieren diese Alternativen in bezug auf die jeweiligen Nutzenniveaus für die Gesellschaftsmitglieder. In der Zeichnung 3.8 bezeichnen wir die Ausgangssituation mit A. Verschiedene Vorhaben befördern uns jeweils nach B, C, D oder E. Jeder dieser Punkte beschreibt uns das mit diesem Vorhaben verbundene Nutzenniveau für Freitag und Robinson Crusoe. Diese Beschreibung der Alternativen legt die Konflikte offen. Nachdem wir zunächst die Pareto-ineffizienten Alternativen (D und E) verworfen haben, das heißt diejenigen Vorhaben, zu denen es eine Alternative gibt, die wenigstens eine Person besser stellt und keine schlechter, wenden wir uns der Prüfung der verbleibenden Alternativen zu: wenn wir uns von A über B nach C bewegen, geht es Freitag immer besser, Robinson Crusoe aber immer schlechter. Die Frage ist, welche Haltung wir gegenüber diesem Konflikt einnehmen.

Das ist der Punkt, an dem wir auf die soziale Indifferenzkurve zurückgreifen. Wir wählen diejenige Alternative, die uns auf die höchste soziale Indifferenzkurve bringt. In der Zeichnung 3.8.A ist es offenbar, daß dies der Punkt B ist. Wenn wir von B nach C übergehen, dann übertrifft der Wert, den die Gesellschaft den Verlusten des Robinson Crusoe beimißt, den Wert, den sie den Gewinnen des Freitag beimißt, und ein derartiger Übergang ist nicht empfehlenswert. Anderer-

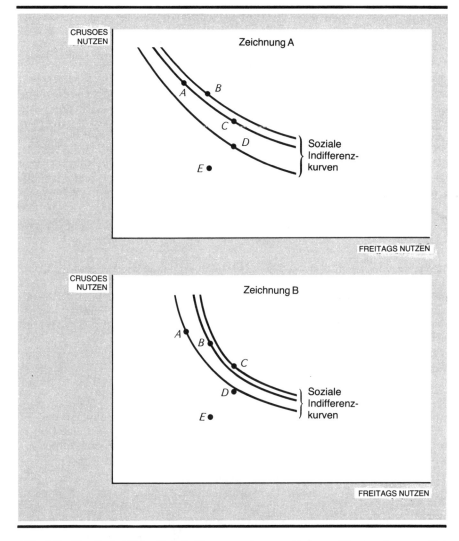

Abb. 3.8 Gesellschaftliche Entscheidungen unter verschiedenen Voraussetzungen. Bei einer sozialen Indifferenzkurve, wie sie in der Zeichnung A gezeigt wird, ist der Punkt B das Optimum. Er liegt auf der höchsten erreichbaren sozialen Indifferenzkurve. Bei einer sozialen Indifferenzkurve, wie sie in der Zeichnung B gezeigt wird, ist der Punkt C das Optimum.

seits bewertet die Gesellschaft den Gewinn Freitags bei einem Übergang von A nach B höher als den Verlust Robinsons, B wird also A (oder C) vorgezogen.

Ändern sich die sozialen Indifferenzkurven, werden offenbar auch andere Alternativen vorgezogen. Hat die Gesellschaft eine starke Präferenz für Gleichheit, könnten ihre sozialen Indifferenzkurven wie in der Zeichnung 3.8.B aussehen – hier ist es der Punkt C, der vorgezogen wird.

Soziale Indifferenzkurven ermöglichen es uns also, gesellschaftliche Wahlhandlungen auf elegante Art und Weise zu beschreiben.

Gesellschaftliche Entscheidungen in der Praxis

In der Praxis zeichnen die Politiker keine Nutzenmöglichkeitsgrenzen und sie schreiben auch keine soziale Wohlfahrtsfunktionen nieder. Aber sie unternehmen doch den Versuch, die Wirkungen einer Politik auf verschiedene Bevölkerungsgruppen festzustellen. Diese Analyse erfolgt oft summarisch unter den Überbegriffen der Auswirkungen auf Effizienz und Gerechtigkeit. Was hier vor sich geht, kann in beträchtlichem Maße mit denselben Mitteln beschrieben werden, die wir soeben verwendet haben: eine Möglichkeitsmenge wird ermittelt, der Zielkonflikt zwischen Effizienz und Gerechtigkeit wird analysiert; ein Ziel wird gegen das andere abgewogen. Dies kann man in Form einer „sozialen Indifferenzkurve" aufzeichnen, die nunmehr die Einstellung der Gesellschaft gegenüber Effizienz und Gleichheit beschreibt. In manchen Fällen mag diese „soziale Indifferenzkurve" von den eigentlichen sozialen Indifferenzkurven abgeleitet sein, die die Einstellung der Gesellschaft gegenüber der Wohlfahrt der verschiedenen Individuen darstellen.

Wir werden auf zahlreiche Beispiele stoßen, in denen wir zwischen Effizienz und Gleichheit wählen müssen. Beispielsweise führt ein Steuersystem im allgemeinen zu umso größeren Ineffizienzen, je wirkungsvoller es bei der Umverteilung von Einkommen ist. Hier tritt der Trade-off zwischen Effizienz und Gleichheit unübersehbar in Erscheinung. Natürlich gibt es auch wichtige Beispiele für schlecht konzipierte Steuersysteme; in diesen Fällen mag es möglich sein, sowohl mehr Gleichheit als auch höhere Effizienz zu erreichen. Derartige Steuersysteme halten die Wirtschaft unterhalb ihrer Nutzenmöglichkeitsgrenze fest.

Utilitarismus versus Rawlsianismus

Soziale Wohlfahrtsfunktionen stellen die Einstellung einer Gesellschaft dar. Ist sie sehr stark an Gleichheit interessiert, wird es ihr gleichgültig sein, daß Robinson 70 Orangen dahingibt, damit Freitag eine erhält. Für sie ist jedes Opfer seitens Robinson gerechtfertigt, solange Freitag noch ärmer ist als Robinson.

Andererseits könnte eine Gesellschaft auch ausschließlich auf Effizienz orientiert sein, nicht auf Gleichheit. Dann wäre natürlich keinerlei Umverteilung von Orangen von Robinson zu Freitag gerechtfertigt, würde im Verlauf dieser Umverteilung auch nur eine einzige Orange verlorengehen. Diese unterschiedlichen Wertordnungen sind von Wirtschaftswissenschaftlern und Philosophen heftig diskutiert worden.

Eine altehrwürdige Auffassung läuft darauf hinaus, daß der Wohlstand der Gesellschaft als die Summe des Nutzens ihrer verschiedenen Mitglieder dargestellt werden sollte. Diese Auffassung wird **Utilitarismus** genannt, und sie fand in der

3. Kapitel: Wohlfahrtsökonomik

ersten Hälfte des 19. Jahrhunderts in Jeremy Bentham einen hervorragenden Vertreter. In unserer vereinfachten Wirtschaft mit zwei Individuen hat die soziale Wohlfahrtsfunktion dann die Gestalt

$$W = U_1 + U_2.$$

Dieses Kriterium hat bedeutungsschwere Implikationen. Es impliziert, daß die Gesellschaft dazu bereit sein sollte, etwas von dem Nutzen eines armen Individuums zu opfern, wenn sich dadurch der Nutzen eines reichen Individuums um eben denselben Betrag erhöht. Die Art und Weise, wie sich der Trade-off zwischen den Nutzenniveaus der beiden Individuen für die Gesellschaft darstellt, hängt nicht vom Nutzenniveau eines der beiden ab. Die soziale Indifferenzkurve hat deswegen die Gestalt einer Geraden (mit Steigung minus eins – das heißt, die Gesellschaft ist bereit eine Einheit des Nutzens des Individuums eins für eine Einheit des Nutzens des Individuums zwei zu opfern), wie es in der Zeichnung 3.9.A dargestellt ist. (Darüberhinaus hängt die Ausgestaltung des Zielkonflikts nicht vom Einkommen anderer Gesellschaftsmitglieder ab.)

Viele vertreten die Ansicht, daß die Gesellschaft in einer Situation, in der es einem Individuum schlechter geht als anderen, einer Veränderung gegenüber nicht indifferent ist, die dergestalt vor sich geht, daß einer Nutzeneinbuße des Ärmeren ein Nutzengewinn des Reicheren in derselben Höhe gegenübersteht. Die Gesellschaft sollte eine Nutzeneinbuße für die Armen nur dann akzeptieren, wenn der dadurch ermöglichte Nutzengewinn für die Reichen wesentlich größer ist. Soziale Indifferenzkurven, die diese Wertordnung darstellen, sind in 3.9.B gezeichnet. Es sind keine Geraden, sondern Kurven; je schlechter es den Armen geht, umso größer muß der Nutzengewinn für die Reichen werden, soll die Gesellschaft der Veränderung gegenüber indifferent sein (das heißt, die Steigung der sozialen Indifferenzkurve muß immer größer werden).

In dieser Debatte hat John Rawls[6] eine Extremposition eingenommen. Er behauptete, daß die Wohlfahrt der Gesellschaft nur von der ihres ärmsten Mitglieds abhänge; es gehe der Gesellschaft besser, wenn es diesem Mitglied besser gehe – allen anderen Veränderungen gegenüber sei sie gleichgültig. Seiner Meinung nach gibt es sonst keinerlei Zielkonflikte. Anders ausgedrückt: Wie stark sich auch immer der Wohlstand der reicheren Gesellschaftsmitglieder erhöhen mag, eine weitere Verarmung des ärmsten Mitglieds der Gesellschaft vermag diese Bereicherung in keinem Fall aufzuwiegen. Geometrisch läßt sich dies als eine L-förmige soziale Indifferenzkurve darstellen, wie in der Zeichnung 3.9.C.

Stellen Sie sich eine Gesellschaft vor, in der die Gruppe 1 das Nutzenniveau U_1^* und die Gruppe 2 das Nutzenniveau U_2^* erreicht, wobei U_2^* wenigstens so groß wie U_1^* sein soll. Wenn wir U_2 erhöhen, U_1 aber unverändert lassen, bleiben wir auf derselben sozialen Indifferenzkurve; das heißt, der Gesellschaft geht es nicht besser. Sie ist nicht bereit, etwas von dem Nutzen der Gruppe 1 zugunsten der Gruppe 2 zu opfern. Erreichen beide Gruppen zunächst dasselbe Nutzenniveau, erhöht sich der Wohlstand der Gesellschaft nur dann, wenn sich der Wohlstand beider Gruppen 1 und 2 erhöht; die Wohlstandserhöhung ist gleich der, die der weniger stark begünstigten Gruppe zuteil wurde.

---

[6] Ein Professor für Philosophie an der Harvard Universität, siehe John Rawls, A Theory of Justice (Cambridge, MA 1971).

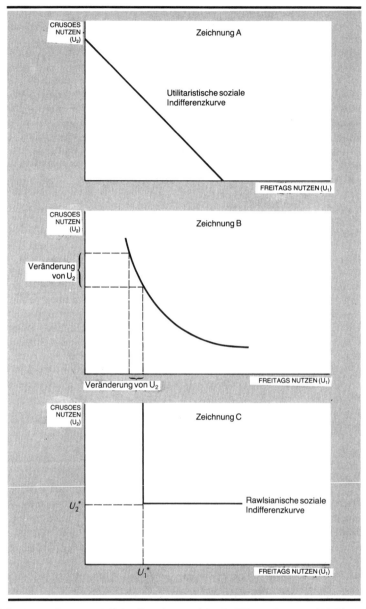

Abb. 3.9 Verschiedene mögliche Gestalten sozialer Indifferenzkurven. (A) Ein Utilitarist ist bereit, bestimmte Nutzeneinbußen für Crusoe hinzunehmen, solange Freitag dadurch mindestens ebenso viel an Nutzen gewinnt. Die sozialen Indifferenzkurven sind gerade Linien. (B) Manche sind der Meinung, daß eine Verringerung des Nutzenniveaus eines Armen (U_1) nur dann gerechtfertigt ist, wenn sich der Nutzen eines Reichen (U_2) dadurch überproportional erhöht. (C) Rawls stellte sich auf den Standpunkt, daß keinerlei Wohlfahrtserhöhung für die Reichen eine Wohlfahrtsminderung der Armen wettmachen kann. Dies impliziert, daß die sozialen Indifferenzkurven L-förmige Gestalt haben.

Ein Vergleich zwischen utilitaristischen und rawlsianischen sozialen Wohlfahrtsfunktionen

Die Implikationen utilitaristischer und rawlsianischer sozialer Wohlfahrtsfunktionen unterscheiden sich stark voneinander. Im Rahmen des Utilitarismus wird ein Nutzenzuwachs jedes beliebigen Individuums gleich gewichtet. Könnten wir kostenlos Ressourcen von einem Individuum auf andere transferieren, würden wir infolgedessen bestrebt sein, den Grenznutzen der Einkommen zum Ausgleich zu bringen. Wenn der Nutzenzuwachs (der Grenznutzen), den ein zusätzliches Einkommen in Höhe von einer Mark einer armen Person stiftet, die Nutzeneinbuße übersteigt, die der Verlust dieser zusätzlichen Mark einer reichen Person zufügt, erhöht sich die soziale Wohlfahrt (die Summe der Nutzenniveaus) durch den Transfer dieser Mark. Kostet es etwas, Ressourcen von den Reichen zu den Armen zu transferieren, kommt es dagegen nicht zu einem solchen Ausgleich der Grenznutzen. Haben wir eine rawlsianische soziale Wohlfahrtsfunktion, transferieren wir Ressourcen von den Reichen zu den Armen, solange es möglich ist, die Armen hierdurch besser zu stellen; die Kosten, die wir den Reichen dadurch aufbürden, interessieren uns nicht.

Dies bedeutet im obigen Beispiel des Orangentransfers von Crusoe zu Freitag, daß ein Rawlsianer nicht aufhören würde, zusätzliche Orangen von Crusoe auf Freitag zu transferieren solange Freitag hierdurch mehr Orangen erhält. Er würde Punkt C wählen. Demgegenüber würde ein Utilitarist nicht so weit gehen. Gleichheitsfanatiker mögen behaupten, daß E, obwohl Pareto-ineffizient, vorzuziehen ist, weil dadurch die Ungleichheit verringert wird (der Unterschied zwischen der Zahl der Orangen, die Crusoe bzw. Freitag besitzen).

Betrachten wir noch ein anderes Beispiel für die Unterschiedlichkeit der Implikationen, nämlich die Behandlung eines Individuums, das ein Bein verloren hat. Stellen Sie sich vor, daß man ihm eine Prothese gibt und daß es mit ihrer Hilfe praktisch alles tun kann, was ein Gesunder tut. Ein Utilitarist würde sagen, daß die Gesellschaft einer Person mit einem Bein eine solche Prothese geben sollte; aber sobald sie das getan hat, sollte sie ihm ebensoviel Einkommen zukommen lassen wie einer Person mit zwei Beinen, so daß der Grenznutzen des Einkommens für Individuen mit und ohne Bein derselbe ist. Ein Rawlsianer würde demgegenüber fordern, daß man dem Einbeinigen so viel zusätzliches Einkommen gewähren sollte, daß es ihm gleich ist, ob er sein natürliches Bein behält oder es verliert, dafür aber eine Prothese und eine Entschädigungszahlung erhält. Der Rawlsianer will nicht den Grenznutzen der Einkommen zum Ausgleich bringen, sondern den Wohlstand des am schlechtesten gestellten Individuums maximieren (das ist in diesem Fall das Individuum, das ein Bein verloren hat).

Man kann die Unterschiedlichkeit der Implikationen auch noch anders verdeutlichen. Stellen Sie sich vor, wir können einer Person mit dem Einkommen 10 000 DM eine Mark geben oder aber einer mit dem Einkommen 20 000 DM 1,05 DM. Was sollten wir tun? Stellen Sie sich vor, alle Individuen hätten dieselbe Nutzenfunktion. Die Antwort eines Rawlsianers ist einfach: Gib die Mark dem Individuum mit dem geringeren Einkommen. Ein Utilitarist würde fragen: Ist die Mark für den Bezieher des 10 000 DM Einkommens mehr wert als die 1,05 DM für den des 20 000 DM Einkommens? Wegen des abnehmenden Grenznutzens würde wahrscheinlich herauskommen, daß der Bezieher des 10 000 DM Einkommens die Mark erhält. Nun ändern wir die Annahmen etwas ab. Wir haben nunmehr zu wählen zwischen der Möglichkeit, dem Bezieher des 10000 DM Einkommens eine Mark zu geben oder dem des 20000 DM Einkommens eine Million Mark. Die Lösung des Rawlsianers für dieses Problem bleibt dieselbe. Mit anderen Worten, der Rawlsianer kann hier keinen Zielkonflikt erkennen. Der Utilitarist sieht einen Konflikt. Er sagt, daß es sich lohne, den besser gestellten noch weiter zu bessern, wenn sein Wohlfahrtsgewinn groß genug sei.

Rawls und das Gleichheitsziel

Der Standpunkt von Rawls ist jedoch nicht der egalitärste, den man einnehmen kann. Vielleicht gibt es Maßnahmen, die dazu führen, daß es der am schlechtesten gestellten Person in der Gesellschaft etwas, den Reichen aber erheblich besser geht. Die meisten Verteilungsmaße würden dann eine Vergrößerung der Ungleichheit ausweisen. Rawls würde ebenso wie die Utilitaristen eine solche Veränderung für erstrebenswert halten, da sich die Wohlfahrt des Ärmsten – der einzigen Person, die ihn interessiert – erhöht hat. Ein Gleichheitsfanatiker würde demgegenüber feststellen, daß die Veränderung unerwünscht ist, weil sich die Ungleichheit vergrößert hat. Umgekehrt würde Rawls gegen jede Veränderung ungeachtet ihrer Auswirkungen auf Verteilungsmaße opponieren, die die Lage des Ärmsten verschlechtert. Rawls wäre – völlig ungeachtet der Auswirkungen auf die Ungleichheit – gegen eine erhöhte Besteuerung der Reichen, wenn diese infolge dieser Steuererhöhung weniger arbeiteten, die Staatseinnahmen daher zurückgingen und damit auch die Verteilungsmasse an die Armen.

Soziale Wohlfahrtsfunktionen und die Vertragstheorie des Staates

In neuester Zeit haben einige Philosophen und Ökonomen den Versuch unternommen, die Theorie des Gesellschaftsvertrags (contrat social) derart auszubauen, daß sich hieraus Schlußfolgerungen über die angemessene Gestalt der sozialen Wohlfahrtsfunktion ergeben. Die Theorie des Gesellschaftsvertrags, die vor über 200 Jahren von dem französischen Philosophen Jean Jacques Rousseau entwickelt wurde, besagt, daß man den Staat so betrachten sollte, als käme er auf dem Wege einer freiwilligen Übereinkunft der Individuen zustande, die diese Übereinkunft zu ihrem gegenseitigen Vorteil eingehen. Sie unterzeichnen einen „Vertrag", der dem Staat gewisse Rechte und Befugnisse einräumt als Gegenleistung dafür, daß er bestimmte Dienste leistet, die in einer Gesellschaft ohne Staat entweder gar nicht zur Verfügung stünden oder nur unter größeren Kosten produziert werden könnten. Nach dieser Anschauung muß ein „akzeptables" Steuersystem so ausgestaltet sein, daß sich der Bürger infolge der Besteuerung und der Staatsaktivität besser stellt, als wenn es keinen Staat gäbe. Stellt man sich eine Gesellschaft vor, in der es weder öffentliche Straßen noch öffentliche Schulen gibt, keine Gesetze, keine Polizei – keine vom Staat bereitgestellten Güter irgendeiner Art – ist es denkbar, daß sich sogar das reichste und höchstbesteuertste Individuum in dieser individualistischen Welt ohne Steuern und Staat schlechter stellt.

Rawls macht noch eine weitere Annahme: Er plädiert dafür, daß man sich bei Ableitung von Grundsätzen, die bei der Organisation der Gesellschaft als Leitbilder dienen sollten, von den egoistischen Interessen freimachen sollte, die unvermeidlich eine dominierende Rolle spielen, sobald man nur weiß, welcher gesellschaftlichen Schicht man durch Geburt angehört. Das Individuum sollte sich seine Vorstellungen von der „Gerechtigkeit" bilden, bevor es weiß, welche Stellung es in der Gesellschaft einnehmen wird. Es soll sich fragen: „Was würde ich für gerecht halten, wenn ich von einem Schleier der Unwissenheit umfangen wäre, der mich hinderte zu erkennen, ob ich als Kind von Thurn und Taxis oder als Kind armer Eltern zur Welt komme?"

Der springende Punkt bei Entscheidungen, die unter einem **Schleier der Unwissenheit** gefällt werden, ist, daß Überlegungen, die auf den persönlichen Vorteil abzielen, eliminiert werden. Rawls behauptet, daß sich alle Individuen in einer solchen Situation darüber einig wären, daß die Gesellschaft den Grundsatz verwirklichen solle, daß der Wohlstand des am schlechtesten gestellten Mitglieds der Gesellschaft maximiert werde. Er behauptet mit anderen Worten: Die Bürger seien nicht bereit, diesbezüglich Kompromisse einzugehen. Veränderungen, die zu einer Verringerung des Wohlstands des ärmsten Bürgers führen, würden abgelehnt und zwar unabhängig davon, wie stark die anderen von ihnen profitieren.

Einer ähnlichen Argumentationsfigur hat sich John Harsanyi bei seinem Plädoyer für den Utilitarismus bedient. Hinter dem Schleier der Unwissenheit hat man sich die Menschen als einer Risikosituation ausgesetzt vorzustellen, die sowohl die Möglichkeit des persönlichen Reichtums als auch die der persönlichen Armut als Ausgang eines Zufallsexperiments enthält. Die Frage, wie sich Individuen in Risikosituationen verhalten, ist in der Nationalökonomie intensiv untersucht worden; unter plausiblen Annahmen (die allerdings nicht von allen Forschern akzeptiert werden) maximieren Individuen ihren Erwartungsnutzen. Wenn sich die Individuen bei der Wahl zwischen verschiedenen Einkommensverteilungen (Sozialprogrammen) – hinter dem Schleier der Unwissenheit – ebenso verhalten wie bei einer Wahl zwischen verschiedenen Risiken, dann läßt sich zeigen, daß es folgerichtig ist, die soziale Wohlfahrt nach dem utilitaristischen Konzept zu beurteilen. Der Utilitarismus läßt sich damit von bestimmten einfachen Annahmen ableiten.

Grenzen der Analyse mit Hilfe sozialer Indifferenzkurven

Mit Hilfe sozialer Wohlfahrtsfunktionen lassen sich Zielkonflikte, vor denen eine Gesellschaft steht, auf elegante Art und Weise darstellen. Da viele wirtschaftspolitische Maßnahmen dazu führen, daß sich eine Gruppe auf Kosten einer anderen besser stellt, muß man sich fragen, wieviel uns die Verringerung des Wohlstands einer Gruppe bedeutet im Vergleich zu dem Wohlstandsgewinn, der einer anderen Gruppe zuteil wird. Das ist die Frage, um die es bei den sozialen Wohlfahrtsfunktionen geht.

Es ist sicherlich denkbar, daß eine Person offenlegt, wie sie den Wohlstand verschiedener gesellschaftlicher Gruppen gewichtet, und daß eine andere eine andere Gewichtung befürwortet. Wir äußern uns nicht selten so, als ob es für die Gesellschaft oder die Regierung eine bestimmte soziale Indifferenzkurve gäbe. Beschreibt diese soziale Indifferenzkurve einfach die persönlichen Präferenzen und die Weltanschauung der Person, die die Amtsgewalt hat, die jeweilige Entscheidung zu fällen, oder läßt sie sich aus den Präferenzen der Bürger ableiten, aus denen sich die Gesellschaft zusammensetzt? Unglücklicherweise verhält es sich so, daß immer dann, wenn zwischen den Mitgliedern einer Gesellschaft kein Konsens besteht – und in Fragen der Verteilung gibt es schwerlich einen Konsens – keine annehmbare Methode existiert, die Präferenzen der Bürger zu einer sozialen Wohlfahrtsfunktion zu „addieren".

Interpersonelle Vergleiche

Viele Ökonomen mißbilligen aus anderen Gründen die Verwendung einer sozialen Wohlfahrtsfunktion. Sie betonen, daß es möglich sei, Aussagen darüber zu machen, ob sich ein Individuum in einer Situation besser stelle als in einer anderen, daß es aber unmöglich sei, die Unterschiede im Nutzenniveau aussagekräftig zu messen, den Nutzen zu quantifizieren. Mit anderen Worten, man sagt, daß der Nutzen eine ordinale, keine kardinale Größe sei. Das heißt, daß wir Rangordnungen erstellen, nicht aber zahlenmäßige Vergleiche vornehmen können. Weiterhin unterstreichen sie, daß man das Nutzenniveau zweier Individuen nicht vergleichen könne; es sei nicht möglich Aussagen darüber zu machen, ob das eine Individuum glücklicher sei als das andere, oder den Nutzenzuwachs des einen mit dem des anderen zu vergleichen. Ich kann von mir behaupten, daß ich unglücklicher bin als mein Bruder, obwohl ich ein weit höheres Einkommen erziele; mehr noch, ich kann von mir behaupten, daß ich so viel besser weiß, wie man Geld ausgibt, daß der Grenznutzen einer Mark, die mir zufließt, weit größer ist als der Grenznutzen einer Mark in seiner Tasche. Allerdings dürften die meisten derartige Behauptungen nicht sehr ernst nehmen.

Da es für solche Wohlfahrtsvergleiche an einer „wissenschaftlichen Grundlage" mangelt, glauben viele Ökonomen, daß sie sich darauf beschränken sollten, die Folgen verschiedener wirtschaftspolitischer Maßnahmen zu beschreiben, die Gewinner und Verlierer zu identifizieren; dies sollte dann das Ende der Analyse sein. Sie glauben, daß sie nur dann eine Aussage über die Wohlfahrtseffekte machen sollten, wenn die wirtschaftspolitische Maßnahme eine Pareto-Verbesserung darstellt. Unglücklicherweise gibt es nicht sehr viele Maßnahmen, die Pareto-Verbesserungen darstellen. Infolgedessen haben die Ökonomen, wenn sie auf einen interpersonellen Nutzenvergleich verzichten, nicht sehr viel zu sagen.

Um **interpersonelle Nutzenvergleiche** in der Praxis anzustellen, muß man nicht nur annehmen, daß solche Vergleiche möglich sind, sondern darüberhinaus auch noch unterstellen, daß alle Individuen im großen und ganzen dieselbe Nutzenfunktion haben. Das heißt, wir postulieren, daß der Grenznutzen einer zusätzlichen Mark nur vom Einkommen des Individuums abhängt und daß der Grenznutzen einer Mark für einen Reichen geringer ist als für einen Armen.

Gegen diese These ist eingewandt worden, daß sie entweder nicht informativ sei (da interpersonelle Nutzenvergleiche unmöglich seien) oder falsch (selbst wenn interpersonelle Nutzenvergleiche möglich wären, warum sollte eine zusätzliche Mark den Reichen einen geringeren Grenznutzen stiften als den Armen?).

In der Tat haben einige Ökonomen vorgebracht, daß man sich vernünftigerweise vorstellen könnte, daß diejenigen, die die nötigen Fähigkeiten haben, ein hohes Einkommen erzielen (also bei der Umsetzung ihrer Arbeitskraft in Arbeitseinkommen besonders erfolgreich sind), auch überdurchschnittliche Fähigkeiten beim Konsum haben (bei der Umsetzung des erlangten Einkommens in Nutzen besonders erfolgreich sind).

Nichtsdestoweniger können wir die soziale Wohlfahrtsfunktion als eine elegante Art und Weise der Zusammenfassung für die Auswirkungen einer wirtschaftspolitischen Maßnahme wesentlicher Faktoren betrachten. Hält man Gleichheit für ein erstrebenswertes Ziel, impliziert das, daß eine Mark, die einem armen Bürger zufließt, höher zu bewerten ist als eine Mark, die einem begüterten zufließt. Das wesentliche an sozialen Wohlfahrtsfunktionen besteht darin, daß sie derartige Bewertungen von Mittelzuflüssen zu Bürgern mit unterschiedlichen Einkommen auf eine systematische Art und Weise vollziehen.

Zusammenfassung:

1. Eine Veränderung, die wenigstens ein Individuum besser stellt, niemanden aber schlechter, ist eine Pareto-Verbesserung.
2. Das Pareto-Prinzip, das aussagt, daß Maßnahmen, die eine Pareto-Verbesserung darstellen, vollzogen werden sollten, basiert auf einem individualistischen Wertsystem. Es empfiehlt derartige Maßnahmen ohne Rücksicht der Wirkungen auf irgendein Verteilungsmaß.
3. Das Prinzip der Konsumentensouveränität sagt aus, daß die Konsumenten selbst ihre Bedürfnisse und deren Befriedigung am besten beurteilen können.
4. Das Kompensationsprinzip ist ein Kriterium, nach dem über eine wirtschaftspolitische Maßnahme entschieden werden kann, die einige Bürger besser und andere schlechter stellt und die infolgedessen keine Pareto-Verbesserung darstellt.
5. Die soziale Wohlfahrtsfunktion liefert einen gedanklichen Rahmen für eine Diskussion über die Verteilungseffekte einer Politik. Sie bestimmt die Größe des Nutzengewinns eines Bürgers, die für eine Kompensation einer Nutzeneinbuße eines anderen Bürgers ausreicht.
6. Utilitaristische soziale Wohlfahrtsfunktionen haben die Eigenschaft, daß soziale Wohlfahrt gleich der Summe der Nutzenniveaus aller Gesellschaftsmitglieder ist.
7. Bei rawlsianischen sozialen Wohlfahrtsfunktionen ist die soziale Wohlfahrt gleich dem Nutzen desjenigen Gesellschaftsmitglieds, das am schlechtesten gestellt ist.
8. In der Praxis verzichten wir bei einer Beurteilung alternativer Vorschläge auf eine Untersuchung der Auswirkungen auf die Wohlfahrt jedes einzelnen. Wir beschreiben zusammenfassend die Auswirkungen auf ein Verteilungsmaß (oder die Veränderung in der Lage bestimmter wohldefinierter Gruppen) und die Effizienzgewinne und -verluste. Bei der Abwägung zwischen unterschiedlichen Projekten tritt oft ein Zielkonflikt zwischen Effizienz und Verteilungszielen auf: Um größere Gleichheit zu erreichen, muß man einiges an Effizienz aufgeben. Meinungsverschiedenheiten bestehen über die genaue Ausprägung dieses Trade-off (wieviel Effizienz muß man opfern, um dem Gleichheitsziel in einem bestimmten Maße näher zu kommen?) und über den Wert, der diesen beiden Zielen beigemessen wird (wieviel Effizienz sollte man – an der Grenze – zu opfern bereit sein, um dem Gleichheitsziel näher zu kommen).

Schlüsselbegriffe

Wohlfahrtsökonomik
Zielkonflikte
Pareto-Prinzip
Pareto-Optimalität
Konsumentensouveränität
Paternalismus
Nutzenmöglichkeitsgrenze
Nutzenfunktionen
Möglichkeitsmenge
Grenznutzen

Abnehmender Grenznutzen
Kompensationsprinzip
Indifferenzkurven
Soziale Wohlfahrtsfunktion
Soziale Indifferenzkurve
Utilitarismus
Interpersonelle Nutzenvergleiche
Vertragstheorie des Staates
Schleier der Unwissenheit
Rawlsianische soziale Wohlfahrtsfunktion

Fragen und Probleme

1. Stellen Sie sich vor, daß Freitag und Crusoe dieselbe Nutzenfunktion besitzen, die durch die folgende Tabelle beschrieben wird:

Nutzenfunktion für Freitag und Crusoe		
Zahl der Orangen	Nutzen	Grenznutzen
1	11	
2	21	
3	30	
4	38	
5	45	
6	48	
7	50	
8	51	

Zeichnen Sie die Nutzenfunktion! Ergänzen Sie die Daten über Grenznutzen aus der Zeichnung 3.1 und zeichnen Sie die Grenznutzenfunktion!

2. Stellen Sie sich vor, daß acht Orangen zwischen Freitag und Crusoe verteilt werden sollen. Seien Sie ein Utilitarist – nehmen Sie also an, daß soziale Wohlfahrt die Summe des Nutzens der beiden Individuen ist. Was ist – unter Verwendung der Zahlen aus der Aufgabe eins – die soziale Wohlfahrt, die jeder möglichen Allokation der Orangen entspricht? Welche Allokation maximiert die soziale Wohlfahrt? Zeigen Sie, daß diese Allokation die Eigenschaft hat, daß der Grenznutzen einer Extraorange für jedes Individuum derselbe ist.

3. Stellen Sie sich nun auf einen rawlsianischen Standpunkt und nehmen Sie an, daß die soziale Wohlfahrtsfunktion durch das Nutzenniveau desjenigen Individuums vorgegeben wird, das das niedrigste Nutzenniveau hat! Nehmen Sie erneut an, daß acht Orangen zur Verfügung stehen, und verwenden Sie die Zahlen aus der Aufgabe 1. Was ist dann die soziale Wohlfahrt, die jeder Allokation der Orangen entspricht? Welche Allokation maximiert die soziale Wohlfahrt?

4. Zeichnen Sie die Nutzenmöglichkeitsgrenze, die sich aus den Zahlen aus dem Problem 1 ergibt! Kennzeichnen Sie die Punkte, die nach den zwei alternativen Kriterien aus Aufgabe 2 und 3 jeweils die soziale Wohlfahrt maximieren!

5. Nehmen Sie an, daß die Nutzenfunktionen von Crusoe und Freitag so aussehen, wie in Aufgabe 1 beschrieben. Aber stellen Sie sich nunmehr vor, daß Crusoe ursprünglich 6 Orangen hat, Freitag demgegenüber drei! Werden dem Crusoe zwei Orangen weggenommen, erhält Freitag nur eine, die andere geht im Vollzug der Umverteilung unter.

3. Kapitel: Wohlfahrtsökonomik

Wie sieht die Nutzenmöglichkeitsgrenze jetzt aus? Welche der möglichen Allokationen maximiert die soziale Wohlfahrt bei einer utilitaristischen sozialen Wohlfahrtsfunktion? Welche bei einer rawlsianischen sozialen Wohlfahrtsfunktion?

6. Ein Individuum ist zwischen den Gütermengenkombinationen privater und öffentlicher Güter, die in der folgenden Tabelle aufgeführt werden, indifferent.

Kombination	Öffentliche Güter	Private Güter
A	1	16
B	2	11
C	3	7
D	4	4
E	5	3
F	6	2

Zeichnen Sie die Indifferenzkurve dieses Individuums! Unterstellen Sie, daß die Wirtschaft eine Einheit des öffentlichen Guts und 10 Einheiten des privaten Guts erzeugen kann, und daß sie eine zusätzliche Einheit des öffentlichen Guts erstellen kann, wenn sie dafür die Produktion privater Güter um zwei Einheiten reduziert. Zeichnen Sie unter dieser Voraussetzung die Nutzenmöglichkeitsgrenze! Was ist der größtmögliche Output an privaten Gütern? – an öffentlichen Gütern? Ist es möglich, 5 Einheiten des öffentlichen Gutes und eine Einheit des privaten Gutes zu erzeugen? Welche der möglichen Kombinationen maximiert den Nutzen?

7. Stellen Sie sich einen Unfall vor wie in dem Kapitel erwähnt, bei dem eine Person ein Bein verliert! Unterstellen Sie, daß dieses Ereignis für jedes Einkommensniveau das Nutzenniveau der Person reduziert, aber daß es (für jedes Einkommensniveau) den Grenznutzen – ein wenig – vergrößert! Zeichnen Sie ein Diagramm mit den Nutzenfunktionen vor und nach dem Unfall! Nehmen Sie an, daß das Individuum keinen Einfluß darauf hat, ob das Unglück passiert oder nicht! Zeigen Sie, daß Sie, wenn Sie auf einem utilitaristischen Standpunkt stehen, dem Individuum nach dem Unfall ein höheres Einkommen geben würden als zuvor, daß aber das Nutzenniveau des Unfallopfers dennoch geringer wäre als das eines Individuums, das keinen Unfall erlitten hat! Was ist die Entschädigung, die ein Rawlsianer gewähren würde?

Ist es denkbar, daß ein Utilitarist dem Unfallopfer mehr gäbe als ein Rawlsianer?

Unter welchen Umständen würde ein Utilitarist dem Unfallopfer gar nichts geben?

8. Erklären Sie für jede einzelne der im folgenden aufgeführten wirtschaftspolitischen Maßnahmen, ob sie vermutlich eine Pareto-Verbesserung darstellen wird oder nicht:
   a) Die Anlage eines Parks, die durch eine Erhöhung des Grundsteuersatzes finanziert wird.
   b) Die Anlage eines Parks, die durch eine Schenkung eines reichen Philantropen finanziert wird. Die Stadt enteignet die Grundstücke, auf denen der Park errichtet wird, aufgrund von Artikel 14 GG.
   c) Ausbau der Krankenhauskapazitäten für Lungenkrebs. Die Finanzierung erfolgt aus dem allgemeinen Staatshaushalt.
   d) Gleicher Fall wie c), die Finanzierung erfolgt aber nunmehr durch eine Erhöhung der Tabaksteuer.
   e) Ersetzung des bestehenden Systems der Stützung landwirtschaftlicher Preise durch Transfers an arme Bauern.
   f) Einführung von Importkontingenten für ausländische Kraftfahrzeuge, um die heimische Autoindustrie vor der billigen ausländischen Konkurrenz zu schützen.
   g) Eine Erhöhung der Renten, die durch Erhöhung der Sozialversicherungsbeiträge finanziert wird.
   h) Ersetzung der Gewerbesteuer als Gemeindesteuer durch eine Gemeindeeinkommensteuer.

i) Lockerung des Mieterschutzes derart, daß eine Anhebung der Mieten erleichtert wird.

Stellen Sie in jedem einzelnen Fall fest, wer die Verlierer sein werden, wenn es solche gibt. Welche dieser Veränderungen lassen sich möglicherweise mit Hilfe des Kompensationsprinzips rechtfertigen? Welche könnte man mit Berufung auf eine rawlsianische soziale Wohlfahrtsfunktion rechtfertigen?

9. Geben Sie einige Beispiele für Fälle, in denen die Regierung gegen das Prinzip der Konsumentensouveränität zu verstoßen scheint!

10. Stellen Sie sich vor, daß Sie Schiffbruch erlitten haben. Im Rettungsboot sind 10 Leute; ihnen ist klar, daß es 10 Tage dauern wird, bis sie die Küste erreichen und daß die Nahrungsvorräte nur für den Verbrauch von 10 Leuten an einem Tag reichen. Wie würde ein Utilitarist bei der Ausgabe der Lebensmittelrationen vorgehen? Wie würde ein Rawlsianer vorgehen? Manche Leute glauben, daß selbst das Rawls-Kriterium nicht genügend auf Gleichheit orientiert ist. Was würde ein Gleichheitsfanatiker befürworten? Was ist zur Verwirklichung von Pareto-Effizienz zu tun?

4. Kapitel
Die Rolle des öffentlichen Sektors

In Westeuropa sind in erster Linie private Unternehmen für die Erzeugung und Verteilung der Güter zuständig, nicht der öffentliche Sektor. Wer an die Marktwirtschaft glaubt, ist der Überzeugung, daß dieses Wirtschaftssystem bestimmte Vorzüge hat; insbesondere, daß es eine effiziente Allokation der Ressourcen ermöglicht. Diese Aussage ist in der Tat eine der ältesten Thesen der Ökonomen. Wenn das richtig ist, wozu bedarf es dann des Staates? Um dies zu beantworten, bedienen wir uns der Grundkonzepte der Wohlfahrtsökonomik, wie sie in Kapitel drei entwickelt worden sind, und prüfen mit ihrer Hilfe Erfolge und Mißerfolge des Marktmechanismus.

Die Effizienz des Marktmechanismus: Die unsichtbare Hand

Im Jahre 1776 entwickelte Adam Smith, der als der Gründer der modernen Nationalökonomie gilt, in seinem Buch „The Wealth of Nations" die These, daß der Wettbewerb wie eine unsichtbare Hand bewirken würde, daß die Individuen bei ihrem Streben nach persönlichem Vorteil (Gewinn) das Gemeinwohl fördern:
„... he intends only his own gain, and he is in this, as in many other cases led by an invisible hand to promote an end which was not part of his intention. Nor is it always the worse for the society that it was no part of it. By pursuing his own interest he frequently promotes that of the society more effectually than when he really intends to promote it"[1].

Die Bedeutung der Smithschen These wird nur vor dem Hintergrund der damals dominierenden Lehrmeinungen ganz verständlich. Man war allgemein der Ansicht, daß es zur Förderung des Allgemeinwohls (wie man es auch immer definieren will) unbedingt einer tatkräftigen Regierung bedürfe. Diese Auffassung war für die merkantilistische Schule des siebzehnten und achtzehnten Jahrhunderts typisch. Zu ihren führenden Vertretern gehörte in Frankreich Jean Baptiste Colbert, in England Thomas. Diese Ökonomen befürworteten energische Anstrengungen der Regierung, um Handel und Industrie zu fördern. In der Tat befolgten viele europäische Staaten diesen Vorschlag – von dieser Auffassung geleitet, hatten sie Kolonien erobert.

Eine merkantilistische Wirtschaftspolitik wurde in Frankreich, in großen Teilen Deutschlands, aber auch in Rußland verfolgt[2]. Es gab durchaus Bürger dieser Länder, die von diesen Bemühungen profitierten. Insgesamt war diese Politik

---
[1] Adam Smith: The Wealth of Nations. Deutsche Übersetzung: Der Wohlstand der Nationen. München 1974.
[2] In Rußland ist hier insbesondere die Politik Peters des Großen hervorzuheben. Interessanterweise gibt es heute sowjetische Historiker, die hervorheben, daß seine Bemühungen, staatliche Industriebetriebe zu schaffen, zu einem Fehlschlag führten. Erst die Liberalisierung und die Abkehr von derartigen staatswirtschaftlichen Modellen ab 1860 habe den Weg für die Industrialisierung Rußlands geöffnet. Vgl. B. Seljunin, Novyi mir 1988:5.

aber nicht allzu erfolgreich. Die industrielle Revolution erfolgte zunächst in Ländern, in denen der Staat sich weit weniger in die Wirtschaft einmischte, wie in England und Schottland und auf dem Kontinent in der Schweiz und Belgien. Die Länder mit Schutzzollpolitik und aktiver staatlicher Industrieförderung gerieten demgegenüber eher in die Rolle von Nachzüglern. Am erfolgreichsten war der Merkantilismus noch in Frankreich in der 2. Hälfte des 18. Jahrhunderts, wo er allerdings in Richtung auf eine stärker liberale Wirtschaftspolitik abgewandelt wurde[3]. Alles in allem aber litt die Wirtschaft der absolutistisch regierten Länder darunter, daß ein großer Teil der Ressourcen der Nation für Kriege, für eine prunkvolle Hofhaltung und wirtschaftliche Fehlinvestitionen verbraucht wurde.

Angesichts dieses scheinbaren Widerspruchs – die Industrie florierte vorwiegend in Staaten, in denen sie vom Staat nicht besonders gefördert wurde – stellte Smith die Frage: Wie kann die Gesellschaft sicherstellen, daß diejenigen, denen die Staatsgeschäfte anvertraut sind, tatsächlich im Sinne des Gemeinwohls handeln? Es war offenbar, daß manche Regierungen zwar eine Politik verfolgt hatten, die einigermaßen im Sinne des Gemeinwohls war, daß andere aber in einer Art und Weise gehandelt hatten, die unter gar keinen Umständen mit diesem in Einklang zu bringen war. Die Regierenden schienen weit eher ihre persönlichen Interessen auf Kosten des Gemeinwohls zu verfolgen. Mehr noch, auch wohlmeinende Monarchen führten ihre Länder nicht selten in den Ruin. Smith behauptete, man müsse nicht auf die Regierung oder auf das Sittengesetz vertrauen, damit etwas Gutes herauskomme. Das Gemeinwohl, so stellte er fest, werde gefördert, wenn jedes Individuum einfach sein Eigeninteresse verfolge. Die Neigung, sein Eigeninteresse zu verfolgen, sei beim Menschen weit ausgeprägter als das Streben, Gutes zu tun, und folglich eine weit solidere Grundlage für die Organisation einer Gesellschaft. Mehr noch, die Individuen dürften eher imstande sein, mit einiger Gewißheit zu sagen, was in ihrem Eigeninteresse sei, als daß sie genauer bestimmen könnten, was denn nun das Gemeinwohl sei.

Das Ergebnis von Smith beruht auf der folgenden – einfachen – Einsicht: Wenn es eine Ware oder einen Dienst gibt, den die Haushalte begehren, der gegenwärtig aber noch nicht verfügbar ist, dann werden sie bereit sein, etwas für seine Zur-Verfügung-Stellung zu bezahlen. Auf der Jagd nach Profit suchen Unternehmer ständig nach solchen Gelegenheiten. Übersteigt der Wert, den eine Ware für den Verbraucher hat, ihre Produktionskosten, kann der Unternehmer einen Gewinn erwirtschaften und wird die Ware erzeugen. Ebenso wird ein Unternehmer, der die Möglichkeit entdeckt, die Produktion einer Ware zu verbilligen, in der Lage sein, seine Konkurrenten zu unterbieten und einen Gewinn zu erzielen. Das Gewinnstreben der Unternehmer führt also dazu, daß sie nach höherer Effizienz trachten und bestrebt sind, neue Produkte zu entwickeln, die die Bedürfnisse der Konsumenten in höherem Maße befriedigen.

---

[3] Auch nach dem Ende des Absolutismus behielt die französische Wirtschaftspolitik im 19. Jahrhundert noch gewisse Elemente des Merkantilismus, insbesondere seine Schutzzollpolitik bei. Nicht zuletzt hierauf führt man es heute oft zurück, daß der Produktivitätsfortschritt in der französischen Industrie des 19. Jahrhunderts verhältnismäßig langsam vonstatten ging und Frankreich wirtschaftlich von anderen Staaten, beispielsweise Deutschland, überholt wurde. Im 20. Jahrhundert gab es für Frankreich dann ein böses Erwachen. Vgl. hierzu C. Cippola, K. Borchardt: Europäische Wirtschaftsgeschichte. Band 4. Stuttgart 1977.

Machen Sie sich klar, daß von diesem Standpunkt aus Regierungsbeschlüsse darüber, ob eine Ware erzeugt werden soll, überflüssig sind. Sie wird produziert, wenn sie die Bewährungsprobe des Marktes besteht – das heißt in Abhängigkeit davon, ob die Individuen bereit sind, soviel zu zahlen, daß die Kosten gedeckt werden und ein Gewinn erzielt wird. Ebensowenig bedarf es irgendwelcher Behörden, um sicherzustellen, daß die Unternehmen effizient arbeiten: Der Wettbewerb wird den ineffizienten Betrieben den Garaus machen.

Unter den Wirtschaftswissenschaftlern besteht nahezu Übereinstimmung, daß der Wettbewerb zu einem hohen Maß an Effizienz führt. Im Verlauf der letzten zweihundert Jahre hat sich aber auch die Ansicht durchgesetzt, daß es einige wichtige Fälle gibt, in denen der Markt nicht so vollkommen funktioniert, wie seine glühendsten Anhänger meinen. Es hat einige Perioden mit hoher Arbeitslosigkeit gegeben – das wichtigste Beispiel ist die Weltwirtschaftskrise. In neuerer Zeit ist die Umweltzerstörung zunehmend zum Problem geworden.

Die zwei Hauptsätze der Wohlfahrtsökonomik

In welchem Sinne und unter welchen Voraussetzungen führen Märkte in einer Wettbewerbsordnung zu wirtschaftlicher Effizienz? Diese Frage stand jahrzehntelang im Mittelpunkt der wirtschaftstheoretischen Forschung. Die wichtigsten Ergebnisse werden in den zwei sogenannten **Hauptsätzen der Wohlfahrtsökonomik** zusammengefaßt.

Der erste Satz sagt, daß Märkte bei vollkommenem Wettbewerb – also wenn es derart viele Käufer und Verkäufer gibt, daß keiner glaubt, er könne einen Einfluß auf den Marktpreis ausüben – zu einer Pareto-effizienten Ressourcenallokation führen. Rufen Sie sich ins Gedächtnis zurück, daß wir im vorigen Kapitel die Nutzenmöglichkeitsgrenze als das größtmögliche Nutzenniveau definiert haben, das ein Individuum gegeben das Nutzenniveau der anderen erreichen kann. Der erste Hauptsatz der Wohlfahrtsökonomik sagt, daß bei vollkommenem Wettbewerb immer ein Punkt auf der Nutzenmöglichkeitsgrenze erreicht wird (Zeichnung 4.1).

Der zweite Satz sagt, daß jeder Punkt auf der Nutzenmöglichkeitsgrenze von einer Wirtschaft mit vollkommener Konkurrenz erreicht werden kann, wenn man nur mit der richtigen Verteilung der Ressourcen auf die Individuen beginnt. Es sei beispielsweise unterstellt, daß wir uns ursprünglich im Punkt E auf der Nutzenmöglichkeitsgrenze der Zeichnung 4.1 befinden. Indem wir Robinson (dem zweiten Individuum) einige Ressourcen wegnehmen und diese Freitag (dem ersten Individuum) geben, können wir die Ökonomie von E nach E' schieben.

Wir sahen im letzten Kapitel, daß die Aussage, die Wirtschaft habe ein Pareto-Optimum erreicht, nichts über die „Güte" der Einkommensverteilung sagt. In einem Konkurrenzgleichgewicht mag es Robinson Crusoe sehr gut gehen, während Freitag in drückender Armut lebt. Pareto-Optimalität gewährleistet uns nur, daß man niemanden besser stellen kann, ohne jemanden anderen schlechter zu stellen – also daß die Wirtschaft sich auf der Nutzenmöglichkeitsgrenze befindet. Der zweite Hauptsatz sagt uns aber, daß wir auf die Dienste des Marktmechanismus nicht zu verzichten brauchen, wenn uns die Einkommensverteilung, die er her-

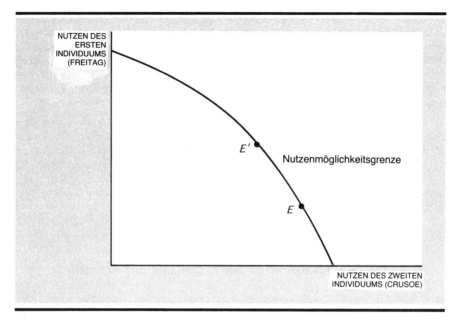

Abb. 4.1 Nutzenmöglichkeitsgrenze. Der erste Hauptsatz der Wohlfahrtsökonomik besagt, daß die Wirtschaft bei vollkommenem Wettbewerb einen Punkt auf der Nutzenmöglichkeitsgrenze erreicht (zum Beispiel E). Der zweite Hauptsatz der Wohlfahrtsökonomik besagt, daß jeder Punkt auf der Nutzenmöglichkeitsgrenze (zum Beispiel auch E') einfach durch Umverteilung von Ressourcen vom einen Individuum auf das andere erreicht werden kann (wobei man nach vollzogener Umverteilung das Marktgeschehen seinen Lauf nehmen läßt).

vorgebracht hat, nicht gefällt. Es genügt, daß wir die ursprüngliche Ressourcenausstattung der verschiedenen Individuen ändern – alles weitere können wir dann wieder dem Markt überlassen. Jedem E, E' und auch jeder anderen Verteilung der Nutzen auf die Individuen, die wir möglicherweise anstreben, entspricht eine bestimmte Verteilung der Erstausstattungen an Ressourcen.

Der zweite Hauptsatz der Wohlfahrtsökonomik ist ein wahrhaft bemerkenswertes Ergebnis. Er sagt, daß man jede beliebige Pareto-effiziente Allokation mit Hilfe eines **dezentralisierten Marktmechanismus** erreichen kann. Es bedarf keines zentralen Planers – nicht einmal eines solchen, der mit all der Weisheit begabt ist, die ihm ein utopischer Sozialist oder ein Wirtschaftstheoretiker zuschreiben mag. Unternehmen in einer Wettbewerbsordnung, die ihren Gewinn maximieren, können all das leisten, was die bestmögliche zentrale Planung, die überhaupt denkbar ist, zu leisten vermag. Dieser Satz liefert damit eine wesentliche Begründung für das Vertrauen in den Marktmechanismus. Oder mit anderen Worten: Wären die Bedingungen, unter denen der zweite Hauptsatz der Wohlfahrtsökonomik gilt, erfüllt, dann könnte man die Finanzwissenschaft auf eine Analyse geeigneter Maßnahmen zur Umverteilung von Ressourcen reduzieren.

Warum der Marktmechanismus zu einer Pareto-optimalen Allokation der Ressourcen führt, ist einer der wichtigsten Gegenstände in jedem Einführungskurs in die Mikroökonomik. Da es uns darum geht, zu begreifen, warum Märkte in einer Wettbewerbsordnung manchmal nicht zu effizienten Ergebnissen führen, brauchen wir erst ein Verständnis dafür, warum Wettbewerb unter idealen Bedingungen Effizienz gewährleistet.

Die Pareto-Effizienz einer Wettbewerbswirtschaft

Im Prinzip führt Wettbewerb zu Effizienz, weil die Individuen so viel von einem jeden Gut nachfragen, daß ihr Grenzvorteil aus dem Verbrauch einer zusätzlichen Einheit dieses Gutes gleich den Grenzkosten des Erwerbs einer zusätzlichen Einheit wird, – dies ist einfach der Preis, den sie zahlen; Unternehmen bieten so viel an, daß die Grenzkosten der Erzeugung einer zusätzlichen Einheit gerade gleich dem Marktpreis sind.

In der Zeichnung 4.2 haben wir den Grenzvorteil dargestellt, den ein Individuum aus dem Konsum einer Ware zieht, beispielsweise einer Tüte Eis. Verzehrt es mehr und mehr Eis, dann verringert sich der Grenzvorteil aus dem Konsum von zusätzlichem Eis. Die Kurve des Grenzvorteils hat einen fallenden Verlauf. Der Grenzvorteil aus der ersten Tüte Eis ist (gemessen in Mark) 3 DM, der der zweiten 2,50 DM, der der dritten 2 DM, der der vierten 1,50 DM, der fünften 1 DM, der sechsten 0,50 DM und jenseits dieses Punktes ist das Individuum gesättigt. Wieviele Tüten Eis kauft das Individuum? Es kauft, bis der Grenznutzen der letzten Tüte Eis gleich den Kosten ist – das heißt dem Preis, den es zahlen muß.

Wenn eine Tüte Eiscreme 2,50 DM kostet, dann kauft das Individuum deren zwei; kostet eine Tüte Eis 1 DM, kauft es deren 5. Die Kurve, die den Grenzvorteil des Individuums bei jeder Menge an konsumiertem Eis beschreibt, beschreibt also auch die Gütermenge, die es bei diesem Preis nachfragt. Wir bezeichnen diese Kurve als die **Nachfragekurve** des Individuums. Die Gesamtnachfragekurve ermitteln wir einfach, indem wir die Nachfragekurven der Individuen addieren. Im Teil C der Zeichnung 4.2 haben wir die Gesamtnachfragekurve gezeichnet, wobei wir unterstellten, daß es 1000 identische Individuen gibt. Bei einem Preis von 2 DM pro Tüte Eis fragt jedes Individuum nach 3 Tüten – die Nachfrage auf dem Markt beträgt folglich 3000 Tüten.

Im Teil B der Zeichnung 4.2 haben wir die Grenzkosten (die Zusatzkosten) dargestellt, die bei dem Unternehmen entstehen, wenn es eine zusätzliche Einheit von einem Gut erzeugt (eine zusätzliche Tüte Eis). Wir haben eine ansteigende Kurve gezeichnet. Erzeugt das Unternehmen von einem Gut mehr und mehr, erhöhen sich die Kosten der Erzeugung einer Einheit[4]. Im Diagramm sind die Grenzkosten der Erzeugung einer Tüte Eis bei der ersten Tüte 0,50 DM, bei der zweiten 1 DM, bei der dritten 2 DM, bei der vierten 3 DM.

Wieviele Tüten Eis erzeugt das Unternehmen? Es produziert Eistüten bis zu dem Punkt, an dem die Grenzkosten der letzten Tüte Eis gerade gleich dem Erlös

---

[4] Dies hält man für den Normalfall. In manchen Fällen mögen die Grenzkosten konstant sein. Branchen, in denen die Kosten weder steigen noch geringer werden, heißen Branchen mit konstanten Kosten. In einigen Branchen nehmen die Grenzkosten bei einer Erweiterung der Produktion sogar ab.

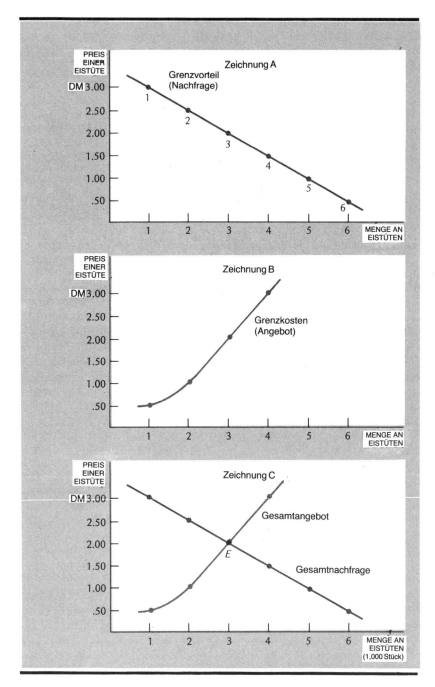

Abb. 4.2 Angebot und Nachfrage nach Eistüten. Das Gleichgewicht ist erreicht, wenn der Grenzvorteil aus dem Konsum einer Eistüte den Grenzkosten ihrer Erzeugung entspricht.

aus dem Verkauf derselben sind, das heißt, dem Preis einer Tüte Eis. Wenn das Unternehmen für den Verkauf einer Tüte Eis 1 DM erhält, so produziert es 2; erhält es 2 DM, so produziert es 3. Infolgedessen beschreibt die Kurve, die die Grenzkosten des Unternehmens bei der Erzeugung verschiedener Mengen an Eis zeigt, auch die Menge des Gutes, die das Unternehmen bei einem bestimmten Preis erzeugt. Wir bezeichnen diese Kurve als die Angebotskurve des Unternehmens. Wir bestimmen die Gesamtangebotskurve auf dem Markt, indem wir die aller Unternehmen addieren. Die Gesamtangebotskurve ist im Abschnitt C dargestellt. Bei einem Preis von 2 DM bietet jedes der 1000 identischen Unternehmen 3 Einheiten an. Das Angebot auf dem Markt ist infolgedessen 3000 Einheiten.

Effizienz erfordert, daß der Grenzvorteil, den die Erzeugung einer zusätzlichen Einheit jeden Gutes abwirft, gleich seinen Grenzkosten ist – den zusätzlichen Kosten, die mit der Erzeugung einer zusätzlichen Einheit des Gutes verbunden sind. Übersteigt der Grenzvorteil die Grenzkosten, würde sich die Gesellschaft besser stellen, wenn sie mehr von dem Gut erzeugte; wäre der Grenzvorteil geringer als die Grenzkosten, würde sich die Gesellschaft besser stellen, wenn sie weniger von dem Gut erzeugte.

Der Markt befindet sich im Gleichgewicht, wenn Nachfrage und Angebot übereinstimmen, d.h. im Punkt E des Teils C der Zeichnung 4.2. In diesem Punkt ist der Grenzvorteil gleich dem Preis – ferner sind auch die Grenzkosten gleich dem Preis, nämlich 2 DM. Also ist der Grenzvorteil gleich den Grenzkosten. Dies war genau die Bedingung, die wir für wirtschaftliche Effizienz herausgearbeitet haben.

Indifferenzkurvenanalyse. Wir können das Grundprinzip, daß eine Wirtschaft bei vollkommenem Wettbewerb durch eine effiziente Allokation der Ressourcen gekennzeichnet ist, noch auf eine etwas andere Art und Weise darstellen, nämlich mit Hilfe von Indifferenzkurven. Stellen wir uns ein Individuum vor, das entscheiden soll, wieviele Stunden es arbeiten will. Der Lohnsatz sei 5 DM pro Stunde. Wenn es 10 Stunden arbeitet, erhält es 50 DM. Wenn es 40 Stunden arbeitet, erhält es 200 DM. Den Zusammenhang zwischen der Zahl der Stunden, die es arbeitet, und seinem Einkommen nennen wir die Budgetrestriktion des Individuums. Wir stellen sie in der Zeichnung 4.3 dar. Machen Sie sich klar, daß eine zusätzliche Arbeitsstunde zu einer Erhöhung des Einkommens um 5 DM führt. Wie wir im Kapitel 3 gesehen haben, wird die Veränderung der auf der Ordinate abgetragenen Variable (Einkommen), die sich als Resultat einer Vergrößerung jener Variablen ergibt, die auf der Abszisse abgetragen wird (Arbeitsstunden), Steigung der Kurve genannt. Die Steigung der Budgetrestriktion ist also gleich dem Stundenlohn des Individuums.

In Zeichnung 4.3 haben wir eine Indifferenzkurve des Individuums dargestellt, die durch den Punkt E geht. Sie zeigt, daß es einer Verlängerung der Arbeitszeit gegenüber „indifferent" ist, wenn nur sein Einkommen genügend zunimmt. Arbeitet das Individuum mehr und mehr, dann nimmt das Ausmaß, in dem sich das Einkommen erhöhen muß, damit es für die zusätzlichen Arbeitsstunden entschädigt wird, zu. Die Größe des Extraeinkommens, das gerade genügt, um es für eine zusätzliche Arbeitsstunde zu entschädigen, wird **Grenzrate der Substitution** genannt. Im Diagramm gibt uns die Steigung der Indifferenzkurve die Grenzrate der Substitution des Individuums an.

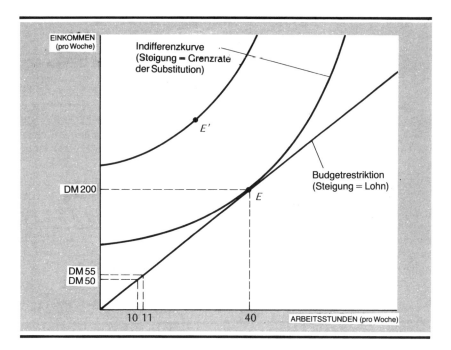

Abb. 4.3 Die Entscheidung eines Individuums darüber, wieviele Stunden es arbeiten will.
Das Individuum maximiert seinen Nutzen in dem Punkt, in dem seine Indifferenzkurve die Budgetrestriktion berührt, das ist E. In E ist die Steigung der Budgetrestriktion (der Lohn) gleich der Steigung der Indifferenzkurve, der Grenzrate der Substitution des Individuums.

Jeder Punkt liegt auf einer Indifferenzkurve, die jene Kombinationen von Einkommen und Arbeit zeigt, zwischen denen es indifferent ist. Wir haben eine solche Indifferenzkurve, die durch E' geht, in der Zeichnung 4.3 eingetragen. Da es das Individuum bei einer bestimmten Arbeitsmenge stets vorzieht, mehr Einkommen zu verdienen statt weniger, repräsentieren höhere Indifferenzkurven offensichtlich ein höheres Nutzenniveau. Die Indifferenzkurve durch E' entspricht einem höheren Nutzenniveau als die durch E. Das Individuum möchte die höchstmögliche Indifferenzkurve erreichen; dies ist gerade im Tangentialpunkt zwischen der Indifferenzkurve und der Budgetrestriktion, im Punkt E, gewährleistet.

Im Tangentialpunkt sind die Steigung der Indifferenzkurve und die der Budgetrestriktion gleich – das heißt, die Grenzrate der Substitution ist gleich dem Lohnsatz.

Betrachten Sie nun ein repräsentatives Unternehmen. Je mehr Arbeiter es anheuert, umso größer ist sein Output. Der Zusammenhang zwischen Input und Output wird die **Produktionsfunktion** des Unternehmens genannt und ist in der Zeichnung 4.4 dargestellt. In diesem einfachen Beispiel ist Arbeit der einzige Input. Die Steigung der Produktionsfunktion wird **Grenzprodukt** der Arbeit genannt; sie mißt den zusätzlichen Output, der mittels einer zusätzlichen Arbeits-

4. Kapitel: Die Rolle des öffentlichen Sektors

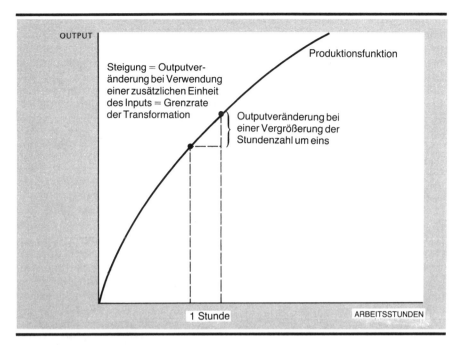

Abb. 4.4 Die Produktionsfunktion des Unternehmens. Das Unternehmen wählt den Punkt, in dem der Wert des Grenzprodukts gleich dem Lohn ist.

stunde erzeugt werden kann. Da das Unternehmen die Dienste des Produktionsfaktors Arbeit in Güter transformiert, bezeichnen die Ökonomen die Steigung der Produktionsfunktion mitunter als die **Grenzrate der Transformation**.

Das Unternehmen möchte seinen Gewinn maximieren. Bei der Entscheidung darüber, wieviel zusätzliche Arbeiter es einstellen will, vergleicht es den Vorteil hieraus – den Wert des Grenzprodukts – mit den zusätzlichen Kosten, dem Lohn. Solange der Wert des Grenzprodukts einer zusätzlichen Arbeitsstunde den Stundenlohn übersteigt, fährt das Unternehmen fort, Arbeiter einzustellen. Im Gleichgewicht ist der Wert des Grenzprodukts der Arbeit gleich dem Lohn. Der Wert des Grenzprodukts ist das, was das Unternehmen aus dem Verkauf einer jeden Einheit seines Outputs erlöst (der Preis) multipliziert mit der Zahl der zusätzlichen Einheiten, die mittels einer zusätzlichen Einheit Arbeit erzeugt werden (das Grenzprodukt der Arbeit oder die Grenzrate der Transformation). Unterstellen wir der Einfachheit halber, das erzeugte Gut werde zum Preis von 1 DM gehandelt. Dann wird das Unternehmen die Grenzrate der Transformation (das Grenzprodukt der Arbeit) gerade dem Lohnsatz gleichsetzen. Rufen wir uns in die Erinnerung zurück, daß der Arbeiter seine Grenzrate der Substitution dem Lohnsatz gleichsetzt. Im Gleichgewicht ist also die Grenzrate der Substitution gleich der Grenzrate der Transformation. Aber genau das gewährleistet Effizienz. Nehmen wir an, daß das Individuum bereit wäre, auf eine Stunde Freizeit zu verzichten, wenn es dafür 4 Tüten Eiscreme erhält, und weiter, daß es möglich wäre, innerhalb einer Arbeitsstunde 5 Tüten Eiscreme zu produzieren. Offensichtlich wäre es dann erstrebenswert, daß das Individuum eine Stunde länger arbeitet; es würde eine Tüte Eis mehr erzeugen als dafür erforderlich ist, daß es so gut gestellt ist wie zuvor. Umgekehrt wäre denkbar, daß innerhalb einer Stunde nur 3 Tüten Eis erzeugt werden können. Dann sollte das Individuum eine Stunde weniger arbeiten. Tut es das, reduziert sich der Output um 3 Tüten Eis. Das Individuum ist aber bereit, sogar 4 Tüten Eis für eine Arbeitszeitverkürzung um eine Stunde dahinzugeben. Mithin ist Gleichheit der Grenzrate der Substitution und der Grenzrate der Transformation für Pareto-Effizienz der Wirtschaft erforderlich und wird von einem Wettbewerbssystem herbeigeführt.

Wettbewerb und Innovationen

Die Analyse, die gerade als Begründung dafür herangezogen wurde, daß Wettbewerbsmärkte zur Effizienz führen, unterscheidet sich von der Smithschen Analyse. Ihm ging es nicht zuletzt um Anreize zur Einführung von Innovationen, um die Nutzung neuer Möglichkeiten, Gewinne zu erwirtschaften. Wenn Unternehmen miteinander im Wettbewerb stehen, dann mag es sein, daß die erfolgreichsten Wettbewerber vorübergehend eine Monopolstellung errichten können. Trotzdem wird sie die Bedrohung durch die Konkurrenz immer noch dazu zwingen, effizient zu sein; sie müssen weiterhin nach Möglichkeiten zur Erwirtschaftung von Gewinnen Ausschau halten, sonst werden diese von anderen Unternehmen wahrgenommen und sie verlieren ihren Markt. Die Hauptsätze der Wohlfahrtsökonomik erklären, wie eine Wirtschaft ohne technischen Fortschritt, in der alle Unternehmen so klein sind, daß sie keinen Einfluß auf die Preise ausüben können, Pareto-Effizienz erzielt. Adam Smith hatte demgegenüber einen weiteren Blickwinkel. In Diskussionen über die Rolle des Staates und die Vorzüge der Konkurrenz wird heute vielfach von diesem ausgegangen und nicht von dem vergleichsweise engeren, der in den Hauptsätzen der Wohlfahrtsökonomik seinen Niederschlag findet[5].

Marktversagen: Ein Grund für staatliches Handeln

Es gibt sechs hauptsächliche Ursachen für Marktversagen, von denen jede einzelne herangezogen wurde, um staatliche Eingriffe in das Marktgeschehen zu rechtfertigen. Sie schaffen Situationen, in denen der Markt möglicherweise nicht Pareto-effizient funktioniert.

---

[5] Mitunter stehen diese beiden Betrachtungsweisen des Marktmechanismus im Widerspruch zueinander: Beispielsweise mag es sein, daß nur die Gewährung vorübergehender Monopolrechte einen ausreichenden Anreiz für die Unternehmungen darstellt, in Forschung und Entwicklung zu investieren. Derartige Monopolrechte werden durch Patentgewährung ausgesprochen – im Fall der Patentgewährung erwirbt der Erfinder die ausschließlichen Rechte auf eine Erfindung für die Dauer von 20 Jahren. Diese andersartige Sicht des Marktprozesses wurde insbesondere von Joseph Schumpeter (1888-1950) entwickelt und in neuerer Zeit beispielsweise von Richard Nelson und Sidney Winter wiederbelebt (vgl. An Evolutionary Theory of Economic Change. Cambridge, Mass 1982).

1. Mangelnder Wettbewerb

Damit die unsichtbare Hand ihre Steuerungsfunktion übernehmen kann, muß Wettbewerb vorhanden sein. In manchen Wirtschaftszweigen – beispielsweise in der Flugzeug-, der Stahl- oder der Elektroindustrie – gibt es relativ wenige Unternehmen oder nur ein bis zwei Unternehmen mit einem großen Marktanteil. (Gibt es auf einem Markt nur einen einzigen Anbieter, sprechen wir von einem Monopol.) Dies begründet den Verdacht, daß der Wettbewerb in diesen Wirtschaftszweigen nur wenig ausgeprägt ist. Es folgt daraus, daß nur relativ wenige Unternehmen auf dem Markt präsent sind, aber noch nicht, daß diese sich nicht wie unter Wettbewerb stehende Unternehmen verhalten. Gibt es eine große Zahl potentieller Konkurrenten (seien dies inländische oder ausländische Unternehmen), die in den Markt eintreten könnten, dann sind die alteingesessenen Unternehmen nicht in der Lage, ihre Monopolstellung auszunutzen; sobald sie den Versuch unternehmen, Monopolprofite zu erzielen, kann einer der potentiellen Konkurrenten in den Markt eintreten und die Preise verderben.

Ein zweites Problem bei der Beantwortung der Frage, ob auf einem Markt Wettbewerb herrscht, wird durch die Schwierigkeit einer Abgrenzung des relevanten Marktes aufgeworfen. Es kann sein, daß Siemens ein Monopol bei bestimmten sehr modernen Apparaten für Telekommunikation (Hicom) besitzt. Aber man kann Nachrichten über einen guten alten Fernschreiber durchgeben – oder auch die etwas fortgeschritteneren Apparate von Nixdorf verwenden. Diese mögen ein enges Substitut zu den Hicom-Geräten darstellen, so daß Siemens sich wie unter Wettbewerb verhalten muß.

Wenn die Transportkosten erheblich ins Gewicht fallen, dann ist der relevante Markt wohl geographisch begrenzt. Obwohl es in der Europäischen Gemeinschaft eine beträchtliche Anzahl von Zementerzeugern gibt, wird ein deutscher Baubetrieb schwerlich die Dienste griechischer Zementerzeuger in Anspruch nehmen. Gibt es in einer (größeren) Region nur eine einzige Zementfabrik, dann kann es sein, daß der Wettbewerb nur wenig ausgeprägt ist oder völlig fehlt.

Manche Monopole werden erst vom Staat geschaffen. Im 17. Jahrhundert erfreute sich die Praxis erheblicher Beliebtheit, daß ein Staat einer Gruppe von Kaufleuten ein Monopol auf den Handel mit einer bestimmten Region gewährte. Eines der berühmtesten Beispiele hierfür war die Ostindische Kompanie, der von der englischen Regierung das ausschließliche Recht des Handels mit Indien verliehen wurde. Die deutsche Bundespost hat das Monopol auf die Briefbeförderung und die telefonische Kommunikation innerhalb der BR Deutschland. Auch das Patentgesetz gewährt dem Erfinder für eine begrenzte Zeit ein Monopol auf seine Erfindung.

In anderen Fällen gibt es Eintrittsbarrieren, die von einem Phänomen herrühren, das die Ökonomen als **zunehmende Skalenerträge** bezeichnen. Das sind Fälle, in denen die Stückkosten mit der Seriengröße abnehmen. Es ist billiger, wenn ein Elektrizitätswerk eine ganze Region bedient, als wenn es für jeden Häuserblock ein Elektrizitätswerk gibt. Es mag infolgedessen effizienter sein, wenn nur ein Versorgungsunternehmen einen örtlichen Markt bedient. Aus demselben Grund mag es vorteilhaft sein, wenn nur eine einzige Telephongesellschaft einen örtlichen Markt bedient und nur ein Wasserwerk (stellen Sie sich die Vervielfachung der Zahl der Elektrizitäts- und Telephonleitungen und der Wasserröhren vor, zu der es käme, wenn jedes Haus von einer anderen Gesellschaft bedient würde[6]).

Hat ein Unternehmen seine Monopolstellung infolge derartiger zunehmender Skalenerträge erlangt, sprechen wir von einem **natürlichen Monopol**. Ob ein bestimmter Markt ein natürliches Monopol darstellt, hängt von den jeweiligen Umständen ab. Beispielsweise hat die Entwicklung neuer Technologien der Telekommunikation zu der Beseitigung des natürlichen Monopols geführt, das früher auf dem Gebiet der Ferngespräche bestand.

Würden der Markteintritt und -austritt keine Kosten verursachen, könnte es sein, daß sich sogar natürliche Monopole gezwungen sähen, sich angesichts der Gefahr eines Markteintritts wie unter Wettbewerb zu verhalten[7]. Regierungen haben sich nur selten mit dieser Hoffnung zufriedengegeben. Natürliche Monopole werden entweder direkt vom Staat betrieben oder vom Staat reguliert. In Westeuropa ist meist das erstere der Fall, in den USA spielt die Regulierung eine größere Rolle. Praktisch überall ist die Briefpost staatlich (bei der Paketpost hingegen spielen Privatunternehmen sowohl in Deutschland als auch in den USA eine erhebliche Rolle). Im Kontinentaleuropa ist das Telephon (noch) staatlich, im Vereinigten Königreich und den USA ist es privat. Auch die Wasser- und Elektrizitätsversorgung ist in vielen westlichen Ländern vorwiegend staatlichen Unternehmen anvertraut.

Monopolpreise und die Wohlfahrtsverluste durch ein Monopol

Wir haben vermerkt, daß es unter bestimmten Umständen effizienter ist, wenn es nur ein Unternehmen gibt statt vielen. Warum aber haben dann Monopole so einen schlechten Ruf? Der Grund dafür ist, daß Monopole (seien es natürliche oder andere), werden sie nicht reguliert, den Output beschränken, um einen höheren Preis zu erzielen.

Ein Monopolist dehnt seine Produktion bis zu dem Punkt aus, an dem der zusätzliche Erlös, den er aus der Produktion einer zusätzlichen Einheit erzielen könnte, gleich den Extrakosten der Produktion dieser zusätzlichen Einheit (seinen Grenzkosten) ist. Dieser zusätzliche Erlös wird **Grenzerlös** genannt. In der Zeichnung 4.5 haben wir die Grenzerlöskurve und die Nachfragekurve aufgetragen. Man sieht, daß die Grenzerlöskurve stets unterhalb der Nachfragekurve liegt: der zusätzliche Erlös, den der Monopolist aus dem Verkauf einer zusätzlichen Einheit erzielt, ist geringer als der Preis, zu dem er diese zusätzliche Einheit

---

[6] Dieses Argument betrifft die Zuleitung des Stroms an die Haushalte – das ist ein natürliches Monopol. Anders verhält es sich mit der Erzeugung des Stroms. Man könnte sich durchaus vorstellen, daß verschiedene Elektrizitätserzeuger ihren Strom durch das Netz leiten und sich einen Preiswettbewerb liefern. Auch diese Form des Wettbewerbs wird derzeit durch die Regulierung der Energiemärkte in der BR Deutschland noch ausgeschlossen (sog. Gebietsschutz).

[7] Dieser Standpunkt wurde beispielsweise von William J. Baumol in seiner Ansprache vor der American Economic Association vertreten. Vgl. W. J. Baumol: Contestable Markets: An Uprising in the Theory of Industry Structure. American Economic Review, March 1982, S. 1-15. Er wurde mit dem Argument kritisiert, daß bereits sehr geringe Kosten eines Markteintritts ausreichen, um den Unternehmen in dem Markt beträchtliche Monopolmacht zu verleihen.

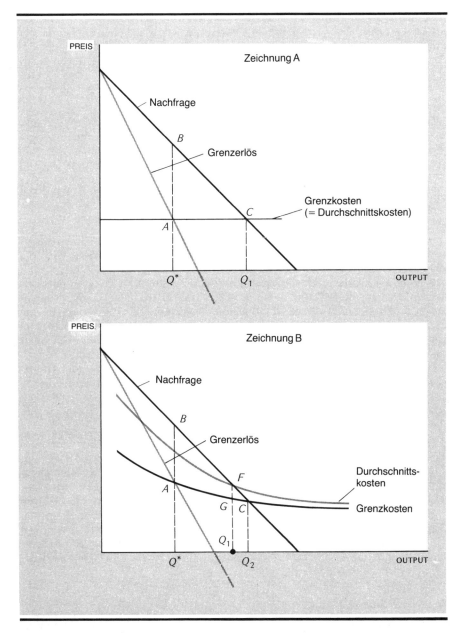

Abb. 4.5 Monopolpreise. Der Output eines Monopols ist geringer als der Output bei Wettbewerb, also der Output, bei dem die Gewinne null werden. Es kommt zu einem Wohlfahrtsverlust.

verkauft. Wenn der Monopolist mehr verkaufen will, muß er seinen Preis herabsetzen. Der zusätzliche Erlös aus dem Verkauf einer zusätzlichen Einheit ist der Preis, den er dafür erhält minus die Erlöseinbußen infolge der Herabsetzung des Preises für alle anderen Einheiten des Gutes, die er verkauft. In der Zeichnung ist bei allen Outputs links von Q^* der erste Effekt stärker als der zweite: der Grenzerlös ist positiv; für Outputs rechts von Q^* gehen die Erlöse des Monopolisten bei einem Verkauf größerer Mengen zurück.

In der Zeichnung 4.5 wählt der Monopolist den Output Q^*, da in diesem Punkt der Grenzerlös gleich den Grenzkosten ist; offensichtlich ist der Output in Q^* geringer als in Q_1, dem Punkt, in dem der Preis gleich den Grenzkosten ist. Machen Sie sich klar, daß in Q^* der Preis, den das Individuum zu zahlen bereit ist, also seine Wertschätzung einer zusätzlichen Einheit dieses Gutes, die Grenzkosten der Produktion desselben überschreitet. Daraus können wir folgen, daß die Beschränkung des Outputs, die der Monopolist vornimmt, Wohlfahrtsverluste hervorruft.

Wir können die Frage stellen, um wieviel die Summe, die die Individuen insgesamt zu zahlen bereit sind, damit der Output von Q^* auf Q_1 angehoben wird, die Kosten einer solchen Vergrößerung des Outputs übersteigt. Diese Differenz mißt den Wohlfahrtsverlust, den die monopolistische Beschränkung des Outputs verursacht. Da bei jedem Outputniveau der Preis die Wertschätzung des Konsumenten an der Grenze mißt, ist die Gesamtsumme dessen, was die Individuen für eine Outputvergrößerung zu zahlen bereit sind, die Fläche unterhalb der Nachfragekurve, d.h. die Fläche Q^*BCQ_1. Die zusätzlichen Kosten der Produktion einer zusätzlichen Einheit sind die Grenzkosten; die zusätzlichen Kosten einer Vergrößerung des Outputs von Q^* auf Q_1 lassen sich durch die Fläche unter der Grenzkostenkurve darstellen, d.h. Q^*ACQ_1. Der Wohlfahrtsverlust ist infolgedessen die Differenz zwischen den Flächen Q^*BCQ_1 und Q^*ACQ_1 – das heißt, das Dreieck ABC. (Im Kapitel 10 werden wir noch eingehender darlegen, warum die Fläche ABC die Wohlfahrtsverluste mißt.)

In der Zeichnung 4.5B stellen wir die Kostenkurve eines natürlichen Monopols dar. Die Grenzkosten liegen definitionsgemäß unter den Durchschnittskosten. Offensichtlich würde bei einer Preisfestsetzung gemäß den Grenzkosten und damit unterhalb der Durchschnittskosten, nämlich bei Q_2, ein Verlust erwirtschaftet. Q_1 ist der größtmögliche Output, bei dem das Unternehmen seine Kosten noch aus dem Verkaufserlös decken kann. Im Punkt Q_1 ist der Preis gleich den Durchschnittskosten. Ein Monopolist würde den Output auf Q^* reduzieren, wobei die Wohlfahrtsverluste im Vergleich zu Q_2 der schraffierten Fläche ABC entsprechen und die im Vergleich zu dem Output Q_1, bei dem kein Gewinn erwirtschaftet wird, der Fläche BAFG.

2. Öffentliche Güter

Es gibt Güter, die vom Marktmechanismus entweder gar nicht bereitgestellt werden oder nur in ungenügender Menge. Ein herausragendes Beispiel ist Landesverteidigung, ein anderes, weniger spektakuläres sind Navigationshilfen für die Schiffahrt, wie z.B. Leuchttürme. Dies sind sogenannte reine öffentliche Güter. Sie haben zwei charakteristische Eigenschaften: Erstens entstehen keine zusätzlichen Kosten, wenn ein zusätzliches Individuum in den Genuß der Vorzüge dieses öffentlichen Gutes kommt. Die Grenzkosten des Genusses dieses Gutes durch einen zusätzlichen Verbraucher sind also null. Ob ein Land 1 Million und einen Einwohner oder nur 1 Million hat, macht für die Kosten der Landesverteidigung keinen Unterschied. Die Kosten der Bereitstellung eines Leuchtturms hängen in keiner Weise von der Zahl der vorbeifahrenden Schiffe ab. Zweitens ist es im allgemeinen schwierig bzw. unmöglich, Individuen vom Genuß des öffentlichen Gutes auszuschließen. Sichere ich eine gefährliche Schiffahrtsroute mittels eines Leuchtturms, dann ist es schwierig, ja unmöglich, irgend welche andere Schiffe, die die Schiffahrtsroute benutzen, von der Inanspruchnahme der Dienste, die der Leuchtturm gewährt, auszuschließen. Haben unsere Verteidigungsanstrengungen in dem Bestreben, Angreifer abzuschrecken, Erfolg, dann haben alle den Vorteil davon; die Möglichkeit, irgendeinen Bürger von diesem Vorteil auszuschließen, besteht nicht.

Der Markt wird reine öffentliche Güter entweder gar nicht oder nur in unzureichender Menge bereitstellen. Betrachten wir nochmals den Fall des Leuchtturms. Da es schwierig, wenn nicht unmöglich ist, von den Schiffen, die die Dienste des Leuchttums nutzen, Gebühren einzutreiben, wird niemand, der nicht selbst von diesen Diensten profitiert, einen Anreiz zur Errichtung eines Leuchtturms haben. Ein großer Reeder mit vielen Schiffen, die die Schiffahrtsroute befahren, mag zu dem Schluß kommen, daß die Vorzüge, die er aus dem Bau des Leuchtturms hat, seine Kosten überschreiten; aber bei der Kalkulation, ob er einen Leuchttum oder mehrere errichten sollte und wieviele, wird er nur seine eigenen Vorteile in Rechnung stellen, nicht die anderer. Es werden also viele Leuchttürme nicht gebaut, obwohl die Gesamtheit der Vorzüge dieser Leuchttürme (berechnet unter Berücksichtigung der Gesamtzahl der Schiffe, die davon profitieren) ihre Kosten übersteigt, weil die Vorteile für jeden einzelnen Reeder geringer sind als die Kosten. Infolgedessen wird die Zahl der zur Verfügung stehenden Leuchttürme zu gering sein. Die Tatsache, daß der Markt öffentliche Güter entweder gar nicht oder nur in unzureichender Menge bereitstellt, liefert eine Begründung für zahlreiche staatliche Eingriffe.

3. Externe Effekte

In vielen Fällen haben die Handlungen eines Individuums oder eines Unternehmens Nebenwirkungen auf andere in der Art, daß ein Unternehmen einem anderen Kosten verursacht, ohne es dafür zu entschädigen, oder umgekehrt, daß die Tätigkeit eines Unternehmens für andere vorteilhaft ist, ohne daß das erstere für die Bereitstellung dieser Vorteile entlohnt wird. Das wohl am intensivsten diskutierte Beispiel hierfür ist die Wasser- und Luftverschmutzung. Fahre ich ein Auto, das nicht mit einem Katalysator ausgerüstet ist, verringere ich die Qualität der Luft. (Solange nur eine Person diese Sünde begeht, sind die Auswirkungen auf die Umweltverschmutzung natürlich vernachlässigbar gering, sündigen viele, ergeben sich bedeutende Effekte.) Auf diese Weise bürde ich anderen Kosten auf. Eine Chemiefabrik, die ihre Chemikalien in einen Fluß einleitet, bürdet Nutzern des Flusses weiter stromabwärts Kosten auf. Diese müssen möglicherweise für die Reinigung und Wiederverwendbarmachung des Flußwassers erhebliche Summen aufwenden.

Fälle, in denen die Handlungen eines Individuums anderen Kosten auferlegen, werden **negative externe Effekte** genannt. Nicht alle externen Effekte sind negativ. Es gibt wichtige Beispiele für **positive externe Effekte**, bei denen die Handlungen eines Individuums anderen zu Vorteilen verhelfen. Wenn ich vor meinem Haus einen schönen Vorgarten anlege, haben meine Nachbarn das Vergnügen des schönen Anblicks. Lege ich einen Obstgarten an, dann mag ein Imker in der Nachbarschaft davon profitieren. Ein Hausbesitzer, der ein Haus renoviert, das in einem heruntergekommenen Viertel steht, ruft dadurch für die Besitzer der umliegenden Häuser positive Effekte hervor.

Es gibt viele Beispiele für externe Effekte: ein zusätzliches Auto auf einer überfüllten Straße wird die Überfüllung noch erhöhen, indem es sowohl das Tempo verringert, mit dem die anderen vorankommen, als auch die Wahrscheinlichkeit für einen Unfall vergrößert. Wenn ein zusätzlicher Fischer in einem Fischteich fischt, dann verringert er die Zahl der Fische, die die anderen fangen können. Wird dasselbe Ölvorkommen von mehreren Fördertürmen aus angezapft, führt übermäßige Förderung durch einen derselben zu einer Verringerung der Ölmenge, die die anderen fördern können.

Überall, wo derartige externe Effekte auftreten, ist die Ressourcenallokation durch den Markt nicht mehr effizient. Da die Verursacher nicht die gesamten Kosten ihrer Handlungen tragen, einschließlich der negativen externen Effekte, dehnen sie ihre Produktion übermäßig aus. Andererseits engagieren sie sich zu wenig bei Aufgaben, deren Vorteile ihnen selbst nur zum Teil zufallen. Gemäß einer weitverbreiteten Ansicht würde ohne bestimmte staatliche Eingriffe zu wenig für den Umweltschutz getan. Anders ausgedrückt: Umweltschutzaktivitäten haben positive externe Effekte. Ohne staatliche Eingriffe würden wir damit unterversorgt bleiben.

Regierungen reagieren auf externe Effekte unterschiedlich. Manchmal (vor allem in Fällen, in denen es sich um negative externe Effekte handelt) versuchen sie, die fraglichen Aktivitäten zu regulieren; es werden Abgasvorschriften für Kraftfahrzeuge erlassen, für bestimmte industrielle Anlagen werden Obergrenzen für die zulässigen Emissionen festgelegt, die Errichtung und der Betrieb von Anlagen, die geeignet sind, schädliche Umwelteinwirkungen hervorzurufen, ist genehmigungspflichtig[8].

Der Staat könnte aber auch versuchen, den Preismechanismus einzusetzen, um Verursacher negativer externer Effekte zu bestrafen und Verursacher positiver zu belohnen; die Individuen spüren dann, welche Kosten sie anderen aufbürden bzw. welche Vorteile sie anderen verschaffen. So hätte der Staat, anstelle Abgashöchstwerte für Kraftfahrzeuge einzuführen, auch eine Abgabe (Umweltsteuer) einführen können, die umso höher ausfällt, je mehr bestimmte Abgaswerte überschritten werden. Oder aber, der Staat könnte Kraftfahrer auf die Überfüllungskosten, für die sie bei einer Benutzung überfüllter Straßen verantwortlich sind, aufmerksam machen, indem er für die Stoßzeiten Mautgebühren einführt.

4. Unvollständige Märkte

Reine öffentliche Güter und Dienste sind nicht die einzigen, die von Märkten nicht zufriedenstellend bereitgestellt werden. Immer, wenn die Märkte Güter oder Dienste nicht bereitstellen, obwohl die Kosten einer Bereitstellung geringer

---

[8] Die Rechtsgrundlage für derartige Genehmigungsverfahren ist das Immissionsschutzgesetz.

sind als der Betrag, den die Individuen für dieses Gut zu zahlen willens sind, liegt eine Art von Marktversagen vor, das wir als **unvollständige Märkte** bezeichnen (vollständige würden alle Güter und Dienste bereitstellen, bei denen die Kosten einer Bereitstellung geringer sind als dieser Betrag). Manche Ökonomen glauben, daß der Markt bei der Bereitstellung von Versicherungsleistungen und Krediten besonders schlecht funktioniert und daß das einen Grund für staatliche Eingriffe darstellt.

Auf dem Markt ist für viele wesentliche Gefahren, denen sich ein Individuum ausgesetzt sieht, keine Versicherung erhältlich – allerdings hat sich die Lage im Laufe dieses Jahrhunderts sehr gebessert. Der Staat ist immer wieder als Versicherer aufgetreten. Dies begann bereits im 18. Jahrhundert, als alle größeren deutschen Staaten öffentlich-rechtliche Feuerversicherer errichteten, die zum Teil heute noch bestehen. Die Schaffung einer Kranken- und Invalidenversicherung für Arbeiter im letzten Jahrhundert hatte u.a. ebenfalls diese Motivation. Eine öffentlich-rechtliche Arbeitslosenversicherung wurde nicht zuletzt deswegen in den zwanziger Jahren geschaffen, weil die Versuche, dieses Risiko auf andere Art und Weise zu versichern, nicht sonderlich erfolgreich waren. In zahlreichen Industrieländern ist der Staat auch auf dem Gebiet der Exportkreditversicherung tätig, sei es im Wege einer staatlichen Versicherung oder einer staatlichen Garantie bzw. Bürgschaft für die Risikoübernahme durch eine private Versicherung.

In einigen Ländern, beispielsweise in den USA, hat der Staat auch eine Depositenversicherung geschaffen, die Sparguthaben und bestimmte andere Bankeinlagen gegen den Konkurs der Bank versichert[9]. In Kanada, Japan, Südafrika, Schweden, den USA und zahlreichen anderen Ländern betreibt der Staat eine Ernteversicherung. Eine umfassende Versicherung der Ernte ist auf dem Markt nicht erhältlich[10]. Diese Versicherung stellt oft zugleich ein Instrument dar, mit dem (auf eine mehr oder minder verdeckte Weise) Ressourcen an die Landwirte transferiert werden[11].

Der Staat wird seit langem nicht nur auf Versicherungs-, sondern auch auf Kapitalmärkten tätig. Er will damit die Wirkungen ihrer Unvollkommenheit lindern. Bereits im 18. Jahrhundert gründete er Sparkassen, die das Ziel verfolgten, kleinere und kleinste Ersparnisse an sich zu ziehen und im Interesse des Sparers nutzbringend anzulegen. Der zugrundeliegende Gedanke war nicht zuletzt, auf diese Weise dazu beizutragen, daß auch die Armen Vorsorge für die Wechselfälle des Lebens treffen.

Ein neueres Beispiel für staatliche Einflußnahme auf die Kapitalmärkte ist die Gründung der Wagnisfinanzierungsgesellschaft, die 1975 durch die Kreditwirt-

---

[9] In der BR Deutschland betreiben die Verbände der Kreditwirtschaft eine Depositenversicherung.

[10] Eine solche Versicherung erscheint insbesondere in jenen Ländern und Regionen begehrenswert, in denen die Ernte aufgrund starker Witterungsschwankungen besonders gefährdet ist.

[11] Wegen einer eingehenderen Diskussion des Unterschieds zwischen Programmen, die auf eine Stabilisierung des Einkommens der Landwirte abzielen, und Programmen, die Einkommen zu den Landwirten umverteilen sollen, vgl. D. Newbery und J. E. Stiglitz: The Theory of Commodity Price Stabilization. New York 1981.

schaft auf Anregung des Bundesministeriums für Forschung erfolgte. Diese Gesellschaft soll die Finanzierung riskanter Neuentwicklung für kleine und mittlere Unternehmen erleichtern, die sonst Schwierigkeiten hätten, auf dem Kapitalmarkt Mittel aufzunehmen. Sie wird vom Bund durch Verlustübernahmezusagen gefördert. Zahlreiche öffentlich-rechtliche Banken haben u.a. die Aufgabe, durch die Vergabe von Krediten an anderweitig nicht kreditwürdige Kleinunternehmen Mittelstandsförderung zu betreiben. Demselben Zweck dienen die Kreditgarantiegemeinschaften des Handwerks und des Handels. Diese ermöglichen durch ihre Bürgschaften eine Kreditgewährung an mittelständische Betriebe, wobei diese wiederum überwiegend durch Bürgschaften des Bundes bzw. der Länder gedeckt sind[12].

Ein weiteres Beispiel sind die sogenannten Bildungsdarlehen. Bis zum Jahre 1969 waren die Möglichkeiten, Darlehen für die Finanzierung eines Universitätsstudiums zu erhalten, relativ beschränkt[13]. Das 1969 verabschiedete Bundesausbildungsförderungsgesetz (BAFöG) verfolgt aber nicht nur den Zweck, die Möglichkeiten zur Aufnahme eines Bildungsdarlehens zu erweitern, sondern stellt auch ein Transferprogramm dar. Dies war ursprünglich ausgeprägter, als die Vergabe von BAFöG als Stipendium erhebliche Bedeutung hatte. Inzwischen wird BAFöG regelmäßig als Darlehen gewährt. Der Zinssatz dieses Darlehens liegt erheblich unter den Marktzinsen, so daß nach wie vor ein Transfer an den Darlehensnehmer erfolgt.

Dies sind nur einige von zahlreichen Programmen, im Rahmen derer der Staat Kredite vergibt oder durch Kreditgarantien und Bürgschaften eine Kreditgewährung durch Banken ermöglicht.

Komplementäre Märkte

Damit wenden wir uns Problemen der Bereitstellung von Gütern zu, die durch das Fehlen bestimmter komplementärer Märkte hervorgerufen werden. Stellen wir uns vor, daß alle Personen Kaffee nur mit Zucker mögen, daß er ohne Zucker bitter und ungenießbar ist. Stellen wir uns weiterhin vor, daß es keinen Markt für Zucker ohne Kaffee gibt. Ein Unternehmer, der sich überlegt, ob er Kaffee anbieten soll, wird unter diesen Umständen hiervon Abstand nehmen, da er einsehen muß, daß er nichts verkaufen würde. Und ein Unternehmer, der überlegt, ob er Zucker herstellen soll, würde unter der Voraussetzung, daß niemand Kaffee anbietet, ebenfalls hiervon Abstand nehmen, da er erkennen muß, daß er nichts davon verkaufen könnte. Könnten die zwei Unternehmen hingegen ihre Aktivitäten koordinieren, gäbe es einen wohlfunktionierenden Markt sowohl für Kaffee als auch für Zucker. Jeder der beiden kann auf sich gestellt nichts tun, um das Gemeinwohl zu fördern, gemeinsam aber könnten sie es.

---

[12] Es gibt eine Vielzahl von öffentlichen Kredithilfen zugunsten des Mittelstands. Zum Teil handelt es sich um Programme der Länder. Einen Überblick über die Lage in Baden-Württemberg, einem auf diesem Gebiet besonders aktiven Land, gibt T. Goldschmidt: Öffentliche Kredithilfen im Rahmen der Mittelstands- und Regionalpolitik in Baden-Württemberg. Berlin 1987.

[13] Allerdings gab es auch vor 1969 Maßnahmen der Studienförderung. Die wichtigste davon war das sog. Honnefer Modell. Die Ausbildungsförderung, die im Rahmen dieses Modells gewährt wurde, wurde zum Teil als Stipendium und zum Teil als Darlehen vergeben.

Wir haben bewußt ein einfaches Beispiel gewählt – in diesem einfachen Fall kann die nötige Koordination (zwischen dem potentiellen Zucker- und dem potentiellen Kaffeeerzeuger) leicht von den beteiligten Personen auch ohne staatliche Eingriffe gewährleistet werden. Aber es gibt viele Fälle, in denen Koordination im großen Stil erforderlich ist. Insbesondere in unterentwickelten Ländern stellt dies ein Problem dar, das möglicherweise planerische Maßnahmen der Regierung wünschenswert macht. Ähnliche Argumente wurden vorgebracht, um staatliche Bemühungen um die Altstadtsanierung zu rechtfertigen. Die Sanierung eines Stadtviertels ist nicht möglich, ohne die Aktivitäten einer Vielzahl von Unternehmen, Geschäftsleuten und Hausbesitzern zu koordinieren. Eines der Ziele städtischer Bemühungen um die Altstadtsanierung ist, eine derartige Koordinierung zu gewährleisten (wären die Märkte vollständig, würde diese Aufgabe von Marktpreisen übernommen).

Bei der Analyse denkbarer Reaktionen auf die in diesem Abschnitt dargestellte Art von Marktversagen ist große Vorsicht vonnöten. Es mag gute Gründe dafür geben, warum Privatunternehmer das jeweilige Gut bzw. den jeweiligen Dienst nicht anbieten. Mit seiner Bereitstellung können hohe Transaktionskosten verbunden sein. Banken verzichten eventuell auf die Aushändigung bestimmter Arten von Kredit, weil die Wahrscheinlichkeit eines Kreditausfalls so groß ist, daß sie einen sehr hohen Zinsfuß verlangen müßten, damit das wirtschaftliche Ergebnis für sie dasselbe ist wie bei anderen weniger riskanten Ausleihungen. Bei einem derart hohen Zinsfuß wiederum wird die Nachfrage nach diesen Anleihen gering sein.

5. Informationsmängel

Eine Reihe von staatlichen Eingriffen haben ihren Grund in mangelnder Information der Konsumenten und in dem Glauben, daß der Markt selbst zuwenig Informationen bereitstellen wird. Das bürgerliche Recht beispielsweise enthält seit langem Paragraphen gegen den Zinswucher, gemäß derer Verträge nichtig sind, in denen unangemessen hohe Zinsen vereinbart werden. Die Banken und andere Kreditvermittler sind heute verpflichtet, den Kreditnehmer über die Höhe der effektiven Zinsen bei einem Kredit zu informieren, bei dem sie sonst für einen unerfahrenen Kreditnehmer nicht offenbar wäre. Das Lebensmittelgesetz regelt den Ausweis und die Kennzeichnung von Lebensmitteln, um den Verbraucher vor Täuschung und Gesundheitsschäden zu schützen. Von der Deutschen Lebensmittelbuchkommission wird das sog. Deutsche Lebensmittelbuch geführt, das Leitsätze über die Herstellung und Beschaffenheit von Lebensmitteln enthält, die für die Verkehrsfähigkeit von Lebensmitteln von Bedeutung sind. Neue Arzneimittel unterliegen einer Genehmigung durch das Bundesgesundheitsamt. Darüber hinaus gibt es eine Vielzahl von Dienststellen des Bundes und der Länder, die dem Verbraucherschutz gewidmet sind, wie z.B. die Verbraucherreferate bei den Wirtschaftsministerien. Die Verbraucherschutzgesetzgebung hat heute einen solchen Umfang angenommen, daß sie kaum mehr zu überblicken ist.

Gegner derartiger Eingriffe vertreten die Ansicht, daß sie unnötig seien (der Wettbewerb werde einen Anreiz dafür schaffen, daß die Unternehmen von sich aus wichtige Informationen offenlegen), ihren Zweck verfehlten (die Konsumenten beachten die Informationen, zu deren Bereitstellung die Unternehmen durch Gesetz gezwungen werden, nicht) und darüberhinaus sowohl für die Regierung, die sie administrativ durchsetzen muß, als auch für die Unternehmen, die diesen Anweisungen nachkommen müssen, kostspielig seien. Befürworter dieser Regelungen argumentieren, daß sie trotz der verwaltungstechnischen Schwierigkeiten, die sie bereiten, doch hilfreich seien.

Die Rolle der Regierung bei der Beseitigung von Informationsmängeln geht aber über diese einfachen Maßnahmen des Verbraucherschutzes hinaus. Information stellt in vielfacher Beziehung ein öffentliches Gut dar. Macht man eine Information noch einer Person zugänglich, sind deswegen die anderen nicht schlechter informiert als zuvor. Effizienzerwägungen machen es wünschenswert, daß Informationen unentgeltlich verbreitet werden, oder genauer, daß die Gebühren für ihre Zurverfügungsstellung die Übermittlungskosten nicht überschreiten. Märkte stellen Informationen oft nur in ungenügendem Maße bereit, ebenso wie sie andere öffentliche Güter nur unzureichend bereitstellen können. Bekannte Beispiele für staatliche Aktivität auf diesem Gebiet sind die Wetterämter (Bundesanstalt Deutscher Wetterdienst), die Stiftung Warentest, die mit Mitteln des Bundes errichtet wurde, und die Verbraucherzentralen in den einzelnen Bundesländern, die ebenfalls überwiegend aus öffentlichen Mitteln finanziert werden, oder die Bundesstelle für Außenhandelsinformation[14].

6. Arbeitslosigkeit, Inflation und Ungleichgewicht

Die im Bewußtsein der Öffentlichkeit am stärksten verankerten Symptome für „Marktversagen" sind die immer wiederkehrenden Perioden hoher Arbeitslosigkeit und nichtgenutzter Kapazitäten, von denen die marktwirtschaftlich organisierten Länder seit zwei Jahrhunderten heimgesucht werden. Obwohl diese Rezessionen und Depressionen seit dem Zweiten Weltkrieg wesentlich milder ausgefallen sind – möglicherweise liegt das zum Teil an der Wirtschaftspolitik, die verfolgt wurde – betrug die Arbeitslosenquote in der BR Deutschland 1987 doch immerhin 8,5%, was freilich im Vergleich zur Weltwirtschaftskrise – 1932 betrug sie 30,8% – nicht sehr viel ist.

Die meisten Ökonomen nehmen derartig hohe Arbeitslosenquoten prima facie als ein Indiz dafür, daß irgendetwas von den Märkten nicht effizient geregelt wird. Für manche Ökonomen ist hohe Arbeitslosigkeit der dramatischste und überzeugendste Beweis für Marktversagen.

Die Tatsache, daß die Märkte bei der Sicherung von Vollbeschäftigung versagt haben – daß ein ernster Fall von Marktversagen vorliegt – beweist noch nicht, daß die Regierung eingreifen muß; man muß vielmehr zusätzlich noch zeigen, daß es wirtschaftspolitische Maßnahmen gibt, mit denen die Regierung die Funktionsfähigkeit der Wirtschaft erhöhen kann. Dies ist seit langem umstritten.

Die Probleme, die von Arbeitslosigkeit und Inflation aufgeworfen werden, sind bedeutend und kompliziert genug, daß ihre Behandlung eines gesonderten

---

[14] Marktversagen infolge unvollständiger Märkte und unvollkommener Information ist in Wirklichkeit noch um einiges wichtiger als bei unserer Erörterung deutlich wurde. Beispielsweise mögen unvollständige Versicherungsmärkte zu einem ineffizienten Investitionsvolumen führen; das kann sogar dann der Fall sein, wenn die Kosten für die Schaffung eines neuen Markts größer sind als seine Vorteile. Diese Fragen werden eingehend diskutiert in B. Greenwald, J. E. Stiglitz: Externalities in Economies with Imperfect Information and Incomplete Markets. Quarterly Journal of Economics, Mai 1986.

Kurses der Makroökonomik bedarf. Wir werden einige Aspekte dieser Probleme im Kapitel 31 ansprechen, das die Folgen von Haushaltsdefiziten erörtert und versucht, einen Überblick darüber zu geben, wie die Steuerpolitik durch makroökonomische Erwägungen beeinflußt wird.

Die wechselseitigen Beziehungen zwischen verschiedenen Arten des Marktversagens

Die verschiedenen Arten des Marktversagens, die wir aufgeführt haben, schließen sich nicht wechselseitig aus. Oft sind es Informationsprobleme, die das Fehlen von Märkten erklären. Andererseits geht man oft davon aus, daß das Fehlen von Märkten für das Entstehen externer Effekte verantwortlich ist: Müßten die Fischer für die Benützung der Fischgründe zahlen – gäbe es also einen Markt für das Recht zu fischen – würden die Fischgründe nicht leergefischt[15]. Öffentliche Güter werden manchmal als eine Art von Extremfall eines externen Effekts betrachtet: die anderen profitieren genausoviel von der Erzeugung eines Gutes durch mich wie ich selbst. Neuere Forschungen über Arbeitslosigkeit haben den Versuch unternommen, sie mit anderen Arten des Marktversagens in Verbindung zu bringen.

Umverteilung und meritorische Güter: Zwei weitere Begründungen für staatliche Aktivität

Die oben aufgeführten sechs Arten des Marktversagens führen dazu, daß die Wirtschaft ohne staatliche Eingriffe ineffizient funktioniert – das heißt, wenn man den Markt sich selbst überläßt, führt er nicht zur Pareto-Optimalität. Aber selbst, wenn die Wirtschaft sich in einem Pareto-Optimum befände, gäbe es noch zwei weitere Argumente für staatliche Eingriffe. Das erste ist die Einkommensverteilung. Daß die Wirtschaft Pareto-effizient arbeitet, sagt nichts über die Einkommensverteilung aus; der Wettbewerb auf Märkten mag zu einer sehr ungleichmäßigen führen, die manchen nicht einmal das Existenzminimum sichert. Eine der Hauptaktivitäten der öffentlichen Hände ist die Einkommensumverteilung. Diese spielt eine bedeutende Rolle in der gesetzlichen Krankenversicherung, eine etwas geringere in der Renten- und Arbeitslosenversicherung. Andere Beispiele sind die Sozialfürsorge, Wohngeldgewährung, der Familienlastenausgleich etc.

Das zweite Argument zugunsten staatlicher Eingriffe in eine Pareto-optimale Wirtschaft basiert auf Bedenken, ob die Individuen selbst in ihrem besten Interesse handeln. Manche Menschen glauben, daß eine Beurteilung der Wohlfahrt der Bürger, die nur von deren eigenen Vorstellungen ausgeht – wie dies beim Pareto-Kriterium der Fall ist – zu unangemessenen und irrigen Schlußfolgerungen führt. Sogar wenn sie vollständig informiert sind, treffen Konsumenten vielleicht

---

[15] Tatsächlich gibt es in den meisten Nationen Vorschriften, die den Erwerb eines Angelscheins, bestimmte Schonzeiten für die Fische und andere Begrenzungen der Fischerei vorschreiben. Bei der Fischerei in den Ozeanen ist es demgegenüber weit schwieriger, übermäßigen Fischfang zu verhindern.

die „falschen" Entscheidungen. Manche Individuen rauchen, obwohl das für sie schlecht ist und sie das auch wissen. Individuen unterlassen es, sich anzuschnallen, obwohl die Wahrscheinlichkeit, einen Unfall nicht zu überleben, dadurch erhöht wird, und sie das wissen. Viele Eltern kaufen für ihre Kinder Süßigkeiten, obwohl sie wissen, daß z.B. die Zähne Schaden nehmen werden. Es wird die Meinung vertreten, daß in Fällen, in denen die Individuen anscheinend nicht tun, was in ihrem eigenen Interesse ist, der Staat eingreifen sollte und daß dies über die bloße Bereitstellung von Informationen hinausgehen sollte. Zwingt die Regierung die Bürger dazu, bestimmte Güter zu konsumieren, wie z.B. Sitzgurte und Schulbildung bis zum 16. Lebensjahr, dann werden diese Güter **meritorische Güter** genannt.

Der Standpunkt, daß der Staat eingreifen sollte, weil er besser weiß, was im Interesse seiner Bürger ist, als diese selbst, wird oft als **Paternalismus** bezeichnet. Im Gegensatz zu einer paternalistischen Auffassung glauben viele Ökonomen und Sozialphilosophen, daß der Staat die Präferenzen der Konsumenten respektieren sollte. Gegner einer paternalistischen Rolle der Regierung stellen die Frage, mit welchem Recht eine Gruppe ihren Willen und ihre Präferenzen einer anderen Gruppe aufzwingen dürfe.

Das paternalistische Argument für staatliche Eingriffe unterscheidet sich grundlegend von dem der externen Effekte, das wir oben angeführt haben. Man kann argumentieren, daß das Rauchen Krebs verursacht und daß die Raucher den Nichtrauchern Kosten aufbürden, weil sie später, wenn sie an Krebs erkranken, in Krankenhäusern behandelt werden, die vom Staat subventioniert werden. Dieser Effekt wird eliminiert, wenn die Raucher die vollen Kosten des Rauchens tragen – beispielsweise, indem man Tabak erheblich besteuert. Das Rauchen in geschlossenen Räumen verursacht für die Nichtraucher in diesem Raum Kosten. Aber auch dieses Problem würde sich direkt lösen lassen. Diejenigen, die auf einem parternalistischen Standpunkt stehen, würden fordern, daß Raucher nicht einmal in ihrer eigenen Wohnung rauchen dürfen, und auch dann nicht, wenn sie zuvor eine Tabaksteuer bezahlen, die sie mit den externen Kosten des Rauchens belastet. Obwohl nur wenige in Bezug auf das Rauchen eine derartige extrem paternalistische Position einnehmen, hat sie auf anderen Gebieten unzweifelhaft eine wichtige Rolle gespielt, wie etwa bei staatlichen Maßnahmen gegen den Rauschgiftkonsum und (in manchen Ländern) gegen den Alkoholkonsum.

Die Rolle des öffentlichen Sektors

Die Hauptsätze der Wohlfahrtsökonomik verschaffen uns einen Erkenntnisgewinn, weil sie die Rolle des Staates auf eine einleuchtende Art und Weise eingrenzen. Gibt es kein Marktversagen und keine meritorischen Güter, verbleibt für die Regierung nur die Aufgabe, sich um die Einkommensverteilung zu kümmern. Der Marktmechanismus wird dann dafür sorgen, daß die Ressourcen effizient genutzt werden.

Liegt erhebliches Marktversagen vor – unvollkommene Konkurrenz (bedingt beispielsweise durch zunehmende Skalenerträge), unvollkommene Information, unvollständige Märkte, externe Effekte, öffentliche Güter und Arbeitslosigkeit –

4. Kapitel: Die Rolle des öffentlichen Sektors

ist das ein Indiz, daß der Markt nicht Pareto-effizient funktioniert. Dies legt staatliche Eingriffe nahe. Hier ist aber in zweierlei Hinsicht zur Vorsicht zu mahnen.

Erstens muß bewiesen werden, daß es irgendeine Art von Eingriff in den Markt gibt, der wenigstens im Prinzip tatsächlich jeden besser stellt. Zweitens muß gewährleistet werden, daß bei dem Versuch, das Marktversagen wettzumachen, die politischen Willensbildungsprozesse und bürokratischen Strukturen einer demokratischen Gesellschaft die beabsichtigte Pareto-Verbesserung nicht mit großer Wahrscheinlichkeit verhindern.

Sind Informationen unvollkommen und teuer, muß eine Untersuchung, ob der Markt Pareto-effizient funktioniert oder nicht, diese Informationskosten in Rechnung stellen: Informationsbeschaffung kostet dem Staat ebenso etwas, wie dies bei privaten Unternehmen der Fall ist. Es kann sein, daß Märkte wegen Transaktionskosten unvollständig sind, aufgrund der Kosten der Eröffnung eines zusätzlichen Markts. Die Eröffnung von Märkten – beispielsweise von Versicherungsmärkten – würde auch dem Staat etwas kosten. Die Abwicklung einer staatlichen Versicherung verursacht Verwaltungskosten.

Die Forschung der letzten Jahre hat Bedingungskonstellationen herausgearbeitet, bei denen der Staat selbst dann, wenn er gegenüber dem Markt keinen Vorteil bei den Informations- oder Transaktionskosten hat, im Prinzip eine Pareto-Verbesserung herbeiführen kann.

Die Tatsache, daß es wirtschaftspolitische Maßnahmen gibt, die eine Pareto-Verbesserung ermöglichen, begründet noch nicht zwingend den Schluß, daß staatliche Eingriffe tatsächlich wünschenswert sind. Wir müssen bedenken, welche Folgen jene staatlichen Eingriffe haben werden, zu denen es infolge der Eigenheiten des politischen Willensbildungsprozesses vermutlich tatsächlich kommen wird. Die Unterscheidung zwischen einer idealen Regierung und der vorhandenen spielte bei unserer Erörterung der Hauptsätze der Wohlfahrtsökonomik keine wichtige Rolle. In diesem Zusammenhang zeigten wir, daß in einer Welt ohne Marktversagen selbst eine ideale Regierung keine Effizienzverbesserung erreichen kann. Angesichts des Marktversagens müssen wir uns nun um ein besseres Verständnis der Funktionsweise der Regierung bemühen, wenn wir Erkenntnisse darüber gewinnen wollen, ob staatliches Handeln das Marktversagen tatsächlich beheben dürfte.

In den sechziger Jahren war es die übliche Vorgehensweise, daß man im Anschluß an die Diagnose des Marktversagens die Existenz eines staatlichen Maßnahmenkatalogs zeigte, der eine Pareto-Verbesserung herbeiführen würde (man könnte jemanden besser stellen, ohne jemanden anderen schlechter zu stellen), und man schlußfolgerte, daß die Regierung handeln sollte. Waren bestimmte staatliche Maßnahmen ergriffen worden und blieben die erhofften Erfolge aus, wies man die Schuld kleinkarierten Bürokraten und der Pfuscharbeit der Politiker zu. In Kapitel 7 werden wir demgegenüber zeigen, daß selbst, wenn die Bürokraten und Politiker höchst ehrbare Leute sind, die Funktionsweise des Staates selbst Staatsversagen hervorrufen kann.

Politische Maßnahmenkataloge werden in Demokratien selbst dann, wenn sie erklärtermaßen der Linderung des Marktversagens dienen, nicht von idealen Regierungen oder wohlwollenden Diktatoren ergriffen, sondern sind das Ergebnis komplizierter politischer Willensbildungsprozesse.

Eine positive Theorie der Rolle des öffentlichen Sektors

Eine Theorie der Rolle des öffentlichen Sektors, die auf der Analyse des Marktversagens aufbaut, ist in erster Linie eine normative. Die Theorie des Marktversagens liefert uns ein Verfahren, um Situationen ausfindig zu machen, in denen die Regierung etwas tun sollte, wobei diese Aussage allerdings durch Überlegungen über Staatsversagen abgeschwächt wird.

Einige Ökonomen sprechen sich dafür aus, in erster Linie positive Analyse statt normativer zu betreiben. Sie fordern eine Beschreibung der Folgen von staatlichen Eingriffen und der Eigenschaften politischer Willensbildungsprozesse.

Die Popularität der Theorie des Marktversagens hat zu einer Vielzahl von Maßnahmenkatalogen geführt, die mit Berufung auf sie gerechtfertigt wurden. Aber dies könnte nur ein Vorwand sein. Oft hat die Ausgestaltung des Maßnahmenkatalogs nur wenig mit seinen angeblichen Zielen (nämlich der Korrektur eines Marktversagens) zu tun. In den Reden der Politiker stehen vielleicht das Versagen des Marktes bei der Bereitstellung einer Versicherung gegen Preisschwankungen im Vordergrund und die Folgen, mit denen dies für kleine landwirtschaftliche Betriebe verbunden ist. In Wirklichkeit aber geht es in erster Linie um Subventionen an landwirtschaftliche Großbetriebe. Eine sorgfältige Prüfung der Zusammensetzung und Umsetzung von Maßnahmenkatalogen kann uns Einblicke vermitteln, welche politischen Kräfte am Werk sind und was die wahren Ziele des staatlichen Eingriffs sind.

Manche Ökonomen nehmen die Extremposition ein, daß die normative Analyse irrelevant sei. Sie fragen, welchen Sinn Aussagen darüber haben, was die Regierung tun sollte. So wie sich ein Marktgleichgewicht ohne Berufung darauf beschreiben läßt, wie die Allokation der Ressourcen „sein sollte", so läßt sich auch das Gleichgewicht eines politischen Entscheidungsprozesses beschreiben ohne Bezug darauf, was die Regierung tun sollte. Das Ergebnis hängt von den zugrundeliegenden Spielregeln ab, von den Anreizen für die verschiedenen Personen, die am Entscheidungsprozeß beteiligt sind, usw. Hat man die Natur des Staates vollständig begriffen, weiß man auch, was die Regierung tun wird. Es besteht nicht viel Veranlassung, darüber nachzudenken, was sie tun sollte.

Dieser Standpunkt ist nicht völlig abwegig, aber doch sehr extrem. Äußerungen von Volkswirten (und anderen Wissenschaftlern), welche Rolle der Staat spielen sollte, stellen schließlich in modernen Demokratien einen wichtigen Bestandteil politischer Willensbildungsprozesse dar. Der Gesetzgeber ist sich darüber klar, daß ein beträchtlicher Teil der Informationen, die er erhält, durch Sonderinteressen geprägt ist; er fragt deswegen nicht selten den Wirtschaftswissenschaftler, um zusätzliche Einsichten zu gewinnen, was getan werden sollte. Beispielsweise haben die Äußerungen der Ökonomen über Zölle, Kontingente und andere Handelshemmnisse durchaus manchmal die Errichtung derartiger Handelshemmnisse vereitelt.

4. Kapitel: Die Rolle des öffentlichen Sektors

Zusammenfassung

1. Unter bestimmten Voraussetzungen garantieren Märkte mit Wettbewerb eine Pareto-effiziente Ressourcenallokation. Sind diese Voraussetzungen nicht erfüllt, stellt dies eine Begründung für staatliche Interventionen dar.
2. Wir arbeiteten sechs Gründe dafür heraus, daß der Marktmechanismus möglicherweise nicht zu einer Pareto-effizienten Ressourcenallokation führt.
3. Selbst dann, wenn die Allokation durch den Markt Pareto-effizient ist, mag es zwei weitere Gründe für staatliche Interventionen geben. Erstens ist es möglich, daß der Wettbewerb auf Märkten zu einer gesellschaftlich unerwünschten Einkommensverteilung führt. Zweitens glauben manche, daß Individuen selbst dann, wenn sie gut informiert sind, außerstande sind, kluge Entscheidungen über ihren Konsum zu treffen. Dies stellt eine Begründung für Regelungen dar, die den Konsum bestimmter Güter beschränken und andere als sogenannte meritorische Güter auf Kosten des Staates bereitstellen.
4. Obwohl das Auftreten von Marktversagen impliziert, daß vorteilhafte staatliche Eingriffe denkbar sind, folgt daraus noch nicht, daß ein bestimmter Maßnahmenkatalog der Regierung, der auf die Linderung des Marktversagens gerichtet ist, immer wünschenswert ist. Um Maßnahmenkataloge der Regierung zu beurteilen, muß man nicht nur ihre Ziele unter die Lupe nehmen, sondern auch ihre Durchführung.

Schlüsselbegriffe

Unsichtbare Hand
Hauptsätze der Wohlfahrtsökonomik
Pareto-effiziente Ressourcenallokation
dezentralisierter Marktmechanismus
Grenzrate der Substitution
Produktionsfunktion
Grenzrate der Transformation
Grenzkosten

Grenzvorteil
Skalenerträge
Natürliches Monopol
Grenzerlös
öffentliche Güter
externe Effekte
unvollständige Märkte
meritorische Güter

Fragen und Probleme

1. Überlegen Sie sich für jede der folgenden Maßnahmen und staatlichen Handlungsbereiche, welche Arten von Marktversagen für ihre Rechtfertigung herangezogen werden könnten (oder herangezogen werden):
   a) Pflicht zur Anlegung von Sitzgurten im PKW
   b) Abgashöchstwerte für PKWs
   c) Landesverteidigung
   d) Arbeitslosenunterstützung
   e) gesetzliche Krankenversicherung
   f) Bundesaufsichtsamt für das Kreditwesen
   g) Dienststellen für Verbraucherschutz
   h) Wetteramt
   i) Altstadtsanierung
   j) Straßenbau
   k) Postmonopol
   l) Verbot des Rauschgifthandels
   m) Mieterschutz
   n) Flächenwidmungsplanung

2. Wenn es dem Staat bei den folgenden Aktivitäten in erster Linie um eine Linderung von Marktversagen geht, wie könnte man sie besser ausgestalten?
   a) Stützung der landwirtschaftlichen Erzeugerpreise

b) Subventionen für den öffentlichen Personennahverkehr
   c) Steuerliche Förderung der Energieeinsparung
3. Viele staatliche Aktivitäten bewirken sowohl eine Einkommensumverteilung als auch eine Korrektur von Marktversagen. Um welche Arten von Marktversagen geht es bei den folgenden Handlungsbereichen und Maßnahmen, und wie könnte das Marktversagen besser behoben werden, wenn nicht zugleich Verteilungsziele verfolgt werden?
   a) BAFöG
   b) staatliche Grundschulen
   c) staatliche Universitäten
   d) gesetzliche Rentenversicherung.
4. Versuchen Sie, für die folgenden Handlungsbereiche Begründungsansätze herauszuarbeiten, die ausdrücklich auf meritorische Güter, externe Effekte und Umverteilung Bezug nehmen. Vergleichen Sie, welches Gewicht dem Grundsatz der Konsumentensouveränität jeweils beigemessen wird.
   a) gesetzliche Rentenversicherung
   b) Bildungspolitik
   c) Beschränkungen für den Vertrieb pornographischer Schriften
   d) staatliche Krankenhäuser
   e) Verpflichtung zur Vornahme bestimmter Impfungen bei Kindern
5. Im Kapitel 3 haben wir die Theorie des Gesellschaftsvertrags erörtert, die auf die Vorteile abstellt, die Individuen aus einem Zusammenschluß zur Verfolgung ihrer gemeinsamen Interessen ziehen. Würde jemand, der an die Vertragstheorie des Staates glaubt, die Theorie des Marktversagens für hilfreich halten? Begründen Sie Ihre Antwort!

Teil II

Theorie der öffentlichen Ausgaben

Dieser Teil befaßt sich mit den Grundlagen der Theorie der öffentlichen Ausgaben. Das Kapitel 5 erklärt, was öffentliche Güter sind, und führt aus, was unter einem Überangebot bzw. einem unzureichenden Angebot öffentlicher Güter zu verstehen ist. Kapitel 6 beschreibt, wie das Ausgabenvolumen bei öffentlichen Gütern bestimmt wird. Wir konzentrieren uns dabei auf die Implikationen einer Abstimmung mit einfacher Mehrheit.

Der Staat stellt Güter zur Verfügung, und er produziert Güter. Einige der Güter, die der Staat bereitstellt, werden von privaten Unternehmen produziert; einige, die der Staat produziert, werden analog zu privaten Gütern verkauft. Das Kapitel 7 befaßt sich mit dem Staat als Produzenten. Es wird die Frage aufgeworfen, ob es Gründe für die These gibt, daß der Staat vermutlich weniger effizient produziert als private Unternehmungen.

In den letzten Jahren hat der Staat in zunehmendem Maße Anstrengungen unternommen, um die negativen Wirkungen einer Anzahl wichtiger externer Effekte in den Griff zu bekommen, darunter Luft- und Wasserverschmutzung. Das Kapitel 8 erörtert, warum Markt„lösungen" möglicherweise ineffizient sind. Die Vor- und Nachteile unterschiedlicher staatlicher Eingriffe werden diskutiert.

5. Kapitel
Öffentliche Güter und öffentlich bereitgestellte private Güter

Nur wenige stellen in Abrede, daß der Staat in die Versorgung mit öffentlichen Gütern eingreifen sollte. Wieviel indes für diese verausgabt werden soll, ist oft sehr umstritten. Es gibt Leute, die den öffentlichen Sektor für überdimensioniert halten, das heißt, es wird zuviel für öffentliche Güter ausgegeben. Andere wiederum glauben, daß die Nation trotz privaten Reichtums den öffentlichen Bedürfnissen gegenüber gleichgültig ist.

In diesem Kapitel untersuchen wir eingehend zwei Gruppen von Fragen:
1. Was sind öffentliche Güter, und wie unterscheiden sie sich von privaten Gütern?
2. Was bedeuten Aussagen wie „Es besteht eine Unterversorgung hinsichtlich einem öffentlichen Gut" oder „Es besteht eine Überversorgung mit einem öffentlichen Gut"? Wie läßt sich ein effizientes Versorgungsniveau bei öffentlichen Gütern bestimmen? In welchem Maße hängt dieses effiziente Niveau von den Verteilungswirkungen des Steuersystems ab, mit dessen Hilfe die Bereitstellung öffentlicher Güter finanziert wird?

Definition öffentlicher Güter

Reine öffentliche Güter haben zwei charakteristische Eigenschaften. Erstens ist es nicht **möglich**, ihren Verbrauch zu rationieren. Zweitens ist es auch nicht **wünschenswert**, ihren Verbrauch zu rationieren.

Güter, deren Rationierung unmöglich ist

Das eindeutigste Beispiel für ein Gut, bei dem eine Rationierung des Verbrauchs unmöglich ist, ist Landesverteidigung. Ist es beispielsweise das Ziel unserer Verteidigungsanstrengungen, einen Angriff der Sowjetunion abzuschrecken, ist es völlig ausgeschlossen, irgendeinen Bürger vom Genuß dieses Vorteils auszuschließen. Ganz ähnlich verhält es sich mit bestimmten gesundheitspolitischen Maßnahmen, beispielsweise Impfungen, die das Aufkommen von Seuchen verhindern. Im Fall kleinerer städtischer Parkanlagen wäre es sehr kostspielig, das Ausschlußprinzip durchzusetzen; man müßte den Park einzäunen, was das Auge beleidigen würde, und dazu einen Parkwächter einsetzen, der Eintrittspreise kassieren oder Eintrittsscheine kontrollieren würde.

Das Schwarzfahrerproblem. Aus der Unmöglichkeit einer Rationierung über das Preissystem folgt, daß das Gut öffentlich bereitgestellt werden muß. Stellen Sie sich vor, die Regierung würde nichts für die Landesverteidigung tun. Könnte ein privates Unternehmen diese Lücke füllen? Damit es dazu in der Lage wäre, müßte es für seine Dienste eine Bezahlung eintreiben. Aber da jeder glaubt, daß er von der Erbringung der Dienste unabhängig davon profitiert, ob er etwas zu der Bereitstellung derselben beigetragen hat, hat niemand einen Grund, freiwillig etwas zu zahlen. Deswegen müssen die Bürger gezwungen werden, die Bereitstellung dieser Güter durch die Entrichtung von Steuern zu unterstützen. Die mangelnde Bereitschaft der Individuen, freiwillig die Bereitstellung öffentlicher Güter zu unterstützen, wird als das **Schwarzfahrerproblem** bezeichnet.

Zwei weitere Beispiele mögen die Natur des Schwarzfahrerproblems noch näher erläutern. Eine der Methoden, mittels derer die Verbreitung mancher Krankheiten verhindert werden kann, ist die Impfung. Diejenigen, die geimpft werden, müssen einige Kosten tragen (Unbequemlichkeiten, Zeit, Geld, das Risiko, infolge Verderbs des Impfmaterials zu erkranken). Sie werden bestimmter privater Vorteile teilhaftig, nämlich des Sinkens der Wahrscheinlichkeit, von der Krankheit befallen zu werden, aber der Großteil der Vorteile stellt ein öffentliches Gut dar; es ist die geringere Verbreitung der Krankheit in der Gesellschaft – hiervon profitieren alle. Nicht selten übersteigen die privaten Kosten die privaten Vorteile, die gesamtwirtschaftlichen Vorteile aber – einschließlich der geringeren Verbreitung der Krankheit – überschreiten die Kosten bei weitem. Wegen des Schwarzfahrerproblems führen Staaten häufig einen Impfzwang ein.

In manchen amerikanischen Gemeinden finanzierte sich die Feuerwehr aus freiwilligen Beiträgen[1]. Hierbei ergab sich die Schwierigkeit, daß manche Bürger sich weigerten, der Feuerwehr etwas zuzuwenden. Nichtsdestoweniger löschte die Feuerwehr in Gebieten, in denen Gebäude dicht beieinanderstanden, auch ein Feuer, von dem ein derartiger Verweigerer betroffen war. Es gab jedoch Fälle von vereinzelt dastehenden Gebäuden von Verweigerern, in denen es die Feuerwehr ablehnte, das Feuer zu löschen. Das Publikum war entrüstet. Hier handelt es sich um ein Beispiel, in dem das Ausschlußprinzip anwendbar ist; die Feuerwehr kann denjenigen, die nicht dafür zahlen, ihre Dienste vorenthalten. Sie kann argumentieren, daß ohne eine derartige Drohung jedermann Schwarzfahrerverhalten pflegen würde. Warum sollen sie zahlen, wenn sie die Dienstleistung auch umsonst haben können? Wegen des Sturms der Entrüstung, der jedesmal über ein solches Verhalten der Feuerwehr aufkommt, haben die meisten Gemeinden entschieden, diese Dienstleistung jedermann zukommen zu lassen; um Schwarzfahrerverhalten zu verhindern, werden alle gezwungen, etwas zu zahlen (im Wege von Zwangsabgaben).

Mitunter wird ein öffentliches Gut auch privat bereitgestellt, wegen des Schwarzfahrerproblems aber in unzureichendem Umfang. Im Kapitel 4 führten wir das Beispiel eines großen Reeders an, der sich entschließt, einige Leuchttürme aufzustellen, auch dann, wenn er für den Teil der Dienste dieser Leuchttürme, der den anderen zugute kommt, keine Gebühren erheben kann.

---

[1] In Deutschland gibt es derartige Arrangements längst nicht mehr. Die Gemeinde ist verpflichtet, für das Zustandekommen einer Feuerwehr zu sorgen und einen Brandschutz zu gewährleisten. Die Finanzierung erfolgt aus dem Haushalt der Gemeinde und aus Zuschüssen der Länder. Von den Feuerversicherern wird eine Steuer erhoben, deren Aufkommen zweckgebunden dem Feuerlöschwesen und dem vorbeugenden Brandschutz zufließt, die Feuerschutzsteuer. Der Abschluß einer Feuerversicherung ist in großen Teilen der BR Deutschland Pflicht. In einigen Teilen Süddeutschlands gibt es ferner eine Feuerschutzabgabe, die Männer zwischen 15 und 60 entrichten müssen, die nicht der freiwilligen Feuerwehr angehören.

Es ist in jedermanns Interesse, zur Steuerzahlung für die Bereitstellung öffentlicher Güter gezwungen zu werden. In der Zeichnung 5.1 haben wir zwei Nutzenmöglichkeitsgrenzen dargestellt, von denen die eine unter der Voraussetzung gilt, daß der Staat keine öffentlichen Güter bereitstellt, die andere unter der, daß er dies tut. Vergleichen Sie den Punkt A mit dem Punkt E. In A stellt der Staat öffentliche Güter bereit und jedermann stellt sich besser als im Punkt E, in dem das nicht der Fall ist. (Rufen Sie sich die Definition einer Nutzenmöglichkeitsgrenze zurück: sie zeigt – unter bestimmten Voraussetzungen – das höchstmögliche Nutzenniveau, das eine Gruppe von Individuen erreichen kann, wenn die anderen ein bestimmtes Nutzenniveau erreichen sollen.) Sobald aber einmal Zwang eingeführt worden ist, ist es, wenn die Möglichkeit der Zwangsausübung nicht bestimmten Einschränkungen unterliegt, offensichtlich möglich, daß eine Gruppe sie für ihre Interessen ausnützt und einer anderen Gruppe Ressourcen entzieht. Diese Situation liegt im Punkt B der Zeichnung 5.1 vor. Räumt man dem Staat also hoheitliche Befugnisse ein, besteht die Möglichkeit, daß es infolgedessen allen Bürgern besser geht, aber auch, daß es manchen auf Kosten anderer besser geht.

Schwarzfahrerprobleme entstehen natürlich auch in einer Vielzahl anderer Situationen. So gibt es in einer Familie nicht selten Familienmitglieder, die die anderen ausnutzen; beispielsweise Kinder, die versuchen, notwendigen Tätigkeiten

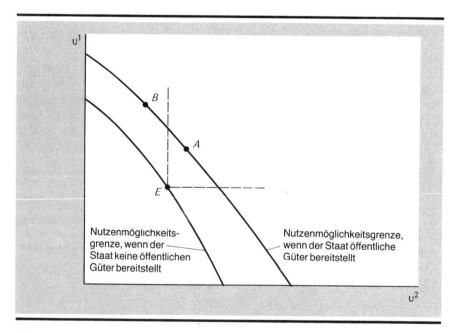

Abb. 5.1 Die Nutzenmöglichkeitsgrenze. Die Nutzenmöglichkeitsgrenze zeigt den höchstmöglichen Nutzen, den ein Individuum (eine Gruppe) erreichen kann, gegeben das Nutzenniveau, das das andere erreicht. Stellt der Staat ein öffentliches Gut bereit (und zwingt er beide, zur Finanzierung etwas beizutragen), stellen sich beide möglicherweise besser als ohne eine solche Maßnahme des Staates. Dies ist beispielsweise im Punkt A der Fall. Aber die Möglichkeit der Zwangsausübung kann von der einen Gruppe ausgenutzt werden, um sich auf Kosten der anderen zu bereichern. Dies ist im Punkt B der Fall.

bei der Führung des Haushalts auszuweichen. Diese Kinder wissen, daß es nicht sehr wahrscheinlich ist, daß die Menge an Diensten, die sie erhalten, von ihrem eigenen Verhalten stark beeinflußt wird. Jemand anderes wird in die Bresche springen und dafür sorgen, daß alles erforderliche getan wird.

Innerhalb einer Familie werden die meisten Güter wie öffentliche bereitgestellt: die Individuen zahlen nicht für Essen, das sie zu Hause einnehmen, wie sie es etwa in einem Restaurant tun würden. Andererseits werden sie auch nicht für die Dienste, die sie leisten, bezahlt. Die Durchsetzung des Ausschlußprinzips ist kostspielig, ja unmöglich, ganz wie es bei öffentlichen Gütern der Fall ist. Der Aufwand, den die Einführung eines innerfamiliären Preissystems verursachen würde, wäre unvertretbar groß – stellen Sie sich vor, daß die Familienmitglieder für jedes Stückchen Nahrung, das sie essen, zur Kasse gebeten würden, oder jedesmal, wenn sie ein Zimmer benützen. Infolgedessen sind Familien oft in ganz ähnlicher Weise wie die Gesamtgesellschaft durch Schwarzfahrerprobleme geprägt. Aber während dies innerhalb der Familie durch die Möglichkeit innerfamiliärer Sanktionen (Mißbilligung der Eltern) gelindert wird, bedarf es auf der Ebene einer Gemeinde oder einer Nation normalerweise einer deutlicheren Form des Zwangs.

Güter, bei denen eine Rationierung nicht wünschenswert ist

Das zweite Charakteristikum eines öffentlichen Gutes ist, daß es nicht wünschenswert ist, Personen vom Verbrauch auszuschließen: der Konsum durch ein Individuum tut den Konsummöglichkeiten anderer keinerlei Abbruch. Es besteht keine „Rivalität" zwischen dem Konsum durch die eine Person und dem der anderen. Anders ausgedrückt: die Grenzkosten der Bereitstellung des Gutes für ein zusätzliches Individuum sind null. Errichtet der Staat eine Militärbasis, die uns vor Angriffen schützt, schützt er uns alle; die Kosten der Landesverteidigung werden davon, ob ein weiteres Baby geboren wird oder ein zusätzlicher Gastarbeiter den Boden der Bundesrepublik Deutschland betritt, im Grunde nicht beeinflußt. Ganz anders bei privaten Gütern. Sitze ich in einem Sessel, beraube ich damit andere der Möglichkeit, in ihm zu sitzen. Esse ich eine Tüte Eiscreme, kann ein anderer nicht dieselbe Tüte noch einmal essen. In diesem Zusammenhang kommt es darauf an, zwischen den Grenzkosten der Bereitstellung des Gutes und denen seines Konsums durch ein zusätzliches Individuum zu unterscheiden. Es kostet mehr, wenn man mehr Leuchttürme errichtet, aber es kostet nicht mehr, wenn ein zusätzliches Schiff die Dienste des Leuchtturms auf der Vorbeifahrt in Anspruch nimmt.

Reine und unreine öffentliche Güter

Landesverteidigung ist eines der wenigen reinen (spezifischen) öffentlichen Güter. Es genügt beiden Definitionsmerkmalen des öffentlichen Gutes: die Durchsetzung des Ausschlußprinzips ist weder möglich noch wünschenswert.

Ein anderes Beispiel sind Leuchttürme: es ist schwierig (allerdings nicht unmöglich), diejenigen, die nicht für die Dienste des Leuchtturms zahlen, von deren Inanspruchnahme auszuschließen. Der Besitzer des Leuchtturms könnte etwa, wenn ein Schiff, das nicht gezahlt hat, in Sicht kommt, den Leuchtturm abschalten – zumindest wenn nicht gleichzeitig ein Schiff in Sicht ist, das gezahlt hat. Im 19. Jahrhundert gab es in England tatsächlich privat betriebene Leuchttürme.

Darüberhinaus sind auch die Grenzkosten dessen, daß ein zusätzliches Schiff in den Genuß der Dienste des Leuchtturms kommt, null.

Viele Güter haben entweder die eine oder die andere Eigenschaft oder haben beide nur bis zum gewissen Grad. So mag die Durchsetzung des Ausschlußprinzips möglich, aber nicht wünschenswert sein. Das trifft beispielsweise auf eine unverstopfte Straße zu, für die eine Maut erhoben werden könnte. Diese Maut würde die Benutzung der Straße einschränken, obgleich mit ihr keine nennenswerten Kosten verbunden sind, ist die Straße erst einmal bezahlt. In anderen Fällen mag ein Ausschluß möglich, aber kostspielig sein, und es spart Geld, das Gut öffentlich bereitzustellen. Es gibt beispielsweise Gemeinden, in denen die Wasserversorgung kostenlos ist; es ist zwar möglich, entsprechende Verbrauchsmessanlagen einzubauen, aber ihre Kosten können in Gegenden, in denen Trinkwasser reichlich vorhanden ist, die Vorteile übersteigen[2]. In anderen Fällen wiederum sind die Kosten einer Zurverfügungstellung des Gutes für ein anderes Individuum zwar gering, aber nicht null.

In der Zeichnung 5.2 wird die Leichtigkeit, mit der sich das Ausschlußprinzip anwenden läßt, auf der horizontalen Achse abgetragen, die (Grenz) Kosten der Nutzung des Gutes durch ein zusätzliches Individuum auf der vertikalen Achse.

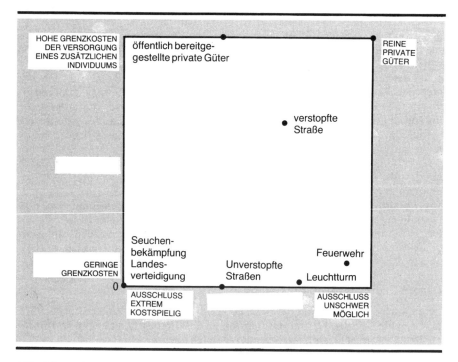

Abb. 5.2 Reine und unreine öffentliche Güter. Güter unterscheiden sich darin, inwieweit die Anwendung des Ausschlußprinzips möglich und wünschenswert ist.

---

[2] Da Trinkwasser immer knapper wird, werden diese Gemeinden auch außerhalb der BR Deutschland immer seltener.

Die Ecke links unten stellt ein reines öffentliches Gut dar, für das die Kosten eines Ausschlusses prohibitiv sind und die Grenzkosten der Zurverfügungstellung dieses Gutes für ein zusätzliches Individuum null. Die Ecke rechts oben zeigt ein reines privates Gut, bei dem die Ausschlußkosten gering sind und die Grenzkosten, die bei der Nutzung des Gutes durch ein zusätzliches Individuum entstehen, hoch sind (gleich den Durchschnittskosten).

Im Diagramm sind mehrere „unreine" Fälle eingezeichnet. Die Grenzkosten der Nutzung einer Straße, die nicht überfüllt ist, sind nahezu null, die Anwendung des Ausschlußprinzips ist demgegenüber kostspielig (die Kosten der Mauterhebung und der Zeitverlust beim Bezahlen der Maut). Auf einer überfüllten Straße mögen demgegenüber die gesamtwirtschaftlichen Grenzkosten der Nutzung der Straße durch ein zusätzliches Individuum hoch sein.

Feuerwehrmänner verbringen den größten Teil ihrer Arbeitszeit nicht mit Löscharbeiten, sondern mit dem Warten auf Anrufe. Der Schutz eines zusätzlichen Individuums verursacht deswegen nur geringe zusätzliche Kosten. Nur in dem eher seltenen Fall, daß zwei Feuer gleichzeitig ausbrechen, werden die Kosten einer Gewährung von Schutz für das zweite Individuum erheblich sein. Andererseits sind die Kosten eines Ausschlusses eines Individuums von den Diensten der Feuerwehr relativ gering[3].

Ineffizienzen bei privater Bereitstellung öffentlicher Güter

Güter von der Art wie unsere „öffentlichen Güter" werden mitunter auch von privaten Unternehmen bereitgestellt. Der Grund für eine öffentliche Bereitstellung ist, daß diese effizienter ist.

Ineffizienzen bei privater Bereitstellung öffentlicher Güter rühren von zwei Ursachen her. Erstens sollte, wie wir festgestellt haben, ein Gut, dessen Konsum durch ein anderes Individuum keine Grenzkosten verursacht, nicht rationiert werden. Stellt ein privates Unternehmen dieses Gut bereit, muß dieses Unternehmen für die Nutzung einen Preis fordern; eine derartige Bepreisung soll vom unbefugten Konsum des Gutes abhalten. Wird es privat bereitgestellt, kommt es zu einer (gemessen am Effizienzkriterium) **unzureichenden Nutzung** dieses Gutes.

Dies wird in der Zeichnung 5.3 am Beispiel einer Brücke erläutert. Wir haben eine Nachfragekurve aufgetragen, die die Zahl der Brückenüberquerungen als eine Funktion der Mauthöhe darstellt. Eine Verringerung der Maut führt zu einer stärkeren Nutzung der Brücke. Die Kapazität der Brücke beträgt Q_C; ist die Zahl der Überquerungen geringer als Q_C, gibt es keine Überfüllung und die Benutzung der Brücke verursacht keine Grenzkosten. Da die Grenzkosten einer Nut-

---

[3] Wo in diesem Diagramm ein bestimmtes Gut anzusiedeln ist, kann strittig sein. Wir haben von einigen gesundheitspolitischen Maßnahmen behauptet, daß sie dem Fall des reinen öffentlichen Gutes relativ nahe kommen. Eine Maßnahme, die zur Ausrottung einer bestimmten Krankheit führt (beispielsweise der Cholera), nützt allen; es ist weder möglich noch wünschenswert, irgendein Individuum von diesen Vorteilen auszuschließen. Andererseits werden aber in manchen Ländern auch solche Gesundheitsdienste öffentlich bereitgestellt, die den Charakter privater Güter haben – beispielsweise Impfungen gegen das Gelbe Fieber, von denen in erster Linie Weltreisende und Ferntouristen profitieren.

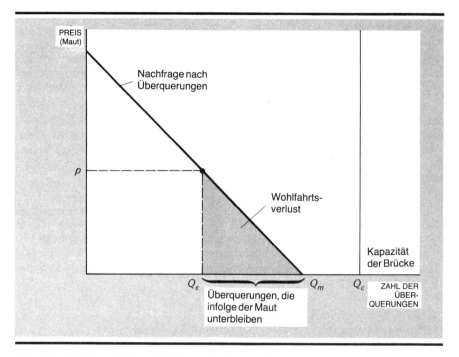

Abb. 5.3 Brücken: Güter, bei denen die Anwendung des Ausschlußprinzips möglich, möglicherweise aber nicht wünschenswert ist. Es ist möglich, für die Benutzung einer Brücke Maut zu verlangen, aber wenn die Kapazität der Brücke groß genug ist, ist dies nicht wünschenswert.

zung null sind, ist nur eine Maut von null effizient. Dann aber sind die Einnahmen des Brückenbesitzers offensichtlich null.

Ein Ausschluß wäre möglich: Ein Privatunternehmen könnte die Brücke errichten und nach Belieben Maut verlangen. Es könnte ihm wohl gelingen, Mauteinnahmen einzutreiben, die höher sind als die Kosten der Errichtung der Brücke. Erhebt es eine Maut, verringert das die Zahl der Nutzer, und einige Überquerungen, deren Vorteile die gesamtwirtschaftlichen Kosten (null) übersteigen, werden nicht unternommen. Wir können den Wohlfahrtsverlust durch das schraffierte Dreieck in der Zeichnung 5.3 messen. Um uns das zu verdeutlichen, rufen wir uns ins Gedächtnis zurück, daß ein Punkt auf der Nachfragekurve uns jeweils für eine bestimmte Anzahl von Überquerungen die marginale Bereitschaft des Individuums angibt, für eine zusätzliche Überquerung zu zahlen. Unterstellen Sie, für die Benutzung der Brücke werde der Preis p verlangt. Die Zahl der Überquerungen, die dann erfolgt, ist Q_e. Bei Q_e beträgt die marginale Zahlungsbereitschaft des Individuums für eine zusätzliche Überquerung (der Preis, den es zu zahlen bereit ist) gerade p. Die Kosten, die sie verursacht, sind null. Die Wohlfahrtsverluste aus dem Verzicht auf diese zusätzliche Überquerung sind gerade die Differenz zwischen der Zahlungsbereitschaft (dem Grenzvorteil) und den Grenzkosten; der Wohlfahrtsverlust ist p. Bei einer etwas stärkeren Nutzung der Brücke ist der Verlust immer noch gleich der marginalen Zahlungsbereitschaft, aber diese ist dann geringer. Um den gesamten Wohlfahrtsverlust auszurechnen, addieren wir einfach die Wohlfahrtsverluste aus sämtlichen Überquerungen, die infolge der Mauterhebung unterblieben sind. Bei einem Preis p werden Q_e Überquerungen unternommen. Wegen der Maut werden also ($Q_m - Q_e$) Überquerungen nicht unternommen. Der Wohlfahrtsverlust aus dem Verzicht auf die erste Überquerung ist natürlich q, der aus dem Verzicht auf die letzte ist null (die Bereitschaft für die letzte Überquerung zu zahlen ist null). Der durchschnittliche Wohlfahrtsverlust aus jeder Überquerung, die nicht stattfindet, ist infolgedessen p/2; der gesamte Wohlfahrtsverlust ist p(Q_m-Q_e)/2, der Inhalt des schattierten Dreiecks in der Zeichnung 5.3[4].

Diese Überlegungen legen den Schluß nahe, daß Güter, für die die Grenzkosten ihrer Bereitstellung null sind, unentgeltlich abgegeben werden sollten, unabhängig davon, ob es möglich ist, hierfür Gebühren zu erheben. Manchmal sind mit der Benutzung eines öffentlichen Gutes geringfügige Grenzkosten verbunden – in diesem Fall sollten dem Individuum nur diese abverlangt werden. Diese **Benutzungsgebühren** werden aber nicht ausreichen, um die gesamten Kosten des öffentlichen Gutes zu decken. Die Mittel für die Bezahlung des öffentlichen Gutes müssen infolgedessen auf andere Art und Weise aufgebracht werden. Wie wir weiter unten feststellen werden, ist die Erhebung und Beitreibung der meisten Steuern mit erheblichen Kosten verbunden. Das Argument zugunsten einer öffentlichen Bereitstellung von Gütern, für die Benutzungsgebühren erhoben werden könnten, läuft also darauf hinaus, daß die Kosten, die die Erhebung von Benutzungsgebühren verursacht, größer sind, als die Kosten, die entstehen, wenn diese Mittel auf andere Art und Weise aufgebracht werden, beispielsweise durch die Besteuerung der Einkommen.

Die zweite Ineffizienz bei der privaten Bereitstellung öffentlicher Güter ist, daß diese, wenn überhaupt, in einer zu geringen Menge bereitgestellt werden. Dies ist in den Fällen, in denen das Ausschlußprinzip nicht anwendbar ist, besonders deutlich. Der Nutzen, den manche Individuen aus dem Konsum des öffentlichen Gutes ziehen, ist vielleicht immer noch groß genug, daß sie etwas davon erwerben. Ein Beispiel: Mein Nachbar hat vielleicht ebensoviel Vergnügen an den Blumen in meinem Vorgarten wie ich selbst und umgekehrt; die Blumen sind ein öffentliches Gut. Trotzdem pflanze ich diese Blumen in meinem Vorgarten (obwohl er mir dafür nichts zahlt), weil sie für mich eine Augenweide sind. Sicherlich wird dies zu einem unzureichenden Angebot an Blumen führen. Überlege ich mir, wieviel Mühen ich für meinen Vorgarten aufwenden will, wäge ich mein Vergnügen gegen meine Kosten ab. Ich schenke dem Vergnügen meines Nachbarn keine Beachtung.

Güter, bei denen ein Ausschluß zwar möglich, aber kostspielig ist

Auch bei privaten Gütern verursacht die Anwendung des Ausschlußprinzips selbstverständlich Kosten; das heißt, ein System von Preisen anzuwenden, verursacht Kosten. Das Gehalt eines Kassierers in einem Supermarkt ist ebensosehr

---

[4] Genau genommen ist dies nur eine Annäherung an den Wohlfahrtsverlust. Bei einer genauen Berechnung desselben benötigen wir die kompensierte Nachfragekurve, nicht die normale (konventionelle) Nachfragekurve. Jedoch ist der Teil seines Einkommens, den ein Individuum auf die Überquerung der Brücke verwendet, gering, so daß diese zwei verschiedenen Nachfragekurven sich nicht nennenswert voneinander unterscheiden.

ein Bestandteil der Kosten der Verwendung eines Preismechanismus wie diejenigen für die Mauterhebung auf einer Autobahn. Für die meisten privaten Güter sind diese Ausschlußkosten allerdings relativ gering, für einige öffentlich bereitgestellte hingegen (prohibitiv) hoch.

Selbst wenn mit der Nutzung eines Gutes durch jedes Individuum Grenzkosten verbunden sind, mag es effizienter sein, dieses Gut aus Steuermitteln finanziert öffentlich bereitzustellen, nämlich dann, wenn die Kosten einer Anwendung des Preissystems hoch sind.

Wir erläutern das in der Zeichnung 5.4. Dort haben wir ein Gut dargestellt, dessen Produktion mit den konstanten Grenzkosten c verbunden ist; das heißt, es kostet dem Unternehmen c DM, eine Einheit zu produzieren[5]. Aber der Verkauf des Gutes ist mit bestimmten Transaktionskosten verbunden; dies führt zu einer Preiserhöhung auf p*. Nehmen wir nun an, der Staat biete dieses Gut unentgeltlich an. Dies beseitigt die Transaktionskosten, und die ganze stark schraffierte Fläche ABCD wird eingespart. Steigt der Verbrauch von Q_e auf Q_0 an, wird darüberhinaus noch ein weiterer Wohlfahrtsgewinn erzielt, da in diesem Bereich die marginale Wertschätzung des Gutes durch die Individuen die Grenzkosten seiner Produktion übersteigt. Die schwach schraffierte Fläche ABE mißt diesen Wohl-

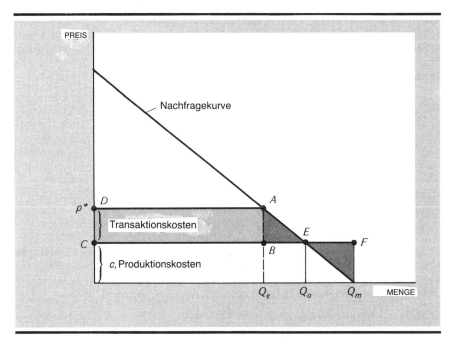

Abb. 5.4 Transaktionskosten. Sind die Transaktionskosten hoch, mag es effizienter sein, das Gut öffentlich bereitzustellen als seine Bereitstellung dem Marktmechanismus zu überlassen.

---

[5] Wir unterstellen darüberhinaus, daß die Nachfragekurve sich infolge einer Steuererhebung nicht nennenswert verschiebt.

fahrtsgewinn. Konsumieren andererseits die Individuen das Gut, bis sein Grenznutzen null ist, indem sie den Konsum von Q_0 auf Q_m ausdehnen, ist die marginale Zahlungsbereitschaft geringer als die Produktionskosten. Dies ist offensichtlich ineffizient. Um zu entscheiden, ob das Gut öffentlich bereitgestellt werden sollte, müssen wir die Ersparnis an Transaktionskosten und den Gewinn aus der Erhöhung des Konsums von Q_e nach Q_0 vergleichen a) mit den Verlusten infolge dem übermäßigen Konsum des Gutes (in der Zeichnung 5.4 ist das die schraffierte Fläche EFQ_m) und b) dem Verlust aus den Verzerrungen, die durch die Steuer verursacht werden, mit der die Mittel für die Finanzierung der Bereitstellung des Gutes aufgebracht werden.

Die hohen Kosten, die eine Bereitstellung von Versicherungsschutz durch den Markt verursacht, wurden als Begründung für staatliche Versicherung herangezogen. Sie erfüllt nicht das zweite Kriterium für ein öffentliches Gut; die Grenzkosten der Versicherung eines zusätzlichen Individuums beispielsweise sind in etwa gleich den Durchschnittskosten. In vielen Versicherungssparten betragen die Verwaltungskosten (einschließlich der Vertriebskosten), die mit einer privatwirtschaftlichen Bereitstellung des Versicherungsschutzes verbunden sind, mehr als 20% der Versicherungsleistungen – im Unterschied dazu betragen die Verwaltungskosten einer öffentlichen Zwangsversicherung normalerweise weniger als 10% (bei dieser Zahl sind die Verzerrungen, die durch die Einhebung der Zwangsbeiträge verursacht werden, nicht miterfaßt).

Öffentlich bereitgestellte private Güter

Öffentlich bereitgestellte Güter, bei denen die Grenzkosten der Versorgung eines zusätzlichen Individuums groß sind, werden als **öffentlich bereitgestellte private Güter** bezeichnet. Obwohl sich die öffentliche Bereitstellung einiger dieser Güter mit den Kosten der Organisation eines Marktes für sie begründen läßt, ist dies nicht der einzige Grund. Bildung ist ein öffentlich bereitgestelltes privates Gut. Eine der üblichen Erklärungen hierfür zielt auf verteilungspolitische Erwägungen. Viele glauben, daß die Chancen der Kinder nicht vom Reichtum ihrer Eltern abhängen sollten.

Wird ein privates Gut unentgeltlich abgegeben, führt dies höchstwahrscheinlich zu einem übermäßigen Verbrauch. Der Nutzer muß nicht zahlen und wird seine Nachfrage bis zu dem Punkt ausdehnen, an dem der Grenzvorteil aus dem Konsum des Gutes null wird – obwohl mit seiner Bereitstellung reale Grenzkosten verbunden sind. In manchen Fällen wie beispielsweise beim Wasser oder bei einer kostenlosen Benutzung des Telefonnetzes bei Ortsgesprächen[6], könnte der Sättigungspunkt relativ bald erreicht sein, so daß die Verzerrung vielleicht nicht so schwerwiegend ist (Zeichnung 5.5A). In anderen Fällen, wie der Nachfrage nach bestimmten Arten von ärztlichen Diensten, wird sie sehr groß sein (Zeichnung 5.5B). Wiederum lassen sich die Wohlfahrtsverluste messen. Sie entsprechen der Differenz zwischen der Summe, die das Individuum für eine Outputerhöhung von Q_e (dort ist der Preis gleich den Grenzkosten) nach Q_m (dort ist der

---

[6] Dies war lange die Preispolitik amerikanischer Telefongesellschaften.

Preis null) zu zahlen bereit ist, und den Kosten für eine Produktionsausweitung von Q_e nach Q_m. Dies ist die Fläche des schraffierten Dreiecks in der Zeichnung 5.5B.

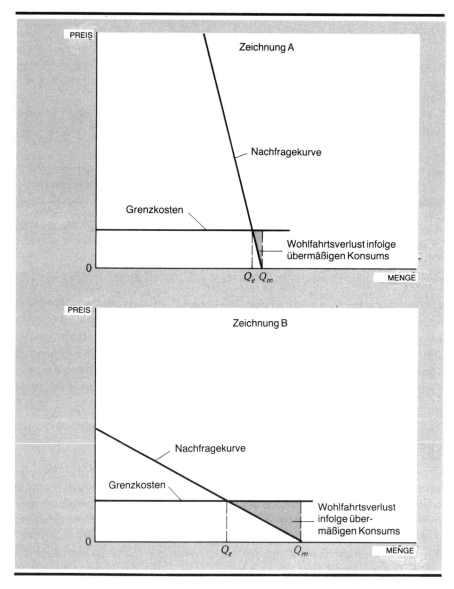

Abb. 5.5 Verzerrungen, die mit einer unentgeltlichen Abgabe von Gütern verbunden sind. (A) Bei manchen Gütern wie z.B. Wasser führt seine unentgeltliche Bereitstellung statt einer Bereitstellung zu Grenzkosten mitunter nur zu einem relativ geringen zusätzlichen Wasserverbrauch (und zu geringen Kosten, vorausgesetzt, Wasser ist reichlich vorhanden). (B) Bei anderen Gütern führt eine unentgeltliche Bereitstellung zu hohen Kosten wegen des übermäßigen Verbrauchs des Gutes.

Rationierungsverfahren für öffentlich bereitgestellte private Güter

Es wird wahrscheinlich ein Verfahren eingesetzt werden müssen, um den Verbrauch zu beschränken. Solche, welcher Art sie auch sind, werden **Rationierungsverfahren** genannt. Preise stellen eine Form dar. Wir haben bereits gezeigt, wie Benutzungsgebühren den Verbrauch einschränken. Ein anderes vielverwendetes Verfahren der Rationierung öffentlich bereitgestellter Güter besteht darin, daß allen dieselbe Menge zur Verfügung gestellt wird. Beispielsweise wird (zumindest bis zum 16. Lebensjahr) allen die gleiche Menge an Schulbildung zugeteilt, obwohl manche sicher mehr davon konsumieren wollen, andere weniger. (Diejenigen, die mehr davon haben wollen, sind möglicherweise in der Lage, zusätzliche Bildungsgüter auf dem Markt zu kaufen, beispielsweise indem sie einen Privatlehrer bezahlen.) Dies stellt einen wesentlichen Nachteil der öffentlichen Bereitstellung privater Güter dar: sie läßt keine Berücksichtigung der Unterschiede zwischen den Wünschen und Bedürfnissen der Individuen zu, wie dies auf dem freien Markt erfolgt.

In der Zeichnung 5.6 sehen wir die Nachfragekurven für zwei verschiedene Individuen. Wird das Gut vom Markt bereitgestellt, verbraucht das Individuum 1, das es in starkem Maße nachfragt, Q_1, wohingegen das Individuum 2, das nur wenig nachfragt, die wesentlich geringere Menge Q_2 verbraucht. Der Staat legt ein Versorgungsniveau fest, das irgendwo dazwischen liegt, nämlich Q^*. Bei diesem verbraucht Individuum 1 weniger als es gern verbrauchen würde; seine marginale Zahlungsbereitschaft überschreitet die marginalen Produktionskosten. Andererseits verbraucht Individuum 2 mehr als effizient ist; seine marginale Zahlungsbereitschaft ist geringer als die Grenzkosten. (Da es nichts zu zahlen braucht und das Gut immer noch positiv bewertet, liegt sein Verbrauchsniveau natürlich bei Q^*).

Der Staat stellt bestimmte Arten von Versicherungsschutz (beispielsweise in der Rentenversicherung) in einem einheitlichen, standardisierten Ausmaß zur Verfügung. Wiederum sind diejenigen, die mehr davon erwerben wollen, in der Lage, dies zu tun, nämlich indem sie auf dem Markt zusätzlichen Versicherungs-

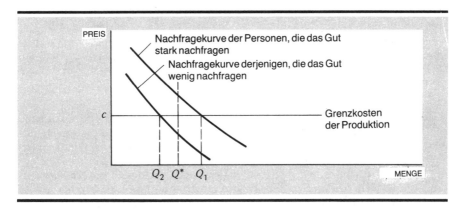

Abb. 5.6 Verzerrungen, die mit einer gleichmäßigen Versorgung verbunden sind. Wenn alle Individuen mit derselben Menge eines öffentlich bereitgestellten privaten Guts versorgt werden, erhalten manche mehr als effizient ist und manche weniger.

schutz zu kaufen, diejenigen, die weniger davon haben wollen, aber nicht. In diesem Fall ist die Verzerrung vielleicht nicht sonderlich groß; zumindest wenn der standardisierte Versicherungsschutz durch den Staat relativ bescheiden ist, wird es nur wenige geben, die damit gezwungen werden, mehr Versicherungsschutz zu kaufen als sie von sich aus tun würden. Die Verwaltungskostenersparnisse, die wir oben aufgeführt haben, werden die maßvollen Verzerrungen, die durch die gleichmäßige Zuteilung von Versicherungsschutz verursacht werden, mehr als aufwiegen.

Ein weiteres Rationierungsverfahren, das im öffentlichen Sektor vielfach eingesetzt wird, ist die Bildung von Warteschlangen: das heißt statt von den Benutzern öffentlich bereitgestellter Güter und Dienste Gebühren zu erheben, verlangt der Staat, daß sie Kosten in Gestalt einer Wartezeit tragen. Dieses Verfahren spielt insbesondere in Ländern mit einem sozialisierten Gesundheitswesen bei der Inanspruchnahme der Dienste eine große Rolle. Es erlaubt, das Versorgungsniveau an den Bedarf des Individuums zumindest etwas anzupassen. Diejenigen, die ärztlicher Dienste besonders dringend bedürfen, sind eher bereit, vor dem Sprechzimmer zu warten, als andere. Damit haben wir ein Rationierungsverfahren durch ein anderes ersetzt. Nun wird behauptet, daß die Zahlungsfähigkeit eine unbefriedigende Grundlage für die Rationierung von Gesundheitsgütern darstellt – warum sollen die Reichen bei guter Gesundheit sein, die Armen aber nicht? Es ist aber auch nicht klar, ob die Bereitschaft, in der Praxis eines Arztes zu warten, eine bessere Grundlage für die Rationierung abgibt; warum sollten diejenigen, für die der Zeitverbrauch weniger kostspielig ist, besseren Zugang zu Gesundheitsgütern haben als diejenigen, für die er sehr kostspielig ist? Der Einsatz von Schlangenbildung als einem Rationierungsverfahren ist mit Kosten verbunden (der Zeitverbrauch), denen kein direkter Vorteil gegenübersteht. Das sind Kosten, die vermieden werden könnten, wenn Preise als Rationierungsverfahren angewandt werden.

Veränderungen in der Bedeutung von öffentlicher und privater Bereitstellung

Viele Güter, die öffentlich bereitgestellt werden, können sowohl vom Staat als auch auf dem Markt und von Privatunternehmen angeboten werden. Oft werden sie von beiden angeboten; die Rollenverteilung zwischen öffentlicher und privater Bereitstellung ist in verschiedenen Nationen sehr unterschiedlich und hat sich im Laufe der Zeit häufig verschoben.

Diese Verschiebungen haben teilweise mit dem Wandel der Technologie zu tun. Die Entwicklung des Kabelfernsehens erleichtert die Erhebung von Benutzungsgebühren beim Fernsehen. Computer haben die Kosten von Gebühreneintreibungssystemen verringert. Beispielsweise haben es Computer möglich gemacht, für die Benutzung der U-Bahn während der Stoßzeiten höhere Preise zu erheben. Es wäre denkbar, daß jedes Kraftfahrzeug und jede stark frequentierte Straße mit elektronischem Gerät ausgerüstet würde, das die Straßenbenutzung durch das Individuum während der Stoßzeiten in ähnlicher Weise mißt wie dies heute bereits beim Telephon der Fall ist. Tatsächlich wurde ein solches System 1985 in Hongkong probeweise eingeführt.

Die Bedeutungsverschiebungen sind auch durch Veränderungen im Lebensstandard bedingt (Prokopfeinkommen). Schaukeln für Kinder werden in öffentlichen Parkanlagen bereitgestellt, und darüberhinaus erwerben Individuen auch Schaukeln für ihren Garten. Der Vorteil einer öffentlichen Bereitstellung von Schaukeln ist, daß sie stärker genutzt werden. Private Schaukeln sind meist ungenutzt. Der Vorteil einer privaten Bereitstellung ist die Ersparnis an Transportkosten. Wenn diese (einschließlich der Kosten der Zeit, die auf dem Weg zum Park verbraucht wird) im Verhältnis zu den Kosten einer Schaukel zunehmen, dann dürfte die private Bereitstellung an Bedeutung gewinnen.

Albert Hirschman hat die These vorgetragen, daß derartige Bedeutungsverschiebungen auf einen Geschmackswandel zurückzuführen sind[7]. Laut Hirschman lassen sich zyklische Schwankungen in der Bedeutung öffentlichen und privaten Konsums feststellen. Die Individuen sind davon, was sie in ihrem Privatleben erreichen, enttäuscht oder doch nicht voll befriedigt, und wenden ihre Aufmerksamkeit öffentlichen Diensten und der öffentlichen Bereitstellung von Gütern und Diensten zu. Aber die Erwartungen über die Befriedigung, die ihnen diese öffentlichen Güter und Dienste verschaffen, werden ebenfalls enttäuscht, woraufhin sie sich wieder privatwirtschaftlichen Märkten zuwenden.

Effizienzbedingungen für öffentliche Güter

Eine zentrale Frage lautet, wie groß das Angebot an öffentlichen Gütern sein sollte. Was bedeutet die Aussage, daß der Staat zuviel oder zuwenig öffentliche Güter bereitstellt? Im Kapitel 3 entwickelten wir ein Kriterium, das es uns ermöglicht, diese Frage zu beantworten; eine Ressourcenallokation ist Pareto-optimal, wenn keiner sich besser stellen kann, ohne daß sich jemand anderes schlechter stellt. An dieser Stelle zeigten wir, daß Pareto-Effizienz auf Märkten unter anderem erfordert, daß die individuelle Grenzrate der Substitution der Grenzrate der Transformation gleich ist.

Im Unterschied dazu ist das Versorgungsniveau mit öffentlichen Gütern effizient, wenn die Summe der Grenzraten der Substitution (aller Individuen) gleich der Grenzrate der Transformation ist. Stellen wir uns vor, daß wir die Produktion an Gewehren (Landesverteidigung) nur dann um eine Einheit erhöhen können, wenn die Butterproduktion um ein Pfund reduziert wird (die Grenzrate der Transformation hat den Wert eins). Gewehre, die für die Landesverteidigung eingesetzt werden, sind ein öffentliches Gut. Wir betrachten jetzt eine einfache Wirtschaft, die sich aus drei Individuen zusammensetzt: Robinson, Freitag und Fred. Robinson ist bereit, ein drittel Pfund Butter für ein zusätzliches Gewehr dahinzugeben; das heißt, seine Grenzrate der Substitution ist ein Drittel. Robinson gibt gern ein drittel Pfund Butter dahin, wenn die Regierung ein zusätzliches Gewehr für Landesverteidigung kauft. Aber diese Menge allein reicht nicht für den Kauf des Gewehrs aus. Wir müssen noch die Grenzrate der Substitution von Freitag und Fred betrachten. Freitag ist bereit, ein halbes Pfund Butter für ein zusätzliches Gewehr dahinzugeben, und Fred ist bereit, ein sechstel Pfund dahinzuge-

---
[7] A. O. Hirschman: Shifting Involvements. Princeton, NJ 1981.

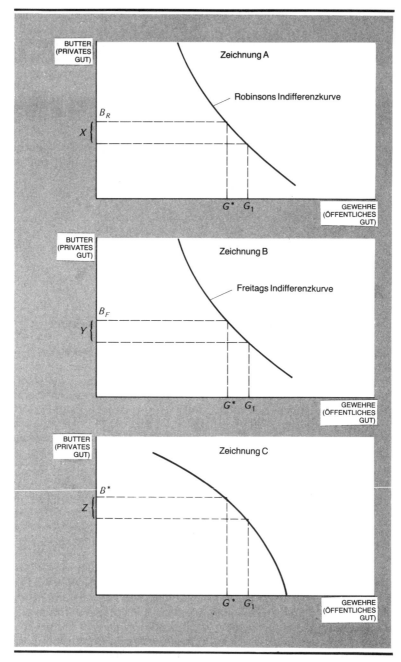

Abb. 5.7 Pareto-effiziente Produktion öffentlicher Güter. (A) Robinsons Indifferenzkurve. (B) Freitags Indifferenzkurve. (C) Produktionsmöglichkeitsmenge. Bei Pareto-effizienter Produktion öffentlicher Güter ist die Summe der Grenzraten der Substitution (X + Y) gerade gleich der Grenzrate der Transformation.

ben. Der Gesamtbetrag der Butter, die diese kleine Gesellschaft dahinzugeben bereit ist, wenn die Regierung ein zusätzliches Gewehr kauft, ist

$$1/3 + 1/2 + 1/6 = 1;$$

die Gesamtsumme, die sie ausgeben muß, um ein Gewehr zu bekommen, ist ebenfalls 1. Die Summe der Grenzraten der Substitution ist also gleich der Grenzrate der Transformation; der Staat hat das öffentliche Gut in einem effizienten Umfang bereitgestellt. Würde die Summe der Grenzraten der Substitution eins überschreiten, dann wären die Individuen zusammen bereit, mehr dahinzugeben als erforderlich ist; wir könnten jedes von ihnen bitten, etwas weniger dahinzugeben als erforderlich ist, damit sie zwischen den beiden Zuständen indifferent sind, und es wäre trotzdem noch möglich die Produktion an Gewehren um eine Einheit zu erhöhen. Durch die Produktion einer zusätzlichen Einheit des öffentlichen Gutes (Gewehre) könnten sie sich also alle besser stellen.

Der Unterschied zwischen den Effizienzbedingungen bei privaten und öffentlichen Gütern wird in der Zeichnung 5.7 besonders deutlich. Der Abschnitt A zeigt Robinsons Indifferenzkurve bezüglich Gewehren (ein öffentliches Gut, das die „Versorgung" mit Landesverteidigung repräsentiert) und Butter. Im Abschnitt B haben wir Freitags Indifferenzkurve aufgetragen. (Der Einfachheit halber lassen wir Fred weg.) Im Abschnitt C haben wir die Produktions-Transformationskurve (stattdessen spricht man auch einfach von Transformationskurve oder von Produktionsmöglichkeitskurve) aufgetragen, die für jedes Produktionsniveau von Gewehren die größtmögliche erreichbare Erzeugung an Butter angibt. Erzeugen wir mehr Gewehre, bleibt uns weniger Butter zum Verbrauch übrig. Ursprünglich war das Produktionsvolumen an Gewehren G^*; Robinson verzehrte B_R Butter und Freitag B_F. Die Summe dieser beiden Größen ergibt die Gesamtproduktion an Butter, B^*. Wir würden gern wissen, ob dies ein unzureichendes Angebot oder ein Überangebot darstellt. Unterstellen wir, daß die Regierung eine Vergrößerung der Gewehrproduktion um eine Einheit auf G_1 erwägt. Robinson ist bereit, die Menge x an Butter dahinzugeben – x bezeichnet seine Grenzrate der Substitution, also die Menge an Butter, die er hinzugeben bereit ist, wenn ein zusätzliches Gewehr öffentlich bereitgestellt wird. Freitag ist bereit, die Menge y dahinzugeben. Die Gesamtmenge der Butter, die sie dahinzugeben bereit sind, beträgt also x + y, die Summe ihrer Grenzraten der Substitution. Im Abschnitt C sehen wir die Menge, die sie dahingeben müssen; die Buttererzeugung muß um z verringert werden, um ein zusätzliches Gewehr zu produzieren. z ist die Grenzrate der Transformation. Ist diese geringer als die Summe der Grenzraten der Substitution, sollte die Gewehrproduktion über G^* hinaus ausgedehnt werden (da die Individuen zusammengenommen bereit sind, mehr Butter dahinzugeben als für die Erlangung dieses zusätzlichen Gewehrs erforderlich ist). Umgekehrt sollte die Produktion von Gewehren verringert werden, wenn die Grenzrate der Transformation größer ist als die Summe der Grenzraten der Substitution. Das effiziente Produktionsniveau wird erreicht, wenn die zwei Größen gleich sind.

Nachfragekurven für öffentliche Güter

Im Kapitel 4 beschrieben wir das Marktgleichgewicht für ein privates Gut als den Schnittpunkt von Angebots- und Nachfragekurve. Wir zeigten, daß in diesem Punkt der Grenzvorteil aus der Erzeugung einer zusätzlichen Einheit gleich de-

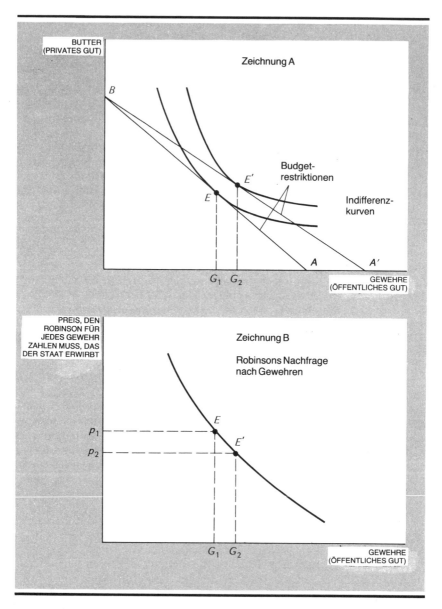

Abb. 5.8 Ableitung einer Nachfragekurve für öffentliche Güter. Robinsons Nachfragekurve nach Gewehren läßt sich ableiten, indem man ihn fragt, wieviel von dem öffentlichen Gut er würde haben wollen, wenn er pro Einheit einen bestimmten Preis zahlen müßte.

ren Grenzkosten ist. Das ist der Grund, warum das Marktgleichgewicht Paretoeffizient ist.

Wir können dieselben Instrumente benutzen, um das effiziente Produktionsvolumen öffentlicher Güter zu bestimmen und die individuellen Nachfragekurven nach ihnen auf dieselbe Weise ableiten wie die nach privaten Gütern.

Unterstellen Sie, daß wir Robinson sagen, daß er für jedes Gewehr, das von der Regierung erworben wird, 50 Pf. zahlen muß. Wir könnten ihn dann nach seinen Wünschen in bezug auf die Zahl an Gewehren fragen, die der Staat erwerben sollte. Robinson würde dieses Problem auf dieselbe Weise lösen wie er das der Aufteilung seines Einkommens auf Äpfel und Orangen löste. Zunächst wollen wir seine Budgetrestriktion auftragen – diese ist im Abschnitt A der Zeichnung 5.8 zu sehen. Nehmen Sie an, daß er zunächst 100 Pfund Butter hat, und daß ein Pfund Butter 1 Mark kostet. Für jedes Gewehr, das die Regierung erwirbt, muß er 1/2 Pfund Butter dahingeben. Die Gerade AA zeigt seine Budgetrestriktion; sie gibt für jedes Verbrauchsniveau an Butter die Höchstmenge an Gewehren, die angeschafft werden kann. Die Steigung der Budgetrestriktion, die sagt, wieviel Extragewehre man für ein Extrapfund an Butter erwerben kann, ist gleich dem Preisverhältnis, nämlich 2. Er wählt denjenigen Punkt auf der Budgetrestriktion, auf dem er die höchste Indifferenzkurve erreicht; das ist der Punkt E, in dem seine Indifferenzkurve seine Budgetrestriktion berührt, so daß die Grenzrate der Substitution (die Steigung der Indifferenzkurve) gleich dem Preisverhältnis ist, der Steigung der Budgetrestriktion. Nehmen wir nun an, daß er für jedes Gewehr 25 Pf. zahlen muß. Dann läßt sich seine Budgetrestriktion als die Gerade AA′ darstellen (gibt „er" sein gesamtes Einkommen für Gewehre aus, könnte „er" 400 davon haben). Er wählt den Punkt E′. Wenn wir das Preisverhältnis ändern, gelangen wir zu den verschiedenen Punkten auf der Nachfragekurve, die im Abschnitt B dargestellt sind.

Wir können Freitag einer ähnlichen Analyse unterwerfen und addieren die individuellen Nachfragekurven am Ende vertikal. Da jeder Punkt auf der Nachfragekurve eines Individuums seine Grenzrate der Substitution bei einem bestimmten Niveau der Staatsausgaben wiedergibt, liefert uns vertikale Addition der Nachfragekurven die Summe der Grenzraten der Substitution (die Gesamtheit der Grenzvorteile aus der Erzeugung einer zusätzlichen Einheit). Das Ergebnis ist die aggregierte Nachfragekurve, die in der Zeichnung 5.9 dargestellt ist.

Die Angebotskurve können wir analog zu privaten Gütern ableiten; für jedes Produktionsvolumen gibt uns der Preis an, wieviel von anderen Gütern aufgegeben werden muß, um ein zusätzliches Gewehr zu erzeugen; das sind die Grenzkosten, oder die Grenzrate der Transformation. Im Schnittpunkt der aggregierten Nachfrage- und der Angebotskurve ist die Summe der Grenzraten der Substitution gleich der Grenzrate der Transformation, und der gesamte Grenzvorteil entspricht den Grenzkosten, wie es für wirtschaftliche Effizienz erforderlich ist.

Obwohl wir die Nachfragekurve nach öffentlichen Gütern analog zu der nach privaten abgeleitet haben, bestehen zwei wichtige Unterschiede zwischen ihnen. Wir haben es gelegentlich unseres Verweises darauf, daß im Schnittpunkt der Angebots- und der Nachfragekurve Marktgleichgewicht vorliegt, unterlassen zu zeigen, daß sich im Schnittpunkt der Nachfragekurve, die wir abgeleitet haben, und der Angebotskurve das Angebot an öffentlichen Gütern im Gleichgewicht befindet. Wir haben nur herausgearbeitet, daß immer dann, wenn diese Bedin-

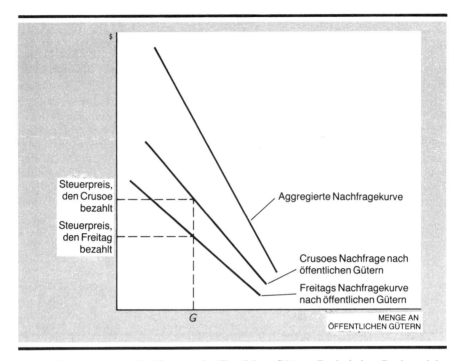

Abb. 5.9 Aggregierte Nachfrage nach öffentlichen Gütern. Da in jedem Punkt auf der Nachfragekurve der Preis gleich der Grenzrate der Substitution ist, erhalten wir bei vertikaler Addition der Nachfragekurven die Summe der Grenzraten der Substitution, die Gesamtmenge an Butter, die die Mitglieder einer Gesellschaft aufzugeben bereit sind, wenn dafür ein zusätzliches Gewehr bereitgestellt wird. Die vertikale Summe läßt sich infolgedessen als die aggregierte Nachfragefunktion nach dem öffentlichen Gut auffassen.

gung erfüllt ist, das Produktionsvolumen des öffentlichen Gutes Pareto-effizient ist. Die Entscheidungen über den Ausstoß an öffentlichen Gütern werden vom Staat und nicht von privaten Haushalten gefällt; ob dieses Outputniveau erreicht wird, hängt infolgedessen von der Natur des politischen Entscheidungsprozesses ab, die wir im nächsten Kapitel eingehend erörtern werden.

Pareto-Optimalität und Einkommensverteilung

Es gibt eine Vielzahl von Pareto-optimalen Versorgungsniveaus mit öffentlichen Gütern. Der Schnittpunkt von Angebots- und Nachfragekurve in der Zeichnung 5.10 stellt eine dieser Pareto-effizienten Angebotsmengen dar, aber es gibt auch andere, die mit einer anderen Einkommensverteilung verbunden sind.

Um sich klarzumachen, wie das effiziente Produktionsniveau öffentlicher Güter von der Einkommensverteilung abhängt, stellen wir uns vor, daß der Staat eine Mark von Robinson auf Freitag transferiert. Dies würde normalerweise Robinsons Nachfrage nach öffentlichen Gütern (zu jedem beliebigen Preis) senken und Freitags Nachfrage anheben. Im allgemeinen besteht kein Grund zu erwarten, daß diese Veränderungen sich gegenseitig aufheben, so daß sich die aggregierte Nachfrage nicht ändert. Bei dieser neuen Einkommensverteilung gibt es

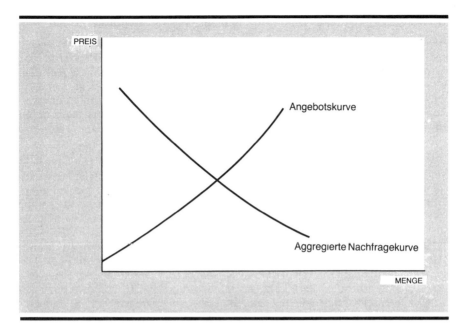

Abb. 5.10 Effiziente Produktion öffentlicher Güter. Im Schnittpunkt von Angebots- und Nachfragekurve ist eine effiziente Versorgung mit dem öffentlichen Gut gewährleistet. Die aggregierte Nachfragekurve gibt uns die Summe dessen, worauf die Individuen an der Grenze zu verzichten bereit sind, um eine zusätzliche Einheit des öffentlichen Gutes (ein zusätzliches Gewehr) zu erhalten, wohingegen die Angebotskurve die Menge der anderen Güter zeigt, auf die man verzichten muß, um eine zusätzliche Einheit des öffentlichen Gutes zu erhalten.

auch ein neues effizientes Produktionsvolumen an öffentlichen Gütern. Effizienz wird immer noch durch die Gleichheit der Summe der Grenzraten der Substitution mit der Grenzrate der Transformation charakterisiert.

Der Umstand, daß das effiziente Volumen der Bereitstellung öffentlicher Güter im allgemeinen von der Einkommensverteilung abhängt, hat zwei wesentliche Implikationen: man kann Effizienz- und Verteilungsüberlegungen bei der Versorgung mit öffentlichen Gütern nicht voneinander trennen. Jeglicher Wandel in der Einkommensverteilung, etwa durch eine veränderte Einkommensbesteuerung, wird Veränderungen im effizienten Volumen der Erzeugung öffentlicher Güter nach sich ziehen[8].

---

[8] Einige Ökonomen haben die Auffassung vertreten, daß die Entscheidungen über das effiziente Produktionsvolumen öffentlicher Güter und über Einkommensumverteilung voneinander analytisch getrennt werden können; beispielsweise gibt es den Standpunkt, daß die Verteilungspolitik des Staates ihren Niederschlag im Steuersystem und in Sozialprogrammen finden sollte, während sie auf die Entscheidungen über die Versorgung mit öffentlichen Gütern keinen Einfluß haben sollte. In der Tat gibt es einige Fälle, in denen sich diese beiden Entscheidungen voneinander trennen lassen (vgl. Atkinson und Stiglitz: Lectures in Public Economics. New York 1980 und L. J. Lau, E. Sheshinski und J. E. Stiglitz: Efficiency in the Optimum Supply of Public Goods. Econometrica 1987 S. 269-84). Dies sind aber ausgesprochene Spezialfälle.

Grenzen der Umverteilung und Effizienz beim Angebot öffentlicher Güter

Regierungen schenken bei der Prüfung bestimmter Maßnahmen oft der Frage besondere Beachtung, wer von diesen Maßnahmen den Vorteil hat. Es scheint, daß sie zumeist die Vorteile für die Armen stärker gewichten als die für die Reichen. Unsere obige Analyse hingegen lief darauf hinaus, daß man einfach die Grenzraten der Substitution addieren sollte, also die Mengen, die jeder für eine Verbesserung der Versorgung mit öffentlichen Gütern an der Grenze dahinzugeben bereit ist, und daß man dabei alle Einkommensgruppen gleich behandeln sollte. Wie läßt sich die eine Vorgehensweise mit der anderen vereinbaren?

Weiter oben zeigten wir, wie sich eine Nutzenmöglichkeitsgrenze ableiten ließ, indem man einem Individuum Ressourcen wegnahm und sie einem anderen gab. Es wurde angenommen, daß diese Prozedur kostenlos vollzogen werden kann, und daß nichts in ihrem Verlauf verlorengeht. In der Praxis kann die Vornahme von Transfers von Robinson auf Freitag sehr kostspielig sein. Rufen wir uns unsere Parabel aus dem Kapitel 3 ins Gedächtnis zurück. Dort gingen im Zuge des Orangentransfers von Robinson zu Freitag einige Früchte verloren. In unserer Wirtschaft bedienen wir uns des Steuersystems und der Sozialpolitik, um Ressourcen umzuverteilen; die Verwaltungskosten bei der Durchführung dieser Programme sind erheblich, darüberhinaus können die Steuern aber auch noch wesentliche Anreizeffekte haben – zum Beispiel auf Sparentscheidung und Leistungsbereitschaft der Individuen. Die Tatsache, daß eine Umverteilung von Ressourcen mittels des Steuersystems kostspielig ist, legt nahe, daß der Staat sich nach anderen Möglichkeiten umsieht, seine Verteilungsziele zu erreichen; eine Möglichkeit hierzu ist, daß er Verteilungserwägungen bei der Beurteilung bestimmter staatlicher Vorhaben einfließen läßt.

Verzerrende Besteuerung und Effizienz

Der Umstand, daß die Mittel zur Finanzierung öffentlicher Güter über Steuern wie zum Beispiel die Einkommensteuer aufgebracht werden, die bedeutende Anreizeffekte haben, hat wesentliche Folgen für die effiziente Versorgung mit öffentlichen Gütern. Die Menge an privaten Gütern, die die Individuen dahingeben müssen, um eine zusätzliche Einheit an öffentlichen zu erhalten, ist größer als sie es wäre, wenn der Staat seine Mittel auf eine Art und Weise aufbringen könnte, die nicht mit derartigen Anreizwirkungen behaftet wäre und keine Verwaltungskosten verursachen würde.

Wir können eine **Kurve der möglichen Mengenkombinationen** definieren, die uns für ein bestimmtes Steuersystem den größtmöglichen Konsum an privaten Gütern für jedes Versorgungsniveau mit öffentlichen Gütern zeigt. Das Steuersystem verursacht Effizienzverluste und so liegt die Kurve unterhalb der Transformationskurve. Dies ist in der Zeichnung 5.11 dargestellt.

Die Menge an privaten Gütern, die wir dahingeben müssen, um eine zusätzliche Einheit der öffentlichen zu erlangen – unter Berücksichtigung dieser zusätzlichen Kosten –, wird **ökonomische Grenzrate der Transformation** genannt im Unterschied zur **physischen Grenzrate der Transformation**, die wir in der obigen Analyse herangezogen haben. Die letztere ist durch die Technologie vollständig determiniert, wohingegen die ökonomische Grenzrate der Transformation Kosten einbezieht, die mit der Erhebung von Steuern für die Finanzierung der zu-

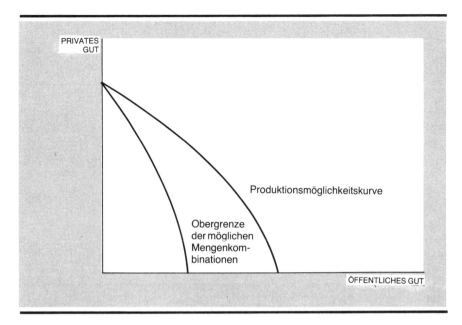

Abb. 5.11 Kurve der möglichen Mengenkombinationen. Sie gibt uns den größtmöglichen Output (Konsum) an privaten Gütern gegeben eine bestimmte Versorgung mit öffentlichen Gütern unter Berücksichtigung der Ineffizienzen, die von den Steuern ausgehen, die erhoben werden müssen, um die Mittel beizubringen. Diese Obergrenze liegt unterhalb der Produktionsmöglichkeitsmenge.

sätzlichen öffentlichen Ausgaben verbunden sind. Infolgedessen ersetzen wir die obige Bedingung, daß die physische Grenzrate der Transformation der Summe der Grenzraten der Substitution entsprechen soll, durch die neue Bedingung, daß die ökonomische Grenzrate der Summe der Grenzraten der Substitution entspricht.

Die Verzerrungen, die durch die Besteuerung hervorgerufen werden, erhöhen die Kosten der Bereitstellung öffentlicher Güter. Das effiziente Versorgungsniveau mit öffentlichen Gütern ist daher normalerweise geringer als es bei einer nichtverzerrenden Besteuerung wäre.

Es hat in der Tat den Anschein, daß der Streit, der in den letzten Jahren über das wünschenswerte Ausmaß der Versorgung mit öffentlichen Gütern entbrannt ist, sich in erster Linie um diese Frage dreht. Die einen glauben, daß die Verzerrungen, die durch das Steuersystem bewirkt werden, nicht sehr erheblich sind, die anderen, daß bei den mittlerweile erreichten hohen Steuersätzen die Kosten eines Versuchs, zusätzliche Mittel für öffentliche Güter aufzubringen, sehr erheblich sind. Selbst wenn man sich über die gesamtwirtschaftlichen Vorteile einer Erweiterung der Staatsausgaben einig ist, mögen über diese Kosten weitgehende Meinungsverschiedenheiten bestehen. In der Zeichnung 5.12 haben wir eine rückwärts gebeugte Kurve der möglichen Mengenkombinationen gezeichnet. Es gibt ein Maximum des Volumens an öffentlichen Gütern, das bereitgestellt werden kann; Versuche der Regierung, durch die Auferlegung weiterer Steuern grö-

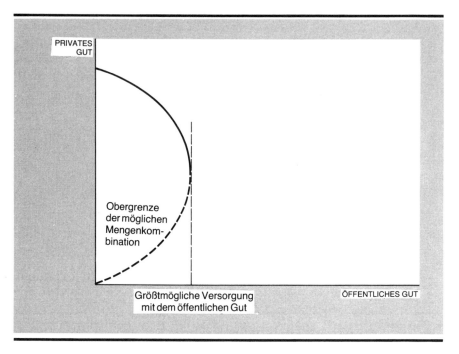

Abb. 5.12 Die Laffer Kurve. Erhöht man die Steuersätze über ein bestimmtes Niveau, wird der Leistungsanreiz derart verringert, daß der Output und damit das Steueraufkommen tatsächlich zurückgeht. Dies ist das Maximum der möglichen Staatsausgaben.

ßere Staatsausgaben zu finanzieren, führen jenseits dieses Maximums dazu, daß die Individuen ihre Anstrengungen derart verringern und die Unternehmen ihre Investitionen derart drosseln, daß sowohl die Produktion privater Güter als auch das Steueraufkommen (und folglich auch die Staatsausgaben) sinken. Diese Kurve ist in den letzten Jahren unter dem Namen Laffer-Kurve bekannt geworden. Auf die Möglichkeit solcher Effekte wurde auch schon vor Laffer hingewiesen. Die Laffer-Kurve stellt einen der Ausgangspunkte für die „Supply-Side Economics" dar, die behauptet, daß eine Verringerung der Steuersätze zu einer Vergrößerung des Steueraufkommens führen werde. Dies ist theoretisch zwar zweifellos möglich, aber es gibt keine Beweise dafür, daß diese Möglichkeit bei den gegenwärtig angewandten Steuersätzen bedeutsam ist.

Eine fähige Regierung als ein öffentliches Gut

Die Führung der Staatsgeschäfte stellt eines der wichtigsten öffentlichen Güter dar: von einer fähigeren, effizienteren und einsichtigeren Regierung haben wir alle Vorteile. In der Tat, „gute Regierung" weist beide Eigenschaften öffentlicher Güter auf, die wir oben dargelegt haben: es ist schwierig und nicht wünschenswert, irgendein Individuum vom Genuß der Vorteile auszuschließen.

5. Kapitel: Öffentliche Güter und bereitgestellte private Güter

Arbeitet der Staat effizienter und setzt er die Steuern herab, ohne das Leistungsniveau staatlicher Dienste zu verringern, haben wir alle davon den Vorteil. Der Staatsmann, der dies erreicht, mag ebenfalls Vorteile davon haben, aber diese stellen nur einen Bruchteil derjenigen dar, die anderen zufließen. Die Bürger, die gegen ihn stimmten, gewinnen ebensoviel wie die, die seinen Wahlkampf unterstützten, oder die, die überhaupt nicht zur Wahl gingen und damit Schwarzfahrerverhalten gegenüber den politischen Aktivitäten der anderen an den Tag legten.

Zusammenfassung

1. In diesem Kapitel wurde eine wichtige Güterklasse definiert, die reinen öffentlichen Güter. Sie zeichnen sich durch zwei Eigenschaften aus:
   a) Es ist unmöglich, Individuen vom Genuß der Vorteile aus diesen Gütern auszuschließen und
   b) es ist nicht wünschenswert, dies zu tun, weil die Inanspruchnahme dieser Güter durch diese Individuen den Konsum der anderen nicht beeinträchtigt.
2. Es gibt zwar einige Beispiele für reine öffentliche Güter, wie etwa Landesverteidigung. Aber bei den meisten vom Staat bereitgestellten Gütern ist die Anwendung des Ausschlußprinzips möglich, obwohl sie oft mit Kosten verbunden ist. Die Erhebung von Benutzungsgebühren kann zu einer ungenügenden Nutzung öffentlicher Einrichtungen führen.
3. Märkte stellen öffentliche Güter entweder gar nicht oder nur in unzureichendem Maße bereit.
4. Das Problem bei Maßnahmen zur Bereitstellung öffentlicher Güter, die auf Freiwilligkeit beruhen, ist, daß die Individuen Schwarzfahrerverhalten praktizieren werden, d.h. sie werden versuchen, die Vorteile in Anspruch zu nehmen, während die Kosten von anderen getragen werden.
5. Bei öffentlich bereitgestellten privaten Gütern können andere Rationierungsverfahren als das Preissystem angewandt werden: manchmal werden Warteschlangen gebildet, in anderen Fällen wird jedem Individuum dieselbe Menge des Gutes zugeteilt. Beide Verfahren sind mit Ineffizienzen verbunden.
6. Für Pareto-Effizienz ist es erforderlich, daß das öffentliche Gut in einem derartigen Umfang angeboten wird, daß die Summe der Grenzraten der Substitution gleich der Grenzrate der Transformation ist. Ändert sich die Einkommensverteilung, so ändert sich im allgemeinen auch die Pareto-optimale Verbrauchsmenge des öffentlichen Gutes.
7. Die Grundregel für eine effiziente Versorgung mit öffentlichen Gütern muß modifiziert werden, wenn Mittelaufbringung und Einkommensumverteilung mit Kosten (Verzerrungen) verbunden sind.
8. Effiziente Führung der Staatsgeschäfte stellt selbst ein öffentliches Gut dar.

Schlüsselbegriffe

Reine öffentliche Güter
Ausschlußprinzip
Schwarzfahrerproblem
Benutzungsgebühren

Öffentlich bereitgestellte private Güter
Rationierungssystem
Physische Grenzrate der Transformation
Ökonomische Grenzrate der Transformation

Fragen und Probleme

1. Wo sind in der Zeichnung 5.2 folgende Güter anzusiedeln? Erklären Sie, ob es sich jeweils um ein reines öffentliches Gut handelt! Verweisen Sie, wenn dies möglich ist, auf Fälle, in denen das Gut sowohl öffentlich als auch privat bereitgestellt wird:
   a) Universitätsstudium
   b) Stadtparks
   c) Landschaftsschutzgebiete
   d) Abwasserbeseitigung
   e) Wasserversorgung
   f) Elektrizitätsversorgung
   g) Telekommunikation
   h) Altersrentenversicherung
   i) Krankenhäuser
   j) Innere Sicherheit
   k) Fernsehen
   l) Grundlagenforschung
   m) Angewandte Forschung

2. Inwiefern verändert sich die effiziente Allokation auf öffentliche und private Güter, wenn eine Gesellschaft reicher wird? Können Sie ein Beispiel für ein öffentliches Gut nennen, dessen Verbrauch bei einem Anstieg der Einkommen überproportional zunimmt? Oder unterproportional zunimmt?

3. Der Staat rationiert eine Vielzahl von öffentlich bereitgestellten privaten und öffentlichen Gütern (bei denen Überfüllung auftreten kann) auf unterschiedliche Art und Weise. Erörtern Sie, wie jedes der folgenden Güter rationiert wird, und überlegen Sie sich, welche Wirkungen die Einführung eines anderen Rationierungsverfahrens hätte:
   a) staatliche Gymnasien
   b) Gesundheitsgüter für Mitglieder der gesetzlichen Krankenversicherung
   c) Nationalpark Bayerischer Wald oder Nationalpark Hohe Tauern.
   Was geschieht im Fall eines öffentlichen Gutes, bei dem es zu Überfüllung kommen kann (wie beispielsweise Autobahnen oder öffentliche Schwimmbäder), wenn kein direktes Rationierungsverfahren eingeführt wird?

4. Sind die Meinungsverschiedenheiten zwischen den Befürwortern und den Gegner erhöhter bzw. verminderter Ausgaben für öffentliche Güter vor allem auf unterschiedliche Schätzungen der Grenzkosten öffentlicher Güter – einschließlich der stärkeren Verzerrungen, die mit der Erhebung höherer Steuern zur Finanzierung des öffentlichen Gutes verbunden sind – zurückzuführen? Was sind andere Gründe für Meinungsverschiedenheiten?

5. Welche Folgen dürfte der Umstand, daß effiziente Regierungstätigkeit ein öffentliches Gut darstellt, für das Maß an Effizienz haben, das dort tatsächlich anzutreffen ist?

Anhang: Ein anderes Verfahren zur Analyse der Effizienzbedingungen bei öffentlichen Gütern

In diesem Kapitel analysierten wir Effizienzbedingungen bei der Bereitstellung von öffentlichen Gütern mit Hilfe von Indifferenzkurven. Die Bedingungen für Pareto-Effizienz können auch noch anders abgeleitet werden.

In der Zeichnung 5.13A haben wir Robinsons Indifferenzkurve über die Transformationskurve gelegt. Wenn die Regierung öffentliche Güter im Umfang G bereitstellt und zugleich sicherstellen will, daß Robinson das Nutzenniveau erreicht, das in der Zeichnung mit der Indifferenzkurve U_1 verbunden ist, dann wird die Menge an privaten Gütern, die für das zweite Individuum „übrigbleibt", durch den vertikalen Abstand zwischen der Transformations- und der Indifferenzkurve dargestellt. Der (vertikale) Abstand zwischen den zwei

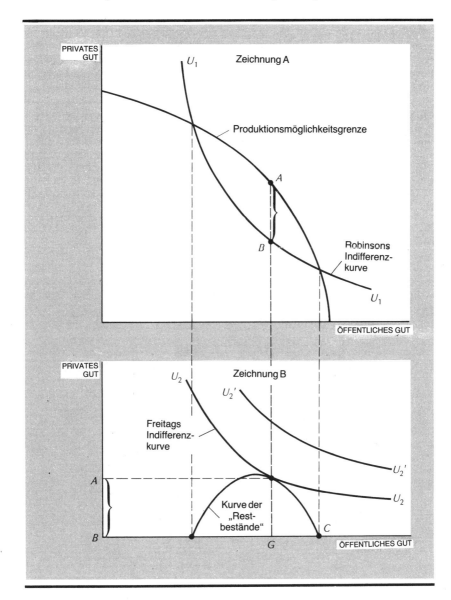

Abb. 5.13 Bestimmung des Pareto-effizienten Versorgungsniveaus mit öffentlichen Gütern. (A) Werden öffentliche Güter im Umfang G bereitgestellt und soll das erste Individuum das Nutzenniveau U_1 erreichen, stellt die Entfernung AB die Menge an privaten Gütern dar, die für das zweite Individuum übrigbleibt. (B) Die Wohlfahrt des zweiten Individuums ist im Tangentialpunkt seiner Indifferenzkurve und dieser Kurve der „Restbestände" maximal.

Kurven, dieser Restbestand also, läßt sich in Form einer Kurve darstellen. Diese haben wir in der Zeichnung 5.13B eingetragen. Nun legen wir in der Zeichnung 5.13B die Indifferenzkurven von Freitag darüber. Das höchstmögliche Nutzenniveau, das er unter der Voraussetzung der vorgegebenen Produktionsmöglichkeitsgrenze erreichen kann, und das mit einem vorgegebenen Nutzenniveau von Freitag vereinbar ist, wird durch den Tangentialpunkt zwischen seiner Indifferenzkurve und dieser Kurve der Restbestände bestimmt.

Da die Kurve der Restbestände die Differenz zwischen der Transformationskurve und der Indifferenzkurve des ersten Individuums darstellt, ist ihre Steigung gleich der Differenz zwischen der Steigung der Transformationskurve und der der Indifferenzkurve des Individuums. Die Steigung der Transformationskurve ist, wie wir sahen, die Grenzrate der Transformation, wohingegen die Steigung der Indifferenzkurve die Grenzrate der Substitution ist. Da beim optimalen Versorgungsniveau mit öffentlichen Gütern, also in G, die Kurve der Restbestände die Indifferenzkurve des zweiten Individuums tangiert, erfordert Pareto-Effizienz in dieser Wirtschaft, daß die Steigung der Kurve der Restbestände gleich der Steigung der Indifferenzkurve des zweiten Individuums ist, d.h.

$$GRT - GRS^1 = GRS^2$$

oder

$$GRT = GRS^1 + GRS^2,$$

wobei GRT für die Grenzrate der Transformation und GRS^i für die Grenzrate der Substitution des i-ten Individuums steht. Die Grenzrate der Transformation muß gleich der Summe der Grenzraten der Substitution sein.

6. Kapitel
Ökonomische Theorie der Politik

Die Versorgung mit „konventionellen" Gütern wird vom Marktmechanismus geregelt. Im Schnittpunkt der Angebots- und der Nachfragekurve herrscht Gleichgewicht. Im Kapitel 3 sahen wir, daß der Marktmechanismus gewährleistet, daß produziert wird, was die Konsumenten wünschen. Im Unterschied dazu wird die Versorgung mit öffentlichen Gütern durch politische Entscheidungsprozesse bestimmt. In diesem Kapitel geht es um zwei Gruppen von Fragen:

1. Was können wir über die Art und Weise sagen, in der in demokratischen Staaten wie der Bundesrepublik Deutschland die Versorgung mit öffentlichen Gütern geregelt wird, nämlich durch Mehrheitswahl (bzw. durch gewählte Volksvertreter, die nach dem Prinzip der Mehrheitswahl bestimmt werden). Inwieweit kommen hierbei die Präferenzen der Bürger zum Ausdruck? Erfolgt die Versorgung Pareto-effizient? Wenn nicht, wird zu wenig oder zu viel für öffentliche Güter ausgegeben?

2. Gibt es demokratische Entscheidungsverfahren, die für die Bestimmung der Versorgung mit öffentlichen Gütern geeigneter sind? Gibt es Verfahren, die die Präferenzen der Bürger besser zum Ausdruck bringen? Es wird oft behauptet, daß die verschiedenen Aktivitäten der Regierung nicht aufeinander abgestimmt sind, daß Entscheidungen gefällt werden, die im Widerspruch zueinander stehen. Ist das eine Folge der Unfähigkeit der regierenden Politiker oder einer speziellen Eigenart der staatsrechtlichen Ordnung der Bundesrepublik Deutschland oder eine unvermeidliche Folge demokratischer Entscheidungsverfahren überhaupt?

Diese Fragestellungen führen uns in den Grenzbereich zwischen Ökonomie und Politologie. Uns geht es darum, die wirtschaftlichen Aspekte des politischen Willensbildungsprozesses zu begreifen. Die Politologie hat sich traditionell besonders mit der Rolle von Interessengruppen befaßt und damit, wie verschiedene Institutionen und Gruppen in der Gesellschaft „politische Macht" ausüben. Unsere Fragestellung ist abstrakter. Wir treffen keine Aussagen über spezielle Institutionen und sprechen auch nicht sehr viel über Interessengruppen. Ebensowenig diskutieren wir den Einfluß, den bestimmte Individuen wie beispielsweise Helmut Kohl oder Konrad Adenauer auf die Ergebnisse politischer Willensbildungsprozesse ausgeübt haben. Uns geht es um Fragen wie: Wie können wir erklären, daß beide großen Parteien bemüht sind, sich als Volksparteien und Parteien der Mitte darzustellen, so daß in der Folge die Wähler mit Programmen konfrontiert werden, die sich nur recht begrenzt voneinander unterscheiden? Inwieweit können wir auf der Grundlage wirtschaftlicher Größen Prognosen über Wahlergebnisse und das Abstimmungsverhalten der Volksvertreter machen?

Wir erörtern zunächst, inwiefern sich die politischen Entscheidungsprozesse, die den Versorgungsgrad mit öffentlichen Gütern bestimmen, vom Marktmechanismus unterscheiden.

Privatwirtschaftliche Mechanismen der Ressourcenallokation

Die Marktwirtschaft ist durch eine einfache und wirkungsvolle Methode der Bestimmung des Produktionsniveaus privater Güter gekennzeichnet, das Preissystem. Es gibt Unternehmen einen Anreiz, Güter zu erzeugen, die für bestimmte Nachfrager einen Wert haben, und es liefert eine Grundlage für die Allokation der erzeugten Güter auf die verschiedenen Nachfrager. Wir sprechen oft von der bedeutenden Rolle, die Preise bei der Übermittlung von Informationen über die Produktionskosten und die Knappheit dieser Güter von den Nachfragern auf die Produzenten und von einem Produzenten zu anderen spielen.

Auf privatwirtschaftlichen Märkten bestimmt sich das Gleichgewicht als der Schnittpunkt zwischen der Angebots- und der Nachfragekurve; nimmt aus irgendeinem Grund die Nachfrage nach einer Ware zu, verschiebt sich die Nachfragekurve nach oben, der Preis steigt und die Unternehmen sehen sich veranlaßt, mehr zu produzieren. Auf diese Weise werden Informationen über Veränderungen des Geschmacks der Haushalte durch das Preissystem zu den Unternehmen übermittelt. Ähnlich verhält es sich, wenn aus irgendeinem Grund die Produktionskosten einer Ware sinken. Dann verschiebt sich die Angebotskurve nach unten, der Preis fällt und die Individuen werden mehr von der Ware kaufen, da sie nun billiger geworden ist. Wiederum ist es das Preissystem, das Informationen über eine Veränderung der Technologie von den Unternehmen zu den Konsumenten vermittelt hat. Wie wir im Kapitel 4 ausgeführt haben, ist es eines der wichtigsten Ergebnisse der modernen Wohlfahrtsökonomik, daß die Ressourcenallokation in einer Wettbewerbswirtschaft effizient ist[1].

Staatliche Mechanismen der Ressourcenallokation

Die Entscheidungen über die Ressourcenallokation im öffentlichen Sektor fallen auf eine ganz andere Art und Weise. Das Volk wählt seine Vertreter und diese wiederum stimmen über einen staatlichen Haushaltsplan ab. Das Geld selbst wird von einer Vielzahl von Behörden verausgabt. Zwischen der Art und Weise, wie ein Individuum über seine Ausgaben entscheidet, und der Art, wie der Bundestag entscheidet, besteht also ein grundsätzlicher Unterschied. Ein Bundestagsabgeordneter muß außer seinen eigenen Ansichten und Wünschen die seiner Wähler berücksichtigen. Hierbei stößt er auf zwei Probleme. Erstens muß er sich vergewissern, was die Ansichten seiner Wähler sind. Da diese sich höchstwahrscheinlich voneinander unterscheiden, muß er sich zweitens entscheiden, wessen Ansichten er welche Bedeutung beimißt.

---

[1] Hierbei ist es allerdings wesentlich, die zahlreichen Einschränkungen dieses grundlegenden Resultats im Auge zu behalten, die wir im Kapitel 4 diskutiert haben. Das einfache heuristische Argument über die informationsvermittelnde Rolle von Preisen, das wir eben dargestellt haben, ist mit Vorsicht zu genießen. Die hergebrachte Analyse vollkommener Märkte enthält starke und unrealistische Annahmen über die Art der Informationen, die den verschiedenen Akteuren in der Gesellschaft zur Verfügung stehen. Sobald realistischere Annahmen gemacht werden, müssen die Sätze der Wohlfahrtsökonomik modifiziert werden.

Das Problem der Enthüllung von Präferenzen

Die Individuen bringen ihre Ansichten über die Vorzüge und Nachteile bestimmter privater Güter einfach dadurch zum Ausdruck, daß sie diese entweder kaufen oder nicht. Bei öffentlichen Gütern gibt es kein derart effizientes Verfahren, mit dessen Hilfe die Individuen ihre Ansichten über die Vorzüge bestimmter öffentlicher Güter gegenüber anderen zum Ausdruck bringen können.

Die Bundestagswahlen vermitteln nur sehr begrenzte Aufschlüsse über die Einstellung der Wähler zu bestimmten öffentlichen Gütern; bestenfalls läßt sich aufgrund derartiger Wahlergebnisse ein Gesamteindruck gewinnen, ob die Wähler mehr oder weniger Staatsausgaben wünschen. Auf der Ebene der Länder kommt es manchmal über bestimmte Maßnahmen zu einem Volksentscheid. Aber selbst die Erkenntnisse, die sich hieraus gewinnen lassen, sind sehr begrenzt. Wenn einer dafür stimmt, was in seinem besten Interesse ist, dann bedeutet das nur, daß er glaubt, daß die Vorteile aus einer Maßnahme die Kosten, die auf ihn entfallen, überschreiten. Stimmt die Mehrheit der Wähler für diese Maßnahme, heißt das, daß dies wenigstens für die Hälfte aller Wähler der Fall ist. Daraus folgt noch keineswegs, daß die Summe der Vorteile aus einer Maßnahme tatsächlich größer ist als ihre Kosten.

Ökonomen haben sich oft darüber Gedanken gemacht, ob Individuen, wenn sie nach ihren Präferenzen gefragt würden, diese **wahrheitsgemäß** enthüllen würden. Gibt es eine Möglichkeit, Individuen dazu zu bewegen, ihre Präferenzen bezüglich öffentlicher Güter wahrheitsgemäß darzustellen?

Bei privaten Entscheidungen kennt der Entscheidende seine (eigenen) Präferenzen. Bei kollektiven Entscheidungen muß der Entscheidende erst die Präferenzen derjenigen ausfindig machen, für die er die Entscheidung trifft. Dies ist der erste wesentliche Unterschied zwischen öffentlicher und privater Ressourcenallokation.

Das Problem der Aggregation von Präferenzen: Die Vereinbarkeit unterschiedlicher Standpunkte

Selbst wenn alle ihre Präferenzen wahrheitsgemäß und ehrlich offenlegen, muß der Politiker diese Informationen immer noch auf irgendeine Art und Weise zusammenfassen, um eine Entscheidung fällen zu können. Beim Auftritt auf einem Markt besteht für das Unternehmen keine Notwendigkeit, die Vorteile und Interessen einer Gruppe gegen die der anderen abzuwägen. Ist einer bereit, einen Preis für die Ware zu zahlen, der die Grenzkosten ihrer Produktion überschreitet, lohnt es sich für das Unternehmen, die Ware an ihn zu verkaufen. Die Entscheidungen werden auf einer individuellen Grundlage getroffen. Die im öffentlichen Sektor hingegen werden kollektiv getroffen. Spricht sich ein Politiker für eine Vergrößerung der Ausgaben für ein bestimmtes öffentliches Gut aus, ist das eine ganz andere Situation, als wenn er das Gut selbst bezahlen müßte. Sein Abstimmungsverhalten soll den Interessen der von ihm vertretenen Personen entsprechen, aber deren Meinungen sind höchstwahrscheinlich unterschiedlich. Manche wollen die Rüstungsausgaben erhöht sehen, andere gesenkt. Ebenso verhält es sich bei den Sozialausgaben. Wie soll sich der Politiker angesichts derartiger Konflikte verhalten?

Eine mögliche Antwort ist, daß er das vorhergehende Kapitel dieses Buchs lesen sollte. Er wird dann begreifen, daß es für Effizienz erforderlich ist, daß die Summe der Grenzraten der Substitution gleich der Grenzrate der Transformation ist. Aber selbst, wenn der Politiker das weiß, wird es ihm nicht allzuviel weiterhelfen. Er kann dann Pareto-ineffiziente Allokationen vermeiden. Aber über die Auswahl zwischen verschiedenen Pareto-effizienten Allokationen ist nichts gesagt. Solche Fragen der Einkommensverteilung spielen in der politischen Auseinandersetzung eine zentrale Rolle.

Eine davon abweichende Konzeption sieht den Politiker als eine Person, die ihre eigenen Interessen verfolgt (ebenso wie Konsumenten und Unternehmer ihre eigenen Interessen verfolgen). Er ist daran interessiert, wiedergewählt zu werden. Der „Preis", den er für sein Abstimmungsverhalten zahlt (oder erhält), ist ein Verlust (oder ein Gewinn) an Wählerstimmen. (Hier wird natürlich unterstellt, daß zwischen dem Abstimmungsverhalten des Politikers in einer bestimmten Angelegenheit und dem Wahlverhalten der Bürger bei den nächsten Wahlen ein spürbarer Zusammenhang besteht.) Welche Folgerungen sich aus dieser Hypothese für das Abstimmungsverhalten der Politiker ergeben, ist eine Frage, der wir in Kürze nachgehen werden.

Auch wenn sich ein bestimmter Volksvertreter für eine Stellungnahme zu einem Vorhaben entscheidet, beziehen andere höchstwahrscheinlich eine abweichende Position. Das Problem, verschiedene Standpunkte miteinander zu versöhnen, tritt bei jeder kollektiven Entscheidung auf. In der tagtäglichen politischen Auseinandersetzung beruft man sich gern auf den „Willen des Volkes". Unterschiedliche Leute wollen unterschiedliches. Wie kann man aufgrund so verschiedener Standpunkte zu einer gesellschaftlichen Entscheidung gelangen? In einer Diktatur ist die Antwort einfach: die Präferenzen des Diktators setzen sich durch. In einer Demokratie gibt es keine so einfache Lösung. Man hat verschiedene Abstimmungsregeln vorgeschlagen, zu denen das Einstimmigkeits-(Konsens-)Prinzip, die Abstimmung mit einfacher Mehrheit und die Abstimmung mit 2/3 Mehrheit gehören. In der Demokratie wird die Abstimmung mit einfacher Mehrheit am häufigsten praktiziert.

Abstimmung mit einfacher Mehrheit

Bei der Abstimmung mit einfacher Mehrheit (Mehrheitswahl) gewinnt bei der Wahl zwischen zwei Alternativen diejenige Alternative, für die sich die Mehrheit der Abstimmenden ausspricht. Wir können uns die Alternativen als zwei unterschiedliche Ausgabenvolumina für ein bestimmtes öffentliches Gut vorstellen oder als die Entscheidung, ein bestimmtes Vorhaben anzupacken, beispielsweise eine Badeanstalt zu errichten und nicht einen Tennisplatz.

Das Abstimmungsverhalten eines typischen Steuerzahlers

Zunächst analysieren wir die Präferenzen der Wähler. Wir unterstellen, daß sie bei ihrem Abstimmungsverhalten von ihren eigenen Interessen ausgehen: jeder einzelne von ihnen bewertet die Vorteile, die er von einem staatlichen Maßnahmenkatalog hat, und vergleicht sie mit den zusätzlichen Kosten, die dafür auf ihn zukommen. Wenn der Staat, wie in der Zeichnung 6.1A seine Ausgaben für ein

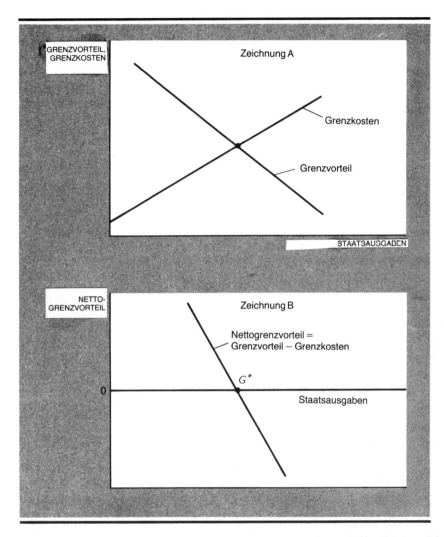

Abb. 6.1 Der Wert, den das Individuum erhöhten Staatsausgaben beimißt. Erhöhen sich die öffentlichen Ausgaben, nimmt der Grenznutzen einer weiteren Erhöhung ab, und die Grenzkosten (privater Konsum, auf den verzichtet werden muß) erhöhen sich. Infolgedessen wird der Nettogrenzvorteil öffentlicher Ausgaben schließlich negativ. G* ist der Punkt, den das Individuum allen anderen vorzieht.

bestimmtes öffentliches Gut vergrößert, hat das Individuum davon einige zusätzliche Vorteile (den Grenznutzen zusätzlicher Ausgaben für das öffentliche Gut). Die Grenzkosten, die es zu tragen hat, hängen vom Steuersystem ab. Nehmen Sie an, daß die Steuerlast gleichmäßig auf 100 Individuen aufgeteilt wird. Gibt die Regierung dann 1000 DM zusätzlich für öffentliche Güter aus, ist die zusätzliche Steuerlast 10 DM; in Nutzeneinheiten sind die Grenzkosten gleich dem Grenznutzen einer Mark (die anderenfalls für den Konsum privater Güter ausgegeben würde) multipliziert mit der zusätzlichen Steuer (10 DM)[2].

Wendet der Staat sehr wenig für öffentliche Güter auf, ist der Grenznutzen des öffentlichen Gutes hoch; mit der Zunahme der Aufwendungen für öffentliche Güter nimmt der Grenznutzen ab. Wendet die Regierung mehr für öffentliche Güter auf, schrumpft die Versorgung mit privaten Gütern und der Grenznutzen der letzteren nimmt infolgedessen zu, so daß die Grenzkosten der öffentlichen Güter (in Nutzeneinheiten) zunehmen. Da der Grenzvorteil aus öffentlichen Gütern zurückgeht und ihre Grenzkosten zunehmen, ist der Nettogrenzvorteil bei hohen Staatsausgaben negativ, bei niedrigen positiv, wie man in der Zeichnung 6.1B sieht. Anders ausgedrückt, das Nutzenniveau des Individuums nimmt anfänglich bei wachsenden Staatsausgaben zu (diese haben einen positiven Grenzvorteil), verringert sich aber schließlich wieder. Offensichtlich ist es für das Individuum wünschenswert, daß die Staatsausgaben jenen Umfang erreichen, bei dem sein Nutzen maximiert wird bzw. bei dem der Nettogrenzvorteil – der Grenzvorteil minus Grenzkosten – null wird.

Die Einstellung des Individuums zu Ausgaben für öffentliche Güter wird durch drei Faktoren bestimmt. Erstens kann es sein, daß manche öffentliche Güter einfach mehr mögen als andere. Manche wissen öffentliche Parkanlagen sehr zu schätzen, während andere sie nie nutzen. Zweitens bestehen Einkommensunterschiede zwischen den Individuen. Für arme wird der Grenznutzen privater Güter höher sein als für reiche. Arme Individuen werden daher weniger leicht bereit sein, private Güter für eine Mark aufzugeben, um eine Besserversorgung mit öffentlichen in diesem Ausmaß zu ermöglichen. Da sie über weniger private Güter verfügen, ist es möglich, daß für sie auch der Grenznutzen öffentlicher höher ist, aber normalerweise übertrifft die Zunahme ihres Grenznutzens bei privaten Gütern die Zunahme ihres Grenznutzens bei öffentlichen Gütern; allgemeiner ausgedrückt: bei jedem beliebigen Niveau der Versorgung mit öffentlichen Gütern ist die Grenzrate der Substitution – also die Zahl der Einheiten an privaten Gütern, die sie im Fall der Vergrößerung der Versorgung mit öffentlichen Gütern um eine Einheit zu opfern bereit sind – bei den armen Individuen geringer. Diese Feststellung steht nicht im Widerspruch zu der Beobachtung, daß arme Individuen oft eine Versorgung mit öffentlichen Gütern fordern. Dies läßt sich vielmehr auf die dritte Bestimmungsgröße für die Einstellung eines Individuums gegenüber erhöhten öffentlichen Ausgaben zurückführen, die Struktur des Steuersystems, die bestimmt, welcher Teil der zusätzlichen Kosten, die durch erhöhte Ausgaben für öffentliche Güter entstehen, auf jeden einzelnen entfällt. Bei einer Besteuerung, bei der jedermann denselben absoluten Betrag zahlen muß, zieht ein armes Individuum höchstwahrscheinlich einen niedrigen Versorgungsgrad mit öffentlichen Gütern einem hohen vor, da seine Grenzkosten (gemessen an der Nutzeneinbuße aus dem Verzicht auf private Güter) höher sind, wie in der Zeichnung 6.2 gezeigt wird. Werden aber die armen weniger besteuert als die reichen, kann es sein, daß die armen höhere Ausgaben für öffentliche Güter vorziehen. Offenbar wird einer, der überhaupt keine Steuern zahlt, aber Vorteile aus

---

[2] Während der ganzen Erörterung unterstellen wir, daß eine Einheit des öffentlichen Gutes genausoviel kostet wie eine Einheit des privaten. (Durch diese Annahme büßt die Analyse nicht an Allgemeinheit ein.)

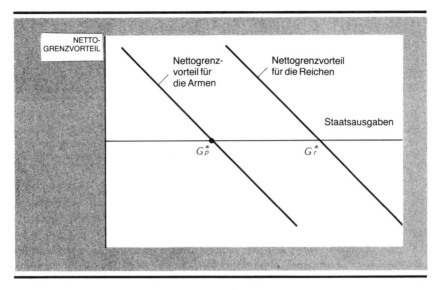

Abb. 6.2 Nettogrenzvorteile für verschiedene Individuen. Bei einer gleichmäßigen Steuer (jeder zahlt denselben Betrag) und wenn alle Individuen dieselben Präferenzen haben, ist das gewünschte Niveau der öffentlichen Ausgaben umso geringer, je ärmer das Individuum ist. Der Grenzvorteil ist zwar für alle derselbe, aber die Grenzkosten (der Grenznutzen der entgangenen privaten Güter) sind für die Armen höher. Infolgedessen sind die öffentlichen Ausgaben in G_p^*, dem Punkt, den die Armen allen anderen vorziehen, geringer als in G_r^*, dem Punkt, den die Reichen allen anderen vorziehen.

der verbesserten Versorgung mit öffentlichen Gütern hat, für das größtmögliche Ausgabenvolumen für öffentliche Güter stimmen.

Wir nennen die zusätzlichen Steuern, die man im Falle zusätzlicher Ausgaben für öffentliche Güter in der Höhe von einer Mark zahlen muß, ihren **Steuerpreis**[3]. Bei gleichmäßiger Besteuerung beträgt in einer Wirtschaft, die von N Individuen bevölkert ist, der Steuerpreis für jedes einzelne 1/N. Bei proportionaler Besteuerung (jedermann zahlt denselben Teil seines Einkommens als Steuer), ist der Steuerpreis für eines, dessen Einkommen Y_i beträgt

$$\frac{Y_i}{Y^*} \cdot \frac{1}{N}$$

wobei Y^* das durchschnittliche Einkommen der Bürger bezeichnet. Das heißt, auf einen Bürger mit durchschnittlichem Einkommen entfällt gerade der 1/Nte Teil der gesamten zu entrichtenden Steuern, und er befindet sich damit in derselben Situation wie zuvor. Ein Individuum ohne Einkommen bezahlt nichts und

---

[3] In der Literatur wird mitunter statt des Begriffs Steuerpreis auch der Begriff Lindahlpreis verwendet.

sein Steuerpreis ist entsprechend null[4]. Ärmeren wird ein geringerer Steuerpreis abverlangt, und das veranlaßt sie, ihre Nachfrage nach öffentlichen Gütern auszudehnen; ist der Steuerpreis gegeben, befürworten ärmere Individuen ein geringeres Ausgabenvolumen für öffentliche Güter als reichere. Diese zwei Effekte wirken in die entgegensetzte Richtung und es ist bei proportionaler Besteuerung infolgedessen möglich, daß ärmere Individuen sowohl ein höheres als auch ein geringeres Niveau an öffentlichen Ausgaben befürworten als reichere.

Das von einem Individuum am meisten vorgezogene Niveau an öffentlichen Ausgaben kann für jeden gegebenen Steuerpreis analog zur Nachfrage nach privaten Gütern analysiert werden. Unterstellen Sie, daß sein Steuerpreis p ist, das heißt für jede Mark Staatsausgaben muß es p zahlen. Dann ist die Gesamtsumme, die es ausgeben kann, seine Budgetrestriktion[5]:

$$C + pG = Y,$$

wobei C sein Konsum privater Güter ist, G die Gesamtmenge an öffentlichen Gütern, die bereitgestellt wird und Y sein Einkommen. Wir tragen die Budgetrestriktion in der Zeichnung 6.3A als Gerade BB auf. Wandert man entlang der Budgetgeraden nach Südosten, wachsen die Staatsausgaben und schrumpft der Konsum privater Güter. Das Individuum versucht, das größtmögliche Nutzenniveau zu erreichen, das mit der Budgetrestriktion vereinbar ist. In der Zeichnung 6.3A haben wir auch seine Indifferenzkurve für öffentliche und private Güter eingetragen. Es ist bereit, private Güter aufzugeben, wenn es dafür mehr öffentliche erhält. Die Menge der privaten Güter, die es aufzugeben bereit ist, um eine zusätzliche Einheit der öffentlichen zu erhalten, ist die Grenzrate der Substitution. Erhält es mehr öffentliche Güter (und entsprechend weniger private), wird die Menge an privaten, die es für eine zusätzliche Einheit der öffentlichen dahinzugeben bereit ist, geringer – das heißt, das Individuum hat eine fallende Grenzrate der Substitution. Geometrisch ist die Grenzrate der Substitution die Steigung der Indifferenzkurve. Konsumiert es mehr öffentliche und weniger private Güter, wird die Indifferenzkurve flacher.

Das Individuum erreicht sein höchstes Nutzenniveau im Tangentialpunkt zwischen der Indifferenzkurve und der Budgetrestriktion, dem Punkt E im Abschnitt A der Zeichnung. In diesem Punkt haben die Budgetrestriktion und die Indifferenzkurve dieselbe Steigung. Die Steigung der Budgetrestriktion sagt uns, wieviel private Güter das Individuum dahingeben muß, um eine zusätzliche Einheit des öffentlichen Gutes zu erhalten; sie ist gleich dem Steuerpreis, den es zu entrichten hat. Die Steigung der Indifferenzkurve sagt uns demgegenüber, wieviele private Güter das Individuum dahinzugeben bereit ist, um eine zusätzliche

---

[4] Es läßt sich leicht eine Formel für den Steuerpreis ableiten. t sei der Steuersatz. Die gesamten Staatseinnahmen sind dann t N Y*, da das gesamte Volkseinkommen gleich dem durchschnittlichen Einkommen Y* multipliziert mit der Zahl der Individuen ist. Dies muß gleich den Staatsausgaben sein, t NY* = G.
Wenn die Staatsausgaben um eine Einheit zunehmen, dann muß der Steuersatz um 1/NY* zunehmen. Die Steuer, die von einem mit dem Einkommen Y_i entrichtet wird, ist t Y_i. Seine zusätzliche Steuerbelastung – der Steuerpreis – ist dann Y_i/N Y*.

[5] Rufen Sie sich aus dem Kapitel 4 die Definition der Budgetrestriktion ins Gedächtnis zurück. Sie beschreibt die Gütermengenkombinationen, die einer erwerben kann.

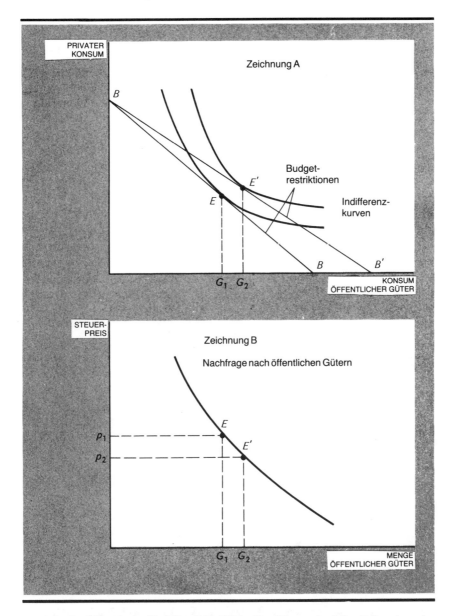

Abb. 6.3 Nachfragekurve für öffentliche Güter. Das Niveau der öffentlichen Ausgaben, das das Individuum allen anderen vorzieht, wird durch den Tangentialpunkt von Indifferenzkurve und Budgetrestriktion bestimmt. Erhöht sich der Steuerpreis (die Budgetrestriktion verschiebt sich von BB nach BB'), verringert sich das Ausgabenniveau, das das Individuum vorzieht. So läßt sich die Nachfragekurve, die in der Zeichnung B gezeigt wird, ableiten.

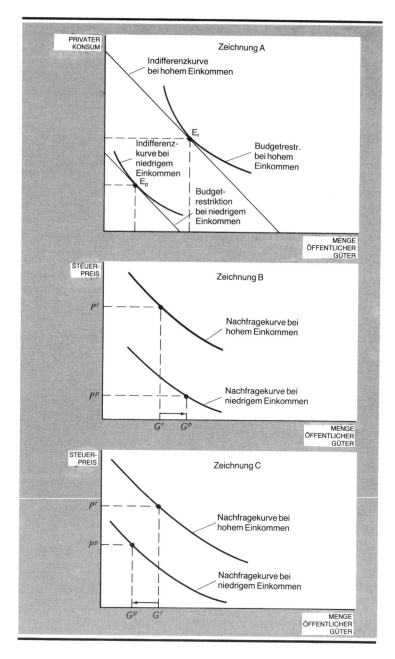

Abb. 6.4 Die Bedeutung von Einkommensunterschieden für die Nachfrage nach öffentlichen Gütern. Gegeben einen Steuerpreis fragen die Individuen mit geringerem Einkommen normalerweise weniger öffentliche Güter nach. Da sie tatsächlich aber einen geringeren Steuerpreis entrichten, kann ihre Nachfrage nach öffentlichen Gütern geringer (wie in der Zeichnung C) oder größer sein (wie in B).

Einheit des öffentlichen zu erhalten. In dem Punkt, der für das Individuum die höchste Präferenz hat, ist also die Menge an privaten Gütern, die es aufzugeben bereit ist, um eine zusätzliche Einheit der öffentlichen zu erhalten gerade gleich der Menge, die es dahingeben muß. Senken wir den Steuerpreis, dreht sich die Budgetrestriktion (von BB nach BB') und der vom Individuum am stärksten präferierte Punkt bewegt sich nach E'. Seine Nachfrage nach öffentlichen Gütern wird sich normalerweise ausdehnen.

Indem wir den Steuerpreis anheben und senken, können wir eine Nachfragekurve nach öffentlichen Gütern ganz analog zu einer Nachfragekurve nach privaten Gütern ableiten. In der Zeichnung 6.3B haben wir diese Nachfragekurve gezeichnet. Die Punkte E und E' aus dem Abschnitt A zeigen die Mengen an öffentlichen Gütern, die beim Steuerpreis p_1 und p_2 nachgefragt werden. Indem wir die Budgetrestriktion im Abschnitt A weiter drehen, können wir noch zusätzliche Punkte für den Abschnitt B ableiten.

Wir haben oben darauf hingewiesen, daß Individuen mit unterschiedlichem Einkommen wahrscheinlich unterschiedliche Mengen an öffentlichen Gütern nachfragen. Die Zeichnung 6.4 zeigt den Einfluß, den eine Verringerung des Einkommens auf die Nachfrage nach öffentlichen Gütern ausübt. Im Abschnitt A sehen wir die Budgetrestriktion für ein niedrigeres Einkommen. Beim gleichen Steuerpreis werden eindeutig weniger öffentliche Güter nachgefragt: die Punkte E_p und E_r stellen die Tangentialpunkte zwischen den Budgetrestriktionen und den Indifferenzkurven dar. Die Nachfragekurve des ärmeren Individuums wird, wie in den Abschnitten B und C zu sehen ist, stets unterhalb der des reicheren liegen. Das ärmere Individuum wird normalerweise allerdings einen niedrigeren Steuerpreis zu entrichten haben. Im Abschnitt B macht dieser Effekt die Wirkungen einer Einkommenseinbuße mehr als wett, im Abschnitt C ist das Gegenteil der Fall.

Der Medianwähler

Wir haben beschrieben, wie jeder Wähler über das von ihm vorgezogene Ausgabenniveau entscheidet. Die Individuen werden sich in bezug auf dieses Ausgabenniveau unterscheiden. Welche Aussage können wir über das Gleichgewicht machen, das sich bei einer Abstimmung einstellt?

Für eine Analyse des Gleichgewichts bei Mehrheitswahl betrachten wir ein einfaches Beispiel mit drei Individuen mit unterschiedlichen Einkommen. Wir nehmen an, daß die Bürger umso höhere Staatsausgaben wünschen, je reicher sie sind. (Dies wird wie oben festgestellt bei einer gleichmäßigen Besteuerung regelmäßig der Fall sein, bei proportionaler Besteuerung kann die Lage aber auch anders aussehen.) In der Zeichnung 6.5 haben wir für drei verschiedene Einkommensgruppen ihr Nutzenniveau als eine Funktion der öffentlichen Ausgaben aufgetragen. Für jede nimmt der Nutzen mit dem Ausgabenniveau zunächst zu und dann wieder ab. Das von den Armen bevorzugte Niveau, G_1, ist niedriger als das von der mittleren Einkommensgruppe bevorzugte, G_2, das wiederum geringer ist als das von den Reichen bevorzugte Niveau.

Untersuchen wir zuerst eine Abstimmung zwischen G_1 und G_2. Sowohl die Individuen mit mittlerem als auch die mit höherem Einkommen stimmen für G_2, also gewinnt G_2. Nun betrachten Sie eine Abstimmung zwischen G_2 und G_3; offensichtlich bevorzugen die Individuen mit mittlerem und geringem Einkommen G_2

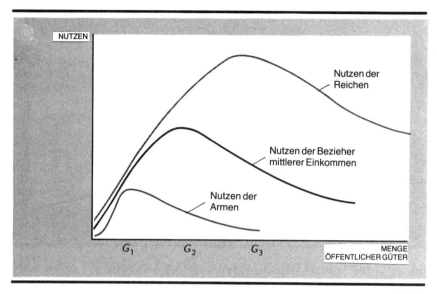

Abb. 6.5 Nutzenniveau als eine Funktion der Staatsausgaben. Je höher das Einkommen, umso höhere Staatsausgaben werden gewünscht (bei gleichmäßiger Besteuerung).

gegenüber G_3; G_2 erhält also erneut 2 von 3 Stimmen. Allgemeiner: stellen Sie G_2 jedem anderem Ausgabenniveau gegenüber, das niedriger ist als G_2. Dann ziehen sowohl die Individuen mit mittlerem als auch die mit höherem Einkommen G_2 vor. Umgekehrt gilt für jedes Ausgabenniveau oberhalb G_2, daß die mit mittlerem und niedrigem Einkommen G_2 bevorzugen. G_2 kann infolgedessen gegenüber allen anderen Ausgabenniveaus auf eine Mehrheit rechnen. Der **Medianwähler** ist der Wähler, bei dem die Zahl derjenigen, die ein höheres Ausgabenniveau wünschen als er selbst (die mit einem höheren Einkommen) gleich der Zahl derjenigen ist, die ein niedrigeres Ausgabenniveau wünschen als er selbst (die, die ein niedrigeres Einkommen haben). Das Ergebnis, das wir eben abgeleitet haben, gilt allgemein: bei Abstimmung mit einfacher Mehrheit ist das Gleichgewichtsniveau der Ausgaben dasjenige, das der Medianwähler am meisten bevorzugt[6].

Um herauszufinden, wer der Medianwähler ist und wie hoch das Ausgabenniveau für öffentliche Güter sein wird, ordnen wir die Individuen nach dem Ausgabenniveau an, das sie am meisten bevorzugen. Für jedes Ausgabenniveau können wir fragen, welcher Teil der Individuen es vorziehen würde, wenn die Regierung weniger ausgibt. Der Medianwähler ist der Wähler, bei dem genau die Hälfte der Wähler es vorzieht, daß die Regierung weniger ausgibt (und entsprechend die andere Hälfte, daß sie mehr ausgibt).

Der Medianwähler kann ein Einkommen über oder unter dem Durchschnittseinkommen beziehen. Unterstellen Sie, daß reichere Individuen mehr öffentli-

---

[6] Vorausgesetzt, ein Gleichgewicht bei Abstimmung mit einfacher Mehrheit existiert. Wir werden sehen, daß das nicht immer der Fall ist.

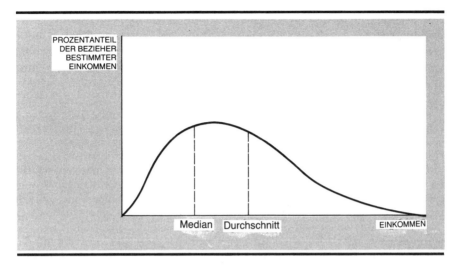

Abb. 6.6 Das Verhältnis zwischen Durchschnitts- und Medianeinkommen. Bei einer schiefen Einkommensverteilung ist der Median geringer als der Durchschnitt. Das Medianeinkommen ist das Einkommen, das 50 Prozent der Bevölkerung nicht erreichen und die anderen 50 Prozent überschreiten. Bei einer schiefen Verteilung erhöhen die sehr hohen Einkommen der sehr Reichen den Durchschnitt, so daß er höher ist als der Median.

che Güter wünschen. Stimmen alle ab, dann ist der Medianwähler der mit dem Medianeinkommen. In der Zeichnung 6.6 haben wir die Einkommensverteilung dargestellt. Sie zeigt uns den Prozentsatz der Bevölkerung, der jeweils auf eine bestimmte Einkommensgruppe entfällt. Wie aus dieser Zeichnung ersichtlich wird, ist die Einkommensverteilung nicht symmetrisch – das heißt, es gibt wesentlich mehr Leute mit sehr geringem als solche mit sehr hohen Einkommen. Die wenigen mit sehr hohen Einkommen heben das Durchschnittsniveau an, so daß bei dieser Art von Einkommensverteilung das Individuum mit dem Medianeinkommen ein niedrigeres als das Durchschnittseinkommen bezieht.

Aus der Theorie des Medianwählers folgt, daß bei einer Einkommensumverteilung, die zu einer Anhebung des Einkommens des Medianwählers führt, die Nachfrage der Gesellschaft nach öffentlichen Gütern selbst dann zunimmt, wenn das Durchschnittseinkommen unverändert bleibt.

Die Ineffizienz des Gleichgewichts bei Mehrheitswahl

Da der Medianwähler die Höhe der Ausgaben bestimmt, genügt es für eine Beantwortung der Frage, ob die Ausgaben für öffentliche Güter zu hoch oder zu niedrig sind, sein Abstimmungsverhalten zu prüfen und mit den Effizienzbedingungen aus dem Kapitel 5 zu vergleichen. Es wird angenommen, daß das Medianindividuum nur die Vorteile, die ihm zuteil werden, mit den Kosten, die es trägt, vergleicht. Seine Vorteile sind geringer als die Gesamtheit der gesellschaftlichen Vorteile (die auch die Vorteile einschließen, die anderen zuteil werden), aber seine Kosten sind es auch. Ob zuwenig oder zuviel für öffentliche Güter ausgegeben wird, hängt davon ab, ob der auf ihn fallende Teil der gesamten (Grenz)-

Kosten geringer oder größer ist als der auf ihn entfallende Teil der gesamten Vorteile.

Betrachten Sie als erstes das Beispiel, daß alle Individuen identisch sind, und gleich viel Steuern zahlen (gleichmäßige Besteuerung). Wenn es N Individuen gibt, sind die persönlichen Vorteile eines jeden gerade der 1/Nte Teil der gesamten Vorteile, und seine Kosten der 1/Nte Teil der gesamten Kosten. Dann ist das Gleichgewicht bei Abstimmung mit einfacher Mehrheit effizient.

Nun betrachten Sie den Fall, in dem alle Individuen denselben Grenzvorteil von dem öffentlichen Gut erlangen; die persönliche Einschätzung dieser Grenzvorteile durch das Medianindividuum ist gerade 1/N der gesamtwirtschaftlichen Grenzvorteile. Unterstellen Sie proportionale Besteuerung und eine sehr schiefe Einkommensverteilung (so daß es sehr wenige reiche Individuen gibt und viele arme, wie in der Zeichnung 6.6). Dann wird das Medianeinkommen wesentlich niedriger sein als das Durchschnittseinkommen und der Steuerpreis für das Medianindividuum sehr gering. Es trägt nur einen kleinen Teil der gesamten Kosten. Selbst wenn der Grenznutzen einer Mark, die in privaten Konsum fließt, für die Person mit dem Medianeinkommen etwas höher ist als für ein reiches Individuum, wird es noch zu übermäßig großen Ausgaben für öffentliche Güter kommen.

Unsere Einkommensteuer ist eine progressive Steuer – das heißt, der Steuersatz nimmt mit dem Einkommen zu. Bei progressiver Besteuerung, bei der die Steuerschuld stärker zunimmt als das Einkommen, mag der Teil der Kosten, der von dem Medianindividuum getragen wird, sogar noch kleiner sein als bei proportionaler Besteuerung, so daß es noch wahrscheinlicher wird, daß das Ausgabenniveau übermäßig ist.

Es sollte klar sein, daß es bestimmte öffentliche Güter geben kann, die für die Reichen von großem Vorteil sind, für die Armen aber nicht, und die bei gleichmäßiger Besteuerung ungenügend angeboten würden. Bei proportionaler oder progressiver Besteuerung kann sowohl Unter- als auch Überangebot an solchen öffentlichen Gütern vorliegen.

Das Wahlparadox

Ein vieldiskutiertes Handicap der Mehrheitswahl ist die Möglichkeit, daß es kein Gleichgewicht gibt. Dieses Problem wurde bereits im achtzehnten Jahrhundert von dem berühmten französischen Philosophen Concordet erkannt. Es kann mit Hilfe des folgenden Beispiels vorgeführt werden, in dem es drei Wähler und drei Alternativen gibt, die mit A, B und C bezeichnet werden. Der Wähler 1 zieht A gegenüber B vor und B gegenüber C. Der Wähler 2 zieht C gegenüber A vor und A gegenüber B. Der Wähler 3 zieht B gegenüber C vor und C gegenüber A.

Stellen Sie sich vor, daß wir zwischen A und B abstimmen lassen. Die Wähler 1 und 2 stimmen für A, A gewinnt. Nun machen wir eine Abstimmung zwischen A und C. Die Wähler 2 und 3 ziehen C gegenüber A vor und C gewinnt infolgedessen. Es hat den Anschein, daß die Gesellschaft C wählen sollte. C besiegt A und A besiegt B. Aber lassen wir jetzt noch eine direkte Abstimmung zwischen C und B zu. Die Wähler 1 und 3 ziehen B gegenüber C vor. Dies wird als das **Wahlparadox** bezeichnet, oder als Paradox zyklischer Mehrheiten. Es gibt keinen eindeutigen Sieger. B schlägt C, C schlägt A, aber A schlägt B.

Wenn wir hier eine Mehrheitswahl vornehmen, dann ist es offenbar sehr wesentlich, wer die Versammlungsleitung innehat. Unterstellen Sie, daß die Wahl so durchgeführt wird, daß zuerst A und B zur Abstimmung gelangen, und der Sieger dann gegen C antritt. Offensichtlich wird dann C gewinnen. Stellen Sie sich demgegenüber vor, daß die Wahl so erfolgt, daß erst B und C zur Abstimmung gelangen und dann der Gewinner aus dieser Wahl gegen A antritt. Dann gewinnt A. Stellen Sie sich schließlich vor, daß die Wahl folgendermaßen durchgeführt wird: Zunächst gelangen A und C zur Abstimmung und der Sieger tritt dann gegen B an. Es gewinnt offenbar B. Wer die Wahl gewinnt, hängt also ausschließlich von der Reihenfolge ab, in der die Alternativen zur Abstimmung gelangen.

Machen Sie sich ferner klar, daß für die Individuen ein Anreiz besteht, sich bei den Abstimmungen strategisch zu verhalten, wenn sie merken, daß in einer bestimmten Reihenfolge abgestimmt wird. Das heißt, in der ersten Runde mag der Wähler 1 beispielsweise zwischen A und B nicht gemäß seinen wirklichen Präferenzen wählen, weil er die Auswirkungen seines Verhaltens auf das letztendliche Gleichgewicht berücksichtigt. Er mag für B stimmen, obwohl er A vorzieht, da er weiß, daß in einer Abstimmung zwischen C und B B gewinnen wir, wohingegen in einer Abstimmung zwischen A und C C gewinnt. Da er B gegenüber C vorzieht, stimmt er zunächst für B.

Eingipflige Präferenzen und die Existenz eines Gleichgewichts bei Abstimmungen mit einfacher Mehrheit

Das Wahlparadox tritt nicht immer auf. In der Tat zeigten wir weiter oben, daß bei einer Abstimmung über den Versorgungsgrad mit öffentlichen Gütern bei Mehrheitswahl ein wohldefiniertes Gleichgewicht existiert, das den Präferenzen des Medianwählers entspricht. Was ist der Unterschied zwischen Fällen, in denen ein Gleichgewicht existiert und solchen, in denen es keines gibt?

In der Zeichnung 6.5 haben wir das Nutzenniveau als eine Funktion der Ausgaben für öffentliche Güter aufgetragen. Diese Kurve hat bei jedem Individuum nur einen Gipfel. Die Eigenschaft der **Eingipfligkeit** reicht aus, um die Existenz eines Gleichgewichts bei Abstimmungen mit einfacher Mehrheit zu gewährleisten. Machen Sie sich klar, daß der Gipfel nicht im „Inneren" liegen muß, sondern an den „Enden" liegen kann, so daß Präferenzen wie in der Zeichnung 6.7A das Kriterium der Eingipfligkeit erfüllen.

Demgegenüber stehen Präferenzen wie in der Zeichnung 6.7C nicht mit dem Erfordernis der Eingipfligkeit im Einklang. Sowohl 0 als auch G_1 sind (lokale) Maxima. Unglücklicherweise treten bei kollektiven Entscheidungen derartige Situationen sehr häufig auf.

Betrachten Sie beispielsweise die Einstellung eines Bürgers zu staatlichen Bildungsaufwendungen. Unterschreitet das Ausgabenvolumen für öffentliche Schulen ein bestimmtes Minimalniveau, zieht es ein reicher Bürger eventuell vor, seine Kinder auf die Privatschule zu schicken. Ist das der Fall, dann ist jegliche Ausdehnung der Ausgaben für staatliche Schulen für ihn nur mit einer Erhöhung der Steuern verbunden; er hat keinerlei direkten Vorteil davon. Sein Nutzenniveau nimmt bei steigenden Ausgaben mithin ab und zwar bis zu einem kritischen Punkt, an dem er sich entscheidet, seine Kinder wieder auf eine staatliche Schule zu schicken. Von Ausgabenerhöhungen jenseits dieses Schwellenwertes profi-

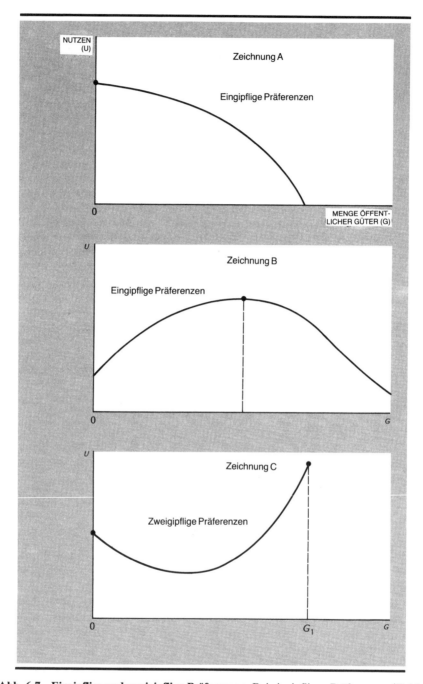

Abb. 6.7 Eingipflige und zweigipflige Präferenzen. Bei eingipfligen Präferenzen (Zeichnung A und B) existiert bei Mehrheitswahl immer ein Gleichgewicht. Sind die Präferenzen nicht eingipflig (Zeichnung C), existiert möglicherweise kein solches Gleichgewicht.

6. Kapitel: Ökonomische Theorie der Politik 157

tiert er wieder. Natürlich gibt es auch da wieder einen Punkt, jenseits dessen die Steuererhöhung die Vorteile mehr als aufwiegt. Ein derartiges Individuum zieht ein hohes Ausgabenvolumen einem solchen von null gegenüber vor – ein Ausgabenvolumen von null ist ihm aber lieber als ein mittelmäßiges. In diesem Fall mag es sein, daß es bei Abstimmungen mit einfacher Mehrheit kein Gleichgewicht gibt.

Obwohl die Präferenzen bei einem einzigen öffentlichen Gut (bei dem es auch nicht die Möglichkeit eines Ausweichens auf private Güter wie etwa bei Bildung gibt) normalerweise eingipflig sind, sind die Rangordnungen, die sich bei Entscheidungen, die mehr als ein öffentliches Gut betreffen, ergeben, nur selten eingipflig[7]. Um Eingipfligkeit zu gewährleisten, müssen wir uns darauf beschränken, jeweils nur über eine einzige Angelegenheit abzustimmen[8].

Nicht weniger bedeutsam ist, daß in den meisten Fragen, die die Einkommensverteilung betreffen, bei Abstimmung mit einfacher Mehrheit kein Gleichgewicht existieren wird[9]. Das läßt sich bei einer Betrachtung der Struktur der Einkommensteuer besonders klar erkennen. Es sei unterstellt, daß über drei Einkommensteuertarife abgestimmt wird, die dasselbe Steueraufkommen erbringen. Der Einfachheit halber wird angenommen, daß es drei Gruppen von Individuen gibt, die gleich stark sind: die Armen, die Mittelschicht und die Reichen – und daß die Mitglieder einer Gruppe jeweils für dasselbe stimmen. Die drei Einkommensteuertarife sind in der Tabelle 6.1 mit A, B und C bezeichnet.

Tabelle 6.1 Alternative Steuertarife

Prozentanteil des Einkommens, der weggesteuert wird	A	B	C
Arme	20%	18%	17%
Mittelschicht	20%	18%	21%
Reiche	20%	24%	22%

Der Steuertarif A ist rein proportional; er nimmt von allen Einkommensgruppen denselben Prozentsatz ihres Einkommens. Daraufhin verbünden sich die Armen und die Mittelschicht und schlagen den Tarif B vor. Das bedeutet geringere Steuern für sie, aber höhere für die Reichen. Offensichtlich wird in einer Abstimmung zwischen A und B B gewinnen. Nun machen die Reichen den Armen den folgenden Vorschlag: „Ihr seid bedürftiger, warum also senken wir nicht eure Steuern noch etwas mehr und passen gleichzeitig den Steuersatz am oberen Ende derart an, daß die Ungerechtigkeiten, die mit übermäßiger Besteuerung verbunden sind, beseitigt werden." Sie schlagen also den Steuertarif C vor, der im Vergleich zu B sowohl die Steuern der Reichen als auch die der Armen verringert und dafür die Mittelschicht stärker belastet. Jetzt zahlen sowohl die mit mittlerem als auch die mit hohem Einkommen mehr als die Armen. Es ist klar, daß der Steuer-

---

[7] Vgl. G. Kramer: On a Class of Equilibrium Conditions for Majority Rule. Econometrica 41 (1973), S. 285-97.
[8] Vgl. S. Slutsky: A Voting Model for the Allocation of Public Goods: Existence of an Equilibrium. Journal of Economic Theory 11 (1975), S. 292-304.
[9] Vgl. D. K. Foley: Resource Allocation and the Public Sector. Yale Economic Essays 7 (1967), S. 45-98.

tarif C gegenüber B eine Mehrheit gewinnt. Nun aber schlägt die Mittelschicht vor, einfach wieder zur proportionalen Besteuerung zurückzukehren. Da sowohl die Individuen mit mittlerem als auch die mit hohem Einkommen den Tarif A vorziehen, siegt A über C. Erneut erhalten wir ein zyklisches Abstimmungsmuster[10].

Arrows Unmöglichkeitstheorem

Im vorhergehenden Abschnitt trafen wir die Aussage, daß ein politischer Willensbildungsprozeß, der auf der Mehrheitswahl basiert, möglicherweise kein Gleichgewicht besitzt. Dies ist ein unbefriedigender Zustand. Es liegt nahe, die Frage aufzuwerfen, ob es irgendein anderes politisches Entscheidungsverfahren gibt, irgendein anderes Regelsystem für gesellschaftliche Entscheidungsfindung, das dieses Problem beseitigt. Dieses Verfahren sollte bestimmte begehrenswerte Eigenschaften aufweisen: Es sollte beispielsweise nicht diktatorisch sein (in einer Diktatur entsprechen die Entscheidungen der Gesellschaft einfach den Präferenzen des Diktators). Das Ergebnis sollte unabhängig von irrelevanten Alternativen sein: das heißt, wenn wir etwa zwischen einem Schwimmbad und einer Tennisanlage zu wählen haben, sollte das Abstimmungsergebnis nicht davon abhängen, ob es noch eine dritte Alternative gibt (eine neue Bibliothek).

Eine Reihe unterschiedlicher Regeln ist untersucht worden, beispielsweise Abstimmungen mit Zweidrittelmehrheit oder Punktewahl (die Individuen ordnen den verschiedenen Alternativen jeweils eine bestimmte Zahl von Punkten zu, sie benoten sie gewissermaßen; diese Noten werden aufaddiert und die Alternative mit der niedrigsten Bewertung siegt[11]). Alle diese Verfahren verstießen gegen das eine oder das andere Kriterium. Die Suche nach dem idealen System endete mit einem Ergebnis von Kenneth Arrow[12]. Er bewies, daß es keine Regel gibt, die alle diese begehrenswerten Eigenschaften aufweist. Dieses Theorem wird als das **Arrowsche Unmöglichkeitstheorem** bezeichnet[13].

Arrows Unmöglichkeitstheorem hat eine weitere interessante und wesentliche Implikation. Wir hören nicht selten Aussagen wie: „Die Regierung sollte dies und jenes tun ..." „Der Staat ist dafür verantwortlich, daß ..." oder „Warum trifft die Regierung nicht eine Entscheidung über ihre Prioritäten und geht dann danach vor?" Derartige Äußerungen personifizieren den Staat, sie behandeln ihn, als ob er ein Individuum sei. Solche Formulierungen spielen eine Rolle: Zwar wissen wir alle, daß der Staat nicht ein einziges Individuum ist, aber wenn wir von ihm so sprechen, als ob er es wäre, neigen wir dazu, ihn so zu sehen. Wir hegen dann die Erwartung, daß der Staat wie ein rationales Individuum handeln sollte. Arrows Unmöglichkeitstheorem legt nahe, daß man von der Regierung zumin-

---

[10] Wenn wir die Menge aller möglichen Steuertarife, über die abgestimmt wird, beispielsweise auf Steuertarife mit einem bestimmten Grundfreibetrag und einem konstanten Grenzsteuersatz beschränken, dann kann es sein, daß ein Gleichgewicht bei Abstimmung mit einfacher Mehrheit existiert. Vgl. T. Romer: Individual Welfare, Majority Voting, and the Properties of a Linear Income Tax. Journal of Public Economics 4 (1975), S. 163-85.

[11] Bei einer anderen, aber ganz ähnlichen Version der Punktewahl siegt die Alternative mit der höchsten Punktezahl.

[12] Er erhielt den Nobelpreis für Wirtschaftswissenschaften.

[13] Vgl. K. Arrow: Social Choice and Individual Values. New York, 2. Auflage, 1963.

dest solange, als man nicht einem einzigen eine diktatorische Machtfülle gibt, nicht erwarten sollte, daß sie mit demselben Maß an Konsistenz und Rationalität vorgeht wie ein Individuum[14]. In den folgenden Kapiteln sprechen wir oft von „der Regierung" oder „dem Staat". Wir tun dies nicht in der Absicht, ihn zu personifizieren, ihn wie ein Individuum zu behandeln, ihm mehr an Weisheit zuzuschreiben als die besitzen, aus denen er sich zusammensetzt. Die Warnungen, die wir in diesem und im nächsten Kapitel vorbringen, sollte der Leser ständig vor Augen haben.

Weitere Ergebnisse zu den Wahlverfahren

Wir haben darauf aufmerksam gemacht, daß bei eingipfligen Präferenzen und Mehrheitswahl stets ein Gleichgewicht existiert. Ist diese Bedingung nicht erfüllt, läßt sich im allgemeinen kein Wahlverfahren finden, das die gewünschte Eigenschaft besitzt. Die Ökonomen haben seit langem intensiv nach Bedingungen gesucht, die weniger restriktiv sind als die Eingipfligkeit und unter denen ein Wahlverfahren funktioniert. Das stärkste Resultat, das bislang gefunden wurde, stammt von Barry Nalebuff und Andrew Caplin. Sie stellten die Frage: Wenn angenommen wird, daß eine Mehrheit von x% erforderlich ist, um eine Änderung einer bestehenden Politik herbeizuführen, was ist dann der geringstmögliche Wert dieses x, der ausreicht, um zyklische Mehrheiten zu verhindern? Bei einer Mehrheitswahl, also bei x = 50%, kann es zu zyklischen Mehrheiten kommen. Bei Einstimmigkeit (x = 100%) ist es unmöglich, eine Pareto-effiziente Allokation zu beseitigen (weil jede Alternative jemanden schlechter stellt und er gegen diese Alternative qua Wahlverfahren sein Veto einlegen kann). Bei Einstimmigkeit gibt es also keine zyklischen Mehrheiten. Nalebuff und Caplin zeigen, daß solange sich die Präferenzen der Wähler nicht zu stark unterscheiden, das Erfordernis einer Mehrheit von 64% ausreicht, um zyklische Mehrheiten zuverlässig zu verhindern[15].

In dem oben erörterten Beispiel, in dem es bei Mehrheitswahl kein Gleichgewicht gab, sahen wir die Bedeutung der Versammlungsleitung. Wir erkannten, daß es für Individuen im allgemeinen vorteilhaft ist, nach strategischen Gesichtspunkten zu wählen, also nicht ihre wahren Präferenzen durch ihre Stimmabgabe zum Ausdruck zu bringen, sondern zu berücksichtigen, welche Rolle das Ergebnis des Wahlgangs für das Endergebnis spielt. Dieses Resultat stellt sich als allgemeingültig heraus. Arrow hatte gezeigt, daß es nicht möglich ist, die Präferenzen der verschiedenen Bürger in einer Art und Weise zu addieren, die den von ihm als begehrenswert herausgestellten Kriterien genügt. Ganz analog zu diesem Arrowschen Resultat ist gezeigt worden, daß es kein Wahlsystem gibt[16], unter dem die Individuen stets gemäß ihren wahren Präferenzen abstimmen.

---

[14] In der Realität machen allerdings auch Diktatoren zumeist schwere Fehler – aber aus anderen Gründen als denen, die wir hier dargestellt haben.
[15] A. Caplin, und B. Nalebuff: On the 64% Majority Rule. Econometrica 1988:4.
[16] Ein Wahlsystem ist eine Menge von Abstimmungsregeln, mit deren Hilfe eine Gruppe von Individuen zu einer Entscheidung zu gelangen sucht – beispielsweise, indem die Alternative, die die geringste Zahl von Stimmen erhält, von der weiteren Erörterung ausgeschlossen wird, oder indem die Teilnehmer jeweils mehrere Stimmen erhalten und es ihnen gestattet wird, einer jeden Alternative soviele dieser Stimmen zu geben, wie sie wollen.

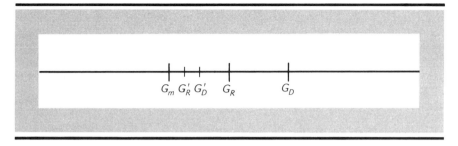

Abb. 6.8 Zweiparteiensystem. Bei einem Zweiparteiensystem, bei dem beide Parteien die Zahl ihrer Wähler zu maximieren versuchen gegeben die Position des Rivalen, werden beide Parteien im Gleichgewicht den Standpunkt des Medianwählers einnehmen.

Das Zweiparteiensystem und der Medianwähler

Wir haben oben darauf hingewiesen, daß ein gewählter Volksvertreter nur einen vernachlässigbar geringen Teil der Kosten aus einer Vergrößerung der Staatsausgaben trägt und daß er auch nur eines vernachlässigbar kleinen Teils der Vorzüge teilhaftig wird. Was hat die ökonomische Theorie zu der Frage zu sagen, wie er abstimmen dürfte? Es ist eine naheliegende Annahme, daß ein Politiker wiedergewählt werden will und daß er entsprechend danach strebt, bei einer gegebenen Position seines Rivalen die Zahl seiner Wähler zu maximieren. Betrachten wir hierzu die Zeichnung 6.8. Eine Abstimmungsstrategie, die die Zahl der Wähler maximiert, läßt sich wie folgt definieren. Nehmen wir an, daß die Partei R die Position der Partei D als gegeben hinnimmt. Wenn wir uns auf eine einzige Frage beschränken, nämlich das Niveau der Ausgaben, dann stellt G_R die „Position" der Partei R dar (das heißt das Volumen an öffentlichen Ausgaben, für das sich die Partei R ausspricht) und G_D die „Position" der Partei D. Für jeden bestimmten Wert von G_D gibt es einen optimalen (das heißt, die Zahl der Wählerstimmen maximierenden) Wert von G_R.

Unter der Voraussetzung, daß jede Partei die Zahl ihrer Wähler, gegeben die Position ihres Rivalen, maximieren will, was wird sie tun? G_m ist das vom Medianwähler gewünschte Ausgabenniveau. Nehmen Sie an, daß die Partei D ein $G_D > G_m$ wählt. Nimmt die Partei R dann eine Position zwischen G_m und G_D ein, wird sie die Stimmen aller Wähler erhalten, die ein Ausgabenniveau von G_m und weniger wünschen sowie einiger Wähler, die ein Ausgabenniveau etwas über G_m vorziehen. Die Partei R erhält also mehr als 50% der Stimmen und siegt. Als Reaktion darauf wird die Partei D auf eine Position zwischen G_m und G_D einschwenken, $G_{D'}$, und gewinnt damit gegen G_R. Dann aber entscheidet sich die Partei R für eine Position G_R' zwischen G_D' und G_m. Dieser Prozeß setzt sich fort, bis beide Parteien dieselbe Position vertreten, nämlich die des Medianwählers (G_m).

Dieses Ergebnis entspricht dem weitverbreiteten Eindruck, daß in einem Zweiparteiensystem die Wähler im Grunde keine Wahl haben: beide Parteien nehmen die Position in der politischen Mitte ein. Das ist genau, was die Theorie voraussagt.

Diese Theorie hat allerdings wesentliche Grenzen, die man im Gedächtnis behalten sollte. Oben merkten wir an, daß möglicherweise bei Abstimmungen mit einfacher Mehrheit kein Gleichgewicht existiert. Es besteht, wenn die Individuen eingipflige Präferenzen haben. Im jetzigen Zusammenhang erfordert das, daß wir in der Lage sein müssen, die möglichen Positionen eindimensional anzuordnen – beispielsweise auf einer Skala links – rechts. Gibt es mehrere Dimensionen – nehmen beispielsweise einige Individuen zu bestimmten Fragen einen „rechten" und zu anderen einen „linken" Standpunkt ein – gibt es keinen wohldefinierten Medianwähler und der politische Entscheidungsprozeß kann gleichgewichtslos sein.

Zweitens haben wir die Frage der Partizipation an politischen Willensbildungsprozessen ausgespart. Es verursacht Kosten, politisch aktiv zu sein; für einen Wähler bestehen sie darin, daß er zur Wahl geht und daß er sich Informationen verschafft. Diese Kosten sind hoch genug, daß bereits eine leichte Wetterveränderung, z.B. besonders schönes oder besonders unfreundliches Wetter, erhebliche Auswirkungen auf die Wahlbeteiligung hat. Wähler, deren Präferenzen denen des Medianwählers ähneln, haben nur wenig Anreiz, politisch aktiv zu werden, vor allem, wenn sie glauben, daß der politische Entscheidungsprozeß sowieso zu einem ihren Präferenzen entsprechenden Resultat führen wird. Bürger, die vergleichsweise eher extreme Standpunkte vertreten, haben hingegen möglicherweise ein Interesse daran, ihre Partei von der politischen Mitte wegzuziehen. Die Tendenz, daß Extreme politisch aktiver sind, kann die Tendenz in Richtung auf den Medianwähler, die wir oben festgestellt haben, teilweise aufwiegen.

Politik und Ökonomie

Die eben vorgetragene Analyse politischer Willensbildungsprozesse unterscheidet sich wesentlich von der Art von Analyse, die typischerweise von Politologen gelehrt wird. Von ihnen wird die Rolle bestimmter Interessensgruppen und politischer Institutionen herausgehoben. Eine umfassende Diskussion des Verhältnisses zwischen ökonomischen und anderen Theorien politischer Entscheidungsprozesse überschreitet den Rahmen dieses Buchs. Auf den folgenden Seiten werden wir nur einige ökonomische Interpretationen bestimmter politischer Phänomene ansprechen.

Warum gehen die Bürger zur Wahl?

Im letzten Abschnitt wiesen wir daraufhin, daß bei vielen Wahlen die Wahlbeteiligung gering ist und stark von zufälligen Ereignissen wie etwa dem Wetter abhängt. Wir gaben als Grund hierfür an, daß die Vorteile der Wahlbeteiligung minimal sind – für ein Individuum ist die Wahrscheinlichkeit, daß es den Ausgang der Wahl beeinflußt, gering. Die zur Wahl stehenden Alternativen unterscheiden sich vielleicht so wenig voneinander, daß das Wahlergebnis unwesentlich ist. Die Kosten einer Teilnahme an den Wahlen, obwohl niedrig, sind dann immer noch erheblich im Vergleich zu den Vorteilen. In der Tat, bei einer rein rationalen Berechnung würde niemand wählen: die Wahrscheinlichkeit, daß die Stimme eines Individuums das Wahlergebnis verändert, ist im Grunde null (dem Individuum kommt es normalerweise nicht darauf an, mit welcher Mehrheit der von ihm bevorzugte Kandidat gewinnt, sondern nur darauf, ob er das Rennen macht). Trotzdem gibt es Leute, die zur Wahl gehen.

Dieses Paradox läßt sich mit Hilfe einer Tautologie auflösen, indem man einfach annimmt, daß das Wählen selbst oder allgemeiner die Teilnahme an politischen Entscheidungsprozessen den Individuen Nutzen stiftet. Immerhin spenden sie ja auch für die Caritas oder andere Wohltätigkeitseinrichtungen; sie werden dazu erzogen, zu glauben, daß es gut ist, anderen gegenüber rücksichtsvoll zu sein (und daß das nicht nur deswegen gut ist, weil es im eigenen Interesse ist, eine derartige Rücksichtnahme zu üben). Ebenso wenden wir viel Zeit und Energie dafür auf, unseren Kindern politisches Verantwortungsbewußtsein einzuimpfen, und dies schließt ein, daß man ein wohlinformierter Wähler sein sollte.

Aus diesen Überlegungen folgt, daß das Abstimmungsverhalten eines Individuums nicht von rein egoistischen Überlegungen geleitet sein dürfte, wie wir es in unserer Erörterung bislang angenommen haben. Es ist durchaus möglich, daß Individuen dafür stimmen, daß eine Lücke in der Besteuerung der Einkommen geschlossen wird, weil dies zu einer gerechteren Verteilung der Steuerlast führen würde, obwohl sich hierdurch ihre persönliche Steuerschuld erhöhen könnte.

Wahlen, Interessengruppen und korrupte Politiker

In den Modellen, die in den obigen Abschnitten diskutiert wurden, wurde unterstellt, daß alle über die Folgen aller in Betracht kommenden Alternativen wohl informiert sind, daß alle zur Wahl gehen und daß sie ihre Wahl in Erwägung der Folgen aller zur Wahl stehenden Alternativen für ihr persönliches Wohlergehen treffen.

Viele sind nicht der Meinung, daß tatsächliche politische Entscheidungsprozesse dieser Beschreibung nahekommen. Nach der Verfassung hat zwar jeder eine und nur eine Stimme. Trotzdem scheinen die Stimmen mancher Leute mehr zu zählen als die anderer. Gemäß dieser Sicht wird das Ergebnis des politischen Willensbildungsprozesses von der politischen Macht von Interessengruppen geprägt.

Im Rahmen dieses Kapitels ist es nicht möglich, die Triftigkeit dieses Arguments zu überprüfen. Wir beschränken uns daher auf die Diskussion einiger Teilfragen: Was kann die Wirtschaftstheorie darüber sagen, welche Arten von Interessengruppen Aussicht auf Erfolg haben? Wie können wir den Einfluß von Interessengruppen mit dem Umstand vereinbaren, daß in den heutigen Demokratien jeder Wähler gleich viel zählt?

Die Antwort auf diese Fragen hat mit unserer obigen Bestimmung des öffentlichen Interesses als eines öffentlichen Gutes zu tun. Wir sagten, daß eine effiziente Führung der Staatsgeschäfte ein solches darstellt. Ebenso stellt die Auswahl von Amtsinhabern, die kompetent sind und ähnliche Wertvorstellungen haben wie wir selbst, ein öffentliches Gut dar.

Ferner müssen wir uns klarmachen, daß das Schwarzfahrerproblem in kleinen Gruppen wahrscheinlich nicht so schwerwiegend ist wie in großen. Es ist leichter, eine Interessengruppe der stahlproduzierenden Unternehmen zusammenzubekommen, um die EG-Kommission zu einer Beschränkung der Stahlimporte zu bewegen, als eine Interessenvertretung der großen Zahl jener zu organisieren, die als Verwender von Stahl von derartigen Restriktionen betroffen sind. Jeder

der Produzenten hat mehr zu gewinnen als jeder einzelne der Verbraucher zu verlieren hat, obwohl die Gesamtgewinne der Erzeuger vermutlich geringer sind als die Gesamtverluste der Verbraucher.

Die Gewerkschaften haben schon lange das Problem des Schwarzfahrerverhaltens erkannt und das ist der Grund, weshalb sie versuchen, in bestimmten Betrieben einen 100%igen Organisationsgrad zu gewährleisten[17], und damit alle Arbeiter zur Unterstützung jener Aktivitäten zu zwingen, von denen sie glauben, daß sie den gemeinsamen Interessen der Arbeiter dienen. Sobald sie aber diese Machtstellung erlangt haben, können sie versuchen, diese nicht nur bei Tarifverhandlungen einzusetzen, sondern auch im politischen Bereich, in dem sie dann als eine Interessengruppe auftreten.

Die Macht der Interessengruppen

Wie können Interessengruppen Macht ausüben? Hierfür scheint es wenigstens drei Ansatzpunkte zu geben. Erstens haben die Individuen, wie oben bemerkt, relativ wenig Anreiz, zur Wahl zu gehen oder sich über Streitfragen zu informieren. Interessengruppen können versuchen, insbesondere für jene Wähler, von denen sie sich Unterstützung erwarten, die Kosten des Wählens und der Informationsbeschaffung zu reduzieren. Sie tun das, indem sie Informationen (insbesondere solche, die im Sinne ihrer Ziele sind) leicht zugänglich machen; unter Umständen stellen sie auch Transportdienste, Babysitter etc. am Wahltag bereit.

Zweitens haben wir auf die Schwierigkeiten hingewiesen, auf die Politiker bei der Gewinnung von Informationen über die Präferenzen ihrer Wähler stoßen. Bei öffentlichen Gütern steht im Unterschied zu privaten kein einfaches Verfahren zur Enthüllung von Präferenzen zur Verfügung. Interessengruppen versuchen, derartige Informationen bereitzustellen. Politikern mag es an technischen Informationen fehlen, die für eine wohldurchdachte Entscheidung erforderlich ist – sie mögen sich beispielsweise über die Folgen des anhaltenden Imports billigen Auslandsstahls im unklaren sein. Interessengruppen gehören zu den wichtigsten Anbietern von Informationen, und dadurch üben sie politischen Einfluß aus.

Ein dritter Ansatzpunkt ist direkte oder indirekte Bestechung von Politikern. Direkte Bestechung ist in der BR Deutschland ein eher seltener Fall. (Dies mag weniger mit der weißen Weste und der hohen Moral unserer Politiker zu tun haben als mit den hohen Strafen, die ihnen drohen, wenn sie ertappt werden.) Indirekte Bestechung ist demgegenüber von großer Bedeutung: Interessengruppen unterstützen Politiker, die ihre Anliegen vertreten, finanziell und auf andere Art und Weise. Dies ist erneut bedeutungsvoll, da die Wähler Informationen über den Standpunkt der Kandidaten benötigen und die Zurverfügungstellung derartiger Informationen Kosten verursacht. Die Wähler müssen davon überzeugt werden, daß die Vorteile aus der Beteiligung an Wahlen und Abstimmungen die Kosten aufwiegen, und ihre privaten Kosten müssen reduziert werden. Wir haben

---

[17] Im Vereinigten Königreich oder in den USA spielt diese Gewerkschaftspolitik traditionell eine größere Rolle als in der BR Deutschland. Man spricht dort von closed shops, das sind Betriebe, in denen der Beitritt zur Gewerkschaft praktisch eine Einstellungsvoraussetzung darstellt. Aber auch in Deutschland war es insbesondere in der Vergangenheit in bestimmten Betrieben durchaus üblich, daß auf Arbeiter Druck ausgeübt wurde, um sie zum Beitritt in die Gewerkschaft zu nötigen.

weiter oben die Hypothese vorgetragen, daß wir das Verhalten von Politikern durch ihr Bestreben erklären können, wiedergewählt zu werden; sie erhöhen die Wahrscheinlichkeit einer Wiederwahl, indem sie die Zahl der Leute, die wahrscheinlich für sie stimmen werden, maximieren. Politiker sind sich darüber im klaren, daß es darauf ankommt, wie ihre Stellung zu verschiedenen Fragen die Zahl derer beeinflußt, die ihnen und nicht der Opposition die Stimme geben. Sie müssen alle diese Auswirkungen berücksichtigen und die verbesserten Möglichkeiten, mit ihren Wählern in Kontakt zu kommen, die sie aufgrund der Unterstützung durch Interessengruppen haben.

Der altruistische Politiker?

Man mag der Ansicht sein, daß sich viele Politiker nicht so egoistisch verhalten wie wir es im Rahmen dieses Kapitels durchweg angenommen haben. Ebenso wie sich Individuen als Privatleute altruistisch verhalten, indem sie der Caritas etwas spenden, tun sie das auch als staatstragende Personen, als gewählte Amtsinhaber. In unserer Gesellschaft genießt die Rolle des Staatsmanns ein erhebliches Ansehen. Die Effizienz der Regierung hängt vom Charakter der Amtsinhaber ab.

Diese „nichtökonomische" Sicht der Dinge enthält ein Körnchen Wahrheit. Drei Vorbehalte sind anzumelden. Erstens: Die dargelegte Theorie über Abstimmungsverfahren mit einfacher Mehrheit liefert eindeutige Prognosen über das Ergebnis politischer Willensbildungsprozesse. Bei einem Vorgang, bei dem es auf die Ansichten eines politischen Führers über das Gemeinwohl ankommt, ist eine Ableitung derartiger Prognosen nicht möglich. In der Tat waren es gerade die Kapriolen der politischen Führer (seien sie nun unter dem Vorwand des Gemeinwohls unternommen oder nicht), die Adam Smith zu dem Schluß veranlaßten, daß es für die Förderung des Gemeinwohls bessere Verfahren gebe, nämlich daß jeder sein Eigeninteresse verfolgt. Die unsichtbare Hand, die Adam Smith herbeirief, mag bei der Bereitstellung der meisten Güter gute Dienste leisten, bei der Bereitstellung öffentlicher Güter tut sie es nicht.

Zweitens gibt es das Problem der Selektion. Wenn nicht alle Leute, die sich zur Wahl stellen, altruistisch sind, muß der Wähler zwischen jenen wählen, die es sind, und jenen, die es nicht sind. Glauben die Wähler, daß es besser ist, daß der Staatsmann ein Altruist ist und kein Egoist, werden die egoistischen Politiker alles daran setzen, sich als nur am Gemeinwohl interessiert darzustellen. Dem Wähler stehen normalerweise nur recht beschränkte Informationen zur Verfügung. Wie soll er sich entscheiden?

Drittens behaupten manche, daß es eine Verfolgung des Gemeinwohls ohne Färbung durch persönliche Interessen überhaupt nicht gibt, oder aber, sollte sie doch existieren, wäre sie eine extreme Rarität und folglich keine gute Grundlage für die Entwicklung einer Theorie des öffentlichen Sektors. Selbst wenn Politiker nicht in ihrem eigenen Interesse handeln, so handeln sie doch in ihrem „Klasseninteresse", im Interesse derjenigen, mit denen sie ihr Leben lang verbunden sind. Sie sind sich oft dessen gar nicht bewußt, daß sie so handeln.

Es ist kaum möglich, die Triftigkeit dieser Argumente zu überprüfen. Möglicherweise enthalten sie alle Richtiges: unzweifelhaft handeln viele Politiker nach ihrem eigenen Interesse und das einfache Wählerstimmenmaximierungsmodell, das wir erörtert haben, vermittelt uns einige Einsichten über ihr Verhalten. Nicht alle Politiker sind gleich; einige glauben unzweifelhaft, daß sie im Interesse des Gemeinwohls handeln. Aber es ist unklar, was das heißt – wie die Formel „im Sinne des Gemeinwohls handeln" zu deuten ist, bestehen doch ganz unterschiedliche Auffassungen darüber, was das Allgemeinwohl ist, und gibt es doch (aufgrund von Arrows Unmöglichkeitstheorem) kein einfaches Verfahren, diese Unstimmigkeiten widerspruchsfrei auszuräumen. Es ist auf den ersten Blick klar, daß viele Politiker, die von sich behaupteten, im Interesse des Allgemeinwohls zu handeln, eine Politik betrieben haben, von der später kaum jemand glaubt, daß sie diesem Ziel dienlich war.

Die Allgegenwart ineffizienter Gleichgewichte

Es gibt zwar keine allgemeinen Sätze über die Eigenschaften von Ressourcenallokationen, die im Wege eines politischen Entscheidungsprozesses zustandekommen, in dem Interessengruppen den Ton angeben, aber die meisten Ökonomen glauben, daß solche Allokationen nicht nur allgemein anerkannten Gerechtigkeitsvorstellungen zuwiderlaufen, sondern auch häufig ineffizient sind. Das heißt, die Ressourcenallokation, die sich ergibt, bewegt die Wirtschaft unter die Nutzenmöglichkeitsgrenze: es gibt andere Allokationen, bei denen sich jedermann besser stellt.

Warum sprechen sich die Individuen angesichts dieser Lage nicht ab und schlagen eine der Pareto-superioren Alternativen vor, denen vermutlich alle zustimmen würden? Auf diese Frage gibt es keine allgemein anerkannte Antwort. Verschiedene Teilantworten liegen nahe.

Erstens haben wir bereits gesehen, daß das öffentliche Interesse ein öffentliches Gut darstellt. Da für die Gewährleistung einer guten Regierung Anstrengungen erforderlich sind, die von den einzelnen Bürgern unternommen werden müssen, kommt es zu einer Unterversorgung mit diesem privat bereitgestellten öffentlichen Gut (ebenso wie es bei jedem anderen privat bereitgestellten öffentlichen Gut der Fall ist).

Zweitens bleiben viele der Verteilungswirkungen von staatlichen Maßnahmen, die auf Betreiben spezieller Interessengruppen eingeleitet werden, mehr oder minder verborgen – und dies ist von ihren Betreibern auch gewünscht. Es ist kaum zu erwarten, daß der Wähler beabsichtigt, reichen Bauern Ressourcen zuzuschieben (ihnen staatliche Geschenke zu geben). Sollen diese einer Einkommensaufbesserung auf Kosten der Allgemeinheit teilhaftig werden, muß dies in einen breiteren Maßnahmenkatalog verpackt werden, dessen Vorteile ihnen beinahe wie zufällig zugute kommen. Reiche Bauern werden auf diese Weise zum Verfechter staatlicher Hilfen für die Bauernschaft und konzentrieren sich bei der Propaganda auf die Vorteile, die die armen Bauern davon haben. Demgegenüber mag es eine Pareto-Verbesserung sein, wenn man beispielsweise bestimmte Bauern wegen der Wahrnehmung gewisser ökologischer Funktionen in einen staatlich besoldeten Landschaftspfleger verwandelt und bestimmten anderen bei der Umschulung auf andere Berufe hilft, in denen ihre Produktivität höher wäre. Solche direkten Hilfen mögen dem Verteilungsziel und anderen Zielen, die in der politischen Debatte herausgestellt werden, weit dienlicher sein, – sie würden aber von den reichen Bauern nicht befürwortet.

Andere Verfahren zur Bestimmung des Ausgabenvolumens für öffentliche Güter

Da vieles dafür spricht, daß die landläufigen Prozeduren politischer Willensbildungsprozesse zu Ineffizienzen führen, stellt sich die Frage, ob es bessere Verfahren gibt. Arrows Unmöglichkeitstheorem läßt uns vermuten, daß die Suche hiernach schwierig sein dürfte. Wir erörtern nun zwei Vorschläge, die das Erreichen effizienter Allokationen ermöglichen sollen.

Lindahl-Gleichgewicht

Der erste wird nach dem großen schwedischen Ökonomen Erik Lindahl Lindahl-Lösung genannt. Er schlug sie erstmals 1919 vor[18]. Ihr liegt das Bestreben zugrunde, soweit wie möglich die Art und Weise nachzuahmen, in der der Markt die Bereitstellung privater Güter vornimmt. Bei ihnen wird das Marktgleichgewicht durch den Schnittpunkt von Angebots- und Nachfragekurve bestimmt. Alle zahlen denselben Preis. Die von ihnen nachgefragte Menge ist gleich der von den Unternehmen angebotenen.

Wir hatten das effiziente Versorgungsniveau mit öffentlichen Gütern unter anderem als den Schnittpunkt zwischen der aggregierten Nachfrage- (die durch vertikale Addition der individuellen Nachfragekurven abgeleitet wird) und der Angebotskurve geortet. Die Nachfragekurven wurden abgeleitet, indem man jedes Individuum fragte, wieviel es von dem öffentlichen Gut nachfragen würde, wenn es so viel für die Produktion einer jeden Einheit desselben zahlen müßte; in der Zeichnung 6.9 würde das erste Individuum G^* nachfragen, wenn es einen Steuerpreis von sagen wir p_1 zahlen müßte.

Das Lindahl-Gleichgewicht ist der Schnittpunkt der Nachfragekurve nach öffentlichen Gütern mit der Angebotskurve. Es ist offensichtlich effizient. In ihm konsumieren alle dieselbe Menge des öffentlichen Guts, aber ihre Steuerpreise weichen voneinander ab. In dem Diagramm stellt sich das Lindahl-Gleichgewicht in G^* ein, das erste Individuum zahlt den Steuerpreis p_1, das zweite den Steuerpreis p_2.

Das Lindahl-Gleichgewicht ist Pareto-effizient; aber wir haben oben festgestellt, daß es in der Tat eine ganze Reihe von Pareto-effizienten Allokationen gibt, wobei sich in einigen der eine besser stellt, in anderen der andere. Es ist beinahe begriffsunmöglich, daß Einigkeit darüber besteht, welcher dieser Punkte vorzuziehen ist. Das Lindahl-Gleichgewicht wählt einen dieser Pareto-effizienten Punkte aus; aber die, die sich in diesem speziellen Pareto-effizienten Punkt nicht besonders gut stellen, werden gegen die Verwendung dieses Verfahrens bei Entscheidungen über die Allokation öffentlicher Güter protestieren; es mag sein, daß sie ihm gegenüber sogar Pareto-ineffiziente Allokationen vorziehen, solange sie damit nur ein höheres Nutzenniveau erreichen.

Die vernichtendste Kritik an der Lindahl-Lösung ist folgende: Die Individuen haben keinen Anreiz, die Wahrheit zu sagen, da sich der Steuerpreis für sie er-

---

[18] E. Lindahl: Positive Lösung, Die Gerechtigkeit der Besteuerung. Lund 1919.

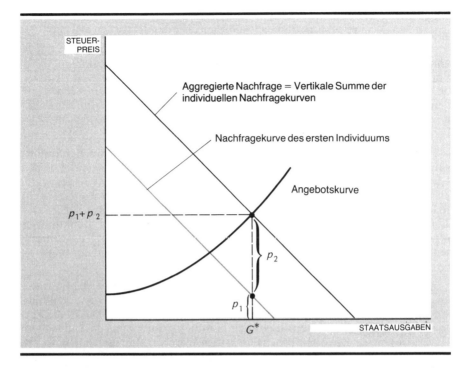

Abb. 6.9 Lindahl Gleichgewicht. Im Schnittpunkt der aggregierten Nachfragekurve (abgeleitet durch vertikale Addition der individuellen Nachfragefunktionen) und der Angebotskurve ist die Allokation Pareto-effizient.

höht, wenn sie eine größere Nachfrage angeben[19]. Wir wenden uns nun der Frage zu, ob es Verfahren gibt, die sie zur Ehrlichkeit über ihre Präferenzen veranlassen.

Neue Enthüllungsverfahren

Wir haben oben festgestellt, daß die Enthüllung von Präferenzen eines der Kernprobleme bei öffentlichen Gütern ist. Beim Kauf privater Güter enthüllt das Individuum zugleich mit dem Kauf seine Präferenzen. Bei öffentlichen dagegen gibt es keinen vergleichbaren Automatismus. Die naheliegendsten politischen Verfahren bringen entweder die Aussagen des Individuums über seine Einstellung zu dem öffentlichen Gut im Zusammenhang damit, was es zahlen muß – dies führt zu einer Unterversorgung (da jeder einzelne davon ausgehen muß, daß seine Aussagen einen vernachlässigbar geringen Einfluß auf das Angebot haben, aber einen keineswegs zu vernachlässigenden Effekt darauf, was er zahlen muß, hat er den Anreiz, zu behaupten, daß sein Vorteil aus der Bereitstellung des öffentlichen

---

[19] Das heißt, je größer die von ihnen angegebene Nachfrage ist (gegeben die entsprechenden Angaben der anderen über ihre Nachfrage), desto höher werden die Ausgaben sein, und je höher die Ausgaben, umso höher der Steuerpreis, den sie zahlen müssen.

Gutes gering sei) – oder sie stellen keinen solchen Zusammenhang her, was ihm dann jeden Grund gibt, übertriebene Aussagen über die Vorteile zu machen.

Neuere Forschungsarbeiten haben sich auf die Ausarbeitung einfacher Regeln konzentriert, die die Individuen zu einer wahrheitsgemäßen Enthüllung ihrer Präferenzen veranlassen. Das Regelwerk spezifiziert die Beziehung zwischen dem Versorgungsgrad mit öffentlichen Gütern, der Steuerschuld eines jeden und den Aussagen, die ein jeder über seine Präferenzen betreffs öffentlicher Güter macht. (Die Regel sollte auch der Anforderung standhalten, daß die sich ergebende Ressourcenallokation Pareto-effizient ist.)

Eine einfache Regel dieser Art ist folgende. Jedermann wird aufgefordert, ganz analog zum Lindahl-Gleichgewicht seine Nachfragekurve nach öffentlichen Gütern anzugeben. Wie zuvor wird das Gleichgewicht im Schnittpunkt der aggregierten Nachfragekurve (die durch vertikale Addition der Nachfragekurven für jedes einzelne Individuum abgeleitet wird) mit der Angebotskurve liegen. Der Einfachheit halber wird angenommen, daß die Grenzkosten der Produktion des öffentlichen Gutes konstant sind, die Angebotskurve also horizontal ist. Nun gelten aber andersartige Regeln für die Bestimmung der Steuerschuld des Individuums.

Zunächst addieren wir (vertikal) die Nachfragekurven aller anderen Individuen. Die solchermaßen ermittelte aggregierte Nachfragekurve aller anderen Individuen schneidet die Angebotskurve in der Zeichnung 6.10 in G_0. Das ist die Versorgungslage mit öffentlichen Gütern, die eintreten würde, wenn das Individuum erklärte, es messe dem öffentlichen Gut keinen Wert bei. Man sagt ihm, daß es ab dem Versorgungsgrad G_0 für jede zusätzlich bereitgestellte Einheit des vom Staat produzierten öffentlichen Gutes die Differenz zwischen den Grenzkosten der Produktion und der aggregierten Nachfrage der anderen zahlen muß. Würde das Gleichgewicht bei einem Ausstoß von $G_0 + 1$ erreicht, müßte das Individuum AB zahlen, nämlich die Differenz zwischen der Grenzkostenkurve und der aggregierten Nachfragekurve der „anderen".

Das Individuum ist in der Lage, den Versorgungsgrad mit öffentlichen Gütern festzulegen, indem es sagt, wie hoch es sie bewertet. Es ist klar, daß es versuchen wird, G bis zu jenem Punkt anzuheben, an dem für es die Grenzkosten einer weiteren Vergrößerung von G gleich dem Grenzvorteil sind. Das läßt sich auf zweierlei Arten zeigen. Erstens: In der Zeichnung 6.10B haben wir für das Individuum die Grenzkosten der Erzeugung einer zusätzlichen Einheit jenseits von G_0, gegeben die Nachfrage der anderen, aufgetragen. Da seine Grenzkosten der Unterschied zwischen den Produktionskosten und der Nachfrage der anderen sind, sind sie gleich AB. In der Zeichnung 6.10B haben wir auch die Nachfragekurve des Individuums aufgetragen; es wird wünschen, daß der Punkt G^* gewählt wird, an dem seine Nachfragekurve seine Grenzkostenkurve schneidet.

Jetzt zeigen wir noch, daß jedes Individuum einen Anreiz hat, seine Nachfrage nach öffentlichen Gütern wahrheitsgemäß darzustellen, und daß das Gleichgewicht Pareto-effizient ist, wenn es eben dies tut. Um uns das klarzumachen, betrachten wir seine Budgetrestriktion. Sie ist in der Zeichnung 6.11 dargestellt. Der Betrag, den das Individuum für eine zusätzliche Einheit des öffentlichen Gutes jenseits von G_0 dahingeben muß, bestimmt sich als die Grenzkosten minus die aggregierte Nachfrage der anderen. Es setzt also seine Grenzrate der Substitution gleich den Grenzkosten minus die aggregierte Nachfrage der anderen. Dies ist im

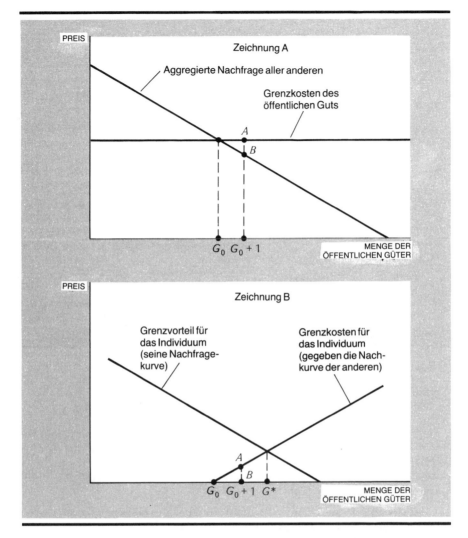

Abb. 6.10 Neue Enthüllungsverfahren. Muß das Individuum die Differenz zwischen den Grenzkosten und der Nachfrage der anderen (AB) zahlen, wird es über seine Präferenzen wahrheitsgemäß Auskunft geben.

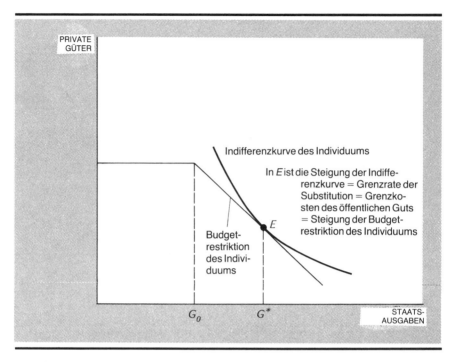

Abb. 6.11 Wahl des optimalen G durch das Individuum. Muß das Individuum die Differenz zwischen den Grenzkosten und der Nachfrage der anderen zahlen, und haben die anderen ihre Nachfrage wahrheitsgemäß dargetan, ist der Mitteleinsatz auf öffentliche Güter Pareto-effizient.

Punkt E in der Zeichnung 6.11 der Fall. Es ist klar, daß das Individuum keinen Anlaß hat, falsche Angaben über seine Präferenzen zu machen. Würde es für irgendeinen anderen Versorgungsgrad mit öffentlichen Gütern als G* plädieren, würde es sich schlechter stellen.

Unterstellen Sie nun, daß jedes Individuum seine Nachfragekurve ehrlich kundtut. Rufen Sie sich ins Gedächtnis zurück, daß bei der Konstruktion der Nachfragekurve der Steuerpreis für jedes Individuum (die Steigung seiner Budgetrestriktion) gleich der Grenzrate der Substitution desselben gesetzt wurde. Werden die Nachfragekurven vertikal aufaddiert, ist die Summe der Steuerpreise – das heißt, die Summe der Grenzraten der Substitution – gleich den Grenzkosten (der Grenzrate der Transformation)):

$$GRS_1 + GRS_2 + \ldots = GK.$$

Mit anderen Worten, die Grenzrate der Substitution eines jeden ist gleich den Grenzkosten minus der Summe der Grenzraten der Substitution aller anderen (die Summe der Steuerpreise). Für das erste Individuum gilt beispielsweise,

$$GRS_1 = GK - (GRS_2 + GRS_3 + \ldots).$$

Aber das ist genau der Punkt, den wir oben beschrieben haben und an dem die Grenzkosten einer weiteren Vergrößerung der Staatsausgaben für dieses Individuum (die gleich den Grenzkosten der Produktion waren minus der Summe der von den anderen aufgrund ihrer Nachfrage nach dieser vorgegebenen Menge bezahlten Preise) gleich seinem Grenzvorteil waren (seiner Grenzrate der Substitution). Wir haben damit gezeigt, daß dieses Individuum seinen Nutzen maximiert, wenn es seine Nachfragekurve wahrheitsgemäß enthüllt, und daß die Allokation der Ressourcen auf öffentliche Güter dann Pareto-effizient ist.

Einwendungen gegen die Enthüllungsverfahren

Die Wirtschaftswissenschaftler haben verschiedene Verfahren untersucht, die die Individuen dazu veranlassen, die Wahrheit zu sagen, und die bestimmte Beziehungen zwischen ihren Aussagen, den Steuern, die sie zahlen müssen und dem Ausgabenvolumen für öffentliche Güter spezifizieren. Es gibt eine ganze Reihe von solchen Verfahren. Sie sind aber alle eng miteinander verwandt. Sie haben die Eigenschaft gemeinsam, daß jedes Individuum, also jeder einzelne von 60 Millionen Bundesbürgern, das Ergebnis, d.h. die öffentlichen Ausgaben, beeinflussen kann.

Ob diese Verfahren in der Praxis anwendbar sind, ist umstritten. Wenn sie so leistungsfähig sind, warum sind sie bislang nie angewandt worden? Mehrere Erklärungsmöglichkeiten wurden hierfür vorgeschlagen.

Ebenso wie das vorhin beschriebene Lindahl-Gleichgewicht, gewährleisten diese Verfahren, daß die Bedingungen für eine Pareto-effiziente Allokation erfüllt sind, daß die Summe der Grenzraten der Substitution gleich der Grenzrate der Transformation ist. Aber einige mögen eine andere, Pareto-ineffiziente Allokation vorziehen, weil sie ihnen ein höheres Nutzenniveau abwirft.

Die Verwaltungskosten, die bei der Beibringung enthüllender Aussagen von jedem einzelnen auf die eben beschriebene Art anfallen, dürften sehr erheblich sein. Darüberhinaus sind diese Mechanismen gegenüber Kollusion anfällig. Bei unserer Darstellung nahm jedes die Aussagen der anderen als gegeben hin. Aber wenn es möglich ist, daß sich zwei oder mehrere Individuen absprechen, ist es regelmäßig so, daß sie Aussagen vereinbaren können, die nicht wahrheitsgemäß sind, und daß sie hiervon einen Vorteil haben. Außerdem führen diese Verfahren im allgemeinen nicht zu einem ausgeglichenen Haushalt. Die Summe der marginalen Zahlungsbereitschaft (die Grenzraten der Substitution) ist zwar gleich den Grenzkosten, aber der Betrag, der insgesamt gezahlt wird, mag von den Gesamtkosten des öffentlichen Gutes abweichen.

Die Suche nach besseren Verfahren für die Enthüllung von Präferenzen geht also weiter. Viele Ökonomen sind wenig zuversichtlich, daß praktikable Alternativen zu den gängigen politischen Entscheidungsverfahren zu finden sind.

Werte und Kompetenzen

Im größten Teil dieses Kapitels ging es um die politischen Entscheidungsverfahren, mittels derer die Versorgung mit öffentlichen Gütern festgelegt wird. Sie stellen Methoden dar, deren Anwendung es ermöglicht, Gegensätze zwischen

Werturteilen aufzulösen, die die Frage betreffen, was die Regierung in bezug auf öffentliche Güter tun sollte.

Obwohl derartige Gegensätze zwischen verschiedenen Werturteilen in vielen politischen Debatten im Mittelpunkt stehen, gibt es auch andere Gründe für Meinungsverschiedenheiten. Entscheidet der Gemeinderat beispielsweise darüber, wer die Müllabfuhr leiten soll, dann ist im allgemeinen nicht umstritten, ob die Existenz einer Müllabfuhr wünschenswert ist. Allerdings gibt es gelegentlich Streit darüber, wieviel Müll willkommen ist. Wesentlicher ist aber wohl, daß jeder der Bewerber für sich beansprucht, daß er ein effizienter Manager der Müllabfuhr sein wird. Die Effizienz des öffentlichen Sektors hängt von der Kompetenz der Beamten im öffentlichen Dienst ab und diese wiederum hängt von der Kompetenz der durch Wahlen bestimmten Gemeinderäte etc. ab (von deren Kompetenz bei der Einsetzung fähiger Bürokraten oder der Entwicklung von Maßnahmenkatalogen, die geeignet sind, die angestrebten Ziele zu verwirklichen). Unglücklicherweise haben die Wähler für die Beurteilung dieser Kompetenz nur sehr begrenzte Informationen zur Verfügung.

Zusammenfassung

1. Das Gleichgewicht bei Mehrheitswahl repräsentiert, wenn es existiert, die Präferenzen des Medianwählers.
2. Das Gleichgewicht bei Mehrheitswahl ist im allgemeinen nicht durch ein effizientes Angebot öffentlicher Güter gekennzeichnet; es kann Unter- oder Überangebot herrschen.
3. Ein Gleichgewicht existiert bei Mehrheitswahl, wenn die Präferenzen eingipflig sind.
4. Bei einem einzigen öffentlichen Gut werden Präferenzen üblicherweise eingipflig sein. Die Präferenzen werden nicht eingipflig sein, wenn es a) mehr als ein öffentliches Gut gibt und über Bündel öffentlicher Güter abgestimmt wird anstatt nur jeweils über ein einziges öffentliches Gut; b) wenn über ein öffentlich bereitgestelltes privates Gut abgestimmt wird, für das es eine private Alternative gibt, wie dies beispielsweise bei Bildungsausgaben der Fall ist; c) oder wenn über Verteilungsfragen abgestimmt wird, wie z.B. über die Ausgestaltung des Einkommensteuertarifs.
5. Sind die Präferenzen nicht eingipflig, kann es sein, daß bei Abstimmung mit einfacher Mehrheit kein Gleichgewicht existiert. Das heißt, daß bei drei Alternativen A, B und C, A eine Mehrheit gegenüber B erlangt, B eine Mehrheit gegenüber C erlangt und C wiederum eine Mehrheit gegenüber A.
6. Arrows Unmöglichkeitstheorem zeigt die Unmöglichkeit, andere nichtdiktatorische politische Entscheidungsmechanismen zu finden, die von diesem Nachteil der Mehrheitswahl frei sind und die bestimmte andere Eigenschaften erfüllen, die man bei jedem politischen Entscheidungsverfahren für wünschenswert halten dürfte (wie z.B. die Unabhängigkeit von irrelevanten Alternativen).
7. In einem Zweiparteiensystem wird eine Konvergenz der Positionen der zwei Parteien in Richtung auf den Medianwähler auftreten.

Schlüsselbegriffe

Enthüllung von Präferenzen
Aggregation von Präferenzen
Steuerpreis
Medianwähler

Wahlparadox
eingipflige Präferenzen
Arrows Unmöglichkeitstheorem
Lindahl-Gleichgewicht

6. Kapitel: Ökonomische Theorie der Politik

Fragen und Probleme

1. Unterstellen Sie, daß die marginale Bewertung öffentlicher Güter durch ein Individuum sich erhöht. Welche Wirkungen hat dies auf das Pareto-effiziente Niveau der öffentlichen Ausgaben? Wenn dieses Individuum nicht das Medianindividuum ist, was wird in einem Zweiparteiensystem mit dem Gleichgewichtsniveau der Ausgaben für öffentliche Güter geschehen? War das Gleichgewicht ursprünglich Pareto-effizient, ist es das nachher auch noch?

2. Unterstellen Sie, daß alle Individuen dieselben Präferenzen haben, aber daß einige reicher sind als die anderen. Es gebe nur ein einziges öffentliches Gut und ein einziges privates. Zeigen Sie mit Hilfe einer Zeichnung, wie man die Nachfragekurve nach dem öffentlichen Gut als eine Funktion des Steuerpreises, den das Individuum entrichten muß, ableiten kann! Nehmen Sie an, daß die Nachfragekurve die Form

$$G = Y/p$$

hat, wobei Y das Einkommen sei und p der Steuerpreis. Das heißt, daß sich die Nachfrage nach öffentlichen Gütern verdoppelt, wenn sich das Einkommen verdoppelt, daß sie sich aber halbiert, wenn sich der Steuerpreis verdoppelt. Unterstellen Sie, daß der Steuerpreis ein bestimmter Prozentsatz des Einkommens des Individuums ist (proportionale Einkommensteuer)! Wie wird sich die Nachfrage nach öffentlichen Gütern zwischen den verschiedenen Einkommensklassen unterscheiden?

3. Unterstellen Sie nunmehr, daß alle dieselbe Steuer zahlen müssen, daß der Steuerpreis für alle derselbe ist. Rufen Sie sich ins Gedächtnis zurück, daß auf der Nachfragekurve eines jeden Individuums der Preis gleich seiner Grenzrate der Substitution ist. Es gilt also

$$GRS = p = Y/G$$

die Grenzrate der Substitution ist proportional zum Einkommen. Unterstellen Sie, daß das Einkommen symmetrisch verteilt ist, so daß das Durchschnittseinkommen gleich dem Medianeinkommen ist. Erklären Sie, warum das Gleichgewicht bei Mehrheitswahl Pareto-effizient ist! Nehmen Sie nunmehr an, daß die Einkommensverteilung nicht symmetrisch ist, sondern schief wie in der Zeichnung 6.4. Ist das Gleichgewicht bei Mehrheitswahl dann immer noch effizient? Kommt es zu einer Unter- oder zu einer Überversorgung mit öffentlichen Gütern?

4. Man bezeichnet die Nachfragekurve für ein Gut als elastisch, wenn die Nachfrage sich (bei Einkommensänderungen) stärker verändert als das Einkommen. Bei der Nachfragekurve

$$G = Y^2/p$$

erhöht sich die Nachfrage nach öffentlichen Gütern mit dem Quadrat des Einkommens. Zeichnen Sie die Grenzrate der Substitution (bei einem gegebenen Niveau der Ausgaben für öffentliche Güter) als eine Funktion des Einkommens! Unterstellen Sie, die Einkommen seien symmetrisch verteilt. Welche Beziehung besteht dann zwischen dem durchschnittlichen Wert der Grenzrate der Substitution in dieser Bevölkerung und der Grenzrate der Substitution des Medianindividuums? Welche Implikationen hat dies für das Gleichgewichtsangebot des öffentlichen Gutes bei Mehrheitswahl und gleichmäßiger Besteuerung aller Bürger?

5. In unserem obigen Text haben wir angedeutet, daß bei gleichmäßiger Besteuerung die Präferenzen wohlhabender Individuen in bezug auf Bildungsausgaben nicht eingipflig sind. Warum könnte es der Fall sein, daß Präferenzen in bezug auf Stadtparks oder öffentlichen Personennahverkehr nicht eingipflig sind?

6. Ist der Medianwähler immer der Wähler mit dem Medianeinkommen? Geben Sie Beispiele!
7. Wie könnte man das Wachstum der Staatsausgaben mit Hilfe des Modells der Abstimmung mit einfacher Mehrheit erklären?
   a) Würde sich eine wachsende Nachfrage nach staatlichen Leistungen besser durch Veränderungen des Median- oder des Durchschnittseinkommens erklären lassen?
   b) Was sollte die Folge einer Erhöhung der Kosten der Erzeugung öffentlicher Güter sein, die durch ineffiziente Tätigkeit des Staates bedingt ist? Würde es einen Unterschied machen, wenn die Zunahme der Kosten dadurch hervorgerufen wird, daß der Staat über den Marktlöhnen liegende Arbeitsentgelte zahlt (also Gehälter, die höher sind als was vergleichbare Arbeitskräfte im privaten Sektor erhalten)? (Hängt die Antwort auf unsere letzte Frage davon ab, ob der Medianwähler im öffentlichen Dienst beschäftigt ist?)
   c) Warum würden Sie erwarten, daß bei gleichbleibenden Prokopfeinkommen in einer Wirtschaft, deren Einwohnerzahl zunimmt, die Nachfrage nach öffentlichen Gütern wächst?
8. Ein populäres Wahlverfahren ist die Punktwahl, bei dem die Individuen den verschiedenen Alternativen „Noten" geben (1, 2, 3); die „Noten" werden zusammengezählt und die Alternative mit der niedrigsten Summe gewinnt. Betrachten Sie die Wahl zwischen vier verschiedenen Möglichkeiten, öffentliche Mittel auszugeben (eine öffentliche Bibliothek, eine Skipiste, ein Schwimmbad, eine Mülldeponie)! Können Sie ein Beispiel konstruieren, in dem das Ergebnis (die vorgezogene Alternative) eine Bibliothek ist, wenn zwischen den ersten drei Alternativen abgestimmt wird, aber eine Skipiste, wenn zwischen allen vier Alternativen abgestimmt ist? Dieses Wahlverfahren verletzt also das Prinzip, daß das Ergebnis unabhängig von irrelevanten Alternativen sein sollte (irrelevant, siegt doch die Deponie in keiner der beiden Abstimmungen).

7. Kapitel
Staatliche Produktion und Bürokratie

Der öffentliche Sektor beschäftigt fast 20% der erwerbstätigen Bevölkerung. Diese Arbeitnehmer sind in einer Vielzahl von Tätigkeitsbereichen anzutreffen. Sie befassen sich mit der Durchführung von staatlichen Maßnahmen, treiben Steuern ein, formulieren Gesetze und Verordnungen und kontrollieren deren Anwendung. Wiederum andere erzeugen Strom, verkaufen Bier, bilden aus, oder sind in den Streitkräften beschäftigt. In diesem Kapitel betrachten wir zunächst, in welchen Arten von Produktion der Staat tätig ist. Wir vergleichen dabei auch die Verhältnisse in der BR Deutschland mit denen in anderen Ländern. Dann untersuchen wir die Unterschiede zwischen privater und staatlicher Produktion. Wir fragen: Läßt sich auf dieser Grundlage etwas darüber sagen, unter welchen Umständen der öffentliche Sektor ein Gut erzeugen und wann er es stattdessen von privaten Produzenten kaufen sollte?

Die Meinung, daß staatliche Betriebe mit den Ressourcen extrem verschwenderisch umgehen, ist in nahezu allen Ländern dieser Welt weit verbreitet. Amerikanische Umfragen kommen zu dem Ergebnis, daß 77% der amerikanischen Bevölkerung der Überzeugung sind, daß der Staat ein Verschwender sei. Wir wollen wissen, ob es Gründe für die Erwartung gibt, daß staatliche Betriebe und Behörden weniger effizient sind als die Privatwirtschaft.

Staatliche Betriebe und staatliche Produktion in der BR Deutschland

Der Staat produziert sowohl öffentliche als auch private Güter. Darüberhinaus schließt er (sowohl auf der Ebene des Bundes als auch auf der aller anderen Gebietskörperschaften) Verträge mit privaten Unternehmen ab, bestimmte Güter und Dienste entweder direkt an ihn oder an die Bürger zu liefern. In diesem Abschnitt erörtern wir die Rolle des Staates bei der Erzeugung privater und öffentlicher Güter und die Rolle privater Unternehmen bei der Bereitstellung dieser Güter für den Staat.

Staatliche Produktion privater Güter

Es sind im wesentlichen 14 Wirtschaftszweige, in denen Bund, Länder und Gemeinden in bedeutendem Umfang private Güter erzeugen. Bei diesen Gütern ist die Anwendung des Ausschlußprinzips möglich (der Staat verlangt in der Tat für die meisten dieser Güter und Dienste einen Preis) und die zusätzlichen Kosten, die bei der Bereitstellung dieser Güter und Dienste für ein zusätzliches Individuum entstehen, sind erheblich. In den meisten dieser Bereiche besteht sowohl öffentliche als auch private Produktion.

1. Post- und Telekommunikation: Die Post wurde in Mitteleuropa zunächst vor allem von einem Privatunternehmen, nämlich der Thurn und Taxis Post betrieben. Erste Bemühungen um die Errichtung einer staatlichen Post waren aller-

dings bereits vor dem 30jährigen Krieg zu verzeichnen. Im 19. Jahrhundert wurde die Thurn und Taxis Post immer stärker von staatlichen Monopolbetrieben verdrängt. Das Jahr 1867 gilt als ihr offizielles Ende. Die Reichspost und später die Bundespost war und ist eines der größten Unternehmen des Landes. Nicht auf allen Gebieten ihrer Tätigkeit hat sie ein Monopol. Insbesondere befindet sie sich bei der Paketzustellung, beim Geldübermittlungs-, Postscheck-, Postsparkassen- und Postzeitungsdienst in Konkurrenz zu privaten Unternehmen. Diese befördern heute mehr Pakete als die Post. 75% der bis Mitte der 70er Jahre fast permanenten Defizite der Post entstanden in Bereichen, in denen die Post kein Monopol hatte. Der Rückstand, den die BR Deutschland auf dem Gebiet der Telekommunikation insbesondere im Vergleich zu den USA aufweist, wird von manchen auf das Monopol der Post zurückgeführt. Heute gibt es Ansätze zu einer Reform der Post und Bestrebungen, ihr Monopol zu beschränken.

2. Elektrizität: Die neun großen Elektrizitätskonzerne sind seit 1948 in der Deutschen Verbundgesellschaft (DVG) zusammengefaßt. Diese Unternehmen sind mehrheitlich im Besitz der öffentlichen Hand. Auch diejenigen Unternehmen, die auf der regionalen und örtlichen Ebene tätig sind – ihre Aufgabe ist nicht die Stromerzeugung, sondern dessen Weiterleitung – sind zumeist öffentliches Eigentum. Es sind aber auch private Aktionäre vorhanden.

3. Wasserversorgung: Die Wasserversorgung wird fast ausschließlich von den Gemeinden durchgeführt. Es bestehen etwa 7000 kommunale Wasserversorgungsunternehmen.

4. Gas: In der Gaswirtschaft spielen kommunale Unternehmen eine wichtige Rolle. Aber auch die Länder und private Unternehmen sind kapitalmäßig stark beteiligt. Der Anteil der öffentlichen und gemischtwirtschaftlichen Unternehmen am Gasaufkommen beträgt über 95%[1].

5. Eisenbahn: Die Eisenbahn wurde noch unter Bismarck verstaatlicht. Zuvor war sie überwiegend von privaten Unternehmen betrieben worden. Nach ihrer gesetzlichen Aufgabenstellung ist das Unternehmensziel der Bundesbahn nicht, den größtmöglichen Gewinn zu erzielen, sondern die Anforderungen an den Verkehr „bestmöglich" zu erfüllen. Tatsächlich muß die Bundesbahn Aufgaben übernehmen, die bei einer kaufmännischen Unternehmensführung nicht vertretbar wären. Die dadurch verursachten Verluste sind enorm. Obwohl die Bundesbahn direkt und indirekt jährlich mit über 15 Mrd. DM subventioniert wird, ist ihre Verschuldung ständig angewachsen. Auf die Dauer werden sich durchgreifende Sanierungsmaßnahmen nicht vermeiden lassen. Sie sind seit langem in der Diskussion.

6. Luftverkehr: Die Lufthansa wurde im Jahre 1926 als Aktiengesellschaft mit wesentlicher Beteiligung des Reichs gegründet. Sie erhielt ein Monopol über den innerdeutschen Luftverkehr auf den von ihr beflogenen Strecken. In den letzten Jahren haben Privatisierungs- und Deregulierungsbestrebungen an Einfluß gewonnen. Das Monopol scheint in Auflösung begriffen.

---

[1] Die maßgebliche Rolle, die die Gemeinden in Deutschland auf dem Gebiet der Gaswirtschaft, der Wasserversorgung und bei einigen anderen Versorgungsbetrieben spielen, geht auf die zweite Hälfte des 19. Jahrhunderts zurück.

7. Versicherung: Die Geschichte der öffentlich-rechtlichen Versicherungsunternehmen geht in Deutschland auf das 18. Jahrhundert zurück. Heute handelt es sich um 58 Versicherer, die innerhalb des gesamten Markts der Privatversicherung einen Marktanteil von etwa 10% haben[2]. Sie betätigen sich in allen Versicherungszweigen, insbesondere aber in der Feuerversicherung und der Lebensversicherung. Als eine staatliche Betätigung auf dem versicherungswirtschaftlichem Gebiet ist darüberhinaus die umfangreiche Tätigkeit der Sozialversicherung anzusehen[3].

8. Bank- und Kreditwesen: Die Anfänge des öffentlichen Bankwesens gehen bis ins 18. Jahrhundert zurück. Insbesondere seit der Jahrhundertwende hat es einen starken Ausbau erfahren. Wir hatten oben bereits darauf hingewiesen, daß nach der Bilanzsumme die Mehrzahl der Banken in der BR Deutschland im Besitz der öffentlichen Hand sind. Die Gruppe der öffentlichen Banken ist sehr heterogen zusammengesetzt. Hierzu gehören sowohl Universalbanken wie die Landesbanken, die sowohl in der Funktion von Hausbanken der Bundesländer als auch von Zentralbanken für die regionalen Sparkassenorganisationen tätig werden. Andererseits gehören hierzu Spezialkreditinstitute, deren besondere „öffentliche" Aufgaben sich aus den Errichtungsgesetzen oder Satzungen ergeben.

9. Grundbesitzverwaltung, Forstwirtschaft: Der Staat und zwar insbesondere die Länder sind die größten Grundbesitzer der BR Deutschland[4]. Die Wälder sind zu 30% Staatswälder. Weitere 25% sind Eigentum der Kommunen. Man mag allerdings argumentieren, daß diese staatlichen Wälder nicht nur das private Gut Holz, sondern auch öffentliche Güter produzieren, insbesondere eine Erholungsfunktion erfüllen[5].

10. Industrie: Bei den industriellen Beteiligungen des Bundes handelte es sich zunächst um Überreste der Industrien, die der Staat insbesondere unter dem Nationalsozialismus, aber auch schon vorher an sich gezogen hatte. Aus den ehemaligen Reichswerken Hermann Göring wurde die Salzgitter AG. Zu Beginn der achtziger Jahre konzentrierten sich die meisten Beteiligungen auf sechs große Konzerne: Salzgitter AG, Vereinigte Industrieunternehmungen AG (VIAG), Saarbergwerke AG, Industrieverwaltungsgesellschaft AG, VEBA AG und Volkswagenwerk. Die Volkswagenwerke waren bereits in den sechziger Jahren teilprivatisiert worden und nunmehr werden auch die dem Bund noch verbleibenden 20% des Aktienkapitals veräußert. Verkauft wurden und werden ferner bedeutende Teile des Aktienkapitals der VIAG, der VEBA und der Industriever-

---

[2] Der größte dieser Versicherer ist die bayerische Versicherungskammer.
[3] Vgl. hierzu Kapitel 11 und Kapitel 13.
[4] In der Vergangenheit war der staatliche Grundbesitz noch weit umfangreicher als heute. Vor allem im 19. Jahrhundert kam es zu einem Verkauf eines beträchtlichen Teils des staatlichen Grundbesitzes.
[5] Nach deutschem Recht ist es Besitzern von Privatwald verwehrt, ihren Wald einzuzäunen und ein Schild „Betreten verboten" an den Zaun zu hängen. Insofern werden auch die Besitzer von Privatwald durch den Staat gezwungen, ein öffentliches Gut bereitzustellen, was sie von sich aus schwerlich tun würden. Allerdings fehlt es bei Privatwald zum Teil an der für die Erfüllung der Erholungsfunktion förderlichen Infrastruktur, beispielsweise Waldwegen.

waltungsgesellschaft. Die Betätigung des Bundes als Industrieller ist damit seit Beginn der achtziger Jahre deutlich zurückgegangen[6].

11. Öffentlicher Personennahverkehr: Innerhalb des Personennahverkehrs entfielen 1980 62% der Verkehrsleitung auf kommunale und gemischtwirtschaftliche Unternehmen, 11% auf private Unternehmen und der Rest vor allem auf die deutsche Bundesbahn. Die kommunalen Unternehmen, die auf diesem Gebiet tätig sind, sind vorwiegend privatrechtlich organisiert.

12. Schulen und Hochschulen: Im Schul- und Hochschulwesen erlangten öffentliche Schulen und Hochschulen bereits im 18. Jahrhundert gegenüber denen der Kirchen und Klöster eine führende Position. Die öffentliche, unentgeltliche und obligatorische Volksschule wurde allenthalben im 19. Jahrhundert durchgesetzt[7].

13. Krankenhäuser: Seit der Säkularisation, also seit dem Anfang des letzten Jahrhunderts sind vor allem die Gemeinden Träger der Krankenhäuser, zuvor waren es insbesondere die Kirchen und Klöster[8].

14. Wohnungswirtschaft: Die Gemeinden und die Länder sind kapitalmäßig stark an den sogenannten gemeinnützigen Wohnungsunternehmen beteiligt. In der BR Deutschland gibt es etwa 1800 gemeinnützige Wohnungsunternehmen. Von diesen sind knapp 400 öffentliche Wohnungsunternehmen. Sie stellen mehr als 10% aller Mietwohnungen bereit. Ihre Geschichte geht auf das 19. Jahrhundert zurück. Sie waren der wichtigste Träger des sogenannten sozialen Wohnungsbaus. Sie genossen lange weitgehende Steuerprivilegien in Gestalt einer nahezu vollständigen Befreiung von Steuern. Im Rahmen der Steuerreform 1990 werden diese Steuerprivilegien stark reduziert. Insbesondere der Fall Neue Heimat zeigte, daß die gemeinnützige Wohnungswirtschaft in den achtziger Jahren in eine krisenhafte Situation geraten ist.

In manchen anderen westeuropäischen Staaten ist der Staat sogar noch stärker in der Produktion von privaten Gütern tätig, beispielsweise in Italien, in Frankreich oder in Österreich. In den USA oder in der Schweiz ist diese Tätigkeit des Staates etwas eingeschränkter. Haben die weitreichenden Privatisierungspläne im Vereinigten Königreich Erfolg, wird man dies demnächst auch über Großbritannien sagen können. In den USA sind die Telekommunikation, der Luftverkehr und ein großer Teil der Versorgungsunternehmen privat. Der Eisenbahnverkehr war in den USA bis nach dem 2. Weltkrieg im wesentlichen privat. Dann kam es zum Konkurs eines Teils dieser privaten Eisenbahnunternehmen und großen Schwierigkeiten der anderen. Die Regierung reagierte 1970 bzw. 1976 darauf, indem sie zwei Eisenbahnunternehmen errichtete, Amtrak und Conrail, die stark subventioniert wurden[9]. Private Eisenbahnunternehmen sind heute fast nur im Gütertransport tätig. Der amerikanische Bund ist der größte Grundbesitzer

---

[6] Dies steht im Einklang mit dem Gebot des Paragraphen 65 der Bundeshaushaltsordnung, nach der sich der Bund an Unternehmen in einer Rechtsform des privaten Rechts nur beteiligen darf, wenn ein wichtiges Interesse des Bundes vorliegt und sich der vom Bund angestrebte Zweck nicht besser und wirtschaftlicher erreichen läßt. Dieses Gebot war lange Zeit in der Praxis nur wenig beachtet worden.
[7] Vgl. hierzu Kapitel 15.
[8] Vgl. hierzu Kapitel 11.
[9] Inzwischen wurde Conrail nach einer erfolgreichen Sanierung wieder privatisiert.

der Vereinigten Staaten. Als Bankier ist der amerikanische Staat im Unterschied zum deutschen nur relativ wenig aufgetreten.

Staatliche Produktion versus staatliche Bereitstellung

Außer in der Produktion privater Güter ist der Staat in der einer Vielzahl von öffentlichen Gütern aktiv.

Die Analyse des Kapitels 5 zeigte, daß der Staat öffentliche Güter finanzieren muß, nicht aber, daß er sie auch herstellen soll. Man sollte die zwei Fragen, ob ein Gut öffentlich bereitgestellt (finanziert) werden soll und ob es öffentlich produziert werden soll, analytisch voneinander trennen. In der Realität sind öffentliche Bereitstellung und öffentliche Produktion oft miteinander verbunden und zwar sowohl bei reinen öffentlichen Gütern als auch bei öffentlich bereitgestellten privaten Gütern. Ein Gegenbeispiel ist Landesverteidigung. Die meisten Ausrüstungsgegenstände, die hierfür erforderlich sind (Flugzeuge, Gewehre, Schiffe) werden von privaten Unternehmen produziert.

Eine andere Möglichkeit ist, daß der Staat private Vertragspartner oder Pächter sucht, die öffentliche Einrichtungen bewirtschaften, oder aber bestimmte Aufgaben privaten Organisationen überträgt. Eines der bekanntesten Beispiele für eine privat-rechtliche Organisation mit Unternehmenscharakter, dem öffentliche Aufgaben übertragen sind, sind die Technischen Überwachungsvereine (TÜV). Diese überprüfen nicht nur Kfz, sondern auch eine Vielzahl anderer überwachungsbedürftiger Anlagen. Auch im Bereich der kommunalen Wirtschaft gibt es im Prinzip eine Vielzahl von Möglichkeiten, Aufgaben, die in der Praxis zumeist von kommunalen Betrieben ausgeführt werden, an private Vertragspartner zu übertragen. Die Müllabfuhr könnte von einem Privatunternehmen betrieben werden, Schwimmbäder könnten verpachtet werden, selbst der Brandschutz oder die Bewachung bestimmter Bauten könnte privat und im Auftrag der Gemeinde betrieben werden. Bei kommunalen Einrichtungen und Betrieben, die ihre Leistungen unentgeltlich (Brandschutz) oder zu Preisen abgeben, die nicht kostendeckend sind (Schwimmbäder, Stadttheater u.ä.) könnte eine solche Abgabe zu nicht kostendeckenden Preisen auch dann erfolgen, wenn diese Güter privat produziert werden – die Gemeinde müßte dann eben für die Kosten aufkommen. In der Realität wurden diese Möglichkeiten bislang in den bundesdeutschen Gemeinden nur in verhältnismäßig bescheidenem Umfang genutzt[10].

In manchen Fällen kann die Übertragung der Produktion an private Unternehmen Probleme verursachen: es kann schwierig sein, die Eigenschaften des Gutes oder Dienstes, der bereitgestellt werden soll, vertraglich genau zu spezifizieren. Es ist möglich, die Lieferung eines bestimmten Panzers oder Flugzeugs mit einem Privatunternehmen vertraglich zu vereinbaren. Ein Vertragswerk, das die „Bereitstellung von Landesverteidigung" vereinbart, läßt sich hingegen schwerlich

---

[10] Es ist nicht überraschend, daß in der Praxis jeweils die Gewerkschaften der Beschäftigten im öffentlichen Dienst, die ÖTV, die GEW, die Postgewerkschaft und die Gewerkschaft der Eisenbahner besonders vehement gegen eine solche Übernahme öffentlicher Betriebe oder öffentlicher Aufgaben durch private Unternehmen protestieren. Die Beschäftigten, die sie vertreten, müssen bei einer solchen Maßnahme oft einen Verlust von Privilegien befürchten.

ausarbeiten. Es gibt eine intensive Debatte über die Eignung von Bildung für private Produktion. Wäre es für die Gemeinden oder die Länder möglich, Verträge mit Privatschulen abzuschließen, daß sie die Art von Bildung erzeugen, die die Gemeinschaft wünscht? Würden Sie die Ausführung des Vertrags derart intensiv überwachen müssen, daß sie die Produktion ebensogut gleich selbst vornehmen könnten? Andererseits gibt es beispielsweise Bereiche der Daseinsvorsorge, in denen man leicht vertragliche Vereinbarungen schließen kann, z.B. Abfallbeseitigung, und die private Erzeugung eines öffentlich bereitgestellten Gutes nicht unüblich ist[11].

Die Ausführung von Gesetzen und die Durchführung staatlicher Programme

Vielleicht die wichtigste Art von „Staatsproduktion" ist die Ausführung staatlicher Gesetze und die verwaltungsmäßige Abwicklung staatlicher Maßnahmenkataloge. Nachdem die Bürger ihre Volksvertreter gewählt haben und diese für bestimmte Maßnahmen gestimmt haben, müssen sie in die Tat umgesetzt werden: Detaillierte Verordnungen müssen ausgearbeitet werden, Verwaltungsverfahren entwickelt werden, gemäß derer die Berechtigten bestimmte Zuwendungen beantragen können, die eingehenden Anträge müssen bearbeitet werden, Überweisungen veranlaßt werden etc. Die Absichten eines Programms mögen noch so gut sein, wenn die verwaltungstechnische Ausführung mangelhaft ist, wird das Ergebnis Unrecht und Ineffizienz sein. Wir bezeichnen die Personen, die für die Durchführung staatlicher Programme zuständig sind, als die staatliche Bürokratie.

Strukturveränderungen bei der staatlichen Produktion

Seit den fünfziger Jahren ist es in der BR Deutschland zu keinen dramatischen Veränderungen der Rolle staatlicher Unternehmen mehr gekommen. Die Veränderungen, die sich vollzogen haben, waren allmählicher Natur. Während Anfang der fünfziger Jahre Sozialisierungsforderungen noch einige Anhängerschaft besaßen, sind sie im Grunde bereits seit Ende der fünfziger Jahre weitgehend vom Tisch. An ihre Stelle traten die Forderungen nach mehr Mitbestimmung der Arbeitnehmer. Aber auch sie haben inzwischen wieder an Popularität eingebüßt. Ab 1959 erfolgte die Privatisierung einer Anzahl industrieller Beteiligungen des Bundes. Die Privatisierungsbemühungen kamen ab Mitte der sechziger Jahre zum Stillstand. In den siebziger Jahren kam es zu einer beträchtlichen Erweiterung des industriellen Bundesbesitzes. Eine Wiederbelebung der Privatisierungsbemühungen setzte seit Ende der siebziger Jahre ein. Aber auch diese machen nur sehr allmähliche Fortschritte.

In anderen westeuropäischen Ländern erfolgten weit dramatischere Veränderungen der Rolle des Staates in der Güterproduktion. Frankreich wurde nach

---

[11] David Sappington und J. Stiglitz haben einen Satz abgeleitet, den sie Hauptsatz der Privatisierung nennen. Dieser Satz spezifiziert Bedingungen, unter denen geeignete Verfahren einer Übertragung öffentlicher Aufgaben an private Vertragspartner höhere Effizienz gewährleisten, alle verteilungspolitischen Ziele des Staates erreicht werden und zwar noch dazu, ohne daß der private Vertragspartner übermäßige Gewinne erzielt. Vgl. Privatization, Information und Incentives. Journal of Policy Analysis and Management, 6 (1987) S. 567-82.

dem Krieg und dann erneut ab 1980 von einer Verstaatlichungswelle erfaßt, die nicht nur alle größeren Banken und die meisten Versicherungen, sondern auch einen sehr beträchtlichen Teil der französischen Großindustrie betraf. Ab 1986 setzten demgegenüber weitreichende Privatisierungen ein. In England wurde nach dem 2. Weltkrieg u.a. die Kohle-und Eisenindustrie verstaatlicht und die Verstaatlichung der Eisenbahn abgeschlossen. Ab 1980 setzte hingegen eine Privatisierung ein. In Österreich kam es 1946 und 1947 zu erheblichen Verstaatlichungen. Erst in den letzten Jahren gibt es dort wieder stärkere Bestrebungen nach einer Reprivatisierung.

Die Frage, welche Rolle der Staat in der Produktion von Gütern spielen sollte, ist auch in der BR Deutschland nicht unumstritten: Wäre es besser, wenn einige der Güter und Dienste, die heute vom Staat produziert werden, z.B. die Telekommunikation, von privaten Unternehmen produziert würden? Gibt es demgegenüber Dienste, die heute privat erzeugt werden, die aber besser der Staat erzeugen sollte?

Staatliche versus private Produktion: Der Gegensatz zwischen staatlichen und privaten Zielen

Das Hauptargument der Befürworter einer aktiven Rolle des Staates bei der Produktion von Gütern ist, daß sie glauben, daß private Unternehmer Ziele verfolgen, die nicht notwendigerweise im Interesse der Nation sind. Der wichtigste Kritikpunkt an staatlicher Produktion ist, daß sie weniger effizient ist.

Private Unternehmen streben nach der Maximierung der Profite ihrer Eigentümer und nicht nach der Hebung des Volkswohlstands. Das ist das populärste Argument für eine staatliche Kontrolle über die Produktion. Um zu beurteilen, ob dieses Argument zutrifft, müssen wir zu der grundlegenden Diskussion im Kapitel 4 zurückkehren. Private Unternehmen, die ihr Eigeninteresse verfolgen (Maximierung der Profite), fördern damit unter Umständen den Volkswohlstand. Die Tatsache, daß Wettbewerb zwischen Unternehmen, die ihre Profite maximieren, zu einer effizienten Allokation der Ressourcen führt, bedeutet, daß es nicht notwendigerweise einen Gegensatz zwischen der Verfolgung des Eigeninteresses (Profitmaximierung) und dem Allgemeinwohl gibt. Liegt jedoch Marktversagen vor, mag das Bemühen der Unternehmen um eine Maximierung ihrer Profite zu einer anderen als einer effizienten Allokation führen. Das Auftreten von Marktversagen reicht jedoch noch nicht zur Rechtfertigung einer staatlichen Intervention aus. Es muß gezeigt werden, daß der Staat das Marktversagen korrigieren kann, ohne daß dadurch neue Probleme entstehen. Interveniert er, kann staatliche Produktion ein ungeeignetes Instrument sein. Statt einer direkten Kontrolle über die Produktion kann er eine indirekte mittels Regulierungen ausüben und/oder mittels Steuern und Subventionen, die den Unternehmen einen Anreiz geben, im öffentlichen Interesse tätig zu werden. Die Frage ist nicht so sehr, welche Politik richtig ist, sondern eher, unter welchen Umständen eine dieser Vorgehensweisen angemessen ist. In Deutschland und anderen europäischen Ländern wurde in einer Vielzahl von Fällen der Weg der Verstaatlichung gegangen, während man in den USA bei ähnlich gelagerten Fällen eher zum Mittel der Regulierung griff.

Andere Möglichkeiten, private und gesellschaftliche Interessen in Übereinstimmung zu bringen

Diejenigen, die Regulierung und Besteuerung als Heilmittel für Marktversagen empfehlen, glauben, daß diese Instrumente gegenüber staatlicher Produktion drei wesentliche Vorzüge haben. Erstens führen sie zu mehr Konsistenz und Effizienz der Wirtschaftspolitik. Nehmen Sie an, es wäre wünschenswert, Unternehmen in Regionen mit hoher Arbeitslosigkeit anzusiedeln. Dies wird mitunter zum Anlaß genommen, staatliche Unternehmen aufzufordern, sich dort niederzulassen. Es wäre aber besser, jedem Unternehmen, das sich dort niederlassen will, eine Subvention zu gewähren. Dies würde dazu führen, daß gerade jene in diese Regionen umsiedeln und die Subvention in Anspruch nehmen, bei denen diese Umsiedlung mit den geringsten Kosten verbunden wäre, statt daß diese Umsiedlungskosten einfach jenen Unternehmen auferlegt werden, die aus welchem Grund auch immer verstaatlicht worden sind.

Zweitens erlaubt die Verwendung von Steuer- und Subventionssystemen eine bessere Kalkulation der Kosten, die mit der Verfolgung eines bestimmten Ziels verbunden sind. Es mag wünschenswert sein, die Umweltverschmutzung zu verringern, aber wieviel ist uns dieses Ziel wert? Es mag wünschenswert sein, ein Unternehmen in einer Region mit hoher Arbeitslosigkeit anzusiedeln, aber wieviel ist uns dieses Ziel wert? Es ist oft sehr schwierig, die zusätzlichen Kosten, die staatlichen Unternehmen bei der Verfolgung solcher Ziele entstehen, zu ermitteln; die Hingabe direkter staatlicher Subventionen legt die Kosten der Verfolgung verschiedener Zielsetzungen offen und ermöglicht eine rationalere Entscheidung darüber, ob die Vorzüge ihren Preis wert sind.

Drittens ist die Ansicht weit verbreitet, daß private Unternehmen selbst dann, wenn sie reguliert werden, einen stärkeren Anreiz haben, effizient zu wirtschaften. Die Beweise, die sich dafür anführen lassen, und die Gründe werden weiter unten erörtert.

Befürworter staatlicher Produktion behaupten, daß indirekte Kontrollmechanismen nicht so wirkungsvoll sind; private Unternehmen sind besser informiert als die Regulierungsbehörde und es gelingt ihnen auf die eine oder andere Weise, diese dazu zu bewegen, in ihrem Interesse zu handeln. Der Staat verfolgt vielleicht eine Vielzahl von Zielen und es könnte schwer fallen, ein System von Regulierungen zu entwickeln, das diesen Zielen vollständig gerecht wird.

Zudem hat der Einsatz von Regulierungen (und von Steuer- und Subventionssystemen) oft zu erheblichen Verzerrungen geführt, versuchen doch die Unternehmen, vorteilhafte Regelungen auszunutzen und unvorteilhafte zu unterlaufen. So wird argumentiert, daß die Regulierung der Versicherungsmärkte dazu geführt habe, daß im Namen des Verbraucherschutzes – nämlich um eine Insolvenz des Versicherers von vornherein auszuschließen – die Kosten des Versicherungsschutzes übermäßig in die Höhe getrieben worden seien und sich der Wettbewerb zwischen den verschiedenen Versicherern statt als Preiswettbewerb im Wege übertriebener Vertriebs- und Werbungsbemühungen abspiele.

Die Befürworter eines Verzichts auf Regulierungen (bzw. die Befürworter einer zurückhaltenden Politik bei der Einführung von Regulierungen) glauben, daß ihre Anhänger zwar damit recht haben, daß staatliche Unternehmen ineffizient sind. Sie stimmen auch den Kritikern der Regulierungen zu, die vorbringen, daß diese oft zu Ineffizienzen führen und daß sie im Interesse der regulierten Unternehmen oder anderer Interessengruppen ausgelegt werden. Darüberhinaus bringen sie vor, daß es keinen Grund zu der Annahme gibt, daß staatliche Unternehmen im Sinne des „Gemeinwohls" handeln (anstatt im Sinne bestimmter Interessengruppen wie der Manager und der Arbeitnehmer der staatlichen Betriebe). In den letzten Jahren ist beispielsweise die Bundespost immer wieder ins Kreuzfeuer der Kritik geraten. Als Inhaberin des Postmonopols habe sie versucht, neue Technologien im Umfeld ihrer Kommunikationsmöglichkeiten (wie etwa das schnurlose Telephon) in ihren Monopolanspruch einzubeziehen, ohne nach der Rechtfertigung für ein solches Unterfangen zu fragen. Der Hintergrund dafür sei nicht zuletzt, daß eine derartige Erweiterung des Monopols der Bundespost die (wegen des Besoldungs- und Laufbahnrechts des öffentlichen Diestes) vergleichsweise hohen Gehälter ihrer Arbeitnehmer gegen eine mögliche Gefährdung durch aufkommende Konkurrenz schützt und die Beförderungsmöglichkeiten für Postbeamte erweitert. Öffentlichen Betrieben und Behörden wird nicht selten vorgeworfen, daß sie etwa auf dem Gebiet des Umweltschutzes genauso achtlos seien wie private[12]. (Die Frage, auf die es ankommt, ist natürlich, ob derartige Klagen gegen private Unternehmen, die sich in einer ähnlichen Situation befinden, öfters oder weniger oft vorgebracht werden.)[13]

Im allgemeinen glauben diejenigen, die sich gegen eine Intervention des Staates in das Marktgeschehen aussprechen, daß die bescheidenen Vorteile einer etwas stärkeren Übereinstimmung zwischen den Handlungen der Unternehmen und gesellschaftlichen Zielen, die durch öffentliches Eigentum und staatliche Regulierungen möglicherweise erreicht wird, gegenüber den Ineffizienzen, die entstehen, nicht ins Gewicht fallen.

Wir sind nicht in der Lage, diese Meinungsverschiedenheiten im Rahmen dieses Kapitels vollständig auszuräumen, aber werden versuchen, auf den verbleibenden Seiten die folgenden drei Fragen zu beantworten:

1) Gibt es bestimmte Arten von Marktversagen, die häufig zu staatlicher Produktion führen?
2) Ist es wahr, daß staatliche Unternehmen weniger effizient sind als private?
3) Woher rührt dieser Unterschied in der Effizienz?

---

[12] Es sind nicht nur Manager privater Unternehmen, sondern recht häufig auch Gemeindebeamte und Manager öffentlicher Unternehmen, die sich in Ermittlungs- und Strafverfahren wegen Gewässerverunreinigung verantworten müssen. – Ein anderes Beispiel: Es ist der Verdacht geäußert worden, daß das Münchner Hofbräuhaus, wäre es ein privates und kein städtisches Unternehmen, wegen mangelnder Hygiene von der Gewerbeaufsicht schon längst geschlossen worden wäre.

[13] Die Dichotomie zwischen den Handlungen der staatlichen Betriebe und „gesellschaftlichen Interessen" kam und kommt auf eine interessante Art und Weise in den Bestrebungen nach Arbeiterselbstverwaltung in den kommunistisch regierten Ländern zum Ausdruck oder auch in der Absicht der griechischen Sozialisten während der ersten Jahre der Regierung Papandreou, staatliche Unternehmen zu „sozialisieren". Diese Dichotomie hat in der jugoslawischen Literatur als Argumentationsansatz zugunsten der Einführung der Arbeiterselbstverwaltung und gegen das sowjetische Modell einer zentralen Verwaltungswirtschaft eine höchst wesentliche Rolle gespielt.

Marktversagen und öffentliche Produktion: Natürliche Monopole

Die für die Entstehung staatlicher Produktion wichtigste Art von Marktversagen ist das Fehlen von Wettbewerb. Im Kapitel 4 sahen wir, daß zunehmende Skalenerträge der Grund für das Fehlen von Wettbewerb auf Märkten sein können; das heißt, die Durchschnittskosten der Produktion nehmen ab, wenn das Produktionsvolumen zunimmt. In diesem Fall ist es für wirtschaftliche Effizienz erforderlich, daß die Zahl der Unternehmen begrenzt ist. Wirtschaftszweige, in denen zunehmende Skalenerträge so nachhaltig auftreten, daß nur ein Unternehmen in ihnen tätig sein sollte, werden als **natürliche Monopole** bezeichnet. Beispiele dafür sind Telephon, Wasser und Elektrizität[14].

Für den Großteil der Kosten der Wasserversorgung ist das Leitungsnetz verantwortlich. Sobald die Leitungen einmal verlegt sind, sind die Kosten der Versorgung eines weiteren Kunden relativ gering. Es wäre offensichtlich ineffizient, zwei Leitungsnetze nebeneinander zu verlegen, von denen das eine Netz das eine Haus, das andere dessen Nachbarhaus versorgt. Dasselbe gilt für die Elektrizitätsversorgung, für das Kabelfernsehen und für Erdgas.

In der Zeichnung 7.1 sind die Durchschnittskostenkurve und die Nachfragekurve für ein natürliches Monopol dargestellt. Da die durchschnittlichen Produktionskosten mit dem Umfang der Produktion abnehmen, ist es effizient, wenn nur eine Unternehmung besteht. Im dargestellten Fall gibt es eine Vielzahl möglicher Outputniveaus (bei denen das Unternehmen mit Gewinn wirtschaftet). Der größtmögliche Output ist (wenn das Unternehmen nicht subventioniert wird) in dem Punkt erreicht, in dem die Nachfragekurve die Durchschnittskostenkurve schneidet.

In dieser Situation können wir uns nicht auf die oben erörterten Marktkräfte verlassen, wenn Effizienz sichergestellt werden soll. Effizienz erfordert, daß der Preis gleich den Grenzkosten ist. Verlangt die Unternehmung einen Preis, der gleich den Grenzkosten ist, wird sie einen Verlust erleiden, da die Grenzkosten in Branchen mit abnehmenden Durchschnittskosten niedriger sind als diese.

Eine weitverbreitete Empfehlung geht dahin, daß der Staat der Branche eine Subvention gewähren und darauf bestehen sollte, daß das Unternehmen einen Preis verlangt, der den Grenzkosten entspricht. Eine derartige Politik wird manchmal als die „erstbeste" bezeichnet. Hierbei wird jedoch das Problem übersehen, wie die Mittel für die Gewährung der Subvention aufgebracht werden sollen; insbesondere wird angenommen, daß mit der Aufbringung der Mittel keine Verzerrungen verbunden sind und daß der Staat die Höhe der Subvention kennt, die für eine Lebensfähigkeit des Unternehmens erforderlich ist.

---

[14] Auch die Verstaatlichung der Bahn wurde damit begründet, daß es sich hierbei um ein natürliches Monopol handle. In der Vergangenheit war dies tatsächlich der Fall. Die Eisenbahngesellschaften erzielten meist hohe Gewinne. Die Verstaatlichung der Eisenbahnen hatte nicht zuletzt den Hintergrund, daß man diese Monopolgewinne in die öffentlichen Haushalte umlenken wollte. So machten die Gewinne aus den preußischen Eisenbahnen im letzten Jahrhundert bis zu 50 Prozent der Einnahmen des preußischen Staates aus. Seit der Entwicklung des Straßenverkehrs hat die Bahn dieses natürliche Monopol verloren. Angesichts dieser Entwicklung versuchte und versucht die Bahn, eine Vielzahl von staatlichen Eingriffen und Regulierungen zu erwirken, die den Straßenverkehr beschränken. In diesem Bestreben war sie ziemlich erfolgreich.

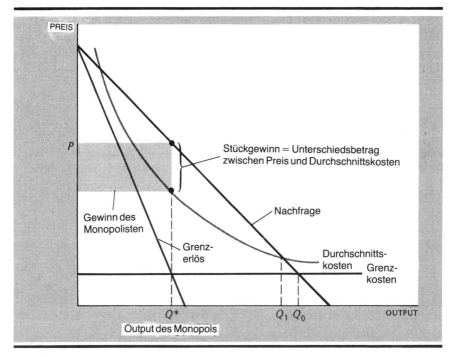

Abb. 7.1 Natürliches Monopol. Gibt es keine irreversiblen Kosten und ist ein Markteintritt möglich, wird ein natürlicher Monopolist Q_1 erzeugen und den niedrigsten Preis verlangen, zu dem er noch seine Kosten deckt. Gibt es irreversible Kosten, ist der Preis höher. Muß sich der Monopolist keine Sorgen über einen Markteintritt machen, produziert er Q^*. In diesem Punkt übertrifft der Grenzerlös die Grenzkosten.

In der Praxis haben die meisten Staaten angestrebt, daß sich derartige Wirtschaftszweige selbst finanzieren. (Es geht ihnen dabei möglicherweise auch darum, daß man es für ungerecht halten kann, den Steuerzahler für die Subventionierung eines privaten Gutes zur Kasse zu bitten, das nur von einem Teil der Bevölkerung konsumiert wird oder aber das von verschiedenen Individuen in unterschiedlichem Maße konsumiert wird.) Sie haben also darauf bestanden, daß natürliche Monopole, die vom Staat verwaltet werden, am Schnittpunkt der Nachfragekurve und der Durchschnittskostenkurve tätig werden. Der zugehörige Preis wird kostendeckenderPreis genannt und diese Politik wird manchmal als die „zweitbeste" bezeichnet.

Potentielle Konkurrenz und Effizienz

Dieser kostendeckende Preis ist genau jener, den natürliche Monopole unter der Voraussetzung verlangen, daß es eine potentielle Konkurrenz gibt. Nehmen Sie an, daß das Unternehmen einen Preis verlangt, der die Durchschnittskosten der Produktion überschreitet. Ist ein Eintritt in diesen Markt (bzw. ein Austritt aus diesem Markt) einfach, gibt es also einen Wettbewerb zwar nicht auf dem, aber um den Markt, wäre ein Unternehmen, das versucht, solchermaßen Gewinne zu machen, sofort vom Markteintritt der Konkurrenten bedroht. Diese wären dazu bereit, das jeweilige Gut bzw. den jeweiligen Dienst zu einem niedrigeren Preis anzubieten. Unter diesen Bedingungen könnte ein Unternehmen in den Markt eintreten, Güter und Dienste bereitstellen und dabei Gewinne erwirtschaften, ohne daß es sich über die Reaktion der alteingesessenen Unternehmen viel Gedanken zu machen bräuchte[15]. Das Bestehen nur eines einzigen Unternehmens garantiert noch keine Monopolmacht. Solange es potentielle Konkurrenten gibt, muß dieses seinen Preis auf die Durchschnittskosten absenken. Die Marktallokation entspricht nicht der oben beschriebenen erstbesten Politik: der Preis ist gleich den Durchschnittskosten, nicht den Grenzkosten. Die Allokation entspricht aber der zweitbesten Politik, in der die Regierung diesen Wirtschaftszweig nicht subventioniert.

Versunkene Kosten

All das ändert sich, sobald es **versunkene Kosten** (man spricht auch von irreversiblen oder verlorenen Kosten, sunk costs) gibt. Versunkene Kosten sind solche, die das Unternehmen bei einem Austritt aus dem Markt nicht wieder zurückholen kann. Die meisten Ausgaben für Forschung und Entwicklung stellen versunkene Kosten dar. Ein Gebäude hingegen, das ohne zusätzliche Kosten für einen anderen Zweck umgewidmet werden kann, fällt nicht in diese Kategorie. Ebensowenig ist das bei einem Flugzeug der Fall, das leicht an eine andere Fluggesellschaft veräußert werden kann.

Warum sind versunkene Kosten so wesentlich? Sie schaffen eine Asymmetrie zwischen einem alteingesessenen Unternehmen und einer Neugründung. Der eventuell neueintretende Konkurrent befindet sich in einer anderen Situation als der Alteingesessene, da letzterer bereits Mittel verausgabt hat, die er nicht wiedereinzubringen imstande ist. Unter bestimmten Umständen stellen diese versunkenen Kosten eine Eintrittsbarriere dar und verschaffen dem alteingesessenen Unternehmen ein gewisses Maß an Monopolmacht, die ohne derartige versunkene Kosten nicht bestünde.

Bei fast allen natürlichen Monopolen treten versunkene Kosten auf. Darum kann sich der Staat nicht auf die Wirksamkeit des Wettbewerbs um den Markt verlassen. Der Umstand, daß ein einziges Unternehmen z.B. das Telephon oder die Wasser- oder Elektrizitätsversorgung kontrolliert, gibt also Veranlassung zur Besorgnis: Der Monopolist ist in der Lage, den Konsumenten auszubeuten. Die Folgen haben wir im Kapitel 4 gesehen und werden in Zeichnung 7.1 nochmals aufgezeigt. Da er sich keine Sorgen über einen möglichen Markteintritt von Konkurrenten macht, verlangt er einen Preis, der seinen Profit maximiert, nämlich den, bei dem der Grenzerlös aus dem Verkauf einer zusätzlichen Einheit gleich den Grenzkosten ist. Sein Gewinn pro Einheit Output ist die Differenz zwischen dem Preis, den er verlangt und den Durchschnittskosten.

---

[15] In der neueren Literatur zur Wettbewerbstheorie werden Märkte mit abnehmenden Durchschnittskosten, aber ohne versunkene Kosten, auf denen der Preis gleich den Durchschnittskosten ist, als „wettbewerbsfähig" (contestable) bezeichnet. Vgl. W. J. Baumol, J. Panzar, R. Willig: Contestable Markets and the Theory of Industrial Organization. New York 1982. Wegen einer leicht verständlichen Einführung in die Theorie wettbewerbsfähiger Märkte siehe W. J. Baumol: Contestable Markets: An Uprising in the Theory of Industry Structure. American Economic Review 72 (1982), S. 1-15.

Der Fall von Mehrproduktunternehmen und natürlichen Monopolen

Bis jetzt haben wir uns auf natürliche Monopole konzentriert, die nur ein einziges Produkt erzeugen. Wird die Branche nicht subventioniert, muß sie einen Preis über den Grenzkosten verlangen.

Nach welchen Grundsätzen sollten die Preise festgelegt werden, wenn das natürliche Monopol mehrere verschiedene Güter erzeugt? Im Durchschnitt wird es immer noch erforderlich sein, daß die Preise die Grenzkosten überschreiten (damit das Unternehmen seine Kosten decken kann). Sollte beispielsweise das Verhältnis zwischen Preisen und Grenzkosten für alle Produkte des Unternehmens dasselbe sein? Sollten einige Dienste teurer verkauft werden, um die anderen zu subventionieren?

Die deutsche Bundespost verlangt beispielsweise für die Zustellung eines Briefs in einer ländlichen Siedlung in Nordfriesland dieselbe Gebühr wie für die innerhalb Münchens, obwohl die Kosten für erstere vermutlich wesentlich höher sind. Will die Bundespost ihre Kosten decken, muß hier eine **Quersubventionierung** (auch **interne Subventionierung** genannt) erfolgen, eine Subventionierung des einen Verbrauchers (Produkts) durch den anderen (das andere Produkt)[16].

Hier tritt offenbar eine politische Frage auf; die Beseitigung solcher interner Subventionierungsvorgänge wird für bestimmte Gruppen und Individuen Nachteile bringen. Werden Preise nach politischen Gesichtspunkten festgelegt, so werden die Betroffenen den Versuch unternehmen, die verantwortlichen Personen dahingehend zu beeinflussen, daß die Preise, die sie zahlen müssen, gesenkt werden (und dafür die Preise, die andere zahlen müssen, angehoben werden).

Eine Analyse der Bepreisungsentscheidungen erstreckt sich sowohl auf ihre Effizienz- als auch auf ihre Verteilungsaspekte. Die Ökonomen haben sich vor allem für die Folgen einer politisch motivierten Preispolitik für die Effizienz interessiert. Werden die Preise für einen Dienst angehoben, geht der Konsum desselben zurück. Eine einprozentige Preiserhöhung verringert die Nachfrage bei bestimmten Gütern stärker als bei anderen. Güter, bei denen die Nachfrage sensibler auf Preiserhöhungen reagiert als bei anderen, werden preiselastisch genannt. In der Zeichnung 7.2A haben wir eine unelastische Nachfragekurve gezeichnet, bei der eine Preisveränderung nicht zu einer erheblichen Veränderung des Konsums führt, wohingegen die Nachfrage in der Zeichnung 7.2B sehr elastisch ist, eine Preisveränderung führt zu einer erheblichen Veränderung des Konsums.

Soll ein natürliches Monopol seine Kosten decken (also ohne staatliche Subventionen auskommen), muß es offenbar einen Preis verlangen, der über den Grenzkosten liegt. Hebt die Regierung bei allen Produkten den Preis um denselben Prozentsatz über die Grenzkosten an, wird der Konsum von Gütern mit elastischer Nachfrage stärker zurückgehen als der Konsum von Gütern mit unelastischer Nachfrage. Wünscht der Staat, daß der Konsum aller Güter um denselben Prozentsatz zurückgeht, sollte er den Preis für diejenigen Güter, bei denen die

---

[16] Das wohl wichtigste Beispiel für interne Subventionierung ist die Subventionierung der sog. gelben Post durch die graue Post, also das Fernmeldewesen. Die gelbe Post wies 1984 einen Kostendeckungsgrad von 91 Prozent auf, das Fernmeldewesen von 112 Prozent.

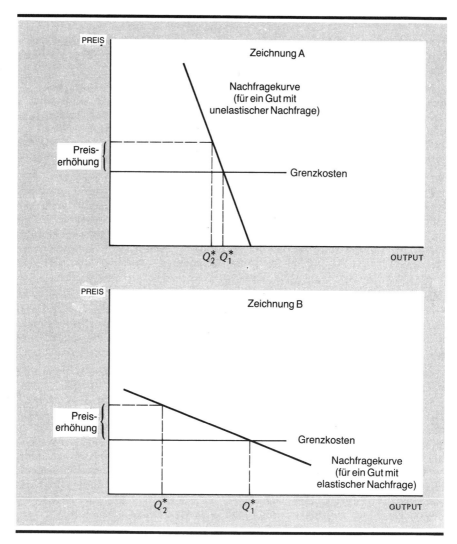

Abb. 7.2 Preispolitik eines natürlichen Monopols, das mehrere Produkte erzeugt. (A) Bei unelastischer Nachfrage führt eine Erhöhung des Preises über die Grenzkosten zu einem relativ geringen Rückgang der abgesetzten Menge. (B) Bei elastischer Nachfrage führt eine Erhöhung des Preises über die Grenzkosten zu einem starken Rückgang der abgesetzten Menge.

Nachfrage unelastisch ist, stärker über die Grenzkosten anheben als bei Waren, bei denen die Nachfrage elastisch ist[17].

Staatliche Produktion und andere Arten des Marktversagens

Obwohl ein natürliches Monopol diejenige Art von Marktversagen ist, die am ehesten ein Argument zugunsten staatlicher Produktion liefert, berufen sich ihre Protagonisten auch noch auf andere: Private Unternehmen unterlassen es, die Kosten, die sie durch Umweltverschmutzung anderen auferlegen, in Rechnung zu stellen; sie verabsäumen es, die gesellschaftlichen Vorteile einer Beschäftigung von Arbeitskräften in Rechnung zu stellen (sie ersetzen infolgedessen Arbeitskräfte durch Maschinen, auch wenn dies sozial nicht wünschenswert ist); sie berücksichtigen Überfüllungskosten, die durch die Wahl des Unternehmensstandorts in überfüllten städtischen Regionen entstehen, nicht, und sie versuchen, uninformierte und unvorsichtige Konsumenten zu übervorteilen. Alle diese Behauptungen sind ernst zu nehmen, aber unglücklicherweise ist es schwierig, ihre quantitative Bedeutung zu ermessen und das Ausmaß festzustellen, in dem öffentliche Produktion diese Probleme lindern würde.

---

[17] Das Problem, wie Preise bei staatlichen Monopolen gesetzt werden sollten, die eine Vielzahl von Produkten erzeugen, wurde 1956 von Marcel Boiteux gelöst. Er war Direktor der Electricité de France, des Staatsunternehmens, das Frankreich mit Elektrizität versorgt. Eine englische Übersetzung seiner Arbeit ist On the Management of Public Monopolies Subject to Budgetary Constraints. Journal of Economic Theory 3 (1971), S. 219-240. Die Frage der Bestimmung von Preisen für unterschiedliche Güter hat sich als eng verwandt mit einer Frage herausgestellt, die der hervorragende englische Ökonom Frank Ramsey 25 Jahre zuvor aufgeworfen hatte. Er fragte: Wenn die Regierung eine bestimmte Menge an Mitteln mittels verzerrender Besteuerung aufbringen soll, wie sollte sie das tun? Sollte sie beispielsweise auf alle Güter eine Steuer mit demselben Steuersatz legen, so daß das Verhältnis zwischen Preisen und den Grenzkosten für alle Güter dasselbe ist? Würden dann Verzerrungen der Nachfragestruktur vermieden? Ramsey zeigte, daß diese Lösung, so einleuchtend sie ist, nicht richtig ist; es ist besser, Güter mit einer unelastischen Nachfrage stärker zu besteuern. Sowohl Ramsey als auch Boiteaux vernachlässigten dabei die verteilungspolitischen Fragen, die in der politischen Auseinandersetzung im Mittelpunkt stehen. Diese wurden von M. Feldstein in die Analyse einbezogen. Vgl. Distributional Equity and the Optimal Structure of Public Prices. American Economic Review 62 (1973), S. 32-36; P. Diamond, J. Mirrlees: Optimal Taxation and Public Production. American Economic Review 61 (1971), S. 261-78; A. B. Atkinson, J. E. Stiglitz: The Structure of Indirect Taxation and Economic Efficiency. Journal of Public Economics (1972), S. 97-119 and The Design of Tax Structure: Direct versus Indirect Taxation. Journal of Public Economics 6 (1976), S. 55-75. Vergleiche auch weiter unten Kapitel 19.

Sind staatliche Betriebe weniger effizient?

Vergleiche zwischen staatlichen und privaten Unternehmen beziehen sich vielfach auf die Ineffizienz der ersteren. Aus allen Ländern sind Fälle einer geradezu grotesken Ineffizienz staatlicher Betriebe bekannt[18]. Umständliche Behördenwege und Amtsschimmel scheinen das unverkennbare Gütezeichen staatlicher Produktion zu sein.

In der BR Deutschland ist es die Aufgabe der Rechnungshöfe, Wirtschaftlichkeit und Sparsamkeit im öffentlichen Sektor zu kontrollieren. Die Ergebnisse der Rechnungshöfe des Bundes und der Länder werden veröffentlicht. Sie enthalten regelmäßig eine Vielzahl von Beispielen einer ausgeprägten Mißwirtschaft. Bei den Parlamentariern stoßen diese Berichte oft nur auf geringes Interesse[19]. Selbst wenn es sich um Fälle handelt, bei denen im Prinzip gegen die verantwortlichen Beamten ein Disziplinarverfahren eröffnet werden sollte oder diese für die entstandenen Schäden verantwortlich gemacht werden sollten, sind normalerweise bei der Aufdeckung dieser Schäden die Verjährungsfristen schon verstrichen. Die Tätigkeit der Rechnungshöfe bleibt allzuoft folgenlos. Wir geben einige Beispiele für öffentliche Verschwendung. Die meisten von ihnen stammen aus Berichten der Rechnungshöfe[20]:

• Die Beschaffung von Material durch Behörden ist oft mit einem bürokratischen Aufwand verbunden, der in keinem Verhältnis zum Wert des Auftrags steht. Ein Beispiel: Drei Prüfleitungen mit jeweils zwei Bananensteckern brauchte das Marinestützpunktkommando auf Borkum. Firmen aus der ganzen Bundesrepublik wurden aufgefordert, Angebote mit Angaben des möglichen Liefertermins sowie der Transport- und Verpackungskosten abzugeben. Die Beschaffung hätte im nächsten Bastlerladen für ca. 8,50 DM getätigt werden können; dabei wäre der bürokratische Aufwand gering gewesen.

• Trotz dieses bürokratischen Aufwands wird oft bei teuren Bezugsquellen gekauft. Ein Beispiel: Ersatzteile für Kampfpanzer Leopard. Ein Referent des Bundesamtes für Wehrtechnik beschaffte sie bei einer Firma zum Listenpreis.

---

[18] In den USA legte im Jahre 1984 eine vom Präsidenten eingesetzte Kommission einen Bericht über Verschwendung im amerikanischen öffentlichen Dienst vor. Diese Kommission fand beispielsweise heraus:
 – Das amerikanische Verteidigungsministerum hat normale Schrauben (die in jedem Metallwarengeschäft für 0,03 $ erhältlich sind) für $ 91 pro Stück erworben. Der Gesamtverlust hieraus betrug 7,3 Mrd. $.
 – Arbeitnehmer im öffentlichen Dienst sind 64 Prozent öfters krank als solche in der Privatwirtschaft.
 – Die General Service Administration der amerikanischen Regierung beschäftigt 17 mal mehr Leute und hat 14 mal so viel Verwaltungskosten wie eine vergleichbare private Unternehmung.

[19] Bei der Debatte über den Bericht des Bundesrechnungshofes aus dem Jahr 1981 beispielsweise waren im deutschen Bundestag von 519 Abgeordneten nur 27 im Plenarsaal anwesend.

[20] Die Liste ließe sich im Prinzip endlos fortsetzen. Eine Zusammenstellung derartiger Beispiele, aus der viele der hier gewählten entnommen sind, ist D. Lau u. U. Fried: Auf Kosten der Steuerzahler. Das Ärgernis der öffentlichen Verschwendung. Bergisch-Gladbach 1985.

7. Kapitel: Staatliche Produktion und Bürokratie   191

Ein anderes Referat erzielte für dieselbe Ware einen um 57% niedrigeren Preis. Wäre die gesamte Beschaffung zum günstigeren Preis durchgeführt worden, hätten sich über 390000 DM einsparen lassen. Ein anderes Beispiel: Dieselben Uniformen wurden von zwei verschiedenen Firmen erworben, einmal für 84 DM und dann für 901 DM das Stück.

• Wesentlich besser als die Rekruten sind bei der Bundeswehr mitunter die Hunde untergebracht. Auf Anfrage teilte der frühere Staatssekretär im Bundesverteidigungsministerium Dr. Penner mit, daß bei der Bundeswehr rein rechnerisch pro Hundezwinger 27 141 DM an Investitionskosten angefallen seien.

• Ein in der Universitätswerkstatt einer nordrheinwestfälischen Universität beschäftigter Elektriker kam nach den Ermittlungen des nordrheinwestfälischen Rechnungshofs auf die folgenden durchschnittlichen Arbeitszeiten: beim Einbau einer Steckdose: 24 Arbeitsstunden; für das Anbringen eines Lichtschalters: 16 Arbeitsstunden; für das Auswechseln von insgesamt 78 Glühbirnen: 179 Arbeitsstunden. Dies mag ein extremes Beispiel sein. Daß die Effizienz der Handwerks- und Dienstleistungseinheiten, die bestimmten Behörden angegliedert sind, oft erschreckend gering ist, davon können wohl die meisten Staatsdiener ein Lied singen.

• Ein bezeichnendes Licht auf die Effizienz der Bundespost wirft ein Vergleich mit amerikanischen Telephongesellschaften. Dieselben Geräte (Telephone, Anrufbeantworter) kosten bei der Bundespost das Zwei- bis Vierfache. Die Bundespost braucht für die Abwicklung derselben Menge an Telephongesprächen fast dreimal soviel Personal wie amerikanische Telephongesellschaften. Entsprechend sind die Telephongebühren in der BR Deutschland erheblich höher[21].

• Ein Großteil der öffentlichen Investitionen wird von den Gemeinden getätigt. Hier häufen sich denn auch die Beispiele einer unwirtschaftlichen Verwendung von Investitionsmitteln. In der privaten Wirtschaft rechnet man bei der Aufführung von Bauten mit Überschreitungen von Kostenvoranschlägen, die sich auf 10 bis 15% belaufen. Die öffentliche Hand leistet sich hingegen häufig Überschreitungen, die einen privaten Bauträger in den Konkurs treiben würden. Beim Bau der Neuen Pinakothek in München beispielsweise wurde das Bayerische Parlament insgesamt viermal gebeten, Kostenerhöhungen zuzustimmen. Was einmal 24,2 Millionen Mark kosten sollte, belief sich am Ende auf fast 110 Millionen Mark. Die Bundesgartenschau des Jahres 1983 in München erwies sich als „Faß ohne Boden". Anfangs sollten die Kosten 23 Millionen DM betragen, am Ende lagen sie nicht unter 41,6 Millionen DM.

• Die Bautätigkeit der öffentlichen Hand führt auch in der Bundesrepublik vielfach zum Entstehen von „Investruinen", wie sie aus den sozialistischen Ländern bekannt sind. In den siebziger Jahren schossen beispielsweise die Hallenbäder in vielen Gemeinden wie die Pilze aus dem Boden. Die Mehrzahl davon überlebt heute nur dank ständiger und erheblicher Subventionen. Ein Beispiel für die „Planmäßigkeit", mit der beim Bau derartiger „Denkmäler" vorgegangen wurde: Nur sechs Kilometer liegen die beiden bayerischen Gemeinden Wilhermsdorf (3700 Einwohner) und Langenzenn (7100 Einwohner) auseinander. Aber beide Gemeinden wollten ihr eigenes Hallenbad haben und zwar obwohl es im Umkreis

---

[21] Vgl. hierzu R. Soltwedel et al.: Deregulierungspotentiale. Tübingen 1986 S. 136f.

von 12 Kilometern bereits sieben davon gab. Die beiden Hallenbäder kosteten zusammen 8 Millionen DM, die Einnahmen aber waren so gering, daß die Gemeinde Wilhermsdorf danach am Rand des Ruins stand. Inzwischen hat sich der Ehrgeiz der Gemeinden mehr auf Parkhäuser und Technologieparks verlegt. In Bielefeld beispielsweise gibt es an der Jüllebecker Straße ein 1983 eröffnetes Parkhaus, in das sich nach den Worten des Stadtkämmerers an normalen Werktagen nur ca. fünf Autos verirren. Jährlicher Verlust: 745000 DM. Ähnlich verlustreich sind manche der in den letzten Jahren errichteten Technologieparks.

- Die bayerische Staatsoper ist zwar zugegebenermaßen eines der besten Opernhäuser der Welt, aber auch eines der teuersten. In seinem jüngsten (Erscheinungsjahr 1988) Bericht mußte der Bayerische Rechnungshof sich mit diesem Haus auf nicht weniger als 23 Seiten befassen. Nichtsdestoweniger glänzten sowohl der Intendant als auch der Staatsoperndirektor während der Landtagsdebatte über dieses Dokument in Abwesenheit. Der Rechnungshof monierte u.a., daß seit 1986 in diesem Haus auf Kostenvoranschläge (etwa bei Neuinszenierungen) überhaupt verzichtet würde. Stars wie Placido Domingo machen kein Geheimnis daraus, daß sie, wenn es ums Geld geht, am liebsten in Deutschland auftreten. Die eigenen Einnahmen decken knapp 32% der Kosten der Oper. Das ist für eine Oper zwar gar nicht wenig, könnte aber bei mehr Wirtschaftlichkeit insbesondere bei Neuinszenierungen und bei einer besseren Ausschöpfung der Preisspielräume im Kartenverkauf merklich gesteigert werden[22].

- Eine luxuriöse Ausstattung ihrer Diensträume und großzügige Reisespesen leisten sich nicht selten hochgestellte Beamte. Bekannt wurde der Fall des Präsidenten des Bundesgerichtshofs in Karlsruhe, Dr. Gerd Pfeiffer. Für die Erneuerung seines Dienstzimmers wurde stilgerechtes Mobilar für exakt 87979 DM angeschafft. Ein anderes Beispiel: Wenn die Fußballweltmeisterschaft ausbricht, tummeln sich regelmäßig zahlreiche Abgeordnete des deutsches Bundestages auf dem Schlachtfeld. Derartige Reisen werden keineswegs immer mit der vergleichsweise billigen Lufthansa vorgenommen – stilechter ist es, wenn sich die Volksvertreter in einem Jet der Flugbereitschaft des Verteidigungsministers einfliegen lassen. Flugstundenpreis rund 6500 DM.

Der Staat hat zwar auf vielen Gebieten ein Monopol, nicht aber auf dem der Ineffizienz. Es wäre nicht schwierig, ähnliche Anekdoten über Ineffizienz in Privatunternehmen zu erzählen oder über umständliche Verwaltungsverfahren bei privaten Banken. Überall lassen sich unfähige Leute finden und auch fähige machen Fehler. Die Frage ist: Inwieweit gibt es Beweise dafür, daß im öffentlichen Sektor mehr verschwendet wird als in der Privatwirtschaft?

Effizienzvergleiche zwischen dem öffentlichen und dem privaten Sektor

Es gibt nur relativ wenige systematische Studien über die Leistung öffentlicher Betriebe im Vergleich zu Privatbetrieben und die vorliegenden Studien sind mit etwas Vorsicht zu genießen[23]:

---

[22] Vgl. Süddeutsche Zeitung 22.4.1988.
[23] Vgl. hierzu C. Blankart, W. Pommerehne und F. Schneider: Warum nicht reprivatisieren? Schriften des Vereins für Sozialpolitik, Neue Folge Band 140 S. 221-246.

- Obwohl die Deutsche Bundesbahn bei dem Betrieb von Bahnbussen gegenüber privaten Busunternehmen jeden nur erdenklichen Wettbewerbsvorteil hat – kein Privatunternehmer kauft die Busse kostengünstiger als die Bahn, die Bahn genießt vielfache steuerliche Vorteile – sind staatlich betriebene Busdienste doch regelmäßig teurer als privat betriebene. Dies liegt insbesondere an dem Verhältnis zwischen der DB und ihrem Personal[24].

- Städtische und staatliche Krankenhäuser haben häufig wesentlich höhere Pflegesätze – und damit Kosten – als private oder gemeinnützige.

- Staatliche Müllabfuhr kostet um 15 bis 30% mehr als private. Relativ zweifelsfrei wurden Kostenvorteile privater Produktion auch bei anderen Dienstleistungen nachgewiesen, bei denen versunkene Kosten keine sehr große Rolle spielen[25].

Allerdings sind die Schlüsse, die das vorliegende Beweismaterial zuläßt, nicht völlig eindeutig. Beispielsweise wurde festgestellt, daß die öffentlich-rechtlichen Versicherer in der BR Deutschland deutlich niedrigere Verwaltungskosten aufweisen als private Versicherer. Dies bezieht sich nicht nur auf die Sozialversicherungsträger, sondern auch auf öffentlich-rechtliche Unternehmen, die Policen verkaufen, die im Prinzip mit denen privater Versicherer identisch sind[26].

Bei internationalen Vergleichen kommt man ebenfalls zu dem Ergebnis, daß die Staatswirtschaft im allgemeinen nicht gut abschneidet, daß es aber durchaus auch gutfunktionierende staatliche Betriebe gibt. In Österreich wird der große staatliche Sektor heute eher als Belastung für die Wirtschaft empfunden. In Frankreich und Italien gibt es neben verlustbringenden Staatsbetrieben auch gewinnbringende. Allerdings hat sich das Betriebsergebnis der französischen Unternehmen, die durch Mitterand verstaatlicht wurden, in den Jahren nach der Verstaatlichung erheblich verschlechtert.

Bei Effizienzvergleichen zwischen staatlicher und privater Produktion tritt vielfach das Problem auf, daß Vergleichbarkeit der Leistungen nicht ohne weiteres gewährleistet ist. Privatkliniken sind billiger als staatliche Krankenhäuser, sie spezialisieren sich vielfach aber auch auf die Behandlung von Krankheiten, die verhältnismäßig wenig kostenintensiv sind. Wird festgestellt, daß eine private Müllabfuhr billiger ist, mag dies daran liegen, daß sie sich in Gegenden mit dich-

---

[24] „Nach internen Untersuchungen der DB hat es sich im Vergleich mit privaten ... Eisenbahnen und mit kommunalen Verkehrsunternehmen gezeigt, daß das bestehende öffentliche Dienstrecht und auch die aufgrund gesetzlicher Vorschriften entstehenden Mehrkosten zu einer starken Erhöhung der Produktionskosten führen. So ist z.B. die Umsetzung von überschüssigem Personal besonders schwierig, die Entlassung von Beamten praktisch unmöglich und auch die von Arbeitern zwar theoretisch möglich, aber aufgrund der tragenden Rolle der Gewerkschaften in der Vergangenheit nicht praktiziert worden." J. Müller: Möglichkeiten der Privatisierung im Bereich der Deutschen Bundesbahn. In: R. Windisch (Hrsg.): Privatisierung natürlicher Monopole. Tübingen 1987 S. 333.

[25] Nach E. Hamer sind u.a. in den folgenden Bereichen in der BR Deutschland im Zusammenhang mit Privatisierungen Verbilligungen und Leistungsverbesserungen aufgetreten: Druckereien, Gebäudereinigungen, Grünzonenpflege, Kfz-Reparatur, Schlachthäuser, Schwimmbäder, Wäschereien und Wasserversorgung. Vgl. Privatizing Municipial Services. Manuskript. Mittelstandsinstitut Niedersachsen 1983.

[26] Vgl. J. Finsinger: Versicherungsmärkte. Frankfurt 1983.

ter Bebauung betätigt, in denen die Müllabfuhr naturgemäß billiger ist als bei einer mehr aufgelockerten Bebauung.

Daß die deutsche Bundesbahn nicht nur deswegen Verluste erwirtschaftet, weil sie ein Staatsbetrieb ist, zeigt das Beispiel anderer Länder wie den USA, in denen es erst dann zu einer Verstaatlichung der Bahnen kam, als diese in Konkurs gingen. Würde die Bahn privatwirtschaftlich betrieben, würde vermutlich entweder ein beträchtlicher Teil des Streckennetzes überhaupt nicht mehr befahren oder diese Privatbahn müßte vom Staat subventioniert werden.

Gründe für Ineffizienz im öffentlichen Sektor

Eines der traditionellen Argumente der Sozialisten zugunsten staatlicher Kontrolle über die Produktion ist, daß diese effizienter als private Produktion sei. Zwischen privaten Unternehmen träten Koordinationsprobleme auf, die in manchen Perioden zu übermäßiger Investitionstätigkeit und in anderen zu unzureichenden Investitionen führten[27]. Demzufolge ist die Regierung besser in der Lage, die Entwicklung der Wirtschaft zu planen. Derartige Ansichten sind insbesondere für rückständige Länder mit Nachdruck vorgetragen worden, ferner für Wirtschaftszweige, in denen die erforderlichen Investitionen besonders groß sind. Unter den Wirtschaftswissenschaftlern herrscht heute allgemein erhebliche Skepsis über Notwendigkeit und Vorzüge staatlicher Planung. Es wird dabei hervorgehoben, daß private Unternehmen tatsächlich höchst nachhaltig planen. Des weiteren wird bezweifelt, daß der Staat zu einer guten Planung imstande ist.

Warum nun aber sollten sich staatliche Betriebe sehr viel anders verhalten als private? Mehr als die Hälfte der Aktien von British Petroleum befanden sich bis 1987 in den Händen des britischen Staates. Aber wenigstens im Tagesgeschäft unterschied sich BP nur wenig von anderen multinationalen Erdölunternehmen.

Der Unterschied zwischen der Art und Weise, wie ein Kleinbetrieb funktioniert, der von seinem Eigentümer geleitet wird, und einem Großunternehmen mag erheblich sein, – was aber ist der Unterschied, ob die Aktionäre einer Großunternehmung Privatleute sind oder der Staat? Könnten die Manager eines staatlichen Unternehmens nicht in einer ganz ähnlichen Weise wie die eines privaten an der Maximierung der Gewinne interessiert sein? Die Ökonomen heben demgegenüber hervor, daß das Anreizsystem bei öffentlichen Betrieben wesentlich anders ist als bei privaten.

Organisatorische Anreize

Staatliche Betriebe unterscheiden sich in zweierlei Hinsicht grundlegend von privaten Unternehmen: sie brauchen sich keine Sorgen zu machen, daß sie in Konkurs gehen könnten, und sie sind normalerweise keiner Konkurrenz ausgesetzt.

---

[27] Die französische Regierung hat nach dem 2. Weltkrieg die sog. indikative Planung (planification) eingeführt, im Rahmen derer die privaten Unternehmen Informationen über ihre Produktionspläne austauschen, wobei es ihnen überlassen bleibt, die entsprechenden Entscheidungen zu treffen. Diese Form der Planung war wenig erfolgreich und hat seit den fünfziger Jahren immer mehr an Bedeutung verloren. Eine von der französischen Regierung eingesetzte Kommission empfahl 1987 ihre Abschaffung.

Konkurs. Ein erster Unterschied zwischen den Anreizen, die öffentliche und private Unternehmen haben, rührt von der Gefahr eines Konkurses her, der private Unternehmen ausgesetzt sind. Bei öffentlichen Betrieben besteht stets die Möglichkeit einer Subventionierung durch die Regierung.

Die Möglichkeit eines Konkurses ist wesentlich; sie sorgt dafür, daß es bei einer privaten Unternehmung eine obere Grenze für die Verluste gibt, die ineffizientes Management verursachen kann, und daß ein natürlicher Auslesemechanismus wirksam wird, durch den ineffiziente Manager ausgeschieden werden. Dadurch wird der Unternehmung eine Budgetrestriktion auferlegt. Sogar großzügige Manager können ihren Arbeitern nicht sehr viel mehr als den herrschenden Lohnsatz zahlen, wenn sie nicht einen Konkurs riskieren wollen.

Im Gegensatz dazu wirtschaften Staatsunternehmen häufig während langer Zeiträume mit Verlusten. Hervorragende Beispiele hierfür liefern die französischen, englischen und italienischen Staatsunternehmen. British Steel, British Leyland, Renault oder IRI haben enorme Verluste erwirtschaftet[28]. Vielfach ist es der Zugang zu staatlichen Subventionen, der die Manager staatlicher Betriebe zur Nachgiebigkeit gegenüber den Forderungen der Gewerkschaften veranlaßt; in vielen Ländern, darunter auch der BR Deutschland sind die Löhne öffentlicher Betriebe zum Teil erheblich höher als was in privaten Unternehmen für vergleichbare Tätigkeiten gezahlt wird[29]. Selbst wenn diese Löhne in irgendeiner Tätigkeit nicht höher sind, so ist die Arbeitsintensität im öffentlichen Sektor normalerweise niedriger. In den USA wurde geschätzt, daß die Arbeitsentgelte des amerikanischen Bundes zwischen 15 und 20% höher sind als im privaten Sektor[30].

Wettbewerb. Ein zweiter Unterschied zwischen öffentlichen und privaten Unternehmen rührt daher, daß die ersteren meistens nicht oder nicht in vollem Umfang dem Wettbewerb ausgesetzt sind. Wettbewerb ist in mehrfacher Hinsicht wichtig. Erstens schafft er die Möglichkeit zu wählen. Nehmen wir das Beispiel einer monopolistischen Kraftfahrzeugzulassungsstelle. Derartige Stellen berücksichtigen oft nicht die Wartezeiten derjenigen, die die Zulassung ihres Fahrzeugs erwirken wollen. Diese Kosten erscheinen nicht im Haushalt der Stelle, wohingegen das zusätzliche Personal, das für eine schnellere Bearbeitung erforderlich wäre, erscheinen würden. Es besteht also ein Anreiz, an diesen Aufwendungen zu sparen (was die gesellschaftlichen Gesamtkosten der Bereitstellung dieses Dienstes in Wahrheit erhöht).

Die Individuen wären möglicherweise bereit, mehr für diesen Dienst zu zahlen, aber sie haben keine Wahl. Herrscht Wettbewerb, können sie ihre Präferenzen enthüllen, indem sie wählen. Der Umstand, daß eine Wahl möglich ist, zwingt die Unternehmen, die Kosten zu berücksichtigen, die infolge bürokrati-

---

[28] Die kumulierten Verluste von British Steel beliefen sich zwischen 1976 und 1983 auf 4,3 Milliarden Pfund. Ab 1980 erzielte Renault ebenfalls einen Rekordverlust. In den sozialistischen Planwirtschaften sind die Verluste der staatlichen Unternehmen häufig enorm. So erwirtschaften 20-30% der sowjetischen Industrie regelmäßig Verluste.
[29] Die Gewerkschaft Öffentliche Dienste, Transport und Verkehr (ÖTV) sieht sich selbst als eine der „kampfstärksten", wenn nicht als die kampfstärkste Gewerkschaft in der BR Deutschland. Diese Selbsteinschätzung ist wohl zutreffend.
[30] Sharon P. Smith: Pay, Pensions and Employment in Government. American Economic Review. May 1982, S. 275.

scher Verfahren für die Kunden entstehen. So könnte etwa eine bürokratisch organisierte Versicherung, bei der der Versicherte eine Vielzahl von Formularen ausfüllen muß, um Schadensersatz zu erlangen, ihre Kunden an andere, weniger bürokratische Unternehmen verlieren. Legen staatliche Bürokratien ein derartiges Verhalten an den Tag, empfangen sie kein derartiges Signal.

Albert O. Hirschmann hat diese Art und Weise, Präferenzen mitzuteilen, „Abgang" (exit) im Unterschied zu „Stimme" genannt (der Art, wie Meinungen im politischen Entscheidungsprozeß zum Ausdruck gebracht werden). Haben Individuen keine Wahl, bleibt nur die Möglichkeit der Abgabe der „Stimme". Dies dürfte aber wenig ausrichten, wenn es darum geht, Bürokratien zur Effizienz zu nötigen. Wettbewerb beschränkt das Maß an Ineffizienz, das sich staatliche Unternehmen leisten können[31].

Anders ausgedrückt schafft der Wettbewerb ein System von Anreizen. Um Kundschaft zu gewinnen, versuchen im Wettbewerb stehende Unternehmen, ein Menü an Diensten zu entwickeln, das die Bedürfnisse des Kunden möglichst gut befriedigt. Allgemeiner gesprochen: Wettbewerb ist eine Voraussetzung für Vergleiche. Gibt es nur eine Zulassungsstelle, ist es schwierig festzustellen, ob diese Stelle effizient arbeitet. Die Personen, die diese Stelle leiten, wissen mehr über das Verfahren – die eingesetzte Technologie – bei der Zulassung von Kfz als Außenstehende. Bieten mehrere verschiedene Organisationen diesen Dienst an, kann auch der Außenstehende Vergleiche anstellen. Es läßt sich feststellen, daß eine Organisation geringere Preise verlangt und man kann wenigstens die Frage stellen, warum das so ist[32]. Selbst wenn niemand diesen Vergleich in aller Öffentlichkeit vornimmt, so nimmt ihn doch der Markt vor und er findet seinen Ausdruck im Gewinn der Unternehmen. Wettbewerb führt dazu, daß die, die effizient sind und Güter anbieten, die Konsumenten wünschen, wachsen und daß die ineffizienten schrumpfen. Diese Belohnungen bzw. Bestrafungen werden vom Markt ohne Ansehung der Person verteilt und verhängt; Manager wissen das und haben einen starken Anreiz, Effizienz anzustreben und neue Produkte und Dienste zu entwickeln, die die Bedürfnisse des Konsumenten besser befriedigen.

Individuelle Anreize

Ein weiterer wesentlicher Unterschied zwischen privaten und staatlichen Unternehmen besteht in dem Anreizsystem, mit dem die Arbeitnehmer in diesen Unternehmen konfrontiert sind.

Die Struktur der Arbeitsentgelte. Das Arbeitsentgelt der Manager in öffentlichen Unternehmen ist nur selten so stark von der Höhe der Gewinne abhängig wie in großen privaten Unternehmen. Für ein staatliches Unternehmen wäre es nicht ohne weiteres akzeptabel, seinem Vorstandsvorsitzenden ein Gehalt in der Höhe des Doppelten des Gehalts des deutschen Bundeskanzlers zu zahlen. Wie wesentlich diese Obergrenzen des möglichen Gehalts sind, ist umstritten. Sie dürften einen Einfluß darauf haben, wie qualifiziert die Individuen sind, die für

---

[31] A. O. Hirschman: Exit, Voice and Loyalty: Responses to Decline in Firms, Organizations, and States. Cambridge MA 1970.
[32] Vgl. B. Nalebuff, J. E. Stiglitz: Prices and Incentives. Towards a General Theory of Compensation and Competition. Bell Journal 14 (1983), S. 21-43.

diese Positionen gewonnen werden können und auf deren Einsatzbereitschaft. Andere wiederum behaupten, daß Manager in jedem Fall das bestmögliche leisten und daß ihre Motivation nur sehr zum Teil von der Höhe des Gehalts abhängt; ja sogar, daß die Qualität von Managern überhaupt nicht so wichtig ist[33]. Andererseits ist darauf verwiesen worden, daß das Besoldungs- und Laufbahnrecht, das für die wichtigsten öffentlichen Betriebe wie die Deutsche Bundespost und die Deutsche Bundesbahn maßgeblich ist, die Möglichkeit, durch höhere Leistung eine beschleunigte Beförderung und Einkommenszuwächse zu erreichen, doch sehr empfindlich beschränkt.

Unkündbarkeit. Ein zweiter Unterschied besteht in dem weitgehenden Kündigungsschutz, den die Beschäftigten im öffentlichen Dienst genießen. Unkündbarkeit stellt für die Beamtenanwärter eine besonders vorteilhafte Folge einer Verbeamtung dar. Auch die anderen Angehörigen des öffentlichen Dienstes erfreuen sich eines weitergehenden Kündigungsschutzes als es ihn in der Privatwirtschaft gibt.

Die Begrenztheit der Möglichkeiten einer Belohnung für gute Leistungen und das Fehlen von Strafen für schlechte spielen unzweifelhaft bei der Erklärung bürokratischen Verhaltens eine erhebliche Rolle. Der öffentliche Dienst dürfte Individuen anziehen, die viel Wert auf Sicherheit legen und die das Fehlen von Spitzengehältern nicht besonders bedauern, weil sie im privaten Sektor sowieso kein hohes Gehalt verdient hätten. Bei diesen Individuen würde selbst eine Veränderung des Entlohnungssystem keine großen Verhaltensänderungen auslösen[34].

Die Bürokratie

Im Laufe der Zeit haben verschiedene Teile des öffentlichen Dienstes eine unterschiedliche Reputation erlangt. Während einige eine recht gute haben, steht der öffentliche Dienst im großen und ganzen doch in dem Ruf der Ineffizienz, der

---

[33] In einer vielzitierten Studie zeigten Lieberson und O'Connor, daß personelle Veränderungen beim Management nur sehr begrenzte Auswirkungen auf die Leistungen der Unternehmen haben. Vgl. S. Lieberson and S. F. O'Connor: Leadership and Organizational Performance: A Study of Large Corporations. American Soziological Review 37 (1972), S. 117-130. Vgl. ferner G. Salanick, J. Pfeffer: Constraints on Administrator Discretion: The Limited Influence of Mayors on City Budgets. Urban Affairs Quarterly 12 (1977), S. 475-98.

[34] Man könnte meinen, daß wir in bezug auf das Fehlen von Leistungsanreizen innerhalb bürokratischer Strukturen etwas übertrieben haben: es gibt die Möglichkeit der Beförderung. Diese Möglichkeiten sind allerdings insbesondere in Perioden, während derer die Staatsausgaben nicht so stark zunehmen, sehr begrenzt. Ferner richten sie sich nach dem sogenannten Stellenkegel. Für einen höheren Beamten muß es eine bestimmte Zahl von Beamten des gehobenen Dienstes geben und für diese müssen dann wieder genügend Beamte des mittleren Dienstes vorhanden sein usw. Das Problem mangelnder Beförderungsmöglichkeiten wegen schlechter Finanzlage mag zwar auch in privaten Unternehmen auftreten, dort wechseln dann aber Individuen, die mit ihren Aufstiegschancen innerhalb der Unternehmung nicht zufrieden sind, zu anderen Firmen über. Die Sicherheit der Unkündbarkeit und die im Verhältnis zur Leistung relativ gute Bezahlung machen hingegen ein Überwechseln zu privaten Unternehmen für die Angehörigen des öffentlichen Dienstes relativ unattraktiv. Infolgedessen mag das Problem mangelnder Leistungsanreize sehr ernst sein.

Trägheit gegenüber Neuerungen, der Unflexibilität, der Blindheit gegenüber allem, was nicht routinemäßig erfolgt, und der Vorliebe für endlosen Papierkrieg.

In diesem Abschnitt erörtern wir, wie sich Bürokratien von anderen Arten von Organisationen unterscheiden und wie sich bestimmte Aspekte bürokratischen Verhaltens erklären lassen.

Unterschiede zwischen Verwaltungstätigkeiten und anderen Produktionstätigkeiten

Weiter oben haben wir verschiedene Studien zitiert, die die Erfolge privater und staatlicher Unternehmen bei vergleichbaren Aktivitäten wie z.B. bei der Müllbeseitigung untersuchten. Man sollte jedoch im Auge behalten, daß ein großer Teil der staatlichen Aktivitäten ganz anderer Art ist. Eine herausragende Rolle nimmt die Verwaltungstätigkeit ein. Möglicherweise treten viele jener Probleme, die wir mit Bürokratien in Zusammenhang bringen, nicht so sehr deswegen auf, weil es sich um den Staat handelt, sondern wegen der Eigenschaften einer jeglichen Verwaltungstätigkeit[35]. In dem Modell, das Ökonomen typischerweise für die Analyse der Produktion heranziehen, ist es präzise definiert, was der Arbeiter tun soll, die Inputs sind beobachtbar, ebenso die Outputs und zwischen beiden besteht ein genau festgelegter Zusammenhang[36]. Keine dieser Bedingungen ist bei Verwaltungstätigkeiten innerhalb des öffentlichen Sektors erfüllt. Die Unterschiede zwischen diesen und anderen Tätigkeiten sind u.a. auch für den begrenzten Einsatz von Leistungslöhnen verantwortlich. Wenn es schwierig ist, Leistung zu messen, ist es vielleicht schlechterdings unmöglich, effektive Anreizsysteme zu entwickeln.

Schwierigkeiten bei der Leistungsmessung. Auch bei Unternehmen im Privatsektor treten einige Schwierigkeiten bei der Leistungsmessung auf. Der Manager eines Unternehmens mag behaupten, daß die Gewinne der Unternehmung zwar derzeit gering, seine Entscheidungen aber doch geeignet sind, längerfristig die Unternehmensprofite zu maximieren. Nichtsdestoweniger ist das Beurteilungskriterium, der Gewinn, klar. Bei Behörden ist es weit schwieriger, festzustellen, ob sie erfolgreich sind. Wurden die Studenten durch die Einführung des BAföG besser? Wie sollte man das beurteilen – soll man Examensergebnisse vergleichen? Und wie lassen sich die Effekte eines Gesetzes von den Wirkungen jener Vielzahl anderer staatlicher Maßnahmen isolieren, die gleichzeitig vorgenommen werden? Diese Probleme wurden in den letzten Jahren stark beachtet und waren der Anlaß für die Entwicklung systematischer Beurteilungsverfahren für staatliche Maßnahmen.

Immer dann, wenn eine genaue Beurteilung der Ergebnisse unmöglich ist, neigt man in der Praxis dazu, die erbrachte Leistung auf der Grundlage der angewandten Verfahren und Arbeitsabläufe zu beurteilen: wie gut führt der Leiter ge-

---

[35] Diese Eigenschaften werden in der Arbeit von J. Hannaway: Supply Creates Demand. Journal of Policy Analysis and Management 1987, S. 118-34 herausgearbeitet.

[36] In neuerer Zeit ist eine umfangreiche Literatur über Probleme entstanden, auf die man stößt, wenn die Inputs nicht beobachtbar sind, die Outputs aber schon. Vgl. beispielsweise J. E. Stiglitz: Incentives, Risk and Information: Notes towards a Theory of Hierarchy. Bell Journal of Economics and Management Science. Autumn 1975, S. 552-79.

wisse gewohnheitsmäßige Vorgänge aus und wie erfolgreich ist er im Umgang mit Verwaltungsbeamten?

Vielfalt von Zielen. Die Schwierigkeiten bei der Beurteilung des Erfolgs eines Beamten werden durch die Vielzahl der Ziele, die staatliche Maßnahmen verfolgen, verschärft. Während in privaten Unternehmungen das Ziel der Profitmaximierung auf der Hand liegt, müssen sich öffentliche Verwaltungen mit einer Vielzahl von verteilungspolitischen Überlegungen herumschlagen. Gesetze benennen oft eine Vielzahl von Zielen, denen bestimmte Maßnahmen dienen sollen, versäumen es aber, die Bedeutung der Ziele gegeneinander abzuwägen. Zwischen Individuen innerhalb und außerhalb der Bürokratie bestehen vermutlich verschiedene Ansichten hierüber. Für manche mag es weit wichtiger sein, daß jeder, der Anspruch auf eine Unterstützungszahlung durch den Staat hat, tatsächlich diese Unterstützung erhält, als sicherzustellen, daß niemand mißbräuchlich in den Genuß derselben kommt. Die Kritiker staatlicher Maßnahmen hingegen interessieren sich für letzteres. Jeglicher Versuch (gegeben die Zahl der verfügbaren Verwaltungskräfte), die Zahl der Irrtümer von der einen Art zu verringern, muß die der anderen Art erhöhen.

Unklarheit über die Wirksamkeit bestimmter Inputs. Ein drittes Merkmal vieler staatlicher Aktivitäten, das die Heranziehung traditioneller Anreizsysteme behindert, ist, daß der Zusammenhang zwischen den Bemühungen der Entscheidungsträger und dem Erfolg der staatlichen Aktivität wenig ausgeprägt ist. Ein Beispiel für Programme, die von diesem Handicap geplagt werden, ist die Förderung von Forschung und Entwicklung auf dem Gebiet der sogenannten Hochtechnologie. Bereits die Zielsetzung ist nicht allzu klar definiert. Wie der Staat aber tatsächlich zur Entwicklung von „Hochtechnologie" beitragen kann, ist höchst unklar.

Bereits C. Northcote Parkinson machte darauf aufmerksam, daß in Bürokratien vielfach kein klarer Zusammenhang zwischen Inputs und Outputs herstellbar ist: „Man beobachtet häufig, daß die Arbeit in die Länge gezogen wird, um die zur Verfügung stehende Zeit voll auszunutzen ... Da der Zeitbedarf für bestimmte Arbeiten (vor allem für Schreibarbeiten) so elastisch ist, wird es offenbar, daß nur wenig oder gar kein Zusammenhang zwischen der Menge Arbeit, die zu erledigen ist, und dem Umfang des Personals besteht, das diese Arbeit verrichten soll ... Politiker und Steuerzahler haben geglaubt, obwohl nicht ohne gelegentliche Phasen der Skepsis, daß das Wachsen der Zahl der Beschäftigten im öffentlichen Dienst darauf schließen läßt, daß dort immer mehr Arbeit verrichtet wird. Zyniker, die diese Behauptung bezweifeln, haben vorgeschlagen, daß es durch die Vervielfachung des Personals dazu gekommen sein muß, daß ein Teil desselben nichts tut oder daß alle kürzer arbeiten können. Es handelt sich hier aber um eine Angelegenheit, in der Glauben und Zweifel gleichermaßen abwegig erscheinen. In Wirklichkeit haben die Zahl der Beamten und der Umfang an Arbeit, der verrichtet wird, gar nichts miteinander zu tun ..."[37].

Parkinson gab dann Parkinsons Gesetz bekannt, das das ständige Wachstum staatlicher Behörden beschreibt. Es beruht auf zwei Hypothesen: „Ein Beamter

---

[37] Aus C. Northcote Parkinson: Parkinson's Law. The economist, November 1955, wiederabgedruckt in E. Mansfield: Managerial Economics and Operations Research. New York 1980.

möchte die Zahl seiner Untergebenen vervielfachen, nicht die seiner Rivalen; und Beamte beschaffen einander Arbeit."

Was maximieren Bürokraten?

Ökonomen gehen von der Unterstellung aus, daß die Individuen in ihrem Eigeninteresse handeln. Um zu verstehen, wie Bürokraten handeln, muß man infolgedessen die Frage stellen, welche Handlungen im Interesse der Bürokraten sind. Im vorigen Abschnitt haben wir argumentiert, daß aus einer Vielzahl von Gründen der Zusammenhang zwischen Leistung und Bezahlung in der öffentlichen Verwaltung sehr lose ist. Damit entsteht die Frage: Was versuchen Bürokraten zu maximieren? Eine mögliche Antwort wurde von W. A. Niskanen gegeben.

Er legte dar, daß Bürokraten versuchen, die Größe ihrer Behörde zu maximieren: Bürokraten geht es um „ihr Gehalt, ihre persönlichen Vorrechte aufgrund des Amts, ihr gesellschaftliches Ansehen, Macht und um einen Gönner" und all das ist abhängig von der Größe ihrer Behörde. Gemäß dieser Ansicht versuchen Bürokraten die Aktivitäten ihrer Behörde mit Mitteln auszudehnen, die in mancher Beziehung den Mitteln ähneln, mit denen Unternehmen sich zu vergrößern suchen. Er steht im Wettbewerb mit anderen Bürokraten um Mittelzuweisungen. An die Stelle des Wettbewerbs auf dem Markt tritt der Wettbewerb der Behörden[38].

Was können Bürokraten tun, um ihr Büro zu vergrößern? Was folgt aus der Hypothese von Niskanen für das Verhalten von Bürokraten (und der Bürokratie)? Wie kann der Bürokrat bei der Vergrößerung seines Anteils am Gesamthaushalt vorankommen? Es gibt mehrere Zusammenhänge, die hierbei zu beachten sind, und sie vermitteln uns tiefere Einblicke in wohlbekannte Eigenschaften von Bürokratien.

Der Bürokrat ist bemüht, die Dienste zu erbringen, die von ihm erwartet werden. Insoweit hat der bürokratische Wettbewerb positive Auswirkungen. Aber die unmittelbare „Kundschaft" des Bürokraten sind nicht die Bürger, die in den Genuß seiner Dienste kommen, sondern die Abgeordneten, die über den Haushalt abstimmen. Bürokraten entwickeln ein feines Gehör für die Wünsche derjenigen Parlamentarier und Regierungsmitglieder, die in den Ausschüssen und sonstigen Stellen sitzen, die seine Behörde beaufsichtigen. Manche der Ineffizienzen der Bürokratie sind also gar nicht die Schuld der Bürokratie, sondern es handelt sich eher um Ineffizienzen der Regierung und des Parlaments: die Bürokratie reagiert nur auf das Bestreben der Politiker, bestimmten Interessengruppen besondere Gefälligkeiten zuteil werden zu lassen.

Ist der Wettbewerb zwischen den Behörden schwach, wird die Kluft zwischen den Interessen der Bürokraten und dem öffentlichen Interesse besonders tief.

---

[38] W. A. Niskanen, Jr.: Bureaucracy and Representative Government. Chicago 1971, S. 38. Es sollte betont werden, daß der Bürokrat sich dabei nicht notwendigerweise als selbstsüchtig erlebt. Der Admiral der Flotte, der sich für mehr Flugzeugträger einsetzt, glaubt, daß er etwas tut, was im Interesse der Nation ist, aber dasselbe tut der General der Luftwaffe, der mehr Bomber haben will und der General der Landtruppe, der mehr Boden-Luft Raketen haben will. Diese Leute gewöhnen sich daran, an den hohen Wert der Tätigkeiten zu glauben, die sie vollziehen.

Niskanen argumentiert, daß es innerhalb der Bürokratie eine Tendenz zu zunehmender Zentralisierung gibt (und folglich zu einer Verringerung des Wettbewerbs)[39]. Die Bemühungen, die Bürokratie zu „rationalisieren", zu gewährleisten, daß sich die Funktionen zweier verschiedener Behörden nicht überlappen, haben den Nachteil, daß sie den Wettbewerb beschränken.

Betrachten wir die Bürokratie als einen Monopolisten bei der Bereitstellung bestimmter Dienste und unterstellen wir, daß die Bürokratie ihre eigene Größe maximieren will, so gelangen wir zu einer eindeutigen Empfehlung, was der Bürokrat tun sollte. Reagiert die Nachfrage nach den Diensten der Bürokratie in einem bestimmten Abschnitt auf Preiserhöhungen unelastisch, nehmen die Gesamtausgaben (Preis mal Menge) bei Preiserhöhungen zu (vgl. Zeichnung 7.3). In der Zeichnung 7.3B haben wir die gesamten Ausgaben als eine Funktion des Preises aufgetragen, der verlangt wird. Die Ausgaben werden im Punkt E maximiert[40].

Wird der Preis des Dienstes bis auf p^* erhöht, nehmen die gesamten Ausgaben zu. Der Bürokrat maximiert seine Erlöse im Punkt E. Könnte der Bürokrat für seine Dienste einen Preis seiner Wahl verlangen oder will er die Ausgaben der Gesellschaft für seine Dienste maximieren, würde er den Preis p^* verlangen. Aber der Bürokrat ist bei der Wahl des Preises nicht frei. Der Preis des von ihm erbrachten Dienstes ist einfach gleich den Kosten pro bereitgestellte Einheit. Will er ihn erhöhen, kann er das nur, indem er die Effizienz verringert. Wäre der Bürokrat ein vollkommener Monopolist, würde es sich für ihn lohnen, seine Effizienz soweit zu verringern, bis der Preis (Stückkosten des bereitgestellten Dienstes) auf p^* angestiegen wäre.

Mehrere Voraussetzungen müssen erfüllt sein, damit der Bürokrat das erreichen kann. Erstens darf kein Wettbewerb vorhanden sein. Gäbe es ihn, würde ein anderer Bürokrat anbieten, die Dienste zu niedrigeren Kosten bereitzustellen. Zweitens muß die Produktionstechnologie, d.h. die Inputs, die für die Produktion des Dienstes erforderlich sind, unscharf definiert sein, damit es schwierig ist, festzustellen, ob der Bürokrat effizient arbeitet. Wieviele Schriftstücke sollte ein Sachbearbeiter in der Stunde bearbeiten? Dies ist offenbar von Fall zu Fall

---

[39] Sam Peltzman hat die Heranziehung der Zentralisierungshypothese als eine Erklärung für das Wachstum der Bürokratie kritisiert. Er vergleicht Länder mit unterschiedlichem Zentralisationsgrad und behauptet, daß es zwischen diesem und dem Wachstum der Bürokratie keinen systematischen Zusammenhang gebe. Andere Faktoren wirken auf die Größe der Bürokratie und ihr Wachstum ein, aber unglücklicherweise ist es schwierig, sie alle zu berücksichtigen. Die Frage ist, ob, wenn alles andere unverändert bleibt, eine Zunahme der Zentralisierung zum rascheren Wachstum der Bürokratie führt. Vgl. S. Peltzman: The Growth of Government. Journal of Law and Economics, October 1980, S. 209-88. Andere Autoren haben einen Zusammenhang zwischen der Konzentration der Verwaltung (bürokratischer Konkurrenz) und der Größe bzw. dem Wachstum der Bürokratie gefunden.

[40] Dies ist der Punkt, an dem die Nachfrageelastizität gleich eins ist. Die Nachfrageelastizität mißt, wie wir dargelegt haben, die prozentuale Änderung der Nachfrage infolge einer einprozentigen Veränderung des Preises. Elastizität der Nachfrage = prozentuale Veränderung der Nachfrage/prozentuale Veränderung des Preises. Bewirkt eine einprozentige Preiserhöhung also eine mehr als einprozentige Nachfrageverminderung, dann schrumpft der Gesamterlös (das Produkt aus Preis und Menge). Die Nachfrage ist unelastisch, wenn die nachgefragte Menge nicht sehr sensibel auf den Preis reagiert.

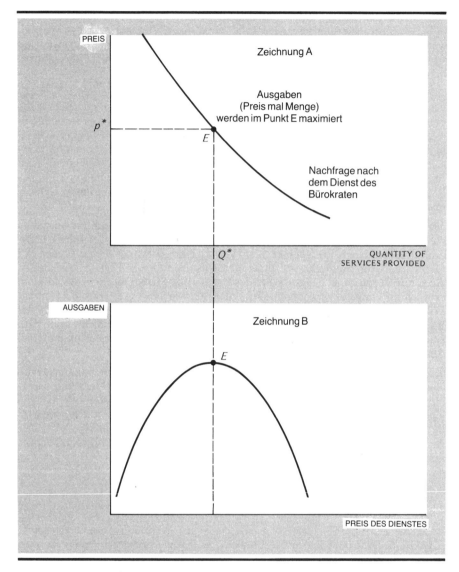

Abb. 7.3 Maximierung der Größe einer Bürokratie. Beim Preis p*, werden die Ausgaben maximiert. Um sein Einkommen zu maximieren, verlangt der Bürokrat für seine Dienste den Preis, bei dem die Ausgaben ihre Maximum erreichen. Dies ist im Punkt E der Fall.

sehr unterschiedlich und folglich ist es für den Außenstehenden schwierig, irgendeinen Standard vorzugeben.

Unvollkommene Information und Etat. Schließlich hat der Bürokrat gegenüber der gesetzgebenden Körperschaft und gegenüber der Regierung einen wesentlichen Informationsvorsprung. Bundestagsabgeordnete oder Minister verfügen normalerweise nur über sehr begrenzte Informationen, wieviel die Bereitstellung verschiedener Güter oder Dienste kostet. Sie wissen nicht, wieviel die Entwicklung eines neuen Kampfflugzeugs kosten wird. Konkurrieren die Bürokraten miteinander oder erscheinen die Kosten eines Vorhabens übermäßig hoch, neigen Bürokraten dazu, die Kosten zu niedrig anzugeben. Sie wissen, daß sie die nötigen zusätzlichen Mittel für eine Beendigung des Projekts höchstwahrscheinlich werden beibringen können, vorausgesetzt es wird begonnen. Bewußt in Kauf genommene Überschreitungen von Kostenvoranschlägen sind bei staatlichen Investitionen häufig, beispielsweise bei der Einführung neuer Waffensysteme. In einer anderen Situation hingegen mag es für die Bürokraten von Vorteil sein, überhöhte Angaben über die Kosten, die ein Vorhaben verursacht, zu machen; die zusätzlichen Ressourcen können dann für andere Zwecke abgezweigt werden.

In der Tat ist es eine der größten Sorgen des Bürokraten, man könnte den Eindruck gewinnen, daß er dasselbe mit weniger Aufwand hätte tun können. Ein Bürokrat, der es verabsäumt hat, seinen ganzen Haushalt auszugeben, würde in der Gefahr schweben, daß dieser im nächsten Jahr gekürzt wird. Dies führt zu dem sog. Dezemberfieber – im Dezember tritt das Problem auf, wie man die noch vorhandenen Haushaltsmittel rechtzeitig vor Ende des Haushaltsjahres möglichst vollständig verbrauchen kann.

Der Bürokrat kann noch mehr tun als die Vorteile und Kosten entstellt darzustellen, die mit seinen Handlungen verbunden sind; er kann sie beeinflussen. In der öffentlichen Verwaltung ist es üblich, daß einer Behörde ein bestimmter Haushalt zugewiesen wird: dies ist das wichtigste Mittel, sie zu kontrollieren. Die Behörde hat bei der Verausgabung dieser Mittel trotz des weithin praktizierten „Topfsystems", bei dem verschiedene Haushaltstitel nicht wechselseitig deckungsfähig sind, einigen Spielraum. Der Bürokrat kann diesen dazu nutzen, seine eigenen Ziele (welche auch immer das sind) zu verfolgen statt die des Gesetzgebers. Manchmal drohen die Behörden damit, bestimmte Ausgaben zu kürzen, um eine Haushaltsaufstockung durchzusetzen. Das Argument ist jeweils, daß sie ohne eine Haushaltsaufstockung zu einer ordnungsgemäßen Erfüllung der jeweiligen Aufgabe nicht mehr in der Lage seien.

Schließlich können Bürokraten die Größe ihres Haushalts beeinflussen, indem sie nur einen Teil der tatsächlich vorhandenen Alternativen zur Diskussion stellen. Die Militärs mögen beispielsweise behaupten, daß nur zwei Arten von Verteidigungssystemen militärtechnisch machbar sind, ein ineffizientes und billiges und ein anderes, das sehr viel kostet. (Obwohl es weitere Systeme geben mag, wird behauptet, daß diese in der einen oder anderen Weise minderwertig sind.) Indem sie es ablehnen, Details über diese Alternativen preiszugeben, hoffen sie, eine Wahl zwischen den zwei Extremen zu erzwingen und auf diese Weise ein hohes Ausgabenniveau zu erreichen. Mittels derartiger Manipulationen streben sie nach Vergrößerung ihres Etats[41].

---

[41] Vgl. R. Filimon, T. Romer, H. Rosenthal: Asymetric Information and Agenda Control: The Bases of Monopoly Power in Public Spending. Journal of Public Economics, February 1982, S. 51-70.

Bürokratische Risikoscheu

Das Streben des Bürokraten nach Vergrößerung seines Haushalts scheint für viele Merkmale bürokratischen Verhaltens eine Erklärung zu bieten. Es gibt noch andere, die sich am besten durch eine andere wichtige Eigenschaft der Anreizstruktur, mit der Bürokraten konfrontiert sind, erklären lassen. Obwohl die Gehälter der Bürokraten nicht eng und direkt mit ihrer Leistung verknüpft sind, ist ihre Beförderung längerfristig teilweise von dem Erscheinungsbild abhängig, das sie geboten haben.

Fehler fallen vermutlich mehr auf als Erfolge (zumindest befürchten sie das). Sie können sich von der Verantwortung für ihre Fehler mit Hilfe bürokratischer Prozeduren befreien, die sicherstellen, daß alle ihre Vorhaben von anderen geprüft und abgesegnet werden. Obwohl eine derartige Prüfung durch eine Gruppe auch die Möglichkeiten verringert, den Anspruch zu erheben, sich um eine Sache verdient gemacht zu haben, scheinen die Bürokraten dazu bereit. Wir sagen, daß sie **risikoscheu** sind. Dies ist unter anderem für das folgende Charakteristikum von Bürokratien verantwortlich: alles muß auf dem Amtsweg erledigt werden.

Zwei andere Faktoren fördern diese bürokratische Strategie. Erstens wird ein beträchtlicher Teil der Kosten, die mit der Vornahme risikovermeidender Handlungen verbunden sind, nicht von dem jeweiligen Bürokraten selbst getragen. Diese trägt die Gesellschaft als ganzes über die Steuern, die sie zahlt, über die Kosten des Wartens auf Behördenentscheidungen und des Papierkriegs, der im Umgang mit der Bürokratie geführt werden muß. (Es gibt in der Tat Leute, die behaupten, daß Bürokraten aus bürokratischen Prozeduren einen Lustgewinn erzielen.)[42]

Zweitens ist die dominierende Rolle routinemäßiger Vorgänge, die bei der Prüfung eines jeden Vorschlags durch mehrere Beamte anfallen, nicht nur eine Folge dessen, daß die Bürokraten ihr Eigeninteresse verfolgen. Sondern dies rührt auch von der **treuhänderischen** Stellung her, die sie in bezug auf die von ihnen verteilten Mittel einnehmen. Das heißt, Bürokraten geben nicht ihr eigenes Geld aus. Sie verausgaben öffentliche Mittel. Es ist einleuchtend, daß einer bei der Verausgabung des Gelds anderer weniger Freiheit haben und sorgfältiger sein sollte, als wenn er sein eigenes Geld ausgibt. Wiederum wird aus der Forderung, sorgfältig vorzugehen, der Schluß gezogen, daß bestimmte routinemäßige Verfahren eingehalten werden müssen; sie gewährleisten, daß die Mittel nicht nach den Launen einzelner verausgabt werden. Sie sollen auch die Möglichkeit der Bestechung verringern. Da viele ihre Zustimmung geben müssen, ist normalerweise keiner von ihnen beispielsweise dazu in der Lage, einen öffentlichen Auftrag zu einem Preis über dem Marktpreis zu vergeben und dafür ein Bestechungsgeld zu erlangen.

Beispiele für routinemäßige Verfahren sind die Erstellung von Kosten-Nutzen-Analysen und von Folgekostenrechnungen. Die Absicht bei der Verwendung solcher Verfahren ist klar. Andererseits sind die Informationen, auf deren Grundlage eine Erfassung und Bewertung der Kosten und Nutzen mit Gewißheit möglich wäre, nur selten verfügbar. Die Studien geraten daher oft zu einer Pflichtübung

---

[42] Es gibt noch andere mehr psychologisch oder soziologisch ausgerichtete Theorien, warum Bürokraten sich bürokratisch verhalten.

mit vorhersehbaren Ergebnissen. Manchmal dienen sie auch als ein Ansatzpunkt für Gegner eines Projekts, die es dadurch hinauszuzögern suchen; wird das Projekt verschleppt, hoffen die Gegner, daß seine Kosten soweit ansteigen, daß es nicht mehr finanzierbar ist. Derartige Verschleppungspraktiken verursachen gesamtwirtschaftliche Kosten.

Verwaltungsreformen

Reformen könnten die Anreize für die Bürokraten verbessern, doch können sie gleichzeitig Nachteile haben, die die Vorteile aufwiegen. Betrachten wir beispielsweise die sogenannten Beamtenprivilegien. Der Kündigungsschutz hat zusammen mit der Starrheit des Besoldungssystems die Folge, daß die Beschäftigten relativ wenig Anreiz haben, eine hohe Leistung zu erbringen und daß sie für geringe Leistung relativ wenig bestraft werden, solange ihre Kompetenz nicht unter ein bestimmtes Minimum abfällt. Die Aufhebung der Unkündbarkeit dürfte vorteilhafte Anreizwirkungen haben, würde aber fast unvermeidlich eine Politisierung der Verwaltungstätigkeit bewirken. Bürokraten würden eingestellt und entlassen, weil sie der gerade regierenden Partei angehören bzw. nicht angehören. In Deutschland wurde das Berufsbeamtentum eingeführt, bevor dieses Problem entstand, in anderen Ländern wie etwa in den USA aber war das Unwesen derartiger Umbesetzungen, die nichts mit der Leistung des jeweiligen Beschäftigten, sondern nur etwas mit seinem Parteibuch zu tun haben, einer der Hauptgründe, schließlich für beträchtliche Teile des öffentlichen Dienstes eine Unkündbarkeit einzuführen[43]. Vielleicht lassen sich andere Reformen des Besoldungs- und Beförderungssystems finden, die die Leistungsanreize verstärken.

In einigen Fällen könnte die Einführung von Wettbewerb – also die Schaffung von Behörden, die ähnliche Aufgaben haben – eine günstige Wirkung haben. Rufen Sie sich unsere obigen Erörterungen ins Gedächtnis zurück, in denen wir darlegten, daß einer der wichtigsten Unterschiede zwischen privaten und staatlichen Unternehmen das Fehlen von Wettbewerb ist. Es wird oft behauptet, daß Monopole im privaten Sektor ebenfalls oft durch Ineffizienz, Amtsschimmel etc. geprägt sind. Beispielsweise sahen sich die Technischen Überwachungsvereine einer derartigen Kritik ausgesetzt. Inzwischen wurde dies dadurch gelindert, daß sie sich zumindest zum Teil einer Konkurrenz ausgesetzt sehen. Manche vertreten die Meinung, daß staatliche Betriebe durchaus effizient wirtschaften können, wenn sie nur einem Wettbewerb unterliegen. In welchem Maße sich im öffentlichen Sektor Wettbewerb einführen läßt, ist allerdings umstritten[44].

---

[43] In England ist den Universitätsprofessoren durch die jüngste Schulreform der Status der Unkündbarkeit genommen worden. Bei der Debatte im Parlament wurde darauf hingewiesen, daß stattdessen eine andere Handhabe geschaffen werden soll, um eine Entlassung von Hochschullehrern zu verhindern, die einen der Regierung nicht genehmen Standpunkt einnehmen. Ob derartige andere Handhaben wirkungsvoll sind, ist fraglich. Ist es im Prinzip möglich, jemandem zu kündigen, und will man den jeweiligen Arbeitnehmer durchaus loswerden, lassen sich oft auch die „richtigen" Gründe dafür finden.

[44] In der Bundeswehr – und ebenso in vielen anderen Armeen – gibt es eine Rivalität zwischen der Luftwaffe, der Marine und den Landtruppen. Manche behaupten, diese Rivalität wirke sich auf die Leistungsfähigkeit der Streitkräfte insgesamt positiv aus, während andere meinen, sie verhindere eine wünschenswerte Zusammenarbeit zwischen den Teilstreitkräften.

Zusammenfassung

1. In der BR Deutschland tritt der Staat in einer ganzen Reihe von Wirtschaftszweigen in bedeutendem Maße als Produzent auf.
2. Während die meisten europäischen Staaten bei natürlichen Monopolen öffentliche Betriebe errichtet haben, hat man in den USA demgegenüber oft einer Regulierung von Privatbetrieben den Vorzug gegeben. Ob sich mit Regulierungen das „öffentliche Interesse" durchsetzen läßt, ist umstritten.
3. Es gibt einiges an Beweismaterial dafür, daß Privatbetriebe effizienter sind als Staatsbetriebe. Die Möglichkeit, öffentliche Aufgaben durch private Vertragsunternehmen durchführen zu lassen, ist zwar mit gewissen Problemen behaftet, aber doch eine ernstzunehmende Alternative zu einer öffentlichen Produktion zahlreicher Güter und Dienste.
4. Staatliche Betriebe unterscheiden sich vor allem in zweierlei Hinsicht von privaten:
    a) Private Betriebe maximieren ihre Profite, staatliche mögen andere Ziele verfolgen. Der Staat kann Steuer- und Subventionspolitik dazu verwenden, um die Beschäftigungs-, Lohn-, Standort- und sonstige Geschäftspolitik eines Privatunternehmens derart zu beeinflussen als ob er das Unternehmen direkt unter seiner Kontrolle hätte.
    b) Staatliche Betriebe haben andere Anreize. Einige dieser Unterschiede rühren vom Fehlen des Wettbewerbs her, andere von dem Fehlen der Möglichkeit des Konkurses. Der begrenztere Einsatz von Entlohnungsanreizen und die geringere Wahrscheinlichkeit einer Entlassung mögen die Unterschiede im Verhalten der Beschäftigten teilweise erklären.
5. Das Verhalten der Bürokratie (und einzelner Bürokraten) hat nicht nur einen Einfluß auf die Effizienz, mit der öffentliche Güter bereitgestellt werden, sondern auch darauf, welche Güter und für wen sie bereitgestellt werden.
6. Bürokraten haben nur begrenzte finanzielle Anreize, eine hohe Leistung zu erbringen; dies geht zum Teil auf Probleme zurück, die der Leistungsbeurteilung anhaften, auf den wenig ausgeprägten Zusammenhang zwischen Inputs und Outputs bei der Produktion öffentlicher Güter, und auf die Vielzahl an Zielen, die verfolgt werden. Bürokratisches Verhalten läßt sich zum Teil aus einem Streben nach Vergrößerung der Bürokratie erklären. Amtsschimmel und die Vorliebe für Routinetätigkeiten rühren teilweise von der Risikoscheu der Bürokraten her.

Schlüsselbegriffe

Bürokratie
Verstaatlichte Industrie
öffentlicher Betrieb
Indirekte Kontrolle
Natürliches Monopol
Regulierung
Interne Subventionen

Versunkene Kosten
Risikoscheu
Treuhänder
Erstbeste Allokation
Zweitbeste Allokation
Privatisierung

7. Kapitel: Staatliche Produktion und Bürokratie

Fragen und Probleme

1. In den letzten Jahren wurde die Privatisierung öffentlicher Unternehmen nachhaltig diskutiert. So wurde vorgeschlagen, die Lufthansa und den Schienenverkehr auf dem Streckennetz der Deutschen Bundesbahn (nicht das Streckennetz!) zu privatisieren. Die englische Regierung hat die britische Telephongesellschaft verkauft. Stellen Sie in jedem einzelnen Fall die Argumente für und gegen eine solche Privatisierung dar. Kommen Sie in bezug auf diese drei Fälle zu unterschiedlichen Schlußfolgerungen? Warum?

2. Die Post hat in Deutschland beim Telephon ein Monopol, das sich auch auf den Endgerätebereich erstreckt. Er war in den letzten Jahrzehnten in hohem Maße durch eine dynamische technische Entwicklung gekennzeichnet. Es wird argumentiert, der deutsche Postkunde habe wegen des Monopols an dieser Entwicklung nur wenig partizipieren können. Als Gegenargument wird angeführt, der Kunde habe von der Vielfalt auf dem Endgerätebereich möglicherweise keine Vorteile, weil die Geräte vielleicht nicht miteinander kompatibel wären (Besitzer unterschiedlicher Endgeräte könnten möglicherweise nicht miteinander kommunizieren und dadurch würde der Wert eines Anschlusses gemindert) und es bei einer Verwendung bestimmter Endgeräte zu Schäden am Netz kommen könnte. Kann eine derartige Kompatibilität der Endgeräte und eine Abwehr von Netzschäden nur durch eine Monopolstellung der Post gewährleistet werden? Schlagen Sie andere Verfahren vor!

3. In der Diskussion über die Post wird oft behauptet, einer der Gründe für die im Vergleich zu privaten Unternehmen hohen Preise der Post sei, daß sie auch die ländlichen Gebiete bedienen müsse, dort aber keine höheren Gebühren erheben dürfe als in der Stadt. Private Unternehmen würden sich die Rosinen herauspicken und nur die Teile des Marktes bedienen, auf denen die Kosten niedrig sind (im Grunde subventionieren gegenwärtig die städtischen Regionen die ländlichen). Erörtern Sie die Wirkungen einer derartigen internen Subventionierung auf Effizienz und Gerechtigkeit!

4. Es wurde vorgeschlagen, daß die Subventionierung der Post auf dem Land, wenn sie für wünschenswert gehalten wird, direkt aus Steuermitteln erfolgen sollte und nicht über die Gebühren, die die Benutzer der Post entrichten müssen. Erörtern Sie die Vorteile und Probleme eines derartigen alternativen Subventionierungsverfahrens!

5. Es gibt auch in der BR Deutschland (noch weit mehr in den USA) viele private Bewachungsunternehmen; für große Industriekomplexe werden nicht selten derartige Unternehmen angeheuert. Es finden sich jedoch keine Städte, die die gesamten Aufgaben der städtischen Polizei vertraglich privaten Unternehmen übertragen. Warum glauben Sie, daß dies so ist? Was wären Vor- und Nachteile? In den USA haben in den letzten Jahren privat betriebene Gefängnisse wachsende Bedeutung erlangt (die Gemeinde bedient sich der Dienste eines privaten Unternehmens, das für sie das Gefängnis betreibt). Welche Vorteile und Probleme erwarten Sie sich davon?

6. Die Armee kauft das Gros ihrer Ausrüstungen von privaten Vertragspartnern, aber sie beschäftigt keine privaten Vertragspartner, um die Schiffe zu bemannen und die Flugzeuge zu fliegen. Welche Unterschiede zwischen den Eigenschaften der jeweiligen Dienste dürften hierfür verantwortlich sein?

8. Kapitel
Externe Effekte

In den letzten zwei Jahrzehnten hat der Staat immer mehr Maßnahmen ergriffen, um die Sauberkeit der Umwelt zu gewährleisten. Emissionsgrenzwerte für Abwasser und Abluft in der Industrie wurden eingeführt. Bevor eine Anlage gebaut werden darf, müssen die Auswirkungen auf die Umwelt geprüft werden. Relativ strenge Vorschriften wurden für die Lagerung von Giftmüll geschaffen. Es gab Bemühungen, das Katalysatorauto verbindlich einzuführen, die bislang allerdings nicht allzu erfolgreich waren.

Die getroffenen Maßnahmen haben unbestreitbar einige positive Auswirkungen gehabt. In wichtigen Industriezentren wie beispielsweise im Ruhrgebiet hat sich die Qualität der Luft im Vergleich zu den sechziger Jahren gebessert. Die südbayerischen Seen, die einmal stark verschmutzt waren, haben zum Teil heute wieder eine hohe Wasserqualität erreicht. Nichtsdestoweniger gibt es noch ernste Probleme. Hierzu gehört das anhaltende Waldsterben, die Verschmutzung der Nordsee, die Schäden des technisierten Wintersports im Alpenraum, der Transport von Giftmüll usw. Viele sind der Ansicht, daß wir noch viel strengere Gesetze brauchen, soll die Umwelt für unsere Nachfahren erhalten bleiben. Andere wiederum meinen, daß bei einem Teil dieser Maßnahmen die Kosten der Verhinderung der Umweltverschmutzung höher sind als die Erträge und daß das gegenwärtig angewandte System staatlicher Regulierung sowohl ungerecht als auch ineffizient sei[1].

Wasser- und Luftverschmutzung sind Beispiele für eine große Gruppe von Phänomenen, die der Ökonom als **externe Effekte** bezeichnet (der Begriff wurde im Kapitel 4 eingeführt). Immer wenn ein Individuum oder ein Unternehmen eine Handlung vornimmt, die (positive oder negative) Auswirkungen auf andere Individuen oder Unternehmen hat, für die die letzteren kein Entgelt entrichten müssen bzw. nicht entschädigt werden, liegt ein externer Effekt vor. In diesem Kapitel wird näher ausgeführt, was die Ökonomen unter externen Effekten verstehen, wie freie Märkte mit externen Effekten umgehen, welche Grenzen diesen privaten Reaktionsmöglichkeiten gesetzt sind und welche staatlichen Handlungen erforderlich werden könnten. Schließlich fragen wir danach, welcher Methoden sich der Staat bedienen sollte. Sollte sich der Staat beispielsweise des Instruments der Ge- und Verbote bedienen, wie er es bei der Abgasemission der KFZ getan hat? Oder sollte er private Bemühungen zur Verringerung von Emissionen

---

[1] L. Wicke berichtet über umfangreiche Berechnungen über die jährlichen volkswirtschaftlichen Kosten der Umweltverschmutzung in der BR Deutschland. Er schätzt sie auf mindestens 103 Milliarden DM und fügt hinzu, daß sie wahrscheinlich sogar noch erheblich höher liegen. Nach Ermittlungen des Ifo-Instituts wurden 1984 demgegenüber nur etwa 20 Mrd. DM für Umweltschutz ausgegeben. Er bringt Beispiele für verschiedene Umweltschutzmaßnahmen, die gemessen an den volkswirtschaftlichen Kosten-Nutzen-Relationen geradezu phantastisch hohe Renditen aufweisen. Er kommt zu dem Schluß, daß wesentlich mehr Umweltschutz aus ökonomischen Gründen dringend geboten sei. Vgl. L. Wicke: Die ökologischen Milliarden. München 1986 S. 130ff.

subventionieren, wie es die Sprecher zahlreicher Unternehmen befürworten? Oder sollte er Emissionssteuern einführen?

Externe Effekte: Einige Unterscheidungen

Die Ökonomen unterscheiden zwischen verschiedenen Kategorien von externen Effekten. Einige haben eine günstige Wirkung auf andere Wirtschaftssubjekte und werden deswegen **positive externe Effekte** genannt; andere haben eine ungünstige Wirkung und heißen **negative externe Effekte**. Ein Unternehmen, das die Luft verschmutzt, ruft negative externe Effekte für alle Individuen hervor, die diese Luft einatmen und ebenso für alle Unternehmen, deren Ausrüstungen sich in verschmutzter Luft rascher abnutzen.

Der Imker ruft einen positiven externen Effekt für den Obstgarten in der Nachbarschaft hervor und dieser einen positiven externen Effekt für den Imker. Je mehr Bäume in dem Obstgarten stehen, desto mehr Honig werden die Bienen erzeugen. Die Wirtschaftstätigkeiten des Imkers und des Gärtners sind hier mit einem indirekten Vorteil verbunden, für den keine Belohnung gezahlt wird.

Manche externen Effekte werden von Produzenten hervorgerufen, andere von Konsumenten. Die Auswirkungen (die Vorteile oder die Kosten der Aktivitäten, die mit externen Effekten verbunden sind) können entweder Produzenten oder Konsumenten treffen. Ein Individuum, das in einem nichtgelüfteten Raum raucht, löst einen negativen externen Effekt aus, den die Nichtraucher nachhaltig bemerken. Ein Unternehmen, das einen Fluß verschmutzt, löst einen externen Effekt aus, den sowohl die Konsumenten als auch die Unternehmen flußabwärts zu fühlen bekommen. Der externe Effekt mag sowohl zu niedrigeren Gewinnen für die flußabwärts gelegenen Unternehmen als auch zu einer Preiserhöhung für deren Produkte führen.

Einige externe Effekt wie z.B. die Emission von Abluft betreffen die Umwelt und damit jedermann, der mit dieser Umwelt in Berührung kommt. Andere haben begrenztere Auswirkungen. Schichte ich meinen Müll in meinem Vorgarten auf, sind nur meine Nachbarn davon betroffen.

Allmenderessourcen. Es gibt eine besonders wichtige Klasse von externen Effekten. Diese werden als **Allmendeprobleme** bezeichnet. Ihr Hauptcharakteristikum ist, daß ein Vorrat knapper Ressourcen vorliegt, zu dem der Zugang nicht beschränkt ist. Betrachten Sie einen Fischteich. Wie schwierig es ist, einen Fisch zu fangen, hängt davon ab, wieviele Fischer in dem Teich fischen. Jeder Fischer ruft einen negativen externen Effekt auf die anderen hervor.

Ein anderes Beispiel sind Ölvorkommen. Öl findet sich normalerweise in großen Lagerstätten unterhalb der Erdoberfläche. Um Zugang zu einer solchen Lagerstätte zu erhalten, muß man nur genügend Land kaufen, damit man ein Loch bohren kann, und dazu noch die nötige Bohrausrüstung. Natürlich können andere umso weniger Öl aus einer solchen Lagerstätte herauspumpen, je mehr man selbst herauspumpt. Die gesamte zusätzliche Fördermenge, die man durch das Bohren eines zusätzlichen Bohrlochs aus der Lagerstätte herausholt, kann sogar negativ sein; durch das Bohren eines zusätzlichen Lochs kommt es zu einem Druckverlust und das kann die förderbare Ölmenge verringern. Wiederum tritt ein deutlicher Unterschied zwischen privaten und gesamtwirtschaftlichen Erträgen des Bohrens eines Lochs auf.

Die Folgen von externen Effekten

Immer dann, wenn externe Effekte auftreten, ist die Ressourcenallokation nicht effizient. Betrachten Sie beispielsweise ein Unternehmen, das seine Emissionen herabsetzen könnte, würde es zusätzliche Mittel dafür aufwenden. Der gesamtwirtschaftliche Vorteil wäre groß; aber es gibt keinen Anreiz für das Unternehmen, Geld dafür auszugeben, weil es keinen Vorteil davon hat.

Treten negative externe Effekte auf, ist damit zu rechnen, daß von den Gütern, deren Produktion mit externen Effekten verbunden ist, zuviel erzeugt wird. Die Zeichnung 8.1 zeigt die üblichen Angebots- und Nachfragekurven. Wir haben oben argumentiert, daß ohne externe Effekte das Marktgleichgewicht Q_m effizient ist. Die Nachfragekurve gibt den „privaten" oder internen Grenzvorteil aus der Erzeugung einer zusätzlichen Einheit des Gutes wieder und die Angebotskurve die „privaten" (internen) Grenzkosten der Erzeugung einer zusätzlichen Einheit des Gutes. Im Schnittpunkt der beiden Kurven entsprechen die Grenzvorteile gerade den Grenzkosten. Werden externe Effekte in die Betrachtung einbezogen, mag es sein, daß die Angebotskurve eines Wirtschaftszweigs nicht die gesamtwirtschaftlichen Grenzkosten widerspiegelt, sondern nur die internen – diejenigen, die von den Erzeugern selbst getragen werden. Verstärkt die Ausdehnung der Stahlerzeugung die Umweltverschmutzung, gibt es reale Kosten einer solchen Ausdehnung, die die Kosten des Eisenerzes, der Arbeit, des Koks und des Kalksteins, die für die Produktion von Stahl verbraucht werden, überschrei-

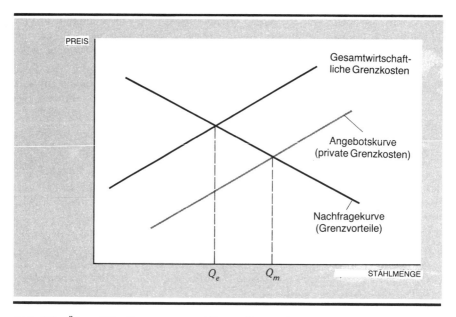

Abb. 8.1 Übermäßige Erzeugung von Gütern, die negative externe Effekte hervorrufen.
Tritt ein negativer externer Effekt auf, übertreffen die gesamtwirtschaftlichen Grenzkosten die privaten Grenzkosten, und im Gleichgewicht wird zu viel von dem Gut produziert (Q_m ist das Marktgleichgewicht, Q_e ist der effiziente Ausstoß).

ten. Die Stahlindustrie berücksichtigt die Kosten der Umweltverschmutzung aber nicht. Die Zeichnung 8.1 zeigt auch die gesamtwirtschaftliche Grenzkostenkurve, die die gesamten Zusatzkosten (die privaten und die sozialen) der Erzeugung einer zusätzlichen Einheit Stahl wiedergibt. Diese Kostenkurve liegt über der Angebotskurve des Wirtschaftszweigs. Für Effizienz ist es erforderlich, daß die gesamtwirtschaftlichen Grenzkosten gleich dem Grenzvorteil des Output sind: Es sollte die Menge Q_e produziert werden, die durch den Schnittpunkt der gesamtwirtschaftlichen Grenzkostenkurve und der Nachfragekurve bestimmt wird. Das effiziente Produktionsniveau ist niedriger als im Marktgleichgewicht.

Beim Allmendeproblem sind die gesamtwirtschaftlichen Grenzvorteile geringer als die privaten. Betrachten Sie einen See, in dem die Zahl der gefangenen Fische mit der Zahl der Fischfangboote wächst, aber unterproportional, so daß die Zahl der von jedem einzelnen Fischfangboot gefangenen Fische abnimmt, wenn die Zahl der Boote wächst. Der gesamtwirtschaftliche Grenzvorteil eines zusätzlichen Boots ist geringer als der durchschnittliche Fang per Boot; einige der Fische, die ein Fischerboot fängt, wären von einem anderen gefangen worden. Dies wird in der Zeichnung 8.2 gezeigt. Der private (interne) Ertrag für ein zusätzliches Individuum, das entscheidet, ein Boot zu kaufen, ist einfach der Durchschnittsertrag (es wird angenommen, daß alle Boote, sobald sie einmal in dem See fischen, dieselbe Zahl von Fischen fangen). Dieser ist viel größer als der gesamtwirtschaftliche Grenzertrag. Während also das Marktgleichgewicht zu einem Durchschnittsertrag in Höhe der Kosten des Boots führt (von denen angenommen wird, daß sie konstant sind), erfordert die gesamtwirtschaftliche Effi-

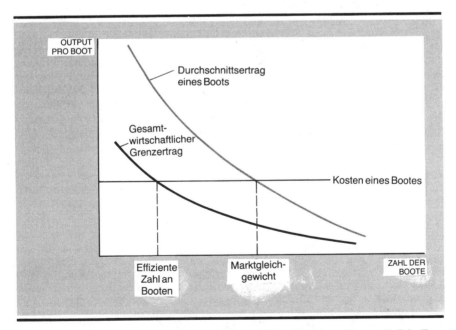

Abb. 8.2 Das Allmende-Problem führt zu übermäßigem Fischfang. Der zusätzliche Fang eines zusätzlichen Bootes ist geringer als der durchschnittliche Fang. Zuviele Boote laufen aus.

zienz, daß der gesamtwirtschaftliche Grenzertrag gleich den Kosten des Bootes ist.

Dies begründet die Vermutung, daß das Marktgleichgewicht nicht effizient ist, wenn externe Effekte auftreten.

Private Lösungen für externe Effekte

Der Privatsektor kann das Problem externer Effekte ohne staatliche Intervention bewältigen, indem er zur Bildung von wirtschaftlichen Einheiten in einer solchen Größenordnung schreitet, daß die meisten Folgen der Aktivität innerhalb der Einheit anfallen, die Effekte also internalisiert werden.

Betrachten wir, wie sich dieses Prinzip auf ein oben gegebenes Beispiel anwenden läßt, die positiven externen Effekte zwischen Imkerei und Obstgarten. Wenn der Besitzer des Obstgartens auch Besitzer der Imkerei wird, würde der positive externe Effekt internalisiert. Natürlich funktioniert das nur, wenn der Obstgarten groß genug ist, daß die Bienen im wesentlichen nur in diesem Garten herumfliegen.

Verleihung von Eigentumsrechten

Wie wir festgestellt haben, kommt es zu externen Effekten, wenn die Individuen nicht für die Gesamtheit der Folgen ihrer Handlungen zahlen müssen. In einem Allmendefischteich wird übermäßig gefischt, weil die Individuen für das Recht zu angeln nichts bezahlen müssen. Externe Effekte lassen sich oft durch eine geeignete Verleihung von **Eigentumsrechten** beheben. Sie übertragen einem bestimmten Individuum das Recht, bestimmte Vermögensgegenstände zu bewirtschaften und für ihre Nutzung durch andere Gebühren zu erheben. Daß niemand Eigentumsrechte über den Zugang zu der Erdöllagerstätte als ganzes hatte, war der Grund, warum zu viele Bohrungen niedergebracht wurden[2]. Wird die Lagerstätte von einem einzigen kontrolliert, hat dieser einen Anreiz sicherzustellen, daß die richtige Zahl von Bohrlöchern gebohrt wird. Da die wirtschaftliche Effizienz sich erhöht, wenn ein einziger die gesamte Lagerstätte besitzt, könnte jedes Unternehmen das Land über der Lagerstätte von den ursprünglichen Besitzern kaufen (zu einem Preis, der ihnen die Erlöse aus dem Öl erstattet, das sie gefördert und verkauft hätten) und dabei einen Gewinn erzielen. Gemäß dieser Sicht ist eine Intervention von außen überflüssig, da eine effiziente Struktur der Eigentumsrechte „von selbst" entsteht.

---

[2] Im amerikanischen Recht galt derartiges Öl ursprünglich als herrenloses Gut, das sich derjenige aneignen konnte, der es als erstes förderte und zwar unabhängig davon, ob sich dieses Öl unter seinem eigenen Grundstück befand oder dem seines Nachbarn. Im deutschen Recht bildeten sich von den Anfängen des Bergbaus an besondere, vom Grundeigentum unabhängige Rechte an den Bodenschätzen. Das Bergwerkseigentum wird durch staatlichen Hoheitsakt verliehen. Für Erdöl und Erdgas besteht ein Staatsvorbehalt aufgrund der preußischen Erdölverordnung von 1934. – Ein ähnliches Problem wie bei den amerikanischen Erdölquellen trat in Italien im Äther auf. Sendefrequenzen hatten den Status von herrenlosem Gut, das sich Privatsender möglichst rasch – schließlich ist die Zahl der verfügbaren Frequenzen begrenzt – anzueignen suchten.

Selbst wenn die Eigentumsrechte an einer Allmenderessource nicht einem einzigen übertragen werden, kann es sein, daß der Markt eine Möglichkeit findet, mit dem externen Effekt effizient umzugehen. Die Besitzer von Ölquellen treffen oft eine Vereinbarung, die Ausbeutung gemeinsam nach einem einheitlichen Plan vorzunehmen (dies wird Unitization genannt; in Deutschland gibt es dies aufgrund der anderen Ausgestaltung des Bergwerkseigentums nicht) und verringern auf diese Weise die Wahrscheinlichkeit, daß zu viele Löcher gebohrt werden[3]. Ebenso könnten Fischer, die auf demselben See fischen, zu einer Vereinbarung gelangen, die übermäßiges Fischen verhindert.

Das Coase Theorem. Die These, daß immer, wenn externe Effekte auftreten, die betroffenen Parteien zusammenkommen und eine Vereinbarung treffen können, durch die der externe Effekt internalisiert und Effizienz sichergestellt wird, wird als **Coase Theorem** bezeichnet[4].

Ein Beispiel: In einem Raum halten sich sowohl Raucher als auch Nichtraucher auf. Der Verlust der Nichtraucher überschreitet die Gewinne der Raucher, so daß die ersteren zu einer Vereinbarung gelangen und die Raucher „bestechen" könnten, nicht zu rauchen (die Ökonomen sprechen statt von Bestechung gern von „Kompensation"). Wenn sich Raucher in einem Nichtraucherabteil eines Zugs aufhalten und wenn das Rauchverbot (das man als einen externen Effekt betrachten kann, der von den Nichtrauchern ausgeht) ihre Wohlfahrt stärker verringert als es die der Nichtraucher erhöht, können sich die Raucher verbünden und die Nichtraucher dafür „kompensieren", daß sie das Rauchen dulden.

Natürlich macht es einen erheblichen Unterschied für die Verteilungswirkungen eines externen Effekts, wer wen kompensiert; die Raucher stellen sich offensichtlich besser in einer Welt, in der das Rauchen erlaubt ist (und man sie deshalb für den Verzicht auf Rauchen bezahlen muß), als in einer Welt, in der Rauchen verboten ist (und deswegen die Raucher die Nichtraucher kompensieren müssen, um Duldung des Rauchens zu erreichen).

Gesellschaftliche Ächtung

Mit Hilfe des Raucher/Nichtraucherbeispiels läßt sich auch eine andere Vorgehensweise beim Umgang mit externen Effekten erläutern: gesellschaftliche Ächtung und das Einimpfen bestimmter Moralvorstellungen. Der Kantsche kategorische Imperativ (Sittengesetz) läßt sich als ein Versuch auffassen, externe Effekte zu regeln; er lautet: „Handle so, daß die Maxime deines Willens jederzeit zugleich als Prinzip einer allgemeinen Gesetzgebung gelten könnte."[5]

In die Sprache der Ökonomie läßt sich das ungefähr folgendermaßen übersetzen: „Löse positive externe Effekte aus" und „Löse keine negativen externen Effekte aus". Als Kinder hat man uns allen eingeschärft, daß einige unserer Hand-

---

[3] Bei einer solchen Unitization wird die Entwicklung eines Ölfelds oder eines Erdgasvorkommens unter eine einheitliche Leitung gestellt, wobei die Gewinne nach einem Schlüssel verteilt werden, der im Unitization-Vertrag festgelegt wird. Unitization erfolgt nicht, um den Wettbewerb zu beschränken (sie wird sogar von kleinen Ölgesellschaften praktiziert, die keinen Einfluß auf den Ölpreis haben), sondern um die Effizienz zu erhöhen.
[4] R. H. Coase: The Problem of Social Cost. Journal of Law and Economics 3 (1960), S. 1-44.
[5] Kritik der praktischen Vernunft. Kant Werke. Berlin 1912ff. Bd. V S. 35.

lungen – wie z.B. Gebrüll beim Abendessen – Auswirkungen auf andere haben, für die wir sie nicht oder zumindest nicht finanziell entschädigen müssen. Es gibt auch noch einige andere Sanktionen, die man verhängen kann. Eltern versuchen ihre Kinder dazu zu bewegen, daß sie artig sind (das schließt ein, daß sie keine negativen externen Effekte hervorrufen und daß sie positive externe Effekte erzeugen). Dieser Sozialisationsprozeß ist bei der Vermeidung einer Vielzahl negativer externer Effekte innerhalb der Familie zwar halbwegs erfolgreich, beim Umgang mit vielen jener, die in einer modernen Gesellschaft auftreten, aber weit weniger wirkungsvoll: sogar die Androhung einer Strafe von mehreren 100 DM reicht nicht aus, manche Leute dazu zu bewegen, daß sie bei der Benutzung öffentlicher Parkanlagen ihren Abfall in die vorgesehenen Abfalleimer werfen. Es ist nicht möglich, sich bei der Begrenzung externer Effekte nur auf moralische Anreize zu verlassen oder darauf, daß ihre Verursacher die Mißbilligung durch die Gesellschaft fürchten.

Das Scheitern privatwirtschaftlicher Lösungen

Wenn es stimmt, daß der Markt externe Effekte internalisieren kann, gibt es dann noch eine Notwendigkeit für staatliche Intervention? Wenn es sich wirklich so verhält, warum ist es bei vielen externen Effekten nicht zu Vereinbarungen gekommen, die das Problem aus der Welt schaffen würden?

Es gibt im wesentlichen drei Gründe für staatliche Interventionen. Der erste hat mit dem Problem öffentlicher Güter zu tun, das wir im Kapitel 5 diskutiert haben. Viele (aber keineswegs alle) externen Effekte beinhalten die Bereitstellung eines öffentlichen Gutes wie reine Luft oder reines Wasser: es wäre sehr kostspielig, jemanden vom Genuß der Vorteile dieser Güter auszuschließen. Kommen Nichtraucher zusammen, um die Raucher für den Verzicht auf das Rauchen zu entschädigen, dann zahlt es sich für jeden einzelnen Nichtraucher aus, zu behaupten, daß ihm der Rauch fast nichts ausmacht. Er wird versuchen, sich gegenüber den Bemühungen der anderen Nichtraucher, die Raucher zum Verzicht zu bewegen, als Schwarzfahrer zu verhalten[6].

Die Schwierigkeiten, zu einer effizienten Lösung zu gelangen, werden durch Informationsmängel noch vergrößert. Die Raucher werden versuchen, die Nichtraucher zu überzeugen, daß es ziemlich teuer kommen wird, sie für den Verzicht auf das Rauchen zu kompensieren. In einer derartigen Verhandlungssituation mag die eine Partei es riskieren, daß es nicht zu einer Vereinbarung kommt, die für beide Parteien vorteilhaft wäre, weil sie versucht, soviel wie möglich für sich herauszuholen.

Sogar in Fällen, in denen es wohletablierte Märkte gibt, kann es zu Problemen kommen. Stellen Sie sich den Fall einer Erdöllagerstätte vor, bei dem mehrere

---

[6] Ein derartiges Schwarzfahrerverhalten kann auch in den Beziehungen zwischen verschiedenen Staaten eine Rolle spielen. Dies ist insbesondere bei Problemen des grenzüberschreitenden Umweltschutzes bedeutsam. Ein besonders dramatisches Beispiel sind die möglichen Klimaveränderungen infolge der Abholzung der tropischen Regenwälder oder einer übermäßigen Kohlendioxidemission. Hiervon ist eine große Zahl von Staaten betroffen. Das Schwarzfahrerproblem erschwert es außerordentlich, wirkungsvolle Maßnahmen zu ergreifen. Grenzüberschreitende Umweltprobleme sind deswegen längerfristig vermutlich die schwerwiegendsten.

Personen Eigentümer des Landes über dem Vorkommen sind. Es ist zwar möglich, durch „Unitization" Effizienz zu gewährleisten, aber es kann sein, daß dann, wenn sich alle bis auf einen diesem Abkommen anschließen, es sich für diesen einen nicht lohnt, sich ebenfalls anzuschließen. Er weiß ja, daß die Förderung der Teilnehmer an dem Abkommen heruntergefahren wird, und kann folglich seine Fördermenge steigern. Er wird sich nur anschließen, wenn er einen überproportionalen Teil der Erlöse erhält. Jeder einzelne Eigentümer kann glauben, daß er für sich etwas herausholen kann, wenn er ausharrt, um der letzte zu sein, der den Vertrag unterschreibt (oder als letzter sein Land an eine große Firma verkauft, die die kleinen Grundstücke aufkauft). Infolgedessen haben es manche amerikanische Gliedstaaten für nötig gehalten, den Abschluß derartiger Abkommen vorzuschreiben.

Der zweite Grund für staatliche Intervention sind Transaktionskosten. Einen Zusammenschluß der Individuen mit dem Ziel zu organisieren, daß sie freiwillig den externen Effekt internalisieren, ist ein aufwendiges Unterfangen. Die Erbringung derartiger organisatorischer Leistungen stellt selbst ein öffentliches Gut dar. In der Tat kann man den Staat gerade als einen Mechanismus betrachten, den die Bürger freiwillig in Gang gesetzt haben, um externe Effekte zu internalisieren (oder aber die Wohlfahrtsverluste aus externen Effekten auf andere Weise zu verringern).

Der dritte Grund ist, daß die bestehende Struktur der Eigentumsrechte oft einen Anlaß für Ineffizienz liefert. Die bestehende Verteilung von Eigentumsrechten ist durch die Rechtsprechung der Gerichte und durch eine mitunter unkluge Gesetzgebung entstanden.

Die Interpretation der Gesetze durch die Gerichte hat im Laufe der Zeit eine einigermaßen klare Abgrenzung von Situationen ermöglicht, in denen einer, der von einem externen Effekt betroffen ist, mit Aussicht auf Erfolg auf Unterlassung klagen kann, und solchen, in denen das nicht der Fall ist. Diese Abgrenzung ist allerdings einem Wandel unterworfen. Nach § 906 BGB kann der Eigentümer eines Grundstücks die Zuführung von Emissionen nicht verhindern, wenn die Einwirkung die Benutzung des Grundstückes nicht oder nur unwesentlich beeinträchtigt. Der betroffene Eigentümer muß selbst wesentliche Einwirkungen dulden, wenn sie durch „eine ortsübliche Benutzung des anderen Grundstücks herbeigeführt wird und nicht durch Maßnahmen verhindert werden kann, die Benutzern dieser Art wirtschaftlich zumutbar sind". Die Beweislast für die Durchsetzung von Abwehransprüchen auf Unterlassung bzw. Ansprüche auf Schadensersatz liegt beim Geschädigten. Dieser Paragraph enthält die zwei höchst dehnbaren Begriffe „wirtschaftlich zumutbar" und „ortsübliche Benutzung". Die Gerichte haben sie lange Zeit relativ stark zugunsten des Schädigers ausgelegt und erst in neuerer Zeit etwas stärker zugunsten des Geschädigten[7]. Eine Pflicht zur

---

[7] Ein weiterer Paragraph des BGB, der zumindest im Prinzip als Ausgangspunkt für umweltschützerische Bestrebungen dienen könnte, ist der § 823. Er begründet eine Schadenersatzpflicht, sofern vorsätzlich oder fahrlässig das Leben, die Gesundheit, die Freiheit, das Eigentum oder ein sonstiges absolutes Recht wie z.B. der Besitz widerrechtlich verletzt wird. Daß auch dieser Paragraph de facto für den Umweltschutz bislang nur eine bescheidene Rolle gespielt hat, wird ebenfalls u.a. darauf zurückgeführt, daß die Beweislast beim Geschädigten liegt.

Duldung der Emissionen durch den geschädigten Grundstückseigentümer besteht normalerweise dann, wenn der Betrieb der Anlagen behördlich genehmigt ist.

Manche argumentieren, daß es nicht so sehr darauf ankommt, wer das Eigentumsrecht erhält, als vielmehr darauf, daß es wohldefiniert ist. Nehmen wir das Beispiel, daß einer auf dem Rasen des Nachbarn Müll ablädt. Gemäß dieser Sicht kommt es nicht so sehr darauf an, ob er das darf oder nicht, sondern vielmehr nur darauf, daß dies klar geregelt ist. Wenn dies beispielsweise in dem Sinne klar geregelt ist, daß er es darf, läßt sich der externe Effekt – vorausgesetzt, Transaktionskosten spielen keine Rolle – beseitigen, indem der Geschädigte den Schädiger „kompensiert". Ist ihm die Reinheit seines Rasens ihren Preis wert, wird er dies auch tun. In der Realität spielen Transaktionen aber vermutlich eine erhebliche Rolle.

Der Vorteil der Zuhilfenahme des Staates beim Umgang mit externen Effekten ist, daß dies Transaktionskosten spart (man muß nicht für jeden externem Effekt eine neue Organisation aus dem Boden stampfen, die ihn korrigiert) und daß die Schwarzfahrerprobleme, die mit öffentlichen Gütern typischerweise verbunden sind, vermieden werden. Zu den Nachteilen einer Zuhilfenahme des Staates gehören die, die wir in den Kapiteln 6 und 7 aufführten: politische Entscheidungsverfahren sind höchst unvollkommen, da sie von Interessengruppen manipuliert werden. Außerdem bedürfen sämtliche Regeln und Gesetze, die vom öffentlichen Sektor entwickelt werden, der Durchsetzung durch eine Bürokratie mit all den Nachteilen, auf die wir oben aufmerksam gemacht haben.

Umweltpolitische Instrumente des Staates

Es gibt im großen und ganzen vier Typen von umweltpolitischen Instrumenten des Staates: er kann Verschmutzungsabgaben (man spricht auch von Umweltabgaben) erheben; er kann private Ausgaben, die für die Verringerung negativer externer Effekte getätigt werden, subventionieren; er kann Auflagen, Ge- und Verbote erlassen, die negative externe Effekte der Tätigkeit einer Gruppe von Personen auf andere beschränken; er kann mit Hilfe der Gesetzgebung die Verfügungsrechte derart zu spezifizieren suchen, daß negative externe Effekte kaum auftreten.

Bevor wir die Vorzüge dieser verschiedenen Instrumente miteinander vergleichen, sollte erst mit einem populären Irrtum aufgeräumt werden, der in der Aussage zum Ausdruck kommt, daß man es einem Individuum oder einem Unternehmen niemals erlauben sollte, einen negativen externen Effekt hervorzurufen. So wird manchmal behauptet, daß Unternehmen unter gar keinen Umständen das Wasser und die Luft verschmutzen dürfen. Die meisten Ökonomen sind der Meinung, daß derartige Extrempositionen unsinnig sind. Die Verschmutzung (oder andere externe Effekte) ist in der Tat mit gesamtwirtschaftlichen Kosten verbunden, aber diese Kosten sind nicht unendlich groß, sie sind begrenzt. Erhalten die Leute dafür als Kompensation eine bestimmte Summe Geldes, sind sie dazu bereit, in einer Gemeinde zu leben, in der Wasser und Luft etwas schmutziger sind. Die Vorteile und Kosten von Maßnahmen gegen Umweltverschmutzung müssen ebenso gegeneinander abgewogen werden wie die anderer wirtschaftlicher Aktivitäten. Das Problem der Marktwirtschaft ist nicht, daß sie zur Umweltverschmutzung führt; es gibt nämlich ein gesamtwirtschaftlich effizientes Maß an Umweltverschmutzung. Das Problem ist vielmehr, daß die Unternehmen es versäumen, die sozialen Kosten der externen Effekte, die sie verursachen, zu berücksichtigen – in diesem Fall, der Umweltverschmutzung – und infolgedessen kommt es höchstwahrscheinlich zu zuviel Umweltverschmutzung. Der Staat hat nicht die Aufgabe, sie vollständig zu beseitigen: das wäre schlechterdings unmöglich. Vielmehr soll er der Privatwirtschaft dabei helfen, das gesamtwirtschaftlich optimale Maß an Umweltverschmutzung zu finden. Er soll die Individuen und Unternehmen in eine Situation versetzen, in der sie sich genötigt sehen, die Auswirkungen ihrer Handlungen auf andere zu berücksichtigen.

In der nun folgenden Erörterung werden wir uns auf die Umweltverschmutzung konzentrieren. Die in diesem Zusammenhang vorgebrachte Argumentation läßt sich aber unschwer auch bei anderen Arten von externen Effekten anwenden.

Verschmutzungsabgaben

Die meisten Ökonomen befürworten die Verwendung von Verschmutzungsabgaben als ein Mittel für die Korrektur der Ineffizienzen, die mit negativen externen Effekten verbunden sind: eine Verschmutzungsabgabe sollte den „Verursachern" auferlegt werden, also denen, die die Luft und das Wasser verunreinigen.

Der Grundgedanke bei Auferlegung von Steuern mit dem Ziel, externe Effekte zu beschränken, ist einfach: im allgemeinen besteht immer dann, wenn ein externer Effekt auftritt, ein Unterschied zwischen den internen Kosten und den gesamtwirtschaftlichen, bzw. zwischen den internen Vorteilen und den gesamtwirtschaftlichen. Wird der Steuertarif richtig berechnet, konfrontiert er das Individuum oder das Unternehmen mit den wahren gesamtwirtschaftlichen Kosten bzw. Vorteilen.

Zwangsabgaben (Umweltsteuern, Verschmutzungsabgaben) und Subventionen, die zur Korrektur externer Effekte eingesetzt werden, also derart, daß sie private (interne) und gesamtwirtschaftliche Grenzkosten, bzw. private und gesamtwirtschaftliche Grenzvorteile zum Ausgleich bringen, nennt man auch **Pigou-Steuern**[8].

Betrachten Sie das obige Beispiel eines Stahlunternehmens, das die Luft verschmutzt. Wir haben gezeigt, daß das Unternehmen zuviel Stahl produziert, weil es sich nur für seine internen Grenzkosten, nicht aber für die gesamtwirtschaftlichen interessiert (diese weichen um den Betrag der Grenzkosten der Verschmutzung voneinander ab). In der Zeichnung 8.3 haben wir unterstellt, daß die Umweltverschmutzung proportional mit dem Output zunimmt und daß die Grenzkosten für jede Einheit an Umweltverschmutzung gleich sind; erlegen wir der Un-

---

[8] A. C. Pigou, ein bedeutender englischer Ökonom in der ersten Hälfte dieses Jahrhunderts sprach sich in seinem Buch, The Economics of Welfare, London 1918, in überzeugender Weise für die Einführung derartiger Steuern aus. Bestimmte Subventionen lassen sich unter den Begriff Pigou-Steuern subsumieren, weil man Subventionen als negative Steuern auffassen kann.

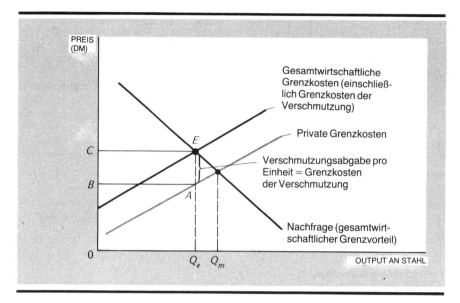

Abb. 8.3 Marktgleichgewicht bei Verschmutzungs- und ohne Verschmutzungsabgaben.
Werden keine Verschmutzungsabgaben erhoben, setzen die Unternehmen den Preis gleich den privaten Grenzkosten. Es wird zu viel produziert (Q_m). Effizienz wird gewährleistet, wenn eine Abgabe in Höhe der Grenzkosten der Verschmutzung erhoben wird.

ternehmung also pro Outputeinheit dieselbe Abgabe auf, deren Höhe sich nach den sozialen Grenzkosten der Verschmutzung richtet, wird sie sich veranlaßt sehen, die gesamtwirtschaftlich effiziente Outputmenge zu erzeugen. In der Zeichnung stellt die Entfernung EA die Verschmutzungsabgabe pro Outputeinheit dar, die Fläche EABC repräsentiert die Gesamtheit der entrichteten Verschmutzungsabgaben.

Verschmutzungsabgaben gewährleisten auch, daß das Unternehmen in einem gesamtwirtschaftlich effizienten Maß Entsorgungsaufwendungen tätigt und umweltverbessernde Maßnahmen ergreift. Unterstellen Sie, daß jede Einheit Umweltverschmutzung (gemessen etwa durch die Menge der Teilchen, die der Luft pro Zeiteinheit zugeführt wird) die Gesellschaft mit bekannten und vorgegebenen sozialen Grenzkosten belastet. Eine Herabsetzung der Umweltverschmutzung kostet Geld und je mehr man sie verringert, umso höher sind die Kosten. Wir nehmen also an, daß die Grenzkosten einer Umweltverbesserung zunehmen. Dies ist in der Zeichnung 8.4 dargestellt, in der die Verringerung der Umweltverschmutzung auf der horizontalen Achse abgetragen wird (der Nullpunkt ist der Punkt, an dem das Unternehmen nichts für die Entsorgung oder Umweltverbesserung tut). Für Effizienz ist es erforderlich, daß die gesamtwirtschaftlichen Grenzvorteile zusätzlicher Entsorgungsbemühungen gerade den gesamtwirtschftlichen Grenzkosten entsprechen. Dies ist im Punkt P* der Zeichnung der Fall. Wird dem Unternehmen pro Einheit Umweltverschmutzung eine Umweltsteuer f* abverlangt, die gleich den gesamtwirtschaftlichen Grenzkosten der Umweltverschmutzung ist, wird das private Unternehmen Umweltverbesserung in einem effizienten Ausmaß betreiben. (Es ist auch klar, daß es die Entsorgung

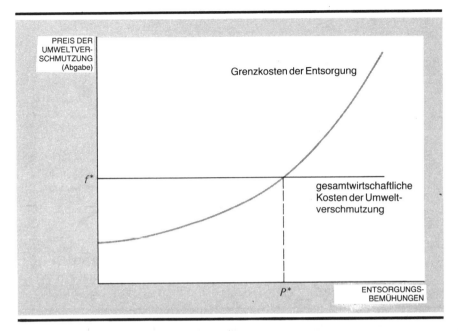

Abb. 8.4 Effiziente Entsorgungsbemühungen. Die Umweltverschmutzung wird auf ein effizientes Maß zurückgeführt, wenn man von den Unternehmen eine Abgabe von f* pro Einheit Verschmutzung erhebt (gemessen etwa durch die Zahl der Partikel, die sie in die Luft einleiten) oder durch eine Vorschrift, daß die Unternehmen Entsorgungsanstrengungen im Umfang P* vornehmen müssen.

auf die am wenigsten kostspielige, d.h. auf die effizienteste Art und Weise vornehmen wird, die es gibt; das mag nicht nur direkte Aufwendungen für Filter und andere Reinigungsanlagen erfordern, sondern auch eine Veränderung der verwendeten Inputs und andere Änderungen des Produktionsprozesses.)

Entsprechend sollte der Staat in Fällen, in denen ein positiver externer Effekt vorliegt, Subventionen gewähren. Es gibt einige wenige Beispiele staatlicher Subventionen für den Konsum bestimmter Güter (die Subventionen werden oft in Gestalt von Steuervergünstigungen gewährt), weil der Staat glaubt, daß dieser mit positiven externen Effekten verbunden ist. Beispielsweise wird die Restaurierung von unter Denkmalschutz stehenden Gebäuden gefördert. Der Grund hierfür ist wohl, daß wir annahmegemäß alle von der Bewahrung unseres kulturellen Erbes profitieren. In Zeichnung 8.5 beschreiben wir eine Situation, in der der Preis den wahren gesamtwirtschaftlichen Grenzvorteil aus einer zusätzlichen Einheit eines Gutes nicht richtig widerspiegelt. Er geht über den Preis hinaus, etwa weil mehrere andere einen Vorteil davon haben, wenn einer das Gut erwirbt. In der Zeichnung haben wir angenommen, daß mit der Produktion des Gutes keine externen Effekte verbunden sind, so daß die internen den gesamtwirtschaftlichen Grenzkosten entsprechen. Solange der Staat keine Subventionen gewährt, wird im Marktgleichgewicht der Preis gleich den Grenzkosten sein und das fragliche Gut wird zu wenig konsumiert. Subventioniert der Staat den Konsum des Gutes in Höhe der Differenz zwischen gesamtwirtschaftlichem und privatem Grenz-

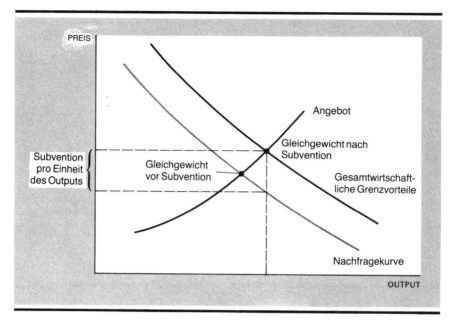

Abb. 8.5 Gleichgewicht bei positiven externen Effekten und einer Subvention bzw. ohne Subvention. Sind mit dem Konsum eines Gutes positive externe Effekte verbunden, wird es zu wenig konsumiert. Dies läßt sich korrigieren, indem man seinen Verbrauch subventioniert.

vorteil, dann wird der private Grenzvorteil (einschließlich der Subvention) gleich dem gesamtwirtschaftlichen sein und der Konsum des Gutes wird auf das gesamtwirtschaftlich effiziente Niveau ansteigen.

Wir haben oben im Rahmen unserer Diskussion externer Effekte durch Umweltverschmutzung darauf hingewiesen, daß das Unternehmen wenig Anreiz zur Verausgabung von Geld für umweltverbessernde Maßnahmen hat, da es wahrscheinlich nur wenig Vorteil davon hat (der Großteil der Vorteile kommt denjenigen zugute, die in der Nachbarschaft des Unternehmens wohnen). Vom Standpunkt der Gesellschaft sind die Ausgaben für Entsorgung zu gering. Statt Umweltverschmutzung zu besteuern, könnte der Staat auch Entsorgungsbemühungen subventionieren. Gewährt er eine Subvention in Höhe der Differenz zwischen dem gesamtwirtschaftlichen Grenzvorteil aus der Entsorgung und dem internen Grenzvorteil des Unternehmens, wird ein effizientes Niveau an Entsorgungsaufwendungen erreicht. Dies wird in der Zeichnung 8.6 gezeigt. (Machen Sie sich klar, daß die Grenzkosten der Umweltverschmutzung in einem unmittelbaren Zusammenhang mit den Grenzvorteilen aus umweltverbessernden Maßnahmen stehen.)

Diese Vorgehensweise führt aber nicht zu einer effizienten Ressourcenallokation in der Gesellschaft. Der Grund ist einfach: Die Gesamtheit der gesamtwirtschaftlichen Grenzkosten der Stahlerzeugung enthält auch die Kosten der staatlichen Subventionen für Entsorgung. Die Unternehmen berücksichtigen dies bei ihrer Entscheidung, wieviel sie produzieren wollen, nicht. Wie zuvor übersteigen

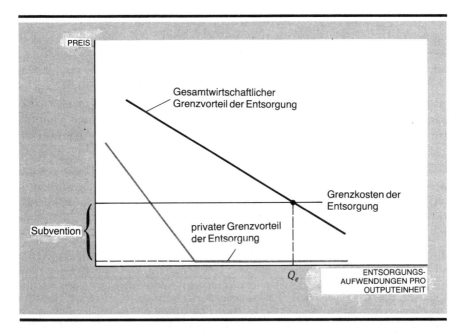

Abb. 8.6 Subventionen für Entsorgungsaufwendungen. Indem man die Beschaffung von Entsorgungstechnologie subventioniert (und zwar in Höhe der Differenz zwischen den gesamtwirtschaftlichen Grenzvorteilen einer Entsorgung und ihren privaten Grenzvorteilen), kann man ein effizientes Niveau der Entsorgungsaufwendungen gewährleisten.

die gesamtwirtschaftlichen Grenzkosten der Produktion die internen. Die Entsorgungssubvention verringert die gesamtwirtschaftlichen Grenzkosten des Outputs, aber sie verringert auch die internen Grenzkosten. Es wird immer noch zuviel Stahl erzeugt. Es wird der Punkt Q_S in der Zeichnung 8.7 erreicht[9].

Der Grund, warum den Umweltverschmutzern Subventionen weit lieber sind als Verschmutzungsabgaben, ist klar: im ersten Fall sind die Gewinne höher als im letzteren. Die verteilungspolitischen Folgen betreffen nicht nur die Verschmutzer und ihre Anteilseigner. Da im Fall der Verschmutzungsabgaben der Output geringer ist, sind die Preise höher und die Verbraucher des Produkts des Umweltverschmutzers stellen sich schlechter. Andererseits stellen sich diejenigen, die die Steuern für die Finanzierung der Entsorgungssubvention zahlen, im Fall der Verschmutzungsabgaben besser. Es ist jedoch zu betonen, daß die Wahl zwischen Subventionen und Verschmutzungsabgaben nicht einfach nur eine Verteilungsfrage ist. Können beide Systeme angewandt werden (und sieht man von den Überwachungskosten ab), führt ein System von Verschmutzungsabgaben zu

---

[9] Ist es nicht möglich, die Umweltverschmutzung durch das Unternehmen unmittelbar zu überwachen, mag eine zweitbeste Politik in einer Subventionierung von Aufwendungen für Entsorgung zusammen mit einer Steuer auf den Output bestehen. Die Steuer verringert den Output auf das gesellschaftlich effiziente Maß (wenn der Steuersatz richtig gewählt ist).

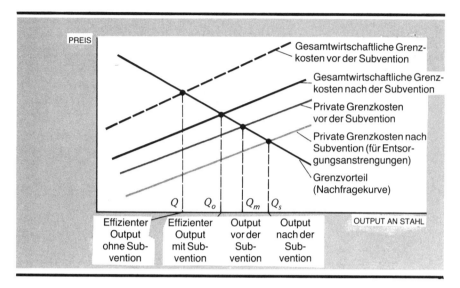

Abb. 8.7 Marktgleichgewicht mit Subventionen für Entsorgung. Sogar wenn die Entsorgungsbemühungen subventioniert werden, ist der Gleichgewichtsoutput an Stahl immer noch ineffizient; das Unternehmen berücksichtigt die zusätzlichen Kosten, die der Gesellschaft durch die Subventionen für Entsorgung entstehen, nicht und ebensowenig die gesamtwirtschaftlichen Grenzkosten der verbleibenden Umweltverschmutzung.

einer Pareto-effizienten Ressourcenallokation, wohingegen ein System von Subventionen für Entsorgungsaufwendungen dies nicht tut; im Prinzip gibt es also die Möglichkeit, den verschiedenen Unternehmen und Individuen, die von der Verwendung des Abgabensystems profitieren, geeignet ausgestaltete Steuern aufzuerlegen und das Steueraufkommen als Kompensationszahlungen an die Verschmutzer auszuhändigen. Dann würden sich alle Individuen und Unternehmen besser stellen als bei Subventionen für Entsorgung.

Beauflagung

Anstelle Verschmutzungsabgaben zu verlangen oder Entsorgungsaufwendungen zu subventionieren, hat der Staat in der Praxis in erster Linie zum Mittel der Beauflagung ergriffen, das heißt Ge- und Verbote eingeführt. Beispiele für Auflagen in Form von Emissionsnormen sind die Vorschriften über die höchstzulässige Schadstoffeinleitung in die Abwasser kommunaler Kläranlagen oder die Emissionsgrenzwerte für luftverunreinigende Stoffe aus der Technischen Anleitung (TA) Luft. Andere Beispiele für Auflagen sind Ansiedlungsverbote, Regeln für die Lagerung von Giftmüll und generell für die Abfallwirtschaft (TA Abfall), Beschränkungen der Jagd und des Fischfangs usw. Diese Beispiele illustrieren, welche Unzahl von Formen Regulierungen annehmen können. Tatsächlich ist das Umweltrecht in Form der verschiedensten Auflagen inzwischen stark angeschwollen.

Im Fall der Umweltverschmutzung lassen sich zwei wichtige Klassen von Auflagen unterscheiden: erstens die, bei denen Emissionen überwacht werden, indem z.B. Unternehmen verboten wird, mit ihren Emissionen gewisse Grenzwerte zu überschreiten, und zweitens diejenigen, bei denen der Staat den Produktionsprozeß regelt. So kann er es verbieten, bestimmte Arten von Kohle zu verwenden, er kann den Einbau von Rußfiltern und anderen Säuberungsverfahren vorschreiben oder den Bau von Schornsteinen mit einer bestimmten Höhe.

Ist es möglich, die Emissionen direkt zu regulieren, so ist dies besser als eine Regulierung des Inputs. Für die Gesellschaft ist die Umweltverschmutzung wesentlich, nicht, wie sie erzeugt wird. Das Unternehmen weiß wahrscheinlich besser als der Staat, wie sich das Emissionsvolumen verringern läßt (wie man die Emissionen mit möglichst geringen Kosten verringert). Nichtsdestoweniger hat der Staat in bedeutendem Maße die Inputs reguliert, da es in manchen Fällen einfacher ist, Inputs zu überwachen als Emissionsniveaus. Das aber genügt für die Erklärung nicht: die Wahl zwischen verschiedenen Beauflagungsmethoden wurde auch durch politische Erwägungen beeinflußt, wie wir weiter unten sehen werden.

Ein Vergleich zwischen Beauflagung und Verschmutzungsabgaben

Der Vergleich zwischen dem Einsatz von Auflagen und Verschmutzungsabgaben ähnelt dem zwischen einer Steuerung der Wirtschaft durch Befehle (Befehlswirtschaft) und durch Preise. Im Kapitel 4 zeigten wir, wie man (gibt es keine externen Effekte) ein Preissystem dafür verwenden kann, um eine effiziente Ressourcenallokation zu gewährleisten. Das Wettbewerbsgleichgewicht ist nicht nur Pareto-effizient, sondern jede Pareto-effiziente Allokation kann unter Wettbewerb mittels Preismechanismus erreicht werden, wenn nur die erforderlichen Transfers vorgenommen werden. Natürlich hätte der Staat theoretisch dieselbe Ressourcenallokation durch ein Bündel von Befehlen herbeiführen können. Gibt es keine Überwachungskosten, und sind alle Kosten und Vorteile der Umweltverschmutzung und der Entsorgung bekannt, kann die Regierung mittels Regulierungen all das erreichen, was sie mittels Verschmutzungsabgaben erreichen kann. Erfordert es gesamtwirtschaftliche Effizienz, daß der Luft pro Tonne Stahl nicht mehr als eine bestimmte Zahl von Schmutzpartikeln zugeführt wird, kann der Staat dies einfach vorschreiben statt Verschmutzungsabgaben in einer bestimmten Höhe einzuführen.

Werden nur Inputauflagen angewandt, kann die Aufsichtsbehörde ein effizientes Maß an Aufwendungen für Entsorgung gewährleisten. Aber es kann kein effizientes Produktionsvolumen der verschmutzenden Ware erreicht werden (außer in dem Extremfall, daß effiziente Entsorgung die Beseitigung jeglicher Umweltverschmutzung erfordert.) Ein System von Inputauflagen hat also dieselben Schwächen wie ein System von Subventionen für Entsorgungsaufwendungen, allerdings nicht so ausgeprägt. In der Zeichnung 8.8 haben wir dargestellt, wie Auflagen die internen Grenzkosten in die Nähe der gesamtwirtschaftlichen bringen, aber keine Gleichheit der beiden herbeiführen, so daß von dem schmutzigen Output immer noch zuviel erzeugt wird.

Die Wahl zwischen Verschmutzungsabgaben, Subventionen und Auflagen

Unsere bisherige Erörterung hat gezeigt, daß sich mittels eines Systems von Verschmutzungsabgaben eine Pareto-effiziente Ressourcenallokation herbeiführen läßt, nicht jedoch mittels Auflagen oder Subventionen (für Entsorgungsaufwen-

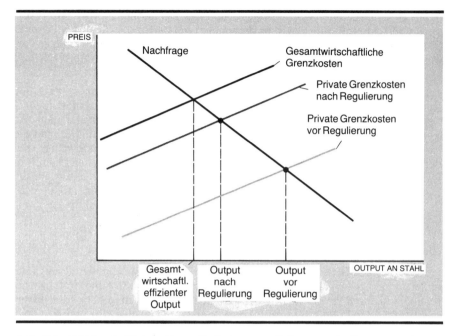

Abb. 8.8 Effizienz bei Subventionen für Entsorgung. Selbst wenn Auflagen gemacht werden, ist der Output immer noch größer als unter gesamtwirtschaftlichen Gesichtspunkten wünschenswert.

dungen). Die Verteilungseffekte der verschiedenen Systeme unterscheiden sich hingegen wesentlich. Unternehmen (und ihre Konsumenten und Arbeitnehmer) werden von Verschmutzungsabgaben härter getroffen als von Auflagen, am wenigsten aber von Subventionen. Obwohl die Gewinner bei einer derartigen Politik zwar im Prinzip in der Lage sind, die Verlierer zu entschädigen, kommt es nur selten zu derartigen Entschädigungen. Die möglicherweise erheblichen Unterschiede zwischen den Verteilungswirkungen der verschiedenen Instrumente sind es, die zu Kontroversen über das angemessene System des Emissionsschutzes geführt haben. Aber es gibt auch noch einige andere Streitfragen:

1) Mit der Implementation der verschiedenen Verfahren sind unterschiedliche Transaktionskosten verbunden;
2) für ihre effiziente Implementation sind unterschiedliche Informationen erforderlich;
3) sie schneiden bei Veränderungen der Kosten und Vorteile sowie bei Unsicherheit über diese unterschiedlich gut ab;
4) sie sind in unterschiedlichem Maße für politische Manipulationen durch Interessengruppen anfällig.

Transaktionskosten. Auflagen und Verschmutzungsabgaben erfordern unterschiedliche Arten von staatlicher Überwachung. In beiden Fällen ist das Stahlunternehmen nicht daran interessiert, bekanntzugeben, wieviel Emissionen es verursacht. Es ist auch nicht im Interesse irgendeines Stahlverbrauchers (zumindest nicht, wenn auf dem Markt Wettbewerb herrscht), da Verschmutzungsabgaben, die für übermäßige Verschmutzung erhoben werden, ebenso wie die Ausgaben für Reinigungsanlagen, die der Gesetzgeber vorschreibt, an den Verbraucher weitergegeben werden. Und selbst wenn es im gemeinsamen Interesse der Verbraucher ist, zu überwachen, wird es doch niemand von sich aus tun, wenn die Überwachung etwas kostet. Wir haben es also mit einem klassischen Fall eines öffentlichen Guts zu tun.

Die Aufgabe der Überwachung muß vom Staat übernommen werden. Es mag weniger kostspielig sein, festzustellen, ob die Emissionen eines Unternehmens einen bestimmten Schwellenwert überschreiten, als die genaue Menge an Emissionen zu ermitteln. Einfache Auflageverfahren benötigen nur die erste Art von Information, ein System von Verschmutzungsabgaben benötigt die zweite.

Informationserfordernisse. Nicht weniger wichtig ist, daß für die Implementation verschiedener Systeme der Korrektur externer Effekte unterschiedliche Informationen erforderlich sind. Es ist vielleicht nicht abwegig, anzunehmen, daß der Staat ganz vernünftige Vorstellungen über die sozialen Grenzkosten der Umweltverschmutzung hat. Es ist hingegen unwahrscheinlich, daß er über Entsorgungstechnologien gut informiert ist, bzw. ähnlich gut wie private Unternehmen. Das gilt vor allem in jenen Fällen, in denen noch keine Entsorgungstechnologien entwickelt worden sind. Dann hat keine Seite sehr gute Informationen: beide raten, aber da die erzeugenden Betriebe mehr über die von ihnen verwendete Technologie wissen als der Staat, erraten sie höchstwahrscheinlich mehr. Die Privatunternehmen haben keinerlei Anreiz, ihre Informationen an den Staat weiterzugeben; vielmehr haben sie jeden Grund, die Behörden davon zu überzeugen, daß es äußerst schwierig ist, eine Entsorgungstechnologie zu entwickeln, ja daß es schlechterdings unmöglich ist, strenge Emissionsgrenzwerte einzuhalten. Führt die Regierung dennoch derartige strenge Werte ein, gibt sie der Industrie aber mehrere Jahre Zeit, die entsprechenden Technologien zu entwickeln, mag es an einem Anreiz zur Kooperation mangeln: private Unternehmen könnten vermuten, daß der Staat nach dem Ablauf der Frist, sollten keine neuen Technologien entwickelt worden sein, schwerlich Betriebsschließungen anordnen wird.

Um mittels Ge- und Verboten ein effizientes Verschmutzungsniveau herbeizuführen, benötigt man sogar noch mehr Informationen als in der Diskussion bislang klargeworden ist. Sind die Kosten einer Entsorgung bei den verschiedenen Unternehmen unterschiedlich groß, wird das effiziente Entsorgungsniveau ebenfalls unterschiedlich sein. Um ein effizientes Maß an Entsorgung zu gewährleisten, muß der Staat also die Kostenfunktion eines jeden Unternehmens in der Wirtschaft kennen. Da derartige Kenntnisse des Staates entscheidend von Informationen abhängen, die von den Unternehmen selbst gegeben werden, haben diese einen Anreiz, die Informationen zu frisieren.

Machen Sie sich weiterhin klar, daß im Rahmen eines Auflagesystems Irrtümer des Staates über die Kosten einer Entsorgung zu einem ineffizienten Maß an Emissionen führen werden. Unterschätzt der Staat die Kosten der Entsorgung und führt er strenge Vorschriften ein, machen die Unternehmen bedeutende Aufwendungen, um diesen Vorschriften zu entsprechen. An der Grenze sind die Kosten höher als die Vorteile. Bei Wettbewerb werden diese Kosten an die Nutzer des Produkts weitergegeben.

Ein System von Verschmutzungsabgaben hat nicht die Schwäche derartiger umfangreicher Informationserfordernisse. Der Staat stellt fest, wie hoch die sozialen Grenzkosten der Umweltverschmutzung sind. Die Unternehmen entscheiden dann, ob die Kosten einer Entsorgung die Vorteile überschreiten, – letzteres sind die eingesparten Verschmutzungsabgaben. Für ein Tauziehen zwischen Staat und Wirtschaft verbleibt kein Raum. Wenn der Staat allerdings die sozialen Grenzkosten der Emission falsch einschätzt, dann kommt es sowohl bei Verschmutzungsabgaben als auch bei Auflagen zu Ineffizienzen.

Nichtlineare Tarife von Verschmutzungsabgaben

Es mag viele Fälle geben, in denen der Staat außerstande ist, die sozialen Grenzkosten der Umweltverschmutzung (oder irgendeines anderen externen Effekts) genau festzustellen. Es könnte sein, daß sie mit dem Ausmaß der Umweltverschmutzung zunehmen. Dann müßte der Staat die Gleichgewichtsmenge der Emissionen kennen, um die angemessene Steuer festsetzen zu können. Das wird ohne detaillierte Kenntnisse der Technologie der Unternehmen nicht möglich sein. Mehr noch, die soziale Grenzkostenkurve könnte sich von Zeit zu Zeit verschieben und zwar öfters, als eine Revision der Steuersätze möglich ist.

Unter diesen Umständen dürfte es empfehlenswert sein, einen **nichtlinearen Steuertarif** oder Auflagen einzuführen. Ein nichtlinearer Tarif ist dadurch gekennzeichnet, daß der Steuersatz vom Ausmaß der Umweltverschmutzung abhängt. Das einfachste derartige System ist in der Zeichnung 8.9 dargestellt. Dort ist die Verschmutzungsabgabe pro Emissionseinheit für Emissionswerte bis zu ei-

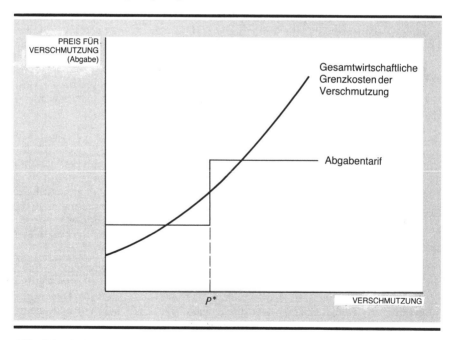

Abb. 8.9 Auflagen und nichtlineare Abgabentarife. Man kann eine Auflage als einen Grenzfall eines nichtlinearen Abgabentarifs auffassen, bei dem der Abgabensatz bei einer Umweltverschmutzung, die die Grenze P* überschreitet, derart hoch ist, daß niemand sie überschreitet.

nem Grenzwert P* niedrig, aber für darüber liegende hoch. Ideal wäre es, wenn man dem Unternehmen Abgaben entsprechend der genauen Kurve der sozialen Grenzkosten der Umweltverschmutzung auferlegen könnte, wie es Zeichnung 8.9 zeigt. Dann würde das Unternehmen bei jedem Ausmaß der Umweltverschmutzung die wahren sozialen Grenzkosten zu tragen haben. Der zweistufige Tarif, der in der Zeichnung gezeigt wird, läßt sich als eine Approximation der sozialen Grenzkostenkurve betrachten. Wenn es sich herausstellt, daß die Entsorgungstechnologie zu sehr niedrigen Emissionswerten führt, dann hat der als Näherungswert fixierte Steuersatz zu übermäßigen Anstrengungen bei der Entsorgung geführt; stellt es sich heraus, daß die Umweltverschmutzung sehr stark ist (weil Entsorgung teuer ist), hat der Steuersatz ungenügende Entsorgungsanstrengungen bewirkt.

Ein möglicher Tarif sieht eine Abgabe in Höhe von Null bis zu einem bestimmten Grenzwert vor und unendlich hohe Abgaben jenseits desselben, so daß Schadstoffmengen oberhalb von P* wirtschaftlich untragbar sind. Dies ist im Grunde ein Verbot von Schadstoffmengen, die den Wert P* übersteigen. Die Abgrenzung zwischen einer Abgabe und Auflagen ist also nicht eindeutig. Eine Auflage läßt sich als ein Grenzfall eines nichtlinearen Abgabentarifs betrachten.

Veränderlichkeit der Grenzkosten und Grenzvorteile einer Entsorgung

Die Kosten der Entsorgung (und ihre Vorteile) dürften sich von Ort zu Ort, von Zeit zu Zeit und von Unternehmen zu Unternehmen unterscheiden. Die gesamtwirtschaftlichen Grenzvorteile einer Entsorgung mögen in Bochum ganz andere Dimensionen annehmen als in Nordfriesland. Die Kosten einer Entsorgung sind vielleicht bei Braunkohle unterschiedlicher Qualität ganz verschieden. Im Prinzip sollte sowohl ein System von Umweltauflagen als auch eines von Umweltabgaben diese Unterschiede berücksichtigen. Für jede Kombination von Umständen sollte es ein eigenes System von Vorschriften geben bzw. in jeder Gemeinde, für jedes Unternehmen und für jeden Zeitpunkt unterschiedliche Verschmutzungsabgaben. Die Informationserfordernisse eines derart detaillierten Systems sind enorm. Dies hat in der Praxis zu einer Vielzahl von Vorschriften geführt, die nicht sehr gut an die örtlichen Bedingungen angepaßt sind. In einem föderalistischen Staat ist es möglich, daß in Ländern und Gemeinden, in denen man glaubt, daß bei ihnen die sozialen Grenzkosten der Umweltverschmutzung besonders groß sind, die generellen Vorschriften durch örtliche ergänzt werden. In der BR Deutschland werden im Rahmen der Umweltpolitik regionale Unterschiede einigermaßen berücksichtigt. So kennt die deutsche Luftreinhaltepolitik gebietsbezogene Luftreinhaltemaßnahmen. Dazu gehören die Ausweisung von Belastungsgebieten und die Erstellung von Emissionskatastern durch die zuständigen Landesbehörden, die Aufstellung von Luftreinhalteplänen für bestimmte Gebiete („Rheinschiene Süd", „Ruhrgebiet West" usw.) oder die Smogverordnungen verschiedener Bundesländer, die sich im einzelnen durchaus unterscheiden.

Die Art und Weise, wie Kosten und Vorzüge variieren, spielt für die Wahl zwischen Vorschriftensystemen und Verschmutzungsabgaben eine wichtige Rolle. Wenn die Kosten einer Entsorgung variieren, die Vorteile aber überall dieselben sind, dann sind Abgaben besser als Auflagen. Die Unternehmen, die die Abgaben entrichten müssen, werden ihre Entsorgungsanstrengungen auf ein effizientes Niveau anheben; Auflagen werden eine derartige Anpassung nicht zulassen.

Variieren die Vorteile, die Kosten aber nicht, sind beide Systeme gleichwertig. Das Abgabensystem wird zu einem bestimmten Ausmaß an Umweltverschmutzung führen, das mancherorts zu hoch, mancherorts zu niedrig ist – ganz wie ein Vorschriftensystem. Die Folgen einer Abgabe sind dann dieselben wie in einem Auflagensystem, in dem der Staat Emissionsnormen fixiert hat. Schwierig wird es, wenn sowohl die Kosten als auch die Vorteile variieren. Dann gibt es Umstände, unter denen Auflagen besser sind als Abgaben.

Entscheidungen über den Instrumenteneinsatz und die Politik

Da die Kosten der Auflagen für die Unternehmen erheblich sind, ist der Umfang der Beauflagung ein politisch heißumstrittenes Thema. Welche Vorschriften herauskommen, hängt nicht nur von den Kosten ab (wie sie von einem unbeteiligten Beobachter geschätzt werden), sondern von dem Einfluß der verschiedenen Interessengruppen, die von der Auflage betroffen sind. Eine politisch einflußreiche Gruppe mag dazu in der Lage sein, Vorschriften abzuwehren, die im Falle einer politisch weniger einflußreichen durchgesetzt worden wären.

Noch interessanter ist, daß eine Gruppe, die nicht einflußreich genug ist, den Erlaß bestimmter Vorschriften zu verhindern, doch so einflußreich sein kann, eine Ausdehnung dieser Vorschriften auf ihre Konkurrenz zu erwirken.

Unter Ökonomen ist die Ansicht weit verbreitet, daß Auflagesysteme für derartige politische Manipulationen anfälliger sind als Systeme von Verschmutzungsabgaben.

Probleme einer Kompensation

Zwar sind Verschmutzungsabgaben Pareto-effizient, aber nicht alle stellen sich besser als bei den zwei anderen Vorgehensweisen. Im Prinzip könnten die, die sich besser stellen, die anderen, die sich schlechter stellen, mehr als entschädigen. Die Schwierigkeit ist, daß derartige Entschädigungen nur selten gewährt werden; es ist oft schwer, den Personenkreis, der sie erhalten soll, abzugrenzen.

Ähnliche Probleme entstehen generell bei der Festlegung der angemessenen Kompensation für einen externen Effekt. Betrachten Sie wiederum ein Stahlwerk, das die Luft in seiner Umgebung verschmutzt. Diejenigen, die in seiner Nachbarschaft wohnen, stellen sich infolge der Umweltverschmutzung eindeutig schlechter. Bestand das Stahlwerk aber schon, bevor sie ihre Häuser erwarben, wirkte sich der Umstand, daß die Luft verschmutzt ist, bereits auf den Kaufpreis aus; sie zahlten weniger als sie sonst zu zahlen gehabt hätten. Die Person, die das Haus zu jener Zeit, als das Stahlwerk errichtet wurde (bzw. zu der Zeit, als bekannt wurde, daß an dieser Stelle ein Stahlwerk errichtet werden soll), besessen hatte, hatte den Schaden zu tragen. In den meisten Fällen ist es nicht möglich, diese Person ausfindig zu machen (seit der Errichtung des Stahlwerks kann eine lange Zeit verflossen sein). In vielen Fällen wurde das Haus nicht vor dem Stahlwerk gebaut. Dann war der Geschädigte möglicherweise der Grundbesitzer; in vielen Fällen war der aber durch den Bau des Stahlwerks tatsächlich besser gestellt: die durch die Nähe des Stahlwerks bedingten Wertzuwächse mögen die Verluste infolge Umweltverschmutzung mehr als wettgemacht haben. Erhöht oder verringert sich der Wert eines Vermögensgegenstandes (wie Land) unter dem Einfluß der Vorzüge oder Nachteile der Lage, sagen wir, daß der Wert dieser Vorzüge bzw. Nachteile **kapitalisiert** wird.

Nicht nur die Verbraucher der Produkte einer die Umwelt verschmutzenden Industrie, die Kapitaleigner derselben und diejenigen, die die Luft in der Nähe der Industrieansiedlungen einatmen, sind von umweltverbessernden Maßnahmen betroffen. Ebenso kann es die Arbeitnehmer tangieren. Die Einführung von Verschmutzungsabgaben kann zur Schließung bestimmter Betriebe führen und damit möglicherweise zu Arbeitslosigkeit für ihre Arbeitnehmer, die wiederum die Kosten einer Suche nach anderen Arbeitsplätzen tragen müssen. Sind diese Kosten (und die Umzugskosten) vernachlässigbar gering, wären diese Individuen in der Tat nur wenig betroffen; aber in vielen Fällen sind sie erheblich. Die Arbeitslosenunterstützung beseitigt diese Belastung nur teilweise. Werden Abgaben eingeführt, sollten diese Individuen im Prinzip entschädigt werden.

Wegen der Schwierigkeiten bei der praktischen Durchführung solcher Entschädigungen, kommen sie nur selten vor. Die Wahl des Systems, mittels dessen die Wirkungen externer Effekte korrigiert werden, hat also direkte Folgen für die Wohlfahrt unterschiedlicher Individuen; die Unternehmen, deren Gewinne durch Abgabe oder Auflage sinken, werden sich widersetzen; daß Abgaben Pareto-effizient sind, ist für sie ein schwacher Trost. Sie behaupten, die Einführung einer Verschmutzungsabgabe, die die Rentabilität des von ihnen investierten Kapitals senkt, sei „unfair", müßten doch dann die Kapitaleigner die ganze Last aus einer Veränderung der Einstellung der Gesellschaft gegenüber der Umweltverschmutzung tragen.

Privatrechtliche Handhaben gegen externe Effekte

Die Schaffung weitgehender zivilrechtlicher Schadensersatzansprüche und Möglichkeiten einer Unterlassungsklage hat bei der Behandlung externer Effekte einen großen Vorteil. Die geschädigte Partei, die an der Sache direkt interessiert ist, trägt die Verantwortung für die Durchsetzung ihrer Ansprüche und braucht nicht auf den Staat zu warten, damit der externe Effekt korrigiert wird. Unter Informationsgesichtspunkten ist dies offensichtlich effizienter, da die geschädigte Partei vermutlich besser als der Staat weiß, ob eine Schädigung erfolgt ist.

Damit das funktioniert, muß es allerdings ein wohldefiniertes und konsistentes System von Verfügungsrechten geben. Das bürgerliche Recht ist beispielsweise außerstande, externe Effekte zu regeln, die mit dem Vorhandensein von Allmenderessourcen zusammenhängen. Definitionsgemäß hat in diesem Fall niemand das Recht, andere von der Verwendung dieser Ressourcen auszuschließen und eben das ist der Grund für die externen Effekte. Die Zuweisung von Rechten und Pflichten durch die Rechtsordnung und die Auslegung der Gesetze durch die Gerichte, die in einer Vielzahl von Urteilen erfolgt ist, hat tatsächlich nicht zu einem konsistenten und wohldefinierten System von Verfügungsrechten geführt, das geeignet wäre, mit der Gesamtheit der externen Effekte, die in einer modernen Gesellschaft auftreten, zurechtzukommen[10].

---

[10] In England, Amerika und einigen anderen vormaligen englischen Kolonien ist das Zivilrecht, das common law genannt wird, vornehmlich ein Fallrecht, ein von Richtern geschaffenes Recht. Neben einigen Nachteilen, die nicht zuletzt in einer geringeren Konsistenz der Verfügungsrechte im Vergleich zu Ländern mit geschriebenem Recht bestehen, hat dies auch Vorteile. Dieses Verfahren der Produktion von Recht ist nicht so anfällig für die Druckausübung bestimmter Interessengruppen wie es die Gesetzgebung durch Parlamente ist. Ferner wird die ganze Komplexität der externen Effekte, die in der Praxis auftreten, oft im Rahmen eines Gerichtsverfahrens besonders deutlich.

Die Möglichkeiten der Gerichte, im Rahmen von Verfahren externe Effekte angemessen zu behandeln, sind in mindestens fünferlei Hinsicht begrenzt. Erstens sind mit jedem Prozeß hohe Transaktionskosten verbunden. Natürlich ist nicht klar, ob diese Kosten auch im Vergleich zu den Verwaltungskosten der Durchführung eines Vorschriften- oder Abgabensystems hoch sind. Bei vielen externen Effekten mögen die durch sie bewirkten Belastungen so gering sein, daß sie in einem anderen System einfach vernachlässigt würden; da die Kosten bei Auflagen- oder Abgabensystemen von der Öffentlichkeit getragen werden, bei einem Prozeß hingegen von Privatleuten, wird die Entscheidung, ob man versuchen soll, den externen Effekt zu beseitigen oder nicht, bei einem System zivilrechtlicher Ansprüche effizient getroffen, bei anderen Systemen hingegen nicht.

Zweitens: Da diejenigen, die für den externen Effekt verantwortlich sind, wissen, daß die Führung eines Prozesses kostspielig ist, werden sie dazu neigen, nur soviel externe Effekte zu verursachen, daß es sich für die geschädigte Partei gerade noch nicht lohnt, zu klagen – dies führt offensichtlich zu Ineffizienzen. Eine Möglichkeit, dieses Problem zu lösen, wäre, daß die Schadensersatzansprüche auf ein Mehrfaches des tatsächlichen Schadens festgelegt werden[11]. Fügt ein Verschmutzer seinem Nachbarn also einen Schaden zu und klagt dieser, kann ihn das Gericht dazu verurteilen, beispielsweise das Dreifache dieses Schadens zu zahlen. Auf die Umweltverschmutzung angewandt würde dieses System sicherstellen, daß Unternehmen keine externen Effekte bewirken, deren Schäden über ein Drittel der (vom Kläger voraussichtlich zu tragenden) Prozeßkosten hinausgehen.

Drittens ist das Ausmaß der Schädigung oft kaum bestimmbar und das Ergebnis des gerichtlichen Verfahrens ungewiß. Sind die Prozeßkosten erheblich, schreckt diese Unsicherheit die Individuen davon ab, bei externen Effekten von den Gerichten Gebrauch zu machen.

Viertens implizieren die hohen Verfahrenskosten und die Ungewißheit über die Ergebnisse gerichtlicher Verfahren, daß der Zugang zu Rechtsmitteln nicht für alle gleich ist, – dies aber widerspricht den landläufigen Auffassungen von Gerechtigkeit.

Fünftens gibt es in vielen Fällen eine große Zahl von geschädigten Parteien; es gibt niemand, der in einem solchen Maße geschädigt wird, daß es sich für ihn lohnen würde, zu klagen, aber die Gesamtheit aller Geschädigten erleidet genügend Verluste, daß diese die Verfahrenskosten mehr als aufwiegen würde. Hier gibt es erneut ein Schwarzfahrerproblem. Für jeden einzelnen zahlt es sich aus, darauf zu warten, daß die anderen klagen; sind diese erfolgreich, klagt er selbst und beruft sich auf das erwirkte Grundsatzurteil. Dies kann die Verfahrenskosten für ihn erheblich senken (in der Tat wird es dann häufig zu einem außergerichtlichen Vergleich kommen).

Es gibt zwei Möglichkeiten zur Lösung dieses Problems, nämlich Gemeinschaftsklagen und Verbandsklagen. Bei einer Gemeinschaftsklage klagt ein Rechtsanwalt im Namen einer Gemeinschaft betroffener Individuen (Klägergemeinschaft). Hat er Erfolg, erhält er ein Honorar von allen Angehörigen dieser Gemeinschaft, von allen jenen, denen die Entscheidung des Gerichts Vorteile ge-

---

[11] Derartige Regelungen gibt es im amerikanischen Kartellrecht.

bracht hat. Es gibt Meinungsverschiedenheiten darüber, wie gut dieses System funktioniert; insbesondere ist normalerweise keiner der einzelnen Kläger, die der Rechtsanwalt vertritt, in der Lage, die Verfahrenskosten zu überwachen und diese Kosten erscheinen mitunter übermäßig hoch (dies behaupten zumindest die geschädigten Personen; die Rechtsanwälte erklären demgegenüber, daß die Kosten so außerordentlich hoch wurden, weil der Fall sich als ungewöhnlich schwierig erwiesen habe). Ob die Kosten tatsächlich so stark anschwellen, hängt allerdings von der Art und Weise ab, wie Rechtsanwälte entlohnt werden. In der BR Deutschland gibt es die Bundesrechtsanwaltsgebührenordnung (BRAGO), die die Möglichkeiten der Rechtsanwälte, sich an Klägergemeinschaften zu bereichern, empfindlich begrenzt.

Die Forderung, den Umweltschutzverbänden, beispielsweise dem Bund Naturschutz das Recht der Klageerhebung zu gewähren, ist in der BR Deutschland bislang nicht erfüllt worden. Vermutlich haben die Vorstände solcher Verbände mehr Anreize und bessere Möglichkeiten, Umweltsünder zu verklagen. Gegen die Einführung der Verbandsklage werden unter anderem die folgenden Bedenken geltend gemacht: Unserer Rechtsordnung sei die Vorstellung, daß einer Rechte eines anderen geltend macht, ohne von diesem beauftragt zu sein, fremd. Die Einführung von Verbandsklagen würde vermutlich zu einer Flut von Klagen führen, eine Vorstellung, die einem Justizminister in einem Land, in dem die Gerichte sowieso stark überlastet sind, schwerlich angenehm sein wird[12].

Zusammenfassend ist festzustellen, daß das Zivilrecht einen Rahmen für den Umgang mit bestimmten Arten von externen Effekten bereitstellt. Es kann ein wichtiges Hilfsmittel gegen einige jener externen Effekte darstellen, die mit Hilfe der anderen Systeme, die wir in diesem Kapitel besprochen haben, nicht angemessen korrigiert werden; aber die Möglichkeiten gerichtlicher Verfahren sind begrenzt genug, daß man sich auf sie bei der Korrektur einer Reihe bedeutenderer externer Effekte nicht verlassen kann.

---

[12] Die Verbandsklage gibt es in der BR Deutschland auf dem Gebiet des Verbraucherschutzes und hat dort zum Entstehen einer Vielzahl sogenannter Abmahnvereine geführt, die sich mit dem Einreichen von Klagen beschäftigen. Möglicherweise wird die Verbandsklage auch im Verbraucherschutz wieder abgeschafft. In der Schweiz gibt es im Umweltrecht die Möglichkeit der Verbandsklage. Sie scheint sich dort gut zu bewähren. Die von bundesdeutschen Juristen befürchtete Prozeßwelle ist ausgeblieben.

Zusammenfassung

1. Externe Effekte haben Handlungen eines Individuums oder eines Unternehmens, wenn sie positive oder negative Auswirkungen auf andere haben, ohne daß die letzteren hierfür zahlen oder bezahlt werden.
2. Manchmal läßt sich wirtschaftliche Effizienz ohne einen Rückgriff auf staatliche Intervention gewährleisten, indem eine Organisation der hierfür erforderlichen Größe geschaffen wird und dadurch der externe Effekt internalisiert wird. Eine weitere Alternative ist eine gemeinschaftliche Aktion mehrerer Individuen.
3. Es gibt einige ausgeprägte Anreize für privatwirtschaftlich organisierte Märkte, die Ineffizienzen, die von externen Effekten herrühren, zu beseitigen. Die Behauptung, daß dies auch tatsächlich geschehen wird, wird Coase Theorem genannt.
4. Diese privatwirtschaftlichen Lösungen für Probleme mit externen Effekten stoßen auf mehrere Grenzen. Wir haben insbesondere zwei davon herausgestellt: das Problem öffentlicher Güter und Transaktionskosten.
5. Es gibt vier Methoden, mit denen der Staat die Individuen und die Unternehmen zu veranlassen versucht, sich in einer gesamtwirtschaftlich effizienten Art und Weise zu verhalten: Verschmutzungsabgaben, Subventionen, Ge- und Verbote und zivilrechtliche Schadensersatzpflichten.
6. Wenn genügend Informationen über die sozialen Grenzkosten der Verschmutzung vorliegen und die Abgaben so bemessen werden, daß sie diesen Kosten entsprechen, kann mittels Abgaben eine Pareto-effiziente Allokation gewährleistet werden. Subventionen für umweltverbessernde Maßnahmen und Auflagen für Umweltverschmutzer mögen zwar bewirken, daß ein effizientes Maß an umweltverbessernden Maßnahmen gewährleistet wird, führen aber zu einer übermäßigen Erzeugung des schadstoffintensiven Gutes. Im Prinzip können die Gewinner bei einem Abgabensystem die Verlierer mehr als kompensieren. In der Praxis kommt es nur selten zu derartigen Kompensationen. Die Auswahl des Systems von Instrumenten, mittels derer Umweltschutz getrieben wird, hat infolgedessen wesentliche verteilungspolitische Folgen.

Schlüsselbegriffe

Positive externe Effekte
negative externe Effekte
Allmende
Pigou-Steuern
Internalisierung externer Effekte

Kapitalisierung
Verfügungsrechte
Coase Theorem
Gemeinschaftsklage
Verbandsklage

Fragen und Probleme

1. Erarbeiten Sie eine Aufstellung der positiven und negativen externen Effekte, die Sie auslösen oder von denen Sie betroffen sind! Erörtern Sie für jeden die Vorteile und Nachteile der Gegenmaßnahmen, die im Text erörtert wurden!
2. Eine wichtige Gruppe von externen Effekten, die neuerdings viel Aufmerksamkeit auf sich gezogen hat, sind die sog. Informationsexternalitäten. Die Informationen, die von einem Individuum oder einem Unternehmen gewonnen werden, haben Vorteile für andere. Hat eine Ölbohrung in einem bestimmten Gelände Erfolg, vergrößert sich die Wahrscheinlichkeit, daß sich auch im Umfeld Öl finden läßt und hierdurch wird der Wert der umliegenden Grundstücke erhöht. Fallen Ihnen noch andere Beispiele für Informationsexternalitäten ein? Was sind wahrscheinlich die Folgen für die Effizienz der Ressourcenallokation? Erörtern Sie die Möglichkeiten einer Lösung dieses Problems durch privatwirtschaftlich organisierte Märkte!

3. Erklären Sie, warum Subventionen für Entsorgungseinrichtungen, selbst wenn sie zu einem effizienten Niveau an Entsorgung führen, nicht mit einer effizienten Ressourcenallokation vereinbar sind. Unter welchen Bedingungen können Auflagen eine effiziente Ressourcenallokation herbeiführen?

4. Nehmen Sie an, daß auf dem deutschen Markt zwei Typen von Waren erhältlich sind, solche, bei denen die Vorteile und Kosten einer Entsorgung gleichermaßen hoch sind, und solche bei denen sie beide niedrig sind. Unterstellen Sie, daß die Regierung entweder einheitliche Auflagen einführen muß (ein einheitliches Niveau an Entsorgung vorschreibt) oder eine einheitliche Verschmutzungsabgabe einführt. Zeigen Sie mit Hilfe einer Zeichnung, daß ein Auflagensystem gegenüber einem Abgabesystem vorzuziehen sein könnte. Wie verändert sich Ihre Antwort auf diese Frage, wenn die Gemeinden, in denen die Grenzkosten einer Entsorgung hoch sind, zugleich diejenigen sind, in denen die Grenzvorteile einer Entsorgung gering sind, und wenn Gemeinden mit niedrigen Grenzkosten der Entsorgung durch hohe Grenzvorteile einer Entsorgung gekennzeichnet sind?

5. Bebauungspläne, die der Nutzung von Grund und Boden durch Grundbesitzer Beschränkungen auferlegen, werden mitunter als ein Mittel zur Eindämmung externer Effekte gerechtfertigt. Erklären Sie das! Erörtern Sie alternative Möglichkeiten zur Lösung derartiger Probleme mit externen Effekten!

6. Welche externen Effekte entstehen, wenn ein zusätzliches Individuum auf einer überfüllten Straße fährt? In welcher Weise hilft eine Maut bei der Linderung dieses externen Effekts? Wie sollten die Mautgebühren konstruiert sein?

Teil III

Ausgabenprogramme des Staates

In diesem Teil erörtern wir, wie die theoretischen Modelle, die wir in den vorhergehenden Kapiteln entwickelt haben, für die Analyse einer Vielzahl von staatlichen Aufgabenbereichen eingesetzt werden können: Landesverteidigung, Gesundheitswesen, Bildungspolitik, Sozialversicherung, Sozialtransfers. Dies sind die wichtigsten öffentlichen Ausgabenprogramme: sie sind für mehr als zwei Drittel aller Ausgaben des Bundes und aller öffentlichen Ausgaben verantwortlich. Die Prüfung derselben bringt eine Reihe von Kernproblemen der Analyse öffentlicher Ausgaben zum Vorschein. Andere öffentliche Aufgabenbereiche lassen sich mit Hilfe der Methoden, die wir entwickeln, ebenfalls analysieren. Die ersten zwei Kapitel des Teils erläutern unsere Vorgehensweise. Kapitel 9 stellt einen analytischen Rahmen zur Verfügung. Kapitel 10 legt dar, wie die Kosten und Vorteile bestimmter staatlicher Vorhaben quantifiziert werden können. Kapitel 11-14 bringen diese Vorgehensweise dann zur Anwendung.

9. Kapitel
Die Analyse öffentlicher Ausgaben

Der Rahmen für die Analyse öffentlicher Ausgaben, den wir in diesem Kapitel entwickeln, soll bestimmte Leitlinien bereitstellen. Es handelt sich nicht um ein Schema, das man gedankenlos auf alle möglichen Probleme anwenden kann, sondern eher um eine Auflistung von Überlegungen, die anzustellen sind. Einige davon mögen bei bestimmten Vorhaben wichtiger sein als bei andern. Dabei geht es uns letztendlich um die folgenden Fragestellungen:

Warum wird der Staat überhaupt tätig?
Warum nimmt die Tätigkeit des Staates eine bestimmte Gestalt an?
Wie wirkt sie sich auf die Privatwirtschaft aus?
Wer sind die Gewinner und Verlierer? Übertreffen die Gewinne die Verluste?

Gibt es Alternativen, die der gegenwärtig praktizierten Vorgehensweise überlegen sind (das heißt, bei denen sich die Individuen besser stellen)? Gibt es andere Maßnahmenkataloge, die andere Verteilungseffekte haben, zugleich aber auch die eigentlichen Ziele verwirklichen, derentwegen der Staat tätig geworden ist? Welche Hindernisse sind bei der Durchsetzung dieser Maßnahmen zu überwinden?

Zu Beginn wollen wir die Analyse öffentlicher Ausgabenprogramme in acht Schritte unterteilen.

Notwendigkeit eines staatlichen Programms

Es ist oft aufschlußreich, die Analyse eines Programms mit einer Untersuchung seiner Geschichte und der Umstände, die zu seinem Einteilung geführt haben, zu beginnen. Wer waren die Individuen oder Gruppen, die sein Entstehen durchsetzten, und was waren die Ziele, für deren Verwirklichung der staatliche Eingriff angeblich erforderlich war?

Als beispielsweise in den Jahren 1883 bis 1889 für die Arbeiter eine Sozialversicherung eingeführt wurde, befand sich die deutsche Wirtschaft in einer Phase der vorübergehenden Wachstumsverlangsamung, die durch den sogenannten Gründerkrach eingeleitet worden war, einer nicht unerheblichen Krise. Dies führte zu Zweifeln an der Stabilität der bestehenden Wirtschaftsordnung, die sich in den darauffolgenden Jahren als nicht allzu begründet erwiesen. Aus heutiger Sicht mag man sich wundern, warum die Arbeiter nicht bereits von sich aus Vorkehrungen gegen die Risiken ergriffen hatten, vor denen sie die Sozialversicherung schützte. In der Tat hatte die Entwicklung von Selbsthilfeorganisationen der Arbeiter bereits in Gestalt der Gewerkschaften begonnen, und gerade das war wegen der sozialistischen Tendenz eines beträchtlichen Teils dieser Gewerkschaften und der politischen Instabilität der Monarchie für die Reichsregierung ein Alarmzeichen[1]. Bismarck hatte ursprünglich gar nicht vor, eine Versicherung zu schaffen, sondern stellte sich vielmehr eine Versorgung der Industriearbeiter aus Mitteln des Reiches vor, mittels derer er das rebellische „Proletariat" an die Monarchie zu binden hoffte. Dieses Vorhaben scheiterte am Widerstand des Reichstags. Erst als es in eine Art von Zwitter aus Selbsthilfe der Arbeiter und Staatshilfe verwandelt worden war, nämlich eine „Sozialversicherung", fand es die nötige Mehrheit. Selbst dann stimmte die SPD im Reichstag dagegen, da sie die angestrebte politische Einbindung der Arbeiterschaft in die Monarchie fürchtete.

Die damalige Sozialgesetzgebung hatte fast ausschließlich die Industriearbeiterschaft zum Gegenstand, obwohl es durchaus noch andere bedürftige, ja noch bedürftigere Gruppen gegeben hätte wie etwa die Landarbeiter, die Heimarbeiter usw. Von diesen Gruppen erwartete man keine akute Gefährdung der politischen Ordnung.

Marktversagen

Der zweite Schritt bei der Analyse staatlicher Aufgabenbereiche ist der Versuch, den tatsächlichen oder vermeintlichen Handlungsbedarf mit einer oder mehreren Arten des Marktversagens in Zusammenhang zu bringen, die wir im Kapitel 4 erörtert haben. Unvollkommene Konkurrenz, öffentliche Güter, externe Effekte, unvollständige Märkte und unvollkommene Information. Darüberhinaus sahen wir im Kapitel 4, daß selbst, wenn die Wirtschaft Pareto-effizient funktioniert, zwei weitere Argumente für staatliche Interventionen angeführt werden können: erstens gibt es keinen Grund anzunehmen, daß die Einkommensverteilung, die im Wege des Marktmechanismus zustandekommt, gesellschaftlichen Gerechtigkeitsvorstellungen entspricht; und zweitens glauben einige, daß eine Bewertung der Wohlfahrt der Individuen aufgrund von deren eigenen Vorstellungen und Präferenzen unangemessen und irreführend sei. Hiernach gibt es meritorische Güter, deren Konsum ermutigt werden sollte, und meritorische Ungüter (demeritorische Güter), deren Konsum die Regierung behindern bzw. verbieten sollte.

In einigen Fällen ist die Art des Marktversagens offenbar. Landesverteidigung ist ein reines öffentliches Gut, und wir haben oben dargelegt, daß ohne öffentliche Bereitstellung solche Güter ungenügend angeboten würden. In anderen Fällen ist die Antwort nicht so naheliegend, und die Ökonomen mögen sich über die Natur des vorliegenden Marktversagens uneins sein. Dies ist z.B. bei Bildung der Fall; nach Meinung eines Teils der Ökonomen ist Bildung im Grunde ein privates Gut. Um eine Erklärung für die öffentliche Bereitstellung dieses Guts zu finden, muß man anderswo Ausschau halten: nach den Verteilungseffekten einer öffentlichen Bereitstellung oder nach Bildung als einem meritorischen Gut, das für das Funktionieren einer demokratischen Gesellschaft wesentlich ist.

---

[1] Für die besonders schlecht verdienenden Teile der Arbeiterschaft war die Mitgliedschaft in solchen Selbsthilfeorganisationen oft nicht so attraktiv wie für die besser verdienenden, gab es doch im Fall der Not auch noch die Armenfürsorge der Gemeinden. Diese Armenfürsorge finanziell zu entlasten, war ein weiteres Motiv bei der Gründung der Sozialversicherung.

Der Umstand, daß die öffentliche Bereitstellung eines Gutes oder Dienstes oder staatliche Eingriffe gefordert werden, beweist noch nicht, daß Marktversagen vorliegt. Beispielsweise gibt es gegenwärtig erhebliche Besorgnis wegen der sogenannten Kostenexplosion im Gesundheitswesen. Dies hat einige Gruppen zu der Forderung veranlaßt, daß der Staat dieses noch intensiver regulieren soll. Es gibt eine Reihe von Erklärungen für den Kostenanstieg im Gesundheitswesen, unter anderem die, daß es sich um Dienstleistungsbetriebe handelt. In den letzten Jahrzehnten sind die Preise für die verschiedensten Dienstleistungen im Verhältnis zu Industriegütern stark gestiegen und zwar deswegen, weil der Produktivitätsfortschritt in der Industrie stärker war[2]. Einige Ökonomen vertreten die Auffassung, daß sich beim Gesundheitswesen zwar einiges an Marktversagen feststellen läßt, daß es aber keinen Grund für die Annahme gibt, daß staatliche Eingriffe die Lage verbessern würden. Andere glauben, daß sich die vorliegenden staatlichen Eingriffe (wie z.B. das Bestehen einer gesetzlichen Krankenversicherung, das Institut der kassenärztlichen Vereinigung etc.) negativ auswirken, indem sie die Nachfrage nach Gesundheitsgütern aufblähen und die Anreize zur Kostensenkung beseitigen. Manche glauben, daß sich das Vorliegen von Marktversagen dadurch beweisen läßt, daß auf freien Versicherungsmärkten keine Krankenversicherung mit hundertprozentigem Versicherungsschutz erhältlich ist[3]. Andere argumentieren demgegenüber, der Grund hierfür sei, daß die Individuen bei einem hundertprozentigen Schutz keinen Anreiz zur Sparsamkeit beim Verbrauch von Gesundheitsgütern haben. Ihnen zufolge sollte auch der Staat bei seinen Versicherungsprogrammen eine Eigenbeteiligung der Versicherten einführen[4].

Zusammenfassend läßt sich feststellen, daß die Forderung nach staatlichen Maßnahmen mitunter aus einem mangelhaften Verständnis des Marktmechanismus und einer Überschätzung der Möglichkeiten des Staates, es besser zu machen, herrühren. Um den angemessenen Umfang staatlicher Maßnahmen aufzuzeigen, ist es wesentlich, klarzustellen, ob Marktversagen vorliegt oder nicht.

---

[2] Im Gesundheitswesen sind ebenso wie bei bestimmten anderen Dienstleistungen wie z.B. beim Theater die Möglichkeiten, Produktivitätsfortschritte zu erzielen und Personal einzusparen, verhältnismäßig begrenzt. Die Arbeitsentgelte der dort Beschäftigten werden sich aber ähnlich entwickeln müssen wie im Rest der Wirtschaft, sonst wird das Angebot bei diesen Dienstleistungen eingeschränkt, und das kann nur geschehen, wenn die Preise für diese Dienste steigen.

[3] Die deutsche private Krankenversicherung gewährt de facto – nämlich zusammen mit der Beihilfe – für die meisten ihrer Versicherten einen hundertprozentigen Schutz. Ohne Beihilfeansprüche ist in den meisten Fällen ein 90%iger Versicherungsschutz der höchstmögliche erreichbare Satz. Der 100%ige Schutz, der für Beihilfeberechtigte bereitgestellt wird, erklärt sich durch staatliche Eingriffe.

[4] Diese besteht gegenwärtig in der gesetzlichen Krankenversicherung nur in einem symbolischen Ausmaß. In Amerika hingegen spielt sie auch bei den staatlichen Versicherungen gegen das Krankheitsrisiko eine erhebliche Rolle.

Alternative Arten staatlicher Intervention

Ist ein Marktversagen einmal diagnostiziert, gibt es noch eine Vielzahl von Möglichkeiten, wie der Staat das Problem angehen kann. Die drei wichtigsten Arten staatlicher Maßnahmen sind:
1. staatliche Produktion;
2. private Produktion, aber Einführung von Steuern und Subventionen, die diejenigen Aktivitäten begünstigen, die die Regierung fördern will, und diejenigen behindern, die die Regierung eindämmen will;
3. private Produktion mit staatlicher Regulierung, die die Unternehmen dazu bewegen soll, auf die gewünschte Art und Weise zu handeln.

Die Folgen vieler staatlicher Eingriffe hängen entscheidend von den Details der Ausgestaltung dieser Eingriffe ab. Wenn der Staat entscheidet, daß er die Produktion in die eigene Verantwortung nimmt, muß immer noch entschieden werden, auf welche Weise die Outputs verteilt werden. Er kann einen Preis verlangen, der an die Produktionskosten mehr oder minder weit angenähert ist, wie dies beispielsweise beim Strom geschieht; er kann einen Preis verlangen, der sehr viel niedriger ist als die Produktionskosten, wie dies beispielsweise bei der Briefpost der Fall ist; er kann das Gut unentgeltlich und gleichmäßig verteilen, wie dies bei der Grundschule geschieht. In Ländern mit einem sozialisierten Gesundheitsdienst wie beispielsweise im Vereinigten Königreich oder in Island werden die Gesundheitsgüter unentgeltlich verteilt, aber nicht gleichmäßig. Der Bedarf der Individuen ist unterschiedlich. Die Entscheidung, wer wieviel von den verfügbaren Ressourcen erhält, ist den Ärzten überlassen (die dabei den Richtlinien zu folgen gehalten sind, die die Regierung ausgibt).

Wird ein Gut hingegen privat produziert, muß der Staat entscheiden, ob er
a) das Gut aufkauft und die Verteilung desselben in eigener Verantwortung übernimmt,
b) die Produzenten subventioniert in der Hoffnung, daß ein Teil der Vorteile in Gestalt niedrigerer Preise an die Konsumenten weitergegeben wird;
c) den Konsumenten eine Subvention gewährt.

Soll irgendeine Art von Subvention gewährt werden, muß noch entschieden werden, ob dies in Gestalt einer Steuervergünstigung oder in Form einer Ausgabensubvention geschehen soll. Erfolgt das letztere, muß noch der Vergabemodus festgelegt werden – beispielsweise ob nur eine recht begrenzte Zahl von Individuen, die strengen Anforderungen genügen, anspruchsberechtigt sind oder eine größere Zahl. In der Praxis finden wir alle diese Formen staatlichen Handelns vor.

Ein Beispiel: die Universitäten

Betrachten wir das Beispiel der Universitätsbildung. Sie wird weit überwiegend vom Staat selbst produziert. In den letzten Jahren ist die Bedeutung privater Universitäten allerdings etwas gewachsen. Es gibt die Möglichkeit, daß der Staat auch privaten Universitäten unter Umständen finanzielle Unterstützung zuteil werden läßt, wie dies in der BR Deutschland der Fall ist. Daß er direkt die Universitäten finanziert bzw. subventioniert, ist aber keineswegs das einzige mögliche Arrangement. Eine Alternative wäre es, das Studium zu subventionieren, indem den Studenten Stipendien und Bildungsdarlehen gewährt werden, mittels derer diese dann Studiengebühren zahlen könnten. Die Universitäten müßten ihre Kosten aus den Einnahmen aus Studiengebühren decken. Die Vergabe von Stipendien und Bildungsdarlehen könnte vom Einkommen des Studenten bzw. seiner Eltern abhängig gemacht werden. Zusätzlich könnten der Staat und private Stiftungen bestimmte konkrete Forschungsvorhaben der Universitäten finanzieren. Dies entspricht (in etwa) dem System, das wir in den USA vorfinden.

Es gibt noch weitere Alternativen. Beispielsweise könnte man sich vorstellen, daß die Ausgaben der Studenten für Studiengebühren von ihrem künftigen zu versteuernden Einkommen bzw. ihrer Einkommensteuerschuld oder aber von der Einkommensteuerschuld ihrer Eltern abzugsfähig wäre. Oder ein System von „Bildungsscheinen" könnte eingeführt werden. Ein solcher würde den Studenten berechtigen, an einer vom Staat genehmigten Universität – dies könnte sehr wohl eine private sein – Kurse mit Studiengebühren bis zu einem gewissen Höchstbetrag zu belegen. Der Student würde bezahlen, indem er der Universität seinen Gutschein übergibt und diese erhält dann die entsprechende Summe Geldes vom Staat[5].

Es kommt uns hier darauf an zu betonen, wie wesentlich es ist, alternative Möglichkeiten der Ausgestaltung staatlicher Programme zu prüfen. Oft lassen sich neue Lösungen entwickeln, die effizienter sind als frühere. Derartige „soziale Innovationen" sind nicht weniger wichtig als technische.

Die Bedeutung bestimmter Einzelheiten der Ausgestaltung eines Programms

Die Ausgestaltung eines Maßnahmenkatalogs im einzelnen, z.B. die genaue Regelung dessen, wer anspruchsberechtigt ist, entscheidet oft über Erfolg und Mißerfolg eines Vorhabens, über die Verteilungswirkungen und die Auswirkungen auf die wirtschaftliche Effizienz. Ist der Kreis der Anspruchsberechtigten für einen bestimmten Zuschuß zu weit gefaßt, mag ein unverhältnismäßig großer Teil der verfügbaren Mittel Personen zufließen, die sie gar nicht benötigen. Darüberhinaus kommt es auch zu Verzerrungen, weil die Individuen ihr Verhalten so ändern, daß sie die Vergabekriterien erfüllen.

Gerechtigkeit und Effizienz machen es erforderlich, eine Reihe von Unterscheidungen einzuführen, die im Prinzip zwar naheliegend sind, deren Anwendung in der Verwaltungspraxis aber Schwierigkeiten bereitet. Die Unterscheidung zwischen Leuten, die hungern, und solchen, die nicht hungern, ist wesentlich. Konzipiert man eine Sozialhilfe, die Nahrungsmittel für die Hungernden bereitstellen soll, müssen diese auf einfache Weise identifiziert werden. Eine allzu enge Definition wird dazu führen, daß viele, die wirklich bedürftig sind, keine Hilfe erhalten. Eine weitere Fassung der Vergabekriterien wird bewirken, daß viele, die nicht wirklich bedürftig sind, Hilfe erhalten (vgl. hierzu Zeichnung 9.1). Dies wird bei den Steuerzahlern, die letztlich dafür aufkommen, Mißvergnügen auslösen.

---

[5] Sind die Studiengebühren höher als der Höchstbetrag, müßte der Student für die Differenz selbst aufkommen.

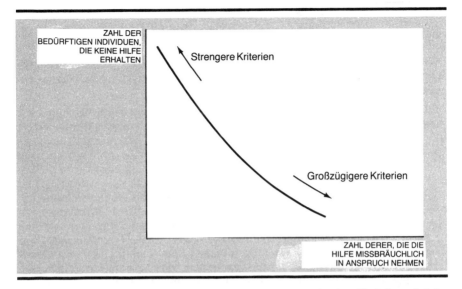

Abb. 9.1 Der Trade-off bei der Formulierung von Vergabekriterien. Sind sie großzügig, erhalten viele eine Hilfe, die sie gar nicht benötigen. Sind sie streng, wird die Hilfe auch in Fällen verweigert, in denen Hilfe vonnöten wäre.

Auswirkungen auf wirtschaftliche Effizienz

Haben wir eine Reihe von Alternativen entwickelt, ist deren Beurteilung der nächste Schritt in der Analyse. Dies erfordert, daß ihre Auswirkungen auf Gerechtigkeit und Effizienz festgestellt werden und eine Einschätzung dessen vorgenommen wird, wie unterschiedliche Maßnahmenkataloge sich auf die Verwirklichung der Ziele staatlichen Handelns auswirken.

Staatliche Eingriffe können sowohl bei der Erzeugung eines Gutes oder Dienstes wie bei dem Verbrauch desselben Ineffizienz bewirken. Im Kapitel 7 legten wir dar, daß es wesentliche Auswirkungen auf die Produktionskosten eines Gutes sowie auf die Kosten seiner Bereitstellung hat, ob der Staat es selbst herstellt, oder von privaten Unternehmen kauft und nur selbst verteilt, oder all das von privaten Unternehmen unter staatlicher Regulierung vornehmen läßt.

Wir legten auch dar, daß der Wettbewerb der Anbieter immer dann, wenn die Konsumenten die Möglichkeit der Wahl haben, zu einer Erhöhung der Effizienz führt, mit der Güter und Dienste bereitgestellt werden und dazu, daß das Angebot stärker auf die Bedürfnisse und Wünsche der Konsumenten reagiert. Diese Argumente sind weniger überzeugend, wenn die Konsumenten über die Güter, die sie erwerben, schlecht informiert sind (wie dies bei Gesundheitsgütern der Fall ist) oder wenn ihnen die Kosten gleichgültig sind, weil der Staat diese in jedem Fall bis zu einer gewissen Obergrenze übernimmt.

Reaktionen des Privatsektors auf staatliche Eingriffe

Eines der wichtigsten Charakteristika eines gemischtwirtschaftlichen Systems ist, daß der Staat das wirtschaftliche Geschehen nur begrenzt beeinflussen kann. Es kann beispielsweise passieren, daß der Privatsektor auf einen staatlichen Eingriff in einer Art und Weise reagiert, die die meisten seiner angeblichen Vorzüge zunichte macht.

Die erheblichen Preisschwankungen, die beim Verkauf landwirtschaftlicher Produkte auf freien Märkten auftreten, haben schon im letzten Jahrhundert zu Eingriffen des Staates Anlaß gegeben. Ist die Ernste schlecht, steigen die Preise erheblich, ist sie hingegen gut, fallen sie. Den Bauern ist das wohlbekannt, und dies stellt für sie einen Anreiz dar, Produkte, deren Lagerungskosten niedrig sind, einzulagern (wie z.B. Weizen oder Reis), wenn die Preise niedrig sind und sie erst zu verkaufen, wenn sie gestiegen sind. Dies dämpft die Preisschwankungen und ist gesellschaftlich nützlich: Güter werden aus Perioden, in denen sie weniger wertvoll sind (in denen ihr Preis niedrig ist), in Perioden verlagert, in denen sie einen höheren Wert haben (ihr Preis ist hoch). Da aber Lagerhaltung etwas kostet, werden die Preisschwankungen nicht völlig eliminiert. Die Landwirtschaftspolitiker haben hieran Anstoß genommen. Man hat versucht[6], die Preise, die die Bauern erhalten, durch die Garantie bestimmter Mindestpreise zu stabilisieren, die in der EG Stützpreise genannt werden. Solche Maßnahmen verringern den Anreiz, den der Privatsektor zu einer Lagerung der Güter auf eigene Kosten und zu einer Anpassung seiner Produktion an den Bedarf hat, und können dazu führen, daß der Staat für die Lagerkosten gewaltiger Mengen an Milch, Butter, Käse, Mehl etc. aufkommen muß.

Der staatliche Eingriff zieht noch weitere Nebeneffekte nach sich: die Verringerung des Risikos macht die Erzeugung von landwirtschaftlichen Produkten, deren Preise stabilisiert sind, attraktiver; der Anstieg des Outputs drückt die Preise. Sollen sie auf dem festgelegten Niveau gehalten werden, sind weitere Ausgaben der Regierung erforderlich und Maßnahmen, die die Bauern dazu veranlassen, auf die Produktion zu verzichten (Zahlungen, wenn sie nichts erzeugen, z.B. eine „Milchrente"). Unser Beispiel zeigt, wie wesentlich es ist, nicht nur die unmittelbaren Folgen einer staatlichen Maßnahme zu berücksichtigen, sondern auch die längerfristigen, die eintreten, nachdem alle Produzenten und Konsumenten ihr Verhalten entsprechend angepaßt haben.

Einkommens- und Substitutionseffekt

Bei vielen Maßnahmenkatalogen ist es erforderlich, zwischen ihrem **Substitutions-** und **Einkommenseffekt** zu unterscheiden. Wenn staatliche Maßnahmen den Preis eines Gutes verringern, tritt ein Substitutionseffekt ein. Das Individuum ersetzt andere Güter durch das billigere Gut.

Die Gewährung eines Anspruchs auf eine subventionierte Wohnung hat einen Substitutionseffekt: das Individuum substituiert (sofern es die Wahl zwischen verschiedenen subventionierten Wohnungen hat) andere Güter durch das Gut Wohnen, indem es eine schönere Wohnung bezieht, für die auch die Bruttomiete

---

[6] Dies gilt ebensosehr für die EG wie für die Agrarpolitik vieler anderer Industriestaaten wie den USA, Japan etc.

9. Kapitel: Die Analyse öffentlicher Ausgaben   243

entsprechend höher ist. Demgegenüber bewirken Transfers, die so ausgestaltet sind, daß das Individuum sich besser stellt, ohne daß die Preise verändert werden, zu denen es verschiedene Güter erwerben kann, einen Einkommenseffekt; da das Einkommen des Individuums gestiegen ist, verändert es auch die Struktur seiner Ausgaben. In vielen Fällen tritt sowohl ein Einkommens- als auch ein Substitutionseffekt auf, und beide verändern das Verhalten des Individuums. Normalerweise führt aber nur der Substitutionseffekt zu Ineffizienz.

Um das einsichtig zu machen, unterstellen wir, daß der Staat einem Individuum Essensmarken gibt, mit denen es pro Woche Lebensmittel für 10 DM kaufen kann. Vor diesem Ereignis ist die Budgetrestriktion des Individuums wie in der Zeichnung 9.2 dargestellt. Spart es 1 DM bei Nahrungsmitteln ein, kann es andere Güter im Wert von 1 DM erwerben. Die Budgetrestriktion hat sich durch den staatlichen Eingriff nach oben verschoben. Will das Individuum Lebensmittel im Wert von mehr als 10 DM verzehren, muß er immer noch für jede zusätzliche DM für Lebensmittel andere Güter im Wert von 1 DM aufgeben. Es tritt kein Substitutionseffekt auf, aber ein Einkommenseffekt. Die Auswirkungen auf den Lebensmittelkonsum sind dieselben, wie wenn man dem Individuum zusätzliches Einkommen in Höhe von 10 DM gibt (ausgenommen den Fall, daß der gesamte Lebensmittelkonsum des Individuums vor der Ausgabe der Lebensmittelmarken weniger als 10 DM betrug).

Die Verteilung von Lebensmittelmarken hat sein Verhalten verändert; es verzehrt mehr Lebensmittel als zuvor. Der Verzehr nimmt aber um weniger als 10

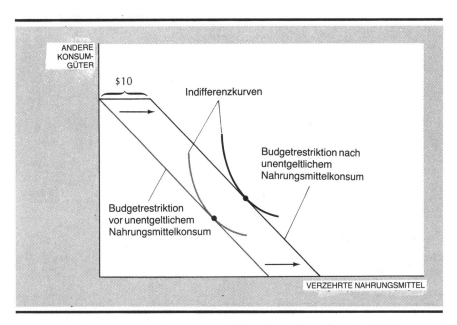

Abb. 9.2 Der Einkommenseffekt. Unentgeltliche Verköstigung löst einen Einkommens-, aber keinen Substitutionseffekt aus: die Wirkungen sind dieselben als gäbe man dem Individuum zusätzliches Einkommen.

DM zu. Da kein Substitutionseffekt auftritt, ist mit der Ausgabe der Lebensmittelmarken keine Ineffizienz verbunden[7].

Stellen Sie sich nun vor, daß der Staat stattdessen erklärt, er sei bereit, 10% der Ausgaben für Lebensmittel bis zum Wert von 100 DM zu ersetzen; die Obergrenze der Zuschüsse, die der Staat dem Individuum gewährt, wäre dann immer noch 10 DM. Bis zu einem Ausgabenniveau von 100 DM reduzieren sich die Kosten des Kaufs von Lebensmitteln. Die neue Budgetrestriktion ist in der Zeichnung 9.3 dargestellt. Ist der Lebensmittelverbrauch pro Woche geringer als 100 DM, tritt ein Substitutionseffekt auf.

Wir sagen, daß diese Maßnahme zur Ineffizienz führt, weil wir eine Alternative vorschlagen können, die das Nutzenniveau des Individuums unverändert läßt,

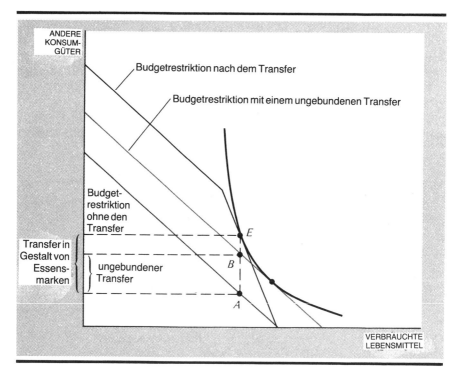

Abb. 9.3 Der Substitutionseffekt. Hängt die Höhe der Subvention von der Menge an Nahrungsmitteln ab, die konsumiert wird, tritt ein Substitutionseffekt auf, und dies führt zu einer Ineffizienz. Dem Empfänger wäre ganz genausoviel mit einer Übertragung von Einkommen (oder eine Nahrungsmittelhilfe) in Höhe von AB gedient gewesen. BE mißt die Kosten der Ineffizienz.

---

[7] Die Lebensmittelmarken erhöhen sein effektives Einkommen um 10 DM. Das Ausmaß, in dem das Individuum den Konsum von Lebensmitteln erhöht, hängt von der Einkommenselastizität der Nachfrage ab. Die Einkommenselastizität mißt die prozentuale Steigerung der Nachfrage nach einem Gut bei einer einprozentigen Erhöhung seines Einkommens bei gegebenen Preisen.

aber weniger kostet. Dies kann man in der Zeichnung 9.3 sehen. Die wahren Kosten der Lebensmittel – die Menge an anderen Gütern, auf die die Gesellschaft dafür verzichten muß – bleiben dieselben: für jede zusätzliche DM Lebensmittelverzehr muß die Gesellschaft andere Güter im Wert von 1 DM opfern. Die Größe der Subvention läßt sich also als die Differenz zwischen dem Betrag, den das Individuum zahlen muß, und dem, den die Gesellschaft dahingeben muß, darstellen; mit anderen Worten als der vertikale Abstand zwischen der Budgetrestriktion vor Einführung der Subvention und der nach ihrer Einführung und zwar beim Gleichgewichtsniveau des Lebensmittelkonsums, also AE. In der Zeichnung 9.3 haben wir auch eine Budgetrestriktion für ein Essensmarkenprogramm der ersten Art eingetragen, bei dem das Individuum einfach einen Festbetrag für Nahrungsmittelausgaben erhält. Wir haben die Größe dieses Festbetrags derart gewählt, daß sich das Individuum gerade so gut stellt wie unter dem alternativen Programm. Wiederum werden die Kosten des Programms durch den vertikalen Abstand zwischen der Budgetrestriktion vor der Zuwendung und nach ihr dargestellt. Machen Sie sich klar, daß die Größe der erforderlichen Zuwendung (AB) nunmehr geringer ist.

Der Grund hierfür ist einfach genug: Wenn die Individuen an der Grenze den vollen Preis für die Nahrungsmittel zahlen müssen (das heißt, wenn sie für Nahrungsmittel im Wert von 1 DM auch tatsächlich 1 DM zahlen müssen, und nicht 90 Pfennig), bewerten sie den zusätzlichen Konsum an Nahrungsmitteln genauso wie die Menge anderer Konsumgüter, auf die sie verzichten müssen. Erhalten sie hingegen eine Subvention von 10 %, erwerben sie Nahrungsmittel bis zu dem Punkt, an dem sie Nahrungsmitteln, die ohne Berücksichtigung der Subvention 1 DM kosten, den Wert 90 Pfennig beimessen. Das sind nämlich die Kosten, die ihnen Lebensmittel im Wert von 1 DM verursachen.

Die Unterscheidung zwischen Einkommens- und Substitutionseffekten ist von grundlegender Bedeutung. In manchen Fällen mag der Staat bestrebt sein, bestimmte wirtschaftliche Aktivitäten oder den Konsum bestimmter Güter zu fördern oder zu behindern; in diesem Fall mag es ihm auf einen erheblichen Substitutionseffekt ankommen. Wenn er beispielsweise glaubt, daß die Armen dem Qualitätsstandard ihrer Wohnungen nicht genügend Bedeutung beimessen, und wenn er dies zu ändern beabsichtigt, dann wird ein Programm, bei dem der Staat einen Prozentanteil der Aufwendungen für die Wohnung trägt (dies hat einen Substitutionseffekt zur Folge), effizienter sein als ein als Pauschaltransfer (unabhängig von der Höhe der Miete) gewährtes Wohngeld, das nur einen Einkommenseffekt hat[8].

Ist der Staat andererseits vor allem daran interessiert, wie hoch das Einkommen unterschiedlicher Individuen ist, sind Programme, bei denen die Anreize an der Grenze nicht geändert werden, vorzuziehen; sie sind nicht mit derartigen Ineffizienzen verbunden, wie wir sie im Zusammenhang mit dem Substitutionseffekt kennengelernt haben.

---

[8] Tatsächlich handelt es sich beim deutschen Wohngeld nicht um einen derartigen Pauschaltransfer.

Verteilungswirkungen

Jedes staatliche Programm hat für verschiedene Individuen vermutlich unterschiedliche Folgen. Es ist aber nicht immer einfach zu ermitteln, wem eine bestimmte Maßnahme wirklich nützt. In unserer Diskussion über die Wirkungen staatlicher Maßnahmen auf die Effizienz haben wir betont, wie wichtig es ist, die Reaktionen des Marktes auf staatliche Eingriffe festzustellen. Diese Reaktionen sind bei der Beurteilung der Verteilungseffekte nicht minder bedeutsam.

Betrachten Sie beispielsweise die Gewährung von Pflegegeld durch die gesetzliche Krankenversicherung[9]. Pflegefälle, die Ansprüche auf derartige Leistungen haben, stellen sich hierdurch besser. Insoweit die Krankenversicherung hierbei allerdings nur Zuwendungen ersetzt, die Pflegefälle sonst von ihren Kindern und Angehörigen erhalten hätten, werden diese Kinder zumindest dann entlastet, wenn sie nicht Pflichtmitglieder der gesetzlichen Krankenversicherung sind. Dann sind diese Kinder in Wahrheit zum Teil die Begünstigten.

Man hat sich auch darüber Gedanken gemacht, wem Wohngelder letztlich nützen, ob sie nicht zumindest kurzfristig zu einer Erhöhung der Mieten führen, womit in Wirklichkeit die Hausbesitzer die Begünstigten wären.

Wer hat den Vorteil von einer neuen U-Bahn? Auf den ersten Blick würde man vermuten, daß dies offensichtlich die Benutzer der U-Bahn sind. Das könnte aber ein Irrtum sein. Diejenigen, die Häuser und Wohnungen in der Nähe der U-Bahn besitzen, dürften feststellen, daß ihre Häuser und Wohnungen nach dem Bau der U-Bahn mehr gefragt sind als zuvor; dies wird sich in höheren Mieten widerspiegeln (und folglich im Marktwert dieser Häuser und Wohnungen). Die Kleinverdiener unter den U-Bahn-Benutzern mögen feststellen, daß sie sich zwar infolge der besseren Verkehrsanbindung besser stellen, aber infolge der höheren Mieten schlechter und diese beiden Effekte könnten sich wechselseitig ausgleichen. Die wahrhaft Begünstigten sind die Besitzer der Häuser in der Nähe der U-Bahn.

Diese Beispiele illustrieren erneut, wie wichtig es ist, die Gesamtheit der Wirkungen eines staatlichen Eingriffs in Rechnung zu stellen einschließlich seiner Wirkungen auf die Marktpreise. Die Wirkungen eines Transfers werden in der Zeichnung 9.4 noch näher dargestellt. Dort haben wir die Angebots- und die Nachfragekurve nach Wohnraum aufgetragen. Kurzfristig (Abschnitt A) ist das Angebot an Wohnraum annahmegemäß sehr unelastisch: es dauert eine Weile, bis neue Wohnungen fertiggestellt sind. Stellen Sie sich vor, daß der Staat ein Wohngeld einführt, das jedermann gewährt wird, und daß dies eine Vergrößerung der Nachfrage nach Wohnraum nach sich zieht (die Nachfragekurve verschiebt sich nach oben). Machen Sie sich klar, daß in der Zeichnung fast der gesamte Transfer durch die Preiserhöhung für Wohnraum wettgemacht wird; die Wohnraumversorgung verbessert sich fast nicht. Auf lange Sicht ist natürlich damit zu rechnen, daß es zu einer stärkeren Reaktion des Angebots kommt; infolgedessen haben wir in der Zeichnung 9.4B eine ziemlich flache langfristige Angebotskurve gezeichnet, die zeigt, daß eine verhältnismäßig geringe Preiserhöhung

---

[9] Dieses wird im Rahmen der Reform des Gesundheitswesens als eine neue Leistung der gesetzlichen Krankenversicherung eingeführt werden.

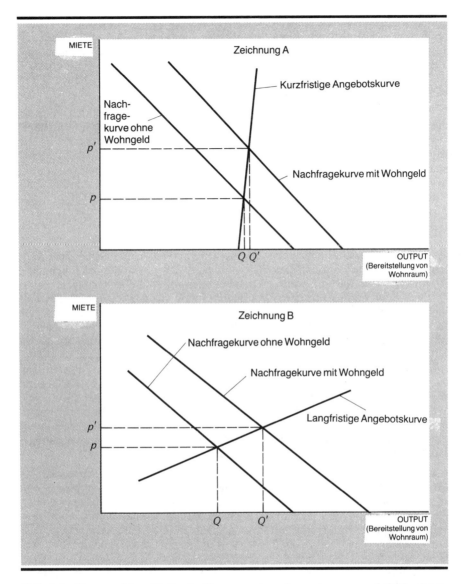

Abb. 9.4 Kurz- und langfristige Inzidenz von Ausgabenprogrammen. (A) Kurzfristig führt der Transfer (Wohngeld) vor allem zu einer Preiserhöhung, nicht so sehr zu einer Angebotsausweitung. Der Nutzen aus dem Wohngeld, das den Armen gewährt wird, um ihre Wohnverhältnisse zu verbessern, mag infolgedessen den Hausbesitzern zufließen. (B) Langfristig wird die Angebotsausweitung erheblich sein und die Mietpreiserhöhung infolge Wohngeldgewährung daher gering.

im Laufe der Zeit eine ziemlich bedeutende Steigerung des Angebots an Wohnraum auslöst. Kurzfristig sind die Begünstigten die Hausbesitzer, die Mieter stellen fest, daß sich fast der gesamte Transfer in höheren Mieten niederschlägt (eine Verschiebung von p nach p'). Langfristig hingegen stellen sich die Mieter besser, da die Vergrößerung des Wohnraumangebots (Verschiebung von Q nach Q') zu einer Preissenkung führt.

Wenn die Begünstigten eines staatlichen Eingriffs (Transfers) andere sind als die Personen, denen er eigentlich helfen soll, sagen wir, daß die Vorteile **überwälzt** werden, oder daß die tatsächliche **Inzidenz** der Nutzen (wem die Vorteile wirklich zufallen; man spricht auch von der materiellen oder effektiven Inzidenz) eine andere ist als die gewünschte Inzidenz[10]. In den letzten Jahren wurden erhebliche Anstrengungen unternommen, die wirklichen Nutznießer staatlicher Eingriffe zu identifizieren, also ihre effektive Inzidenz zu ermitteln.

Die Beurteilung der Verteilungseffekte

Wie wir festgestellt haben, ziehen verschiedene Individuen unterschiedliche Vorteile aus einem bestimmten staatlichen Eingriff. Obwohl es offensichtlich nicht möglich ist, zu ermitteln, welche Vorteile jeder einzelne erhält, mag es erstrebenswert sein, herauszubringen, welche bestimmten Gruppen in der Gesellschaft im Unterschied zu anderen genießen. Auf wen wir uns dabei konzentrieren, mag sich von Programm zu Programm unterscheiden. Die Vorteile können auch innerhalb einer bestimmten Einkommensgruppe in sehr verschiedener Weise anfallen. Staatliche Heizkostenzuschüsse für Personen, deren Einkommen ein bestimmtes Niveau unterschreiten, mögen den Armen mehr nützen als den Reichen, aber sie nützen bestimmten Armen (denjenigen, die in einer kalten Gegend wohnen) mehr als anderen (denjenigen, die in einer warmen Gegend wohnen). Weicht der Heizmaterialverbrauch verschiedener armer Haushalte stark voneinander ab, mag man einen derartigen Heizkostenzuschuß für eine ungerechte Art der Hilfe für die Armen halten, es sei denn, daß diejenigen Personen, die viel Heizmaterial verbrauchen, besonders bedürftig wären.

In anderen Fällen könnten wir versuchen, herauszubringen, wie verschiedene Produzenten betroffen sind. Hierauf konzentriert sich die Analyse typischerweise bei der Bewertung von Maßnahmen, die bestimmten Wirtschaftszweigen helfen sollen, wie Subventionen für die Kohleförderung (Kohlepfennig) oder Preisstützungen in der Landwirtschaft. Wiederum in anderen Fällen wie z.B. bei der Sozialversicherung, mag es um die Auswirkungen auf die alte und auf die junge Generation gehen. Aus letzterer rekrutiert sich wiederum die alte Generation der Zukunft. Wir bezeichnen dies als die intertemporalen Verteilungseffekte eines Programms, Verteilungseffekte, die über die Zeit hinweg anfallen. Wiederum in anderen Fällen, beispielsweise bei einer Subventionierung bestimmter Ausgaben der Gemeinden durch den Bund oder die Länder, mögen wir die Auswirkungen auf unterschiedliche Regionen oder den Einfluß auf städtische Gebiete im Unterschied zu ländlichen betrachten.

---

[10] Insoweit die gewünschte Inzidenz in Gesetzesvorschriften des Staates fixiert ist, spricht man auch von formaler Inzidenz.

Kommen die Vorteile einer Maßnahme vorwiegend den Armen zugute (erhalten sie mehr als sie zu den Kosten der Maßnahme im Wege von Steuerzahlungen beitragen), bezeichnen wir ihre Verteilungswirkungen als progressiv, fließen sie vorwiegend den Reichen zu, als regressiv.

Es kommt oft zu einer Kontroverse darüber, wer in Wirklichkeit der Nutznießer ist. Wie sich die Verteilungswirkungen darstellen, hängt stark davon ab, welche Gruppen wir betrachten. Beispielsweise gibt es die Ansicht, daß die Finanzierung der Universitäten durch den Staat es den Kindern der Armen ermöglicht, die Universität zu besuchen. Dies deutet auf einen positiven Verteilungseffekt hin. Prüft man die Sache jedoch genauer, so stellt sich heraus, daß es vor allem Kinder aus mittleren und gehobenen Einkommensklassen sind, die die Universität besuchen und den Vorteil der staatlichen Finanzierung haben. Die Nettovorteile fließen also in einem unverhältnismäßigem Umfang den Kindern von Familien mit mittlerem und gehobenem Einkommen zu. Die Verteilungswirkungen der Maßnahme stellen sich als regressiv heraus. Darüberhinaus ist auch noch nicht klar, ob es das Einkommen der Eltern ist, für das man sich interessieren sollte. Schließlich haben den Vorteil nicht die Eltern, sondern die Kinder. Sie werden dank ihres höheren Bildungsstandes ein höheres Einkommen erzielen.

Stellen wir die Verteilungswirkungen einer staatlichen Finanzierung der Hochschulen (die es ermöglicht, von den Studenten keine Studiengebühren zu verlangen) denen einer Vergabe von Bildungsdarlehen gegenüber! Die Absolventen einer Hochschule werden im Durchschnitt ein höheres Einkommen erzielen als die anderen. Eine Finanzierung der Hochschulausbildung durch Darlehensgewährung wäre infolgedessen progressiver als das gegenwärtig angewandte System, bei dem sogar ungelernte Arbeiter ohne qualifizierenden Hauptschulabschluß dazu genötigt werden, über ihre Steuern die Universitäten mitzufinanzieren.

Dieses Beispiel zeigt, daß die Einsichten, die man in die Verteilungswirkungen einer staatlichen Maßnahme gewinnen kann, nicht nur davon abhängen, auf welche Gruppen man seine Aufmerksamkeit richtet, sondern auf die Alternativen, die es zu der Maßnahme gibt. Es geht selten um die Entscheidung, ob eine Maßnahme ergriffen werden oder nichts geschehen soll, sondern vielmehr darum, ob diese oder eine andere ergriffen werden soll. So mag es sein, daß die gegenwärtige Finanzierung der Universitäten progressive Verteilungswirkungen hat verglichen mit einem reinen Privatschulsystem ohne Stipendien oder Bildungsdarlehen. Im Vergleich zu einem System von Darlehen mögen seine Verteilungswirkungen hingegen weniger lobenswert erscheinen.

Gerechtigkeit und Einkommensverteilung

Im Mittelpunkt der politischen Auseinandersetzung stehen oft die Auswirkungen verschiedener Vorhaben auf die Verteilungsgerechtigkeit, wobei jede Partei für sich in Anspruch nimmt, daß ihr Vorschlag dem Gerechtigkeitsideal näher kommt. Unglücklicherweise sind Gerechtigkeitsvorstellungen aber meistens vage; unterschiedliche Individuen halten unterschiedliches für gerecht. Eine Familie mit mittlerem Einkommen, die Kinder liebt, sich aber aus finanziellen Gründen auf zwei Kinder beschränkt, mag es für ungerecht halten, wenn sie das Kind von jemandem anderen finanziell unterstützen muß, nur weil deren Mutter es verabsäumt hat, moderne Methoden der Geburtenkontrolle anzuwenden.

Eine unverheiratete Person oder auch eine Familie, in der beide Ehegatten berufstätig sind, mögen es für ungerecht halten, daß der (mathematische) Erwartungswert ihrer Rentenansprüche deutlich geringer ist als bei einer Familie, bei der die Ehefrau Hausfrau ist, und das obwohl die ersteren mehr an Beiträgen gezahlt haben[11]. Einer, dessen Gattin nicht berufstätig ist, mag hingegen gerade das für gerecht halten, weil seine Familie nicht den Vorzug eines zweiten Einkommens hat.

Der Zielkonflikt zwischen Gerechtigkeit und Effizienz

Bei vielen öffentlichen Ausgaben kommt es zu einem Zielkonflikt zwischen Effizienz und Gerechtigkeit. Gerechtigkeit ist ein schillernder Begriff. Hier soll er einfach in dem Sinne verwendet werden, daß eine Umverteilung zugunsten der Bedürftigen „gerecht" ist.

Es könnte möglich sein, ein sehr progressives Ausgabenprogramm zu konzipieren. Aber dies hat seinen Preis. Eine Erhöhung der Kleinrenten mag aus der Sicht bestimmter Verteilungsziele wünschenswert sein, aber sie könnte den Trend zum frühen Renteneintritt verstärken. Die höheren Sozialversicherungsbeiträge, die für die Finanzierung erforderlich wären, könnten die Arbeitsanreize verringern. Eine höhere Arbeitslosenunterstützung mag einigen besonders bedürftigen Personen zu einer Aufbesserung ihrer Bezüge verhelfen, aber die Arbeitslosen davon abhalten, sich eine neue Arbeit zu suchen.

Meinungsverschiedenheiten über die Vorteile verschiedener Maßnahmen rühren oft nicht nur von unterschiedlichen Ansichten über Werte her – die relative Bedeutung von Gerechtigkeits- im Vergleich zu Effizienzerwägungen – sondern auch über die Schärfe dieses Zielkonflikts, wieviel Effizienz man bei dem Versuch opfern muß, die Struktur eines bestimmten Maßnahmenkatalogs derart zu verändern, daß seine Verteilungswirkungen progressiver werden.

Die Zeichnung 9.5 zeigt eine Kurve, die den Trade-off zwischen Gerechtigkeit und Effizienz für eine hypothetische Maßnahme darstellt. Ferner enthält sie die Indifferenzkurven zweier Individuen. Im Abschnitt A betrachten wir die Konstellation, daß Scrooge (Bösewicht) weit weniger als sein Bruder Spendthrift (Verschwender) dazu bereit ist, auf Effizienz zugunsten von Gerechtigkeit zu verzichten. E_1 zeigt den Punkt der Kurve, der nach der Ansicht von Spendthrift optimal ist, wohingegen E_2 für Scrooge optimal ist. Es überrascht nicht, daß Scrooge einen Punkt mit höherer Effizienz wählt als Spendthrift. Im Abschnitt A ist die Wurzel der Meinungsverschiedenheit also die Unterschiedlichkeit der Werte der beiden Individuen.

Im Abschnitt B haben wir demgegenüber eine Situation dargestellt, in der die Differenzen über eine Maßnahme aus unterschiedlicher Sicht des Trade-off her-

---

[11] Ein derartiger Unterschied der Erwartungswerte rührt daher, daß die Hausfrau Anspruch auf eine ungekürzte Witwenrente hat, wohingegen der Unverheiratete keine Hinterbliebenen hat und damit auch keine Ansprüche auf Hinterbliebenenrente geltend gemacht werden können. Beim berufstätigen Paar hat die Gattin wegen ihrer eigenen Einkünfte nur einen Anspruch auf eine gekürzte Witwenrente.

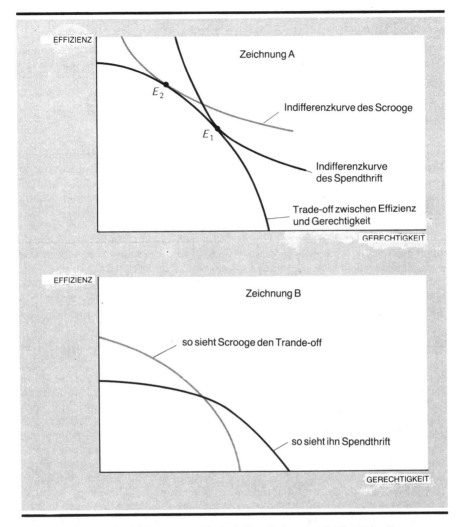

Abb. 9.5 Gründe für Meinungsverschiedenheiten in bezug auf öffentliche Programme.
(A) Scrooge und Spendthrift haben dieselben Vorstellungen über den Trade-off, aber unterschiedliche Werte. (B) Scrooge und Spendthrift haben unterschiedliche Vorstellungen über die Gestalt des Trade-offs zwischen Gerechtigkeit und Effizienz.

rühren. Scrooge glaubt, daß man sehr viel Effizienz opfern muß, um etwas mehr Gerechtigkeit zu erreichen, wohingegen Spendthrift glaubt, mit nur geringen Effizienzverlusten könne man viel mehr Gerechtigkeit erreichen.

Finden beispielsweise die Arbeitslosen in erster Linie deswegen keine Arbeit, weil es keine gibt – das heißt, die Wahrscheinlichkeit, daß sie eine Arbeit finden, hängt von der Höhe der Arbeitslosenunterstützung kaum ab – mag man in der Lage sein, die Arbeitslosenunterstützung zu erhöhen, ohne daß nennenswerte Effizienzverluste auftreten. Es besteht aber keine Einigkeit darüber, inwieweit die

Arbeitslosenversicherung die Wahrscheinlichkeit verringert, daß ein Individuum eine Arbeit findet.

Hat die Arbeitslosenversicherung kaum Auswirkungen auf die Arbeitssuche, kommt es fast nicht zu einem Zielkonflikt, und die Kurve ist so, wie sie sich Spendthrift vorstellt; hängt die Intensität der Arbeitssuche hingegen stark von der Höhe der Arbeitslosenunterstützung ab, besteht ein ausgeprägter Zielkonflikt, der Gerechtigkeit-Effizienz Trade-off entspricht den Vorstellungen von Scrooge.

Es ist wichtig zu betonen, daß man bei der Beurteilung einzelner Bestandteile staatlicher Programme wiederholt auf Zielkonflikte zwischen Gerechtigkeit und Effizienz stößt. Die Entscheidung, Maut für die Benutzung einer Brücke zu erheben, hat zur Folge, daß diejenigen, die die Vorteile von der Brücke haben (die Benutzer), auch dafür zahlen. Für viele Leute ist dies aufgrund von Gerechtigkeitserwägungen wünschenswert, sie finden es unfair, jemanden, der die Brücke nicht benutzt, für deren Finanzierung heranzuziehen. Die Mauterhebung führt zu Effizienzverlusten in Gestalt von Zeit und Geld: so müssen Personen, die die Maut eintreiben, entlohnt werden und die Kraftfahrer verlieren bei diesem Vorgang Zeit. Darüberhinaus kommt es zu einem Effizienzverlust durch unteroptimale Nutzung der Brücke, wenn einige Kraftfahrer durch die Maut abgeschreckt werden (und wenn sie nicht bis zur Kapazitätsgrenze genutzt wird).

Die Begutachtung von Ausgabenprogrammen

Bislang haben wir uns bei der Beurteilung staatlicher Maßnahmen auf zwei Beurteilungskriterien konzentriert: die Auswirkungen auf wirtschaftliche Effizienz und die Verteilungswirkungen. Staatliche Politik kann aber ein breiteres Spektrum von Zielen verfolgen. So kann es dem Staat darum gehen, daß Kinder unterschiedlicher sozialer Herkunft und Nationalität gemeinsam in die Schule gehen. Es mag ihm nicht nur um das Einkommen der Armen gehen, sondern auch um ästhetische Gesichtspunkte, z.B. um das Aussehen der Häuser, die diese bewohnen. Er mag raumordnungs- oder technologiepolitische Ziele verfolgen, die mit dem Effizienz- und Gerechtigkeitsziel nicht ohne weiteres in Einklang zu bringen sind. Sind diese anderen Ziele wohl definiert, kann sich der Staat einer Vielzahl von Instrumenten bedienen, um sie zu erreichen: Er kann nach wie vor auf private Produktion zurückgreifen, kann ihr Vorschriften machen, bestimmte Standards vorschreiben, die eingehalten werden müssen, damit ein Unternehmen oder ein Individuum zuschußberechtigt ist. Beispielsweise spezifizieren die Mittelstandsförderungsgesetze der Länder eine Vielzahl von Voraussetzungen, die mittelständische Unternehmen erfüllen müssen, damit sie Hilfen erhalten können. Im Rahmen der Wohnungsbauförderung (sogenannter 1. und 2. Förderungsweg) muß die Wohnung bestimmte Anforderungen an ihre Quadratmeterzahl und ihre Ausstattung erfüllen, um förderungswürdig zu sein.

Mitunter ist es für den Staat schwierig, seine Ziele im vornhinein klar zu spezifizieren und sie in Gestalt eines Systems von Vorschriften oder Standards zu konkretisieren. Auch ist es stets eine offene Frage, ob seine Vorschriften beachtet werden. Die Ansicht ist weitverbreitet, daß private Unternehmen, solange sie keinen klaren und durchsetzbaren Vorschriften unterliegen, unter Mißachtung

Politische Entscheidungsprozesse

In einer Demokratie sind viele Individuen und Gruppen an der Entwicklung und Verabschiedung bestimmter Ausgabenprogramme beteiligt. Diese unterscheiden sich in ihren Zielen und in ihren Ansichten über die Funktionsweise der Wirtschaft. Der Beschluß, der am Ende zustandekommt, stellt einen Kompromiß dar, der wahrscheinlich den Ansichten keines der Beteiligten voll entspricht und in bezug auf das Zielsystem eines jeden inkonsistent ist. Wenn zwei Köche sich darüber streiten, ob man in eine Sauce Zitronensaft oder Sahne hineinschütten sollte, und als Kompromiß von beiden etwas hineingeschüttet wird, können die Folgen verheerend und im Widerspruch zu jeglicher kulinarischer Zielsetzung sein.

Die Untersuchung des politischen Entscheidungsprozesses, der zu der Annahme eines bestimmten Ausgabenprogramms geführt hat, kann in zweierlei Hinsicht aufschlußreich sein. Erstens können wir vielleicht verstehen, warum das Ergebnis so ausgefallen ist. Wir haben weiter oben Stützpreise für landwirtschaftliche Produkte erörtert. Hier geht es um eine bestimmte Art von Marktversagen: Die Individuen sehen sich außerstande, für viele wesentliche Risiken, denen sie ausgesetzt sind, Versicherungsschutz zu erlangen, darunter das von Preisschwankungen[12]. Eine genauere Untersuchung dieses Programms legt den Verdacht nahe, daß es ganz anders konstruiert wäre, wenn das wirklich das einzige Ziel desselben wäre. Eines der Hauptziele, die in Wirklichkeit verfolgt werden, ist ein Ressourcentransfer zugunsten der Bauern einschließlich der reichen. Ist das aber das Ziel, gäbe es Möglichkeiten, dies auf eine effizientere Art zu vollziehen als es geschieht; direkte Zuschüsse wären der gegenwärtig praktizierten Vorgehensweise vorzuziehen. Würde dieses Ziel ausdrücklich herausgestellt und würden die Transfers vollständig offengelegt, wäre es keineswegs klar, daß sich tatsächlich eine Mehrheit für diese Maßnahmen fände. Die Wähler in städtischen Gebieten könnten dagegen sein, während sie die gegenwärtige Form ineffizienter Sub-

---

[12] Inzwischen sind Terminmärkte für landwirtschaftliche Produkte entstanden, die es den Bauern ermöglichen, sich eines Teils dieser Risiken zu entledigen. In der BR Deutschland stehen der Entwicklung der Terminmärkte allerdings rechtliche Hindernisse im Wege.

ventionen deswegen nicht ablehnen, weil sie nicht ganz durchschauen, was hier vor sich geht[13].

Bestimmte Bestandteile staatlicher Maßnahmen sind geeignet, nachhaltige Verteilungseffekte zugunsten oder zuungunsten gewisser Bevölkerungsteile auszulösen. Kann eine derartige Gruppe sich schlagkräftig organisieren, wird sie versuchen, auf den politischen Entscheidungsprozeß in ihrem Sinne Einfluß zu nehmen. Dies läßt sich beispielsweise in der Umweltschutzgesetzgebung ständig verfolgen. Obwohl die Vorteile, d.h. die positiven externen Effekte, einer Geschwindigkeitsbegrenzung auf den deutschen Autobahnen kaum bestreitbar sind, gibt es vor allem zwei große und höchst erfolgreiche deutsche Automobilhersteller, die dagegen heftig opponieren, weil sich ihre Fahrzeuge dann vermutlich weniger gut verkaufen ließen. Die derzeitigen Besitzer solcher Automobile, zweifellos eine Minderheit überdurchschnittlich verdienender Individuen könnten die Möglichkeiten ihrer Karossen nicht mehr voll auskosten. Die Interessen dieser Minderheit von Herstellern und Autofahrern haben sich bislang im politischen Willensbildungsprozeß regelmäßig durchgesetzt.

Dies führt uns zu dem zweiten Grund, warum es wichtig ist, die politischen Entscheidungsprozesse zu untersuchen, die zur Annahme eines bestimmten Programms führen. Bei gewissen Arten von Maßnahmen mag die Ausübung von Druck durch Interessengruppen eine stärkere Rolle spielen als bei anderen. Ein Beispiel hierfür sind Maßnahmen, die auf die Einführung detaillierter technischer Standards abzielen (Beispiel Technische Anleitung Abfall). Hier dürften Interessengruppen erhebliche Anstrengungen unternehmen, damit diese Vorschriften in ihrem Sinne ausfallen. Ist eine Beratung durch Experten erforderlich, dürfte es schwierig sein, einen unparteiischen zu finden. Diejenigen, die Expertenwissen besitzen, haben oft auch ein durch bestimmte (vorhandene oder angestrebte) Privilegien begründetes Interesse („vested interest") an den Ergebnissen. Die Generäle der Bundeswehr wissen vermutlich am meisten über die militärische Stärke der Bundeswehr und unserer möglichen Gegner, aber wegen ihrer Ausbildung und ihrer Position betrachten sie die Welt auf ihre Weise. Selbst wenn sie keine selbstsüchtigen Interessen verfolgen und wirklich glauben, daß sie sich bei ihren Empfehlungen vom Gemeinwohl leiten lassen, mögen sie dennoch Ratschläge geben, die im großen und ganzen denen entsprechen, die sie in Verfolgung ihres Eigeninteresses geben würden. Es ist also keine Überraschung, wenn ein General der Luftwaffe mehr Kampfflugzeuge haben will, während sich ein Admiral der Marine für mehr Zerstörer ausspricht.

Bei der Begutachtung unterschiedlicher politischer Maßnahmen muß man daher die politischen Entscheidungsprozesse in Rechnung stellen, um zu verstehen, wie ein Gesetz am Ende aussieht und was die wirklichen Folgen sein werden. Man

---

[13] In der agrarpolitischen Debatte wird ferner betont, daß die Bauern gewissermaßen eine öffentliche Aufgabe übernehmen, nämlich die Pflege und Erhaltung der Kulturlandschaft. Das Entstehen einer „Sozialbrache", also völlig verödeter Landstriche wie etwa in Spanien soll verhindert werden. Wenn es aber tatsächlich um die Unterstützung einer derartigen ökologischen und landschaftspflegerischen Rolle ginge, müßte die Subventionierung der Landwirtschaft völlig anders gestaltet werden. Es empfähle sich die Überführung eines Teils der Bauern in den Status eines staatlich besoldeten Landschaftspflegers.

sollte sich dessen bewußt sein, daß es von Bürokraten durchgeführt wird, die sich vermutlich von denjenigen, die andere Maßnahmen ausführen, nicht sehr stark unterscheiden, und dieselbe Anreizstruktur aufweisen.

Zusammenfassung

Eine Analyse öffentlicher Ausgabenprogramme setzt sich aus acht wesentlichen Bestandteilen zusammen:

1) Ermittlung des Bedarfs, der Nachfrage nach einem staatlichen Programm;

2) Identifikation eines Marktversagens (wenn es eines gibt) und Klarstellung, ob es um Einkommensumverteilung oder um die Bereitstellung meritorischer Güter geht;

3) Entwicklung anderer Vorschläge für die Lösung desselben Problems, wobei die Bedeutung bestimmter Bestandteile des Vorschlags für die zu erwartenden Ergebnisse herauszuarbeiten sind;

4) Ermittlung der Auswirkungen alternativer Maßnahmenkataloge auf die Effizienz;

5) Erforschung der Verteilungswirkungen alternativer Programme;

6) Herausarbeiten des Zielkonflikts zwischen Effizienz und Gerechtigkeit;

7) Erkundung, inwieweit die verschiedenen Alternativen die Erfüllung der politischen Ziele gewährleisten; und

8) eine Analyse dessen, wie der politische Willensbildungsprozeß die Ausgestaltung und Durchführung des staatlichen Eingriffs prägt.

Schlüsselbegriffe

Einkommenseffekt
intertemporale Effekte
regressiv
formale Inzidenz

Substitutionseffekt
progressiv
materielle oder effektive Inzidenz

Fragen und Probleme

1. Erklären Sie, auf welche Weise die folgenden Details der Ausgestaltung eines staatlichen Eingriffs seine Wirkung beeinflussen:
    a) Bei der Sozialhilfegewährung wird bei der Ermittlung des für die Gewährung einer Hilfe maßgeblichen Einkommens die Miete vom Gesamteinkommen in Abzug gebracht, wenn diese nicht „unangemessen hoch" ist.
    b) Verschiedene Sozialtransfers, z.B. das Erziehungsgeld, werden in Abhängigkeit davon gewährt, ob das zu versteuernde Einkommen im Sinne des Einkommensteuerrechts bestimmte Größenordnungen nicht überschreitet.
    c) Bei einer Scheidung wird ein sogenannter Versorgungsausgleich durchgeführt. Die während der Ehe erworbenen Anrechte auf eine Altersversorgung sollen bei der Scheidung geteilt werden. Zu diesem Zweck werden die während der Ehe erworbenen Versorgungsansprüche der Eheleute beim Ende der Ehe miteinander verglichen; wer mehr erworben hat, muß die Hälfte seines Überschusses an den anderen abgeben. Stellen Sie sich vor, die Gattin war Hausfrau. Welche Folgen hat diese Vorschrift, wenn der Gatte Beamter war, Arbeiter (nicht im öffentlichen Dienst) oder Selbständiger und nicht Mitglied der gesetzlichen Rentenversicherung (stellen Sie sich vor, er habe stattdessen eine private Lebensversicherung mit Berufsunfähigkeitsversicherung abgeschlossen).

Finden Sie weitere Fälle, in denen bestimmte Details der Ausgestaltung einer Maßnahme Auswirkungen haben, die möglicherweise gar nicht beabsichtigt waren!
2. Wer mag in Wirklichkeit der Begünstigte bei den folgenden staatlichen Eingriffen sein, wenn man die Reaktionen der Individuen auf den Eingriff in Rechnung stellt? D.h. wer ist es, der sich tatsächlich besser stellt?
   a) Krankenhausfinanzierung durch die Länder
   b) Subventionierung bestimmter kommunaler Betriebe in einem Ballungszentrum durch das Land (Gemeindefinanzausgleich)
   c) Finanzhilfen des Bundes an das Saarland, um die Lasten aus der Errichtung und dem Betrieb der Universität des Saarlands zu erleichtern (sog. Sonderlasten).

   Finden Sie noch andere Beispiele, in denen andere Personen die Vorteile aus einem staatlichen Eingriff ziehen als eigentlich beabsichtigt war!
3. In den Kapiteln 11-15 werden wir den eben diskutierten analytischen Rahmen auf verschiedene öffentliche Aufgabenbereiche anwenden. Bevor Sie diese Kapitel lesen, versuchen Sie für jeden dieser Aufgabenbereiche die folgenden Fragen zu beantworten:
   a) Weshalb bestand ursprünglich ein Bedarf für derartige staatliche Maßnahmen? Welchen Bedarf wollte der Staat hier erklärtermaßen befriedigen?
   b) Um was für eine Art von Marktversagen handelt es sich?
   c) Wie kann der Staat eingreifen? Lassen sich bestimmte Details der Ausgestaltung des Eingriffs ausmachen, die einen wesentlichen Einfluß darauf ausüben, wie wirkungsvoll er ist?
   d) Was sind seine wichtigsten Auswirkungen auf die Effizienz der Wirtschaft?
   e) Bewirkt der Eingriff tatsächlich eine Umverteilung?
   f) Tritt in bedeutendem Maße ein Zielkonflikt zwischen Gerechtigkeit und Effizienz auf?
   g) Wie lassen sich die Ziele des Eingriffs noch mit anderen Mitteln erreichen? Sind diese vielleicht vorzuziehen, weil sie beispielsweise Verzerrungen verringern oder Gerechtigkeitsgesichtspunkten stärker Rechnung tragen?
   h) Wie hat der politische Willensbildungsprozeß die Ausgestaltung der Maßnahme beeinflußt?

10. Kapitel
Kosten-Nutzen-Analyse

Im letzten Kapitel haben wir ein Konzept für die Analyse öffentlicher Aufgabenbereiche entwickelt. In vielen Fällen benötigt der Staat mehr als nur eine qualitative Analyse. Er will wissen, ob ein bestimmtes Vorhaben in die Tat umgesetzt werden soll, insbesondere ob die Nutzen größer sind als die Kosten[1].
Soll der Staat eine Brücke bauen, wenn ja, eine Brücke welcher Größe?
Soll er einen Staudamm errichten, wenn ja, in welcher Größe?
Sollte er strengere Vorschriften für den Brandschutz in bestimmten Gebäuden einführen?
Sollte das Zulassungsverfahren für neuentwickelte Medikamente restriktiver werden?
Sollte die Münchner U-Bahn weiter ausgebaut werden?
Sollte die Republik Österreich in den Ötztaler Alpen einen Nationalpark errichten?

Dies sind Beispiele für bestimmte Vorhaben (Regulierungen, Maßnahmen), über die der Staat entscheiden muß. Er muß auch über ganze Maßnahmenkataloge Urteile fällen.

Sollte das Arbeitsamt die Finanzierung von Umschulungsmaßnahmen erweitern oder einschränken? Wie groß sind die Nutzen im Vergleich zu den Kosten? Sind die Maßnahmen zur Integration von Ausländerkindern in den Grundschulen erfolgreich – überschreiten die Nutzen die Kosten? Dieses Kapitel beschreibt, wie man vorgehen kann, wenn man solche Urteile zu fällen versucht.

Bevor wir dieses Problem untersuchen, ist eine Betrachtung aufschlußreich, wie private Unternehmen die Entscheidung treffen, ob sie ein bestimmtes Vorhaben durchführen sollen oder nicht.

Kosten-Nutzen-Analyse in der Privatwirtschaft

Private Unternehmen stehen beständig vor Investitionsentscheidungen. Wir können die Vorgehensweise bei diesen Entscheidungen in vier Schritte zerlegen.

---

[1] In der BR Deutschland ist die Anfertigung von Kosten-Nutzen-Analysen durch das Haushaltsgrundsätzegesetz und durch die Haushaltsordnungen von Bund und Ländern für „geeignete Maßnahmen von erheblicher finanzieller Bedeutung" vorgeschrieben. Vgl. § 6 HGrG und § 7 Bundeshaushaltsordnung. Tatsächlich spielen sie in der öffentlichen Verwaltung aber nur eine recht begrenzte Rolle. Das traditionelle kameralistische Rechnungswesen, das in der Verwaltung Anwendung findet, ist für Wirtschaftlichkeitsuntersuchungen nicht geeignet. Die Realität wird immer noch häufig durch die folgende Klage des Rechnungshofs Nordrhein-Westfalen charakterisiert: „Dem Landesrechnungshof konnten jedoch keinerlei Unterlagen vorgelegt werden, die ihrem Inhalt nach als Wirtschaftlichkeitsuntersuchung geschweige denn als Nutzen-Kosten-Untersuchung hätten angesehen werden können." (Steuer und Wirtschaft 1977: 3 S. 282). In den USA ist die Bedeutung der Kosten-Nutzen-Analyse vergleichsweise größer.

1. Prüfung der Frage, welche Projekte zur Auswahl stehen. Z.B.: Ein Stahlunternehmen will seine Kapazitäten ausweiten. Es kann dies auf unterschiedliche Art und Weise tun; es gibt mehrere Technologien für das Schmelzen von Eisenerz; es gibt auch verschiedene Arten von Stahl, die man erzeugen kann. Der erste Schritt besteht darin, daß man die wichtigsten Alternativen auflistet.
2. Machen Sie sich die gesamten Konsequenzen klar, die die Auswahl einer der Alternativen nach sich zieht. Dem Unternehmen geht es dabei vor allem um die Inputs, für die es zahlen muß, und die Outputs, die es verkaufen kann. Es wird ausrechnen, wieviel Arbeitskräfte, Eisenerz, Kohle und anderes Material für jede einzelne Alternative gebraucht werden; es prüft die Qualität des Stahls, der sich erzeugen läßt; es prüft, wieviel Abfall jeweils anfällt.
3. Bewerten Sie alle Inputs und Outputs. Das Unternehmen wird auf der Grundlage von Prognosen die Kosten von Arbeitern verschiedener Qualifikation während der gesamten Lebenszeit der Fabrik schätzen müssen, ebenso die Kosten aller anderen Inputs wie z.B. Kohle und Eisenerz. Es wird die Preise prognostizieren müssen, zu denen es Stahl verkaufen kann (diese hängen wiederum von der Qualität des Stahls ab und können zwischen den verschiedenen Investitionsalternativen stark variieren). Auch die Kosten der Abfallbeseitigung müssen prognostiziert werden.
4. Aufaddieren der Kosten und Nutzen, um die Rentabilität des Vorhabens zu ermitteln. Das Unternehmen wird die Alternative mit dem höchsten Gewinn wählen (der größten Differenz zwischen Kosten und Nutzen) – vorausgesetzt, es gibt überhaupt Gewinne (bei angemessener Berücksichtigung der Opportunitätskosten, also der Erträge, die die Investitionsmittel anderswo erzielen könnten). Sind die Gewinne in allen Fällen negativ, verzichtet das Unternehmen auf das Projekt; es investiert seine Mittel stattdessen anderswo.

Die Bewertung von Kosten und Nutzen, die zu verschiedenen Zeitpunkten anfallen. Die Vorgehensweise erscheint im Prinzip einfach und unproblematisch. Nur ein Aspekt bedarf näherer Ausführungen. Nutzen und Kosten des Stahlwerks treten über einen ausgedehnten Zeitraum hinweg auf. Dem Unternehmen ist es zweifellos nicht gleichgültig, ob es heute 1 DM einnimmt oder in 25 Jahren. Wie muß man bei einem Vergleich von Kosten und Nutzen verfahren, die zu verschiedenen Zeitpunkten anfallen?

Gegenwartswerte

Die Vorgehensweise der Ökonomen (und der Geschäftsleute) basiert auf der Voraussetzung, **daß eine Mark heute mehr wert ist als eine Mark morgen.** Nimmt das Unternehmen heute 1 DM ein, kann es diese auf einer Bank deponieren und sie verwandelt sich innerhalb eines Jahres in 1,10 DM (wenn der Zinssatz 10 Prozent beträgt). 1 DM heute ist mithin im nächsten Jahr 1,10 DM wert. Das Unternehmen stellt sich mit dem Eingang von 1 DM heute so gut wie mit dem Eingang von 1,10 DM im nächsten Jahr. Investiert es 1,10 DM, wird es im darauffolgenden Jahr DM 1,21 erhalten. Es ist dementsprechend indifferent zwischen 1 DM heute und 1,21 DM in 2 Jahren.

Um Vorhaben mit Einnahmen und Ausgaben in zukünftigen Jahren zu bewerten, multipliziert man diese mit einem **Diskontierungsfaktor**, einer Zahl (kleiner als eins), die die künftigen Ausgaben und Einnahmen mit den gegenwärtigen gleichwertig macht. Der Diskontierungsfaktor ist umso kleiner, je weiter in der Zukunft der Zeitpunkt liegt, an dem der Zahlungsstrom fließt. Der Diskontierungsfaktor für Zahlungen, die in einem Jahr erfolgen ist 1/1 + r, wobei r der Zinssatz ist (in unserem Beispiel ist r = 0,10, so daß der Diskontierungsfaktor 1/1,1 = 0,9 beträgt); bei Zahlungen in zwei Jahren beträgt er 1/(1 + r) (1 + r) = 1/(1 + r)^2 (in unserem Beispiel ist das 1/1,21). Der heutige Wert von 100 DM, die man in zwei Jahren erhält, ist DM 100/1,21 = 82,6 DM. Wir addieren die Gegenwartswerte der Einnahmen und Ausgaben aller Jahre auf. Die Differenz wird der **Gegenwartswert** der Investition genannt, oft als GW abgekürzt. Bezeichnen wir mit R_t die Nettoeinnahmen eines Vorhabens in der Periode t und mit r den Zinssatz, beträgt der GW des Vorhabens, wenn dieses sich über N Jahre erstreckt:

$$GW = R_0 + \frac{R_1}{1+r} + \frac{R_2}{(1+r)^2} + \frac{R_t}{(1+r)^t} \cdots \frac{R_N}{(1+r)^N}$$

Die Tabelle 10.1 erläutert, wie diese Rechnung für ein hypothetisches Stahlwerk mit 5 Jahren Lebenszeit aussehen könnte. (Die meisten Stahlwerke bestehen wesentlich länger, das macht die Berechnung schwieriger, aber das Prinzip bleibt gleich). Für jedes Jahr multiplizieren wir die Differenz aus Einnahmen und Ausgaben des Jahres mit dem Diskontierungsfaktor. Der Unterschied zwischen den nichtdiskontierten Gewinnen und den diskontierten ist erheblich. Er dürfte bei langlebigen Vorhaben, die mit großen Anfangsinvestitionen verbunden sind, besonders ausgeprägt sein. Der Investor wird der Vorteile aus solchen Projekten erst später teilhaftig als der Kosten (und die Vorteile sind infolgedessen weniger wert).

Tabelle 10.1 Kalkulation des Gegenwartswerts der Gewinne für ein Stahlwerk mit einer Lebensdauer von fünf Jahren

Jahr	1	2	3	4	5	Summe
Ausgaben	3000	200	200	200	200	3800
Einnahmen	–	1200	1200	1200	1200	4800
„Gewinn"	– 3000	1000	1000	1000	1000	
Diskontfaktor	1	1/1,1 = 0,909	1/(1,1)^2 = 0,826	1/(1,1)^3 = 0,751	1/(1,1)^4 = 0,683	
Abdiskontierte Gewinne	– 3000	909	826	751	683	169

Öffentliche Kosten-Nutzen-Analyse

Der Staat vollzieht bei der Bewertung eines Vorhabens im Grunde dieselben Schritte. Trotzdem gibt es einige wesentliche Unterschiede zwischen einer privaten und einer öffentlichen Kosten-Nutzen-Analyse.

1. Für ein Unternehmen ist nur die Rentabilität eines Vorhabens von Interesse. Dem Staat kann es um ein breites Spektrum von Zielen gehen. Die ökologischen Folgen eines Dammbaus können für ihn ein Anliegen sein, ebenso die Auswirkungen auf die Nutzung eines Flusses als Erholungsgebiet.

2. Das Unternehmen verwendet Marktpreise für die Bewertung dessen, was sie für Inputs zahlen muß und was sie für Outputs erhält. Es gibt zwei Fälle, in denen der Staat möglicherweise bei der Bewertung von Vorhaben keine Marktpreise verwenden kann:
   a) Es gibt keine Marktpreise, weil Inputs und Outputs nicht auf Märkten gehandelt werden, so z.b. reine Luft, gerettete Leben, der Schutz einer Landschaft.
   b) Die Marktpreise entsprechen nicht den wahren gesamtwirtschaftlichen Kosten oder Vorteilen. Rufen Sie sich aus dem Kapitel 4 ins Gedächtnis zurück, daß Marktpreise die wahren gesamtwirtschaftlichen Grenzkosten und -vorteile widerspiegeln, wenn kein Marktversagen vorliegt, und daß der Staat dann bei der Bewertung ebenfalls auf sie zurückgreifen sollte. Staatliches Handeln ist aber gerade deswegen erforderlich, weil Marktversagen vorliegt, und die Preise, die der Staat bei der Bewertung des Vorhabens verwendet, müssen dies berücksichtigen. Will die Regierung die Arbeitslosigkeit bekämpfen, kann sie nicht den Lohnsatz als das richtige Maß für die gesamtwirtschaftlichen Grenzkosten der Beschäftigung heranziehen. Glaubt der Staat, daß die Kapitalmärkte schlecht funktionieren, mag ihm daran gelegen sein, einen anderen Diskontsatz als den Marktzinssatz für die Diskontierung der Kosten und Nutzen heranzuziehen.

Die Bewertung nichtmarktgängiger Güter

In diesem und dem nächsten Abschnitt betrachten wir einige Probleme, die mit der Bewertung nichtmarktgängiger Güter zusammenhängen.

Die Konsumentenrente. Wir erörtern als erstes ein Beispiel, in dem der Staat im Prinzip eine Gebühr erheben könnte. Es geht um den Bau eines Tunnels durch einen Berg[2]. Er kann für die Benutzung des Tunnels Maut erheben. Je nach ihrer Höhe werden die „Dienste" des Tunnels in einem bestimmten Maße nachgefragt. Nehmen Sie an, daß die kleinstmögliche Version des Tunnels, die wirtschaftlich sinnvoll ist, bei einer Maut von null nicht ausgelastet ist, wie dies in der Zeichnung 10.1 dargestellt wird. Der Staat verlangt infolgedessen eine Maut von null (da die Grenzkosten der Benutzung des Tunnels null sind); der Wert des Tunnels ist eindeutig positiv: er ermöglicht den Individuen, Zeit zu sparen, und sie wären bereit, für seine Verwendung zu zahlen. Die Frage ist, wieviel ist es wert?

Inwieweit sind die Individuen durch den Bau des Tunnels besser gestellt? Zunächst konstruieren wir die **kompensierte Nachfragekurve**, die in der Zeichnung 10.1 dargestellt ist[3]. Sie zeigt die Nachfrage nach jedem Gut, wenn wir den Preis senken und zugleich dem Individuum so viel von seinem Einkommen wegnehmen, daß es sich bei dem niedrigeren Preis nicht besser stellt als bei dem höheren. Stellen Sie sich vor, daß Sie das Individuum fragen, wieviel es bereit wäre, für eine einzige Fahrt durch den Tunnel zu zahlen; im Anschluß stellen Sie dann die

---
[2] Sie können sich einen Tunnelbau in den Alpen vorstellen wie etwa den Arlbergtunnel oder den Pfändertunnel. In diesen zwei Fällen wurden tatsächlich Kosten-Nutzen-Analysen angestellt.
[3] Die kompensierte Nachfragekurve wird auch als Hickssche Nachfragekurve bezeichnet im Gegensatz zur konventionellen Nachfragekurve, die auch als Marshallsche Nachfragekurve bezeichnet wird.

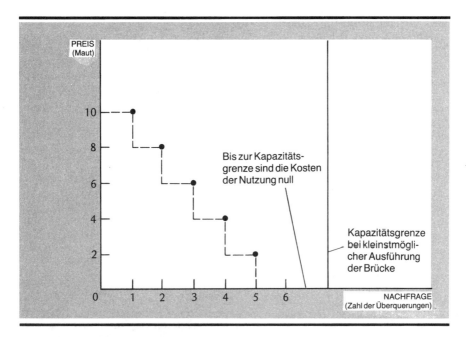

Abb. 10.1 Berechnung der Konsumentenrente. Wir betrachten das Projekt einer Brücke, bei der selbst in der kleinstmöglichen Ausführung und bei einer Maut von Null die Kapazität größer ist als die nachgefragte Menge an Überquerungen. Dennoch mag es wünschenswert sein, die Brücke zu bauen, wenn die Konsumentenrente (die Fläche unter der kompensierten Nachfragekurve) größer ist als die Baukosten.

Frage, wieviel mehr es zu zahlen bereit wäre, wenn es den Tunnel zweimal durchfahren dürfte usw. Wissen wir die Antworten auf diese Fragen, können wir die kompensierte Nachfragekurve aufzeichnen. Wir sprechen von der kompensierten Nachfragekurve, weil wir bei jeder Frage das Individuum dazu auffordern, seine Wohlfahrt vor dem Tunnelbau mit der neuen Situation zu vergleichen, in der es den Tunnel einmal bzw. zweimal bzw. dreimal benutzen kann usw. Die Wohlfahrt des Individuums wird also auf dem Niveau festgehalten, das es vor dem Bau des Tunnels hatte. Die Fläche unterhalb der Nachfragekurve zwischen 0 und beispielsweise 5 Einheiten gibt uns die Gesamtsumme, die ein Individuum für 5 Einheiten zu zahlen bereit wäre. Würden bei einem Preis von null insgesamt 6 Fahrten durch den Tunnel unternommen, gibt uns die Fläche unter der Nachfragekurve die gesamte Summe, die das Individuum für 6 Fahrten zu zahlen bereit wäre, wobei es sich immer noch so gut stellt wie vor dem Tunnelbau.

Die kompensierte Nachfragekurve ist von der konventionellen Nachfragekurve wohl zu unterscheiden; normalerweise stellt sich das Individuum nämlich besser, wenn wir den Preis eines Gutes senken und schlechter, wenn wir den Preis eines Gutes anheben. Das Wohlfahrtsniveau des Individuums ist also in jedem Punkt der Nachfragekurve ein anderes. Entlang der kompensierten Nachfragekurve hingegen belassen wir das Individuum auf einem bestimmten Wohlfahrtsniveau, indem wir zugleich mit der Veränderung der Preise sein Einkommen verändern. Wenn die Nachfrage eines Individuums nach einem Gut (in unserem Fall die Zahl der Fahrten durch das Tunnel, die es unternimmt) nicht von seinem Einkommen abhängt, fallen die kompensierte (Hicksche) und die konventionelle (Marshallsche) Nachfragekurve zusammen. Anderenfalls weichen die beiden infolge des „Einkommenseffekts" voneinander ab, der mit der Wegnahme von Einkommen zum Zwecke der Kompensation verbunden ist[4]. Die Vorteile aus dem Bau des Tunnels werden durch die Fläche unterhalb der kompensierten Nachfragekurve dargestellt; sie werden **Konsumentenrente** genannt. In unserem Beispiel lassen sie sich leicht berechnen. Für die erste Fahrt durch den Tunnel ist das Individuum bereit, 10 DM zu zahlen, für die zweite zusätzliche 8 DM, für die dritte 6 DM, für die vierte 4 DM, für die fünfte 2 DM. Für mehr als fünf Fahrten ist es nicht bereit, noch etwas zusätzlich zu zahlen. Würde man es fragen, wieviel es für eine unbegrenzte Benutzung des Tunnels zu zahlen bereit sind, mit anderen Worten „Wieviel können wir Ihnen an Benutzungsgebühr abverlangen, ohne daß Sie sich schlechter stellen als in dem Zustand, in dem es kein Tunnel gibt?" – wäre die Antwort 30 DM. Dies bemißt den Nutzen des Tunnels für ein bestimmtes Individuum. Eine ähnliche Rechnung läßt sich für alle anderen Tunnelbenutzer vornehmen. Die Gesamtheit der Vorteile aus dem Tunnel ist die Summe der Konsumentenrenten für alle Benutzer. Das Tunnel sollte gebaut werden, wenn die Nutzen die Kosten übersteigen[5].

Bewertungsprobleme

Eines der Hauptprobleme einer öffentlichen Kosten-Nutzen-Analyse ist, wie wir festgestellt haben, daß viele Kosten und Nutzen nicht auf dem Markt gehandelt werden. Für einige Güter, die der Staat produziert – wie z.B. Elektrizität – gibt es Marktpreise (die allerdings immer noch von den gesamtwirtschaftlichen Grenzkosten und -vorteilen abweichen können). Hingegen gibt es keine Märkte für gerettete Leben, saubere Luft oder unverschmutzte Flüsse.

Wie soll der Staat die Verringerung der Mortalität bewerten, die infolge eines verbesserten Verfahrens bei der Zulassung von Medikamenten erreicht wird, oder strikterer feuerpolizeilicher Vorschriften oder der Anschnallpflicht im Auto? Wie soll er die Zeitersparnis und den Komfortgewinn durch ein neues U-Bahn System bewerten? Oder saubere Luft? Dies sind schwierige Fragen, aber es sind Techniken entwickelt worden (die zum Teil allerdings umstritten sind), die uns Antworten liefern. Diese beruhen darauf, daß aus statistischem Material über Märkte und aus Beobachtungen, die in anderen Zusammenhängen angestellt werden, Schlüsse auf die Bewertungen der Individuen gezogen werden.

Die Bewertung von Zeit: Ein konstruktives Vorgehen. Der alte Spruch „Zeit ist Geld" charakterisiert die Haltung, die die meisten Ökonomen gegenüber der

---

[4] Die empirische Relevanz des „Einkommenseffektes" ist nicht völlig unumstritten. Vgl. z.B. R. Willig: Consumer's Surplus without Apology. American Economic Review 66 (1976), S. 589-97 und J. Hausman: Exact Consumer's Surplus und Deadweight Loss. American Economic Review 11 (1981), S. 662-76 wegen zwei unterschiedlicher Auffassungen. Ungeachtet dessen, ob Ökonomen den Einkommenseffekt vernachlässigen sollten oder nicht, tun sie es de facto fast immer wegen der Schwierigkeiten seiner Quantifizierung.
[5] In dieser Erörterung werden bestimmte Erwägungen vernachlässigt, die weiter unten zur Sprache kommen, wie z.B. die Frage, wem die Vorteile aus dem Tunnel zugute kommen und wer die Kosten trägt.

Bewertung von Zeitersparnissen einnehmen, die durch ein verbessertes Transportsystem wie eine U-Bahn oder gute Straßen ermöglicht werden. Typischerweise wird so vorgegangen, daß man versucht, den Lohnsatz derjenigen zu ermitteln, die das Transportsystem benutzen; unter bestimmten Idealbedingungen liefert er ein Maß für den Wert, den sie der Zeit beimessen. In einfachen Modellen wird das Individuum derart dargestellt, daß es zwischen der Menge an Freizeit und der Menge an Arbeit, die es verrichten will, eine Wahl trifft. Verzichtet es auf eine Stunde Freizeit, erhält es zusätzliche Konsumgüter im Wert eines Stundenlohns. Im Gleichgewicht ist es zwischen der Dahingabe einer zusätzlichen Stunde Freizeit und dem zusätzlichen Güterkonsum im Wert eines Stundenlohns einerseits und der Verringerung seines Güterkonsums um einen Stundenlohn (verbunden mit dem Konsum einer zusätzlichen Stunde Freizeit) andererseits indifferent. Sein Lohn stellt dann wirklich eine Bewertung seiner Zeit in Geld dar. Verringert die Eröffnung einer U-Bahn seine Fahrzeit um 20 Minuten und ist sein Stundenlohn 18 DM, beträgt der Wert der eingesparten Zeit 6 DM. Wir rechnen aus, wieviel jedes Individuum spart und wieviel das für es wert ist, und addieren diese Werte, um den Gesamtwert der eingesparten Zeit zu ermitteln.

Manche behaupten, daß bei einer solchen Vorgehensweise der Wert der Zeit überschätzt wird: viele würden gern zu ihrem Lohnsatz mehr arbeiten, können aber zu diesem keine zusätzliche Beschäftigung finden; die Zahl der Stunden, die sie auf ihrem Arbeitsplatz arbeiten können, ist begrenzt. Die Bewertung der Freizeit durch das Individuum ist infolgedessen ziemlich niedrig; die Entschädigung, die es für die Verringerung seiner Freizeit um eine Stunde verlangen würde, ist wesentlich geringer als sein Lohnsatz.

Andere wiederum behaupten, daß die Verwendung des Lohnsatzes für bestimmte Individuen zu einer Unterschätzung des Wertes der Freizeit führt und bei anderen zu einer Überschätzung. Sie weisen daraufhin, daß beispielsweise Künstler einen Beruf gewählt haben, in dem man im Vergleich zu anderen Berufen, die mit demselben Arbeitseinsatz zugänglich gewesen wären, relativ wenig verdient, weil dieser Beruf für sie mit nichtpekuniären Nutzen verbunden ist. Bei ihnen überschreitet der Wert der Freizeit den Lohnsatz. Demgegenüber enthält der Lohn eines Bergmanns oder eines Beschäftigten der Müllabfuhr eine Entschädigung für die unerfreulichen Züge diese Tätigkeiten und ist höher als der Wert der Freizeit.

Bewertung von Menschenleben. Vermutlich gibt es kein anderes Thema, das im Rahmen der Diskussion über Kosten-Nutzen-Analysen soviel Staub aufgewirbelt hat, wie der Versuch der Ökonomen, Menschenleben zu bewerten. Eine derartige Rechnung mag geschmacklos erscheinen. Politiker kommen nichtsdestoweniger nicht umhin, sich diesem Problem zu stellen. De facto gibt es keine Obergrenze dafür, wieviel man aufwenden kann, um die Wahrscheinlichkeit eines Verkehrsunfalls zu verringern oder die, daß jemand an einer Krankheit stirbt usw. Infolgedessen muß man irgendwann einmal innehalten und zu einer Entscheidung gelangen, wann die Gewinne aus zusätzlichen Aufwendungen so geringfügig geworden sind, daß sie nicht mehr gerechtfertigt erscheinen. Eine solche Entscheidung führt dazu, daß jemand stirbt, der andernfalls vielleicht nicht gestorben wäre. Nichtsdestoweniger können wir nicht 50 Prozent unseres Volkseinkommens für Verkehrssicherheit oder Gesundheitswesen ausgeben.

Gegenwärtig werden zwei Methoden für die Bewertung menschlichen Lebens angewandt. Die erste ist eine konstruktive Methode – das heißt, wir schätzen, wieviel ein Individuum verdient hätte, hätte es weitergelebt (bis zu einem „normalen" Alter). Um das zu ermitteln, extrapolieren wir seinen beruflichen Werdegang, und vergleichen ihn mit Individuen in ähnlicher beruflicher Position. Einige behaupten, daß diese Methode zu einer Überschätzung des wirtschaftlichen Werts menschlichen Lebens führt; glaubt man, daß das Einkommen der Individuen ihrem Grenzprodukt entspricht – was sie zu der Produktion der Gesellschaft hinzufügen – führt diese Methode zu einer Schätzung des Betrags, um den sich das Volkseinkommen infolge dieses Todesfalls verringert hat. Gleichzeitig bleiben hier die Kosten, die das Individuum der Gesellschaft aufbürdet, unberücksichtigt. Sein voraussichtliches Einkommen mag zum Teil von Weiterbildungsaufwendungen abhängen, die in der Zukunft einmal angefallen wären. Die Gesellschaft hat diese zusätzlichen Bildungsaufwendungen eingespart, und diese Ersparnisse sollten von dem Verlust, den die Gesellschaft infolge des Todes erleidet, abgezogen werden. Das Problem ist allerdings, daß es anscheinend kein überzeugendes Verfahren gibt, festzulegen, welche Ausgaben abgezogen werden sollten, um zu einer Schätzung des wirtschaftlichen Werts seines Lebens zu gelangen.

Wesentlicher ist, daß bei dieser Methode nicht zwischen dem Wert des Lebens und dem Lebensunterhalt unterschieden wird. Sie führt zu dem Schluß, daß im Zeitpunkt der Pensionierung das Leben eines Individuums nichts mehr wert ist, da keine Arbeitsentgelte mehr verloren gehen. Dieser Schluß scheint eindeutig falsch[6].

Es gibt eine alternative, indirekte Methode, die berücksichtigt, daß der Mensch von Natur aus den Drang zum Überleben hat. In manchen Berufen ist die Sterbewahrscheinlichkeit viel höher als in anderen. Beispielsweise verunglücken Bergarbeiter öfter als Universitätsprofessoren, und die Mortalität der Personen, die in der Asbesterzeugung oder mit Preßlufthämmern arbeiten, ist weit größer als bei Büroangestellten. Individuen, die risikoreichere Tätigkeiten ausführen, wollen normalerweise für die Übernahme dieser zusätzlichen Risiken entschädigt werden. Indem sie die risikoreichere Beschäftigung wählen, erklären sie sich bereit, ein höheres Sterberisiko zu tragen, weil sie dafür ein höheres Einkommen erzielen, solange sie leben. Die zweite Methode ermittelt den Wert menschlichen Lebens, indem untersucht wird, wieviel zusätzliches Einkommen die Individuen als Entschädigung für die Tragung eines höheren Todesrisikos verlangen. Diese Methode ist ziemlich umstritten; manche Leute glauben, daß sie zu einer starken Unterschätzung des Werts menschlichen Lebens führt; sie bringen vor, daß die Individuen über die Risiken, denen sie ausgesetzt sind, nicht sehr gut informiert sind[7]. Aus wohlbekannten psychologischen Gründen versuchen die Individuen,

---

[6] Darüber hinaus treten bei der Anwendung der Methode auch technische Probleme auf. Beispielsweise reagieren die Ergebnisse sehr sensibel auf die Wahl des Diskontsatzes und es bestehen Meinungsverschiedenheiten darüber, wie dieser bestimmt werden sollte. Wegen einer Kritik dieser Methode und eine der ersten Anwendungen der zweiten, indirekten Methode siehe T. Schelling: The Life You Save May Be Your Own, wiederabgedruckt in T. Schelling: Choices and Consequences. Cambridge MA 1984.

[7] Verschiedene Untersuchungen haben festzustellen versucht, inwieweit die Arbeiter falsche Vorstellungen über dieses Risiko haben, und kamen zu dem Schluß, daß sie die Gefahren tatsächlich ziemlich realistisch beurteilen. Vgl. z.B. W. K. Viscusi: Risk by Choice: Regulating Health and Safety in the Workplace. Cambridge, MA 1983.

die Gefahr, der sie an ihrem Arbeitsplatz ausgesetzt sind, aus ihrem Bewußtsein zu verdrängen[8].

So umstritten die Methoden zur Bewertung menschlichen Lebens auch sind, sie werden höchstwahrscheinlich weiterhin für die Beurteilung von Projekten verwendet werden, die Einfluß auf die Höhe der Sterbewahrscheinlichkeit haben. Es gibt anscheinend keine Alternative, wenn wir solche Vorhaben begutachten wollen. Ob beispielsweise an die Luftreinheit strengere Maßstäbe angelegt werden sollen, mag von dem Wert abhängen, den wir einer Verringerung der Mortalität beimessen.

Kosten-Wirksamkeitsanalyse

Eine andere Methode, die in Fällen, in denen die Nutzen aus einem Vorhaben schwer zu bewerten sind, oft Anwendung findet, ist die sogenannte **Kosten-Wirksamkeitsanalyse** (cost effectiveness analysis). In der Verwaltungspraxis ist die Kosten-Wirksamkeitsanalyse tatsächlich beliebter als die Kosten-Nutzen-Analyse. Bei der Kosten-Wirksamkeitsanalyse ist das Ziel vorgegeben und die Fragestellung einfach. Wie kann dieses Ziel mit dem geringsten Aufwand erreicht werden? Nehmen Sie an, daß wir die Schwierigkeiten, die mit der Bewertung menschlichen Lebens verbunden sind, vermeiden wollen. Wir wollen dem Staat helfen, eine Reihe von Vorschlägen zur Verringerung der Zahl der Verkehrstoten auf den Autobahnen zu beurteilen. Wir könnten die Kosten errechnen, die jeder dieser Vorschläge verursacht, wenn ein bestimmter Zielerreichungsgrad vorgegeben ist. Oder wir errechnen einfach die Grenzkosten, die mit einer Verringerung der Sterberate um eine Einheit verbunden sind und überlassen es dann dem Gesetzgeber zu entscheiden, welchen Punkt auf der Kurve er wählen möchte (und entsprechend, welche Methode der Erhöhung der Verkehrssicherheit er vorzieht).

Das amerikanische Analogon zur deutschen Bundesanstalt für Arbeitssicherheit, die Occupational Safety and Health Administration, untersuchte mit Hilfe einer Kosten-Wirksamkeitsanalyse Möglichkeiten zur Senkung des Geräuschpegels am Arbeitsplatz unter verschiedene Schwellenwerte. Die Fragestellung war zunächst, wieviele zusätzliche Arbeiter vor Gehörschäden geschützt würden, wenn man den Schwellenwert senkt. Dann rechnete man aus, welche Kosten bei einer Absenkung des Schwellenwerts entstehen. Aufgrund dessen ermittelte man die Grenzkosten (brutto und netto unter Berücksichtigung der Tatsache, daß Gehörschäden zu einer Verringerung der Produktivität der betroffenen Arbeitnehmer führen) verschiedener Lärmschutzziele, die wir in der Zeichnung 10.2 dargestellt haben. Die Kurve zeigt, daß die zusätzlichen Kosten, die mit einem verbesserten Lärmschutz verbunden sind, erheblich sind[9]. Eine der Studien kam zu dem

---

[8] Dies wird manchmal als „kognitive Dissonanz" bezeichnet. Wegen einer Anwendung dieses psychologischen Konzepts auf die Ökonomie vgl. G. Akerlof und W. T. Dickens: The Economic Consequences of Cognitive Dissonance. American Economic Review 72 (1982). S. 307-19.
[9] Entnommen aus J. R. Morrall: Exposure to Occupational Noise. In: Benefit-Cost Analysis of Social Regulations, J. Miller and B. Yandle (Hrsg.), Washington 1979.

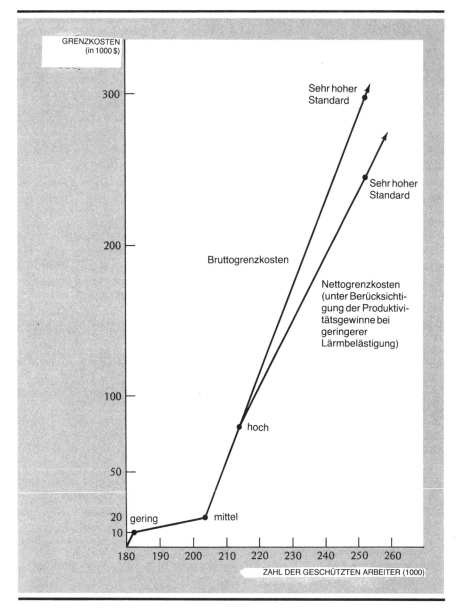

Abb. 10.2 Ein Vergleich unterschiedlicher Lärmschutzstandards. Strengere Standards kosten mehr, bieten den Arbeitern aber auch besseren Schutz. Quelle: JR. Morrall. Exposure to Occupational Noise. In: Benefit-Cost Analyses of Social Regulation, Hrsg. J. Miller und B. Jandle. Washington D. C. 1979.

Ergebnis, daß ein „gut durchgeführtes Programm zur Verteilung von Gehörschützern wesentlich geringere Kosten verursacht als die Vorschrift, den Geräuschpegel in den Fabriken mit ingenieurtechnischen Mitteln zu senken, und zum beträchtlichen Teil denselben Nutzen erbringt ... die Grenzkosten eines Gehörschutzgrenzwerts von 85 Dezibel sind mit 28000 Dollar pro vermiedenem Gehörschaden relativ bescheiden ..." In gewöhnlichen Worten ausgedrückt war die Empfehlung der Studie, größere Umbauten an der Maschinerie und den Ausrüstungen zu unterlassen. Die Arbeiter seien beinahe genauso gut geschützt, wenn sie sich Ohropax in die Ohren stopfen.

Schattenpreise und Marktpreise

Immer dann, wenn Marktversagen vorliegt, spiegeln die Marktpreise nicht die wahren gesamtwirtschaftlichen Grenzkosten und Grenzvorteile wider. Die Ökonomen versuchen in derartigen Situationen, die wahren gesamtwirtschaftlichen Grenzkosten und Grenzvorteile beispielsweise der Einstellung eines zusätzlichen Arbeitnehmers oder des Imports oder Exports eines zusätzlichen Gutes zu berechnen; sie nennen dies den **Schattenpreis**. Dieser Begriff wird verwendet, um uns daran zu erinnern, daß es diese Preise auf wirklichen Märkten nicht gibt, sondern daß es sich um die gesamtwirtschaftlichen Opportunitätskosten handelt, die sich in den Marktpreisen nur unvollkommen niederschlagen.

Das Schwierigste bei der Berechnung von Schattenpreisen ist die Ermittlung der Gesamtheit der Folgen eines staatlichen Eingriffs, wenn Marktversagen vorliegt. Unter den Ökonomen kommt es oft zu Meinungsverschiedenheiten über die Natur des Marktversagens und demzufolge über die Konsequenzen eines staatlichen Eingriffs.

Beispielsweise haben einige Ökonomen argumentiert, daß in unterentwickelten Ländern wegen der hohen Arbeitslosigkeit, die dort herrscht, die gesamtwirtschaftlichen Grenzkosten der Beschäftigung zusätzlicher Arbeitnehmer sehr gering sind. Aber wenn man im städtischen Sektor dieser Volkswirtschaften einen arbeitslosen Arbeiter einstellt, dann könnte dies zu einem Bevölkerungszustrom vom Land führen, so daß im Ergebnis die Arbeitslosenquote dieselbe bleiben würde. Ist das so, mag der Schattenlohn gleich dem wirklichen Lohn auf dem Arbeitsmarkt sein.

Es ist natürlich höchst unwahrscheinlich, daß ein Bürokrat, der irgendein Vorhaben beurteilen soll, imstande ist, die Gesamtheit der Konsequenzen dieses Vorhabens zu durchdenken. Er kann die richtigen „Schattenpreise", die verwendet werden sollten, nicht ermitteln. In manchen Ländern, in denen die Kosten-Nutzen-Analyse in starkem Maße angewendet wird, weist der Wirtschafts- oder der Planungsminister seine Leute an, einen bestimmten Schattenlohnsatz zu verwenden (beispielsweise mag er die Anweisung erteilen, daß der Schattenlohnsatz bei ungelernter Arbeit 80% des Marktlohnsatzes beträgt und bei gelernter Arbeit 120% des Marktlohnsatzes). In den USA geht man bei der Kosten-Nutzen-Analyse zumeist davon aus, daß die Marktlohnsätze richtig sind. In der BR Deutschland hat sich bei den Kosten-Nutzen-Analysen, die im öffentlichen Auftrag durchgeführt werden, keine einheitliche Methodik durchgesetzt.

Diskontsätze für die öffentliche Kosten-Nutzen-Analyse

In unserer Diskussion einer privaten Kosten-Nutzen-Analyse haben wir darauf hingewiesen, daß eine DM nächstes oder übernächstes Jahr nicht so viel wert ist wie eine DM heute. Einnahmen, die man in der Zukunft erhält, und Ausgaben, die man in der Zukunft tätigt, mußten infolgedessen abdiskontiert werden. Der Diskontierungsfaktor, den private Unternehmen verwenden, ist 1/1 + r, wobei r der Zinssatz ist, den sie zahlen müssen. Die Frage ist nun, welchen Diskontierungsfaktor sollte der Staat verwenden? Dieser Faktor wird manchmal **sozialer Diskontfaktor** genannt. Die zentrale Frage ist das Verhältnis zwischen dem sozialen Diskontsatz und dem Zinssatz, den die Konsumenten zahlen müssen bzw. die Unternehmen[10].

Bei langlebigen Projekten wie z.B. einem Staudamm, ist die Wahl des Diskontsatzes von ausschlaggebender Bedeutung: Projekte, die bei einem von 3% sehr vorteilhaft aussehen, verlieren bei einem von 10% mitunter jeglichen Reiz. Wäre der Markt vollkommen, würden die Marktzinssätze die Opportunitätskosten der eingesetzten Ressourcen widerspiegeln und die relative Bewertung der Einnahmen, die zu verschiedenen Zeitpunkten anfallen. Die Ansicht, daß der Kapitalmarkt recht unvollkommen funktioniert, ist allerdings weit verbreitet. Darüberhinaus mögen Steuern zu erheblichen Verzerrungen führen. Es ist unklar, welcher der zahlreichen Marktzinssätze, die es gibt, verwendet werden sollte und ob überhaupt ein solcher verwendet werden sollte: sollte beispielsweise der Zinssatz verwendet werden, zu dem Staatsanleihen aufgenommen werden, oder der, zu dem ein normaler Steuerzahler Kredit aufnehmen kann?

Obwohl insbesondere in den damit verbundenen praktischen Fragen zwischen den Ökonomen keine Einigkeit herrscht, gibt es doch eine gewisse Übereinstimmung in den Grundsätzen. Man muß berücksichtigen, welche wirtschaftlichen Auswirkungen das Projekt hat und wer die Kosten (und Nutzen) trägt (erhält). Dies gibt oft bereits Anlaß zum Streit. Ein staatliches Projekt könnte beispielsweise ein privates Projekt verdrängen, das anderenfalls initiiert worden wäre. Dann ist die Nettoverringerung des Konsums in der Periode, in der das Projekt durchgeführt wird, keineswegs mit den direkten Kosten des Projekts identisch; im allgemeinen ist sie viel geringer und entsprechend ist die Nettovergrößerung des Konsums in den darauffolgenden Perioden ebenfalls geringer.

Wenn die, die von dem Projekt den Vorteil haben, auch seine Kosten tragen, können wir einfach ihre Grenzrate der Substitution für die Ermittlung des Diskontsatzes heranziehen, also wieviel sie an gegenwärtigem Konsum aufzugeben bereit sind, um zusätzlichen Zukunftskonsum zu erlangen. Da diese Grenzrate der Substitution in einem direkten Zusammenhang mit dem Zinssatz steht, zu dem sie Kredit aufnehmen können bzw. Kredit gewähren, können wir in diesem Fall für die Bewertung der Kosten und Nutzen in verschiedenen Perioden den Marktzins benützen. Es ist wichtig, nicht zu vergessen, daß wir die **Netto**veränderung des Konsums in jeder Periode abdiskontieren müssen; diese kann von den Einnahmen und Ausgaben, zu denen es im Rahmen des Projekts in jeder einzel-

---

[10] Wir verwenden den Begriff Diskontsatz für das r, das bei Kosten-Nutzen-Analysen verwendet wird, den Begriff Diskont(ierungs)faktor für $\frac{1}{1+r}$.

nen Periode kommt, erheblich abweichen, hat es doch Auswirkungen auf private Investitionen und Ersparnisse.

Ersetzt das öffentliche Projekt ein privates in genau derselben Größenordnung, sind seine Nettokosten null. Fallen sowohl bei dem öffentlichen als auch bei dem privaten Projekt alle Einnahmen in derselben Periode an, ist die Entscheidung, ob es durchgeführt werden sollte, einfach: es sollte durchgeführt werden, wenn sein Output größer ist als der des privaten Projekts, oder anders ausgedrückt, wenn seine Ertragsrate höher ist als die des privaten. Man nennt diese Betrachtungsweise eine **Opportunitätskostenanalyse**. Hierbei wird die Ertragsrate des Investors für die Bewertung des Projekts herangezogen.

Unglücklicherweise fallen die Einnahmen aus einem öffentlichen Projekt selbst dann, wenn es ein privates verdrängt, normalerweise zu anderen Zeitpunkten an und fließen anderen Leuten zu, als dies bei dem privaten Projekt der Fall wäre. Allgemeiner gesprochen sind bei den meisten langfristigen Projekten die Nutznießer ganz andere Personen als diejenigen, die für die Kosten aufkommen müssen, zukünftige Generationen erhalten die Nutzen, während die gegenwärtige Generation die Kosten trägt. Und gerade bei derartigen langfristigen Vorhaben ist die Wahl des Diskontfaktors von besonderer Bedeutung. In diesen Situationen benötigen wir ein Verfahren, um Vor- und Nachteile zu bewerten, die zu verschiedenen Zeitpunkten anfallen und verschiedenen Generationen zufließen.

Der Rückgriff auf eine soziale Wohlfahrtsfunktion (Kapitel 3) ist eine mögliche Vorgehensweise, um die Kosten und Nutzen, die verschiedenen Generationen zufließen, zu gewichten, also den Trade-off zwischen den Mitgliedern dieser verschiedenen Generationen darzulegen. Wir können ebenso von der gesellschaftlichen Grenzrate der Substitution zwischen dem Einkommen einer Generation und dem einer anderen sprechen wie wir von der Grenzrate der Substitution zwischen Gegenwarts- und Zukunftskonsum für ein Individuum sprechen können. Die Frage ist nur eben: Was ist die Beziehung zwischen der gesellschaftlichen Grenzrate der Substitution und dem Marktzinssatz? Die Antwort hängt davon ab, wie erfolgreich der Staat bei der Anpassung der Einkommensverteilung zwischen den Generationen an die Vorstellungen der Gesellschaft über die angemessene intertemporale Einkommensverteilung gewesen ist[11].

---

[11] Verschiedene Ökonomen haben argumentiert, daß die Eltern die Wohlfahrt ihrer Kinder bei ihren Entscheidungen über Ersparnisse und Erbschaften berücksichtigen. Dieser Ansicht zufolge hängt (im Gleichgewicht) die Grenzrate der Substitution zwischen dem Konsum der Eltern und dem der Kinder auf einfache Weise mit dem Marktzinssatz zusammen (wenn die Eltern heute auf eine Mark Konsum verzichten, dann können die Kinder mehr als eine Mark zusätzlich erhalten; der zusätzliche Betrag ist einfach die Verzinsung ihrer Investition; im Gleichgewicht müssen die Eltern zwischen dem Konsum einer zusätzlichen Einheit heute und einer Verschiebung des Konsums auf die Zukunft indifferent sein, wobei der Zukunftskonsum der Kindern ist.) Dieser Ansicht zufolge läßt sich der soziale Diskontsatz für langfristige Projekte auf ganz ebensolche Weise aufgrund des Marktzinssatzes kalkulieren wie dies bei kurzfristigen der Fall ist, die nur die gegenwärtige Generation betreffen. Darüber hinaus sollte man sich klarmachen, daß in diesem Modell immer dann, wenn der Staat Ressourcen von der alten Generation auf die junge zu transferieren versucht, die Eltern beschließen, nun weniger zu transferieren; die Kürzung der Erbschaften macht die staatlichen Transfers gerade wett. Das Argument, daß staatliches Sparen ein vollkommenes Substitut zu privatem Sparen ist, ist u.a. aber

Nach Meinung der meisten Volkswirte weist die intergenerationale Verteilung des Wohlstands, die vom Markt herbeigeführt wird, keine Optimalitätseigenschaften auf; es gibt mit anderen Worten keinen Grund zu der Annahme, daß zwischen dem Marktzinssatz und der sozialen Grenzrate der Substitution zwischen dem Konsum einer Generation und dem der nachfolgenden irgendeine systematische Beziehung besteht[12]. Die Verwendung des Marktzinssatzes mag sowohl zu einem überhöhten oder auch zu einem zu niedrigen Diskontsatz führen[13].

Bei der Begutachtung von Projekten kommt es zwischen den Ökonomen zu Meinungsverschiedenheiten darüber, welche Auswirkungen das untersuchte Vorhaben hat, in welchem Maße der Staat bereits andere Maßnahmen ergriffen hat, um eine positive intergenerationale Umverteilung herbeizuführen, und folglich auch, wie Einkommenszuwächse für bestimmte Generationen und Einkommenseinbußen für andere bewertet werden sollten. Manche Ökonomen machen sich Sorgen darüber, inwieweit staatliche Projekte private verdrängen (das sog. Crowding out). Diese Ökonomen neigen dazu, den Zinssatz zu verwenden, zu dem private Unternehmen Mittel aufnehmen können.

Ein Teil der Probleme, die wir gerade erörtert haben, läßt sich am Beispiel einer Kosten-Nutzen-Analyse illustrieren, die anläßlich der Errichtung eines Wasserkraftwerks am Middle Snake River im Nordwesten der USA angestellt wurde[14]. Man zog drei verschiedene Projekte in Erwägung. Sie unterschieden sich in bezug auf ihre Größe, ihre Lage, die Stromerzeugung und das Ausmaß, in dem eine touristische Nutzung des Tals ermöglicht, Überschwemmungen vorgebeugt und die Fauna beeinträchtigt wurde. Welchem dieser Projekte der Vorzug gebührte, hing, wie sich herausstellte, entscheidend von zwei Faktoren ab: dem Diskontsatz und den Einflüssen auf die Umwelt. Bei einem Zinssatz von 3 1/4% schienen mehrere Alternativen erwägenswert, bei einem Zinssatz von 9% hingegen hatte nur eine einen positiven Gegenwartswert – und das war nicht die Alternative, die bei einem niedrigeren Diskontsatz gewählt worden wäre.

Für die Fische, die Angler aus diesem Fluß ziehen können, läßt sich immerhin ein Marktpreis finden. Weit schwieriger ist, den Wert von „Wildnis" und „unberührter Natur" festzustellen. John Krutilla stellte sich auf den Standpunkt, für die Schlucht des Middle Snake Flusses „gäbe es nur wenige und möglicherweise gar

---

nur richtig, wenn die Kreditaufnahme durch Private keinen Beschränkungen unterliegt, wenn alle Individuen wissen, daß sie Kinder haben werden und wenn sie alle dieselbe Zahl von Kindern haben. Wegen einer Erörterung eines solchen Modells, vgl. R. Barro: Are Government Bonds Net Wealth? Journal of Political Economy 82 (1974), S. 1095-117.

[12] Diese Grenzrate der Substitution wird manchmal als die soziale Zeitpräferenzrate bezeichnet.

[13] Selbst wenn „Crowding out" vorliegt, kann es immer noch unangebracht sein, den Zinssatz des Investors als Diskontsatz heranzuziehen (den Zins, den das Unternehmen zahlen muß), solange der Staat nicht eine aktive und effektive Politik der Umverteilung zwischen den Generationen betreibt. Wenn der Staat hingegen ein System optimaler Verbrauchsteuern und -subventionen implementiert hat, dann sollte er den Zinssatz verwenden, den ein Investor zahlen muß. Ob derartige Spezialfälle uns allerdings viel an Anhaltspunkten für wirtschaftspolitische Empfehlungen liefern, ist umstritten.

[14] Dieser Abschnitt basiert auf L. G. Hines: Environmental Issues. New York 1973. Vgl. hierzu auch Kapitel 7.

keine Substitute. Wird die Landschaft beeinträchtigt, ist es praktisch unmöglich, den Urzustand wiederherzustellen. Es ist zwar möglich, das Angebot an derartigen knappen Gütern zu verringern, nicht aber es zu erweitern. Es handelt sich um ein unersetzliches Gut, das nicht wiederhergestellt werden kann. Wenn das Angebot nicht ausweitbar ist, die Nachfrage nach den Diensten derartiger Güter sich aber in der Zukunft erhöhen wird, steigt der Wert eines derartigen unersetzlichen Gutes von Jahr zu Jahr[15]." Krutilla schätzte, daß bei einer angemessenen Einbeziehung der Kosten einer Beeinträchtigung des Landschaftsbilds und bei einem Diskontsatz von 9% keines der Projekte einen positiven Gegenwartswert besaß.

Nichtsdestoweniger genehmigte die amerikanische Aufsichtsbehörde (Federal Power Commission) eine der vier Projektvarianten. Der Umweltökonom Lawrence Hines argumentierte, daß die Entscheidung unter Gesichtspunkten der Kostenwirksamkeit falsch gewesen sei: „Würde man dem regionalen Versorgungsnetz 1700 Megawatt aus einem Wärmekraftwerk statt aus einem Wasserkraftwerk zuführen, würden sich die Strompreise in der Region nicht nennenswert erhöhen. Baut man hingegen einen Staudamm in den Middle Snake Fluß, ist der ästhetische Verlust enorm. Darüber, welche dieser beiden Alternativen die höheren Kosten verursacht, kann überhaupt kein Zweifel bestehen."

Das kuriose Ergebnis war, daß der Nutzen aus dem Projekt in der Realität von zwei Ereignissen entscheidend beeinflußt wurde, die bei der Kalkulation überhaupt nicht vorhergesehen worden waren. Die enorme Steigerung der Energiepreise aufgrund der Ölkrisen 1973 und 1979 vergrößerte den Nutzen aus dem Projekt erheblich. Die Prognose, daß die Nachfrage nach Strom stark zunehmen würde, stellte sich hingegen als falsch heraus, so daß am Ende der siebziger und am Anfang der achtziger Jahre die Kraftwerke bedeutende Überkapazitäten hatten. Man hatte es bei der Kosten-Nutzen-Analyse versäumt, die erhebliche Unsicherheit zu berücksichtigen, mit der solche langfristigen Projekte behaftet sind.

Die Bewertung des Risikos

Ein landläufiger Irrtum liegt der Forderung zugrunde, daß der Staat im Fall von Risiko einen höheren Diskontsatz verwenden sollte. Erinnern Sie sich, daß der Diskontsatz den Wert einer DM zu einem bestimmten Zeitpunkt in Beziehung zu ihrem Wert zu einem anderen Zeitpunkt setzt. Um uns klarzumachen, daß eine Erhöhung des Diskontsatzes zu absurden Ergebnissen führen kann, betrachten Sie ein Projekt, bei dessen Beendigung eine Ausgabe getätigt werden muß (ein Auto muß auf den Schrottplatz abgeschleppt werden). Stellen Sie sich vor, daß die Höhe der Abschleppkosten unsicher ist. Normalerweise würden wir vermuten, daß diese Unsicherheit das Vorhaben weniger attraktiv macht, als wenn wir über die Höhe dieser Abschlußkosten Sicherheit besäßen. Betrachten Sie, was passiert, wenn wir einen höheren Diskontsatz verwenden, um das Risiko „auszugleichen": der Gegenwartswert dieser Kosten sinkt und das Vorhaben stellt sich als vorteilhafter dar anstatt als weniger empfehlenswert. Der Verwendung eines

---
[15] J. V. Krutilla: Testimony before the Federal Power Commission on the Middle Snake Issue. Washington D.C. 1970 S. 29.

höheren Diskontsatzes liegt eine Verwechslung zwischen zwei verschiedenen Problemen zugrunde, nämlich einerseits der Bewertung von Einkommen, die zu verschiedenen Zeitpunkten anfallen, und andererseits der Bewertung eines Risikos: dies aber sind zwei ganz verschiedene Dinge.

Um Risiken zu bewerten, haben die Ökonomen das Konzept der **Gewißheitsäquivalente** eingeführt. Stellen Sie sich ein mit Risiko behaftetes Projekt vor. Sein Output kann im nächsten Jahr 0 DM wert sein oder auch 100 DM; jedes dieser beiden Ergebnisse soll mit der Wahrscheinlichkeit 50% eintreten. Der mathematische Erwartungswert ist 50 DM (1/2×100 DM + 1/2×0 DM = 50 DM). Wenn wir Risiko nicht mögen, würden wir demgegenüber ein Projekt vorziehen, dessen Ertrag mit Sicherheit 50 DM beträgt. In der Tat würden wir sogar eines mit einem geringeren Ertrag vorziehen, wenn nur das Risiko geringer ist. Sind wir indifferent zwischen einem riskanten Projekt mit dem Erwartungswert 50 DM und einem sicheren Projekt mit dem Wert DM 45, würden wir sagen, daß 45 DM das Gewißheitsäquivalent zu dem riskanten Projekt mit Erwartungswert 50 DM ist. Anders ausgedrückt: Der Diskontsatz für das Risiko beträgt 10% – das heißt, wir deflationieren den Erwartungswert mit 10%, um das Gewißheitsäquivalent zu erhalten[16].

Riskante Projekte müssen also höhere Ertragsraten abwerfen als sichere, wenn sie annehmbar sein sollen. Das Zusatzeinkommen, das das riskante Projekt gewähren muß, um uns für das Risiko zu entschädigen, wird **Risikoprämie** genannt.

Tabelle 10.2 Beispiel einer Kosten-Nutzen-Analyse für riskante Investitionen

Jahr	1	2	3	4	5	Summe
Erwartete Nettonutzen	−100	100	100	100	−50	150
Risikodiskontfaktor	1	0,9	0,8	0,75	1,5	
Gewißheitsäquivalent des Nettonutzens	−100	90	80	75	−75	70
Diskontfaktor (Zinssatz 10%)	1	0,91	0,83	0,75	0,68	
Abdiskontierter Wert der Gewißheitsäquivalente der Nettonutzen	−100	81,9	66,4	56,25	−51	53,55

In der Tabelle 10.2 illustrieren wir unsere Vorgehensweise am Beispiel eines Vorhabens, das sich über fünf Jahre erstreckt. Wir haben angenommen, daß die Investitionsaufwendungen im ersten Jahr keiner Unsicherheit unterliegen, der Risikodiskontierungsfaktor ist 1. Die Nutzen, die in den Jahren 2, 3 und 4 anfallen, werden immer unsicherer und für diese Jahre kommen deswegen immer größere Risikodiskontierungsfaktoren zur Anwendung. Im letzten Jahr wird das Projekt abgerissen; damit sind hohe Aufwendungen verbunden. (Stellen Sie sich vor, ein Kernkraftwerk ist am Ende seiner Lebenszeit angelangt und muß abgerissen werden). Die Höhe dieser Kosten ist unsicher. Ihr Gewißheitsäquivalent ist größer als 50. Für sie ist der Risikodiskontierungsfaktor deswegen größer als 1.

---

[16] Diese Vorgehensweise ist nicht generell anwendbar. Sie setzt voraus, daß wir die Analyse eines Risikos, das zu einem bestimmten Zeitpunkt auftritt, von der Analyse der Risiken zu anderen Zeitpunkten trennen können. Für praktische Zwecke ist diese Vorgehensweise dennoch zumeist brauchbar.

(Hätten wir stattdessen einen höheren zeitbezogenen Diskontsatz verwendet, hätten diese unsicheren Abbruchkosten im Rahmen unserer Kosten-Nutzen-Rechnung nur wenig Gewicht gehabt.)

Um für jeden Zeitpunkt das Gewißheitsäquivalent zu erhalten, multiplizieren wir den erwarteten Nettonutzen mit dem Risikodiskontierungsfaktor. Um den Gegenwartswert der Gewißheitsäquivalente der Nutzen für alle Jahre zu erhalten, multiplizieren wir diese mit dem Diskontfaktor. Wollen wir den Gegenwartswert der Gewißheitsäquivalente der Nettonutzen des ganzen Projekts erhalten, addieren wir diese Gegenwartswerte auf.

Die Beziehung zwischen dem Risikodiskontierungsfaktor des Markts und dem sozialen Risikodiskontierungsfaktor. Es tritt die Frage auf, wie der Staat die Risiken bewerten sollte, die mit verschiedenen Projekten verbunden sind. In manchen Fällen wie z.B. bei denjenigen, die mit der Stromerzeugung verbunden sind, mag er sich daran orientieren, wie die Märkte das Risiko bewerten.

Bei Risiken, bei denen es keine vergleichbaren privaten Projekte gibt, ist der Fall schwieriger. Einige Projekte wie z.B. Maßnahmen zum Schutz vor Hochwasser, zielen darauf ab, die Gefahren, denen sich die Individuen ausgesetzt sehen, zu verringern. Bei diesen Projekten ist die Risikoprämie negativ. Da der Staat das Risiko auf die gesamte Bevölkerung verteilen kann, sollte er immer dann, wenn das Projekt nicht eine Versicherungsfunktion erfüllt (also das Risiko verringert, dem sich die Individuen anderenfalls ausgesetzt sehen) und wenn sein Ertrag nicht mit der Höhe der Einkommen aus anderen Quellen korreliert ist (das heißt, der Ertrag des Projekts ist weder besonders niedrig noch besonders hoch, wenn, sagen wir, die Konjunktur günstig ist), keine Risikoprämien verlangen.

Verteilungspolitische Erwägungen

Die Nutzen aus einem bestimmten Projekt sind nicht gleichmäßig über die gesamte Bevölkerung verteilt. Einige Projekte, wie etwa ein Staudamm, stiften nur in einer bestimmten Region Nutzen. Andere, wie solche zur Integration von Ausländerkindern oder Umschulungsmaßnahmen, kommen vor allem den Armen zugute. Der Staat interessiert sich zweifellos für die Auswirkungen seiner Maßnahmen auf die Einkommensverteilung. Wie kann man diese Wirkungen systematisch in Rechnung stellen und wie kann man sie quantifizieren?

Es werden vor allem zwei Verfahren angewandt. Das eine besteht darin, daß Nutzen, die verschiedenen Individuen zufließen, unterschiedliches Gewicht beigemessen wird. Beim anderen werden die Werte verglichen, die bestimmte Verteilungsmaße vor und nach der Implementation der Maßnahme annehmen.

Verteilungsgewichte

Der Grundgedanke bei der Einführung von Verteilungsgewichten in die Kosten-Nutzen-Analyse ist naheliegend. Wir teilen die Bevölkerung in verschiedene Einkommensgruppen auf, beispielsweise das ärmste Viertel der Bevölkerung, das zweitärmste Viertel usw. Wir ermitteln dann die Größe der Nettonutzen (Nutzen minus Kosten), die jeder dieser Gruppen zufließen. Als nächstes ordnen wir jeder dieser Gruppen ein Verteilungsgewicht zu. So geben wir dem ersten Viertel etwa das Gewicht 1 und die reicheren Individuen erhalten dann immer geringere

Gewichte, je reicher sie sind. Wir multiplizieren alsdann die Nutzen mit diesen Gewichten, um „gewichtete Nutzen" zu erhalten. Addieren wir diese über alle Gruppen auf, erhalten wir die gewichteten Nettonutzen des Vorhabens. Machen Sie sich klar, daß ein bestimmtes Projekt einen negativen ungewichteten Nettonutzen haben kann, aber einen positiven gewichteten Nettonutzen, wie dies in Tabelle 10.3 gezeigt ist. Die Attraktivität eines Projekts kann also entscheidend davon abhängen, welche Gewichte wir den verschiedenen Gruppen zuordnen.

Tabelle 10.3 Kosten-Nutzen-Analyse mit Verteilungsgewichten: ein Beispiel

Quartil der Bevölkerung	1	2	3	4	Summe
Nettonutzen	100	50	-50	-200	-100
Verteilungsgewichte	1	1/2	1/4	1/8	
Gewichteter Nettonutzen	100	25	$-12{,}5$	-25	87,5
Alternative Verteilungsgewichte	1	0,9	0,7	0,55	
Mit diesen alternativen Verteilungsgewichten gewichtete Nettonutzen	100	45	-35	-110	0

Die Ökonomen bringen diese Bewertungen oft mit ihren Ansichten darüber in Zusammenhang, in welchem Maße der Grenznutzen des Einkommens abnimmt. Man nimmt im allgemeinen an, daß die Wohlfahrt eines Individuums mit jeder zusätzlichen Mark, die es verdient, zunimmt, aber in einem immer kleineren Maße. Unter dieser Voraussetzung und der zusätzlichen Annahme, daß die Nutzenfunktionen der verschiedenen Individuen sich stark ähneln, ist eine zusätzliche Mark, die einem Armen gegeben wird, mehr wert als eine, die einem Reichen gegeben wird. Der Unterschied im Wert hängt davon ab, wie rasch der Grenznutzen abnimmt. In der Zeichnung 10.3A ist die Nutzenfunktion beinahe eine gerade Linie; der Grenznutzen eines reichen Individuums ist beinahe derselbe wie der eines armen. In der Zeichnung 10.3B demgegenüber ist die Nutzenfunktion stark gekrümmt, so daß der Grenznutzen eines reichen Individuums wesentlich geringer ist als der eines armen. Der Prozentsatz, um den sich der Grenznutzen bei einer einprozentigen Erhöhung des Einkommens verringert, wird als die Grenznutzenelastizität bezeichnet; hat diese den Wert 1 und erzielen gelernte Arbeiter um 10% höhere Einkommen als ungelernte, würde man einer Veränderung des Konsums gelernter Arbeiter um 10% weniger Gewicht beimessen als einer Veränderung des Konsums ungelernter. Glaubt man, daß die Grenznutzenelastizität den Wert 2 hat, würde man die gelernten Arbeiter 20% weniger gewichten als die ungelernten.

Viele Ökonomen haben dargelegt, daß ein „vernünftiger" Wert der Grenznutzenelastizität zwischen 1 und 2 angesiedelt sei. Sie versuchen, die Grenznutzenelastizität aus Beobachtungen über das Verhalten von Individuen in verschiedenen Situationen abzuleiten – beispielsweise aus ihrem Risikoverhalten. Je größer die Grenznutzenelastizität, desto mehr Gedanken machen sich die Individuen über Einkommenseinbußen. Infolgedessen kaufen sie mehr Versicherungsschutz. Man kann aus dem Umfang an Versicherungsschutz, den die Individuen bei verschiedenen Prämien kaufen, Schlüsse auf ihre Risikoaversion ziehen.

Sollte man im Rahmen einer Kosten-Nutzen-Analyse Verteilungsgewichte verwenden? Manche vertreten die Auffassung, daß man bei der praktischen An-

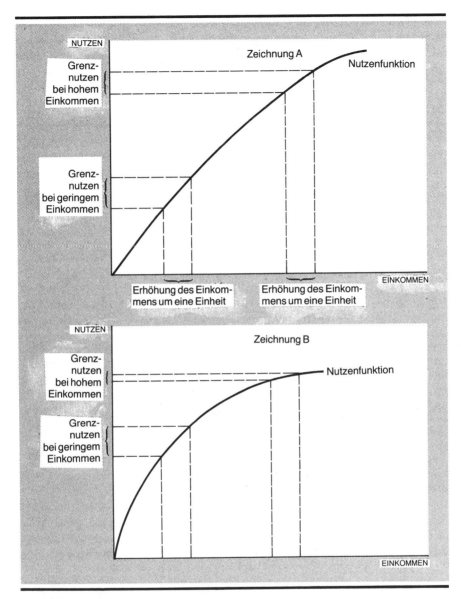

Abb. 10.3 Zwei Annahmen über den Grenznutzen des Einkommens. (A) Der Grenznutzen ändert sich kaum, wenn das Einkommen sich ändert. (B) Er nimmt bei einer Einkommenserhöhung rasch ab.

wendung der Kosten-Nutzen-Analyse Verteilungsgesichtspunkte vernachlässigen sollte, selbst wenn man in den Anhang der jeweiligen Analyse Aussagen darüber aufnehmen will, wie sich das Vorhaben auf verschiedene Bevölkerungsgruppen auswirkt. Andere wiederum bestehen darauf, daß verteilungspolitische

Gesichtspunkte im Mittelpunkt einer jeglichen Beurteilung staatlicher Politik stehen.

Die erstgenannte Position ist nicht unbegründet. Ihre Anhänger argumentieren, daß der Staat, wenn er Einkommen umzuverteilen wünscht, dies direkt tun sollte. Rufen Sie sich aus dem Kapitel 5 ins Gedächtnis zurück, daß bei der Bestimmung des effizienten Ausgabenvolumens für ein öffentliches Gut unter Umständen Voraussetzungen erfüllt sein können, für die die Irrelevanz verteilungspolitischer Gesichtspunkte bewiesen werden konnte; um den Nutzen zu ermitteln, berechneten wir dann die Summe der Zahlungsbereitschaft aller Individuen. Wir haben die eines armen Individuums nicht stärker gewichtet als die eines reichen. Aber wenn die Fähigkeit des Staates, Einkommen auf nichtverzerrende Art und Weise umzuverteilen, begrenzt ist, sollte man auch die Verteilungswirkungen eines Vorhabens in Rechnung stellen.

Ferner gibt es viele Programme (dabei handelt es sich zumeist nicht um die Bereitstellung reiner öffentlicher Güter), bei denen es erklärtermaßen in erster Linie um die Umverteilung des Wohlstands geht. In diesem Fall führt eine Vernachlässigung der Verteilungswirkungen bei der Beurteilung des Vorhabens dazu, daß man das Wesentliche übersieht. Eines der Hauptargumente, die traditionell für staatliche Schulen vorgebracht werden, sind die Verteilungswirkungen. Eine Kosten-Nutzen-Analyse eines bildungspolitischen Programms sollte infolgedessen Verteilungsgewichte heranziehen.

Es ist nicht erforderlich, sich in dieser Hinsicht völlig festzulegen; es ist nicht sehr schwierig, Kosten und Nutzen für eine Fülle von unterschiedlichen Kombinationen von Verteilungsgewichten für verschiedene soziale Gruppen auszurechnen.

Die Auswirkungen staatlicher Programme auf Konzentrationsmaße

Eine zweite mögliche Vorgehensweise bei der Berücksichtigung von Verteilungswirkungen im Rahmen der Beurteilung von Programmen ist, daß man ihre Wirkungen auf die Einkommen nach Steuern bzw. Transfers ermittelt. Um das zu tun, braucht man ein Konzentrations- oder Verteilungsmaß. Wir beschreiben jetzt noch verschiedene Maße, die oft verwendet werden.

Die Messung von Ungleichheit. Wir können die Verteilung des Einkommens (oder des Vermögens) auf unterschiedliche Art und Weise beschreiben. Eine Möglichkeit ist in der Zeichnung 10.4 dargestellt, in der wir den Anteil der Individuen, die verschiedenen Einkommensgruppen angehören, an der Gesamtbevölkerung darstellen. Bei vollkommener Gleichheit hätte offenbar jeder dasselbe Einkommen; eine Verteilung, bei der ein großer Teil der Individuen ein sehr geringes Einkommen hat und ein nicht unbeträchtlicher Teil ein sehr hohes Einkommen, ist natürlich ungleichmäßiger als eine, bei der die Bezieher mittlerer Einkommen besonders zahlreich sind. In der Zeichnung 10.4B ist die Einkommensverteilung, die mit A bezeichnet ist, ungleichmäßiger als die mit B bezeichnete.

Lorenz-Kurven. Ein anderer Weg zur Beschreibung einer Einkommensverteilung ist in der Zeichnung 10.5 dargestellt. Wir ordnen die Individuen nach ihrem Einkommen an. Dann addieren wir die Einkommen des ärmsten Prozents der Bevölkerung, der ärmsten 2%, der ärmsten 3% usw. Wir rechnen aus, welchen

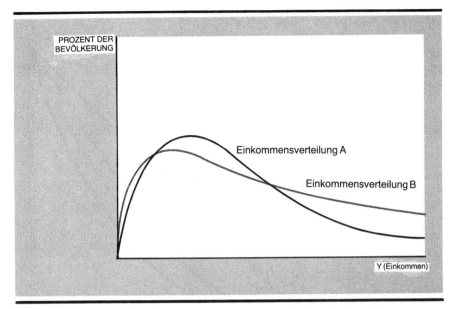

Abb. 10.4 Verteilungsmaße. Die Zeichnung zeigt, welcher Teil der Bevölkerung ein bestimmtes Einkommen bezieht. Die Einkommensverteilung B ist ungleichmäßiger als die Verteilung A, ist doch die Wahrscheinlichkeit, ein sehr hohes bzw. sehr niedriges Einkommen zu beziehen bei B größer, die Wahrscheinlichkeit, ein mittleres Einkommen zu beziehen, hingegen geringer.

Anteil am gesamten Volkseinkommen das ärmste Prozent hat, welchen Anteil die ärmsten 2% haben, usw. Wir tragen diese Werte in die Zeichnung 10.5 ein. Diese Kurve, die die Prozentanteile am Volkseinkommen angibt, die die verschiedenen Einkommensgruppen innerhalb der Bevölkerung verdienen, heißt **Lorenz-Kurve**. Herrscht vollkommene Gleichheit, erhalten die ärmsten 5% 5% des Volkseinkommens. Bei ausgeprägter Ungleichheit erhalten die ärmsten 5% nur einen vernachlässigbar geringen Teil des Volkseinkommens. Die Kurve A zeigt eine sehr ungleiche Einkommensverteilung, wohingegen die Kurve B eine recht gleichmäßige Einkommensverteilung zeigt.

Allgemeiner gesprochen sagen wir, daß die Einkommensverteilung, die von einer Lorenzkurve dargestellt ist, gleichmäßiger ist als diejenige, die von einer anderen dargestellt wird, wenn die erstere innerhalb der letzteren liegt[17]. Unglücklicherweise verhält es sich mit der Lorenzkurve ganz ähnlich wie mit dem Pareto-Prinzip, das, wie wir sahen, für die meisten wirtschaftspolitischen Fragen als Entscheidungskriterium nicht ausreicht: der Erkenntnisgewinn aus der Beobachtung, daß eine Lorenzkurve innerhalb einer anderen liegt, ist aus zwei Gründen begrenzt. Der erste Grund ist, daß dieses Kriterium oft nicht erfüllt ist. Eine Lorenzkurve schneidet dann eine andere (B und C in der Zeichnung 10.5). Zweitens befinden wir uns oft in der Situation, daß wir eine Abwägung zwischen Gleichheit

---

[17] Vgl. A. B. Atkinson: On the Measurement of Inequality. Journal of Economic Theory 2 (1970), S. 224-43. Dort findet sich eine eingehendere Erörterung des Konzepts größerer Ungleichheit.

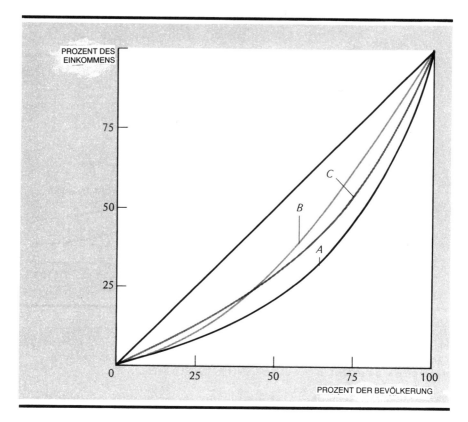

Abb. 10.5 Die Lorenz Kurve. Die Lorenzkurve zeigt uns den Prozentanteil der Bevölkerung, der einen bestimmten Prozentanteil des Einkommens der Nation bezieht. Die Kurve A entspricht einer ungleichmäßigeren Verteilung als B. Bei A nämlich beziehen die armen Bevölkerungsteile einen kleineren Teil des Volkseinkommens als bei B. Lorenz Kurven überschneiden sich häufig. Es ist nicht klar, ob die Einkommensverteilungen B oder C gleichmäßiger sind.

und Durchschnittseinkommen treffen müssen. Wieviel ist die Gesellschaft bereit zu zahlen, damit die Ungleichheit verringert wird? Dies sind quantitative Fragen, die die Messung der Ungleichheit mittels einer Zahl erforderlich machen. Liegt eine Lorenzkurve innerhalb einer anderen, können wir sagen, daß die eine Einkommensverteilung ungleicher ist als eine andere, aber dies liefert uns kein numerisches Maß für den Unterschied.

Der Gini-Koeffizient. Eine vielfach verwendete Maßgröße für den Unterschied zwischen Einkommensverteilungen ist der Gini-Koeffizient. Wir zeigten weiter oben, daß die Einkommensverteilung umso gleichmäßiger ist, je näher die Lorenzkurve bei der Diagonalen liegt. Wir können den Abstand von der Diagonalen messen, indem wir die Fläche zwischen der Kurve und der Diagonalen ausrechnen[18]. Das Zweifache dieser Fläche wird Gini-Koeffizient genannt. Ist diese

---
[18] Machen Sie sich klar, daß die Fläche des ganzen Vierecks in der Zeichnung 10.5 100% mal 100% ist, also eins. Die Fläche unterhalb der Diagonale ist also 0,5.

Fläche null, dann ist auch der Gini-Koeffizient null, und es besteht keinerlei Ungleichheit; wenn die Fläche die Größe 1/2 hat, ist alles Einkommen beim reichsten Individuum konzentriert und der Gini-Koeffizient erreicht den Wert 1. Der Gini-Koeffizient muß also zwischen 0 und 1 liegen. In der BR Deutschland, in den USA und in den meisten anderen entwickelten Staaten liegt er um 0,3 (und hat sich im Lauf der letzten Jahrzehnte nur wenig verändert).

Die Armutsgrenze. Eine andere häufig angewandte Maßgröße ist der Prozentanteil der Bevölkerung, deren Einkommen unter der Armutsgrenze liegt, der sogenannten Armutsbevölkerung. Für die Bestimmung der Armutsgrenze nimmt man dann gerne auf den Bedarfssatz der Sozialhilfe bezug. Von diesem wird gewissermaßen behauptet, daß er so etwas wie ein „kulturelles Existenzminimum" bestimme. Was dies bedeutet, ist nicht klar. Immerhin ist der Bedarfssatz der Sozialhilfe in der BR Deutschland höher als das Durchschnittseinkommen in vielen Ländern der dritten Welt.

Die Maßgröße „Prozentanteil der Armutsbevölkerung" steht ebensowenig wie der Gini-Koeffizient in irgendeinem Zusammenhang zu einer Nutzen- (bzw. sozialen Wohlfahrts-)funktion. Sie hat eine Reihe von merkwürdigen Eigenschaften. Sie berücksichtigt nicht, wie stark das Einkommen der Individuen die Armutsgrenze unter- oder überschreitet. Sie mißt nur einfach, welcher Teil der Bevölkerung weniger als einen bestimmten Schwellenwert verdient.

Zusammenfassung

1. Die Kosten-Nutzen-Analyse liefert ein System von Verfahren, mit deren Hilfe die Regierung prüfen kann, ob ein Projekt oder ein Programm durchgeführt werden soll, und wenn deren mehrere zur Wahl stehen, welches derselben durchgeführt werden sollte.

2. Eine private Kosten-Nutzen-Analyse enthält eine Analyse der Konsequenzen (Inputs und Outputs) eines Vorhabens, wobei Marktpreise verwendet werden, um die Nettogewinne für jedes Jahr zu ermitteln, und eine Abdiskontierung zukünftiger Gewinne vorgenommen wird, um den Gegenwartswert des Vorhabens zu ermitteln.

3. Öffentliche Kosten-Nutzen-Analysen enthalten dieselben Prozeduren wie private mit dem Unterschied, daß der Kreis der Folgen, die berücksichtigt werden, breiter ist und daß die Preise, zu denen Inputs und Outputs bewertet werden, möglicherweise keine Marktpreise sind, weil entweder die Inputs und Outputs nicht auf Märkten gehandelt werden (und infolgedessen keine Marktpreise existieren) oder die Marktpreise infolge eines Marktversagens die gesamtwirtschaftlichen Grenzkosten und Grenzvorteile nicht richtig widerspiegeln.

4. Stellt der Staat ein Gut oder einen Dienst bereit, der vorher nicht verfügbar war (bohrt er beispielsweise einen Tunnel durch einen Berg), oder stellt er ein öffentliches Gut bereit, bemißt sich der Wert dieses Vorhabens für ein Individuum als die Konsumentenrente, die ihm zufließt; dies ist die Fläche unter der (kompensierten) Nachfragekurve.

5. Der Staat muß (aus Marktdaten und Beobachtungen über das Verhalten der Individuen) Schlüsse ziehen, die eine Bewertung der nichtmarktgängigen Outputs (Folgen), z.B. gerettete Menschenleben oder gesparte Zeit, ermöglichen.

6. Der Diskontfaktor, den der Staat verwenden sollte, um Vorhaben zu bewerten, kann sich von dem Diskontfaktor, den private Unternehmen verwenden, unterscheiden.

7. Um riskante Vorhaben zu bewerten, muß man die Gewißheitsäquivalente der Nutzen und Kosten berechnen.

8. Verteilungspolitische Erwägungen können bei der Bewertung herangezogen werden, indem entweder die Nutzen, die verschiedenen Gruppen zufließen, unterschiedlich gewichtet werden oder indem man die Wirkung auf irgendein Maß der Ungleichheit ermittelt.

Schlüsselbegriffe

Abdiskontieren, Diskontierungsfaktor
Gegenwartswert
Kompensierte Nachfragekurve
Schattenpreise
Konsumentenrente
Kosten-Wirksamkeitsanalyse
Crowding out

Intergenerationale Verteilung
Gewißheitsäquivalent
Risikodiskontierungsfaktor
Risikoprämie
Verteilungsgewicht
Lorenz-Kurve

Fragen und Probleme

1. Betrachten Sie ein Vorhaben, das 100000 DM kostet und das über einen Zeitraum von 5 Jahren zu Einnahmen von 30000 DM pro Jahr führt. Am Ende des fünften Jahres wird es 20000 DM kosten, den Abraum des Vorhabens zu beseitigen. Sollte das Projekt bei einem Diskontsatz von 0% unternommen werden? Bei einem Diskontsatz von 10%? 15%? Der Zinssatz, bei dem der Gegenwartswert des Vorhabens null wird, wird interner Zinsfuß des Vorhabens genannt.

2. Nehmen Sie an, daß die Kosten der Abraumbeseitigung ungewiß sind; die Wahrscheinlichkeit dafür, daß sie 10000 DM betragen, ist 50% und ebenso groß ist die Wahrscheinlichkeit, daß sie 30000 DM betragen. Erörtern Sie, wie diese Ungewißheit die Kosten-Nutzen-Analyse beeinflußt (wenn der Staat risikoneutral ist, risikoavers ist)!

3. Nehmen Sie nunmehr an, daß die Bevölkerung sich aus zwei Gruppen zusammensetzt. Jede trägt gleich viel zu den Kosten des Vorhabens bei, aber zwei Drittel der Vorteile kommen der reicheren Gruppe zugute. Erörtern Sie, wie das die Kosten-Nutzen-Analyse verändert. Unter welchen Voraussetzungen wird die Entscheidung, das Vorhaben zu verwirklichen, dann umgestoßen?

4. Nehmen Sie an, daß der Staat die Wahl hat, das obige Projekt durchzuführen oder ein größeres. Nehmen Sie an, daß sich bei zusätzlichen Ausgaben in Höhe von 100000 DM die Einnahmen um 25000 DM erhöhen und daß sich die Abraumbeseitigungskosten im letzten Jahr um 20000 DM erhöhen. Welches der beiden Projekte sollte bei einem Diskontsatz von 0 durchgeführt werden? Bei einem Diskontsatz von 10%? Von 15%? In dem Fall, daß sich die Bevölkerung aus zwei Gruppen zusammensetzt, würde es ihre Entscheidung beeinflussen, wenn zwei Drittel der zusätzlichen Nutzen den Armen zugute kommen (wobei die zusätzlichen Kosten ebenso wie vorher von allen gleichermaßen getragen werden)?

5. Erörtern Sie, warum unter einer der folgenden Bedingungen eine öffentliche Kosten-Nutzen-Analyse zu anderen Ergebnissen führen könnte als eine private:
   a) die Arbeitslosenquote beträgt 10%;
   b) der Staat hat einen Importzoll auf Textilien erhoben;
   c) der Staat hat den Import von Öl kontingentiert;
   d) der Staat besteuert Zinseinkommen;
   e) der Staat nimmt Einfluß auf den Gaspreis;
   f) der Staat reguliert den Luftverkehr derart, daß die Preise höher sind als sie unter Wettbewerb wären.

6. Welche Kosten oder Nutzen würden bei den folgenden Projekten im Rahmen einer öffentlichen Kosten-Nutzen-Analyse mitbehandelt, die bei einer privaten unter den Tisch fallen:
   a) Bau eines Wasserkraftwerks;
   b) Bau eines Stahlwerks;
   c) Bau einer Chemiefabrik;
   d) ein Programm zur Erhöhung des Sicherheitsstandards von Kfz;
   e) ein Ausbildungsprogramm innerhalb einer Unternehmung, um den Ausbildungsstand von Lehrlingen türkischer Nationalität zu verbessern?

   Wie würde die Antwort sich ändern, wenn es zu Veränderungen der Gesetzgebung käme (z.B. eine Haftung des Automobilherstellers für Verkehrsunfälle eingeführt würde oder eine Produzentenhaftung bei Umweltverschmutzung, etc.)?

11. Kapitel
Gesundheitswesen

Im Jahr 1974 warf Heiner Geißler das Schlagwort von der „Kostenexplosion im Gesundheitswesen" auf den politischen Markt, das seitdem zu einem Dauerthema der politischen Auseinandersetzung avanciert ist. In der Tat sind die Ausgaben für das Gesundheitswesen von weniger als 5% des Bruttosozialprodukts in den fünfziger Jahren auf über 10% im Jahre 1988 angewachsen[1]. Obwohl die Kosten des Gesundheitswesens während dieses Jahrhunderts fast stets stärker gewachsen sind als die Volkswirtschaft, kam es doch zwischen 1970 und 1975 zu den bei weitem stärksten Zuwächsen. Der (durchschnittliche) Beitragssatz der gesetzlichen Krankenversicherung lag in den fünfziger Jahren noch bei 8% und ist seitdem auf über 13% angestiegen[2]. Für 1989 wird mit einem Beitragssatz von 13,4% gerechnet. Ursprünglich, als diese Versicherung geschaffen wurde, also 1883, betrug er nur zwischen 2 und 3%. Die Zeichnung 11.1 zeigt die Entwicklung der Beitragssätze seit 1900.

Nun ist ein bloßer Anstieg der Ausgaben für die Produkte eines Wirtschaftszweigs, in diesem Fall des Gesundheitswesens, noch kein Grund zur Besorgnis. Schließlich sind etwa die Ausgaben für Reisen und Tourismus im selben Zeitraum noch stärker gestiegen, ohne daß dies zu viel Beunruhigung Anlaß gäbe. Im Fall des Gesundheitswesens ist demgegenüber die Sorge weit verbreitet, daß wir „zu viel" für seine Dienste aufwenden. Es wird mit anderen Worten an seiner Effizienz gezweifelt und daran, ob seine Leistungen ihren deutlich gestiegenen Preis wert sind.

Dazu kommt, daß insbesondere wegen des wachsenden Anteils der Rentner an der Gesamtbevölkerung, der für die Zukunft zu erwarten ist, mit einem weiteren überproportionalen Anwachsen der Aufwendungen für das Gesundheitswesen zu rechnen ist. Der Anteil der Rentner an den gesamten Aufwendungen für das Gesundheitswesen ist weit größer als ihr Anteil an der Bevölkerung der BR Deutschland. Die gesetzliche Krankenversicherung, in der über 90% der Bevölkerung versichert sind, ist derart konstruiert, daß diese Lasten zum beträchtlichen Teil auf den Schultern der noch berufstätigen Bevölkerung ruhen. Es wird gefordert, daß die gesetzliche Krankenversicherung in der Zukunft zum beträchtlichen Teil zusätzlich noch das sog. Pflegerisiko versichern solle. Dies ist das Risiko, daß ein Versicherter in die Situation gerät, dauernder Pflege zu bedürfen. So-

---

[1] Eine genaue Ermittlung der Höhe dieser Kosten bereitet Schwierigkeiten, gehören hierzu doch neben den Aufwendungen des wichtigsten Finanzierungsträgers, der Krankenversicherung, noch eine Vielzahl von Posten wie Beihilfen für Beamte, Eigenbeiträge des Kurgastes bei Kuraufenthalten, Subventionierung von Krankenanstalten durch religiöse Organisationen usw.

[2] Wären die gesetzlichen Krankenkassen nicht 1969 durch die Einführung der vollen Lohnfortzahlung des Arbeitgebers im Krankheitsfall von der Krankengeldzahlung entlastet worden, müßten heute die Beitragssätze (bei gleichem Leistungsniveau) noch um ca. 2 Prozent höher liegen. Die Darstellung der Beitragssatzentwicklung untertreibt also den Anstieg der Belastung.

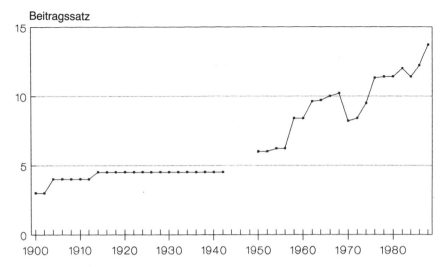

Abb. 11.1 Durchschnittliche Beitragssätze in der gesetzlichen Krankenversicherung. Bis zum Zweiten Weltkrieg war der durchschnittliche Beitragssatz lange Zeit bemerkenswert stabil. Nach dem Zweiten Weltkrieg setzte ein starker Anstieg ein. Das Sinken der Beitragssätze um 1970 war durch eine Verlagerung eines erheblichen Teils der Ausgaben auf andere Kostenträger bedingt (Lohnfortzahlung im Krankheitsfall, Krankenhausfinanzierungsgesetz).

weit diese Pflege in einem Pflegeheim erbracht wird, sind die Kosten hierfür mit Monatssätzen von 3000-4000 DM erheblich.

Das bestehende System der Krankenversicherung und des Gesundheitswesens ist heute noch durch Institutionen geprägt, die bereits im Kaiserreich, insbesondere 1883 durch das Reichsgesetz über die Krankenversicherung geschaffen wurden. Wesentliche weitere Grundlagen wurden in den zwanziger Jahren, während der Weltwirtschaftskrise (durch Notverordnung im Jahre 1931) und unter dem Nationalsozialismus gelegt[3]. Die gegenwärtige Bundesregierung bemüht sich angesichts der Funktionsmängel, die dieses traditionsreiche System heute zeigt, um eine Reform des Gesundheitswesens.

---

[3] Ein bedeutender Einschnitt war schließlich auch das Krankenhausfinanzierungsgesetz, das 1972 verabschiedet wurde. Die Krankenhäuser bewegten sich bis 1936 im Rahmen der Vertragsfreiheit relativ frei von staatlicher Reglementierung. Erst seit 1936 greift der Staat massiv in ihre Preispolitik ein. Erst 1972 wurde das weiter unten dargestellte sogenannte duale System eingeführt, nach dem der Staat regelmäßig für die Investitionskosten der Krankenhäuser aufkommt. Bis dahin hatten diese zumindest im Prinzip derartige Kosten selbst zu erwirtschaften. Die Entwicklung des Rechts der Krankenhausfinanzierung ist im allgemeinen durch immer intensivere staatliche Regulierung gekennzeichnet. Dasselbe läßt sich auch über die meisten anderen Märkte für Gesundheitsgüter sagen.

Die Struktur des Gesundheitswesens in der BR Deutschland

Die Krankenversicherung

Fast die gesamte Bevölkerung der BR Deutschland unterliegt dem Versicherungsschutz durch eine Krankenkasse[4]. 1986 waren über 54 Millionen Bundesbürger bei einer Kasse der gesetzlichen Krankenversicherung (GKV) versichert. Diese 54 Millionen sind nicht alle selbst Mitglied einer solchen Kasse. Ein Teil davon ist vielmehr mitversichert, nämlich die nicht berufstätigen Ehegatten von Pflichtversicherten und deren Kinder. Nicht alle 54 Millionen sind pflichtversichert – die Zahl der freiwilligen Versicherten der GKV betrug 1986 3,7 Millionen. 5,3 Millionen, die nicht Mitglied der GKV waren, unterlagen dem Versicherungsschutz einer privaten Krankenversicherung (PKV). Darüberhinaus hatten noch mehrere Millionen Pflichtversicherte der GKV zusätzlich einen freiwilligen Versicherungsschutz durch die PKV erworben, um sich höherer Leistungen bei Krankenhausaufenthalten, insbesondere einer Behandlung als Privatpatient und einer Unterbringung in der 1. oder 2. Klasse zu versichern.

Bei der GKV pflichtversichert sind alle Arbeiter und darüberhinaus diejenigen Angestellten, die ein Einkommen beziehen, das unter der Beitragsbemessungsgrenze (Versicherungspflichtgrenze) liegt[5]. Diese Obergrenze für das Bestehen einer Versicherungspflicht betrug 1989 54 900 DM Jahreseinkommen. Pflichtversichert sind ferner Landwirte, Studenten und bestimmte Gruppen von Selbständigen. Eine Wahlmöglichkeit zwischen GKV und PKV bestand bislang u.a für die Beamten, Angestellte mit hohem Einkommen und einen Teil der Selbständigen. Für die Mehrzahl dieser Personen ist diese Wahlmöglichkeit ab 1989 abgeschafft worden. Sie können sich jetzt nur mehr bei der PKV versichern.

1986 gab es insgesamt 1194 Kassen der gesetzlichen Krankenversicherung. Hierbei handelte es sich um 269 Ortskrankenkassen mit 25 Millionen Versicherten, 15 Ersatzkassen mit 16 Millionen Versicherten und eine Vielzahl zumeist kleinerer Betriebskrankenkassen, Innungskrankenkassen, Landwirtschaftlichen Krankenkassen sowie die Seekrankenkasse und die Bundesknappschaft. Diese Vielfalt an Kassen ist nur historisch verständlich[6]. Sie führt aber keineswegs zu einem ausgeprägten Wettbewerb, weil die Möglichkeit des Versicherten, zwischen verschiedenen Kassen zu wählen, äußerst eingeschränkt ist. Oft wird der Versicherungspflichtige einer bestimmten Kasse automatisch zugeordnet. Einen Wettbewerb um Mitglieder gibt es zwischen den verschiedenen Ersatzkassen und der Gesamtheit der anderen gesetzlichen Kassen und ferner bis zum gewissen Grad auch noch zwischen Betriebs- und Ortskrankenkassen. Für verschiedene Personengruppen sind die Wahlmöglichkeiten sehr unterschiedlich. Ein Arbeiter bei-

---

[4] Nur 0,4 Prozent der Bevölkerung sind bei keiner Krankenkasse versichert. Bei bedürftigen Individuen kann die Sozialhilfe den Krankenversicherungsbeitrag übernehmen. Sie kann stattdessen aber auch sogenannte Krankenhilfe gewähren, also die Kosten der Versorgung selbst übernehmen. 1986 erhielten 393 000 Personen Krankenhilfe.

[5] Diese Beitragsbemessungsgrenze ändert sich meist jährlich und beträgt 75 Prozent der Beitragsbemessungsgrenze in der Rentenversicherung. Über 80 Prozent aller Erwerbstätigen verdienen weniger als die Beitragsbemessungsgrenze.

[6] Tatsächlich bestanden in der Vergangenheit noch wesentlich mehr Kassen und ist bereits diese Zahl das Ergebnis eines bedeutenden Konzentrationsprozesses.

spielsweise, dessen Unternehmen nicht über eine Betriebskrankenkasse verfügt, ist zumeist automatisch der jeweiligen Ortskrankenkasse zugeordnet. Ein Angestellter in einem größeren Unternehmen hingegen, in dem eine Betriebskrankenkasse besteht, hat die Möglichkeit, zwischen der Betriebskrankenkasse, einer Angestellten-Ersatzkasse und der jeweiligen Ortskrankenkasse zu wählen. Die GKV-Kassen unterliegen sämtlich einem Kontrahierungszwang. Nichtsdestoweniger haben die Ersatzkassen aufgrund der Zusammensetzung des Personenkreises, dem sie zugänglich sind, oft eine günstigere Risikomischung und können dieselben Leistungen mit geringeren Beitragssätzen erbringen. Die Ortskrankenkassen klagen hierüber vernehmlich.

Die Selbstverwaltungsorgane einer jeden gesetzlichen Krankenkasse können über die Höhe der Beiträge, die sie von ihren Mitgliedern erheben, selbst entscheiden[7]. Der Beitrag wird zur einen Hälfte vom Arbeitnehmer, zur anderen vom Arbeitgeber entrichtet. Gesetzlich geregelt ist hingegen, daß die Beiträge einen bestimmten Prozentsatz des Grundlohns des jeweiligen Mitglieds darstellen müssen. Den Kassen ist es nicht gestattet, den Beitragssatz nach der Schwere des jeweiligen Risikos, dem Lebensalter oder der Zahl der mitversicherten Familienangehörigen zu differenzieren[8]. Unterschiede in der absoluten Beitragshöhe gibt es infolgedessen innerhalb ein- und derselben Kasse nur aufgrund des Einkommens. Besser Verdienende zahlen einen absolut höheren Beitrag, eben weil der Beitrag als Prozentsatz des Grundlohns berechnet wird.

Die Kasse hat keinen bedeutenden Einfluß auf die Leistungen, die sie gewährt. Die weit überwiegende Zahl aller Gesundheitsgüter muß sie bezahlen. Auch welche Zusatzleistungen sie gewähren kann, ist durch die Reichsversicherungsordnung weitgehend vorgeschrieben. Möglichkeiten einer Differenzierung der Beitragssätze und eines je nach Wunsch des Versicherungsnehmers unterschiedlich umfangreichen Versicherungsschutzes bestehen damit praktisch nur in der PKV. Allerdings hat auch dort die staatliche Versicherungsaufsicht in Gestalt des Aufsichtsamtes für Versicherung die Vertragsfreiheit empfindlich beschränkt.

Ärzte und Krankenhäuser

Nicht nur die Nachfrage nach Gesundheitsgütern unterliegt weitgehender staatlicher Regulierung, sondern auch das Angebot. Von den 165 015 Ärzten (ohne Zahnärzte), die 1986 berufstätig waren, waren 68 698 hauptberuflich in freier Praxis tätig, 79 216 in Krankenhäusern. Von den 674 384 Krankenhausbetten befanden sich 340 877 in öffentlichen, 237 186 in freigemeinnützigen Krankenhäusern, also vor allem von den religiösen Gemeinschaften betriebenen Häusern, und die restlichen 96 321 in Privatkliniken.

Da der Großteil aller potentiellen Patienten Kassenmitglieder sind, ist ein Arzt heute praktisch darauf angewiesen, als sogenannter Kassenarzt zugelassen zu werden, das heißt als ein Arzt, der mit den gesetzlichen Kassen abrechnen kann.

---
[7] Über die Zusammensetzung dieser Selbstverwaltungsorgane wird im Prinzip im Wege der sogenannten Sozialwahlen entschieden. Die Wahlbeteiligung bei derartigen Wahlen war aber stets verhältnismäßig gering und überschreitet nur bei den Betriebskrankenkassen die 50%-Marke. Generell spielen diese Wahlen keine sonderlich bedeutende Rolle.
[8] Die Juristen sehen darin einen Niederschlag des sog. Solidaritätsprinzips in der gesetzlichen Versicherung.

Es gab und gibt Bestrebungen der Kassen, die Zulassung von Ärzten als Kassenärzte zu beschränken. Diesen Bestrebungen sind allerdings enge verfassungsrechtliche Grenzen gezogen. Die Unternehmensform, in der sich ein niedergelassener Arzt betätigen kann, ist vom Gesetzgeber weitgehend vorgegeben. Im wesentlichen sind nur Einzel- und bestimmte Formen von Gemeinschaftspraxen zulässig. Andere mögliche Unternehmensformen medizinischer Betriebe, die durchaus sinnvoll sein könnten, wie etwa ein medizinischer Dienst eines Versicherungsunternehmens für seine Versicherten, sind unzulässig[9]. Im ambulanten Bereich ist es grundsätzlich unzulässig, daß ein Unternehmen oder ein Arzt einen anderen unselbständig beschäftigt.

Ein jeder Kassenarzt ist Zwangsmitglied in der kassenärztlichen Vereinigung. Diese schließt auf Landesebene Abkommen mit den Verbänden der Krankenkassen, in denen die Vergütungen fixiert werden, die für bestimmte Leistungen gewährt werden. Obwohl im Prinzip unterschiedliche Vergütungsformen möglich sind, überwiegt heute praktisch die Einzelleistungsvergütung. Bei ihr werden die verschiedenen Leistungen, die der Arzt erbringt, also beispielsweise jede einzelne Beratung durch den Arzt, jeweils mit einem bestimmten Satz vergütet.

Errichtung und Ausbau von Krankenhäusern unterliegen einer staatlichen Planung, der sogenannten Bedarfsplanung. Die Krankenhäuser, die in diese aufgenommen sind, finanzieren sich hauptsächlich aus zwei Quellen (duales System). Die erste ist der sogenannte Pflegesatz. Die Leistungen der Krankenhäuser werden von den gesetzlichen Kassen nach dem Pflegesatz vergütet. Dies ist ein Tagessatz, der so kalkuliert sein soll, daß das Krankenhaus seine laufenden Kosten (sog. Benutzerkosten) damit decken kann. Die Bau- und Errichtungskosten (d.h. die sogenannten Vorhaltungskosten) dieser Krankenhäuser trägt der Staat und zwar vornehmlich die Länder[10]. Dies ist die zweite Finanzierungsquelle. Die Benutzerkosten also müssen die Krankenhäuser selbst erwirtschaften (Pflegesatz), die Vorhaltungskosten dagegen nicht. Mit Ausnahme der Privatkliniken arbeiten die Krankenhäuser nicht gewinnorientiert.

Pharmahersteller

Relativ freier Wettbewerb herrscht bei der Produktion von Pharmaka und medizinischen Apparaten und Ausrüstungen. Insbesondere ersterer hat allerdings kaum den Charakter eines Preiswettbewerbs, kommen die gesetzlichen Versicherungen bislang doch ganz unabhängig von der Höhe des Preises für die Kosten der Medikamente auf. Eine Ausnahme hiervon machen nur bestimmte Teilmärkte wie beispielsweise die Medikamentenbeschaffung durch Krankenhausapotheken, die durchaus Preisbewußtsein an den Tag legen. Der Wettbewerb verlegt sich infolgedessen eher auf das Gebiet der Forschung und Entwicklung, auf dem die deutschen Pharmahersteller tatsächlich eine führende Rolle in der Welt spie-

---

[9] Einige wenige öffentlich-rechtliche Versicherer betreiben eigene (stationäre) Gesundheitseinrichtungen, wobei die Möglichkeiten der Errichtung und des Betriebs derartiger Einrichtungen aber sehr beschränkt sind. Sog. Ambulatorien, die von den Kassen betrieben wurden, spielten in der Vergangenheit, nämlich bis in die dreißiger Jahre, eine Rolle.

[10] Dies gilt nicht für Krankenhäuser, die nicht in den Bedarfsplan aufgenommen wurden, und für Krankenhäuser, die nicht als gemeinnützig anerkannt wurden, also für bestimmte Privatkliniken.

len, und auf die Werbung. Die Anschuldigung, daß ihre Werbeausgaben überhöht seien, hat zu Selbstbeschränkungsabkommen der Pharmahersteller geführt und in jüngerer Zeit darüberhinaus zu staatlichem Eingreifen.

Gründe für die Rolle des Staates bei der Bereitstellung von Gesundheitsgütern

Marktversagen

Wie läßt sich die bestimmende Rolle staatlicher Regulierungen und Eingriffe bei der Bereitstellung von Gesundheitsgütern begründen? Welche Arten von Marktversagen liegen vor? Die verschiedenen staatlichen Eingriffe lassen sich auf unterschiedliche Art und Weise erklären.

Die medizinische Forschung kommt ebenso wie andere Forschung oft einem reinen öffentlichen Gut nahe. Manche Ergebnisse wie z.B. neue Medikamente können durch Patent geschützt werden. Bei den meisten Forschungsergebnissen ist dies aber nicht der Fall. Selbst wenn eine Patentverleihung möglich ist, ist es nicht immer klar, ob sie wünschenswert ist. Die Gewährung eines Patents führt zu höheren Preisen. Dies mag insbesondere dann problematisch sein, wenn auf dem Markt sowieso kein nennenswerter Preiswettbewerb stattfindet. Auch besteht der Verdacht, daß ein nicht unbeträchtlicher Teil der Forschungsaufwendungen privater Unternehmen auf die Umgehung von Patenten entfällt, also auf die Erfindung von Nachahmerpräparaten, die ebenso wirkungsvoll sind wie das patentgeschützte, aber nicht unter das Patent fallen[11].

Mit bestimmten, insbesondere ansteckenden Krankheiten sind externe Effekte verbunden. Deswegen kann es wünschenswert sein, einen Impfzwang und Quarantänevorschriften einzuführen.

Man mag bezweifeln, ob ein jeder auf einem unregulierten Versicherungsmarkt in der Lage wäre, einen Versicherer zu finden. Als die gesetzlichen Krankenkassen geschaffen wurden, bestanden in Deutschland nur ganz ungenügende Möglichkeiten, privat Krankenversicherung zu erwerben[12]. Die Erfahrungen anderer Länder zeigen, daß sich auch dort die private Krankenversicherung nur verhältnismäßig langsam entwickelte und vor der Versicherung bestimmter schwerer Risiken wie etwa von Rentnern zurückschreckt.

Ungleichheit und staatliche Eingriffe in die Bereitstellung von Gesundheitsgütern

Der wichtigste Grund für die wesentliche Rolle des Staates bei der Bereitstellung von Gesundheitsgütern ist die Besorgnis, daß ohne derartige Eingriffe ein Teil der Bevölkerung sich bestimmte Gesundheitsgüter nicht würde leisten können.

---

[11] Durch eine Veränderung der molekularen Struktur, eine sog. Molekülmanipulation, können chemisch verschiedene Präparate mit vergleichbarem Wirkungsmechanismus hervorgebracht werden.
[12] Bei den berufsständischen Organisationen und Hilfskassen, die zuvor in einem bescheidenen Umfang Versicherungsschutz gewährten, waren vor 1883 kaum mehr als 2 Prozent der Bevölkerung krankenversichert.

Gemäß einer weitverbreiteten Vorstellung sollte jeder ein Recht auf ärztliche Behandlung und einen Zugriff auf alle Gesundheitsgüter haben, deren Konsum für die Besserung seines Gesundheitszustands empfehlenswert erscheint. Wenn nicht alle gleichbehandelt werden können, sollte eine Diskriminierung nicht auf der Grundlage der Zahlungsfähigkeit, sondern nach anderen Kriterien, wie dem Lebensalter, den Erfolgsaussichten einer Operation oder vielleicht nach einem Zufallsverfahren erfolgen. Dieser Vorstellung gemäß sind Gesundheitsgüter etwas völlig anderes als Kleider, Kinobesuch, Automobile oder irgendwelche anderen Güter. Ebensowenig wie das Wahlrecht auf einem Markt gehandelt werden sollte (Individuen dürfen ihre Stimme nicht verkaufen und auch keine Stimmen erwerben) und ebenso wie die Wehrpflicht allgemein sein und kein Gegenstand des Kaufens und Verkaufens sein sollte (und es also nicht möglich sein soll, sich von ihr freizukaufen), so sollte auch das Recht auf Leben – und damit der Zugang zu Gesundheitsgütern – nicht durch den Markt geregelt werden. Eine derartige Sicht nennt man **gutspezifischen Egalitarismus**[13].

Nicht alle Ökonomen sind damit einverstanden, daß Gesundheitsgüter anders behandelt werden als andere Güter. Viele glauben, daß das nicht geschehen sollte: diejenigen, die mehr Geld haben und dies für die Erlangung von Gesundheitsgütern aufwenden wollen, sollen dies tun dürfen. Vertreter dieser Ansicht weisen oft darauf hin, daß der Zusammenhang zwischen ärztlicher Behandlung und Überleben bzw. Tod ziemlich schwach ist; andere Faktoren wie Rauchen, Alkoholgenuß, Ernährung und insbesondere Bildung spielen eine nicht weniger bedeutende und vielleicht sogar eine bedeutendere Rolle für die Lebenserwartung und den Gesundheitszustand eines Individuums als die Bemühungen der Ärzte[14]. In Großbritannien ist seit kurz nach dem 2. Weltkrieg die Inanspruchnahme des Gesundheitsdienstes unentgeltlich. Bis zum 2. Weltkrieg war dort der Zugang der ärmeren Schichten zum Gesundheitswesen recht begrenzt. Studien der englischen Erfahrungen zeigen, daß die Sozialisierung des englischen Gesundheitsdiensts dennoch nicht zu einer Verringerung der Klassenunterschiede in bezug auf Kindersterblichkeit, Sterblichkeit der Mütter oder Lebenserwartung geführt hat.

Eine dritte mögliche Sicht ist, daß jeder ein Recht auf eine gewisse Mindestversorgung mit Gesundheitsgütern haben sollte. Aber auch, wenn man sich dieser Meinung anschließt, verbleibt noch die Frage, welche Auswirkungen unterschiedliche Verfahren der Gewährung einer Mindestversorgung auf die Effizienz bei der Produktion und Verteilung von Gesundheitsgütern haben.

Obwohl diese Erwägungen die Rolle des Staates im Gesundheitswesen zum Teil erklären, lassen sich auch noch weitere Symptome eines Marktversagens fin-

---

[13] J. Tobin: On Limiting the Domain of Inequality. Journal of Law and Economics 13 (1970) S. 263-77.

[14] Wegen einer näheren Darlegung dieser Sicht vgl. V. R. Fuchs: From Bismarck to Woodcock: The ‚Irrational' Pursuit of National Health Insurance. Journal of Law and Economics 19 (1976) S. 347-59; V. Fuchs: Who Shall Live? Health Economics and Social Choice. New York 1975. Für die Schweiz hat Peter Zweifel dargetan, daß zusätzliche Ausgaben für das Gesundheitswesen kein geeignetes Mittel zur Verbesserung des Gesundheitszustands der Bevölkerung seien. Vgl. Wieviel ist eine zusätzliche Million für das schweizerische Gesundheitswesen wert? Schweizerische Zeitschrift für Volkswirtschaft und Statistik 1978 (114) S. 469.

den, die zumindest nach Meinung einiger Ökonomen einen Grund für den einen oder anderen staatlichen Eingriff liefern. Unabhängig davon, ob dies nun tatsächlich so ist oder nicht, ist es für die Beurteilung gesundheitspolitischer Vorschläge erforderlich, ein Verständnis dafür zu erlangen, inwiefern sich Märkte für Gesundheitsgüter von anderen Märkten unterscheiden.

Warum Märkte für Gesundheitsgüter den üblichen Kriterien für wettbewerbliche Märkte nicht genügen

Die Theorie wettbewerblicher Märkte geht von mehreren wesentlichen Voraussetzungen aus. Darunter sind:

a) Es gibt viele Anbieter, von denen jeder seinen Gewinn zu maximieren bestrebt ist.
b) Die Ware, die gekauft und verkauft wird, ist homogen.
c) Die Käufer sind wohlinformiert: sie kennen die Preise und die Qualitäten, die angeboten werden.

Wenn ein Unternehmen unter diesen Voraussetzungen eine Möglichkeit findet, eine Ware billiger zu erzeugen, kann es den Preis senken und dadurch zusätzliche Kunden gewinnen. Die Produktion ist stets effizient und die Preise entsprechen den Produktionskosten der effizientesten Unternehmen.

Sind diese Voraussetzungen hingegen nicht erfüllt, so kann es sein, daß ineffiziente Unternehmen überleben und daß die Preise die Produktionskosten übersteigen. Handelt es sich beispielsweise um einen Monopolisten, dann verlangt dieser einen Preis, bei dem die Grenzkosten gleich dem Grenzerlös sind. Da dieser geringer als der Preis ist, verlangt ein Monopolist mehr als die Grenzkosten der Produktion.

Wenn das Gut heterogen ist und die Nachfrager nicht vollkommen informiert sind, dann ist es nicht so einfach, festzustellen, ob ein niedriger Preis signalisiert, daß hier effizient gearbeitet wurde, oder ob es sich um eine Ware minderer Qualität handelt. Und wenn die Konsumenten über die Preise nicht gut informiert sind, können Unternehmen ihre Preise anheben, ohne daß sie allzuviel Kunden verlieren. Unglücklicherweise sind auf Märkten für Gesundheitsgüter die Bedingungen für wohlfunktionierende Wettbewerbsmärkte sämtlich nicht erfüllt, wie dies in der Tabelle 11.2 dargestellt ist.

Tabelle 11.2 Unterschiede zwischen Märkten für Gesundheitsgüter und den Standardannahmen über Märkte unter vollkommenem Wettbewerb

Standardannahmen	Märkte für Gesundheitsgüter
Viele Anbieter	eine begrenzte Zahl von Anbietern (außerhalb größerer Städte), monopolistische Zusammenschlüsse der Anbieter (kassenärztliche Vereinigung)
Gewinnmaximierende Unternehmen	gemeinnützige Unternehmen
homogene Güter	heterogene Güter
Gutinformierte Kunden	Schlechtinformierte Kunden

Wenn ein Haushalt ein Auto oder einen Fernseher kauft, dann kann man annehmen, daß er einigermaßen gut informiert ist (und es gibt auch genügend Quellen, aus denen er jederzeit unschwer Informationen gewinnen kann). Gehen Sie hingegen zum Arzt, kaufen Sie in beträchtlichem Maße die Informationen und Kentnisse eines anderen, nämlich des Arztes. Der Patient muß sich auf das Urteilsvermögen des Arztes verlassen, wenn es um den Erwerb eines Medikaments oder die Durchführung einer Operation handelt. Es ist weit schwieriger, die Qualität verschiedener Ärzte zu beurteilen als die verschiedener Fernseher. Dies ist ein Grund, warum der Staat seit langem bei der Zulassung von Ärzten (Staatsexamina) und von Medikamenten eine Rolle spielt[15].

Unvollkommener Wettbewerb

Ein Preiswettbewerb zwischen verschiedenen Ärzten ist in der BR Deutschland durch staatliche Regulierungen, insbesondere das Institut der kassenärztlichen Vereinigung, ausgeschlossen. Gegenüber den gesetzlichen Kassen tritt die Ärzteschaft geschlossen und straff organisiert auf. Die Kassen haben demgegenüber eine schwächere Stellung, gibt es doch keinen einheitlichen Spitzenverband aller Kassen. Sie haben zumindest in der Vergangenheit, als die Kostendämpfung im Gesundheitswesen noch nicht zum ständigen Anliegen des Staates geworden war, den Honorarforderungen der kassenärztlichen Vereinigung nur schwachen Widerstand entgegengesetzt[16]. Können sich Kassen und kassenärztliche Vereinigung nicht einigen, kommt es zu einem Schiedsgerichtsverfahren[17]. Zumindest in der Vergangenheit stellte sich bei diesen zumeist heraus, daß die Ärzte am längeren Hebel saßen. Inzwischen sind die Ärzteverbände in ihren Honorarforderungen allerdings maßvoller geworden, haben sie doch einsehen müssen, daß sie sonst längerfristig den Ast absägen, auf dem sie sitzen – das Institut der in einer kassenärztlichen Vereinigung organisierten freiberuflichen Praxis würde in der Öffentlichkeit stärker in Frage gestellt[18].

Es besteht nun allerdings Grund zu der Vermutung, daß selbst dann, wenn Preiswettbewerb zwischen den Ärzten nicht durch die Rechtslage von vornherein ausgeschlossen wäre, es sich doch nur um eine sehr unvollkommene Form des Wettbewerbs handeln würde. Eine Ursache dafür ist, daß die Information des

---

[15] Kenneth Arrow hat die Bedeutung unvollkommener Information für die Märkte für Gesundheitsgüter herausgestellt. Vgl. K. J. Arrow: Uncertainty and the Welfare Economics of Medical Care. American Economic Review 53 (1963) S. 941-73.
[16] Die überdurchschnittlichen hohen Einkommen der freiberuflich tätigen Ärzte in Deutschland werden vielfach auf diese monopolistische Stellung der kassenärztlichen Vereinigungen zurückgeführt, deren Honorarforderungen die Kassen wegen ihrer Zersplitterung in mehrere Teilgruppen (PKV, Ersatzkassen, Reichsversicherungsordnungs-Kassen) keinen starken Widerstand entgegensetzen konnten. Nach dieser Sicht der Dinge handelt es sich bei den Einkünften der freiberuflich tätigen Ärzte zum Teil um eine Monopolrente.
[17] Ähnlich verhält es sich mit der Aushandlung der Pflegesätze durch Krankenkassen und Krankenhäuser. Kommt es zu keiner Einigung, greift ein Schlichtungsverfahren ein.
[18] So wurde 1986 zwischen den Kassenärztlichen Vereinigungen und den gesetzlichen Kassen vereinbart, daß die Entwicklung der Ausgaben für ärztliche Behandlung im Einklang mit jener der Grundlohnsumme stehen muß. Übersteigt das Produkt aus Mengen der Arztleistungen und Preisen derselben den Betrag, der sich infolge der Orientierung an der Grundlohnsumme ergibt, so verringert sich das Niveau der Einzelpreise. Im einzelnen ist das hierbei angewandte System ziemlich kompliziert.

Konsumenten von Gesundheitsgütern über das Produkt, das er erwirbt, sehr unvollkommen ist. Unvollkommene Information führt dazu, daß der Wettbewerb weniger heftig ist[19]. Ein Unternehmen, das ein standardisiertes Produkt, wie beispielsweise einen Farbfernseher verkauft, weiß, daß es Kunden gewinnen kann, indem es seinen Preis senkt. Die Kunden können durchaus herausfinden, wo ihnen das beste Angebot gemacht wird.

Potentielle Patienten eines Arztes hingegen, die feststellen, daß er geringere Preise verlangt als seine Konkurrenten, mögen hieraus schließen, daß seine Leistungen nicht sonderlich gefragt sind, und daß er deswegen zusätzliche Patienten gewinnen will; die mangelnde Nachfrage nach seinen Diensten aber begründet den Verdacht, daß er kein guter Arzt ist.

Die Heterogenität der Gesundheitsgüter macht Preis- und Qualitätsvergleiche schwierig und behindert die Verbreitung von Informationen über die Eigenschaften der angebotenen Güter. Es mag wohl sein, daß mein Nachbar mit einem Arzt sehr zufrieden war, aber wenn er eine andere Krankheit hatte als ich, ist es nicht gewährleistet, daß ich ähnlich gut behandelt werde. Und wenn ich höre, daß ein Arzt ein höheres Honorar verlangt als ein anderer, dann muß ich zusätzlich noch wissen, was er genau getan hat, um festzustellen, welcher der beiden das bessere Angebot macht.

Darüber hinaus mag es wohl sein, daß die Standesethik der Ärzte selbst dazu beiträgt, die Unvollkommenheit des Wettbewerbs, die wegen Informationsmängeln unvermeidlich ist, noch zu verstärken. Ärzte dürfen nicht für sich werben. In anderen Wirtschaftszweigen hat sich gezeigt, daß Beschränkungen des Rechts, Werbung zu treiben, zu Preiserhöhungen führen (weil sie den Wettbewerb behindern). Ärzte dürfen sich nicht wechselseitig kritisieren.

Die Tatsache, daß sich verschiedene Ärzte oft untereinander beraten und daß sie mitunter im selben Krankenhaus Belegbetten haben, mag ebenfalls den Wettbewerb verringern. Adam Smith schrieb vielleicht leicht übertreibend in The Wealth of Nations: „People of the same trade seldom meet together, even for merriment and diversion, but the conversation ends in a conspiracy against the public, or in some contrivance to raise prices."

Der Wettbewerb zwischen den Krankenhäusern ist ebenfalls notwendigerweise sehr beschränkt. In den meisten kleineren Gemeinden gibt es nur wenige Krankenhäuser. Bei einem Notfall ist ein Individuum kaum in der Lage, zwischen verschiedenen Krankenhäusern zu wählen.

Folgen beschränkter Information und beschränkten Wettbewerbs

Die Informationsmängel und Wettbewerbsbeschränkungen, die wir gerade beschrieben haben, mögen zur Folge haben, daß Märkte für Gesundheitsgüter selbst dann, wenn es keine kassenärztlichen Vereinigungen und Pflichtkrankenkassen gäbe, ganz andere Eigenschaften hätten als Märkte mit wirksamem Wettbewerb. Beispielsweise wäre nach den Voraussagen der traditionellen Markttheorie zu erwarten, daß es bei einer Vergrößerung der Zahl der Ärzte zu einer Verringerung der Preise für deren Dienste kommt. Seit 1970 hat sich die Zahl der

---

[19] Vgl. hierzu beispielsweise S. Salop: Information and Monopolistic Competition. American Economic Review. Mai 1976, S. 240-245.

in Krankenhäusern tätigen Ärzte fast verdoppelt[20] und damit vermutlich weit stärker erhöht als die Nachfrage; die Pflegesätze der Krankenhäuser und die Arzthonorare sind aber nicht gesunken. Nun mag man argumentieren, daß dies vielleicht an den besonderen institutionellen Bedingungen in Deutschland liegt, wo von Preiswettbewerb in diesem Bereich sowieso nicht die Rede sein kann. Die Krankenkassen zahlen Pflegesätze, die nach dem Selbstkostendeckungsprinzip kalkuliert werden, und die Patienten, die sich das Krankenhaus aussuchen, kennen diese Pflegesätze zumeist gar nicht und interessieren sich auch nicht dafür, weil die Kasse in jedem Fall zahlt. Aber auch in den USA, wo zumindest ein Teil der Patienten durchaus Anreize hat, Preisvergleiche anzustellen, sind die Preise für die Leistungen der Ärzte nicht gesunken, obwohl sich die Zahl der Ärzte innerhalb des letzten Jahrzehnts verdoppelt hat.

Manche haben behauptet, daß eine wachsende Zahl von Ärzten zu einer Zunahme der Zahl von Operationen und anderen Leistungen führt, die diese Ärzte erbringen, und nicht zu einem Sinken des Preises[21].

Über die Frage, ob eine Operation oder eine ärztliche Behandlung erforderlich sind oder nicht, kann man sich natürlich streiten. Die meisten Ärzte empfehlen eine Operation nicht einfach deswegen, weil sie daran verdienen. Aber bei der Abwägung des Für und Wider einer Operation spielt es durchaus eine Rolle, wieviel Zeit die Ärzte haben und ob es noch andere Patienten gibt, die die Operation dringender benötigen. Und der Patient mit seinem beschränkten Informationsstand wird sich vermutlich einer Operation unterziehen, wenn der Arzt ihm dazu rät[22].

Klagen wegen Kunstfehlern

Ist der Konsument über die Leistung, die er erhält, schlecht informiert, kann es leicht geschehen, daß er nachher enttäuscht ist. Hat einer einen minderwertigen Fernseher gekauft und ist die Garantie abgelaufen, kann er wenig tun. Im Fall der Medizin kann er hingegen den Arzt verklagen, wenn er glaubt, daß er schlecht behandelt wurde. In Amerika werden die Ärzte in einem enormen Ausmaß wegen Kunstfehlern verklagt. In der BR Deutschland ist dies noch weit weniger verbreitet, aber Anzeichen für eine Entwicklung zu amerikanischen Verhältnissen sind durchaus feststellbar. Die wegen der wachsenden Ärztezahl sich verschärfende Konkurrenz zwischen den Ärzten mag dazu beitragen. Wird es erst einmal üblich, seine Ärzte zu verklagen, schafft dies für die Ärzte einen starken Anreiz, ein Übermaß an Sorgfalt walten zu lassen und nach Sicherheit um jeden Preis zu streben.

---

[20] Die Zahl der freiberuflich tätigen Ärzte ist demgegenüber nur um ca. 35% gewachsen.

[21] V. Fuchs, Who Shall Live? Insoweit das der Fall ist, ist die große Zahl von Medizinstudenten tatsächlich ein Anlaß zur Besorgnis. Es wäre dann zu erwarten, daß ihr Eintritt ins Berufsleben zu einer Leistungsausweitung führt, die in keinem Verhältnis zum Nutzen für die Gesundheit der Bevölkerung steht.

[22] Es mag helfen, daß man vor einer Operation noch einen zweiten Arzt konsultiert. Eine echte Lösung des Problems ist das aber auch nicht. In einem Land, in dem ein Überfluß an Medizinern vorhanden ist, passen sich auch die Behandlungsmethoden an diese Lage an. Beispielsweise ist zu erwarten, daß in einem solchen Land bereits unter Voraussetzungen operiert wird, unter denen anderswo eine Operation noch nicht für erforderlich gehalten wird.

Die Umstände, unter denen amerikanische Ärzte Klagen wegen Kunstfehlern befürchten müssen, sind nicht selten grotesk. Man kann den Arzt verklagen, wenn er es verabsäumt, irgendein Medikament zu verschreiben, und zwar selbst, wenn die Wahrscheinlichkeit, daß es etwas nützt, eher gering ist. Verabsäumt es der Arzt, irgendeinen Test durchzuführen, kann man ihn verklagen und zwar selbst dann, wenn der Informationsgehalt des Tests im Vergleich zu seinen Kosten gering ist. Da die Kosten für Medikamente und Tests zumeist von den Versicherungen getragen werden, hat der Arzt infolgedessen allen Grund, das Medikament zu verschreiben und den Test durchzuführen und zwar auch, wenn ein wohlinformierter Patient dies ablehnen würde, würde er nur selber dafür zahlen müssen.

Im Jahr 1983 kamen in den USA auf 100 Ärzte 16 Klagen wegen Kunstfehlern. Die Entschädigungen, die von den Gerichten zugesprochen wurden, beliefen sich auf 2 Milliarden Dollar. Es wird geschätzt, daß die Kosten für Behandlungen und Operationen, die nur aus Angst vor solchen Klagen vorgenommen wurden, 1983 zwischen 15 und 40 Milliarden Dollar betrugen. Bis in Deutschland derartige Proportionen erreicht werden – wenn dies überhaupt geschieht – wird allerdings noch einige Zeit vergehen.

Das Fehlen eines Gewinnerzielungsmotivs

Ein weiterer Unterschied zwischen Märkten für Gesundheitsgüter und den normalerweise unterstellten Wettbewerbsmärkten ist das Fehlen eines Gewinnerzielungsmotivs bei einem großen Teil der Anbieter. Die große Mehrzahl der Krankenhäuser arbeitet nicht gewinnorientiert. Ihr Ziel ist nicht, die Kosten der Erbringung medizinischer Leistungen zu minimieren, sondern die Qualität dieser Leistungen zu maximieren. Es besteht ein Streben nach medizinisch-technischer Perfektion, nach einer Maximalmedizin. Bei einer derartigen Maximalmedizin sind die Möglichkeiten der Leistungsausweitung nahezu unbegrenzt.

Die Folgen sind insbesondere wegen der Modalitäten der Krankenhausbedarfsplanung und der Beziehungen zu den Kassen höchst schwerwiegend[23]. Das Prinzip der Anpassung der Pflegesätze an die tatsächlichen Kosten führt dazu, daß sie aufgebläht werden – die Kasse trägt diese Kosten sowieso. Zeichnet sich gegen Ende des Haushaltsjahrs ab, daß die Kosten möglicherweise niedriger als die Einnahmen ausfallen, empfiehlt es sich, noch rasch zusätzliche Kosten zu erzeugen, seine Leistungen auszuweiten, damit eine Kürzung des Pflegesatzes vermieden wird. Solche Gelegenheiten zur Erzeugung von Kosten lassen sich fast immer finden. Die Kassen haben weder die Möglichkeit noch genügend Anreiz, zu kontrollieren, ob der Aufwand, der hier getrieben wird, in einem vertretbaren Verhältnis zu dem medizinischen Nutzen stehen. Dies würde eine höchst detaillierte Betriebsprüfung erfordern, mit deren Vornahme die Krankenkassen sicherlich überfordert wären. Bei den Investitionen in das Krankenhauswesen handelt es sich nicht selten um Prestigeobjekte, deren Folgekosten unberücksichtigt

---

[23] Die Kassen haben keinen nennenswerten Einfluß auf die Bedarfsplanung und können infolgedessen kaum etwas tun, um den Aufbau eines Bettenbergs oder die Errichtung von Prestigeobjekten zu verhindern.

bleiben[24]. Aufgrund des dualistischen Finanzierungsprinzips ist es auch nicht der Investor, also (vornehmlich) die Länder, sondern es sind die Kassen, die diese Kosten tragen.

Die Pflegesätze und damit die Einnahmen des Krankenhauses sind de facto unabhängig von der Intensität der Pflege, der der Kranke bedarf, für jeden Tag dieselben (sog. tagesgleiche vollpauschalierte Pflegesätze)[25]. Dies schafft einen Anreiz, die Verweildauer der Patienten zu verlängern und einen möglichst großen Teil der Betten mit pflegeleichten Patienten zu belegen.

Im Bemühen um Kostendämpfung ist man in der BR Deutschland seit über zehn Jahren im wesentlichen den Weg gegangen, dem zuvor sehr starken Anstieg der Pflegesätze durch verstärkte Kontrollen durch den Staat und die Kassen entgegenzuwirken[26]. Gemäß Bundespflegesatzverordnung bedürfen die Pflegesätze der Genehmigung durch das Land bzw. Beauftragte desselben. Diese sollen überprüfen, ob im Krankenhaus sparsam gewirtschaftet wird. In diesem Zusammenhang wurden umfangreiche Vorschriften über Kostenrechnung im Krankenhaus eingeführt. Tatsächlich sind die Aufsichtsbehörden zum Teil derart streng geworden, daß es bereits zu Schließungen von Krankenhäusern gekommen ist, weil deren Träger sich außerstande sahen, gegenüber den Behörden aus ihrer Sicht kostendeckende Pflegesätze durchzusetzen. Nichtsdestoweniger erscheint Skepsis über die Wirksamkeit einer solchen von außen kommenden Kostenkontrolle angebracht, insbesondere da ihr von der Seite der Produzenten der Gesundheitsleistungen ein ungebrochenes Streben nach Maximalmedizin entgegensteht.

---

[24] Das berühmteste Beispiel hierfür ist das Klinikum in Aachen. Der ursprüngliche Ansatz der Baukosten war 550 Millionen DM. Später wurden die Baukosten auf ca. 2,3 Milliarden DM geschätzt. Nachdem fast 2 Mrd. DM verbaut worden waren, entschloß man sich schließlich, das Klinikum bezugsfertig zu machen, obwohl noch zwei ganze Stockwerke fehlten. Inzwischen ist davon auszugehen, daß das Projekt wohl nicht fertiggestellt werden wird. Die Folgekosten wurden bei der Planung überhaupt nicht berücksichtigt. Es wird geschätzt, daß für eine Deckung dieser Folgekosten wegen der überaus aufwendigen Technik ein Pflegesatz von ca. 1000 DM pro Tag und Bett erforderlich wäre. Damit sind die bisherigen Rekordwerte aus anderen staatlichen Großkliniken um das Doppelte übertroffen worden. Vgl. D. Lau, U. Fried: Auf Kosten der Steuerzahler. Bergisch-Gladbach 1985 S. 183.

[25] Die Bundespflegesatzverordnung schreibt dies allerdings nicht zwingend vor. Es gäbe also durchaus Spielräume, andere Bepreisungsformen zu verwenden, die aber in der Praxis nahezu nicht genutzt werden.

[26] Im Jahr 1986 trat eine neue Bundespflegesatzverordnung in Kraft. Durch diese erhielten die Kassen einen etwas größeren Einfluß auf die Pflegesatzgestaltung. Auch hat man versucht, eine automatische Anpassung der Pflegesätze an die tatsächlichen Kosten künftig zu verhindern, indem ihre Ausrichtung an Plankosten vorgeschrieben wurde. Da derartige Plankosten in der Praxis zum großen Teil durch Extrapolation der tatsächlichen Kosten ermittelt werden, ist fraglich, ob sich dadurch tatsächlich sehr viel ändert. Kostendämpfende Effekte erhoffte man sich auch von der Vorgabe, daß bei der Kalkulation der Selbstkosten die Kosten und Leistungen vergleichbarer Krankenhäuser zu berücksichtigen sind. Die Möglichkeiten der Krankenkassen, Einsicht in die Kalkulationsunterlagen zu nehmen, wurden gegen den heftigen Widerstand der Krankenhäuser erweitert. Zumindest bislang gibt es allerdings keine Indizien, daß diese bescheidene Reform viel bewirkt hat.

Versicherung

Aus der Sicht vieler Leute kommt den Fehlleistungen der Krankenversicherung bei der Erklärung der Effizienzmängel im Gesundheitswesen eine große Bedeutung zu.

Die grundlegende Funktion einer Versicherung ist, daß sie die Risiken, denen die Individuen ausgesetzt sind, verringert, indem sie diese zu jenen verlagert, die eher bereit (und besser dazu befähigt) sind, sie zu tragen.

Betrachten wir ein Individuum, das mit einer Wahrscheinlichkeit von 10% einen Unfall erleidet, der zu Arztkosten in Höhe von 1 000 DM führt. Der Durchschnitts- oder Erwartungswert seiner Arztkosten ist also $0{,}10 \times 1000$ DM = 100 DM. Wenn das Individuum unversichert ist und ein Einkommen von 10000 DM erzielt, dann beträgt die Wahrscheinlichkeit, daß es nur 9 000 DM übrig hat, um seine verschiedenen Ausgaben für andere Güter, außer ärztlichen Leistungen, zu bestreiten, 10%. Tritt der Unfall ein, so mag es Schwierigkeiten haben, seine Miete zu bezahlen oder die Raten für das Auto usw. Die meisten Individuen finden es unangenehm, einem derartigen Risiko ausgesetzt zu sein. Wir sagen, sie sind risikoavers. Sie würden es vorziehen, einer Versicherungsgesellschaft unabhängig davon, ob sie tatsächlich einen Unfall haben, jedes Jahr 100 DM zu zahlen, wenn die Versicherungsgesellschaft dann für die Kosten des Unfalls aufkommt, wenn dieser tatsächlich eintritt. Hätte die Versicherungsgesellschaft keine Verwaltungskosten, könnte sie mit diesen 100 DM tatsächlich die Schadenskosten decken. Die meisten Individuen sind nun allerdings bereit, sogar noch deutlich mehr als 100 DM zu zahlen, wenn die Versicherung nur das Risiko übernimmt. Herrscht auf dem Versicherungsmarkt Wettbewerb, wird der Zuschlag zu den 100 DM Schadensleistungen gerade groß genug sein, daß die Versicherungsgesellschaft ihre Verwaltungskosten decken kann. Wenn diese 10% der durchschnittlichen Schadensleistungen betragen, beträgt der Versicherungsbeitrag 110 DM. Ein stark risikoaverses Individuum wäre vielleicht bereit gewesen, sogar 150 DM zu zahlen, wenn der Versicherer nur das Risiko übernimmt. Die Differenz – 40 DM – ist der Wohlfahrtsgewinn durch die Versicherung.

Die Größe dieses Wohlfahrtsgewinnes hängt von der Schwere des Risikos ab und davon, inwieweit es möglich ist, den Eintritt des Schadens vorherzusehen. Beispielsweise sind Schwangerschaften zwar kostspielig, zumeist aber vorhersehbar. Sie stellen kein unvorhersehbares Risiko dar. Nur Schwangerschaftskomplikationen und Komplikationen bei der Geburt stellen ein echtes Risiko dar. Der Wohlfahrtsgewinn einer Deckung der Kosten einer normal verlaufenden Schwangerschaft durch die Versicherung ist negativ. Ähnlich verhält es sich, wenn die Versicherung die Kosten routinemäßiger Arztbesuche oder der Behandlung von Erkältungen trägt. Die Kosten der Abrechnung solcher Leistungen durch die Versicherung sind wesentlich größer als die geradezu vernachlässigbare Verringerung des finanziellen „Risikos" derartiger Besuche. Für derartige Behandlungen oder normal verlaufende Schwangerschaften sollte kein Versicherungsschutz gewährt werden. In der deutschen Krankenversicherung werden diese „Risiken" nichtsdestoweniger versichert[27].

---

[27] Dies gilt nicht nur für die gesetzliche Krankenversicherung, sondern auch für die meisten Policen der PKV. Bei der GKV handelt es sich hierbei um einen Bestandteil der Umverteilung zugunsten von Familien mit Kindern, die im Rahme der GKV erfolgt.

Folgen einer Versicherung

Die Versicherung übernimmt eine wesentliche Funktion. Dies ist aber auch mit schwerwiegenden Folgen verbunden: Das Bestehen einer Versicherung ermutigt den Versicherungsnehmer, mehr Leistungen in Anspruch zu nehmen als er dies sonst tun würde.

Wenn der Versicherungsnehmer weiß, daß das Versicherungsunternehmen die Kosten eines zusätzlichen Tages im Krankenhaus übernimmt, mag er wohl einen Tag länger bleiben, obwohl das eigentlich gar nicht unbedingt erforderlich wäre. Es wird ihn auch wenig bekümmern, ob das Krankenhaus einen Pflegesatz von 500 DM oder nur von 150 DM verlangt – im Gegenteil, das Krankenhaus mit dem Pflegesatz von 500 DM kann ihm mehr bieten (komfortablere Ausstattung, mehr medizinische Technik usw.). Der Arzt wird nicht zögern, ein teures Medikament zu verschreiben, auch wenn die Wahrscheinlichkeit, daß es hilft, gering ist. Die Versicherung zahlt dafür. Die Pharmaindustrie wiederum weiß, daß es für den Absatz nicht darauf ankommt, daß das Medikament billig ist, sondern darauf, daß es möglichst vielen Ärzten in guter Erinnerung ist. Sie wird sich darauf verlegen, die Ärzte mit Probepackungen ihrer Produkte einzudecken, und die Kosten dieser teuren Werbemethoden auf die Preise ihrer Medikamente umlegen.

Eine hundertprozentige Versicherung, wie es die gesetzliche Krankenversicherung bislang normalerweise ist, verringert die Grenzkosten der Inanspruchnahme zusätzlicher Gesundheitsgüter durch den Patienten auf null. Der Patient verhält sich so, als würde das alles nichts kosten. In der privaten Krankenversicherung gibt es keine 100%ige Versicherung, aber doch immerhin eine 90%ige[28].

Das Bestehen einer Versicherung veranlaßt die Versicherten dazu, Gesundheitsgüter in einem Maße in Anspruch zu nehmen, bei dem der Grenznutzen in einem krassen Mißverhältnis zu den gesamtwirtschaftlichen Grenzkosten dieser Güter steht. Sie konsumieren Gesundheitsgüter, bis deren Grenznutzen nahezu gleich null werden.

Wir illustrieren dies in der Graphik 11.2, in der wir eine Nachfragekurve für Gesundheitsgüter gezeichnet haben. Wir haben den Fall einer privaten Krankenversicherung, die die Kosten zu 90% erstattet, und den einer gesetzlichen Krankenversicherung mit 100%igem Versicherungsschutz gewählt. Die Werte auf der Abszisse können sowohl als Quantität als auch als Qualität der konsumierten Gesundheitsgüter interpretiert werden. Bei einem niedrigeren Preis fragen die Individuen mehr und bessere Gesundheitsgüter nach. Auf der Ordinate haben wir die Grenzkosten der Bereitstellung zusätzlicher (höherwertiger) Gesundheitsgüter aufgetragen. Der Einfachheit halber haben wir angenommen, daß diese Kosten konstant sind. Das Individuum muß dank der Versicherung aber nicht die ganzen Grenzkosten zahlen, sondern im Fall der privaten Krankenversicherung einen Bruchteil davon, nämlich 10% und im Fall der gesetzlichen Krankenversicherung gar nichts. Im ersteren Fall erhöht sich wegen der Versicherung die Nachfrage von Q_0 auf Q_1, im letzteren auf Q_2. Was aber besonders besorgniserregend ist, ist, daß der Wert der zusätzlich in Anspruch genommenen Dienste geringer ist als ih-

---

[28] Da ein Großteil der Versicherten der PKV Beamte sind und als solche einen Beihilfenanspruch haben, ergibt sich für diese normalerweise ebenfalls ein hundertprozentiger Versicherungsschutz.

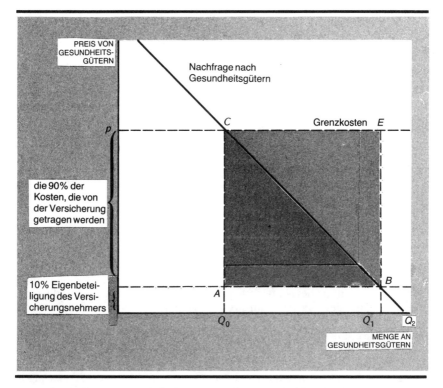

Abb. 11.2 Versicherung und die Kosten von Gesundheitsgütern. Die Versicherung vermindert die Kosten der Gesundheitsgüter für die Versicherungsnehmer und bewirkt eine Nachfrageausweitung.

re Grenzkosten. Dies führt zu Ineffizienz. Das graue Dreieck ABC mißt, wieviel das Individuum für den vergrößerten Output an Gesundheitsgüter zu zahlen bereit wäre. Die Zusatzkosten für die Gesellschaft aber sind das Viereck ABEC: sie übertreffen die Zusatzvorteile um das Dreieck BCE. Wie groß diese Verzerrung ist, hängt von der Preiselastizität der Nachfrage nach Gesundheitsgütern ab. Wenn Feldstein bei seiner Schätzung der Preiselastizität der Nachfrage nach den Diensten eines Krankenhauses auf 0,7 recht hatte, bewirkt eine Versicherung, bei der der Versicherer 90% der Kosten trägt, eine Vergrößerung der Nachfrage um über 60%.

Moralisches Risiko

Das Problem, daß die Bereitstellung von Versicherung das Verhalten beeinflußt, wird mitunter als das des moralischen Risikos (moral hazard) bezeichnet. Es hat sich eine Verwendung des Begriffs eingebürgert, die wenig mit „Moral" zu tun hat. Ursprünglich lag ihm die Vorstellung zugrunde, daß es unmoralisch sei, wenn einer Handlungen vornimmt, die ihn in den Genuß der Versicherungsleistung bringen; beispielsweise wäre es unmoralisch, wenn einer sein Haus anzündet, um eine Entschädigung von der Feuerversicherung zu erhalten. Derartige

Handlungen mögen in der Tat von vielen als unmoralisch betrachtet werden – und sind illegal – aber es geht hier um eine viel größere Gruppe von Verhaltensanreizen, die die Sorgfalt beeinflussen, mit der das Individuum das Ausbrechen eines Feuers zu verhüten trachtet. Der Begriff moralisches Risiko wird heute als Bezeichnung für diese ganze große Gruppe von Anreizeffekten verwendet.

Das Bestehen eines Versicherungsschutzes beeinflußt nicht nur die Quantität und Qualität der Gesundheitsgüter, die die Individuen im Krankheitsfall in Anspruch nehmen. Weil sie für die Kosten einer Krankheit nicht aufkommen müssen, sind sie möglicherweise auch bei der Vorbeugung weniger sorgfältig. Vielleicht würden sie weniger rauchen oder Alkohol konsumieren, wenn sie die vollen Konsequenzen daraus tragen müßten. U.U. wären bestimmte gefährliche Sportarten wie z.B. alpiner Skilauf weniger populär, müßten die Beteiligten für die wirtschaftlichen Folgen in Gestalt gebrochener Beine aufkommen.

In den USA waren bis in die sechziger Jahre hinein große Teile der Bevölkerung unversichert. Zu einer explosionsartigen Entwicklung der Aufwendungen für das Gesundheitswesen von 6% des Sozialprodukts im Jahre 1966 auf über 10% kam es erst nach der Errichtung zweier großer staatlicher Krankenkassen. Dies ist ein Indiz dafür, daß die Ausdehnung des Versicherungsschutzes wesentlich zu der Ausgabenausweitung beigetragen hat. In der BR Deutschland dürfte die starke Ausweitung der Aufwendungen für das Gesundheitswesen, die sich in der ersten Hälfte der siebziger Jahre vollzog, zumindest zum Teil auf die erheblichen Leistungsausweitungen zurückzuführen gewesen sein, mit denen die gesetzlichen Kassen damals auf die Entlastung von der Zahlung der Krankengelder reagierten. Einschränkend ist festzustellen, daß es auch in Ländern, in denen es seit den sechziger Jahren zu keiner wesentlichen Erweiterung des Versicherungsschutzes der Bevölkerung gekommen ist, zu einer nachhaltigen Steigerung der Ausgaben für das Gesundheitswesen kam. Die Ausweitung des Versicherungsschutzes ist also sicherlich nicht der einzige Erklärungsfaktor, vielleicht nicht einmal der wichtigste.

Der Konflikt zwischen Versicherungsschutz und Anreizeffekten

Der Konflikt zwischen Versicherungsschutz und den Anreizeffekten, mit denen dieser verbunden ist, ist in gewisser Hinsicht unlösbar. Je besser der Versicherungsschutz, umso schwächer die Anreize zur Effizienz; je schlechter der Versicherungsschutz, umso stärker sind diese. Hier muß ein Mittelweg gefunden werden. Empfehlenswert wäre eine Begrenzung des Versicherungsschutzes in Form einer erheblichen Eigenbeteiligung der Versicherten. Eigenbeteiligung heißt, daß der Versicherte für einen Teil der Kosten der in Anspruch genommenen Gesundheitsgüter selbst aufkommt. Ein hundertprozentiger Versicherungsschutz ist grundsätzlich unzweckmäßig, da er alle Anreize zu wirtschaftlichem Verhalten beseitigt. Die Eigenbeteiligungen, die im Rahmen der gesetzlichen Krankenversicherung bislang bei bestimmten Leistungen zu leisten sind (Rezeptgebühr), sind bei weitem zu gering und haben im Grunde nur symbolischen Charakter. Für kleine Risiken und vorhersehbare Kosten sollte überhaupt kein Versicherungsschutz gewährt werden.

Ein Teil der Probleme mit dem moralischen Risiko läßt sich beseitigen, indem die Inanspruchnahme von Gesundheitsgütern stärker kontrolliert wird. Damit soll gewährleistet werden, daß unnötige Behandlungen unterbleiben. Es ist aber gar nicht einfach, ein Kontrollsystem zu konstruieren, das wirksam ist, Ausweichreaktionen und dadurch bewirkte Verzerrungen verhindert und dennoch nicht sehr kostspielig ist. Man müßte eine Vielzahl von Daten über die Patienten und über sämtliche Behandlungen erfassen, denen sie sich unterziehen[29]. Die Ärzte hätten einen Anreiz, den Patienten bei dem Versuch zu helfen, das Kontrollsystem zu unterlaufen.

Eine andere Möglichkeit wäre, daß die Versicherung nicht mehr für einzelne Gesundheitsgüter aufkommt, sondern stattdessen an den Patienten einfach eine Pauschale für eine bestimmte Krankheit zahlt. Damit wird das moralische Risiko großenteils vermieden. Es verbleibt nur das Risiko, daß der Versicherungsnehmer sich weniger stark bei der Vorbeugung der Krankheit engagiert. Ein derartiges Arrangement hat den Nachteil, daß das Risiko, das der Versicherungsnehmer trägt, wesentlich weniger reduziert wird. Möglicherweise ist die Pauschale geringer als die Kosten, die in bestimmten Fällen unabweisbar entstehen, während sie die Kosten in anderen Fällen übersteigt. Eine andere Möglichkeit einer verstärkten Kontrolle der Ausgaben wäre es, dem Arzt zu überlassen, welche Leistungen er gewähren will, ihn aber nicht für jede einzelne Leistung zu bezahlen (letzteres nämlich schafft einen Anreiz, ein Übermaß an Leistungen bereitzustellen).

Reformen im Gesundheitswesen

Daß etwas geschehen muß, um den Kostenanstieg im Gesundheitswesen zu bremsen, ist nahezu unbestritten. Wie es geschehen soll, ist hingegen höchst fraglich. Der Bundestag hat 1988 ein Reformgesetz verabschiedet. Es enthält unter anderem die folgenden Neuregelungen:

a) Bei einer beträchtlichen Zahl von Gesundheitsgütern, insbesondere Medikamenten, Zahnersatz und Kuren soll der Patient einen Teil der Kosten selbst übernehmen. Es wird also kein hundertprozentiger Versicherungsschutz mehr gewährt. Der Teil der Kosten, den der Patient trägt, wird zumeist allerdings auch nach der Reform nicht sonderlich groß sein. Bei gewissen Medikamenten werden von den Kassen nur mehr bestimmte Maximalpreise erstattet, die sich am unteren Drittel des Preisgefüges für vergleichbare Medikamente orientieren. Diese Maximalpreise sollen die Form eines sogenannten Festbetrags annehmen. Bei Medikamenten, für die es bis dahin keine Festbeträge gibt, wird ab 1992 eine prozentuale Eigenbeteiligung des Versicherten in Höhe von 15% zu leisten sein.
b) Der Arzt soll bei der Einweisung ins Krankenhaus neben den medizinischen Erfordernissen auch die Preisgünstigkeit des Krankenhauses berücksichtigen. Entscheidet sich der Versicherte für ein teureres als das vom Arzt empfohlene Krankenhaus, so kann er mit den Mehrkosten belastet werden. (Es wird allerdings nicht damit gerechnet, daß es zu diesen Zahlungen tatsächlich kommt, weil der Arzt einen Anreiz hat, sich bei seiner Empfehlung nach den Wünschen des Patienten zu richten.)

---

[29] Die erforderlich werdende Weiterleitung und Verarbeitung der Daten würde bereits durch das Datenschutzgesetz weitgehend unmöglich gemacht.

c) Zusätzlich zu den Risiken, die sie bislang versicherten, sollen die Krankenkassen ab 1991 auch das Pflegerisiko versichern. In dieser Hinsicht wird der Versicherungsschutz also ausgedehnt.

Insgesamt handelt es sich um eine beschränkte und fragwürdige Reform, keinesfalls um eine wesentliche Umstrukturierung des Gesundheitswesens in Richtung auf mehr Marktwirtschaft. Punkt c) läuft einer solchen Umorientierung direkt zuwider. Punkt a) steht wegen der geplanten Festbetragsregelung ebenfalls zu ihr im Widerspruch. Zumindest solange dieser Festbetrag nicht deutlich unter dem Preis des billigsten verfügbaren Medikaments liegt, läuft diese auf eine Fixierung der Medikamentenpreise durch den Staat hinaus. Es ist aber nicht beabsichtigt, ihn so tief anzusetzen. Insoweit die Festbetragsregelung praktisch bedeutsam wird, wird das von Blüm vorgeschobene Ziel, einen Preiswettbewerb auf dem Markt für Pharmaka herzustellen, vermutlich verfehlt werden[30]. Das Gesetz sieht nun allerdings eine ganze Reihe von Fällen vor, in denen keine Festbeträge festzusetzen sind, beispielsweise wenn es sich um ein patentgeschütztes Medikament handelt. Infolgedessen ist zu erwarten, daß ein großer Teil des Medikamentenmarkts von der Festbetragsregelung nicht betroffen sein wird und stattdessen die Zuzahlungspflicht von 15% Platz greift. Insoweit könnte sich der Wettbewerb zwischen den Pharmaherstellern ab 1992 tatsächlich stärker auf das Gebiet des Preiswettbewerbs verlagern.

Kritisch ist zu der ganzen Reform anzumerken, daß die getroffenen Maßnahmen schwerlich ausreichen werden, eine nachhaltigere Kostendämpfung herbeizuführen. Im Gegenteil: Die Absicherung des Pflegerisikos wird teuer werden. Die nächste Reform ist damit bereits heute absehbar.

Im verbleibenden Teil dieses Kapitels sollen Alternativen weitergehender Reformen des Gesundheitswesens erörtert werden, wie sie in der wissenschaftlichen Diskussion vorgeschlagen wurden.

Verringerung des Umfangs des Versicherungsschutzes und Wettbewerb zwischen verschiedenen Versicherungsunternehmen

Viele Ökonomen sind der Überzeugung, daß das moralische Risiko, das mit einem überaus weitgehenden Versicherungsschutz verbunden ist, einer der Hauptfaktoren für den Ausgabenanstieg ist. Freie unregulierte Versicherungsmärkte reagieren auf das moralische Risiko, indem Policen angeboten werden, in denen sich der Versicherte an den Kosten beteiligt, also Policen mit einer substantiellen Eigenbeteiligung des Versicherungsnehmers. Auf solchen unregulierten Märkten sind derartige Policen eben wegen des moralischen Risikos regelmäßig we-

---

[30] Es gibt keinen Anreiz für den Hersteller, den Preis des Medikaments unter den Festbetrag abzusenken. Der Hersteller wird es immer dann, wenn es konkurrierende billigere Erzeugnisse gibt und wenn diese anderen Erzeugnisse nicht wesentlich schlechter sind, zu vermeiden suchen, einen Preis über dem Festbetrag zu verlangen, da dies dazu führen dürfte, daß sein Erzeugnis kaum mehr verschrieben wird. Der Festbetrag wird damit zu einem staatlichen Richtpreis. Es ist zu befürchten, daß diese Regelung längerfristig sogar ein Ansteigen der Medikamentenpreise bewirkt. Die Hersteller haben einen Anreiz, mögliche oder tatsächliche Kostensenkungen bei der Herstellung eines Medikaments der Behörde, die diese Festbeträge fixiert, zu verheimlichen, um Senkungen des Festbetrags zu vermeiden.

sentlich billiger als solche mit einer 100%igen Übernahme des Schadens durch den Versicherer. In der BR Deutschland gibt es zwar über 1000 Krankenkassen, die meisten haben aber trotzdem nur geringe Möglichkeiten, auf den Umfang ihres Versicherungsschutzes Einfluß zu nehmen. Dies liegt daran, daß den gesetzlichen Kassen durch die Reichsversicherungsordnung (RVO) vorgeschrieben ist, welche Leistungen sie zu erbringen haben, und die Versicherten kaum Wahlmöglichkeiten zwischen verschiedenen Kassen haben.

Würde man das ändern, dann müßte man vermutlich zugleich auch die Methode der Beitragsbemessung durch die gesetzlichen Kassen ändern. Beiträge könnten wohl nicht mehr als Prozentsatz des Einkommens erhoben werden und die Risikomerkmale des Versicherungsnehmers müßten bei der Beitragsbemessung berücksichtigt werden. Würde dies nicht geschehen und unterläge der Versicherer keinem Kontrahierungszwang, hätten Personen mit unterdurchschnittlichem Einkommen oder ungünstigen Risikoeigenschaften große Schwierigkeiten, einen Versicherer zu finden. Würde für die Ortskrankenkassen ein Kontrahierungszwang erhalten bleiben, während alle anderen Kassen keinem solchen Zwang unterlägen, dann würden sie noch weit stärker zum Sammelbecken von Personen mit niedrigem Einkommen und hohem Risiko und kämen in ernste Finanzierungsprobleme[31].

Die bislang durch die Beitragsbemessung nach dem Einkommen bewirkte Einkommensumverteilung innerhalb der gesetzlichen Krankenversicherung sollte man nach der Meinung vieler Ökonomen leichten Herzens aufgeben, handelt es sich doch um eine ineffiziente Art der Umverteilung. Es ist eine Umverteilung von den Arbeitern und Angestellten mit etwa überdurchschnittlichem Einkommen zu denen mit unterdurchschnittlichem Einkommen, nicht etwa eine Umverteilung weg von den stark überdurchschnittlich verdienenden. Die letzteren sind der Versicherungspflicht nicht unterworfen, sondern versichern sich bei der PKV, wenn dies für sie vorteilhafter ist[32]. Aber selbst unter den Personen, die der gesetzlichen Krankenversicherung angehören, wird im bestehenden System vielfach nicht zugunsten der wirklich sozial Schwachen umverteilt. Dies rührt daher, daß die Kinder und die Ehefrau, wenn sie nicht berufstätig ist, unentgeltlich mitversichert sind. Eine Familie mit Kindern und mit unterdurchschnittlichem Einkommen, bei der eben wegen dieses unterdurchschnittlichen Einkommens die Ehefrau berufstätig ist, profitiert hiervon also weit weniger als eine mit überdurchschnittlichem Einkommen, die es sich leisten kann, daß die Ehefrau nach der Geburt von Kindern auf lange Zeit aus dem Erwerbsleben ausscheidet. Da die Kinder nur solange unentgeltlich mitversichert sind, als sie in Ausbildung stehen, und da Studenten nur einen sehr niedrigen Versicherungsbeitrag entrichten müssen, befinden sich in der GKV insbesondere solche Familien in einer vorteilhaften Situation, deren Kinder lange auf die Schule gehen und studieren, und das sind erneut vorwiegend die überdurchschnittlich gut verdienenden. Es ist gezeigt

---

[31] Einige Ökonomen haben versucht, Modelle zu entwickeln, wie man am traditionellen Prinzip der Beitragsbemessung festhalten und dennoch Wahlfreiheit für die Versicherungsnehmer einführen kann. Zweifel an der Funktionsfähigkeit dieser Modell konnten allerdings nicht restlos ausgeräumt werden.

[32] Ein Teil der Personen, die nicht der GKV angehören und für die sie zum Teil auch gar nicht zugänglich ist, sind allerdings Selbständige, die oft gar kein sonderlich hohes Einkommen beziehen.

worden, daß diese beiden Effekte innerhalb der GKV die Umverteilungswirkung zugunsten der unterdurchschnittlich verdienenden im Durchschnitt zwar nicht völlig beseitigen, aber doch sehr stark vermindern[33].

Will man am Konzept eines gutspezifischen Egalitarismus festhalten und zu dessen Durchsetzung den Verbrauch von Gesundheitsgütern durch die Armen subventionieren, so gäbe es dafür vermutlich geeignetere Instrumente. Ein solches wäre beispielsweise die Gewährung einer Beihilfe zum Versicherungsbeitrag für die Armen, wobei diese vom Staat aus allgemeinen Steuermitteln finanziert werden sollte.

Obwohl eine Deregulierung der Krankenversicherung sicher Vorteile brächte, mag man bezweifeln, ob sie allein ausreicht, die Probleme des Gesundheitswesens zu lösen. Diejenigen, die glauben, daß die Nachfrage nach Gesundheitsgütern tatsächlich wenig preiselastisch ist und weitgehend von den Ärzten selbst bestimmt wird, glauben, daß eine Eigenbeteiligung der Patienten in Höhe von 20 oder 25% nicht allzuviel bewirken wird.

Reform der Krankenhausfinanzierung

In den Krankenhäusern entstehen mehr als 30% der gesamten Aufwendungen für das Gesundheitswesen[34]. Hier wäre mehr Wirtschaftlichkeit also besonders wünschenswert. Gegenwärtig sind für die Krankenhäuser die Anreize zu wirtschaftlichem Verhalten gering.

Das System der dualen Finanzierung sowohl aus Pflegesätzen als auch durch staatliche Subventionen (Finanzierung der Investitionen) sollte nach Meinung der meisten Gesundheitsökonomen abgeschafft werden. Den Behörden, die über die Zuweisung von Investitionsmitteln entscheiden, fehlt es an Anreizen, sicherzustellen, daß diese Investitionen unter wirtschaftlichen Gesichtspunkten gerechtfertigt sind. Beim gegenwärtigen Stand der Dinge fehlt es sogar an allen Voraussetzungen, diese Wirtschaftlichkeit überhaupt zu berechnen. Folgen sind einerseits die Schaffung von Prestigeobjekten ohne Berücksichtigung der Folgekosten und von Überkapazitäten. Bei einem Mangel an Mitteln in den Länderhaushalten kann es andererseits auch vorkommen, daß Investitionen nicht unternommen werden, obwohl sie wirtschaftlich gerechtfertigt wären. An die Stelle des dualen Systems sollte ein monistisches treten, in dem die Krankenhäuser bzw. ihre Träger über die Investitionen selbst entscheiden und die Abschreibungen durch Leistungseinnahmen verdient werden müssen.

Schwieriger ist es hingegen, geeignete Ansatzpunkte für eine leistungsorientierte Vergütung der Krankenhäuser zu finden. Eine Möglichkeit wäre, eine

---

[33] Wegen einer Analyse vergleiche G. Ott: Einkommensumverteilung in der Gesetzlichen Krankenversicherung. Frankfurt 1981. Weitere Mängel der Umverteilung in der GKV sind erstens, daß die Beiträge nur vom Arbeitseinkommen erhoben werden, so daß Bezieher von Vermögenseinkommen bevorzugt sind. Zweitens haben die verschiedenen RVO- und Ersatzkassen aufgrund einer von der Risikozusammensetzung herrührenden unterschiedlichen Finanzlage sehr unterschiedlich hohe Beitragssätze. Oft haben gerade die Armen keinerlei Wahlrecht zwischen verschiedenen Kassen und sind daher zwangsweise Mitglied einer Kasse mit verhältnismäßig hohem Beitragssatz.

[34] Der Anstieg der Krankenhauskosten ist einer der wichtigsten Faktoren für die „Kostenexplosion" im Gesundheitswesen gewesen.

Obergrenze für die erstattungsfähigen Pflegesätze einzuführen. Dies würde allerdings nur dann einen Anreiz schaffen, Kostenaufblähungen zu vermeiden, wenn die Obergrenze erreicht ist. Außerdem verbliebe die folgende Ausweichreaktion: Ist die Obergrenze der über den Pflegesatz abrechnungsfähigen Kosten erreicht, kann man dem Zwang zu einer Kostensenkung entgehen, indem man die Verweilzeiten verlängert und damit den Teil des Krankenhausaufenthaltes, während dessen die Kosten relativ gering sind. Diese Ausweichreaktion könnte man zu verhindern versuchen, indem man die Pflegesätze für bestimmte Krankheiten nach der Länge der Verweildauern differenziert. Bei längerem Aufenthalt würde ein geringerer Pflegesatz gewährt. Eine andere Möglichkeit, die vorgeschlagen wurde, ist, über den Pflegesatz nur die reine Pflegeleistung zu vergüten, die während des Aufenthalts relativ gleichmäßig anfällt, und für die besonderen Aufwendungen, die in der intensiven Behandlungsphase anfallen, eine Einzelleistungsvergütung einzuführen.

Ein (international) vieldiskutierter[35] Reformvorschlag ist der folgende: Statt eines Pflegesatzes pro Tag soll eine Pauschale für die Behandlung einer bestimmten Krankheit gewährt werden. Hierbei wird fixiert, wieviel das Krankenhaus für die Behandlung eines Patienten erhält, der sagen wir einen leichten Herzinfarkt hatte. Wie lange der Patient im Krankenhaus verweilt und wie hoch die tatsächlichen Kosten des Krankenhauses sind, hätte dann auf das Entgelt keinen Einfluß, das das Krankenhaus erhält. Dies entspricht der Art und Weise, wie man in anderen Wirtschaftszweigen für Dienstleistungen zahlt.

Eine derartige Pauschalvergütung würde sicherlich einen Anreiz schaffen, die Kosten zu senken. Allerdings ist dieses Verfahren keineswegs unproblematisch. Es kann dazu führen, daß die Krankenhäuser sich nicht sonderlich gern mit Fällen befassen, in denen die Behandlungspauschale knapp bemessen ist. Ferner mögen sie daran interessiert sein, einen Patienten möglichst rasch zu entlassen auch auf die Gefahr hin, daß es zu einem Rückfall und zu einer Wiedereinweisung kommt. Ob sich diese Wiedereinweisung bei einem längeren Verbleib tatsächlich hätte vermeiden lassen, ist insbesondere im nachhinein kaum feststellbar und die Chancen sind damit günstig, daß das Krankenhaus erneut in den Genuß einer Behandlungspauschale kommt. Ärztliche Leistungen sind eben oft so komplexer Natur, daß es schwierig ist, die Leistung zu definieren, der eine bestimmte Vergütung zugeordnet werden soll. Die Entfernung von Gallensteinen mag bei dem einen Patienten unschwer möglich und bei einem anderen mit erheblichen Schwierigkeiten behaftet sein. Ferner wird eine derartige Vergütung insbesondere bei gewinnorientierten Krankenhäusern den Anreiz schaffen, die Qualität ihrer Dienste einzuschränken. Die Folgen sind möglicherweise schlechtes Essen und schlampige Pflege. Dies muß aber nicht unbedingt eintreten. Wird die Qualität der vom Krankenhaus erbrachten Dienste vom Staat und von den Ärzten, die Einweisungen in das Krankenhaus vornehmen, intensiv kontrolliert, läßt sich eine solche Qualitätsverschlechterung vielleicht vermeiden.

---

[35] und in den USA von den staatlichen Versicherungen in die Praxis umgesetzter

Ökonomen, die dem Mangel an wirksamem Wettbewerb und dem unzureichenden Informationsstand der Konsumenten große Bedeutung beimessen, mögen daran zweifeln, ob sich mit derartigen Reformen sehr viel erreichen läßt.

Die Vergütung ärztlicher Leistungen: Gebührenordnung und Kostendämpfung

Unter unserem gegenwärtigen System ist das Bestehen einer verbindlichen Gebührenordnung für ärztliche Leistungen, die regelt, wieviel ein Arzt für eine bestimmte Leistung abrechnen darf, nahezu unvermeidlich. Bei mehr Wettbewerb zwischen den verschiedenen Kassen wäre es vermutlich empfehlenswert, wenn verschiedene miteinander konkurrierende Kassen unterschiedliche Formen der Vergütung ärztlicher Leistungen erproben und das Bestehen einer einheitlichen Gebührenordnung würde infolgedessen möglicherweise unzweckmäßig.

In der Tat ist die Ausarbeitung einer hochgesteckten Ansprüchen genügenden Gebührenordnung mit großen Schwierigkeiten verbunden. Die Zeit und Sorgfalt, die ein Arzt auf die Vornahme einer bestimmten Behandlung verwenden kann, ist höchst variabel; wenn eine Gebührenordnung für diese Behandlung nur ein geringes Entgelt festschreibt, kann der Arzt darauf reagieren, indem er einfach nur das gerade noch erforderliche Minimum an Zeit auf diese Behandlung verwendet. Andererseits wird es andere relativ gut bezahlte Behandlungen geben, die er mit einer gewissen Vorliebe ausführt.

Das gegenwärtige Verfahren zur Veränderung der bestehenden Gebührenordnungen (GOÄ, EGO, Bundesmanteltarifvertrag Ärzte-BMÄ[36]) scheint nicht sehr effizient zu sein. Die Kosten für die Vornahme bestimmter Leistungen, beispielsweise von Laborleistungen, ändern sich aufgrund des technischen Fortschritts relativ rasch; die Gebührenordnung vollzieht diese Veränderungen nur zögernd nach. Wenig geändert hat sich auch daran, daß die Leistungen verschiedener Fachrichtungen höchst unterschiedlich entlohnt werden, auch wenn dies längst nicht mehr durch die Knappheitsverhältnisse gerechtfertigt ist.

Einige Leute glauben, daß verstärkte staatliche Einflußnahme auf die Entwicklung der Preise für Gesundheitsgüter, also auf die Gebührenordnung, auf Pflegesätze und Arzneimittelpreise ein geeignetes Mittel zur Eindämmung des Kostenzuwachses sei. Tatsächlich ist dies der Weg, der seit Mitte der siebziger Jahre vornehmlich beschritten wurde. Instrumente dieser Politik sind die Konzertierte Aktion im Gesundheitswesen[37], Empfehlungen des Bundes an die Länder für die Festsetzung der Pflegesätze u.ä. Diese Entwicklung wurde auch als ein Wandel zugunsten korporativer Ordnungsformen („Neokorporativismus", „Ständestaat") verbunden mit einem Bedeutungsgewinn von Kollektivverhandlungen charakterisiert, der in seiner Tendenz auf eine Verwandlung des Gesundheitswesens in mittelbare Staatsverwaltung hinauslaufe. Vermutlich wurde mit Hilfe der eingesetzten Instrumente tatsächlich eine gewisse Dämpfung des Ko-

---

[36] Die GOÄ ist die Gebührenordnung für Privatpatienten, die EGO die für Ersatzkassenpatienten und der Bundesmanteltarifvertrag die für die Mitglieder der RVO-Kassen.
[37] Mitglieder dieser konzertierten Aktion sind u.a. der Bundesminister für Arbeit und Soziales, die Spitzenverbände der gesetzlichen Kassen, die Ärztevereinigungen, Vertreter der Pharmaindustrie usw.

stenanstiegs herbeigeführt. Nichtsdestoweniger haben die Ökonomen starke Zweifel daran angemeldet, daß sich mit diesen Mitteln nachhaltige Erfolge erreichen lassen[38].

Veränderungen der Organisation der medizinischen Versorgung und der Anreize für die Ärzte

Diejenigen, die meinen, daß der Konsum von Gesundheitsgütern vor allem durch den Arzt bestimmt wird, glauben, daß es darauf ankäme, die Anreize, die der Arzt zu bestimmten Handlungen hat, zu verändern. Manche Vorschläge laufen darauf hinaus, den Ärzten finanzielle Anreize zu geben, auf Sparsamkeit beim Verbrauch bestimmter Gesundheitsgüter hinzuwirken. Man könnte sich etwa vorstellen, daß man die freiberuflich tätigen Ärzte zu einem maßvollen Medikamenten- und Apparateeinsatz und zu Preisbewußtsein bei der Auswahl von Medikamenten bewegen könnte, indem man sie finanziell an den von ihnen verursachten Kosten beteiligt[39].

Ein radikalerer Vorschlag, der mit dem bestehenden Recht bislang noch unvereinbar ist, ist, daß eine Krankenkasse Ärzte anstellt bzw. bestimmte Vertragsärzte hat und die ambulante Versorgung ihrer Versicherungsnehmer – unter Umständen ausschließlich – durch diese eventuell fest besoldeten Ärzte durchführen läßt. Wenn diese Krankenkasse staatlich ist und ein Monopol hat, läuft dies im Grunde auf eine Sozialisierung des Gesundheitswesens hinaus. Das Beispiel Englands oder der Ostblockländer zeigen, daß es im Rahmen eines derartigen sozialisierten Gesundheitswesens durchaus erreichbar ist, daß die Kosten der medizinischen Versorgung auf ein relativ bescheidenes Maß begrenzt werden. Der Anteil der Aufwendungen für Gesundheitsgüter am Sozialprodukt liegt in den Ländern mit sozialisiertem Gesundheitswesen, insbesondere aber in den kommunistischen Staaten, wesentlich unter dem Anteil in anderen Industrieländern. Dieser „Vorteil" wird allerdings durch den Nachteil erkauft, daß die Patienten die Qualität der Leistungen, die ihnen geboten werden, vielfach ungenügend finden und von sich aus bereit wären, mehr zu zahlen, und diese Bereitschaft durch Inanspruchnahme legaler und illegaler Formen einer Privatpraxis zum Ausdruck kommt[40]. Im Rahmen dieser sozialisierten Gesundheitsdienste sind die verfügbaren Mittel oft sehr knapp, nichtsdestoweniger werden sie aber keineswegs immer effizient eingesetzt. Tatsächlich haben manche Autoren dem englischen Gesund-

---

[38] R. Zeckhauser und C. Zook liefern eine gute Erläuterung dafür, warum der Versuch, die Kosten mit Hilfe staatlicher Regulierungen in den Griff zu bekommen, nicht sonderlich aussichtsreich ist. Vgl. Failures to Control Health Costs: Departures from First Principles. In: A New Approach to the Economics of Health Care, Hrsg. M. Olson. Washington D.C. 1981.

[39] Vgl. hierzu I. Metze: Gesundheitspolitik: Stuttgart 1982.

[40] Eines der großen Ärgernisse des sozialisierten Gesundheitswesens, das sie auf diese Weise zu umgehen suchen, sind vor allem die langen Warteschlagen und Wartelisten, die es in Großbritannien ebenso wie in den Ostblockstaaten bei vielen Behandlungen gibt. Diese Warteschlagen gehen keineswegs immer darauf zurück, daß tatsächlich eine Knappheit an dem beanspruchten Gesundheitsgut herrscht. Vielmehr ist ein gezielter Aufbau von Warteschlagen nicht selten eine Strategie der Ärzte, um ihre „Reputation" und damit ihre Möglichkeiten zur Gewinnung von „Privatpatienten" oder zur Vereinnahmung von „Dankesgeldern" zu verbessern.

heitsdienst den Beinamen „The Land of Waste" verliehen und um den sowjetischen ist es keineswegs besser bestellt.

Auch im Rahmen eines sozialisierten Gesundheitswesens ist es keineswegs klar, welche Stellung die Ärzte haben und wie sie entlohnt werden sollten. Eine feste Besoldung der Ärzte, unabhängig von der Zahl und dem Arbeitsaufwand der von ihnen behandelten Fälle und Patienten, ist vor allem in der ambulanten Versorgung nicht unproblematisch, wie das Beispiel der Ostblockländer zeigt, in denen dies im Rahmen des staatlichen Gesundheitsdienstes üblich ist. Um die fest besoldeten Ärzte zur Arbeit anzuhalten, hat man es dort für erforderlich gehalten, ihre Tätigkeit mittels einer umfangreichen Bürokratie im Detail zu kontrollieren und ihnen eine Fülle von Normen vorzugeben wie z.b. die Zahl der Patienten, die sie pro Stunde zu behandeln haben. Dies führt zu Auswüchsen, die schwerlich zu begrüßen sind, wie etwa einem enormen Papierkrieg, mit dem die Ärzte dann jede Abweichung von der Norm begründen müssen. Aus derartigen Gründen hat man bei der Sozialisierung des Gesundheitsdienstes in Großbritannien im Bereich der ambulanten Versorgung auf Festgehälter verzichtet und stattdessen eine Entlohnung nach der Zahl der behandelten Patienten eingeführt.

Nichtsdestoweniger ist der Gedanke, daß die ambulante Versorgung nicht nur von freiberuflich tätigen Ärzten getragen werden sollte, sondern daß es Krankenkassen möglich sein sollte, ihre Mitglieder auf eine Versorgung durch von der Kasse angestellte (oder ausgesuchte) Ärzte (Vertragsärzte) zu verweisen, nicht abwegig und derartige Vorstellungen sind auch keineswegs notwendigerweise mit der Forderung nach einer Sozialisierung des Gesundheitswesens identisch. Im Gegenteil, sie ließen sich im Rahmen einer Deregulierung und Privatisierung des Gesundheitswesens verwirklichen. Wenn diese Kasse im Wettbewerb mit anderen Krankenkassen steht, hat sie einen Anreiz, auf eine effiziente Bereitstellung von Gesundheitsgütern durch ihre Angestellten oder Beauftragten, also die Ärzte, zu dringen. Derartige Organisationen bestehen in den USA unter dem Namen Health Maintenance Organizations (HMO). Ihre Befürworter behaupten, daß sie besser dazu motiviert sind, eine vorbeugende Behandlung in jenen Fällen zu gewährleisten, in denen sie sich rentiert, und ambulante und stationäre Leistungen miteinander zu kombinieren. Der Gesundheitsökonom Paul Feldstein kommt bei einer Untersuchung dieser HMOs zu dem Ergebnis, daß für Personen mit einem vergleichbar umfassenden Versicherungsschutz die Kosten der medizinischen Versorgung in den HMOs um 10 bis 40% unter der durch freiberuflich tätige Ärzte und Krankenhäuser liegen. Insbesondere sei die Zahl der Einweisungen in Krankenhäuser bei den HMOs geringer[41].

---

[41] P. J. Feldstein: Health Care Economics. New York 2. Aufl. 1983. Feldstein zitiert auch eine Studie, die zeigt, daß der Gesundheitszustand der Personen, die von HMOs versorgt werden, nicht schlechter ist als der Personen, die Mitglieder einer traditionellen Versicherung sind, sondern zum Teil sogar besser. M.S. Blumber: Health Status and Health Care Use by Type of Private Health Coverage. Millbank Memorial Fund Quarterly, Fall 1980 S. 649. Die Ärzte, auf die HMO-Mitglieder verwiesen werden, sind zum großen Teil freiberuflich tätig. Es besteht dann aber ein mehr oder minder ausgeprägtes Zuweisungssystem. Die Versicherten können aus einer begrenzten Liste Ärzte wählen. Diese sind auf Versorgungsniveaus verpflichtet, die von der HMO vorgegeben werden. Dehnen sie ihre Erfüllungsbereitschaft zu weit aus, müssen sie mit Entzug der Lizenz dieser HMO rechnen.

Wenn die HMOs tatsächlich so vorteilhaft sind, warum waren sie lange Zeit auch in den USA nur relativ wenig verbreitet? Reuben Kessel behauptet, daß dies vor allem an den Ärzten läge, die die HMOs diskriminieren würden und Mitgliedern der HMOs den Zugang zu den Krankenhäusern verwehrten, auf die sie Einfluß haben[42]. Sicherlich würde der Vorschlag, in Deutschland Organisationen wie die HMOs zuzulassen, bei den Ärzteverbänden keinesfalls auf besondere Gegenliebe stoßen.

Tatsächlich waren tragende Grundsätze des HMO-Konzepts in Deutschland in der gesetzlichen Krankenversicherung um die Jahrhundertwende verwirklicht. Ein Ende machte dem erst die wiederholt erwähnte Notverordnung von 1931, die den Forderungen der organisierten Ärzteschaft, insbesondere des Hartmann-Bundes, weit entgegenkam.[43]

Anhang

Das amerikanische Gesundheitswesen unterscheidet sich stark von dem der BR Deutschland. Deswegen ist es für einen Vergleich mit dem deutschen Gesundheitswesen von einigem Interesse.

Eine gesetzliche Krankenversicherung besteht in den USA nicht. Etwa 75% der Bevölkerung besitzen eine mehr oder minder umfassende private Versicherung. Der Versicherungsbeitrag wird zumeist vom Arbeitgeber als Teil seiner Sozialleistungen bezahlt. Eine nachteilige Folge ist, daß es bei einer Entlassung oft zu einem Verlust des Versicherungsschutzes kommt. Eine Eigenbeteiligung des Patienten ist bei diesen Policen üblich.

Die Krankenversicherungspolicen der privaten Versicherer werden durch die Versicherungsaufsichtsämter der einzelnen Bundesstaaten reguliert. Ziele der Regulierung sind insbesondere, zu verhindern, daß Versicherungsnehmer, die von einer langanhaltenden schweren Krankheit betroffen sind, den Versicherungsschutz verlieren, weil der Versicherer den Vertrag kündigt, und zu gewährleisten, daß auch Individuen mit besonders schweren Gesundheitsrisiken einen Versicherer finden, der zumindest eine gewisse Grundsicherung gewährleistet.

Für Personen über 65 Jahre wurde 1965 eine staatliche Versicherung mit dem Name Medicare geschaffen. Der Grund hierfür war, daß diese Personen oft Schwierigkeiten haben, einen Versicherer zu finden. Medicare wird von der amerikanischen Bundesregierung stark subventioniert. Da der Versicherungsschutz relativ begrenzt ist, besitzt ein Großteil der Alten eine ergänzende private Krankenversicherung. Die Armen, das heißt Personen, deren Einkommen ein bestimmtes Mindestmaß unterschreitet und die bestimmte andere Kriterien erfüllen, wird Krankenversorgung im Rahmen eines anderen seit 1965 bestehenden

---

[42] R. Kessel: Price Discrimination in Medicine. Journal of Law and Economics, Oktober 1958, S. 20-53. Die Möglichkeit einer solchen Einflußnahme rührt daher, daß in den USA das Belegarztsystem eine viel größere Rolle spielt als bei uns. In den letzten zehn Jahren hatten die HMOs einen starken Zulauf und erfassen heute ca. 15% der amerikanischen Bevölkerung.
[43] In der Schweiz, insbesondere im Kanton Zürich, gibt es gegenwärtig Bestrebungen zur Gründung von HMOs.

staatlichen Programms mit dem Namen Medicaid gewährt. Dieses wird ausschließlich aus staatlichen Mitteln finanziert. Medicaid wurde geschaffen, weil diese Personen vormals normalerweise unversichert waren. Der Zugang der Armen zu Gesundheitsgütern war sehr beschränkt und ihre Mortalität wesentlich höher als bei Personen mit höherem Einkommen. Wurden sie ernstlich krank, konnte man ihnen allerdings auch vor 1965 die Zulassung zu einem öffentlichen Krankenhaus (wegen des hippokratischen Eides) oft nicht verweigern und das Krankenhaus hatte dann das Problem, wer für die Kosten aufkommt[44]. Ein die drittes staatliches Krankenversorgungsprogramm betrifft Veteranen.

Trotz dieser Bemühungen des amerikanischen Staats sind auch heute etwa 15% der amerikanischen Bevölkerung weder versichert noch haben sie Ansprüche gegen Medicaid. Insbesondere sind etwa 50% aller Schwarzen und 30% der Einwanderer aus Lateinamerika unversichert.

Die ambulante Versorgung wird vorwiegend von Privatpraxen getragen, die in den unterschiedlichsten Formen betrieben werden, zumeist als Gemeinschaftspraxen. In der stationären Versorgung spielen freie gemeinnützige und private Krankenhäuser eine größere Rolle als bei uns. Insbesondere sind Privatkliniken nicht nur auf den Bereich der relativ kleinen Krankenhäuser beschränkt, sondern es gibt einige bedeutende Ketten mit großen privaten Krankenhäusern, die gewinnorientiert geführt werden. Die Bedeutung der Privatkliniken hat im Vergleich zu den öffentlichen Krankenhäusern im Verlauf der letzten Jahrzehnte stark zugenommen.

Eine allgemein verbindliche Gebührenordnung für Ärzte besteht nicht. Die Abrechnung wird im einzelnen in unterschiedlicher Art und Weise vorgenommen. Der starke Kostenanstieg hat dazu geführt, daß vielfach mit neuen Formen der Vergütung von Krankenhäusern und Ärzten experimentiert wird, mit deren Hilfe mehr Wirtschaftlichkeit erreicht werden soll. Tatsächlich wurden hier gewisse Erfolge erzielt.

Direkt und indirekt, nämlich über die steuerliche Abzugsfähigkeit von Versicherungsbeiträgen bzw. Aufwendungen für den Erwerb von Gesundheitsgütern und über die Subventionierung der medizinischen Ausbildung, kommt der amerikanische Staat heute ungefähr für die Hälfte der Kosten des Gesundheitswesens auf.

---

[44] Das Ziel, daß die Armen im gleichen Maße Zugang zu Gesundheitsgütern haben wie die Reichen, wurde durch die Einführung von Medicare and Medicaid im wesentlichen erreicht. Die Statistiken zeigen, daß sie sogar öfters zum Arzt gehen als die Reichen. Ihre Mortalität hat sich der der Reichen einigermaßen angeglichen. Allerdings ist die Säuglingssterblichkeit bei den Schwarzen immer noch sehr hoch, obwohl bedürftige Familien mit Kindern regelmäßig Anspruch auf Unterstützung durch Medicaid haben.

Zusammenfassung

1. Entscheidungen über die Allokation von Ressourcen für Gesundheitsgüter – also die Auswahl zwischen verschiedenen Verwendungsrichtungen – sind schwierig; nichtsdestoweniger müssen sie getroffen werden. Die ökonomische Analyse kann dabei helfen, diese Entscheidungen auf systematische und konsistente Art und Weise zu treffen.

2. Die Ausgaben für Gesundheitsgüter, die Kosten solcher Güter und die Ausgaben der gesetzlichen Krankenversicherung haben im Laufe der letzten Jahrzehnte sehr stark zugenommen; wenn man auf die Summe der direkten und indirekten Ausgaben aller öffentlichen Haushalte einschließlich der Steuermindereinnahmen abstellt, sind die Ausgaben für das Gesundheitswesen nach den Ausgaben für Pensionen und Renten der zweitgrößte Ausgabenposten der öffentlichen Haushalte. Sie übertreffen die Ausgaben für Bildung oder für Landesverteidigung merklich. Der wichtigste Finanzierungsträger ist die gesetzliche Krankenversicherung.

3. Über 90% der Bevölkerung sind bei der Gesetzlichen Krankenversicherung versichert. Eine Wahl der Kasse ist nur sehr begrenzt möglich. Der Rest der Bevölkerung ist zum größten Teil freiwillig bei der Privaten Krankenversicherung versichert. Ein drittes Versorgungssystem ist daneben die beamtenrechtliche Beihilfe.

4. Im Gesundheitswesen treten mehrere Arten von Marktversagen auf:
   a) Uninformierte Konsumenten;
   b) Wettbewerbsbeschränkungen;
   c) Externe Effekte, vor allem bei ansteckenden Krankheiten;
   d) Maximierung anderer Größen als der Gewinne durch die Anbieter.

5. Viele Ökonomen sind der Meinung, daß ein übertriebenes Maß an Versicherungsschutz wesentlich zum Kostenanstieg beigetragen hat.

6. Diejenigen, die der Meinung sind, daß auf Märkten für Gesundheitsgüter Wettbewerb möglich und funktionsfähig wäre, vertreten den Standpunkt, daß die Kosten sinken werden, wenn man ins Gesundheitswesen wieder stärker wettbewerbliche Elemente einführt, wenn die Individuen einen größeren Teil der Kosten der von ihnen in Anspruch genommenen Leistungen tragen und wenn Krankenhaus- und ärztliche Leistungen in einer Weise vergütet werden, die einen Anreiz zur Wirtschaftlichkeit und zur Kostensenkung schafft.

7. Andere wiederum glauben, daß man versuchen sollte, die Kosten durch bürokratische Kontrollen zu senken. Die meisten Ökonomen sind demgegenüber allerdings skeptisch. In einem derart komplexen Markt wie dem Markt für Gesundheitsgüter sind die Erfolgsaussichten staatlicher Eingriffe nicht sonderlich groß.

8. Gegenwärtig erfolgt im Rahmen der gesetzlichen Krankenversicherung eine Umverteilung zwischen den leicht überdurchschnittlich und den deutlich unterdurchschnittlich verdienenden Arbeitnehmern sowie zwischen Familien ohne Kinder und mit berufstätiger Ehefrau einerseits und Familien mit Kindern und nicht erwerbstätiger Ehefrau andererseits. Ob die gesetzliche Krankenversicherung ein geeigneter Rahmen für die Vornahme einer Einkommensumverteilung ist und inwieweit die gegenwärtige bestehende Form einer Einkommensumverteilung wünschenswert ist, ist eher fraglich.

Schlüsselbegriffe

Gesetzliche Krankenversicherung
Private Krankenversicherung
kassenärztliche Vereinigung
Eigenbeteiligung

Ersatzkassen
Pflegesätze
moralisches Risiko

Fragen und Probleme

1. Was haben die Anschaffung eines Gesundheitsguts und die eines Autos miteinander gemeinsam? Was sind die Unterschiede?
2. Die Meinungen darüber, wie das Gesundheitswesen reformiert werden sollte, gehen sehr stark auseinander. In welchem Maße haben diese Meinungsverschiedenheiten mit unterschiedlichen Auffassungen über die Funktionsweise von Märkten für Gesundheitsgüter zu tun? Seien Sie konkret! Inwiefern lassen Sie sich auf unterschiedliche Werturteile zurückführen?
3. Rufen Sie sich die Arten von „Marktversagen" ins Gedächtnis, die auf Märkten für Gesundheitsgüter auftreten und die Reformvorschläge, die gegenwärtig diskutiert werden! Erörtern Sie, inwieweit die einzelnen Vorschläge darauf abzielen, bestimmte Arten von Marktversagen zu beheben!
4. Erörtern Sie die Wirkungen, die eine Beseitigung der Abzugsfähigkeit der Krankenversicherungsbeiträge bei der Einkommensteuer auf die Wohlfahrt der Individuen und auf ihre Nachfrage nach Gesundheitsgütern hätte!
5. Die Bedeutung der Privatkliniken ist in der BR Deutschland relativ gering. Erörtern Sie die Gründe dafür! Wäre es wünschenswert, daß der Marktanteil von gewinnorientiert geführten Krankenhäuser, also Privatkliniken, wächst?
6. Schon seit dem Nationalsozialismus wird immer wieder der Vorschlag gemacht, die in über 1000 Organisationen zersplitterte gesetzliche Krankenversicherung in eine Einheitsversicherung zusammenzufassen. Derartige Pläne wurden in Frankreich nach dem 2. Weltkrieg teilweise verwirklicht. Ein in ähnliche Richtung zielender, obwohl weniger weitgehender Vorschlag ist, zwischen den verschiedenen Kassen einen Finanzausgleich durchzuführen. Was halten Sie von derartigen Vorschlägen?

12. Kapitel
Landesverteidigung

Im Rahmen des Bundeshaushalts stellen die Verteidigungsausgaben den größten Einzelhaushalt dar. In der BR Deutschland haben sich die Verteidigungsausgaben real und als Prozentsatz des Bruttosozialprodukts relativ gleichmäßig entwickelt. Wie das Schaubild 12.1 zeigt, ist der Prozentanteil am Sozialprodukt seit langem nicht mehr angestiegen. Seit Mitte der sechziger Jahre kam es vielmehr zu einem Sinken, das darauf zurückzuführen ist, daß die besonders kostenträchtige Aufbauphase der Bundeswehr abgeschlossen wurde. Von einer zunehmenden Militarisierung, deren Existenz linke Kritiker behaupten, kann also keine Rede sein. Es ist bemerkenswert, daß der Anteil der Verteidigungsausgaben am Sozialprodukt heute in etwa derselbe ist wie im Kaiserreich und der Weimarer Republik.

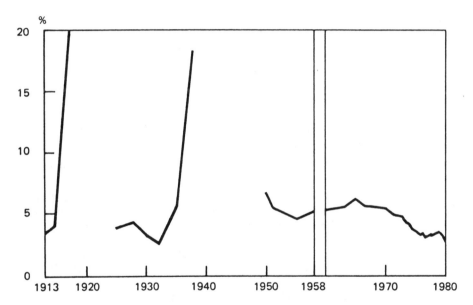

Abb. 12.1 Anteil der Militärausgaben am Bruttosozialprodukt in Deutschland. Quelle: L. Köllner: Militär und Finanzen, München 1982.

Etwa 20% der Verteidigungsausgaben entfallen auf die Beschaffung neuer Waffensysteme. Die Entwicklung eines neuen Systems nimmt 10 bis 20 Jahre in Anspruch, so daß die Verpflichtungen, die das Verteidigungsministerium heute im Rahmen der Vergabe von Entwicklungsaufträgen eingeht, häufig noch in einem Jahrzehnt ausgabenwirksam sein werden. Die laufenden Wartungs- und Instandhaltungsaufwendungen werden durch diese Verpflichtungen noch bis ins nächste Jahrhundert hinein beeinflußt.

Der Anteil der Verteidigungsausgaben der BR Deutschland am Bruttosozialprodukt ist zwar nicht unerheblich, im Vergleich zu den USA oder dem Vereinigten Königreich und erst recht im Vergleich zu der UdSSR sind sie aber relativ bescheiden. Der Unterschied gegenüber den USA liegt nicht nur daran, daß die USA als Führungsmacht der NATO einen überdurchschnittlichen Teil von deren Verteidigungsaufwendungen tragen, sondern auch an einem unvollständigen Ausweis der Rüstungsaufwendungen in Ländern mit allgemeiner Wehrpflicht, zu denen auch die BR Deutschland zählt. Die USA und das Vereinigte Königreich haben eine Berufsarmee, wohingegen auf dem europäischen Kontinent in West und Ost gleichermaßen die allgemeine Wehrpflicht besteht. Bei einer Berufsarmee erscheinen die Lohnkosten der Armee im Staatshaushalt. Bei einer Wehrpflichtigenarmee hingegen ist die Besoldung der Wehrpflichtigen gering und die wahren volkswirtschaftlichen Kosten, nämlich die Besoldung, die gezahlt werden müßte, um eine Freiwilligenarmee von vergleichbarer Größe anzuwerben bzw. die Einkommenseinbuße dadurch, daß die Soldaten während der Dauer der Wehrpflicht nicht anderweitig berufstätig sein können, werden infolgedessen im Haushalt nur sehr teilweise ausgewiesen.

Die Sowjetunion und die anderen Staaten des Warschauer Pakts veröffentlichten bislang keine ernstzunehmenden Zahlen über die Höhe ihrer Verteidigungsausgaben[1]. Will die Sowjetunion bei einem Sozialprodukt, das weniger als die Hälfte des amerikanischen beträgt, militärische Parität mit den USA gewährleisten, dann muß der Anteil der Verteidigungsausgaben am Sozialprodukt offensichtlich sehr viel größer sein als in den USA. Die in der Tabelle 12.2 angegebenen Werte über die Militärausgaben der UdSSR basieren auf Schätzungen über die Kosten der sowjetischen Waffensysteme.

Ob die Verteidigungsausgaben zu hoch oder zu niedrig sind, ist fast immer eine heftig umstrittene Frage. Nicht weniger umstritten ist, ob die Ausgaben für die Landesverteidigung effizient eingesetzt werden und ob hier Verbesserungen möglich wären. Die Bundeswehr ist nicht selten der Ineffizienz beschuldigt worden.

Landesverteidigung ist eines der wenigen Beispiele für ein reines öffentliches Gut. In unserer Erörterung der Theorie öffentlicher Güter haben wir dargetan, daß man über die Höhe der Ausgaben für ein bestimmtes öffentliches Gut entscheiden könnte, indem man die Bürger über ihre marginale Zahlungsbereitschaft befragt, also darüber wie groß der Grenznutzen ist, den ihnen zusätzliche Ausgaben für ein bestimmtes öffentliches Gut stiften. Unglücklicherweise funktioniert das bei der Landesverteidigung nicht. Die meisten von uns wissen nicht, wieviel mehr an Sicherheit produziert wird, wenn die Verteidigungsausgaben um eine Mark erhöht werden. Bei der Schätzung der Nutzen zusätzlicher Ausgaben verlassen wir uns auf das Urteil von Verteidigungsexperten. Experten aber haben unvermeidlich eine Neigung, die Bedeutung derjenigen Dienste und Leistungen,

---

[1] Nach den offiziellen sowjetischen Zahlen sind die sowjetischen Militärausgaben nicht nur relativ, sondern auch absolut geringer als die der BR Deutschland. Inzwischen zeichnet sich aber ein Wandel in der sowjetischen Informationspolitik ab. Mittlerweile gibt die UdSSR zu, daß der Anteil der Militärausgaben am Sozialprodukt in den Staaten des Warschauer Pakts etwa das Zweieinhalbfache ihres Anteils in den NATO-Staaten ausmacht. Vgl. Izvestija, 18.7.1988.

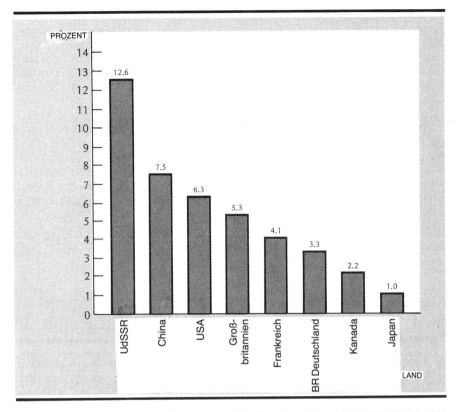

Abb. 12.2 Militärausgaben als Prozentanteil des Bruttosozialprodukts, 1984. Quelle: US Arms Control and Disarmament Agency, World Military Expenditure and Arms Transfers, 1986, Table 1.

über die sie Spezialwissen besitzen, zu überschätzen und infolgedessen für überhöhte Ausgaben zugunsten derselben zu plädieren.

Bei einer Beurteilung der Kosten eines bestimmten Vorhabens (sagen wir, der Entwicklung des Jägers 90) sind wir ebenso auf Expertenwissen angewiesen wie bei einer Voraussage, welche Nutzen dieses Vorhaben mit sich bringt, und welche Reaktionen es bei den Sowjets auslösen wird. Selbst dann, wenn die Experten in der Lage wären, zuverlässige Aussagen über die Zahl der Menschenleben zu machen, die sich durch ein bestimmtes Vorhaben in einer bestimmten Situation retten lassen, würde das auch noch nicht ausreichen, um seinen Nutzen zu beurteilen: zusätzlich müßten wir noch wissen, wie wir Menschenleben in Geld bewerten. Selbst wenn man vor einer derartigen Bewertung nicht zurückschreckt, wäre es – gelinde gesagt – immer noch ziemlich schwierig, eine Zahl zu nennen, auf die man sich einigen könnte. Darüberhinaus geht es um unser Überleben als Nation und das Überleben unserer Kultur; daß auch das nur schwer in Geld zu bewerten ist, liegt auf der Hand.

Nichtsdestoweniger können die Wirtschaftswissenschaftler einiges zur Analyse von Verteidigungsausgaben beitragen. Wir erörtern hier drei Fragenkreise. Erstens diskutieren wir die Organisation der Landesverteidigung, wie die Entscheidungen gefällt werden und wie die Güter und Dienste beschafft werden; zweitens stellen wir dar, wie sich vermittelst einer Kosten-Wirksamkeits-Analyse verschiedene Projekte miteinander vergleichen lassen. Zum Abschluß des Kapitels wenden wir uns der besonders heiklen Frage zu, wie sich entscheiden läßt, wie umfangreich die Verteidigungsaufwendungen sein sollten.

Die Organisation der Landesverteidigung

Wer für die Entscheidungen über die Verwendung des Verteidigungshaushalts zuständig ist und wie der Staat die Güter und Dienste erlangt, die er im Rahmen der Landesverteidigung in Anspruch nimmt, ist für die Effizienz, mit der die bereitgestellten Mittel verwendet werden, von wesentlicher Bedeutung. In diesem Abschnitt befassen wir uns mit drei Fragen:

Welche Rolle sollten Militärs bzw. zivile Experten bei der Ausarbeitung der verteidigungspolitischen Konzeption spielen?
Inwiefern führen bestimmte Beschaffungspraktiken zu Ineffizienz?
Wie sollte das Personal für die Armee beigebracht werden?

Primat der Politik

In welchem Maße Entscheidungen über unsere Landesverteidigung nur von den Generälen getroffen werden und welche Rolle Zivilisten spielen sollten, ist stets ein heikles Thema gewesen. Im Prinzip wird für die Bundeswehr das sogenannte Primat der Politik gefordert, das im Grundgesetz angelegt ist[2]. Das Primat der Politik wird durch die Befehls- und Kommandogewalt des Bundesministers für Verteidigung im Frieden betont. Sie fällt selbst im Verteidigungsfall auf keinen militärischen Amtsinhaber. Mit dem Wehrbeauftragten verfügt der Bundestag neben dem Verteidigungsausschuß über eine weitere Hilfseinrichtung zur parlamentarischen Kontrolle der Bundeswehr. Trotzdem wird vielfach kritisiert, daß das Primat der Politik nicht in ausreichendem Maße gewährleistet sei. So seien die Befugnisse des Parlaments zwar formal erheblich, de facto seien seine Möglichkeiten, Einfluß zu nehmen, aber sehr begrenzt.

Eine Reihe von Argumenten sind vorgebracht worden, um die Forderung nach einer stärkeren Kontrolle von Zivilisten über die Streitkräfte zu untermauern. Das erste Argument ist, daß jede der Teilstreitkräfte Landtruppe (Heer), Marine und Luftwaffe ihre eigenen Interessen zu verfolgen scheint. Dies macht sich nicht zuletzt bei der Beschaffungspolitik bemerkbar. Die verschiedenen Teilstreitkräfte versuchen jeweils, einen möglichst großen Teil der für die Beschaffung neuer Waffensysteme und Ausrüstungen zur Verfügung stehenden Mittel an sich zu ziehen. Sogar innerhalb dieser Teilstreitkräfte mag es dazu kommen, daß bestimmte waffentechnische Neuentwicklungen blockiert werden, weil einzelne Gruppen befürchten, daß sie ihren Partikularinteressen abträglich sein könnten.

Mängel in der Koordination zwischen den verschiedenen Teilstreitkräften haben beispielsweise im 2. Weltkrieg sowohl bei der deutschen Wehrmacht als auch bei den Alliierten zu erheblichen Fehlleistungen geführt.

---
[2] Es wird auf die Artikel 65a und 115b verwiesen.

Diese und andere Erwägungen begründen die Forderung nach dem Primat der Politik. Von den Kritikern wird darauf hingewiesen, daß das Primat der Politik auch durch die NATO-Mitgliedschaft gefährdet sei. Im Rahmen der NATO unterstehen die deutschen Streitkräfte nämlich der operativen Führung durch militärische NATO-Befehlshaber.

Auch im Rahmen des Bundesministeriums für Verteidigung scheint es um die Durchsetzung dieses Prinzips nicht stets zum Besten bestellt zu sein. So wird kritisiert, daß es an einer gesamtstreitkraftorientierten Verteidigungsplanung innerhalb dieses Ministeriums mangle. Die Gesamtverantwortung für die Bundeswehrplanung obliegt dem Generalinspekteur der Bundeswehr. Tatsächlich arbeitet der Generalinspekteur die Planungsleitlinien gemeinsam mit Vertretern der Teilstreitkräfte aus. Die Führungsstäbe der Teilstreitkräfte sind personell weit besser ausgestattet und haben wesentliche Informationsvorsprünge, so daß sie sich im einzelnen oft mit ihren Interessen durchsetzen können. Auch seien die Kompetenzen des Generalinspekteurs nicht ausreichend, um ein gesamtstreitkraftorientiertes Vorgehen zu gewährleisten.

Beschaffung von Ausrüstungen und Waffensystemen

Wir haben im Kapitel 7 darauf hingewiesen, daß die Bundeswehr einen großen Teil ihrer Ausrüstungen von privaten Unternehmen bezieht. Diese Anschaffungen erfolgen normalerweise nicht auf einem Markt, der den traditionellen Kriterien eines Wettbewerbsmarktes entspricht. Es gibt einen großen Käufer, das Verteidigungsministerium. Aber auch die Zahl der Anbieter ist relativ beschränkt. Einige Großunternehmen wie Messerschmidt-Bölkow-Blohm, Krauss Maffei, AEG, MTU und Rheinmetall kommen für bestimmte Lieferungen beinahe als die einzigen Anbieter in Frage. So ist MBB praktisch Monopolist für fliegendes Gerät, MTU für Triebwerke, der Salzgitter-Konzern für U-Boote etc. Ähnlich ist die Lage in den anderen westeuropäischen Ländern[3]. Im Prinzip könnte man sich vorstellen, daß es innerhalb der EG oder der NATO zu einem Wettbewerb um Rüstungsaufträge kommen könnte. Zumindest bislang ist diese Chance zur Herbeiführung eines Wettbewerbs allerdings kaum genutzt worden. Die einzelnen Regierungen geben den Unternehmen des eigenen Landes den Vorzug und zwar selbst dann, wenn diese besonders ineffizient sind[4].

---

[3] In den USA ist sie günstiger. Dort ist der Kreis der möglichen Anbieter oft größer.

[4] Kritiker werfen den westeuropäischen Regierungen einschließlich der deutschen vor, der Konzentration im Rüstungssektor des eigenen Landes Vorschub geleistet zu haben und sich damit selbst in eine wenig angenehme Lage hineinmanövriert zu haben, weil sich diese Unternehmen heute sehr viel Ineffizienz leisten können, brauchen sie doch Wettbewerb oder einen Auftragsentzug nicht mehr zu befürchten. Der jüngste und vielleicht dramatischte Sündenfall ist die (drohende) Mammutfusion Daimler-MBB. Der dadurch entstandene Konzern dürfte auf 30 bis 40 Prozent des gesamten Beschaffungsvolumens der Bundeswehr kommen und damit zum „ersten Hoflieferanten" des Verteidigungsministeriums avancieren. Die Kritiker verweisen in diesem Zusammenhang auf das Gegenbeispiel der Sowjetunion. Die sowjetische Regierung habe es sorgfältig vermieden, sich auf dem Rüstungssektor in die Abhängigkeit von monopolistischen Hoflieferanten zu begeben. Nach einer geläufigen Theorie stellt die sowjetische Rüstungsindustrie eine Insel der Effizienz in der ansonsten sehr ineffizienten sowjetischen Wirtschaft dar, weil die sowjetische Führung schon seit Stalin darauf geachtet habe, daß verschiedene Unternehmen und Konstruktionsbüros in einem Wettbewerb miteinander stehen.

Um zu gewährleisten, daß die Preise, zu denen das Material eingekauft wird, möglichst niedrig sind, schreibt das Verteidigungsministerium einen Teil seiner Aufträge aus; verschiedene Unternehmen machen dann ein Angebot, wieviel es kostet, sagen wir 1000 Gewehre einer bestimmten Spezifikation zu liefern und der Staat schließt den Vertrag mit dem Unternehmen, das das günstigste Angebot macht. Oft kommt er trotzdem zu Kostenüberschreitungen. Gibt es allerdings nur einen einzigen möglichen deutschen Anbieter – und das ist leider meist der Fall – erübrigt sich die Ausschreibung und es kommt zur sogenannten freihändigen Vergabe. Hierbei ist ein Preis zu vereinbaren, der sich an den Selbstkosten des Auftragnehmers orientiert[5].

Bei der Beschaffung neuer Waffensysteme, bei denen ein beträchtlicher Forschungs- und Entwicklungsaufwand anfällt, ist eine vorherige vertragliche Vereinbarung eines bestimmten Preises häufig nicht ohne weiteres möglich. Würden feste Preise für die Lieferung des Systems vereinbart, ließen sich dramatische Überschreitungen der Kostensätze nicht selten kaum vermeiden. Das heißt die tatsächlichen Kosten sind höher als das Unternehmen ursprünglich geschätzt hatte. In der Tat gibt es kaum einen anderen Bereich der öffentlichen Verwaltung, bei dem die Kluft zwischen Kostenvoranschlägen und den tatsächlichen Kosten so tief ist wie im Verteidigungsbereich. „Die Ermittlung zukünftiger Kosten, insbesondere bei Rüstungsgütern, erweist sich so stets als ein Vabanquespiel."[6] Ein Fall, bei dem die Überschreitung der ursprünglichen Kostenvorstellung spektakuläre Ausmaße annahm und zu einer finanziellen Krise führte, war die Entwicklung des MRCA Tornado. Ein Expemplar dieses Typs wurde zunächst mit 15 Mio. DM Stückkosten angegeben. In wenigen Jahren stieg der Stückkostenpreis noch vor dem Ende der Auslieferung des ersten Loses an die Luftwaffe auf 76 Mio. DM. Inzwischen beträgt er über 110 Mio. DM[7].

Eine Möglichkeit der Reaktion auf derartige Kostenüberschreitungen wäre, daß das Unternehmen und der Staat sich in diese teilen[8]. Selbst wenn das nicht ausdrücklich vorgesehen ist, muß der Staat de facto wohl unvermeidlich einen beträchtlichen Teil der zusätzlichen Kosten übernehmen. Das Unternehmen mag behaupten, daß die Überschreitungen auf veränderte Anforderungen an das Material oder auf unvorhergesehene technische Schwierigkeiten zurückzuführen sind. Bei der Entwicklung neuartiger Waffen kommt es regelmäßig zu derartigen Überraschungen, vor allem, wenn sie sich länger hinzieht, und es ist im einzelnen kaum möglich, nachzuprüfen, worauf die Kostenüberschreitungen tatsächlich zurückzuführen sind. Oder aber das Unternehmen erklärt sich außerstande, den Auftrag auszuführen, wenn es keine zusätzlichen Mittel erhält; der Auftraggeber hat dann die Wahl, entweder einen Verlust der Mittel in Kauf zu nehmen, die er bereits ausgegeben hat, oder aber zu einem Übereinkommen mit dem Unternehmen zu kommen. Verklagt der Staat das Unternehmen oder entzieht er ihm den

---

[5] Rechtsgrundlage für die Preisermittlung sind die Leitsätze für die Preisermittlung aufgrund von Selbstkosten.
[6] R. Chrobok: Das System der Bundeswehrplanung. Baden-Baden: 1985 S. 175.
[7] Zur Lösung dieser Finanzkrise mußte eine Vielzahl von verteidigungspolitischen Programmen gekürzt und gestrichen werden. Nach R. Chrobrok konnte „der verbliebene Programmtorso ... von niemanden als akzeptables, geschlossenes Programm verstanden werden," ebenda.
[8] Dies ist das Verfahren, das seit 1961 in den USA in bedeutendem Maße praktiziert wird.

12. Kapitel: Landesverteidigung

Auftrag, kann es zu sehr bedenklichen Verzögerungen bei der Entwicklung und Beschaffung der neuen Waffen kommen[9].

In der BR Deutschland hat man bislang bei derartigen Entwicklungsvorhaben oft auf den Versuch verzichtet, sie im wesentlichen zu Preisen abzuwickeln, die im vornhinein vereinbart werden (sog. Selbstkostenfestpreise). Entwicklungsaufträge werden stattdessen regelmäßig zu sogenannten Selbstkostenerstattungspreisen vergeben, d.h. der Staat ersetzt die Kosten des Unternehmens mehr oder minder unabhängig davon, wie hoch sie ausfallen, wenn nur die Prüfung der Kosten durch das Bundesamt für Wehrtechnik und Beschaffung ergibt, daß sie nicht übertrieben hoch sind. Das Risiko der Überschreitung ursprünglicher Kostenvoranschläge liegt damit fast vollständig beim öffentlichen Auftraggeber[10]. Das Bundesamt verfügt für die Überprüfung dieser Kosten über qualifizierte Fachkräfte und kann mit dem liefernden Unternehmen vereinbaren, daß ihm Einsicht in seine Unterlage gewährt wird. Es besitzt auch eine eigene Abteilung, die auf die Aufdeckung von Fälschungen im Rahmen dieser Unterlagen spezialisiert ist. In der Praxis besteht trotzdem keineswegs allgemeine Zufriedenheit mit der von den Experten des Bundesamtes vorgenommenen Kostenkontrolle. Schließlich haben derartige Selbstkostenerstattungspreise den Nachteil, daß das Unternehmen keinerlei Eigeninteresse daran hat, die Kosten gering zu halten. Die ganze Last der Kostenkontrolle liegt auf dem Bundesamt, dessen Möglichkeiten, von außen in diese Vorgänge einzudringen, naturgemäß Grenzen gesetzt sind. Es gibt zahlreiche Hinweise darauf, daß allzu oft Kosten, die von dem Unternehmen ausgewiesen werden, vom Bundeshaushalt übernommen werden, ohne daß dies eigentlich berechtigt wäre[11]. Man bemüht sich daher, auch bei Entwicklungsaufträgen in stärkerem Maße bestimmte Preise von vornherein vertraglich zu vereinbaren.

Letztlich führt bei vielen waffentechnischen Neuentwicklungen an einer Übernahme des Entwicklungsrisikos oder doch zumindest erheblicher Teile desselben durch den Staat kein Weg vorbei. Er ist besser in der Lage, das Risiko zu tragen. Wird von dem Unternehmen erwartet, daß es das Risiko trägt, und ist sein Management risikoavers, wird es hierzu nur bei Gewährung einer erheblichen Risikoprämie bereit sein.

---

[9] Wenn vom Unternehmen zunächst ein Kostenvoranschlag erstellt wird, sich der Staat und das Unternehmen aber dann in die Überschreitungen dieses Voranschlags teilen, dann wird das folgende Verhalten des Unternehmens gefördert: Es legt zunächst einen unrealistisch niedrigen Kostenvoranschlag vor, um den Zuschlag zu erhalten. Wenn es in das Projekt eingestiegen ist, kommt erst die Wahrheit ans Licht. Dann aber ist es gewissermaßen zu spät. Auf diese Weise entstehen beim Auftraggeber irrige Vorstellungen über die Höhe der Verpflichtungen, mit denen ein bestimmtes Entwicklungsvorhaben für ihn verbunden ist und damit über die Wirtschaftlichkeit eines Waffensystems.

[10] Nicht selten werden allerdings vertraglich gewisse Preisobergrenzen vereinbart, die auf einer groben Kostenschätzung beruhen.

[11] „Die Preisprüfungsorgane haben heute eine schwere Position. Die... verantwortlichen Referate und Abteilungen des Bundesministeriums für Verteidigung... bestätigen heute ohne Widerspruch, daß eine sinnvolle Nachprüfbarkeit moderner hochkomplexer technologischer und ökonomischer Prozesse kaum mehr möglich ist. Die Preisprüfung erhält den Charakter einer ‚Formalkontrolle'." J. B. Köppl.: Probleme des multinationalen Rüstungsmanagements. Dissertation München 1979, S. 94.

Der Bundesrechnungshof hat wiederholt Beschaffungspannen bei der Bundeswehr aufgedeckt und dem Bundesverteidigungsminister dringend empfohlen, seine Beschaffungsorganisation zu verbessern. Es ist behauptet worden, daß mehr als ein Drittel der gesamten Rüstungsaufwendungen auf Ineffizienz und mangelnden Wettbewerb zwischen den Anbietern zurückzuführen sei[12]. Dies mag übertrieben sein, aber immerhin wurde zugegeben, daß Schützenpanzer-, Unterseeboot-, Raketentriebwerk- und Jagdbomberprogramme erstellt worden sind, für die vermutet werden muß, daß Kosten- und Nutzengrößen in einem nicht-akzeptablen Verhältnis stehen. Die gleichen Befürchtungen gelten einem fliegenden Frühwarnsystem sowie einem Fregatten-Programm der achtziger Jahre[13].

Vielleicht die wichtigste Möglichkeit, mehr Wirtschaftlichkeit bei den Rüstungsvorhaben zu erreichen, wäre die Schaffung eines Europäischen Rüstungsmarkts. Ein solcher ist wiederholt gefordert worden, bislang aber noch nicht einmal in Ansätzen vorhanden. Europäischer Rüstungsmarkt heißt, daß der Bevorzugung der Industrie des eigenen Landes ein Ende gemacht würde und stattdessen Ausschreibungen stattfänden, an denen sich Unternehmen aller europäischen NATO-Länder gleichermaßen beteiligen könnten. Die Beschaffungsstellen könnten dann eine Vielzahl von Vorhaben ausschreiben, die bislang freihändig vergeben werden, da es innerhalb des eigenen Landes nur einen einzige potenten Anbieter gemacht. Ihrer Abhängigkeit von einem „Hoflieferanten" würde ein Ende gemacht. Aus Erfahrungen der Vergangenheit läßt sich schließen, daß bei einem Übergang von der freihändigen Vergabe zur Konkurrenzierung Kostensenkungen von 20-30% erzielbar sind.

Allgemeine Wehrpflicht oder Freiwilligenarmee

Die Art und Weise, wie der Staat die Arbeitskräfte für die Streitkräfte beschafft, unterscheidet sich erheblich von der Vorgehensweise anderer Arbeitgeber. In den meisten Ländern besteht die allgemeine Wehrpflicht. Die einzigen bedeutenden Ausnahmen sind die USA und das Vereinigte Königreich. Im Kriegsfall würde sicherlich auch in diesen Nationen die allgemeine Wehrpflicht eingeführt. Historisch hat diese ihren Ursprung vor allem in der französischen Revolution. In der BR Deutschland besteht die allgemeine Wehrpflicht, aber die Zahl der Berufssoldaten ist auch erheblich. Es handelt sich also um ein Mischsystem von Freiwilligen- und Wehrpflichtigenarmee.

Die Tatsache, daß die jungen Männer dazu gezwungen werden, in der Armee zu dienen, ist damit verbunden, daß der Sold niedriger ist als der „Marktlohn" für eine derartige Berufstätigkeit. Man kann die Wehrpflicht infolgedessen als eine Sondersteuer betrachten, die einem Teil der Bevölkerung auferlegt wird, ungerecht und ineffizient ist. Sie ist ungerecht, weil sie nur einem Teil der Bevölkerung auferlegt wird, nämlich jungen Männern, die bei guter Gesundheit sind[14].

---

[12] J. B. Köppl op. cit., S. 129.
[13] A. Paulus: Sicherheitsrisiko Kostenexplosion. München 1981, S. 16.
[14] Tatsächlich wurden bislang die Musterungsjahrgänge häufig nur zu 60% ausgeschöpft, da ein beträchtlicher Teil der jungen Männer als untauglich eingestuft und auch ein Teil der Tauglichen nicht eingezogen wurde, weil hierzu für die Aufrechterhaltung der Sollstärke der Bundeswehr kein Bedarf bestand. Der Ausschöpfungsgrad des Musterungs-

12. Kapitel: Landesverteidigung

Die allgemeine Wehrpflicht führt zu zwei Arten von Ineffizienz. Für manche Individuen sind die Opportunitätskosten der Wehrpflicht – nämlich die entgangenen Arbeitseinkommen – wesentlich geringer als für andere. (Das ist deswegen der Fall, weil die Produktivität dieser Wehrpflichtigen außerhalb der Armee gering ist.) Märkte erfüllen die wichtige Aufgabe, Arbeitskräfte mit unterschiedlichen Fähigkeiten in die Berufe zu lenken, in denen ihre Produktivität am höchsten ist. Bei der allgemeinen Wehrpflicht bleiben die Unterschiede in den Opportunitätskosten unberücksichtigt. Die effektive Steuer ist für manche Individuen damit höher als für andere.

Zweitens kann die Wehrpflicht dazu führen, daß die Militärs die Kosten der verschiedenen verteidigungspolitischen und militärischtechnischen Optionen nur unvollständig in Rechnung stellen. Da infolge der Wehrpflicht Arbeitskraft verbilligt wird im Vergleich zu den relativ hohen Löhnen, die man Berufssoldaten zahlen muß, wählen sie vermutlich eine Mengenkombination von Arbeit und Maschinen, die volkswirtschaftlich ineffizient ist. Es wird zuviel Arbeit eingesetzt. Gerade in modernen Kriegen aber hängt von einer qualitativ und quantitativ ausreichenden Ausstattung mit hochwertigen Kapitalgütern sehr viel ab.

Die Befürworter der allgemeinen Wehrpflicht bringen demgegenüber unter anderen die folgenden Argumente vor. Erstens wird befürchtet, daß auch eine Freiwilligenarmee erhebliche Ungerechtigkeiten mit sich bringt. Da es vor allem die Armen sind, die zur Armee gehen (ihre anderweitigen beruflichen Möglichkeiten sind begrenzter), tragen vornehmlich sie die Last eines Kriegs. Die Logik dieser These läuft darauf hinaus, daß bestimmte Rechte und Pflichten nicht vom Markt verteilt werden sollten. Wir haben diese Anschauung im letzten Kapitel als gutspezifischen Egalitarismus bezeichnet. Die Pflicht, für das eigene Land zu kämpfen und zu sterben, ist eine dieser Pflichten.

Zweitens machen sich die Kritiker einer Freiwilligenarmee Sorgen über die Effektivität der Streitkräfte. Wenn nur diejenigen dienen, deren Opportunitätskosten gering sind, wird die Qualität der Streitkräfte vermutlich zu wünschen übrig lassen. Die Armee würde zum Sammelbecken „verkrachter Existenzen". Dieses Problem läßt sich im Prinzip einfach lösen. Ein jeder Arbeitgeber kennt es und reagiert darauf, indem er seinen Lohn solange anhebt, bis die Zahl der Bewerber groß genug ist, daß er seine qualitativen Ansprüche erfüllen kann. Handelt allerdings das Parlament so kurzsichtig, daß es nicht genügend Mittel für Besoldung bereitstellt, mag die Landesverteidigung in der Tat wegen der geringen Qualität des Personals Schaden nehmen. Befürchtungen, daß das Parlament nicht die nötigen Mittel für die Landesverteidigung bewilligen würde, wenn diese sämtlich im Haushalt erscheinen, was bei der allgemeinen Wehrpflicht ja nicht der Fall ist, spielen überhaupt für die Befürworter derselben eine große Rolle. Anhänger dieser These liefern verschiedene Gründe für die Diagnose, daß demokratische Gesellschaften dazu neigen, bestimmte Gefahren, die ihe Existenz bedrohen, zu un-

---

jahrgänge schwankte je nach ihrer Größe stark. Es wurden verschiedene Vorschläge gemacht, um mehr „Wehrgerechtigkeit" herbeizuführen. Eine Möglichkeit wäre etwa, Personen, die im Prinzip der Wehrpflicht unterliegen, aus verschiedenen Gründen aber nicht dienen, einer Wehrpflichtersatzabgabe zu unterwerfen. Diese Sondersteuer soll die finanziellen Vorteile ausgleichen, die diese Personen sonst haben. Ein derartiges System besteht beispielsweise in der Schweiz.

terschätzen oder aus ihrem Bewußtsein zu verdrängen und deswegen ungenügende Verteidigungsanstrengungen unternehmen.

Drittens fallen bei einer Berufsarmee gewisse Kosten an, die bei einer Wehrpflichtigenarmee nicht anfallen, insbesonder die Notwendigkeit, Zeitsoldaten nach Ende ihres Dienstes den Übergang in einen zivilen Beruf zu ermöglichen. Dies kann mit erheblichen Aufwendungen verbunden sein.

Ob der militärische Wert einer Reservistenarmee größer oder geringer ist als der einer etwa gleich großen Berufsarmee, ist umstritten. Traditionell wurde argumentiert, daß zumindest bei der Verteidigung der Heimat die Kampfmoral einer Reservistenarmee höher sei. Andererseits kann man von einer Berufsarmee ein höheres Maß an Professionalität und eine pfleglichere Behandlung des Materials erwarten.

Prominente Ökonomen (in den USA beispielsweise M. Friedman, im deutschen Sprachraum insbesondere G. Aschinger) haben eine Berufsarmee befürwortet. In der verteidigungspolitischen Diskussion in der BR Deutschland ist es üblich, daß bei Kostenvergleichen zwischen Wehrpflichtigen- und Freiwilligenarmee die Opportunitätskosten der ersteren, nämlich die entgangenen Arbeitseinkommen wärend der Ableistung der Wehrpflicht, einfach vernachlässig werden. Das ist eine unsinnige Vorgehensweise und die Schlußfolgerung, zu der es dann regelmäßig kommt, daß eine Freiwilligenarmee teurer sei, ist infolgedessen schlicht falsch. Im Rahmen der NATO hat die BR Deutschland die Verpflichtung, eine Truppe von ca. 500 000 Mann beizusteuern. Von der Bundesregierung wird ein Friedensumfang von (derzeit) 495 000 Soldaten und ein Kriegsumfang von (seit 1987) 1,34 Millionen Soldaten für erforderlich gehalten. Darüber, ob diese Zahl „angemessen" ist, kann man trefflich streiten[15]. In jedem Fall handelt es sich dabei um eine Größenordnung, die sich bei einer entsprechenden Aufstockung des Verteidigungshaushalts durchaus im Wege einer Freiwilligenarmee aus Berufs- und Zeitsoldaten erreichen ließe.

Bundeswehrplanung und Kosten-Wirksamkeitsanalyse

Im Jahr 1968 wurde durch einen Planungserlaß im Bundesministerium für Verteidigung das sog. Programming-Planning-Budgeting System (PPBS) eingeführt. Bis 1968 hatte Improvisation in der Bundeswehrverwaltung eine große Rolle gespielt. Man war aber zu der Überzeugung gelangt, daß angesichts der wachsenden Kosten und Komplexität moderner Waffensysteme und ihrer möglicherweise kriegsentscheidenden Bedeutung Intuition und Erfahrung nicht mehr ausreichen, sondern die Bundeswehrführung über systematischere formale Planungsinstrumente verfügen sollte.

Die Einführung des PPBS erfolgte nach amerikanischem Vorbild; im amerikanischen Verteidigungsministerium war ein solches System 1961 eingeführt wor-

---

[15] „Bestimmenden Einfluß auf den Aufbau und den heutigen Zustand der Bundeswehr übt bis heute ein als ‚geheim' eingestuftes militärisches Sonderabkommen aus dem Jahre 1952 aus, das zugleich das einzige Relikt aus dem EVG (Europäische Verteidigungs-Gemeinschaft)-Vertragswerk ist, das noch Bedeutung für die Gegenwart hat." D. Walz: Die Bundeswehr und die 500 000 Mann-Frage. NZ Wehr RH 1984: 1 S. 23f.

den. Dieses System besteht in einer revidierten Version (Planungserlässe von 1981 und 1983) im Bundesministerium für Verteidigung bis heute. Der Planung und Programmierung, also der Bestimmung der Ziele der Militärpolitik und der daraus abgeleiteten Aufgaben für die Teilstreitkräfte, dienen vor allem das sogenannte Militärstrategische Konzept und der Streitkräfteplan. Als Instrumente der Programmierung sind im Rahmen dieser Planungskonzeption Kosten-Nutzen-Analysen und Kosten-Wirksamkeitsanalysen vorgesehen.

Über die Kosten-Nutzen-Analysen und Kosten-Wirksamkeitsanalysen, die im Bundesministerium für Verteidigung angestellt wurden, ist nur wenig bekannt. Die erstellten Analysen wurden fast alle streng geheimgehalten. De facto scheinen bislang die Kosten und Nutzen der in Planung und Einsatz befindlichen Verteidigungsprogramme nur höchst unzureichend ermittelt worden zu sein. Aus den vorliegenden Informationen geht hervor, daß Kosten-Nutzen-Analysen in der Praxis keine Rolle spielen, wohl aber Kosten-Wirksamkeitsanalysen. Für die Kostenberechnung gibt es seit 1970 eine offizielle Methodik, die Ähnlichkeit zu den Kostenrechnungsverfahren privater Unternehmen aufweist. Über ihre Anwendung heißt es: „Dennoch hat die Kostenrechnung bisher in der Bundeswehr noch nicht den Stellenwert erreicht, der ihr von Fachleuten außerhalb und innerhalb der Bundeswehr zugesprochen wurde."[16] Insgesamt sind die deutschen Bemühungen weniger weit gediehen als die des amerikanischen Verteidigungsministeriums, in dem man zweifellos ernsthafte Anstrengungen unternommen hat. Bei den Generälen erfreuten sich militärökonomische Analysen nie sonderlich großer Beliebtheit. Die Militärs wenden für gewöhnlich ein, daß sich die Vorzüge und Nachteile verschiedener militärtechnischer Optionen nicht einfach auf eine Wirtschaftlichkeitsrechnung reduzieren lassen. Nur ein kleiner Teil der Führungskräfte der Bundeswehr ist nachhaltiger wirtschaftlich vorgebildet, der große Rest tut sich mit Wirtschaftlichkeitsrechnungen hart.

Ein interessantes Beispiel für eine Anwendung der Kosten-Wirksamkeitsanalyse stammt von William Kaufmann[17]. Er betrachtet das Problem, wie die NATO sich am besten auf einen sowjetischen Angriff vorbereiten kann, der gleichzeitig in Mitteleuropa und am persischen Golf vorgetragen wird. Er schätzt, daß es erforderlich werden kann, innerhalb von 30 Tagen 800 000 Tonnen Material zu den beiden Kriegsschauplätzen zu transportieren, und ferner, daß die vorhandenen Transportkapazitäten nur ausreichen, um 200 000 Tonnen zu transportieren. Im amerikanischen Haushaltsansatz von 1984 war vorgesehen, fünfzig C-5B Flugzeuge zum Preis von 6,4 Milliarden $ anzuschaffen. Dies würde die Transportkapazitäten um 70 000 Tonnen erhöhen, womit der Transport von 530 000 Tonnen immer noch ungeklärt wäre. Kaufmann argumentiert, daß demgegenüber die Konstruktion von Schiffen mit hoher Reisegeschwindigkeit kosteneffizienter sei. Er berechnet, daß zweiunddreißig derartige Schiffe zusammen mit den acht Schiffen, die bereits in Betrieb sind, in der Lage wären, die gesamten 800 000 Tonnen innerhalb von 30 Tagen zu transportieren.

---

[16] N. Steinebach: Kostenrechnung im Planungssystem der Bundeswehr. In: Handbuch zur Ökonomie der Verteidigungspolitik. Regensburg 1986 S. 436.
[17] W. W. Kaufmann: The Defense Budget. In: J. A. Pechman: Setting National Priorities. Washington D. C. 1983.

Verschiedene Alternativen gibt es beispielsweise auch im Zusammenhang mit der Aufgabe, zu gewährleisten, daß die USA nach einem nuklearen Überraschungsangriff der UdSSR zu einem Gegenschlag imstande sind. Man könnte ein neues MX Raketen System entwickeln oder eine größere Zahl von Polaris Unterseebooten einsetzen, die mit Raketen bestückt sind. Für jedes dieser beiden Systeme könnte man schätzen, wieviele Raketen durch einen Erstschlag der Sowjetunion zerstört würden. Dann kann man die Kosten einer jeden Megatonne an Kapazität für den Gegenschlag für die beiden Alternativen ausrechnen. Die Alternative, bei der diese Kosten geringer sind, ist kosteneffizienter.

Eine Mehrzahl von Zielen. In vielen Fällen dient ein bestimmtes Waffensystem aber einer Mehrzahl von Zielen. Ein Transport mittels Flugzeugen wäre besonders vorteilhaft, wenn es darum geht, eine relativ geringe Tonnage rasch zu einem entfernten Kriegsschauplatz zu befördern. Nach der Meinung von Kaufmann ist dies allerdings nur ein schwaches Argument für den Ausbau der Transportkapazitäten der Luftwaffe. Dieselbe Wirkung läßt sich erreichen, indem man Streitkräfte in Europa und am persischen Golf stationiert und dort entsprechendes Material vorhält.

Ähnliche Probleme entstanden bei der Diskussion über das Verlangen der amerikanischen Luftwaffe, B 70 Bomber zu erhalten. Diese sollten die B 52 in ihrer Funktion als wichtigste amerikanische Bomber ablösen. Ihre zentrale Aufgabe war der Abwurf von Atombomben an den dafür vorgesehenen Orten. Demgegenüber argumentierte der Verteidigungsminister, dasselbe Ziel lasse sich billiger mit Raketen erreichen. Sie hätten darüber hinaus auch noch den Vorteil, daß sie zumeist schneller am Ziel sind, nämlich in 15 bis 30 Minuten, wohingegen Bomber unter Umständen zwei bis drei Stunden benötigen, und daß eine Bomberflotte auf dem Boden leichter verwundbar ist als Minuteman Raketen in unterirdischen Silos oder bewegliche Raketen wie die auf Polaris Unterseebooten stationierten.

Zwei Verteidigungssysteme sind nie völlig gleichartig. Die Generäle der Luftwaffe, die die B 70 Bomber begehrten, brachten vor, daß diese noch andere Funktionen wahrnehmen könnten, die die Raketen nicht erfüllen können. Insbesondere verwies der verantwortliche Luftwaffengeneral darauf, daß die Bomber Aufklärungsfunktionen übernehmen könnten. Dies würde es ermöglichen, das Zerstörungspotential gezielt auf jene sowjetischen Raketen zu richten, die nach einem ersten Schlagabtausch noch übriggeblieben sind. Aber selbst wenn man annimmt, daß mit Hilfe der B 70 die Zerstörung aller Interkontinentalraketen möglich würde, blieben doch noch die Raketen übrig, die auf Unterseebooten stationiert sind. Die Verringerung der Verluste an Menschenleben, die die Anschaffung der B 70 ermöglichen würde, wäre also gering: in einem der vorgestellten Szenarios (in dem die USA den Erstschlag durchführten) würde die Zahl der getöteten Amerikaner von 60 bis 90 Millionen auf 45 bis 75 Millionen verringert; in einem anderen (in dem die UdSSR zuerst zuschlägt) würde die Zahl der getöteten Amerikaner von 80 bis 150 Millionen auf 70 bis 135 Millionen sinken. Der amerikanische Verteidigungsminister McNamara kam zu dem Schluß, daß selbst bei einem „günstigen" Szenario der Wert der B 70 Bomber relativ begrenzt sei und ihre Kosten, nämlich 10 bis 15 Mrd. Dollar, zu hoch.

Unterschiedliche Szenarios. Diese Beispiele zeigen, welche Art von Analyse für eine Beurteilung des Werts verschiedener Waffensysteme erforderlich ist.

Die Betrachtung unterschiedlicher Szenarios macht einen wesentlichen Teil der Analyse aus. Ein solches wäre ein konventioneller Angriff an einer Front mit Vorwarnung, ein anderes ein Überraschungsangriff an einer Front, ein Angriff an zwei Fronten, oder ein nuklearer Angriff. Dann versucht man, herauszufinden, wie ein neues Waffensystem oder vermehrte Ausgaben für die Marine das Ergebnis in jedem dieser Szenarios beeinflussen. So kann man beispielsweise die zusätzliche Rückschlagkapazität berechnen (in Megatonnen feuerfähiger Atomwaffen), über die die USA nach einem Überraschungsangriff der UdSSR dank einem neuen Raketensystem verfügt. Oder aber man berechnet, wieviel Mann man wegen des Erwerbs einer bestimmten Zahl von Truppentransportmitteln innerhalb von 30 Tagen zusätzlich nach Übersee transportieren kann, sollte an einer Front ein Krieg ausbrechen.

In dem einen Szenario mag das eine Verteidigungssystem effektiver sein, in einem anderen das andere. Wenn man mehr ausgibt (indem man beide Systeme erwirbt), so erhöht dies möglicherweise die Verteidigungsfähigkeit, aber das ist keine Antwort auf die Frage: was man bräuchte, wäre eine Einschätzung der Wahrscheinlichkeit, mit der das eine oder das andere Szenario Wirklichkeit wird, und eine Einschätzung der Folgen von Verteidigungsanstrengungen in jedem der beiden. Wenn man das weiß, dann mag man besser dazu in der Lage sein, Aussagen darüber zu treffen, ob die Militärausgaben ausreichend hoch sind.

Zielkonflikte bei der Allokation von Mitteln für die Landesverteidigung

Die Kosten-Wirksamkeitsanalyse kann helfen, zu gewährleisten, daß die Mittel des Verteidigungshaushalts nicht verschwendet werden. Bei vielen Entscheidungen ist sie allerdings nicht allzu aussagekräftig. Man stößt immer wieder auf die Frage, wie groß der Teil der Verteidigungsausgaben der NATO sein soll, der der Vorbereitung auf konventionelle Kriege dient. Man kann sich besser vor konventionellen Angriffen zu schützen (indem man die Ausgaben für konventionelle Waffen erhöht), dafür aber auf Ausgaben verzichten, die der Vorbereitung auf einen atomaren Angriff dienen. Bei einem gegebenen Bestand an Ressourcen ist es im allgemeinen nicht möglich, mehr an Schutz gegen die eine Art von Angriff zu gewinnen ohne etwas an Schutz gegen die andere zu opfern. Unterschiedliche Individuen mögen sich für verschiedene Punkte in dieser Möglichkeitsmenge entscheiden, je nachdem, wie sie die Wahrscheinlichkeit eines konventionellen bzw. eines nuklearen Angriffs beurteilen.

Einige Probleme bei der Allokation der Mittel des Verteidigungshaushalts

Zweck oder Mittel. In Diskussionen über Landesverteidigung kommt es oft zu einer Verwechslung zwischen Mitteln und Zweck. Es wird nicht richtig zwischen Inputs und Outputs unterschieden. Die Beschaffung verschiedener Waffensysteme sollte nicht als der Zweck (der Output) betrachtet werden, sondern als das Mittel (Input), um bestimmte militärische und verteidigungspolitische Ziele zu erreichen, – beispielsweise die Zerstörung eines bestimmten Teils des sowjetischen Potentials im Fall eines Erstschlags der Sowjetunion. So gesehen ist die billigste Rakete nicht unbedingt die wirkungsvollste. Nehmen wir beispielsweise an, daß Polaris Raketen doppelt so teuer sind wie auf dem Boden stationierte Raketen, daß bei einem Erstschlag aber 75% der letzteren zerstört werden, wohingegen keine Polarisraketen zerstört werden. Um nach einem Erstschlag auch nur eine auf dem Land stationierte einsatzfähig zu haben, müssen vier Raketen gebaut werden. Die „effektiven" Gesamtkosten der auf Unterseebooten stationierten Raketen sind infolgedessen nur halb so hoch wie die Kosten der auf dem Land stationierten Raketen.

Berücksichtigung der gesamten Folgekosten. Ein anderer Fehler, der bei militärpolitischen Analysen oft gemacht wird, ist, daß man es versäumt, alle Kosten eines Waffensystems zu berücksichtigen. Dies sind nicht nur die Forschungs- und Entwicklungs-, sondern auch die Personalkosten und der Erhaltungsaufwand.

Berücksichtigt man nicht alle diese Kosten, ist es praktisch unmöglich, die richtige Wahl zu treffen. Es werden möglicherweise einseitig Projekte vorgezogen, deren Kapitalkosten gering sind, während der Personal- und Erhaltungsaufwand hoch ist.

Vom Bundesminister für Verteidigung war in den vorläufigen Durchführungsbestimmungen zum Planungserlaß 1981 vorgesehen, daß die Lebenszeitkosten für die wichtigsten Vorhaben geschätzt werden sollen. In den Durchführungsbestimmungen zum Planungserlaß 1983 wurde dieses Erfordernis wieder fallengelassen. Daß es um die Berücksichtigung der Lebenszeitkosten in der Bundeswehrplanung schlecht bestellt ist, wird daraus deutlich, daß in dem Referat des Verteidigungsministeriums, das den Bundeswehrplan zusammenstellt und koordiniert, kein Referent für die Betriebskosten vorhanden ist. Die Teilstreitkräfte haben oft den Anreiz, Beschaffungsvorhaben in die Planung einzubringen, um nach der „Fuß-in-die-Tür"Taktik Folgeausgaben für beschaffte Systeme zu erzwingen. Die Folgekosten tragen bei der Bundeswehr oft andere Abteilungen bzw. Teile der Streitkräfte als diejenigen, die für die Beschaffung zuständig sind[18]. Das Interesse der beschaffenden Stellen, Folgekostenrechnungen anzustellen, ist entsprechend gering. Bislang dürften in der Bundeswehrplanung Folge- und Lebenszeitkostenrechnungen Seltenheitswert haben. Im Zusammenhang mit dem Jäger 90 soll erstmals eine derartige Rechnung angestellt worden sein.

Technologieorientierte Rüstungsanstrengungen. Nicht wenige Militärs haben das Verlangen, über die modernsten Waffen zu verfügen. Dies wird geradezu zum Selbstzweck. Neue Waffensysteme werden entwickelt, um die neuesten Technologien verwenden zu können, und alte werden verschrottet, einfach weil es neue fortgeschrittenere gibt.

Ökonomen verweisen darauf, daß neue Ausrüstungen nicht notwendigerweise kosteneffizienter sind. Die Frage, ob und wann alte Technologien ausgemustert und neue eingeführt werden sollen, muß im Zusammenhang mit den eigentlichen Zielen der Landesverteidigung gesehen werden. Neue Ausrüstungen sind möglicherweise weniger verläßlich und erfordern einen größeren Erhaltungsaufwand. Kritiker der Rüstungsanstrengungen der NATO haben bemängelt, daß ihre Waffen technologisch außerordentlich komplex seien und für den Verteidigungsfall wesentliche Eigenschaften wie Bedienbarkeit oder Instandsetzungsfähigkeit gerade deswegen möglicherweise nicht gewährleistet. Der Warschauer

---

[18] So ist die Luftwaffe verantwortlich für die Bewirtschaftung des Materials aller Teilstreitkräfte, das angetrieben fliegt, obwohl ein beträchtlicher Teil der Flugzeuge der Bundesmarine zugeordnet ist.

Pakt könnte in Wahrheit überlegen sein, weil seine Bewaffnung einfacher und robuster ist. Die Hoffnung, daß die NATO die quantitative Überlegenheit des Warschauer Pakts durch das höhere technische Niveau ihrer Waffen ausgleichen könne, könnte sich als trügerisch herausstellen.

Wieviel ist genug?

Damit kommen wir zu der letzten Frage: Wieviel sollten wir für Landesverteidigung aufwenden? Dies ist eine weit schwierigere Frage als die Aufteilung eines gegebenen Verteidigungshaushalts auf verschiedene Verwendungsrichtungen.

Geben wir zuviel für Landesverteidigung aus? Wenn man mehr für Landesverteidigung ausgibt, so kann dies positive Wirkungen haben; es erhöht möglicherweise die Wahrscheinlichkeit, einen Angriff zu überleben.

Hier geht es uns darum, wie man derartige Urteile mit System fällen kann. Es handelt sich um die Wahl zwischen Kanonen und Butter. Sie ist in der Zeichnung 12.3 dargestellt. Man kann mehr für Landesverteidigung aufwenden, muß dann aber etwas von bestimmten anderen Gütern opfern. Eine Indifferenzkurve stellt die Kombinationen von Butter und Kanonen dar, zwischen denen die Gesellschaft indifferent ist. Die Gesellschaft ist bereit, etwas Butter aufzugeben, um mehr Landesverteidigung zu erlangen. Wenn wir mehr und mehr Butter aufgeben, wächst das „Mehr" an Landesverteidigung, das erforderlich ist, um auf derselben Indifferenzkurve zu bleiben, immer rascher. Höhere Indifferenzkurven

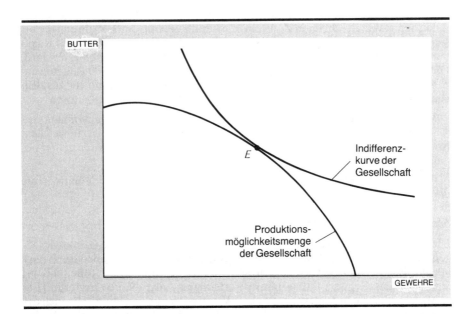

Abb. 12.3 Die Produktionsmöglichkeitsmenge der Gesellschaft. Die Gesellschaft kann nur dann mehr Landesverteidigung erhalten (mehr Gewehre), wenn sie auf andere Güter (Butter) verzichtet.

(das heißt sowohl mehr Butter als auch mehr Kanonen) stellen offenbar ein höheres Wohlfahrtsniveau dar. Das höchste erreichbare Wohlfahrtsniveau wird durch den Punkt E dargestellt, an dem eine Indifferenzkurve die Produktionsmöglichkeitsgrenze gerade berührt.

Auf diese Weise lassen sich Zielkonflikte, vor denen die Gesellschaft steht, gut darstellen. Zu der Beantwortung der Frage, wieviel Verteidigungsausgaben genug sind, trägt diese Darstellung aber leider wenig bei. Um diese Analyse auf Verteidigungsausgaben anwenden zu können, müssen wir wissen, wieviel an zusätzlicher Sicherheit wir aufgrund erhöhter Verteidigungsanstrengungen gewinnen.

Der Wert der Marginalanalyse

Im Zusammenhang mit unserer Analyse dessen, wie ein bestimmter Verteidigungshaushalt verausgabt wird, haben wir argumentiert, daß man den Beitrag der Ausgaben zur Erreichung bestimmter verteidigungspolitischer Ziele betrachten muß. Bei der Bewertung einer Vergrößerung des Verteidigungshaushalts benötigen wir ganz analog Wissen darüber, wieviel mehr an „Sicherheit" wir durch zusätzliche Ausgaben in Höhe von 1 Milliarde DM erlangen.

Das folgende Beispiel von C. Hitch zeigt die Bedeutung einer Marginalanalyse[19]. Nehmen wir an, jede Rakete bewirke mit einer Wahrscheinlichkeit von 50% die Zerstörung des Ziels, auf das sie abgefeuert wird. Wir wollen 100 Ziele zerstören. Wenn wir 100 Raketen abfeuern, ist der Erwartungswert an zerstörten Zielen 50, wenn wir 200 Raketen abfeuern, ist er 75, bei 300 Raketen 87 usw., wie es in der Zeichnung 12.4 dargestellt ist. Der Grenzertrag zusätzlicher Raketen nimmt also stark ab. Man kann jedes Ziel nur einmal zerstören; ein Teil der zusätzlichen Raketen schlägt in Ziele ein, die bereits zerstört sind. Während die ersten 100 Raketen 50 Ziele zerstören, führt eine Vergrößerung der Zahl der Raketen von 400 auf 500 nur zu einer Vergrößerung der Zahl der zerstörten Ziele um 3. Die Frage, die wir uns stellen müssen, ist nicht, ob es sich lohnt, 500 Raketen anzuschaffen und damit 97 Ziele zu zerstören, sondern ob es sich lohnt, 100 zusätzliche Raketen anzuschaffen, um damit gerade 3 zusätzliche Ziele zu zerstören.

Diese Art von Analyse ist schwierig. Aber wenn man den Zusammenhang zwischen Ausgaben und militärpolitischen Zielen herstellt und aufzeigt, in welchem Maße die Zielerreichung bei zusätzlichen Ausgaben erhöht wird, kann man rationalere Entscheidungen treffen.

Bei derartigen Abschätzungen sind Erwägungen besonders problematisch, die den Abschreckungseffekt betreffen.

Abschreckung und Rüstungswettlauf

Die obigen Berechnungen basieren alle auf der Annahme, daß die Größe (die gegenwärtige und ihr Wachstum) der Streitkräfte des Gegners gegeben ist. Bei einer Analyse der Landesverteidigung spielt es aber eine wichtige Rolle, daß das Verhalten des Gegners durch unsere Verteidigungsausgaben in zweierlei Hinsicht wesentlich beeinflußt wird. Erstens: Wenn wir mehr ausgeben, gibt auch der Gegner mehr aus; der Nettovorteil für uns läßt sich nicht derart berechnen, daß

---

[19] Decision Making for Defense. Berkeley 1966, S. 50-51.

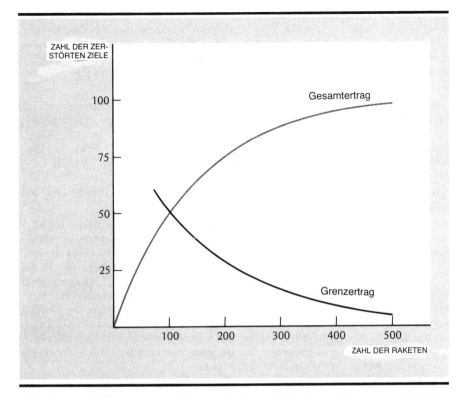

Abb. 12.4 Die Bedeutung einer Marginalanalyse. Die Frage ist nicht, ob man 500 Raketen haben sollte oder keine, sondern wieviel mehr wir zerstören können, wenn wir zusätzliche Raketen bekommen. Möglicherweise nimmt ihr „Grenzertrag" stark ab.

man annimmt, daß der Gegner überhaupt nicht reagiert. Es ist sogar möglich, daß sich unsere Lage verschlechtert, wenn wir mehr ausgeben. Das ist dann der Fall, wenn der Warschauer Pakt auf jede zusätzliche Mark, die die NATO aufwendet, mit zusätzlichen Ausgaben in Höhe einer Mark reagiert. Die Erwartung, daß uns zusätzliche Ausgaben etwas nützen, basiert also auf der Annahme, daß die UdSSR nicht in der Lage oder nicht willens sein wird, unsere Ausgabenerhöhung vollständig nachzuvollziehen. Darüber läßt sich nun allerdings streiten. Das Sozialprodukt der Sowjetunion und der Warschauer Pakt-Staaten ist weit geringer als das der NATO-Staaten, aber die Leidens„bereitschaft" der Bevölkerung dieser Länder ist wegen ihres politischen Systems weit größer und damit die Fähigkeit ihrer Regierungen, den Konsum einzuschränken und den Verteidigungshaushalt aufzustocken.

Die Sowjetunion wird möglicherweise aber auch noch in einer anderen Hinsicht durch die militärische Stärke des Westens beeinflußt: die Wahrscheinlichkeit, daß sie kriegerische Handlungen unternimmt, verändert sich. Die Wahrscheinlichkeit verschiedener Szenarios, eines konventionellen oder eines Atomkriegs, wird durch unsere militärische Potenz beeinflußt. In der politischen Auseinandersetzung über die Verteidigungspolitik hat dies eine erhebliche Rolle gespielt. Beispielsweise ist argumentiert worden, daß eine atomare Abrüstung Westeuropas durch eine Reihe von „doppelten Nullösungen", also die Beseitigung bestimmter Kategorien von Atomwaffen, die Kriegsgefahr für Westeuropa möglicherweise erhöht, weil sie die Wahrscheinlichkeit eines konventionellen Krieges in Europa erhöhe. Dabei ist auf die konventionelle Überlegenheit des Warschauer Paktes verwiesen worden.

Kritiker einer Erhöhung der Verteidigungsausgaben führen mitunter an, daß diese unter bestimmten Umständen die Gefahr eines Angriffs erhöht. Dieses Argument spielt eine Rolle im Zusammenhang mit Plänen wie dem amerikanischen Programm einer „Strategischen Verteidigungsinitiative" (SDI, „Krieg der Sterne"). Das Ziel dieser Initiative ist, Waffensysteme zu entwickeln, die die USA vor einem nuklearen Angriff der UdSSR schützen, und auf diese Weise die Atomwaffen weitgehend entwerten. Ob ein derartiges System entwickelt werden kann, ist sehr umstritten.

Während die USA versuchen, ein derartiges System zu entwickeln, ist einige Besorgnis aufgekommen, daß die erhöhten Verteidigungsausgaben, die dieses Programm erforderlich macht, tatsächlich die Wahrscheinlichkeit eines sowjetischen Angriffs vergrößern. Stellen wir uns vor, die Sowjetunion gelange zu der Überzeugung, daß die USA in 10 Jahren dank ihrer neuen Verteidigungssysteme tatsächlich unverwundbar sein werden und daß die UdSSR noch mindestens 15 Jahre braucht, um selbst ein entsprechendes System zu konstruieren. Die UdSSR könnte dann befürchten, daß die USA daran interessiert wären, sie in 10 Jahren, bevor die UdSSR selber ein entsprechendes System konstruiert hat, anzugreifen. Geht die UdSSR aber hiervon aus, hat sie jeden Grund anzugreifen, bevor die USA ihr Verteidigungssystem installiert haben.

Andere wiederum betrachten die Strategische Verteidigungsinitiative als einen Bestandteil langfristiger Anstrengungen, für die Abrüstungsverhandlungen einige Trümpfe in die Hand zu bekommen. Die UdSSR wird versuchen, mit den USA gleichzuziehen. Da die sowjetische Wirtschaft wesentlich schwächer ist, wird ihr das schwerfallen, und das, so hofft man, wird den Sowjets einen Anreiz geben, sich an Abrüstungsabkommen zu beteiligen. Nicht zuletzt aus diesem Grund sind – so wird argumentiert – die Aussichten, eine Abrüstung zu erreichen, in den letzten Jahren günstiger geworden. Ein erster Schritt war das Übereinkommen zwischen den USA und der UdSSR im Jahre 1987, nach dem die Mittelstreckenraketen aus Europa abgezogen werden sollen[20].

Zu derartigen Fragen – und das sind einige der kritischen Punkte bei der Verteidigungspolitik – haben die Ökonomen wenig beizutragen. Sie können analysieren, was eine „rationale" Reaktion wäre und hierbei auf die Spieltheorie zurückgreifen, die von Oskar Morgenstern und John von Neumann entwickelt wurde[21]. Es ist aber nicht gewährleistet, daß die UdSSR auf unsere Handlungen ra-

---

[20] Es wird argumentiert, daß nur eine Nutzung des SDI als Trumpf, um in den Abrüstungsverhandlungen voranzukommen, im Interesse der westeuropäischen Staaten sein könnte.

[21] Die mathematische Spieltheorie ermöglicht unter bestimmten Umständen die Bestimmung der optimalen Verhaltensweise eines Teilnehmers an einem „Spiel". Das Typische an der Struktur „Spiel" ist, daß sein Ausgang nicht nur vom eigenen Verhalten dieses Teilnehmers abhängt. Ferner ermöglicht die Spieltheorie eine Analyse der Gleichgewichte derartiger Spiele.

tional reagieren wird. Was die Motive der sowjetischen Führung sind und was die sowjetische Führung über die Absichten der amerikanischen Regierung denkt, ist umstritten. Die amerikanische Außenpolitik der letzten Jahre war so inkonsistent, daß es für die UdSSR schwierig sein dürfte, amerikanische Reaktionen auf ihr Verhalten zu prognostizieren. Vor allem an der zentralen Bedeutung derartiger Reaktionen des Gegners für die Beurteilung der Nutzen alternativer verteidigungspolitischer Konzeptionen liegt es, daß die Ökonomen zu der Frage nach der angemessenen Höhe der Militärausgaben nicht allzuviel zu sagen haben.

Zusammenfassung

1. Die Schwierigkeiten einer Koordination zwischen den verschiedenen Teilstreitkräften haben Argumente für die Forderung geliefert, bei der Verteidigungsplanung das Primat der Politik zu gewährleisten. Wenn Experten, die bestimmten Teilstreitkräften angehören, und als solche Interessenvertreter sind, bei der Beschaffung von Waffensystemen eine übermäßige Rolle spielen, so kann dies zu Koordinationsmängeln und Verschwendung führen.

2. Bei der Wahl zwischen verschiedenen Verwendungsrichtungen für den Verteidigungshaushalt ist die Kostenwirksamkeitsanalyse insbesondere dann hilfreich, wenn es darum geht, zu gewährleisten, daß das für die Erreichung bestimmter Ziele geeignetste Waffensystem ausgewählt wird.

3. Oft handelt es sich aber um eine Vielzahl von Zielen. Dann muß man den Grenznutzen feststellen, den zusätzliche Mittel je nachdem, wie sie ausgegeben werden, stiften, wobei Annahmen über unterschiedliche Szenarios und Ziele getroffen werden müssen.

4. Bei der Beurteilung von Waffensystemen sollten Zweck und Mittel nicht miteinander verwechselt werden und es sollten die gesamten Kosten verschiedener Systeme (einschließlich der Unterhalts- und Personalkosten) berücksichtigt werden.

5. Bei der Beschaffung von Material werden Verträge abgeschlossen, in denen ein bestimmter Preis fest vereinbart wird. Bei Entwicklungsvorhaben spielen aber auch Verträge eine große Rolle, bei denen der Staat die Kosten übernimmt. Dies mag zu erheblichen Überschreitungen der Kostenvoranschläge und zu Unwirtschaftlichkeiten beigetragen haben.

6. Die allgemeine Wehrpflicht kann man als eine Sondersteuer auf eine bestimmte Bevölkerungsgruppe betrachten. Sowohl Gerechtigkeits- als auch Effizienzüberlegungen sprechen eher für eine Freiwilligenarmee, obwohl manche glauben, daß eine Freiwilligenarmee ungerecht sei.

7. Bei der Beurteilung unterschiedlicher verteidigungspolitischer Konzeptionen kommt es darauf an, die Grenznutzen herauszuarbeiten, die mit zusätzlichen Ausgaben verbunden sind. Mit anderen Worten, man muß eine Marginalanalyse vornehmen.

Schlüsselbegriffe

Abschreckung
Selbstkostenerstattungspreise
freihändige Vergabe

Ausschreibung
Kostenüberschreitungen

Fragen und Probleme

1. Stellen Sie sich vor, der (amerikanische) Staat habe entschieden, ein Raketensystem zu installieren, das Amerika eine Zweitschlagkapazität von 100 Raketen gewährleistet. Nunmehr wird überlegt, ob diese Kapazität auf 110 Raketen erhöht werden soll. Stellen Sie sich vor, Sie sind Mitglied des zuständigen Ausschusses des amerikanischen Parlaments. Überlegen Sie sich einige Fragen, die Sie stellen würden, um sich ein Urteil darüber zu verschaffen, ob die Anschaffung sinnvoll ist!

2. Sollte es Offizieren und Beamten des Verteidigungsministeriums verboten sein, ihren Dienst zu quittieren und unmittelbar danach eine Tätigkeit bei einem Rüstungsunternehmen wie Messerschmidt-Bölkow-Blohm aufzunehmen? (Es hat tatsächlich mehere solche Fälle gegeben).

3. Was ist der Unterschied zwischen der Entscheidung darüber, ob ein Hammer für die Bundeswehr angeschafft werden soll oder aber ein neuartiger Kampfpanzer? Welchen Einfluß hat der Unterschied auf die Beschaffungsverfahren?

4. Was ist der Unterschied zwischen der Entscheidung darüber, ob ein Hammer für die Bundeswehr angeschafft werden soll oder aber Arbeitskräfte? Welchen Einfluß haben diese Unterschiede auf die Beschaffungspraktiken?

5. „Die Probleme der Landesverteidigung sind derart kompliziert geworden, daß man ihre Lösung den Militärexperten überlassen sollte. Das Parlament sollte nur eben entscheiden, wieviel er für Verteidigung ausgeben will und die Allokation dieses Verteidigungshaushalts dann den Militärs überlassen." Erörtern Sie diese Meinungsäußerung!

13. Kapitel
Die soziale Rentenversicherung

Die Gewährung von Alters-, Behinderten- und Hinterbliebenenrenten ist in diesem Jahrhundert zu einer der wichtigsten Tätigkeiten entwickelter Staaten geworden. Die Ausgaben für Renten für Arbeiter, Angestellte und Landwirte betrugen in der BR Deutschland 1987 200 Milliarden DM. Dazu kamen noch 40 Mrd. DM für Beamtenpensionen. Zusammen machte dies fast 12% des Bruttosozialprodukts aus. Vergleichen wir damit das Ausgabenvolumen des Bundeshaushalts, das 1987 271 Mrd. DM betrug, so stellen wir fest, daß die Haushalte der Träger der gesetzlichen Rentenversicherung auch im Vergleich zum Bundeshaushalt sehr ansehnlich sind.

Der wichtigste Teil der Rentenversicherung ist die Arbeiterrentenversicherung, die 1986 8,8 Millionen Renten (einschließlich Witwen- und Waisenrenten) gewährte. Die Arbeiterrentenversicherung wurde im Jahre 1889 geschaffen. Ihre Träger sind die als öffentlich-rechtliche Organisationen konstituierten Landesversicherungsanstalten. Die im Jahre 1911 errichtete und ebenfalls sehr bedeutende Angestelltenversicherung gewährte 1987 4,8 Millionen Renten. Der Träger dieser Versicherung ist die Bundesversicherungsanstalt für Angestellte in Berlin. Die sehr alte knappschaftliche Rentenversicherung, die Rentenversicherung der Bergleute, deren Ursprünge bis ins Mittelalter zurückreichen, gewährte 0,7 Millionen Renten. Die im Jahre 1957 errichtete Altershilfe für Landwirte gewährte 1986 0,6 Millionen Renten. Dazu kommen noch über 1 Million Beamtenpensionen[1] und 1 Million Renten der gesetzlichen Unfallversicherung. Diese wurde 1884 geschaffen und ihr primärer Zweck ist die Berentung der Opfer von Arbeitsunfällen und Berufskrankheiten.

Zusammengenommen ergibt dies die sehr ansehnliche Zahl von 17 Millionen Renten und Pensionen. Das heißt aber nicht, daß es in der BR Deutschland 17 Millionen Rentner und Pensionäre gäbe. Tatsächlich ist ein Teil der Bezieher, beispielsweise Bezieher von Witwenrenten, berufstätig und ein Teil der Rentner erhält mehrere Renten, beispielsweise eine Hinterbliebenenversorgung und zusätzlich eine eigene Altersrente.

Die Ausgaben der Rentenversicherung haben im Lauf der letzten Jahrzehnte stark zugenommen. Die Tabelle 13.1 zeigt, daß die Leistungen der Rentenversicherung der Arbeiter und Angestellten und der Altershilfe für Landwirte 1987 preisbereinigt das Vierfache der Ausgaben von 1960 ausmachten.

Die gesetzliche Rentenversicherung gewährt den Individuen eine Art von Versicherungsschutz, wie ihn eigentlich auch private Versicherer anbieten. Es gibt einen wesentlichen Unterschied: Bei einer privaten Versicherung ist der Zusammenhang zwischen den Beiträgen eines Versicherungsnehmers, seinen Risikomerkmalen und der Versicherungsleistung wesentlich enger. Wenn ein Individuum von einem privaten Versicherer eine Leibrente kauft (eine Police, die ihm ab

---

[1] Man kann in den Beamtenpensionen eine Art von zeitlich verschobener Entlohnung statt der Gewährung einer Rente sehen.

Tabelle 13.1 Ausgaben wichtiger Rentenversicherungsträger

	Reale Ausgaben in Mrd. DM des Jahres 1986		
	1960	1970	1987
Arbeiterrentenversicherung	30,6	62	100,2
Angestelltenversicherung	14,3	32	81,0
knappschaftliche RV	6,5	12	15,4
Altershilfe für Landwirte	0,5	1,8	3,8
zusammen	51,9	108	200,4

einem bestimmten Lebensalter, etwa 65 Jahre, bis an sein Lebensende eine monatliche Rente zusichert), erhält es im Durchschnitt soviel, wie es für die Police bezahlt hat, plus Zinsen. Bei der Sozialversicherung ist dies nicht der Fall. Die Sozialversicherung gewährt Versicherungsschutz und nimmt zusätzlich eine Einkommensumverteilung vor. Bei einer Bewertung der Rolle der Sozialversicherung und verschiedener Reformvorschläge sollten diese beiden Funktionen auseinandergehalten werden.

Probleme der sozialen Rentenversicherung

In den Jahren 1975/76 geriet die soziale Rentenversicherung in eine Krise. Der Hintergrund dafür war, daß bei der Rentenreform von 1972 nicht angemessen berücksichtigt worden war, daß sich das Verhältnis zwischen Beitragszahlern und Rentnern demographisch bedingt in den nächsten Jahren deutlich verschlechtern würde. Der Grund für das Auftreten dieses Rentenbergs war insbesondere eine Verzerrung der Altersschichtung zuungunsten der arbeitenden Bevölkerung infolge des 2. Weltkriegs. Die Krise wurde damals nicht zuletzt dadurch überwunden, daß die Anpassung der Renten an die Entwicklung der Löhne und Gehälter, die sogenannte Dynamisierung, zeitweise weitgehend ausgesetzt wurde. Zu Beginn der achtziger Jahre stellte sich das Verhältnis zwischen Beitragszahlern und Rentnern wieder etwas günstiger dar. Ab 1990 wird mit einer neuerlichen Verschlechterung gerechnet.

Statistisch schlägt sich dieses Phänomen in einer Erhöhung des sogenannten Altersquotienten nieder, der Relation zwischen der Zahl der mindestens 60 Jahre alten Personen zu der Zahl der 20 bis unter 60jährigen. Der Rückgang der Geburten und die Verringerung der Mortalität wirken sich nach den vorliegenden Prognosen dahingehend aus, daß sich dieser Altersquotient von 1990 bis 2030 nahezu verdoppeln wird. Bei unverändertem Leistungsrecht der Rentenversicherung würde die Zahl der Renten dann die Zahl der Beitragszahler übertreffen. Ab ca. 2030 wäre wieder mit einer leichten Entspannung der Lage zu rechnen. Bis 2010 steht diese Entwicklung bereits fest. Danach könnte sich bei einer Veränderung der Geburtenhäufigkeit noch etwas ändern. Nicht berücksichtigt ist in diesen Schätzungen, daß die Zahl der Beitragszahler sich durch die Zuwanderung von Personen im arbeitsfähigen Alter zur BR Deutschland vergrößert und es im Prinzip möglich ist, die Einwanderung in die BR Deutschland zu erleichtern. Um den Geburtenrückgang zu kompensieren, müßte man die Zuwanderung allerdings in einem solchen Maße erleichtern, daß der „Ausländeranteil" im Jahre 2030 bei über 25% läge[2].

Die heranrückende Finanzierungskrise stellt indes nicht das einzige Problem der sozialen Rentenversicherung dar. Umstritten ist auch, ob das System gerecht ist und was seine Auswirkungen auf die wirtschaftliche Effizienz sind. Bevor wir diese Fragen näher untersuchen, müssen wir uns aber erst die Struktur der sozialen Rentenversicherung klarmachen.

Die Struktur der Sozialversicherung

Die soziale Rentenversicherung finanziert sich hauptsächlich aus einem Rentenversicherungsbeitrag, der auf das Einkommen bis zur Beitragsbemessungsgrenze angewendet wird. Die Beitragsbemessungsgrenze wird zumeist jährlich an die Preissteigerungen und die Gehaltsentwicklung angepaßt. 1989 beträgt sie auf das Jahreseinkommen berechnet 73 200 DM, 1960 hatte sie nur 10 200 DM betragen. Die Entwicklung der Beitragssätze ist in der Tabelle 13.2 dargestellt. In ihr ist ebenso enthalten, welche Entwicklung die Beitragssätze nach den vorliegenden Schätzungen nehmen würden, wenn das Leistungsrecht unverändert bliebe und es zu keiner bedeutenden Einwanderung in die BR Deutschland käme.

Nach der Reichsversicherungsordnung (RVO) kommt der Arbeitgeber für die eine Hälfte dieses Beitrags auf, der Arbeitnehmer für die andere. Die meisten Ökonomen halten dies für ein juristisches Konstrukt ohne wirtschaftlichen Belang. Die wirtschaftlichen Folgen des Beitrags sind im Grunde dieselben wie wenn er ausschließlich als Arbeitnehmerbeitrag erhoben würde. Was ist der Unterschied, ob der Beitrag auf der Gehaltsabrechnung als Lohnbestandteil aufscheint oder gesondert aufgeführt wird? Selbst die zahlungstechnische Abwicklung ist beim Arbeitgeberbeitrag und beim Arbeitnehmerbeitrag dieselbe.

Tabelle 13.2 Entwicklung der Beitragssätze und der Beitragsbemessungsgrenze in der Rentenversicherung der Arbeiter und Angestellten (ab 1988 prognostizierte Entwicklung)

	Beitragssatz	Beitragsbemessungsgrenze[3]
1890	1 %	2 000 M
1900	1,7%	2 000 M
1927	5 %	6 000 RM
1949	10 %	7 200 DM
1969	17 %	20 400 DM
1978	18 %	44 400 DM
1988	18,7%	71 000 DM
2005	23,5%	
2030	36 %	
2050	32 %	

---

[2] Zu diesen Schätzungen vgl. H. Grohmann: Demographische Entwicklung und Finanzierung der Alterssicherung. In: Renten 2000, Hrsg. P. Hampe. München 1985 S. 27-53, Gegenwärtig beträgt der Ausländeranteil 7%.

[3] Vor 1942 gab es das Institut einer Beitragsbemessungsgrenze nicht. Es gab eine Versicherungspflichtgrenze für Angestellte. Die Zahlen vor 1942 beziehen sich auf diese.

Mit 18,7% haben die Beitragssätze inzwischen eine ansehnliche Höhe erreicht. Für die Zukunft muß dennoch ein weiterer Anstieg befürchtet werden. Wir stellen die Entwicklung der Beiträge in der Tabelle 13.2 und der Graphik 13.1 dar.

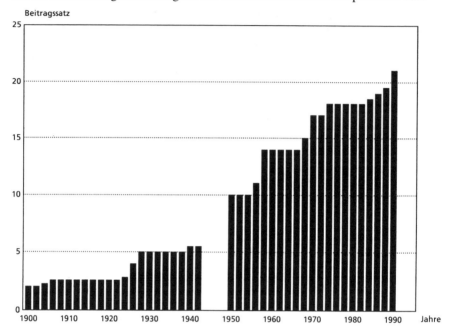

Abb. 13.1 Beitragssätze in der Arbeiterrentenversicherung.

Zusätzlich zu den Beitragseinnahmen erhalten die Rentenversicherungsträger noch Zuschüsse aus öffentlichen Mitteln, insbesondere aus dem Bundeshaushalt. Diese machen bei der Rentenversicherung der Arbeiter knapp ein Viertel ihrer Mittel aus, bei der knappschaftlichen Rentenversicherung über 60% und bei der Altershilfe für Landwirte über 70%. Bei der Angestelltenversicherung sind sie vergleichsweise unbedeutend. Außer diesen direkten Subventionen aus den öffentlichen Haushalten erhält die Rentenversicherung noch indirekte in Gestalt von Steuervergünstigungen. So sind die Rentenversicherungsbeiträge steuerfrei bzw. können als Sonderausgaben vom Gesamtbetrag der Einkünfte abgezogen werden und genießen damit eine Steuervergünstigung. Bei den Renten wird nur der sogenannte Ertragsanteil besteuert, so daß der größte Teil der Renten tatsächlich kaum besteuert wird[4].

Die Rentenversicherung finanziert sich nach dem sogenannten Umlageverfahren[5]. Bei diesem werden die Renten der heutigen Rentner aus dem heutigen Bei-

---

[4] Vgl. hierzu Kapitel 20.
[5] Im Zusammenhang mit dem Umlageverfahren spricht man oft von dem „Generationenvertrag", der ihm zugrundeliege. Die alte Generation wird von ihren Kindern (über deren Rentenversicherungsbeiträge) versorgt. Diese Kinder übernehmen diese Verpflichtung unter der Voraussetzung, daß sie dadurch Ansprüche gegen ihre eigenen Kinder erwerben.

tragsaufkommen finanziert. Eine Alternative wäre das sogenannte Kapitaldekkungsverfahren. Dies ist die Technik, deren sich eine private Versicherung bedient. Hierbei werden die Beiträge nicht sofort wieder für Leistungen verausgabt, sondern es wird vielmehr ein Kapitalstock gebildet, aus dem dann die künftige Rente finanziert werden kann. Ähnlich verhält es sich mit Betriebspensionen, bei denen der Arbeitgeber entsprechende Pensionsrückstellungen bildet. In der sozialen Rentenversicherung war schon im Kaiserreich konzeptionell eine Finanzierung nach dem Umlageverfahren vorgesehen. Da die Rentenleistungen jedoch erst nach einer Wartezeit einsetzten, und die Beiträge sofort nach Einführung des Systems zu Einnahmen führten, kam es de facto zur Errichtung eines Kapitalstocks, der im 1. Weltkrieg unterging. Seitdem wird, abgesehen von einem kurzen Zwischenspiel im 3. Reich, das Umlageverfahren angewandt. Auch beim Umlageverfahren kann es vorkommen, daß die Ausgaben eines Jahres den Einnahmen nicht genau entsprechen. Die Reserven, über die die Rentenversicherungsträger aufgrund von eventuellen Überschüssen verfügen, sind tatsächlich aber gering. Sie haben nur die Funktion, geringfügige Schwankungen der Einnahmen und Ausgaben abzufedern, ohne daß sofort die Beitragssätze verändert werden müßten.

Die Altersrenten berechnen sich in der Rentenversicherung der Arbeiter und Angestellten nach der folgenden Formel:

$$\text{Jahresrente} = (V_j \times \text{St-S} \times \text{pVH-S} \times \text{aBG})/10\,000.$$

Hierbei bezeichnen die Symbole

V_j – die Anzahl der anrechnungsfähigen Versicherungsjahre
St-S – den Steigerungssatz
pVH-S – den persönlichen Vomhundertsatz
aBG – die allgemeine Bemessungsgrundlage.

Die Zahl der anrechnungsfähigen Versicherungsjahre ist nicht einfach die Zahl der Jahre, in denen der Versicherte berufstätig war und Beiträge geleistet hat, sondern bestimmte andere Jahre wie z.B. Kindererziehungszeiten gelten ebenfalls als Versicherungsjahre. Die Höhe des Steigerungssatzes richtet sich nach der Art der Rente. Bei Altersruhegeldern beträgt er 1,5.

Der persönliche Vomhundertsatz ist die Summe der sogenannten Werteinheiten dividiert durch die Summe der auf sie entfallenden Versicherungsjahre. Als Werteinheit wird dabei der Verhältniswert des Entgelts, das der Versicherte während eines bestimmten Zeitraums bezogen hat, zum Bruttodurchschnittsarbeitsentgelt bezeichnet. Bei einem Versicherten, der 15 Arbeitsjahre abgeleistet hat und davon 10 Jahre lang 90% des Bruttodurchschnittsarbeitsentgelts des jeweiligen Jahres verdient hat und 5 Jahre lang 100% desselben, werden also $10 \times 90 + 5 \times 100 = 1400$ Werteinheiten gutgeschrieben. Zur Ermittlung des persönlichen Vomhundertsatzes werden diese 1400 dann durch 15 geteilt, es ergibt sich 93,3. Diesen Prozentanteil des Durchschnittseinkommens hat der Versicherte also im Durchschnitt verdient.

Die allgemeine Bemessungsgrundlage repräsentiert das Durchschnittseinkommen aller Versicherten. Sie verändert sich jährlich um den Prozentsatz, um den das Durchschnittsjahresentgelt der Versicherten in diesem Jahr das Durchschnittsentgelt des Vorjahres übersteigt. Auf diese Weise wird die sogenannte

Dynamisierung der Renten vollzogen, die Anpassung der Renten an die Entwicklung der Nominaleinkommen der Arbeitnehmer. Die Renten werden normalerweise jährlich auf Beschluß des Parlaments anläßlich der Neufestlegung der allgemeinen Bemessungsgrundlage „angepaßt", de facto also erhöht[6].

Sozialversicherung, Privatversicherung und Marktversagen

Private Versicherungsunternehmen bieten seit langem Rentenversicherungen an. Vielfach geschieht dies auf der Grundlage einer Kapitallebensversicherung, wobei die Versicherungssumme im Erlebens- bzw. Todesfall verrentet werden kann[7]. Seit dem 2. Weltkrieg bieten die privaten Versicherer auch in einem wesentlich größeren Umfang als früher zusätzlich zu Alters- und Hinterbliebenenrentenversicherungen Rentenversicherungen für Berufsunfähigkeit an. Ein beträchtlicher Teil der Arbeitnehmer kommt in den Genuß einer Pensionszusage seines Arbeitgebers. Der Staat und die Wirtschaft haben Schritte unternommen, um zu gewährleisten, daß derartige Pensionszusagen auch tatsächlich eingehalten werden können[8]. Nichtsdestoweniger haben die privaten Rentenversicherungen gewisse Nachteile.

Hohe Transaktionskosten. Individuen können eine private Rentenversicherung erwerben. Verglichen mit dem Marktzinssatz ist die Verzinsung bei diesen Rentenversicherungen nicht sonderlich hoch. Dies ist in erster Linie deswegen der Fall, weil die Verwaltungs- und Vertriebskosten der Versicherer nicht unerheblich sind. Bei privaten Lebensversicherern – und zumeist betreiben diese auch die private Rentenversicherung – ist davon auszugehen, daß 8% der Prämie für Verwaltungskosten und 19% für Vertriebskosten verwendet werden[9]. Die Verwaltungskosten der gesetzlichen Arbeiterrentenversicherung machen demgegenüber nicht einmal 2% ihrer Ausgaben aus. Vertriebskosten hat sie nicht, ihre Mitglieder sind zwangsversichert[10]. Die Vor- und Nachteile liegen auf der Hand:

---

[6] Eine de jure Verpflichtung zu einer solchen jährlichen Anpassung besteht nicht. Bei einer schwierigen finanziellen Lage der Rentenversicherung kann das Parlament von einer derartigen Anpassung Abstand nehmen oder nur eine herabgesetzte Anpassung vornehmen.

[7] Bei dieser Konstruktion wird die Versicherungssumme entweder im Todesfall an die Hinterbliebenen ausgezahlt oder beim Ablauf der Versicherung, dem sogenannten Erlebensfall, an den Versicherungsnehmer.

[8] Diesem Ziel dient der Pensions-Sicherungs-Verein. Dieser Verein finanziert sich aus Beiträgen der Unternehmen, die Pensionszusagen gewähren. Bei einer Insolvenz eines Unternehmens springt dieser Verein für die notleidend gewordenen Pensionsansprüche ein.

[9] J. Finsinger: Versicherungsmärkte. Frankfurt: 1983 S. 141.

[10] Dieser niedrige Verwaltungskostenanteil erklärt sich allerdings auch daher, daß ein sehr erheblicher Teil der Verwaltungskosten auf die Arbeitgeber überwälzt wird, die die Versicherungsbeiträge berechnen, einbehalten und abführen müssen. Daß die Verwaltungskosten der Lebensversicherer deutlich höher sind, liegt ferner daran, daß die Lebensversicherer u.a. eine Vielzahl kleiner Verträge verwalten. Die Verwaltungskosten eines Vertrags sind bei einer kleinen Versicherungssumme etwa dieselben wie bei einer großen. Der bedeutendste Teil des Kostenunterschieds zwischen Sozialversicherung und Lebensversicherung geht aber darauf zurück, daß der Sozialversicherung aufgrund der Versicherungspflicht die Vertriebskosten erspart bleiben.

Wenn man alle in einer einheitlichen Rentenversicherung organisiert, in der alle Arbeitnehmer Pflichtmitglieder sind, sind die Verwaltungskosten geringer als wenn man eine größere Zahl von miteinander konkurrierenden Versicherungsangeboten hat, zwischen denen sie wählen können. Solange die Beiträge, die die gesetzliche Rentenversicherung erhebt, relativ gering sind, wird es kaum jemand geben, der durch die Versicherungspflicht gezwungen wird, mehr zu sparen, als er eigentlich wollte. Dann ist der Wohlfahrtsverlust infolge einer Zwangsversicherung gering. Dieses Argument läßt sich jedoch nicht mehr aufrechterhalten, wenn die Beiträge zur gesetzlichen Versicherung erheblich sind.

Mitunter greift man auf das Konzept des **Versorgungsniveaus** zurück, um die Höhe der Sozialversicherungsrenten zu messen. Dieses ist definiert als das Verhältnis der Sozialversicherungsrente zu dem Nettoeinkommen vor Eintritt in den Ruhestand[11]. Wenn dieser Quotient eins beträgt, bedeutet das, daß einer beim Eintritt in den Ruhestand auch dann keine Einkommenseinbuße erleidet, wenn es keinerlei Ansprüche auf Betriebsrenten, Lebensversicherungsleistungen usw. hat. Die Höhe des Versorgungsniveaus läßt sich im Prinzip aus der Rentenformel berechnen. Wird angenommen, daß die Einkommensposition des zu berentenden Arbeitnehmers, also sein persönlicher Vomhundertsatz, während seines gesamten Arbeitslebens dieselbe war und er 40 anrechnungsfähige Versicherungsjahre aufzuweisen hat, dann beträgt das Altersruhegeld 60% seines zuletzt erreichten Bruttoeinkommens. Da er nach dem Eintritt in den Ruhestand kaum mehr Steuern entrichten muß und der Rentenversicherungsbeitrag sowie der Beitrag zur Arbeitslosenversicherung entfallen, werden dadurch tatsächlich ca. 80% des Nettoeinkommens ersetzt. Wieviel es genau sind, hängt davon ab, wie stark er vorher besteuert wurde[12]. Verdiente der Arbeitnehmer mehr als die Beitragsbemessungsgrundlage, dann fällt das Versorgungsniveau ab, weil Einkommen jenseits der Beitragsbemessungsgrenze bei der Berechnung des persönlichen Vomhundertsatzes nicht mehr anrechnungsfähig ist.

Keine Dynamisierung der Renten: Die Unfähigkeit privater Unternehmen, soziale Risiken zu versichern. Ein wesentlicher Unterschied zwischen einer privaten und der sozialen Rentenversicherung ist, daß die Sozialversicherungsrente dynamisiert ist. Sie erhöht sich mit dem Zuwachs der Nominaleinkommen der erwerbstätigen Bevölkerung. Auf diese Weise wird der Rentner vor einer Entwertung seiner Rente durch Preissteigerungen geschützt und nimmt darüberhinaus noch am allgemeinen Einkommenszuwachs teil. Für private Versicherer ist es unmöglich, einen vergleichbaren Schutz vor Preissteigerungen zu gewähren. Dies würde voraussetzen, daß der private Versicherer das Deckungskapital, aus dem er die Rente zahlt, in Wertpapieren und Vermögensgegenständen anlegt, deren Nominalwert sich mit den Preissteigerungen erhöht. Schon allein wegen des In-

---

[11] Eine ähnliche Maßgröße ist das Netto-Standard-Rentenniveau. Es ist definiert als der Quotient aus den (tatsächlichen) Nettoeinkünften eines „typischen" Versicherten mit Durchschnittseinkommen nach 45 Versicherungsjahren (Nettodurchschnittsrente) und dem durchschnittlichen Nettoeinkommen eines Arbeitnehmers. Das Netto-Standard-Rentenniveau betrug 1970 63,9%, 1986 71,6%.

[12] Die Differenz zwischen diesem Wert und den in der Fußnote 11 genannten 71,6% erklärt sich daraus, daß der Gesetzgeber seit 1977 mehrmals von der bruttolohnorientierten Anpassung der Renten abgewichen ist und die Rentner an der Finanzierung ihrer Krankenversicherung in zunehmenden Maße beteiligt hat.

dexierungsverbots nach § 3 Währungsgesetz, das besagt, daß indexierte Wertpapiere nur mit besonderer Genehmigung der Bundesbank emittiert werden dürfen, ist das Angebot an derartigen Titeln gering. Selbst wenn es kein Indexierungsverbot gäbe, würde zumindest bei einer mäßigen Inflation eine Indexierung in der Praxis nur recht begrenzt Verwendung finden. Dies zeigt das Beispiel anderer Länder, in denen es kein Indexierungsverbot gibt. Damit wären die Möglichkeiten einer Wertsicherung immer noch sehr beschränkt. In den USA erhoffte man sich die Lösung des Problems von der Einführung einer Rentenversicherungspolice, die eine Rente zusichert, deren Höhe vom Aktienkursindex abhängt[13]. Man erwartete, daß bei einer allgemeinen Preissteigerung auch die Aktienkurse entsprechend steigen würden. Es stellte sich jedoch heraus, daß dies über geraume Zeiträume hinweg nicht der Fall war[14].

Das Inflationsrisiko ist ein Beispiel aus einer bedeutenden Klasse von Risiken, die als **soziale Risiken** bezeichnet werden. Für einen privaten Versicherer ist es schwierig, derartige Risiken zu versichern. In Friedenszeiten erfolgt das Ableben verschiedener Versicherungsnehmer „voneinander unabhängig". Ein Unternehmen, das eine große Zahl von Personen versichert, kann infolgedessen ziemlich genau voraussagen, wie viele davon in jedem Jahr sterben werden. Wenn ein Krieg ausbricht, steigt die Zahl der Toten hingegen stark an. Deswegen ist in Lebensversicherungspolicen normalerweise Tod infolge kriegerischer Ereignisse vom Versicherungsschutz ausgeschlossen. Ähnlich verhält es sich mit der Inflation. Wenn eine Police das Inflationsrisiko versichert und die Preissteigerungsrate höher ist als vom Versicherer erwartet, würde er bei allen Verträgen dieser Art Verluste machen. Er wäre möglicherweise außerstande, seinen Zahlungsverpflichtungen nachzukommen. Eine Versicherung gegen Inflation ist auf dem Markt nicht erhältlich.

Vorzüge einer Übernahme des Risikos durch den Staat. Es gibt zwei wesentliche Unterschiede zwischen den Möglichkeiten eines Staates, soziale Risiken zu versichern, und denen privater Unternehmen. Erstens kann der Staat seinen Verpflichtungen auch im „Katastrophenfall" nachkommen, indem er die Steuern erhöht. Zweitens kann er das Risiko auf verschiedene Generationen verteilen. Die Kosten eines Krieges können beispielsweise auf gegenwärtige und zukünftige Generationen verteilt werden; indem die Investitionen während des Kriegs verringert werden und indem man später die Jungen besteuert und das Steueraufkommen den Alten zukommen läßt, kann das Risiko effektiv auf die, die während der Zeit des Kriegs berufstätig sind, und spätere Generationen aufgeteilt werden. Wird die Wirtschaft in einem bestimmten Jahrzehnt besonders hart von Preissteigerungen getroffen, kann der Staat einen Teil der Last auf die jüngere Generation, die noch arbeitet, verschieben. Eine derartige Aufteilung des Risikos auf verschiedene Generationen dürfte in der Praxis höchst bedeutsam sein. In den offiziellen Begründungen für die Notwendigkeit einer sozialen Rentenversicherung hat sie aber nur eine untergeordnete Rolle gespielt.

---

[13] Bei dieser Konstruktion wird das Deckungskapital des Versicherers in Form von Aktien gehalten.
[14] Der Aktienmarkt der BR Deutschland wäre viel zu eng, als daß mit derartigen Policen viel zu erreichen wäre. Außerdem wäre eine Anlage des Deckungsstocks ausschließlich in Aktien mit den diesbezüglichen Vorschriften und den Auflagen des Bundesaufsichtsamts für Versicherungswesen nicht vereinbar.

Negativauslese, unterschiedliche Schwere des Risikos und Kosten einer Versicherung

Ein drittes wesentliches Problem einer privaten Versicherung rührt von dem Umstand her, daß verschiedene Individuen eine unterschiedliche Lebenserwartung haben. Ein Lebensversicherungsunternehmen versichert ungern Individuen, die höchstwahrscheinlich bald sterben; weiß es, daß dies der Fall ist, wird es einen erheblichen Risikozuschlag verlangen. Wenn jemand älter als 65 Jahre ist und bereits einen Herzinfarkt hinter sich hat, übernimmt ein Versicherer sein Lebensrisiko allenfalls mit einem Risikozuschlag und möglicherweise findet sich gar kein Versicherer, der dazu bereit ist. Beim Verkauf von Rentenversicherungen sind private Versicherer gerade am Gegenteil interessiert: sie versichern mit Vorliebe kränkliche Personen, die höchstwahrscheinlich bald sterben. Da Frauen länger leben als Männer, ist eine Lebensversicherung für Frauen billiger, eine Rentenversicherung aber teurer[15].

Weicht die Lebenserwartung unterschiedlicher Individuen voneinander ab, werden private Versicherer die Prämiensätze an diesen Risikounterschieden ausrichten, sofern diese unschwer feststellbar sind, und dies führt zu wirtschaftlicher Effizienz. Manche Leute halten dies für ungerecht: hat jemand schon das Pech, kränklich zu sein, dann wird er gewissermaßen vom Schicksal doppelt bestraft, wenn er zusätzlich auch noch mehr für seine Lebensversicherung zahlen muß.

Sind private Versicherer hingegen außerstande, zwischen Individuen mit unterschiedlichen Risikomerkmalen zu unterscheiden, haben wir es mit einem anderen Problem zu tun. Im Wettbewerbsgleichgewicht muß sich die Prämie nach der durchschnittlichen „Schadenslast" derer richten, die die Police kaufen (bei einer Lebensversicherung oder einer Rentenversicherung hängt diese von der durchschnittlichen Lebenserwartung ab). Dies bedeutet, daß im Grunde die guten Risiken die schlechten subventionieren. Bei einer Rentenversicherung subventionieren diejenigen Versicherungsnehmer, die früh sterben, die Personen, die lange leben; bei einer Lebensversicherung subventionieren diejenigen, die lange leben, diejenigen, die früh sterben. Dies bedeutet aber, daß die guten Risiken von der Versicherung im Durchschnitt weniger erhalten als sie einzahlen. Wenn solche Individuen nicht sehr risikoavers sind, werden sie infolgedessen keine Versicherung erwerben. Kaufen die besten Risiken keine Versicherung mehr, müssen die Prämien ansteigen. Dieser Prozeß, der dazu führt, daß sich nur die schlechten Risiken versichern, wird **Negativauslese (adverse selection)** genannt[16]. Negativauslese mag für die Erklärung der relativ hohen Preise privater Rentenversicherungspolicen von einer gewissen Bedeutung sein. Der Staat hingegen kann die Individuen dazu zwingen, eine Versicherung zu kaufen, und kann dadurch dem Problem der Negativauslese entgehen. Wenn er das tut, nimmt er eine gewisse Umverteilung vor; die guten Risiken zahlen mehr als sie zahlen „sollten", die schlechten aber weniger.

---

[15] Eine derartige Beitragsfestsetzung ist in Deutschland auf den Versicherungsmärkten erst in den letzten Jahren stärker zu beobachten. Die Unterschiede zwischen Männern und Frauen werden von den Lebensversicherern aber seit langem bei der Zuweisung von Gewinnanteilen berücksichtigt.

[16] Wegen einer eingehenderen Analyse der Wirkungen der Negativauslese auf Versicherungsmärkten, siehe M. Rothschild und J. E. Stiglitz: Equilibrium in Competitive Insurance Markets. Quarterly Journal of Economics 1976 (90) S. 629-50.

Moralisches Risiko und Sozialversicherung

Es gibt noch einen anderen Grund, warum private Versicherer oft nur einen begrenzten Versicherungsschutz anbieten. Der Versicherungsschutz kann dazu führen, daß die Anreize entfallen, das versicherte Ereignis zu vermeiden; wir bezeichneten dies im Kapitel 11 als **moralisches Risiko.**

Wenn die Individuen über ihre Altersversorgung nachdenken, müssen sie sich mit zwei wesentlichen Risikofaktoren beschäftigen[17]. Erstens wissen sie nicht, wie lange sie den Eintritt in den Ruhestand überleben. Möglicherweise leben sie überdurchschnittlich lange. Einer, der keine Rentenversicherung kauft und von seinen Ersparnissen lebt, müßte deswegen bei dem Verzehr derselben große Vorsicht walten lassen. Bei der Versicherung dieser „Gefahr" des sog. überlangen Lebens tritt kein schwerwiegendes Problem mit moralischem Risiko auf. Anders verhält es sich mit der zweiten Gefahr. Die Individuen wissen nicht, wie es um ihre Arbeitsfähigkeit im Alter von zweiundsechzig, fünfundsechzig oder siebzig bestellt sein wird. Manche erfreuen sich guter Gesundheit und ihre Kenntnisse veralten nicht; sie können wohl über das siebzigste Lebensjahr hinaus berufstätig sein. Andere können nicht arbeiten; sie werden arbeitsunfähig. Viele Individuen aber befinden sich im Alter zwischen zweiundsechzig und fünfundsechzig in einem Übergangsstadium; unter medizinischen Gesichtspunkten sind sie keine Behinderten, aber es wird für sie immer schwerer, zu arbeiten, oder sie finden die Arbeit immer unerfreulicher oder ihre Produktivität läßt nach. Solange sie jünger sind, kaufen die Individuen gern eine Versicherung gegen die Gefahr, in diese Grauzone zu geraten, in der sie nicht behindert genug sind, daß ein Anspruch auf eine Invalidenrente anerkannt würde, aber in der sie auch nicht mehr bei so guter Gesundheit sind, daß sie gerne weiterarbeiten. Die Sozialversicherung gewährt diese Versicherung; sie ermöglicht es Individuen, die mit der Vollendung des dreiundsechzigsten Lebensjahres in den Ruhestand treten wollen, dies auch tatsächlich zu tun. Je umfassender aber die Versicherung, also je größer der Teil des Einkommens, den die Sozialversicherung ersetzt, umso weniger stark ist der Anreiz zu arbeiten; bei vollem Einkommensersatz mag sich sogar ein Versicherungsnehmer, der bei bester Gesundheit und höchst produktiv ist, veranlaßt sehen, in den Ruhestand zu treten. Dies ist das bedeutendste Problem mit dem moralischen Risiko, das bei der Sozialversicherung auftritt.

Daß unregulierte Versicherungsmärkte keine vollständige Versicherung anbieten, ist nicht die Folge eines skrupellosen Verhaltens gewissenloser Versicherer, sondern vielmehr eine rationale Reaktion auf ein wesentliches wirtschaftliches Problem, nämlich dem Versicherten gewisse Anreize zu setzen. Insoweit dies der Grund für eine Begrenztheit des Risikoschutzes durch private Versicherer ist, ist die Erwartung, daß der Staat die Lage bessern könnte, unbegründet. Der Staat steht vor demselben Konflikt zwischen Risikoabsorption und Anreizeffekten. Mit anderen Worten: Berücksichtigung des moralischen Risikos begrenzt den Umfang des Versicherungsschutzes unabhängig davon, ob dieser privat oder öffentlich bereitgestellt wird.

---

[17] abgesehen vom Inflationsrisiko, mit dem wir uns bereits befaßt haben.

Alterssicherung als meritorisches Gut

Selbst wenn die Versicherungsmärkte gut funktionieren, verbleibt noch eine Rechtfertigung für einen staatlichen Eingriff: wenn die Gesellschaft der Auffassung ist, daß sie nicht zulassen darf, daß ältere Bürger ins Elend geraten, weil sie es versäumt haben, vorzusorgen, und sie infolgedessen unterhalten muß und wenn eine Anzahl von Bürgern es tatsächlich verabsäumt, derartige Vorsorge zu treffen, dann gibt es einen Grund dafür, diese Bürger zu zwingen, dies zu tun. Diejenigen, die fürs Alter vorsorgen, werden es für ungerecht halten, wenn sie für andere aufkommen müssen, die aus Kurzsichtigkeit keine derartige Vorsorge getroffen haben, obwohl sie dies hätten tun können. In dieser Sicht ist die Rentenversicherung (bzw. Lebensversicherung) ein meritorisches Gut, ein Gut, das der Staat den Bürgern aufzwingt, weil dies für sie am besten ist. Insoweit das die Ursache für das Bestehen einer Sozialversicherung ist, läßt sich damit aber nur begründen, warum der Staat eine Versicherungspflicht einführt, nicht aber, daß der Staat die Bürger dazu zwingt, die Versicherung von ihm zu kaufen.

Gerechtigkeitsprobleme in der Rentenversicherung

Die soziale Rentenversicherung ist eine Kombination eines Zwangsparprogramms mit einer Versicherung und mit einem Umverteilungssystems. Betrachtet man sie als Spar- und Versicherungssystem, dann wäre es gerecht, wenn die Leistung, die die verschiedenen Individuen empfangen, ihrem Beitrag entspricht. Natürlich erhalten bei jeder Versicherung manche Individuen (diejenigen nämlich, die von dem versicherten Ereignis betroffen sind) mehr als sie beitragen. In unserem Zusammenhang wäre zu erwarten, daß diejenigen, die länger leben und diejenigen, die früher in den Ruhestand treten, mehr erhalten als beigetragen haben; Gerechtigkeit bedeutet hier, daß der Erwartungswert der Versicherungsleistungen für jedes Individuum seinem Beitrag entspricht.

Betrachtet man die soziale Rentenversicherung hingegen als ein Umverteilungssystem, würde man davon ausgehen, daß um der Gerechtigkeit willen diejenigen, die ein geringeres Einkommen beziehen, Transfers erhalten; die Armen sollten mehr erhalten als sie beitragen.

Umverteilung zwischen den Generationen

Im bestehenden Sozialversicherungssystem werden Ressourcen von den Jungen zu den Alten transferiert. Die junge Generation wird wahrscheinlich für diese Transfers, wenn sie selbst einmal alt ist, keine volle Kompensation erhalten. Für 1969 wurde geschätzt, daß der versicherungsmathematische Wert der Anwartschaften auf Versicherungsleistungen, die in diesem Jahr erworben wurden, die entrichteten Beiträge um mehr als das doppelte überstieg[18]. Dies deutet auf eine

---

[18] I. Stolz: Einkommensumverteilung in der BR Deutschland. Frankfurt 1983, S. 231. Der Versuch, die Einkommensumverteilung zwischen den Generationen durch die Rentenversicherung zu messen, ist allerdings mit großen Schwierigkeiten verbunden. So gibt es sehr unterschiedliche Schätzungen über den Anteil der Renten, der durch die Beiträge

sehr erhebliche Einkommensumverteilung zugunsten derjenigen hin, die damals berufstätig waren. Seitdem dürfte sich diese Lücke verringert haben. In der Zukunft wird es sich kaum vermeiden lassen, daß keine derartige Einkommensumverteilung zugunsten der Rentner mehr stattfindet. Es gilt als ziemlich sicher, daß diejenige Generation, die jetzt im mittleren Alter steht und Beiträge entrichtet, einmal weniger an Leistungen erhalten wird, als sie an Beiträgen erbracht hat.

Ist eine Umverteilung zwischen den Generationen wünschenswert? Bei der Analyse eines Transfers von der gerade arbeitenden Generation zu den Rentnern stößt man auf ähnliche Fragen wie bei einer Einkommensumverteilung zwischen Individuen desselben Alters. Während der letzten vierzig Jahre hat sich der Lebensstandard in der BR Deutschland in einem bemerkenswerten Maße erhöht. Wenn sich das so fortsetzt und wenn es zu keinem Bevölkerungsrückgang kommt, ist eine Einkommensumverteilung von den Arbeitenden zu den Rentnern gerecht, da sich die arbeitende Generation in jedem Fall noch besser stellt (auch nach der Umverteilung) als die alte. In den letzten fünfzehn Jahren hat sich das Wachstumstempo allerdings erheblich verlangsamt; zu Beginn der achtziger Jahre sind die Prokopfeinkommen sogar gesunken. Außerdem ist ein Rückgang der Bevölkerung wahrscheinlich. Wenn das so weitergeht, gibt es kaum gute Gründe dafür, von der berufstätigen Generation Einkommen zu der alten umzuverteilen. Das Problem ist, daß es unmöglich ist, auch nur einigermaßen zuverlässig vorauszusagen, wie sich die Prokopfeinkommen im Verlauf der nächsten fünfzig Jahre entwickeln werden.

Umverteilung innerhalb einer Generation

Eine zweite Gruppe von Fragen betrifft die Verteilungseffekte der Sozialversicherung innerhalb einer Generation. Gegenwärtig erhalten praktisch alle Rentner wesentlich mehr an Rente, als sie an Beiträgen gezahlt haben. Ursprünglich war es das Ziel der sozialen Rentenversicherung, den Arbeitern als einer sozial schwachen, zugleich aber politisch gefährlichen Gruppe ein bestimmtes Minimaleinkommen zu sichern. Sehr viel später, im Fall der sozial schwachen Landwirte beispielsweise erst nach dem 2. Weltkrieg, wandelte sich die Zielsetzung dahingehend, daß der gesamten Bevölkerung ein gewisses Minimaleinkommen gesichert werden sollte[19]. Zugleich aber, nämlich mit der Rentenreform von 1957, verschob sich der Schwerpunkt derart, daß weit mehr als die Sicherung eines Minimaleinkommens angestrebt wurde. Für die Arbeitnehmer mit Ausnahme der

---

der Empfänger „gedeckt" ist. Für Rentner mit dem Rentenzugangsjahr 1981 beispielsweise kann der Verband deutscher Rentenversicherungsträger zu dem Ergebnis, daß die Beiträge, die sie in der Vergangenheit entrichtet hatten (einschließlich Arbeitgeberbeitrag) bei verzinslicher Ansammlung für eine Altersrente von etwa 74% der tatsächlich gewährten Rente ausgereicht hätten. Andere haben diese „Eigenfinanzierungsquote" nur auf ein Drittel der tatsächlich gewährten Rente veranschlagt.

[19] In der BR Deutschland gibt es allerdings nach wie vor Bevölkerungsgruppen, die von der gesetzlichen Rentenversicherung nicht erfaßt sind, nämlich ein beträchtlicher Teil der Selbständigen, obwohl keineswegs immer gewährleistet ist, daß diese Personen im Alter über ausreichende Einkünfte verfügen. Insofern hat sich die deutsche Rentenversicherung im Gegensatz zur amerikanischen immer noch nicht vollständig von der Konzeption gelöst, eine Versicherung der Arbeitnehmer zu sein.

13. Kapitel: Die soziale Rentenversicherung

erheblich überdurchschnittlich Verdienenden sollte erreicht werden, daß sie sich durch den Eintritt in den Ruhestand nicht nennenswert schlechter stellen.

Tatsächlich hat die soziale Rentenversicherung erheblich zur Verringerung der Armut beigetragen. Vor der Einführung der Rentenversicherung fielen Arbeiter, die arbeitsunfähig wurden, normalerweise der Armenfürsorge anheim, wenn sie keine Verwandten hatten, die sie unterstützten. Noch Ende der fünfziger Jahre waren die Bezüge eines großen Teils der Rentner gering. Wenn wir für das Jahr 1960 200 DM im Monat als Armutsgrenze anehmen, unterschritten 1960 in der Arbeiterrentenversicherung von den Versichertenrenten für männliche Versicherte 48% die Armutsgrenze, von den Versichertenrenten für weibliche Versicherte 97%. In der Arbeiterrentenversicherung unterschritten die Witwenrenten zu 95% die Armutsgrenze. Die Renten der Angestelltenversicherung waren vergleichsweise besser dotiert[20]. Vor allem infolge der Rentenreform von 1957 änderte sich das wesentlich. Darüberhinaus wurde im Rahmen der sogenannten „zweiten Rentenreform" 1972 noch eine Art von Mindestrente, nämlich die Rente nach Mindesteinkommen, eingeführt[21]. Während der Großteil der Rentner ein recht ordentliches Einkommen erzielt, gibt es allerdings nach wie vor auch zahlreiche Kleinrenten. So betrug 1987 in der Arbeiterrentenversicherung die durchschnittliche Höhe der Altersruhegelder wegen Vollendung des 63. Lebensjahres bei Männern 1700 DM, bei Frauen 808 DM. Die entsprechenden Werte in der Angestelltenversicherung waren 2154 DM bzw. 1256 DM. Diese Durchschnittswerte – und noch mehr die durchschnittliche Versichertenrente in der Arbeiterrentenversicherung, die 1984 nur 840 DM betrug – werden dadurch gedrückt, daß ein beträchtlicher Teil insbesondere der weiblichen Rentner nur relativ wenige Versicherungsjahre aufzuweisen hat[22].

Im Rahmen der sozialen Rentenversicherung erhalten alte Individuen, die sich in bezug auf verschiedene Merkmale unterscheiden, unterschiedlich große Transfers von der jungen Generation. Aus der Rentenberechnung im einzelnen, insbesondere aber der Berentung nach Mindesteinkommen ergibt sich, daß einer mit geringem Einkommen im Verhältnis zu seinen Beiträgen mehr erhält als ei-

---

[20] Daß die Versichertenrenten für Frauen so gering waren – d.h. die Rente, die an die Versicherten selbst und nicht an seine Hinterbliebenen geht – erklärt sich daraus, daß sie zumeist nur einen Teil ihres Lebens berufstätig waren. Daraus, daß diese Renten bzw. die Witwenrenten durchweg unter der Armutsgrenze lagen, folgt noch nicht, daß diese Frauen alle tatsächlich in Armut lebten: es war ja möglich, daß sie eine Versichertenrente und zusätzlich eine Witwenrente bezogen.

[21] Danach erhalten Arbeitnehmer mit mindestens 25 Versicherungsjahren, deren persönliche Bemessungsgrundlage weniger als 75 Prozent der allgemeinen beträgt, eine Rente in einer solchen Höhe, als betrüge ihre persönliche Bemessungsgrundlage 75 Prozent der allgemeinen.

[22] So kommt es, daß bei einer Armutsgrenze von 800 DM im Jahre 1987 immer noch 22 Prozent der Versichertenrenten für Männer in der Arbeiterrentenversicherung unter der Armutsgrenze lagen und bei Frauen 80 Prozent. Vgl. Die Rentenbestände in der Rentenversicherung der Arbeiter und der Angestellten. Bonn: Der Bundesminister für Arbeit und Sozialordnung 1987. Auf Armut kann daraus nicht ohne weiteres geschlossen werden, dürfte doch jeder zweite Rentnerhaushalt mehr als eine Rente beziehen. Schwierig ist allerdings die Lage der Witwen von Arbeitern und anderen Personen mit einem oft nur durchschnittlichen oder unterdurchschnittlichen Einkommen, wenn diese nur eine Witwenrente beziehen und keine eigenen zusätzlichen Rentenansprüche haben.

ner mit einem hohen Einkommen. Die absolute Größe des Transfers, den Rentner von der jungen Generation erhalten (also der Differenz zwischen Beitrags- und Versicherungsleistung), ist für die gutverdienenden allerdings am größten. Obwohl derzeit alle Rentner einen Vorteil von der Rentenversicherung haben, handelt es sich um eine Umverteilung nach dem Motto „Wer hat, dem wird noch mehr gegeben". Das Verhältnis zwischen Beiträgen und Leistungen hängt ferner stark davon ab, ob man verheiratet ist und ob beide Ehepartner oder nur einer berufstätig ist.

Allokationswirkungen

Vor allem in zweierlei Hinsicht stört die Rentenversicherung möglicherweise die effiziente Allokation der Ressourcen: sie verringert die Kapitalbildung und sie veranlaßt zu einem frühen Eintritt in den Ruhestand.

Ersparnisse

Die Vorstellung ist weitverbreitet, daß die soziale Rentenversicherung die Ersparnisse verringert, da die Individuen zum Teil der Notwendigkeit enthoben werden, für ihre Altersversorgung zu sparen. Infolge dieser verminderten Ersparnis ist auch die Kapitalbildung geringer und dies verringert normalerweise die Produktivität der Nation. Zukünftige Generationen stellen sich infolgedessen schlechter. Amerikanische Kritiker der Sozialversicherung wie Martin Feldstein behaupten, daß sie die Kapitalbildung um mehr als ein Drittel verringert habe[23]. Das im Vergleich zu Japan langsamere Wirtschaftswachstum wird zum Teil auf die unterschiedlich hohe Sparquote zurückgeführt. In der Tat ist die japanische Sparquote nicht nur höher als die amerikanische, sondern auch höher als die im internationalen Vergleich bereits recht hohe deutsche. In Japan ist die soziale Rentenversicherung bislang wenig entwickelt.

Die Befürworter der Sozialversicherung geben zwar zumeist zu, daß die Rentenversicherung die Ersparnisse verringern könnte, bezweifeln aber, daß dies quantitativ sehr ins Gewicht fällt. Wenn das Vorhandensein einer Rentenversicherung es den Individuen ermöglicht, früher in den Ruhestand zu treten, die Sozialrente aber nicht das gesamte Nettoeinkommen ersetzt, mögen die Individuen einen Anreiz haben, mehr zu sparen, um die Differenz zwischen Arbeitseinkommen und Rente zu verringern. Darüberhinaus wird argumentiert, daß der Staat

---

[23] In Deutschland wurden derartige Schätzungen nur in einem relativ begrenzten Umfang angestellt. Vgl. hierzu E. Streissler: Kapitalmarkt und Altersvorsorge. In: Schriften des Vereins für Socialpolitik, Neue Folge Band 165. Berlin 1987 S. 445-464. Die Ergebnisse von Feldstein sind stark umstritten und es tauchen bestimmte statistisch-technische Schwierigkeiten auf. Verschiedene Studien kommen zu sehr unterschiedlichen Ergebnissen. S. Danzinger, R. Havemann und R. Plotnick (How Income Transfers Affect Work, Savings and the Income Distribution. Journal of Economic Literature, September 1981) kommen in ihrem Überblicksaufsatz zu dem Schluß, daß die verschiedenen Transferprogramme, insbesondere aber die soziale Rentenversicherung die privaten Ersparnisse um 0-20% verringert habe, wobei die Wahrheit wahrscheinlich näher am unteren Ende dieser Bandbreite liege.

einen eventuellen negativen Effekt der Rentenversicherung auf die Kapitalbildung kompensieren könne, indem er die Kapitalbildung steuerlich begünstigt. Er könnte beispielsweise die Steuerbelastung der Kapitaleinkommen reduzieren. Oder aber er könnte die Staatsschuld verringern.

Das Sinken des Rentenalters

Die soziale Rentenversicherung hat auch Wirkungen auf das Arbeitsangebot: sie veranlaßt Individuen, früher in den Ruhestand zu treten als sie das sonst tun würden. Als die Rentenversicherung im Jahre 1889 geschaffen wurde, war dieser Effekt noch von geringer Bedeutung. Das Rentenalter betrug 70 Jahre und nur die wenigsten Arbeiter erreichten dieses Alter. Die Zahl der Altersrentner blieb bis zum 1. Weltkrieg gering. Im Jahr 1916 wurde das Rentenalter auf 65 gesenkt. Dies bewirkte merkliche Arbeitsangebotseffekte. Die meisten Arbeitnehmer traten hinfort mit 65 in den Ruhestand. Ähnlich verhielt es sich mit der Senkung des Rentenalters für Frauen im Jahre 1957 und der Einführung einer flexiblen Altersgrenze 1972, die es auch Männern ermöglichte, bereits mit der Vollendung des 63. Lebensjahres in Rente zu gehen. Tatsächlich wurde diese Möglichkeit vielfach sehr gern in Anspruch genommen. Seit Ende der siebziger Jahre haben verschiedene Möglichkeiten eines sogenannten Vorruhestandes und einer vorzeitigen Rentengewährung bei Arbeitslosigkeit eine derartige Bedeutung gewonnen, daß auch die meisten männlichen Arbeitnehmer tatsächlich bereits in den Ruhestand treten, bevor sie das 63. Lebensjahr vollenden. Diese Möglichkeiten sind aber ausdrücklich nur als eine vorübergehende Regelung gedacht[24].

Weiter oben haben wir darauf hingewiesen, daß staatliche Transfers sowohl einen Einkommens- als auch einen Substitutionseffekt hervorrufen. Ineffizienzen hängen mit dem letzteren zusammen. Die Sozialversicherung ist sowohl mit Einkommens- als auch mit Substitutionseffekten verbunden. Der erhebliche Transfer von Ressourcen an die Alten ruft einen Einkommenseffekt hervor; der Rentner konsumiert einen Teil des zusätzlichen Einkommens in Form zusätzlicher Freizeit und diese nimmt die Gestalt eines frühen Eintritts in den Ruhestand an. Darüberhinaus tritt aber noch ein Substitutionseffekt auf.

Die Größe und sogar die Richtung dieses Substitutionseffektes sind umstritten[25]. Wenn ein Individuum später in den Ruhestand tritt, leistet es einen größe-

---

[24] In der amerikanischen Literatur gibt es einigen Streit über die Auswirkungen der Rentenversicherung auf das Arbeitsangebot. Außer der angegebenen Arbeit von Danziger, Havemann und Plotnick siehe O. S. Mitchell and G. S. Fields: The Effects of Pensions and Earnings on Retirement: A Review Essay. In: Research in Labor Economic, Band 5 Hrsg. Ronald G. Ehrenberg. Greenwhich Ct. 1982, S. 115-155.

[25] Einige Ökonomen haben argumentiert, daß der Zusammenhang zwischen Rentenversicherungsbeiträgen und Renten in der sozialen Rentenversicherung tatsächlich so wenig ausgeprägt sei (und so komplex), daß die Individuen den Beitrag einfach als eine Art von Steuer empfänden und die Leistung als einen reinen Transfer; wenn sie über ihr Arbeitsangebot entscheiden, würden sie in diesem Fall zwar die zusätzlichen Beitragszahlungen berücksichtigen, nicht aber, daß auch die Rente dadurch höher werde. Wegen einer Erörterung dieses Fragenkomplexes vgl. M. Feldstein: Facing the Social Security Crisis. Public Interest 1977 (44) S. 88-100; A. B. Laffer und R. D. Ranson: A Proposal for Reforming the Social Security System. In: Income Support Policies for the Aged, Hrsg. G. S. Tolley und R. Burkhauser. Cambridge 1977; A Munnel: The Future of Social Security. Washington 1977; A. Blinder, R. Gordon and D. Wise: Reconsidering the Work Disincentive Effects of Social Security. National Tax Journal 1980 (33) S. 431-32.

ren Beitrag zur Rentenversicherung; das zusätzliche Einkommen wird besteuert. Die Rentenansprüche nehmen ebenfalls zu. Die Frage ist: Nehmen sie stark genug zu, um den Versicherungsnehmer für seine zusätzliche Beitragsleistung zu entschädigen? Gegenwärtig ist dies nach dem 63. Lebensjahr zumeist nicht mehr der Fall. Tritt man mit 63 in den Ruhestand, ist die Rente zwar geringer als wenn man mit 65 in den Ruhestand tritt. In Anbetracht der kürzeren Laufzeit einer mit 65 einsetzenden Rente und der Beitragsbelastung lohnt es sich aber für die meisten nicht, weiter zu arbeiten. Dies wird angesichts der finanziellen Schwierigkeiten, in die die Rentenversicherung mit Sicherheit geraten wird, nicht so bleiben können.

Machen Sie sich klar, daß ganz unabhängig davon, ob die Individuen je nach dem Lebensalter, in dem sie in den Ruhestand treten, subventioniert oder besteuert werden, eine Verzerrung auftritt. Die Tatsache, daß einige subventioniert und einige besteuert werden, hat nicht zur Folge, daß die Verzerrungen sich wechselseitig aufheben: Die Gesamtverzerrung hängt nicht einfach vom Durchschnittswert der marginalen Subventionierung bzw. Besteuerung ab.

Einige dieser Verzerrungen sind bei der Bereitstellung einer Alterssicherung unvermeidlich. Man könnte sie verringern, aber nur, indem man den Versicherungsschutz als solchen herabsetzt. Ob dies wünschenswert ist, ist umstritten.

Einige weitere Gerechtigkeits- und Effizienzprobleme

Besondere Gerechtigkeitsprobleme wirft die Hinterbliebenenberentung auf. Hier kam es sowohl zu einer Ungleichbehandlung von Männern und Frauen als auch zu einer Ungleichbehandlung der Ledigen gegenüber den Verheirateten. Ersteres rief das Bundesverfassungsgericht auf den Plan, das den Gesetzgeber dazu zwang, die Hinterbliebenenberentung 1984 zu reformieren.

Das Problem bestand im folgenden: Die überlebende Gattin hatte stets Anspruch auf eine Witwenrente und zwar auch dann, wenn sie eigene Rentenansprüche aufgrund einer Berufstätigkeit aufgebaut hatte. Umgekehrt hatte der überlebende Gatte nur dann einen Anspruch auf Witwerrente, wenn die Gattin der Hauptverdiener des Haushalts war.

Generell stellt sich ein Verheirateter bei der gesetzlichen Rentenversicherung besser als ein Lediger. Ohne irgendeinen zusätzlichen Beitrag erwirbt er nämlich außer dem Anspruch auf eine Rente für sich selbst noch einen Anspruch auf Hinterbliebenenrente für seine Witwe bzw. bei einer Gleichstellung der Frau, diese für ihren Witwer.

Ein Lösungsvorschlag für dieses Problem, das in der amerikanischen Sozialversicherung in ähnlicher Weise auftritt, wurde in der dortigen Diskussion von M. Boskin, J. Shoven und L. Kotlikoff vorgetragen. Er besteht darin, die zwei Elemente, aus denen sich die soziale Rentenversicherung zusammensetzt, auseinanderzudividieren: dies sind das Element Spar- und Versicherungssystem und das Element Umverteilungssystem[26]. Nach diesem Vorschlag würde für jeden Versicherten ein Rentenversicherungskonto geführt. Die Rentenversicherungsbeiträge würden auf dieses Konto fließen und sich dort mit einem Zinssatz verzinsen,

---

[26] Dieser Vorschlag wurde der National Commission on Social Security Reform im August 1982 vorgetragen.

der stets über der Inflationsrate läge. Wie hoch die Leistungen wären, würde nach versicherungsmathematischen Grundsätzen berechnet. Die Ertragsrate auf die gezahlten Beiträge wäre dementsprechend für alle Versicherten dieselbe. Die Beiträge würden verwendet, um fünf verschiedene Arten von Versicherungspolicen zu erwerben:

1) eine Altersrente für den Haushaltsvorstand und für seinen Ehepartner;
2) eine Hinterbliebenenrente für den Ehepartner;
3) Waisenrenten;
4) eine Arbeitsunfähigkeitsrente;
5) Krankenversicherung für das Alter.

Ein derartiger Plan würde zum Verschwinden der merkwürdigen Transfers führen, die sich im Rahmen der bestehenden Rentenversicherung vollziehen. Die Finanzierung der Rentenversicherung würde auf eine solidere Grundlage gestellt.

Die Reform der Hinterbliebenenberentung im Jahre 1984

Durch die Reform wurde der Witwer im Prinzip mit der Witwe gleichgestellt. Er erhält nunmehr ebenso wie sie die sogenannte große Witwenrente, wenn der verstorbene Ehegatte die Anspruchsvoraussetzungen für eine Erwerbsunfähigkeitsrente erfüllt und wenn der Hinterbliebene das 45. Lebensjahr vollendet hat[27]. Diese Hinterbliebenenrente wird um bis zu 40% gekürzt, wenn der Hinterbliebene eigenes Erwerbseinkommen oder eigene Rentenansprüche hat und diese einen minimalen Freibetrag überschreiten. Um den Anreiz, den der/die Hinterbliebene hat, berufstätig zu sein, nicht allzusehr zu verringern, erfolgt die Kürzung jeweils nicht in vollem Maße des verdienten Einkommens. Das Verfahren der Kürzung kommt bei einer Witwe ganz genauso zur Anwendung wie bei einem Witwer.

Durch diese Regelung ist die Ungleichbehandlung von Mann und Frau immerhin beseitigt worden. An der von Verheirateten und Unverheirateten hat sich hingegen nichts geändert, und das war im Rahmen der deutschen Reformbemühungen auch gar nicht beabsichtigt.

Andere Ansätze für eine Analyse der Sozialversicherung

In diesem Kapitel haben wir die soziale Rentenversicherung vor allem als ein Spar- und Versicherungsprogramm analysiert. Selbstverständlich ist sie mehr als das: Sie ist auch ein Umverteilungssystem. Einige ziehen es vor, sie hauptsächlich als solches zu sehen. Für diese Ökonomen ist der Zusammenhang zwischen Rentenversicherungsleistungen und -beiträgen unwesentlich; ihrer Meinung nach gibt es keinen Grund, eine bestimmte Kategorie öffentlicher Ausgaben (Renten) an bestimmte öffentliche Einnahmen (Beiträge) anzubinden.

Für andere wiederum ist der Zusammenhang zwischen diesen Einnahmen und den Ausgaben wesentlich und zwar aus drei Gründen. Traditionell – dies gilt seit den Anfängen der Sozialversicherung im Königreich Preußen in der Mitte des

---

[27] und unter einigen anderen Voraussetzungen, auf die es hier nicht ankommen soll.

letzten Jahrhunderts – haben es Befürworter der Sozialversicherung für wesentlich gehalten, daß die Individuen eben das von der Versicherung erhalten, wofür sie mit ihren Beiträgen bezahlt haben, daß es sich also nicht um eine Handlung öffentlicher Wohltätigkeit handelt. Viele würden es entwürdigend finden, Empfänger staatlicher Fürsorge zu sein. (Die Vermischung verschiedener Funktionen der Sozialversicherung, nämlich des Sparens, der Versicherung und der Umverteilung, ist gemäß dieser Sicht ein Vorteil.) Gehen die Individuen davon aus, daß sie mit ihren Beiträgen Ansprüche auf Altersversorgung „kaufen", sind die Verzerrungen geringer, die mit der Erhebung dieser Beiträge verbunden sind; während die Bürger bei einer Steuer Veranlassung haben, dieser Steuer auszuweichen, ist dies bei einem Beitrag, für den sie eine konkrete Gegenleistung erhalten, nicht der Fall[28].

Andere wiederum machen sich darüber Sorge, daß der politische Willensbildungsprozeß zu einer übermäßig ausgedehnten Sozialversicherung führen würde; es sollte irgendeine Bremse für den Eifer der Umverteiler geben. Gibt es einen eindeutig identifizierbaren Sozialversicherungsbeitrag, aus dem die gesamten Leistungen finanziert werden müssen, so könnte dies nach ihrer Meinung eine derartige Bremse darstellen.

Sicherung der Zukunft der sozialen Rentenversicherung

Angesichts der oben dargestellten Probleme, die bei der Finanzierung der sozialen Rentenversicherung in Kürze auf uns zukommen werden, ist es in den letzten Jahren zu einer intensiven Diskussion über einen möglichen Ausweg gekommen. Daß sich sehr viel ändern muß, ist klar. Wenn es zu dem prognostizierten Anstieg der Beitragssätze auf über 30% käme, würde das heißen, daß sich die gesamte Grenzabgabenbelastung für einen Arbeitnehmer mit mittlerem Einkommen, also die Belastung aus marginalen Steuersätzen (insbesondere Einkommensteuer und Mehrwertsteuer) plus der Belastung durch Rentenversicherungs-, Krankenversicherungs- und Arbeitslosenversicherungsbeitrag (einschließlich der Arbeitgeberbeiträge) der 100%-Marke annähert und diese für bestimmte Arbeitnehmer sogar überschreitet. Das würde heißen, daß ein derartiger Arbeitnehmer an dem von ihm erwirtschafteten Wachstum nicht mehr beteiligt wäre, und das ließe sich schwerlich verwirklichen.

Ein beträchtlicher Teil der Vorschläge für eine Lösung der Zukunftsprobleme der Rentenversicherung laufen darauf hinaus, daß man vom Konzept einer Vollversorgung, also der Gewährleistung eines Versorgungsniveaus, das in der Nähe

---

[28] Tatsächlich hat sich bei verschiedenen Umfragen herausgestellt, daß die Bereitschaft, Sozialversicherungsbeiträge zu zahlen, wesentlich größer ist als die, Steuern zu zahlen. Vgl. Bundesminister für Arbeit und Sozialordnung (Hrsg.): Herausforderungen der Sozialpolitik. Bonn 1983 und ferner K. Deimer, E. Kistler: Verbrauchsperspektiven in der Sozialpolitik. In: M. Pfaff (Hrsg.): Effizienz und Effektivität staatlicher Transferpolitik. Berlin 1983. Manche Autoren fordern mit Verweis darauf, daß Beiträge zu einer Versicherung bereitwilliger entrichtet werden als Steuern, das Versicherungselement in der gesetzlichen Rentenversicherung gerade heute angesichts steigender Beitragsbelastungen wieder stärker zu betonen und die versicherungsfremden Leistungen zurückzuschrauben. Sie betreffen heute ca. 25% der Ausgaben der Rentenversicherung.

von 1 liegt, abgehen und der sozialen Rentenversicherung wieder stärker den Charakter einer Grundversorgung geben sollte, den sie vor 1957 hatte. Diese Grundversorgung wäre dann durch private Vorsorge zu ergänzen. In der Tat wird ein Sinken des Versorgungsniveaus wohl unvermeidlich sein, wenn allzu drastische Beitragssatzerhöhungen vermieden werden sollen. Die Einsparungen, die sich auf andere Weise erzielen lassen, reichen sonst schwerlich aus. Eine nachhaltige Verringerung der künftigen Leistungen der Rentenversicherung ist vor allem unter Gerechtigkeitsgesichtspunkten problematisch. Insbesondere dann, wenn das weitere Wirtschaftswachstum eher bescheiden ausfällt, würde dies zu einer erheblichen Umverteilung weg von der heute und in den nächsten zwei Jahrzehnten erwerbstätigen Generation führen, die mit ihren Beiträgen die relativ hohen Renten der Gegenwart finanziert, aber dann selbst nur vergleichsweise bescheidene Rentenansprüche hätte.

Ähnlich verhält es sich mit einer Anhebung des Rentenalters. In der Zukunft wird man es sicherlich wieder anheben müssen. Geht man davon aus, daß sich mit der Veränderung der demographischen Situation auch der Arbeitsmarkt entspannen wird, wird dies auch leichter möglich sein. Erneut gilt aber, daß dies zugleich auch eine Verringerung des Gegenwartswerts der Rentenansprüche derjenigen bedeutet, die jetzt das System finanzieren.

Vorgeschlagen wird auch, bei der Senkung des Versorgungsniveaus vor allem bei Gruppen anzusetzen, die heute im Rahmen der sozialen Rentenversicherung und Beamtenversorgung besonders gut versorgt sind, nämlich bei den Beamten, Arbeitern und Angestellten des öffentlichen Dienstes (und ferner eventuell auch bei den Bergleuten). Dies erscheint in der Tat weniger problematisch, weil die erhöhten Ansprüche dieser Gruppen nicht durch eine überdurchschnittliche Leistung begründet sind[29].

Eine Senkung des Versorgungsniveaus der Rentner ließe sich praktisch verwirklichen, indem man im Rahmen der Einkommensteuer eine Besteuerung der gesamten Rente und nicht nur des sogenannten Ertragsanteils einführt. Dies hätte den Vorteil, daß eine Senkung des Versorgungsniveaus aufgrund der Progression des Steuersatzes in erster Linie bei den Rentnern mit hohen Einkünften eintreten würde. Ein weiterer Vorteil wäre, daß dies in das Konzept einer Schließung verschiedener steuerlicher Schlupflöcher paßt, die im Zusammenhang mit der steuerlichen Begünstigung von Versicherungsleistungen heute bestehen[30].

In der Diskussion taucht gelegentlich noch der Vorschlag auf, heute größere finanzielle Reserven bei der Rentenversicherung aufzubauen, die während des bevorstehenden Anstiegs auf den „Rentenberg" wieder abgebaut werden könnten. Die Gelegenheit dazu ist allerdings inzwischen weitgehend versäumt. Derartige Reserven hätten während der siebziger und achtziger Jahre aufgebaut werden müssen. Während dieser Zeit waren die Möglichkeiten hierzu vergleichsweise günstig. Dazu wäre es erforderlich gewesen, in diesen Jahren das Versorgungsniveau zu senken. Dies ist nicht erfolgt. Heute, d.h. kurz vor dem Beginn des An-

---

[29] Die Arbeiter und Angestellten des öffentlichen Dienstes erhalten eine für die Versicherten beitragsfreie Zusatzversorgung zu den Renten aus der GKV. Dies führt dazu, daß ihr Nettoeinkommen durch einen Eintritt in den Ruhestand mitunter sogar ansteigt.

[30] Wegen einer näheren Diskussion dieses Aspekts vgl. Kapitel 20, 26 und 27.

stiegs auf den nächsten Rentenberg, läßt sich beim Aufbau eines Kapitalstocks der Rentenversicherung wohl nicht mehr viel erreichen.

Maßnahmen, die auf eine maßvolle Verminderung des Gegenwartswerts der Rentenansprüche derjenigen hinauslaufen, die heute Beiträge leisten, werden vermutlich nicht ausreichen, die Zukunft der Rentenversicherung zu sichern. Sie sollten also durch Maßnahmen ergänzt werden, die bewirken, daß die Zahl der Beitragszahler ansteigt. Eine wesentliche Möglichkeit wäre hier eine Erhöhung der Erwerbstätigkeit der Frauen. Diese ist in der BR Deutschland im Vergleich zu anderen Industrieländern noch nicht besonders hoch. Das bestehende Steuerrecht diskriminiert erwerbstätige Ehefrauen[31]. Hieran könnte man etwas ändern. Eine zweite Möglichkeit wäre, die Einwanderung insbesondere jüngerer Arbeitnehmer in die BR Deutschland zu erreichen.

Von manchen wird eine solche erleichterte Einwanderung nicht sonderlich gerne gesehen und sie hoffen stattdessen, durch vermehrte bevölkerungspolitische Anstrengungen mehr „Germanen" beizubringen. Ein derartiger bevölkerungspolitischer Ehrgeiz ist aus Gründen, die wir im Kapitel 15 diskutieren werden, problematisch. Nichtsdestoweniger wird gefordert, zusätzlich zu dem allgemeinen Staatshaushalt auch noch die soziale Rentenversicherung verstärkt zu einem bevölkerungspolitischen Instrument umzubauen[32]. Die Befürworter derartiger Modelle stellen sich das so vor, daß der Rentenversicherungsbeitrag für Familien mit Kindern ermäßigt wird. Wenn dies ohne allzu große negative Anreizeffekte finanzierbar sein soll – schließlich müssen die Mindereinnahmen aus dieser Ermäßigung durch Beitragserhöhungen für andere Versicherte ausgeglichen werden – dann kämen hier wohl am ehesten Beitragsermäßigungen für Familien mit mindestens drei Kindern in Frage. Nun mag es wohl sein, daß derartige verstärkte finanzielle Anreize, Kinder in die Welt zu setzen, die Geburtenfreudigkeit etwas erhöhen. Es erscheint allerdings höchst fraglich, ob die Geburtenhäufigkeit in einem solchen Maße erhöht wird, daß die Kosten einer solchen Politik, unter anderem also die Beitragssatzermäßigungen und sonstigen Transfers an derartige Familien, die heute anfallen, durch die erst in einigen Jahrzehnten anfallenden Nutzen in Gestalt zusätzlicher Beitrags- und Steuerzahler gedeckt werden, geschweige denn eine Nettoentlastung der Rentenfinanzen eintritt[33]. Hierbei wäre auch zu berücksichtigen, daß bei einem „Erfolg" einer solchen Politik in Gestalt einer Vermehrung der Dreikindfamilien die Erwerbstätigkeit der Frauen zurückgehen und die Zahl der Beitragszahler sich zunächst einmal vermindern würde. Bedenklich ist an einer solchen Politik ferner, daß sie auf eine weitere Verwässerung des Versicherungscharakters der Rentenversicherung hinausläuft. Ein Teil der Rentenversicherungsbeiträge würde sich in eine Art von „Kinderlo-

---

[31] Vgl. hierzu Kapitel 20 und 25.
[32] Diese Forderung wurde in der Wissenschaft beispielsweise von R. Dinkel und in der Politik vom Postminister vertreten. Zu beachten ist hierbei, daß im Rahmen der Rentenversicherung bereits heute Familien mit Kindern kinderlosen Familien gegenüber bevorteilt sind. Dies erfolgt beispielsweise durch die Berücksichtigung von Kindererziehungszeiten als anrechnungsfähige Versicherungsjahre, obwohl für diese Jahre keine Beiträge entrichtet werden, und dadurch, daß eine Familie mit Kindern Ansprüche auf zusätzliche Leistungen erwirbt, nämlich Waisenrenten, ohne daß dies durch einen höheren Beitrag bezahlt werden müßte. Wegen eines Versuchs, den bevölkerungspolitischen Einsatz der sozialen Rentenversicherung zu rechtfertigen siehe R. Dinkel; Die Auswirkungen eines Geburten- und Bevölkerungsrückgangs. Berlin 1984.
[33] Eine derartige Bevölkerungspolitik wurde mit großem Nachdruck in einigen kommunistisch regierten Staaten betrieben, die bereits in den fünfziger Jahren unter stark sinkenden Geburtenraten litten, beispielsweise in der Tschechoslowakei. Dort ist es einkommensmäßig oft vorteilhafter, ein Kind zur Welt zu bringen als berufstätig zu sein. Tatsächlich stiegen die Geburtenraten wieder etwas an, aber nicht sehr stark.

sen-" und "Junggesellensteuer" verwandeln. Die Akzeptanz der Rentenversicherung dürfte hierunter leiden, die Steuerwiderstände zunehmen.

Derzeit wird eine Rentenreform vorbereitet. Der vorliegende Entwurf sieht eine allmähliche Anhebung des Renteneintrittsalters auf 65 vor. Wer früher in Rente geht, soll versicherungsmathematische Abschläge hinnehmen. Die Rentenformel soll dahingehend geändert werden, daß die Anpassung der Renten nur mehr nach dem Nettoeinkommenszuwachs der Arbeitnehmer und nicht mehr nach dem Bruttoeinkommenszuwachs erfolgt. Seit 1977 ist dies, wenn man die Nettorenten betrachtet, im Grunde bereits praktiziert worde. Änderungen sind außerdem bei den sog. Ausfallzeiten vorgesehen, die als Versicherungsjahre angerechnet werden, obwohl keine Beiträge entrichtet worden sind. Ausbildungszeiten sollen künftig nur mehr bis zu einem Zeitraum von sieben Jahren (bislang 13 Jahren) als Ausfallzeiten berücksichtigt werden. Damit entfiele ein Rentenprivileg, das Personen mit höherer Bildung und längerer Ausbildungszeit bislang besessen haben.

Die Kritiker des Entwurfs wenden ein, daß diese Maßnahmen für eine Sicherung der Zukunft der Rentenversicherung über das Jahr 2010 hinaus nicht ausreichen.

Zusammenfassung

1. Die Bereitstellung einer sozialen Rentenversicherung durch den Staat ist zum Teil durch Marktversagen begründet. Hierzu zählen die hohen Transaktionskosten einer privaten Rentenversicherung, der Umstand, daß private Versicherungen nicht vor sozialen Risiken schützen können und das Problem einer Negativauslese, wenn der Markt nicht zwischen Individuen mit verschiedenen Risikoeigenschaften unterscheiden kann.

2. Die soziale Rentenversicherung erfüllt drei Funktionen: es handelt sich um ein Zwangssparprogramm, um eine Versicherung und um ein Umverteilungssystem.

3. Die soziale Rentenversicherung hat Auswirkungen auf die Kapitalbildung und auf das Arbeitsangebot, indem sie den Eintritt in den Ruhestand fördert. Insbesondere die Bedeutung des ersteren Effekts ist umstritten.

4. Die krisenhafte Entwicklung der Rentenfinanzen ist durch demographische Veränderungen, nämlich Veränderungen der Geburtenhäufigkeit und der Lebenserwartung, eine Verringerung des Eintrittsalters in den Ruhestand und ein verlangsamtes Wachstum der Volkswirtschaft bedingt.

Schlüsselbegriffe

Transaktionskosten
Negativauslese
Rentenformel
Indexierung

Versorgungsniveau
soziale Risiken
Dynamisierung

Fragen und Probleme

1. Beschreiben Sie für alle drei wesentlichen Komponenten der sozialen Rentenversicherung (Altersrentenversicherung, Hinterbliebenenrentenversicherung, Berufs- und Erwerbsunfähigkeitsversicherung) die Fälle von Marktversagen, die den Anlaß für die Schaffung der öffentlich-rechtlichen Versicherung geliefert haben mögen oder ihre fortgesetzte Existenz rechtfertigen könnten! Nehmen Sie an, Sie hätten die Aufgaben, ein Programm zu entwickeln, das nur eines dieser Marktversagen heilen soll. Schlagen Sie für alle relevanten Fälle des Marktversagens jeweils Maßnahmen vor, die eine Alternative zur bestehenden Rentenversicherung darstellen könnten und erläutern Sie ihre Vorzüge und Nachteile im Vergleich zum bestehenden System!

2. Führen Sie die Gefahren auf, vor denen die soziale Rentenversicherung Schutz bietet! In welchen Fällen glauben Sie, daß das Vorhandensein eines Versicherungsschutzes einen Einfluß auf die Wahrscheinlichkeit hat, mit der der Versicherungsfall eintritt?

3. Was sind die theoretischen Gründe dafür, daß die Sozialversicherung möglicherweise zu einer Verringerung der Ersparnis führt? Gibt es theoretische Gründe dafür, daß sie möglicherweise zu einer Vergrößerung der Ersparnis führt? Warum könnte es sein, daß eine Besteuerung des Zinseinkommens zu einem späteren Eintritt in den Ruhestand führt? Unter welchen Bedingungen wäre eine solche Steuer empfehlenswert?

4. Erörtern Sie die Auswirkungen der folgenden denkbaren Veränderungen der sozialen Rentenversicherung auf Gerechtigkeit und Effizienz! Machen Sie andere Reformvorschläge, die die Probleme zu lösen imstande wären, um die es bei den hier aufgeführten Reformvorschlägen geht:
    a) Waisenrenten werden von der sozialen Rentenversicherung nur bis zum 19. Lebensjahr gezahlt und zwar unabhängig davon, ob die Waise studiert oder nicht.
    b) Strengere Anforderungen bei der Gewährung einer Berufsunfähigkeitsrente
    c) Eine Heraufsetzung des Rentenalters
    d) Eine Erhöhung der Renten derjenigen Personen, die später in den Ruhestand treten mit dem Ziel, daß der Gegenwartswert ihrer Rentenansprüche derselbe ist wie für Personen, die mit 63 in den Ruhestand treten.
    e) Befreiung von Arbeitnehmern, die nach Beendigung des 63. Lebensjahrs noch berufstätig bleiben, von der Verpflichtung, Beiträge zur sozialen Rentenversicherung zu entrichten.

5. In welchem Maße wäre es möglich, die Ziele der sozialen Rentenversicherung zu verwirklichen, indem man die Bürger verpflichtet, sich bei einem privaten Versicherer eine Rentenversicherung zu kaufen? Erörtern Sie die Schwierigkeiten, die sich bei der Verwirklichung eines solchen Vorschlags ergeben würden! Welche Regulierungen könnte man einführen, um diese Schwierigkeiten zu vermindern?

6. Glauben Sie, daß Alterseinkünfte oder Arbeitslosengelder bei der Einkommensbesteuerung ganz genauso behandelt werden sollten wie andere Einkünfte?

14. Kapitel
Verschiedene Transferprogramme: Sozialhilfe, Wohnungsbauförderung und Wohngeld, Kindergeld und Bevölkerungspolitik

Gegenstand dieses Kapitels sind drei verschiedene Gruppen von Transfers, die recht unterschiedliche Zwecke verfolgen, zusammengenommen aber sehr erhebliche Mittel verschlingen. Die in diesem Kapitel dargestellten Transfers werden zusammen mit einigen anderen als Sozialtransfers bezeichnet.

Die Sozialhilfe ist die älteste aller sozialpolitischen Maßnahmen. Ihre Wurzeln reichen mit der Armenfürsorge weit in die Antike zurück, und bereits im Mittelalter gab es in den Städten Mitteleuropas allenthalben Armenhäuser und andere Einrichtungen der Armenfürsorge. Ihre moderne Form erhielt die Sozialhilfe durch die Reichsverordnung aus dem Jahre 1924 und schließlich durch das Bundessozialhilfegesetz von 1961. Der Sozialhilfegesetzgebung liegt die in westlichen Demokratien übereinstimmend vertretene Vorstellung zugrunde, daß keiner mangels Einkommen hungern und obdachlos bleiben sollte, daß der Staat im Zweifelsfall also die Erfüllung der Grundbedürfnisse gewährleistet.

Ein stärkeres staatliches Engagement im wohnungswirtschaftlichen Bereich geht auf den 1. Weltkrieg zurück. Vor dem 1. Weltkrieg waren die Wohnungsmärkte weitgehend frei, und der private Wohnungsbau kam den Anforderungen, die aufgrund der rasch wachsenden Verstädterung auf ihn zukamen, im großen und ganzen nach[1]. Für die ärmeren Klassen waren die Wohnverhältnisse – vor allem in den Städten – allerdings oft außerordentlich beengt. Nicht selten waren mehrere Familien in einer Wohnung untergebracht. Durch den 1. Weltkrieg entstand ein Fehlbedarf, der, nach damaligen Maßstäben gemessen, auf etwa 1 Million Wohnungen geschätzt wurde. Die Weimarer Republik reagierte hierauf mit der Einführung der Wohnungszwangswirtschaft. Durch den 2. Weltkrieg und die nachfolgenden Flüchtlingsbewegungen wurde die Wohnungsnot in ganz außerordentlichem Maße verschärft. Ab 1949 wurde der Wohnungsbau vom Staat stark subventioniert. Die Bautätigkeit, die dann einsetzte, übertraf alle Erwartungen. Obwohl die Investitionen in die Wohnungswirtschaft, die seit dem 2. Weltkrieg erfolgten, enorm sind und die Bevölkerung der BR Deutschland heute zu den am besten mit Wohnraum versorgten Völkern der Welt zählt, subventioniert der Staat den Wohnungsbau nach wie vor stark. Tatsächlich gehört die Wohnungs-

---

[1] Eine Darstellung der Lage auf dem Wohnungsmarkt vor dem 1. Weltkrieg enthält Blumenroth, U.: Deutsche Wohnungspolitik seit der Reichsgründung – Darstellung und historische Würdigung, Beiträge SWR, Münster 1975. Diese Darstellung zeigt, daß es trotz der raschen Verstädterung nicht zu nachhaltigerem Ungleichgewicht auf dem Wohnungsmarkt kam. Er weist dies insbesondere anhand von statistischem Material über die Leerstände nach.

wirtschaft zu den am nachhaltigsten durch staatliche Interventionen betroffenen Wirtschaftszweigen. Ab 1961 erstrebte die Bundesregierung gemäß dem sogenannten Lücke Plan – Lücke war der damalige Bauminister – einen Abbau der Wohnungszwangswirtschaft und eine Überführung der Wohnungswirtschaft in die soziale Marktwirtschaft. Diese blieb jedoch auf halbem Wege stehen.

In erster Linie im Nationalsozialismus hatten in Deutschland staatliche Transfers an Familien mit Kindern ihren historischen Ausgangspunkt, obwohl gewisse Anfänge sich bis ins Kaiserreich zurückverfolgen lassen. Ursprünglich ging es dabei erklärtermaßen um die Vermehrung der arischen Rasse. Schon viel früher hatte Frankreich Kindergelder eingeführt, um dem „drohenden" Bevölkerungsrückgang Einhalt zu gebieten. Heute firmieren Kindergelder und Leistungen des „Familienlastenausgleichs" als „Sozialpolitik". Begründet werden sie mit der besonderen staatspolitischen Bedeutung einer „ausreichenden" Zahl deutscher Kinder. Die Ausgaben hierfür haben mittlerweile erhebliche Ausmaße angenommen.

Sozialhilfe

Die Ausgaben für Sozialhilfe machten 1987 mit 28 Milliarden DM 1,4% des Bruttosozialprodukts aus. Gegenüber 1960 hatten sie sich damit preisbereinigt beinahe verachtfacht. Die Zahl der Empfänger der Sozialhilfe beträgt etwas über 3 Millionen. Sie hat seit 1969 ständig zugenommen, 1969 betrug sie 1,47 Millionen[2].

Träger der Sozialhilfe sind die Verbände der freien Wohlfahrtspflege, die in den Spitzenverbänden Deutscher Caritasverband, Deutscher Paritätischer Wohlfahrtsverband, Deutsches Rotes Kreuz, Diakonisches Werk, Arbeiterwohlfahrt und Zentralwohlfahrtsstelle der Juden zusammengefaßt sind, die Kreise und die kreisfreien Städte (Sozialämter). Der Staat ist zur Schaffung von Einrichtungen wie etwa Heimen erst dann verpflichtet, wenn kein freier Träger bereit oder in der Lage ist, den Bedarf durch Ausbau seiner Einrichtungen zu decken. Die freien Träger finanzieren sich zum Teil aus öffentlichen Mitteln[3].

Die öffentlichen Aufwendungen für Sozialhilfe werden aus den Haushalten der Kreise bzw. kreisfreien Städte finanziert oder aber aus den Haushalten der Länder. Dies wird im einzelnen durch Landesrecht geregelt, und zwar recht unterschiedlich. Um zu verhindern, daß eine Stadt die Schaffung von Anstalten und Heimen unterläßt, um keinen Zuzug von Hilfsbedürftigen zu provozieren, ist vorgesehen, daß bei einer Unterbringung solche Personen die finanzielle Verantwortung bei dem Kreis liegt, in dem sie vor der Aufnahme in die Anstalt wohnhaft waren.

---

[2] In den sechziger Jahren wurde bei der Zahl der Empfänger von Sozialhilfe bzw. -fürsorge der historische Tiefpunkt erreicht. Davor war der Anteil der Empfänger von Sozialhilfe bzw. Armenfürsorge an der Gesamtbevölkerung, soweit wir das zurückverfolgen können, stets größer.

[3] Die Organisationen der freien Wohlfahrtspflege unterhalten rund 60 000 Einrichtungen mit 2,4 Mio. Betten und Plätzen. Sie beschäftigen über 2 Mio. überwiegend ehrenamtlich tätige Mitarbeiter.

Im Rahmen der Sozialhilfe gibt es zwei große Maßnahmegruppen. Die erste Gruppe ist die sog. Hilfe zum Lebensunterhalt, die sich aus der laufenden Hilfe und sog. einmaligen Hilfen zusammensetzt. Ein Anspruch auf laufende Hilfe zum Lebensunterhalt besteht, wenn das Einkommen den sogenannten Bedarfssatz unterschreitet und keine Verwandten ersten Grades vorhanden sind, die Hilfe leisten können. Es wird also eine **Bedürftigkeitsprüfung** durchgeführt[4]. Der Bedarfssatz setzt sich zusammen aus dem Regelsatz, den Kosten der Unterkunft, sofern diese nicht überhöht erscheinen, und dem sog. Mehrbedarf. Die Regelsätze werden von den Landesbehörden festgesetzt und betrugen 1989 bei Alleinstehenden ca. 415 DM (mit Abweichungen zwischen den verschiedenen Ländern[5]), bei einer Familie mit zwei Kindern ca. 1400 DM. Gehören dem Haushalt noch weitere Personen an, so gilt für ihn ein höherer Regelsatz. Ein Mehrbedarf wird anerkannt, wenn bestimmte Umstände vorliegen, die begründen, daß der Hilfsbedürftige einen über den Regelsatz hinausgehenden Bedarf hat. Solche Umstände sind beispielsweise Alter, Behinderung, Schwangerschaft oder Vorhandensein von zwei und mehr Kindern. Sozialhilfe wird gewährt, wenn das Einkommen (einschließlich Einkünften aus Vermögen) diesen Bedarfssatz unterschreitet. Die Sozialhilfe kommt dann im allgemeinen für die Differenz auf, wobei der Sozialhilfeträger gewisse Ermessensspielräume hat. 1987 (Jahresende) gab es ca. 1,6 Millionen Empfänger dieser laufenden Hilfe. Von diesen 1,6 Millionen war nur ein geringer Teil in Anstalten untergebracht. Zusätzlich werden sog. einmalige Hilfen gewährt, wenn bestimmte größere Anschaffungen, beispielsweise größerer Hausratsgegenstände, für erforderlich gehalten werden.

Die zweite Gruppe von Maßnahmen sind die sogenannten Hilfen in besonderen Lebenslagen. Derartige besondere Lebenslagen sind Krankheit, Pflegebedürftigkeit, Behinderung oder sog. besondere soziale Schwierigkeiten wie Drogenabhängigkeit, Alkoholismus usw. Bei den Empfängern derartiger Hilfen handelt es sich zum Teil zugleich um Empfänger einer Hilfe zum Lebensunterhalt. Die Einkommensgrenzen, unterhalb derer Bedürftigkeit vorliegt, die eine Gewährung derartiger Hilfen begründen kann, sind etwas höher als die für die Hilfe zum Lebensunterhalt. Im Rahmen der Krankenhilfe etwa kommt das Sozialamt für Krankheitskosten auf. Bei Pflegebedürftigkeit wird einer Person, die nicht in einem Pflegeheim untergebracht ist, ein sogenanntes Pflegegeld in Höhe von knapp 300 DM gewährt. 1987 gab es 1,3 Millionen Empfänger solcher Hilfen in besonderen Lebenslagen, von denen etwa die Hälfte in Anstalten untergebracht war. Der Großteil der Mittel, die im Rahmen der Hilfe in besonderen Lebenslagen verausgabt werden, entfallen auf Krankenhilfe, Pflegehilfe und Hilfe bei Behinderung.

Von den Sozialhilfeempfängern waren 1986 knapp 20% über sechzig Jahre alt. Hier handelt es sich vor allem um Pflegefälle und um Personen, die nur geringe Rentenversicherungsansprüche haben. Bei 25% der Empfänger war Arbeitslosigkeit die Ursache für das Absinken des Einkommens unter den Sozialhilfesatz. Hierbei handelt es sich um Schulabgänger und Langzeitarbeitslose, die aus ir-

---

[4] Ob der Empfänger tatsächlich bedürftig ist, kann beispielsweise durch überraschende Hausbesuche von Beauftragten der Sozialämter überprüft werden.
[5] Den höchsten Regelsatz hat München mit 445 DM. Dies wird damit begründet, daß die Lebenshaltungskosten in München am höchsten sind.

gendeinem Grund ihren Anspruch auf Arbeitslosenhilfe verloren haben oder deren Ansprüche auf Arbeitslosengeld bzw. -hilfe geringer sind als der Bedarfssatz der Sozialhilfe[6]. Eine dritte Gruppe von Sozialhilfeempfängern sind alleinstehende und geschiedene Mütter. Sie machen etwa 15% der Empfänger aus. Unzureichende Unterhaltsgewährung oder das Fehlen eines Unterhaltsverpflichteten spielen als Ursache für Sozialhilfebedürftigkeit eine recht erhebliche Rolle.

Unzureichendes Erwerbs- oder Arbeitseinkommen bei Haushalten, deren Vorstand erwerbstätig ist, spielt hingegen keine wesentliche Rolle als Armutsursache, zumindest dann nicht, wenn die Zahl der Kinder nicht sehr groß ist. Arbeitseinkommen ist normalerweise auch bei schlecht bezahlten Tätigkeiten hoch genug, daß die Bedarfssätze deutlich überschritten werden.

Sozialhilfe und Sozialversicherung

Wir haben in unserer Darstellung streng zwischen Sozialhilfe und Sozialversicherung unterschieden. Die Abgrenzung ist allerdings nicht völlig eindeutig. Weiter oben haben wir festgestellt, daß im Rahmen der Sozialversicherung in erheblichem Umfang Umverteilung erfolgt; sie weist Charakteristika sowohl einer Versicherung als auch eines Transfersystems auf. Ein sozialhilfeähnliches Institut in der Rentenversicherung ist die Rente nach Mindesteinkommen.

Darüber hinaus kann man auch die Sozialhilfe als eine Versicherung gegen bestimmte Gefahren auffassen, denen wir oder unsere Kinder ausgesetzt sind. Nicht alle Risiken sind durch die Sozialversicherung versichert oder lassen sich durch Privatversicherung decken. Man weiß nicht, ob man in diese Welt arm oder reich geboren wird. Daher mag man wünschen, daß der Staat eine Art von „Versicherung" gegen die Gefahr gewährt, daß man arm geboren wird. In diesem Sinne kann man auch Maßnahmen, die auf eine Umverteilung von Einkommen abzielen, als eine Versicherung auffassen.

Sachleistungen oder ungebundene Geldtransfers

Ein Teil der Leistungen der Sozialhilfe wird in Form von Sach- bzw. zweckgebundenen Geldleistungen anstatt von ungebundenen Geldleistungen erbracht. Hierzu gehört die Unterbringung in Anstalten, die Krankenhilfe, die Übernahme der Miete durch die Sozialhilfe, Leistungen im Rahmen sogenannter einmaliger Hilfen zum Lebensunterhalt, bei denen jeweils die Anschaffung bestimmter Gegenstände finanziert wird. In manchen anderen Ländern, beispielsweise in den USA, wird ein vergleichsweise größerer Teil der Sozialhilfe in Form einer öffentlichen Bereitstellung bestimmter Güter für die Berechtigten gewährt, beispielsweise durch Lebensmittelmarken, mit denen die Empfänger dann Lebensmittel kaufen können. Eine derartige Gewährung von Sachleistungen statt Geldleistungen wird von manchen Leuten kritisiert. Hierbei werden drei Argumente vorgebracht:

1. Die Verwaltungskosten der Sozialhilfe werden dadurch erheblich erhöht. Bei der Gewährung der einmaligen Hilfen etwa muß jeweils gesondert geprüft werden, ob der Anschaffungswunsch berechtigt ist.
2. Löst die Finanzierung bestimmter Gegenstände durch die Sozialhilfe einen Substitutionseffekt aus, führt dies zu einer ineffizienten Ressourcenalloka-

---
[6] Dies ist vor allem bei Familien mit Kindern öfters der Fall.

tion. Tritt kein Substitutionseffekt auf, hätte man statt der Sachleistung auch einfach eine Geldleistung gewähren können.

3. Daß der Staat versucht, einen Einfluß auf die Konsumentscheidungen der Individuen zu nehmen, ist unangebracht.

Im folgenden untersuchen wir insbesondere die letzten beiden Argumente noch näher. Ineffizienzen durch Substitutionseffekte sind beim sozialen Wohnungsbau oder bei der Wohngeldgewährung praktisch wohl bedeutender als bei der Sozialhilfe, und wir kommen in diesem Zusammenhang auf sie zurück.

Anreizeffekte der Anspruchsvoraussetzungen

Im Zusammenhang mit den verschiedenen Leistungen der Sozialhilfe kommt es beim Empfänger nicht selten zur Abschwächung des Anreizes zur Arbeit. Verdient jemand weniger als den Bedarfssatz der Sozialhilfe, lohnt sich für ihn die Aufnahme einer Tätigkeit nicht, mit der er etwas mehr verdienen würde. Der Mehrverdienst würde nur zu einer Verminderung der Sozialhilfeleistung führen und würde damit effektiv mit 100% besteuert, also weit höher als es bei Einkommen Besserverdienender der Fall ist. Insoweit durch die Erzielung eines höheren Einkommens auch noch Ansprüche auf einmalige Hilfen zum Lebensunterhalt oder auf Hilfe in besonderen Lebenslagen verloren gehen, wird dieses Zusatzeinkommen effektiv mit über 100% besteuert. Dies beseitigt den Anreiz zur Arbeit. Das Sozialhilferecht sieht zwar vor, daß die Sozialhilfe bei Arbeitsunwilligkeit verweigert werden kann. Das Bestehen von Arbeitswilligkeit zu kontrollieren, ist im einzelnen aber mit großen Schwierigkeiten verbunden[7].

Sollte der Staat in die Dispositionsmöglichkeiten der Individuen eingreifen?

Kritiker der Gewährung von Sachleistungen und zweckgebundenen Geldleistungen durch die Sozialhilfe bezeichnen sie als paternalistisch. Wie wir im Kapitel 9 gezeigt haben, ist die Gewährung von zweckgebundenen Leistungen bzw. Sachleistungen statt ungebundenen Leistungen ineffizient; der Staat könnte ungebundene Transfers gewähren, die niedriger sind als die Kosten der Sachleistungen, und der Empfänger würde sich doch gleich gut stellen. Gemäß einer anderen Sicht versucht der Staat durch eine Gewährung von zweckgebundenen Leistungen zu gewährleisten, daß das Geld auf vernünftige Weise verausgabt wird, nämlich für Wohnungsmiete, für Krankenversorgung, für unentbehrliche Haushaltsgegenstände. So gesehen geht es der Gesellschaft eigentlich nicht so sehr um das Wohlbefinden der Empfänger, sondern vielmehr um die äußerlich sichtbaren Zeichen der Armut wie Elendsquartiere, Unterernährung usw. Manche Ökonomen wenden sich mit Berufung auf das Prinzip der Konsumentensouveränität gegen einen derartigen paternalistischen Ansatz. Andere wiederum verweisen darauf, daß mehr als ein Viertel aller Haushalte, die Sozialhilfe empfangen, Haushalte mit Kindern sind, und daß ein Ziel der Sozialhilfe darin besteht, diesen Kindern zu helfen. Hierbei mögen ungebundene Leistungen weniger wirkungsvoll sein als zweckgebundene Leistungen.

---

[7] Es ist im Prinzip möglich, Sozialhilfeempfänger zu Arbeiten heranzuziehen, etwa im Rahmen der Behörden und Betriebe der Gemeinde. In der Praxis spielt dies nur eine sehr beschränkte Rolle.

Weiter oben haben wir den Begriff des gutspezifischen Egalitarismus eingeführt. Nach diesem Konzept verfolgt die Gesellschaft nicht nur Ziele, die sich auf die Verteilung der Kaufkraft im allgemeinen beziehen, sondern auch auf den Zugang zu speziellen Gütern, Diensten und Rechten. Danach sollte das Recht auf eine Krankenversorgung oder auf Wohnung als ein derartiges unveräußerliches Recht betrachtet werden.

Gruppenspezifische oder allgemeine Hilfen

Umstritten ist auch, ob allen Armen gleichermaßen geholfen werden sollte oder vor allem Armen, die einer bestimmten Gruppe angehören. Im deutschen Sozialhilferecht spielt letzteres beispielsweise im Rahmen der Ermittlung des sogenannten Mehrbedarfs eine Rolle. Alten wird automatisch ein solcher Mehrbedarf zuerkannt. Eine Rolle spielt das Konzept gruppenspezifischer Hilfen auch bei den Hilfen in besonderen Lebenslagen und außerhalb der Sozialhilfe beim sozialen Wohnungsbau und beim Kindergeld.

Derartige gruppenspezifische Hilfen sind mit einem größeren Verwaltungsaufwand verbunden als solche, die allen Armen unabhängig von der Zugehörigkeit zu einer bestimmten Gruppe zukommen, und zwar einfach deswegen, weil die Zugehörigkeit zu der anspruchsberechtigten Gruppe überprüft werden muß.

Abgesehen von dem Aspekt der Verwaltungskosten sind gruppenspezifische Hilfen insbesondere in bezug auf zwei Effizienz- und ein Gerechtigkeitsproblem interessant. Gruppenspezifische Hilfen mögen die Individuen dazu veranlassen, Anstrengungen zu unternehmen, einer derartigen Gruppe anzugehören oder als ein Angehöriger einer solchen Gruppe anerkannt zu werden; dies kann eine Verzerrung zur Folge haben. Es sind Regelungen denkbar – und derartige Regelungen werden in anderen Ländern tatsächlich praktiziert – bei denen dies zu einem erheblichen Problem wird. Stellen wir uns vor, es würden neue großzügige Hilfen speziell für alleinstehende Mütter eingeführt[8]. Dies kann zu einem Auseinanderbrechen der Familien beitragen. Bezieht der Vater ein relativ geringes Einkommen, kann er das Einkommen für die „Familie" als ganzes steigern, indem er sich rechtzeitig aus dem Staub macht oder für die Sozialhilfebehörden unsichtbar bleibt.

Ein Vorteil gruppenspezifischer Hilfen ist, daß sie unter bestimmten Umständen die Wirksamkeit von Umverteilungsmaßnahmen erhöhen, indem sie die damit verbundenen Effizienzverluste verringern. Bei gruppenspezifischen Hilfen ist es möglich, insbesondere denjenigen zu helfen, die besonders bedürftig sind, bei denen aber zugleich die negativen Anreizeffekte solcher Hilfen keine Rolle spielen. Wir haben wiederholt betont, daß bei der Ausarbeitung einer Umverteilungspolitik ein Konflikt zwischen Effizienz und Gerechtigkeit auftritt. Wenn man mit Hilfe von Transfers ein relativ auskömmliches Einkommen garantiert und diese Transfers dann in dem Maße abgebaut werden, in dem Arbeits- und andere Einkommen zufließen, kann dies die Bereitschaft zur Arbeit empfindlich

---
[8] Derartige Hilfen bestehen in den USA. Daß sie in den USA in einem solchen Maße zum Auseinanderbrechen der Familien beigetragen hat, dürfte auch damit zusammenhängen, daß Unterhaltsverpflichtungen gegen Väter dort schwerer durchsetzbar sind als in der BR Deutschland und der Typus der unverheirateten Mutter unter zwanzig sehr viel weiter verbreitet ist.

beeinträchtigen. Daraus folgt, daß bei Personen, die auf derartige Anreize nachhaltiger reagieren, ein geringeres Maß an Umverteilung wünschenswert ist als bei solchen, die auf derartige Arbeitsanreize kaum reagieren (also beispielsweise Personen, die über siebzig Jahre alt sind).

Die Zeichnung 14.1 stellt den Zusammenhang zwischen der Umverteilung und den Einbußen an Output für zwei verschiedene Bevölkerungsgruppen dar (die arbeitende Generation und die Alten). Je mehr umverteilt wird, umso mehr Output geht verloren. Aber da die Einbuße an Output bei den Alten geringer ist (für jede Vergrößerung des Maßes an Umverteilung), ist es wünschenswert, mehr für eine Umverteilung zugunsten der Alten zu tun. Indem man für Bevölkerungsgruppen mit unterschiedlichen Eigenschaften unterschiedliche Umverteilungsmaßnahmen einführt, kann man Einkommen effizienter umverteilen.

Demgegenüber sprechen Gerechtigkeitserwägungen gegen derartige gruppenspezifische Maßnahmen; manche glauben, daß der Staat nicht bestimmte Bevölkerungsgruppen diskriminieren sollte. Demzufolge sollten zwei Individuen, die beide gleich arm sind, genausoviel an Hilfe erhalten, unabhängig davon, ob sie alt oder jung sind. Es sollte keine „bevorzugte" Kategorie geben. Zugegebenermaßen haben die Alten größere Aufwendungen für Gesundheitsgüter, und dies mag man bei der Verteilung von Transfers berücksichtigen wollen – ist der Betreffende krankenversichert, geschieht das aber schon im Rahmen der Krankenversicherung.

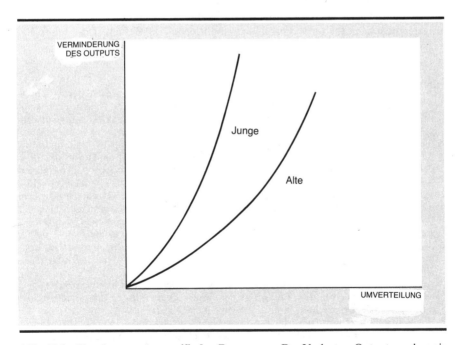

Abb. 14.1 Vorzüge gruppenspezifischer Programme. Der Verlust an Output gegeben ein bestimmtes Maß an Umverteilung kann bei verschiedenen Gruppen unterschiedlich hoch sein. Dies macht es möglicherweise wünschenswert, gruppenspezifische Umverteilungsprogramme zu entwickeln.

Die negative Einkommensteuer

Unter den Ökonomen erfreut sich die Ansicht einiger Popularität, daß die bestehenden Umverteilungssysteme, insbesondere die Sozialhilfe, der soziale Wohnungsbau, das Wohngeld und eventuell auch noch zusätzlich die Arbeitslosenhilfe[9], die Kindergelder, die Rente nach Mindesteinkommen in der Rentenversicherung und die Umverteilung im Rahmen der gesetzlichen Krankenversicherung, durch ein einziges neues System ersetzt werden sollten, das in die Einkommensteuer zu integrieren wäre. Dieser Vorschlag wird **negative Einkommensteuer** genannt.

Gemäß dem Modell einer negativen Einkommensteuer würden alle Haushalte zur Einkommensteuer veranlagt. Aber nur diejenigen, deren Einkommen einen bestimmten Schwellenwert überschreitet, hätten Steuern zu entrichten. Die anderen, deren Einkommen diesen Schwellenwert unterschreitet, würden stattdessen einen Nettotransfer vom Staat erhalten. Stellen wir uns die folgende damit äquivalente Regelung vor. Ein jeder Bürger erhält jedes Jahr beispielsweise die Summe von 2000 DM vom Staat. Er schuldet dem Staat Steuern in Höhe eines Drittels einer jeden Mark, die er verdient. Alle diejenigen, die weniger als 6000 DM verdienen, würden auf diese Weise vom Staat einen Nettotransfer erhalten; diejenigen, die mehr als 6000 DM verdienen, würden hingegen an den Staat mehr Steuern zahlen als sie von ihm erhalten. Die Befürworter eines derartigen Systems behaupten, es sei weniger erniedrigend als das bestehende, in dem die Individuen sich gezwungen sähen, bestimmten Behörden gegenüber nachzuweisen, wie wenig Einkommen sie verdienen[10] und darüber hinaus auch noch verwaltungstechnisch einfacher[11]. Ferner argumentieren die Befürworter dieses Sy-

---

[9] In der Arbeitslosenversicherung wird zwischen dem Arbeitslosengeld und der Arbeitslosenhilfe unterschieden. Die Arbeitslosenhilfe wird nach Auslaufen der Ansprüche auf Arbeitslosengeld gewährt. Ihre Gewährung hängt vom Ergebnis einer Bedürftigkeitsprüfung ab. Arbeitslosenhilfe wird im Prinzip unbegrenzt lange gewährt.

[10] Dies dürfte einer der Gründe sein, warum tatsächlich eine beträchtliche Zahl von Individuen, die an sich Ansprüche auf Sozialhilfe hat, diese nicht wahrnimmt. Die Schätzungen über ihre Zahl gehen bis zu einem Verhältnis von 1 : 1 zwischen tatsächlichen und potentiellen Sozialhilfeempfängern. Auch die Regelung, daß Verwandte ersten Grades Hilfe leisten müssen, wenn sie dazu in der Lage sind, und Sozialhilfe erst dann gewährt wird, wenn dies nicht möglich ist, wurde in diesem Zusammenhang kritisiert. Oft sei es der Fall, daß solche Verwandte vorhanden seien, und Personen, die an sich Anspruch auf Sozialhilfe hätten, darauf verzichten, einen Antrag auf Sozialhilfe zu stellen, weil dann das Sozialamt auf die Verwandten zukäme und die Anspruchsberechtigten dies nicht wollten. Vgl. R. Hauser: Armut im Wohlfahrtsstaat. In: Das Sozialsystem der BR Deutschland. Beiträge zur Arbeitsmarkt- und Berufsforschung 83 S. 243. Insoweit Personen, die Ansprüche auf Sozialhilfe haben, auf die Anmeldung dieser Ansprüche verzichten, etwa weil sie die damit verbundene Bedürftigkeitsprüfung als erniedrigend empfinden, ist die Sozialhilfe bei der Erreichung ihrer Ziele weniger erfolgreich.

[11] Wie man in den § 18-29 des Sozialgesetzbuchs bequem nachzählen kann, sind gegenwärtig etwa 40 verschiedene Sorten von Behörden und Quasibehörden beschäftigt, um rund 90 behörden- und anlaßspezifische Geldleistungen an Unterstützungsbedürftige zu berechnen und auszuzahlen. Die Kritiker dieses Systems bemängeln auch, daß es so unübersichtlich ist, daß es für die Anspruchsberechtigten sehr schwierig ist, herauszubringen, daß sie anspruchsberechtigt sind.

stems, daß die Grenzbelastung[12] von 100% für Sozialhilfeempfänger, die für das bestehende System charakteristisch ist, entweder vom Arbeiten abhält oder aber zur Unehrlichkeit herausfordert. Da die Bürger bei steigendem Einkommen ihre Ansprüche gegen das System rasch einbüßen, ist das Mehr an Konsum infolge eines Einkommenszuwachses unter dem bestehenden System möglicherweise sehr gering. Bei bestimmten Arten von Tätigkeit, wie z.B. der Tätigkeit als Zugehfrau, werden die erzielten Einkommen daher meistens verheimlicht. Ob ein Übergang zu einer negativen Einkommensteuer dies ändern würde, ist allerdings unklar.

Die Befürworter der negativen Einkommensteuer führen ferner an, daß sie den Haushalten die Möglichkeit verschafft, das Geld so auszugeben, wie sie es wünschen; die Struktur der Ausgaben wird im Unterschied zu bestehenden Systemen mit seinen Sachleistungen und zweckgebundenen Zuwendungen nicht verzerrt.

Der Vorschlag einer negativen Einkommensteuer hat zwar bei den Ökonomen einige Unterstützung gefunden, ist aber mit einem ernsten Problem behaftet: um einem jeden ein Minimaleinkommen zu garantieren, das nicht allzu gering ist, bedarf es bei einer negativen Einkommensteuer eines hohen Grenzsteuersatzes. Wir haben gezeigt, daß beim gegenwärtig bestehenden System einer Sozialhilfe die effektive Grenzbelastung für die ganz Armen, die Sozialhilfe beziehen, sehr hoch ist; wenn man eine negative Einkommensteuer einführt, würde die Grenzbelastung für die Armen geringer, müßte aber möglicherweise beim Mittelstand ansteigen. Man könnte argumentieren, daß das nicht nur unpopulär, sondern auch mit ernstzunehmenden Anreizeffekten verbunden wäre. Die Befürworter des gegenwärtig bestehenden Sozialhilfesystems argumentieren infolgedessen, daß

1) bei vielen Sozialhilfeempfängern die Anreizeffekte eine relativ untergeordnete Rolle spielen; ein beträchtlicher Teil der Empfänger sind Individuen wie Alte, Behinderte oder alleinstehende Mütter, die selbst dann kein Arbeitsverhältnis eingehen würden, wenn der implizite Steuersatz auf Arbeitseinkommen vermindert würde;
2) bei Individuen mit mittlerem Einkommen hingegen sind die Anreizeffekte womöglich sehr viel stärker;
3) die Sozialhilfeempfänger sind weit weniger produktiv als diejenigen Mitglieder mittlerer Einkommensgruppen, die bei einer solchen negativen Einkommensteuer höheren Grenzbelastungen ausgesetzt wären, als dies heute der Fall ist; und schließlich
4) ist die Zahl der Personen mit mittlerem Einkommen weit größer als die der Sozialhilfeempfänger, was einen weiteren Grund dafür darstellt, die Anreizeffekte bei diesen Personen weit ernster zu nehmen als die bei den Sozialhilfeempfängern.

Diese Gegenargumente sind, bezogen auf amerikanische Verhältnisse, vielleicht überzeugender als bezogen auf deutsche. In der BR Deutschland gibt es neben der Sozialhilfe (in wesentlich größerem Umfang als in den USA) noch eine Reihe von anderen Systemen und Sozialtransfers, von denen auch Haushalte er-

---

[12] Die Grenzbelastung ist der Grenzsteuersatz plus der marginale Abbau von Transfers bei einer Einkommenserhöhung.

faßt werden, deren Einkommen erheblich über dem Sozialhilfesatz liegt, und die dazu führen, daß tatsächlich die Grenzbelastung auch im Bereich der Familien mit mittlerem Einkommen sehr erheblich ist. Will man für diese Familien die Grenzbelastung ausrechnen, der zusätzliches Arbeitseinkommen unterliegt, so muß man beispielsweise den Beitragssatz zur gesetzlichen Krankenversicherung hinzuzählen, wird der Versicherungsschutz doch unabhängig davon gewährt, wie hoch der absolute Beitrag ist[13]. Ferner ist zu berücksichtigen der Abbau einiger anderer Sozialtransfers wie des Wohngelds oder der Ansprüche auf Förderung für die studierenden Kinder im Rahmen des Bundesausbildungsförderungsgesetzes. Eine vollständige Erfassung aller dieser Faktoren führt zu dem Schluß, daß auch Haushalte mit unterdurchschnittlichem oder mittlerem Einkommen oft einer Grenzbelastung von 50 und mehr Prozent unterliegen[14]. Unter deutschen Verhältnissen könnte es daher durchaus möglich sein, daß statt der Sozialtransfers und der gesetzlichen Krankenversicherung eine negative Einkommensteuer eingeführt werden könnte, ohne daß die Grenzbelastungen für die Bezieher mittlerer Einkommen zunehmen würden.

Wohnungsbauförderung und Wohngeld

Der Staat ist in der BR Deutschland seit dem 2. Weltkrieg nur in einem relativ beschränkten Maße selbst als Bauherr tätig geworden. Nur ca. 3% der Wohnungen befinden sich unmittelbar in Händen des Staates, d.h. der Gebietskörperschaften und der Sondervermögen des Bundes. Allerdings sind die Länder und Gemeinden kapitalmäßig an den sogenannten gemeinnützigen Wohnungsunternehmen stark beteiligt. Bedeutungsvoller als dieses unmittelbare unternehmerische Engagement ist die Förderung des Wohnungsbaus durch Subventionen. Bei diesen handelt es sich erstens um direkte Subventionen, die im Rahmen des sogenannten sozialen Wohnungsbaus gewährt werden. Diese Subventionen werden entweder in Form zinsgünstiger staatlicher Darlehen oder in Form einer Zinssubvention bei Darlehensaufnahme am Kapitalmarkt und in Form von Tilgungshilfen gewährt (dies sind die sogenannten Aufwandssubventionen). Heute überwiegt im sozialen Wohnungsbau die Kapitalaufnahme auf dem Kapitalmarkt in Verbindung mit Aufwandssubventionen. Im Rahmen des sozialen Wohnungsbaus werden nicht nur der Bau von Mietwohnungen, sondern auch der Erwerb eines Eigenheimes gefördert. Voraussetzung ist jeweils, daß das Einkommen des Mieters bzw. Erwerbers einen bestimmten Schwellenwert nicht übersteigt und daß die Größe der Wohnung unterhalb eines Grenzwerts verbleibt. Die Mittel, die im

---

[13] Der Beitrag zur gesetzlichen Rentenversicherung sollte hingegen im wesentlichen nicht berücksichtigt werden, weil die Anwartschaften in der gesetzlichen Rentenversicherung mit der absoluten Beitragshöhe zunehmen. Teilweise berücksichtigt werden sollte der Beitrag zur Bundesanstalt für Arbeit.
[14] Vgl. dazu weiter unten Kapitel 17.

Jahre 1988 für den sozialen Wohnungsbau aufgewendet wurden, betrugen knapp 2 Mrd. DM[15]. Der Bestand an Sozialwohnungen beträgt derzeit ca. 4 Millionen[16].

Zweitens wird der Wohnungsbau durch Steuervergünstigungen indirekt subventioniert. Besonders starke Steuervergünstigungen genießen die gemeinnützigen Wohnungsbauunternehmen[17]. Darüber hinaus genießt die gesamte Wohnungswirtschaft bei einer Vielzahl von Steuern Vergünstigungen. Diese werden in den Kapiteln 20, 24 und 26 näher dargestellt. Die wichtigste davon ist die Möglichkeit, Sonderabschreibungen vorzunehmen, also Abschreibungen, die über den tatsächlichen Werteverzehr hinausgehen. Dies kommt einer Subvention gleich[18]. Heute ist diese indirekte Subventionierung der Wohnungswirtschaft wesentlich bedeutsamer als die direkte im Rahmen des sozialen Wohnungsbaus[19]. Für das Jahr 1988 werden die indirekten Subventionen durch Steuervergünstigungen auf ca. 8 Mrd. DM geschätzt[20].

Neben einer derartigen Subventionierung des Wohnungsbaus wird auch noch das Instrument eines Transfers an bestimmte Mieter eingesetzt. Dies geschieht in erster Linie im Rahmen des sogenannten Wohngelds. Zum Bezug von Wohngeld sind Haushalte berechtigt, deren Einkommen eine bestimmte Obergrenze nicht überschreitet und denen keine Sozialwohnung zur Verfügung gestellt werden konnte. Im einzelnen ist die Ermittlung der Höhe des Wohngelds und die Feststellung der Wohngeldberechtigung ziemlich kompliziert. Ein Haushalt aus vier Personen kann auch bei einem Bruttoeinkommen von 4000 DM noch wohngeldberechtigt sein[21]. Die Höhe des Wohngelds hängt von der Höhe der nachgewiesenen Miete bis zu bestimmten Obergrenzen und von Ausstattungsmerkmalen der Wohnung ab. Ca. 3 Millionen Haushalte beziehen Wohngeld. Hierbei handelt es sich in der großen Mehrzahl der Fälle um Haushalte, deren Haushaltsvorstand

---

[15] 1986 zog sich der Bund vorübergehend aus der Finanzierung des sozialen Wohnungsbaus zurück. Sie obliegt bis 1989 überwiegend den Ländern und Gemeinden.

[16] Außer den eigentlichen Sozialwohnungen gibt es noch einen Bestand an anderen Wohnungen, deren Status dem der Sozialwohnungen ähnelt. Unter anderem deswegen bereitet eine genaue Ermittlung der Zahl der Sozialwohnungen Schwierigkeiten. Da die „Sozialbindung" einige Zeit nach dem Auslaufen der Förderung der Wohnungen erlischt, und wegen der Altersstruktur des Sozialwohnungsbestandes ist die Zahl der Sozialwohnungen derzeit im Rückgang begriffen. Insgesamt gibt es in der BR Deutschland etwa 26 Mio. Wohnungen.

[17] Die besonderen Steuervergünstigungen für gemeinnützige Wohnungsunternehmen werden 1990 abgeschafft werden.

[18] Vgl. hierzu Kapitel 21.

[19] Dies ist auch dann noch der Fall, wenn verschiedene kleinere Programme wie die Subventionierung des Wohnungsbaus für Arbeitnehmer des öffentlichen Dienstes oder des Wohnungsbaus in Berlin zusätzlich berücksichtigt werden.

[20] Ohne Steuervergünstigungen im Rahmen der Berlinförderung. Diese Schätzung ist im 11. Subventionsbericht enthalten. Der Schätzansatz ist keinesfalls zu hoch gegriffen. Die Berechnung der Steuermindereinnahmen ist mit einigen Schwierigkeiten behaftet, die in den Kapiteln 20 und 26 deutlicher werden.

[21] Bestimmte Einkünfte bleiben nämlich bei der Ermittlung des für das Wohngeld relevanten Jahreseinkommens außer Betracht. Ferner werden hierbei Abzüge vorgenommen, beispielsweise für Sozialversicherungsbeiträge.

ein Nichterwerbstätiger, etwa ein Rentner oder ein Sozialhilfeempfänger ist. Die Ausgaben für Wohngeld betrugen im Jahre 1987 3,8 Mrd. DM[22].

Die Mittel, die für den sozialen Wohnungsbau zur Verfügung stehen, sind real seit 1983 stark zurückgegangen, so daß sich der Schwerpunkt der Förderung allmählich vom sozialen Wohnungsbau auf das Wohngeld verlagert. Generell werden im Rahmen der Wohnungsbauförderung und der Wohngeldgewährung insbesondere Familien mit Kindern gefördert. Die Einkommensgrenzen, bis zu denen derartige Familien Ansprüche auf Sozialwohnungen oder Wohngeld haben, übertreffen die Einkommensgrenzen für Alleinstehende und Paare ohne Kinder erheblich.

Die gesamten direkten und indirekten Hilfen für Mieter und Eigenheimbesitzer beliefen sich 1987 auf gut 1% des Bruttosozialprodukts. Im Vergleich zu den fünfziger Jahren ist ihre Bedeutung gesunken. Dank des Rückgangs des sozialen Wohnungsbaus ist die Wohnungsbauförderung einer der wenigen Bereiche, in denen in den letzten Jahren ein echter Subventionsabbau erfolgt ist.

Nach der Einkommens- und Verbrauchsstichprobe des Bundesamtes für Statistik geben die Haushalte in der BR Deutschland im Durchschnitt knapp 20% ihres Nettoeinkommens für die Kosten des Wohnens (Mieten u.ä.) aus. Selbst wenn davon ausgegangen würde, daß die Subventionen sich vollständig in einer Verringerung der Kosten des Wohnens niederschlagen, wenn also die Verwaltungsaufwendungen, Ineffizienz und Verschwendung keine Rolle spielen, würden diese Kosten dadurch keinesfalls mehr als um einen recht bescheidenen Betrag verringert. Wenn also gelegentlich behauptet wird, eine Beseitigung dieser Subventionen würde dazu führen, daß die Mieten für breiteste Bevölkerungskreise „unerschwinglich" würden, so kann dies schwerlich der Fall sein[23].

Gründe für ein wohnungspolitisches Engagement des Staates

Mitunter ist behauptet worden, die Wohnungsmärkte seien sehr unvollkommene Märkte. Macht man sich auf die Suche nach handfesten Marktunvollkommenheiten, findet man auch etwas, aber im Grunde nicht sehr viel.

Die Zahl der Anbieter und Nachfrager auf dem Wohnungsmarkt ist groß, von einer Monopolsituation kann nicht die Rede sein. Externe Effekte treten auf, da ein Bauvorhaben seine Umgebung und die Landschaft beeinträchtigen kann oder sich unter Umständen auch positiv auswirkt. Diese externen Effekte sind erheblich und begründen, warum es einen Bebauungsplan gibt und geben sollte sowie Genehmigungsverfahren für das konkrete Bauvorhaben, das sich bis auf Details der Fassadengestaltung erstreckt.

---

[22] Die Mittel zur Leistung von Wohngeld werden je zur Hälfte vom Bund und den Ländern gestellt. Wohngeld können nicht nur Mieter, sondern auch Besitzer eines Eigenheims erhalten, wenn ihr Einkommen und die Belastungen aus dem Besitz des Eigenheims die vorgesehenen Grenzwerte unter- bzw. überschreiten.

[23] Manche argumentieren, zu einer übermäßigen Erhöhung der Mieten werde es zwar nicht auf dem flachen Land und in den kleineren Städten kommen, aber in bestimmten Ballungszentren. Ob dies besondere Transfers an Mieter in Ballungszentren rechtfertigt bzw. besondere Subventionen für den Wohnungsbau dort, hängt mit der Frage zusammen, ob man diese Ballungen subventionieren will. Wir kommen auf dieses Problem im Kapitel 28 zurück.

Informationsmängel. Manche Ökonomen behaupten, der Wohnungsmarkt sei sehr intransparent, es bestünden also bedeutendere Informationsmängel. Im Prinzip kann man sich nun allerdings durch Studium der Tageszeitung und Vornahme einer Anzahl von Besichtigungen einen recht guten Einblick in den Markt verschaffen. Dies setzt voraus, daß in den Tageszeitungen tatsächlich ein nennenswerter Teil des Wohnungsbestandes angezeigt wird. Mit anderen Worten, es ist erforderlich, daß es einen gewissen Bestand an leeren Wohnungen gibt. Nur über diese Wohnungen kann sich der Wohnungssuchende mit einem vertretbaren Aufwand Informationen beschaffen. Das Vorhalten eines derartigen Leerstandes ist das Mittel, mit dem der Markt die Informationsprobleme löst, die bei der Gewinnung von Informationen über den Wohnungsbestand und die Mieten auftreten. Der Leerstand wird finanziert, indem die Mieten im Vergleich zu einem vollständig transparenten Wohnungsmarkt, auf dem die Informationen unentgeltlich zur Verfügung stehen, etwas angehoben werden. Allzu kräftig braucht diese Erhöhung nicht auszufallen, dürfte doch ein Leerstand von 3 bis 5% des Wohnungsbestandes genügen, um eine ausreichende Markttransparenz und damit ein befriedigendes Funktionieren des Marktes zu gewährleisten[24].

Ein zweites Informationsproblem mag man darin erblicken, daß der Mietvertrag gewissermaßen unvollständig ist, da im Laufe eines Mietverhältnisses eine Vielzahl von Eventualitäten auftreten kann, die die Rechte und Pflichten von Mieter und Vermieter berühren. Beispielsweise ist es kaum möglich, alle künftigen Mieterhöhungen bereits im Mietvertrag erschöpfend zu regeln. Versuchte man es trotzdem, würde sich dieser in ein derart komplexes und einer Vielzahl von Interpretationen zugängliches Dokument verwandeln, daß von Markttransparenz erneut keine Rede sein könnte.

Ist der Mieter erst einmal eingezogen, dann ist ein Umzug für ihn unter Umständen mit erheblichen Kosten verbunden. Der Vermieter hätte deshalb einigen Spielraum, auf im Mietvertrag nicht vorgesehene Eventualitäten mit Zumutungen gegenüber dem Mieter zu reagieren, wie etwa abrupten Mieterhöhungen, bevor sich dieser zum Auszug entschließen würde. Insofern hat der Vermieter in einem gewissen Umfang so etwas wie eine Monopolmacht über den Mieter. Die Kosten des Einzugs stellen versunkene Kosten dar. Man könnte infolgedessen empfehlen, daß der Mieter vor einem Mißbrauch dieser Monopolmacht durch den Vermieter geschützt wird. Allerdings, allzu gewaltig ist diese Monopolmacht wohl nicht[25].

---

[24] Profitmaximierendes Verhalten der Vermieter führt auf einem freien Wohnungsmarkt vermutlich zum Auftreten eines ausreichenden Leerstands. Die Vermieter haben nicht sehr viele andere Möglichkeiten, sich über die Zahlungsbereitschaft des Publikums zu informieren, außer daß sie bestimmte Mieten festsetzen und dann ausprobieren, ob „der Markt diese Miete hergibt". Natürlich gibt es eine Miete, die so niedrig ist, daß die Wohnung mit Sicherheit rasch vermietet werden kann. Es ist aber zumeist rational, eine etwas höhere zu fordern. Dann kann die Wohnung zwar möglicherweise nicht sofort vermietet werden, aber diese Kosten werden dann im Fall der Vermietung durch die höheren Einnahmen gedeckt.

[25] Auch scheint es, daß die Vermieter oft gar nicht den Versuch unternehmen, diese Monopolmacht auszunutzen. Selbst die Mieterhöhungsspielräume, die das Mietrecht läßt, werden vielfach nicht ausgenutzt, so daß man sich als Dauermieter meist sehr günstig stellt. Ein Grund dafür ist, daß der Vermieter eine stärkere Fluktuation der Mieter vermeiden will, die für ihn mit zusätzlichen Kosten verbunden ist. Infolgedessen will er den Mieter gewissermaßen nicht „verärgern". So gesehen scheint das Problem einer „Monopolmacht" des Vermieters keinesfalls sehr schwerwiegend. Vgl. hierzu K. Behring, G. Goldrian u.a. Wohnungsnachfrageprognose 1995. Analyse und Prognose der Nachfrage nach Miet- und Eigentümerwohnungen. Berlin 1988.

Vom bestehenden Mietrecht wird vielfach behauptet, daß es über das Ziel, den Mieter vor einem Mißbrauch dieser Monopolmacht zu bewahren, bei weitem hinausschieße und Mieterhöhungen außerordentlich erschwere[26]. Ein Mieterschutz, der es dem Vermieter sehr erschwert, die Miete nach Einzug zu erhöhen, kann erhebliche Probleme schaffen und das Funktionieren des Marktes empfindlich beeinträchtigen. Ist es sehr schwierig, Mieten zu erhöhen, wenn der Mieter erst einmal eingezogen ist, reagiert der Hausbesitzer, indem er Mieten für Neumieter erhöht und damit gewissermaßen die Mieterhöhungen vorwegnimmt, die sonst zu einem späteren Zeitpunkt anfallen würden. Daher wird es für einen Mieter unvorteilhaft, umzuziehen. Hat er erst einmal längere Zeit in einer Wohnung gewohnt, kann er bei einem Umzug selbst eine Wohnung derselben Größe und Qualität nur zu einer deutlich höheren Miete finden. Dies wiederum führt dazu, daß die Mobilität der Mieter sehr verringert wird und ein größerer Leerstand nötig wird, um die für das Funktionieren des Marktes erforderliche Markttransparenz zu gewährleisten. Ein sehr weit getriebener Mieterschutz ist also unter den Mietern tatsächlich nur für die „Altsassen" von Vorteil, die seit langem in ein- und derselben Wohnung leben und auch nicht vorhaben, umzuziehen. Von Nachteil ist er hingegen für diejenigen Mieter, die sich eine neue Wohnung suchen.

Schließlich wird noch argumentiert, der Wohnungsmarkt sei in erster Linie ein Bestandsmarkt und reagiere daher auf Nachfrageveränderung nur sehr langsam. Nun stellt der bloße Umstand, daß auf einem Markt hauptsächlich Bestände gehandelt werden und der Zuwachs eine vergleichsweise geringere Bedeutung hat, für sich genommen noch kein Marktversagen dar. Allenfalls könnte man argumentieren, daß diese Veränderungen, also die Bereitschaft, in Wohnungen zu investieren und Wohnungen zu bauen, durch bestimmte Marktunvollkommenheiten beeinträchtigt werde. So läßt sich beispielsweise eine Unvollkommenheit des Kapitalmarkts feststellen, die darin besteht, daß man eine Wohnung nicht hundertprozentig fremdfinanzieren kann und bei den Tilgungen nur bestimmte Zeitprofile angeboten werden. Auch sind nicht alle beim Bau und bei der Finanzierung entstehenden Risiken versicherbar. Ob dieses Fehlen von Zukunfts- und Versicherungsmärkten tatsächlich die Bautätigkeit hemmt, ist trotzdem zweifelhaft. Andere Kapitalanlagen sind von derartigen Unsicherheiten und Nachteilen oft noch weit stärker betroffen als die in Immobilien, und es könnte daher sein, daß Immobilienerwerb als eine vermutlich relativ sichere Art der Geldanlage sogar bevorzugt wird.

Gutspezifischer Egalitarismus. Die tatsächlichen Eingriffe des Staates gehen über die mit einem Verweis auf Marktversagen zu rechtfertigenden Maßnahmen erheblich hinaus. Diesen Maßnahmen liegen vielmehr verteilungspolitische Zielsetzungen zugrunde, ferner das Bestreben, Obdachlosigkeit zu verhindern, also ein Konzept gutspezifischen Egalitarismus in bezug auf das Gut Wohnen. Man will gewissermaßen nicht so sehr Armut als solche verhindern, sondern vielmehr die besonders sichtbaren Zeichen der Armut, nämlich Slums, beseitigen.

---

[26] Dies war wohl vor allem vor 1983 der Fall. Im Jahr 1983 wurde das Mietrecht etwas liberalisiert. Nach dem bestehenden Mietrecht ist der Vermieter bei einem Neueinzug in der Wahl der Miete, die er verlangt, frei. Bei bestehenden Mietverhältnissen muß er sich hingegen bei Mieterhöhungen an der sogenannten ortsüblichen Vergleichsmiete orientieren. – In zahlreichen anderen europäischen Ländern, beispielsweise in Österreich oder in der DDR, hat man nicht nur für bestehende Mietverhältnisse, sondern auch für Neuvermietungen eine strikte Mietpreisbindung eingeführt. Dies hat zu einer Unterlassung von Instandsetzungen und damit zu einem Verfall der Städte geführt. – Wegen einer Analyse des westdeutschen Mietrechts siehe J. Eekhoff: Wohnungs- und Bodenmarkt. Tübingen 1986 S. 58ff.

Zum Bezug einer Sozialwohnung oder von Wohngeld sind auch noch Haushalte berechtigt, deren Einkommen den Bedarfssatz der Sozialhilfe um mehr als das Zweieinhalbfache überschreitet. Bei den Armen, die mehr als den Bedarfssatz der Sozialhilfe verdienen, wird also das Wohnen subventioniert, obwohl die sonstige Lebenshaltung, beispielsweise die Anschaffung von Nahrungsmitteln, einer derartigen Subventionierung nicht für würdig gehalten wird. Mit steuerlichen Mitteln wird darüber hinaus das Wohnen für die gesamte Bevölkerung gefördert, die Reichsten eingeschlossen.

Im Kapitel 9 haben wir dargestellt, welche Folgen die Gewährung eines Transfers in Form einer Beteiligung des Staates an den Kosten bestimmter Konsumgüter für die Effizienz hat. Diese Analyse können wir nun auf den Fall der Förderung des Wohnungsbaus bzw. eine Übernahme eines Teils der Miete durch den Staat anwenden. Es tritt ein Substitutionseffekt zugunsten verstärkter Nachfrage nach Wohnraum ein. Ferner entsteht ein Einkommenseffekt, der diesen Substitutionseffekt möglicherweise kompensiert. Dies hängt von der genauen Gestalt der Indifferenzkurven ab. Die Aufteilung des Einkommens auf Wohnen, Ernährung u.a. die der Haushalt vornimmt, wird beeinflußt. Man kann dies dahingehend auffassen, daß das Gut Wohnen meritorisiert wird. Wir zeigten, daß solche zweckgebundenen Transfers (mit Eigenbeteiligung) ineffizient sind. Das Nutzenniveau der Empfänger erhöht sich bei einem solchen weniger als bei einem ungebundenen.

Gibt es für eine Behandlung des Wohnens als ein meritorisches Gut mit der Zielsetzung, daß auch die armen Bevölkerungsschichten deutlich besser mit Wohnraum versorgt sein als es ihren Einkommensverhältnissen entspricht, eine einleuchtende Begründung? Es ist nicht einfach, derartige Gründe zu finden. Hängen die Startchancen der Kinder der Armen wesentlich von der Raumversorgung ihrer Familien ab? Hat ein Kind, das in höchst beengten Wohnverhältnissen aufwächst, eben deswegen deutlich schlechtere Chancen zu einem sozialen Aufstieg als ein anderes, das zwar ebenfalls dürftig gekleidet und nicht sonderlich gut ernährt ist, aber doch immerhin ein eigenes Zimmer hat? Man kann sich hierüber streiten. Akzeptiert man dieses Argument, mag man befürworten, daß die Wohnraumversorgung von Familien mit Kindern, die ein unterdurchschnittliches Einkommen beziehen, gefördert wird. Die generelle Subventionierung des Wohnens, und zwar auch für Gutverdienende und Kinderlose, läßt sich damit nicht begründen.

Subjektförderung oder Objektförderung

Mit Subjektförderung bezeichnet man Transfers an den Mieter etwa durch Wohngeldgewährung. Mit Objektförderung bezeichnet man demgegenüber die Subventionierung des Wohnungsbaus im Wege von Zuschüssen und Steuervergünstigungen für den Hausbesitzer. In der BR Deutschland wurde in der Vergangenheit vorwiegend der Weg der Objektförderung bestritten. Das Wohngeld wurde erst relativ spät, nämlich 1965 eingeführt. Wir haben gesehen, daß es als wohnungspolitisches Instrument im Vergleich zu indirekten Subventionen auch heute noch von zweitrangiger Bedeutung ist. Es läßt sich zeigen, daß Objekt- und Subjektförderung sich nicht sehr stark unterscheiden, wenn es nur einfach darum geht, das Wohnen zu subventionieren. Werden hingegen verteilungspolitische Ziele verfolgt, ist die Objektförderung nicht sonderlich empfehlenswert. Um zu zeigen, daß Objekt- und Subjektförderung sich in ihren Wirkungen in bezug auf die Wohnungsversorgung der Volkswirtschaft als ganzes nicht sonderlich unterscheiden dürften, unterstellen wir eine Subjektförderung, bei der jeder Mieter einen bestimmten Zuschuß zu seiner Miete erhält, und eine Objektförderung, bei der jeder Vermieter einen gewissen Zuschuß zu seinen Kosten erhält.

Wir betrachten hierzu die Zeichnung 14.2. Eine ähnliche Zeichnung wie im Abschnitt A hatten wir bereits im Kapitel 9 diskutiert. Dort hatten wir gezeigt, daß das Wohngeld kurzfristig durch eine Erhöhung der Miete weitgehend an den Hausbesitzer überwälzt wird. Längerfristig ist die Angebotskurve hingegen ziemlich flach, und es erfolgt kaum mehr eine Überwälzung. Längerfristig dürfte das Angebot an Wohnungen ziemlich elastisch sein, solange die Gemeinden nur genügend Bauland ausweisen[27]. Im Abschnitt B haben wir demgegenüber die Wirkungen der Objektförderung dargestellt. Sie führt zu einer Verschiebung der Angebotskurve. Aber auch diese Wirkung der Objektförderung wird nicht sofort eintreten; es dauert einige Zeit, bis das Angebot reagieren kann. Im langfristigen Gleichgewicht wird in beiden Fällen vom Gut Wohnen gleich viel konsumiert. Die Mieten sind bei der Objektförderung niedriger. Das ist aber nur deswegen der Fall, weil der Hausbesitzer bei der Objektförderung einen Teil seiner Einnahmen unmittelbar vom Staat und nicht mittelbar über den Mieter erhält.

Anders verhält es sich hingegen, wenn mit der Gewährung von Subventionen bzw. Transfers verteilungspolitische Ziele verfolgt werden sollen. Bei der Subjektförderung ist dies verhältnismäßig einfach. Man ermittelt das Einkommen des Haushalts und gewährt ihm ein Wohngeld, dessen Höhe von diesem abhängt. Soll eine Objektförderung gezielt sozial schwachen Haushalten zugute kommen, muß eine Art von Zuteilungssystem für die geförderten Objekte geschaffen werden. Dies ist auch geschehen. Personen, die die Einkommensgrenzen für die Zuteilung einer Sozialwohnung unterschreiten, erhalten einen sogenannten Wohnungsberechtigungsschein. Aufgrund dessen wird ihnen dann eine Sozialwohnung zugewiesen, sobald eine zur Verfügung steht. Dieses Verfahren hat den Nachteil, daß die Freiheit des Berechtigten bei der Wahl der Wohnung erheblich eingeschränkt wird. Dies erzeugt eine Ineffizienz. Warum dies der Fall ist, kann man sich folgendermaßen klarmachen: Nehmen wir an, der Mieter habe die Wahl zwischen einer freifinanzierten Wohnung und einer ihm zugewiesenen Sozialwohnung, bei der der Quadratmeter pro Monat mit 3 DM subventioniert wird. Wegen der geringen Miete mag er sich für die Sozialwohnung entscheiden, obwohl sie ihm vom Zuschnitt und von der Lage her nicht so gut gefällt wie die freifinanzierte Wohnung. Wäre die freifinanzierte Wohnung nur 1 DM pro Quadratmeter billiger, würde sich der Mieter für diese Wohnung entscheiden. Der Nutzen der Förderung der Sozialwohnung ist für den Mieter also wesentlich geringer als die Kosten der Förderung.

Eine weitere Quelle der Ineffizienz im sozialen Wohnungsbau ist die folgende: Offenbar muß dafür gesorgt werden, daß der Eigentümer der Sozialwohnung die

---

[27] Manche Ökonomen argumentieren, daß gegenwärtig die Gemeinden nicht genügend Anreize hätten, neues Bauland auszuweisen. Die Belastungen des Gemeindehaushalts aus den dadurch erforderlichen Infrastrukturaufwendungen überträfen die Vorteile aus höheren Grundsteuereinnahmen. Wenn das so ist, sollte eine Liberalisierung des Wohnungsmarktes mit einer Förderung des Ausweises von Bauland durch die Gemeinden verbunden werden.

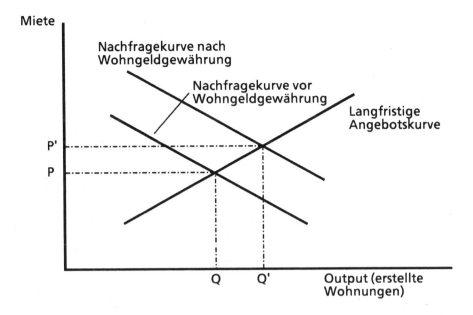

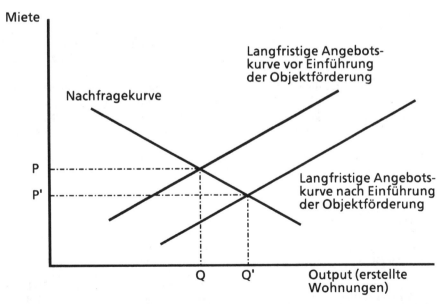

Abb. 14.2 Langfristiges Gleichgewicht bei Objekt- und bei Subjektförderung. Die Subjektförderung (Wohngeld) führt zu einer Verschiebung der Nachfragekurve nach oben. Die Objektförderung führt zu einer Verschiebung der Angebotskurve nach unten. Die Gleichgewichtsmenge ist dieselbe.

Subvention, die er für diese erhalten hat, auch tatsächlich an den Mieter weitergibt. Dies kann nicht dem Markt überlassen bleiben. Da nur ein Teil der Wohnungen gefördert wird, ja sogar nur ein sehr beschränkter Teil, nämlich die Wohnungen, die für Personen mit einem Anspruch auf eine Sozialwohnung errichtet werden, würde der Vermieter, wäre ihm das freigestellt, die Marktmiete verlangen und die Subvention würde sich im wesentlichen in eine Rente für ihn verwandeln. Deswegen hat man für den sozialen Wohnungsbau das Institut der sogenannten Kostenmiete geschaffen. Hiernach kann der Vermieter nur eine Miete in Höhe der Kosten (Zinsen, Abschreibungen, Erhaltungsaufwand) abzüglich der erhaltenen Subventionen verlangen[28]. Dies verschafft dem Unternehmen, das sich im sozialen Wohnungsbau engagiert, eine ziemlich komfortable Lage. Es bekommt seine Kosten ersetzt, selbst wenn sie höher als erforderlich sind, da die Miete wegen der Subventionen immer noch niedriger ist als im freifinanzierten Wohnungsbau. Die öffentliche Hand ist mit der Kontrolle darüber, ob bestimmte derartige Kosten vermeidbar sind, vermutlich überfordert. Es bleibt wenig anderes übrig als diese Kostenmiete dann eben auf das Niveau der Miete, die für eine Sozialwohnung noch für vertretbar gehalten wird, herunterzusubventionieren. Tatsächlich liegen Indizien dafür vor, daß die Kosten im sozialen Wohnungsbau mitunter höher sind als bei vergleichbaren Objekten im freifinanzierten Wohnungsbau und daß es zu erheblichen Fehlinvestitionen kam. Ein bedeutendes deutsches Wohnungsunternehmen, die „Neue Heimat", ist nicht zuletzt daran gescheitert, daß die Kostenmiete nach Auslaufen der staatlichen Förderung, die stets nur für einen bestimmten Zeitraum gewährt wird, bei einem nicht unbeträchtlichen Teil ihrer Wohnungsbestände so hoch war und die Wohnungen so unattraktiv waren, daß es zu hohen Leerständen kam[29].

Ein weiteres Problem einer Verteilungspolitik mittels einer Objektförderung besteht darin, daß es schwierig ist, auf die folgenden zwei Arten von Umständen zu reagieren: Erstens: Das Einkommen des Mieters steigt über die Einkommensgrenze für eine Sozialwohnung an. Wird dann darauf gedrungen, daß der Mieter die Sozialwohnung räumt, führt dies wegen der Umzugskosten und der deutlichen Mieterhöhung, die dieser in Kauf nehmen muß, zu einer Grenzbelastung von erheblich mehr als 100 %. Tatsächlich hat man Maßnahmen gegen eine derartige Fehlbelegung wegen dieser Härten lange Zeit vermieden mit dem Ergebnis, daß in 10 bis 30% aller Sozialwohnungen – genaue Zahlen sind nicht bekannt – Fehlbeleger wohnten und wohnen. Seit 1982 muß ein Mieter, der als ein solcher klassifiziert wird und dessen Einkommen die Einkommensgrenze um mehr als 20% überschreitet, eine Fehlbelegungsabgabe entrichten[30].

---

[28] Wie diese Kostenmiete zu ermitteln ist, ist gesetzlich im einzelnen geregelt. Das vorgeschriebene Verfahren ist allerdings recht fragwürdig. Vgl. hierzu J. Eekhoff op. cit.

[29] Vor allem in den siebziger Jahren hatte die Neue Heimat teure und unattraktive Wohnungen gebaut, für die niemals die entsprechenden Mieten erzielt werden konnten. Man hat versucht, die Betriebskosten- und Wohnwertnachteile der Sozialwohnungen im Verhältnis zu vergleichbaren freifinanzierten Wohnungen zu schätzen. Man kam auf Schätzwerte von 0,20 bis 0,25 DM/qm für die Betriebskostennachteile und 0,30 bis 0,50 DM/qm für die Wohnwertnachteile. Vgl. Wohngeld und sozialer Wohnungsbestand. Unveröffentlichter Endbericht eines Gutachtens für das Bundesministerium für Raumordnung, Bauwesen und Städtebau. Hamburg 1987 S. 90f. und 102f.

[30] Sie wird nicht in allen Bundesländern erhoben.

14. Kapitel: Verschiedene Transferprogramme

Die Bestimmung der angemessenen Höhe einer Fehlbelegungsabgabe ist schwierig. Man müßte die Miete der Sozialwohnung mit den Mieten für entsprechende freifinanzierte Wohnungen vergleichen[31]. Es wäre wohl nicht wünschenswert, von einem Mieter, der die Einkommensgrenze um eine Mark überschreitet, die gesamte Differenz zwischen der Marktmiete und der Miete der Sozialwohnung als Fehlbelegungsabgabe zu verlangen, käme das doch einem Steuersatz von mehreren 100% auf diese Mark gleich. In der Praxis hat man auf ein anspruchsvolles Verfahren verzichtet. Die Fehlbelegungsabgabe, die tatsächlich erhoben wird, ist relativ gering und eher symbolischer Natur. Viele Fehlbeleger zahlen überhaupt nichts, weil ihr Einkommen die Einkommensgrenze um weniger als 20% überschreitet.

Zweitens. Ein ähnliches Dilemma tritt ein, wenn das Einkommen des Mieters zwar unterhalb der Einkommensgrenze bleibt, aber die Familie sich verkleinert. Dann könnte man dem Mieter eine andere kleinere Sozialwohnung zuweisen oder ihn erneut vor die Alternative stellen, auszuziehen oder eine Abgabe zu entrichten. Die Probleme sind im Prinzip ähnlich wie oben.

Bei der Zuteilung von Sozialwohnungen ist praktisch regelmäßig nicht gewährleistet, daß tatsächlich die sozial Schwächsten die Sozialwohnungen erhalten. Das Kriterium, besonders Bedürftige bevorzugt zu behandeln, kann nur angewandt werden, wenn eine Sozialwohnung neu bezogen wird. Selbst dann hat der Eigentümer der Sozialwohnung, sofern er die Auswahl zwischen mehreren Mietern hat, kein sonderliches Interesse daran, derartige Mieter zu bevorzugen. Im Gegenteil: Bei ihnen ist die Gefahr am größten, daß sie ihre Miete nicht regelmäßig zahlen können. Wenn die Einkommenslage der Person sich nach Bezug etwas verbessert oder aber eine andere noch bedürftigere Person auftaucht, ist es nicht ohne weiteres möglich, den Bezieher der Sozialwohnung wieder daraus zu entfernen und sie neu zuzuteilen. Im Unterschied zu einem Wohngeldsystem bereitet es bei Sozialwohnungen also große Schwierigkeiten, die Mittel so zuzuteilen, daß sie tatsächlich bevorzugt den Bedürftigsten zugute kommen.

Die Verteilungseffekte der gesamten direkten und indirekten Subventionen für den Wohnungsbau wurden von K. Mackscheidt und W. Deichmann näher untersucht[32]. Bemerkenswert ist ihr Ergebnis, daß auch der Teil der Subventionen, der dem sozialen Wohnungsbau zugute kommt, überwiegend nicht besonders Bedürftigen zufließt. Dies liegt daran, daß die Einkommensgrenzen, bis zu denen man zum Bezug einer Sozialwohnung berechtigt ist, seit jeher ziemlich hoch sind[33]. Demgegenüber müssen Bedürftige nicht selten mangels Verfügbarkeit lange Zeit auf eine Sozialwohnung warten. Es wurde geschätzt, daß es in der BR Deutschland über 3 Millionen zum Bezug einer Sozialwohnung berechtigte Haus-

---

[31] Aufgrund der Eigentümlichkeiten der Berechnung der sogenannten Kostenmiete im sozialen Wohnungsbau ist diese Differenz für gleichwertige Sozialwohnungen verschiedenen Alters unterschiedlich groß.
[32] Zur Leistungsfähigkeit von Subventionen in der Wohnungswirtschaft. Frankfurt 1982. Vgl. hierzu ferner auch R. Behnken: Soziale Gerechtigkeit und Wohnungspolitik. Berlin 1982.
[33] Sie wurden in der Vergangenheit immer wieder heraufgesetzt, um das Problem der „Fehlbeleger" zu „entschärfen".

halte gibt, die ihren Anspruch nicht verwirklichen können. Ein beträchtlicher Teil dieser Haushalte erhält Wohngeld[34].

Aber nicht nur die Objektförderung im Rahmen des sozialen Wohnungsbaus hat eher negative Verteilungswirkungen. Noch vermehrt gilt dies für die Subventionen durch Steuervergünstigungen, die den Wohnungsbau betreffen. Große und komfortable Wohnungen werden absolut am stärksten subventioniert und damit diejenigen, die überdurchschnittlich gut verdienen[35]. Positive Verteilungseffekte gehen von der Subventionierung des Wohnungsbaus in der BR Deutschland also schwerlich aus.

Die Verteidiger der Objektförderung führen an, daß sich mit ihrer Hilfe städtebaupolitische Ziele verfolgen lassen. Die städtebaupolitischen Ziele, die damit in der Vergangenheit verfolgt wurden, also etwa die Entstehung von großen Arealen mit hochgeschossigen Häusern in Stadtrandlage betrachtet man heute allerdings eher kritisch. Es ist auch nicht gezeigt worden, daß die Instrumente der Bebauungsplanung für die Verwirklichung derartiger Ziele nicht ausreichen[36].

Die Subventionierung des Wohnungsbaus und insbesondere der soziale Wohnungsbau stellen nach Meinung der meisten Ökonomen heute ein Musterbeispiel für ein schlecht konzipiertes Programm dar. Die gegenwärtige Lage läßt sich wohl nur historisch verstehen. Nach dem Krieg blieb angesichts dessen, daß ein beträchtlicher Teil der Wohnungen zerstört war und zugleich Millionen von Flüchtlingen einströmten, schwerlich etwas anderes als eine Weiterführung der Wohnungszwangswirtschaft übrig. Schließlich konnte man nicht zulassen, daß eine große Zahl von Menschen obdachlos wurde. Das Bestehen einer Wohnungszwangswirtschaft und die dadurch bedingten Nachteile für Vermieter aber einmal vorausgesetzt, wäre es nicht möglich gewesen, den Wohnungsbau in einem bedeutenden Umfang in Gang zu setzen, wenn man ihn nicht subventioniert hätte. Diese Subventionen wieder abzuschaffen, stellte sich als schwierig heraus. Würde man sie binnen kurzem abschaffen, so würde die Bauwirtschaft auf Jahre in eine Krise geraten. Dem Einfluß der Interessenvertretung der Bauwirtschaft ist das Zögern beim Abbau dieser Subventionen zu einem beträchtlichen Teil zuzu-

---

[34] Die Einkommensgrenzen für Wohngeld und Sozialwohnungen werden nicht jedes Jahr verändert und sind unterschiedlich hoch. Die für Wohngeld waren stets niedriger als die für Sozialwohnungen.

[35] Eine Modellrechnung der Bundesregierung ermittelte für einen Großverdiener (150000 DM Jahreseinkommen) einen Subventionseffekt aus Steuerersparnis von 180000 DM, für einen Bauherren eines Eigenheims, das im Rahmen des sozialen Wohnungsbaus errichtet und bezuschußt wird (unterstelltes Jahreseinkommen 35000 DM) einen Subventionseffekt von 85000 DM. Vgl. Bericht der Bundesregierung über das Zusammenwirken finanzwirksamer wohnungspolitischer Instrumente. Bundestagsdrucksache 9/1708 vom 28.5.1982.

[36] Eine Objektförderung läßt sich möglicherweise rechtfertigen, wenn es Gruppen gibt, die auf freien Wohnungsmärkten diskriminiert werden. Solche Gruppen sind vielleicht türkische Gastarbeiter, Familien mit zahlreichen Kindern oder Randgruppen. Wegen der Diskriminierung müssen sie vielleicht überhöhte Mieten zahlen. Man könnte derartigen Gruppen auch helfen, indem man ihnen ein höheres Wohngeld gewährt. Es könnte aber sein, daß bei ihnen Versorgungsziele tatsächlich billiger mit Hilfe einer Objektförderung erreicht werden können.

schreiben. Nicht zuletzt aufgrund dessen, daß es in der BR Deutschland seit geraumer Zeit etwas mehr Wohnungen als Haushalte gibt, konnte trotz dieses Widerstands ein gewisser Abbau der Objektförderung erreicht werden.

Kindergelder und Bevölkerungspolitik

Der sogenannte Familienlastenausgleich ist seit zwei Jahrzehnten Gegenstand eines heftigen Aktionismus. Die Regelungen wurden wiederholt grundlegend geändert. Auch die gegenwärtig geltenden werden vermutlich keinen langen Bestand haben. Derzeit werden Familien mit Kindern insbesondere durch die Gewährung eines Kindergeldes, durch die Gewährung des sogenannten Erziehungsgeldes und durch die Einräumung eines Kinderfreibetrags bei der Einkommensteuer gefördert. Darüberhinaus gibt es u.a. auf Länderebene noch eine Vielzahl weiterer Förderungsinstrumente wie die Gewährung von Familiengründungsdarlehen mit Zinsvergünstigung und Tilgungszuschuß und anderes.

Das Kindergeld für das erste Kind beträgt unabhängig vom Einkommen der Familie 50 DM im Monat. Kindergeld für das zweite und jedes weitere Kind wird in voller Höhe (100 DM für das zweite, 220 DM für das dritte und 240 DM vom vierten Kind an) nur dann gezahlt, wenn das Jahresnettoeinkommen der Eltern im Fall eines Ehepaars mit zwei Kindern 45480 DM nicht überschreitet. Bei einer Überschreitung der Einkommensgrenzen wird das Kindergeld je nach Einkommenshöhe „in Stufen" bis auf den Sockelbetrag von 70 DM bzw. 140 DM pro Kind abgesenkt.

Das Erziehungsgeld wird im ersten Lebensjahr nach der Geburt des Kindes gewährt, wenn ein Elternteil während dieses Jahres das Kind selbst betreut. Es beträgt im Monat 600 DM. In den ersten sechs Monaten wird es unabhängig vom Einkommen der Eltern in voller Höhe gewährt, in den verbleibenden sechs Monaten gibt es bei einem Jahres(netto)einkommen von über 29400 DM (bei Verheirateten mit einem Kind) einen Abschlag, der mit zunehmendem Einkommen immer größer wird.

Der Kinderfreibetrag bei der Einkommensteuer beträgt pro Kind 2484 DM[37]. Aufgrund der Konstruktionsweise der Einkommensteuer ist die dadurch bewirkte Steuerschuldminderung umso größer, je höher das Einkommen ist[38]. Dieser Effekt gleicht die Verminderung der Kindergelder und des Erziehungsgeldes, die bei steigendem Einkommen eintritt, mehr als aus. Insgesamt tritt also eine regressive Wirkung ein.

Eine Umverteilung zugunsten der Familien mit Kindern erfolgt auch noch im Rahmen einer Reihe anderer öffentlicher Ausgabenprogramme, insbesondere durch die staatliche Finanzierung des Bildungswesens.

Gründe für eine Umverteilung zugunsten von Familien mit Kindern

Eine Umverteilung zugunsten von Familien mit Kindern ist vielleicht deswegen so populär, weil in einem Teil dieser Familien das Prokopfeinkommen deutlich

---

[37] Dazu kommt als Steuervergünstigung noch das sogenannte Baukindergeld, wenn die Eltern Bauherren sind.
[38] Vgl. dazu Kapitel 20.

niedriger liegt als im Durchschnitt der Bevölkerung. Insoweit derartige Familien Transfers erhalten, handelt es sich also um eine gruppenspezifische Umverteilungspolitik zugunsten einer Gruppe mit unterdurchschnittlichen Einkommen.

Ähnlich wie beim Wohngeld erhalten auch jene Familien noch Kindergeld in voller Höhe, bei denen das Familieneinkommen den Bedarfssatz der Sozialhilfe, bei dessen Bemessung Kinder berücksichtigt werden, um ein Vielfaches überschreitet. Erneut fragt man sich, ob es denn einen Grund für eine derartige Ungleichbehandlung von Personen mit Kindern und Kinderlosen gibt. Eine Begründung, die auf die verteilungspolitischen Aspekte abstellt, könnte sein, daß hier insbesondere den Kindern aus Familien mit unterdurchschnittlichem Einkommen geholfen werden soll. Ihre Startchancen sollen verbessert und damit ein sozialer Aufstieg erleichtert werden. Daß Armut sich nicht von Generation zu Generation fortsetzt, sondern auch Kinder aus sozial schwachen Familien Chancen zum Aufstieg haben, mag für die politische Stabilität einer Gesellschaft von großer Bedeutung sein. Wenn dies das Ziel ist, dann ist der Familienlastenausgleich nicht zweckmäßig ausgestaltet. Das Kindergeld müßte für Haushalte mit geringem Einkommen viel höher sein. Zweckmäßig wäre es, ab einer gewissen Einkommensgrenze überhaupt kein Kindergeld mehr zu gewähren und die für Kindergelder zur Verfügung stehenden Mittel auf die Haushalte mit geringem Einkommen zu konzentrieren[39].

Die Kinderfreibeträge werden im allgemeinen damit gerechtfertigt, daß die Einkommensteuer sich nach der steuerlichen Leistungsfähigkeit des Steuerpflichtigen richten solle und die Leistungsfähigkeit einer Familie mit Kindern geringer sei als die einer anderen Familie ohne Kinder, die genau dasselbe Einkommen erzielt. Im Kapitel 20 werden wir das Konzept der Besteuerung nach der Leistungsfähigkeit näher erörtern und dabei zu dem Ergebnis gelangen, daß es nicht sonderlich tragfähig ist. Aber selbst, wenn man die Vorstellung akzeptiert, daß eine Familie mit Kindern in einem gewissen Sinne steuerlich weniger leistungsfähig ist als eine Familie ohne Kinder, folgt daraus noch nicht, daß die Gewährung eines Freibetrags die richtige Lösung ist. Bei einem solchen Freibetrag ist die Steuerschuldminderung umso größer, je höher das Einkommen ist. Ist das gerecht? Man könnte argumentieren, daß reiche Leute auch teure Kinder haben und ihre Leistungsfähigkeit deswegen durch Kinder stärker gemindert wird als die der Armen. Nun mag es wohl sein, daß reiche Leute für ihre Kinder mehr ausgeben ebenso wie sie teurere Autos und teurere Kleider erwerben. Das ist ihre freie Entscheidung. Aber ist es deswegen ein Gebot der Gerechtigkeit, sie auch steuerlich stärker zu entlasten[40]?

---

[39] Es ist gezeigt worden, daß sich auf diese Weise ein beachtlicher positiver Verteilungseffekt erreichen ließe. Vgl. E. Heldmann: Verteilungswirkungen der Kindergeldkürzungen seit 1981. In R. Hauser, B. Engel (Hrsg.): Soziale Sicherung und Einkommensverteilung. Frankfurt 1985.

[40] In diesem Zusammenhang werden noch andere Argumentationen vorgebracht. So wird argumentiert, das Existenzminimum solle unbesteuert bleiben. Der Steuertarif solle nur auf den Teil des Einkommens angewendet werden, der das Existenzminimum überschreitet. Bei Familien mit Kindern liege das Existenzminimum höher. Bei der Anwendung dieser Konzeption ergebe sich zwar bei einer Einkommensteuer mit progressivem Tarif der Nebeneffekt, daß Familien mit höherem Einkommen eine größere Steuerschuldminderung erfahren, aber das sei unerheblich. Nun ist das Existenzminimum ein

Eine Alternative zu der Gewährung eines Freibetrags wäre die Gewährung eines Steuerkredits, also ein Abzug eines bestimmten Betrags nicht von der Steuerbemessungsgrundlage (d.h. von der Größe, an die der Steuertarif angelegt wird), sondern von der Steuerschuld selbst. Ist die Steuerschuld kleiner als dieser Betrag, so könnte dem Steuerpflichtigen ein Anspruch auf eine Nettozahlung vom Finanzamt gewährt werden (Negativsteuer). Damit äquivalent wäre es, wenn statt eines Kinderfreibetrags allen Familien mit Kindern ein (steuerfreies) Kindergeld gezahlt würde und zwar allen in der gleichen Höhe[41].

Wie man sich auch dreht und wendet, mit Gerechtigkeits- und Verteilungsgesichtspunkten allein läßt sich die gegenwärtige Konzeption des „Familienlastenausgleichs" schwerlich rechtfertigen. Der Begriff Familienlastenausgleich suggeriert, daß hier den besonders belasteten geholfen werden soll. Geholfen wir aber nicht nur den besonders belasteten. Die Tatsache, daß ein Paar Kinder hat, stellt als solche noch keine besondere Belastung dar. Schließlich hat es diese Kinder freiwillig erworben. Ein rationales Paar würde das nicht tun, würden die Kinder ihm nicht Nutzen stiften.

Hinter dem Begriff des Familienlastenausgleichs schamhaft versteckt tritt bei näherer Betrachtung eine bevölkerungspolitische Zielsetzung in Erscheinung. Gibt es rationale ökonomische Argumente für einen solchen bevölkerungspolitischen Ehrgeiz? Ist das Aufziehen von Kindern mit erheblichen positiven externen Effekten für die übrige Gesellschaft verbunden?

Argumente für und wider eine Bevölkerungspolitik

Von einigen Ökonomen wurde die Frage diskutiert, ob es so etwas wie eine optimale Bevölkerungsgröße gebe[42]. Es haben sich keine Anhaltspunkte dafür finden lassen, daß sich so etwas bestimmen läßt. Es stellte sich als schwierig heraus, den Begriff optimale Bevölkerung sinnvoll zu definieren. Plötzliche drastische Veränderungen der Bevölkerungszahl sind sicherlich mit Anpassungsschwierigkeiten verbunden. Bei den allmählichen Veränderungen der Bevölkerungsgröße, auf die die Bevölkerungspolitik Einfluß zu nehmen sucht, ist es hingegen kaum möglich, ein Schrumpfen oder auch ein Wachstum der Bevölkerung als überwiegend nachteilig zu identifizieren. Ein Nachteil eines Schrumpfens der Bevölkerung könnte sein, daß die Zahl der Wehrpflichtigen geringer und dadurch die Landesverteidigung erschwert wird. Dies läßt sich allerdings zumindest zum Teil durch vermehrten Kapitaleinsatz in der Landesverteidigung und vermehrte Anwerbung von Freiwilligen kompensieren. Im Fall der BR Deutschland ist gegen

---

dehnbarer Begriff. Nimmt man den Sozialhilfesatz als „Existenzminimum", dann ist der Grundfreibetrag der Einkommensteuer geringer als das Existenzminimum. Das ist nicht nur in der BR Deutschland so, sondern auch in den meisten anderen Industrieländern. Gemäß der Theorie optimaler Besteuerung lassen sich nicht ohne weiteres überzeugende Gründe dafür finden, warum das so bemessene Existenzminimum stets unversteuert bleiben sollte.

[41] Dies war die Regelung, die die sozialliberale Koalition im Jahre 1975 einführte, wobei die gewährten Kindergelder allerdings bescheiden waren. Später wurde dies wieder geändert.

[42] Vgl. hierzu D. D. Friedman: What Does „Optimum Population" Mean? In: J. Simon, P. Lindert: Research in Population Economics 1981: 3 S. 273-287.

solche sicherheitspolitische Erwägungen zusätzlich anzuführen, daß auf der anderen Seite des Eisernen Vorhangs sich ein solches Schrumpfen der Bevölkerung schon länger und wesentlich nachhaltiger vollzieht. Ein Zurückbleiben im Wettrüsten ist hiervon also nicht zu befürchten.

Ferner wird angeführt, daß unter Umständen bestimmte Infrastrukturobjekte, vor allem Schulen, überflüssig werden. Dies braucht allerdings keinen Verlust darzustellen, können diese Gebäude doch umgewidmet werden. Bei schrumpfender Bevölkerung erübrigen sich die sonst erforderlichen erheblichen Investitionen in derartige Objekte, Straßenbau und Wohnungsbau, da bereits das vorhandene ausreicht. Die schrumpfende Bevölkerung ist im Vergleich zu einer wachsenden also begünstigt. Die Kapitalbildung, die erforderlich ist, um ein bestimmtes Grenzprodukt der Arbeit zu erzielen, ist vergleichsweise geringer, da bestimmte Arten langlebiger Kapitalgüter reichlich vorhanden sind und die vorhandenen Ersparnisse, also das aufgehäufte Kapital pro Arbeitskraft vergleichsweise größer ist. Die schrumpfende Bevölkerung kann somit einen größeren Teil ihres Einkommens konsumieren. Pro Kopf der Bevölkerung verbessert sich die Ausstattung mit unvermehrbaren Produktionsfaktoren wie Boden, Bodenschätzen, Luft, Wasser usw. Dies wirkt sich positiv auf die Produktivität der Arbeit aus.

Diesen Vorteilen steht der Nachteil gegenüber, daß in der Rentenversicherung eine Kürzung der Leistungen und eine Anhebung des Beitragssatzes erforderlich wird. Es ist bislang allerdings noch nicht gezeigt worden, daß dieser Nachteil schwerer wiegt als die Vorteile, die sich bei einer schrumpfenden Bevölkerung ergeben. Eher scheint das Gegenteil der Fall[43]. Aber selbst, wenn dies bewiesen wäre, würde daraus noch nicht folgen, daß eine geburtenfördernde Politik angebracht ist. Eine Vergrößerung der Bevölkerung läßt sich auch erreichen, indem man die Einwanderung in die BR Deutschland erleichtert. Gegner einer derartigen Einwanderung befürchten hiervon eine Überfremdung und einen Zerfall der deutschen Gesellschaft in eine multirassische Gesellschaft, in der dann Rassenkonflikte entstehen würden. Dies muß aber nicht unbedingt eintreten. Beispielsweise könnte man die Einwanderung von Nicht-EG-Bürgern davon abhängig machen, daß sie sich einer Sprachprüfung unterziehen und sich bereit erklären, ihre Kinder auf deutsche Schulen zu schicken. Auch noch weitergehende Maßnahmen wären denkbar, um eine „Eindeutschung" der Einwanderer zu gewährleisten.

---

[43] Es gibt nur wenige ernsthafte Versuche, die verschiedenen Effekte eines Bevölkerungsrückgangs zu messen. Eine dieser wenigen Untersuchungen kommt zu dem Schluß, daß der Lebensstandard (genauer der Lebenskonsum) der Haushalte in einer Wirtschaft mit schrumpfender Bevölkerung höchstwahrscheinlich höher ist als in einer Wirtschaft mit wachsender Bevölkerung. Schlüsse auf die soziale Wohlfahrt lassen sich daraus nicht ohne weiteres ziehen, kommt es dafür doch darauf an, wie Kinder in den Nutzenfunktionen der Haushalte berücksichtigt werden. Wird das Kind selbst in die Nutzenfunktion gesteckt – das heißt, man behandelt das Kind wie ein Konsumgut –, dann sind die Implikationen andere, als wenn man von altruistischen Präferenzen der Eltern ausgeht, also die Nutzenfunktion der Kinder in die Nutzenfunktion der Eltern steckt. Schließlich kann man auch noch beides auf einmal tun. Vgl. R. Lee, S. Lapkoff: Intergenerational Flows of Time and Goods: Consequences of Slowing Population Growth. Journal of Political Economy 1988 (96): 3 S. 618-651.

Zusammenfassend ist festzustellen: Bestenfalls eine unbewiesene Behauptung ist die These, daß Eltern, die Kinder zur Welt bringen, einen positiven externen Effekt erzeugen, weil der Beitragssatz in der sozialen Rentenversicherung dann in der Zukunft weniger stark steigen müsse und damit eine Nettoentlastung der nächsten Generation hervorgerufen werde.

Zur Effizienz geburtenfördernder Maßnahmen

Hält man geburtenfördernde Maßnahmen trotz all dieser Bedenken für angebracht, dann stellt sich die Frage, welche wirkungsvoll sein könnten. Hierzu liefert die ökonomische Theorie der Familie einige Hinweise[44]. Sie führt den Geburtenrückgang vor allem auf die zunehmende Erwerbstätigkeit und den höheren Bildungsstand der Frauen zurück. Kinder auf die Welt zu bringen ist mit Opportunitätskosten verbunden, die darin bestehen, daß die Erwerbstätigkeit zumeist für einige Jahre unterbrochen oder doch zumindest eingeschränkt werden muß, woraus Einkommenseinbußen entstehen und die Chancen einer beruflichen Karriere für die Mutter erheblich gemindert werden. Diese Opportunitätskosten der Kinder wachsen mit der Erwerbstätigkeit und dem Bildungsstand der Frau. Will man die Bereitschaft der Frauen, ihre Karriere für ein paar Jahre zu unterbrechen und Kinder zur Welt zu bringen, fördern, muß man sie infolgedessen für die Einkommensverluste, die sie erleiden, entschädigen und den Wiedereinstieg in das Berufsleben und die Weiterverfolgung der Karrierepläne erleichtern. Geeignete Mittel sind also Maßnahmen wie das Erziehungsgeld, arbeitsrechtliche und berufsbildende Maßnahmen sowie bestimmte steuerliche Mittel. Hier wäre insbesondere an eine Abzugsfähigkeit der Ausgaben für eine Haushaltshilfe und von Kinderbetreuungskosten bei der Ermittlung des zu versteuernden Einkommens zu denken[45]. Maßnahmen hingegen, die einfach generell die Einkommenssituation von Familien mit Kindern verbessern, dürften vergleichsweise weniger erfolgversprechend sein.

Wir verweisen aber nochmals darauf, daß die Vorstellung, der Staat solle eine Bevölkerungspolitik betreiben, einem sehr paternalistischen Verständnis seiner Rolle entspricht. Von einem individualistischen Standpunkt aus gibt es hierfür keine Rechtfertigung. Gute Gründe für eine Meritorisierung der Kinder sind bislang nicht vorgebracht worden.

Es gibt noch ein mögliches weiteres Argument, das zugunsten der Gewährung eines Erziehungsgeldes vorgebracht werden kann. Dieses Argument besteht darin, daß es für das Wohlbefinden der Angehörigen der nächsten Generation, etwa für ihr seelisches Gleichgewicht und ihre intellektuelle Entwicklung, von Vorteil sei, wenn ein Elternteil die ersten zwei bis vier Jahre nach der Geburt nicht erwerbstätig ist, sondern sich um das Kind küm-

---

[44] Diese Theorie wurde vor allem von G. Becker entwickelt. Eine deutsche Darstellung derselben enthält K. F. Zimmermann: Familienökonomie. Berlin 1985.

[45] Siehe hierzu Kapitel 20. Derartige Ausgaben sind bislang nur bei alleinstehenden Müttern steuerlich berücksichtigungsfähig. Im Kapitel 20 werden wir zeigen, daß für eine steuerliche Berücksichtigung derartiger Ausgaben bei Verheirateten nicht nur bevölkerungspolitische Gesichtspunkte, sondern auch Effizienz- und Gerechtigkeitsargumente sprechen. Man könnte ferner anführen, daß die derzeitige Ausgestaltung des Steuerrechts in der BR Deutschland darauf hinausläuft, daß Mütter, die berufstätig bleiben wollen, vom Steuerrecht bestraft werden und insofern vom Steuerrecht für derartige Frauen ein Anreiz geschaffen wird, nicht Mutter zu werden.

mert[46]. Gemäß dieser Sicht liegt möglicherweise ein positiver externer Effekt vor, für den die Eltern bezahlt werden sollten. Dann sollte das Erziehungsgeld aber auf zwei bis vier Jahre verlängert werden[47].

Andere Transfersysteme

In der BR Deutschland bestehen außer den drei dargestellten Transfersystemen noch weitere. Hier sind insbesondere die Ausbildungsförderung und die Sparförderung zu benennen. Die Transfers im Rahmen dieser beiden Systeme haben im Vergleich zum letzten Jahrzehnt an Bedeutung verloren, weil die Ausbildungsförderung im wesentlichen auf Darlehen umgestellt und die Sparförderung gekürzt wurde. Sparförderung erfolgt sowohl durch Prämien, Sparzulagen als auch mit steuerlichen Mitteln. Einkommensgrenzen spielen im wesentlichen nur bei den Prämien und Sparzulagen eine Rolle.

Die wenigen Untersuchungen über die verteilungspolitische Wirksamkeit der Sparförderung kommen zu dem Schluß, daß selbst bei dem Teil derselben, bei dem Einkommensgrenzen bestehen, es vor allem Haushalte mit mittlerem und höherem Einkommen sind, die von den Maßnahmen profitieren. Die Verteilungseffekte sind also negativ[48].

Der Abbau dieser Transferprogramme dürfte dazu geführt haben, daß die Grenzbelastung für die Bezieher mittlerer Einkommen etwas gesunken ist. Wir werden noch zeigen, daß dies positive Effekte auf die Effizienz der Wirtschaft haben dürfte.

Inwieweit wird dank Transfers und Sozialversicherung das Auftreten von Armut vermieden?

Inwieweit ist es gelungen, durch die Transfers und die Sozialversicherung das Auftreten von Armut zu vermeiden? Eine Antwort auf diese Frage ist mit erheblichen Schwierigkeiten verbunden. Eine erste Schwierigkeit besteht darin, Armut zu definieren. Verfährt man einfach so, daß man die Bezieher von Einkommen, die geringer als beispielsweise 40% des Durchschnittseinkommens sind, als arm bezeichnet, läßt sich Armut schwerlich ausrotten. Eine andere mögliche Definition von Armut wäre, eine Person für arm zu erklären, wenn ihr Einkommen den Bedarfssatz der Sozialhilfe unterschreitet. Tatsächlich betrug dieser Bedarf-

---

[46] Es wird darauf verwiesen, daß Kinder, die frühzeitig in die Kinderkrippe verbracht werden, sich langsamer entwickeln und weniger glücklich sind.

[47] Ob man hier von einem externen Effekt sprechen sollte, ist allerdings sehr problematisch. Dies hängt davon ab, welche Vorstellungen man über den Einfluß der Kinder auf die Nutzenfunktion der Eltern hat. Enthält die Nutzenfunktion der Eltern die Nutzenfunktion der Kinder, kann man nicht ohne weiteres von einem externen Effekt sprechen. Erscheinen hingegen die Kinder selbst und nicht ihr Nutzen in der Nutzenfunktion der Eltern, ist die These vom externen Effekt eher begründet.

[48] K. Gress, H. Stubig: Die Inanspruchnahme ausgewählter Transfers zur Förderung der Vermögensbildung. In Hauser, Engel (Hrsg.), op. cit.

satz lange Zeit ungefähr 40% des Durchschnittseinkommens, ist allerdings anfangs der 80er Jahre darunter abgesunken.

Ursprünglich wurde die Sozialversicherung nicht zuletzt deswegen eingeführt und ausgebaut, weil man die sehr erhebliche Zahl der Personen, die der Armenfürsorge und später der Sozialhilfe anheimfielen, vermindern wollte[49]. Dieses Ziel wurde auch erreicht. Zunächst gingen die Leistungen der Sozialversicherung allerdings über die Leistungen der Armenfürsorge kaum hinaus. Dies hat sich inzwischen grundlegend geändert. Geringe Höhe der Rente stellt heute eine wesentlich weniger bedeutsame Ursache für Sozialhilfebedürftigkeit dar als noch in den fünfziger Jahren. Die Maßnahmen des Familienlastenausgleichs haben die Sozialhilfebedürftigkeit der Kinderreichen und der alleinstehenden Mütter vermindert.

Der Bedarfssatz der Sozialhilfe ist nicht im selben Maße heraufgesetzt worden, wie die Einkommen gestiegen sind. In neuerer Zeit hat er in manchen Jahren nicht einmal mit dem Preisindex Schritt gehalten. Die relative Lage der Sozialhilfeempfänger hat sich also verschlechtert. Die Leistungen der Sozialhilfe sind tatsächlich sehr bescheiden. Es gibt Indizien dafür, daß die Zahl der Haushalte, deren Einkommen nur wenig über dem Sozialhilfesatz liegt, nicht gering ist.

Die Sozialhilfe soll eigentlich Hilfe zur Selbsthilfe sein und es dem Empfänger ermöglichen, den Zustand der Sozialhilfebedürftigkeit möglichst bald wieder zu überwinden. Tatsächlich aber beziehen viele Sozialhilfeempfänger – Schätzungen belaufen sich auf über 50% – auf viele Jahre hinaus Sozialhilfe.

Stellt man bei Aussagen über die Einkommensverteilung auf die Zahl der Personen ab, die Sozialhilfe beziehen, so hat sich in den letzten 20 Jahren eine negative Entwicklung der Einkommensverteilung ergeben. Die Zahl der Sozialhilfebedürftigen hat wesentlich zugenommen. Dies ist umso bemerkenswerter, als während desselben Zeitraums die Ausgaben der öffentlichen Haushalte für soziale Sicherheit außerordentlich stark zugenommen haben. Es wird vermutet, daß die Hauptursache für das Wachstum der Zahl der Sozialhilfebedürftigen der deutliche Anstieg der Arbeitslosenquote im Vergleich zu den sechziger Jahren ist[50].

Stellt man bei Aussagen über die Entwicklung der Einkommensungleichheit statt auf die Zahl der Sozialhilfeempfänger auf den Ginikoeffizienten ab, kommt man zu dem Schluß, daß sich die Einkommensverteilung nur wenig geändert habe.

Vielfach ist argumentiert worden, daß die Fülle an verteilungspolitischen Maßnahmen des Staates nicht zuletzt deswegen nur ein recht begrenztes Maß an Umverteilung zuwege bringe, weil oft dieselben Haushalte Zahler und Empfänger

---

[49] In deutschen Großstädten des 19. Jahrhunderts war oft mehr als ein Drittel der Bevölkerung von dem Schicksal betroffen, während eines Teils seines Lebens Armenfürsorge in Anspruch nehmen zu müssen.
[50] Vgl. T. Klein: Sozialer Abstieg und Verarmung von Familien durch Arbeitslosigkeit. Frankfurt 1987. Als andere Ursachen für die Zunahme der Zahl der Sozialhilfeempfänger werden genannt: Die Zuwanderung aus dem Ausland, die Lockerung der familiären Beziehungen, die vermehrte Bildung von Einpersonenhaushalten und ein verändertes Anspruchsverhalten. Es wird also vermutet, daß der Teil der Armen, der seine Sozialhilfeansprüche tatsächlich geltend macht, wächst.

seien und die Umverteilung nicht gezielt zugunsten der sozial Schwachen erfolge. Es handle sich zum Teil gewissermaßen um eine Umverteilung von der rechten in die linke Tasche. In der Tat ist dieser Vorwurf bei einem beträchtlichen Teil der Sozialleistungen, wie z.B. bei dem sogenannten Familienlastenausgleich, der Subventionierung des Wohnungsbaus und der Umverteilung, die neben der Gewährung eines Versicherungsschutzes im Rahmen der gesetzlichen Kranken- und Rentenversicherung erfolgt, nicht ganz unberechtigt. Nichtsdestoweniger dürften Sozialversicherung, Transfers und direkte Steuern (Einkommen-, Vermögen- und Grundsteuer) per saldo doch noch einen positiven Verteilungseffekt bewirken.

In einer neueren Untersuchung zu der Frage, wie groß diese Umverteilungseffekte sind, werden Schätzgrößen für sie ermittelt. In der Studie wird ein Vergleich angestellt zwischen der tatsächlichen Einkommensverteilung und einer hypothetischen Einkommensverteilung in einer Welt mit einer proportionalen Einkommensteuer ohne Freibeträge, ohne Transfers und mit einer Sozialversicherung, deren Leistungen möglichst genau dem Prinzip der versicherungsmathematischen Äquivalenz entsprechen. Wir geben die Ergebnisse für drei verschiedene Haushaltstypen wieder[51]:

Einkommensposition von ... bis unter ...	ohne Kinder	Ehepaar mit 1 Kind	mit 2 Kindern
bis 0,5	48,2	24,9	15,8
0,5 − 0,75	19,4	9,4	9,4
0,75 − 1	11,8	3,4	5,1
1 − 1,25	2,9	0,7	1,3
1,25 − 1,5	− 2,5	− 3,4	− 1
1,5 − 2	− 2,7	− 6,7	− 4,6
2 und mehr	− 8,8	− 9,5	− 6,6

Die Einkommensposition ist das Bruttomarkteinkommen[52] des jeweiligen Haushalts (pro Standardperson) dividiert durch das durchschnittliche Bruttomarkteinkommen der Haushalte (pro Standardperson). Die Kinder werden dabei nach einem Schlüssel in „Standardpersonen" (ein Erwachsener = eine Standardperson) umgerechnet und das Haushaltseinkommen zwecks Einstufung in die Einkommensklasse durch die Zahl der Standardpersonen dividiert, die dem Haushalt angehören. Bei den Ehepaaren ohne Kinder, deren Einkommensposition bis zu 0,5 beträgt, erhöhen die Umverteilungsmaßnahmen, wie aus der Tabelle ersichtlich, das Einkommen pro Standardperson im Vergleich zu dem hypothetischen Referenzzustand um 48,2%. Entsprechend verstehen sich die anderen Tabellenwerte. Die Haushalte mit Kindern erhalten zwar mehr Transfers und entrichten unter Umständen weniger Steuern, die prozentuale Aufbesserung ihres Einkommens fällt aber dennoch geringer aus, weil sich dieses zusätzliche Einkommen auf mehr Standardpersonen verteilt[53]. Bei allen drei Haushaltstypen ist der Nettoeffekt der Sozialversicherung, Transfers und direkten Steuern progressiv, bei den Haushalten mit 1 oder zwei Kindern allerdings weniger als bei den Haushalten ohne Kinder. Diese Ergebnisse sind nicht zuletzt unter dem Gesichtspunkt des Familienlastenausgleichs ziemlich bemerkenswert.

---

[51] I. Becker: Umverteilung durch positive und negative Transfers im Jahr 1981. Hauser, Engel op. cit. S. 182.

[52] Damit ist das Einkommen aus Erwerbstätigkeit, Vermögen usw. sowie aus Sozialversicherungsleistungen vor Steuern gemeint.

[53] Gegenüber dem hypothetischen Referenzzustand bewirken im Bereich der unterdurchschnittlichen Einkommen der Grundfreibetrag und der Splittingvorteil den stärksten „Umverteilungseffekt". Siehe hierzu Kap. 20.

Die meisten Ökonomen würden sich wünschen, daß Untersuchungen über Ungleichheit auf das Lebenseinkommen der Individuen abstellen; im Laufe eines Lebens schwankt das Einkommen normalerweise stark. Studien die auf die Jahreseinkommen abstellen, finden selbst bei einer Bevölkerung, deren Lebenseinkommen vollkommen gleichmäßig verteilt ist, starke Einkommensunterschiede. Solche Untersuchungen vermitteln infolgedessen ein stark übertriebenes Bild über die Einkommensungleichheit. Unglücklicherweise gibt es nahezu keine Untersuchungen über die Verteilung der Lebenseinkommen.

Anhang: Sozialhilfe in den USA

Insbesondere seit 1965 hat der amerikanische Bund die Sozialfürsorge nicht mehr allein den Einzelstaaten und Gemeinden überlassen, sondern hierbei eine erhebliche und wachsende Rolle gespielt. Es gibt zwei Gruppen von Sozialhilfeprogrammen des amerikanischen Bundes. Die erste Gruppe von Programmen gewährt Geldleistungen. Es handelt sich dabei um Aid to Families with Dependent Children (AFDC) and Supplemental Security Income (SSI). AFDC gewährt Familien mit Kindern, bei denen die Eltern kein Einkommen beziehen, eine laufende Unterstützung. SSI erhalten Alte und Behinderte, die nur ein geringes Einkommen beziehen, – es ergänzt also die Sozialversicherungsrente, wenn diese sehr gering ist. Eine zweite Gruppe von Programmen gewährt Sachleistungen. Hierbei handelt es sich um Medicaid, das für die Kosten ärztlicher Behandlung aufkommt, die Verteilung von Essensmarken (food-stamps), mit denen unentgeltlich oder zu herabgesetzten Preisen Lebensmittel erworben werden können und die Bereitstellung und Subventionierung von staatlichen Wohnungen für Bedürftige.

Die Zahl der Empfänger von Sozialfürsorge ist nicht nur absolut, sondern auch in Anbetracht der Einwohnerzahl der USA recht erheblich. So erhielten 1985 10,8 Millionen Haushalte AFDC; 19,9 Millionen erhielten Food-Stamps, 4,2 Millionen SSI und 22 Millionen Medicaid. Insgesamt erhalten über 10% der amerikanischen Bevölkerung Sozialhilfe.

Die im Vergleich zur BR Deutschland wesentlich größere Zahl von Sozialhilfeempfängern in den USA ist zum Teil darauf zurückzuführen, daß die amerikanische Sozialhilfe in bestimmten Fällen etwas großzügiger ist. Beispielsweise konnte eine Familie mit 4 Mitgliedern im Jahr 1986 ein Jahreseinkommen von bis zu 16000 Dollar erzielen und unter Umständen doch noch einige Food-Stamps erhalten. Die im Vergleich zur Krankenhilfe der deutschen Sozialhilfe sehr erhebliche Bedeutung von Medicaid erklärt sich nicht zuletzt aus dem Fehlen einer gesetzlichen Krankenversicherung.

In den USA wird die Sozialhilfe für reformbedürftig gehalten. Als einen besonderen Mißstand empfindet man die große Zahl der Kinder, die in Armut aufwachsen. Mehr als 25% aller Kinder kommen in Haushalten zur Welt, die Sozialhilfe empfangen. Einer der Hauptgründe dafür ist, daß unverheiratete Frauen unter 20 Jahren, oft Schwarze oder Kinder von Einwanderern aus Lateinamerika, die geburtenfreudigste Gruppe der amerikanischen Gesellschaft darstellen. Diese Frauen werden dadurch sehr oft für lange Zeit zu Sozialhilfeempfängern.

Einer der Reformvorschläge, der in der Praxis eine Rolle spielt, ist, für sämtliche arbeitsfähigen Sozialhilfeempfänger eine Arbeitspflicht einzuführen und durchzusetzen, notfalls durch die Schaffung von Arbeitsplätzen im öffentlichen Dienst[54].

Zusammenfassung

1. Die bedeutendsten Sozialtransfers in der BR Deutschland sind die Sozialhilfe, Wohngeld und sozialer Wohnungsbau und der Familienlastenausgleich.
2. Die Sozialhilfe läßt sich als eine Versicherung gegen das Risiko auffassen, in Armut geboren zu werden.
3. Sozialhilfeberechtigte unterliegen einer Grenzbelastung von 100% und mehr. Dies hat negative Arbeitsanreizeffekte.
4. Es ist vorgeschlagen worden, diese negativen Anreizeffekte dadurch zu verringern, daß die Sozialhilfe und einige andere Programme durch eine negative Einkommensteuer ersetzt werden. Die Befürworter dieses Vorschlags erwarten hiervon u.a. verwaltungstechnische Vorzüge. Gegenargumente laufen darauf hinaus, daß ein Abbau der Grenzbelastung bei den kleinen Einkommen möglicherweise zu einer Erhöhung der Grenzbelastung bei den mittleren Einkommen führe.
5. Die starken Eingriffe des Staates in die Wohnungswirtschaft lassen sich nur sehr teilweise durch Marktversagen rechtfertigen. Erklären lassen sie sich vielleicht durch die Schwierigkeiten, die ein Abbau von Subventionen bereitet, die in der Vergangenheit einmal gerechtfertigt waren. Auch scheint das Konzept eines gutspezifischen Egalitarismus in der Wohnungswirtschaft eine Rolle zu spielen.
6. Der soziale Wohnungsbau stellt eine ineffiziente Form der Umverteilung dar.
7. Die Verteilungseffekte der Wohnungsbauförderung sind vermutlich regressiv.
8. Bevölkerungspolitische Maßnahmen lassen sich bislang mit rationalen ökonomischen Argumenten nicht rechtfertigen. Bevölkerungspolitik ist Ausdruck einer paternalistischen Einstellung der Politiker.
9. Die Einkommenseffekte des Familienlastenausgleichs sind vermutlich regressiv.

Schlüsselbegriffe

Subjektförderung
Erziehungsgeld
Regelsatz
negative Einkommensteuer
sozialer Wohnungsbau
Grenzbelastung

Objektförderung
Bedarfssatz
Bedürftigkeitsprüfung
Wohngeld
Leerstand

---

[54] In diesem Zusammenhang stößt man auf das Problem, was denn mit Sozialhilfeempfängern geschehen soll, die sich als nicht arbeitswillig herausstellen. Eine Lösung, die vorgeschlagen wurde, ist, die Leistungen der Sozialhilfe an diese Personen herabzusetzen.

14. Kapitel: Verschiedene Transferprogramme

Fragen und Probleme

1. Analysieren Sie einen Sozialtransfer, wie beispielsweise das Wohngeld, der nur dann gewährt wird, wenn das Einkommen eines Haushalts einen bestimmten Schwellenwert unterschreitet. Zeichnen Sie die Budgetrestriktion des Haushalts mit und ohne den Transfer (Tragen Sie auf der einen Achse die Arbeit ab, auf der anderen den Konsum).

2. Es gibt verschiedene Vorschläge, wie das Wohngeld ausgestaltet werden sollte. Erörtern Sie Vor- und Nachteile der folgenden Möglichkeiten:
    a) Der Staat zahlt einen bestimmten Prozentsatz der Miete einer Familie bis zu einem bestimmten Maximum, wobei die Höhe des Prozentsatzes von der Höhe des Haushaltseinkommens abhängt.
    b) Der Staat zahlt unabhängig von der tatsächlichen Höhe der Miete einen Pauschbetrag, wobei die Höhe dieses Pauschbetrags von der Höhe des Familieneinkommens abhängt. Was sind die Folgen dieser zwei unterschiedlichen Ausgestaltungen für die Ausgaben des Haushalts für Lebensmittel?

3. Nehmen Sie an, es ginge ihnen in erster Linie darum, das Los der Kinder der Armen zu erleichtern. Welche Arten von Programmen würden Sie dann befürworten bzw. wie würden Sie bestimmte Programme ausgestalten?

4. In der Diskussion über die Neuordnung der Wohnungsbauförderung ist vorgeschlagen worden, den sozialen Wohnungsbau ganz den Gemeinden zu übertragen. Was halten Sie von diesem Vorschlag?

5. Im Jahre 1988 ist vorgeschlagen worden, der Bund solle einen beträchtlichen Teil der Kosten der Sozialhilfe übernehmen und dadurch die ärmeren Länder entlasten. Was halten Sie von diesem Vorschlag?

6. Diskutieren Sie einige Möglichkeiten, die Motive für eine Fortpflanzung mit Hilfe der Instrumente der ökonomischen Theorie zu analysieren! Welche Folgen haben verschiedene Vorgehensweisen bei der Modellierung dieses Fortpflanzungsmotivs für Schlüsse über die Wohlfahrt von Familien mit Kindern?

15. Kapitel
Das Bildungswesen

In den sechziger und siebziger Jahren stand das Bildungswesen im Mittelpunkt der politischen Auseinandersetzung. Inzwischen ist es deutlich ruhiger geworden. Mit einem Betrag von 83,4 Mrd. DM im Jahr 1986, das sind 4,4% des Bruttosozialprodukts, stellen die Ausgaben für das Bildungswesen noch vor den für Landesverteidigung den drittgrößten Ausgabenposten der öffentlichen Haushalte dar. In den sechziger und siebziger Jahren war es in der öffentlichen Diskussion kaum umstritten, daß es Aufgabe des Staates sei, die Schulen zu finanzieren und Bildungsgüter zu produzieren. In neuerer Zeit ist wieder deutlicher geworden, daß Privatschulen und -universitäten sehr wohl einen Sinn haben können. In der älteren politischen Auseinandersetzung standen Themen wie die Forderung nach einem generellen Ausbau des Bildungswesens und nach mehr Chancengleichheit für Kinder aus verschiedenen sozialen Schichten im Vordergrund. In der Tat haben die Bildungsaufwendungen der öffentlichen Haushalte, die 1955 erst 4,2 Milliarden DM betrugen, sehr stark zugenommen[1].

Hinter der Frage, inwieweit die Schulen die Aufgabe haben, benachteiligte Kinder besonders zu fördern, steht der grundlegende Zielkonflikt zwischen Gerechtigkeit und Effizienz. Die Frage, ob wir genug (oder zuviel) für das Bildungswesen ausgeben, hängt eng damit zusammen. Nach einer starken Expansionsphase scheint es mittlerweile klar, daß die Erwartungen, die man über die Auswirkungen einer solchen Expansion auf das Wirtschaftswachstum in der BR Deutschland hegte, übertrieben waren. Tatsächlich wurden in sehr beträchtlichem Maße Qualifikationen produziert, die sich letztlich beruflich nicht verwerten ließen. Im Grunde kam es zu einer Fehlleitung bedeutender öffentlicher Mittel. Verschiedentlich begegnet man der Befürchtung, daß das Niveau der weiterführenden Schulen unter dem Streben nach einer quantitativen Ausweitung gelitten hat. Die deutschen Universitäten konnten in einigen Fächern die Spitzenstellung, die sie einst hatten, nicht wiedergewinnen und in anderen, in denen sie nie führend waren, den Rückstand nicht aufholen. Dies hat zur Besorgnis Anlaß gegeben und ist einer der Hintergründe für die Forderung nach der Schaffung von Eliteschulen und -universitäten und die Errichtung mehrerer privater Universitäten.

Die Struktur des Bildungswesens in der BR Deutschland

Mit Ausnahme der beruflichen Bildung ist das Bildungswesen in der BR Deutschland weitestgehend verstaatlicht. Finanzierung und Aufsicht über Schulen und Hochschulen obliegt vorwiegend den Ländern; der finanzielle Beitrag des Bundes oder der Gemeinden ist vergleichsweise gering. Schulgebühren wurden im Rahmen des staatlichen Schulwesens in neuerer Zeit nur mehr in den Hochschu-

---

[1] Ihr Anteil an der Gesamtheit der öffentlichen Ausgaben ist allerdings in etwa gleichgeblieben.

len erhoben, und auch dort wurden sie in den fünfziger Jahren abgeschafft. Überwiegend dem Bund obliegt die Regelung der Ausbildungsförderung für Studenten und Schüler im Rahmen des BAFöG.

Die staatlichen, aber auch die staatlich subventionierten Privatschulen unterliegen einer weitreichenden Reglementierung, die vor allem von den Kultusministerien der Länder ausgeht. Der Staat plant und regelt die Ausbildung der Lehrer, er teilt sie den einzelnen Schulen zu, unterwirft die Schulbücher einem komplizierten Genehmigungsverfahren, entscheidet über Klassengrößen, Unterrichtsinhalte und -zeiten. Trotz aller Forderungen nach Mitwirkung und Mitbestimmung hat sich der Handlungsspielraum der Eltern, Schüler und Lehrer tatsächlich seit den sechziger Jahren verengt.

Im Hochschulbereich nimmt die Regulierung weniger paternalistische Züge an, aber es findet sich doch ein ausgeprägter Glaube an die Rationalität typisch planwirtschaftlicher Instrumente – ein Glaube, der durch die praktischen Erfahrungen mit der Bildungsplanung schwerlich gerechtfertigt wird[2]. So werden die Hochschulkapazitäten und der Akademikerbedarf geplant. Eines der eingesetzten Steuerungsinstrumente ist der Numerus Clausus. In einer Vielzahl von Fächern werden seit fast 20 Jahren die Studienplätze zentral zugewiesen. Die Studienordnungen bedürfen der Genehmigung durch das Kultusministerium. Die Eigenständigkeit der Hochschulen ist stark eingeschränkt worden. Mit einem freiheitlichen Hochschulwesen in einer privaten Wettbewerbswirtschaft hat dies alles wenig zu tun.

Insoweit in der BR Deutschland Privatschulen und Privathochschulen überhaupt eine Rolle spielen, sind ihre Möglichkeiten sehr begrenzt, sich als eine Alternative zu den staatlichen Schulen zu profilieren. Dies ist nicht zuletzt deswegen der Fall, weil sie ebenso wie die staatlichen Schulen einer weitgehenden Reglementierung unterliegen[3].

Die berufliche Bildung obliegt in der BR Deutschland vorwiegend den Unternehmen. Dies konstituiert das sogenannte duale System der Berufsausbildung, die in einen praktischen Teil zerfällt, der den Betrieben obliegt, und einen theoretischen, der vorwiegend von staatlichen Berufsschulen übernommen wird. Hier spielen private Schulen auch eine gewisse Rolle. Vor allem in den siebziger Jahren wurde die Forderung nach einer Verstaatlichung der beruflichen Bildung erhoben, die aber abgewehrt werden konnte[4]. Immerhin war die berufliche Bil-

---

[2] Vielleicht das krasseste Beispiel für die Fehlleistungen der Bildungsplanung ist die sog. Ärzteschwemme. Fast die Hälfte aller Investitionen in den bundesdeutschen Hochschulbau kommt den medizinischen Fakultäten zugute. Die Zahl der Medizinstudenten beträgt heute fast 130000. Zum Vergleich: Die Zahl der berufstätigen Ärzte und Zahnärzte beträgt etwas über 200000. Die Folgen kann man sich ausmalen. Man fragt sich, ob die „Planer", die das ermöglicht haben, in der Absicht geplant haben, das herkömmliche System der medizinischen Versorgung zu sprengen.

[3] Insbesondere soweit sie vom Staat finanziert werden. Die Finanzierung der Privatschulen ist in den Bundesländern unterschiedlich geregelt. In einzelnen Ländern übernimmt der Staat bis zu 90% ihrer Kosten.

[4] Der Staat spielt eine Rolle bei der Finanzierung sogenannter überbetrieblicher Ausbildungsstätten, die die Ausbildung durch Klein- und Mittelbetriebe verbessern sollen. Ferner ist es bei einer beträchtlichen Zahl von Ausbildungsberufen im Prinzip möglich, einen Abschluß auch durch eine rein schulische Ausbildung in einer Berufsschule statt im dualen System zu erwerben. Praktisch spielt dies aber nur eine relativ geringe Rolle.

dung der einzige Bereich der Bildungspolitik, in dem es in größerem Maße zu einer Auseinandersetzung über die Rolle privater Ausbildungsträger gekommen ist.

Warum wird Bildung öffentlich bereitgestellt?

Die dominierende Rolle des Staates im Bildungswesen hat eine lange Tradition und ist so ausgeprägt, daß sie vielfach als selbstverständlich hingenommen wird. Es wäre aber durchaus denkbar, daß der Staat die Bildungseinrichtungen zwar finanziell unterstützt, diese selbst aber überwiegend von privaten oder gemeinnützigen Trägern wie etwa religiösen Organisationen betrieben werden. Dies ist heute zwar in keinem westlichen Industrieland der Fall, aber in einigen anderen Ländern wie den USA, England oder Frankreich spielen private Schulen und Hochschulen doch eine wesentlich größere Rolle als in der BR Deutschland.

Liegt Marktversagen vor?

Bildung ist kein reines öffentliches Gut. Die Grenzkosten der Ausbildung eines zusätzlichen Kindes sind mitnichten null; tatsächlich sind die Grenz- und Durchschnittskosten in etwa gleich groß. Und es ist ohne weiteres möglich, für die Inanspruchnahme der Dienste des Bildungswesens Gebühren zu erheben.

Diejenigen, die versuchen, staatliche Bildungseinrichtungen mit Verweisen auf Marktversagen zu rechtfertigen, konzentrieren sich dabei auf das Auftreten externer Effekte. So wird beispielsweise behauptet, daß vom Bildungsstand der Bevölkerung bedeutende externe Effekte ausgehen. Eine Gesellschaft, in der jeder lesen kann, funktioniert reibungsloser als eine, in der nur wenige dies können. Die Fähigkeit zu lesen wirft aber auch einen bedeutenden privaten Ertrag ab. Sogar ohne Unterstützung durch den Staat würden die meisten diese und viele andere grundlegende Fähigkeiten erwerben. In der Tat wäre zu erwarten, daß sehr viele Individuen auch von sich aus noch einen deutlich höheren Bildungsstand anstreben. Bei der Frage, ob eine staatliche Subventionierung des Bildungswesens gerechtfertigt ist, kommt es darauf an, zu zeigen, daß die Anhebung des Bildungsstandes über das Niveau hinaus, das die Individuen von sich aus und privat erwerben würden, noch erhebliche positive externe Effekte hervorruft. Ob dies der Fall ist, ist umstritten. Daß derartige externe Effekte die staatliche Unterstützung des Bildungswesens rechtfertigen, ist also bestenfalls eine unbewiesene Behauptung[5].

Das Bildungswesen dürfte noch bestimmte andere externe Effekte erzeugen. Öffentliche Schulen können eine wesentliche Rolle bei der Integration von Einwanderern, insbesondere deren Kinder, in die deutsche Gesellschaft spielen. Würden die Gastarbeiterkinder, statt deutsche öffentliche Schulen zu besuchen, private oder vom Ausland betriebene Schulen speziell für ihre Nationalität frequentieren, könnte die deutsche Gesellschaft in eine multirassische Gesellschaft

---

[5] Vgl. hierzu beispielsweise D. M. Windham: Economic Analysis and the Public Support of Higher Education: The Divergence of Theory and Policy. In: Economic Dimensions of Education. A Report of a Committee of the National Academy of Education, Mai 1979.

mit all ihrem Konfliktpotential zerfallen. Der Vorteil, daß das verhindert wird, fließt nicht nur einzelnen Bürgern, sondern dem ganzen Land zu[6].

Einkommensverteilung

Die wesentliche Rechtfertigung für öffentliche Bereitstellung von Schulen beruht auf Bedenken, die die Verteilungswirkungen privater Bereitstellung betreffen. Reichere Individuen werden mehr für die Ausbildung ihrer Kinder aufwenden wollen, ebenso wie sie mehr für andere Konsumgüter wie Autos, Wohnungen oder Kleidung ausgeben. Die Vorstellung, daß die Lebenschancen eines Kindes nicht vom Vermögen seiner Eltern und auch nicht vom Reichtum der Gemeinde abhängen sollten, in der es aufwächst, ist weit verbreitet. Die Erwartung, daß durch sie eine Mobilität nach oben gefördert wird, daß es das eigene Kind besser haben wird, ist für einen großen Teil der Popularität staatlicher Schulen verantwortlich. Möglicherweise trägt dies erheblich zur politischen Stabilität eines Landes bei. Die Armen brauchen sich nicht als unwiderruflich unterprivilegiert fühlen. Sie können hoffen, daß ihren Kindern der soziale Aufstieg gelingt. Ob dies möglich ist, hängt oft davon ab, ob diese Zugang zu guten Schulen haben.

Unvollkommene Kapitalmärkte

Derartige „Gerechtigkeits"erwägungen mögen erklären, warum der Staat viel getan hat, um Grundschulen und weiterführende Schulen zu errichten. Die Rolle des Staates im Hochschulbereich läßt sich damit allerdings nicht vollständig erklären. Wären die Kapitalmärkte vollkommen, hätten Individuen, für die sich ein Studium lohnt, für die also der Ertrag die Kosten übersteigt, einen Anreiz, einen Kredit aufzunehmen, um das Studium zu finanzieren. Private Kreditgeber sind im allgemeinen aber nicht bereit, Kredite zu gewähren, die der Finanzierung eines Studiums dienen. Personen, die über kein Vermögen verfügen bzw. deren Eltern kein größeres Einkommen beziehen, wäre infolgedessen der Zugang zu den Universitäten verwehrt, wenn sie keine Unterstützung vom Staat erhielten[7]. Diese erfolgt in erster Linie in Form eines unentgeltlichen Besuchs der Hochschulen, ferner in Form von Stipendien und Bildungsdarlehen. In den letzten Jahren wurde Ausbildungsförderung in erster Linie in Form von unverzinslichen Bildungsdarlehen gewährt. Stipendien haben demgegenüber nur mehr zweitrangige Be-

---

[6] Im Rahmen des Bildungswesens treten noch andere externe Effekte auf: die Schüler und Studenten lernen voneinander; gute Schüler lernen wahrscheinlich mehr, wenn sie zusammen mit anderen guten Schülern als mit schlechten ausgebildet werden. Diese externen Effekte haben wichtige Implikationen für Fragestellungen wie: Sollte es ein mehrgliedriges Schulwesen mit Gymnasium, Mittelschule, Hauptschule geben oder eine Einheitsschule? Sollte es spezielle Eliteschulen geben? Diese Fragen sind wesentlich, und zwar nicht nur für Empfehlungen, wie das öffentliche Schulwesen organisiert sein sollte, sondern auch bei der Beurteilung von bildungspolitischen Reformen, die den Eltern größere Freiheit bei der Auswahl des Schultyps gewähren, insbesondere indem die unterschiedlichsten Privatschulen aus öffentlichen Mitteln unterstützt werden.
[7] Erklären läßt sich dies unschwer: Banken interessieren sich dafür, ob es schwierig sein wird, das ausgeliehene Geld wieder einzutreiben. Tatsächlich bereitet es auch dem Staat einige Schwierigkeiten, die Bildungsdarlehen, die er im Rahmen des BAFöG vergeben hat, wieder einzutreiben.

deutung[8]. Eine Alternative zu einer Gebührenfreiheit des Hochschulbesuchs wäre die Gewährung höherer Bildungsdarlehen an die Studenten, aus denen diese nicht nur ihren Lebensunterhalt bestreiten, sondern mit denen sie die Gebühren bezahlen würden. Dabei kann es sich um Darlehen privater Banken handeln, wobei der Staat nur als Ausfallbürge auftreten müßte, um den Zugang zu derartigen Darlehen zu eröffnen[9].

Einige umstrittene Fragen

Um Chancengleichheit zu gewährleisten, akzeptieren fast alle, daß der Staat eine gewisse Rolle bei der Bereitstellung von Schulen spielen sollte. Wie sie aussehen sollte, ist demgegenüber weniger klar. Gegenwärtig finanziert der Staat die Schulen meist nicht nur, sondern betreibt sie auch in eigener Regie. Der Staat produziert also „Bildung". Wenn man eine staatlich finanzierte Schulbildung haben will, muß man auch eine staatliche Schule besuchen. Ausnahmen hiervon stellen in erster Linie religiös orientierte Schulen dar, die von religiösen Organisationen betrieben werden. Die meisten anderen Privatschulen werden demgegenüber vom Staat entweder gar nicht oder nur sehr begrenzt finanziell unterstützt. Dies wirft Fragen auf wie:

Sollte der Zusammenhang zwischen staatlicher Finanzierung und staatlicher Produktion im Schulwesen gelockert oder aufgelöst werden?
Inwieweit sollte der Staat private Schulen finanzieren?
Wieviel sollte er für staatliche Schulen ausgeben?
Wie sollten die Haushaltsmittel, die für das Schulwesen bereitstehen, auf Grund- und weiterführende Schulen aufgeteilt werden?
Wieviel und welche Art von (finanzieller) Unterstützung sollte der Staat den Hochschulen gewähren?

Es wird die Auffassung vertreten, daß eine größere Inanspruchnahme des Marktmechanismus (private Produktion) die Effizienz des Schulwesens erhöhen würde, ohne daß dadurch sehr viel an Gerechtigkeit verloren ginge – möglicherweise würde es sogar gerechter zugehen. Andere wiederum glauben, daß sie zu großen Ungerechtigkeiten führen würde. In den folgenden Abschnitten erörtern wir die wichtigsten Argumente zu diesem Thema.

Wie sollten staatliche Bildungsaufwendungen verteilt werden?

In jedem Bundesland stellt sich das Problem, wie die Haushaltsmittel, die für das Schulwesen bereitstehen, auf die verschiedenen Schultypen und Jahrgänge aufgeteilt werden sollten. Man könnte in erster Linie die Sonderschüler fördern, des weiteren noch die Hauptschüler, wohingegen bei den Gymnasien gespart würde. De facto geschieht eher das Gegenteil. Wenden wir mehr Mittel für die Ausbildung eines bestimmten Individuums auf, erhöht sich seine Produktivität. Dies ist der Ertrag der Bildungsaufwendungen.

---

[8] Beispielsweise vergeben bestimmte Stiftung, die der Förderung von Hochbegabten gewidmet sind, nach wie vor Stipendien.
[9] Auf diese Weise finanzieren amerikanische Studenten oft ihr Studium.

Wollen wir das Bruttosozialprodukt maximieren, geht es uns nur um größtmögliche Effizienz, würden wir die Mittel so verteilen, daß der Produktivitätszuwachs, der von der Investition einer zusätzlichen Mark in einen bestimmten Schüler ausgeht, genauso hoch ist wie der, der sich bei einer Investition dieser Mark in einen anderen Schüler ergibt. Sind sehr begabte Individuen nicht nur auf jedem Bildungsniveau produktiver als andere, sondern profitieren sie auch mehr von der Schule, so daß der Grenzertrag der Schulbildung höher ist, sollte bei einer solchen Politik mehr für die Ausbildung der Begabten ausgegeben werden als für die der Unbegabten. Manche halten dies für ungerecht; diese Leute glauben, daß die Mittel, die der Staat für das Bildungswesen bereitstellt, gleichmäßig verteilt werden sollten. Wenn sie aber gleichmäßig verteilt werden, stellen sich die Begabten – und diejenigen, die vom Elternhaus stärker gefördert werden – immer noch besser. Infolgedessen glauben manche, daß der Staat versuchen sollte, Begabungsunterschiede auszugleichen; er sollte versuchen, Gleichheit nicht auf der Ebene der Inputs (Bildungsausgaben), sondern auf der Ebene der Outputs (Bildungsstand) zu gewährleisten (sog. Ergebnisgleichheit oder „materielle" Chancengleichheit). Er sollte versuchen, die Nachteile auszugleichen, die manche Gruppen in der Gesellschaft erleiden. Dies war und ist ein wesentliches Anliegen mancher Bildungspolitiker.

Investieren wir bei einem gegebenen Haushaltsvolumen einen immer größeren Teil dieses Haushalts in die weniger Begabten und damit weniger in die Begabten, sinkt der Output, ist doch der Grenzertrag der Schulbildung bei den weniger Begabten geringer als bei den Begabten. Es tritt also ein Zielkonflikt zwischen Gerechtigkeit und Effizienz auf, den wir in der Zeichnung 15.1A dargestellt haben. Welchen Punkt man auf der Kurve wählt, hängt von Werturteilen ab, nämlich, wie man Gerechtigkeit und Effizienz gegeneinander abwägt.

Manche behaupten, daß die Kurve nicht wie in der Zeichnung 15.1A aussieht, sondern wie in der Zeichnung 15.1B; das heißt: geht man eine kleine Wegstrecke in Richtung auf „materielle" Chancengleichheit, erhöht sich das Sozialprodukt. Nach dieser Sicht ist der Output der Begabten zwar bei jedem Bildungsstand höher als der der Unbegabten, aber der Grenzertrag weiterer Bildungsausgaben für die Begabten ist geringer als bei den Unbegabten. Daraus folgt, daß wir sowohl mehr Effizienz als auch mehr Gerechtigkeit erreichen können, wenn wir in mäßigem Umfang eine auf den Ausgleich von Benachteiligungen gerichtete Schulpolitik betreiben. Unglücklicherweise gibt es weder für die eine noch für die andere These sehr viel empirisches Beweismaterial.

Wir machen darauf aufmerksam, daß die Unterschiede zwischen den Produktivitätseffekten der Bildungsinvestitionen bei verschiedenen Individuen sowohl aus angeborenen Begabungsunterschieden als auch von den Einflüssen des Elternhauses herrühren können. Die Bedeutung dieser beiden Faktoren ist umstritten. Im Fall von zwei Individuen mit derselben Begabung, aber unterschiedlichem Elternhaus mag die Natur des Zusammenhangs zwischen Bildung und Produktivität davon abhängen, ob die Wissensvermittlung im Elternhaus ein Substitut oder ein Komplement zur Schulbildung darstellt. Ist sie das letztere, wird sie den Ertrag aus der Schulbildung erhöhen. Wenn sie ein Substitut darstellt, dann ist der Ertrag der Schulbildung umso geringer, je mehr Kenntnisse der Schüler vom Elternhaus mitbringt.

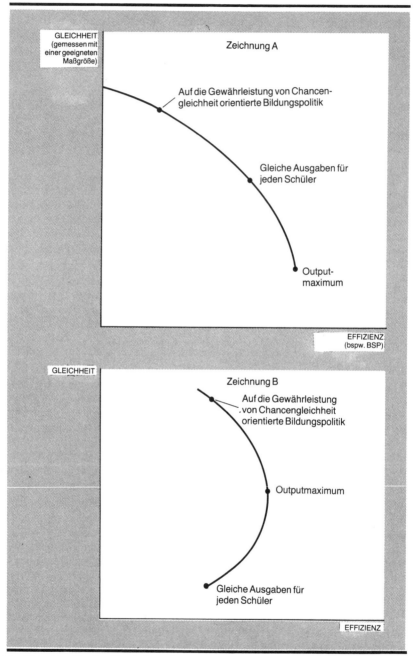

Abb. 15.1 Der Trade-off zwischen Gerechtigkeit und Effizienz in der Bildungspolitik. (A) Möglicherweise gibt es einen bedeutenden Trade-off. (B) Unter Umständen wird allerdings eine Erhöhung der Bildungsaufwendungen für Kinder mit besonders schlechten Startchancen sowohl zu mehr Effizienz als auch zu mehr Gerechtigkeit führen.

Grenzen der Gleichmacherei aufgrund der Reaktionen der Eltern

Man könnte versuchen, alle Kinder, die staatliche Schulen besuchen, in eine Einheitsschule zu stecken, und die Lehrer dazu anzuhalten, sich besonders der schwächeren Schüler anzunehmen. So könnte man vielleicht ein gewisses Maß an „Ergebnisgleichheit" erreichen. Ein derartiger Versuch wäre aber nicht sonderlich erfolgversprechend, und es könnte sogar das direkte Gegenteil dessen herauskommen, was beabsichtigt war. Überdurchschnittlich verdienende Eltern würden vermutlich reagieren, indem sie ihre Kinder auf Privatschulen schicken. Solange der Staat nicht bereit ist, den Besuch von Privatschulen zu verbieten oder doch nachhaltig zu behindern – dies wäre verfassungswidrig –, könnte dies durchaus dazu führen, daß Klassenunterschiede tatsächlich zementiert werden. Auch begabte Schüler aus ärmerem Elternhaus hätten im Vergleich zu Kindern überdurchschnittlich verdienender Eltern keine sonderlich guten Chancen.

Wenn diejenigen, die es sich leisten können, ihre Kinder auf eine Privatschule zu schicken, zu dem Schluß kommen, daß die staatlichen Schulen für ihre Kinder nicht gut genug sind, dürfte von dieser Möglichkeit wohl stärkerer Gebrauch gemacht werden.

Schulbildung als ein Filter

Wir haben die Schule bislang aus der Sicht eines Humankapital-Ansatzes betrachtet. Bildung stellt eine Investition in ein Individuum dar, die ebenso Ertrag stiftet wie dies bei anderen Investitionen der Fall ist[10].

Nach einer anderen Sicht besteht eine wesentliche Funktion der Schule darin, daß sie die Fähigkeiten verschiedener Individuen identifiziert. Diejenigen, die länger auf die Schule gehen, werden später mehr verdienen, und man kann beobachten, daß sie produktiver sind; das ist aber nicht deswegen der Fall, weil die Schulen die Produktivität dieser Individuen erhöht haben. Sie haben vielmehr nur diejenigen herausgesiebt, die am produktivsten sind. So gesehen stellt das Schulsystem einen Filter dar, der die begabteren von den unbegabteren trennt[11].

Ist diese Sicht richtig, oder besteht zumindest ein Teil der gesellschaftlichen Funktion der Schule darin, diejenigen zu identifizieren, die produktiver sind, so ist der Zielkonflikt zwischen Effizienz und Gerechtigkeit weit weniger ausgeprägt, als wenn der Hauptgrund für derartige Produktivitätsunterschiede darin besteht, daß die Schule bestimmte Personen produktiver gemacht hat. Ist die Schule tatsächlich ein Filter, tun sich zusätzliche Schwierigkeiten für Bemühungen auf, innerhalb des staatlichen Schulwesens so etwas wie ein gleiches Bildungsniveau für Kinder mit unterschiedlichen Startbedingungen zu erreichen. Bildungsaufwendungen haben dann relativ wenig Auswirkungen auf die Produk-

---

[10] Es gibt eine umfangreiche Literatur über das Konzept des Humankapitals. Vgl. beispielsweise G. Becker: Human Capital. A Theoretical and Empirical Analysis with Special References to Education. New York: National Bureau of Economic Research, 2. Ausg. 1975.

[11] Diese Sicht der Schule ist enthalten in J. E. Stiglitz: The Theory of Screening Education and the Distribution of Income. American Economic Review 65 (1975) S. 283-300; A. Michael Spence: Job Market Signaling. Quarterly Journal of Economics 1973 (87) and K. J. Arrow: Higher Education as a Filter. Journal of Public Economics 1973 (2).

tivität. Versagen die öffentlichen Schulen bei der Aufgabe, die Begabten herauszufiltern, werden Eltern, die glauben, daß ihre Kinder zu diesen gehören, nach anderen Mitteln und Wegen suchen, ihr besonderes Talent zur Geltung zu bringen und sichtbar zu machen. Eine Möglichkeit wäre, sie auf Privatschulen zu senden. Ein Erfolg des Staates bei der Verringerung der Ungleichheit zwischen den verschiedenen Absolventen der staatlichen Schulen würde vermutlich zu vermehrter Ungleichheit zwischen diesen und den Absolventen privater Schulen führen.

Wir verweisen darauf, daß sowohl der Humankapitalansatz als auch die Sicht der Schule als ein Filter mit der Korrelation vereinbar ist, die wir zwischen Schulbildung und Einkommen beobachten können: die Durchschnittseinkommen der Gebildeten sind höher als die der Ungebildeten.

Staatliche Finanzierung privater Schulen

In der BR Deutschland finanziert der Staat in begrenztem Umfang auch Privatschulen. Der Wettbewerb zwischen den Schulen könnte intensiviert werden, indem der Staat in stärkerem Maße Privatschulen finanziell fördert. Zu überlegen wäre, ob die finanzielle Förderung der Schulbildung dahingehend umstrukturiert werden sollte, daß sie unmittelbar dem Schüler bzw. seinen Eltern und nicht der Schule zufließt.

Abzugsfähigkeit der Schulgebühren von der Steuerschuld

Eine Möglichkeit wäre es, daß Schulgebühren von der Einkommensteuerschuld der Eltern abzugsfähig gemacht werden (Tax Credit). Bislang gibt es in der BR Deutschland kaum Möglichkeiten, Schulgebühren der Kinder steuerlich geltend zu machen. Nicht einmal ein Abzug vom Gesamtbetrag der Einkünfte ist möglich[12].

Würde der Vorschlag einer Abzugsfähigkeit entrichteter Schulgebühren von der Steuerschuld verwirklicht, wäre dies eine neue Art von Steuersubvention (Tax Expenditure). Der Effekt ist (beinahe) derselbe, wie wenn man im Staatshaushalt Mittel in der entsprechenden Höhe bereitstellt und diese dann an die Eltern auszahlt, die Schulgebühren entrichten. Der Unterschied wäre nur, daß dann die Höhe der Ausgaben für Privatschulen offengelegt wären. Aus der Sicht der einen mag das ein Nachteil sein, aus der Sicht der anderen, insbesondere aus der Sicht der Befürworter des Privatschulwesens, mag dies hingegen einen Vorteil darstellen.

---

[12] Die Mehrkosten des Besuchs einer Privatschule durch die Kinder sind nur in einigen sehr speziellen Fällen als sog. außergewöhnliche Belastung abzugsfähig. Als Sonderausgaben können Aufwendungen des Steuerpflichtigen für seine Berufsausbildung in einem nicht ausgeübten Beruf bis zu 900 DM vom Gesamtbetrag der Einkünfte abgezogen werden. Wenn die Kinder nicht steuerpflichtig sind, hilft das wenig. Man müßte den Kindern etwa Vermögen durch Schenkung übertragen, damit sie Einkünfte aus Vermögen erhalten und deswegen steuerpflichtig sind. Dann könnten sie diese Abzugsmöglichkeit nutzen. Bei Zusammenveranlagung kann sie auch die Ehefrau nutzen.

Im Vergleich zu einer Finanzierung des Schulbesuchs durch Transfers träte bei einem Tax Credit der Nachteil auf, daß die Eltern, deren Steuerschuld geringer ist als die Schulgebühren, diese nicht vollständig vom Finanzamt zurückerhalten. Die Armen blieben damit auf staatliche Schulen angewiesen.

Bildungsscheine

Ein anderer relativ viel diskutierter Vorschlag ist die Schaffung eines Systems von Schulgutscheinen[13]. Jedes Kind bzw. seine Eltern würden einen Bildungsschein (andere Bezeichnungen: Bildungsgutschein, voucher) erhalten, den sie dann der Schule ihrer Wahl aushändigen[14]. Die Schule wiederum erhält vom Staat für jeden Bildungsschein eine bestimmte Menge Geld. Es steht der Schule frei, ob sie zusätzlich noch Gebühren erheben will oder nicht. Bei einem solchen System müßten die staatlichen Schulen mit privaten in Wettbewerb treten. Die staatlichen Schulen müßten ihre Kosten erwirtschaften, indem sie ihre Schüler bzw. deren Eltern davon überzeugen, daß es gut wäre, sie weiter zu besuchen, genauso wie dies private Schulen tun. Wenn die Eltern die Curricula der staatlichen Schulen für wohldurchdacht halten und auch mit der Zusammensetzung der Schülerschaft einverstanden sind, würden die staatlichen Schulen in einem solchen System nicht schlecht abschneiden.

Die Befürworter eines solchen Gutscheinsystems erwarten, daß der Wettbewerb die staatlichen Schulen dazu zwingen würde, stärker auf die Wünsche der Eltern einzugehen, und daß sie innovationsfreudiger würden. Kritiker des Gutscheinsystems befürchten, daß ein solches System Klassenunterschiede zementieren würde. Am Ende würden die Kinder wohlhabender und gebildeter Eltern bestimmte Schulen besuchen und die Kinder armer und ungebildeter andere. Möglicherweise wäre es ziemlich schwierig, Regulierungen zu finden, die eine derartige soziale Entmischung verhindern. Privatschulen hätten das Recht, undisziplinierte Schüler abzuweisen oder von der Schule zu verweisen. Es könnte sein, daß die staatlichen Schulen auf diese Weise zum Sammelbecken für verhaltensauffällige Schüler würden. Möglicherweise sollte man das verhindern, indem man einer Schule einen besonderen „Bonus" gewährt, wenn sie verhaltensauffällige Schüler aufnimmt.

In beschränktem Rahmen wurde das Gutscheinsystem in San José in Kalifornien erprobt. Eine der Studien, die über dieses Experiment angefertigt wurden, kommt zu dem Schluß, daß „die Aussichten, in den amerikanischen Grund- und weiterführenden Schulen mit Erfolg ein System von Bildungsscheinen einzuführen, schlecht sind. Die Eltern werden früher oder später herausfinden, welche Alternativen sie haben und wie sie wählen können. Das Problem dabei sind die sozialen Folgen der Wahl, die die Eltern und Schüler treffen. Insbesondere mag es sein, daß sie sich für Schultypen entscheiden, die den Wertvorstellungen ihrer Klasse entsprechen, so daß die Kinder aus den Unterschichten wenig Gelegen-

---

[13] Wegen eines Überblicks über diese Fragen vgl. G. R. LaNoye: Educational Vouchers: Concepts and Controversies. New York 1972.

[14] Ein derartiges System bestand bereits einmal in der amerikanischen Armee. Soldaten erhielten bei ihrer Entlassung Gutscheine, die sie dann bei Schulen, die bestimmten Anforderungen genügten, zur Begleichung der Schulgebühren verwenden konnten.

heit hätten, die Werte, Einstellungen und sozialen Fähigkeiten zu erwerben, die für einen sozialen Aufstieg erforderlich sind ...[15]".

1986 unternahm die amerikanische Regierung den Versuch, für einen Teil des amerikanischen Schulsystems ein Bildungsscheinsystem einzuführen (The Equity and Choice Act). Der Vorschlag scheiterte am Widerstand des amerikanischen Parlaments.

Staatliche Finanzierung der Hochschulen

Der Staat hat sich in Deutschland seit dem 16. Jahrhundert bei der Finanzierung der Hochschulen engagiert. Studiengebühren spielten noch bis in die fünfziger Jahre dieses Jahrhunderts eine gewisse Rolle, wurden dann aber abgeschafft. Der Staat fördert die Hochschulbildung aber nicht nur durch ihre unentgeltliche Bereitstellung, sondern auch durch zahlreiche andere Maßnahmen. Im Rahmen der gesetzlichen Versicherungen genießen Studenten eine Vorzugsbehandlung. Im Unterschied zu den Eltern ihrer berufstätigen Altersgenossen kommen die der Studenten weiterhin in den Genuß von Kindergeld, Kinderfreibeträge und eventuell noch zusätzlicher Steuervergünstigungen. Direkt und indirekt trägt die Gemeinschaft also nicht nur die Ausbildungskosten der Studenten, sondern darüberhinaus auch noch einen sehr beträchtlichen Teil ihrer Lebenshaltungskosten.

Das heute bestehende System fordert zur Kritik heraus, und zwar sowohl unter Gerechtigkeits- als auch unter Effizienzgesichtspunkten. Eine wesentliche Rechtfertigung dafür, daß der Staat die Hochschulen finanziert, besteht darin, daß dies zu einer gleichmäßigeren Einkommensverteilung führe. Vermutlich ist aber das Gegenteil der Fall: Den Vorteil von diesen Staatsausgaben haben vor allem diejenigen, die sich sowieso schon besser stellen. Da das Durchschnittseinkommen der Studenten später höher sein wird als das derjenigen, die keine Hochschule besuchen, bedeutet die Finanzierung der Hochschulen durch den Staat nichts anderes, als daß Leuten geholfen wird, denen es sowieso schon besser geht als dem Durchschnitt. Der Nettoeffekt auf die Einkommensverteilung ist nicht ohne weiteres feststellbar: da die besser Verdienenden mehr Steuern zahlen, tragen sie einen größeren Teil der Kosten der Hochschulen, andererseits fließt ihnen auch der größte Teil der Vorteile zu[16].

---

[15] Gary Bridge: Citizen Choice in Public Services: Voucher System. In: Alternatives for Delivering Public Services. Hrsg. E. S. Savas. Boulder 1977.

[16] Eine Studie von C. Helberger kommt für die BR Deutschland zu dem Schluß, daß der Verteilungseffekt per saldo regressiv sei. Helbergers Analyse beruht auf einer Simulation „typischer" Lebenseinkommensverläufe. Siehe C. Helberger: Auswirkungen öffentlicher Bildungsausgaben in der BR Deutschland auf die Einkommensverteilung der Ausbildungsgeneration. Stuttgart 1982. Zu einem ähnlichen Ergebnis kamen W. L. Hansen und B. Weisbrod für Kalifornien. Kalifornien bot sich an, weil die Studiengebühren an den staatlichen Hochschulen in Kalifornien damals (wegen hoher Subventionen) die niedrigsten in den USA waren. Vgl. W. L. Hansen und B. A. Weisbrod: Benefits, Costs, and Finance of Public Higher Education. Chicago 1969. Eine Studie von D. Merz kommt hingegen für die Schweiz zu dem Ergebnis, daß die verschiedenen Einkommensschichten

Darüber hinaus führt die Subventionierung der Hochschulbildung zu einem übermäßigen „Konsum" der Leistungen der Hochschulen. Wenn Studenten entscheiden, ob sie das Studium verlängern sollen, vergleichen sie das „Einkommen", das ihnen in Gestalt dieses Konsums zufließt, mit den Kosten (einschließlich der Opportunitätskosten, also dem Einkommen, das sie nicht verdienen, weil sie noch studieren). Da diese für sie geringer sind als die tatsächlichen Kosten für die Gesellschaft, nämlich um die Kosten für den Unterhalt der Universität, werden manche Studenten ihr Studium verlängern, obwohl der zusätzliche Ertrag geringer ist als die gesamtwirtschaftlichen Grenzkosten. In der deutschen Bildungspolitik wird dieses Problem seit langem unter dem Stichwort überlange Studienzeiten erörtert. Man hat versucht dem Mißstand mit administrativen Instrumenten wie Regelstudienzeiten beizukommen, allerdings mit geringem Erfolg.

Könnten die Studenten einen Kredit aufnehmen, um ihre Ausbildung zu finanzieren, und müßten sie die vollen Kosten einer solchen tragen, würden sie Kosten und Nutzen gegeneinander abwägen und zu einer effizienten Entscheidung gelangen. Regelstudienzeiten wären vollkommen überflüssig[17]. Arme Studenten mit Begabung könnten die Universität ebenso besuchen wie Kinder reicher Eltern[18]. Könnten die Studenten also Kredit aufnehmen, wäre der Zugang zu höherer Bildung für niemanden verschlossen, der es der Mühe wert findet, sich diesen zu verschaffen.

So gesehen besteht das Problem also darin, daß man nicht ohne weiteres Kredit aufnehmen kann (eine Art von Marktversagen). Das geeignete Heilmittel wäre, daß der Staat Darlehen bereitstellt bzw. als Bürge für solche Darlehen auftritt. Die Befürworter von Darlehen für Studenten behaupten, daß sie gerechter seien als eine Subventionierung der Universität und daß sie wirtschaftliche Effizienz fördern. Andere wiederum sprechen sich dafür aus, daß die Kinder der Armen Ausbildungsförderung nicht in Darlehensform, sondern als Stipendien erhalten. Sie argumentieren, daß die Ineffizienzen, die mit einer „übermäßigen" Inanspruchnahme von Schulbildung verbunden sind, nicht sehr stark ins Gewicht fallen. Schulen und Hochschulen haben (mehr oder minder ausgeprägt) die Neigung, Studenten zu eliminieren, die vom Studium nicht profitieren, und der Transfer, den ein Student erhält, ist im Vergleich zu seinen Kosten – dem entgangenen Arbeitseinkommen – nicht so bedeutend. Sie glauben, daß eine Vergabe der Ausbildungsförderung nur auf Darlehensbasis die Kinder der Armen davon abhalten wird, die Universität zu besuchen (dies kann insbesondere deswegen

---

der Elterngeneration über ihre Steuerlastanteile etwa gleich viel bezahlen, wie sie an kostenbewerteten staatlichen Hochschulbildungsleistungen in der Höhe von rund einer Milliarde Franken „zurückerhalten". Per saldo trete also kein nennenswerter Verteilungseffekt auf. Siehe R. L. Frey, R. Leu (Hrsg.): Der Sozialstaat unter der Lupe. Basel 1988.

[17] Das Thema Regelstudienzeiten läßt sich als ein Musterbeispiel dafür anführen, wie ein staatlicher Eingriff, nämlich die Subventionierung der Hochschulen, Effizienzstörungen hervorruft, denen man dann durch weitere und noch intensivere staatliche Eingriffe beizukommen sucht.

[18] Möglicherweise bieten die Universitäten zusätzlich zu einer rentierlichen Investition auch noch „Konsumgüter" an wie die Einrichtungen des Hochschulsports oder geistvolle Unterhaltung. Die Kinder reicher Eltern fragen diese Konsumgüter vermutlich in einem stärkeren Maße nach – ebenso wie sie von anderen Konsumgütern mehr verbrauchen.

eintreten, weil es immer unsicher ist, ob die Investition in eine Universitätsbildung sich tatsächlich in höheren Arbeitseinkommen niederschlagen wird; tritt dieser Erfolg nicht ein, hätten die Kreditnehmer immer noch die Last hoher Tilgungen zu tragen)[19]. Gemäß dieser Sicht spielen Transfers eine wesentliche Rolle bei der Förderung eines sozialen Aufstiegs von Studenten aus armen Bevölkerungsschichten. Die Befürworter derartiger Transfers glauben, daß diese dynamischen Effekte auf die Mobilität von wesentlicher Bedeutung sind.

Eine Wiedereinführung von Studiengebühren

Wenn die Hochschulen, wie es in der BR Deutschland gegenwärtig der Fall ist, von den finanziellen Folgen ihrer Handlungen nahezu nicht betroffen sind, weil sie fast vollständig vom Staat finanziert werden, wird man es dem Staat auch nicht verargen können, daß er sich in ihre Angelegenheiten nachhaltig einmischt. Ein Leistungsanreiz durch einen Wettbewerb auf einem Markt besteht heute im Hochschulwesen nicht. Seitens der Studenten findet zwar eine „Abstimmung mit den Füßen" über die verschiedenen Hochschulen und die verschiedenen Hochschullehrer statt. Dem Ausgang dieser Abstimmungen können diese aber mit Ruhe entgegensehen. Finanzielle Folgen haben sie zunächst keine[20]. Unterschiedliche Studiengänge verursachen verschieden hohe Kosten. Ist der Universitätsbesuch für die Studenten gebührenfrei, läßt sich eine – gemessen an der Rendite derartiger Humankapitalinvestitionen – übermäßige Expansion besonders kostspieliger Studiengänge allenfalls durch eine staatliche Kapazitätsplanung und Zuweisungen von Studienplätzen verhindern. Wünscht man mehr Eigenständigkeit der Hochschulen und mehr Wettbewerb zwischen ihnen, läßt sich dies schwerlich ohne eine Wiedereinführung von Studiengebühren erreichen. Es ist nicht erforderlich, daß diese Studiengebühren für die Hochschulen kostendeckend sind. Schließlich produzieren die Hochschulen außer dem privaten Gut Lehre auch noch öffentliche Güter, nämlich Forschungsergebnisse, die nicht patentierungsfähig sind und für deren Produktion sich infolgedessen eine öffentliche Finanzierung rechtfertigen läßt.

Der stärkste Widerstand gegen eine Wiedereinführung von Studiengebühren dürfte von der Gruppe der Studenten zu erwarten sein. Er dürfte vor allem von der Angst herrühren, daß sie dadurch Nachteile erleiden. Dies muß nicht notwendigerweise der Fall sein. Die Studenten könnten zu den Nutznießern einer Wiedereinführung von Studiengebühren gehören. Bei einer Einführung von Stu-

---

[19] Gäbe es vollkommene Versicherungsmärkte, könnten die Studenten eine Versicherung gegen diese Gefahr abschließen. Das Fehlen von Versicherungsmärkten für dieses Risiko kann man als eine weitere Form des Marktversagens auffassen. Dieses Marktversagen läßt sich auf das Problem unvollkommener Information zurückführen. Um das Versicherungsproblem zu lösen, haben manche vorgeschlagen, die Höhe der Beträge, die der Student bei Aufnahme eines Bildungsdarlehens später zurückzahlen muß, von seinem künftigen Einkommen abhängig zu machen. Ein derartiges System wurde in den USA von der Yale Universität eingeführt. Ansätze eines derartigen Systems finden sich auch im Bundesausbildungsförderungsgesetz, das im Paragraphen 18a vorsieht, daß Geförderten die Rückzahlung des Darlehens erlassen wird, wenn ihr Einkommen eine bestimmte Grenze unterschreitet.

[20] Insoweit später derartige finanzielle Folgen in Gestalt verringerter Haushaltsansätze auftreten sollten – auch dies ist keineswegs gewiß – steht ihnen heute der Vorteil gegenüber, daß weniger Studenten auch weniger Arbeit für den Lehrkörper bedeutet.

diengebühren und gleichzeitigen Rückführung der staatlichen Reglementierung des Hochschulwesens würde es zu einem Wettbewerb der Hochschulen um (insbesondere um gute) Studenten kommen. Vermutlich hätte dies ein stärkeres pädagogisches Engagement der Hochschullehrer und eine größere Vielgestaltigkeit der Angebote zur Folge, die die Hochschulen den Studenten machen[21]. Gleichzeitig könnte man die Möglichkeit, Bildungsdarlehen aufzunehmen, wesentlich erweitern und die Zinsen auf diese Darlehen und eventuell auch noch einen Teil der Tilgungen steuerlich abzugsfähig machen[22].

Anhang: Das amerikanische Schulsystem

Grund- und weiterführende Schulen (nicht aber die Universitäten; soweit diese staatlich sind, werden sie zumeist von den Gliedstaaten finanziert) fallen in den USA in den Aufgabenbereich der Gemeinden. Sie werden aus dem Steueraufkommen der Gemeindesteuern, insbesondere aus der Grundsteuer finanziert. Je nachdem wie groß das Steueraufkommen und damit die Finanzkraft der Gemeinde ist, schwankt die Ausstattung der Schule stark. Es handelt sich seit langem um Gesamtschulen. Innerhalb dieser Schulen werden in bescheidenem Maße Kurse gebildet, die Begabungsunterschiede berücksichtigen sollen. Es gibt zahlreiche Indizien dafür, daß das durchschnittliche Bildungsniveau der Absolventen der staatlichen Schulen im Vergleich zu anderen westlichen Industrienationen niedrig ist.

Ca. 88% aller Schüler besuchen staatliche Schulen. Der Rest besucht Privatschulen, von denen die meisten (63%) von der katholischen Kirche getragen werden. Wegen des Verfassungsgrundsatzes der Trennung von Kirche und Staat werden diese nicht vom Staat gefördert[23].

Im Bereich der Hochschulen und Colleges spielen private Einrichtungen eine große Rolle. Die angesehensten Universitäten sind fast alle privat. Die Mehrzahl der Diplome und Doktortitel wird allerdings an staatlichen Hochschulen erworben. Im Bereich der unmittelbar berufsvorbereitenden Schulen spielen demgegenüber die privaten Schulen die dominierende Rolle. Nicht nur die privaten, sondern auch die staatlichen Universitäten und Colleges haben in nahezu jeder Beziehung erheblich mehr Eigenständigkeit als deutsche Hochschulen. Der Besuch von Hochschulen ist grundsätzlich gebührenpflichtig. Ihre Höhe schwankt stark. Verschiedene Gliedstaaten subventionieren ihre Hochschulen unter-

---

[21] Die Hochschullehrer sind sich dessen wohl eher bewußt als die Studenten. Eine Wiedereinführung von Studiengebühren dürfte auch bei der Mehrzahl der Professoren auf wenig Gegenliebe stoßen, da sie vermutlich befürchten, daß die bislang – im Vergleich zu den angelsächsischen Ländern – komfortable Position eines deutschen Professors dann möglicherweise nicht mehr so komfortabel wäre.

[22] Einen konkreten Vorschlag für eine Wiedereinführung von Studiengebühren enthält U. van Lith: Der Markt als Ordnungsprinzip des Bildungsbereichs. München 1985 S. 264-305.

[23] Eine gewisse indirekte Förderung kommt allenfalls insofern zustande, als Spenden an gemeinnützige Organisationen, darunter auch derartige Schulen, steuerlich abzugsfähig sind.

schiedlich stark. 1988 betrugen die jährlichen Studiengebühren an staatlichen Universitäten im Undergraduate im Durchschnitt etwa 2000 Dollar. Im Graduate sind sie noch deutlich höher. Zahlreichen Studenten wird der Hochschulbesuch durch Bildungsdarlehen (students' loans) und Gebührennachlässe ermöglicht, die teilweise von privaten Stiftungen finanziert werden. Bildungsdarlehen werden den Studenten entweder vom Staat oder von Banken mit dem Staat als Ausfallbürgen gewährt. Die Voraussetzungen für die Erlangung eines solchen Darlehens sind in den verschiedenen Staaten unterschiedlich geregelt. Vielfach ist Bedürftigkeit bzw. mangelnde Fähigkeit der Eltern, das Studium finanziell zu unterstützen, eine Voraussetzung.

Die Erfolge, die das amerikanische Hochschulwesen trotz einer im allgemeinen schlechten Vorbildung der Studenten erzielt, werden vielfach darauf zurückgeführt, daß zwischen den Hochschulen ein intensiver Wettbewerb um Studenten, insbesondere um gute Studenten, sowie um qualifizierte Hochschullehrer herrscht. Die Hochschulen sind bei der Bestimmung der Kriterien, nach denen sie sich Studenten auswählen, weitgehend frei, so daß besonders renommierte Hochschulen sich auch die besten Studenten heraussuchen können.

Zusammenfassung

1. In den letzten Jahrzehnten hat die staatliche Reglementierung der Schulen und Hochschulen in der BR Deutschland zugenommen. Bestrebungen, auch noch den letzten nicht vollständig verstaatlichten Bereich des Bildungswesens, die berufliche Bildung, einer solchen Reglementierung zu unterwerfen und ihn weiter zu verstaatlichen, konnten allerdings abgewehrt werden.

2. Bildung ist kein reines öffentliches Gut. Auch externe Effekte liefern keine überzeugende Rechtfertigung für die Rolle, die der Staat spielt. Die zwei wesentlichen Begründungen für eine Einflußnahme des Staates auf das Bildungswesen sind die Überzeugung, daß die Qualität der Schulbildung, die ein Kind erhält, nicht vom Einkommen seiner Eltern abhängen sollte, und die Unvollkommenheit des Kapitalmarkts.

3. Bei der Bereitstellung von Bildungsgütern mag es einen bedeutenden Zielkonflikt zwischen Gerechtigkeit und Effizienz geben. Versuche des Staates, die Nachteile, die Kinder aus sozial schwachen Schichten haben, im Rahmen der Schule auszugleichen, können das Sozialprodukt verringern. Ob dieser Effekt eintritt, hängt von einer „technologischen" Frage ab, über die keine Einigkeit herrscht, nämlich ob das Grenzprodukt der Schulbildung bei benachteiligten Individuen größer oder kleiner ist als bei bevorteilten.

4. Solange die Eltern die Möglichkeit haben, ihre Kinder auf Privatschulen zu schicken, sind den Bemühungen, im Rahmen der öffentlichen Schulen weniger begabte Schüler besonders stark zu fördern, Grenzen gesetzt.

5. Obwohl die Ausbildung bei der Bestimmung der künftigen Arbeitseinkommen nicht der einzige bedeutsame Faktor ist, gibt es doch eine systematische Korrelation zwischen Bildungsniveau und Arbeitseinkommen. Wie man sich diese Korrelation zu erklären hat, ist hingegen umstritten. Einige behaupten, dies liege daran, daß die Kinder durch die Schule zusätzliche Fähigkeiten erlangen (dies ist der Humankapitalansatz), andere behaupten, dies ließe sich darauf zurückführen, daß die Schule die Begabten identifiziert und von den weniger Begabten trennt (Filterfunktion der Schule).

6. Die deutsche Bildungsökonomik hat es zum Teil versäumt, die ordnungspolitische Problematik des Bildungswesens zu erörtern. Erst in den letzten Jahren sind Vorzüge, die Privatschulen und -universitäten haben können, wieder stärker in das Bewußtsein der Öffentlichkeit gedrungen.

7. Von manchen wird die Meinung vertreten, daß die Verteilungswirkungen einer staatlichen Finanzierung der Hochschulen regressiv sind, da die Nutznießer dieser Finanzierung in erster Linie Personen sind, die sowieso ein vergleichsweise hohes Einkommen erzielen.

Schlüsselbegriffe

Bildungsdarlehen
Humankapital
Bildungsscheine
Filterfunktion der Schule

Fragen und Probleme

1. Erörtern Sie die Wirkungen einer Wiedereinführung von Studiengebühren an staatlichen Hochschulen auf Effizienz und Gerechtigkeit! Inwieweit hängt Ihr Urteil davon ab, ob Bildungsdarlehen verfügbar sind?
2. Sollten die Zinsen auf Bildungsdarlehen durch Subventionen verringert werden? Erörtern Sie die Wirkungen auf Effizienz und Gerechtigkeit!
3. Legen Sie einige Eigenschaften unseres Schulsystems dar, die eher mit der Theorie im Einklang stehen, daß die Schule einen Filter darstellt, als mit dem Humankapitalansatz!
4. Was wären die Folgen, wenn statt der Länder die Gemeinden für die Finanzierung und Beaufsichtigung der Schulen zuständig wären? Was wären demgegenüber die Folgen, wenn die Kompetenz auf den Bund verlagert würde?
5. Das Land Baden-Württemberg hat einer Privatuniversität erhebliche Subventionen für den Fall zugesagt, daß sie eine Abteilung in Mannheim eröffnet. Es wurde die Absicht geäußert, diese Universität zu einer Eliteuniversität auszubauen. Welche Hindernisse stehen dem entgegen?
6. Es gibt den Vorschlag, eine Art von Wettbewerb zwischen den Hochschulen herzustellen, indem der Staat gewisse Kennziffern einführt, an denen die Leistung dieser Hochschulen in der Öffentlichkeit gemessen werden soll. Weshalb erscheint ein derartiges Vorhaben durchaus fragwürdig?
7. Eine Studie über amerikanische Privatschulen kam zu dem Ergebnis, daß sie nicht nur effizienter sind, sondern daß die rassische Zusammensetzung ihrer Schülerschaft auch günstiger, nämlich gleichmäßiger sei als in den öffentlichen Schulen[24]. (In den öffentlichen Schulen verhält es sich vielfach so, daß die Schülerschaft bestimmter Schulen weitgehend aus Weißen zusammengesetzt ist, wogegen sich die Schwarzen auf andere konzentrieren.) Wenn wir davon ausgehen, daß das stimmt: Können Sie sich vorstellen, woran das liegen könnte? Erörtern Sie die Schwierigkeiten bei der Ableitung bildungspolitischer Empfehlungen aus derartigen Studien!

---

[24] J. S. Coleman, T. Haffer and S. Kilgore: Achievement in High School: Public and Private Schools Compared. New York 1981.

Teil IV

Steuern:
Theorie der Steuern

In diesem und dem nächsten Teil dieses Buchs geht es um Steuern. In diesem Teil wird eine allgemeine Theorie der Besteuerung entwickelt. Im nächsten gehen wir näher auf die Steuern in der BR Deutschland ein.

Während im Kapitel 16 einige allgemeine Prinzipien der Besteuerung dargelegt werden, geht es im Kapitel 17 um die Frage, wer die Last der Steuern trägt. Kapitel 18 analysiert die Auswirkungen der Besteuerung auf wirtschaftliche Effizienz, und das Kapitel 19 zeigt, wie man Gerechtigkeits- und Effizienzgesichtspunkte gegeneinander abwägen kann.

16. Kapitel
Besteuerung: Eine Einführung

Steuern unterscheiden sich grundlegend von den meisten anderen Zahlungen, die wir tätigen: sie stellen Zwangsabgaben dar, sind also unfreiwilliger Natur. Im Kapitel 5 haben wir einige Gründe vorgetragen, warum die Abgaben, mit denen die Bereitstellung öffentlicher Güter finanziert werden, Zwangscharakter haben müssen: Wegen des Schwarzfahrerproblems hat niemand einen Anreiz, einen Beitrag zu ihrer Finanzierung zu leisten. Insbesondere haben wir auch gezeigt, daß alle sich besser stellen können, wenn sie übereinkommen, daß jeder dazu gezwungen wird, zu der Bereitstellung öffentlicher Güter beizutragen. Da der Staat die Fähigkeit hat, die Bürger zur Finanzierung öffentlicher Güter zu nötigen, kann er sie auch dazu zwingen, bestimmte Interessengruppen zu unterstützen: Der Staat kann eine Gruppe dazu zwingen, Ressourcen an eine andere abzugeben. Diese erzwungenen Transfers sind von manchen Autoren mit Diebstahl verglichen worden, wobei allerdings ein wesentlicher Unterschied besteht: Zwar handelt es sich in beiden Fällen um unfreiwillige Zahlungen, die ersteren sind aber von einer Aura der Rechtmäßigkeit und Wohlanständigkeit umhüllt, die sich dem politischen Willensbildungsprozeß verdankt, der sie hat entstehen lassen. Allerdings ist diese Unterscheidung in vielen Ländern während mancher Perioden ihrer Geschichte verwischt worden. Der Bürger hatte keinen Einfluß auf den politischen Willensbildungsprozeß mehr, und es ging einfach um einen Transfer von Ressourcen an die jeweiligen Machthaber.

Die Schwierigkeit besteht in der Unterscheidung zwischen einem legitimen und einem illegitimen Gebrauch der Macht, Steuern einzutreiben. Die Befugnis, Steuern einzutreiben, ihr Gebrauch und Mißbrauch wurde in der Geschichte zum Ausgangspunkt zahlreicher Revolutionen, der französischen ebenso wie der amerikanischen.

Der Hintergrund

Steuern hat es gegeben, seitdem es den Staat gibt. In der Bibel steht, daß ein Zehntel der landwirtschaftlichen Erträge zum Zweck der Umverteilung und für den Lebensunterhalt der Priester reserviert werden soll. Es ist nicht völlig bekannt, wie diese Verpflichtung durchgesetzt wurde, und die Bibel schweigt auch darüber, inwieweit es zu Steuerhinterziehung kam. Unter der Leibeigenschaft im Mittelalter war es vielfach üblich, daß die Bauern dem Lehensherrn bestimmte Dienste und Arbeiten zu leisten hatten; dies waren im Grunde Steuern, aber während des größten Teils des Mittelalters nahmen sie keine Geldform an. Es ist mitunter argumentiert worden, daß man sich von dem Umstand, daß die Steuern unserer Zeit in Geldform abgeführt werden – die Individuen werden nicht gezwungen, bestimmte Dienste zu leisten (außer im Fall der allgemeinen Wehrpflicht und in einigen wenigen anderen Fällen wie der Verpflichtung, bei der Feuerwehr zu dienen usw.) – nicht über das zugrundeliegende Verhältnis hinwegtäuschen lassen sollte. Jemand, der beispielsweise ein Drittel seines Einkommens an den Staat abführen muß, arbeitet im Grunde ein Drittel seiner Arbeitszeit für ihn: Ein wesentlicher Vorteil der Monetarisierung ist naheliegend: Der Staat sähe sich enormen Verwaltungsproblemen gegenüber, wenn ein jeder 4 Monate im Jahr für ihn arbeiten müßte.

Es gibt zwei wesentliche Unterschiede zwischen den Zwangsabgaben, die unter feudalen Verhältnissen erhoben wurden, und modernen Steuern. Den Leibeigenen war es verboten, (ohne die Erlaubnis ihres Herrn) den Grund und Boden zu verlassen, auf dem sie lebten. Daß die Individuen in den meisten Ländern (zumindest außerhalb des kommunistischen Machtbereichs) die Möglichkeit haben, es sich auszusuchen, wo sie leben wollen, und infolgedessen auch, von wem sie besteuert sein wollen, ist kein vernachlässigbarer Unterschied. Zweitens bestand in feudalen Gesellschaften eine Pflicht zur Arbeit, während bei einer modernen Besteuerung die Individuen nur gezwungen sind, ihr Arbeitseinkommen (oder ihr Kapitaleinkommen oder ihre Ausgaben) mit dem Staat zu teilen. Sie können ihre Steuerschuld verringern, indem sie weniger arbeiten und entsprechend weniger verdienen. Nichtsdestoweniger stellen Steuern im Grunde immer noch Zwangsabgaben dar.

Die Struktur der Besteuerung in Vergangenheit und Gegenwart

Von wesentlicher Bedeutung für die Struktur der Besteuerung, wie wir sie in der BR Deutschland noch heute antreffen, war die Erzbergersche Steuerreform von 1920. Durch sie wurden eine stark progressive (Spitzensteuersatz ab 1925 40%) Reichseinkommensteuer und eine Reichskörperschaftsteuer als besonders wichtige Finanzierungsquellen des Reichs geschaffen. Zu einer völligen Neufassung des Textes des Einkommensteuergesetzes kam es schließlich Anfang der dreißiger Jahre. Das heute gültige Einkommensteuergesetz geht auf diese Reform zurück. Zu einer der Hauptsteuern war die Einkommensteuer allerdings bereits ab 1891 geworden, als in Preußen eine Einkommensteuer modernen Stils mit allerdings vergleichsweise bescheidenen Steuersätzen (Spitzensteuersatz 5%, einschließlich Gemeindezuschläge ca. 14%) geschaffen wurde. Die anderen Länder folgten nach oder waren Preußen bereits vorausgeeilt. Bis zum Ende des 1. Weltkriegs widersetzten sich die Länder allerdings mit großem Erfolg den Versuchen des Reichs, sich eigene Steuerquellen zu erschließen.

Die Umsatzsteuer und damit ein zweiter wesentlicher Bestandteil eines modernen Steuersystems wurde als eine Allphasenbruttoumsatzsteuer ab 1916 eingeführt und 1968 durch eine Allphasennettoumsatzsteuer ersetzt.

Die Einführung dieser Steuern bedeutete einen Wendepunkt in der deutschen Steuergeschichte. Im 19. Jahrhundert waren die wichtigsten Einnahmequellen der öffentlichen Haushalte die sog. Ertragsteuern, deren Überbleibsel in Form der Gewerbe- und Grundsteuer in der BR Deutschland bis heute überlebt haben, besondere (spezielle) Verbrauchs- und Aufwandsteuern, die Zölle und die oft sehr erheblichen Erwerbseinkünfte (Gewinne) aus öffentlichen Betrieben.

Die Übersicht 16.1 zeigt die Einnahmen aus Bundes-, Landes- und Gemeindesteuern. Die Übersicht 16.2 stellt die Veränderungen des Anteils der bedeutendsten Steuern seit 1925 dar. Bei der Analyse dieser Tabellen fällt auf, daß der der Einkommensteuer zugenommen hat, aber bereits in den zwanziger Jahren sehr

Übersicht 16.1 Steuereinnahmen von Bund, Ländern und Gemeinden 1987 in Mrd. DM

Lohn- und Einkommensteuer	204
Körperschaftsteuer	27
Umsatzsteuer	119
Zölle	6
Mineralölsteuer	26
Vermögensteuer	5
Erbschaftsteuer	2
Kraftfahrzeugsteuer	8
Grundsteuer	8
Gewerbesteuer	31
Verschiedene	31
Insgesamt	469

Quelle: Statistisches Jahrbuch 1987

Übersicht 16.2 Prozentanteil verschiedener Steuern an der Gesamtheit der Steuereinnahmen des Bundes bzw. Reichs, der Länder und Gemeinden

	1925	1935	1960	1980	1987
Einkommensteuer	21	19,2	26,1	41,8	43,5
Körperschaftsteuer	3,4	4,5	9,5	5,7	5,7
Steuern vom Vermögensbesitz	25,1	17,7	7	2,9	3,2
Umsatzsteuer	14	14,9	24,3	26,1	25,4
Zölle	5,8	9	3,8	1,3	1,3
Gewerbesteuer	5,6	5,3	11	7,7	6,6
Verbrauch- und Aufwandsteuern einschließlich Kfz- und Mineralölsteuer	13,6	16,7	21,6	13,2	11

Quellen: Finanzbericht, Statistisches Jahrbuch des Deutschen Reichs

erheblich war. Kompensiert wurde diese Zunahme vor allem durch den Bedeutungsrückgang der Steuern vom Vermögensbesitz. Hierfür ist unter anderem der Rückgang der Grundsteuern verantwortlich, die vor dem 2. Weltkrieg noch zu den wichtigsten Steuern zählten. Gesunken ist die Bedeutung der Zölle. Die der Umsatzsteuer ist gewachsen. Auch die altehrwürdige Gewerbesteuer hat etwas an Bedeutung gewonnen[1].

---

[1] Die neuere deutsche Steuergeschichte unterscheidet sich wesentlich von der amerikanischen. Bis 1913 standen in den USA der Einführung der Einkommensteuer oder einer Körperschaftsteuer auf Bundesebene verfassungsrechtliche Hindernisse im Wege, die erst 1913 durch Verfassungsänderung überwunden wurden. Auch in den meisten Bundesstaaten bestand bis dahin keine Einkommensteuer. Zu Beginn dieses Jahrhunderts setzten sich die Einnahmen des amerikanischen Bundes fast ausschließlich aus dem Aufkommen verschiedener Umsatz- und spezieller Verbrauchsteuern und aus Zolleinnahmen zusammen, wobei die Zölle allein 47,4 Prozent dieser Einnahmen ausmachten. Vor dem Ausbruch des 2. Weltkriegs hatte die Einkommensteuer zusammen mit der Körperschaftsteuer die Bedeutung der Verbrauch- und Umsatzsteuern bereits übertroffen, und 1985 betrug das Aufkommen der Einkommen- und Körperschaftsteuer fast das elffache der letzteren. Die Amerikaner sahen sich also im Laufe dieses Jahrhunderts einem außerordentlich starken Belastungsanstieg durch die Einkommensteuer ausgesetzt, vor allem auch angesichts dessen, daß die Staatsquote viel später und dann viel schneller zunahm als in den westeuropäischen Ländern.

Zunehmende Steuerbelastung?

Die Steuerquote, der Anteil der Steuern am Bruttosozialprodukt, hat sich in der BR Deutschland im Verlauf der letzten Jahrzehnte nicht wesentlich erhöht[2]. Trotzdem ist das Gefühl weit verbreitet, daß sich die Steuerbelastung deutlich erhöht habe. Diese Vorstellung ist tatsächlich nicht völlig unbegründet. Deutlich erhöht hat sich nämlich der Grenzsteuersatz d.h. die Grenzbelastung der die meisten Haushalte unterliegen. Der Grenzsteuersatz bestimmt die zusätzliche Steuer, die ein Steuerpflichtiger entrichten muß, wenn er eine zusätzliche Mark verdient.

Ein Anstieg der Grenzsteuersätze ist von besonderer Bedeutung. Wir werden nämlich zeigen, daß die Effizienzverluste infolge von Besteuerung vor allem von der Höhe der Grenzsteuersätze abhängen. Besondere Aufmerksamkeit gilt dabei derjenigen Steuer, bei der der Grenzsteuersatz mit dem Einkommen ansteigt, nämlich der Einkommensteuer. Die Verteilung der Einkommensteuerlast hat sich in der Tat in den letzten 25 Jahren grundlegend verändert. Bis in die sechziger Jahre hinein war die Einkommensteuer in erster Linie eine Steuer auf Einkünfte aus Gewerbebetrieb und selbständiger Arbeit. Die Arbeitnehmer zahlten verhältnismäßig wenig Einkommensteuer.

In unserem Steuersystem gibt es nicht „den Grenzsteuersatz" der Einkommensteuer, sondern vielmehr ein System von Grenzsteuersätzen, wobei ihre Höhe jeweils davon abhängt, ob der Steuerpflichtige verheiratet ist oder nicht, welche Abzugsmöglichkeiten er hat usw. Nichtsdestoweniger lassen sich aufgrund von Veröffentlichungen des Bundesamtes für Statistik die Grenzsteuersätze für bestimmte Typen von Haushalten und ihre Entwicklung errechnen[3].

Bei einem Vergleich der Grenzsteuersätze, denen ein 4-Personen-Arbeitnehmer-Haushalt mit mittlerem Einkommen des alleinverdienenden Haushaltsvorstands seit 1958 unterlag, stellt sich heraus, daß sein Grenzsteuersatz seit 1958 zumeist der sogenannte Eingangsteuersatz war[4] und entsprechend 19 bzw. 22% betrug. Gelegentlich wurde er etwas überschritten, der Höhepunkt in den Jahren 1973 und 1974 erreicht. Dies erscheint für sich genommen nicht als bedenklich hoher Satz. Allerdings ist dies vor dem Hintergrund eines erheblichen Anstiegs des Durchschnittssteuersatzes zu sehen, also des Anteils seines Einkommens, den ein derartiger Haushalt als Einkommensteuer zu zahlen hatte. Dieser lag 1958 bis 1961 noch unter 2%, stieg dann bis 1974 an und beträgt seitdem zwischen 10 und 11%.

Bei einem 4-Personen-Haushalt von Beamten und Angestellten mit höherem Einkommen des alleinverdienenden Haushaltsvorstands hat sich im selben Zeitraum ein starker Anstieg des Grenzsteuersatzes vollzogen. 1965 lag er noch kaum über 20% und stieg dann bis 1977 auf das Maximum von knapp 37%. Seitdem ist er wieder etwas gesunken.

---

[2] Von 1977 bis 1987 ist sie sogar zurückgegangen, von 25 Prozent auf 23,6 Prozent.
[3] Vgl. G. Kirchgässner: Die Entwicklung der Einkommensteuerprogression in der Bundesrepublik Deutschland. Finanzarchiv 1985 S. 328-347.
[4] Dies ist der Steuersatz, mit dem die Besteuerung nach Überschreiten des Grundfreibetrags einsetzt.

Alle bisher betrachteten Haushalte profitierten von den Vorteilen des Ehegattensplitting[5] und unterlagen dadurch einer erheblich geringeren Besteuerung als ein Alleinstehender. Für einen unverheirateten Arbeitnehmer mit durchschnittlichem Einkommen verlief die Entwicklung folgendermaßen: Bis 1969 sah er sich einem Grenzsteuersatz von wenig mehr als 19% ausgesetzt. Dann stieg die Besteuerung gemessen am Grenzsteuersatz steil an und erreichte ihr Maximum 1978 mit 35%. Der Durchschnittssteuersatz, der sich bis 1974 deutlich erhöht hatte, liegt seitdem bei etwa 20%.

Karrenberg et alii haben für diese und andere Haushaltstypen Grenzbelastungskurven ermittelt[6]. Bei der Ermittlung der Grenzbelastung haben sie außer dem Grenzsteuersatz der Einkommensteuer auch noch die marginale Belastung durch verschiedene andere Steuern[7], den Beitrag zur gesetzlichen Krankenversicherung[8] und durch den Abbau verschiedener Sozialtransfers berücksichtigt, der sich bei steigendem Einkommen vollzieht. Nach ihren Berechnungen liegt die Grenzbelastung eines alleinstehenden Arbeitnehmers mit mittlerem Einkommen etwas über 50%. Bei einem Vier-Personen-Arbeitnehmerhaushalt mit zwei Kindern finden Karrenberg et alii für die unterdurchschnittlichen bis durchschnittlichen Einkommen eine Zone, in der die Grenzbelastungen über 50% liegen, während sie bei einem Einkommen, bei dem keine Ansprüche auf Transfers mehr bestehen und die Beitragsbemessungsgrenze der gesetzlichen Krankenversicherung überschritten ist, auf unter 50% absinken.

Steuervermeidung und Steuerreform

Im Laufe des letzten Jahrhunderts haben sich nicht nur die Steuersätze tendenziell erhöht, sondern das Steuerrecht ist auch immer komplizierter geworden – und die Möglichkeiten der Steuervermeidung damit günstiger. Obwohl beispielsweise in der Einkommensbesteuerung der Begriff „Einkommen" theoretisch einfach scheint, stellt es sich in der Praxis heraus, daß die Abgrenzung, was Einkommen darstellt und was nicht, höchst diffizil ist. Der Staat hat sich dabei selber in zusätzliche Schwierigkeiten gebracht, indem er trotz der erklärten Absicht, das

---

[5] Zum Ehegattensplitting vgl. Kapitel 20.

[6] Die Berechnungen von Karrenberg et alii beziehen sich auf das Jahr 1977. Obwohl sie also relativ alt sind, sind sie immer noch der Erwähnung wert, da die Studie von Karrenberg et alii eine der gründlichsten Untersuchungen ist, die zu diesem Thema in der BR Deutschland angefertigt wurden. Seit 1977 wurden ein Teil der Sozialtransfers abgebaut und einige Tarifkorrekturen bei der Einkommensteuer vorgenommen. Dies dürfte zu einer leichten Verringerung der Grenzbelastung geführt haben. Vgl. Karrenberg et alii: Die Umverteilungswirkungen der Staatstätigkeit bei den wichtigsten Haushaltstypen. Berlin 1980 S. 87ff.

[7] Die marginale Belastung durch Umsatz- und Verbrauchsteuern beträgt für Haushalte mit mittlerem Einkommen nur ca. 5 bis 6 Prozent, da die Progression der Einkommensteuer und der Abbau der Transfers dazu führen, daß höchstens die Hälfte zusätzlichen Erwerbseinkommens konsumptiv verwendet wird.

[8] Wir hatten oben im Kapitel 14 dargelegt, warum bei der Ermittlung derartiger Grenzbelastungsverläufe die Beiträge zur gesetzlichen Krankenversicherung berücksichtigt werden sollten, die Beiträge zu anderen gesetzlichen Versicherungen hingegen nicht oder nicht im selben Maße.

System der Schedulensteuern[9] zu überwinden, tatsächlich unterschiedliche Einkommensarten verschieden besteuert. Ferner wurde im Lauf der Zeit eine wachsende Zahl von Abzügen von der Steuerbemessungsgrundlage eingeführt. Jede derartige Unterscheidung zwischen verschiedenen Einkommensarten und Abzügen, die das Gesetz trifft, macht eine Fülle genauer Legaldefinitionen erforderlich; und wenn die Definitionen der Juristen den Unterscheidungen, die ein Ökonom treffen würde, nicht entsprechen, dann bestehen Anreize, darauf hinzuwirken, daß Einkommen in einer Form anfällt, in der es nur wenig besteuert wird.

Die Gründe für die Einführung dieser Vielzahl von Unterscheidungen mögen sehr vernünftig gewesen sein. Beispielsweise sind Krankenversicherungsbeiträge ebenso wie von der Versicherung nicht gedeckte Aufwendungen für Gesundheitsgüter[10] abzugsfähig; dies mag seinen Grund in dem Gefühl haben, daß die Kranken, die hohe Ausgaben für Gesundheitsgüter aufbringen müssen, steuerlich anders behandelt werden sollten als die Gesunden. Wie wohlmeinend auch immer die Absichten gewesen sind, die Kompliziertheit des Steuerrechts und die Möglichkeiten der Steuervermeidung, die dadurch geschaffen werden, geben Anlaß zur Besorgnis.

Darüber hinaus haben diese Sonderregelungen Anreizeffekte. So kann die Abzugsfähigkeit der Aufwendungen für Gesundheitsgüter die Individuen dazu veranlassen, mehr dafür aufzuwenden, als sie es sonst tun würden. Die Einsicht, daß Steuern Anreizeffekte haben, hatte zur Folge, daß man versucht hat, mit Hilfe der Steuern Aktivitäten zu fördern, die als förderungswürdig angesehen werden. Beispiele hierfür sind die steuerlichen Anreize für Um- und Einbauten zur Energieeinsparung oder die steuerliche Förderung des Katalysatorautos.

Das Ansteigen der Steuersätze hatte in Verbindung mit Regelungen, die bestimmten Einkommensarten eine Sonderbehandlung zuteil werden lassen, zur Folge, daß die Steuervermeidung sehr an Popularität gewonnen hat.

Nicht allen sind Steuervermeidungsstrategien und Steuersparobjekte gleichermaßen zugänglich; bei der Besteuerung von Kapitaleinkommen – das heißt der Verzinsung von Kapital, Wertzuwächsen etc. – bestehen vielleicht erheblich mehr Möglichkeiten der Steuervermeidung als bei der Lohnsteuer. Die Steuer auf das Kapitaleinkommen bestimmter Steuerpflichtiger, die besonders günstige Gelegenheiten zur Steuerausweichung haben, kann effektiv sogar negativ werden. Arbeitnehmer, die ein festes Gehalt beziehen, mögen wenig Gelegenheit zur Steuervermeidung haben, oder vielleicht genauer, sie bilden sich ein, daß sie wenig Gelegenheit hierzu haben. Tatsächlich erhalten sie eine Fülle von Sozialleistungen, u.a. Ansprüche auf Leistungen der Renten-, Kranken- und Arbeitslosenversicherung; dieser Teil ihres Arbeitsentgelts wird kaum besteuert.

Es hat sich ein Teufelskreis aufgetan: Wegen der Vielzahl von Abzugsmöglichkeiten und Sonderregelungen müssen die Steuersätze höher sein, als sie es ohne diese wären. Hohe Steuersätze schaffen zusätzliche Anreize, Lücken in der Be-

---

[9] Die Schedulenbesteuerung spielte in Frankreich, Italien und einer Reihe anderer Länder in der Vergangenheit eine große Rolle. Bei ihr werden verschiedene Einkommensarten unterschiedlich besteuert. Das Gegenteil zur Schedulenbesteuerung ist die sog. Gesamteinkommensbesteuerung. Die deutsche Einkommensteuer war und ist an sich als Gesamteinkommensbesteuerung konzipiert.

[10] letztere allerdings nur, wenn sie ein zumutbares Maß überschreiten.

steuerung zu finden und eine Sonderbehandlung zu erlangen. Dies wiederum führt zu einer Schmälerung (Erosion) der Steuerbasis und macht eine weitere Erhöhung der Steuersätze erforderlich. Die bestehende Einkommensteuer erfaßt kraft Definition von Einkünften, durch die Art ihrer Ermittlungstechnik und wegen der verschiedensten Abzüge nur ca. 60% des statistisch nachgewiesenen Volkseinkommens.

Die Einsicht, daß das Steuersystem einer Reform bedarf, hat sich durchgesetzt. Im Gegensatz zu einigen anderen Ländern gehen die vorliegenden Steuerreformprojekte in der BR Deutschland allerdings nicht sehr weit.

Warum ist es so schwierig, ein gerechtes und effizientes Steuersystem zu entwickeln? Gibt es nicht einige einfache Grundsätze, einige unzweideutige Kriterien, mit deren Hilfe unterschiedliche Steuersysteme beurteilt werden können? Es gibt sie wirklich, aber da es sich um mehr als nur ein Prinzip handelt, treten zwischen diesen Konflikte auf. Auch zwischen vernünftigen Leuten kommen Meinungsverschiedenheiten darüber vor, welche Bedeutung man den verschiedenen Grundsätzen beimessen sollte.

Fünf Kriterien, die ein Steuersystem erfüllen sollte

Nach einer weitverbreiteten Ansicht sollte ein „gutes" Steuersystem die folgenden Eigenschaften aufweisen:

1) Wirtschaftliche Effizienz: Das Steuersystem sollte die effiziente Allokation der Ressourcen nicht behindern.
2) Verwaltungstechnische Einfachheit („Wohlfeilheit"): Das Steuersystem sollte einfach, und es sollte relativ billig sein, die Steuern einzutreiben.
3) Flexibilität: Das Steuersystem sollte relativ geräuschlos (vielleicht sogar automatisch) auf Veränderungen der wirtschaftlichen Lage reagieren.
4) Transparenz der Besteuerung: Das Steuersystem sollte so konzipiert sein, daß die Bürger wissen, wieviel sie zahlen, so daß der politische Willensbildungsprozeß die Präferenzen der Bürger so genau wie möglich widerspiegelt.
5) Gerechtigkeit: Das Steuersystem sollte die verschiedenen Individuen gerecht behandeln.

Wirtschaftliche Effizienz

Es wird darüber gestritten, ob das gegenwärtige Steuersystem die Steuerpflichtigen dazu veranlaßt, weniger zu arbeiten und zu sparen, und ob es die wirtschaftliche Effizienz noch auf andere Art beeinträchtigt. Beispielsweise wird von vielen Ökonomen die Vermutung geäußert, daß steuerliche Vor- bzw. Nachteile dazu geführt haben, daß ein zu großer Teil der Ersparnisse in Deutschland für die Erstellung von Wohnungen und ein zu geringer für industrielle Investitionen verwendet wird. Die steuerliche Bevorzugung der Landwirtschaft könnte zum Entstehen eines Überangebots bestimmter landwirtschaftlicher Produkte beigetragen haben, die dann wieder auf Kosten des Steuerzahlers gelagert, ans Ausland (nicht zuletzt an die Sowjetunion) verkauft oder vernichtet werden.

Die Geschichte der Besteuerung ist voll von Beispielen verzerrender Besteuerung. Wie in Kapitel 1 erwähnt, hatte die Fenstersteuer zur Folge, daß Häuser mit möglichst wenigen Fenstern gebaut wurden. Ein anderes Beispiel aus dem neuzeitlichen England: Fahrzeuge mit drei Rädern wurden weniger besteuert als solche mit vier, obwohl erstere weniger verkehrssicher sind und ihr Bau nicht viel weniger kostspielig ist. Infolgedessen fuhren viele dreirädrige Fahrzeuge statt der üblichen vierrädrigen. Lieferwagen ohne Fenster im hinteren Teil des Wagens wurden weniger stark besteuert als solche mit Fenstern, und deswegen entschlossen sich viele zum Kauf eines solchen Wagens, nicht weil sie eine Vorliebe für ein dunkles Heck gehabt hätten.

Auswirkungen der Besteuerung auf das Verhalten der Wirtschaftssubjekte

Die meisten Auswirkungen der Besteuerung auf wirtschaftliche Effizienz sind subtilerer Natur und schwieriger zu beurteilen. Die Einkommensteuer mag die Länge der Zeit beeinflussen, die einer in der Schule verbringt, indem sie den Ertrag der Ausbildung nach Steuern schmälert und die Wahl des Berufs (in manchen Berufen fällt ein größerer Teil des Arbeitsentgelts in Gestalt unversteuerter Lohnnebeneinkünfte und Annehmlichkeiten an als in anderen). Sie beeinflußt, ob einer ein Arbeitsverhältnis eingeht oder es vorzieht, daheim zu bleiben und die Kinder zu hüten, die Stundenzahl, die er arbeitet (wenn er darauf einen Einfluß nehmen kann), ob er einem Zweitberuf nachgeht oder nicht, die Art und Weise, wie er seine Ersparnisse anlegt (beispielsweise die Wahl zwischen dem Aufbau von Sparguthaben und dem Erwerb eines Eigenheims), das Alter, in dem er sich zur Ruhe setzt, und ob er auch nach dem Erreichen des Rentenalters weiter tätig ist.

Die Auswirkungen der Besteuerung beschränken sich nicht auf die Entscheidungen über Arbeit, Ersparnis, Ausbildung und Konsum. Das Steuersystem beeinflußt die Entscheidung, zu heiraten und sich scheiden zu lassen und wann man das tut. Das deutsche Steuerrecht begünstigt im allgemeinen die Heirat und diskriminiert die Scheidung[11]. Die Besteuerung beeinflußt die Bereitschaft zur Risikoübernahme, die Allokation von Ressourcen auf Forschung und Entwicklung und langfristig die Wachstumsrate der Wirtschaft. Sie beeinflußt nicht nur die Höhe der Investitionen der Unternehmen, sondern auch ihre Art (z.B. die Lebensdauer der Investitionsgüter). Sie wirkt darauf ein, mit welchem Tempo natürliche Ressourcen aufgebraucht werden. Es gibt kaum eine wesentliche Allokationsentscheidung in der Wirtschaft, die nicht in der einen oder anderen Weise durch die Steuern beeinflußt wird.

Finanzielle Auswirkungen der Besteuerung

Manchmal hat die Besteuerung mehr Einfluß auf die Form, in der eine Transaktion vorgenommen wird, als auf ihren Inhalt. Ohne Berücksichtigung der Steuern mag es gleichgültig sein, ob der Arbeitgeber den Arbeitslohn des Arbeitnehmers direkt erhöht, oder ob er ihm einen Beitrag zum Zweck der Vermögensbildung

---

[11] Der Unterhalt, der an den geschiedenen Ehepartner gezahlt werden muß, kann nur bis zu einem bestimmten Höchstbetrag als Sonderausgabe abgezogen werden. Vgl. hierzu Kapitel 20. Dieser Höchstbetrag wird von besser verdienenden oft überschritten. Der Splittingvorteil geht bereits während der Trennung verloren.

zahlt. Unter Berücksichtigung der Steuern ist es nicht gleichgültig, wird doch letzteres bis zu einem bestimmten Höchstbetrag (unter bestimmten Voraussetzungen) nicht besteuert.

Ebenso dürfte die Besteuerung einen wesentlichen Einfluß auf die Zusammensetzung des Kapitals deutscher Unternehmen haben, werden doch Dividenden, Zinsen und Wertzuwächse (beispielsweise Gewinne, die den Aktionären durch das Steigen der Aktienkurse entstehen) jeweils auf unterschiedliche Art besteuert. Bei der Entscheidung darüber, wie eine Expansion des Unternehmens finanziert werden soll, werden diese Effekte berücksichtigt.

Verzerrende und verzerrungsfreie Besteuerung

Jedes Steuersystem beeinflußt das Verhalten der Wirtschaftssubjekte. Schließlich nimmt der Staat den Steuerpflichtigen Geld weg, und es ist zu erwarten, daß sie auf irgendeine Weise auf die Verringerung ihres Einkommens reagieren. Treffen wir die Aussage, daß wir ein nichtverzerrendes Steuersystem wünschen, kann das sicherlich nicht bedeuten, daß wir Steuern suchen, auf die die Steuerpflichtigen überhaupt nicht reagieren.

Eine Steuer ist dann und nur dann **nichtverzerrend**, wenn ein Steuerpflichtiger nichts unternehmen kann, was seine Steuerschuld beeinflußt. Die Ökonomen nennen Steuern, die nichtverzerrend sind, **Pauschalsteuern**. Die Verzerrungen rühren von dem Versuch des Steuerpflichtigen her, seine Steuerschuld zu verringern. Praktisch alle Steuern, die es in der BR Deutschland gibt, sind in diesem Sinne verzerrend. Eine Kopfsteuer – eine Steuer, die unabhängig vom Einkommen und Vermögen gezahlt wird – ist eine Pauschalsteuer. Eine Steuer, die auf Charakteristika des Steuerpflichtigen abstellt, die er nicht beeinflussen kann (Alter, Geschlecht), ist ebenfalls eine Pauschalsteuer.

Spezielle Verbrauchsteuern sind verzerrend: jeder kann seine Steuerbelastung dadurch verringern, daß er die Nachfrage nach dem besteuerten Gut verringert. Jede Einkommensteuer ist verzerrend: der Steuerpflichtige kann seine Steuerschuld verringern, indem er weniger arbeitet oder weniger spart.

Im Kapitel 18 werden wir sehen, daß verzerrende Steuern in dem Sinne ineffizient sind, daß der Staat das Steueraufkommen erhöhen könnte, ohne die Wohlfahrt der Steuerpflichtigen zu verringern, indem er Pauschalsteuern erhebt; oder anders ausgedrückt, der Staat könnte dasselbe Steueraufkommen erzielen und zugleich den Steuerpflichtigen zu höherer Wohlfahrt zu verhelfen.

Pigou-Steuern

Bislang hat sich unsere Erörterung auf die negativen Aspekte der Besteuerung konzentriert. Es wurde darauf hingewiesen, daß wir versuchen sollten, ein Steuersystem zu konstruieren, das die wirtschaftliche Effizienz nicht beeinträchtigt, die Ressourcenallokation nicht verzerrt. Steuern können manchmal in einer positiven Weise eingesetzt werden, um ein Marktversagen zu korrigieren. Rufen Sie sich unsere Diskussion im Kapitel 8 ins Gedächtnis zurück, in dem wir zeigten, daß Steuern verwendet werden können, um externe Effekte zu korrigieren. **Pigou-Steuern** (wie diese Steuern genannt werden) liefern ein Steueraufkommen und erhöhen die Effizienz der Ressourcenallokation. Tatsächlich verwendet der deutsche Staat nur in sehr begrenztem Maße Pigou-Steuern. Das wichtigste Beispiel hierfür ist die seit 1981 erhobene Abwasserabgabe[12].

In neuerer Zeit wird die Mineralölsteuer mitunter in eine Pigou-Steuer umgedeutet. Tatsächlich war es nicht die Absicht ihrer Väter, eine solche ins Leben zu rufen. Immerhin könnte man fordern, daß sie künftig so gesehen werden sollte[13]. Die Verbrennung verschiedener Mineralölprodukte ist möglicherweise mit erheblichen externen Effekten (z.b. Anreicherung des Kohlendioxidgehalts der Erdatmosphäre) verbunden. Manche vertreten sogar die Auffassung, der gegenwärtige Steuersatz sei angesichts der vielfältigen negativen externen Effekte des Benzin- und Heizölverbrauchs noch zu niedrig. Konsequenterweise sollten dann aber andere Energieträger, deren Verbrennung negative externe Effekte verursacht, ebenfalls besteuert werden, z.B. die Kohle. Bislang wird der Verbrauch der Steinkohle subventioniert.

Auch für die Kfz-Steuer wird eine Umgestaltung in eine Pigou-Steuer gefordert, nämlich in eine Abgassteuer.

Wirkungen im allgemeinen Gleichgewicht

Eine Besteuerung der Arbeitseinkommen oder der Kapitalerträge führt zu einer Veränderung des Gleichgewichts der Wirtschaft. Eine Zinssteuer mag das Angebot an Ersparnissen verringern und damit schließlich auch den Kapitalstock; dies wiederum verringert die Arbeitsproduktivität und die Löhne. Wir bezeichnen diese indirekten Auswirkungen (oder Sekundärwirkungen) einer Steuer als die **Wirkungen im allgemeinen Gleichgewicht.**

Steuerwirkungen im allgemeinen Gleichgewicht sind mit wesentlichen Verteilungseffekten verbunden, die manchmal den Absichten des Gesetzgebers direkt zuwiderlaufen. Eine Kapitalsteuer dürfte das Angebot an Kapital verringern und die Kapitalerträge erhöhen; in manchen Fällen kann die Einführung einer derartigen Steuer negative Verteilungswirkungen haben.

Ankündigungseffekte

Die Wirtschaft paßt sich an die neue Steuer nicht sofort an. Oft sind die langfristigen Verzerrungen schwerwiegender als die kurzfristigen, da die Wirtschaft dann mehr Gelegenheit dazu hat, sich auf die neue Situation einzustellen.

Ein Teil der Wirkungen der Steuer kann sichtbar werden, bevor sie überhaupt eingeführt wird, einfach infolge der Ankündigung. Wird über die zukünftige steuerliche Behandlung eines Vermögensgegenstandes eine Ankündigung gemacht, hat dies sofort einen Einfluß auf seinen Wert. Glaubt das Publikum beispielsweise, daß bestimmte Vermögensgegenstände (z.B. Häuser) künftig stärker besteuert werden (z.B. die Abzugsfähigkeit der Schuldzinsen bei Krediten für die Anschaffung von Wohnungen und Häusern wird eingeschränkt), mag der Preis derselben deutlich zurückgehen. Diejenigen, die zu dem Zeitpunkt, da die Ankündigung gemacht wird, Eigentümer dieser Vermögensgegenstände sind,

---
[12] Die Höhe dieser Abgabe ist bescheiden und nach der Meinung vieler bei weitem zu gering. Der Bundesumweltminister will sie wesentlich erhöhen.
[13] In der Schweiz soll eine Abgabe auf den Energieverbrauch eingeführt werden, die ausdrücklich als Pigou-Steuer konzipiert ist.

werden den Großteil der Last der Steuer tragen (und das ist möglicherweise nicht eben gerecht).

Diese Ankündigungseffekte, die sehr bedeutend sein können, sind es, die hinter dem Spruch „Alte Steuern – gute Steuern" (sog. Canard'sche Steuerregel) stehen. Sie werfen eventuell nicht nur erhebliche Gerechtigkeitsprobleme auf, sondern können starke Verzerrungen bewirken. Berät die Regierung über eine solche Einschränkung des Schuldzinsenabzugs, könnten die, die als Käufer von Häusern in Frage kommen, Verluste befürchten, und die Nachfrage nach Häusern wird vielleicht zurückgehen.

Erhebungsaufwand

Die Erhebung der Steuern ist mit erheblichen Kosten verbunden. Es gibt direkte Kosten – die Verwaltungskosten des Finanzamtes – und indirekte, die der Steuerzahler tragen muß. Diese indirekten Kosten nehmen eine Vielzahl von Formen an: Z.B. diejenigen der Zeit, die das Ausfüllen der Vordrucke in Anspruch nimmt, die der Führung von Büchern und der Anlage von Aufzeichnungen, Steuerberatungskosten usw.

Die Verwaltungskosten, mit denen ein Steuersystem verbunden ist, hängen von mehreren Faktoren ab. Erstens kommt es darauf an, inwieweit derartige Bücher geführt würden, wenn es keine Steuern gäbe. Unternehmen benötigen solche Bücher für ihr eigenes Management; die Einführung leistungsfähiger Computer hat ihre Kosten für große Unternehmen erheblich verringert. Die Last, die das Steuerrecht großen Unternehmen aufbürdet, indem sie beispielsweise verpflichtet werden, über die Arbeitsentgelte ihrer Mitarbeiter zu berichten, ist infolgedessen relativ gering. Ein anderer Extremfall sind Individuen, die eine Haushaltshilfe beschäftigen – sie benötigen für ihre eigenen Zwecke normalerweise keine detaillierten Aufzeichnungen über die Arbeitsentgelte, die sie zahlen. Die Arbeitseinkommen dieser Haushaltshilfe sind an sich steuerpflichtig, werden aber oft hinterzogen. Würde ihr Arbeitgeber dazu gezwungen, über die Arbeitsentgelte Bericht zu erstatten, würde er dies wahrscheinlich als höchst lästig empfinden. Ähnliches gilt für viele Kleinbetriebe.

Aufzeichnungen, wie sie für eine Besteuerung der Wertzuwächse erforderlich wären, sind besonders aufwendig, da sie oft über lange Zeit hinweg aufbewahrt werden müssen. Würde man beispielsweise die Haushalte, die ein Eigenheim besitzen, verpflichten, den Wertzuwachs bei Veräußerung zu versteuern, wären für eine richtige Bestimmung der Steuerschuld höchst umfangreiche Aufzeichnungen erforderlich. Der Haushalt müßte über sämtliche Reparaturen und allen anderen Erhaltungsaufwand Buch führen, um später nicht überhöht besteuert zu werden.

Zweitens hängen die Verwaltungskosten eines Steuersystems eng mit der Kompliziertheit des Steuerrechts zusammen. Eine besonders verwaltungsaufwendige Steuer ist die Einkommensteuer[14]. Ein beträchtlicher Teil ihrer Erhe-

---

[14] Wegen eines Vergleichs des Erwerbsaufwands für verschiedene Steuern siehe E. R. Bauer: Was kostet die Steuererhebung. Göttingen 1988. Bauer betrachtet allerdings nur die Verwaltungskosten der Finanzämter. Gemessen am Steueraufkommen sind diese bei der Vermögen- und der KFZ-Steuer besonders hoch. Auch die Gewerbesteuer ist eine teure Steuer.

bungskosten rührt von den Sonderbestimmungen her; die Abzugsfähigkeit bestimmter Ausgabenarten (Ausgaben für bestimmte Versicherungen, Spenden für wohltätige Zwecke usw.) macht es erforderlich, Aufzeichnungen zu führen und die vorgelegten Belege zu überprüfen.

Drittens schafft die Differenzierung der Steuersätze zwischen den verschiedenen Steuerpflichtigen (manche zahlen einen weit höheren Steuersatz als andere) und zwischen verschiedenen Arten von „Einkünften"[15] einen Anreiz zur Suche nach Möglichkeiten, Einkommen zu „verlagern". Man kann es zu Familienmitgliedern verlagern, die weniger stark besteuert werden, oder derart anfallen lassen, daß es einer weniger stark besteuerten Einkunftsart zugeordnet wird. Eine derartige Verlagerung verursacht normalerweise gewisse Kosten; versucht der Gesetzgeber, sie zu verhindern – indem er dafür geeignete Bestimmungen ausarbeitet – kostet das auch wieder etwas.

Viertens dürfte die Besteuerung bestimmter Einkommensarten wesentlich teurer sein als die anderer. Nach einer verbreiteten Ansicht sind die Erhebungskosten, die mit einer Kapitalbesteuerung verbunden sind, weit größer als die einer Besteuerung der Arbeit.

Flexibilität

Veränderungen der wirtschaftlichen Lage können eine Veränderung der Steuersätze erforderlich machen. Bei manchen Steuersystemen sind sie leicht vorzunehmen, bei anderen sind lange politische Auseinandersetzungen erforderlich, wiederum bei anderen geschieht dies automatisch.

Automatische Stabilisierung

Kommt es beispielsweise zu einer Rezession, mag eine Verringerung des Steueraufkommens höchst wünschenswert sein, da dies der Konjunktur Auftrieb geben dürfte. Sind die Preise stabil, tritt im Rahmen der Einkommensteuer wegen ihres progressiven Tarifs eine derartige „automatische Stabilisierung" tatsächlich in erheblichem Umfang ein. Geht das Einkommen infolge der Rezession zurück, verringert sich der Durchschnittssteuersatz. Nimmt das Einkommen zu, steigt der Durchschnittssteuersatz. In einer Periode der Stagflation allerdings – in der die Wirtschaft sich in einer Rezession befindet, aber immer noch Inflation herrscht – erhöht sich der Durchschnittssteuersatz, obwohl ein geringerer Steuersatz der Wirtschaft helfen würde, die Rezession zu überwinden.

---

[15] Das Einkommensteuergesetz geht bei der Ermittlung des zu versteuernden Einkommens von der sog. Summe der Einkünfte aus. Die verschiedenen Arten von Einkommen, Arbeitseinkommen, Kapitaleinkommen usw. werden bestimmten „Einkunftsarten" zugeordnet. Diese verschiedenen Einkünfte werden aufaddiert. Von der Summe wird evtl. der sog. Altersentlastungsbetrag, ein Freibetrag, zum Abzug gebracht. Der Rest heißt Gesamtbetrag der Einkünfte. Der Einkommensbegriff des Gesetzes unterscheidet sich erheblich vom Einkommensbegriff der Ökonomen.

Politische Schwierigkeiten einer Änderung von Steuersätzen

Auch wenn an sich Übereinstimmung herrscht, daß die Steuersätze verändert werden sollten, führt dies bei der Einkommensteuer doch zu erheblichem Streit. Welche Steuersätze sollten verändert werden? Sollten alle Sätze um denselben Prozentsatz verändert werden? Oder tragen die Armen oder die Reichen bereits einen unverhältnismäßig großen Teil der Steuerlast, so daß ihre Steuern weniger erhöht oder gesenkt werden sollten? Es ist nicht einmal klar, wie man bei einer Beurteilung dessen, ob eine Tarifveränderung gerecht ist, vorgehen sollte. Ist es gerechter, die Steuern von Steuerpflichtigen mit unterschiedlichen Einkommen um denselben Markbetrag oder denselben Prozentsatz zu senken? Sollte man seine Aufmerksamkeit auf die Grenzsteuersätze oder auf die Durchschnittssätze richten? Ist eine Steuerreform, die den durchschnittlichen Steuersatz für eine „typische" Familie mit einem Verdiener senkt, aber den für eine Familie mit zwei Verdienern anhebt, gerecht? Sollte man den Steuersatz auf Kapital herabsetzen, um das Sparen zu fördern, oder ihn heraufsetzen, weil Kapitaleigner eine höhere steuerliche Leistungsfähigkeit besitzen?

Zwischen verschiedenen Interessengruppen muß ein Kompromiß gefunden werden, und das braucht Zeit.

Anders bei der Grundsteuer. Grundsteuern sind mit erheblichen Verwaltungskosten behaftet, unter denen die Schwierigkeiten einer Bewertung verschiedener Grundstücke besonders ins Gewicht fallen. Nichtsdestoweniger haben sie einen Vorteil. Die Hebesätze der Grundsteuer können (von der Gemeinde) relativ leicht jedes Jahr verändert werden[16].

Anpassungsgeschwindigkeit

Ein wesentlicher Aspekt der „Flexibilität" eines Steuersystems bei der Stabilisierung der Wirtschaft ist der Zeitbedarf einer Anpassung: Die Geschwindigkeit, mit der Veränderungen des Steuerrechts (haben sie einmal das Parlament passiert) in die Praxis umgesetzt werden können, und die Verzögerungen bei der Eintreibung der Steuern. Beispielsweise nimmt die sog. Einkommensteuerveranlagung geraume Zeit in Anspruch. Unterliegt die wirtschaftliche Lage raschen Veränderungen, kann dies die Wirksamkeit der Einkommensteuer bei der Stabilisierung der Wirtschaft beeinträchtigen. Im Abschnitt A der Zeichnung 16.1 haben wir gezeigt, wie das Einkommen in einer idealisierten Wirtschaft im Laufe der Zeit schwankt. (Reale Wirtschaften weisen keine derart regelmäßigen Schwankungen auf). Der Abschnitt B zeigt, wie das Steueraufkommen sich entwickeln würde, wenn die Steuereintreibung nicht mit Verzögerungen verbunden wäre. In diesem Fall ist das Steueraufkommen in der Rezession gering, und die Konsumenten haben infolgedessen mehr zum Ausgeben. Diese zusätzlichen Ausgaben können zur Überwindung der Krise beitragen.

Betrachten Sie jetzt, was geschieht, wenn es bei der Steuereintreibung zu Verzögerungen kommt, wie dies im Abschnitt C gezeigt wird. Dann ist das Steueraufkommen am größten (im Punkt E), wenn die wirtschaftliche Aktivität bereits im Rückgang ist (das Volkseinkommen schrumpft); der Staat sollte gerade dann die

---

[16] Bei der Grundsteuer kann die Gemeinde über den sogenannten Hebesatz entscheiden. Die Höhe der Steuersätze hängt vom Hebesatz ab. Vgl. hierzu Kapitel 24.

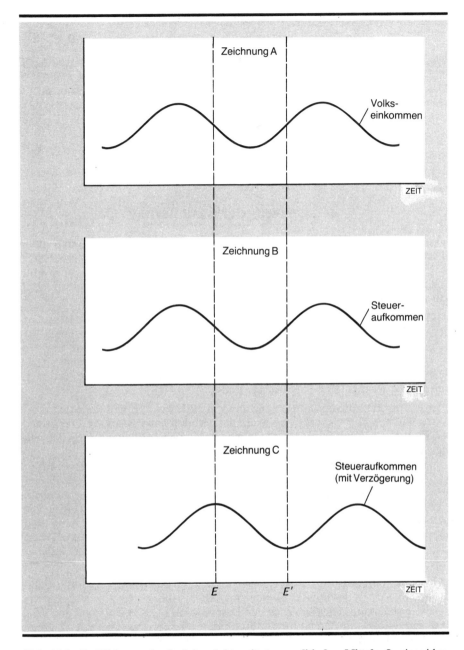

Abb. 16.1 Stabilisierung des Sozialprodukts mit steuerpolitischen Mitteln. In einer idealen Wirtschaft mag es möglich sein, die Steuersätze je nach Konjunkturlage zu erhöhen bzw. zu senken. Verzögerungen im Wirksamwerden von Steuerrechtsänderungen können allerdings die besten Absichten zunichte machen und tatsächlich zu einer Verschärfung der Konjunkturschwankungen führen.

Konjunktur beleben; stattdessen erreicht das Steueraufkommen sein Maximum, und die Steuern schwächen infolgedessen die Konjunktur noch weiter. Das Gegenteil geschieht, wenn die wirtschaftliche Aktivität sich wieder belebt, sagen wir, im Punkt E der Zeichnung. Dann mag der Staat wünschen, die wirtschaftliche Expansion zu bremsen, damit sich keine inflationären Tendenzen ergeben. Das Steueraufkommen hängt hingegen vom Einkommen des Vorjahrs ab, das gering war. Es ist infolgedessen verhältnismäßig gering, und die Konsumenten werden durch eine niedrige Besteuerung dazu veranlaßt, mehr auszugeben.

Transparenz der Besteuerung

Von privaten Banken und Kreditvermittlern wird erwartet, daß sie ihren Kunden die wahren Kosten eines Kredits offenlegen und keine Verschleierungsversuche unternehmen. Die Ökonomen sind zumeist der Meinung, daß es genauso wünschenswert ist, daß der Staat auf den Versuch verzichtet, den uninformierten Bürger zu übervorteilen.

Gemäß dieser Sicht sind Steuern, bei denen es klar ist, wer ihre Last trägt, besser als solche, bei denen die Verteilung der Steuerlast weniger transparent ist. Die Einkommensteuer ist demzufolge eine gute Steuer, Körperschaft- und Gewerbesteuer sind schlechte Steuern. Selbst die Ökonomen können sich nicht darüber einigen, wer in Wirklichkeit die Körperschaftsteuer zahlt, ob die Aktionäre oder die Konsumenten die Steuerträger sind.

Mitunter kann man sich des Eindrucks nicht erwehren, daß der Staat irrige Vorstellungen über die wahren Kosten der von ihm bereitgestellten Dienste bewußt fördert. Beispielsweise stimmen die Ökonomen weitgehend darin überein, daß es zwischen Arbeitnehmerbeiträgen und Arbeitgeberbeiträgen zur Sozialversicherung keinen wesentlichen ökonomischen Unterschied gibt. Der Arbeitgeber interessiert sich nur für die Bruttokosten des Arbeitnehmers, der Arbeitnehmer aber nur für sein Nettoeinkommen. Niemand dürfte sein Verhalten ändern, wenn angekündigt würde, daß der gesamte Sozialversicherungsbeitrag vom Arbeitnehmer gezahlt wird und daß zugleich die Arbeitgeber ihren Arbeitnehmern zum Ausgleich eine entsprechende Gehaltserhöhung gewähren. Würde sich die Einstellung der Arbeitnehmer zur Sozialversicherung ändern, wenn sie davon ausgehen, daß sie die gesamten Kosten derselben tragen müssen?

In manchen Fällen ist die Absicht unverkennbar, die Bürger über die wahre Höhe der Kosten des Staates hinwegzutäuschen. Ebenso wie Autohändler wissen, daß sich Autos leichter verkaufen lassen, wenn sie die Kosten mit den Worten „nur 340 DM im Monat für nur 40 Monate" beschreiben statt mit „Zahlung von 13 600 DM innerhalb 3 1/2 Jahren", haben auch Regierungen eine Vorliebe für Steuersysteme, bei denen die Bürger die volle Belastung nicht überschauen. In einigen Ländern, in denen bislang die Einkommensteuer die dominierende Einnahmequelle des Staates war, wurde zugunsten der Einführung einer Mehrwertsteuer als einer zweiten wesentlichen Steuerquelle das Argument vorgebracht, daß die Besteuerung unmerklicher würde, wenn sie sich mehrerer verschiedener Steuern bedient. Mit anderen Worten: Die Bürger zählen nicht zusammen, wieviel sie insgesamt an den Staat zahlen[17].

Ein transparentes Steuersystem hat ferner die Eigenschaft, daß Steuererhöhungen nur im Ergebnis von förmlichen Gesetzesänderungen zustandekommen. Bei einer förmlichen Gesetzesänderung durch das Parlament muß der Staat die Meinung der Bürger berücksichtigen, ob er zuviel oder zuwenig ausgibt. Ein progressiver Steuertarif (bei dem der Steuersatz mit dem Einkommen zunimmt) führt in Verbindung mit dem sogenannten Nominalprinzip, nach dem die Steuerbemessungsgrundlage nicht indexiert wird, dazu, daß das reale Steueraufkommen (gemessen beispielsweise als Prozentsatz des Volkseinkommens) während inflationärer Prozesse zunimmt. Dies spielte beispielsweise in den siebziger Jahren eine erhebliche Rolle. Diese Steuererhöhungen (sog. heimliche Steuererhöhungen) wurden niemals als solche vom Parlament gebilligt: in der Tat läßt sich vermuten, daß der Bundestag schwerlich eine derartige Erhöhung der Einkommensteuer befürwortet hätte, obwohl die Inflation genau das bewirkte.

Transparenz des Steuersystems, wie wir sie definiert haben, halten wohl die meisten für wünschenswert. Allerdings ist die Besorgnis geäußert worden, daß auch ein transparentes Steuersystem in einer Demokratie im Interesse bestimmter Minderheiten mißbraucht werden könnte, oder sogar von einer Mehrheit, die ihre Interessen auf Kosten der Minderheit durchsetzt.

Gerechtigkeit

Die meisten Kritiker des bestehenden Steuersystems behaupten, es sei ungerecht. Wie wir sehen werden, ist es allerdings schwierig, genau zu definieren, was gerecht oder ungerecht ist. Es gibt zwei unterschiedliche Konzepte der Gerechtigkeit: horizontale und vertikale Gerechtigkeit.

Horizontale Gerechtigkeit

Ein Steuersystem wird als **horizontal gerecht** bezeichnet, wenn Individuen, die in jeder (relevanten) Beziehung gleich sind, auch gleich behandelt werden. In der Tat dürfte eine Ungleichbehandlung zweier solcher Individuen grundgesetzwidrig sein. Obwohl die zugrundeliegende Idee klar ist, ist die Definition doch in zweierlei Hinsicht unscharf. Was heißt es, daß zwei in jeder relevanten Hinsicht gleich sein sollen? Und was heißt es, daß zwei auf dieselbe Weise behandelt werden sollen?

Was heißt es, daß zwei Individuen gleich sein sollen? Betrachten Sie Zwillinge, die in jeder Beziehung gleich sind ausgenommen, daß der eine Schokoladeneis und nur Schokoladeneis mag, wohingegen der andere nur Vanilleeis mag. Behandelt das Steuersystem diese zwei gemäß dem Grundsatz horizontaler Gerechtigkeit, wenn es Vanillen- und Schokoladeneis unterschiedlich besteuert? Der ei-

---

[17] Beispielsweise in den USA und in Japan sind die Gesamtkosten des Staates möglicherweise deswegen leichter zu überschauen als in den westeuropäischen Ländern, weil der Staat sich überwiegend aus einer einzigen Steuer finanziert, der Einkommensteuer. Inzwischen wird auch in Japan die Einführung einer Mehrwertsteuer vorbereitet.

ne zahlt am Ende mehr als der andere und das Steuersystem scheint insofern ungerecht zu sein. Aber die beiden hatten dieselbe „Menge an Möglichkeiten". Der Liebhaber der Schokolade hätte Vanilleneis kaufen können, wenn er es nur gewollt hätte (und umgekehrt). Das Steuersystem hat nicht diskriminiert; es hat nicht zwischen den beiden unterschieden. Das Beispiel ist ein bißchen künstlich – es ging uns darum, zwei Güter zu benennen, die sich „im Grunde" nicht voneinander unterscheiden. In der Realität gibt es viele Fälle, in denen das Steuerrecht Individuen unterschiedlich behandelt, die sich nur in bezug auf ihren Geschmack voneinander unterscheiden. Beispielsweise spielt es für die Steuerbelastung eine erhebliche Rolle, ob man Wein oder Bier trinkt. Individuen, die ihre Ferien daheim verbringen, werden steuerlich günstiger behandelt als solche, die gern reisen.

Sind wir der Meinung, daß Geschmacksunterschiede einen wichtigen wirtschaftlichen Unterschied darstellen, den das Steuersystem sehr wohl in Rechnung stellen kann, können wir den Schluß ziehen, daß das Prinzip horizontaler Gerechtigkeit hier nicht anwendbar ist. Die Zwillinge sind nicht in jeder Beziehung gleich. Wird es derart extrem interpretiert, sagt dieses Prinzip gar nichts mehr: dann finden sich nie zwei gleiche Individuen. Welche Unterschiede sind noch akzeptabel? Unglücklicherweise hat das Prinzip horizontaler Gleichheit uns diesbezüglich nur wenig zu sagen.

Unser Rechtsgefühl sagt uns vielleicht, daß alle Unterschiede irrelevant sein sollten: Alter, Geschlecht und Familienstand des Steuerpflichtigen sollten steuerlich keine Rolle spielen. Im bestehenden Steuersystem spielt die Unterscheidung nach dem Alter tatsächlich eine Rolle (diejenigen, die das Rentenalter überschritten haben, werden weniger besteuert), ebenso der Familienstand (das Ehegattensplitting führt normalerweise zu einer geringeren Besteuerung von Verheirateten). Der Gesetzgeber war offenbar der Ansicht, daß dies relevante Unterschiede sind.

Vielleicht tut er das, weil er davon ausgeht, daß sich Steuerpflichtige, die sich in derartigen Umständen befinden, in bezug auf ihre steuerliche Leistungsfähigkeit unterscheiden. Aber wenn eine Unterscheidung auf dieser Grundlage zulässig ist, auf welcher ist sie noch zulässig? Ist es beispielsweise legitim, daß die Besteuerung differenziert wird, weil die Kosten der Steuereintreibung bei verschiedenen Bevölkerungsgruppen unterschiedlich groß sind? Weiter unten werden wir zeigen, daß die Größe der Ineffizienzen, die mit einem Steuersystem verbunden sind, von der Fähigkeit abhängt, auf die Steuer zu reagieren. In einem Haushalt mit zwei Verdienern reagiert der Verdiener mit dem geringeren Einkommen (normalerweise die Gattin) weit sensibler auf Veränderungen des Arbeitsentgelts als der Hauptverdiener; die Einkommensteuer hat auf das Arbeitsangebot des Hauptverdieners fast keinen Einfluß, aber möglicherweise erheblichen auf das des zweiten Verdieners. Geht es dem Staat darum, die Ineffizienz, die durch die Steuern hervorgerufen wird, möglichst gering zu halten, würde er den zweiten Verdiener weniger besteuern. Ist das gerecht?

Was heißt gleiche Behandlung? Das folgende Beispiel zeigt, wie schwer es ist, den Sinn des Wortes Gleichbehandlung zu definieren. Nehmen Sie an, wir könnten uns darauf einigen, daß ein Mann und eine Frau, die im Laufe ihres Arbeitslebens dasselbe Einkommen erzielt haben, in bezug auf die Höhe ihrer Rentenansprüche gleich behandelt werden sollen. Was ist im Zusammenhang mit der Rentenversicherung mit „Gleichbehandlung" gemeint? Sollte der Erwartungswert der gesamten Rente bei Männern derselbe sein wie bei Frauen, oder sollte die Jahresrente dieselbe sein? Frauen leben deutlich länger als Männer, sie unterscheiden sich also ganz merklich. Wenn die Frau innerhalb eines Jahres dieselben Leistungen (dieselbe Jahresrente) erhält wie ein Mann, dann wird der Erwartungswert der Rente für Frauen erheblich höher sein als für Männer. Viele würden das für ungerecht halten.

Vertikale Gerechtigkeit

Während das Prinzip der horizontalen Gerechtigkeit sagt, daß Individuen, die im wesentlichen gleich sind, gleich behandelt werden sollten, sagt das Prinzip der **vertikalen Gerechtigkeit**, daß diejenigen, die in der Lage sind, höhere Steuern zu zahlen als andere, das dann auch tun sollten. Es treten hierbei drei Probleme auf: Erstens, ein Prinzip zu entwickeln, nach dem entschieden wird, wer den höheren Steuersatz zahlen sollte; zweitens, dieses in der Praxis anzuwenden, Besteuerungsregelungen auszuarbeiten, die ihm entsprechen; und drittens zu entscheiden, um wieviel mehr jemand zahlen sollte, der dazu in der Lage ist.

Im allgemeinen werden drei Kriterien vorgeschlagen, mit denen beurteilt werden soll, ob einer mehr zahlen sollte als ein anderer: von manchen läßt sich sagen, daß sie eine größere steuerliche Leistungsfähigkeit besitzen; von manchen mag es heißen, daß sie in größerem Wohlstand leben; und manche mögen vom Staat besonders viele Vorteile haben.

Selbst wenn man sich darüber einigen könnte, welches der drei Kriterien angewandt werden sollte, müßte man sich noch darüber streiten, wie die Leistungsfähigkeit, der wirtschaftliche Wohlstand und die Vorteile gemessen werden sollten. In manchen Fällen mag man dieselben Maßgrößen – wie Einkommen oder Konsum – verwenden, um die Leistungsfähigkeit und den wirtschaftlichen Wohlstand zu beurteilen.

Steuerliche Leistungsfähigkeit versus wirtschaftlicher Wohlstand. Die folgenden Beispiele sollen zeigen, daß es keine Einigkeit darüber gibt, was die angemessene Besteuerungsgrundlage ist.

Erörtern wir als erstes die Ansicht, daß diejenigen, denen es besser geht, auch mehr zahlen sollten. Der springende Punkt ist, wie wir feststellen sollen, ob es einer Person besser geht als einer anderen. Betrachten wir als Beispiel einen neurotisch Arbeitswütigen, dem die Arbeit aber keine wirkliche Befriedigung verschafft. Er ist unglücklich, seine Frau und seine drei Kinder sind gerade in einem Verkehrsunfall ums Leben gekommen, und man hat ihm gesagt, daß er innerhalb von drei Jahren an Krebs sterben wird. Vergleichen wir ihn mit einem glücklichen Strandgutjäger. Letzterer ist jung, attraktiv und einkommenslos. Die meisten dürften meinen, daß es dem zweiten besser geht als dem ersten. Der erste wird aber höher besteuert als der zweite. Es ist offenbar, daß das Steuersystem an einen engen Begriff von Wohlstand anknüpfen muß; es kann unmöglich das Wohlbefinden insgesamt messen und es muß infolgedessen essentiell ungerecht sein.

Ganz anders verhält es sich beispielsweise mit der Verteilung von Aufgaben und Gütern innerhalb einer Familie. In diesem Fall ist es möglich, die Bedürfnisse und Fähigkeiten insgesamt in Betracht zu ziehen. Die Eltern mögen einem ihrer Kinder mehr geben, um es für unglückliche Erfahrungen, die es machen mußte, zu entschädigen. Die ihnen zur Verfügung stehende Information ist vollständiger, als sie es für einen Staat je sein könnte.

Betrachten Sie nun das Beispiel von Joe Smith und seinem Zwillingsbruder Jim. Beide haben die gleichen Fähigkeiten und dieselbe Ausbildung. Joe trifft die Entscheidung, Hausmeister zu werden. Er arbeitet 4 Stunden am Tag und verbringt den Rest seiner Zeit mit Angeln, Schwimmen und Segeln. Er fühlt sich wohl. Sein Einkommen ist nicht übermäßig hoch. Jim eröffnet ein Wirtschaftsberatungsbüro. Er arbeitet in der Woche 70 Stunden und hat weder zum Angeln noch zum Schwimmen und Segeln Zeit. Die Menge der Möglichkeiten, die die beiden hatten, war dieselbe. (Jim und Joe hatten dieselben Möglichkeiten, Geld zu verdienen.) Aber sie haben sich unterschiedlich entschieden. Der eine hat ein hohes Einkommen, der andere ein durchschnittliches. Ist es gerecht, daß Jim mehr Steuern zahlt als Joe? Joe glaubt, daß nicht die wirtschaftlichen Chancen eines Menschen die Grundlage für eine gerechte Besteuerung darstellen, sondern nur, inwieweit er die Chancen, die ihm die Gesellschaft bot, auch tatsächlich genutzt hat – kurz gesagt, der angemessene Steuergegenstand sei das Einkommen[18]. Jim glaubt, daß es nicht auf das wirkliche Einkommen ankommt, sondern auf die Fähigkeit, Einkommen zu erwerben.

Dieses Beispiel macht zwei Punkte deutlich: Obwohl aufgrund philosophischer Erwägungen Jim und Joe unterschiedlicher Meinung darüber sind, ob wirtschaftliche Wohlfahrt oder steuerliche Leistungsfähigkeit die angemessene Grundlage der Besteuerung darstellen, werden in der Praxis ganz ähnliche Maßgrößen angewandt (z.B. Einkommen, potentielles Einkommen, Konsum). Zweitens: Selbst wenn Übereinstimmung erzielt würde, daß die Zahlungsfähigkeit die angemessene Besteuerungsgrundlage darstellt, wird man sich immer noch darüber streiten, ob sich diese am besten mittels des tatsächlichen oder des potentiellen Einkommens messen läßt. In der Praxis ist es natürlich fast unmöglich, ein Steuersystem darauf abzustellen, was die Individuen hätten erreichen können. In der BR Deutschland wird das Einkommen (mit einigen Anpassungen, die weiter unten erwähnt werden) als die Grundlage für die Messung wirtschaftlicher Wohlfahrt herangezogen. Einige Leute glauben, daß man besser den Stundenlohn verwenden solle, daß dieser mehr Aufschlüsse über die Menge an Möglichkeiten verschafft, die einer hat, als das Einkommen. Die Bemessungsgrundlage Einkommen führt dazu, daß diejenigen, die mehr arbeiten, stärker besteuert werden.

Konsum als Steuergegenstand. Nach einer weitverbreiteten Ansicht liefert uns keines der beiden eben diskutierten Verfahren eine „gerechte" Steuerbemessungsgrundlage. Beide stellen auf den Beitrag des Individuums zur Gesellschaft ab, auf den Wert seines wirtschaftlichen Outputs. Wäre es nicht gerechter, die Individuen auf der Grundlage dessen, was sie der Gesellschaft nehmen, zu besteuern, statt auf der Grundlage dessen, was sie ihr geben, – mit anderen Worten, auf der Grundlage ihres Konsums statt ihres Einkommens?

---

[18] Der Steuergegenstand ist die Sache, Geldsumme oder Handlung, auf die sich der Zugriff der Steuer richtet.

Einkommen und Konsum weichen um die Ersparnisse voneinander ab[19]. Das heißt, das Einkommen (Y) wird entweder konsumiert (C) oder gespart (S);

$C + S = Y$, oder
$C = C - S$.

Die wesentliche Frage ist also, ob die Ersparnisse von der Steuer befreit werden sollten. Es läßt sich zeigen, daß diese Frage mit der identisch ist, ob die Erträge des Sparens (Zinsen, Dividenden und Wertzuwächse) unversteuert sein sollten. Das folgende Beispiel illustriert erneut, wie widerspruchsvoll Gerechtigkeitsvorstellungen sind.

Betrachten Sie ein anderes Paar Zwillinge, die wir Prudence und Spendthrift nennen. Sie verdienen beide im Laufe ihres Lebens das gleiche Einkommen. Prudence aber spart 20% ihres Einkommens und häuft auf diese Weise eine erfreuliche Rücklage für das Alter an. Spendthrift hingegen gibt immer alles sofort aus, was er eingenommen hat, und beantragt nach dem Erreichen des Rentenalters Sozialhilfe. Unter dem bestehenden Einkommensteuersystem zahlt Prudence wesentlich mehr Steuern als Spendthrift (da Prudence Steuern auf das Kapitaleinkommen zahlen muß, das sie dank ihrer Ersparnisse erhält), und erhält weniger vom Staat. Prudence empfindet das bestehende Steuersystem als ungerecht, da die Menge der Möglichkeiten, die die beiden haben, in der Tat dieselbe ist.

Sie fragt: „Warum zwingt mich der Staat, für meinen Bruder zu sorgen, wenn er nichts tut, um sich selbst zu helfen?" Ist es ungerecht, Prudence mit höheren Steuern zu belasten und damit ihrem großspurigen Bruder zu helfen? Dieser antwortet auf die Vorhaltung, daß gar kein Unterschied zu erkennen sei: Wenn die Geschwister sich dem Rentenalter nähern, ist ihr Einkommen eben unterschiedlich. Dann liegt das Einkommen von Prudence erheblich über dem von Spendthrift und sie ist weit eher in der Lage, für die Erfüllung öffentlicher Aufgaben zu zahlen. Prudence steht dagegen auf dem Standpunkt, daß der Konsum eine gerechtere Besteuerungsgrundlage wäre – und insbesondere in Nationen, in denen die Sparquote gering ist, scheint dies plausibel. Gemäß einer Ansicht, die an Popularität gewinnt, sollte das Lebenseinkommen Steuerbemessungsgrundlage sein, nicht das Einkommen eines Jahres, eines Tages oder einer Stunde. Das Lebenseinkommen wird als der **Gegenwartswert** des Einkommens des Individuums definiert.

Rufen Sie sich unsere Erörterungen aus dem Kapitel 10 ins Gedächtnis zurück. Dort behandelten wir das Problem, wie man die Kosten und Nutzen eines Projekts aufaddiert, wenn diese zu verschiedenen Zeitpunkten anfallen. Wir argumentieren, daß 1 Mark in der nächsten Periode weniger wert ist als 1 Mark in dieser. Erhalten wir in dieser Periode 1 DM, können wir diese Summe auf die Bank bringen und haben dann in der nächsten $(1 + r)$ Mark zur Verfügung, wobei r der Zinssatz ist. Wenn einer zwei Perioden lang lebt, in der ersten den Lohn w_0 erhält und in der zweiten w_1, dann ist der Gegenwartswert seines Einkommens Y gleich

---

[19] Und außerdem noch um die Erbschaften. Diese werfen eine Reihe von Komplikationen auf, deren Diskussion wir auf weiter unten verschieben.

$$Y = w_0 + \frac{w_1}{1+r}$$

Natürlich muß, wenn wir von Erbschaften absehen, der Gegenwartswert des Konsums eines Individuums gleich dem Gegenwartswert seines Einkommens sein. Wenn c_0 sein Konsum in der ersten Periode seines Lebens ist und c_1 der in der zweiten, dann ist[20]

$$Y = c_0 + \frac{c_1}{1+r}$$

Sind wir also der Überzeugung, daß das Lebenseinkommen des Individuums die angemessene Steuerbemessungsgrundlage darstellt, heißt das, daß wir glauben, daß man den Lebenskonsum des Individuums besteuern sollte.

Das Äquivalenzprinzip

Wir haben darauf hingewiesen, daß eines der Argumente für eine Verwendung des Konsums als Steuerbemessungsgrundlage darin besteht, daß es gerecht erscheint, die Individuen danach zu besteuern, was sie der Gesellschaft nehmen. Manche Ökonomen haben sich dafür ausgesprochen, daß die Bürger in dem Maße für die Finanzierung des Staates herangezogen werden sollten, wie sie staatliche Dienste beanspruchen. Die Erhebung von Gebühren für staatliche Dienste sollte analog zu der für private Dienste gehandhabt werden. Und die Steuern lassen sich einfach als eine „Gebühr" für die Bereitstellung staatlicher Dienste betrachten.

Es gibt einige Fälle, in denen das Äquivalenzprinzip (benefit principle oder approach) tatsächlich angewandt wird: Es werden (in verschiedenen westeuropäischen Ländern) Gebühren (Maut) für die Benutzung bestimmter Straßen erhoben. Außerdem kann die Verwendung des Aufkommens der Mineralölsteuer für die Finanzierung des Straßenbaus als ein einfaches Verfahren betrachtet werden, wie man Nutzen (Straßenbenutzung gemessen durch den Benzinverbrauch) und Steuern in einen Zusammenhang zueinander bringen kann.

Die meisten Wirtschaftswissenschaftler sind von dem Äquivalenzprinzip als einem Prinzip der Besteuerung nicht besonders begeistert. Dies rührt vor allem daher, daß es in der Tat oft unmöglich ist, die Größe der Nutzen zu ermitteln, die die verschiedenen Bürger erhalten. Ausgaben für Landesverteidigung nützen uns allen, aber wie sollen wir die Vorteile ermessen, die bestimmte Bürger im Ver-

---

[20] Um uns hiervon zu überzeugen, nehmen wir an, daß einer in der ersten Periode weniger konsumiert als er einnimmt. Seine Ersparnisse sind dann $(w_0 - c_0)$. In der nächsten Periode hätte er dann sein Arbeitseinkommen plus seine Ersparnisse zum Konsum zur Verfügung, also

$$c_1 = w_1 + (w_0 - c_0)(1 + r).$$

Wir können diese Ausdrücke umstellen und schreiben

$$c_1 + c_0(1 + r) = w_1 + w_0(1 + r).$$

Dividieren wir durch $(1 + r)$, wir erhalten das gewünschte Ergebnis.

gleich zu anderen daraus ziehen? Bei vielen Ausgabengruppen ist eine Quantifizierung der Nutzen im Grunde unmöglich[21]. Ein zweiter Einwand gegen die Auferlegung von Steuern nach dem Äquivalenzprinzip ist, daß sie verzerrend wirken. Besteuert man die Inanspruchnahme öffentlich bereitgestellter Güter (wie einer Brücke), dürfte dies ihre Nutzung verringern und dadurch zu einer ineffizienten Ressourcenallokation führen.

Die Auferlegung von Steuern nach dem Äquivalenzprinzip führt (in den Fällen, in denen das möglich ist) oft zu Zielkonflikten zwischen Effizienz und Gerechtigkeit. Ohne derartige Steuern ist es unmöglich, festzustellen, wem die Nutzen öffentlicher Güter wie einer Brücke zufließen; wird die Brücke aus dem allgemeinen Staatshaushalt finanziert, stellen sich diejenigen schlechter, die sie nicht nutzen. Ihnen scheint es ungerecht, daß sie Leute subventionieren, die die Brücke benutzen[22].

Weitere Probleme bei der Bestimmung der Steuerbemessungsgrundlage

Das Prinzip vertikaler Gerechtigkeit sagt: Diejenigen, denen es besser geht oder die eine größere steuerliche Leistungsfähigkeit besitzen, sollen mehr als die anderen zur Finanzierung des Staates beitragen; das Prinzip der horizontalen Gerechtigkeit sagt, daß diejenigen, denen es gleich gut geht (die die gleiche Leistungsfähigkeit besitzen), im selben Maße zu dieser Finanzierung beitragen sollen. Unsere Erörterung der beiden Grundsätze hat sich auf die Schwierigkeiten einer Aussage darüber konzentriert, ob es einem besser, gleich gut oder schlechter geht als einem anderen. Wie sollten wir die Unzahl von Unterschieden in den Lebensumständen berücksichtigen? Wir betrachten drei Beispiele. In allen drei Fällen berücksichtigen die gegenwärtigen Steuergesetze in gewissem Maße die Unterschiede in den Lebensumständen. Es ist aber umstritten, ob diese Unterschiede angemessen in Betracht gezogen werden.

Das erste Beispiel betrifft einen Behinderten. Es ist klar, daß ein Behinderter mit einem Einkommen von 20 000 DM sich wesentlich von einem anderen unterscheidet, der dasselbe Einkommen bezieht, aber nicht behindert ist. Die meisten von uns sind wohl der Meinung, daß der Behinderte in der schlechteren Lage ist. Ob eine Behinderung vorliegt, ist zumindest solange, wie er nicht schwer- oder schwerstbehindert ist, nicht ohne weiteres feststellbar. Das Steuerrecht hat versucht, dieser Lage gerecht zu werden. Es sieht vor, daß Behinderte mit einer Minderung der Erwerbsfähigkeit zwischen 25 und 50% nur dann einen Pauschbetrag als außergewöhnliche Belastung vom Gesamtbetrag der Einkünfte abziehen können, wenn sie Rentenansprüche haben oder eine „äußerlich erkennbare dauernde Einbuße der körperlichen Beweglichkeit" oder eine typische Berufskrankheit vorliegt[23]. Ist das gerecht?

---

[21] Im Kapitel 6 haben wir gezeigt, wie wir unter bestimmten idealen Voraussetzungen ein Verfahren entwickeln können, das die Individuen veranlaßt, ihre marginalen Bewertungen wahrheitsgemäß zu enthüllen.

[22] Ein anderes Beispiel ist der Streit darum, ob der öffentliche Personennahverkehr in den Städten subventioniert werden sollte. De facto geschieht dies in hohem Maße.

[23] Wegen der genauen Regelung siehe § 33b EStG.

Das zweite Beispiel betrifft den Familienstand. Individuen, die verheiratet sind, unterscheiden sich von unverheirateten. Soziologische Untersuchungen zeigen, daß verheiratete Männer glücklicher sind; ob diese Ergebnisse stichhaltig sind oder nicht, es ist eine Tatsache, daß verheiratete Männer länger leben und im Durchschnitt gesünder sind. Dies läßt uns vermuten, daß es bei gegebenem Einkommen verheirateten besser geht als unverheirateten. Folgt dann aus dem Prinzip der vertikalen Gerechtigkeit, daß die ersteren mehr Steuern zahlen sollten? Das bestehende Steuersystem begünstigt hingegen die Ehe.

Ein drittes Beispiel ist die steuerliche Behandlung der Kinder. Betrachten Sie zwei verheiratete Paare mit demselben Einkommen. Beide hätten gerne zwei Kinder, aber eines der beiden Paare ist unfruchtbar, das andere hingegen hat zwei Kinder. Dem ersteren geht es offensichtlich schlechter als dem letzteren. Aus dem Prinzip, daß diejenigen, denen es gut geht, höhere Steuern zahlen sollten, folgt, daß das letztere mehr zahlen sollte. Nach unserem Steuerrecht ist aber das Gegenteil der Fall.

Grenzen der Anwendbarkeit des Prinzips der vertikalen und der horizontalen Gerechtigkeit. Unsere Analyse hat gezeigt, daß diese Prinzipien, obwohl sie auf den ersten Blick eine „vernünftige" Grundlage für die Konstruktion eines Steuersystems darzustellen scheinen, nur wenig weiterhelfen. Die eigentlich schwierigen Fragen – wie stellen wir fest, wem von zweien es besser geht, wer die höhere steuerliche Leistungsfähigkeit hat und was mit Gleichbehandlung überhaupt gemeint ist – bleiben unbeantwortet. Darüberhinaus sagt uns das Prinzip der vertikalen Gerechtigkeit auch nicht, um wieviel einer, dem es besser geht, mehr für die Finanzierung des Staates aufbringen soll; es sagt uns nur, daß es mehr sein soll.

Wegen dieser Schwierigkeiten haben sich die Wirtschaftswissenschaftler nach anderen Möglichkeiten umgesehen, wie man bestimmen könnte, was eine „gerechte" Steuer ist.

Pareto-effiziente Besteuerung und soziale Wohlfahrtsfunktion

Eine andere Vorgehensweise besteht darin, daß das Problem der Konstruktion eines Steuersystems in den vertrauten analytischen Rahmen der Wohlfahrtsökonomik übersetzt wird, den wir im Kapitel 3 entwickelt haben. Erst versucht man unter der Voraussetzung, daß dem Staat bestimmte Instrumente und Informationen zur Verfügung stehen, festzustellen, was die Menge aller Pareto-effizienten Steuersysteme ist – d.h. der Steuersysteme mit der Eigenschaft, daß man niemanden besser stellen kann, ohne jemanden anderen schlechter zu stellen. Anschließend versucht man, unter Verwendung einer sozialen Wohlfahrtsfunktion innerhalb dieser Menge eine Auswahl zu treffen. Diese Vorgehensweise hat den Vorteil, daß Werturteile von Effizienzerwägungen getrennt werden. Fast jeder würde zustimmen, daß ein Steuersystem erstrebenswert ist, bei dem sich alle besser stellen (oder einige sich besser stellen und niemand sich schlechter stellt). Andererseits müssen wir oft unter verschiedenen Steuersystemen eine Auswahl treffen, von denen keines die anderen Pareto-dominiert; in einem derselben stellen sich die Armen besser und die Reichen schlechter als in den anderen. Aber stellen sich die Armen in einem solchen Maße besser, daß die Schlechterstellung der Reichen gerechtfertigt ist? Die Antwort hängt von Werturteilen ab, über die vernunftbegabte Menschen unterschiedlicher Meinung sein können.

Die Ökonomen haben zwei Typen sozialer Wohlfahrtsfunktionen verwendet: utilitaristische (die soziale Wohlfahrt ist die Summe der Nutzen der Individuen) und rawlsianische (die soziale Wohlfahrt entspricht dem Nutzenniveau, das das am schlechtesten gestellte Individuum erreicht). Verwendet man eine soziale Wohlfahrtsfunktion, kann man nicht nur Aussagen darüber machen, wie die Steuerschuld mit dem Einkommen wachsen sollte, sondern auch beispielsweise darüber, ob und unter welchen Umständen Krankheitskosten steuerlich abzugsfähig sein sollten[24]. Jetzt erörtern wir kurz die Implikationen dieser beiden sozialen Wohlfahrtsfunktionen für die Ausgestaltung der Steuern.

Utilitarismus. Traditionell wurde die Auffassung vertreten, daß man mit Hilfe des Utilitarismus eine progressive Besteuerung rechtfertigen könne, also höhere Steuersätze für die Reichen als für die Armen. Gemäß dem Utilitarismus sollten die Steuern so ausgestaltet sein, daß der Grenznutzen des Einkommens – die Nutzeneinbuße infolge der Wegnahme einer Mark – bei allen der gleiche ist[25]. Überschreitet der Grenznutzen des Einkommens von Jim den von Joe, erhöht eine Verringerung der Jimschen Steuerschuld um eine Mark und die Vergrößerung der Joeschen Steuerschuld die soziale Wohlfahrt, weil der Nutzengewinn des Jim den -verlust des Joe überschreitet. Da die Wegnahme einer Mark bei einem Reichen zu einer geringeren Wohlfahrtseinbuße führt als bei einem Armen, scheint der Utilitarismus eine Grundlage für progressive Besteuerung zu liefern.

Bei dieser Überlegung ist unberücksichtigt geblieben, daß das Einkommen des Steuerpflichtigen von seiner Leistungsbereitschaft abhängt und daß eine erhöhte Besteuerung der höheren Einkommen zu einer Verringerung der Leistungsbereitschaft ihrer Bezieher führen kann. Es kann also geschehen, daß bei einer solchen Steuererhöhung das Steueraufkommen geringer wird, oder daß der Grenzverlust für den Steuerpflichtigen, gemessen am Steueraufkommen, sehr groß ist. Das soeben dargelegte Argument unterstellte mit anderen Worten, daß die Einkommen von der Steuer unbeeinflußt bleiben; heute ist allgemein anerkannt, daß dies vermutlich nicht so ist. Dann folgt aus utilitarischen Annahmen aber, daß man den Nutzenverlust aus einer Steuererhöhung mit der Vergrößerung des Steueraufkommens vergleichen muß. Es ist erforderlich, daß der Quotient

$$\frac{\text{Veränderung des Nutzens}}{\text{Veränderung des Steueraufkommens}}$$

---

[24] Damit der Utilitarismus bzw. der Rawlsianismus operational (d.h. anwendungsfähig) werden, sind zusätzliche Annahmen erforderlich, wie wir im Kapitel 3 gesehen haben. Normalerweise nimmt man an, daß die Individuen identische Nutzenfunktionen haben (bei jedem Einkommensniveau stiftet eine zusätzliche Mark allen denselben zusätzlichen Nutzen) und daß der Grenznutzen des Einkommens abnimmt (eine zusätzliche Mark ist mit wachsendem Einkommen immer weniger wert). Der Leser sollte sich auch der Warnungen bewußt sein, die im Kapitel 3 in bezug auf interpersonale Nutzenvergleiche ausgesprochen wurden. Man sollte aber auch die Schwierigkeiten einer jeglichen Diskussion über Wirtschaftspolitik bei einem Verzicht auf derartige Vergleiche nicht vergessen.

[25] Aus der Sicht eines Utilitaristen besteht kein direkter Zusammenhang zwischen den Steuern und dem Nutzenniveau des Individuums. Einer, der ein Körperteil verloren hat, mag weniger glücklich sein, aber auch weniger befähigt, aus einer marginalen Einkommenserhöhung Nutzen zu ziehen.

bei allen Steuerpflichtigen denselben Wert annimmt. Ist bei einer Gruppe von Steuerpflichtigen das Arbeitsangebot sehr elastisch (das heißt, wenn die Steuersätze angehoben werden, verringern sie ihr Arbeitsangebot sehr nachhaltig), führt eine Erhöhung der Einkommensteuer zu einem relativ geringen Wachstum des Aufkommens, und die Mitglieder dieser Gruppe sollten nicht so stark besteuert werden.

Man glaubte auch einmal, daß sich aus dem Utilitarismus das Prinzip der horizontalen Gerechtigkeit ableiten ließe. Hat jeder dieselbe Nutzenfunktion, sollten Individuen mit demselben Einkommen gleich besteuert werden. Nehmen Sie an, daß einer einem höheren Steuersatz unterliegt als ein anderer mit demselben Einkommen. Wegen des abnehmenden Grenznutzens wäre sein Grenznutzen höher als bei dem anderen. Eine Anhebung der Steuer auf das wenig besteuerte Individuum um eine Mark bewirkt bei ihm einen geringeren Nutzenverlust als der Nutzengewinn, der dadurch im Wege einer Senkung der Steuer auf das stark besteuerte möglich wird. Dieses Argument wäre aber wiederum nur dann richtig, wenn das Einkommen sich nicht änderte. Tut es das, ist es irrig.

Daß aus dem Utilitarismus horizontale Ungerechtigkeit folgt, läßt sich anhand der Situation von Schiffbrüchigen aufzeigen, die genügend Lebensmittelvorräte haben, damit alle bis auf einen überleben. In dieser Situation impliziert Gleichheit, daß alle sterben, was (von einem utilitaristischen Standpunkt) eindeutig schlechter ist, als wenn nur einer stirbt[26].

Rawlsianische soziale Wohlfahrtsfunktionen. Nicht wenige Ökonomen und Philosophen glauben, daß der Utilitarismus das Gleichheitsideal nicht mit dem nötigen Eifer verfolgt, daß er die Ungleichheit zuwenig berücksichtigt. Im Kapitel 3 haben wir die Auffassung von J. Rawls diskutiert, daß die Gesellschaft sich nur für das Wohlbefinden des am schlechtesten gestellten Individuums interessieren sollte, daß das Steuersystem (und andere sozialpolitische Maßnahmen) darauf ausgerichtet sein sollte, seine Wohlfahrt möglichst stark zu erhöhen. Eine soziale Wohlfahrtsfunktion, die das Nutzenniveau des am schlechtesten gestellten maximiert, hat einige einfache und unmittelbare Folgen für die Steuerpolitik: Die Steuersätze, die den Bürgern mit Ausnahme des am schlechtesten gestellten auferlegt werden, sind zu erhöhen, bis das Steueraufkommen maximiert wird. Das impliziert nicht notwendigerweise, daß die Reichen mit Sätzen von 80 bis 90% besteuert werden, oder auch nur, daß die Grenzsteuersätze stets mit dem Einkommen zunehmen sollten. Es könnte sich herausstellen, daß das Arbeitsangebot derjenigen, die sehr hohe Einkommen haben, sensibler auf die Steuersätze reagiert als das der Bezieher mittlerer Einkommen.

Es gibt Leute, denen selbst das Rawlskriterium noch nicht gleichmacherisch genug ist. Eine Veränderung, aufgrund derer sich eine Person besser stellt, die Lage aller anderen aber unverändert bleibt, mag in einer Gesellschaft unerwünscht sein, wenn die bessergestellte Person etwa besonders reich ist. Gemäß dieser Sicht ist die Ungleichheit als solche ein Übel oder erzeugt Übel. Unter-

---

[26] Ferner läßt sich auch zeigen, daß unter plausiblen Voraussetzungen der Utilitarismus bei verzerrenden Steuern fordert, daß Steuerpflichtige unterschiedlich behandelt werden, obwohl sie in jeder wesentlichen Hinsicht gleich zu sein scheinen. Dies ist näher ausgeführt in J. Stiglitz: Utilitarianism and Horizontal Equity: The Case for Random Taxation. Journal of Public Economics 21 (1982), S. 257-94.

schiede im Einkommensniveau können beispielsweise soziale Spannungen zur Folge haben. Eine ungleiche Güterversorgung führt nicht selten zu einer ungleichen Verteilung der politischen Macht, und diese könnte am Ende zugunsten der Reichen und zuungunsten der Armen eingesetzt werden.

Was können die Ökonomen zu der Diskussion über Gerechtigkeit beitragen.
Obwohl die Ökonomen (und die Philosophen) bislang außerstande sind, die Kernprobleme einer Fundierung von Urteilen über Gerechtigkeit zu lösen, haben sie doch einiges zu sagen. Beispielsweise ist es wichtig, daß man in der Lage ist, die Gesamtheit der Folgen einer Steuer herauszuarbeiten, und die Beschreibung dieser Folgen reduziert sich in den seltensten Fällen auf die Darstellung dessen, wieviel Steuern jeder einzelne Steuerpflichtige zahlt. Wir können versuchen, zu ermitteln, wie verschiedene Bevölkerungsgruppen von unterschiedlichen Steuersystemen betroffen sind. In jedem Steuersystem dieser Welt finden sich Gruppen, die weniger zahlen, als gerecht scheint – und zwar für jedes denkbare vernünftige Gerechtigkeitskriterium. Wir müssen dann fragen: Warum werden diese Leute steuerlich anders behandelt? Es mag sein (dies werden wir weiter unten sehen), daß eine gerechte Behandlung dieser Leute die Einführung neuer Ungerechtigkeiten in das Steuerrecht erfordert, die sogar noch schwerwiegender sind. Steuersysteme beziehen sich notwendigerweise auf beobachtbare Variablen wie Einkommen oder Ausgaben; weiter oben haben wir festgestellt, daß viele der Bezugsgrößen, die in der allgemeinen philosophisch gestimmten Debatte verwendet werden (z.B. Wohlfahrt), nicht unmittelbar meßbar sind; sogar Einkommen ist nicht so wohlbestimmt, wie man auf den ersten Blick vermuten könnte. Viele der „Ungerechtigkeiten" des Steuersystems rühren einfach aus den unvermeidlichen Schwierigkeiten her, die eine Übersetzung scheinbar wohldefinierter Begriffe in die genaue Sprache bereitet, die im Steuerrecht unabdingbar ist.

In einigen anderen Fällen lassen sich mittels einer genauen Betrachtung unterschiedlicher Bestimmungen des Steuerrechts und der Veränderung von Vorschriften, die bestimmte Bevölkerungsgruppen betreffen, Einsichten gewinnen, warum die eine Gruppe behauptet, daß bestimmte Regelungen ungerecht sind, wohingegen eine andere meint, daß es ungerecht wäre, diese zu ändern. Wir können den Versuch unternehmen, jene Fälle, in denen die Forderung nach Gerechtigkeit vorgebracht wird, um zu verschleiern, daß Gruppeninteressen verfolgt werden, von Fällen zu unterscheiden, in denen den Forderungen nach Steuergerechtigkeit eine vertretbare ethische oder philosophische Position zugrundeliegt.

Zusammenfassung

1. Ein gutes Steuersystem sollte fünf Eigenschaften aufweisen:
   Wirtschaftliche Effizienz,
   verwaltungstechnische Wohlfeilheit,
   Flexibilität,
   Transparenz,
   Gerechtigkeit.
2. Die zwei Hauptaspekte der Gerechtigkeit sind horizontale und vertikale Gerechtigkeit.
3. Manche argumentieren, daß die Besteuerung auf dem Äquivalenzprinzip basieren sollte, andere wiederum sprechen sich dafür aus, daß es auf dem Leistungsfähigkeitsprinzip beruhen sollte. Wiederum andere glauben, daß die Höhe der Steuern von einem Maß des Wohlstandes abhängen sollte. Es herrscht keine Einigkeit darüber, wie die Leistungsfähigkeit oder der wirtschaftliche Wohlstand gemessen werden sollte. Ein jedes Steuersystem kann nur an leicht beobachtbaren Variablen wie dem Einkommen oder dem Konsum anknüpfen. Manche stellen sich auf den Standpunkt, daß es gerechter sei, die Individuen auf der Grundlage dessen zu besteuern, was sie der Gesellschaft nehmen (Konsum) als auf der Grundlage dessen, was sie ihr geben (ihr Einkommen).
4. Der Utilitarismus kommt zu dem Schluß, daß das Steuersystem so gewählt werden sollte, daß die Summe der Nutzen maximiert wird. Rawlsianer vertreten demgegenüber die Auffassung, daß der Wohlstand des am schlechtesten gestellten Individuums maximiert werden sollte.
5. Pareto-effiziente Steuersysteme maximieren die Wohlfahrt eines Individuums (bzw. einer Gruppe von Individuen) unter der Voraussetzung, daß der Staat ein bestimmtes Steueraufkommen erzielt und daß die anderen ein bestimmtes Nutzenniveau erreichen. Niemand kann besser gestellt werden, ohne daß sich jemand anderer schlechter stellt.

Schlüsselbegriffe

Pareto-effizientes Steuersystem
Verzerrende Steuern
Nichtverzerrende Steuern
Pauschalsteuern
Leistungsfähigkeitsprinzip
Wirkungen im allgemeinen Gewicht

Steuersparobjekte
Horizontale Gerechtigkeit
Vertikale Gerechtigkeit
Äquivalenzprinzip
Ankündigungseffekte
Nominalprinzip

Fragen und Probleme

1. Erörtern Sie, wie unsere Ansichten über die steuerliche Behandlung von Kindern von den folgenden Faktoren beeinflußt werden könnten:
   a) Sie leben in einem dicht bevölkerten Land oder aber in einem weitgehend unbesiedelten;
   b) Sie betrachten Kinder als ein Konsumgut (für ihre Eltern) ebenso wie andere Konsumgüter.
   Erörtern Sie Effizienz- und Gerechtigkeitsaspekte!
2. Bei einem progressiven Steuertarif ist die Steuerbelastung bei einer getrennten Veranlagung der beiden Ehegatten unter Umständen wesentlich geringer, als wenn das Einkommen der Ehegatten addiert und der Tarif an die Summe angelegt wird. Erörtern Sie einige der Effizienz- und Gerechtigkeitsprobleme, die bei der Besteuerung der Familien auftreten!
3. Folgt aus dem Utilitarismus, daß der Steuertarif progressiv sein sollte?

16. Kapitel: Besteuerung: Eine Einführung

4. Betrachten Sie ein Individuum, das ein Bein verloren hat, aber mit einer Prothese ebenso viel verdient wie zuvor. Wie hoch sollte seine Steuerbelastung im Vergleich zu einem ansonsten gleichartigen Individuum sein, das kein Bein verloren hat
   a) vom Standpunkt des Utilitarismus,
   b) bei einer rawlsianischen sozialen Wohlfahrtsfunktion;
   c) wenn Sie glauben, daß das Leistungsfähigkeitsprinzip die richtige Grundlage für die Besteuerung liefert.

5. Der Staat hat eine umfangreiche Verbraucherschutzgesetzgebung geschaffen, die unter anderem das Ziel verfolgt, die Unternehmen daran zu hindern, Informationslücken der Konsumenten auszunutzen. Wie könnte man sich ein Gesetz vorstellen, das analog eine Offenlegung der Steuerlast durch den Staat fordert? Was könnten die Vorteile eines solchen Gesetzes sein, und was wären die Probleme?

6. „Da alte Menschen, abgesehen von ihrem Bedarf nach Gesundheitsgütern, keinen so hohen Bedarf haben wie jüngere, die noch Kinder aufziehen, sollte der Staat, wenn er (im Rahmen der gesetzlichen Krankenversicherung etwa) eine Subventionierung der medizinischen Versorgung der alten Leute betreibt, diese gleichzeitig stärker besteuern". Erörtern Sie die Folgen einer solchen Vorgehensweise für Effizienz und Gerechtigkeit (betrachten Sie alternative Ansichten zu dieser Frage)!

7. Nehmen Sie an, daß das Arbeitsangebot verheirateter Frauen sehr sensibel auf den Lohn nach Steuern reagiert (das heißt, es ist sehr elastisch), wohingegen das der Männer das nicht tut. Stellen Sie sich vor, es würde vorgeschlagen, die Einkommensteuer für verheiratete Frauen um 5% zu senken, die für verheiratete Männer aber um 15% anzuheben. Wie würde eine derartige Steuertarifänderung das Steueraufkommen beeinflussen? Wie würde Sie die Einkommensverteilung beeinflussen?

8. Stellen Sie sich das folgende Paket von Steuern vor, das eingeführt werden könnte, um den Straßenbau zu finanzieren (ein derartiges Paket wurde im Staat New York im Jahre 1987 diskutiert). Die Gebühr für Führerscheine wird angehoben, ebenso die KFZ-Steuer. Ferner werden bestimmte Teile von Automobilen (u.a. Reifen) besteuert und die Steuern für Zigaretten und Alkohol erhöht. Welche dieser Steuern lassen sich unter Äquivalenzgesichtspunkten rechtfertigen, welche als Pigou-Steuern? Welche dieser Steuern bewirken die geringsten Verzerrungen?

17. Kapitel
Wer zahlt die Steuern: Steuerinzidenz

Ändert das Parlament etwas am Steuerrecht, spielen in der politischen Diskussion bestimmte Auffassungen eine Rolle, wer für die Tätigkeit des Staates zahlen sollte oder aber für das Ausgabenprogramm, zu dessen Finanzierung das Steuerrecht geändert wird. Der Gesetzgeber hat oft auch bestimmte Vorstellungen, wer die Last einer Steuer tragen sollte. Aber in Wirklichkeit geschieht in der Wirtschaft nicht immer das, was der Gesetzgeber will. Wer die Steuerlast trägt, wird nicht wirklich dadurch abschließend geregelt, was der Gesetzgeber geschrieben hat. Wir gebrauchen den Begriff Inzidenz, um zu beschreiben, wer tatsächlich für die Steuer aufkommt, wer also der Steuerträger ist.

Wird einem Wirtschaftszweig eine Steuer auferlegt, und steigt dann der Preis der Produkte dieser Branche, so daß ein Teil der Inzidenz der Steuer auf die Konsumenten entfällt, sagen wir, daß die Steuer überwälzt (Vorwälzung) wird. Man unterscheidet zwischen der Steuerzahllast und der Steuertraglast. Der Begriff Zahllast bezieht sich auf die Steuerzahlung, Steuertraglast auf die effektive Steuerbelastung. Ist der Preis um weniger als den Steuerbetrag gestiegen, sagen wir, daß sie teilweise überwälzt wurde. Steigt er genau um den Betrag der Steuer, sagen wir, daß sie vollständig überwälzt wurde. Steigt der Preis um mehr als die Steuer – eine Möglichkeit, die wir im Zusammenhang mit Monopolen kennenlernen werden, sagen wir, daß sie zu mehr als 100% überwälzt wird.

Wenn infolge der Auferlegung der Steuer die Nachfrage des Wirtschaftszweigs nach Produktionsfaktoren abnimmt und daher der Preis dieser Faktoren sinkt, sagen wir, daß die Steuer rückwärts überwälzt (Rückwälzung) wurde.

Betrachten Sie beispielsweise die Körperschaftsteuer. Sie ist populär, weil viele glauben, daß die Unternehmen und die Aktionäre die Steuer zahlen. Erhöht aber das Unternehmen in Reaktion auf die Steuer seine Preise, wird sie in Wirklichkeit von den Konsumenten getragen. Nimmt die Nachfrage nach Arbeit ab und sinken infolgedessen die Löhne, wird die Steuer zum Teil von Arbeitern getragen und nicht von den Kapitaleignern. Bewirkt die Steuer, daß Investitionen in Kapitalgesellschaften weniger lukrativ sind, wird Kapital in Unternehmen fließen, die eine andere Rechtsform haben, und die Kapitalerträge werden in den nicht als Kapitalgesellschaften organisierten Unternehmen zurückgehen. Ein Teil der Steuerlast der Körperschaftsteuer mag infolgedessen das Kapital als Ganzes treffen und nicht nur das, das in Kapitalgesellschaften investiert ist.

T sei der Steuerbetrag, den ein Steuerpflichtiger entrichten muß, und I sein Einkommen. Wir nennen den Quotienten T/I den Durchschnittssteuersatz, dem der Steuerpflichtige unterliegt. Ein Steuersystem, in dem der Durchschnittssteuersatz mit steigendem Einkommen zunimmt, bei dem T/I für die Reichen also höher ist als für die Armen, wird progressiv genannt; ein Steuersystem, in dem der Durchschnittssteuersatz mit steigendem Einkommen abnimmt, regressiv. Die Tabaksteuer gilt beispielsweise als regressiv; der Teil seines Einkommens, den ein Kleinverdiener für Zigaretten aufwendet, ist größer als bei Großverdienern.

Ob das Steuersystem der BR Deutschland progressiv oder regressiv ist, hängt offenbar von der Inzidenz der verschiedenen Steuern ab. Wird die Körperschaftsteuer auf die Konsumenten überwälzt oder auf die Arbeitnehmer, ist sie vielleicht weniger progressiv als wenn keine solche Überwälzung erfolgen würde (es ist durchaus möglich, daß die Körperschaftsteuer tatsächlich regressiv ist). Ähnliches gilt für die Gewerbesteuer.

Die Inzidenz von Steuern auf Märkten mit Wettbewerb

Wir beginnen die Analyse der Inzidenz mit einer Betrachtung von Märkten mit Wettbewerb. Die Grundgedanken lassen sich mit Hilfe der Angebots- und Nachfragekurven für Bier darstellen, die in der Zeichnung 17.1 zu sehen sind. Die Nachfragekurve sagt uns, wieviel von einem Gut bei einem bestimmten Preis nachgefragt wird. Betrachten Sie beispielsweise die Auswirkungen einer Biersteuer.

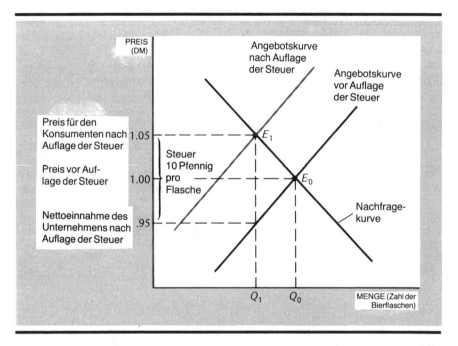

Abb. 17.1 Auswirkungen einer Steuer auf die Preise und die Mengen. Die Steuer führt zu einer Verschiebung der Angebotskurve um den Betrag der Steuer. Dies bewirkt eine Verringerung der konsumierten Menge und eine Erhöhung des Preises, den die Konsumenten zahlen.

Das Gleichgewicht vor Auflage der Steuer wird durch den Punkt E_0 dargestellt, in dem sich Angebots- und Nachfragekurve schneiden. Der Einfachheit halber haben wir angenommen, daß im Gleichgewicht eine Million Flaschen Bier produziert werden, wobei der Preis pro Flasche eine Mark beträgt.

Nehmen Sie nun an, daß der Staat den Erzeugern eine Steuer auferlegt (Produktionsteuer). Für jede Flasche Bier, die gebraut wird, müssen sie 10 Pfennig zahlen. Für einen Erzeuger bedeutet das, daß er vor Steuern 1,10 DM pro Flasche erlösen muß, um nach Steuern 1 DM zu erhalten. Ihm geht es um seine Nettoerlöse (nach Steuern). Er wird also bereit sein, dieselbe Menge (die er vorher beim Preis von 1 DM angeboten hat) nunmehr beim Preis von 1,10 DM pro Flasche anzubieten. Die Angebotskurve verschiebt sich infolgedessen nach oben. Der Gleichgewichtspreis erhöht sich auch, aber nicht um 10 Pfennig. In unserem Beispiel steigt der Preis auf 1,05 DM. Der Preis, den der Erzeuger erhält, ist dementsprechend 95 Pfennig. Obwohl die Steuer nominell den Erzeugern auferlegt wurde, sehen sich die Konsumenten gezwungen, einen Teil der höheren Kosten, die aus höheren Steuern resultieren, über höhere Preise zu bezahlen.

Der Betrag, um den sich der Preis erhöht – der Teil der Steuer, den die Konsumenten die Steuer tragen – hängt von der Gestalt der Angebots- und Nachfragekurven ab. In zwei Grenzfällen steigt der Preis um die vollen 10 Pfennig, so daß die gesamte Last von den Konsumenten getragen wird. Dies geschieht, wenn die Angebotskurve vollständig horizontal ist, wie in der Zeichnung 17.2, Abschnitt A, oder wenn die Nachfragekurve vollkommen vertikal ist (die Individuen bestehen darauf, eine bestimmte Menge Bier zu verbrauchen, wieviel es auch immer kostet), wie im Abschnitt B.

Es gibt zwei Fälle, in denen der Preis, den die Konsumenten zahlen, sich überhaupt nicht erhöht; die ganze Steuer wird dann von den Erzeugern getragen wie im Abschnitt C und D. Dies geschieht, wenn die Angebotskurve vollkommen vertikal ist – die angebotene Menge hängt überhaupt nicht vom Preis ab – oder wenn die Nachfragekurve vollkommen horizontal ist.

Dies legt nahe, daß es ein allgemeineres Prinzip gibt: Je steiler die Nachfragekurve oder je flacher die Angebotskurve, umso mehr sind die Konsumenten Steuerträger; je flacher die Nachfragekurve oder je steiler die Angebotskurve, desto mehr sind es die Produzenten. Wir messen die Steigung der Nachfragekurve mittels der **Elastizität der Nachfrage**; sie gibt uns die prozentuale Veränderung der konsumierten Menge, die durch eine 1%ige Veränderung des Preises herbeigeführt wird. Wir sagen dann, daß die horizontale Nachfragekurve, bei der eine kleine Verringerung des Preises zu einer enormen Erhöhung der Nachfrage führt, unendlich elastisch ist; und wir sagen, daß die vertikale Nachfragekurve, bei der die Nachfrage überhaupt nicht auf eine Verringerung des Preises reagiert, eine Elastizität von null hat.

Analog dazu messen wir die Steigung der Angebotskurve mit Hilfe der Angebotselastizität; sie gibt die prozentuale Veränderung der angebotenen Menge eines Gutes an, die durch eine 1%ige Veränderung seines Preises herbeigeführt wird. Dementsprechend sprechen wir bei einer vertikalen Angebotskurve, bei der das Angebot sich bei einer Veränderung des Preises nicht ändert, von einer Elastizität von null, während eine horizontale Angebotskurve eine unendlich große Elastizität hat.

Je elastischer die Nachfragekurve und weniger elastisch die Angebotskurve, desto mehr von der Steuer wird von den Erzeugern getragen; je weniger elastisch die Nachfragekurve und je elastischer die Angebotskurve, umso mehr von der Steuer wird von den Konsumenten getragen.

Macht es einen Unterschied, ob die Steuer den Konsumenten oder den Produzenten auferlegt wird? Betrachten Sie, was geschieht, wenn der Bundestag eine

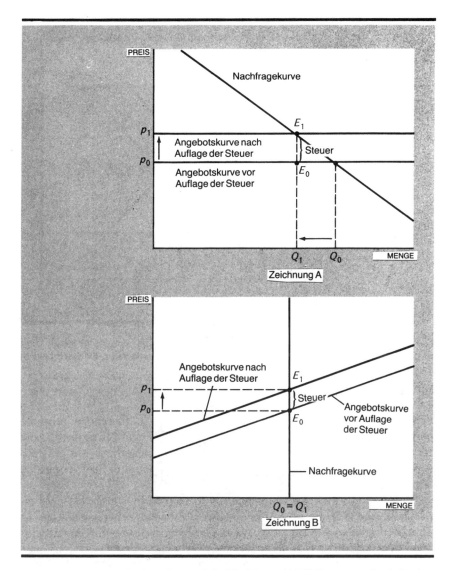

Abb. 17.2 Elastizität des Angebots und der Nachfrage. (A) Vollkommen elastische Angebotskurven: bei einer vollkommen elastischen Angebotskurve (horizontale Angebotskurve) erhöht sich der Preis um den vollen Betrag der Steuer; die Last der Steuer trifft nur die Konsumenten. (B) Vollkommen unelastische Nachfrage: Bei einer vollkommen unelastischen Nachfragekurve steigt der Preis um den Betrag der Steuer; die gesamte Last der Steuer trifft die Konsumenten. (C) Vollkommen unelastische Angebotskurve: Bei einer vollkommen unelastischen Angebotskurve erhöht sich der Preis überhaupt nicht; die Last der Steuer trifft nur die Produzenten. (D) Vollkommen elastische Nachfrage: Bei vollkommen elastischer (horizontaler) Nachfragekurve erhöht sich der Preis nicht; erneut trifft die Produzenten die volle Last der Steuer.

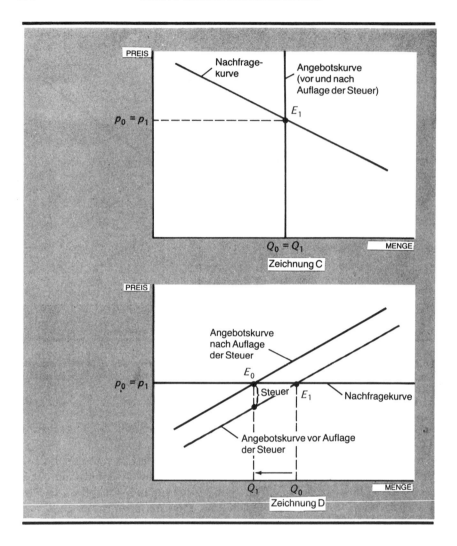

Biersteuer verabschiedet, zugleich aber feierlich verkündet, daß die Konsumenten die Steuer zahlen müssen[1]. Für jede Flasche Bier, die sie kaufen, müssen die Konsumenten 10 Pfennig (Verbrauch)Steuer zahlen. Die Konsumenten interessieren sich selbstverständlich nicht dafür, wer ihr Geld erhält. Ihnen geht es nur um den Bruttopreis für Bier.

Die Wirkung dieser Steuer ist in der Zeichnung 17.3 dargestellt. Interpretieren wir den Preis auf der vertikalen Achse der Zeichnung als den, den der Erzeuger erhält (statt als den, den der Konsument zahlt), läßt sich die Besteuerung der

---

[1] Er könnte seinen Willen durchzusetzen suchen, indem er vorschreibt, daß die Steuer nicht beim Hersteller, sondern beim Einzelhändler erhoben wird und dieser sie dem Käufer gesondert in Rechnung stellen muß.

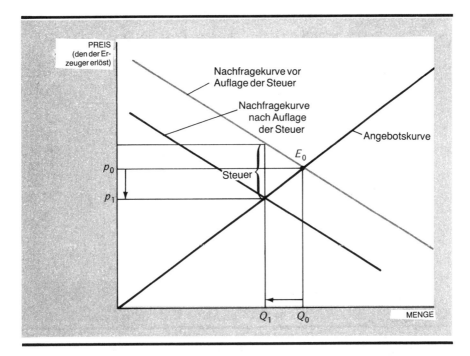

Abb. 17.3 Unterschiedliche Möglichkeiten der Analyse einer Steuer. Man kann eine Steuer analysieren, indem man die Nachfragekurve nach unten verschiebt oder indem man die Angebotskurve nach oben verschiebt (vgl. Abb. 17.1).

Konsumenten als eine Verschiebung der Nachfragekurve nach unten um den Betrag der Steuer darstellen. Das heißt, damit der Erzeuger p_1 erhält, muß der Konsument $p_1 + t$ zahlen, und das Angebot ist dann Q_1 — und damit genauso groß, wie es wäre, wenn die Erzeuger in einer Welt ohne Steuern den Preis $p_1 + t$ erlösen würden. Es dürfte offenbar sein, daß es keinen Unterschied macht, ob der Bundestag die Steuer als eine Produktions- oder als eine Verbrauchsteuer deklariert.

Analyse der Steuerwirkungen im Rahmen eines Unternehmens. Bislang haben wir uns mit der Wirkung der Steuer auf das Gleichgewicht auf einem Markt befaßt. Es ist nützlich, sich klarzumachen, wie die Steuer das Verhalten eines einzelnen Unternehmens beeinflußt. In der Zeichnung 17.4 ist das Unternehmen vor der Auferlegung der Steuer mit dem Marktpreis p_0 konfrontiert und hat eine steigende Grenzkostenkurve, GK. Es maximiert seine Gewinne, indem es den Preis (also den Erlös für die Erzeugung einer zusätzlichen Einheit des Outputs) gleich den Grenzkosten setzt (den Extrakosten der Produktion einer zusätzlichen Einheit des Outputs).

Jetzt führt der Staat eine Steuer von t pro Outputeinheit des Unternehmens ein. Die Kosten der Erzeugung einer zusätzlichen Einheit betragen nun für das Unternehmen $GK' = GK + t$, die Grenzkosten plus Steuer; es wird deswegen seinen Output auf Q_0' reduzieren. Verringern aber alle Unternehmen ihren Output, steigen die Preise. Das neue Gleichgewicht kommt bei einem Preis von p_1 und einem Output von Q_1 zustande. Der neue Preis ist gleich den Grenzkosten der Produktion plus der Steuer.

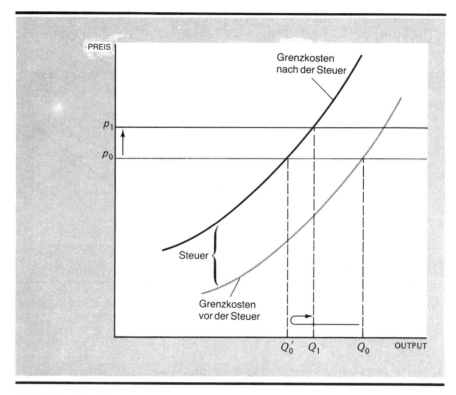

Abb. 17.4 Die Wirkungen einer Steuer auf die Grenzkosten. Ein Unternehmen befindet sich bei vollkommenem Wettbewerb in seinem Gleichgewicht, wenn der Preis gleich den Grenzkosten ist. Die Steuer verschiebt die Grenzkostenkurve nach oben.

Steuerinzidenz und die Nachfrage nach und das Angebot an Arbeit

Die Grundprinzipien, die wir eben abgeleitet haben, lassen sich auf alle Steuern auf Märkten mit Wettbewerb anwenden. Es macht keinen Unterschied, ob wir sagen, daß eine Steuer auf Arbeit den „Konsumenten" der Arbeit auferlegt wird (in diesem Fall den Unternehmen, die für den Einsatz von Arbeit zahlen müssen) oder den „Produzenten" (in diesem Fall den Individuen, die ihre Arbeitsleistung verkaufen). Die Inzidenz der Steuer ist dieselbe. Die Unterscheidung, die der Reichstag einführte, daß die eine Hälfte des Sozialversicherungsbeitrags vom Arbeitgeber bezahlt wird und die andere vom Arbeitnehmer, ist (in unserem Zusammenhang) vollkommen belanglos[2]. Die Folgen sind dieselben, als hätte der

---

[2] Im deutschen Recht sind die Sozialversicherungsbeiträge keine Steuern, im amerikanischen sind sie es. Unter Umständen kann man die Wirkungen von Sozialversicherungsbeiträgen ähnlich analysieren wie die einer Steuer.

Reichstag verfügt, daß die Arbeitgeber oder die Arbeitnehmer den gesamten Beitrag zahlen müssen. Ebenso ist es belanglos, ob das Einkommen der Arbeitnehmer in Form einer (proportionalen) Lohnsteuer oder in Form einer Lohnsummensteuer erhoben wird[3].

Wer die Last einer Steuer auf das Arbeitseinkommen wirklich trägt, hängt von der Elastizität der Angebots- und Nachfragekurven für Arbeit ab. Wenn, wie vielfach behauptet wird, das Angebot an Arbeit relativ unelastisch ist (d.h. fast vertikal), dann tragen die Arbeiter den Großteil der Last der Steuer, unabhängig davon, was der Gesetzgeber beabsichtigt hat.

Manche Ökonomen glauben, daß die Angebotskurve für Arbeit rückwärts geneigt ist, wie dies in der Zeichnung 17.5.B dargestellt ist. Steigen die Löhne über ein bestimmtes Niveau an, nimmt das Arbeitsangebot wieder ab. Die Erwerbstätigen kommen zu dem Schluß, daß sie bei dem höheren Lebensstandard, den sie wegen der höheren Löhne erreicht haben, weniger arbeiten wollen. Lohnerhöhungen verringern dann das Arbeitsangebot statt es zu vergrößern. In diesem Fall mag eine Steuer auf Arbeit eine Verringerung des Nettolohnsatzes bewirken, die größer ist als der Steuerbetrag, da die Verringerung des Nettolohnes zu einem größeren Arbeitsangebot führt, das die Löhne nach unten drückt.

Die Besteuerung unelastischer Produktionsfaktoren und Güter

Wie wir oben festgestellt haben, wird die Steuer vollständig von dem Unternehmen getragen (dem Wirtschaftszweig), dem sie auferlegt wird, wenn die Angebotselastizität null ist.

Die Angebotselastizität ist bei fast allen Produktionsfaktoren (außer Arbeit) und Gütern positiv. Eine Ausnahme ist das Angebot an jungfräulichem Boden[4]. Wird er besteuert, trifft die gesamte Steuerlast den Grundbesitzer. Unglücklicherweise ist es nicht einfach, den Preisunterschied zwischen jungfräulichem Boden und Boden festzustellen, in den investiert worden ist. Der Wert von Grundstücken, die in der Wildnis oder in der Wüste liegen und die völlig unerschlossen sind, ist zumindest in weniger besiedelten Gebieten der Erde – in der BR Deutschland gibt es derartige Böden praktisch nicht – sehr gering[5]. Inwieweit der Grundstückspreis in städtischen Regionen durch „Investitionen" in den Boden bedingt ist (wenn wir das wüßten, könnten wir den Rest, der nach Abzug aller dieser Wertzuwächse übrigbleibt, als Wert des jungfräulichen Bodens deklarieren), ist kaum ermittelbar.

Längerfristig mag das Angebot an Öl ziemlich unelastisch sein, und eine Ölsteuer dürfte daher in erster Linie die Eigentümer der Ölvorräte treffen. Da ein großer Teil der Ölvorräte der Welt sich in Ländern befindet, die nicht zu den Hauptverbrauchsländern zählen, gibt es für die Verbrauchsländer einen starken

---

[3] In der Vergangenheit wurde von den Unternehmen eine Lohnsummensteuer erhoben. Sie stellte einen Bestandteil der Gewerbesteuer dar. Hierbei mußten die Unternehmen eine Steuer in Höhe eines bestimmten Prozentsatzes der von ihnen gezahlten Löhne entrichten.

[4] Boden, der in keiner Weise gegenüber dem Naturzustand „verbessert" worden ist. Auch eine Erschließung für den Verkehr stellt bereits eine derartige Verbesserung dar.

[5] In den USA gibt es durchaus nahezu wertlose Grundstücke.

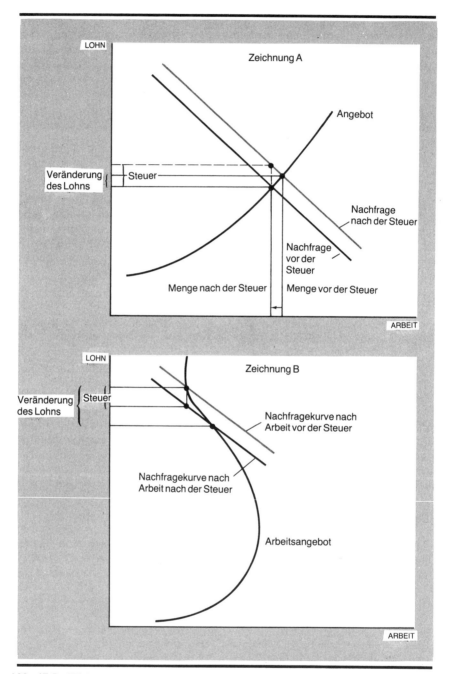

Abb. 17.5 Wirkungen einer Steuer auf die Nachfrage nach Arbeit. (A) Eine Lohnsummensteuer verschiebt die Nachfragekurve nach Arbeit nach unten. Sie führt damit zu einem geringeren Lohnsatz und zu einer geringeren Beschäftigung. (B) Bei einer rückwärts geneigten Arbeitsangebotskurve mag der (Netto)Lohn um mehr als den Betrag der Steuern sinken.

Anreiz, eine solche Steuer einzuführen. Natürlich widersetzen sich in diesen Ländern die heimischen Ölerzeuger einer solchen Maßnahme. In den meisten Ländern Westeuropas stellen diese keine politisch einflußreiche Gruppe dar, wohl aber in den USA (dort ist auch die wirtschaftliche Bedeutung der heimischen Ölproduktion weit größer als in den meisten westeuropäischen Ländern). Hieraus erklärt sich, daß die Mineralölsteuer in den USA wesentlich niedriger ist als in den westeuropäischen Nationen.

Unsere Analyse läßt sich sowohl auf eine Steuer anwenden, die den Verbrauchern von Öl auferlegt wird als auch auf eine, die unmittelbar den Erzeugern auferlegt wird. Eine Steuer auf Benzin dürfte also höchstwahrscheinlich von den Eigentümern der Ölquellen getragen werden. Dies gilt auch, wenn mehrere Produktionsfaktoren eingesetzt werden. Will man Benzin erzeugen, braucht man außer Mineralöl noch Arbeit und Kapital. Fällt der Benzinpreis, tragen die Eigentümer des Mineralöls die volle Last. (Kurzfristig mag es Überkapazitäten bei den Raffinerien geben und ein kleiner Teil der Last mag die Kapitaleigner in der Erdölverarbeitung treffen. Langfristig aber werden sich die Raffineriekapazitäten an die geringere Nachfrage anpassen.)

Inzidenz der Steuer auf monopolistischen Märkten im Unterschied zu Märkten mit Wettbewerb

Die Analyse der vorhergehenden Abschnitte unterstellte, daß auf dem Markt (für Bier) Wettbewerb herrscht. Welche Wirkungen eine Steuer hat, hängt entscheidend von der Struktur des Marktes ab. Besteht auf dem Markt ein Monopol (oder sprechen sich die verschiedenen Anbieter ab – man spricht dann von Kollusion –, so daß sie sich ähnlich wie ein Monopolist verhalten), hat eine Steuer wesentlich andere Auswirkungen.

Gibt es keine Steuer, wird der Produzent soviel erzeugen, daß die Kosten einer weiteren Vergrößerung seines Outputs (die Grenzkosten) gleich ihren Vorteilen für ihn sind. Erzeugt er eine zusätzliche Einheit an Output, werden die zusätzlichen Erlöse, die er dadurch erzielt, **Grenzerlös** genannt. Der Monopolist setzt seine Grenzkosten gleich seinem Grenzerlös. Die Zeichnung 17.6 zeigt die Nachfragekurve nach Aluminium, die Grenzerlöskurve und die Grenzkosten der Produktion. Der Monopolist wählt diejenige Outputmenge, bei der sich die Grenzkostenkurve und die Grenzerlöskurve schneiden.

Die Grenzerlöskurve liegt unterhalb der Nachfragekurve. Sie stellt den Extraerlös dar, den das Unternehmen durch den Verkauf einer Extraeinheit des Output erzielt, und dies ist der Preis für diese Extraeinheit minus die Erlöseinbuße, die das Unternehmen bei den anderen verkauften Einheiten des Guts erleidet, da es den Preis senken muß, will es mehr verkaufen.

Eine Steuer auf Aluminium kann man einfach als eine Vergrößerung der Produktionskosten betrachten, also als eine Verschiebung der Grenzkostenkurve nach oben. Dadurch verringert sich der Output und steigt der Preis.

Zusammenhänge zwischen der Preiserhöhung und der Steuer. Für Wirtschaftszweige, in denen Wettbewerb herrscht, haben wir gezeigt, daß die Preiser-

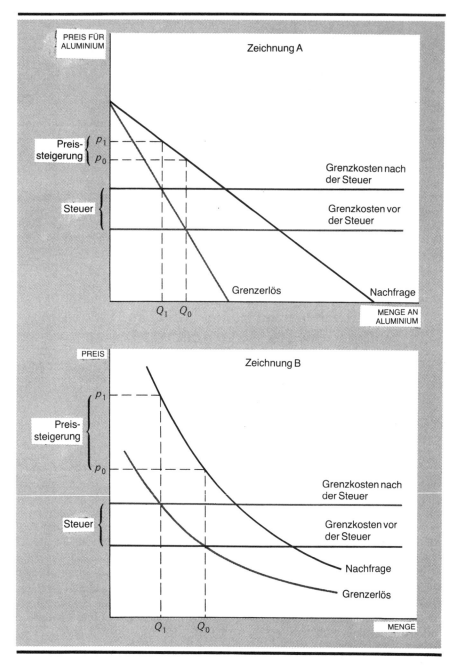

Abb. 17.6 Steuern auf ein Monopol. (A) Bei linearen Nachfrage- und Angebotskurven erhöht sich der Preis für den Konsumenten genau um die Hälfte der Steuer: Konsumenten und Produzenten tragen beide einen Teil der Last. (B) Bei Nachfragekurven mit konstanter Elastizität erhöht sich der Preis um mehr als den Steuerbetrag.

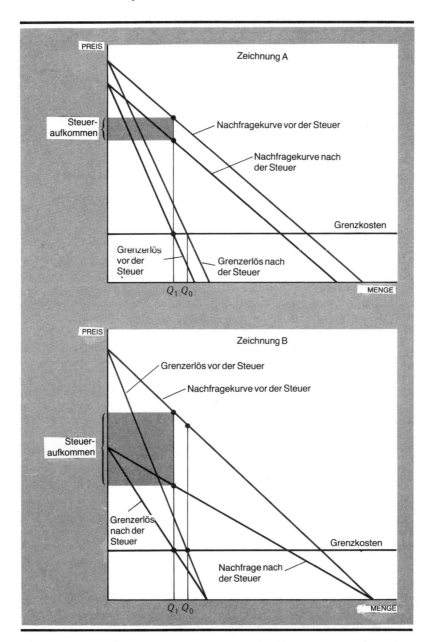

Abb. 17.7 Vergleich einer Mengen- und einer Wertsteuer auf ein Monopol. (A) Man kann die Wirkungen einer Mengensteuer bei einem Monopol analysieren, indem man entweder die Grenzkostenkurve nach oben verschiebt (wie weiter oben geschehen) oder aber die Nachfrage- und Grenzerlöskurve nach unten. (B) Analyse der Wirkungen einer Wertsteuer bei einem Monopolisten. Gegeben das Steueraufkommen ist der Output bei einer Wertsteuer höher als bei einer Mengensteuer.

höhung normalerweise geringer ist als der Steuersatz und daß ihre Größe von den Elastizitäten der Nachfrage und des Angebots abhängt. Bei einem Monopolisten ist alles komplizierter.

Je steiler die Grenzkostenkurve, desto geringer die Veränderung des Outputs und die Preiserhöhung. Verläuft die Grenzkostenkurve vertikal, gibt es keine Veränderung des Outputs oder Preises; die Steuer wird vom Erzeuger getragen. Das Ergebnis ist dasselbe wie bei Wettbewerb. Hingegen hängt bei einer horizontalen Grenzkostenkurve das Ausmaß, in dem die Produzenten oder die Konsumenten von der Steuer getroffen werden, von der Gestalt der Nachfragekurve ab. (Auf Märkten mit Wettbewerb würden die Konsumenten dann die gesamte Steuer tragen.) Die Abschnitte A und B der Zeichnung 17.6 erläutern zwei Fälle. Bei einer linearen Nachfragekurve nimmt der Quotient aus Grenzerlös und Preis mit zunehmendem Output ab, und der Preis erhöht sich um den halben Betrag der Steuer; bei einer isoelastischen Nachfragekurve (bei der bei jedem Preis eine 1%ige Preiserhöhung zu einer – sagen wir – 2%igen Verringerung der Nachfrage führt) ist der Quotient aus Grenzerlös und Preis konstant. Steigt der Grenzerlös um t, muß der Preis noch stärker steigen: die Preiserhöhung übertrifft stets den Betrag der Steuer (pro Einheit des verkauften Gutes). Sie wird zu mehr als 100% auf den Konsumenten überwälzt[6].

Mengensteuer versus Wertsteuern. Zwischen der Besteuerung von Wirtschaftszweigen, in denen Wettbewerb herrscht, und der von Monopolen gibt es noch einen zweiten wesentlichen Unterschied. Bei der ersteren ist es belanglos, wie wir die Steuer erheben. Wir können eine Mengensteuer wählen, bei der die Steuer als ein fester Betrag pro Mengeneinheit des produzierten Gutes erhoben wird, oder eine Wertsteuer, bei der die Steuerschuld als Prozentsatz des Preises berechnet wird. Für die Bestimmung der Steuerwirkungen kommt es (im Gleichgewicht) nur auf die Größe der Differenz zwischen dem Preis, den der Erzeuger erhält, und dem, den die Konsumenten zahlen, an[7]. Die Steuer treibt einen Keil zwischen diese beiden Preise.

Im Fall monopolistischer Wirtschaftszweige hingegen unterscheiden sich die Wirkungen einer Mengensteuer erheblich von denen einer Wertsteuer. Bei unserer Diskussion einer Biersteuer haben wir eine Mengensteuer erörtert und ihre

---

[6] Der Grenzerlös (GE) hängt folgendermaßen mit dem Preis zusammen: $GE = p(1 - 1/e^d)$ wobei $e^d > 1$.
Da GE = GK (Grenzkosten) + t (Steuer)
$$p = \frac{GK + t}{1 - 1/e^d}$$
Eine Erhöhung der Steuer um 10 Pfennig erhöht den Preis um $\frac{1}{1-1/e^d} \times 10$ Pf. Wenn $e^d = 2$, erhöht sich der Preis um 20 Pfennig.

[7] Die beiden Arten von Steuern mögen aus verwaltungstechnischen Gründen unterschiedliche Wirkungen haben. Normalerweise kommt man nicht umhin, auf eine Vielzahl verschiedener Güter (beispielsweise auf eine Vielzahl verschiedener Weinsorten) dieselbe Steuer zu erheben. Wird die Steuer als Mengensteuer erhoben, führt dies bei Einheiten geringer Qualität zu einer höheren Steuerbelastung, und es verringert sich damit der Absatz von Sorten geringer Qualität (bzw. mit geringen Preisen). Das ist der Grund, warum eine Wertsteuer vorzuziehen ist.

Wirkung als eine Verschiebung der Grenzkostenkurve nach oben charakterisiert. Darüberhinaus haben wir sie auch als eine Verschiebung der Nachfragekurve nach unten dargestellt, wobei die vertikale Achse dann nicht den Preis angibt, den die Konsumenten zahlen, sondern den, den die Erzeuger erhalten. Dies ist in der Zeichnung 17.7, Abschnitt A zu sehen.

Zahlt der Verbraucher bei einer Wertsteuer einen Preis von p pro Einheit des Gutes, erhält der Erzeuger p $(1 - \hat{t})$, wobei $\hat{t}$ den Steuersatz der Wertsteuer bezeichnet. Wieviel Steuer bezahlt wird, hängt dann vom Marktpreis ab. Wäre er null, so wäre gar keine Steuer zu entrichten. Die Steuer bewirkt eine Drehung der Nachfragekurve, wie in der Zeichnung 17.7, Abschnitt B dargestellt, und nicht eine Verschiebung derselben nach unten, wie im Abschnitt A. Eine Mengensteuer verringert den Grenzerlös, den das Unternehmen erhält, um den Betrag der Steuer (pro Einheit des verkauften Gutes); eine Wertsteuer verringert den Grenzerlös um weniger als den Steuerbetrag (der Grenzerlös ist $(1 - \hat{t})$ GE – das heißt, er verringert sich um $\hat{t}$GE, wohingegen der Staat Einnahme in Höhe von $\hat{t}$p erhält. Da der Preis höher ist als der Grenzerlös, verringert sich der Grenzerlös um weniger als den Steuerbetrag). Für einen bestimmten Gleichgewichtsoutput also ist das Aufkommen einer Wertsteuer größer; oder anders ausgedrückt, bei einem gegebenen Steueraufkommen ist der Output bei einer Wertsteuer größer.

Inzidenz bei Oligopolen

Zwischen den Extremen der vollkommenen Konkurrenz des Monopols liegen oligopolistische Marktstrukturen. Bei Oligopolen, wie z.B. dem Markt für Flugzeuge oder für Mietwagen, stellen die einzelnen Anbieter strategische Erwägungen unter Berücksichtigung der Handlungen der anderen Anbieter an. Verändert ein Anbieter seine Preise oder seinen Output, ändern möglicherweise auch die anderen ihre Preise oder ihren Output, aber es ist schwierig, diese Reaktionen vorherzusagen. Im Unterschied zum Monopolisten oder zu einem Unternehmen bei vollkommener Konkurrenz hat der Oligopolist keine genaue Kenntnis der Nachfragefunktion für seine Güter – er kann über diese nur Vermutungen anstellen.

Es gibt keine allgemein anerkannte Theorie über das Verhalten oligopolistischer Unternehmen. Deswegen kann man auch kaum Aussagen darüber machen, welche Inzidenz Steuern haben werden. Einige Ökonomen glauben, daß Oligopolisten bei Steuererhöhungen ihre Preise vermutlich nicht heraufsetzen würden. Ein jeder Oligopolist mag glauben, daß seine Konkurrenten seinen Marktanteil für sich vereinnahmen würden, wenn er seinen Preis heraufsetzte. Geht der Oligopolist hingegen davon aus, daß seine Konkurrenten als Reaktion auf seine Preiserhöhung ihre Preise ebenfalls heraufsetzen würden, dann geschieht das Gegenteil. Alle setzen ihre Preise herauf und überwälzen die Last der Steuer auf den Verbraucher.

Solange die Ökonomen keine tieferen Einsichten in oligopolistisches Verhalten gewonnen haben, kann es keine allgemeine Theorie der Inzidenz auf oligopolistischen Märkten geben.

Gleichwertige Steuern

In der bisjetzigen Diskussion haben wir betont, daß bestimmte Zwangsabgaben, die sich aufgrund der gesetzlichen Bestimmungen scheinbar voneinander unterscheiden (beispielsweise der Arbeitgeberbeitrag und der Arbeitnehmerbeitrag zur Sozialversicherung; Arbeitseinkommensteuer und Lohnsummensteuer; eine Steuer auf die Produktion von Bier und eine Steuer auf den Konsum von Bier), in Wirklichkeit äquivalent sind. Es gibt noch viele andere Beispiele für Steuern, die auf den ersten Blick recht unterschiedlich aussehen (und aus verwaltungstechnischer Sicht auch tatsächlich unterschiedliche Steuern sind), aus wirtschaftlicher Sicht aber gleichwertig sind.

Einkommensteuer und Wertschöpfungsteuer. Ein offenbares Beispiel hierfür folgt aus der Identität zwischen dem Einkommen einer Nation (was die Bürger erhalten) und ihrer Wertschöpfung (was sie produzieren). Da der Wert des Einkommens und der des Outputs derselbe ist, müssen eine allgemeine und gleichmäßige Einkommensteuer (das heißt, eine, die alle Einkommensarten mit demselben Satz besteuert) und eine allgemeine und gleichmäßige Steuer auf den Output (das ist eine, die die Wertschöpfung bei allen Produkten mit demselben Satz besteuert) äquivalent sein. Eine umfassende Umsatzsteuer mit einem einzigen Steuersatz ist eine derartige allgemeine und gleichmäßige Steuer auf den Output und daher einer allgemeinen Einkommensteuer äquivalent.

Die Erzeugung eines jeglichen Gutes vollzieht sich in einer großen Zahl von Produktionsstufen (Phasen). Der Wert des Endprodukts ist die Summe der Wertschöpfung auf allen diesen Produktionsstufen. Wir könnten die Steuer, statt sie am Ende des Produktionsprozesses beim Verkauf des Endprodukts zu erheben, auch auf jeder Produktionsstufe erheben. Eine Umsatzsteuer, die nach Beendigung des gesamten Produktionsprozesses erhoben wird, ist eine Einphasenbruttoumsatzsteuer. Eine Steuer, die auf jeder einzelnen Produktionsstufe erhoben wird, wird Allphasennettoumsatzsteuer (Mehrwertsteuer) genannt. Eine allgemeine und gleichmäßige Allphasennettoumsatzsteuer und eine allgemeine und gleichmäßige Einphasenbruttoumsatzsteuer sind also gleichwertig; und da eine allgemeine und gleichmäßige Wertschöpfungssteuer und eine Einkommensteuer gleichwertig sind, sind auch eine (derartige) Mehrwertsteuer und eine Einkommensteuer gleichwertig[8].

Eine Ersetzung des gegenwärtig praktizierten Einkommensteuersystems durch eine allgemeine und gleichmäßige Mehrwertsteuer ist dem Übergang zu einer proportionalen Einkommensteuer äquivalent[9].

Äquivalenz einer Konsum- und einer Arbeitseinkommensteuer. Stellen Sie sich eine Gesellschaft vor, in der nichts vererbt oder verschenkt wird. Dann läßt

---

[8] Allerdings können steuertechnische Probleme, beispielsweise Schwierigkeiten der Erfassung und unterschiedliche Möglichkeiten der Steuerhinterziehung zu Unterschieden führen. Beispielsweise ist Steuerhinterziehung bei einer Einphasenbruttoumsatzsteuer vermutlich leichter als bei einer Allphasennettoumsatzsteuer.

[9] Die in den westeuropäischen Ländern praktizierte Mehrwertsteuer ist tatsächlich keine derartige allgemeine Mehrwertsteuer, sondern kommt dem Typ einer Konsumsteuer weit näher. Vergleiche dazu Kapitel 22.

sich zeigen, daß eine allgemeine Steuer auf die Arbeitseinkommen und eine allgemeine Konsumsteuer äquivalent sind. Anders ausgedrückt, eine Konsumsteuer ist einer Einkommensteuer äquivalent, bei der Zinseinkommen und andere Kapitaleinkommen steuerbefreit sind. (Unsere gegenwärtige Einkommensteuer, bei der ein Teil der Kapitaleinkommen weniger stark besteuert wird als die Arbeitseinkommen, läßt sich als ein Zwitter zwischen einer Einkommensteuer und einer Konsumsteuer betrachten.)

Wir können die Äquivalenz am klarsten erkennen, wenn wir die Budgetrestriktion analysieren, der ein Individuum im Laufe seines Lebens unterliegt (ohne Berücksichtigung von Erbschaften). Der Einfachheit halber unterteilen wir sein Leben in zwei Perioden. Wir unterstellen, daß während der ersten sein Lohneinkommen W_1 beträgt und während der zweiten W_2. Das Individuum muß entscheiden, wieviel es während der ersten Periode seines Lebens konsumieren will und wieviel während der zweiten. Schränkt es seinen Konsum heute um eine Mark ein, und investiert es diese, wird es in der nächsten Periode DM 1 + r zur Verfügung haben, wobei r der Zinssatz ist. Bei einem Zinssatz von 10% sind das 1,10 DM. Die Budgetgerade ist eine gerade Linie wie in der Zeichnung 17.8.

Betrachten Sie nun, was mit dieser Budgetgeraden passiert, wenn eine Arbeitseinkommensteuer mit dem Steuersatz 20% eingeführt wird. Die Menge, die das Individuum konsumieren kann, verringert sich. Die Steigung der Budgetgeraden bleibt unverändert: es trifft immer noch zu, daß das Individuum in der nächsten Periode 1,10 DM zur Verfügung hat, wenn es heute auf Konsum für 1 DM verzichtet. Die neue Budgetgerade ist in der Zeichnung 17.8 ebenfalls dargestellt.

Eine Steuer auf den Konsum verschiebt seine Budgetgerade ebenfalls nach innen. Die Steigung der Budgetgeraden bleibt unverändert. Gibt das Individuum heute 1 DM weniger aus, hat es in einer Periode 1,10 DM zusätzlich. Wenn es die Mark heute ausgibt, erhält es wegen der Steuer 20% weniger an Gütern. Am Preisverhältnis zwischen Konsum heute und Konsum morgen verändert sich nichts. Arbeitseinkommensteuer und Konsumsteuer sind infolgedessen äquivalent[10]. Das Zeitprofil der Steuereinnahmen des Staates weicht bei den beiden Steuern voneinander ab, und das ist möglicherweise wichtig, wenn die Kapitalmärkte unvollkommen sind. Wiederum lassen sich mehrere Möglichkeiten finden, wie wir diese äquivalenten Steuern erheben können. Wir könnten eine Steuer nur auf Arbeitseinkommen erheben, wobei alle Zinseinnahmen, Dividenden und andere Kapitaleinkommen unbesteuert bleiben. Oder wir können den Konsum besteuern, den wir ermitteln, indem wir jeden über sein Einkommen und seine Ersparnisse berichten lassen und einen Abzug der Ersparnis vom Einkommen vornehmen. Eine andere Möglichkeit der Erhebung einer Konsumsteuer wäre in Form einer allgemeinen Einzelhandelsumsatzsteuer.

---

[10] Wenn es Nachlässe gibt, dann ist eine Arbeitseinkommen- plus Erbschaft- (und Schenkung-)steuer einer Konsum- plus Erbschaftsteuer gleichwertig. Diese Äquivalenzaussagen gelten nur bei einem vollkommenen Kapitalmarkt. Sie gelten dann auch bei Risiko. Vgl. A. B. Atkinson und J. E. Stiglitz: Lectures in Public Economics. New York 1980.

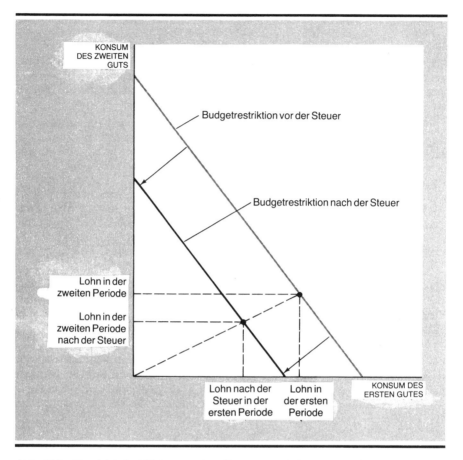

Abb. 17.8 Vergleich der Wirkungen einer Konsum- und einer Arbeitseinkommensteuer.
Die Wirkung einer Konsumsteuer auf die Budgetrestriktion des Steuerpflichtigen ist genau dieselbe wird die einer Arbeitseinkommensteuer.

Inzidenz einer Steuer gemäß Partial- und Totalanalyse

Wir haben gezeigt, daß es für die Inzidenz nicht wichtig ist, was der Bundestag darüber sagt, sondern daß diese

a) von bestimmten Eigenschaften von Angebot und Nachfrage abhängt; und
b) von der Struktur des Marktes, ob auf ihm Wettbewerb herrscht oder ein Monopol besteht.

Es gibt noch einige weitere Faktoren, die bei einer vollständigen Analyse der Inzidenz in Rechnung zu stellen sind. Erstens gibt es wesentliche Unterschiede zwischen einer Steuer, die nur einem Wirtschaftszweig auferlegt wird, und einer, die mehreren Wirtschaftszweigen auferlegt wird. In unserer obigen Analyse betrachteten wir eine Steuer, die einen kleinen Wirtschaftszweig (die Brauereien) trifft. Es wird dabei unterstellt, daß eine solche Steuer beispielsweise keinen wesentlichen Einfluß auf den Lohnsatz ausübt. Der Rückgang der Nachfrage nach Bier wird zwar die Arbeitsnachfrage der Brauereiwirtschaft verringern, es wird aber angenommen, daß diese Branche so klein ist, daß die entlassenen Arbeiter anderswo Beschäftigung finden können, ohne daß dies wesentliche Auswirkungen auf den Lohnsatz hat. Wir bezeichnen diese Art von Analyse, bei der alle Preise und Löhne (außer dem Preis, auf den sich die Aufmerksamkeit der Analyse gerade richtet) konstant bleiben, als **Partialanalyse**.

Unglücklicherweise haben viele Steuern gleichzeitig Auswirkungen auf viele Branchen. Die Gewerbesteuer betrifft alle (größeren) Gewerbebetriebe. Bewirkt sie, daß die Nachfrage der Gewerbebetrieb nach Kapital zurückgeht, dann kann der Rest der Wirtschaft (die Unternehmen, die nicht als Gewerbebetriebe organisiert sind) dieses Kapital nicht aufnehmen, ohne daß sich die Kapitalerträge dort verringern. Wir können nicht ohne weiteres davon ausgehen, daß der Preis, den die Gewerbebetriebe für die Erlangung von Kapital zahlen müssen, von der Steuer, die sie zahlen müssen, unabhängig ist. Für eine Analyse der Wirkungen einer solchen Steuer ist eine Analyse des Gleichgewichts in der gesamten Wirtschaft erforderlich, nicht nur der Branchen, denen die Steuer auferlegt ist. Wir nennen dies eine **Analyse des allgemeinen Gleichgewichts** (ein anderer Begriff hierfür ist Totalanalyse). Es gibt viele Fälle, in denen die Wirkungen einer Steuer im allgemeinen Gleichgewicht ganz andere sind als im partiellen. Wenn sich beispielsweise Kapital relativ leicht aus dem Sektor der Wirtschaft, der in Gewerbebetrieben organisiert ist, hinausschaffen läßt zu dem nicht derart organisierten Sektor, dann wird die Gewerbesteuer von beiden Sektoren gleichermaßen getragen; die Erträge nach Steuern müssen dieselben sein.

Ebenso muß zwischen der kurzfristigen und der langfristigen Inzidenz der Steuer unterschieden werden. Kurzfristig sind viele Größen starr, die sich langfristig verändern können. Während das gegenwärtig in bestimmten Branchen (beispielsweise der Stahlindustrie) verwendete Kapital nicht ohne weiteres in andere überführt werden kann, können längerfristig die Investitionen anderen Industrien zugutekommen. Eine Steuer auf die Kapitalerträge in der Stahlindustrie könnte langfristig ganz andere Auswirkungen haben als kurzfristig.

Werden die Ersparnisse besteuert, mögen die kurzfristigen Wirkungen geringfügig sein; aber langfristig kann dies die Sparneigung beeinträchtigen und dies wird den Kapitalstock verkleinern. Das Schrumpfen des Kapitalstocks verringert die Nachfrage nach Arbeit (und ihre Produktivität) und dies wiederum wird zu einem Sinken der Löhne führen. So kann die langfristige Inzidenz einer Besteuerung des Sparens die Arbeiter treffen, obwohl dies bei der kurzfristigen nicht der Fall ist.

Welche Wirkungen sich im allgemeinen Gleichgewicht ergeben, kann stark davon abhängen, ob eine Wirtschaft geschlossen (nicht mit anderen Ländern Handel treibt) oder offen ist. Wird in einer kleinen offenen Volkswirtschaft wie der Schweiz eine Kapitalsteuer eingeführt, dann muß die Ertragsrate auf Kapital vor Steuern derart steigen, daß die gesamte Steuer wettgemacht wird (sonst würden die Anleger ihre Mittel aus der Schweiz abziehen und woanders investieren); die Steuer wird vollständig von den anderen Produktionsfaktoren getragen. Die Angebotskurve für Kapital ist im Grunde unendlich elastisch. Dasselbe würde beispielsweise für eine Kapitalsteuer gelten, die in einem Bundesland der BR Deutschland eingeführt würde, im restlichen Bundesgebiet aber nicht.

Der Unterschied zwischen den kurzfristigen und den langfristigen Auswirkungen ist wesentlich, weil Regierungen und Politiker oft kurzsichtig sind. Sie beobachten die unmittelbaren Auswirkungen, übersehen aber, daß die Konsequenzen der Steuer insgesamt möglicherweise nicht ihren Absichten entsprechen.

Schließlich ist noch der folgende Aspekt einer Inzidenzanalyse zu erörtern: Es ist fast nie möglich, daß der Staat zu einem bestimmten Zeitpunkt nur eine einzige Politikvariable ändert. Der Staat unterliegt einer Budgetrestriktion, die besagt, daß Steueraufkommen plus Vergrößerung der Staatsschuld (zusätzliche Kreditaufnahme) gleich den Staatsausgaben sein müssen. Erhöht der Staat eine Steuer, muß er entweder eine andere senken oder seine Kreditaufnahme verringern oder mehr ausgeben. Verschiedene Kombinationen derartiger Maßnahmen haben unterschiedliche Folgen. Wir können nicht einfach fragen: Was wird geschehen, wenn der Staat die Einkommensteuer erhöht? Wir müssen spezifizieren, ob die Einkommensteuererhöhung von der Senkung einer anderen Steuer begleitet wird oder von einer Zunahme der Staatsausgaben oder von einer Verringerung der staatlichen Kreditaufnahme. (Oft wird angenommen, daß der Leser schon weiß, was sich noch ändert, aber es wird nicht ausdrücklich gesagt; wenn die Steuern gesenkt werden, wird das Defizit im Staatshaushalt größer.)

Wir nennen die Analyse einer Steuererhöhung, die mit der Senkung einer anderen Steuer verbunden ist, **Analyse der differentiellen Inzidenz**; wir nennen die Analyse einer Steuererhöhung, die von einer Vergrößerung der Staatsausgaben begleitet wird, Analyse der **Budgetinzidenz**.

Manchmal interessieren wir uns für die Analyse einer Kombination von Maßnahmen, die bestimmte wichtige ökonomische Größen unverändert läßt. Eine Steuererhöhung mag zu einer Verringerung der aggregierten Nachfrage und des Volkseinkommens führen (wenn dieses von der Nachfrage abhängt). Wir mögen bestrebt sein, die Auswirkungen einer Steuerreform auf das Volkseinkommen (und die Auswirkung, die dies dann, sagen wir, auf die Einkommensverteilung, hat) von den unmittelbaren Auswirkungen der Steuer als solcher zu trennen; wir wollen dann eine Kombination von Maßnahmen betrachten, die das Volkseinkommen unverändert läßt.

Viele Steuern haben Auswirkungen auf die Kapitalakkumulation. Eine negative Veränderung des Kapitalstocks dürfte zu geringeren Löhnen führen. Wiederum mag man wünschen, die direkten Effekte der Steuer von den indirekten Auswirkungen auf die Kapitalakkumulation zu trennen. Dies kann insbesondere dann der Fall sein, wenn man glaubt, daß man mittels anderer Instrumente diese neutralisieren kann. Verringert eine Erbschaftsteuer die Kapitalakkumulation, kann man diese Wirkungen möglicherweise durch eine Steuerbegünstigung der Investitionen wettmachen. Wir können ein Maßnahmenbündel prüfen, das keine Wirkung auf die Kapitalakkumulation hat; wir nennen dies dann eine Analyse der **Inzidenz bei gleichgewichtigem Wachstum**.

Einschätzung der Gesamtwirkung einer Steuererhöhung

Für die Folgen einer Steuererhöhung ist es u.U. ausschlaggebend, was der Staat mit dem zusätzlichen Steueraufkommen macht. Betrachten Sie die folgenden unterschiedlichen Möglichkeiten: Er kann Konsumgüter oder Kapitalgüter erwerben, oder er kann das zusätzliche Steueraufkommen für eine Rückzahlung eines

Teils der Staatsschuld verwenden. Kauft er Konsumgüter (Beispiel: Er subventioniert die Stadttheater stärker und verbessert dadurch die Qualität der Aufführungen) und sind diese Konsumgüter zumindest teilweise Substitute für private Konsumgüter, wird die Steuererhöhung zu einer Verringerung des privaten Konsums führen (das Sparen wird gefördert); das wird unabhängig davon gelten, ob die Individuen, die den Vorteil von dem öffentlichen Konsumgut haben, Kreditgeber oder Kreditnehmer sind. Verwendet der Staat das zusätzliche Steueraufkommen für die Beschaffung ein Kapitalgutes, das eine Erhöhung des künftigen Konsums der Haushalte ermöglicht (Beispiel: er baut eine Straße), und stellt dieser staatlich bereitgestellte künftige Konsum wenigstens teilweise ein Substitut für künftigen privaten Konsum dar, wird die Steuer die Ersparnis verringern und den (laufenden) privaten Konsum fördern. Auch das gilt gleichmaßen für Schuldner und Gläubiger.

Verwendet der Staat das zusätzliche Steueraufkommen dazu, um seine Schulden teilweise zu tilgen, ermöglicht er dadurch eine Steuersenkung in der Zukunft. Sind diejenigen, die von der zukünftigen Steuersenkung profitieren, dieselben, die heute die Steuern zahlen, verringern sich bei einer kleinen Erhöhung einer Pauschalsteuer heute die Ersparnisse um so viel, wie sich der Bestand an Staatsschuldtiteln verringert. Dann haben sich die Ersparnisse zwar verringert, aber die Mittel, die für Investitionen in andere Objekte als in Staatsschuldtitel zur Verfügung stehen, sind unverändert geblieben. Handelt es sich hingegen um eine Zinssteuer, so ruft diese einen Substitutionseffekt dahingehend hervor, daß der laufende Konsum gefördert wird: es verringert sich infolgedessen die Summe, die für Investitionen in andere Vermögensgegenstände außer Staatsschuldtiteln zur Verfügung steht[11]. Die Wirkung der Steuer reduziert sich dann auf ihren Substitutionseffekt.

Die soeben dargestellte Betrachtungsweise wird vor allem aus zwei Gründen kritisiert. Erstens unterstellt sie, daß die Bürger die Irrungen und Wirrungen öffentlicher Finanzpolitik durchschauen, daß sie die Folgen verschiedener Entscheidungen des Staates kennen und diese bei der Ausarbeitung ihrer eigenen Pläne berücksichtigen. Inwieweit dies tatsächlich der Fall ist, wird vielfach skeptisch beurteilt.

Es wurden mehrere Versuche unternommen, zu testen, ob die Bürger den „Schleier" über der staatlichen Tätigkeit zu lüften imstande sind („Public Veil"). Wenn beispielsweise zwei Städte sich im wesentlichen in nichts unterscheiden, die erste aber höher verschuldet ist als die zweite, dann sollten die Grundstückspreise in der ersten entsprechend niedriger sein[12]. Beobachtungen über die Entwicklung der Grundstückspreise in derartigen Städten führten zu dem Schluß, daß die Bürger den „Public Veil" nur sehr unvollkommen zu durchschauen vermögen.

---

[11] Die hier vorgetragene Analyse läßt sich auch auf den Fall der Unsicherheit ausdehnen, aber nur mit bedeutsamen Einschränkungen, von denen wir weiter unten einige aufführen. Vgl. J. E. Stiglitz: On the Relevance or Irrelevance of Public Financial Policy: Indexation, Price Rigidities and Optional Monetary Policy. In: R. Dornbush and M. Simonsen, eds.: Inflation, Debt and Indexation. Cambridge, MA 1983, S. 183-222.

[12] Siehe hierzu Kapitel 29.

Ein zweiter Kritikpunkt ist, daß immer dann, wenn die Vorteile einer Maßnahme (Beispiele: eine Steuersenkung zu einem Zeitpunkt in der Zukunft; Zukunftskonsum, der durch heute getätigte Investitionen ermöglicht wird) erst in der ferneren Zukunft anfallen, die Nutznießer und die Steuerzahler unterschiedliche Personen sind. Es tritt eine **intergenerationale Umverteilung** auf. Eine Steuererhöhung heute, die dazu verwendet wird, um die Steuern auf eine künftige Generation zu senken, führt infolgedessen dazu, daß die belastete Generation tatsächlich ihren Konsum vermindert. Robert Barro hat sich auf den Standpunkt gestellt, daß sogar unter diesen Umständen der Konsum heute möglicherweise nicht verringert wird. Er glaubt, daß die gegenwärtige Generation nicht nur für ihren eigenen Konsum sorgt, sondern auch für den ihrer Kinder, daß diese wiederum sich um ihre Kinder sorgen usw. Im Ergebnis verhält es sich ganz so, als gäbe es ein einziges Individuum (oder genauer gesagt eine Familie), das ewig lebt. Wenn der Staat einer Generation zusätzliche Steuern auferlegt, um einen Staudamm zu bauen, der künftigen Generationen zugute kommt, dann rechnet sich die erstere Generation aus, daß sie ihren Kindern nunmehr weniger vererben muß[13]. Dieses Argument mag ein Körnchen Wahrheit enthalten, solange aber einige keine Nachkommen haben oder sich um diese nicht sorgen, wird eine Erhöhung der laufenden Steuern nicht vollständig wettgemacht: Es kommt zu einer gewissen Verringerung des laufenden Konsums. Die Bürger können auch nicht zu denselben Konditionen wie der Staat Kredit aufnehmen und deswegen seine Einflußnahme auf die Kapitalakkumulation durch ihre Kreditaufnahme nicht vollständig wettmachen.

Die Unternehmen und Haushalte reagieren auf staatliche Handlungen oft mit Aktivitäten, die ihre Wirkung teilweise zunichte machen, sind aber zumeist außerstande, sie vollständig zu eliminieren.

Zusammenfassung

1. Es macht keinen Unterschied, ob gemäß Steuerrecht eine Steuer den Produzenten eines Gutes oder den Verbrauchern auferlegt wird. Worauf es ankommt, sind die Angebots- und die Nachfrageelastizitäten und ob auf dem Markt Wettbewerb herrscht oder nicht.

2. Auf einem Markt mit Wettbewerb wird die Steuer von den Erzeugern getragen, wenn das Angebot völlig unelastisch oder die Nachfrage völlig elastisch ist. Ist das Angebot völlig elastisch oder die Nachfrage völlig unelastisch, wird die Steuer vollständig von den Konsumenten getragen.

3. Eine Steuer auf einen Monopolisten wird möglicherweise zu mehr als 100% überwälzt – das heißt, der Preis, den die Verbraucher zahlen, erhöht sich infolge der Steuer um mehr als 100%.

4. Eine Steuer auf den Output (eine allgemeine und gleichmäßige Einphasenbruttoumsatzsteuer), eine proportionale Einkommensteuer und eine allgemeine und gleichmäßige

---

[13] Vgl. R. J. Barro: Are Government Bonds Net Wealth? Journal of Political Economy 82 (1974), S. 1095-1117. Der Aufsatz hat zu einer langanhaltenden Kontroverse geführt. Das Argument von Barro hat eine lange Tradition. J. M. Buchanan: Barro on the Ricardian Equivalence Theorem. Journal of Political Economy 84 (1976), S. 337-42 führt es auf Ricardo zurück (D. Ricardo: Principles of Political Economy and Taxation, Works and Correspondence, ed. Piero Sraffa. Cambridge 1951. Seine moderne Wiedergeburt dürfte wohl zunächst im Jahre 1965 in einer Arbeit von Robert Hall erfolgt sein. Wegen einer eingehenderen Diskussion dieser Fragestellung siehe Kapitel 31.

Wertschöpfungsteuer (Mehrwertsteuer) sind äquivalent. Eine allgemeine Arbeitseinkommensteuer und eine allgemeine Konsumsteuer sind äquivalent.

5. Die Inzidenz der Steuer im allgemeinen Gleichgewicht, bei dessen Analyse die Interdependenz zwischen verschiedenen Industrien berücksichtigt wird, kann von ihrer Inzidenz im partiellen Gleichgewicht erheblich abweichen. Die Inzidenz einer Steuer kann bei langfristiger Betrachtung eine andere sein als bei kurzfristiger.

6. Es ist fast nie möglich, daß der Staat zu einem bestimmten Zeitpunkt nur eine einzige Politikvariable verändert. Die Analyse der differentiellen Inzidenz befaßt sich mit den Folgen der Ersetzung einer Steuer durch eine andere.

Schlüsselbegriffe

Inzidenz
Rückwälzung
Nachfrageelastizität
Budgetinzidenz
Mengensteuer
Steuerzahllast

Vorwälzung
Totalanalyse
Angebotselastizität
differentielle Inzidenz
Wertsteuer
Steuertraglast

Fragen und Probleme

1. Betrachten Sie eine Kleinstadt, deren Einwohner sehr mobil sind (d.h., wenn die beruflichen Chancen in anderen Städten etwas besser sind, dann ziehen sie um). Was würden Sie über die Inzidenz einer Lohnsteuer vermuten, die nur in dieser Stadt erhoben wird? Vergleichen Sie diesen Fall mit dem Fall einer Stadt, deren Bewohner weniger mobil sind!

2. Betrachten Sie die Situation eines kleinen Landes in einer Welt, in der das Kapital hochgradig mobil ist (d.h. Kapital fließt rasch in dieses Land, wenn der Kapitalertrag dort höher ist als anderswo). Was vermuten Sie über die Inzidenz einer Kapitalsteuer in einem solchen Land?

3. Es wird oft behauptet, daß die Steuern auf Tabak und auf alkoholische Getränke regressiv sind, weil die Armen einen größeren Teil ihres Einkommens für derartige Güter verausgaben. Wie würden sich die folgenden Umstände auf ihre Einschätzung des Grads der Regressivität dieser Steuern auswirken: Zigaretten und alkoholische Getränke werden erzeugt
    a) unter Wettbewerb von Anbietern mit einer unelastischen Angebotskurve;
    b) von einem Monopol bei einer linearen Nachfragekurve;
    c) von einem Monopol, das sich mit einer Nachfragekurve mit konstanter Elastizität konfrontiert sieht?

4. Es wird oft behauptet, daß es „gerecht" sei, das Aufkommen der Mineralölsteuer zweckgewidmet für den Bau und Unterhalt der Bundesautobahnen und -fernstraßen zu verwenden, weil auf diese Weise diejenigen zur Kasse gebeten werden, die diese Straßen benutzen. Wer trägt Ihrer Meinung nach die Last dieser Steuer?

5. Wenn Sie glauben, daß eine proportionale Konsumsteuer die „beste Steuer" ist, wie könnte man eine derartige Steuer erheben? Wären mit unterschiedlichen Erhebungsmethoden unterschiedliche Verwaltungskosten verbunden?

6. Auf welche Weise kann die tatsächliche Inzidenz eines Ausgabenprogramms von der Absicht des Gesetzgebers abweichen? Warum können die kurzfristigen Wirkungen sich von den langfristigen unterscheiden? Erläutern Sie ihre Aussagen mit Beispielen aus dem Teil 3 des Buchs oder am Beispiel der Agrarpolitik! Erörtern Sie, wie sich langfristige und kurzfristige Folgen einer Regulierungsmaßnahme, beispielsweise einer Mietpreisbindung, unterscheiden können!

18. Kapitel
Besteuerung und ökonomische Effizienz

Jede Steuer hat Auswirkungen auf das Verhalten der Wirtschaftssubjekte. Steuern transferieren Ressourcen von den Bürgern zum Staat; diese müssen infolgedessen in irgendeiner Weise ihr Verhalten ändern. Passen sie nicht die Menge an Arbeit an, die sie verrichten, müssen sie ihren Konsum einschränken. Möglicherweise arbeiten sie mehr und verzichten auf Freiheit; dann müssen sie ihren Güterkonsum nicht so stark verringern.

Wie auch immer sich die Individuen anpassen, im Ergebnis einer Steuererhöhung stellen sie sich unvermeidlich schlechter[1]. Aber manche Steuern verringern den Wohlstand der Steuerpflichtigen pro Mark Steueraufkommen weniger als andere. Im Kapitel 16 haben wir eine Pauschalsteuer dadurch definiert, daß derjenige, dem sie auferlegt wird, keine Möglichkeit hat, die Steuerschuld durch sein Verhalten zu beeinflussen. Eben deswegen sagen wir, daß diese Steuer keine verzerrenden Effekte hervorruft. Die klassischen Beispiele für Pauschalsteuern sind eine Kopfsteuer und eine Steuer auf jungfräulichen Boden. Wir haben gezeigt, daß diese Steuern keine Verzerrungen hervorrufen. Pauschalsteuern beeinflussen das Verhalten des Steuerpflichtigen: seine Nachfrage nach bestimmten Gütern mag sich infolge einer Pauschalsteuer ändern oder sie mag ihn dazu veranlassen, mehr zu arbeiten. Diese Wirkungen haben nur damit zu tun, daß der Steuerpflichtige weniger Einkommen hat und werden deswegen Einkommenseffekte genannt. Da Pauschalsteuern keine Verzerrungen hervorrufen, erbringen sie gegeben den Wohlfahrtsverlust der Steuerpflichtigen das höchste Steueraufkommen.

In diesem Kapitel geht es um mehrere Fragen: Wovon hängt es ab, wie die Steuerzahler auf die Steuern reagieren? Wovon hängt die Größe der Wohlfahrtsverluste ab, die mit verzerrender Besteuerung verbunden sind? Wie können wir schließlich die Ineffizienz messen, die mit der Auflage verzerrender Steuern verbunden ist?

Besteuerung des Arbeitseinkommens

Betrachten Sie die Budgetrestriktion eines Individuums vor der Besteuerung, die in der Zeichnung 18.1 dargestellt ist. Wenn es mehr arbeitet, erhält es ein höheres Einkommen, das es dazu befähigt, mehr Konsumgüter zu erwerben. Der Einfachheit halber nehmen wir an, daß es nur ein einziges Konsumgut gibt und daß das Individuum nicht sparen kann.

---

[1] Hierbei sind selbstverständlich nicht die Vorteile berücksichtigt, die aufgrund der Erhöhung der Staatsausgaben entstehen, um deren willen die Steuererhöhung vorgenommen wurde. In diesem ganzen Kapitel vernachlässigen wir auch die Interdependenzen, die eine Totalanalyse ans Tageslicht bringen würde. Von den Löhnen und Preisen, die vor der Einführung der Steuer bestehen, wird angenommen, daß sie sich infolge der Steuer nicht ändern.

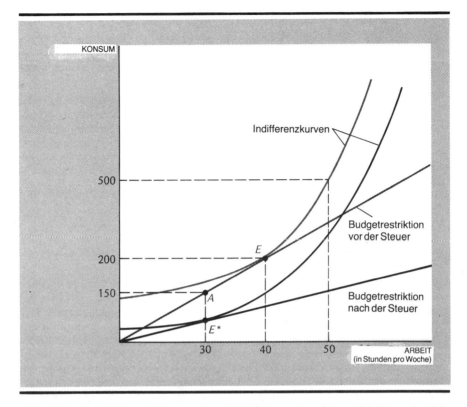

Abb. 18.1 Das Gleichgewicht vor und nach Einführung einer Steuer. Die Steuer bewirkt eine Drehung der Budgetrestriktion nach unten. Statt in E wird das Gleichgewicht nunmehr in E* erreicht.

Die Budgetrestriktion zeigt die verschiedenen Kombinationen von Konsum und Arbeit, die das Individuum wählen kann. In diesem Beispiel bekommt es 5 DM pro Stunde. Arbeitet es 30 Stunden pro Woche, erhält es 150 DM. Arbeitet es 40 Stunden pro Woche, erhält es 200 DM und bei 50 Stunden pro Woche erhält es 250 DM.

Die Zeichnung zeigt auch eine der Indifferenzkurven des Individuums für Arbeit und Konsum. Sie stellt die Kombinationen von Arbeit und Konsumgütern dar, zwischen denen es indifferent ist. Es ist beispielsweise zwischen der Option, in der Woche 30 Stunden zu arbeiten und dafür 175 DM zu erhalten, der Option, 40 Stunden zu arbeiten und dafür 200 DM zu erhalten, und der Option, 50 Stunden zu arbeiten und dafür 500 DM zu erhalten, indifferent. Übersehen Sie nicht, daß das Individuum für eine Erhöhung seiner Arbeitsleistung von 40 auf 50 Stunden pro Woche durch einen weit höheren Einkommenszuwachs entschädigt werden will als für eine von 30 auf 40 Stunden. Arbeitet es mehr und mehr, wird die Freizeit wertvoller; erhält es mehr und mehr Güter, sinkt der Wert zusätzlicher Konsumgüter. Das ist der Grund, warum es immer größerer Mengen an zusätzlichen Konsumgütern bedarf, um das Individuum für sukzessive Verlängerungen seiner Arbeitszeit zu entschädigen.

Ohne Besteuerung würde es jenen Punkt auf der Budgetrestriktion wählen, in dem die Indifferenzkurve die Budgetrestriktion berührt, den Punkt E in der Zeichnung 18.1.

In E verlangt es genau 5 DM als Kompensation für eine zusätzliche Arbeitsstunde, und eben das erhält es auch. Mit andere Worten, die Steigung seiner Indifferenzkurve (seine Grenzrate der Substitution) ist gleich der Steigung der Budgetrestriktion, dem Lohnsatz. (Die Steigung der Budgetrestriktion spezifiziert, um wieviel sich der Konsum infolge einer Vergrößerung des Arbeitsangebots erhöht; in unserem Beispiel erhält das Individuum für jede zusätzliche Arbeitsstunde 5 DM extra.)

Einkommens- und Substitutionseffekte der Besteuerung

Nun untersuchen wir, wie Steuern die Lage verändern. Nehmen Sie an, es gäbe eine proportionale Einkommensteuer. Das heißt, daß das Individuum einen bestimmten Prozentsatz dessen, was es verdient, an den Staat abgeben muß. Das führt zu einer Drehung seiner Budgetrestriktion nach unten, wie dies mit der Budgetrestriktion nach der Besteuerung in der Zeichnung 18.1 dargestellt ist. Es tritt ein neues Gleichgewicht ein, das mit E* bezeichnet ist. Das Steueraufkommen ist der vertikale Abstand zwischen den Budgetrestriktionen vor und nach Besteuerung und zwar bei E*, also E*A. Die Budgetrestriktion vor der Besteuerung zeigt das Bruttoeinkommen beim Arbeitsangebot E*. Wir bezeichnen sie auch als Bruttoeinkommenskurve. Die Budgetrestriktion nach der Besteuerung (Nettoeinkommenskurve) zeigt das Niveau des Konsums. Die Differenz ist die Steuerschuld.

In unserem Beispiel haben wir einen Steuersatz von 50% angenommen. Das Individuum verringert wegen der Steuer sein Arbeitsangebot von 40 Wochenstunden auf 30. Das Steueraufkommen beträgt dann 30 × 2,50 DM = 75 DM.

Jede Einkommensteuer hat zwei Wirkungen. Erstens stellen sich die Individuen schlechter. Da sie sich schlechter stellen, konsumieren sie weniger und arbeiten mehr. Dies wird als der **Einkommenseffekt** der Steuer bezeichnet. Der zweite Effekt besteht darin, daß das Arbeitsentgelt verringert wird; für jede Stunde, die das Individuum arbeitet, erhielt es ursprünglich den Lohn w; jetzt erhält es den Lohn $w(1-t)$, wobei t der Steuersatz ist; das Arbeitsentgelt verringert sich um den Betrag der Steuer. Infolgedessen hat es weniger Anreiz zu arbeiten. Dies wird als **Substitutionseffekt** der Steuer bezeichnet; das Individuum substituiert Konsumgüter durch Freizeit.

In der Zeichnung 18.2 erläutern wir die zwei Effekte. Wir beobachten als erstes, daß bei einer Parallelverschiebung der Budgetrestriktion nach unten (von OA nach CD), die die Steigung unverändert läßt – die Steigung zeigt den zusätzlichen Konsum, in dessen Genuß der Arbeiter durch eine zusätzliche Arbeitsstunde gelangt, also den Lohnsatz – das Arbeitsangebot zunimmt. Das ist die Bewegung vom Punkt E zum Punkt Ê. Weil das Individuum ärmer geworden ist, kon-

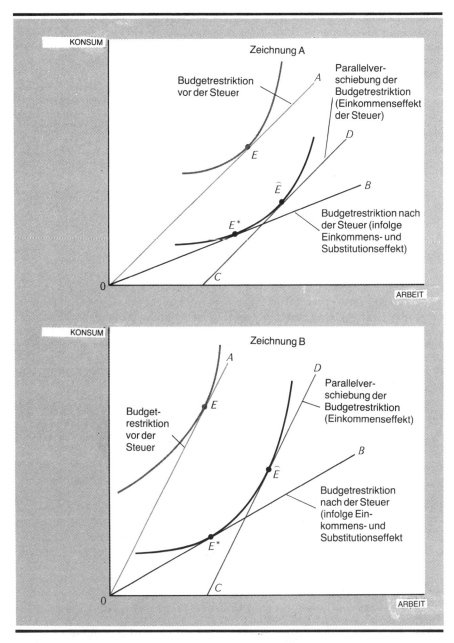

Abb. 18.2 Einkommens- und Substitutionseffekt. (A) Der Einkommenseffekt bewirkt normalerweise ein erhöhtes Arbeitsangebot. Der Substitutionseffekt führt immer zu einer Verringerung des Arbeitsangebots. Der Gesamteffekt ist nicht eindeutig bestimmt. (B) In diesem Beispiel gleichen sich Einkommens- und Substitutionseffekt wechselseitig aus; die Steuer hat keine Wirkung auf das Arbeitsangebot.

sumiert es weniger Güter und weniger Freizeit[2]. Als nächstes beobachten wir, daß bei einer Drehung der Budgetrestriktion – die derart erfolgt, daß das Individuum auf derselben Indifferenzkurve verbleibt (also von CD nach OB) – das Arbeitsangebot geringer wird. Diese Bewegung von Ê nach E* stellt den Substitutionseffekt dar. Weil der (Netto)Lohn geringer geworden ist, substituieren die Individuen bei einem jeden Nutzenniveau Freizeit für Konsumgüter; sie arbeiten weniger.

Im Fall einer proportionalen Einkommensteuer wirken Substitutions- und Einkommenseffekt in entgegengesetzte Richtungen. Der letztere veranlaßt das Individuum, mehr zu arbeiten, der erstere, weniger zu arbeiten. Es ist aufgrund theoretischer Überlegungen nicht möglich, zu entscheiden, welcher der beiden Effekte überwiegt.

Im Abschnitt A der Zeichnung 18.2 überwiegt der Substitutions- den Einkommenseffekt, so daß das Individuum sein Arbeitsangebot verringert. Im Abschnitt B haben wir den Fall dargestellt, daß sich die beiden Effekte ausgleichen und das Arbeitsangebot unverändert bleibt.

Machen Sie sich klar, daß die Auflage einer proportionalen Lohnsteuer dieselbe Wirkung hat wie eine Lohnsenkung. Die Frage, ob eine (proportionale) Steuer das Arbeitsangebot verringert oder vergrößert, ist also identisch mit der, ob die Arbeitsangebotskurve positive oder negative Steigung aufweist. In der Zeichnung 18.3, Abschnitt A, führen höhere Löhne zu einem größeren Arbeitsangebot; der Substitutions- überwiegt den Einkommenseffekt. Im Abschnitt B, überwiegt der Einkommens- den Substitutionseffekt, wenn die Löhne nur hoch genug sind: weitere Lohnerhöhungen führen zu einer Verringerung des Arbeitsangebots. Im Abschnitt A verringert eine proportionale Steuer also das Arbeitsangebot, im Abschnitt B erhöht sie es.

Die Ökonomen messen den Einfluß der Löhne auf das Arbeitsangebot mit der Elastizität des Arbeitsangebots. Diese gibt uns die prozentuale Veränderung des Arbeitsangebots aufgrund einer 1%igen Veränderung des Lohns:

$$\text{Elastizität des Arbeitsangebots} = \frac{\text{Prozentuale Veränderung des Arbeitsangebots}}{\text{Prozentuale Veränderung des Lohns}}$$

Führt eine 1%ige Erhöhung des Lohns zu einer Erhöhung des Arbeitsangebots um 3%, sagen wir, daß die Elastizität des Arbeitsangebots 3 beträgt. Beträgt die Erhöhung des Arbeitsangebots $1/2$%, sagen wir daß die Elastizität des Arbeitsangebots 0,5 ist. Unter den Ökonomen herrscht keine Einigkeit über die Größe dieser Elastizität; was die männlichen Arbeitnehmer anbetrifft, so hält man sie allerdings für gering[3]. Anscheinend gleichen sich Einkommens- und Substitutionsef-

---

[2] Wir bezeichnen ein Gut als „normal", wenn eine Verschiebung der Budgetrestriktion nach unten bei konstanten Löhnen und Preisen zu einer Verringerung seines Konsums führt. Wir sagen, daß Freizeit ein normales Gut ist, wenn dann weniger Freizeit in Anspruch genommen wird. Im größten Teil der weiteren Analyse wird angenommen, daß Freizeit und Konsumgüter „normale" Güter sind.

[3] Einen Überblick über die hierzu angestellten Untersuchungen gibt J. Hausman: Taxes and Labor Supply. Handbook of Public Economics, Hrsg. A. Auerbach und M. Feldstein. Amsterdam 1985. Die (unkompensierten) Lohnelastizitäten, die in den dort zitierten Untersuchungen ermittelt wurden, liegen zwischen $-0,13$ und $+0,09$.

18. Kapitel: Besteuerung und ökonomische Effizienz 457

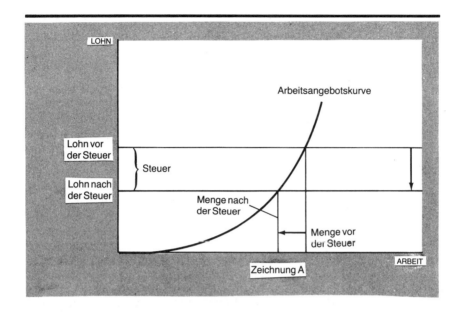

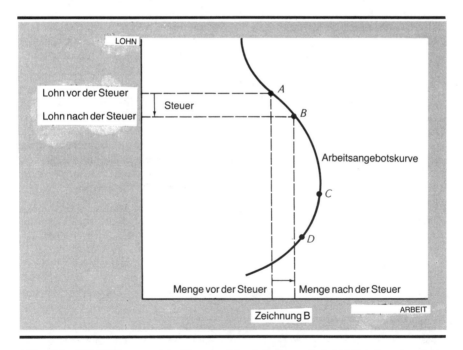

Abb. 18.3 Die Wirkungen einer Steuer auf das Arbeitsangebot. (A) Bei einer Angebotskurve mit positiver Steigung führt die Steuer zu verringertem Arbeitsangebot. (B) Bei einer rückwärts geneigten Angebotskurve erhöht sich infolge der Steuer bei bestimmten Löhnen das Arbeitsangebot.

fekt in etwa aus. Demgegenüber besteht ein Konsens, daß das Arbeitsangebot der Frauen bei Lohnerhöhungen steigt und daß diese Reaktion wesentlich ausgeprägter ist als bei Männern[4]. Wird angenommen, daß die Elastizität des Arbeitsangebots der Frauen bei ungefähr 1 liegt, führt eine Steuer mit dem Steuersatz 25% zu einer Verringerung des Arbeitsangebots der Frauen um 25%. Insoweit sich die Rolle der Frau im Arbeitsleben ändert, kann es zu Veränderungen der Elastizität des Arbeitsangebots kommen. Aus den vorliegenden Statistiken läßt sich das aber noch nicht genügend deutlich erkennen.

Verzerrende Wirkungen der Lohnsteuer

Wir haben gesehen, daß eine Lohnsteuer keinen wesentlichen Einfluß auf das Arbeitsangebot der (männlichen) Arbeitskräfte hat. Bedeutet dies, daß sie nicht verzerrend wirkt? Wir werden nunmehr zeigen, daß das nicht stimmt. Selbst wenn das Individuum sein Arbeitsangebot nicht verändert, hätten wir dasselbe Aufkommen mit einer Pauschalsteuer erzielen können und dabei einen geringeren Wohlfahrtsverlust hervorgerufen.

Rufen Sie sich die Definition einer Pauschalsteuer ins Gedächtnis zurück: Das ist eine Steuer, bei der die Höhe der Steuerschuld nicht davon abhängt, was der Steuerpflichtige tut. Bei einer Pauschalsteuer muß jeder ohne Ansehung seines Einkommens einen bestimmten Betrag – sagen wir DM 100 pro Woche – an den Staat abführen. Sie bewirkt einfach eine Verschiebung der Budgetrestriktion des Individuums nach unten, wie dies in der Zeichnung 18.4 dargestellt ist. Die Steigung der Budgetrestriktion ändert sich nicht: das Individuum erhält immer noch dieselbe Menge an Konsumgütern dafür, daß es eine zusätzliche Stunde arbeitet. (In unserem Beispiel, in dem der Stundenlohn 5 DM beträgt, erhält es nach wie vor für jede Stunde, die es arbeitet, 5 DM).

Arbeitet es 40 Wochenstunden, ist sein Einkommen vor Steuern 200 DM. Sein Einkommen nach Steuern ist 100 DM. Wenn es 50 Wochenstunden arbeitet, ist sein Einkommen vor Steuern 250 DM, nach Steuern 150 DM. Unabhängig davon, wie groß sein Arbeitsangebot ist, verringert sich sein Einkommen genau um 100 DM[5]. Machen Sie sich klar, daß die Pauschalsteuer einen Einkommenseffekt hat! Weil die Individuen sich schlechter stellen, verbrauchen sie weniger Güter und weniger Freizeit (arbeiten also mehr). In der Tat beschränkt sich die Wirkung der Steuer auf den oben erwähnten Einkommenseffekt.

Wir können die Wirkungen einer Pauschalsteuer in zweierlei Hinsicht mit denen einer proportionalen Einkommensteuer vergleichen. Erstens: Wie groß ist das Arbeitsangebot bei einer Pauschalsteuer verglichen mit einer proportionalen Einkommensteuer unter der Voraussetzung, daß der Steuersatz derart bestimmt wird, daß das Individuum genau dasselbe Nutzenniveau erreicht (sich auf derselben Indifferenzkurve befindet) wie bei der Pauschalsteuer? Dieser Vergleich ist

---

[4] Hausmann zitiert Schätzungen der Lohnelastizitäten von Ehegattinnen, die sich auf −0,3 bis +2,3 belaufen. Sein eigener (Labor Supply. In: H. Aaron and J. Pechman, Hrsg. How Taxes Affect Economic Behavior. Washington 1981) Schätzwert ist 0,91.
[5] Im Rahmen dieser einfachen Darstellung vernachlässigen wir die Frage, was geschieht, wenn das Einkommen des Individuums geringer ist als der Steuerbetrag der Pauschalsteuer, die es entrichten muß.

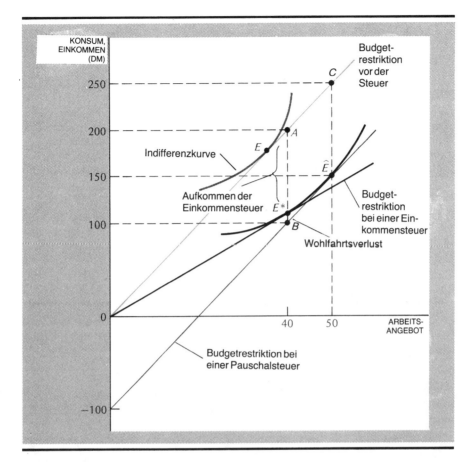

Abb. 18.4 Ein Vergleich zwischen einer Pauschalbesteuerung und einer proportionalen Arbeitseinkommensteuer. Bei einer Pauschalsteuer wählt das Individuum Ê, bei einer Einkommensteuer E*.

ebenfalls in der Zeichnung 18.4 dargestellt. Bei einer Pauschalsteuer wählt es den Punkt Ê; bei einer Einkommensteuer wählt es E*. Es ist offenbar, daß das Arbeitsangebot bei einer Einkommensteuer geringer ist; dies ist gerade der Substitutionseffekt, den wir weiter oben herausgearbeitet haben.

Zweitens: Wir vergleichen nun das Steueraufkommen. Es ist gleich dem vertikalen Abstand zwischen den Budgetrestriktionen vor und nach der Besteuerung und zwar dem Wert, den dieser vertikale Abstand beim tatsächlichen Arbeitsangebot annimmt. Das Aufkommen der Einkommensteuer wird durch die Strecke AE* gemessen.

Bei der Pauschalsteuer wird der Steuerbetrag durch den Abstand zwischen der Budgetrestriktion vor und der nach der Besteuerung dargestellt und dieser ist völlig unabhängig vom Arbeitsangebot des Individuums. Die Strecke ÊC ist ebenso lang wie die Strecke AB, und beide geben uns das Steueraufkommen der Pauschalsteuer an. Aus der Zeichnung ist ersichtlich, daß das Steueraufkommen, das der Staat erzielt, bei einer Pauschalsteuer größer ist als bei einer Einkommensteuer. Das zusätzliche Aufkommen wird in der Zeichnung 18.4 durch die Strecke E*B dargestellt.

Die Größe der Zusatzlast

Der Unterschiedsbetrag zwischen dem Aufkommen einer Pauschalsteuer und dem einer Einkommensteuer (die so dimensioniert wird, daß beide Steuern das Individuum auf derselben Indifferenzkurve belassen) wird die **Mehrbelastung** genannt, die mit der Einkommensteuer verbunden ist. Wir bezeichnen die Mehrbelastung auch als die **Zusatzlast (excess burden)** der Steuer. Sie mißt die Ineffizienz, die durch das Steuersystem bewirkt wird. In der Zeichnung 18.4 wird die Zusatzlast durch die Strecke E*B dargestellt.

Die Größe der Zusatzlast hängt von der Stärke des Substitutionseffektes ab. Die Zeichnung 18.5 gibt denjenigen Teil der Zeichnung 18.4 wieder, der die Zusatzlast zeigt. Wir haben Indifferenzkurven für zwei Individuen eingezeichnet. Bei dem einen ist der Substitutionseffekt viel schwächer (die Indifferenzkurve ist

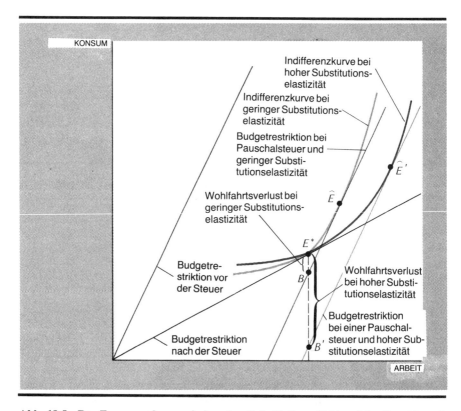

Abb. 18.5 Der Zusammenhang zwischen dem Substitutionseffekt und der Zusatzlast einer Steuer. Je stärker der Substitutionseffekt ist, umso größer ist die Zusatzlast.

steiler), als bei dem anderen. Infolgedessen ist die Zusatzlast E*B viel kleiner (vergleiche E*B mit E*B').

Für Steuern mit geringem Steueraufkommen gibt es eine einfache Formel für die Berechnung der Zusatzlast (ZL):

$$\frac{\text{Zusatzlast}}{\text{Steueraufkommen}} = 1/2 \times t\, e_u^s.$$

Hierbei ist t der Steuersatz, e_u^s die prozentuale Veränderung des Arbeitsangebots, die durch eine 1%ige Veränderung des Lohns bewirkt wird, wenn man zugleich dafür sorgt, daß das Individuum auf derselben Indifferenzkurve verbleibt. Dies ist ein Maß für den Substitutionseffekt. Man spricht von der **kompensierten Elastizität des Arbeitsangebots**. Das Wort „kompensiert" wird verwendet, um uns daran zu erinnern, daß das Individuum auf derselben Indifferenzkurve gehalten wird, während wir den Lohn verändern. Das Verhältnis zwischen Zusatzlast und Steueraufkommen ist gleich der Hälfte des Steuersatzes multipliziert mit der kompensierten Elastizität des Arbeitsangebots.

Wir können die Formel für die Zusatzlast noch ein wenig anders schreiben. Das Steueraufkommen ist gleich dem Steuersatz mal den Stundenlohn w mal die Zahl der Arbeitsstunden L, also twL. Infolgedessen ist

$$\begin{aligned} ZL &= 1/2 \times t\, e_u^s \times \text{Aufkommen} \\ &= 1/2 \times t\, e_u^s \times twL \\ &= 1/2 \times t^2\, e_u^s\, w\, L. \end{aligned}$$

Machen Sie sich klar, daß die Zusatzlast mit dem Quadrat des Steuersatzes wächst. Immer dann, wenn eine Zusatzlast auftritt, sagen wir, daß die Steuer „verzerrend" wirkt. Steuern mit einem hohen Steuersatz bewirken wesentlich stärkere Verzerrungen als die mit einem geringen Steuersatz.

Verzerrungen bei unelastischem Arbeitsangebot

Nunmehr kehren wir zu unserer ursprünglichen Fragestellung zurück: Ist mit der Erhebung einer Einkommensteuer bei einer (konventionellen oder Marshallschen) Elastizität des Arbeitsangebots von null eine Verzerrung verbunden, wenn die Zahl der Arbeitsstunden nach Auferlegung der Steuer dieselbe ist wie zuvor? Die Antwort ist Ja, und die Größe der Verzerrungen verhält sich proportional zu der kompensierten Angebotselastizität. Unglücklicherweise gibt es weit mehr Meinungsverschiedenheiten über die Größe der kompensierten Angebotselastizität als über die (konventionelle) Angebotselastizität. Eine Studie von J. Hausman schätzte sie auf 0,764, wohingegen andere zu wesentlich geringeren Schätzwerten kamen. (Robert A. Moffit beispielsweise ermittelte den Schätzwert 0,05). Nach der Schätzung von Hausman beträgt die Zusatzlast bei einer Einkommensteuer von 25% fast 10% (9,55%) des Steueraufkommens, nach der Schätzung von Moffit nur 2%.

Partielle Verbrauchsteuern

In ähnlicher Weise läßt sich eine Besteuerung des Verbrauchs bestimmter Güter analysieren. Unterstellen Sie, daß das Einkommen eines Individuums feststeht, und daß es zwischen dem Konsum zweier Güter, nämlich Limonade und Bier, zu wählen hat. Nehmen Sie an, daß der Gesetzgeber eine Biersteuer einführt. Was ist die Wirkung? Die Zeichnung 18.6 zeigt die Budgetrestriktion vor der Besteuerung. Sie zeigt uns die verschiedenen Mengenkombinationen von Bier und Limonade, die das Individuum erwerben kann. Wenn es sein gesamtes Einkommen für Limonade ausgibt, kann es die Menge S erwerben; gibt es sein gesamtes Einkommen für Bier aus, die Menge B. Die Biersteuer verschiebt die Budgetrestriktion, wie dies in der Zeichnung 18.6 dargestellt ist. Das Individuum könnte immer noch sein gesamtes Einkommen für Limonade ausgeben und würde dann immer noch S Einheiten Limonade erwerben. Aber Bier kostet jetzt mehr und es kann mit seinem Einkommen nicht mehr so viel davon kaufen.

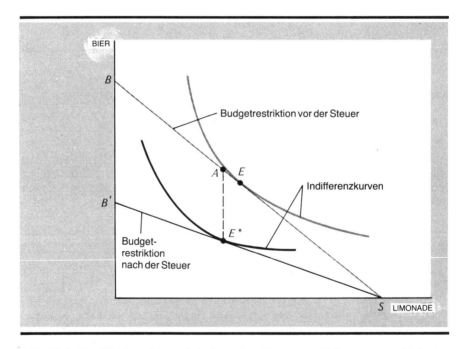

Abb. 18.6 Das Gleichgewicht nach Auflage einer Biersteuer. Einkommens- und Substitutionseffekt wirken in dieselbe Richtung und verschieben das Gleichgewicht von E nach E*.

Ursprünglich wählte das Individuum den Punkt E auf der Budgetrestriktion. Dies ist der Tangentialpunkt zwischen der Budgetrestriktion und der Indifferenzkurve. Nach der Auferlegung der Steuer stellt sich ein neues Gleichgewicht im Punkt E* ein. Wiederum lassen sich die Wirkungen der Steuer in zwei Teile zerlegen. Der Einkommenseffekt verringert die Biernachfrage. Darüberhinaus hat die Steuer aber den Bier- im Verhältnis zum Limonadenpreis erhöht und der dar-

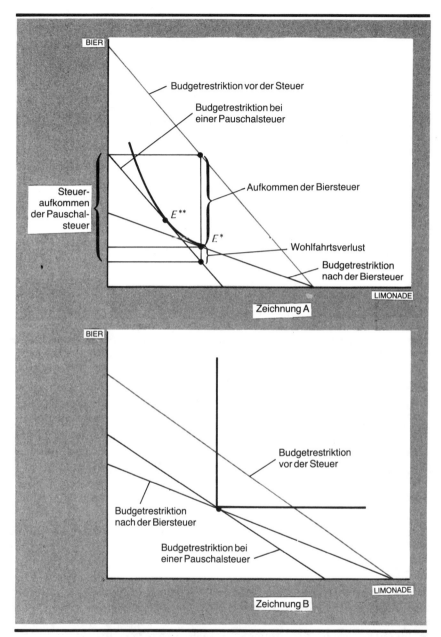

Abb. 18.7 Die Gestalt einer Indifferenzkurve und die Zusatzlast. (A) Eine Pauschalsteuer, die das Individuum auf dasselbe Nutzenniveau (nach Steuern) befördert wie eine Biersteuer, erbringt ein größeres Steueraufkommen und bewirkt einen geringeren Rückgang des Bierkonsums (der Bierkonsum ist aber immer noch geringer als vor Auflage der Steuer). Der Unterschied im Steueraufkommen ist die Zusatzlast der (Bier)Steuer. (B) Bei L-förmigen Indifferenzkurven gibt es keinen Substitutionseffekt und folglich auch keine Zusatzlast.

aus folgende Substitutionseffekt wird den Absatz von Bier ebenfalls beeinträchtigen. Hier wirken Einkommens- und Substitutionseffekt in dieselbe Richtung: beide führen zu einer Verringerung der Biernachfrage. Für die verzerrende Wirkung ist aber nur der Substitutionseffekt verantwortlich.

Um dies zu erkennen, vergleichen wir erneut die Wirkung der Biersteuer mit der einer Pauschalsteuer. Letztere besteht in einer Verringerung des Einkommens, das das Individuum für den Erwerb jedes dieser Güter verausgaben kann: dies ist in der Zeichnung 18.7.A als eine Parallelverschiebung der Budgetrestriktion dargestellt. Der relative Preis der beiden Güter bleibt derselbe. Wenn wir die Steuer in Biereinheiten messen, wird das Steueraufkommen durch den vertikalen Abstand zwischen den Budgetrestriktionen vor und nach Steuern dargestellt. In der Zeichnung 18.7.A haben wir das Steueraufkommen einer Biersteuer mit dem einer Pauschalsteuer verglichen, wobei beide das Nutzenniveau, das das Individuum erreicht, im selben Maße verändern sollen. Aus der Zeichnung wird deutlich, daß das Steueraufkommen der Pauschalsteuer größer ist (und mit einem größeren Bierkonsum einhergeht) als das der Biersteuer. Die Differenz zwischen dem Aufkommen der beiden Steuern stellt ein Maß der Ineffizienz dar, für die die Steuer verantwortlich ist, – die Zusatzlast, mit der ihre Erhebung verbunden ist.

In der Zeichnung 18.7.B zeigen wir den Spezialfall, daß das Individuum eine L-förmige Indifferenzkurve hat. Dann tritt kein Substitutionseffekt auf. Bei gegebenem Nutzenniveau hat eine Preisveränderung keinen Einfluß auf den Konsum von Bier und Limonade. Sowohl bei einer Pauschalsteuer als auch bei einer Biersteuer (die das Individuum auf derselben Indifferenzkuve beläßt) ist der Konsum derselbe. Mit der Biersteuer sind keine Verzerrungen verbunden. Wenn es sehr schwierig ist, Bier durch Limonade zu ersetzen – das heißt, wenn die Indifferenzkurven, obzwar nicht L-förmig, doch stark gekrümmt sind – dann ist die Verzerrung, die mit der Steuer verbunden ist, gering. Die Größe der Verzerrung kann von Gut zu Gut unterschiedlich sein. Manche glauben, daß für Alkoholiker die Indifferenzkurve zwischen Essen und Alkohol beinahe L-förmig ist, so daß kaum ein Substitutionseffekt eintritt. Die Zusatzlast ist dann gering. Bei den meisten anderen Gütern bestehen unbestreitbar Substitutionsmöglichkeiten, und ihre Besteuerung ist infolgedessen mit Verzerrungen verbunden.

Gegenwarts- und Zukunftskonsum

Die Ähnlichkeit zwischen der Entscheidung eines Individuums über die Allokation seines Einkommens auf Gegenwarts- und Zukunftskonsum und der über die Allokation auf verschiedene Güter ist stark.

Gegenwartskonsum läßt sich als ein Gut betrachten; Zukunftskonsum als ein anderes. Indem es auf Gegenwartskonsum für eine Mark verzichtet, kann das Individuum Zukunftskonsum in der nächsten Periode im Wert von $(1 + r)$ DM erlangen, wobei r der Zinssatz ist. Das heißt, wenn es eine Mark spart und sie auf der Bank einlegt, erhält es am Ende der Periode seine Mark plus den Zins zurück. Der Preis des Gegenwartskonsums im Verhältnis zum Zukunftskonsum ist $1/1 + r$[6].

---

[6] Rufen Sie sich unsere Erörterung der Gegenwartswerte aus dem Kapitel 10 ins Gedächtnis zurück. Die Budgetrestriktion eines Individuums läßt sich dahingehend interpretieren, daß der Gegenwartswert seines Konsums gleich dem Gegenwartswert seines Arbeitseinkommens ist (wenn von Nachlässen und Erbschaften abgesehen wird).

Wenn das Individuum Geld weder borgt noch verleiht, verzehrt es in jeder Periode einfach sein Arbeitseinkommen. Wir bezeichnen den Lohn in der ersten Periode mit w_0 und in der zweiten mit w_1. Dies wird durch den Punkt W in der Zeichnung 18.8 dargestellt. Borgt es Geld, kann es heute mehr konsumieren, aber auf Kosten seines Zukunftskonsums.

Das Individuum unterliegt einer Budgetrestriktion. Es kann entweder C Einheiten Gegenwartskonsum haben oder $(1 + r) C \equiv C^\circ$ Einheiten Zukunftskonsums, oder aber jeden Punkt auf der geraden Linie zwischen diesen beiden Punkten, wie dies in der Zeichnung 18.8 dargestellt ist. Es besitzt Indifferenzkurven für Gegenwarts- und Zukunftskonsum ebenso wie es Indifferenzkurven für Bier und Limonade besitzt; sie geben uns die Mengenkombinationen von Gegenwarts- und Zukunftskonsum, die das Individuum auf demselben Nutzenniveau belassen. Es ist bereit, heute weniger zu konsumieren, wenn es dafür mehr Zukunftskonsum erhält. Wird sein Gegenwartskonsum immer kleiner, wird es immer weniger dazu bereit sein, etwas davon aufzugeben; wird sein Zukunftskonsum größer und größer, wird der zusätzliche Vorteil, den es von einer zusätzlichen Einheit Zukunftskonsum hat, immer kleiner. Die Menge an zusätzlichem Zukunftskonsum, die erforderlich ist, um das Individuum für den Verzicht auf Gegenwartskonsum in Höhe einer Einheit zu entschädigen, wird also immer größer. So erklärt sich die Gestalt der Indifferenzkurve. Das Individuum wählt jenen Punkt auf der Budgetrestriktion, in dem sie die Indifferenzkurve tangiert – er ist mit E bezeichnet.

Im Abschnitt A der Zeichnung 18.8 stellen wir eine Situation dar, in der das Individuum in der ersten Periode weniger als sein Arbeitseinkommen verbrauchen will und den Rest spart, während es im Abschnitt B in der ersten Periode mehr als sein Lohneinkommen verbrauchen will und den Differenzbetrag borgt.

Betrachten Sie nun die Wirkung einer Zinssteuer mit Abzugsfähigkeit der Schuldzinsen (von „zu versteuernden Einkommen"), wie sie in der BR Deutschland einmal bestand und von manchen wieder gefordert wird[7]. Die Zeichnung 18.9 zeigt, wie die Steuer die Budgetrestriktion um den Punkt W dreht. Ist das Individuum ein Sparer, stellt es sich schlechter. Wiederum lassen sich die Wirkungen in einen Einkommens- und einen Substitutionseffekt aufspalten. Da sich das Individuum schlechter stellt, wird es normalerweise den Konsum beider Güter verringern – das heißt, es spart mehr. Aber weil der Zukunftskonsum im Verhältnis zum Gegenwartskonsum teurer geworden ist, drängt der Substitutionseffekt den Zukunftskonsum zurück und fördert den Gegenwartskonsum. Der Nettoeffekt auf den Gegenwartskonsum – und folglich auf die Ersparnis (die Ersparnis ist einfach die Differenz zwischen dem laufenden Einkommen des Individuums und seinem laufenden Konsum) – ist nicht eindeutig feststellbar. Wenn der Substitutions- und der Einkommenseffekt einander aufheben und die Ersparnis infolgedessen unverändert bleibt, würde dies bedeuten, daß die Steuer nicht verzerrend ist? Nein, und der Grund dafür ist derselbe wie oben im Fall der Lohnsteuer dargelegt.

Wir könnten die Wirkung einer Zins- mit einer Pauschalsteuer vergleichen, einer Steuer, die den Konsum zu beiden Zeitpunkten auf dieselbe Art beeinflußt.

---

[7] Bestimmte Schuldzinsen sind auch heute noch abzugsfähig. Unsere Betrachtung ist insofern nicht irrelevant. Vgl. hierzu Kapitel 20.

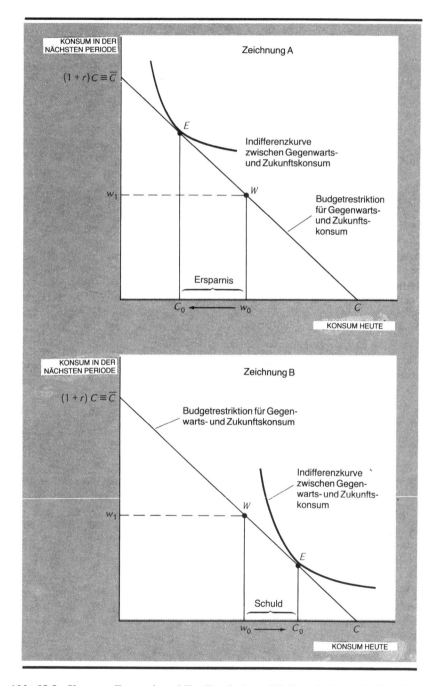

Abb. 18.8 Konsum, Ersparnis und Kreditaufnahme. Die Entscheidung des Individuums über die Allokation seines Einkommens auf Konsum heute und Konsum in der nächsten Periode. In der Zeichnung A spart es, in B borgt es.

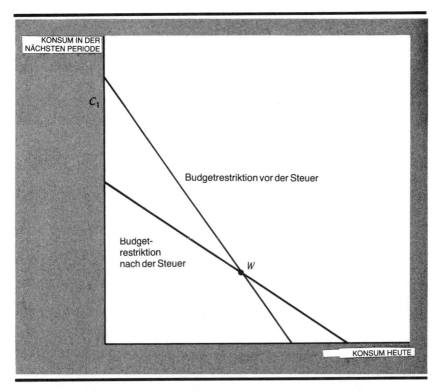

Abb. 18.9 Die Wirkung einer Steuer auf Zinseinkünfte. Eine Besteuerung von Zinsen (verbunden mit einer Abzugsfähigkeit von Schuldzinsen) führt zu einer Drehung der Budgetrestriktion um W. Die Kreditgeber stellen sich schlechter, die Kreditnehmer besser.

Erneut läßt sich leicht zeigen, daß eine derartige Steuer für jede vorgegebene Einbuße an Nutzen ein größeres Steueraufkommen erbringt bzw. daß gegeben das Steueraufkommen die Individuen sich bei einer Pauschalsteuer besser stellen als bei einer Zinssteuer. Die Größe der Verzerrung hängt von der Stärke des Substitutionseffektes ab, die wiederum davon abhängt, wie gut sich Gegenwarts- und Zukunftskonsum gegeneinander substituieren lassen.

Wenn das Individuum borgt, stellt es sich infolge der Abzugsfähigkeit der Zinsen besser; dann wirken sowohl der Einkommens- als auch der Substitutionseffekt in Richtung auf eine Vergrößerung des Gegenwartskonsums und führen damit zu einer Verringerung des Sparens.

Die Konsumentenrente als Maß für Wohlfahrtsverluste

Im vorhergehenden Abschnitt haben wir die Ineffizienz, die durch die Auferlegung einer verzerrenden Steuer bewirkt wird, mit dem zusätzlichen Steueraufkommen gemessen, das der Staat – mit genau denselben Auswirkungen auf die Wohlfahrt der Konsumenten – hätte erzielen können, hätte er stattdessen eine Pauschalsteuer eingeführt.

Für die Berechnung der Verluste, die mit einer verzerrenden Steuer verbunden sind, wird oft das Konzept der Konsumentenrente herangezogen, das wir im Kapitel 10 erörtert haben.

Unterstellen Sie, daß wir eine Steuer von 30 Pfennig pro Flasche Bier eingeführt haben, und daß das Individuum bei diesem Satz in der Woche 10 Flaschen Bier trinkt. Wir fragen es, wieviel es dem Staat dafür zahlen würde, wenn die Steuer abgeschafft würde. Mit anderen Worten: Welche Pauschalsteuer würde es in derselben Lage belassen, in der es sich angesichts der Biersteuer befindet? Es wäre bereit, für eine Abschaffung der Biersteuer mehr als 30 Pfennig × 10 in der Woche zu zahlen. Das zusätzliche Aufkommen, das eine Pauschalsteuer erbringen würde, ist die Zusatzlast, die mit der Auflage einer verzerrenden Steuer verbunden ist.

Jetzt zeigen wir, wie sich die Zusatzlast unter Verwendung der **kompensierten Nachfragekurve** eines Konsumenten berechnen läßt. Sie gibt uns die Nachfrage eines Individuums nach Bier unter der Voraussetzung an, daß bei einer Preissenkung dem Individuum gleichzeitig gerade soviel Einkommen weggenommen wird, daß es auf derselben Indifferenzkurve verbleibt. Wir verwenden die kompensierte Nachfragekurve, weil wir wissen wollen, welches zusätzliche Steueraufkommen bei Verwendung einer nichtverzerrenden Steuer erzielt werden könnte, ohne daß das Individuum sich schlechter stellt als bei einer verzerrenden.

Nehmen Sie zunächst an, der Preis einer Flasche Bier sei 1,50 DM, eine Steuer von 0,30 DM sei in diesem Preis inbegriffen, und das Individuum verbrauche 10 Flaschen pro Woche. Dann fragen Sie es, wieviel es zusätzlich für den Konsum von insgesamt 11 (statt 10) Flaschen zu zahlen bereit wäre. Es bietet hierfür nur 1,40 DM. Die Gesamtsumme, die es als Pauschalsteuer zu zahlen bereit wäre, wenn die Steuer um 10 Pfennig gesenkt würde, wäre 10 Pfennig × 10 Flaschen, die es schon zuvor erworben hat, also 1,00 DM (die Fläche FGCD in der Zeichnung 18.10.A).

Wir bitten es nun, sich vorzustellen, es befinde sich in der Lage, daß 1,00 DM Pauschalsteuer erhoben wird und daß von ihm für jede von 11 Flaschen Bier 1,40 DM verlangt werden. Wieviel wäre das Individuum für eine zusätzliche Flasche zu zahlen bereit? Nehmen Sie an, es sage 1,30 DM. Jetzt können wir die gesamte Pauschalsteuer ausrechnen, die es zu entrichten bereit wäre, wenn dafür der Preis von 1,50 DM auf 1,30 DM gesenkt würde. Dann wäre es bereit, für die ersten 10 Flaschen 20 Pfennig pro Flasche zu zahlen (die Fläche JKCD) und für die nächste 10 Pfennig (die Fläche GKHL), insgesamt also 2,10 DM.

Abschließend bitten wir es, sich vorzustellen, es sei in der Situation, daß wir 2,10 DM Pauschalsteuer erheben und für die 12 Flaschen je 1,30 DM verlangen. Wieviel wäre es bereit für eine zusätzliche Flasche zu zahlen? Stellen Sie sich vor, das Individuum sagt 1,20 DM. Jetzt können wir die gesamte Pauschalsteuer ausrechnen, die es im Falle einer Beseitigung der Biersteuer von 30 Pfennig pro Flasche zu entrichten bereit wäre. Es würde für die ersten 10 Flaschen je 30 Pfennig zahlen (die Fläche ABCD), für die elfte Flasche 20 Pfennig (die Fläche GBHN) und für die zwölfte 10 Pfennig (die Fläche LMNR), insgesamt 3,30 DM. Das Steueraufkommen der Biersteuer war 3,00 DM (die Fläche ABCD). Die Zusatzlast ist 30 Pfennig (die schraffierte Fläche).

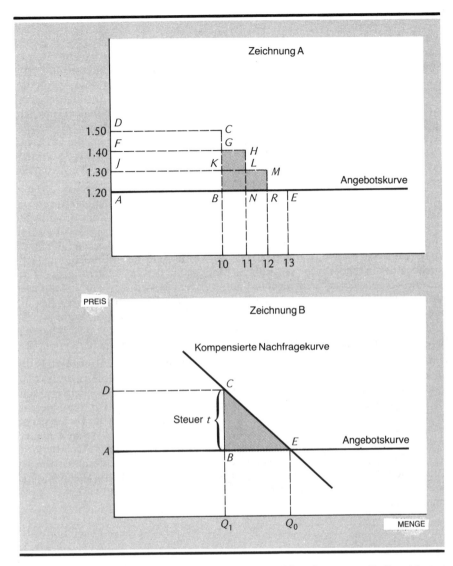

Abb. 18.10 Die Verwendung der kompensierten Nachfragekurve, um die Zusatzlast zu messen. Das Steueraufkommen ist ABCD. Die Konsumentenrente, die aufgrund der Besteuerung verlorengeht – also die Zusatzlast der Steuer – ist die schattierte Fläche. In der Zeichnung A zeigen wir, wieviel das Individuum zu zahlen bereit wäre, würde der Bierpreis von 1,50 DM auf 1,20 DM gesenkt (und würde man es auf demselben Nutzenniveau halten). Der Unterschied zwischen diesem Betrag und dem Steueraufkommen (die Fläche ABCD) ist die Zusatzlast.

Messung der Zusatzlast

Allgemeiner gesprochen ist der Betrag, den das Individuum für eine Preissenkung von 1 Pfennig zu zahlen bereit wäre, 1 Pfennig mal die verbrauchte Menge. Senken wir den Preis, wächst die nachgefragte Menge. In der Zeichnung 18.10.B wird der gesamte Betrag, den das Individuum zu zahlen bereit wäre, würde der Preis von D auf A gesenkt, durch die Fläche AECD dargestellt, und hierbei ist die Veränderung der Verbrauchsmenge bei einer Senkung des Preises berücksichtigt. ABCD ist das Steueraufkommen (die Steuer AD mal die Menge, die bei diesem Preis inklusive Steuern verbraucht wird, AB). Die Zusatzlast, die Differenz zwischen den beiden, ist das Dreieck BCE, das manchmal als Harberger-Dreieck bezeichnet wird, da Harberger es bei seinen Berechnungen über die Zusatzlast verschiedener Steuern höchst nachhaltig herangezogen hat[8].

Wie im Kapitel 10 bemerkt, spielt die Berechnung der Konsumentenrente bei der Beurteilung von staatlichen Maßnahmen eine erhebliche Rolle, ebenso bei der Messung der Ineffizienz, die durch verschiedene Steuern hervorgerufen wird[9]. Sie ist aber in das Schußfeld der Kritik gelangt. Die Argumente der Kritiker beziehen sich sowohl auf die praktische Ausführung dieser Berechnungen als auch auf deren theoretische Grundlage. Machen Sie sich klar, daß in unserer Formel die kompensierte Nachfrageelastizität verwendet wird; darüberhinaus unterstellte unsere Berechnung, daß die Nachfragekurve linear ist oder aber daß die Steuer klein genug ist, daß eine lineare Approximation zulässig ist. Wenn wir die Zusatzlast einer Einkommensteuer mit einem Grenzsteuersatz von 50% berechnen, dann sind derartige Approximationen mit größter Vorsicht zu genießen.

Unsere Analyse hat sich auf die Wirkungen der Steuer auf die Branchen, in denen sie erhoben werden, konzentriert; eine jede Steuer hat aber Nebeneffekte in anderen Branchen. Immer wenn die Steuersätze in diesen anderen nicht null sind (oder wenn der Wettbewerb dort unvollkommen ist), müssen wir diese Nebenwirkungen berücksichtigen. Nehmen Sie an, daß der Staat sowohl Bier als auch Tabak besteuert, und weiter, daß die Individuen mehr trinken, wenn sie rauchen. Erhöht der Staat die Tabaksteuer, kann dies zu einer Verringerung des Bierkonsums führen, und infolgedessen kann sich sowohl das Steueraufkommen aus der Biersteuer als auch die Zusatzlast dieser Steuer verringern. Im nächsten Kapitel werden wir diskutieren, wie diese Wechselwirkungen beim Entwurf eines optimalen Steuersystems berücksichtigt werden können.

---

[8] Siehe z.B. A. Harberger: Taxation, Resource Allocation and Welfare. In: The Role of Direct and Indirect Taxes in the Federal Revenue System, Hrsg. J. Due. Princeton, NJ 1964.

[9] Neuere Diskussionsbeiträge zu der Konsumentenrente sind, J. Hausman: Exact Consumer Surplus und Deadweight Loss. American Economic Review 11 (1981), S. 662-76; R. Willig: Consumer Surplus Without Apology. American Economic Review 66 (1976), S. 589-97.

Ineffizienzen bei der Produktion

In diesem Kapitel haben wir vornehmlich die verzerrenden Wirkungen einer Steuer auf den Verbrauch von Gütern durch die Haushalte erörtert. In unseren obigen Berechnungen hatten wir angenommen, daß die Angebotskurven horizontal sind, so daß die gesamte Steuerlast von den Konsumenten getragen wird (vgl. Kapitel 17). In ähnlicher Weise lassen sich verzerrende Steuern auf den Verbrauch von Gütern (Vorprodukte, Inputs) durch Unternehmen analysieren. Unterstellen Sie beispielsweise, es bestünde eine Steuer auf einen Input wie z.B. Stahl, der bei der Erzeugung von etwas anderem, beispielsweise Automobile, verwendet wird. Dann können wir fragen, welche Pauschalsteuer auf die Autoindustrie dieselben Auswirkungen auf deren Gewinne hat wie eine Stahlsteuer[10]. Der Unterschied zwischen dem Steueraufkommen der Stahlsteuer und einer solchen Pauschalsteuer ist die Zusatzlast. Ihre Größe wird von den Substitutionsmöglichkeiten abhängen. Kann das Unternehmen Stahl nicht (wenigstens teilweise) durch andere Inputs ersetzen, unterscheidet sich die Stahlsteuer in nichts von einer Besteuerung des Outputs. Es gibt keine Verzerrungen bei der Auswahl der Inputs und infolgedessen keine hiermit verbundene Zusatzlast.

Nehmen Sie nunmehr an, es bestünde eine Verkaufsteuer auf den Output einer Industrie, deren Angebotskurve eine positive Steigung aufweist. Wir könnten die Frage stellen, welche Pauschalsteuer dieselben Auswirkungen auf die Gewinne der Unternehmen hätte wie die Verkaufsteuer.

Die Größe der Zusatzlast läßt sich mit Hilfe der **Produzentenrente** messen. Rufen Sie sich ins Gedächtnis zurück, wie eine Angebotskurve konstruiert wird. Bei jedem Preis dehnen die Unternehmen ihre Produktion bis zu dem Punkt aus, an dem der Preis gleich den Grenzkosten ist. Weist die Angebotskurve positive Steigung auf, steigen die Grenzkosten mit dem Output. Die Fläche zwischen der Angebotskurve und der Ordinate mißt den Gesamtgewinn (unter Vernachlässigung der Fixkosten, mit denen die Errichtung des Unternehmens verbunden sein mag). Veränderungen dieser Fläche messen Gewinnänderungen.

Betrachten Sie das folgende in der Abbildung 18.11 A dargestellte Beispiel. Was geschieht mit dem Gewinn, wenn der Preis sich von 1 auf 4 erhöht und der Output von 1 auf 4? Die erste Einheit des Outputs kostet 1 DM, die zweite 2 DM, die dritte 3 DM und die vierte 4 DM. Zahlen wir dem Unternehmen 4 DM, produziert es 4 Einheiten. Dann erhält es für die erste Einheit 3 DM mehr, für die zweite Einheit 2 DM mehr und für die dritte Einheit 1 DM mehr als die Grenzkosten der Produktion. Der Gesamtgewinn ist $3 + 2 + 1 = 6$ DM.

In der Zeichnung 18.11 B wird ein allgemeinerer Fall vorgeführt. Nehmen Sie an, daß der Produzent ursprünglich den Preis p erhält. Dann wird eine Steuer eingeführt, die seine Erlöse auf $p - t$ verringert. In der Ausgangssituation läßt sich der gesamte Gewinn durch die Fläche DBC darstellen[11]. Jetzt verringert sich sein

---

[10] Dies ist natürlich nicht die gesamte Zusatzlast, die durch die Besteuerung des Input verursacht wird. Da die Grenzkosten der Produktion erhöht werden, kommt es zu einer Erhöhung der Preise, die die Haushalte zahlen, und dies ist ebenfalls mit einer Zusatzlast verbunden.

[11] Genauer: Die schraffierte Fläche mißt die Differenz zwischen Erlösen und den gesamten variablen Kosten. Um die Gewinne zu errechnen, müssen hiervon noch die Fixkosten abgezogen werden.

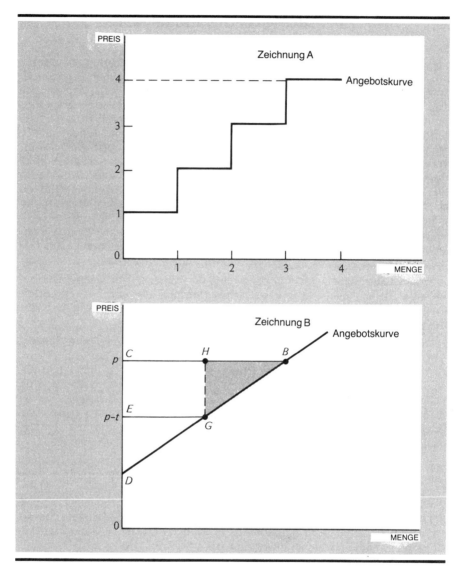

Abb. 18.11 Die Zusatzlast einer Steuer auf die Erzeugung eines Gutes. BGH mißt diese Zusatzlast.

Gewinn auf DGE. Die Veränderung wird durch die Fläche EGBC dargestellt. Nur ein Teil davon wird zu Steuereinnahmen des Staates, nämlich das Rechteck EGHC. Die Verkaufsteuer hat zu einer Verringerung des Gewinns der Produzenten geführt, die das Steueraufkommen überschreitet. Der Unterschied zwischen den beiden ist die Zusatzlast, die mit der Steuer verbunden ist. Das ist die schraffierte Fläche BGH. Anders ausgedrückt: der Staat hätte dem Unternehmen eine Pauschalsteuer auferlegen können, die den Preis bei p belassen hätte

18. Kapitel: Besteuerung und ökonomische Effizienz 473

und bei der es denselben Gewinn erwirtschaftet hätte, wie bei dem Preis p − t. Diese Pauschalsteuer hätte ein um den Betrag BGH größeres Steueraufkommen erbracht als die Steuer auf den Output.

Es ist klar, daß die Zusatzlast umso kleiner ist, je steiler – je unelastischer – die Angebotskurve ist. Erneut können wir zeigen, daß bei kleinen Steuern die Zusatzlast mit dem Quadrat des Steuersatzes und mit der Angebotselastizität wächst.

Zusammenfassung

1. Die Auflage jeder Steuer mit Ausnahme von Pauschalsteuern verursacht Ineffizienzen. Die Größe dieser Ineffizienzen wird mit der Zusatzlast gemessen, dem Betrag, um den das Steueraufkommen einer Pauschalsteuer das einer verzerrenden Steuer übersteigt, ohne daß die Konsumenten eine größere Nutzeneinbuße erleiden.

2. Die Wirkung jeder Steuer läßt sich in einen Einkommens- und einen Substitutionseffekt zerlegen.

3. Mit einer Pauschalsteuer ist ein Einkommens-, aber kein Substitutionseffekt verbunden. Die Größe der Verzerrung, die eine Steuer bewirkt, hängt von der Stärke des Substitutionseffekts ab. Je stärker dieser ist, umso größer ist die Zusatzlast.

4. Bei einer Einkommensteuer führt der Einkommenseffekt zu einer Vergrößerung des Arbeitsangebots, der Substitutionseffekt zu einer Verringerung: der Nettoeffekt ist unbestimmt. Aber selbst wenn die Einkommensteuer keine Wirkung auf das Arbeitsangebot hat, bewirkt sie dennoch eine Verzerrung.

5. Bei einer speziellen Verbrauchsteuer auf ein Gut führen normalerweise sowohl der Einkommens- als auch der Substitutionseffekt zu einer Verringerung des Verbrauchs dieses Gutes.

6. Bei einem Sparer bewirkt der mit einer Besteuerung des Zinseinkommens verbundene Einkommenseffekt typischerweise eine Vergrößerung der Ersparnisse und der Substitutionseffekt eine Verringerung derselben: der Gesamteffekt ist unbestimmt. Aber selbst wenn die Ersparnis per Saldo nicht verändert wird, liegt eine Verzerrung vor. Bei einem Schuldner führen sowohl der Einkommens- als auch der Substitutionseffekt zu einer Vergrößerung seiner Schuldenaufnahme (wenn die Schuldzinsen vom zu versteuernden Einkommen abgezogen werden können). In diesem Fall ist der Effekt also eindeutig.

7. Man kann die Zusatzlast mit Hilfe der Fläche unter der kompensierten Nachfragekurve messen. Dies ist die Veränderung der Konsumentenrente, die mit der Steuer verbunden ist, minus dem Steueraufkommen. Bei der Verwendung dieser Methode zur Schätzung der Zusatzlast einer Steuer ist allerdings Vorsicht angebracht.

8. Mit der Verringerung des Erlöses, den die Erzeuger erhalten, ist ebenfalls eine Zusatzlast verbunden. Ihre Gewinne verringern sich um eine größere Summe als das Steueraufkommen des Staates.

9. Bei kleinen Steuern ist die Größe der Zusatzlast proportional zum Quadrat des Steuersatzes und wächst mit der (kompensierten) Nachfrageelastizität und mit der Angebotselastizität.

Schlüsselbegriffe

Kompensierte Elastizität des Arbeitsangebots
Zusatzlast
Produzentenrente
Substitutionseffekt

Kompensierte Nachfragekurve
Konsumentenrente
Einkommenseffekt

Fragen und Probleme

1. Wenn die Ersparnisse sich bei einer Veränderung des Zinsfußes nicht verändern, heißt das, daß mit einer Besteuerung der Zinsen keine Zusatzlast verbunden ist?
2. Unter welchen Voraussetzungen werden eine Steuer oder eine Subvention einen Einkommens- und einen Substitutionseffekt derart aufweisen, daß
   a) sich die beiden wechselseitig verstärken,
   b) sich die beiden wechselseitig aufheben?
3. Man hätte die Entscheidung des Individuums statt als die Wahl zwischen Arbeit und Konsum, wie dies in den Zeichnungen 18.1 und 18.2 geschehen ist, auch als eine Wahl zwischen Konsum und Freizeit darstellen können. Zeichnen Sie hierfür die Indifferenzkurven und zeigen Sie den Einkommens- und den Substitutionseffekt auf, der von einer Veränderung des Steuersatzes auf Arbeit herrührt!
4. Vergleichen Sie die Wirkungen einer Einkommen- und einer Pauschalsteuer, die dasselbe Steueraufkommen erbringen! Zeigen Sie insbesondere, daß das Nutzenniveau des Individuums bei einer Pauschalsteuer höher ist als bei der Einkommensteuer!
5. Vergleichen Sie die Wirkungen einer proportionalen Einkommensteuer mit einer progressiven, die konstanten Grenzsteuersatz hat (eine Steuer, bei der das Einkommen bis zu sagen wir 6000 DM unversteuert bleibt und auf die überschießenden Beträge ein bestimmter Steuersatz angewendet wird, d.h. eine sogenannte Flat Rate Tax)! Zeigen Sie auf, daß unter den Voraussetzungen, daß die beiden Steuern dasselbe Steueraufkommen haben und alle Individuen dasselbe Einkommen, ihr Nutzen (Wohlstand) bei einer proportionalen Steuer größer ist!

19. Kapitel
Optimale Besteuerung

Im vorhergehenden Kapitel haben wir festgestellt, daß mit der Auflage einer jeglichen Steuer mit Ausnahme von Pauschalsteuern bedeutende Wohlfahrtseinbußen verbunden sind. Hieraus folgen sofort zwei Fragen. Wenn das so ist, warum führen wir nicht einfach eine Pauschalsteuer ein? Wenn wir aber doch verzerrende Steuern erheben, warum nicht so, daß die Verzerrungen möglichst gering sind? Diese zwei Fragen standen im Mittelpunkt zahlreicher steuertheoretischer Untersuchungen, die in den letzten zwei Jahrzehnten angestellt wurden. Sie haben zu einer Reihe von bemerkenswert einfachen und aufschlußreichen Antworten geführt, die bei der Entwicklung besserer Steuersysteme in der Zukunft hilfreich sein können.

Der Trugschluß eines einfachen Zählens von Verzerrungen

Bevor wir uns diesen Fragen zuwenden, müssen wir erst eine Vorgehensweise ad absurdum führen, die eine Reihe bedeutender Ökonomen zu Fehlschlüssen veranlaßt hat. Es ist sinnlos, die Verzerrungen, die durch ein Steuersystem bewirkt werden, einfach zu zählen. Manche Ökonomen haben argumentiert, es sei besser, nur das Arbeitseinkommen zu besteuern und sonst nichts (also z.B. nicht Tabak, Alkohol oder Luxusgüter), weil eine Verzerrung besser sei als eine Vielzahl davon. Diese Folgerung wäre natürlich richtig, wenn mit einer Arbeitseinkommensteuer keine Verzerrungen verbunden wären. Wir haben in den vorhergehenden Kapiteln aber gezeigt, daß sie normalerweise verzerrend wirkt, und es ist nicht notwendigerweise richtig, daß eine große Verzerrung besser ist als viele kleine. In der Tat hat unsere obige Analyse gezeigt, daß die Zusatzlast einer Steuer mit dem Quadrat des Steuersatzes wächst. Dies läßt uns vermuten, daß es besser sein dürfte, eine Vielzahl von kleinen Steuern zu erheben als eine einzige große Steuer.

Derselbe Trugschluß liegt vor, wenn behauptet wird, es sei besser, nur das Arbeits- und nicht das Zinseinkommen zu besteuern, weil letzteres zusätzliche Verzerrungen hervorrufe. Wiederum ist das Argument irrig und zwar unabhängig davon, ob die Besteuerung von Zinseinkommen wünschenswert ist oder nicht. Man kann nicht einfach die Zahl der Verzerrungen zählen, um ein erstrebenswertes Steuersystem abzuleiten.

Der Trugschluß der Zweitbestlösung

Zugleich muß man sich vor einem zweiten nicht weniger gefährlichen Trugschluß hüten. Das Beispiel, das wir eben dafür angeführt haben, daß zwei Verzerrungen möglicherweise besser sind als eine, veranschaulicht einen allgemeinen Satz, daß nämlich dann, wenn in mehreren Märkten Ineffizienzen (Verzerrungen) auftreten, die Vermeidung einer dieser Ineffizienzen die Lage möglicherweise nicht verbessert. Weiter oben haben wir Pareto-effiziente Ressourcenallokationen erörtert. Aber nur selten sind alle hierfür erforderlichen Bedingungen erfüllt. Vielleicht ist es unmöglich, alle Verzerrungen in allen Teilen der Wirtschaft zu beseitigen. Die Theorie der Zweitbestlösungen befaßt sich damit, wie die staatliche Wirtschaftspolitik gestaltet sein sollte, wenn in der Wirtschaft einige bedeutende Verzerrungen bestehen, an denen sich nichts ändern läßt[1]. (Zweitbeste im Unterschied zu „erstbesten" Lösungen, bei denen alle Bedingungen für Pareto-Effizienz erfüllt sind.) Überlegungen über Zweitbestlösungen sagen, daß es eventuell nicht erstrebenswert ist, die Verzerrungen in jenen Sektoren zu beseitigen, in denen dies möglich ist. Die Theorie der Zweitbestlösungen wird oft irrtümlicherweise dahingehend interpretiert, daß immer dann, wenn einige Verzerrungen vorliegen, die ökonomische Theorie keine Aussagen machen kann. Wir werden feststellen, daß dies falsch ist. Die ökonomische Theorie kann uns sagen, unter welchen Bedingungen zwei kleine Verzerrungen einer großen vorzuziehen sind, wann es besser ist, sowohl im Konsum als auch in der Produktion Ineffizienzen zu ertragen, und wann man in der Produktion keine Ineffizienzen dulden sollte. Die Theorie der Zweitbestlösungen sagt uns, daß wir nicht blindwütig die Ergebnisse aus erstbesten Welten anwenden können; was in solchen Situationen zu tun ist, läßt sich zwar oft nur unter Schwierigkeiten herausfinden, aber es ist nicht unmöglich.

Optimale Umverteilung durch Besteuerung

Im Kapitel 16 haben wir zwei grundlegende Prinzipien der Besteuerung erörtert, nämlich ökonomische Effizienz und Gerechtigkeit. In diesem Kapitel befassen wir uns mit Steuersystemen, die ein gegebenes Steueraufkommen erbringen und die Erreichung bestimmter Verteilungsziele bei möglichst geringen Effizienzverlusten gewährleisten. Wie stets in den Wirtschaftswissenschaften müssen Kompromisse geschlossen werden; will der Staat Maßnahmen ergreifen, die mehr Umverteilung bewirken, so ist das mit Kosten in Gestalt größerer Ineffizienz verbunden (größere Zusatzlast). Das **optimale Steuersystem** hat die Eigenschaft, daß es die soziale Wohlfahrt maximiert, wobei die Wahl zwischen Effizienz und Gerechtigkeit derart getroffen wird, daß dadurch der Einstellung der Gesellschaft zu diesen in Konflikt stehenden Zielen bestmöglich entsprochen wird. In diesem Abschnitt erläutern wir, warum verzerrende Steuern eingeführt werden, warum ein Zielkonflikt zwischen Umverteilung und wirtschaftlicher Effizienz besteht und wie wir die Wahl zwischen verschiedenen Steuersystemen analysieren können.

Warum verzerrende Steuern erheben?

Wäre der Staat über die Eigenschaften aller Individuen, aus denen sich die Gesellschaft zusammensetzt, vollkommen informiert, gäbe es in der Tat gute Gründe, verzerrende Steuern abzulehnen. Nach einer weitverbreiteten Meinung sollten Individuen, die leichter Steuern zahlen können als andere dies auch tun. Könnte der Staat feststellen, wer die besseren Fähigkeiten hat und darum über ei-

---

[1] Frühe Beispiele für die Theorie der Zweitbestlösungen sind James Meade: Trade and Welfare: Mathematical Supplement. Oxford 1955; and R. G. Lipsey and K. Lancaster: The General Theory of Second Best. Review of Economic Studies 24 (1956-7), S. 11-32.

ne höhere steuerliche Leistungsfähigkeit verfügt, würde er diesen Individuen höhere Pauschalsteuern auferlegen.

Aber wie lassen sich Fähigkeiten feststellen? Betrachten Sie eine Familie. Die Eltern glauben oft, daß sie die Fähigkeiten ihrer Kinder recht gut beurteilen können. Wenn Eltern zwei Kinder haben, von denen das eine sehr begabt ist, aber nach eigenem Entschluß ein Landstreicher wird, wohingegen das andere seine begrenzten Fähigkeiten bestmöglich nutzt, werden sie höchstwahrscheinlich eher dem letzten helfen; ihre Bereitschaft zur Hilfeleistung basiert nicht auf dem Einkommen – der Landstreicher mag in der Tat ein geringeres Einkommen erzielen, als sein hart arbeitender, aber unbegabter Bruder.

Der Staat ist weit weniger gut informiert als die Eltern und hat nicht deren Möglichkeiten, das Talent und die Leistungsbereitschaft ihrer Kinder zu beurteilen. Der Staat kann sich bei der Besteuerung nur an für ihn wahrnehmbaren Variablen orientieren, wie Einkommen und Ausgaben (und selbst diese Variablen lassen sich, wie wir sehen werden, oft nur unter Schwierigkeiten beobachten). Der Staat steht vor der Wahl, entweder eine für alle gleiche Pauschalsteuer zu erheben, eine Steuer, die die Individuen ohne Ansehung dessen zahlen müssen, welche Fähigkeiten sie haben und was sie leisten, oder er kann an leicht meßbare Variablen steuerlich anknüpfen wie Ausgaben oder Löhne. Derartige Steuern sind stets verzerrend. Eine Einkommensteuer trifft nicht immer diejenigen, von denen wir glauben, daß sie besteuert werden sollten – sie behandelt unbegabte, aber fleißige Individuen genauso wie begabte, die das Leben leicht nehmen, wenn diese nur dasselbe Einkommen erzielen. Trotzdem glauben die meisten, daß Leute mit höherem Einkommen mehr Steuern zahlen sollten, weil sie im Schnitt begabter sind oder überdurchschnittlich viel Glück hatten.

Der Trade-off zwischen Ungleichheit und Ineffizienz

Wären alle gleich, gäbe es keinen Grund für verzerrende Besteuerung. Es wäre verwaltungstechnisch weit einfacher und darüberhinaus effizienter (im Sinne einer Minimierung der Zusatzlast), eine einheitliche Pauschalsteuer zu erheben. Die Verwendung verzerrender Steuern läßt sich auf unser Bestreben zurückführen, Einkommen in einer Welt umzuverteilen, in der der Staat die Eigenschaften der verschiedenen Individuen nur unvollkommen wahrnehmen kann.

Damit tritt aber ein Zielkonflikt auf. Wir können eine stärker progressive Steuer auferlegen, die mehr Einkommen umverteilt und einen größeren Teil der Steuerlast den Reichen aufbürdet – das führt dann zu Effizienzverlusten. Die hierbei erforderliche Abwägung ist in der Zeichnung 19.1 veranschaulicht, wobei auf der vertikalen Achse die Zusatzlast der Besteuerung aufgetragen ist und auf der horizontalen ein Maß der Einkommensungleichheit (ein Konzentrationsmaß). Der Staat kann die Einkommensungleichheit verringern, aber nur durch Inkaufnahme wachsender Portionen an Zusatzlast.

Es mag nützlich sein, sich vorzustellen, daß die Gesellschaft einen Punkt entlang dieser Trade-off Kurve wählt. Die Gesellschaft besitzt auch Indifferenzkurven für Ungleichheit und Zusatzlast, aber im Unterschied zu den normalen Indifferenzkurven für zwei Güter handelt es sich hier um solche für zwei Übel. Die Gesellschaft ist bereit, um einer Verbesserung der Einkommensverteilung willen eine größere Zusatzlast in Kauf zu nehmen. Wenn die Ungleichheit geringer wird,

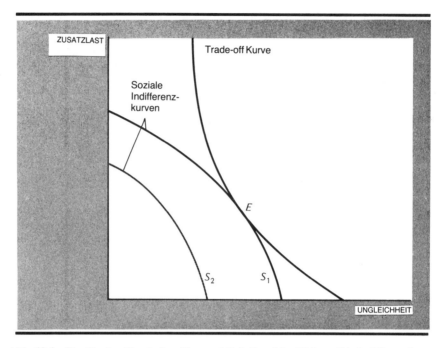

Abb. 19.1 Der Trade-off zwischen Ungerechtigkeit und Ineffizienz. Die Indifferenzkurve gibt diejenigen Kombinationen von Zusatzlast und Ungerechtigkeit an, zwischen denen die Gesellschaft indifferent ist. Sie ist bereit, etwas mehr an Ineffizienz (an Zusatzlast) hinzunehmen, wenn die Ungleichheit dafür verringert wird. Das optimale Steuersystem maximiert die Wohlfahrt der Gesellschaft. Es wird durch den Punkt E auf der Trade-off Kurve dargestellt, in dem die Indifferenzkurve zwischen Zusatzlast und Ungleichheit die Trade-off Kurve tangiert.

nimmt ihre Bereitschaft ab, noch mehr Zusatzlast als Preis für eine weitere Verringerung der Ungleichheit hinzunehmen. Machen Sie sich klar, daß die soziale Wohlfahrt zunimmt, wenn wir uns in Richtung auf den Nullpunkt bewegen – dies rührt daher, daß sowohl Zusatzlast als auch Ungleichheit Übel sind. Die soziale Wohlfahrt ist auf der (sozialen) Indifferenzkurve S_2 größer als auf der Kurve S_1.

Das optimale Steuersystem ist dasjenige, das die soziale Wohlfahrt maximiert. Es ist durch den Punkt E auf der Trade-off Kurve bestimmt, in dem die Indifferenzkurve der Gesellschaft zwischen Zusatzlast und Ungleichheit die Trade-off Kurve gerade berührt.

Verschiedene Gesellschaften dürften unterschiedliche Punkte auf der Trade-off Kurve wählen, da sie verschiedene Einstellungen zur Ungleichheit haben. Wir können die politische Auseinandersetzung darüber, wie progressiv das Steuersystem sein sollte – also um wieviel die Großverdiener mehr an Steuern zahlen sollten als die Kleinverdiener – als eine Auseinandersetzung über Werturteile betrachten. Wieviel Zusatzlast soll man für eine bestimmte Abnahme der Ungleichheit in Kauf nehmen?

Meinungsverschiedenheiten dürften nicht nur über diese Werte, sondern auch über die empirische Frage bestehen, wie der Trade-off genau aussieht. Diejenigen, die sich für progressivere Steuern aussprechen, bringen zumeist auch das Argument vor, daß die Kosten einer Verringerung der Ungleichheit (in Gestalt der Zusatzlast) geringer sind als von den Befürwortern einer weniger progressiven Steuer behauptet wird. Im Kapitel 18 zeigten wir, daß die Größe der Zusatzlast mit dem Substitutionseffekt zusammenhängt. Sind Freizeit und Konsumgüter sehr gut gegeneinander substituierbar, wird die Zusatzlast einer Lohnsteuer groß sein. Sind Konsum in dieser Periode und Konsum in der nächsten Periode gut gegeneinander substituierbar, ist die Sparfunktion sehr elastisch und die Zusatzlast groß, die mit einer Zinseinkommensbesteuerung verbunden ist. Diejenigen, die glauben, daß die Zusatzlast klein ist, werden oft als Elastizitätenoptimisten bezeichnet; sie glauben beispielsweise, daß die (kompensierte) Elastizität des Arbeitsangebots und des Sparens gering sind, so daß die Verzerrungen, die mit hohen Steuersätzen verbunden sind, gering sind; diejenigen, die glauben, daß die Verzerrungen groß sind, werden oft als Elastizitätenpessimisten bezeichnet werden; sie glauben daß die Elastizitäten des Arbeitsangebots und des Sparens groß sind. Wir werden in den nachfolgenden Kapiteln sehen, daß für keine der beiden Ansichten eindeutige Beweise vorliegen.

Warum folgt aus stärkerer Progression notwendigerweise eine schwerere Zusatzlast?

Der vorhergehende Abschnitt enthielt ein heuristisches Argument für die These, daß die Zusatzlast bei stärkeren Bemühungen, mit Hilfe des Steuersystems Einkommensunterschiede auszugleichen, ansteigt. Die Abschnitte A und B der Zeichnung 19.2 erläutern diese allgemeine Aussage, indem zwei Steuertarife einander gegenübergestellt werden. Der erste ist der Tarif einer proportionalen Einkommensteuer (ohne Grundfreibetrag). Der zweite Tarif kennzeichnet eine progressive Einkommensteuer mit konstantem Grenzsteuersatz, bei der der Unterschiedsbetrag zwischen dem Einkommen des Steuerpflichtigen und einem bestimmten Grenzwert (einem Grundfreibetrag), $\hat{Y}$, mit einem konstanten Grenzsteuersatz besteuert wird. Individuen, die weniger als den Grundfreibetrag verdienen, erhalten vom Staat eine Unterstützung in Höhe des Steuersatzes multipliziert mit dem Differenzbetrag zwischen dem Grundfreibetrag und ihrem Einkommen. Machen Sie sich im Abschnitt A der Zeichnung 19.2 klar, daß der Grenzsteuersatz dieser progressiven Steuer, also die zusätzliche Steuer, die sie für eine zusätzliche Mark Einkommen zahlen müssen, zwar konstant ist, der Durchschnittssteuersatz, der Anteil der Steuer am Einkommen des Steuerpflichtigen, aber mit dem Einkommen zunimmt. Deswegen nennt man die Steuer progressiv[2].

---

[2] Der Sprachgebrauch ist nicht einheitlich. Manche ziehen es vor, nur Steuertarife als progressiv zu bezeichnen, bei denen der Grenzsteuersatz ansteigt. Oft wird bei einem Steuertarif mit konstantem Grenz- und zunehmendem Durchschnittssteuersatz von indirekter statt von direkter Progression gesprochen. Im Grunde sind diese semantischen Unterschiede belanglos. Machen Sie sich klar, daß eine proportionale Steuer, die mit einer Pauschalsteuer kombiniert wird, in dem Sinne regressiv ist, daß der durchschnittliche Steuersatz mit steigendem Einkommen sinkt. Wegen einer eingehenderen Diskussion der Definition progressiver und regressiver Steuersysteme, vgl. A. B. Atkinson und J. E. Stiglitz: Lectures on Public Economics. New York 1980, Kap. 2.

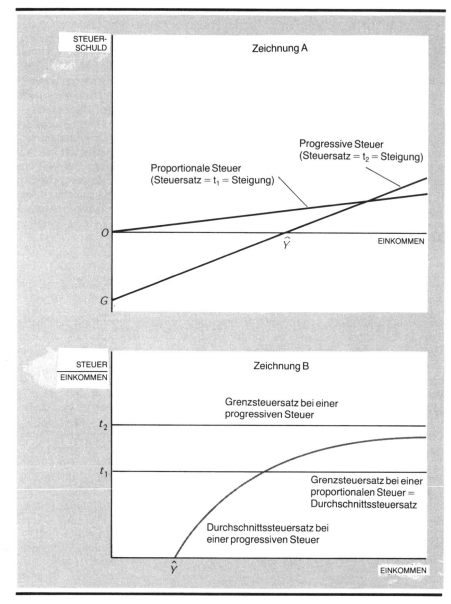

Abb. 19.2 Der Tarif einer Flat-Rate-Tax auf das Einkommen. Die Zeichnung A vergleicht die Steuerschuld bei einer proportionalen Einkommensteuer mit der bei einer progressiven Flat-Rate-Tax. Die Zeichnung B vergleicht Durchschnitts- und Grenzsteuersatz der beiden Steuern.

Da die eben eingeführte progressive Steuer Individuen, deren Einkommen eine bestimmte Grenze unterschreitet, einen Nettotransfer gewährt, wird derjenige Teil der Steuer, der unterhalb von $\hat{Y}$ relevant wird, als negative Einkommensteuer bezeichnet[3].

Diese Version einer progressiven Steuer (Progressive Flat Rate Tax) läßt sich auch als eine Kombination eines Pauschaltransfers, der allen Individuen gewährt wird, mit einer proportionalen Einkommensteuer auffassen. Soll der Staat öffentliche Güter finanzieren und andere öffentliche Ausgaben tätigen und darüberhinaus noch jedermann einen Pauschaltransfer gewähren, muß das Steueraufkommen größer sein, der Grenzsteuersatz also höher sein als bei der proportionalen Steuer. Die Zusatzlast hängt von diesem Grenzsteuersatz ab. Je größer also der Pauschaltransfer ist, desto progressiver das Steuersystem und desto größer die Zusatzlast.

Um die Effekte einer proportionalen und einer progressiven Steuer zu vergleichen, greifen wir auf eine geometrische Darstellung zurück, die wir in früheren Kapiteln verwendet haben. Die Zeichnung 19.3 zeigt eine Indifferenzkurve eines Individuums für Konsumgüter und Arbeit und seine Bruttoeinkommenskurve. Sie gibt uns an, welche Einkünfte das Individuum je nach Länge seiner Arbeits-

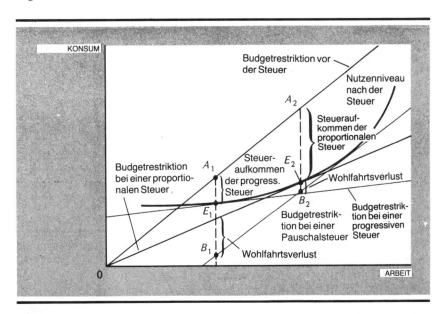

Abb. 19.3 Die Zusatzlast einer progressiven Flat-Rate-Tax. Gegeben das Nutzenniveau des Steuerpflichtigen ist das Steueraufkommen einer proportionalen Steuer ($A_2 E_2$) viel größer als das einer progressiven ($A_1 E_1$).

---

[3] Man kann sich auch Steuersysteme denken, in denen bei denjenigen, die ein Einkommen oberhalb von $\hat{Y}$ beziehen, die Differenz zwischen ihrem Einkommen und diesem Grenzwert mit einem konstanten Grenzsteuersatz besteuert wird, wohingegen diejenigen, die weniger als den Grenzwert verdienen, keine Steuern zahlen und auch keinen Transfer erhalten.

zeit bezieht. Die Zeichnung zeigt auch die Nettoeinkommenskurve, wobei angenommen wird, daß der Staat einen bestimmten Prozentsatz des Einkommens wegnimmt, also eine proportionale Steuer erhebt. Schließlich zeigt die Zeichnung 19.3 auch noch die Nettoeinkommenskurve für eine progressive Steuer vom oben dargestellten Typ mit einem steuerfreien Grundbetrag $\hat{Y}$. Diejenigen, die mehr als $\hat{Y}$ beziehen, werden besteuert; diejenigen, die weniger beziehen, erhalten einen Transfer.

Jetzt vergleichen wir das Steueraufkommen, das der Staat bei einer progressiven Einkommensteuer erzielt und das den Steuerpflichtigen auf demselben Nutzenniveau beläßt wie eine proportionale Einkommensteuer, mit dem Aufkommen, das bei der proportionalen erzielt wird. Das Steueraufkommen ist der vertikale Abstand zwischen der Brutto- und der Nettoeinkommenskurve und zwar bei dem Arbeitseinsatz, den der Steuerpflichtige erbringt. In der Zeichnung 19.3 ist das Aufkommen der proportionalen Einkommensteuer A_2E_2, das der progressiven Steuer A_1E_1 und damit wesentlich weniger. Die Progression ist mit einer Erhöhung der Zusatzlast verbunden; B_1E_1 ist viel größer als B_2E_2. Dies ist keine Überraschung. Wir haben argumentiert, daß die Zusatzlast vom Substitutionseffekt herrührt, von der Veränderung der Zahl der Arbeitsstunden (oder bei anderen Steuern von der Veränderung der Struktur des Konsums), die durch die Absenkung des Lohns nach Steuern unter das wahre Grenzprodukt der Arbeit bewirkt wird. Da der Grenzsteuersatz höher ist, ist der Substitutionseffekt bei einer progressiven Einkommensteuer stärker als bei einer proportionalen und die Zusatzlast entsprechend größer[4].

Die Beziehung zwischen Zusatzlast und Umverteilung

Nun führen wir uns vor Augen, wie die Zusatzlast bei Bemühungen, noch mehr Einkommen umzuverteilen, anwächst. Wie vorhin dargestellt, läßt sich eine progressive Steuer des oben eingeführten Typs als eine Kombination aus einer proportionalen Steuer und einem Pauschaltransfers betrachten. Wenn wir diesen vergrößern, dann muß der Steuersatz steigen.

Nehmen Sie an, die Bevölkerung setzte sich aus zwei Gruppen zusammen; die eine verdiene mehr als den steuerfreien Grundfreibetrag, die andere weniger. Erhöhen wir den Pauschaltransfer, stellt sich die zweite besser, die erste schlechter: die Ungleichheit verringert sich. Beide Gruppen sehen sich höheren marginalen Steuersätzen ausgesetzt, und die Zusatzlast, die damit verbunden ist, wächst infolgedessen bei beiden an.

Möglicherweise gibt es ein Maximum der Umverteilung. Wenn wir den Grenzsteuersatz anheben, schränken die Individuen mit höheren Einkommen vielleicht ihr Arbeitsangebot ein; sie mögen es soweit verringern, daß das Steueraufkommen schrumpft. Dann müßte der Staat auch seine Pauschaltransfers kürzen.

---

[4] Durch die Zeichnung 19.3 wird verdeutlicht, daß der Grenzsteuersatz bei der progressiven Steuer höher ist als bei der proportionalen (die Steigung der Nettoeinkommenskurve ist geringer). Dies ist immer der Fall: Wäre der Steuersatz derselbe oder geringer, würde sich der Steuerpflichtige in einem Steuersystem mit einem Pauschaltransfer besser stellen als ohne ihn. Er könnte nicht auf derselben Indifferenzkurve verbleiben.

Die Nutzenmöglichkeitsgrenze und verzerrende Besteuerung

Wir können die Alternativen, vor denen die Gesellschaft steht, noch auf eine andere Weise darstellen. Im Kapitel 3 haben wir die Nutzenmöglichkeitsgrenze abgeleitet. Sie stellt das höchstmögliche Nutzenniveau dar, das die erste Gruppe bei jedem gegebenen Nutzenniveau für die zweite erreichen kann. Wir haben das unter der Voraussetzung getan, daß wir verschiedenen Individuen unterschiedliche Pauschalsteuern auferlegen können. Jetzt erkennen wir, daß das nicht möglich ist. Wir müssen eine neue Nutzenmöglichkeitsgrenze unter Berücksichtigung der Verzerrungen ableiten, die mit einer Einkommensteuer verbunden sind. In der Zeichnung 19.4 sind zwei Nutzenmöglichkeitsgrenzen dargestellt. Die rechte un-

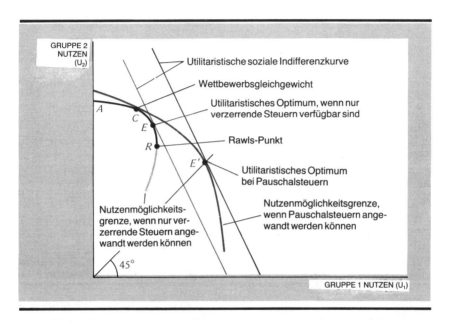

Abb. 19.4 Nutzenmöglichkeitsgrenze bei einer Pauschal- und bei verzerrender Besteuerung. Die optimale Steuer des Utilitavisten entspricht dem Punkt E, wenn nur verzerrende Steuern zur Verfügung stehen: dies ist der Punkt auf der Nutzenmöglichkeitsgrenze, in dem die soziale Wohlfahrt maximiert wird. Es ist der Tangentialpunkt der sozialen Indifferenzkurve (die für einen Utilitaristen linear sind) und der Nutzenmöglichkeitsgrenze.

terstellt, daß Pauschalsteuern erhoben werden und die linke geht von der realistischeren Voraussetzung verzerrender Besteuerung aus. Die zwei Kurven fallen in dem Punkt auf der ursprünglichen Nutzenmöglichkeitsgrenze zusammen, der im Pareto-optimalen Wettbewerbsgleichgewicht ohne Umverteilung mittels Steuern erreicht wird, dem Punkt C. (Gibt es öffentliche Güter, die aus dem Steueraufkommen finanziert werden, fallen die beiden Kurven in dem Punkt zusammen, der einem Wettbewerbsgleichgewicht mit einer einheitlichen Pauschalsteuer auf beide Gruppen entspricht.) Überall sonst aber liegt die Nutzenmöglichkeitsgrenze mit verzerrender Besteuerung unterhalb der mit Pauschalsteuern. Ist das von uns gewählte Instrument der Einkommensumverteilung eine progressive

Steuer des oben eingeführten Typs, können wir leicht die zugehörige Nutzenmöglichkeitsgrenze ableiten. Für jede Höhe des Grundfreibetrags finden wir den Steuersatz, der das erwünschte Aufkommen erbringt. Dann tragen wir die Nutzenniveaus auf, die die beiden Gruppen von Individuen erreichen. Heben wir den steuerfreien Grundbetrag an, erhöht sich der Nutzen der Gruppe mit geringem Einkommen und der der Personen mit höherem Einkommen sinkt.

Es ist klar, daß die Lage und Gestalt der Nutzenmöglichkeitsgrenze von den verfügbaren Informationen abhängt und von den Methoden, die für die Umverteilung von Einkommen zur Verfügung stehen.

Jedes Steuersystem, das (vorausgesetzt einen bestimmten Informationsstand und die Verfügbarkeit bestimmter steuerlicher Instrumente) die Ökonomie auf einen Punkt auf der Nutzenmöglichkeitsgrenze bringt, ist ein Pareto-effizientes Steuersystem[5]. Unter bestimmten Voraussetzungen läßt es sich beispielsweise zeigen, daß ein Staat, der in der Lage ist, eine Arbeitseinkommensteuer und spezielle Verbrauchsteuern zu erheben, in der Tat nur das Arbeitseinkommen besteuern sollte. Dies gilt völlig unabhängig von der Einstellung, die man gegenüber Ungleichheit hat; das heißt, ein Steuersystem, das den Verbrauch verschiedener Güter mit unterschiedlichen Tarifen besteuert, ist Pareto-ineffizient[6].

Das erste Problem, das die Gesellschaft lösen muß (nachdem sie das mögliche Menü an Steuern bestimmt hat), ist festzustellen, welche Pareto-effizienten Steuersysteme existieren. Danach kann sie das zweite Problem angehen, zwischen diesen verschiedenen Pareto-effizienten Steuersystemen zu wählen. Dies ist äquivalent zu der Wahl eines Punkts auf der Nutzenmöglichkeitsgrenze.

Weiter oben nannten wir ein Steuersystem optimal, das die soziale Wohlfahrt der Gesellschaft maximiert. Das optimale Steuersystem hängt infolgedessen ab: a) von der sozialen Wohlfahrtsfunktion der Gesellschaft und b) von den Informationen, die dem Staat zur Verfügung stehen und, dementsprechend davon, welche Steuern geschaffen werden können. Wäre der Staat in der Lage, die Fähigkeiten der einzelnen Individuen wahrzunehmen und jedem eine Pauschalsteuer nach seinen Fähigkeiten aufzuerlegen, dann wäre eine Einkommensteuer kein Bestandteil eines Pareto-effizienten Steuersystems (und wäre entsprechend auch nicht Bestandteil eines optimalen Steuersystems).

Der Zusammenhang zwischen einem optimalen Steuersystem und der sozialen Wohlfahrtsfunktion läßt sich in der Zeichnung 19.4 leicht erkennen. Ein Utilitarist würde die Summe der Nutzen der beiden Gruppen maximieren; das heißt, die sozialen Indifferenzkurven, die uns die Kombinationen von U_1 und U_2 zeigen, zwischen denen die Gesellschaft indifferent ist, sind linear. Die Gesellschaft ist

---

[5] Mitunter wird für die Beschreibung derartiger Steuersysteme der Begriff beschränkt Pareto-effizient verwendet, um uns an die Grenzen zu erinnern, die durch die Unvollkommenheit der Information gesetzt werden. Wegen einer genaueren Beschreibung Pareto-effizienter Steuersysteme vgl. J. E. Stiglitz: Self-Selection and Pareto-Efficient Taxation. Journal of Public Economics 17 (1982), S. 213-40.

[6] Dieses Ergebnis gilt unter den folgenden Voraussetzungen: Die Individuen unterscheiden sich nur in bezug auf ihre Produktivität, und die Grenzrate der Substitution zwischen verschiedenen Gütern hängt nicht davon ab, wieviel Freizeit sie konsumieren. Vgl. A. B. Atkinson und J. E. Stiglitz: The Design of Tax Structures. Journal of Public Economics 6 (1976), S. 55-75.

bereit, etwas Wohlfahrt der Gruppe 1 für eine gleich große Erhöhung der Wohlfahrt der Gruppe 2 dahinzugeben. Das optimale Steuersystem des Utilitaristen wird durch den Punkt E dargestellt vorausgesetzt, der Staat hat für seine Schlüsse auf die Fähigkeiten der Individuen nur Beobachtungen über ihr Einkommen zur Verfügung. (Könnte der Staat Personen unterschiedlichen Talents ohne Rekurs auf die Hilfsgröße Einkommen als solche identifizieren, würde er unterschiedliche Pauschalsteuern erheben, und dann wäre E' das optimale Steuersystem.)

Rawlsianische Besteuerung

Wir verweisen darauf, daß wir in der Zeichnung 19.4 die Nutzenmöglichkeitsgrenze bei verzerrender Besteuerung rückwärts geneigt gezeichnet haben[7]. Es gibt ein Maximum dessen, was sich (ohne Einführung von Zwangsarbeit) aus den besser verdienenden Individuen herausholen läßt. Nehmen Sie beispielsweise an, daß wir Personen mit hohen Einkommen eine proportionale Steuer auferlegen. Wir haben weiter oben festgestellt, daß im allgemeinen die Wirkung einer Steuererhöhung (einer Senkung des Lohns) auf das Arbeitsangebot zweideutig ist. Jenseits eines bestimmten Punkts aber wird das Individuum mit Sicherheit weniger arbeiten. (Genauer gesagt, es wird weniger auf dem Markt in Erscheinung treten; es mag sein, daß es ebenso viel arbeitet wie vorher, aber nicht für Geld. Es wird sein eigenes Brot backen, sein Haus selber anstreichen usw.) Es gibt also ein Maximum des möglichen Steueraufkommens. (Wenn der Staat versucht, sich mit Hilfe einer progressiven Steuer vom oben beschriebenen Typ zu finanzieren, dann ist das Maximum dessen, was er aus den Reichen herausholen kann, sogar noch geringer.) Das heißt, daß es eine Obergrenze für die Umverteilung zu den Armen gibt, nämlich den Punkt, an dem die Nutzenmöglichkeitsgrenze sich rückwärts neigt. Weitere Erhöhungen der Steuersätze machen es erforderlich, daß der Grundfreibetrag gesenkt wird, damit ein bestimmtes vorgegebenes Ausgabenvolumen für öffentliche Güter noch finanziert werden kann. Wir haben diesen Punkt in der Zeichnung 19.4 nach John Rawls[8] mit R bezeichnet, da dieser argumentierte, daß die Gesellschaft jenen Steuersatz wählen sollte, bei dem die Wohlfahrt des ärmsten Individuums am höchsten ist.

Machen Sie sich klar, daß es von einem rawlsianischen Standpunkt ein Maximum für den wünschenswerten Steuersatz gibt. Es kann also sein, daß die Steuern zu hoch sind. Derartige Steuersätze sind Pareto-inferior – das heißt bei einer Verringerung des Steuersatzes stellen sich alle besser. Es gibt Leute, die behaupten, daß sich manche Staaten wie z.B. Schweden oder Dänemark in der Nähe dieses Punktes befinden, wenn sie ihn nicht bereits überschritten haben. Die meisten Ökonomen stimmen darüber überein, daß in Ländern wie den USA oder der BR Deutschland dieser Punkt noch nicht erreicht ist. Nichtsdestoweniger kann es sein, daß bei den gegenwärtigen Steuersätzen die Verringerung der Ungleichheit, die erreicht wird, im Verhältnis zu der Zusatzlast, die von dem Steuersystem erzeugt wird, gering ist; das heißt, es mag sein, daß wir nahe genug bei dem Punkt R sind, daß eine Vergrößerung der Wohlfahrt der Verdiener kleiner Einkommen

---
[7] Da die Nutzenmöglichkeitsgrenze als das höchste Nutzenniveau definiert ist, das das Individuum 1 gegeben das Nutzenniveau des Individuums 2 erreichen kann, ist streng genommen nur der Abschnitt AR der „Nutzenmöglichkeitsgrenze" in der Zeichnung 19.4 Bestandteil der Nutzenmöglichkeitsgrenze.
[8] John Rawls: A Theory of Justice. New York 1973.

ein unverhältnismäßig großes Opfer an Wohlfahrt seitens derjenigen mit höherem Einkommen erfordert. Hierüber sind sich die Ökonomen nicht einig.

Der Zusammenhang zwischen Progression und Staatsausgaben
Klar ist immerhin folgendes. Benötigt der Staat keinerlei Mittel für öffentliche Ausgaben, wäre es – gegeben eine utilitaristische Nutzenfunktion (oder irgendeine andere soziale Wohlfahrtsfunktion, die einer gleichmäßigen Einkommensverteilung einen Wert beimißt) – immer noch wünschenswert, Einkommen mittels eines progressiven Steuersystems umzuverteilen. Die Zusatzlast einer kleinen Steuer ist vernachlässigbar gering, der Gewinn aus der Umverteilung aber sehr wohl nennenswert. Diejenigen, deren Einkommen einen Grenzwert unterschreitet, würden vom Staat einen Transfer erhalten.

Zweitens mag es erforderlich werden, daß ein Staat, der ein großes Steueraufkommen für öffentliche Ausgaben einheben will, das das Maximum dessen überschreitet, was sich mittels einer proportionalen Einkommensteuer einheben läßt, möglicherweise allen Individuen eine Pauschalsteuer und zusätzlich eine proportionale Einkommensteuer auferlegen muß. Allgemeiner gesprochen, je größer die Aufwendungen des Staates für reine öffentliche Güter (wie z.B. Verteidigungsausgaben) umso weniger Mittel werden für Umverteilung zur Verfügung stehen und umso weniger progressiv ist das optimale Steuersystem.

Eine numerische Berechnung der optimalen Einkommensteuer mit konstantem Grenzsteuersatz (Flat Rate Tax). Nick Stern errechnete die optimale Flat Rate Tax auf der Grundlage von Schätzungen der Elastizität des Arbeitsangebots und Annahmen über die Produktivität der verschiedenen Individuen innerhalb einer Wirtschaft, die ihm vernünftig erschienen[9]. Unter der Voraussetzung, daß 20% des Volkseinkommens für öffentliche Güter verwendet werden, kam er zu dem Schluß, daß bei einer utilitaristischen sozialen Wohlfahrtsfunktion der optimale Grenzsteuersatz einer Flat Rate Tax 19% beträgt, bei einer rawlsianischen sozialen Wohlfahrtsfunktion – bei der einzig die Wohlfahrt des ärmsten Individuums von Interesse ist – ca. 80%.

Die optimale Struktur der Einkommensteuer

In den meisten Ländern gibt es keine progressive Flat Rate Tax[10]. Der Grenzsteuersatz der Einkommensteuer erhöht sich mit dem Einkommen.

Die Verzerrungen (die Zusatzlast), die ein Steuersystem hervorruft, hängen von der Höhe der Grenzsteuersätze ab. Der Staat kann die durchschnittliche

---

[9] Nicholas H. Stern: On the Specification of Models of Optimum Income Taxation. Journal of Public Economics 6 (1976), S. 123-62. Die Ergebnisse seiner Berechnungen reagieren sehr empfindlich auf jede Veränderung dieser Annahmen und sind infolgedessen mit Vorsicht zu genießen. Die hier wiedergegebenen Zahlen entsprechen einer (kompensierten) Substitutionselastizität zwischen Konsum und Freizeit von 0,6. In Kapitel 18 haben wir festgestellt, daß die Größe dieser Elastizität umstritten ist.
[10] Allerdings führte die Reagansche Steuerreform von 1987 dazu, daß die amerikanische Einkommensteuer dem Modell einer Flat Rate Tax näher kam. Eine progressive Flat Rate Tax auf Arbeitseinkommen wurde 1987 in Island eingeführt.

Steuerbelastung der höheren Einkommen verändern, ohne den Grenzsteuersatz für diese zu verändern, indem er den Grenzsteuersatz bei einem bestimmten darunterliegenden Einkommen anhebt – sagen wir für Einkommen zwischen 30 000 und 40 000 DM. Was geschieht dann mit einem Steuerpflichtigen, der 50 000 DM verdient? Er muß insgesamt mehr zahlen, da er für sein Einkommen zwischen 30 000 und 40 000 DM mehr zahlen muß. Sein Grenzsteuersatz – die Steuer auf die 50 000ste Mark – ist hingegen derselbe geblieben. Zu einer zusätzlichen Verzerrung kommt es infolge dieser Steuererhöhung nur wegen der Auswirkungen auf die Steuerpflichtigen, die 30 000 bis 40 000 DM verdienen, also diejenigen, deren Grenzsteuersatz sich erhöht hat. Es gibt einen Trade-off zwischen einer größeren Zusatzlast bei geringeren Einkommen und größerem Steueraufkommen bei unveränderter Zusatzlast im Bereich der höheren Einkommen.

Vermittels einiger einfacher Überlegungen läßt sich feststellen, ob die Anhebung des Grenzsteuersatzes für eine bestimmte Einkommensklasse geeignet ist, die Wohlfahrt zu erhöhen. Ist beispielsweise die Einkommensklasse, deren Grenzsteuersatz erhöht wird, mit nur relativ wenigen Steuerpflichtigen besetzt, werden die Wohlfahrtsverluste (infolge der Zusatzlast) gering sein.

Die Tatsache, daß man mittels einer Anhebung der Grenzsteuersätze auf mittlere Einkommen von den Reichen höhere Steuern einheben kann, ohne daß sich die Zusatzlast erhöht, legt nahe, daß es erstrebenswert sein könnte, daß die Steuerpflichtigen mit mittleren Einkommen höheren Grenzsteuersätzen unterliegen als die mit gehobenem Einkommen. Demgegenüber folgt aus der Tatsache, daß es viel mehr Leute mit mittlerem Einkommen gibt und deswegen die Zusatzlast durch eine Erhöhung der Grenzsteuersätze auf Bezieher mittlerer Einkommen sehr groß ist, daß sie geringeren Grenzsteuersätzen unterliegen sollten. James Mirrlees hat Beispiele untersucht, in denen sich diese beiden Effekte wechselseitig aufheben, so daß der optimale Steuertarif dem oben eingeführten Typ einer progressiven Flat Rate Tax ähnelt[11].

Elastizitäten des Arbeitsangebots und Steuersätze

Wenn sich das Arbeitsangebotsverhalten verschiedener Gruppen (Individuen mit unterschiedlichen Einkommen) systematisch unterscheidet, dann sollte man diese Gruppen mit unterschiedlichen Steuersätzen besteuern.

Stellen Sie sich vor, der Staat könnte beispielsweise ungelernte Arbeiter mit einem bestimmten Steuersatz besteuern und gelernte Arbeiter mit einem anderen. Er will das so tun, daß die Summe der Nutzen der Individuen maximiert wird (es wird also eine utilitaristische soziale Wohlfahrtsfunktion unterstellt). Das Steueraufkommen, das er insgesamt einheben will, sei vorgegeben. Offenbar wird er die Steuersätze so fixieren, daß die Nutzeneinbuße aus einer Erhöhung der Steuereinnahmen um eine Mark (die aus einer Erhöhung der Steuersätze resultiert) bei der einen Gruppe gleich der Nutzeneinbuße aus einer Erhöhung der Steuereinnahmen um eine Mark bei der anderen Gruppe ist.

Eine Erhöhung des Steuersatzes bei einer Gruppe entspricht einer Verringerung des (Netto)Lohns, der ihren Mitgliedern gezahlt wird. Wir tragen im Ab-

---

[11] J. Mirrlees: An Exploration in the Theory of Optimum Income Taxation. Review of Economic Studies 38 (1971), S. 175-208.

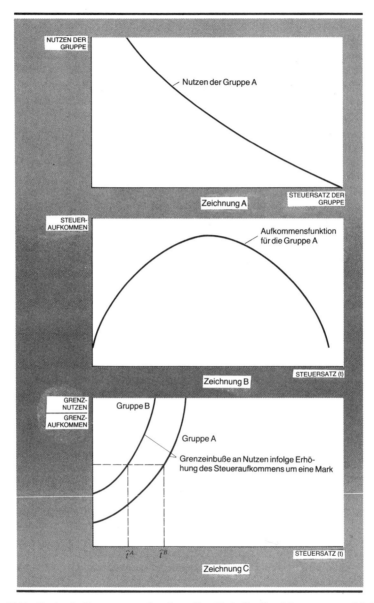

Abb. 19.5 Optimale Besteuerung in einer Gesellschaft, die sich aus unterschiedlichen Gruppen zusammensetzt. Wenn unterschiedliche Gruppen mit unterschiedlichen Steuersätzen konfrontiert werden können, erfordert Maximierung der aufaddierten Nutzen, daß die Nutzeneinbuße pro Mark zusätzliches Steueraufkommen für alle Gruppen dieselbe ist. Dies kann man folgendermaßen veranschaulichen: In der Zeichnung A zeigen wir das Nutzenniveau als eine Funktion des Steuersatzes. In der Zeichnung B zeigen wir das Steueraufkommen als eine Funktion des Steuersatzes. Für jedes t errechnen wir die Nutzeneinbuße bei einer weiteren Erhöhung des Steuersatzes und das zusätzliche Steueraufkommen; in der Zeichnung C sehen wir den Quotienten dieser beiden Größen.

schnitt A der Zeichnung 19.5 den Nutzen eines (für seine Gruppe) repräsentativen Steuerpflichtigen als eine Funktion des Steuersatzes auf. Die Nutzeneinbuße aus einer Erhöhung des Steuersatzes verhält sich proportional zu seinem Arbeitsangebot und zu seinem Einkommensgrenznutzen (d.h. dem Nutzen, den ihm eine Erhöhung seines Einkommens um eine Mark stiftet)[12].

Eine Erhöhung des Steuersatzes führt zu einem umso größeren zusätzlichen Steueraufkommen, je größer das Arbeitsangebot der Steuerpflichtigen ist. Es ist aber noch ein indirekter Effekt zu berücksichtigen: der höhere Steuersatz kann das Arbeitsangebot verringern (oder vergrößern). Das Steueraufkommen ist bei dem Steuersatz t twL, wobei w der Lohnsatz und L das Arbeitsangebot ist. Nimmt t zu, erhöht sich das Steueraufkommen bei sinkendem L nicht in dem Maße, wie es bei konstantem L der Fall wäre. Sinkt L genügend stark, geht das gesamte Steueraufkommen bei einer Erhöhung von t sogar zurück, wie dies im Abschnitt B der Zeichnung 19.5 der Fall ist. Die Verringerung des Arbeitsangebots läßt sich mit Hilfe der Elastizität des Arbeitsangebots messen. Je größer diese ist, desto geringer fällt das zusätzliche Steueraufkommen bei einer Erhöhung des Steuersatzes aus[13].

Der optimale Steuersatz muß die Eigenschaft haben, daß die Nutzeneinbuße infolge einer Vergrößerung des Steueraufkommens um eine Mark bei jeder Gruppe dieselbe ist. Die Veränderung des Nutzens bei einer Veränderung des Aufkommens um eine Einheit, die sich bei zwei verschiedenen Gruppen ergibt, ist im Abschnitt C der Zeichnung dargestellt.

Eine Gruppe mit einem geringeren Einkommen hat wahrscheinlich einen höheren Grenznutzen des Einkommens, und dieser Effekt legt für sich genommen nahe, daß sie weniger besteuert werden sollte. Führt aber eine Besteuerung zu einem geringeren Rückgang ihres Arbeitsangebots als dies bei einer anderen Gruppe (ceteris paribus) der Fall wäre, sollte ihr Steuersatz höher sein.

Ist die Elastizität des Arbeitsangebots bei Managern und anderen hochqualifizierten Berufen geringer als bei anderen Arbeitnehmern, legt dieser Effekt (für sich genommen) nahe, daß solche hochqualifizierten Berufe stärker besteuert werden sollten.

Im Kapitel 16 haben wir gezeigt, daß ein Utilitarist Großverdienern höhere Steuern auferlegen würde als Kleinverdienern; die Steuern würden so festgelegt, daß der Grenznutzen des Einkommens überall derselbe ist. Bei dieser Analyse wurde angenommen, daß das Arbeitsangebot unelastisch ist – das Einkommen der Individuen vor Steuern wurde nicht durch die Steuer beeinflußt. Der Umstand, daß Steuerpflichtige auf hohe Steuersätze mit einer Verringerung des Arbeitsangebots reagieren, begrenzt die optimale Progression.

---

[12] Leser, die mit der Differentialrechnung vertraut sind, können das Ergebnis mit Hilfe der indirekten Nutzenfunktion V (w, p, I) ableiten, die das Nutzenniveau als eine Funktion von Löhnen, Preisen und anderen Einkünften angibt. Es läßt sich dann zeigen, daß

$$\frac{dV}{dw} = L \frac{dV}{dI}.$$

dv/dI ist der Grenznutzen des Einkommens.

[13] dR/dt = wL + wt (dL/dt) = wL [1 − t (w/L ∂L/∂w)], wobei w/L ∂L/∂w die Elastizität des Arbeitsangebots ist.

Wirkungen im allgemeinen Gleichgewicht

Bislang haben wir angenommen, daß die Einkommensteuer keinen Einfluß auf die Einkommen vor Steuern hat, daß mit anderen Worten keine Überwälzung der Einkommensteuer erfolgt. Einige Ökonomen glauben aber, daß derartige Überwälzungsvorgänge tatsächlich sehr wesentlich sind.

Es gibt mehrere Argumente dafür, daß insbesondere die Einkommensbesteuerung die Ungleichheit vor Steuern vergrößert hat. Erstens gibt es Leute, die glauben, daß die Arbeitsentgelte der Manager und anderer hochqualifizierter Berufstätiger sich an die Steuern anpassen, so daß sich das Einkommen nach Steuern relativ wenig ändert. Wenn zweitens wegen der Einkommensteuer die qualifizierten Arbeitnehmer weniger Arbeit anbieten und die Investitionen zurückgehen, verringert sich die Produktivität der ungelernten Arbeiter und folglich auch deren Lohn. Wir sind bislang unglücklicherweise außerstande, derartige Effekte zu quantifizieren. Sollten sie wesentlich sein, legt dies nahe, daß die Vorteile der Progression geringer sind als sie scheinen, wenn man sie übersieht[14].

Umverteilung mit Hilfe von Verbrauchsteuern

Im vorhergehenden Abschnitt identifizierten wir es als den Hauptgrund für eine verzerrende Besteuerung, daß sie es dem Staat ermöglicht, Einkommen umzuverteilen und dem Gleichheitsideal näher zu kommen als dies bei gleichmäßigen Pauschalsteuern der Fall wäre.

Sollte der Staat zusätzlich zur Einkommensteuer Verbrauchsteuern (produktgebundene Abgaben) erheben, um ein Steueraufkommen zu erzielen und Einkommen umzuverteilen? Können wir also, wenn wir eine wohlkonzipierte Einkommensteuer besitzen (wie sie soeben dargestellt wurde), diese durch Steuern etwa auf Parfüm und Luxusautos ergänzen, dasselbe Aufkommen erzielen, dieselben Verteilungsziele erreichen und zwar mit geringeren Effizienzverlusten? Ist ein Steuersystem, das sowohl aus Verbrauchsteuern als auch aus einer Einkommensteuer besteht, effizienter als eines mit einer Einkommensteuer als Alleinsteuer (Einsteuersystem)?

Die Ineffizienz der Verbrauchsteuern

Diese Frage ist von den Ökonomen immer wieder erörtert worden. Im Kapitel 18 haben wir darauf hingewiesen, daß eine Besteuerung des Verbrauchs aller Güter zu einem einheitlichen Satz einer Einkommensteuer äquivalent ist; es geht uns

---

[14] Ihre Bedeutung für die Konstruktion optimaler Steuern wurde insbesondere von Martin Feldstein herausgearbeitet, der hierzu ein Simulationsmodell verwendete. Vgl. On the Optimal Progressivity of the Income Tax. Journal of Public Economics 2 (1973) S. 357-76. Seine Resultate wurden erhärtet und ausgebaut in den sich anschließenden Untersuchungen von N. Stern: Optimum Taxation with Errors in Administration. Journal of Public Economics 17 (1982) S. 181-211; F. Allen: Optimal Linear Income Taxation with General Equilibrium Effects on Wages. Journal of Public Economics 17 (1982) S. 135-43; J. Stiglitz: Self-Selection and Pareto Efficient Taxation. Journal of Public Economics 17 (1982) S. 213-40.

hier also nur um Steuern mit verschiedenen Sätzen für verschiedene Güter. Wir haben bereits gezeigt, daß das populäre Argument irrig ist, eine Besteuerung von Gütern mit differenzierten Sätzen schaffe zusätzliche Verzerrungen und sei deswegen abzulehnen: man kann nicht einfach Verzerrungen zählen.

Es ist gelungen, zu beweisen, daß in einer Wirtschaft, in der eine wohlkonzipierte Einkommensteuer besteht, eine Ergänzung derselben durch eine differenzierte Besteuerung von Gütern die Möglichkeiten zur Umverteilung von Einkommen nur wenig oder gar nicht verbessert[15]. Die Einschränkung, daß die Einkommensteuer wohlkonzipiert sein soll, ist wesentlich; in vielen Ländern ist Steuerhinterziehung derart weit verbreitet, daß man im Grunde überhaupt nur mehr mit einer Besteuerung der Güter, die die Reichen verbrauchen, Umverteilung bewirken kann.

Weitere Argumente gegen differenzierte produktgebundene Abgaben

Es gibt noch zwei weitere Argumente gegen eine Besteuerung des Verbrauchs mit differenzierten Sätzen. Das erste ist, daß eine solche Besteuerung verwaltungstechnisch schwierig ist; es gibt immer Güter, die entweder in eine hochbesteuerte Gütergruppe oder in eine geringbesteuerte eingestuft werden könnten, und mit der Vornahme dieser Abgrenzungen sind infolgedessen verwaltungstechnische Probleme (und Ungerechtigkeiten) verbunden.

Zweitens läßt sich eine differenzierte Besteuerung leicht für andere Zwecke mißbrauchen; sie eröffnet die Möglichkeit, daß bestimmte Gruppen das Steuersystem für eine Diskriminierung anderer Gruppen mißbrauchen. Im Vereinigten Königreich ist beispielsweise Scotch in Schottland weit verbreitet, wohingegen die Engländer mehr Bier trinken. Es wäre natürlich unannehmbar, wenn man Bürger des Vereinigten Königreichs, die in Schottland leben, anders besteuern würde als diejenigen, die in England leben. Genau das aber geschieht, wenn man Scotch und Bier mit verschiedenen Tarifen besteuert.

In der BR Deutschland existiert eine Biersteuer, aber keine Weinsteuer. Dies läuft darauf hinaus, daß unterschiedliche Regionen unterschiedlich besteuert werden – die Weinbauregionen werden gegenüber den Regionen bevorzugt, in denen Hopfen angebaut wird. Spezielle Verbrauchsteuern mit unterschiedlichen Steuersätzen liefern ein Einfallstor für die Bemühungen der Bewohner einer Region, andere Regionen auszubeuten.

---

[15] A. B. Atkinson and J. E. Stiglitz: Lectures on Public Economics. Man kann sich dieses Resultat intuitiv klarmachen, indem man beachtet, daß man, wenn man die Fähigkeit der Gesellschaft, umzuverteilen, erhöhen will, Güter, deren Nachfrage einkommenselastisch ist, stärker besteuern muß als Güter, deren Nachfrage einkommensunelastisch ist. Beispielsweise sollte Parfüm stärker besteuert werden als Brot. Viele der Güter mit einer hohen Einkommenselastizität der Nachfrage haben auch eine hohe Preiselastizität, und die Verzerrungen, die mit ihrer Besteuerung verbunden sind, sind infolgedessen erheblich. Die optimale Steuer wägt diese beiden Effekte gegeneinander ab; das führt dazu, daß sich mittels einer Besteuerung verschiedener Güter zu differenzierten Sätzen nicht mehr viel gewinnen läßt.

Ramsey Steuern

Vor mehr als fünfzig Jahren stellte der große Ökonom aus Cambridge Frank Ramsey die Frage: Wie sollte man den Verbrauch verschiedener Güter besteuern, wenn angenommen wird, daß der Staat keine Pauschalsteuern erheben kann?[16] Es ging ihm dabei nicht um Umverteilung, sondern er wollte herausarbeiten, was wir heute ein Pareto-effizientes Bündel von Steuern bei Unanwendbarkeit von Pauschalsteuern nennen. Mit anderen Worten, er fragte, welches Steuersystem die Zusatzlast minimiert, die mit der Aufbringung eines bestimmten Steueraufkommens durch den Staat verbunden ist. Bei seiner Analyse nahm Ramsey an, daß alle Individuen identisch sind.

Das Bündel von Verbrauchsteuern, das die Zusatzlast minimiert, wird **Ramsey Steuern** genannt und hat eine bemerkenswert einfache Form. Unter bestimmten vereinfachenden Annahmen sind die Ramsey Steuersätze proportional zu der Summe der Kehrwerte der Nachfrage- und Angebotselastizitäten:

$$\frac{t}{p} = \left(k \frac{1}{e_u^d} + \frac{1}{e^s} \right),$$

wobei k ein Proportionalitätsfaktor ist, der von der Größe des Steueraufkommens abhängt, das der Staat erzielen will; t ist der Steuersatz, p ist der Preis (brutto, also inklusive Steuer), e_u^d ist die (kompensierte) Nachfrageelastizität und e^s ist die Angebotselastizität. Wenn die Angebotselastizität unendlich ist (eine horizontale Angebotskurve), sollte der Steuersatz umgekehrt proportional zu der (kompensierten) Nachfrageelastizität sein. Ramsey Ergebnis sollte für den Leser keine Überraschung darstellen. Im Kapitel 18 haben wir gezeigt, daß die Zusatzlast einer Steuer mit der Elastizität der Nachfrage und des Angebots zunimmt.

Die Zeichnung 19.6 zeigt die Lösung des Problems optimaler Verbrauchsbesteuerung. Der Abschnitt A beschreibt die Zusatzlast als eine Funktion des Steuersatzes, der auf das Gut i angewendet wird. Aus diesen zwei Zeichnungen können wir für jeden Steuersatz den Quotienten aus der Vergrößerung der Zusatzlast und der Vergrößerung des Steueraufkommens infolge einer kleinen Erhöhung der Steuer berechnen. Eine ähnliche Kurve läßt sich für das Gut j ableiten; sie wird im Abschnitt C gezeigt. Die Steuersätze sollten so festgelegt werden, daß die Vergrößerung der Zusatzlast pro zusätzlicher Mark Steueraufkommen bei jedem Gut die gleiche ist. Überträfe die Vergrößerung der Zusatzlast pro Mark Aufkommen bei einem ersten Gut die bei einem zweiten, ließe sich die gesamte Zusatzlast verringern, indem die Steuer auf den Verbrauch des ersten Gutes um eine Mark gesenkt und die auf den Verbrauch des zweiten um eine Mark angehoben wird. Machen Sie sich klar, daß wir die Kurven so gezeichnet haben, daß die Zusatzlast mit dem Steueraufkommen wächst, und daß darüberhinaus mit jedem Zuwachs des Steueraufkommens der Zuwachs der Zusatzlast wächst. Dies folgt aus der Tatsache, daß die Zusatzlast mit dem Quadrat des Steuersatzes zunimmt.

---

[16] F. Ramsey: A Contribution to the Theory of Taxation. Economic Journal 37 (1927), S. 47-61. Die Frage war ihm von seinem Lehrer, A. C. Pigou vorgelegt worden. Vgl. A. C. Pigou: A Study in Public Finance. London, 3rd ed. 1947.

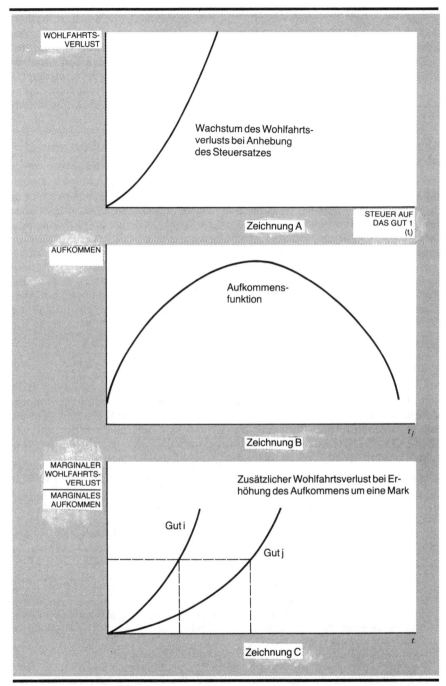

Abb. 19.6 Optimale Verbrauchsteuern. Bei optimalen Verbrauchsteuern ist die Zusatzlast pro DM zusätzliches Steueraufkommen bei allen Gütern dieselbe.

Optimale Verbrauchsbesteuerung bei interdependenter Nachfrage

Das eben dargestellte Ergebnis gilt nur unter der Voraussetzung, daß die kompensierten Nachfragekurven für alle Güter voneinander unabhängig sind; das heißt die Nachfrage nach einem Gut hängt nicht von dem Preis eines anderen ab. Sind die Angebotskurven unendlich elastisch, läßt sich eine andere Interpretation des Resultats von Ramsey finden: **Das optimale Steuersystem hat die Eigenschaft, daß die prozentuale Verringerung der Nachfrage bei allen Gütern dieselbe ist**[17].

Alternative Interpretationsmöglichkeiten: Optimale Verbrauchsbesteuerung bei interdependenter Nachfrage

Wir haben im Kapitel 17 gezeigt, daß eine allgemeine und gleichmäßige Konsumsteuer einer Steuer auf das Arbeitseinkommen äquivalent ist. Eine Einkommensteuer wirkt verzerrend, weil sie die Individuen dazu veranlaßt, (unter Effizienzgesichtspunkten) unrichtige Entscheidungen über die Menge an Arbeit zu machen, die sie anbieten wollen. Eine Besteuerung des Verbrauchs von Gütern kann dazu beitragen, diese Verzerrung zu korrigieren. Wenn wir Güter besteuern, die Komplementärgüter zu Freizeit sind und solche subventionieren, die Komplementärgüter zum Arbeiten sind, können wir die Individuen dazu ermuten, zu arbeiten, und infolgedessen die Verzerrung, die durch eine gleichmäßige Steuer bewirkt wird, verringern. Beispielsweise veranlassen wir die Individuen dazu, mehr zu arbeiten und weniger Freizeit in Anspruch zu nehmen, wenn wir Skiausrüstungen besteuern und den Pendlerverkehr subventionieren[18].

Umverteilung und Ramsey Steuern

Ein Punkt bei Ramseys Analyse stört. Der wesentliche Grund, warum der Staat sich überhaupt einer verzerrenden Besteuerung bedient, ist, daß er bestimmte Verteilungsziele verfolgt, die sich nur so durchsetzen lassen. Deswegen ist es etwas merkwürdig, wenn die ältere Diskussion über optimale Besteuerung annahm, daß alle Individuen gleich sind (in diesem Fall wäre es naheliegend, den Schluß zu ziehen, daß der Staat sich einer Pauschalsteuer bedienen sollte).

Diese Schwäche der Analyse war ganz besonders irritierend, weil ihre oben dargestellten Ergebnisse darauf hinauslaufen, daß Güter mit niedriger Preiselastizität wie z.B. Nahrungsmittel besonders hoch besteuert werden sollten. Diese Güter sind oft durch geringe Einkommenselastizität der Nachfrage gekennzeichnet, so daß eine hohe Besteuerung dazu führen wird, daß die Armen eine größere Steuerlast tragen als die Reichen. Wir hatten eine Besteuerung des Verbrauchs

---

[17] Machen Sie sich klar, daß bei $e^s = \infty$, $t/p = k/e^d$ der Prozentsatz der Steuer umgekehrt proportional zur Elastizität der Nachfrage ist. Die prozentuale Veränderung des Output ist gleich dem Prozentsatz der Preiserhöhung multipliziert mit der prozentualen Veränderung der Nachfrage, die sich bei einer einprozentigen Veränderung des Preises ergibt. Algebraisch ausgedrückt ist dies $k/e^d \times e^d = k$, d.h. diese Größe ist bei einem optimalen Steuersystem für alle Güter gleich.

[18] Diese Interpretation wurde von W. J. Corlett and D. C. Hague gefunden. Vgl. Complementarity and the Excess Burden of Taxation. Review of Economic Studies 21 (1953), S. 21-30. Eine solche Subventionierung erfolgt im deutschen Einkommensteuerrecht, sind doch Aufwendungen für Fahrten zwischen Wohnung und Arbeitsstätte steuerlich berücksichtigungsfähig.

bestimmter Güter in Erwägung gezogen, um damit den Reichen einen größeren Teil der Steuerlast aufzubürden als beispielsweise durch eine gleichmäßige Pauschal- oder eine gleichmäßige und allgemeine Verbrauchsteuer. Es scheint also, als hätte Ramseys Analyse zu einer ernsthaften Erörterung wirtschaftspolitischer Fragen nur wenig beizutragen. Sie wurde deswegen lange beiseitegeschoben.

Neuere Forschungen haben Ramseys Analyse derart erweitert, daß verteilungspolitische Ziele einbezogen wurden[19]. Es ist nicht überraschend, daß es wesentlich von der Stärke unseres Strebens nach Einkommensumverteilung abhängt, ob man einkommens- und preiselastische Güter, wie Parfüm, mit höheren oder niedrigeren Sätzen besteuern will, als einkommens- und preisunelastische Güter wie Nahrungsmittel. Aber wie oben bemerkt: Unabhängig von der Einstellung, die man gegenüber Einkommensumverteilung hat, sieht es so aus, als ob eine Ergänzung einer wohlkonzipierten Einkommensteuer durch differenzierte Verbrauchsteuern keine nennenswerten Vorteile bringt.

Besteuerung von Zinseinkommen und Besteuerung des Verbrauchs

In unserer obigen Erörterung zeigten wir, wie eine Zinssteuer die Steigung der Budgetrestriktion (zwischen Gegenwarts- und Zukunftskonsum) verändert. Sie beeinträchtigt den Zukunftskonsum. Sie hat denselben Effekt, den eine Steuer auf zukünftigen Konsum hätte.

Eine Einkommensteuer, die Zinsen besteuert, gleicht also einer differenzierten Verbrauchsteuer, die Zukunftskonsum stärker als Gegenwartskonsum besteuert. Die Frage, ob eine Besteuerung von Zinsen wünschenswert ist, entspricht darum der Frage, ob es wünschenswert ist, Zukunftskonsum zu höheren Sätzen zu besteuern als Gegenwartskonsum.

Wir haben darauf hingewiesen, daß sich in einer Wirtschaft, in der eine wohlkonzipierte Einkommensteuer besteht, vermutlich nur wenig gewinnen läßt, wenn wir zusätzlich noch eine differenzierte Verbrauchsteuer einführen. Dies legt den Schluß nahe, daß beim Entwurf einer Einkommensteuer Zinsen von der Besteuerung ausgenomen werden sollten. Eine Einkommensteuer, bei der Zinseinkommen nicht besteuert wird, ist natürlich einer Arbeitseinkommensteuer äquivalent, und wir haben im Kapitel 17 gezeigt, daß eine Arbeitseinkommensteuer einer Konsumsteuer äquivalent war. Dies legt den Schluß nahe, daß eine Konsumsteuer optimal wäre. Wir diskutieren dies weiter im Kapitel 23.

---

[19] Siehe hierzu insbesondere P. Diamond und J. Mirlees: Optimal Taxation and Public Production, I: Production Efficiency and II. Tax Rules. American Economic Review 61 (1971), S. 8-27 und S. 261-78; P. Diamond: A Many-Person Ramsey Tax Rule. Journal of Public Economics 4 (1975), S. 335-42; A. B. Atkinson and J. E. Stiglitz: The Structure of Indirect Taxation and Economic Efficiency. Journal of Public Economics 1 (1972), S. 97-119; A. B. Atkinson and J. E. Stiglitz: The Design of Tax Structure: Direct versus Indirect Taxation. Journal of Public Economics 6 (1976), S. 55-75.

Optimale Besteuerung und Produktionseffizienz

Spezielle Verbrauchsteuern haben die Wirkung, daß sie zwischen die Grenzrate der Substitution des Individuums und die Grenzrate der Transformation einen Keil treiben. In der Zeichnung 19.7 werden die Wohlfahrtsverluste durch verzerrende Besteuerung dargestellt. Die Wirtschaft befindet sich dabei immer noch auf ihrer Produktionstransformationskurve, aber die Indifferenzkurve des repräsentativen Individuums tangiert die Transformationskurve nicht mehr. Infolgedessen stellt es sich schlechter. (E_1 befindet sich auf einer niedrigeren Indifferenzkurve als E_2). Dies sind die Kosten, die mit der Verzerrung verbunden sind.

Viele Steuern berühren auch die Effizienz der Produktion in unserer Wirtschaft. Sie bewirken also, daß die Wirtschaft sich nicht auf ihrer Transformationskurve befindet. Effizienz in der Produktion macht erforderlich, daß die Grenzrate der Substitution zwischen zwei Inputs für alle Unternehmen gleich ist und daß die Grenzrate der Transformation zwischen zwei Outputs (oder zwischen einem Input und einem Output) für alle Unternehmen dieselbe ist. Eine Steuer auf Inputs, deren Steuersatz nicht für alle Unternehmen der gleiche ist, oder eine Steuer auf Outputs, deren Steuersatz nicht für alle Unternehmen der gleiche ist, füh-

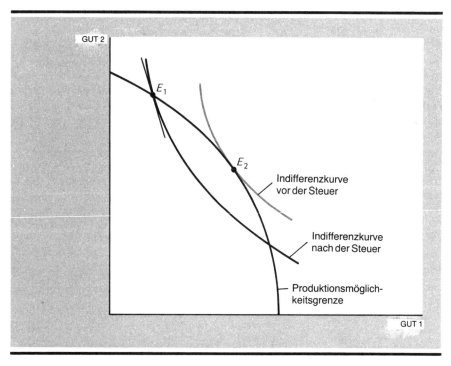

Abb. 19.7 Wirkungen von Verbrauchsteuern mit differenzierten Steuersätzen im allgemeinen Gleichgewicht. Wird Gut 1 mit einem anderen Tarif besteuert als Gut 2, befindet sich die Wirtschaft immer noch auf ihrer Produktionsmöglichkeitsgrenze, aber die Grenzrate der Substitution (die Steigung der Indifferenzkurve) ist nicht mehr gleich der Grenzrate der Transformation (die Steigung der Produktionsmöglichkeitsgrenze).

ren dazu, daß in der Wirtschaft nicht effizient produziert wird. Beispielsweise wird die Körperschaftsteuer oft als eine Steuer auf das Kapital körperschaftlich organisierter Unternehmungen angesehen, die infolgedessen bewirkt, daß die Kosten des Kapitals nach Steuern für solche Unternehmen von den Kosten für nicht körperschaftlich organisierte Unternehmen abweichen. Öl und Ölprodukte, die für verschiedene Zwecke verwendet werden, werden unterschiedlich besteuert. Das sind nur zwei ziemlich offenbare Fälle. Viele Produktionsaktivitäten werden sowohl für den Markt als auch in nicht in Märkten organisierten Gesellschaftsbereichen vollzogen. Nur diejenigen, die vermarktet werden, werden besteuert. Jemand, der sich selbst zu seinem Arbeitsplatz fährt, verrichtet denselben Dienst wie ein Taxifahrer, der ihn dorthin fährt. Nichtsdestoweniger wird das eine besteuert, das andere nicht. Einer, der daheim einen Laib Brot bäckt, verrichtet dieselbe Arbeit wie der Bäcker, wird aber nicht auf dieselbe Weise besteuert. Es gibt also eine Verzerrung zuungunsten der marktorientierten (und zugunsten der nichtmarktorientierten) Sektoren und die Wirtschaft produziert ineffizient.

Wann immer ein Gut sowohl von Unternehmen als auch von Konsumenten verwendet wird und beide eine Verbrauchsteuer entrichten müssen (die Unternehmen sind von ihr also nicht befreit), tritt ein Effizienzverlust in der Produktion auf. Beispielsweise verursachen Importzölle und Umsatzsteuern ohne Vorsteuerabzug[20] eine Verzerrung in der Produktion.

Um dies klarer zu erkennen, betrachten Sie ein Unternehmen, das Computer erzeugt und diese auch in den eigenen Produktionsstätten einsetzt; die Kosten eines Computers sind dann die Kosten der Produktionsfaktoren (einschließlich einer Verzinsung des Kapitals, das bei der Produktion eingesetzt wurde). In einer Wettbewerbswirtschaft ist die Unternehmung gezwungen, die Computer zu ihren Produktionskosten zu verkaufen, so daß die Kosten, die bei jedem anderen Unternehmen anfallen, wenn es diesen Computer einsetzen will, genau dieselben sind wie für die Herstellerunternehmung. Wird eine Umsatzsteuer ohne Vorsteuerabzug eingeführt, sind die Kosten der Herstellerfirma, wenn sie diesen Computer in ihrer eigenen Produktion einsetzt, geringer als für die anderen Unternehmen. So entsteht eine wesentliche Verzerrung, und die Wirtschaft produziert nicht mehr effizient.

Sollte der Staat solche verzerrende Steuern erheben, wenn er die Zusatzlast des Steuersystems minimieren will? Eine naive Antwort auf diese Frage ist: Natürlich nicht. Der Staat sollte keinerlei unnötige zusätzliche Verzerrungen schaffen. Dieses Argument ähnelt dem oben erörterten zur differenzierten Verbrauchbesteuerung. Es ist sinnlos, einfach die Zahl der Verzerrungen zu zählen. Es stellt sich aber heraus, daß die Schlüsse dieser naiven Denkweise manchmal richtig sind.

Ist der Staat imstande, alle Gewinne im privaten Sektor wegzusteuern, und gibt es auch sonst keine Grenzen für die Fähigkeit des Staates, Steuern zu erheben,

---

[20] ein Beispiel hierfür ist die Bruttoallphasenumsatzsteuer, die in Deutschland vor 1968 bestand. Bei dieser mußte auf jeder Produktionsstufe Umsatzsteuer entrichtet werden, ohne daß die auf die Vorprodukte bereits entrichtete Steuer anrechnungsfähig gewesen wäre.

läßt sich zeigen, daß Produktionseffizienz wünschenswert ist[21]. Der Staat sollte dann den Unternehmen keine verzerrenden Steuern auferlegen. Was immer er mit einer solchen Steuer auf die Erzeuger erreichen kann, kann er besser mit Hilfe direkter Steuern auf die Konsumenten tun, da diese die Wirtschaft nicht unter ihre Transformationskurve drängen[22].

Diese Analyse hat weitreichende Konsequenzen. Sie legt den Schluß nahe, daß es nicht wünschenswert ist, daß Importzölle erhoben werden oder daß Kapitalgesellschaft anders als Personengesellschaften besteuert werden.

In vielen Fällen ist der Staat allerdings außerstande, Unterscheidungen zu treffen, die er gern treffen würde. Er kann beispielsweise nicht immer zwischen der Verwendung eines Gutes durch einen Endverbraucher und durch ein Unternehmen unterscheiden. In Personengesellschaften kann nicht zwischen Kapital- und Arbeitseinkommen unterschieden werden. Eine Gewinnbesteuerung ist bei Personengesellschaften nicht durchführbar. Auch zwischen reinen Gewinnen und dem Unternehmerlohn kann der Staat nicht unterscheiden. Immer dann, wenn er außerstande ist, alle reinen Gewinne im privaten Sektor als solche zu erkennen und wegzusteuern und wenn seinen Fähigkeiten zur Erhebung von Steuern noch andere Grenzen gesetzt sind, kann es wünschenswert sein, den Produzenten verzerrende Steuer aufzuerlegen[23].

Die Argumente zugunsten effizienter Produktion in der Wirtschaft haben auch einige wichtige Implikationen für die Wahl von Projekten im öffentlichen Sektor. Man kann den Staat in seiner Rolle als Produzent ganz analog zu allen anderen Produzenten betrachten; soll die Wirtschaft effizient produzieren, müssen die Grenzraten der Substitution für verschiedene Inputs im öffentlichen Sektor die gleichen sein wie im privaten, und dasselbe muß für die Grenzraten der Transformation für je zwei Outputs gelten. Prüft der Staat das Projekt eines Kraftwerkbaus, sollte er dieselben Preise verwenden, die auch ein Privatunternehmen verwenden würde; beispielsweise sollte er der Bewertung der Outputs, die zu unterschiedlichen Zeitpunkten anfallen, ebensolche Zinssätze zugrundelegen, wie sie private Unternehmen zahlen müßten.

Man sollte die Tragfähigkeit dieses Arguments aber nicht überschätzen. Wie wir im Kapitel 5 gesehen haben, geht es bei vielen staatlichen Projekten ausdrücklich um verteilungspolitische Ziele, die sich nicht auf andere Weise erreichen lassen. Beurteilt man beispielsweise Umschulungsmaßnahmen, so sollte man ihre Verteilungswirkungen vermutlich nicht vernachlässigen[24].

---

[21] Die einzige zusätzliche Annahme ist hierbei, daß der Staat außerstande ist, Pauschalsteuern zu erheben.

[22] Dieses Ergebnis wurde zum ersten Mal in einer wichtigen Arbeit von Diamond and Mirlees abgeleitet. Siehe: Optimal Taxation and Public Production. I. Production Efficiency. American Economic Review 61 (1971), S. 8-27.

[23] Dieses Ergebnis wurde von J. E. Stiglitz and P. Dasgupta abgeleitet. Siehe: Differential Taxation, Public Goods and Economic Efficiency. Review of Economic Studies 39 (1971), S. 151-74.

[24] J. E. Stiglitz: The Rate of Discount for Benefit-Cost Analysis and the Theory of the Second Best. In: Discounting for Time and Risk in Energy Policy, ed. F. R. Ruskin. Baltimore MD 1982. S. 151-204. Ferner bedürfen die Aussagen über die Verwendung von Marktpreisen bei der Bewertung von öffentlichen Projekten der Modifikation, wenn es auf dem Markt bedeutende Verzerrungen etwa durch ein Monopol gibt.

Die Abhängigkeit des optimalen Steuersystems von der Menge der verfügbaren Steuern

In diesem Kapitel sind wir immer wieder auf die Abhängigkeit aller Aussagen über optimale Steuersysteme von den Annahmen gestoßen, die über die Menge verfügbarer Steuern gemacht werden. Das war bei der Verbrauchsbesteuerung besonders fühlbar. Sollte es differenzierte Steuersätze geben, und wenn ja, wie groß sollten die Unterschiede sein? Dies hängt davon ab, ob es eine Einkommensteuer gibt, und wenn ja, wie sie ausgestaltet ist. Ramsey zeigte, daß dann, wenn es keine Einkommensteuer gibt, unterschiedliche Güter zu unterschiedlichen Sätzen besteuert werden sollten und zwar in Abhängigkeit von den Elastizitäten der Nachfrage und des Angebots. Bei einer hundertprozentigen Gewinnsteuer hängt die optimale Steuer nur von den Nachfrageelastizitäten und nicht von den Angebotselastizitäten ab[25]. Ist die Einkommensteuer optimal ausgestaltet, kann es empfehlenswert sein, auf eine differenzierte Verbrauchsbesteuerung zu verzichten. Ist diese aber zweckmäßig, hängen die optimalen Steuersätze nicht nur einfach von den Nachfrageelastizitäten ab.

Die zentrale Frage ist, ob die zusätzliche Umverteilung, die durch differenzierte Verbrauchsteuern ermöglicht wird, ihren Preis in Gestalt einer höheren Zusatzlast wert ist. Gibt es eine Einkommensteuer vom Typ der Flat Rate Tax, deren Steuersatz optimal gewählt ist, dann verhält sich der optimale Satz einer Verbrauchsteuer umgekehrt proportional zu der Nachfrageelastizität und proportional zu einem Parameter, der mißt, inwieweit das Gut mehr von den Reichen oder von den Armen konsumiert wird (und es ermöglicht, festzustellen, ob eine Besteuerung dieses Gutes progressiv ist). In einigen einfachen Fällen ist dieser Verteilungsparameter selbst proportional zur Nachfrageelastizität; die Besteuerung von Gütern mit niedriger Nachfrageelastizität (z.B. Grundnahrungsmittel) ist mit einer geringen Zusatzlast verbunden, aber die Steuer ist regressiv. Die zwei Effekte (Effizienz bzw. Zusatzlast, und Verteilungswirkungen) kompensieren sich wechselseitig, und dann sollte man auf eine differenzierte Besteuerung des Verbrauchs verschiedener Güter entweder ganz verzichten oder die Steuersätze sollten von anderen Faktoren als der Nachfrageelastizität abhängen.

Es ist zu betonen, daß bei der Suche nach einem optimalen Steuersystem die Menge der Steuern, deren Erhebung verwaltungstechnisch durchführbar ist, selbst ein Gegenstand der Analyse sein sollte; sie hängt insbesondere davon ab, welche Variablen leicht beobachtet und festgestellt werden können. In vielen Entwicklungsländern, in denen der Naturaltausch eine große Rolle spielt und die Buchhaltung noch unterentwickelt ist, ist es schwierig, eine Einkommensteuer zu erheben; man muß sich bei der Umverteilung von Einkommen und bei einer ge-

---

[25] Allgemeiner haben Stiglitz und Dasgupta gezeigt, daß, wenn es eine Gewinnsteuer mit dem Satz τ gibt, das optimale Steuersystem von der Form

$$t/p = k \left[\left(\frac{1}{e_u^d} \right) + \left(\frac{1-\tau}{e^s} \right) / e^s \right]$$

ist, wobei τ der Satz der Gewinnsteuer ist.

rechten Verteilung der Steuerlast auf Verbrauchsteuern verlassen. In Westeuropa hingegen läßt sich weit weniger zugunsten einer Umverteilung mittels Verbrauchsteuern anführen.

Zusammenfassung

1. Pareto-effiziente Steuersysteme gewährleisten, daß die Nutzenmöglichkeitsgrenze erreicht wird. Die Zusammensetzung eines derartigen Pareto-effizienten Steuersystems wiederum hängt davon ab, welche Informationen dem Staat zur Verfügung stehen.

2. Bei der Entwicklung eines Steuersystems treten wesentliche Trade-offs zwischen Gerechtigkeit und Effizienz auf. Das optimale Steuersystem stellt das Ergebnis einer Abwägung zwischen den Vorteilen zusätzlicher Umverteilung und ihren Kosten in Form von Effizienzverlusten dar.

3. Daß die Zusatzlast von der Stärke des Substitutionseffekts abhängt, läßt uns vermuten, daß es wünschenswert wäre, daß die Grenzsteuersätze für diejenigen Einkommensgruppen gering sind, denen viele angehören, also für die mittleren Einkommen. Andererseits führen hohe Grenzsteuersätze für die mittleren Einkommen dazu, daß die Durchschnittssteuersätze für hohe Einkommen hoch sind, auch wenn die Grenzsteuersätze für diese Einkommensgruppe nicht so hoch sind, und dies hat den Vorteil, daß die Zusatzlast bei den hohen Einkommen in Grenzen gehalten wird. Zusammengenommen laufen die beiden Effekte darauf hinaus, daß es vorteilhaft sein kann, eine Flat Rate Tax einzuführen.

4. Ist der Staat in der Lage, vermittels der Einkommensteuer umzuverteilen, dürfte wenig Grund vorhanden sein, zusätzlich durch Verbrauchsteuern umzuverteilen.

5. Ramsey Steuern minimieren die Zusatzlast, die mit der Aufbringung eines bestimmten Steueraufkommens ausschließlich durch Verbrauchsteuern verbunden ist. Bei unabhängigen Angebots- und Nachfragekurven sollten die Steuersätze umso geringer sein, je höher die Nachfrage- und die Angebotselastizität ist.

6. Ob der Verbrauch verschiedener Güter mit unterschiedlichen Sätzen besteuert werden sollte, hängt davon ab, welche Arten von Steuern erhoben werden können. Hat der Staat eine optimale Einkommensteuer geschaffen, gibt es einen wesentlichen Fall, in dem keine Verbrauchsteuern erhoben werden sollten, und folglich auch Zinsen nicht besteuert werden sollten. Selbst wenn die Möglichkeiten des Staates darauf beschränkt sind, eine Flat Rate Tax zu erheben, sprechen gewisse Gründe gegen die Auferlegung differenzierter Verbrauchsteuern.

7. Gibt es im Privatsektor keine reinen Gewinne (wenn in der Wirtschaft also vollkommener Wettbewerb herrscht oder wenn der Staat diese Gewinne zu 100% wegsteuert) und unterliegt die Fähigkeit des Staates, Steuern zu erheben, auch sonst keinen Beschränkungen, sollte der Staat auf die Erhebung von Steuern verzichten, die effiziente Produktion verhindern. Geht man von diesen strengen Annahmen ab, kann es wünschenswert sein, Steuern zu erheben, die mit effizienter Produktion nicht vereinbar sind, und bei der Bewertung von öffentlichen Investitionen die Verteilungseffekte derselben in Rechnung zu stellen.

Schlüsselbegriffe

Zweitbeste Lösungen
Flat Rate Tax
Progressive Steuern
Regressive Steuern

Pareto-effiziente Steuern
Ramsey Steuern
Indirekte Progression

Fragen und Probleme

1. „Setzt die Bevölkerung sich aus Gruppen zusammen, bei denen die Elastizität des Arbeitsangebots unterschiedlich ist, sollten diese Gruppen mit unterschiedlichen Steuersätzen besteuert werden". Rechtfertigen Sie diese Aussage unter Heranziehung der Theorie optimaler Besteuerung und diskutieren Sie die Implikationen in Bezug auf die Besteuerung berufstätiger Ehefrauen!

2. Weiter oben haben wir darauf aufmerksam gemacht, daß man Konsum zu unterschiedlichen Zeitpunkten wie Konsum unterschiedlicher Güter (zum selben Zeitpunkt) betrachten kann. Welche Aussagen trifft die Theorie optimaler Besteuerung über die Besteuerung der Zinsen? (Hinweis: Rufen Sie sich ins Gedächtnis zurück, daß der Preis von Konsum morgen im Vergleich zum Konsum heute gerade 1/1 + r ist, wobei r der Zinssatz ist.)

3. Erklären Sie, warum ein regressives Steuersystem selbst bei einer utilitaristischen sozialen Wohlfahrtsfunktion wünschenswert sein könnte, wenn die Effekte von Steuern im allgemeinen Gleichgewicht in Rechnung gestellt werden! Sind Bedingungen vorstellbar, unter denen es empfehlenswert sein könnte, ein Individuum mit einem sehr hohen Einkommen mit einem negativen Grenzsteuersatz zu „besteuern"?

4. Wenn Sie glauben, daß bei Personen, die ein höheres Einkommen verdienen, auch der Grenznutzen des Einkommens höher ist (sie sind beim Konsum ebenfalls effizienter), was würde daraus für die Entwicklung eines Steuersystems folgen? Erörtern Sie kritisch verschiedene Annahmen, die man hier einführen könnte!

5. Unter welchen Bedingungen wird eine verstärkte Progression des Steuersystems zu einer größeren Ungleichheit der Einkommen vor Steuern führen?

6. Inwieweit glauben Sie, daß die Meinungsverschiedenheiten über die Progression der Steuern eine Folge unterschiedlicher Werturteile sind oder eine Folge von unterschiedlichen Vorstellungen über die wirtschaftlichen Folgen der Progression (Zusatzlast, Überwälzung)?

7. Ein Argument, das mitunter zugunsten einer Verbrauchsbesteuerung vorgebracht wird, ist, daß Verbrauchsteuern weniger merklich seien und deswegen der Steuerwiderstand geringer sei. Eine Einkommensteuer mit einem Satz von 20%, die durch eine allgemeine Verbrauchsteuer von 10% ergänzt wird, stößt auf weniger Widerstand als eine Einkommensteuer mit einem Satz von 30%. Glauben Sie, daß das wahr ist? Wenn das so ist, was folgt hieraus Ihrer Meinung nach für die Finanzpolitik?

Anhang: Ableitung von Ramsey Steuern

Mit Hilfe der Analysis und einiger wohlbekannter Ergebnisse aus der Mikroökonomik kann man unter der Voraussetzung horizontaler Angebotskurven die Formel für Ramsey Steuern ableiten. Wir beschreiben den Nutzen eines Haushalts mit Hilfe der **indirekten Nutzenfunktion**, die den Nutzen als eine Funktion der Preise ($p_1, p_2, p_3 \ldots$) und seines Einkommens (I) darstellt: $V = V(p_1, p_2, p_3 \ldots I)$. Nach einem wohlbekannten Satz[26] ist die Veränderung des Nutzens infolge einer Veränderung eines Preises gleich dem Grenznutzen des Einkommens $\partial V/\partial I$ multipliziert mit der konsumierten Menge, wobei vor letzterer Größe ein negatives Vorzeichen steht:

$$\partial V/\partial p_1 = - Q_1 \partial V/\partial I.$$

---

[26] Diesen Satz bezeichnet man als die Roysche Identität. Wegen eines Beweises siehe H. Varian: Mikroökonomie. München 1982 und A. Deaton, J. Muellbauer: Economics and Consumer Behavior. London 1980 S. 37-41.

Erhöhen wir nun die Steuer auf eine Einheit des ersten Gutes (t_1) und verringern wir die auf eine Einheit des zweiten Gutes (t_2) derart, daß der Nutzen des Haushalts unverändert bleibt! Dann ist $dp_1 = dt_1 > 0$; $dp_2 = d_{t2} < 0$. Um den Nutzen unverändert zu lassen, muß die Veränderung der Steuersätze offenbar der folgenden Gleichung genügen: $dV = dt_1 \partial V/\partial p_1 + dt_2 \partial V/\partial p_2 = 0$. Wir können den Ausdruck für $\partial V/\partial p_1$ einsetzen und erhalten dann

$$dt_2/dt_1 = - Q_1/Q_2.$$

Wenn die verbrauchte Menge des ersten Gutes groß ist (und der Wohlfahrtsverlust infolge einer Steuererhöhung infolgedessen groß ist), dann muß die Verringerung der Steuern auf das zweite Gut erheblich sein.

Wenn die Nachfrage nach jedem der Güter nur von ihrem eigenem Preis abhängt, dann ist die Veränderung des Steueraufkommens aufgrund der Veränderung der Steuer auf das erste Gut

$$\partial (t_1 Q_1)/\partial t_1 = Q_1 + t_1 dQ/dp_1 =$$
$$= Q_1 [1 + (t_1 dQ_1 p_1)/(p_1 dp_1 Q_1)] =$$
$$= Q_1 [1 - e_u^1 t_1/p_1],$$

wobei e_u^1 die kompensierte Nachfrageelastizität für das Gut 1 ist. Der Ausdruck $t_1 dQ_1/dp_1$ stellt die Verringerung des Steueraufkommens aufgrund der infolge der Preisveränderung verringerten Nachfrage dar. Wir müssen die kompensierten Nachfrageelastizitäten verwenden, weil wir Veränderungen zweier Steuersätze betrachten, die zusammengenommen den Haushalt auf dem Wohlfahrtsniveau belassen.

Analog beträgt bei einer Veränderung der Steuer auf das zweite Gut die Veränderung des Steueraufkommens

$$Q_2 [1 - e_u^2 t_2/p_2].$$

Die Gesamtveränderung des Steueraufkommens ist infolgedessen

$$dR/dt_1 = Q_1 (1 - e_u^1 tr_1/p_1) + dt_2/dt_1 Q_2 (1 - e_u^2 t_2/p_2) =$$
$$= Q_1 [(1 - e_u^1 t_1/p_1) - (1 - e_u^2 t_2/p_2)] =$$
$$= Q_1 [e_u^2 t_2/p_2 - e_u^1 t_1/p_1].$$

Bei einer optimalen Struktur der Steuern muß dies null sein, d.h., wenn wir das Nutzenniveau des Haushalts konstant halten, darf es nicht möglich sein, das Steueraufkommen noch zu vergrößern. Dafür aber ist erforderlich, daß

$$e_u^2 t_2/p_2 - e_u^1 t_1/p_1 = 0.$$

Wenn wir diese Bedingung auf alle Verbrauchsteuern $t_1, t_2, \ldots t_i \ldots$ verallgemeinern, kommen wir zu dem Ergebnis, daß $e_u^i t_i/p_i$ für alle i denselben Wert annehmen muß. Bezeichnen wir diesen Wert mit k, so daß

$$t_i/p_i = k/e_u^i.$$

Das heißt, daß die Steuersätze umgekehrt proportional zu den kompensierten Nachfrageelastizitäten sein müssen. Das ist die Ramsey-Regel.

Teil V

Die Steuern in der Bundesrepublik Deutschland

In diesem Teil werden die allgemeinen Grundsätze der Besteuerung, die im Kapitel IV entwickelt wurden, auf die Analyse der Steuern in der Bundesrepublik Deutschland angewandt. Nach einer Diskussion der vier wichtigsten Steuern, der Einkommensteuer, der Körperschaftsteuer, der Umsatzsteuer und der Gewerbesteuer, erörtern wir die Wirkungen der Besteuerung auf das Kapital- und Arbeitsangebot. In der Öffentlichkeit haben in den letzten Jahrzehnten Möglichkeiten der Steuerausweichung in zunehmendem Maße Interesse gefunden. Wir erörtern die wichtigsten Grundsätze der Steuerausweichung. Ferner werden aktuelle Vorschläge und Vorhaben einer Steuerreform diskutiert.

20. Kapitel
Die Lohn- und Einkommensteuer

Die Lohn- und Einkommensteuer ist die bedeutendste Steuer in der Bundesrepublik Deutschland. Sie hat nachhaltigere Auswirkungen auf unser Leben als jede andere. Gespräche über die Einkommensteuer, Steuerungerechtigkeit und Möglichkeiten der Steuerausweichung gehören zu den beliebtesten Gesprächsthemen aller Besserverdienenden. Milliarden von Mark werden Jahr für Jahr für Steuerberater ausgegeben unter anderem in dem Bestreben, die Steuerschuld zu verringern. Steuerausweichung hat den Charakter eines Volkssports angenommen. Die Steuerhinterziehung hat mit Sicherheit ebenfalls zugenommen, die sogenannte Schattenwirtschaft ist angewachsen. Es gibt Schätzungen, daß bis zu 80% aller Zinseinnahmen und aller Spekulationsgewinne den Finanzämtern gegenüber verschwiegen werden. Die Steuerbelastung hat in den siebziger Jahren stark zugenommen und zugleich damit der Anreiz, die verschiedensten „Absetzungsmöglichkeiten" auszuschöpfen. Dies hat zu Bestrebungen geführt, die Steuerlast zu reduzieren und zugleich nicht mehr gerechtfertigte Steuervergünstigungen zu beseitigen. Eine Steuerreform tritt 1990 in Kraft. Bereits heute ist erkennbar, daß auf diese Reform alsbald die nächste folgen wird.

Um uns begreiflich zu machen, warum die Einkommensteuer derart umstritten ist, soll zunächst dargelegt werden, wie das Finanzamt im Einzelfall die Steuerschuld eines Steuerpflichtigen ermittelt. Wir werden die Überlegungen prüfen, die einigen der wichtigsten Bestimmungen des Einkommensteuerrechts zugrundeliegen – und ihre Folgen. Wir erörtern des weiteren die Auswirkungen einiger derselben auf Gerechtigkeit und Effizienz.

Ein Überblick über die Einkommensteuer

Auf den folgenden beiden Seiten zeigen wir die Zeilen 48 bis 119 aus dem sog. Mantelbogen der Steuererklärung. Dieser und die Anlage N sind die von den meisten Bürgern verwendeten Formulare für den Lohnsteuerjahresausgleich bzw. für die Einkommensteuererklärung. Nicht abgedruckt sind die Anlage KSO, auf der der Steuerpflichtige seine Einkünfte aus Kapitaleinkommen und bestimmte sonstige Einkünfte offenlegt, und einige weitere Anlagen, von denen die meisten in den Zeilen 49 bis 53 des Mantelbogens aufgeführt sind.

Der Steuerpflichtige gibt seine verschiedenen Einkünfte in den verschiedenen Anlagen an. Einkünfte aus nichtselbständiger Arbeit legt er in der Anlage N offen. Einkünfte aus Gewerbebetrieb oder selbständiger Arbeit, aus Land- und Forstwirtschaft, Vermietung und Verpachtung werden jeweils in gesonderten Anlagen dargestellt. Einkünfte aus Kapitalvermögen und die sog. sonstigen Einkünfte werden in der Anlage KSO erklärt. Ob bestimmte Einkünfte, die zu keiner der anderen Einkunftsarten gehören, als sonstige Einkünfte zählen, bestimmt sich nach den §§ 22/23 Einkommensteuergesetz (EStG), die die steuerpflichtigen sonstigen Einkünfte vollständig aufführen. Hierzu gehören insbesondere sog. Einkünfte aus wiederkehrenden Bezügen, z.B. Leibrenten und Einkünfte aus Spekulationsgeschäften. Spekulationsgeschäft im Sinne des EStG sind beispielsweise private Veräußerungsgeschäfte von Grundstücken, wenn zwischen dem Erwerb und der Veräußerung weniger als zwei Jahre verstrichen sind, oder der Kauf und Verkauf von Wertpapieren, wenn die Veräußerung weniger als sechs Monate nach dem Erwerb erfolgt.

Andere Bezüge, die nicht zu einer dieser Einkunftsarten gehören, unterliegen nicht der Einkommensteuer. Nicht steuerbar sind z.B. Gewinne aus sog. Liebhaberei[1], Lotteriegewinne und Wissenschaftspreise (z.B. Nobelpreise). Steuerfrei sind ferner gewisse Einkünfte aus wiederkehrenden Bezügen, die durch §3 EStG von der Steuerpflicht ausgenommen sind wie bestimmte Stipendien, Arbeitslosengeld, Leistungen der Krankenversicherung (Krankentagegeld) oder Renten der Gesetzlichen Unfallversicherung. Erwerbsunfähigkeits- und Altersrenten gehören hingegen als sog. Leibrenten zumindest im Prinzip zum steuerpflichtigen Einkommen.

Bei den Einkünften aus Land- und Forstwirtschaft, Gewerbebetrieb und selbständiger Arbeit handelt es sich um die Gewinne, die nach bestimmten Verfahren ermittelt werden. Das wichtigste dieser Verfahren ist der sog. Vermögensvergleich. Verglichen werden das Betriebsvermögen am Schluß eines Wirtschaftsjahrs und das am Schluß des vorangegangenen Wirtschaftsjahrs.

Bei bestimmten anderen Einkünften, insbesondere bei den Einkünften aus nichtselbständiger Arbeit handelt es sich demgegenüber um den Überschuß der Einnahmen über die sog. Werbungskosten. Von den Bruttoeinkünften werden also die Werbungskosten abgezogen. Hierunter werden die Kosten der Einkommenserzielung verstanden, das sind Aufwendungen zum Erwerb, zur Sicherung und Erhaltung dieser Einnahmen. Von den Kosten der Einkommenserzielung zu unterscheiden sind Ausgaben, die als Einkommensverwendung z.B. für die private Lebensführung und damit nicht als Werbungskosten zu betrachten sind. Im einzelnen kann die Abgrenzung allerdings schwierig sein.

Wichtige Beispiele für Werbungskosten sind Kosten für die Fortbildung in einem ausgeübten Beruf (nicht aber Kosten für eine Berufsausbildung), Bewerbungskosten, Aufwendungen für Arbeitsmittel wie z.B. Werkzeuge, typische Berufskleidung oder Fachliteratur. Nach deutschem Recht werden auch Fahrtkosten zur Arbeitsstätte als Werbungskosten anerkannt. Dieses Beispiel macht bereits die Schwierigkeit einer Abgrenzung zwischen Kosten der Einkommenserzielung und Einkommensverwendung deutlich, könnte man doch argumentieren, daß es einem Berufstätigen frei steht, sich einen Wohnsitz näher bei seinem Arbeitsplatz zu suchen, und die Fahrtskosten infolgedessen der Einkommensverwendung zuschlagen[2].

Im Rahmen der Anlage N sind die Werbungskosten aufzuführen, die im Zusammenhang mit dem Erwerb von Einkünften aus nichtselbständiger Arbeit entstehen. Werbungskosten, die im Zusammenhang mit dem Erwerb von Kapitaleinkünften oder Einkünften aus Vermietung und Verpachtung usw. entstehen, sind auf den entsprechenden Anlagen aufzuführen.

---

[1] Zum Begriff der Liebhaberei siehe weiter unten
[2] Auf diesen Standpunkt stellt sich beispielsweise das amerikanische Einkommensteuerrecht.

Sind die Einkünfte ermittelt, werden sie zum sog. Gesamtbetrag der Einkünfte aufaddiert. Um von diesem zum sog. zu versteuernden Einkommen zu gelangen – dies ist die Größe, an die der Tarif angelegt wird – sind noch weitere Abzüge vorzunehmen. So sind unter anderem die sog. Sonderausgaben (Zeile 62 bis 84 des Mantelbogens) sowie die sog. außergewöhnlichen Belastungen (Zeile 86 bis 119 des Mantelbogens) abzuziehen. Hierbei handelt es sich im Unterschied zu den Werbungskosten um eine Abzugsfähigkeit bestimmter Arten der Einkommensverwendung. Bei der Einführung derartiger Möglichkeiten, bestimmte Arten der Einkommensverwendung abzusetzen, ging es dem Gesetzgeber entweder darum, die jeweilige Art der Einkommensverwendung steuerlich zu fördern, oder aber Unterschiede in der steuerlichen Leistungsfähigkeit der Steuerpflichtigen zu berücksichtigen.

Im einzelnen handelt es sich um ein buntes Konglomerat von Sonderausgaben. Hierzu zählen insbesondere die sog. Vorsorgeaufwendungen. Diese umfassen Beiträge zur gesetzlichen Kranken-, Unfall-, Renten- und Arbeitslosenversicherung, ferner Beiträge zu privaten Lebens-, Kranken-, Unfall- und Haftpflichtver-

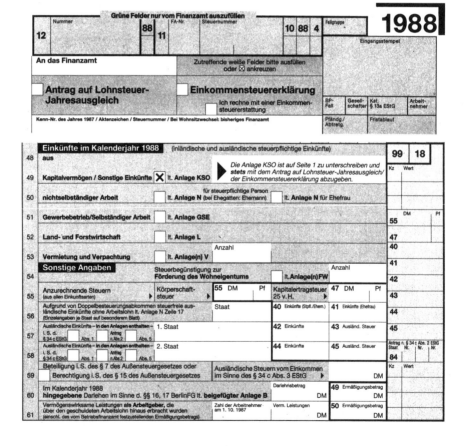

20. Kapitel: Die Lohn- und Einkommensteuer

[Formular - Seite 3]

This page reproduces a German tax form (Sonderausgaben / Außergewöhnliche Belastungen). Key fields:

Sonderausgaben

- Zeile 62: Nicht rentenversicherungspflichtige Arbeitnehmer bitte die Zeilen 31 bis 36 der Anlage N ausfüllen — Kz 30
- Zeile 63: Gesetzliche **Sozialversicherung** (nur Arbeitnehmeranteil) und/oder befreiende Lebensversicherung sowie andere gleichgestellte Aufwendungen (ohne steuerfreie Zuschüsse des Arbeitgebers) – In der Regel auf der Lohnsteuerkarte bescheinigt – Stpfl./Ehemann 30; Ehefrau 31
- Zeile 64: (Ehefrau) 31
- Zeile 65: Gesetzlicher Arbeitgeberanteil zur gesetzlichen **Renten**versicherung, steuerfreie Zuschüsse des Arbeitgebers zu gleichgestellten Aufwendungen (in der Regel auf der Lohnsteuerkarte bescheinigt), steuerfreie Beträge der Künstlersozialkasse an die BfA — Stpfl./Ehemann 32; Ehefrau 33
- Zeile 66: Es bestand Knappschaftsversicherungspflicht
- Zeile 67: **Freiwillige** Angestellten-, Arbeiterrenten-, Höher**versicherung** (abzüglich steuerfreier Arbeitgeberzuschuß) sowie Beiträge von Nichtarbeitnehmern zur gesetzlichen Altersversorgung — Stpfl./Ehegatten 41
- Zeile 68: **Kranken**versicherung (freiwillige Beiträge sowie Beiträge von Nichtarbeitnehmern zur gesetzlichen Krankenversicherung – abzüglich steuerfreie Zuschüsse, z. B. des Arbeitgebers –) in 1988 gezahlt / in 1988 erstattet — 40; 42
- Zeile 69: **Unfallversicherung** — 42
- Zeile 70: **Lebensversicherung** ohne vermögenswirksame Leistungen (einschl. Sterbekasse u. Zusatzversorgung; ohne Beiträge in Zeilen 63 u. 64) — 44
- Zeile 71: **Haftpflichtversicherung** (ohne Kasko-, Hausrat- und Rechtsschutzversicherung) — 43
- Zeile 72: Beiträge an **Bausparkassen**, die als Sonderausgaben geltend gemacht werden – ohne vermögenswirksame Leistungen – Für 1988 habe(n) ich/wir und die nach dem 1. 1. 1971 geborenen Kinder eine Wohnungsbauprämie beantragt: Nein / Ja — 34
- Zeile 73: Institut, Vertrags-Nr. und Vertragsbeginn — 35 Beiträge
- Zeile 74: **Renten** — 11 tatsächlich gezahlt / 12 abziehbar / v. H. / 38 Eingangsdatum
- Zeile 75: **Dauernde Lasten** — 10 / 11
- Zeile 76: **Unterhaltsleistungen** an den geschiedenen/dauernd getrennt lebenden Ehegatten lt. Anlage U — 39 / 12 / v. H.
- Zeile 77: **Kirchensteuer** — 13 in 1988 gezahlt / 14 in 1988 erstattet / 10
- Zeile 78: **Steuerberatungskosten** — 16 / 39
- Zeile 79: Aufwendungen für die eigene **Berufsausbildung** oder die Weiterbildung in einem nicht ausgeübten Beruf / Art der Aus-/Weiterbildung — 17 / 13
- Zeile 80: **Spenden** und Beiträge für wissenschaftliche und kulturelle Zwecke — lt. beigef. Bestätigungen / lt. Nachweis Betriebsfinanzamt — 18 / 14 / 16
- Zeile 81: für mildtätige, kirchliche, religiöse und gemeinnützige Zwecke — 19 / 17
- Zeile 82: **Mitgliedsbeiträge und Spenden** an politische Parteien (§§ 34 g, 10 b EStG) — 20 / 18
- Zeile 83: an unabhängige Wählervereinigungen (§ 34 g EStG) — 70 / 19 / 20 / 70
- Zeile 84: Nur bei Einkommensteuererklärung ausfüllen: **Verlustabzug** nach § 10 d EStG und/oder § 2 Abs. 1 Satz 2 Auslandsinvestitionsgesetz (Bitte weder in Rot noch mit Minuszeichen eintragen) — 24 aus 1983 / 25 aus 1984 / 26 aus 1985 / Summe der Umsätze, Gehälter und Löhne
- Zeile 85: Verlustrücktrag 27 aus 1986 / 28 aus 1987 — 21 / Kz Wert

Außergewöhnliche Belastungen

- Zeile 86: Körperbehinderte und Hinterbliebene — Nachweis ist beigefügt. / hat bereits vorgelegen.
- Zeile 87: Name / Ausweis/Rentenbescheid/Bescheinigung ausgestellt am / gültig bis / Hinterbliebener / Körperbehinderter / blind/ständig pflegebedürftig / geh- und stehbehindert / Grad der Behinderung — 56 1. Person*)
- Zeile 88: — 57
- Zeile 89: — 57 2. Person*)
- Zeile 90: **Beschäftigung** einer Hausgehilfin/Haushaltshilfe / Aufwendungen DM / **Heim- oder Pflegeunterbringung** / Unterbringung: Art der Dienstleistungskosten — *) bei Blinden und ständig Pflegebedürftigen: „300" eintragen / Hinterblieb.Pauschbetrag 58 Anzahl
- Zeile 91: vom – bis / Antragsgrund, Name und Anschrift der Beschäftigten / der untergebrachten Person — Hausgehilfin/Unterbr. 60
- Zeile 92: **Freibetrag für besondere Fälle** (bitte Ausweis beifügen) — Flüchtling / Vertriebener / Heimatvertriebener / Spätaussiedler / Politisch Verfolgter — Freibetrag f. bes. Fälle 63 Ja = 1
- Zeile 93: **Freibetrag für Aufwendungen zur Pflege des Eltern-Kind-Verhältnisses**, wenn das Kind dem anderen Elternteil zuzuordnen ist und kein gemeinsamer Haushalt der Elternteile bestand / Vorname des Kindes / Aufwendungen vom – bis / Vorname des Kindes / Aufwendungen vom – bis — Freibetrag nach § 33 a Abs. 1 a EStG
- Zeile 94: — 66

Bitte nur volle DM-Beträge eintragen — 99 13

sicherung und Beiträge zu Bausparkassen[3]. Vorsorgeaufwendungen sind aber nur innerhalb bestimmter Höchstbeträge abzugsfähig, die bei Arbeitern und Angestellten durch ihre Beiträge zu gesetzlichen Versicherungen und den steuerfreien Arbeitgeberanteil nicht selten bereits weitgehend ausgeschöpft werden[4]. Weitere Sonderausgaben sind u.a. die Kirchensteuer und Spenden für bestimmte Zwecke, Aufwendungen für die eigene Berufsbildung oder Weiterbildung in ei-

---

[3] Die Abzugsfähigkeit der Beiträge zu Bausparkassen wird aber 1990 stark eingeschränkt werden.

[4] Die abziehbaren Höchstbeträge für Vorsorgeaufwendungen betragen derzeit 3510/7020 DM (Ledige/Verheiratete). Vorweg werden die Beiträge zu bestimmten Versicherungen zusätzlich bis zu 3000/6000 DM abgezogen (ab 1990: 4000/8000 DM).

nem nicht ausgeübten Beruf sowie unter bestimmten Voraussetzungen Unterhaltsleistungen an den geschiedenen oder getrennt lebenden Ehegatten. Warum Aufwendungen für die eigene Berufsausbildung steuerlich als Einkommensverwendung und nicht als Kosten der Einkommenserzielung behandelt werden und auch nur bis zu einem Höchstbetrag von 1200 DM abzugsfähig sind, ist durchaus nicht ohne weiteres einsichtig.

Außergewöhnliche Belastungen sind als Aufwendungen definiert, die einem Steuerpflichtigen zwangsläufig in dem Sinne erwachsen, daß er sich ihnen aus rechtlichen, tatsächlichen oder sittlichen Gründen nicht entziehen kann und die über die Aufwendungen der überwiegenden Mehrzahl der Steuerpflichtigen gleicher Einkommensverhältnisse hinausgehen. Hierzu gehören z.B. die besonderen Aufwendungen, die Behinderte bei der Lebensführung haben, Unterstützungsleistungen an mittellose Anverwandte und durch Versicherungsleistungen nicht gedeckte Aufwendungen für die Wiederbeschaffung unentbehrlicher Güter nach Brand, Diebstahl u.ä. In jedem Fall gibt es bestimmte Obergrenzen für die abzugsfähigen Beträge bzw. Freibeträge.

Weitere Anlagen zur Einkommensteuererklärung

Eine wichtige weitere Anlage ist die Anlage FW Förderung des Wohneigentums. Sie gilt für die Steuerbegünstigung der zu eigenen Wohnzwecken genützten Wohnung im eigenen Haus oder eine Eigentumswohnung. Im Jahr der Herstellung oder Anschaffung und in den sieben darauffolgenden Jahren kann man jeweils 5% der Herstellungs- oder Anschaffungskosten des Gebäudes zuzüglich der Hälfte der Anschaffungskosten des Grundstücks – höchstens jeweils 15 000 DM – wie Sonderausgaben geltend machen.

Prinzipien, die der deutschen Einkommensteuer zugrundeliegen

Es lohnt sich, die Grundgedanken, auf denen die Einkommensbesteuerung aufbaut, Revue passieren zu lassen, obwohl im Ergebnis des politischen Entscheidungsprozesses, dessen Resultat die Einzelheiten der Steuergesetzgebung sind, diese Grundgedanken nicht selten mißachtet wurden.

Besteuerung des gesamten Einkommens

Der deutschen Einkommensteuer liegt die Vorstellung zugrunde, daß die angemessene Grundlage für die Ermittlung der Steuerschuld das Einkommen des Bürgers unter Abzug der Kosten der Einkommenserzielung ist.

Die Ökonomen haben sich überwiegend zugunsten einer möglichst umfassenden Definition des Einkommens ausgesprochen. Eine solche umfassende Definition des Einkommens würde nicht nur regelmäßig zufließende Einkünfte, sondern auch einmalige Einkünfte einschließen, nicht nur Geldeinkünfte, sondern auch Einkünfte in Naturalien und Wertzuwächse (capital gains) unabhängig davon, ob diese bereits durch Verkauf realisiert sind oder nicht. Eine Reihe von Korrekturen sind erforderlich, um die Geldeinkünfte in das Einkommen in diesem umfassenden Sinne umzurechnen. Dieser Einkommensbegriff geht auf G. Schanz zurück, der forderte, man solle zum Einkommen rechnen „alle Reinerträge und Nutzungen, geldwerte Leistungen Dritter, alle Geschenke, Erbschaften, Legate, Lotteriegewinne jeder Art"[5]. Das wichtigste Argument, das zugunsten eines derartigen Einkommensbegriffs vorgebracht wurde, ist, daß solchermaßen am besten die steuerliche Leistungsfähigkeit des Steuerpflichtigen erfaßt werde.

In der Realität bestehen zwischen dem zu versteuernden Einkommen des EStG und dieser Einkommenskonzeption eine beträchtliche Zahl von Unterschieden. Wir führen nur die wichtigsten davon an:

1) **Besteuerung vor allem der Geldeinkünfte**: Im großen und ganzen beschränkt sich die Besteuerung auf Einkünfte, die aufgrund von Markttransaktionen in Geldform anfallen. Die Steuergrundlage ist infolgedessen um einiges schmäler als es den Ökonomen als Ideal vorschwebt. Wirtschaftliche Aktivitäten, die nicht vermarktet werden, bleiben unversteuert, obwohl andere Aktivitäten, die ihrer Natur nach mit diesen identisch sind und sich nur eben dadurch unterscheiden, daß sie auf dem Markt gehandelt werden, besteuert werden. Ein Beispiel hierfür ist die Selbstversorgung mit bestimmten Gütern und Diensten, die in einem gewissen Umfang in jedem Haushalt stattfindet. Dieselben Güter und Dienste werden besteuert, wenn sie gekauft werden. Das Entgelt einer Putzfrau ist steuerpflichtig, wohingegen genau dieselben Tätigkeiten unversteuert bleiben, wenn sie von der Ehegattin ausgeführt werden (und obwohl der Unterhalt der Gattin durch den Gatten zum Teil als eine Entlohnung ihrer Tätigkeit betrachtet werden kann). Dasselbe gilt für andere unentgeltliche Leistungen von Angehörigen im privaten Haushalt. Wenn jemand ein Haus besitzt und es vermietet, sind die Einkünfte aus der Vermietung steuerpflichtig. Lebt der Eigentümer hingegen selber in seinem Haus, dann bleibt der Nutzungswert der Wohnung unversteuert (seit 1987). Der wichtigste Grund für derartige Lücken in der Besteuerung ist, daß es wegen des Fehlens einer Markttransaktion schwierig ist, die Höhe der geschaffenen Werte zu ermitteln; wenn eine Transaktion auf einem Markt vorliegt, gibt es hingegen eine beobachtbare Größe, nämlich den Preis, der für die Bewertung des Dienstes herangezogen werden kann (und zumeist herangezogen wird).

Nach deutschem Steuerrecht sind Sachbezüge des Steuerpflichtigen wie z.B. die Gewährung von freier Kleidung, freier Wohnung, Kost, sog. Deputaten, also in Sachleistungen abgegoltene Lohn- und Gehaltsanteile, im Prinzip steuerpflichtig. De facto bereitet es aber zum Teil große Schwierigkeiten, derartige Sachbezüge des Steuerpflichtigen als solche zu identifizieren. Beispielsweise stellt die Überlassung des Dienstwagens für Privatfahrten im Prinzip einen derartigen Sachbezug dar und ist folglich an sich steuerpflichtiges Einkommen[6]. Es läßt sich

---

[5] Der Einkommensbegriff und die Einkommenssteuergesetze. In: Finanzarchiv 1896 S. 24. In Amerika wurde eine ähnliche Konzeption von Simon und Haig eingeführt.
[6] Anders verhält es sich mit sogenannten Annehmlichkeiten, die bislang laut Rechtsprechung kein Arbeitsentgelt darstellten und folglich auch nicht zu versteuern waren. Als „Annehmlichkeiten" werden betrachtet die Inanspruchnahme von Sportanlagen, Betriebskindergarten, Essenszuschüssen, Personalrabatt, Arbeitsmitteln usw. Durch die Steuerreform 1990 kommt es zu Neuerungen bei der steuerlichen Behandlung zahlreicher „Annehmlichkeiten", so bei den Belegschaftsrabatten und Essenszuschüssen, die auf eine teilweise steuerliche Erfassung derartiger Einkommensbestandteile hinauslaufen.

im einzelnen aber kaum nachprüfen, ob der Dienstwagen nur für dienstliche Zwecke oder auch für Privatfahrten verwendet wird. Es kann sein, daß derartige Möglichkeiten einer steuerfreien Aufbesserung des Gehalts bei Arbeitnehmern mit hohem Einkommen eine bedeutende Rolle spielen.

Bis 1986 wurde der Nutzungswert der vom Eigentümer selbst bewohnten Wohnung in Form einer fiktiven Mieteinnahme besteuert. Er wurde entweder pauschal oder als der Überschuß der (geschätzten) Miete über die Werbungskosten ermittelt. Die angemessene Ermittlung der Höhe dieser Miteinnahmen bereitete Schwierigkeiten und es kam wohl öfters dazu, daß dieser Nutzungswert steuerlich zu niedrig angesetzt wurde.

Eine andere wesentliche Gruppe von Einkünften, die der Besteuerung entgehen, sind die nichtrealisierten Wertzuwächse. Auch die realisierten Wertzuwächse werden nur sehr teilweise steuerlich erfaßt.

2) **Nichterfassung eines großen Teils der Wertzuwächse und Sonderbehandlung eines beträchtlichen Teils der sonstigen Kapitaleinkommen.** Wertzuwächse sind Kapitalerträge in Form von Wertsteigerungen bei Grundstücken, Aktien, Kunstgegenständen usw. Derartige Wertsteigerungen bleiben generell unversteuert, solange die entsprechenden Gegenstände nicht verkauft und die Wertsteigerungen infolgedessen nicht realisiert werden. Realisierte Wertsteigerungen werden im allgemeinen nur dann besteuert, wenn sie im Rahmen eines Betriebs anfallen, nicht aber, wenn sie im Privatvermögen anfallen. Ausnahmen, in denen realisierte Wertsteigerungen auch bei Anfall innerhalb des Privatvermögens besteuert werden, sind die oben definierten Spekulationsgewinne und Veräußerungen wesentlicher Beteiligungen an Kapitalgesellschaften. Eine wesentliche Beteiligung liegt vor, wenn der Veräußerer an mehr als einem Viertel der Gesellschaft mittelbar oder unmittelbar beteiligt ist.

Das folgende Beispiel macht deutlich, warum sich die Ökonomen überwiegend für eine Besteuerung von Wertzuwächsen ausgesprochen haben. Betrachten wir zwei Personen: Einer der beiden bringt seine Ersparnisse in Höhe von 1000 DM auf die Bank und erhält einen Sparzins in Höhe von sagen wir 10%. Sein Einkommen beträgt entsprechend 100 DM. Der zweite kauft Gold im Wert von 1000 DM und wir wollen annehmen, daß der Goldpreis sich innerhalb eines Jahres um 10% erhöht. Der Wertzuwachs vergrößert das Vermögen des letzteren ganz ebenso wie es die Zinsen tun; unter wirtschaftlichen Gesichtspunkten stellen sich beide gleich. Die Steuerschuld der beiden weicht jedoch voneinander ab: Das Einkommen desjenigen, der in Gold investiert hat, bleibt unversteuert.

Einer der Gründe dafür, daß nichtrealisierte Wertzuwächse unversteuert bleiben, ist, daß ohne einen Verkauf die Ermittlung des Werts des Vermögensgegenstandes Schwierigkeiten verursachen könnte. Wertsteigerungsgewinne (oder -verluste) lassen sich mit anderen Worten nicht ohne weiteres beobachten. Dies ist aber nicht in allen Fällen so: Bei den meisten Wertpapieren und Aktien kann man den Tageskurs jeden Tag in der Zeitung nachlesen. Werden nichtrealisierte Wertzuwächse nicht versteuert, dann würde eine Versteuerung im Jahr der Realisierung aufgrund der Progression für den Steuerpflichtigen häufig zu einer sehr hohen Belastung führen. Die Folge wäre, daß der Steuerpflichtige es möglichst vermeiden würde, solche Wertzuwächse en bloc zu realisieren und derartige Objekte damit vom Markt ferngehalten würden. Dies aber kann nicht wünschenswert sein. Allerdings könnte man diesem Dilemma entgehen, indem man etwa erlaubt, daß das Einkommen aus der Realisierung von Wertzuwächsen steuerlich über mehrere Jahre verteilt würde.

Auch wenn Kapiteleinkommen nicht in Form von Wertzuwächsen anfällt, behandelt es das Steuerrecht oft günstiger als Arbeitseinkommen. Beispiele hierfür sind die Gewährung eines Sparerfreibetrags (in Höhe von 300 DM), die Steuerfreiheit bestimmter Vermögensbeteiligungen an Arbeitnehmer, die steuerliche Abzugsfähigkeit von Bausparzinsen als Vorsorgeaufwendungen, und die günstige steuerliche Behandlung von Immobilienbesitz[7]. Hierfür gibt es eine Reihe von Erklärungen. Eine davon ist, daß die Vermögensbildung in Arbeitnehmerhand gefördert werden soll.

3) **Anpassungen der Besteuerungsgrundlage aufgrund von Gerechtigkeitserwägungen.** Dies rechtfertigt z.B. die steuerliche Abzugsfähigkeit der sogenannten außergewöhnlichen Belastungen. Als Begründung dient hier, daß die Steuerpflichtigen, die von derartigen Belastungen betroffen sind, eine geringere steuerliche Leistungsfähigkeit besitzen als andere Individuen mit demselben Einkommen.

4) **Anpassungen der Steuerbemessungsgrundlage zur Förderung erwünschten Verhaltens.** Das Steuerrecht wird verwendet, um die Steuerpflichtigen zu bestimmten Handlungen durch ihre steuerliche Berücksichtigung zu ermuntern. Hierzu gehören u.a. die steuerliche Abzugsfähigkeit desjenigen Teils der Vorsorgeaufwendungen, der auf freiwillige Versicherungen entfällt, die erhöhten Absetzungen für bestimmte Maßnahmen für den Umweltschutz und zur Energieeinsparung oder die steuerliche Abzugsfähigkeit von Spenden für gemeinnützige Zwecke.

5) **Sonderbehandlung der Sozialversicherung.** Beiträge zur gesetzlichen Versicherung sind als Vorsorgeaufwendungen steuerlich abzugsfähig. Der gesetzliche Arbeitgeberanteil ist steuerfrei. Darüberhinaus sind auch die Leistungen der gesetzlichen Versicherung entweder völlig steuerfrei oder aber sie werden nur mit ihrem sogenannten Ertragsanteil und damit de facto minimal besteuert.

Die Progression

Der Steuertarif basiert auf dem Grundsatz, daß Steuerpflichtige mit höherem Einkommen nicht nur mehr zahlen sollten, sondern auch einen größeren Teil ihres Einkommens. Die Progression schlägt sich nicht nur in einem Anstieg des durchschnittlichen Steuersatzes, sondern auch des Grenzsteuersatzes nieder. Im Tarif 88 beträgt der Grenzsteuersatz bei einem zu versteuernden Einkommen von unter 4752 DM 0%. Dies ist die Folge des sogenannten Grundfreibetrags, des Einkommensteils, von dem keine Steuer erhoben wird. Bei einem zu versteuernden Einkommen von 4753 DM beträgt er 22%. Bei einem zu versteuernden Ein-

---

[7] Einige der Steuervergünstigungen für Erwerber eines Eigenheims haben wir soeben bereits dargestellt. Sie werden durch den § 10e EStG geregelt. Dazu kommt ein Abzugsbetrag von 600 DM (ab 1990: 750 DM) pro Kind von der Steuerschuld, der dem Erwerber eines Eigenheims zusteht. Letzteres stellt eine merkwürdige Verquickung von bevölkerungspolitischen und anderen vermeintlich sozialpolitischen Zielsetzungen dar. Steuervergünstigungen insbesondere in Gestalt von Sonderabschreibungen genießt auch jemand, der Häuser und Wohnungen zum Zweck der Vermietung erworben hat. Vgl. § 7 EStG.

kommen von 130 032 DM wird der maximale Grenzsteuersatz von 56% erreicht. Der deutsche Steuertarif ist ein sogenannter Formeltarif. Das heißt, die Steuer berechnet sich mit Hilfe einer komplizierten Formel, nämlich einem abschnittsweise definierten Polynom. Seit 1958 handelte es sich um ein Polynom vierten Grades. Im Tarif 90 bestimmt sich der Steuerbetrag nach der folgenden Formel (Steuerbetragsfunktion): Die tarifliche Einkommensteuer ist bei einem zu versteuernden Einkommen

bis 5 616 DM (Grundfreibetrag): 0;
von 5 617 DM bis 8 153 DM: $0,19 \times - 1067$;
von 8 154 DM bis 120 041 DM: $151,94 y^2 + 1 900 y + 472$;
von 120 042 DM an: $0,53 x - 22 842$.

Hierbei ist x das (abgerundete) zu versteuernde Einkommen, y ein Zehntausendstel des 8 100 DM übersteigenden Teils des (abgerundeten) zu versteuernden Einkommens. Übersteigt das zu versteuernde Einkommen 8 100 DM, gilt $y = (x - 8 100)/10 000$. Dies kann man für y einsetzen und sich auf diese Weise davon überzeugen, daß sich die Steuerschuld für den 8 100 DM übersteigenden Teil des zu versteuernden Einkommens als eine quadratische Funktion desselben berechnet.

Der Grenzsteuersatz ist die Steigung der Steuerbetragsfunktion. Der Leser, der mit Analysis vertraut ist, kann den Grenzsteuersatz infolgedessen unschwer ausrechnen, indem er die erste Ableitung der Steuerbetragsfunktion ermittelt. Bis zu einem zu versteuernden Einkommen von 5 616 DM ist er offenbar 0, sodann bis 8 153 DM 19% (Eingangssteuersatz) und ab 120 042 DM 53% (Spitzensteuersatz). Da der Steuerbetrag für Einkommen zwischen 8 153 DM und 120 042 DM sich als eine quadratische Funktion bestimmt, wird der Grenzsteuersatz durch eine lineare Funktion beschrieben. Das ist der Grund, warum man von einem linear-progressiven Tarif spricht. Er hat offenbar die Form $A x + B$, wobei A und B Koeffizienten sind, die man aus der obigen Gleichung durch Ableitung unschwer ausrechnen kann[8].

Die Kürzung der Steuerbemessungsgrundlage um verschiedene Einkommensbestandteile, auf die wir hingewiesen haben (zusammen mit anderen Steuerlücken, auf die wir weiter unten eingehen), wirkt sich dahingehend aus, daß die Progression der Steuer erheblich gemindert wird.

Die Folge dieser Abzüge ist, daß die **effektiven Steuersätze**, also der Anteil der Steuern am gesamten Einkommen, weit weniger stark ansteigen als man aufgrund der scharfen Progression der Grenzsteuersätze vermuten sollte. In der Tabelle 20.1 wird die durchschnittliche Steuerbelastung von Haushalten verschiedener Einkommensgruppen im Jahre 1980 angegeben. Hierbei wurde die Steuerschuld durch den Gesamtbetrag der Einkünfte dividiert. Dies ist vermutlich eine bessere Bezugsgröße als das zu versteuernde Einkommen, handelt es sich doch bei einem sehr beträchtlichen Teil der Abzüge, die bei der Ermittlung des zu versteuernden Einkommens aus dem Gesamtbetrag der Einkünfte vorgenommen

---

[8] Wenn das Finanzamt die Steuerschuld ermittelt, hantiert es allerdings nicht tatsächlich mit dieser etwas komplizierten Formel. Vielmehr hat es Tabellen zur Verfügung, in denen die Werte eingetragen sind, die die Steuerbetragsfunktion für bestimmte x jeweils annimmt. Insbesondere gibt es eine sog. Grundtabelle, die beispielsweise für unverheiratete Steuerpflichtige ohne Kind relevant ist, ferner eine sog. Splitting-Tabelle, in der der Splitting-Tarif tabelliert ist. Siehe dazu weiter unten.

werden, um Einkommensverwendung und nicht um Kosten der Einkommensentstehung, die bei der sachgerechten Ermittlung des tatsächlichen Einkommens abgezogen werden sollten.

Tabelle 20.1

Einkommensgruppen von ... bis unter ... DM	Durchschnittsbelastung
10 000 – 22 000	0,8
22 000 – 33 000	12,4
33 000 – 44 000	14,4
44 000 – 66 000	18,2
66 000 – 111 000	23,9
110 000 – 220 000	32,0
220 000 – 444 000	42,1
440 000 u. m.	47,6
insgesamt	18,7

Quelle: J. Körner: Wirkungen von Einkommensteuersenkungen in den USA und der BR Deutschland. München: Ifo 1986 S. 43

Die Besteuerung ist also durchaus progressiv, aber man muß schon ein sehr erheblich über dem Durchschnitt liegendes Einkommen erzielen, um nicht nur einem hohen Grenzsteuersatz, sondern auch einem hohen Durchschnittssteuersatz zu unterliegen. Es ist möglich, daß diese Tabelle den Grad der Progression übertreibt, da man für eine Ermittlung der effektiven Steuersätze tatsächlich noch einiges zu dem Gesamtbetrag der Einkünfte hinzurechnen sollte wie beispielsweise Wertzuwächse, Zinsen aus Lebensversicherungen, Sozialleistungen des Arbeitgebers und andere Lohnnebenleistungen, aber auch bestimmte Renten, Arbeitslosengeld usw. Für die BR Deutschland fehlen die statistischen Voraussetzungen für eine Zurechnung dieser Größen. Es mag sein, daß die Suche nach Möglichkeiten, Einkommen so anfallen zu lassen, daß es nicht Bestandteil des Gesamtbetrags der Einkünfte ist, bei den überdurchschnittlich verdienenden eine besonders große Rolle spielt. Beispielsweise ist aus den USA bekannt, daß Wertzuwächse vor allem bei den Spitzenverdienern anfallen. Nichtsdestoweniger fließen auch den unterdurchschnittlich verdienenden Schichten derartige völlig unversteuerte Einkommen zu, so daß auch nach ihrer Berücksichtigung noch eine sehr merkliche Progression der Einkommensteuer übrigbleiben dürfte.

Anders verhielt es sich bemerkenswerterweise mit der amerikanischen Einkommensteuer vor der Steuerreform 1986. In der folgenden Tabelle stellen wir die effektiven Steuersätze nach dem alten und dem neuen amerikanischen Steuerrecht dar.

Diesen Zahlen liegt eine vollständigere Ermittlung des Gesamteinkommens zugrunde als sie bei den deutschen Statistiken möglich ist. Auffallend ist insbesondere, daß die Spitzenverdiener nach dem alten Recht sogar weniger Steuern zahlten als die nächstfolgende Gruppe. Bemerkenswert ist ferner der generell relativ niedrige Durchschnittssteuersatz bei einem Grenzsteuersatz, der nach altem Recht mit 50% ab einem Einkommen von 55 300 $ nicht sehr viel niedriger lag als in der BR Deutschland. Der Grund hierfür ist, daß (vor der Reform) in den USA verglichen mit der BR Deutschland mehr Möglichkeiten bestanden, bestimmte Ausgaben bei der Ermittlung des zu versteuernden Einkommens (taxable income) abzuziehen und die Progression damit weitgehend unterlaufen wurde. Nach neuem Recht ist der höchste Grenzsteuersatz 33%. Gleichzeitig aber wurden verschiedene Abzugsmöglichkeiten beseitigt, so daß die durchschnittliche Steuerbelastung dieselbe geblieben ist und die Spitzenverdiener tatsächlich etwas stärker besteuert werden.

Tabelle 20.2

Berichtigtes Bruttoeinkommen in US-$	Durchschnittssteuersatz	
	Altes Recht	Neues Recht
0 – 5 000	– 0,6	– 1,6
5 000 – 10 000	1,7	0,4
10 000 – 15 000	4,9	3,8
15 000 – 20 000	6,8	6,9
20 000 – 25 000	8,7	8,5
25 000 – 35 000	9,9	9,9
35 000 – 50 000	11,8	11,6
50 000 – 100 000	15,7	15,5
100 000 – 500 000	24,2	22,3
500 000 – 1 000 000	28,6	26,5
1 000 000 und mehr	26,3	26,6
durchschnittlich	13,1	13

Quelle: J. A. Pechman: Tax Reform: Theory and Practice. 1986 Dinstinguished Lecture on Economics in Government, Joint Session of the American Economics Association and the Society of Government Economists, December 29, 1986

Bezugseinheit der Besteuerung und die steuerliche Berücksichtigung von Kindern

Im Prinzip kann man sich die Extremfälle einer reinen Individualbesteuerung und einer Haushaltsbesteuerung vorstellen. Im ersten Fall wird jede Person nach ihrem Einkommen unabhängig von ihrem Familienstand besteuert. Im zweiten werden die Einkommen aller Mitglieder eines Haushalts addiert und wird das Gesamteinkommen besteuert. Wenn auf dieses aufaddierte Einkommen dieselbe Steuertabelle angewandt würde wie auf die Besteuerung Alleinstehender, würde es wegen der Progression zu einer wesentlich höheren Steuerbelastung kommen. Das Bundesverfassungsgericht hat 1957 die Haushaltsbesteuerung für verfassungswidrig erklärt.

Nach dem gegenwärtigen Steuerrecht haben Ehepartner ein Wahlrecht, ob sie getrennt oder zusammen besteuert werden wollen. Im letzteren Fall wird zur Ermittlung der Steuerschuld dann das sogenannte Splittingverfahren angewandt. Hierbei wird auf die Hälfte des Gesamteinkommens beider Personen der Steuertarif angewendet und der so ermittelte Steuerbetrag verdoppelt. Dies ist vorteilhaft, wenn das Einkommen der beiden Ehegatten voneinander abweicht.

Man kann sich dies am Beispiel der Steuerschuld von Tristan und Isolde klarmachen. Stellen wir uns vor, Isolde habe ein zu versteuerndes Einkommen von 10 000 DM, Tristan ein zu versteuerndes Einkommen von 50 000 DM. Dann wäre bei individueller (getrennter) Veranlagung die Steuerschuld von Isolde 1152 DM, die von Tristan 13 280 DM. Bei Anwendung des Splittingverfahrens (Zusammenveranlagung) wird das Gesamteinkommen von 60 000 DM durch zwei dividiert und auf diese 30 000 DM dann der Steuertarif angewandt. Es ergibt sich eine Steuerschuld von 6075 DM. Diese muß mal zwei genommen werde und das macht

12150 DM, also deutlich weniger als was das Paar bei getrennter Veranlagung zahlen müßte. Der Steuerersparniseffekt geht darauf zurück, daß Tristan als der besser verdienende Ehegatte bei einer individuellen Veranlagung mit einem höheren Grenzsteuersatz belastet würde als dies bei der Zusammenveranlagung der Fall ist. Eine Eheschließung ist dann steuerlich vorteilhaft, da sie die Möglichkeit einer derartigen Zusammenveranlagung eröffnet, die bei einer Lebensgemeinschaft ohne Trauschein nicht besteht.

Kinder werden insofern steuerlich berücksichtigt, als das Einkommen der Eltern um einen sogenannten Kinderfreibetrag in Höhe von 2484 DM (ab 1990: 3024 DM) gekürzt wird. Dieser Kinderfreibetrag wird über das 16. Lebensjahr hinaus bis zum 27. Lebensjahr des Kindes gewährt, wenn das Kind sich in Berufsausbildung befindet oder bei Vorliegen einer Reihe anderer Gründe.

Das Einkommen von Kindern wird nach deutschem Recht von diesen individuell versteuert[9]. Hierdurch entstehen bestimmte Möglichkeiten, Steuern zu sparen, indem Einkommen zwischen den Eltern und ihren Kindern hin- und herverschoben wird.

Steuerliche Probleme entstehen bei einem dauernden Getrenntleben der Ehegatten bzw. bei einer Scheidung. Dann entfällt die Möglichkeit der Zusammenveranlagung und damit der Anwendung des Ehegattensplitting. Die daraus meistens entstehenden steuerlichen Nachteile lassen sich nur begrenzt durch eine steuerliche Abzugsfähigkeit von Unterhaltszahlung beim unterhaltsverpflichteten Partner ausgleichen[10]. Eine „gute Scheidung" erfordert steuerrechtlichen Sachverstand.

Gerechtigkeitstheorien und Bezugseinheit der Besteuerung

Liefern uns die im Kapitel 16 dargelegten Theorien gerechter Besteuerung eine Leitlinie für die Besteuerung der Familien? Das Leistungsfähigkeitsprinzip impliziert, daß zwei Familien mit derselben Zahl von Kindern, die das gleiche Einkommen beziehen und in denen beide Ehepartner berufstätig sind, gleich viel Steuern entrichten sollten. Die Lebenshaltungskosten von zwei Personen, die zusammen leben, sind verhältnismäßig geringer als bei Alleinstehenden. Deshalb könnte man aus dem Leistungsfähigkeitsprinzip folgern, daß zwei Personen mit gemeinsamer Haushaltsführung höher besteuert werden sollen als alleinstehende. Unglücklicherweise läßt es sich für das Finanzamt nicht ohne weiteres feststellen, ob zwei Personen einen gemeinsamen Haushalt führen[11]. Solange die Mehrzahl der Personen mit gemeinsamer Haushaltsführung verheiratet sind, mag man immer-

---

[9] Anders etwa im französischen Recht, das das sogenannte Familiensplitting kennt. Beim Familiensplitting wird das Einkommen aller Angehörigen des Haushalts aufaddiert und dieses dann mit einem Splittingfaktor dividiert, der von der Zahl und (im Fall von Kindern) vom Lebensalter der Familienmitglieder abhängt.

[10] Unterhaltszahlungen sind, wenn der Unterhaltsberechtigte zustimmt, bis zu 18000 DM im Jahr steuerlich berücksichtigungsfähig. Der Empfänger dieser Zahlungen muß diese selbstverständlich versteuern. Falls der Unterhaltsberechtigte nicht zustimmt, kann die Zahlung als außergewöhnliche Belastung geltend gemacht werden. Der Höchstbetrag ist dann 4500 DM jährlich!

[11] Jedenfalls nicht ohne eine Einblicknahme in die Privatsphäre der Steuerpflichtigen, die in unserer Rechtsordnung als bedenklich angesehen würde.

hin die Heirat als steuerlichen Ansatzpunkt nehmen. Wenn die Verzerrungen aufgrund einer höheren Besteuerung Verheirateter nicht allzu groß sind (und es gibt nur wenige Indizien, daß die Entscheidung eines Paars zur Heirat stark von steuerlichen Gesichtspunkten abhängt), mag man sich daher aufgrund des Leistungsfähigkeitsprinzips gegen die günstige steuerliche Behandlung aussprechen, die die Heirat im deutschen Steuerrecht erfährt[12].

Ein Utilitarist würde sich dafür interessieren, wie die Tatsache, daß bestimmte Personen einer Familie angehören, sich auf den Grenznutzen ihres Einkommens auswirkt.

Beide Ansätze, der utilitaristische und der auf die steuerliche Leistungsfähigkeit orientierte, würden auch nahelegen, daß Familien mit nur einem Verdiener und Familien mit zwei Verdienern steuerlich unterschiedlich behandelt werden sollten. Stellen Sie sich zwei Paare mit demselben Gesamteinkommen vor. Das gegenwärtige Steuerrecht behandelt beide gleich. Die Familie, in der beide Ehepartner berufstätig sind, muß zahlreiche Güter und Dienste käuflich erwerben, die in der Familie mit nur einem Verdiener von dem anderen Ehepartner unentgeltlich bereitgestellt werden. Sowohl als Utilitarist als auch als Anhänger des Leistungsfähigkeitsprinzips mag man fordern, daß das Paar mit zwei Verdienern niedriger besteuert werden sollte als das mit einem Verdiener.

Kinderbetreuungskosten

Diese Probleme werden durch das Vorhandensein von Kindern erheblich verschärft. Im amerikanischen Steuerrecht gibt es die Möglichkeit, Kinderbetreuungskosten bis zu einem bestimmten Höchstbetrag abzuziehen. Im deutschen Recht ist es hingegen nur Alleinstehenden mit Kindern, nicht aber Verheirateten möglich, nachgewiesene Kinderbetreuungskosten in Höhe von 4 000 DM für das erste und 2 000 DM für jedes weitere Kind vom Gesamtbetrag der Einkünfte abzuziehen. Die Regelung des amerikanischen Rechts soll die Ungerechtigkeiten und Ineffizienzen verringern, die entstehen, wenn beide Gatten berufstätig sind und jemanden dafür bezahlen, daß er die Kinder betreut[13].

Wenn die Ehegattin einer Familie mit einem Kind berufstätig ist und einen Babysitter bezahlt, dann ist ihr Nettoeinkommen, von dem ihre steuerliche Leistungsfähigkeit abhängt, gerade der Differenzbetrag zwischen ihren Einkünften und dem, was sie für Kinderbetreuung zahlen muß. Wenn sie 30 000 DM verdient und 10 000 DM für die Kinderkrippe zahlen muß, dann ist ihr Nettoeinkommen 20 000 DM. Sind die 10 000 DM nicht steuerlich abzugsfähig, kommt es zu starken Verzerrungen, die soweit gehen, daß es sich nach Bezahlung der Kinderkrippe und nach Versteuerung des Einkommens kaum mehr lohnt, berufstätig zu sein. Das deutsche Steuerrecht hat es verabsäumt, hier irgendeine Abhilfe zu schaffen.

---

[12] Ein Versuch, diese Lage zu verändern, würde allerdings auf erhebliche verfassungsrechtliche Komplikationen stoßen, nämlich den Artikel 5 des Grundgesetzes und seine Interpretation durch das Verfassungsgericht.
[13] Die FDP hat sich jüngst dafür eingesetzt, auch in Deutschland einen Abzug von Kinderbetreuungskosten zu ermöglichen, wenn beide Ehepartner berufstätig sind.

Die Probleme – sowohl die Ungerechtigkeiten als auch die Verzerrungen – rühren daher, daß es nicht möglich ist, den Wert der Dienste zu messen (und zu besteuern), die eine Hausfrau erbringt. In diesem Fall führt die Lücke in der Besteuerung zu einer Diskriminierung der Mütter, die berufstätig sind und derartige Dienste daher auf dem Markt kaufen müssen.

Ein Argument, das mitunter zur Rechtfertigung dieses Zustands angeführt wird, ist, daß es gesellschaftlich nicht wünschenswert sei, daß die Ehegattin erwerbstätig ist. Dieses Argument basiert auf der Vorstellung, daß es für das seelische Gleichgewicht und für den schulischen Fortschritt der Kinder vorteilhafter sei, wenn ein Ehepartner die Kinder betreut. Dieses Argument kann wohl am ehesten für die ersten Lebensjahre der Kinder angeführt werden.

Verlagerung von Einkommen innerhalb einer Familie

Der Umstand, daß das Einkommen der Kinder, die im Haushalt leben, separat besteuert wird, eröffnet ein wesentliches Steuerschlupfloch für Vermögens- und Geschäftseinkünfte. Hat man Vermögen oder ein Geschäft, kann man Einkünfte an die Kinder verlagern. Diese unterliegen einem vergleichsweise niedrigen Grenzsteuersatz.

Betrachten wir Horatio A., der es zu einem zu versteuernden Jahreseinkommen von 1 Million DM (einschließlich Vermögenseinkünften) gebracht hat. Er hat eine Frau und zwei Kinder. Er zahlt mehr als eine halbe Million Einkommensteuer. Er geht zum Steuerberater, der ihm den Rat gibt, einen Teil seines Vermögens seinen Kindern durch Schenkung zu übertragen. Unter sorgfältiger Vermeidung einer Schenkungssteuer – indem er nämlich auf jedes Kind alle 10 Jahre Vermögen im Wert von 90 000 DM überträgt, verschiebt er damit Einkommen in Höhe von sagen wir zunächst 18 000 DM und später 36 000 DM an seine Kinder[14]. Die Steuerbelastung seiner Familie hat er dadurch um zunächst um über 8 000 DM und später um über 14 000 DM gesenkt. Es würde sich lohnen, eine gewisse Belastung durch Schenkungsteuer in Kauf zu nehmen, um noch weiteres Vermögen an die Kinder übertragen zu können.

Vorzüge einer Flat Rate Tax

Es gibt einen Weg zur Vermeidung der Probleme, mit denen die Wahl der Bezugseinheit der Besteuerung verbunden ist. Dieser besteht darin, eine Flat Rate Tax einzuführen. Wenn alle Individuen auf ihr Einkommen jenseits eines Grundfreibetrags denselben Grenzsteuersatz zahlen (und diejenigen, die weniger als den Grundfreibetrag verdienen, eine negative Einkommensteuer mit eben diesem Grenzsteuersatz erhalten), gibt es keinen Anreiz, Einkommen zu verlagern; das Heiraten wird dann steuerlich weder begünstigt noch bestraft. Ebensowenig hat eine Scheidung steuerliche Konsequenzen. Weiter oben[15] haben wir die Frage angesprochen, ob ein Kinderfreibetrag gewährt werden soll oder ein Steuerkredit für Kinder. Bei einem Übergang zu einer Flat Rate Tax wird auch diese heikle Frage belanglos.

---

[14] Es wird angenommen, daß das Vermögen einen Nominalertrag in Höhe von 10% des Vermögenswerts abwirft. Nach Erbschaftsteuer- und Schenkungsteuergesetz bleibt der Erwerb der Kinder in Höhe von 90 000 DM steuerfrei.
[15] Vgl. Kapitel 14.

Steuerabschnitte; ihre zeitliche Abgrenzung

Die Einkommensbesteuerung stellt auf das Jahreseinkommen ab, nicht auf das Lebenseinkommen. Als Steuerabschnitt gilt als Kalenderjahr. Um uns die Folgen dieser Verfahrensweise klarzumachen, betrachten wir zwei Personen, die das gleiche Lebenseinkommen beziehen. Das Einkommen der einen Person unterliege starken Schwankungen, das der anderen sei über das ganze Leben hinweg jedes Jahr dasselbe. Wegen der Progression muß die Person mit schwankendem Einkommen mehr Steuern zahlen als die mit einem stetigen Einkommen[16]. Ein Beispiel hierfür wäre etwa eine Person, die in einem Jahr ein zu versteuerndes Einkommen von null und im nächsten ein zu versteuerndes Einkommen von 100 000 DM bezieht. Im ersten Jahr ist ihre Steuerschuld null, im zweiten 37 043 DM. Ihre durchschnittliche Steuerschuld ist 18 521 DM. Demgegenüber zahlt eine Person mit einem stetigen zu versteuernden Einkommen von 50 000 DM jedes Jahr 13 280 DM. Das sind ca. 30% weniger.

Der Staat weiß auch, daß dies zu Verzerrungen führt (und die Steuerpflichtigen davon abhält, einen Beruf zu ergreifen, in dem das Einkommen sehr stark schwankt) und hat infolgedessen einige wenige Vorkehrungen ergriffen, die einen teilweisen Ausgleich derartiger Schwankungen erlauben. Dabei handelt es sich um die Möglichkeit eines Verlustabzugs (Mantelbogen Zeile 84), nämlich eines Verlustvor- oder -rücktrags. Hierbei können unter Umständen Verluste des einen Jahres vom Gesamtbetrag der Einkünfte eines anderen wie Sonderausgaben abgezogen werden. Bei Einkommen aus nichtselbständiger Tätigkeit wird diese Möglichkeit aber nur in recht speziellen Fällen eingeräumt. Der Ausgleich derartiger Schwankungen ist damit oft nicht möglich und es verbleibt ein erhebliches Maß an Ungerechtigkeit.

Die Wahl des Jahreseinkommens als Besteuerungsgrundlage hat noch andere Wirkungen: ein Steuerpflichtiger, der die Möglichkeit hat, eine steuerlich abzugsfähige Zahlung am 31. Dezember oder am 1. Januar vorzunehmen stellt sich oft besser, wenn er am 31. Dezember zahlt[17]. Entsprechend hat eine Person, die die Wahl zwischen Einkünften am 31. Dezember oder am 1. Januar hat, einen Anreiz, diese auf den 1. Januar zu verschieben[18].

---

[16] Dies ist der Fall, wenn man auf den Gegenwartswert der Steuerschuld abstellt.
[17] Ob er sich dadurch tatsächlich besser stellt, hängt u.a. davon ab, ob er im nächsten Jahr einem höheren Grenzsteuersatz unterliegt.
[18] § 11 EStG versucht derartige Manipulationen zu verhindern, indem er bestimmt: „Regelmäßig wiederkehrende Einnahmen, die dem Steuerpflichtigen kurze Zeit vor Beginn oder kurze Zeit nach Beendigung des Kalenderjahres, zu dem sie wirtschaftlich gehören, zugeflossen sind, gelten als in diesem Kalenderjahr bezogen." In vielen Fällen ist es nicht ohne weiteres möglich, festzustellen, zu welchem Kalenderjahr die Einnahmen wirtschaftlich gehören oder es handelt sich nicht um regelmäßig wiederkehrende Einnahmen. Betrachten Sie einen Autor, der ein Buch schreibt: In dem Verlagsvertrag können für die Auszahlung des Honorars sehr unterschiedliche Zeitpunkte vereinbart werden. Man kann versuchen, den Zeitpunkt unter steuerlichen Gesichtspunkten „günstig" zu wählen.

Die Ermittlung des Einkommens

Bei nichtselbständiger Tätigkeit ist die Ermittlung der Einkünfte verhältnismäßig einfach. Anders verhält es sich, wenn man unternehmerisch tätig ist. Im letzteren Fall gibt es eine Vielzahl von Problemen. Derartige Probleme sind die Bestimmung der Höhe von Abschreibungen und die Bewertung von Lagerbeständen insbesondere bei inflationistischer Geldentwertung. Dies ist mit erheblichen Komplikationen verbunden und wird im nächsten Kapitel behandelt. Ein anderes Problem ist die Unterscheidung zwischen Konsumausgaben und Betriebsausgaben.

Das Steuerrecht erkennt an, daß Ausgaben, die für die Einkommenserzielung veranlaßt werden, bei der Ermittlung des Gewinns oder der Überschüsse abgezogen werden sollten. Der Grundsatz scheint klar zu sein. Ein Einzelhändler, der Süßigkeiten verkauft, sollte nicht mit seinem gesamten Umsatz zur Einkommensteuer herangezogen werden; seine Aufwendungen – für die Anmietung des Ladens, für den Ankauf der Süßigkeiten von der Fabrik, für die Entlohnung seiner Angestellten – sollten von den Erträgen abgezogen werden, um sein Einkommen zu ermitteln. Aber was soll geschehen, wenn der Einzelhändler während der Arbeitszeit Süßigkeiten verzehrt? Der Einzelhändler mag erklären dies sei eine Form der Werbung; wenn seine Kunden sehen, wie es ihm schmeckt, steigt der Absatz. Aber was, wenn er auch dann nascht, wenn niemand im Laden ist? Er könnte behaupten, daß er neue Produkte erprobt, um einen hohen Qualitätsstandard seiner Ware sicherstellen zu können. Man dürfte den Verdacht haben, daß seine wahren Motive anderer Natur sind, daß er nämlich einfach gern Süßigkeiten ißt.

Dieses Beispiel zeigt die zwei Hauptprobleme:

a) In vielen Fällen ist es nicht möglich, zu entscheiden, was Betriebsausgaben sind und was nicht.
b) Selbst wenn diese Unterscheidung im Prinzip möglich ist, ist es oft undenkbar, die hierfür erforderliche Kontrolle vorzunehmen. Aufzeichnungen, die es ermöglichen, den Verzehr von Süßigkeiten durch Einzelhändler zu kontrollieren, sind kaum vorstellbar (selbst wenn wir uns auf den Standpunkt stellen, daß dieser Verzehr Konsum und keine Betriebsausgaben darstellt).

Das Steuerrecht steht damit vor der Wahl, bei der Anerkennung von Aufwendungen als abzugsfähige Betriebsausgaben entweder großzügig zu sein – im Fall einer „Geschäfts"reise würde dann eine Person, die diese Reise vornehmlich aus Lust am Reisen unternimmt, eine ungerechtfertigte Steuervergünstigung erhalten – oder aber es kann streng sein – indem es beispielsweise nicht erlaubt, eine Zug- oder Flugreise zum Tarif der ersten Klasse abzusetzen, oder indem es bei Bewirtungskosten bei einem Arbeitsessen eine Obergrenze vorschreibt; im letzteren Fall wäre dann eine Person, die sich aus geschäftlichen Gründen spendabel gibt, steuerlich unverhältnismäßig belastet. Daß das Steuerrecht beide Typen von Individuen gerecht behandelt, ist einfach nicht möglich.

Bei vielen Unternehmungen ist kaum ein Unterschied zwischen Werbungsaufwendungen und Aufwendungen für die persönliche Unterhaltung zu erkennen. Einen Kunden in ein Luxushotel mitzunehmen, kann ebenso Bestandteil der Anstrengungen darstellen, ihn für den Kauf eines Produkts zu gewinnen, wie es eine

Anzeige in der Zeitung ist. Andererseits kann es ebensowohl darum gehen, einfach „auf Kosten des Finanzamts" gut zu essen und zu trinken[19].

Die Folgen unterschiedlicher steuerlicher Behandlungsweisen von Betriebsausgaben

Das Grundproblem ist, daß es unmöglich ist, ein System zu entwickeln, bei dem zwischen legitimen und nicht legitimen Aufwendungen in einer Art und Weise unterschieden wird, die die meisten von uns für gerecht halten würden; es gibt immer jemanden, der übermäßig belastet oder übermäßig vorteilhaft behandelt wird, welche Regel wir auch erfinden mögen.

Darüberhinaus bewirkt eine jede Regel wirtschaftliche Verzerrungen. Wenn Aufwendungen für Geschäftsreisen nur begrenzt steuerlich abzugsfähig sind, dann schreckt dies von Geschäftsreisen ab. Sind sie dagegen unbegrenzt abzugsfähig, werden Geschäftsreisen gefördert. Sie stellen dann eine Form steuerfreien Einkommens dar. Außerdem mag eine Beschränkung der steuerlich abzugsfähigen Reisespesen bewirken, daß statt Geschäftsreisen weniger effiziente Methoden der Kommunikation Verbreitung finden.

In der Zeichnung 20.1 Teil A haben wir einen Selbständigen dargestellt, der in der Lage ist, Aufwendungen für die Bewirtung von Geschäftsfreunden steuerlich abzusetzen. Die Abzugsfähigkeit dieser Aufwendungen verschiebt seine Budgetrestriktion, die Kombinationen von „Bewirtung" und „anderen Konsumgütern", die er sich leisten kann. Bewirtung wird verhältnismäßig verbilligt; wenn der Steuerpflichtige einem Grenzsteuersatz von 50% unterliegt, muß er zur Erlangung von Bewirtung im Wert von einer Mark andere Güter nur im Wert von 50 Pfennig aufgeben. Sein Konsum wird verzerrt.

Teil B zeigt, was geschieht, wenn Reisespesen nicht abzugsfähig sind. Isokostenkurven sind aufgetragen, die jene Kombinationen von Inputs zeigen, die dem Unternehmen dieselben Kosten verursachen, und zwar sowohl für den Fall einer steuerlichen Abzugsfähigkeit der Reisespesen als auch für den entgegengesetzten Fall. Bei einer steuerlichen Abzugsfähigkeit kann sich ein Unternehmen mit ein und demselben Haushalt für Kommunikationsaufwendungen mehr Reisen und weniger Telephongespräche leisten. Eine Beseitigung dieser steuerlichen Abzugsfähigkeit verschiebt die Isokostenkurve. Jetzt verursacht jede Mark Telephongebühren dem Unternehmen nach Steuer Kosten in Höhe von 50 Pfennig (erneut nehmen wir an, daß es einem Grenzsteuersatz von 50% unterliegt), aber jede Mark Reisespesen schlägt als volle Mark zu Buch. Effektiv sind Reisen doppelt so teuer geworden wie Telephongespräche. Das Unternehmen sieht sich also veranlaßt, mehr zu telephonieren, obwohl Telephonieren möglicherweise eine weniger effiziente Art der Kommunikation darstellt.

Viele (aber keineswegs alle) Bestimmungen des Steuerrechts, die ungerecht und verzerrend erscheinen, sind nicht das Ergebnis schlechten Willens oder einer Unfähigkeit der Politiker. Eine ideale Einkommensteuer gibt es nicht. Bei der Entwicklung eines Einkommensteuerrechts muß man eine Ungerechtigkeit gegen andere abwägen, eine Verzerrung gegen andere. Der Zweck unserer Erörte-

---

[19] Das Finanzamt trägt nicht die ganzen Kosten, sondern nur die Kosten mal dem Grenzsteuersatz.

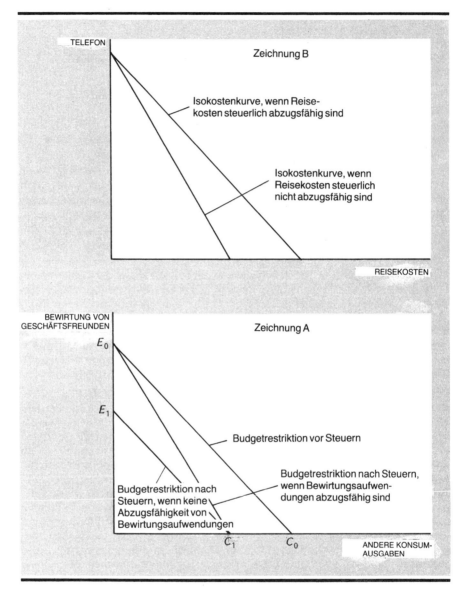

Abb. 20.1 Probleme einer Abzugsfähigkeit von Bewirtungsaufwendungen für „Arbeitsessen", Reisespesen und ähnlichem. (A) Für einen Selbstständigen, der die Bewirtung von Geschäftsfreunden abziehen kann, bewirkt die Besteuerung zu eine Verringerung der Kosten derartigen Konsums im Vergleich zu anderen Formen des Konsums. Dies führt zu einer Verzerrung (und einer Zusatzlast). (B) Wenn es Unternehmen verwehrt wäre, Reisespesen ihrer Mitarbeiter als Betriebsausgaben anzusetzen, würden Geschäftsreisen eine im Vergleich etwa zum Telephonieren kostspieligere Form der Kommunikation. Die Entscheidungen über den Faktoreinsatz würden verzerrt.

rung ist, diese Zielkonflikte aufzuzeigen und damit einer Wiederholung der alten Erfahrung vorzubeugen, daß sich nach der Korrektur einer Ungerechtigkeit oder einer Verzerrung herausstellt, daß man dadurch nur eine andere geschaffen hat, die schlimmer ist als die erste[20].

Was sind Verluste aus selbständiger Tätigkeit?

Es bereitet nicht nur Schwierigkeiten festzustellen, was Betriebsausgaben sind, sondern in manchen Fällen auch, ob ein Betrieb, also eine selbständige Tätigkeit, vorliegt. Nehmen wir das Beispiel einer Person, die Pferde züchtet. Es kann sein, daß dies unternehmerische Tätigkeit darstellt mit dem Ziel, Pferde mit Gewinn zu verkaufen. Es könnte aber auch sein, daß die Person die Pferde nur zu ihrem Vergnügen hält. Wenn sie ein Pferd kauft, es einige Jahre behält, es dann verkauft und dabei einen Verlust erleidet, stellt dieser in Wirklichkeit keinen Verlust aus Gewerbebetrieb oder aus Land- und Forstwirtschaft dar, sondern es handelt sich um ganz gewöhnliche Freizeitaufwendungen. Dann, so könnte man argumentieren, gibt es keinen Grund dafür, daß die Verluste steuerlich abzugsfähig sein sollten. Andererseits gibt es tatsächlich Leute, die Pferde züchten, um daran zu verdienen — indem sie diese zu einem geringen Preis erwerben, füttern und dann zu einem höheren wieder verkaufen. Es wäre wohl höchst ungerechtfertigt, diesen Leuten zu verbieten, ihre Verluste von ihrem Einkommen abzuziehen. Die Schwierigkeit besteht darin, daß es beinahe unmöglich ist, zwischen Leuten der ersteren und der letzteren Art zu unterscheiden.

Das Steuerrecht versucht, derartige Steuerausweichungsanstrengungen zu vereiteln, indem es darauf besteht, daß bei einem ernsthaften Betrieb auch ein Gewinn anfallen muß. Eine unternehmerische oder mitunternehmerische Tätigkeit wird nur als solche anerkannt, wenn die Absicht und Aussicht erkennbar ist, daß Gewinne erwirtschaftet werden. Sonst handelt es sich um eine sogenannte Liebhaberei. Einkommen aus einer Liebhaberei unterliegt nicht der Steuerpflicht, Verluste sind aber auch nicht abzugsfähig. Das Problem ist, Liebhaberei und Gewerbebetrieb voneinander zu unterscheiden. Dies ist oft kaum möglich. Stellen sich innerhalb von acht Jahren keine Gewinne ein, wird (spätestens) angenommen, daß es sich um keine echte Unternehmung, sondern nur um eine „Liebhaberei" handelt, deren Kosten nicht steuerlich abzugsfähig sind. Derartige Faustregeln tragen tatsächlich dazu bei, daß die Steuerausweichung eingedämmt wird. Allerdings sind acht Jahre, während derer Steuern gespart werden können, bevor das „Unternehmen" unausweichlich zur Liebhaberei erklärt wird, schon ziemlich viel. Andererseits gibt es Leute, die tatsächlich ernsthaft ein Unternehmen betreiben, aber Jahr für Jahr Verluste erleiden. Oft dauert es bei der Eröffnung eines Geschäfts Jahre, bis es eingeführt ist und Gewinne erwirtschaftet werden können.

---

[20] Im Rahmen der Steuerreform 1990 hat man eine neue Lösung für das Problem „Bewirtungsaufwendungen" entwickelt. Nur mehr 80% der „angemessenen" Aufwendungen stellen eine abzugsfähige Betriebsausgabe dar.

Sonderausgaben und außergewöhnliche Belastungen

Wichtige Posten, die steuerlich abzugsfähig sind, sind Aufwendungen für bestimmte Versicherungen, Spenden und Ausgaben, die durch Krankheit, Unfall und bestimmte andere unabwendbare Ereignisse herbeigeführt werden. In der Vergangenheit gab es eine generelle Abzugsfähigkeit von Schuldzinsen (als Sonderausgaben, soweit nicht schon als Werbungskosten abgezogen), deren Wiedereinführung mitunter gefordert wird.

Aufwendungen für Versicherungen

Ein mögliches Argument zugunsten einer steuerlichen Abzugsfähigkeit der Beiträge für bestimmte Arten von Versicherung und die Sozialversicherung besteht darin, daß sich dadurch bestimmte Nachteile der Besteuerung nach dem Jahres- statt nach dem Lebenseinkommen abmildern lassen. Generell wäre eine Besteuerung nach dem Lebens- statt dem Jahreseinkommen gemäß dem Grundsatz der Besteuerung nach der Leistungsfähigkeit offenbar wünschenswert. De facto stößt sie vor allem bei einem progressiven Tarif auf gewisse Hindernisse[21]. Immerhin läßt sich bei Aufwendungen für Altersversorgung, Invaliditäts- und Krankenversicherung und eine Reihe anderer Versicherungen argumentieren, daß hier offensichtlich ein Ausgleich für Schwankungen des Einkommens im Verlauf eines Lebens herbeigeführt wird. Dieser Begründung einer Abzugsfähigkeit der Versicherungsbeiträge entspräche dann aber die Konsequenz, daß diese Versicherungsleistungen dann, wenn sie anfallen, zum Jahreseinkommen hinzugezählt und versteuert würden. Das ist aber mit Ausnahme der Besteuerung des sogenannten Ertragsanteils in der Rentenversicherung nicht der Fall und dieser Ertragsanteil ist gering[22].

Rechtfertigen läßt sich diese Vorgehensweise schwerlich. Wenn es um eine steuerliche Entlastung steuerlich wenig leistungsfähiger Haushalte ginge, so würde dem durch die Progression im Einkommensteuertarif ausreichend Rechnung getragen. Tatsächlich widerspricht die bestehende günstige steuerliche Behandlung der Sozialversicherungsrenten dem Grundsatz der Besteuerung nach der Leistungsfähigkeit, profitieren doch gerade die besser verdienenden Arbeitnehmer hiervon am meisten. Je höher der Grenzsteuersatz ist, umso stärker verringert sich nämlich die Steuerschuld dank steuerlich absetzbarer Versicherungsbeiträge.

---

[21] Wie groß das Lebenseinkommen ist, weiß man erst nach dem Tod, der nicht genau vorhersehbar ist. Weiter unten werden wir zeigen, daß eine Konsumsteuer (einschließlich einer Erbschaftsteuer) mit einer Besteuerung des Lebenseinkommens äquivalent ist. Es ist also nicht richtig, wenn mitunter behauptet wird, es sei unmöglich, eine Lebenseinkommensteuer zu schaffen.

[22] Streng genommen handelt es sich bei diesem Ertragsanteil sowieso um eine steuerrechtliche Fiktion. Die Rentenversicherung verfügt über kein nennenswertes Kapital und es wird infolgedessen auch kein Ertrag auf dieses Kapital erwirtschaftet – ein Ertragsanteil ist also nicht vorhanden. Immerhin hat die Dynamisierung einen ähnlichen Effekt wie eine Verzinsung der gezahlten Beiträge, wobei die Zinsen allerdings vom Marktzinssatz stark abweichen. Was steuerlich als Ertragsanteil betrachtet wird, richtet sich nach einer Tabelle, und die angesetzten Werte können vom Standpunkt des Ökonomen nur als ziemlich willkürlich bezeichnet werden.

Eine weitere mögliche Begründung im Fall der Sozialversicherungsbeiträge wäre, daß es sich hierbei um Zwangsabgaben handelt, die das für privaten Konsum zur Verfügung stehende Einkommen mindern und damit die steuerliche Leistungsfähigkeit. Ein derartiges Argument für die Abzugsfähigkeit von Zwangsabgaben ist im Fall einer Abzugsfähigkeit bestimmter Steuern wie etwa der Gewerbesteuer[23] vielleicht einigermaßen einsichtig. Bei den Sozialversicherungsbeiträgen ist es kaum nachvollziehbar. Schließlich wäre anzunehmen, daß die Haushalte sich größtenteils auch freiwillig versichern würden, wenn auch vielleicht weniger hoch als derzeit in der Sozialversicherung. Nur in Höhe dieser Differenz könnte man also von einer Zwangsabgabe ähnlich der Gewerbesteuer sprechen. Selbst für diese Differenz ist das Argument aber noch nicht ganz überzeugend, da den Sozialversicherungsbeiträgen im Unterschied zu Steuern eine Gegenleistung in Gestalt eines privaten Gutes, nämlich der Anspruch auf die Versicherungsleistung gegenübersteht.

Ein drittes mögliches Argument wäre, daß Vorsorge steuerlich gefördert werden sollte. Dies entspricht der im Kapitel 13 vorgetragenen Begründung, daß der Erwerb einer Alters- oder Invalidenversicherung und anderer Versicherungen ein meritorisches Gut darstellt, weil die Gesellschaft Individuen, die eine derartige Vorsorge verabsäumen, letztlich sowieso würde unterstützen müssen. Ferner läßt sich argumentieren, daß bei fehlender Vorsorge der Bürger unter Umständen Steuervergünstigungen aufgrund außerordentlicher Belastungen geltend machen könnte. Wenn er beispielsweise keine Krankenversicherung abschließt, dann sind Krankheitskosten, soweit sie „die zumutbare Belastung übersteigen"[24], als außergewöhnliche Belastungen abzugsfähig. Wären Krankenversicherungsbeiträge nicht steuerlich absetzbar, so würde dies darauf hinauslaufen, daß das Steuerrecht leichtsinniges Verhalten, also den Nichtabschluß einer Versicherung begünstigt. Bei Pflichtversicherungen wie etwa der gesetzlichen Kranken- und Rentenversicherung läßt sich das Argument, daß die Bürger steuerlich zu Vorsorgebemühungen ermutigt werden sollten, hingegen nicht ohne weiteres anführen. Wenn eine Meritorisierung von Vorsorgebemühungen beabsichtigt wird, dann läßt sich damit am ehesten eine gewisse Grundsicherung rechtfertigen. Die bestehende gesetzliche Rentenversicherung geht aber über eine derartige Grundsicherung für den größten Teil der Versicherten weit hinaus.

Zusammenfassend ist festzustellen, daß es für die gegenwärtig praktizierte steuerliche Behandlung der Sozialversicherungsbeiträge und -leistungen keine gute Begründung gibt.

Spenden

Spenden und Beiträge für wissenschaftliche und kulturelle Zwecke, für mildtätige, religiöse und gemeinnützige Zwecke und für politische Parteien gehören zu den umstrittenen Themen im Steuerrecht[25]. Der Grund für die steuerliche Abzugsfähigkeit dieser Spenden liegt auf der Hand. Wir haben im Kapitel 5 einge-

---

[23] Die Gewerbesteuer wird vom Steuerrecht als Betriebsausgabe eingestuft.
[24] siehe § 33 Abs. 3 EStG.
[25] In diesem Zusammenhang ist auch die Kirchensteuer zu berücksichtigen. Die Kirchensteuer ist keine Steuer, da der Abgabezwang fehlt. Durch Austritt aus der Kirche kann

hend erörtert, warum die privaten Anreize, Geld für Güter auszugeben, deren Nutzen anderen zugute kommen, unzureichend sind. Geld, das dafür ausgegeben wird, einen Impfstoff gegen AIDS zu finden, mag für den Spender wenig unmittelbaren Nutzen bringen, aber großen Nutzen für die Menschheit. Ebenso dürften Spenden an Bildungs- und Kultureinrichtungen sehr zum Wohlstand der Gesellschaft beitragen, aber relativ wenig zum Wohlstand derjenigen, die gespendet haben. Gegner einer Abzugsfähigkeit derartiger Spenden argumentieren:

a) Ein beträchtlicher Teil dieser Mittel wird nicht wirklich für die Bereitstellung öffentlicher Güter verwendet;
b) es ist Aufgabe der Öffentlichkeit – d.h. des Staates – zu bestimmen, wie die Mittel für öffentliche Güter verwendet werden sollen;
c) die steuerliche Abzugsfähigkeit derartiger Spenden begünstigt vor allem die Reichen und vermindert infolgedessen die Umverteilungswirkung des Steuersystems und
d) eine Beseitigung dieser Abzugsfähigkeit würde die Spendefreudigkeit nur wenig beeinträchtigen.

Es ist nicht einfach, sich darüber klarzuwerden, ob diese Einwendungen berechtigt sind. Viele der wichtigsten wissenschaftlichen Entdeckungen waren das Ergebnis von Forschung, die von privaten Stiftungen finanziert wurden. Beispielsweise führte die Entwicklung von „Wundersamen" durch die Rockefeller Stiftung (in den fünfziger Jahren) zu der sog. grünen Revolution in den Entwicklungsländern, die die Nahrungsmittelversorgung dort stark verbessert hat.

Es gibt Indizien dafür, daß eine Beseitigung der steuerlichen Abzugsfähigkeit von Spenden tatsächlich erhebliche Auswirkungen auf die Spendefreudigkeit hätte[26].

---

man sie vermeiden. Sie ist also im Grunde eine freiwillige Spende für religiöse und gemeinnützige Zwecke. Für die Bezieher unterer und mittlerer Einkommen tritt sie wohl weitgehend an die Stelle anderer „mildtätiger" Beiträge. Wie groß das gesamte Spendenaufkommen in der BR Deutschland ist, ist nicht genau bekannt. Es wird auf 3,5-4 Mrd. DM jährlich (ohne Kirchensteuer) geschätzt. Die Spendenfreudigkeit der Bundesbürger ist im Vergleich zu anderen Nationen, beispielsweise den USA, gering, wie insbesondere bei den Beziehern hoher Einkommen wesentlich ausgeprägter ist. Von manchen wird dies darauf zurückgeführt, daß das System steuerlicher Anreize in den USA ausgefeilter sei. Es ist gefordert worden, daß die steuerlichen Anreize für Spenden in der BR Deutschland erweitert werden sollten, weil sich auf diese Weise eine Entlastung der öffentlichen Haushalte von zahlreichen Aufgaben etwa im Bereich der Bildungs-, Kultur- und Sozialausgaben herbeiführen lasse.

[26] Für die USA schätzte Martin Feldstein (The Income Tax and Charitable Contributions, Part II: The Impact of Religious Education and Other Organizations. National Tax Journal, Juni 1975, S. 217), daß eine Beseitigung dieser steuerlichen Abzugsfähigkeit bei einer Person mit einem Grenzsteuersatz von 50% die Spenden zugunsten von Bildungseinrichtungen um drei Viertel reduzieren würde; der Verlust für gemeinnützige Einrichtungen würde das Eineinhalbfache der zusätzlichen Steuereinnahmen für den Staat ausmachen. (Jemand, der vorher 1000 Dollar gespendet hat, würde dann nur mehr 250 Dollar spenden; die Steuereinnahmen des Staates würden um 500 Dollar steigen, die Einnahmen gemeinnütziger Organisationen aber um 750 Dollar sinken.) Krankenhäuser, die in den USA ebenfalls zum Teil durch Spenden finanziert werden, würden laut Feldstein empfindlich getroffen. Am wenigsten würden die Beiträge für religiöse Zwecke leiden. Vgl. auch C. T. Clotfelter und E. Steuerle: Charitable Contributions. In How Taxes Affect Economic Behavior, H. J. Aaron and J. A. Pechman, Hrsg., Washington 1981.

Es ist auch nicht klar, ob die steuerliche Abzugsfähigkeit dazu führt, daß das Steuersystem weniger gerecht ist. Sicherlich mag man diese Spenden kritisch betrachten, wenn reiche Leute Stiftungen finanzieren, die in erster Linie an ihre Angestellten hohe Gehälter zahlen, aber wenig für echte öffentliche Güter verausgaben[27]. Insoweit diese Ausgaben aber tatsächlich für öffentliche Güter verwendet werden, profitiert der Spender hiervon nicht mehr als viele andere Mitglieder der Gesellschaft. Dann gibt es aber ebensowenig einen Grund für den Einschluß dieser Ausgaben in das Einkommen wie für einen Einschluß der Nutzen bei irgendeinem anderen Individuum, dem diese Nutzen doch ebenso zufließen.

Wenn das Einkommen, das für den Erwerb privater Güter zur Verfügung steht, die angemessene Besteuerungsgrundlage darstellt, muß folgerichtig auch eine volle Abzugsfähigkeit derartiger Spenden gewährleistet werden. Dies bewirkt allerdings, daß die Grenzkosten der Wohltätigkeit für Personen mit hohem Grenzsteuersatz geringer sind als für solche mit geringem. Das deutsche Steuerrecht sieht vor, daß Spenden für gemeinnützige Zwecke nur bis zu bestimmten – recht bescheidenen – Höchstgrenzen vom Gesamtbetrag der Einkünfte abgezogen werden können.

Eine weitere grundlegende Frage ist, wer denn darüber entscheiden soll, welche öffentlichen Güter produziert werden. Diejenigen, die sich dafür aussprechen, daß derartige Entscheidungen öffentlich gefällt werden sollten, verweisen darauf, daß bei einer Spende von 100 DM seitens einer Person, die einem Grenzsteuersatz von 50% unterliegt, der Staat hiervon 50 DM durch Steuermindereinnahmen zahlt und der Steuerpflichtige nur 50 DM. Andererseits stellt der politische Entscheidungsprozeß kein sehr effizientes Verfahren für die Durchsetzung individueller Präferenzen in bezug auf bestimmte öffentliche Güter dar. Die Individuen stimmen einfach für bestimmte Abgeordnete und haben nur wenig Gelegenheit, ihre Ansichten über die Allokation der verfügbaren Mittel auf bestimmte öffentliche Güter zum Ausdruck zu bringen.

Die steuerliche Abzugsfähigkeit von Spenden hat das Entstehen eines Systems begünstigt, in dem öffentliche Güter von einer Vielzahl von Institutionen bereitgestellt werden. Die Individuen haben die Möglichkeit, ihre Ansichten über die Wichtigkeit verschiedener öffentlicher Güter auf vielerlei Weise zum Ausdruck zu bringen. Wenn der Staat die einzige Quelle von Mitteln sagen wir für die Forschung wäre, würden die Ansichten der Staatsverwaltung über förderungswürdige Forschungsvorhaben eine ausschlaggebende Rolle spielen; gibt es hingegen auch Stiftungen, die Forschungsvorhaben finanzieren, können derartige Entscheidungen von einer Mehrzahl von Einrichtungen gefällt werden. Die Argumente zugunsten einer Dezentralisierung bei der Bereitstellung öffentlicher Güter ähneln denen zugunsten einer Dezentralisierung von Entscheidungen in anderen Bereichen: Wenn miteinander konkurrierende (oder doch zumindest alternative) Organisationen bestehen, die ähnliche Dienste anbieten, dann führt dies zu

---

[27] Das deutsche Steuerrecht sucht derartige Konstruktionen zu verhindern.

höherer Effizienz und ermöglicht eine Diversifikation, so daß die Folgen von Fehlentscheidungen weniger schwerwiegend sind[28].

Außergewöhnliche Belastungen

Steuerlich abzugsfähig sind Verlust des Hausrats infolge Brand, Diebstahl, Hochwasser, Unwetter, Flucht aus der DDR, Krankheits- und Kurkosten, die nicht von dritter Seite ersetzt werden und die „zumutbaren Belastungen überschreiten" u.ä. Die Begründung hierfür liegt auf der Hand. Diese Verluste verringern die steuerliche Leistungsfähigkeit eines Bürgers; es handelt sich um „Ausgaben", die unfreiwillig getätigt werden und an denen dieser Bürger wahrscheinlich wenig Freude hat.

Diese Bestimmung hat jedoch einige wesentliche Folgen. Insbesondere bewirkt sie, daß der Staat im Grunde eine Art von Versicherung gegen diese Unglücksfälle gewährt. Die Höhe des Versicherungsschutzes hängt dabei vom Grenzsteuersatz des Steuerpflichtigen ab. Die Steuerpflichtigen stellen sich offensichtlich besser als ohne eine derartige Versicherung. Dieser unentgeltliche Versicherungsschutz kann zu einer Verzerrung führen. Insoweit die Beiträge für entgeltliche Versicherungen gegen derartige Unglücksfälle nicht ebenfalls steuerlich abzugsfähig sind, besteht mit steigendem Einkommen ein wachsender Anreiz, sich nicht zu versichern. Versicherungsbeiträge sind bei einem Teil der Risiken, gegen die der Staat im Grunde einen unentgeltlichen Versicherungsschutz gewährt, z.B. bei der Hausratsversicherung, grundsätzlich nicht steuerlich abzugsfähig. Auch bei den anderen Risiken mögen sie de facto nicht steuerlich abzugsfähig sein, weil die Höchstbeträge für Vorsorgeaufwendungen ausgeschöpft sind. Ein weiteres Problem ist, daß bei hohen Grenzsteuersätzen der Bürger in seinen Schadensverhütungsanstrengungen nachlassen könnte, da das Finanzamt sowieso einen sehr beträchtlichen Teil des Schadens trägt.

Schuldzinsen

Die Begründung für eine generelle Abzugsfähigkeit von Schuldzinsen ist einfach: Einkommen (wie man es als Ökonom normalerweise definieren würde) setzt sich aus Arbeitseinkommen und Nettozinseinkommen zusammen – also aus dem Differenzbetrag zwischen Soll- und Habenzinsen. Wenn wir uns auf den Standpunkt stellen, daß ein Steuerpflichtiger mit positiven Zinsnettoeinnahmen eine höhere steuerliche Leistungsfähigkeit hat als einer ohne solche Einnahmen und ein Steuerpflichtiger mit negativen Zinseinnahmen eine niedrigere steuerliche Leistungsfähigkeit, dann sollten Schuldzinsen vom Gesamtbetrag der Einkünfte abgezogen werden können.

---

[28] Ein derartiges Argument wird auch für die steuerliche Begünstigung der Tätigkeit gemeinnütziger Organisationen im Wohlfahrtswesen vorgebracht: Sie nehmen „öffentliche Aufgaben" wahr und reagieren auf neue Bedürfnisse oft rascher und flexibler als der Staat. Die Kritiker des geltenden Spenden- und Gemeinnützigkeitsrechts verweisen darauf, daß das Kriterium der „Gemeinnützigkeit" höchst vage und mit dem Begriff „öffentliche Güter" keineswegs identisch sei. In der Realität beanspruchten auch Organisationen das Attribut der „Gemeinnützigkeit" für sich und erhielten Steuerprivilegien, deren Aktivitäten bestenfalls nicht „gemeinschädlich" seien.

Während bei Einkünften aus Gewerbebetrieb, selbständiger Arbeit usw. Schuldzinsen als Betriebsausgaben steuerlich abzugsfähig sind, sind die Möglichkeiten eines Abzugs von Schuldzinsen für Arbeitnehmer beschränkt. Grundsätzlich ist ein Abzug nur in einigen Sonderfällen möglich. Ein solcher Sonderfall sind die Zinsen auf Kredite, die im Zusammenhang mit der Berufstätigkeit aufgenommen wurden, und infolgedessen als Werbungskosten abzugsfähig sind – also beispielsweise die Schuldzinsen aus dem Erwerb eines Kraftfahrzeugs, das ausschließlich beruflich genutzt wird. Abzugsfähig sind Zinsen im Zusammenhang mit dem Erwerb von Immobilien, wenn der Erwerber beabsichtigt, diese Immobilien zu vermieten. Abzugsfähig sind Schuldzinsen im Zusammenhang mit der Erzielung von Einkünften aus Kapitalvermögen. Schuldzinsen aus Konsumentenkredit sind regelmäßig steuerlich nicht abzugsfähig[29].

Leute, die glauben, daß der Konsum die angemessene Grundlage für die Besteuerung darstellt, sprechen sich dafür aus, daß Zinsen nicht versteuert werden und entsprechend Schuldzinsen auch nicht abzugsfähig sein sollten. Aber auch diejenigen, die das Einkommen für die geeignete Besteuerungsgrundlage halten, sind sich der Ungerechtigkeiten und Ineffizienzen bewußt, zu denen eine steuerliche Abzugsfähigkeit von Schuldzinsen führen kann. Erstens stellt Schuldenaufnahme zur Finanzierung bestimmter steuerbegünstigter Investitionen eine der wichtigsten Methoden der Steuerausweichung dar, weil bestimmte Arten von Kapitaleinkommen steuerlich sehr günstig behandelt werden. Diese Steuerausweichung auch noch über eine steuerliche Abzugsfähigkeit der Schuldzinsen zu fördern, erscheint wenig empfehlenswert. Zweitens würde eine allgemeine Abzugsfähigkeit von Schuldzinsen die Schuldenaufnahme begünstigen und vom Sparen abhalten.

Die effektiven Steuersätze näher betrachtet

Das Bestehen einer Vielzahl steuerlicher Abzugsmöglichkeiten, wie wir sie erörtert haben, führt dazu, daß die effektiven Steuersätze (das Verhältnis der Steuerschuld zum Einkommen) wesentlich geringer sind als man bei der Betrachtung des Steuertarifs zunächst vermuten könnte. Eine kleine Rechnung zeigt, wie es dazu kommt, daß der Durchschnittssteuersatz für einen Arbeitnehmer mit mittlerem Einkommen relativ gering ist, der Grenzsteuersatz aber erheblich.

Nehmen wir einen alleinstehenden Arbeitnehmer mit einem Kind, bei dem der Gesamtbetrag der Einkünfte 50000 DM beträgt. Würde der Tarif auf diesen Gesamtbetrag angewandt, wäre seine Steuerschuld 13280 DM, der Durchschnittssteuersatz also 26%. Da er alleinstehend ist und ein Kind zu betreuen hat, erhält er einen Kinderfreibetrag von (mindestens) 1242 DM, einen Haushaltsfreibetrag in Höhe von 4536 DM und kann nachgewiesene Kinderbetreuungskosten bis zu 4000 DM jährlich abziehen. Werden diese drei Posten vom Gesamtbetrag der

---

[29] Aus dieser Unterschiedlichkeit der steuerlichen Behandlung unterschiedlicher Schuldzinsen resultiert die folgende Möglichkeit einer Steuervermeidung: Man bezahle für den Konsum möglichst bar und lasse eventuelle Schuldzinsen im Rahmen des Betriebsvermögens anfallen oder im Zusammenhang mit anderen Tätigkeiten, bei denen ein Schuldzinsenabzug möglich ist.

Einkünfte abgezogen, ergibt sich 40222 DM. Würde hierauf der Tarif angewendet, ergäbe sich eine Steuerschuld von 9496 DM, was bezogen auf den Gesamtbetrag der Einkünfte einen Durchschnittssteuersatz von 19% bedeutet. Es ist nicht unser Ehrgeiz, hier sämtliche möglichen weiteren Abzugsmöglichkeiten aufzuführen. Wir gestehen unserem Arbeitnehmer daher nur mehr zu, daß er Vorsorgeaufwendungen tätigt und zwar in Höhe von 5000 DM. Das zu versteuernde Einkommen beträgt damit 35222 DM und die Steuerschuld 7756 DM. Der Grenzsteuersatz beträgt knapp 34%, der Durchschnittssteuersatz bezogen auf den Gesamtbetrag der Einkünfte 15,5%.

Es ist also leicht zu verstehen, warum bei einem beträchtlichen Teil der Bevölkerung, nämlich Alleinstehenden und Familien mit höherem Einkommen, der Grenzsteuersatz erheblich ist und weit über dem Durchschnittssteuersatz liegt. Die Verzerrungen der Steuer hängen mit dem Grenzsteuersatz zusammen. Ein Trend zu hohen Grenz- und niedrigen Durchschnittssteuersätzen ist infolgedessen höchst unvorteilhaft. Wir haben gesehen, daß ein solcher Trend tatsächlich festzustellen ist[30]. Dies stellt einen Grund für Steuerreformbestrebungen dar.

Zusammenfassung

1. Das Einkommensteuersystem der BR Deutschland basiert auf dem Grundsatz, daß die Steuerschuld progressiv mit dem Einkommen der Familie zunehmen sollte. Das Steuerrecht diskriminiert zugunsten von Haushaltsproduktion, gegen Alleinstehende und unverheiratete Paare und gegen Personen mit schwankendem Einkommen.
2. Eine wesentliche Schwierigkeit bei der Definition des Einkommens ist die Unterscheidung zwischen Aktivitäten, die dem Einkommenserwerb dienen und normalem Konsum.
3. Das Steuerrecht nimmt zur Ermittlung des zu versteuernden Einkommens eine Reihe von Abzügen vom Gesamtbetrag der Einkünfte vor. Diese werden sowohl durch Gerechtigkeitserwägungen als auch durch ihre Anreizfunktion gerechtfertigt. Diese Abzüge haben aber auch noch Auswirkungen auf Gerechtigkeit und Anreizstrukturen, die vom Gesetzgeber eigentlich nicht beabsichtigt waren. Die steuerliche Abzugsfähigkeit von Versicherungsbeiträgen beispielsweise verringert den Preis von Versicherungsschutz vor allem für Personen mit hohem Einkommen.
4. Das Steuerrecht weist Bestimmungen auf, die auf die Familienverhältnisse bezug nehmen. Für Kinder werden Kinderfreibeträge gewährt und unter Umständen sind Kinderbetreuungskosten abzugsfähig. Das Ehegattensplitting führt dazu, daß eine Heirat zu umso größeren steuerlichen Vorteilen führt, je mehr die Einkommen der beiden Ehegatten voneinander abweichen und je höher das Familieneinkommen ist.
5. Die Problematik des Steuersystems ist vor allem durch die Schwierigkeiten (bzw. die Kostspieligkeit) der Gewinnung wesentlicher Daten bedingt.
6. Die steuerliche Abzugsfähigkeit einer Vielzahl von Positionen führt dazu, daß ein beträchtlicher Teil der Bevölkerung niedrigen Durchschnittssteuersätzen unterliegt, aber hohen Grenzsteuersätzen.

---

[30] Beispiele siehe Kapitel 16.

20. Kapitel: Die Lohn- und Einkommensteuer

Schlüsselbegriffe

effektive Steuersätze
Werbungskosten
außergewöhnliche Belastungen
Wertzuwachs
Einkommenskonzept von Schanz

Splitting
Vorsorgeaufwendungen
Schuldzinsen
Grenzsteuersatz
Kinderfreibetrag

Fragen und Probleme

1. Erörtern Sie für jede der folgenden Abzugsmöglichkeiten, womit man sie am besten erklären kann: Ihre Anreizfunktion, horizontale Gerechtigkeit, vertikale Gerechtigkeit, verwaltungstechnische Gesichtspunkte, der Einfluß von Interessengruppen.
    a) Abzugsfähigkeit von Schuldzinsen beim Erwerb von Immobilien
    b) Abzugsfähigkeit von außergewöhnlichen Belastungen
    c) Abzugsfähigkeit von Ausgaben für Gesundheitsgüter
    d) Abzugsfähigkeit von Spenden für gemeinnützige Zwecke
    e) Kinderbetreuungskosten
    f) Beiträge zur Lebensversicherung
    g) Abzugsfähigkeit von Steuern, die an fremde Staaten entrichtet wurden
    h) Kosten der Berufsausbildung
    i) Freibetrag für Freiberufler (dies ist ein Freibetrag, der nur Freiberuflern gewährt wird; er wird ab 1990 gestrichen).

2. Erörtern Sie das Für und Wider einer Abzugsfähigkeit von der Steuerschuld (tax credit, Steuerkredit) statt vom zu versteuernden Einkommen für Krankheitskosten, Spenden und Kinderbetreuungskosten.

3. Wenn Sie mit der Aufgabe betraut wären, Bestimmungen über die Abzugsfähigkeit von Werbungskosten auszuarbeiten, wie würden Sie die folgenden Posten behandeln und warum würden Sie das tun? Erörtern Sie die Ungerechtigkeiten und Ineffizienzen, die mit den verschiedenen möglichen Regelungen verbunden sind!
    a) Aufwendungen für die berufliche Fortbildung in einem ausgeübten Beruf
    b) Aufwendungen für die berufliche Fortbildung zur Erlangung einer besser bezahlten Position
    c) Umzugsaufwendungen im Zusammenhang mit einer Versetzung durch den Arbeitgeber
    d) Umzugsaufwendungen im Zusammenhang mit dem Antritt einer neuen Stelle bei einem anderen Arbeitgeber
    e) Anschaffung eines Anzugs durch einen Steuerpflichtigen, der außerdienstlich keine Anzüge trägt
    f) Arbeitsessen im Wert von über 100 DM
    g) ein Kraftfahrzeug im Wert von über 30 000 DM
    h) Kosten der Fahrt zum Arbeitsplatz
    i) Fahrtkosten eines Vertreters
    j) Mittagessen im „Casino" des Unternehmens zu ermäßigten (weil vom Unternehmen subventionierten) Preisen.

4. Wertzuwächse, die im Rahmen sogenannter Spekulationsgeschäfte anfallen oder bei der Veräußerung sogenannter wesentlicher Beteiligungen, sind zu versteuern, sonstige Wertzuwächse aber nicht. Können Sie eine Rechtfertigung für die unterschiedliche Behandlung finden? Welche Verzerrungen werden hierdurch bewirkt?

5. Glauben Sie, daß die gegenwärtig praktizierte steuerliche Behandlung von Kindern gerecht ist? (Kinderfreibetrag und Abzugsfähigkeit nachgewiesener Kinderbetreuungskosten, letzteres aber nur bei Alleinstehenden. Steuerpflichtige mit höherem Grenzsteuersatz kommen auf diese Weise in den Genuß einer größeren Steuerersparnis als Steuer-

pflichtige mit einem geringeren Grenzsteuersatz). Sollten die Abzugsbeträge von den „Kosten" der Kinder abhängen, die wiederum vom Einkommen der Eltern abhängen („standesgemäße Lebenshaltung")? Spielt es für Ihre Antwort eine Rolle, ob Sie die steuerliche Leistungsfähigkeit für den geeigneten Anknüpfungspunkt für die Besteuerung halten? Oder ob Sie ein Utilitarist sind? Oder ob Sie sich um den Fortbestand der deutschen Nation sorgen?

6. Erörtern Sie die Auswirkungen auf Effizienz und Gerechtigkeit, wenn
   a) Erhaltungsaufwand für ein Sommerhaus während der zehn Monate, während derer der Inhaber dieses Haus nicht bewohnt, sondern vermietet, nicht steuerlich abzugsfähig ist. Handelt es sich hierbei um Werbungskosten?
   b) Fahrtkosten zum Arbeitsplatz nicht steuerlich abzugsfähig sind
   c) Aufwendungen für die Berufsausbildung nicht abzugsfähig sind.

   Erörtern Sie für jeden dieser Fälle, was geschieht, wenn die gegenwärtig bestehende Regelung verändert würde! Können Sie Regelungen vorschlagen, die „gerechter" oder effizienter erscheinen?

21. Kapitel
Die Körperschaftsteuer

Mitglieder der Bundesregierung haben angekündigt, daß auf die Reform der Einkommensteuer in den neunziger Jahren auch eine Reform der Unternehmensbesteuerung folgen werde und die steuerliche Belastung der Unternehmen verringert werden solle. Dies betrifft neben der Einkommensteuer die Körperschaftsteuer, die Gewerbesteuer und die Vermögensteuer[1]. Eine derartige Reform wird aus Kreisen der Wirtschaft gefordert und steht auch im Zusammenhang mit Bestrebungen nach einer Harmonisierung der Unternehmensbesteuerung in der Europäischen Gemeinschaft. Die Körperschaftsteuer war bereits in den siebziger Jahren Gegenstand intensiver Reformbemühungen, die zu der Körperschaftsteuerreform von 1977 führten.

Die wichtigsten Eigenschaften der Körperschaftsteuer

Die Körperschaftsteuer ist eine Steuer auf das Einkommen körperschaftlich organisierter Unternehmen und einiger anderer Organisationen mit dem Status einer juristischen Person wie etwa Versicherungsvereinen auf Gegenseitigkeit, Anstalten oder Stiftungen[2]. Körperschaftlich organisierte Unternehmen, in erster Linie also Aktiengesellschaften und Gesellschaften mit begrenzter Haftung, unterscheiden sich von Personengesellschaften insbesondere dadurch, daß die Haftung der Eigentümer auf deren Einlage begrenzt ist, sowie dadurch, daß sie eigene Rechtspersönlichkeit haben, sogenannte juristische Personen darstellen (im Unterschied zu den Anteilseignern von Körperschaften haften die Eigentümer von Personengesellschaften je nach Rechtsform unter Umständen mit ihrem gesamten Vermögen[3]). Unter anderem wegen der Beschränkung des Risikos der Eigentümer durch diese Haftungsbeschränkung sind die meisten größeren Unternehmen als Körperschaften organisiert[4].

Der Körperschaftsteuer unterliegt das Nettoeinkommen, also der Gewinn der Körperschaften. Der Gewinnermittlung dient die Gewinn- und Verlustrechnung.

---

[1] Soweit die Körperschaftsteuer von dieser Reform betroffen sein wird, dürfte es allerdings nicht um eine Systemveränderung, sondern bloß um eine Verminderung der Steuersätze gehen.

[2] Bestimmte juristische Personen, die Staatseigentum sind, wie z.B. die Bundesbahn und die Bundespost, sind von der Steuer befreit.

[3] Nicht mit ihrem gesamten Vermögen haften die Kommanditisten bei einer Kommanditgesellschaft. Im Unterschied zur Kommanditgesellschaft gibt es aber bei der Kapitalgesellschaft keine persönlich haftenden Gesellschafter. Ein Grenzfall ist die GmbH & Co. KG. Hier hat die Rechtsprechung befunden, daß diese Unternehmensform nicht körperschaftsteuerpflichtig ist. In der Literatur wurde die Berechtigung dieses Urteils angezweifelt.

[4] Zwischen 35 und 40% des Umsatzes der gewerblichen Wirtschaft entfällt auf Körperschaften.

Sie enthält eine Aufstellung der Aufwendungen und Erträge des Unternehmens. Der Jahresüberschuß bzw. der Jahresfehlbetrag ergeben sich als Differenz der Aufwendungen und der Erträge. Zu den Aufwendungen zählen insbesondere Ausgaben für Löhne und Gehälter und für andere Produktionsfaktoren, Schuldzinsen und Abschreibungen. Der steuerrechtliche Begriff für Abschreibungen ist Absetzung für Abnutzung (AfA)[5].

Im Unterschied zur Einkommensteuer hat die Körperschaftsteuer keinen progressiven Tarif. Im Regelfall beträgt der Steuersatz bislang 56% (wie der Spitzensteuersatz der Einkommensteuer). Ausgeschüttete Gewinne werden nur mit 36% Körperschaftsteuer belastet (oder entsprechend entlastet). Bestimmte Unternehmen wie Versicherungsvereine auf Gegenseitigkeit, Anstalten, Stiftungen usw. zahlen nur einen ermäßigten Steuersatz von 50%. Im Zusammenhang mit der 1990 in Kraft tretenden Senkung des Spitzensteuersatzes der Einkommensteuer wird auch der Steuersatz der Körperschaftsteuer auf 50 bzw. 46% gesenkt.

Begründungen für die Existenz der Körperschaftsteuer

Bis heute mangelt es an guten Begründungen dafür, daß es neben der Einkommensteuer noch eine Körperschaftsteuer geben sollte. Manche glauben, daß Körperschaften als juristische Personen ebenso eine Einkommensteuer zahlen sollten wie dies natürliche Personen tun. Die meisten Ökonomen halten dieses Argument für wenig überzeugend; schließlich ist es nicht die Körperschaft, die die Last der Steuer trägt, sondern es sind natürliche Personen: diejenigen, die für die Körperschaft arbeiten, die sie mit Kapital versorgen und diejenigen, die ihre Produkte erwerben. Man kann die Steuer als eine Steuer auf die körperschaftliche Organisationsform betrachten, also als eine Besteuerung des Rechtsinstituts der Haftungsbegrenzung. Gibt es aber wirklich irgendeinen Grund dafür, daß der Staat bestrebt sein sollte, von der Schaffung derartiger Organisationen abzuhalten oder aber diejenigen zu bestrafen, die Einkommen von einer solchen beziehen[6]? Die meisten Ökonomen können keine Gründe für eine derartige Diskriminierung bestimmter Unternehmensformen erkennen. Politiker versuchen die Körperschaftsteuer mitunter mit ihrer angeblichen progressiven Wirkung zu rechtfertigen – tatsächlich hat sie möglicherweise keine nennenswerten Verteilungseffekte. Aussagen hierüber sind nur schwer möglich, weil es sich kaum feststellen läßt, wer die Last dieser Steuer trägt.

---

[5] § 7 des EStG lautet: „Bei Wirtschaftsgütern, deren Verwendung oder Nutzung durch den Steuerpflichtigen zur Erzielung von Einkünften sich erfahrungsgemäß auf einen Zeitraum von mehr als einem Jahr erstreckt, ist jeweils für ein Jahr der Teil der Anschaffungs- und Herstellungskosten abzusetzen, der bei gleichmäßiger Verteilung dieser Kosten auf die Gesamtdauer der Verwendung oder Nutzung auf ein Jahr entfällt ..."

[6] Es mag sein, daß das Steuerrecht so ausgestaltet ist, daß in der Tat Körperschaften steuerlich begünstigt werden. Dann verbleibt aber die Frage, warum der Staat eine derartige Organisationsform fördern bzw. diejenigen belohnen sollte, die Einkommen von ihr beziehen. Das Postulat, daß der Staat bestimmte Rechtsformen weder steuerlich fördern noch benachteiligen sollte, bezeichnet man als die Forderung nach einer Neutralität der Besteuerung gegenüber der Rechtsform des Unternehmens.

Es gibt vielleicht zwei Argumente zugunsten der Körperschaftsteuer. Nach dem ersten Argument wird die Körperschaftsteuer als eine Art von Quellensteuer auf Kapitaleinkommen aus Körperschaften betrachtet (ganz analog zu der Quellensteuer, der Einkünfte aus nichtselbständiger Arbeit unterliegen). Man befürchtet, daß ohne einen derartigen Quellenabzug viele reiche Leute ihre Steuern hinterziehen könnten. Diese Ansicht ist der folgenden Kritik ausgesetzt. Erstens: Wenn es sich um eine Quellensteuer handelt, dann sollten die Personen, denen das Einkommen der Körperschaft zufließt, diese Steuer mit ihrer Einkommensteuer verrechnen können. Dies ist bei den traditionellen Formen der Körperschaftsteuer nicht der Fall. In dem reformierten System, das in der BR Deutschland seit 1977 in Kraft ist, ist es bei den ausgeschütteten Gewinnen der Fall, bei den unausgeschütteten aber nicht. Zweitens gibt es keinen guten Grund dafür, warum Dividenden einer Quellensteuer unterworfen werden sollten, Zinseinkommen aber nicht (und bis 1989 gab es ja keinen derartigen Quellenabzug der Zinsen und selbst 1989 war dieser Quellenabzug noch viel bescheidener als bei den Dividenden).

Das zweite Argument „zugunsten" der Steuer ist politischer Natur: Politiker schätzen die Körperschaftsteuer gerade deswegen so sehr, weil unklar ist, wer die Steuerlast trägt. Zumindest dann, wenn die AfA großzügig sind – und großzügiger als sie es gegenwärtig tatsächlich sind – kann die Öffentlichkeit über die Körperschaftsteuer den Glauben hegen, daß hier die Körperschaften doch nicht weniger als 56% ihres Einkommens an den Staat abführen und damit einen sehr bedeutenden Beitrag zur Förderung des Allgemeinwohls leisten, während die Körperschaften selbst gar nicht sonderlich unglücklich über die Steuer sind, weil sie genau wissen, daß sie ihnen nicht sehr viel kostet. Der Politiker kann sich solchermaßen volksnah und progressiv gebärden, ohne daß er die Unternehmer verärgern würde. Die meisten Ökonomen würden allerdings argumentieren, daß die besonderen Schwierigkeiten bei der Klärung der Frage, wer die Steuerlast eigentlich trägt, tatsächlich ein Argument gegen diese Steuer darstellt[7]. Die Körperschaftsteuer schneidet auch nach dem Kriterium der Transparenz, das wir im Kapitel 16 eingeführt haben, nicht gut ab.

Die Inzidenz der Körperschaftsteuer und ihre Wirkungen auf die wirtschaftliche Effizienz

Wenn man den Versuch unternehmen will, zu ergründen, wer die Last dieser Steuer trägt, dann sollte man zuerst ermitteln, was denn eigentlich besteuert werden soll. Handelt es sich um eine Steuer auf den Kapitalertrag im körperschaftlich organisierten Sektor? Handelt es sich um eine Steuer auf die Gewinne und Ren-

---

[7] Ein drittes mögliches Argument ist, daß man vielleicht Kapitaleinkommen stärker besteuern will als Arbeitseinkommen. Bei Personengesellschaften fällt es schwer, die Trennungslinie zwischen Arbeits- und Kapitaleinkommen zu ziehen, bei Körperschaften ist dies hingegen ohne weiteres möglich. Diese Sichtweise verträgt sich aber schlecht mit der Abzugsfähigkeit von Schuldzinsen bei der Körperschaftsteuer. Ebensowenig ist klar, warum Kapitaleinkommen überhaupt besteuert werden sollte, geschweige denn stärker als Arbeitseinkommen.

ten, die im körperschaftlich organisierten Sektor anfallen? (Gewinne und Renten sind das, was übrigbleibt, wenn man von den Erträgen der Unternehmung die Faktorentlohnungen für die Faktoren Arbeit und Kapital abzieht.) Und wenn es sich um eine derartige Steuer auf Gewinne und Renten handelt, woher rühren diese?

Eine Steuer auf den Reingewinn im körperschaftlich organisierten Sektor

Stellen wir uns vor, daß der Staat den Unternehmen erlaubt, alle ihre Investitionsausgaben in demselben Jahr, in dem sie anfallen, abzuziehen, aber jeglichen Schuldzinsenabzug untersagt. Alle Inputs für die Produktion wären steuerlich abzugsfähig. Die Steuer wäre dann eine Reingewinnsteuer. Diese hat keine verzerrende Wirkung. Sie beeinflußt weder die Angebots- noch die Nachfragekurve. Sie hat keine Wirkungen auf den Gleichgewichtsausstoß und -preis. Das einzige, was geschieht, ist, daß ein Teil der Gewinne an den Staat fließt statt an die Aktionäre.

Um uns davon zu überzeugen, daß eine derartige Steuer keine verzerrende Wirkung hat, betrachten wir die Investitionsentscheidung eines Unternehmens in einer Welt ohne Körperschaftsteuer. Das Unternehmen würde die Einnahmen aus der Investition mit den Investitionsausgaben vergleichen; wenn die ersteren die letzteren überschreiten, dann würde die Investition vorgenommen[8]. Stellen wir uns nunmehr vor, es würde eine Steuer auf den Gewinn in Höhe von 50% eingeführt; die Einnahmen verringern sich damit um 50%. Zugleich verringern sich aber auch die effektiven Ausgaben des Unternehmens um 50%. Ein jedes Vorhaben, das vor Auflegung der Steuer empfehlenswert war, ist es auch nachher; ebenso rentieren sich solche, die sich vor Auflegung der Steuer nicht rentiert haben, auch nachher nicht.

Unsere Körperschaftsteuer ist keine derartige Steuer auf den Reingewinn. Es ist den Unternehmen nicht gestattet, die gesamten Ausgaben für ihre Investition in dem Jahr steuerlich abzuziehen, in dem diese anfallen. Ferner können sie die Schuldzinsen, die sie zahlen, von der Steuer abziehen.

Besteuerung des Kapitaleinkommens im körperschaftlich organisierten Sektor

Betrachten wir nunmehr eine andere hypothetische Steuer, eine auf das Kapitaleinkommen im körperschaftlich organisierten Sektor. Bei einer derartigen Steuer wären Schuldzinsen nicht abzugsfähig. Die abzugfähigen Abschreibungen, also die AfA, würden gerade der tatsächlichen Abnutzung der Ausrüstungen und Anlagen entsprechen. Unsere Körperschaftsteuer ist keine reine Kapitaleinkommensteuer. In der ökonomischen Literatur ist aber vor allem der Fall einer reinen Kapitaleinkommensteuer diskutiert worden und man sollte diesen Fall erst einmal verstehen, bevor man sich dem tatsächlich bestehenden System zuwendet.

Bei der Erörterung der Inzidenz von Steuern haben wir betont, daß es entweder zu einer Vorwälzung kommen kann (auf die Verbraucher) oder zu einer Rückwälzung (auf die Arbeitnehmer). Selbst wenn die Steuer auf keine dieser

---

[8] Genau genommen würde das Unternehmen den Gegenwartswert des Grenzertrags aus einer Vergrößerung seines Investitionsvolumens berechnen. Wegen einer Erörterung des Konzepts des Gegenwartswerts siehe Kapitel 10.

beiden Gruppen abgewälzt wird, wird sie dennoch nicht nur von den Eigentümern der körperschaftlich organisierten Unternehmen getragen werden, wenn sie Auswirkungen auf Kapital in anderen Anlageformen haben kann. Unsere obige Diskussion machte auf drei kritische Größen für die Inzidenz einer Steuer aufmerksam:

a) Die Nachfrageelastizität;
b) die Angebotselastizität; und
c) ob auf dem Markt Wettbewerb herrscht oder nicht.

Da die Angebotselastizität langfristig oft wesentlich größer ist als kurzfristig, kann die langfristige Inzidenz der Steuer sich wesentlich von der kurzfristigen unterscheiden.

Kurzfristig ist das Kapitalangebot im körperschaftlichen Sektor unflexibel. In der sehr kurzen Frist ist also damit zu rechnen, daß eine Kapitaleinkommensteuer vom Kapital getragen wird[9]. Aber das Kapital ist nicht auf Dauer in diesem Sektor fixiert: jedes Jahr nützt sich ein Teil davon ab und muß ersetzt werden. Wenn der Kapitalertrag geringer ist als anderswo, werden die Unternehmen diese Ersatzinvestition nicht vornehmen. Das Kapital wird den körperschaftlich organisierten Sektor verlassen.

Langfristige Angebotskurve mit unendlicher Elastizität. Eine Hypothese ist, daß zumindest gegenwärtig die langfristige Angebotskurve von Kapital im körperschaftlichen Sektor nahezu waagerecht ist, wie dies in der Zeichnung 21.1 dargestellt ist. Hierfür gibt es zwei Gründe. Der erste ist, daß es einen wohlfunktionierenden internationalen Kapitalmarkt gibt; die Ertragsraten in der Bundesrepublik Deutschland stehen in einem engen Zusammenhang mit den Ertragsraten in anderen westeuropäischen Ländern oder in den USA. Auf dem internationalen Kapitalmarkt ist die Bundesrepublik Deutschland ein kleines Land. Die Angebotskurve an Kapital, der sie sich gegenübersieht, ist horizontal. Wieviel Kredit deutsche Unternehmen aufnehmen oder gewähren, hat nahezu keine Wirkung auf den Zins des internationalen Kapitalmarkts. Auch im Inland stellen Aktien und GmbH-Anteile nur den relativ kleinen Teil von weniger als 10% des gesamten Vermögens der Haushalte dar. Die Hypothese, daß der Zins sich aufgrund einer Veränderung der Investitionen im körperschaftlich organisierten Sektor nicht wesentlich verändern wird, erscheint mithin einleuchtend.

Einige Ökonomen haben darüberhinaus argumentiert, daß sogar in einer geschlossenen Wirtschaft (eine Wirtschaft, in der es keinen Zufluß des Kapitals von außen gibt, und auch keinen Abfluß nach außen) die langfristige Angebotskurve

---

[9] Dies trifft sowohl auf Märkten mit vollkommener Konkurrenz als auch auf Märkten mit einem Monopolisten zu. Bei Oligopolen (Märkten, auf denen es mehr als ein Unternehmen gibt, aber nicht sehr viele) kann eine Steuererhöhung den Ausgangspunkt für eine abgestimmte Erhöhung der Preise darstellen, mittels derer die Last auf den Konsumenten abgewälzt wird. Aber sogar auf Märkten mit relativ ausgeprägtem Wettbewerb mag es kurzfristig zu gewissen Preiserhöhungen kommen; Unternehmen legen ihre Preise oft nach bestimmten Faustregeln fest, bei denen auf die variablen Kosten einfach ein gewisser Zuschlag aufgeschlagen wird. Im langfristigen Gleichgewicht einer Branche, die sich so verhält, muß sich dieser Zuschlag an die Größe anpassen, die er unter vollkommener Konkurrenz hat. Kurzfristig mag es auf diesem Markt zu einem Ungleichgewicht kommen.

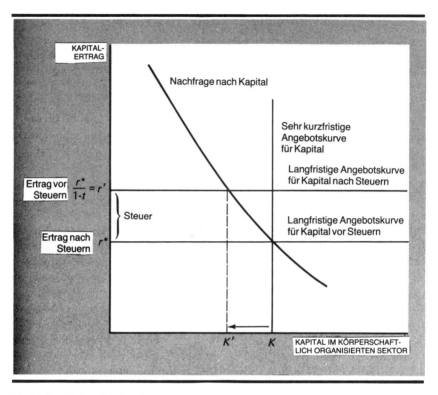

Abb. 21.1 Die langfristige Angebotskurve für Kapital. Ist die langfristige Angebotskurve für Kapital sehr elastisch, wird der Kapitalertrag nach Steuer langfristig von derselben nicht beeinflußt. Kurzfristig ruht die Steuerlast auf dem Kapital.

für Kapital nahezu horizontal ist, weil die Ersparnisse langfristig hochgradig elastisch auf die Ertragsrate des Kapitals reagieren[10].

Ist die langfristige Angebotsfunktion des Kapitals horizontal, hat die Steuer die Wirkung, die Ertragsrate vor Steuern derart anzuheben, daß die Ertragsrate nach Steuern unverändert bleibt (Zeichnung 21.1). War vor der Besteuerung die Ertragsrate auf Kapital r*, bewirkt die Steuer einen Anstieg derselben auf r', wobei r' (1−t) = r*, oder r' = r*/(1 − t).

Würde das Kapital überall in der Wirtschaft gleichermaßen besteuert, wäre die Folge dieser Steuer einfach, daß der Kapitalstock von K auf K' schrumpfte. Dies würde zu einer Verringerung der Prokopfeinkommen führen.

---

[10] Diese Vorstellung liegt einem großen Teil der Modelle zugrunde, die von den Ökonomen vorgeschlagen wurden. In diesen wird beispielsweise die Ersparnis ermittelt, indem die Haushalte die abdiskontierte Summe ihrer Nutzen (über einen unendlichen Horizont) maximieren, wobei der Diskontsatz konstant ist. Wegen einer Diskussion über die Verwendung derartiger Modelle, siehe R. Hall: Consumption Taxes versus Income Taxes: Implications for Economic Growth. Proceedings of the 61st National Tax Conference, National Tax Association, Columbus, Ohio und R. Barro: Are Bonds Wealth? Journal of Political Economy 82 (1974), S. 1095-1117.

Wir erörtern an dieser Stelle aber eine Steuer, die nur einem Teil der Wirtschaft auferlegt wird, nämlich Kapitaleinkommen im körperschaftlich organisierten Sektor; sie behindert die Verwendung von Kapital in diesem Sektor und fördert damit die Produktion im nicht körperschaftlich organisierten, weil sie die Kapitalkosten für den körperschaftlich organisierten Sektor im Vergleich zum nicht körperschaftlich organisierten anhebt.

Bei einem elastischen Kapitalangebot wird die Steuer auf Kapitaleinkommen im körperschaftlichen Sektor nicht vom Kapital getragen, sondern von den Konsumenten der Güter, die im körperschaftlichen Sektor produziert werden[11].

Wirkungen der Steuer auf „mittlere Frist": Das Harberger Modell. Es gibt einen merkwürdigen Spezialfall zwischen der kurzen Frist und der langen, dem die Ökonomen viel Aufmerksamkeit geschenkt haben. Das ist der Fall, in dem das Kapitalangebot insgesamt fix ist, Kapital aber zwischen den zwei Sektoren hin- und herverschoben werden kann[12]. In diesem Fall ist die Angebotskurve für Kapital im körperschaftlich organisierten Sektor weder horizontal noch vertikal. Dann hängt die Inzidenz der Steuer von der Elastizität der Nachfrage nach Kapital und des Angebots von Kapital im körperschaftlichen Sektor ab. Die Nachfragekurve nach Kapital im körperschaftlichen Sektor wiederum ist gleich der Kapitalnachfrage pro Outputeinheit mal der Nachfrage nach Output des körperschaftlichen Sektors. Das Angebot an Kapital für den körperschaftlichen Sektor hängt von der Kapitalnachfrage pro Einheit Output im nichtkörperschaftlichen Sektor ab, wobei diese Größe mit der Nachfrage nach Output dieses Sektors zu multiplizieren ist.

Stellen Sie sich vor, daß in der Wirtschaft nur zwei Güter erzeugt werden, das eine im körperschaftlichen Sektor, das andere im nichtkörperschaftlichen. Die Körperschaftsteuer bewirkt, daß für die Produktion des ersten Gutes weniger Kapital und mehr Arbeit verwendet wird. Da die Grenzkosten der Produktion sich erhöhen, wenn die Kosten eines Inputs steigen, erhöht sich der Preis des ersten Gutes und dies führt zu einer verringerten Nachfrage nach diesem. Die Erhöhung der Kapitalkosten für den körperschaftlichen Sektor führt also über zweierlei Ursache-Wirkungszusammenhänge zu einer verringerten Nachfrage nach Kapital. Die Nachfrage nach Kapital ist elastisch, wenn die Nachfrage nach dem Output elastisch ist (so daß diese bereits bei einer geringen Preiserhöhung stark zurückgeht) und eine leichte Erhöhung der Kapitalkosten im Verhältnis zum

---

[11] Sowohl die Arbeitnehmer als auch die Kapitaleigner stellen sich in dem Maße schlechter wie sie Produkte des körperschaftlich organisierten Sektors verbrauchen.

[12] Dieser Fall ist ein wenig merkwürdig, weil von einigen Ausnahmen abgesehen, das Verschieben von Kapital zwischen den Sektoren genauso viel Zeit in Anspruch nimmt wie Investitionen und damit wie die Zeitdauer, die erforderlich ist, um das Angebot an Kapital insgesamt zu verändern. Einige Maschinen (z.B. Kraftfahrzeuge) und einige Ausrüstungen lassen sich allerdings unschwer verschieben. Ansonsten vollzieht sich die Verschiebung von Kapital im wesentlichen, wenn die Unternehmen aufgrund verringerter Erträge die Entscheidung treffen, das Kapital nicht im körperschaftlich organisierten Sektor zu reinvestieren.
Ein Modell dieser Art wurde als erstes von Arnold Harberger analysiert und wird als „Harberger" Modell bezeichnet. Vgl. A. C. Harberger: The Incidence of the Corporation Income Tax. Journal of Political Economy 70 (1962), S. 215-40.

Lohn das Unternehmen dazu veranlaßt, in starkem Maße Kapital durch Arbeit zu substituieren (wenn also die Substitutionselastizität groß ist).

Betrachten Sie nun die Bestimmungsgrößen des Kapitalangebots für den körperschaftlichen Sektor. Da in der „mittleren Frist" das Kapitalangebot in der Wirtschaft insgesamt fix ist, ist das Kapitalangebot im körperschaftlichen Sektor einfach diese Größe minus die Kapitalverwendung im nichtkörperschaftlichen Sektor. Die Elastizität des Kapitalangebots für den körperschaftlich organisierten Sektor hängt von der Substitutionselastizität im nichtkörperschaftlichen und von der Elastizität der Nachfrage nach dessen Produkten ab. Die Steuer auf die Kapitalverwendung im körperschaftlichen Sektor wird, da sie zu einer Preiserhöhung für sein Produkt führt, eine Nachfrageverlagerung zugunsten des nichtkörperschaftlichen Sektors bewirken. Dies wird bei jedem Zinsfuß zu einer vergrößerten Nachfrage dieses Sektors führen und damit zu einem verringerten Kapitalangebot für den körperschaftlichen Sektor.

Die Wirkung der Steuer kann in zwei Bestandteile unterteilt werden, die wir in der Zeichnung 21.2 dargestellt haben. In Zeichnung A wird unterstellt, daß die relativen Preise zunächst starr sind. Die Steuer verschiebt dann die Nachfragekurve nach Kapital nach unten, von DD zu D'D'. (Der Marktzinssatz ist r. Damit die Investoren einen Zinssatz nach Steuern von r erhalten können, muß die Investition vor Steuern eine Ertragsrate von mehr als r abwerfen; die Kapitalnachfrage wird infolgedessen geringer sein.) In einem zweiten Schritt passen sich die Preise an die veränderten Produktionskosten an. Dann erfolgt eine Nachfrageverlagerung zugunsten des nicht körperschaftlichen Sektors; die Nachfragekurve verschiebt sich infolgedessen von D'D' nach D"D" und die Angebotskurve verschiebt sich von SS nach S'S'. Ist der körperschaftliche Sektor relativ kapitalintensiv (das heißt, wenn im Vergleich zum nichtkörperschaftlich organisierten eine größere Menge an Kapital pro Arbeitseinheit eingesetzt wird), dann ist der Nettoeffekt, daß sich die Nachfrage nach Kapital verringert und folglich auch der Ertrag auf Kapital. Daher ist es möglich, daß die Ertragsrate nach Steuern um mehr als um den Betrag der Steuer sinkt, wie es in der Zeichnung B dargestellt ist. Dies kann bei vernünftigen Parameterwerten eintreten (einleuchtende Werte für das Verhältnis, in dem Kapital und Arbeit in beiden Sektoren eingesetzt werden, für die Nachfrageelastizitäten usw.).

Da der Zins vor Steuern fällt, tragen alle Eigentümer von Kapital einen Teil der Steuerlast. Wenn die Kapitalkosten nach Steuern sich erhöht haben, dann tragen die Konsumenten einen Teil derselben.

Verzerrungen einer Kapitalsteuer. Bei unserem Versuch, die Inzidenz einer Steuer auf Kapital im körperschaftlich organisierten Sektor zu ergründen, sind wir auf zwei Verzerrungen gestoßen, die diese zur Folge hat. Erstens handelt es sich um eine Verzerrung in der Produktion. Effiziente Produktion erfordert, daß die Grenzrate der Substitution zwischen zwei Produktionsfaktoren in allen Verwendungsrichtungen dieselbe ist[13]. Unternehmen, die ihre Kosten minimieren,

---

[13] Rufen Sie sich die Definition der Grenzrate der Substitution in Erinnerung: Es handelt sich um die Menge an Kapital, die ohne eine Veränderung des Outputs eingespart werden kann, wenn wir um eine Einheit mehr Arbeit einsetzen. Stellen Sie sich vor, daß die Grenzrate der Substitution zwischen Kapital und Arbeit im körperschaftlich organisierten Sektor 3 beträgt und im nicht körperschaftlich organisierten 1. Verschieben wir eine

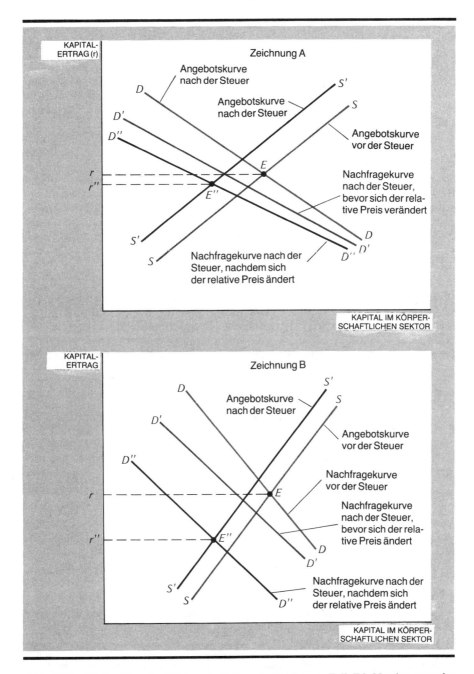

Abb. 21.2 Die Inzidenz der Körperschaftsteuer im Harberger-Fall. Die Verringerung des Kapitalertrags nach Steuern kann größer sein als die Steuer selbst. Dieser Fall ist in der Zeichnung B dargestellt.

streben an, daß die Grenzrate der Substitution gleich dem Faktorpreisverhältnis ist. Um uns das klarzumachen, haben wir in der Zeichnung 21.3.A Isokostenkurven aufgezeichnet, die diejenigen Kombinationen von Kapital und Arbeit darstellen, die dem Unternehmen gleich viel kosten; das heißt, wenn ein Arbeiter im Jahr 20000 DM kostet und die Jahresmiete einer Maschine 40000 DM beträgt, kann das Unternehmen eine Maschine weniger leasen und dafür zwei zusätzliche Arbeiter einstellen und die Gesamtkosten bleiben doch unverändert. Die Zeichnung 21.3.A zeigt auch die Isoquanten, die jeweils die Menge an Arbeit und Kapital angeben, die für ein bestimmtes Outputniveau erforderlich ist. Ein Unternehmen, das seine Kosten minimiert, versucht, auf die niedrigstmögliche Isokostenlinie zu gelangen, die mit der Erzeugung eines bestimmten Outputs vereinbar ist; auf dem Tangentialpunkt zwischen der Isokostenlinie und der Isoquante ist dies gewährleistet. Da die Steigung der Isoquanten gerade die Grenzrate der Substitution ist, folgt aus Kostenminimierung, daß die Grenzrate der Substitution gleich dem Faktorpreisverhältnis nach Steuern sein soll. Ist das Faktorpreisverhältnis für alle Unternehmen dasselbe, wird auch die Grenzrate der Substitution in allen Unternehmen dieselbe sein und in der Wirtschaft wird effizient produziert.

Aufgrund desselben Zusammenhangs ergibt sich, daß bei Abweichungen zwischen dem Faktorpreisverhältnis im körperschaftlich organisierten und im nicht körperschaftlich organisierten Sektor die Grenzraten der Substitution unterschiedlich sind und die Wirtschaft nicht ihre Produktionsmöglichkeitsgrenze erreicht. Nur in dem Extremfall, daß die Unternehmen zwischen Arbeit und Kapital nicht substituieren können (Zeichnung 21.3.B), tritt keine Verzerrung in der Produktion ein.

Die zweite Verzerrung hat mit dem Produktionsvolumen im körperschaftlichen Sektor zu tun: Gäbe es keine Verzerrung in der Produktion (weil die Substitutionselastizität zwischen Kapital und Arbeit null ist), wäre die Steuer einer Verbrauchsteuer auf den Output des körperschaftlichen Sektors äquivalent; im Kapitel 19 haben wir gezeigt, warum eine derartige Steuer ineffizient ist und haben die Größe der Zusatzlast in Zusammenhang mit der Elastizität von Nachfrage und Angebot gebracht.

Überwälzung bei einem Monopol

In unserer Diskussion im Kapitel 17 haben wir gezeigt, wie bei einem Monopol der Preis stärker ansteigen kann als die (Brutto)Grenzkosten der Produktion; dies hing nicht nur von der Gestalt der Grenzkostenkurve ab, sondern auch von der der Nachfragekurve. Bei Nachfragekurven konstanter Elastizität und horizontalen Grenzkostenkurven können die Preise um mehr als den Steuerbetrag ansteigen.

Bei Monopolen treten normalerweise auch Monopolgewinne auf. Eine Körperschaftsteuer läßt sich als eine Steuer auf den Kapitalertrag im körperschaftli-

---

Einheit Arbeit aus dem nichtkörperschaftlichen Sektor in den körperschaftlichen, bleibt der Output im letzten derselbe, wenn wir den Kapitaleinsatz um drei Einheiten verringern. Damit der Output im nichtkörperschaftlichen Sektor unverändert bleibt, müssen wir nur eine dieser Einheiten Kapital in diesen Sektor verschieben. Es bleiben damit zwei übrig, mittels derer wir den Output in beiden Sektoren vergrößern können.

21. Kapitel: Die Körperschaftsteuer

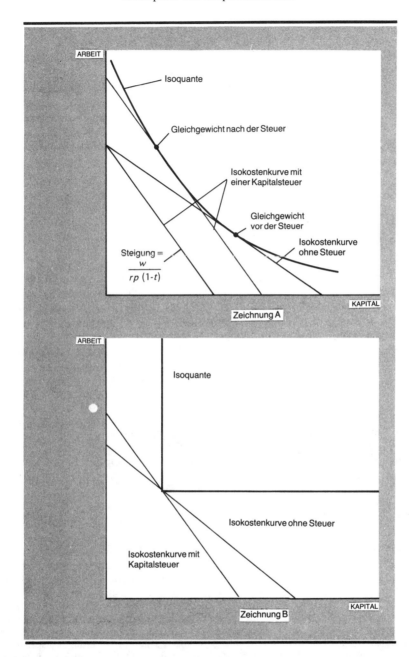

Abb. 21.3 Verzerrungen einer Kapitalsteuer im körperschaftlich organisierten Sektor.
(A) Kapital und Arbeit sind substituierbar. Die Kapitalsteuer führt dazu, daß die Unternehmen Kapital durch Arbeit substituieren. (B) Eine Isoquante, wenn das Faktoreinsatzverhältnis zwischen Kapital und Arbeit unveränderlich ist. In diesem Fall führt die Steuer zu keinen Ineffizienzen bei der Entscheidung über den Faktoreinsatz.

chen Sektor betrachten plus einer Steuer auf die reinen (Monopol)Gewinne. (Bei vollkommenem Wettbewerb und bei konstanten Skalenerträgen gibt es keine derartigen Reingewinne.) Der Teil der Steuer, der einer Steuer auf die Monopolgewinne entspricht, löst keine Verzerrungen aus.

Es sind keine Aussagen darüber möglich, ob die Verzerrungen, die die Körperschaftsteuer pro Mark Steueraufkommen zur Folge hat, beim Monopol oder bei Wettbewerb stärker sind. Insoweit die Steuer eine auf die Reingewinne ist, ist sie nicht verzerrend; insoweit sie aber wie eine Verbrauchsteuer wirkt und die Produktion des Sektors bereits vor der Auferlegung der Steuer gemessen am sozialen Optimum zu klein ist, ist die Verzerrung umso größer[14].

Die Körperschaftsteuer als eine Steuer auf unternehmerisches Handeln

In der vorhergehenden Analyse wurde angenommen, daß die Körperschaftsteuer eine Steuer auf den Kapitalertrag im körperschaftlichen Sektor ist (und auf den Reingewinn, wenn es einen solchen gibt). Dies wäre wahr, wenn die AfA (Absetzung für Abnutzung) der tatsächlichen Abnutzung entspräche (was aber keineswegs immer der Fall ist), wenn es keine steuerliche Förderung bestimmter Investitionen gäbe (die es aber sehr wohl gibt) und wenn Schuldzinsen nicht abzugsfähig wären (sie sind es aber). Diese Bestimmungen sind für die Wirkung der Steuer von außerordentlich großer Bedeutung; es handelt sich nicht nur um kleinere Schönheitsfehler. Um uns die Folgen klarzumachen, halten wir die Annahme, daß die AfA richtig bemessen sind und daß es keine steuerliche Förderung von Investitionen gibt, noch eine Weile aufrecht. Was geschieht, wenn (wie es im deutschen Körperschaftsteuerrecht der Fall ist) Schuldzinsen steuerlich abzugsfähig sind? Ein Unternehmen, das sich ausschließlich über Schuldenaufnahme finanziert, würde dann kaum Steuern zu zahlen haben. Der Kapitalertrag flösse den Kreditgebern zu und entginge damit der Körperschaftsteuer. Da Fremdkapital also steuerlich günstiger behandelt wird als Eigenkapital, entscheidet sich das Unternehmen zugunsten einer Finanzierungsstruktur mit „überhöhtem" Fremdkapitaleinsatz. Da Unternehmen an der Grenze oft die Option haben, eine zusätzliche Einheit an Investitionsmitteln durch Schuldenaufnahme zu finanzieren, etwa durch Ausgabe von Obligationen, und da die Erträge, die den Inhabern dieser Obligationen zufließen, von der Körperschaftsteuer nicht betroffen sind, ist die Wirkung der Körperschaftsteuer auf die Investitionsentscheidungen an der Grenze wohl gering.

Trifft das Unternehmen die Entscheidung wieviel es investieren soll, will es wissen, wie groß die zusätzlichen Erträge, also die Grenzerträge der Investition für das Unternehmen sind. Hierbei berücksichtigt es, wieviel an zusätzlichen

---

[14] Weiter oben haben wir festgestellt, daß die Zusatzlast einer Steuer mit dem Quadrat des Steuersatzes wächst. Die Wirkung eines Monopols ist der Wirkung einer Steuer vergleichbar. In der Tat, wenn die Nachfrageelastizität sagen wir 2 beträgt, entspricht die Wirkung eines Monopols der einer 50%igen Steuer auf eine Branche, in der Wettbewerb herrscht. Die Auferlegung einer 10%igen Steuer auf den Output eines Monopols vergrößert die Zusatzlast ebenso wie die Erhöhung einer Steuer auf den Output einer wettbewerblich organisierten Branche von 50 auf 60% (und dabei handelt es sich um ein wesentlich stärkeres Wachstum der Zusatzlast als bei einer Erhöhung einer Steuer von 0 auf 10%).

Steuern es infolge dieses zusätzlichen Einkommens zahlen muß; aber es stellt auch die Verringerung der Steuerschuld aufgrund zusätzlicher AfA und aufgrund der Abzugsfähigkeit von Zinszahlungen in Rechnung. Nimmt das Unternehmen Mittel auf, sind die Grenzkosten des Kapitals in Abwesenheit der Steuer einfach gleich dem Zins, den es für die zusätzlichen Mittel zahlen muß, mit denen es die Investition finanziert. Wenn Schuldzinsen steuerlich abzugsfähig sind, sind die Grenzkosten nach Steuern r $(1 - t)$, wobei r der Zinssatz ist und t der Steuersatz. Beträgt der Zinsfuß 10% und der Steuersatz 50%, betragen die Kosten nach Steuern nur 5%.

Die Erträge der Unternehmung verringern sich um den Faktor, aber um ebensoviel verringern sich die Kosten der Mittelaufnahme; war der Gegenwartswert des Projekts also vor der Auferlegung der Steuer positiv, ist er es auch nachher; war er vorher negativ, ist er es auch nachher. Die Investitionsentscheidung wird von der Steuer nicht beeinflußt.

Diese Betrachtungsweise unterstellt, daß die Unternehmung tatsächlich die Möglichkeit hat, ihre marginalen Investitionsvorhaben durch Schuldenaufnahme zu finanzieren, daß sie sich also mit anderen Worten an der Grenze tatsächlich fragt: Lohnt es sich, etwas mehr Mittel aufzunehmen um etwas mehr zu investieren[15]?

Wenn die Steuer also zumindest an der Grenze keine Steuer auf den Kapitalertrag ist, was ist sie dann? Unternehmen können Kapital auf zweierlei Art und Weise aufnehmen: In Form von Fremdkapital, bei dem dem Kapitalgeber ein bestimmter fester Zins garantiert wird, solange die Unternehmung nicht in Konkurs geht (im Konkursfall erhält er, was übrig ist), oder aber in Form der Ausgabe von Anteilsscheinen (Aktien, GmbH Anteile usw.). Die Anteilseigner (die Aktionäre) erhalten keinen garantierten Ertrag. Floriert das Unternehmen, partizipieren sie an den Gewinnen und Wertzuwächsen.

Neugegründete Unternehmen verkaufen Anteile (emittieren Aktien), um sich Kapital zu verschaffen; dies ist oft die einzige Kapitalquelle, die ihnen zugänglich ist – den Banken sind langfristige Ausleihungen an derartige Unternehmen oft zu riskant und diese sind auch zu klein, als daß sie langfristige Wertpapiere emittieren könnten. Dem Unternehmer fließen Erträge in erster Linie über seine Aktien bzw. GmbH Anteile zu (statt über ein Gehalt). **Eine Körperschaftsteuer, bei der die Schuldzinsen steuerlich abzugsfähig sind, ist damit im Grunde eine Steuer auf das Unternehmertum; sie wirkt sich auf die Investitionen neuer Unternehmungen aus, die nicht in der Lage sind, zusätzliche Mittel durch stärkere Verschuldung aufzubringen.** Besteuert wird das haftende Eigenkapital, das eben wegen dieser Haftung besonders risikobehaftet ist. Deswegen wird es zuweilen auch als Risikokapital bezeichnet; dementsprechend können wir die Körperschaftsteuer als eine Sondersteuer auf das Risikokapital auffassen.

---

[15] Analog dazu kann sich eine Unternehmung, die verschuldet ist, aber kein zusätzliches Fremdkapital aufnehmen will, fragen: Lohnt es sich, etwas weniger zu investieren und die dadurch eingesparten Mittel zu verwenden, um Schulden zurückzuzahlen?
Die hier vorgetragene Sicht der Körperschaftsteuer wurde eingeführt von J. E. Stiglitz in Taxation, Corporate Financial Policy and the Cost of Capital. Journal of Public Economics, Februar 1973, S. 1-34 und The Corporation Income Tax. Journal of Public Economics. April-Mai 1976 S. 303-311.

Ist diese Sicht der Körperschaftsteuer richtig, wirkt sie sich langfristig nicht so sehr auf die Allokation von Ressourcen auf die beiden Sektoren aus als auf die Innovationsfreudigkeit im körperschaftlich organisierten, auf das Tempo des technischen Fortschritts. Die Stärke ihrer Auswirkungen hängt davon ab, wie elastisch die Bereitschaft zu unternehmerischem Handeln und Risikoübernahme auf Veränderungen des Gewinns reagiert – und hierüber verfügen die Ökonomen kaum über gesicherte Erkenntnisse[16].

Die Körperschaftsteuer und etablierte Unternehmungen

Die These, daß die Körperschaftsteuer bei etablierten Unternehmungen zu keinen Verzerrungen führt, ist allerdings nicht unumstritten. Kritiker dieser These argumentieren, daß hierbei der Umstand übersehen werde, daß Unternehmen auch an der Grenze einen beträchtlichen Teil ihrer Investitionen nicht über Schuldenaufnahme finanzieren. Wir haben aber darauf aufmerksam gemacht, daß für unsere obige Argumentation nicht erforderlich ist, daß es sich tatsächlich verschuldet; es ist nur erforderlich, daß das Unternehmen sich zusätzlich verschulden kann, wenn es seine Investitionen ausweitet. Hätte das Unternehmen andernfalls einen Teil seiner Mittel dazu verwendet, Schulden zurückzuzahlen, sind die Wirkungen genau dieselben, wie wir sie beschrieben haben.

Hat ein Unternehmen die Option, seine marginalen Investitionen durch Schuldenaufnahme zu finanzieren, zieht es aber vor, dies nicht zu tun, dann müssen die Kosten alternativer Finanzierungsformen nach Steuern sogar geringer sein als die der Schuldenaufnahme. Da die Steuer die Kosten der Schuldenaufnahme nach Steuer im selben Maße wie die Erträge verringert, folgt daraus, daß sie nur eine positive Wirkung auf die Investitionen haben kann.

Aus einer Reihe von Gründen mag das Unternehmen allerdings außerstande sein, Kredit aufzunehmen (oder aber die Zinsen können sehr erheblich sein). Dann kann es sein, daß die Kosten einer Innen- und einer Außenfinanzierung (also einer Finanzierung durch Schuldenaufnahme, Emission von Aktien oder Obligationen) stark voneinander abweichen[17]. Es mag eine Fülle von Projekten geben, die verglichen mit den Grenzkosten einer Innenfinanzierung ertragreich sind, nicht aber gemessen an den Grenzkosten einer Außenfinanzierung. Die Körperschaftsteuer verringert die Mittel, die für eine Innenfinanzierung zur Verfügung stehen und bewirkt infolgedessen eine Verringerung der Investitionen.

In empirischen Untersuchungen der Wirkungen der Körperschaftsteuer wird oft angenommen, daß sie die Grenzkosten des Kapitals für das Unternehmen – also wieviel es dem Unternehmen kostet, eine zusätzliche Mark zu investieren – einfach um den Steuerbetrag anhebt. Es wird also angenommen, daß die Durchschnitts- und Grenzkosten des Kapitals dieselben sind. Ganz unabhängig davon, ob man der Meinung ist, daß die Grenzkosten des Kapitals gleich den Grenzkosten zusätzlicher durch Schuldenaufnahme finanzierter Mittel sind (oder geringer als diese), gibt es für die Hypothese, daß die Grenzkosten gleich den Durchschnittskosten des Kapitals sind, keine Rechtfertigung.

---

[16] Eine vorteilhafte Behandlung von Wertzuwächsen und die Zugestehung von AfA, die über die tatsächliche Abnutzung weit hinausgehen, mildern einige dieser negativen Effekte der Körperschaftsteuer.

[17] Neuere Versuche einer Erklärung solcher Situationen haben die Bedeutung von Informationsmängeln hervorgehoben.

Abschreibungen und steuerliche Förderung von Investitionen

Bislang haben wir angenommen, daß die AfA der tatsächlichen Veränderung des Marktwerts der Maschine entspricht. In der Realität ist sie nicht selten höher – der Staat ermöglicht es den Unternehmen also, in den ersten Jahren der Verwendung einer Maschine höhere Abschreibungen anzusetzen als dem Werteverzehr entspricht. Dies läuft im Grunde auf eine Subventionierung von Kapitalgütern hinaus.

Um uns das klarzumachen, betrachten wir das einfache Beispiel einer Maschine, deren Lebensdauer zwei Jahre beträgt, die 2100 DM kostet und sowohl in dem Jahr, in dem sie installiert wird, als auch im darauffolgenden 1100 DM Einnahmen stiftet. Im dritten Jahr ist sie wertlos. Der Zinssatz sei 10%. Der Gegenwartswert der Einnahmen aus der Maschine vor Steuern ist die Einnahme des ersten Jahres plus die des zweiten Jahres dividiert durch den (Brutto)Zins d.h. $1 + r$, also

$$11100 + \frac{1100}{1+r} = 1100 + \frac{1100}{1{,}1} = 2100.$$

Die Investition zahlt sich gerade aus.

Nun nehmen wir an, daß die um die Abschreibungen bereinigten Einnahmen mit einem Satz von 50% besteuert werden. Am Ende des ersten Jahres ist die Maschine 1100 DM wert. (Die Einnahmen im zweiten Jahr sind 1100 DM, danach ist sie wertlos. Bei Wettbewerb wird die Maschine also zu 1100 DM gehandelt.) Die Abschreibung während des ersten Jahres ist daher 1000 DM, die Nettoeinnahme 100 DM (1100 DM minus Abschreibung) und die Steuerschuld 50 DM. Im zweiten Jahr ist die Nettoeinnahme null; da die Maschine am Ende des zweiten Jahres wertlos ist, ist die Abschreibung gerade gleich der Einnahme. Es ist keine Steuer zu entrichten. Wegen der 50%igen Steuer auf Kapitaleinkünfte, müssen wir nun mit 5% abdiskontieren, nicht mit 10% (der Zinsfuß nach Steuer ist 5%). Der diskontierte Gegenwartswert der Maschine ist gleich Einnahmen nach Steuern im ersten Jahr plus Einnahmen nach Steuern im zweiten Jahr dividiert durch den Zinssatz (plus 1) nach Steuern, also

$$1050 + \frac{1100}{1+r(1-t)} = 1050 + \frac{1100}{1{,}05} = 2100^{18}.$$

Nach wie vor entsprechen die Einnahmen aus der Investition gerade den Ausgaben. Dies ist ein allgemeines Resultat. Bei einer **ökonomisch korrekten Abschreibung** – Abschreibungen, die den Werteverzehr richtig wiedergeben (eine

---

[18] Bei dieser Berechnung haben wir den Unterschied, ob die Einnahme zu Beginn des jeweiligen Jahres anfällt oder an seinem Ende, vernachlässigt. Außerdem haben wir Rundungen vorgenommen (Beispielsweise ist 1100/1,05 = 1047,6). Aber das Ergebnis – daß eine korrekte Ansetzung der Abschreibungswerte den Wert der Maschine nicht beeinflußt – gilt unabhängig hiervon.

andere Bezeichnung für eine derartige Abschreibung ist Ertragsabschreibung), kommt es bei einer Bewertung der Investitionen aufgrund des Zinssatzes nach Steuern zu keiner Verzerrung[19]. Bei einer beschleunigten Abschreibung, also bei „großzügigeren" Ansätzen des Werteverzehrs, kann der Nettoertrag der Investition erhebliche positive Werte annehmen: Projekte, die sich zuvor nicht rentieren, werden unternommen. Nehmen Sie beispielsweise an, daß eine Abschreibung der gesamten Investitionssumme im ersten Jahr möglich ist. Dann kann man den Gegenwartswert der Investition folgendermaßen berechnen:

Einnahmen im ersten Jahr	DM	1 100
Abschreibungen	DM	2 100
Nettoeinnahmen	DM	−1 000

Das Unternehmen erhält vom Staat 500 DM (seine Steuerschuld auf andere Einkünfte verringert sich um 500 DM). Im zweiten Jahr ist die Steuerschuld demgegenüber groß.

Einnahmen im zweiten Jahr	DM	1 100
Abschreibungen	DM	0
Netteinnahmen vor Steuern	DM	1 100
Steuern	DM	550
Nettoeinnahmen nach Steuern	DM	500

Der Gegenwartswert des Projekts ist dann:

Einnahmen im ersten Jahr	DM	1 100
Steuererstattung	DM	500
Nettoeinnahmen nach Steuern im zweiten Jahr (550 × 1/1,05)	DM	524
Summe	DM	2 124

Bei kurzlebigen Kapitalgütern (zwei Jahre) ist die Verzerrung nicht groß; bei längerlebigen Kapitalgütern sind die Allokationsstörungen, die mit derartigen AfA verbunden sind, jedoch oft sehr erheblich. Wird ein Steuerkredit gewährt, wird dies noch verschärft[20]. Ein 10%iger Steuerkredit verringert die effektiven Kosten einer Maschine um 10%. In unserem obigen Beispiel hätte ein 10%iger Steuerkredit zu einer Verringerung ihrer Kosten von 2100 DM auf 1890 DM geführt. Der Nettoertrag aus der Maschine, der ursprünglich null war, beträgt dann 234 DM.

---

[19] Der erste, dem dies zu Bewußtsein kam, war Paul Samuelson. Vgl. P. A. Samuelson: Tax Deductibility of Economic Depreciation to Insure Invariant Valuations. Journal of Political Economy 72 (1964), S. 604-6.

[20] Im deutschen Steuerrecht werden im Rahmen der Unternehmensbesteuerung keine Steuerkredite gewährt. Stattdessen gibt es das Institut der steuerfreien Rücklage und sogenannter Investitionszulagen für bestimmte betriebliche Investitionen. Letzteres ist solange einem Steuerkredit auf bestimmte Vermögensgegenstände äquivalent, als die Investitionszulage nicht die Körperschaftsteuerschuld des Unternehmens übersteigt. Im Unterschied zu einem Steuerkredit wird eine Investitionszulage aber auch dann gewährt, wenn kein Gewinn vorhanden ist und infolgedessen gar keine Körperschaftsteuer entrichtet werden muß. Investitionszulagen gibt es unter anderem für Investitionen im Zonenrandgebiet und in Berlin. In der Diskussion über eine Reform der Unternehmensbesteuerung wurde gelegentlich vorgeschlagen, in größerem Umfang Steuerkredite einzuführen.

Wegen der beschleunigten Abschreibung (und eventuellen Steuerkrediten) verwandelt sich die Körperschaftsteuer an der Grenze in eine Subvention für Kapital. Die Unternehmen nützen die Möglichkeit aus, eine derartige Subvention zu erhalten.

Absetzung für Abnutzung im deutschen Steuerrecht

Die steuerlich zulässige Abschreibung richtet sich nach den sogenannten AfA-Tabellen, die vom Finanzministerium herausgegeben werden. In diesen wird für verschiedene Wirtschaftsgüter die Nutzungsdauer festgelegt, die der Ermittlung der jährlichen Absetzungsbeträge zugrundezulegen ist. Grundsätzlich ist das Ministerium bestrebt, realistische Werte für die Nutzungsdauer anzusetzen[21]. Dieser Grundsatz ist allerdings, insbesondere im Zusammenhang mit der Einführung von Abschreibungserleichterungen im Jahre 1981, zunehmend verwässert worden.

Bei der Wahl der Methode, nach der die Abschreibungen auf die verschiedenen Jahre der Nutzungsdauer verteilt werden, besteht ein gewisser Spielraum. Unbeschränkt steuerlich zulässig ist aber nur die lineare Abschreibung. Bedingt steuerlich zulässig ist die degressive Abschreibung, bei der in den ersten Nutzungsjahren im Vergleich zur linearen Abschreibung erhöhte Beträge geltend gemacht werden. Eine sofortige Abschreibung im Anschaffungsjahr ist bei sogenannten geringwertigen Wirtschaftsgütern möglich. Das sind solche, deren Anschaffungskosten 800 DM nicht überschreiten und die selbständig nutzungsfähig sind. Tatsächlich entstehen hierdurch erhebliche Spielräume bei der Abschreibungsbemessung[22]. Ferner besteht eine Anzahl von Möglichkeiten, Sonderabschreibungen vorzunehmen. So ist es beispielsweise möglich, bei Wirtschaftsgütern, die der Forschung und Entwicklung dienen, oder Schiffen und Flugzeugen unabhängig von der tatsächlichen Nutzungsdauer innerhalb von fünf Jahren Sonderabschreibungen bis zu bestimmten Höchstgrenzen vorzunehmen[23].

Um uns die Auswirkungen des Steuersystems klarzumachen, betrachten wir ein Kapitalgut, das fünf Jahre lang lebt und dessen Anschaffung 100 DM kostet,

---

[21] Hierdurch unterschied es sich lange vorteilhaft von den Finanzbehörden in den meisten anderen westlichen Industrienationen. Die Abschreibungen wurden lange Zeit fast nirgends so restriktiv gehandhabt wie in der BR Deutschland. In den USA beispielsweise waren bis zur Steuerreform 1986 die Möglichkeiten zur Vornahme von Sonderabschreibungen derart erheblich, daß sie zu einem Absinken der Körperschaftsteuer in die Bedeutungslosigkeit geführt hatten. Nichtsdestoweniger ist auch in Deutschland die von den AfA unterstellte Lebensdauer im Durchschnitt geringer als die tatsächliche Lebensdauer. Vgl. L. Uhlmann: Konsum- und Investitionsverhalten in der Bundesrepublik seit den fünfziger Jahren. Band 2. Das Investitionsverhalten in der Industrie im Spiegel von Investorenbefragungen. Berlin 1981. Das Ifo-Institut schätzt, daß die tatsächliche Lebensdauer von Anlagegegenständen im Durchschnitt die in den AfA-Tabellen unterstellte Lebensdauer um 50% übertrifft. Vgl. Willi Leibfritz: Steuerliche Belastung und staatliche Förderung der Kapitalbildung in der BR Deutschland. München 1986 S. 25.

[22] Die Obergrenze von 800 DM für geringwertige Wirtschaftsgüter ist seit 20 Jahren nicht mehr erhöht worden. Dies gleicht die Abschreibungserleichterungen, die sonst in zunehmenden Maße, insbesondere aber ab 1981 gewährt wurden, zum Teil wieder aus.

[23] Weitere im einzelnen etwas anders geregelte Beispiele sind die Sonderabschreibungen für kleine und mittlere Betriebe und die erhöhten Absetzungen für den Umweltschutz.

bei dem das Steuerrecht aber eine Abschreibung innerhalb von drei Jahren zuläßt. Es soll angenommen werden, daß das Kapitalgut in jedem der fünf Jahre Einnahmen von 24 DM bewirkt und daß der Restwert nach 5 Jahren null beträgt. Der Zinssatz sei 10%. In der ersten Zeile der Tabelle 21.3 zeigen wir die Ertragswertabschreibung, in der zweiten den Gegenwartswert dieser Abschreibungen zum Zeitpunkt des Erwerbs. In der dritten und vierten Zeile zeigen wir eine lineare Abschreibung und in der fünften und sechsten Zeile eine Sonderabschreibung, bei der der Vermögensgegenstand bereits innerhalb von drei Jahren abgeschrieben werden darf. Es wird deutlich, daß letzteres zu einer erheblichen Subvention führt.

Tabelle 21.3 Vergleich einer Ertragswertabschreibung, einer linearen Abschreibung und einer Sonderabschreibung

Jahr	1	2	3	4	5	Summe
Diskontfaktor (bei 10%iger Verzinsung)	1	$1/1,1 = 0.909$	$1/(1,1)^2 = 0,826$	$1/(1,1)^3 = 0,751$	$1/(1,1)^4 = 0,683$	
1 Ertragswertabschreibung	16	18	20	22	24	
2 Gegenwartswert	16	16,36	16,52	16,52	16,39	81,79
3 Lineare Abschreibung	20	20	20	20	20	
4 Gegenwartswert	20	18,18	16,52	15,02	13,65	83,37
5 Beschleunigte Abschreibung	25	38	37			
6 Gegenwartswert	25	34,54	30,56			90,10

Noch wesentlich unerfreulicher ist die Tatsache, daß die Größe dieser Subvention bei unterschiedlichen Vermögensgegenständen höchst unterschiedlich ist. Bestimmte Vermögensgegenstände werden vom gegenwärtigen Steuersystem nur relativ geringfügig subventioniert; sehr langlebige Kapitalgüter hingegen sehr erheblich. Im Ergebnis kann es sein, daß der effektive Steuersatz bei bestimmten Wirtschaftszweigen mit sehr langlebigen Ausrüstungen (im Bergbau beispielsweise) negativ wird, während andere Wirtschaftszweige, in denen die Ausrüstungen relativ rasch erneuert werden, einem positiven Steuersatz unterliegen. Dies bewirkt eine Verzerrung bei den Investitionen sowohl innerhalb der Wirtschaftszweige als auch zwischen verschiedenen Branchen.

Es gibt zwei Möglichkeiten, Neutralität der Körperschaftsteuer in bezug auf die Wahl der Investitionsvorhaben zu gewährleisten. Eine der beiden haben wir schon beschrieben: Man könnte die steuerliche AfA an der ökonomischen Abschreibung ausrichten (oder wenigstens versuchen, dieser näherzukommen).

Eine zweite Möglichkeit besteht darin, daß die Investitionsausgaben in dem Jahr, in dem sie getätigt werden, zu 100% abzugsfähig gemacht werden. Dann verringert der Staat die Kosten des Investitionsprojekts in genau demselben Maße wie seine Nutzen (also die Einnahmen, die das Unternehmen aus ihm erzielt). Der Staat wird damit im Grunde zu einem stillen Teilhaber des Unternehmens. Ein Vorhaben, bei dem der Gegenwartswert der Einnahmen die Ausgaben übersteigt und das infolgedessen auch ohne diese Steuer vorgenommen würde, wird dann nach Einführung einer Körperschaftsteuer immer noch vorgenommen.

Während die erstere Methode einer nichtverzerrenden Besteuerung des Zinseinkommens entspricht, stellt letztere eine nichtverzerrende Steuer auf den Reingewinn dar, nämlich die Differenz zwischen dem Gegenwartswert der Einnahmen aus einem Investitionsvorhaben und den Ausgaben, mit denen es verbunden ist. Diese Differenz kann man als den Reingewinn dieses Vorhabens bezeichnen[24].

Effektive Grenzsteuersätze

Wir haben darauf aufmerksam gemacht, daß die Gesamtsteuerbelastung der Investitionserträge (aus Einkommen- und Körperschaftsteuer) davon abhängt, wie diese Investition finanziert wird und ob die Gewinne ausgeschüttet werden. Wenn die marginale Investition mittels Schuldenaufnahme finanziert wird, die Abschreibungen den ökonomisch korrekten entsprechen und keine Investitionszulagen gewährt werden, wäre der effektive Grenzsteuersatz null: Der Kapitalertrag und die Kapitalkosten würden in demselben Maße verringert. Die tatsächliche übertrifft aber die ökonomisch korrekte Abschreibung, es gibt Sonderabschreibungen (so daß der Gegenwartswert der Abschreibungen größer ist als bei einer Ertragswertabschreibung) und es gibt mitunter auch Investitionszulagen. Hieraus folgt, daß der effektive Grenzsteuersatz negativ ist. Andererseits kann es sein, daß die Unternehmen einen Teil ihrer marginalen Investition mittels Eigenkapital finanzieren (über Nichtausschüttung von Gewinnen oder über die Hereinnahme von Beteiligungskapital). Dann ist die Ermittlung des Grenzsteuersatzes eine komplizierte Angelegenheit. Werden die zusätzlichen Erträge der Investition als Dividenden ausgeschüttet, hängt der effektive Steuersatz von dem Grenzsteuersatz des Anteilseigners bzw. Aktionärs ab. Werden die Gewinne einbehalten und fließen sie dem Anteilseigner über einen Wertzuwachs seines Anteils zu, ist die effektive Besteuerung 56%. Es gibt zahlreiche Studien effektiver Grenzsteuersätze, in denen angenommen wird, daß die marginale Investition dieselbe Finanzierungsstruktur aufweist wie das Unternehmen als ganzes und daß dieses einen festen Prozentsatz seiner Gewinne ausschüttet. Trotz ihrer Beliebtheit erscheinen diese Annahmen nicht sonderlich einleuchtend. Aber selbst unter diesen Voraussetzungen ist es immer noch wahr, daß der effektive Grenzsteuersatz für verschiedene Unternehmen und verschiedene Arten von Investition sehr unterschiedlich ist. Nun aber ist er für bestimmte Unternehmen positiv.

Abschreibungen, Unternehmenszusammenschlüsse und Leasing

Eines der Probleme mit steuerlichen Abschreibungen, die über die ökonomisch korrekten hinausgehen, ist, daß Unternehmen, die keinen Gewinn erzielen und infolgedessen auch keine Körperschaftsteuer zahlen, nicht davon profitieren können. Im Grunde bedeutet das, daß die Investitionskosten für Unternehmen, denen es schlecht geht, größer sind als für gutgehende. Betrachten wir ein Unternehmen, dem es zum Zeitpunkt einer Investitionsentscheidung schlecht geht und dem es auch in der Zukunft, wenn die zusätzlichen Erträge anfallen, schlecht gehen wird. Dann werden die Erträge nicht besteuert – sie werden durch Verluste in anderen Tätigkeitsbereichen des Unternehmens wettgemacht – und die Steuer kann folglich auch keine Verzerrungen hervorrufen. Aber die meisten Unternehmen, denen es heute schlecht geht, hoffen, daß es ihnen in der Zukunft besser ge-

---

[24] Weiter oben haben wir gesehen, daß es sich dabei möglicherweise allerdings doch nicht um eine Besteuerung der reinen Gewinne, sondern vielmehr um eine Besteuerung des Unternehmertums handelt.

hen wird; geschieht das wirklich, heißt das, daß sie heute nicht imstande sind, von einer beschleunigten Abschreibung Gebrauch zu machen, aber morgen ihren Gewinn ebenso werden versteuern müssen wie ein jedes andere. Ein System beschleunigter Abschreibungen führt also zu einer Verzerrung zuungunsten von Unternehmen, denen es heute schlecht geht, und trägt dazu bei, diesen Zustand zu verewigen[25].

Der Markt versucht stets, Mittel und Wege zu finden, um mit den Effizienzstörungen zu leben, die das Steuersystem verursacht. Eine Möglichkeit ist, daß das Unternehmen sich mit einem anderen zusammenschließt, das Gewinne erwirtschaftet. Dies bezeichnet man als Unternehmenszusammenschluß aus steuerlichen Gründen. Viele Ökonomen sind von den langfristigen Konsequenzen derartiger Zusammenschlüsse wenig erbaut. Sie können den Wettbewerb in der Wirtschaft beschränken. Gemäß einer weit verbreiteten Ansicht hängt die Dynamik einer kapitalistischen Wirtschaft davon ab, ob es eine Vielzahl von Unternehmungen gibt; jedes derselben hat seine eigenen Stärken und kann infolgedessen jeweils andere Chancen wahrnehmen. Manche haben eine Analogie zwischen Unternehmen und Artenvielfalt im Tierreich hergestellt. Es mag vorteilhaft sein, über einen vielgestaltigen Vorrat an Genen zu verfügen, auf die man je nach Bedarf zurückgreifen kann. Analog dazu mag es wünschenswert sein, daß eine Vielzahl verschiedener Unternehmungen besteht. Aus dieser Sicht sollten Bestimmungen des Steuerrechts, die Unternehmenszusammenschlüsse fördern (Zusammenschlüsse, die unter wirtschaftlichen Gesichtspunkten in einem engeren Sinn nicht wünschenswert erscheinen), geändert werden.

Eine zweite Möglichkeit, derartigen Ineffizienzen des Steuerrechts entgegenzuwirken, ist das Leasing. Nehmen Sie an, daß ein Unternehmen, sagen wir die Maxhütte, erhebliche Verluste erleidet und daher Abschreibungsvergünstigungen nicht voll ausschöpfen kann. Um seine Anlagen zu modernisieren, will es 1 Milliarde DM investieren. (Würde Daimler Benz eine Milliarde investieren, so würde die beschleunigte Abschreibung dieses Unternehmen effektiv in den Genuß einer Subvention bringen). Maxhütte tritt nun an ein Unternehmen mit erheblichen Gewinnen heran. Dieses kauft die Maschinen und Maxhütte least sie von ihm. Da dieses andere Unternehmen Gewinne erwirtschaftet, kommt es auch in den vollen Genuß der Abschreibungsvergünstigungen. Abgesehen von Transaktionskosten verhält es sich ganz ebenso als würden sie an die Maxhütte selbst gewährt. Aber anstelle die Subvention direkt an die Maxhütte zu gewähren, zieht es der Staat gewissermaßen vor, den Umweg über das Leasing-Unternehmen zu gehen.

Der Leasing-Geber wünscht vermutlich, dafür entschädigt zu werden, daß er dem Leasing-Nehmer zu einem steuerlichen Vorteil verhilft. Die Leasing-Raten werden so kalkuliert, daß ihm ein Teil dieser Vorteile zufließt. Welcher Teil dies ist, hängt von der Marktlage ab: Ist die Zahl der Unternehmen, die die Abschreibungsmöglichkeiten nicht voll ausnützen können, recht beschränkt und gibt es viele Unternehmen mit Gewinnen, die ihre Steuerschuld verringern wollen, wird der Teil des Vorteils, der dem Leasing-Nehmer zufließt, erheblich sein.

---

[25] Die Möglichkeiten eines Verlustvor- oder -rücktrags machen diesen Nachteil nur teilweise wett.

Im deutschen Steuerrecht wurden durch den Leasingerlaß die Möglichkeiten beschränkt, daß Leasingverträgen nur aus steuerlichen Gründen zustandekommen[26]. Unter Umständen, etwa wenn das wirtschaftliche Risiko der Investition und die Chance der Wertsteigerung weitgehend beim Leasing-Nehmer liegen, geht das Steuerrecht von der Vorstellung aus, daß der geleaste Vermögensgegenstand „wirtschaftliches Eigentum" des Leasing-Nehmers ist. Dann ist eine Wahrnehmung der Abschreibungsvergünstigungen durch den Leasing-Geber nicht mehr möglich.

Empirische Arbeiten über die Überwälzung der Körperschaftsteuer und ihre Zusatzlast

Insbesondere in den USA wurden zahlreiche Versuche unternommen, die Überwälzung der Körperschaftsteuer mit ökonometrischen Methoden zu messen. Diese Arbeiten beziehen sich infolgedessen in erster Linie auf eine Körperschaftsteuer vom klassischen Typ. Bei den weit weniger zahlreichen deutschen Studien zur Überwälzung der Körperschaftsteuer handelt es sich zumeist um Nachschätzungen amerikanischer Schätzmodelle aufgrund deutscher Daten, bei denen nur relativ geringfügige Variationen der Schätzgleichungen vorgenommen werden[27].

Zwei Sektoren Modelle. Eine Reihe von Arbeiten geht von der Annahme aus, daß die Körperschaftsteuer eine Steuer auf den Kapitalertrag im körperschaftlich organisierten Sektor darstellt, daß in diesem Sektor vollkommene Konkurrenz herrscht (und die Skalenerträge konstant sind), daß das Kapitalangebot insgesamt starr ist, Kapital aber zwischen dem körperschaftlich und dem nicht körperschaftlich organisierten Sektor hin und her verschoben werden kann (dies ist die Vorstellung, die wir weiter oben als das Harberger-Modell und die „mittlere Frist" eingeführt haben).

John Shoven hat das allgemeine Gleichgewicht für eine solche Wirtschaft ausgerechnet und dieses mit dem Gleichgewicht einer Wirtschaft verglichen, in der

---

[26] Es ist allerdings keineswegs klar, daß alle Autoren des Leasingerlasses sich dieser Folgen ihres Handelns bewußt waren. In den USA wurde die steuerliche Behandlung des Leasing im Jahre 1981 dahingehend geändert – zugleich wurden die Möglichkeiten zur Vornahme von Sonderabschreibungen wesentlich erweitert – daß das Leasing wesentlich besser in der eben dargestellten Weise zur Steuerersparnis genutzt werden konnte. Tatsächlich führte dies zu einer erheblichen Ausweitung des Leasinggeschäfts. Dies war auch für den amerikanischen Gesetzgeber eine Überraschung, obwohl das amerikanische Finanzministerium diesen Effekt vorhergesagt hatte. Es kam zu einem Sturm der Entrüstung und die Erleichterungen für das Leasing wurden großenteils wieder zurückgenommen.

[27] Einen Überblick über verschiedene Schätzmodelle gibt R. Kaufmann: Theoretische und ökonometrische Untersuchungen zur Körperschaftsteuerüberwälzung. Frankfurt 1983. An ökonometrischen Arbeiten zur deutschen Körperschaftsteuer wird hier insbesondere eine Arbeit von K. Roskamp genannt und von Kaufmann bis 1978 nachgeschätzt. Diese Arbeit basiert auf Kryzaniak, M.; R. Musgrave. The Shifting of the Corporation Income Tax. Baltimore 1983. Die deutschen Arbeiten sind nicht sonderlich zahlreich, und weisen auch den Makel auf, daß kaum Untersuchungen über die Inzidenz des reformierten Körperschaftsteuersystems erschienen sind.

es keine verzerrende Körperschaftsteuer gibt. Er schätzte die Zusatzlast der Körperschaftsteuer auf ca. 12% ihres Steueraufkommens.

Ferner schätzte er die Überwälzung der Steuer von den Kapitaleignern auf die Konsumenten und die Arbeitnehmer. Wir haben gesehen, daß es von den Nachfrageelastizitäten der Konsumenten abhängt, inwieweit die Steuer überwälzt werden kann, sowie davon, wie schwierig es ist, in den beiden Sektoren Arbeit durch Kapital zu substituieren. Die Substitutionselastizität mißt die Leichtigkeit, mit der eine derartige Substitution vorgenommen werden kann; nimmt sie einen hohen Wert an, so ist es leicht Arbeit durch Kapital zu substituieren. Zwischen den Ökonomen gibt es keine Übereinstimmung darüber, was der beste Schätzwert für diesen Parameter ist.

Die Traglast der Kapitaleigner läßt sich als die Veränderung des Kapitaleinkommens dividiert durch das Steueraufkommen der Körperschaftsteuer darstellen. Wenn die so gemessene Traglast 100% überschreitet, heißt das, daß sich das Einkommen der Kapitaleigner um mehr als die Steuer verringert. Der körperschaftlich organisierte Sektor produziert verhältnismäßig kapitalintensiv. Eine Nachfrageverlagerung zugunsten des nicht körperschaftlich organisierten Sektors verringert infolgedessen die Nachfrage nach Kapital und daher den Kapitalertrag. Je kleiner die Substitutionselastizität im nicht körperschaftlich organisierten Sektor ist, umso stärker muß sich der Kapitalertrag mindern, damit das Kapital, das im körperschaftlichen Sektor aufgrund der Nachfrageverlagerung freigesetzt wird, absorbiert wird. Das ist der Grund warum Shoven schätzte, daß die Traglast der Kapitaleigner bei einer niedrigen Substitutionselastizität im nichtkörperschaftlichen Sektor und einer geringen Elastizität der Nachfrage 162% beträgt.

Wir machen darauf aufmerksam, daß man, wenn man die Nachfrage- und die Substitutionselastizität nicht genau kennt, nicht einmal weiß, ob die Traglast des Kapitals mehr oder weniger als 100% beträgt. Es ist also kein Wunder, daß keine Übereinstimmung darüber besteht, ob die Körperschaftsteuer im wesentlichen eine Steuer auf das Kapital oder eine auf den Konsum darstellt.

Zeitreihenanalyse. Eine zweite Gruppe von Studien versucht, auf Zeitreihen zurückzugreifen (also statistische Daten über Gewinne, Steuersätze, Kapitalstock usw. für eine Reihe von Jahren). Im Verlauf der letzten 50 Jahre ist der Körperschaftsteuersatz auch in Deutschland mehrmals geändert worden[28]. Außerdem hat sich der Kapitalertrag nach Steuern geändert. Zum Teil rührt dies von Veränderungen des Kapitalstocks her, zum Teil vom Produktivitätswachstum (technischer Fortschritt) oder ist konjunkturell bedingt. Diese Studien versuchen, herauszufiltern, welcher Teil dieser Veränderungen der Erträge sich durch Veränderungen der Steuersätze erklären läßt.

Diese Arbeiten sind mit großen Problemen behaftet: Oft ist es schwierig, die Wirkungen dieser anderen Faktoren von den Wirkungen der Steuersatzänderungen zu unterscheiden. Bei einigen der Steuersatzänderungen mag es Jahre dauern, bis sie voll zur Wirkung kommen. Es kommt auch darauf an, ob die Steuersatzänderung vorhergesehen war oder nicht. Angesichts dieser und anderer

---

[28] In den USA waren diese Änderungen noch zahlreicher, so daß amerikanische Zeitreihen sich für derartige Untersuchungen wohl besser eignen.

Schwierigkeiten ist es schwerlich überraschend, daß die Studien zu keinen eindeutigen Ergebnissen kommen[29]. Sie kranken ferner daran, daß sie über die Vielzahl von Einzelbestimmungen, von denen die Wirkungen der Steuer wesentlich abhängen, einfach hinwegsehen. Außerdem käme es darauf an, die verschiedenen Kapitalsteuern in ihrer Gesamtheit zu betrachten. Sie vernachlässigen die Finanzierungsstruktur der Investitionen. In den letzten Jahren sind internationale Kapitalflüsse sehr wesentlich geworden. Folglich sollten diese ebenfalls berücksichtigt werden. Auch dies ist nicht geschehen.

Integration der Einkommensteuer und der Körperschaftsteuer

In unserer Erörterung der Körperschaftsteuer haben wir bislang die wechselseitigen Beziehungen zwischen der Körperschaftsteuer und der Einkommensteuer vernachlässigt. Diese sind in Wirklichkeit sehr bedeutsam.

Eine erste mögliche Form der Körperschaftsteuer ist die sogenannte klassische, die in der BR Deutschland bis 1959 bestand und heute noch beispielsweise in der Schweiz oder in den USA besteht. Hierbei werden die Gewinne der Körperschaft unabhängig davon, ob sie ausgeschüttet werden oder nicht, mit ein- und demselben Satz belastet. Dieses Verfahren wurde deswegen kritisiert, weil es zu einer Doppelbelastung der Kapitalerträge im körperschaftlichen Sektor führe. Diese Erträge werden zuerst im Rahmen der Körperschaft besteuert und dann, sofern sie ausgeschüttet werden, nochmals im Rahmen der Einkommensteuer. Eine derartige „Doppelbesteuerung" erschien sowohl ungerecht als auch ineffizient, weil es von Investitionen im körperschaftlich organisierten Sektor abschrecke.

Eine zweite Form der Körperschaftsteuer ist eine, bei der ausgeschüttete Gewinne mit einem niedrigeren Satz als einbehaltene belastet werden. Dies war bei der in der BR Deutschland bis 1976 angewandten Version der Körperschaftsteuer der Fall[30]. Bei einem derartigen System wird die „Doppelbelastung" im Vergleich zur klassischen Körperschaftsteuer stark gemildert.

---

[29] Die erste dieser Arbeiten stammte von Musgrave und Krzyaniak. Sie kamen zu dem Ergebnis, daß die Körperschaftsteuer zu mehr als 100% überwälzt werde (das heißt, eine Erhöhung der Steuerschuld um eine Mark führt zu einer Erhöhung der Gewinne vor Steuern um 1,35 DM). Ihre Studie wurde von Cragg, Harberger und Mieszkowski einer Kritik unterworfen. Diese kamen zu dem Schluß, die Überwälzung sei weit geringer und schätzten sie auf 60%. Goode schätzte, daß die Überwälzung in unterschiedlichen Branchen sehr unterschiedlich sei. In manchen Branchen sei sie negativ und in anderen betrage sie fast 100% (Gummiindustrie und Chemieindustrie). Seine Arbeiten wurden ebenfalls herber Kritik unterworfen, u.a. weil er eine Vielzahl von ad hoc Annahmen einführe. Vgl. R. Goode: The Individual Income Tax. Washington 2. Ausgabe 1976; P. M. Mieszkowski: Tax Incidence Theory: The Effects of Taxes on the Distribution of Income. Journal of Economic Literature 1969: 4 S. 1103-24; J. G. Cragg, A. C. Harberger, P. Mieszkowski: Empirical Evidence on the Incidence of the Corporation Income Tax. Journal of Political Economy 1976 (75) S. 811-21.

[30] Ein derartiges System bzw. ein der faktischen Steuerbelastung nach diesem eng verwandtes System der sogenannten Teilanrechnung besteht heute noch in den meisten anderen westeuropäischen Ländern.

Die Sicht der Körperschaftsteuer als einer Steuer, die eine Doppelbelastung erzeugt, ist allerdings nicht unumstritten. In der Tat haben Körperschaften auch gewisse Vorteile. Schließlich muß der Gewinn nach Steuern nicht ausgeschüttet werden; man kann ihn reinvestieren; dann erhöht sich der Wert des Unternehmens und folglich der Anteile an demselben. Derartige Wertzuwachsgewinne sind im Privatvermögen jedoch im allgemeinen unversteuert[31]. Solche steuerlichen Vorteile sind bei einer Körperschaftsteuer vom klassischen Typ für Personen von Interesse, die bei der Einkommensteuer dem Spitzensteuersatz unterliegen, wenn der Steuersatz der Körperschaftsteuer deutlich geringer ist als der Spitzensteuersatz der Einkommensteuer[32]. Darüberhinaus kann das Unternehmen noch bestimmte andere Leistungen wie etwa Pensionen an die Anteilseigner gewähren, die ebenfalls mit steuerlichen Vorteilen verbunden sind[33].

Das Gegenstück zum traditionellen Verfahren der Körperschaftsbesteuerung ist eine vollständige Integration von Körperschaftsteuer und Einkommensteuer. Sie wurde in der BR Deutschland unter der Bezeichnung Teilhabersteuer diskutiert. Dies läuft im Grunde auf eine Abschaffung der Körperschaftsteuer hinaus. Die Befürworter der Teilhabersteuer behaupten, daß sie nicht nur gerechter sei, sondern auch zur Beseitigung bestimmter Verzerrungen führen würde, die mit einer nichtintegrierten Körperschaftsteuer verbunden sind.

Eine derartige Integration läßt sich auf verschiedene Weise erreichen. Man könnte sich das beispielsweise folgendermaßen vorstellen. Das Einkommen, das in den Unternehmen pro Anteilseigner erwirtschaftet wird, wird zu den Einkünften dieses Anteilseigners hinzuaddiert; die Steuer, die von der Körperschaft für dieses Einkommen entrichtet wurde, würde zu der im Quellenabzug einbehaltenen Steuer auf Einkünfte aus nichtselbständiger Arbeit hinzugezählt und entsprechend im Rahmen der Veranlagung zur Einkommensteuer berücksichtigt.

Stellen wir uns vor, das Unternehmen habe einen Gewinn von DM 10 000, der mit 56% Körperschaftsteuer belastet wird, also mit 5 600 DM, und es gebe 10 Aktien. Am Ende eines jeden Jahres würden die Aktionäre von der Körperschaft eine Abrechnung erhalten, in der zu lesen ist, daß der Gewinn pro Aktie 1 000 DM beträgt und daß pro Aktie 560 DM an Steuern einbehalten worden sind. Ein Aktionär, der eine Aktie besitzt, würde zu seinen Einkünften 1 000 DM hinzuaddieren und zu der Steuer, die er bereits entrichtet hat, 560 DM. Für einen Steuerpflichtigen, der dem Spitzensteuersatz von 56% unterliegt, würde sich dadurch gegenüber dem Verfahren bei einer nichtintegrierten Körperschaftsteuer mit ei-

---

[31] Mit Ausnahme der sogenannten Spekulationsgewinne und bei Veräußerungen wesentlicher Beteiligungen, siehe weiter oben Kapitel 20. Wertzuwächse bleiben generell, also auch beim Betriebsvermögen, unversteuert, solange sie nicht realisiert werden.

[32] Es gibt einige westeuropäische Länder, in denen das noch heute der Fall ist. Wenn die Pläne sich durchsetzen, daß der Satz der Körperschaftsteuer in der BR Deutschland gesenkt wird und die Unternehmen auch sonst steuerlich entlastet werden, könnte dieser Effekt auch in Deutschland Bedeutung erlangen.

[33] Hier muß man allerdings aufpassen, daß man nicht über die Vorschriften stolpert, die sog. verdeckte Gewinnausschüttungen verhindern sollen. Als solche gilt es beispielsweise, wenn ein Gesellschafter von der Gesellschaft ein Darlehen zinslos oder zu einem außergewöhnlich geringen Zinsfuß erhält. Immerhin hat der Bundesfinanzhof die Zulässigkeit der Bildung von Pensionsrückstellungen für beherrschende Gesellschafter-Geschäftsführer bejaht, wenn bestimmte Voraussetzungen erfüllt sind.

nem Satz von 56% auf alle Gewinne, (bei vollständiger Einbehaltung der Gewinne) nichts ändern. Anders aber bei einem, dessen Grenzsteuersatz unter 56% liegt. Dieser bekäme im Rahmen der Veranlagung zur Einkommensteuer eine entsprechende Steuerrückerstattung. Bei einem Grenzsteuersatz von 30% beispielsweise wäre 260 DM zu viel entrichtet und zurückzuerstatten.

Bei dieser Vorgehensweise würden die Dividenden nicht gesondert in die Einkünfte einberechnet. Sie wären vielmehr bereits im Rahmen des auf den Aktionär entfallenden Teils der Gewinne der Unternehmen erfaßt, die sich aus ausgeschütteten und unausgeschütteten zusammensetzen. Die Behandlung unausgeschütteter Gewinne ist im Rahmen dieses Verfahrensmodus mit gewissen Schwierigkeiten behaftet: Man könnte sich vorstellen, daß in einer Welt ohne Steuern das Unternehmen seine gesamten Gewinne an die Aktionäre ausschüttet und diese einen Teil dieser Ausschüttungen reinvestieren. Einbehaltene Gewinne wären einer derartigen Reinvestition äquivalent. Werden Wertzuwächse besteuert (und sind entsprechend negative Wertzuwächse steuerlich abzugsfähig), ergibt sich hier ein verwaltungstechnisches Problem. Der „Anteil" des Aktionärs an den unausgeschütteten Gewinnen müßte dann offenbar den „Aufwendungen" für den Erwerb von Aktien zugeschlagen werden und dürfte keiner Wertzuwachsbesteuerung unterworfen werden. Stellen wir uns vor, der Aktionär habe die Aktie für 1 000 DM erworben. Im nächsten Jahr erwirtschaftet das Unternehmen einen Gewinn von 1 000 DM pro Aktie und zahlt 560 DM an Steuern. Es schüttet dann 200 DM an Dividenden aus und behält die verbleibenden 240 DM ein. (Alle diese Zahlen verstehen sich als Werte pro Aktie). Im nächsten Jahr verkauft der Steuerpflichtige seine Aktie für DM 1 400. Was ist der Wertzuwachs? Seine ursprüngliche Investition betrug 1 000 DM plus 240 DM an unausgeschütteten Gewinnen. Der Wertzuwachs ist also nur 160 DM. In der BR Deutschland werden bislang Wertzuwächse zumeist nicht besteuert, so daß diese Schwierigkeit weitgehend entfallen würde[34].

Eine derartige steuerliche Behandlung der Körperschaften ist im Grunde mit der von Personengesellschaften identisch. Am Ende eines jeden Jahres wird der Gewinn einer Personengesellschaft den verschiedenen Eigentümern zugerech-

---

[34] Manche Ökonomen und Praktiker der Finanzverwaltung glauben, ein Übergang zur Teilhabersteuer sei wegen der damit verbundenen verwaltungstechnischen Schwierigkeiten nicht möglich. Vgl. hierzu F. Klein, H. Schöberle: Reform der Körperschaftsteuer. Dokumentation. Köln 1975 S. 20f. Am stärksten fallen diese verwaltungstechnischen Schwierigkeiten wohl bei der Ermittlung derartiger bereinigter Wertzuwächse ins Gewicht. Man müßte hier jeweils festhalten, wieviel an nichtausgeschütteten Gewinnen pro Aktionär in einem Unternehmen anfällt. Aber selbst dieses Problem dürfte angesichts der Verwendung von Computern nicht unüberwindlich sein. Ein anderes Argument der Gegner einer vollen Integration besteht darin, daß die Aktionäre hier eine Steuer auf Einkommen zahlen müssen, das sie nicht empfangen und nicht verwenden können, nämlich die nicht ausgeschütteten Gewinne. Wenn im allgemeinen der Wert der Aktien, GmbH-Anteile usw. wenigstens in dem Maße steigt, in dem der Wert der Unternehmung infolge Einbehaltung der Gewinne gestiegen ist, ist dieses Argument nicht stichhaltig. Ein drittes Argument der Gegner ist schließlich, daß es Schwierigkeiten wegen der Behandlung von Dividenden gäbe, die an nicht im Inland steuerpflichtige Anteilseigner ausgeschüttet werden. Diese Schwierigkeiten stehen im Zusammenhang mit den Regelungen, die geltende Doppelbesteuerungsabkommen üblicherweise für diese Dividenden vorsehen und können hier nicht erörtert werden.

net. Der einzige Unterschied wäre, daß es bei der Personengesellschaft keinen Quellenabzug gibt.

Das eben beschriebene System stellt eine partielle Quellensteuer auf Kapitaleinkommen aus dem körperschaftlichen Sektor dar. Man könnte diesen Quellenabzug entweder ausweiten (indem man auch die Zinszahlungen der Körperschaft einer Quellensteuer unterwirft) oder aber verringern (und damit die Verantwortung für die korrekte Zahlung der Steuern auf den Anteilseigner übertragen). Vor der allgemeinen Einführung von Computern stellte die Möglichkeit der Steuerhinterziehung durch die Empfänger von Dividenden und Zinsen ein gewichtiges Argument zugunsten eines Quellenabzugs dar. Tatsächlich spielt diese Steuerhinterziehung bei den Zinsen nach wie vor eine erhebliche Rolle. Aufgrund der Möglichkeiten der Computertechnik wäre es im Prinzip kein Problem, eine Regelung einzuführen, daß die Unternehmen das Finanzamt automatisch über alle Dividenden- und Zinszahlungen unterrichten. Die Verwaltungskosten einer derartigen Berichterstattung wären infolge der Computerisierung gering, – die Betroffenen behaupten allerdings das Gegenteil[35]. Zugunsten einer derartigen Berichterstattung anstelle eines Quellenabzugs spricht, daß er möglicherweise die Mittel verringert, die für eine Reinvestition zur Verfügung stehen. Die Kosten einer Außenfinanzierung können erheblich sein. Ein Gegenargument wäre es, daß es gewisse Vorteile haben kann, wenn die Unternehmen sich gezwungen sehen, ihren zusätzlichen Kapitalbedarf gegenüber den Kapitalgebern zu begründen[36].

In der BR Deutschland wurde nur eine teilweise Integration von Einkommen- und Körperschaftsteuer vorgenommen[37]. Hierbei werden einbehaltene Gewinne mit 56% besteuert, also mit dem Höchstsatz der Einkommensteuer. Ausgeschüttete Gewinne werden mit 36% besteuert, wobei der Empfänger dann einen Anspruch auf Anrechnung der Körperschaftsteuer im Rahmen seiner Veranlagung zur Einkommensteuer bzw. einen Vergütungsanspruch hat. Man bezeichnet dies

---

[35] Die weit verbreitete Hinterziehung der Steuern auf Zinseinkommen wird dadurch sehr begünstigt, daß nach der heutigen Rechtslage das Finanzamt von der Bank nicht einfach verlangen kann, daß sie ihm Auskunft über die Zinsen gibt, sondern zur Ermittlung von Kapitaleinkünften grundsätzlich erst „andere Methoden der Sachverhaltsaufklärung" anwenden muß und es sich herausgestellt haben muß, daß diese „nicht zum Ziel" führen („Bankenerlaß" vom 31.8.1979, Bundessteuerblatt 1979 I S. 590). Dieser sogenannte Bankenerlaß ist in der Literatur auf scharfe Kritik gestoßen, da er zweifellos die Steuerhinterziehung erleichtert. Die Juristen haben sogar seine Verfassungsmäßigkeit in Zweifel gezogen. Trotzdem wird es auch im Rahmen der Steuerreform 1990 keineswegs zur Aufhebung dieses Erlasses kommen. Die meisten Steuerpflichtigen werden daher nach wie vor einen beträchtlichen Teil ihrer Kapitaleinkommensteuern hinterziehen. In Frankreich hingegen gibt es regelmäßige Kontrollmitteilungen der Banken an die Finanzämter und die Zinseinkünfte können normalerweise den Finanzämtern nicht verschwiegen werden.

[36] Dieses Argument ist insbesondere dann bedeutsam, wenn viele Anteilseigner verglichen mit der Unternehmensleitung weniger gut über die Zukunftsperspektiven der Unternehmung informiert sind; in einer derartigen Situation unvollkommener Information ist der Unterschied zwischen Innen- und Außenfinanzierung wesentlich und die Aktionäre sind möglicherweise außerstande, den Körperschaftschleier zu durchdringen.

[37] Der Sache nach handelt es sich nur um eine teilweise Integration, obwohl sie in der Literatur häufig als Vollintegration bezeichnet wird.

als Anrechnungsverfahren. Die Bundesregierung erwartete sich von dieser teilweisen Integration, daß die Körperschaften im Vergleich zur Vergangenheit einen größeren Teil ihrer Gewinne ausschütten und sich Eigenkapital statt durch eine Einbehaltung von Gewinnen durch eine Kapitalerhöhung beispielsweise im Wege der Ausgabe junger Aktien beschaffen würden. Darüberhinaus erhoffte man sich eine Stärkung der Eigenkapitalbasis der Unternehmen, da – so glaubte man – durch die Reform die Beteiligungsfinanzierung im Vergleich zur Fremdfinanzierung an Attraktivität gewinnen würde.

Diese Erwartungen haben sich im großen und ganzen nicht erfüllt[38]. Ihnen lag nicht zuletzt die Vorstellung zugrunde, daß eine Körperschaftsteuer vom klassischen Typ einen sogenannten Locked-in-Effekt (Einschließungseffekt) auslöst und dieser vermutlich auch noch in dem bis 1976 praktizierten System mit gespaltenem Körperschaftsteuersatz eine Rolle spielte.

Die Vorteile einer Einbehaltung von Gewinnen bei der klassischen Körperschaftsteuer

Um uns die Vorteile einer Einbehaltung von Gewinnen bei einer Körperschaftsteuer vom klassischen Typ klarzumachen, betrachten wir ein Unternehmen, das seinen Aktionären 100000 DM ausschütten könnte. Um den Gesamteffekt der Körperschaft- und der Einkommensteuer zu analysieren, ist es nützlich, sich vorzustellen, das Unternehmen gehören einem einzigen Aktionär. Die Analyse läßt sich dann unschwer auf den Fall ausdehnen, daß es einer Mehrzahl von Aktionären gehört. Stellen Sie sich vor, daß der Aktionär damit rechnet, daß er noch ein Jahr lebt und sein gesamtes Vermögen seinen Kindern vermacht. Er möchte seine Hinterlassenschaft an seine Kinder nach Steuern maximieren. Nehmen Sie an, daß das Unternehmen seine Gewinne einbehält und damit Schulden in Höhe von 100000 DM zurückbezahlt. Beträgt der Zinssatz 10%, wird das Bruttoeinkommen des Unternehmens in der nächsten Periode um 10000 DM mehr betragen. Es unterliege einer 50%igen Körperschaftsteuer[39]. Das Einkommen nach Steuern hat sich dann also um 5000 DM erhöht (da Schuldzinsen steuerlich abzugsfähig sind). Würde der Aktionär seine Aktien verkaufen, ist sein Unternehmen 105000 DM mehr wert als vorher (wegen der 5000 DM an ersparten Schuldzinsen – nach Steuern – und weil die Verschuldung um 100000 DM geringer ist). Werden Wertzuwächse nicht besteuert, fällt auf diese Wertsteigerung keine Steuer an. Je nachdem, wie groß sein sonstiges Vermögen und die Zahl seiner Kinder ist, muß möglicherweise auch keine Erbschaftsteuer entrichtet werden, weil die Freibeträge nicht überschritten werden. Nun haben wir die Annahme gemacht, daß das Unternehmen einem einzigen Aktionär gehört – es handelt sich um eine wesentliche Beteiligung (im Sinne des § 17 EStG) und der Veräußerungsgewinn ist zu versteuern. Damit der dargestellte Spareffekt eintritt, ist es erforderlich, daß der

---

[38] W. Leibfritz schätzt, daß 1980 nur 7,6% der Realkapitalbildung im Wege von Kapitalerhöhungen finanziert wurden. Vgl. Steuerliche Belastung und staatliche Förderung der Kapitalbildung in der BR Deutschland. München: Ifo 1986.

[39] Der Einfachheit halber wird im Rest dieses Kapitels jeweils angenommen, der Körperschaftsteuersatz betrage 50%. Tatsächlich betrug dieser in der BR Deutschland bis 1959 45% und bis 1976 51% für einbehaltene und (effektiv) 23% für ausgeschüttete Gewinne.

Anteil des Aktionärs unter dem Schwellenwert bleibt, ab dem das EStG von einer wesentlichen Beteiligung spricht[40].

Unter einer Körperschaftsteuer vom klassischen Typ und bei einer Nichtbesteuerung von Wertzuwächsen ist es für ein Unternehmen vorteilhaft, seine Investitionen durch Einbehaltung von Gewinnen zu finanzieren. Darüberhinausgehende Investitionen sollten mit Fremdkapital finanziert werden (wegen der Abzugsfähigkeit von Schuldzinsen). Für eine Körperschaftsteuer vom klassischen Typ lassen sich zwei Grundsätze zur Steuerausweichung formulieren. 1. Vermeide es, Einkommen aus dem körperschaftlich organisierten Sektor an die Haushalte zu transferieren; 2. wenn Einkommen transferiert werden soll, sollte dies derart geschehen, daß dieses beim Haushalt als Wertzuwachs anfällt. Besonders unsinnig ist eine Schütt-aus-Hol-zurück Politik, bei der die Körperschaft Gewinne ausschüttet und dann neues Beteiligungskapital aufnimmt.

Das Dividendenparadox

Daß Unternehmen bei einer Körperschaftsteuer vom klassischen Typ (wie sie etwa in den USA besteht) ihre Gewinne ihren Aktionären möglichst in Form von Wertzuwächsen zukommen lassen sollten, hat noch weitere Folgen. Wenn eine gewinnbringende Unternehmung ankündigt, daß sie 5% der Anteile von ihren Anteilseignern zurückkauft, würde der Kaufpreis, den sie vom Unternehmen erhalten, einen Wertzuwachs enthalten. Halten diese Anteilseigner keine wesentliche Beteiligung, bleibt dieser Wertzuwachs nach dem deutschen Einkommensteuerrecht unbesteuert[41]. Im Vergleich zu einer Ausschüttung von Dividenden würde also eine günstigere steuerliche Behandlung erreicht. Abgesehen von diesen Steuervorteilen laufen die beiden Transaktionen wirtschaftlich gesehen auf dasselbe hinaus. Ein Gesellschafter, der vorher 1% der Anteile hält, hält nachher

---

[40] Der Leser mag sich wundern, weshalb wir in die deutsche Ausgabe des Buchs eine Analyse von Steuerausweichungsmöglichkeiten aufnehmen, die so nur bei einer Körperschaftsteuer vom klassischen Typ bestehen, die es doch in Deutschland seit langem nicht mehr gibt, und in den Beispielen dann auch noch auf die relevanten Bestimmungen des deutschen EStG verweisen. Wir haben im Rahmen des Vorworts zur deutschen Ausgabe eine Rechtfertigung hierfür zu liefern versucht. Wir verweisen nochmals darauf, daß in den meisten Ländern Systeme der Körperschaftsteuer bestehen, die entweder noch dem klassischen Typ zuzuordnen sind oder aber ihm doch recht nahe kommen. Vgl. Kapitel 24. Schließlich ermöglicht es uns die Analyse einer Körperschaftsteuer vom klassischen Typ, ein vertieftes Verständnis der Folgen einer Integration von Körperschaftsteuer und Einkommensteuer zu gewinnen, wie sie in der BR Deutschland vorgenommen wurde.

[41] Wenn es sich um eine wesentliche Beteiligung handelt, greift hingegen der § 17 des EStG ein. In den USA sind realisierte Wertzuwächse generell zu versteuern. Bis 1987 waren sie aber mit einem ermäßigten Satz zu versteuern, so daß sich de facto oft doch eine Steuerersparnis ergab. Im deutschen Steuerrecht gibt es eine ähnliche Regelung, nämlich den § 34 EStG. Gemäß diesem werden Gewinne aus der Veräußerung wesentlicher Beteiligungen auf Antrag unter Umständen mit einem ermäßigten Satz besteuert, nämlich der Hälfte des durchschnittlichen Steuersatzes, der auf eine in diesem Paragraphen näher dargestellte Weise ermittelt wird.

auch noch 1%[42]. Die Zahl der Aktien hätte sich verändert, aber worauf es ankommt, ist nicht die Gesamtzahl der Aktien, die einer besitzt, sondern sein Anteil am Unternehmen.

Es gibt noch andere Methoden, vermittelst derer das Unternehmen seine Profite in der Form von Wertzuwächsen verteilen kann. Stellen Sie sich vor, was geschehen würde, wenn Sie zwei Gesellschaften besäßen, die Gesellschaft A und die Gesellschaft B. Die Gesellschaft A habe einen erheblichen Gewinn erzielt, den sie Ihnen zukommen lassen will. Sie könnte eine Dividende ausschütten und Sie müßten hierauf dann Einkommensteuer entrichten. Eine andere Möglichkeit wäre, daß Sie das Unternehmen A auffordern, das Unternehmen B zu kaufen (da Ihnen beide gehören, hat diese Transaktion nur steuerliche Konsequenzen, sonst keine). Im Rahmen dieser Transaktion zahlt das Unternehmen A dem Aktionär des Unternehmens B, also Ihnen, pro Aktie einen bestimmten Kaufpreis. Die Differenz zwischen diesem Kaufpreis und dem Betrag, den Sie ursprünglich für den Erwerb dieser Aktien ausgegeben haben, stellt einen Wertzuwachs dar. Sind Sie der einzige Anteilseigner, handelte es sich, die Verhältnisse des deutschen Rechts vorausgesetzt, nun allerdings um eine wesentliche Beteiligung und der Wertzuwachs würde infolgedessen besteuert. Damit der Steuerspareffekt eintritt, müßten genügend Anteilseigner vorhanden sein, daß es sich nicht um wesentliche Beteiligungen handelt. Die Annahme eines einzigen Anteilseigners haben wir aber nur der Einfachheit halber gemacht und wir können das Beispiel ohne alle Schwierigkeiten auf den Fall vieler Anteilseigner verallgemeinern. Besitzt ein und dieselbe Person beide Unternehmungen, ist es nicht schwierig, die ganze Transaktion zu durchschauen. Im Prinzip sind die ökonomischen Wirkungen aber dieselben, wenn mehrere verschiedene Personen Eigentümer sind. Einige Ökonomen glauben, daß dies in Ländern mit einer klassischen Körperschaftsteuer ein wichtiger Grund für Unternehmenszusammenschlüsse darstellt.

Ein weiteres Beispiel mag diesen Punkt deutlicher machen. Betrachten wir das Verlagshaus M und das Softwarehaus D. Das Verlagshaus hat 100 000 DM in der Kasse und Anlagevermögen im Wert von 900 000 DM. Im Verlagswesen läßt sich nicht sonderlich viel Geld verdienen und der Eigentümer möchte in diese Branche nicht weiter investieren. Er würde gern die 100 000 DM an sich ausschütten, um in eine lukrative Branche, nämlich die Softwareerzeugung einzusteigen. Aber er weiß, daß er bei der Ausschüttung dieser Mittel als Dividenden 50 000 DM Steuern zahlen müßte (sein Grenzsteuersatz betrage 50%[43]). Auf der anderen Straßenseite befindet sich das Softwarehaus D. Es wurde vor 10 Jahren von David D gegründet. Dieser hat außer seiner Arbeitszeit kaum etwas in dieses Unternehmen investiert. David D findet, daß es an der Zeit ist, den Erfolg seines Unternehmens in klingende Münze zu verwandeln. Betrachten wir nun, was geschieht, wenn das Verlagshaus M und das Softwarehaus D sich zusammenschließen. David D erhalte ein Drittel der Anteil an der neuen Unternehmung, den M & D-Werken (die 1,5 Millionen Mark wert sind) und 100 000 DM auf die Hand. Dieser Austausch von Unternehmensanteilen war nach amerikanischem Recht (bis zur Reform von 1986) nicht steuerpflichtig. Die 100 000 DM, die David D erhält, fallen als Wertzuwachs aus dem Verkauf von Unternehmensanteilen an, und unterlagen folglich nach amerikanischem Recht (bis 1986) nur einer Steuer mit einem verminderten

---
[42] Wir setzen in diesem Beispiel voraus, daß die Gesellschaft die Anteile einzieht und sie nicht weiterverkauft.
[43] Das Rechenbeispiel stimmt nicht genau, da er bei einem Grenzsteuersatz von 50% ja nicht auf den gesamten Betrag von 100 000 DM diesen Grenzsteuersatz entrichten müßte. Wir vernachlässigen dies hier.

Satz[44]. Auf diese Weise sind (wegen des unterstellten Steuersatzes von 50%) Steuern in Höhe von 50 000 DM eingespart worden.

Wir haben nun einige Verfahren beschrieben, mittels derer der körperschaftlich organisierte Sektor in einem System mit einer Körperschaftsteuer von klassischem Typ Steuern sparen kann. Die Tatsache, daß er diese Möglichkeiten zur Ersparnis von Steuern häufig nicht vollständig ausnützt, daß beispielsweise auch bei einer klassischen Körperschaftsteuer noch Dividenden ausgeschüttet werden, wird als Dividendenparadox bezeichnet[45]. Eine Reihe von möglichen Erklärungen wurden vorgeschlagen, von denen die meisten aber nicht sehr überzeugend sind. Eine davon ist, daß die Höhe der Dividenden ein „Signal" für das Wohlbefinden des Unternehmens ist. Das mag zwar der Fall sein, aber der Rückkauf von Aktien könnte ein ebenso deutliches Signal darstellen.

Für unser Unverständnis für das Dividendenparadoxon ist die Voraussetzung verantwortlich, daß die Anteilseigner durchschauen, was innerhalb der Körperschaft vor sich geht, daß es ihnen beispielsweise gleich ist, ob sie 10 Aktien eines Unternehmens mit 1000 Aktien besitzen oder 9 Aktien eines Unternehmens mit 900 Aktien. Ist das so, wird der Markt bei einer Verringerung der Schulden des Unternehmens um 1000 DM erkennen, daß sein Wert um 1000 DM gestiegen ist und der Aktienkurs wird entsprechend steigen. Wenn das Unternehmen 1 Million DM einbehält und ein Aktionär 1% desselben besitzt, wird dies für ihn ganz dasselbe sein, als hätte er selbst 10 000 DM investiert. Vorausgesetzt wird also, daß die Anteilseigner durch den **Körperschaftschleier** hindurchsehen können und durchschauen, was wirklich vor sich geht. Das Dividendenparadox ist ein Beispiel für ein Verhalten des Unternehmens, das mit dieser Voraussetzung un-

---

[44] Die amerikanische Rechtslage hat sich aufgrund des Steuerreformgesetzes von 1986 geändert. Die Möglichkeiten, der Besteuerung von Wertzuwächsen durch Unternehmensfusionen auszuweichen, wurden weitgehend beseitigt. Außerdem werden realisierte Wertzuwächse seit 1987 mit demselben Steuersatz besteuert wie andere Einkommen. Im deutschen Recht verhielte es sich hingegen selbst dann, wenn noch eine Körperschaftsteuer vom klassischen Typ bestünde, anders. Dies liegt erstens an dem wiederholt erwähnten § 17 EStG, wobei allerdings wiederum § 34 zu berücksichtigen ist, es käme also zu einer Besteuerung mit einem ermäßigten Satz. Ferner wären noch die Vorschriften des Umwandlungssteuergesetzes zu beachten, insbesondere der § 16, die dazu führen können, daß die Besteuerung tatsächlich nur aufgeschoben wird. Die Transaktion kann bei geeigneter Ausgestaltung trotzdem noch vorteilhaft sein. Immerhin braucht der Veräußerungsgewinn bei Einbringung eines Betriebs in eine Personen- oder Kapitalgesellschaft, also bei einer Veräußerung gegen Gewährung von Gesellschaftsrechten, auch nach deutschem Recht nicht realisiert zu werden und wird folglich bei der Einbringung auch nicht besteuert. Dies setzt voraus, daß die Buchwerte des Betriebs fortgeführt werden. Vgl. §§ 20 und 21 UmwStG. Eine genauere Erörterung der umwandlungssteuerrechtlichen Lage würde hier zu weit führen.

[45] Das Dividendenparadox wurde erörtert in J. E. Stiglitz: Taxation, Corporate Financial Policy, and the Cost of Capital. Journal of Public Economics 12 (1973), S. 1-34. Weitere Studien sind J. Poterba und L. H. Summers: Dividend Taxes, Corporate Investment and ‚Q'. Journal of Public Economics 1983 S. 135-67; A. A. Auerbach: Wealth Maximization and the Cost of Capital. Quarterly Journal of Economics, August 1979 S. 433-66; D. Bradford: The Incidence and Allocation Effect of a Tax on Corporate Distributions. Journal of Public Economics 15 (1981), S. 1-22 und M. King: Public Policy and the Corporation. London 1977.

vereinbar zu sein scheint[46]. Ist der Markt unfähig, den Körperschaftschleier zu durchdringen, kann es sein, daß er auf eine Verringerung der Dividenden und den Versuch des Managements, seinen Aktionären Gewinne in Form von Wertzuwächsen durch Rückkauf von Aktien zukommen zu lassen, konfus reagiert und der Aktienkurs sinkt. Wenn das Gehalt und die Karriere des Managements zum Teil vom Aktienkurs abhängen, könnte es dieses Management vorziehen, eine Unternehmenspolitik zu betreiben, die die Aktionäre bei guter Laune hält, obwohl bei dieser Unternehmenspolitik die Steuerschuld des Unternehmens nicht minimiert wird.

Wirkungen einer Anrechnung der Steuer auf ausgeschüttete Gewinne bei der Einkommensteuer

Die Reform der Körperschaftsteuer, die in der BR Deutschland[47] vorgenommen wurde und die zu einer (teilweisen) Integration der Körperschaftsteuer in die Einkommensteuer führte, beseitigt einen Teil der oben dargestellten Verzerrungen und lindert einige andere. Der Anreiz zur Einbehaltung statt einer Ausschüttung von Gewinnen, der bei einer klassischen Körperschaftsteuer besteht, entfällt großenteils.

Die Erwartung, daß diese Reform zu einer „Renaissance" der Aktie führen würde, war dennoch selbst dann wenig begründet, wenn von der Möglichkeit abgesehen wird, daß ein Dividendenparadox wirksam ist. Schließlich war bereits ab 1959 der ausgeschüttete Gewinn „nur mehr" mit einem Steuersatz von 15% (effektiv 23%) belastet worden[48], so daß zumindest für Aktionäre mit einem niedrigen Grenzsteuersatz die Ausschüttung schon damals nicht mehr so unvorteilhaft war. Ferner blieben auch nach der Reform eine Reihe von Hindernissen für die Aufnahme von Beteiligungskapital erhalten[49].

Eines dieser Hindernisse ist die sogenannte Gesellschaftsteuer, eine Sondersteuer auf die Aufnahme von Beteiligungskapital, die die aufgenommenen Beträge mit einem Satz von 1% belastet. Von dieser Steuer geht ein Effekt zugunsten einer Einbehaltung von Gewinnen und zuungunsten einer Unternehmenspolitik aus, bei der Gewinne ausgeschüttet und neues Beteiligungskapital hereingeholt wird. Dieselbe Wirkung haben verschiedene Regulierungen, denen in der BR Deutschland die Emission von Wertpapieren und das Kreditwe-

---

[46] Es gibt noch weitere Beispiele für paradoxes Verhalten. Eines ist, daß gewinnbringende Unternehmen, die die Möglichkeit dazu haben, dennoch mitunter auf Sonderabschreibungen verzichten und infolgedessen versäumen, ihre Steuerschuld zu minimieren. Hierfür wurden zwei Erklärungsversuche vorgetragen. Eine Möglichkeit ist, daß die Manager der Unternehmung sich nicht als Gewinnmaximierer verhalten und daß die Disziplin, die der Markt ihnen auferlegt und die Effizienz gewährleisten soll, tatsächlich nicht sonderlich straff ist. Eine zweite Möglichkeit ist, daß sie zwar rational handeln, nicht aber die Aktionäre. Aktionäre verstehen nicht, wie das Steuersystem funktioniert. Sie erkennen nicht, daß das Unternehmen nur sein Abschreibungsverfahren geändert hat, und halten die Verringerung des Bilanzgewinns für ein Indiz für einen Mißerfolg. Infolgedessen gehen die Aktienkurse möglicherweise zurück.

[47] Ähnliche Reformen erfolgten in Italien und Norwegen.

[48] einbehaltener Gewinn dagegen mit 51%.

[49] Viele Ökonomen sind der Ansicht, daß eine Stärkung der insgesamt relativ schwachen Eigenkapitalbasis deutscher Unternehmen wirtschaftspolitisch wünschenswert sei, weil sie damit weniger krisenanfällig und stärker dazu befähigt würden, Risiko zu übernehmen.

sen unterliegt. De facto werden Aktien nur über die Vermittlung der Banken emittiert. Die Regulierungen vermindern den Wettbewerb zwischen verschiedenen emissionsbegleitenden Instituten stark. Die Gesellschaftsteuer und diese Regulierungen bewirken zusammengenommen, daß die Kosten einer Emission bis zu 20% des aufgenommenen Kapitals betragen. Von einer Emission neuer Aktien muß infolgedessen oft abgeraten werden[50].

Die Körperschaftsteuerreform änderte wenig an dem Umstand, daß die Aufnahme von Fremdkapital im Vergleich zum Eigenkapital steuerlich bevorteilt ist. Fremdkapitalzinsen werden zwar im Prinzip beim Empfänger dieser Zinsen besteuert, so daß ihre Abzugsfähigkeit als Schuldzinsen (bei der Körperschaftsteuer) noch keine völlige Freistellung dieser Kapitaleinkommen von der Besteuerung bedeutet. De facto wird die Steuer auf diese Zinsen oft hinterzogen. Die Einführung einer Quellensteuer auf Zinseinkommen hätte die Lage verändert, wobei aber auch diese Quellensteuer mit nur 10% noch eine weit geringere Belastung darstellte als die, die das Eigenkapital erfährt. Darüberhinaus bewirken auch die Gewerbesteuer und die Vermögensteuer eine recht erhebliche Begünstigung des Fremdkapitals im Vergleich zum Eigenkapital[51].

Insoweit ein Dividendenparadox wirksam ist und das Management der Körperschaften dem Markt mittels Ausschüttungen ein „Signal" vermitteln muß, daß es sich lohnt, in Aktien zu investieren, hat dieses Management heute dazu nicht sehr viel mehr Grund als vor der Reform, zieht es doch, wenn diese möglich ist, die Fremdfinanzierung der Aufnahme von Beteiligungskapital gegenüber vor. Tatsächlich scheint die Reform an der Finanzierungsstruktur und dem Ausschüttungsverhalten der Aktiengesellschaften nicht sehr viel verändert zu haben.

Weiter oben hatten wir festgestellt, daß eine Körperschaftsteuer vom klassischen Typ zumindest zum Teil eine Steuer auf unternehmerisches Handeln darstellt. Gilt dies auch noch für eine integrierte Körperschaftsteuer, wie sie nunmehr besteht (und wenn wir uns für einen Augenblick vorstellen, die Zinsen auf Fremdkapital würden von ihren Beziehern ordnungsgemäß versteuert)? Wir hatten uns bei dieser Interpretation der Körperschaftsteuer auf Unternehmen bezogen, die nur begrenzt oder gar nicht die Möglichkeit zur Aufnahme von Fremdkapital haben. Wenn ein solches Unternehmen die Möglichkeit hat, seine Gewinne an seine Anteilseigner auszuschütten und alsbald von diesen wieder in Form einer Erhöhung von deren Beteiligung zurückzuholen, liegt eine Besteuerung des unternehmerischen Handelns durch die Körperschaftsteuer nicht vor, weil letztlich überhaupt keine Körperschaft-, sondern nur Einkommensteuer anfällt. Anders, wenn eine derartige Schütt-aus-Hol-zurück-Politik nicht mehr möglich ist, weil ein Teil der Anteilseigner zu einer Einlage im Anschluß an eine Ausschüttung nicht bereit ist. Dann muß zusätzliches Eigenkapital durch Einbehaltung von Gewinnen gebildet werden. Ob dieser Fall bei derartigen Unternehmen sonderlich

---

[50] Eine Finanzierung der Unternehmen durch Aufnahme von Beteiligungskapital wird in der BR Deutschland auch durch verschiedene Regulierungen des Gesellschaftsrechts verteuert.

[51] Wegen der Gewerbesteuer siehe Kapitel 23. Die deutsche Vermögensteuer besteuert sowohl natürliche als auch juristische Personen, also Körperschaften. Besteuert wird das Eigenkapital des körperschaftlich organisierten Unternehmens und zwar mit einem Satz von 0,6%. Eine natürliche Person, die Aktien besitzt, muß im Rahmen der Besteuerung ihres Vermögens dann diese Aktien nochmals versteuern, wenn ihr Vermögen gewisse Freigrenzen überschreitet.

wahrscheinlich ist, mag man immerhin bezweifeln, haben hier vermutlich die Anteilseigner doch einen wesentlichen Einfluß auf die Geschäftsführung. Insgesamt scheint es also, daß die deutsche Körperschaftsteuerreform die Eigenschaft der Körperschaftsteuer als eine Besteuerung des unternehmerischen Handelns erheblich gelindert hat. Dieser Schluß gerät ins Wanken, wenn man die deutsche Kapital- und Unternehmensbesteuerung in ihrer Gesamtheit, also alle diesbezüglichen Steuern, betrachtet. Dies werden wir im Kapitel 24 tun. Dann wird vollends klar werden, daß die Gesamtbelastung des Eigenkapitals trotz Körperschaftsteuerreform deutlich höher ist als die Gesamtbelastung des Fremdkapitals, so daß wir durchaus noch von einer Sondersteuer auf das Unternehmertum sprechen können.

Die Kritiker der deutschen Körperschaftsteuerreform werten sie als einen halbherzigen Schritt in die richtige Richtung. Der Vorwurf der Halbherzigkeit basiert nicht nur darauf, daß es auch nach der Reform de facto bei einer stärkeren Belastung des Eigenkapitals als des Fremdkapitals geblieben ist, sondern auch darauf, daß das Ziel der Rechtsformneutralität verfehlt wurde. Solange der Körperschaftsteuersatz nicht nennenswert unter dem Spitzensteuersatz der Einkommensteuer liegt, ist es nach wie vor im allgemeinen steuerlich günstiger, ein Unternehmen in der Rechtsform einer Personengesellschaft, etwa einer GmbH und Co. KG zu gründen und nicht als GmbH. Wenn nicht alle Gesellschafter dem Spitzensteuersatz unterliegen, zahlen sie sonst wegen der höheren Tarifs für einbehaltene Gewinne mehr Steuern. Sollten die Pläne realisiert werden, den Steuersatz der Körperschaftsteuer weiter zu senken – soweit, daß möglicherweise die Nachteile, die Körperschaften noch im Rahmen der Vermögen- und Gewerbesteuer erleiden, überkompensiert werden – könnte es für Personen, die dem Spitzensteuersatz der Einkommensteuer unterliegen, künftig vorteilhaft werden, eine Kapital- statt einer Personengesellschaft zu gründen. In jedem Fall ist das Postulat der Rechtsformneutralität verletzt.

Zusammenfassung

1. Ist das Kapitalangebot langfristig vollkommen elastisch und herrscht in der Wirtschaft Wettbewerb, wird eine Steuer auf das Kapital der Körperschaften vom Konsumenten getragen. Der Kapitalertrag nach Steuern bleibt derselbe. Die Steuer ist mit zwei Arten von Verzerrungen verbunden, nämlich der Produktionseffizienz (die Wirtschaft erreicht nicht mehr die Produktionsmöglichkeitsgrenze) und der Güterstruktur des Outputs (die Produktion verschiebt sich zum nichtkörperschaftlichen Sektor).

2. Ist das Kapitalangebot in der Wirtschaft starr und herrscht Wettbewerb, hat die Steuer die Wirkung, daß Kapital aus dem körperschaftlich organisierten in den nichtkörperschaftlichen Sektor verbracht wird, weil in beiden Sektoren der Kapitalertrag nach Steuern derselbe sein muß. Der Kapitalertrag wird dann normalerweise geringer sein als vor Einführung der Steuer. In diesem Fall ruht ein Teil der Last der Steuern auf den Eigentümern des Kapitals. Der Kapitalertrag nach Steuern geht möglicherweise um mehr als den Steuersatz zurück.

3. Besteht im körperschaftlich organisierten Sektor kein Wettbewerb, kann die Preiserhöhung größer ausfallen als die Erhöhung der Produktionskosten, die die Steuer zur Folge hat. In diesem Sinne kann eine Überwälzung zu mehr als 100% erfolgen.

4. Unter dem gegenwärtig bestehenden System sind die Schuldzinsen steuerlich abzugsfähig; das bedeutet, daß immer dann, wenn unterstellt werden kann, daß die marginale Investition durch Schuldenaufnahme finanziert wird, die Körperschaftsteuer die Investitionen des Unternehmens nicht verzerrt. Die Steuer läßt sich dann mitunter als eine Steuer auf das Unternehmertum betrachten.

5. Die Körperschaftsteuer hat Auswirkungen auf die Finanzierungsweise der Unternehmung. Es gibt aber keinen Grund zu der Annahme, daß sie neue Investitionen genauso finanzieren wird wie sie vergangene finanziert hat und folglich gibt es auch keinen für die Annahme, daß die marginalen Kapitalkosten durch die Steuer ebenso erhöht werden wie die durchschnittlichen.

6. Will man die Wirkung der Körperschaftsteuer beurteilen, muß man sie zusammen mit der Einkommensteuer betrachten und auch die Sonderbehandlung der Wertzuwächse im Auge behalten. Bei einer Körperschaftsteuer vom klassischen Typ lassen sich zwei Empfehlungen ableiten: Die Unternehmen sollten es vermeiden, ihre Gewinne an die Haushalte auszuschütten; wenn sie Gewinne an die Haushalte transferieren, dann sollte dies in der Form von Wertzuwächsen geschehen.

7. Die Tatsache, daß Unternehmen relativ beeindruckt von derartigen Erwägungen Dividenden zahlen, die dem Aktionär eine Steuerschuld auflasten, obwohl noch andere Wege zu einer Transferierung von Gewinnen beschritten werden können, wird als Dividendenparadox bezeichnet.

8. Das Leasing ermöglicht es (bei steuerlicher Anerkennung), daß Unternehmen ohne Gewinne die Vorteile von Sonderabschreibungen ausnützen. Würde man, statt Sonderabschreibungen zu erlauben, die Investitionen direkt subventionieren, so würde das die Kosten derartiger Investitionsförderungsmaßnahmen offenlegen und die Benachteiligung von Unternehmen beseitigen, deren Ertragslage gerade ungünstig ist.

9. Die Körperschaftsteuer verursacht erhebliche Verzerrungen und es gibt kaum einen Hinweis darauf, daß sie in nennenswertem Umfang eine (positive) Umverteilung bewirkt. Viele Ökonomen sind der Meinung, daß sie im Wege einer Überführung in eine Teilhabersteuer abgeschafft werden sollte.

Schlüsselbegriffe

Absetzung für Abnutzung
Reingewinnsteuer
Einbehalten von Gewinnen
Integration von Körperschaft- und
  Einkommensteuer

Vollintegration
Teilhabersteuer
Ausschüttung von Gewinnen
Körperschaftschleier
Anrechnungsverfahren

Fragen und Probleme

1. Erörtern Sie einige der kontroversen Standpunkte, die es zu der Frage gibt, wer die Last der Körperschaftsteuer trägt! Auf welche der folgenden Faktoren sind die bestehenden Meinungsunterschiede zurückführbar und in welchem Maße:
   a) Unterschiedliche Annahmen über die Natur der Steuer;
   b) unterschiedliche Annahmen über die Eigenschaften der Wirtschaft;
   c) unterschiedliche Interpretationen des statistischen Materials?

2. Ist es möglich, daß
   a) der Preis des Outputs des körperschaftlichen Sektors stärker steigt als das Steueraufkommen (pro Outputeinheit);
   b) der Kapitalertrag nach Steuer sich im körperschaftlichen Sektor nach Einführung einer Körperschaftsteuer erhöht?
   Führen Sie aus, unter welchen Voraussetzungen es zu derartigen Ergebnissen kommen kann!

3. Diskutieren Sie unter Gerechtigkeits- und Effizienzgesichtspunkten die Behandlung des Leasing durch das deutsche Steuerrecht.

4. Bei den meisten Vermögensgegenständen bereitet es Schwierigkeiten zu ermitteln, wie stark sich ihr Wert mit zunehmendem Alter verringert. Eine Ausnahme hiervon sind Automobile. Stellen wir uns vor, ein neues Kfz koste 10000 DM, sein Wert am Endes des ersten Benutzungsjahres betrage 8000 DM, am Ende des zweiten 6000 DM, am Ende des dritten 4000 DM, und im Laufe der nächsten acht Jahre verringere sich sein Wert jedes Jahr um 500 DM. Was ist die ökonomisch korrekte Abschreibung? Was ist der Gegenwartswert dieser Abschreibungen, wenn der Zinssatz nach Steuern 5% beträgt? Welche Abschreibung ist nach AfA Tabelle zulässig? Was ist der Gegenwartswert dieser Abschreibungen?

5. Verschiedentlich wird gefordert, daß in der BR Deutschland die Abschreibung stark erleichtert und damit an die Verhältnisse in anderen EG-Ländern angeglichen wird. Dies fördere die Großindustrie und das sei wünschenswert. Warum neigen Ökonomen dazu, derartige Argumente mit Skepsis zu betrachten? Ist ein Fall von Marktversagen zu erkennen? Wenn die Großindustrie subventioniert werden soll, wie könnte man das auf andere Art und Weise tun?

6. Die Körperschaftsteuersysteme der verschiedenen EG-Länder unterscheiden sich stark. Die Kommission der EG hat sich in neuerer Zeit auf den Standpunkt gestellt, daß diese Systeme einander angeglichen werden sollten und daß sich diese Angleichung vor allem auf die Körperschaftsteuersätze und erst in zweiter Linie auf die Besteuerungsgrundlage (alle Gewinne ohne oder mit einer teilweisen Anrechnung auf die entrichtete Einkommensteuer oder aber nur die einbehaltenen Gewinne) beziehen solle. (Es gibt aber auch ältere Vorschläge der Komission, die auf eine teilweise Anrechnung der ausgeschütteten Gewinne auf die entrichtete Einkommensteuer hinauslaufen, wie sie etwa in Frankreich besteht.) Was halten Sie davon?

22. Kapitel
Die Umsatzsteuer

Die Umsatzsteuer wurde in der BR Deutschland mit Wirkung ab 1.1.1968 reformiert. Bis dahin hatte es sich um eine sogenannte Allphasenbruttoumsatzsteuer gehandelt. Bei ihr werden die Umsätze sämtlicher Unternehmen auf allen Handelsstufen („Phasen") belastet, ohne daß die Möglichkeit besteht, die vom Lieferanten der Vorprodukte bereits entrichtete Steuer abzuziehen[1]. An dieser Steuer wurde unter anderem kritisiert, daß die Belastung ein- und desselben Endprodukts ganz unterschiedlich ausfalle je nachdem, ob die Fertigungsstufen, die es auf dem Weg zur Konsumreife durchläuft, vertikal in einer Unternehmung integriert sind oder nicht. Sie begünstigte eine vertikale Konzentration. Ab 1968 wurde diese alte Umsatzsteuer durch die Mehrwertsteuer, eine Allphasennettoumsatzsteuer mit Vorsteuerabzug ersetzt. Die Mehrwertsteuer bestand damals bereits in Frankreich, das mit der Erhebung einer derartigen Steuer 1954 begonnen hatte. Nicht zuletzt aufgrund ihrer Förderung durch die Europäische Gemeinschaft setzte sie sich in Westeuropa mehr und mehr durch. Sie besteht heute in sämtlichen EG-Ländern kraft zwingendem EG-Recht. In den USA wird die Einführung einer Mehrwertsteuer ebenfalls diskutiert[2]. Heute handelt es sich bei der Mehrwertsteuer wohl um den in der Öffentlichkeit am wenigsten umstrittenen Bestandteil unseres Steuersystems. Diese Windstille verdankt sie vermutlich nicht zuletzt der Einsicht, daß ihre Einführung in fast allen westeuropäischen Ländern das bislang greifbarste Ergebnis der in der Europäischen Gemeinschaft zu verzeichnenden Bemühungen um eine Harmonisierung der Steuern darstellt und sich an ihr infolgedessen auf lange Zeit nicht sehr viel wird ändern lassen. Tatsächlich ist die Mehrwertsteuer durchaus keine unproblematische Steuer[3]. Entsprechend dem Sprachgebrauch, der sich inzwischen durchgesetzt hat, werden wir die Begriffe Umsatzsteuer und Mehrwertsteuer synonym verwenden.

Wertschöpfungsteuer oder Konsumsteuer

In der westeuropäischen Praxis wird die Steuerschuld bei der Mehrwertsteuer vornehmlich nach der sogenannten Vorsteuermethode ermittelt. Hierbei wird der Umsatzsteuertarif an den Umsatz des jeweiligen Unternehmens angelegt und vom Ergebnis die auf die bezogenen Leistungen entfallende Umsatzsteuer, die sogenannte Vorsteuer abgezogen. Der Differenzbetrag ist an das Finanzamt abzuführen. Übersteigt die Vorsteuer die auf den Umsatz des Unternehmens zu entrichtende Steuer, erhält es eine Nettoerstattung.

---

[1] Bemessungsgrundlage für eine solche Steuer ist das jeweils vereinnahmte Bruttoentgelt ohne Abzüge.
[2] Die Mehrwertsteuer erfreut sich einer zunehmenden internationalen Beliebtheit, die sich inzwischen sogar auf die sozialistischen Länder auszudehnen beginnt. So wurde in Ungarn eine Version der Mehrwertsteuer eingeführt und in Jugoslawien gehört eine Einführung der Mehrwertsteuer zu den in Vorbereitung befindlichen Reformprojekten.
[3] Einige der Probleme der Umsatzsteuer hängen mit ihrer Wirkung auf den internationalen Handel zusammen. Auf diese Aspekte werden wir im Kapitel 30 zu sprechen kommen.

Bei dieser Vorgehensweise entsteht die Frage, wie Investitionsgüter behandelt werden sollen. Eine erste Möglichkeit wäre, daß die Vorsteuer auf angeschaffte Investitionsgüter entsprechend den (ökonomisch korrekten) Abschreibungen auf die Lebensdauer des Vermögensgegenstands verteilt würde und dann in dem jeweiligen Jahr, in dem die Abschreibung anfällt, von der in diesem Jahr anfallenden Steuerschuld abgezogen werden könnte. Eine zweite Möglichkeit ist, daß die Vorsteuer auf erworbene Investitionsgüter im Jahr der Anschaffung von der Steuerschuld abgezogen werden kann. Die erste Variante impliziert tatsächlich eine Besteuerung der Wertschöpfung und würde damit dem Namen Mehrwertsteuer (französisch taxe sur la valeur ajoutée, TVA) gerecht. Da Wertschöpfung und Einkommen dasselbe sind, ist eine Mehrwertsteuer dieses Typs (mit einem Satz) einer proportionalen Einkommensteuer ohne Grundfreibetrag äquivalent, wie im Kapitel 17 ausgeführt. Die zweite Möglichkeit entspricht einer Besteuerung nicht der Wertschöpfung, sondern des Konsums. Statt einer Wertschöpfungssteuer spricht man auch von einer Mehrwertsteuer vom Einkommenstyp. Die tatsächlich bestehende „Mehrwertsteuer" wird auch als eine vom Konsumtyp bezeichnet.

Im Kapitel 17 hatten wir gezeigt, daß eine Konsumsteuer einer Besteuerung nur des Arbeitseinkommens äquivalent ist. Eine allgemeine und gleichmäßige Mehrwertsteuer vom Typ einer Konsumsteuer entspricht also einer proportionalen Steuer nur auf Arbeitseinkommen (und Reingewinne). Bei der deutschen Umsatzsteuerreform gab es ursprünglich Bestrebungen, eine Steuer vom ersteren Typ, also eine echte Wertschöpfungssteuer zu schaffen. Tatsächlich wurde am Ende eine Steuer geschaffen, die im wesentlichen eine Konsumsteuer darstellt[4].

Eigenschaften einer echten Mehrwertsteuer

Hat man sich die Äquivalenz einer Wertschöpfungsteuer mit einem einzigen Steuersatz mit einer proportionalen Einkommensteuer ohne Grundfreibetrag klargemacht, versteht es sich, daß eine derartige Steuer weder progressiv noch regressiv ist. Eine Umverteilungswirkung ist nicht feststellbar. Für diejenigen, die meinen, daß der Staat nicht versuchen sollte, Einkommen umzuverteilen, ist dies ein Vorteil; die meisten werden es aber für einen ernsten Nachteil halten.

Es ist möglich, der Steuer ein gewisses Maß an Progression zu verleihen, indem bestimmte Wirtschaftszweige von ihr ausgenommen werden. Werden beispielsweise Nahrungsmittel nicht oder mit einem niedrigeren Satz besteuert, mag es sein, daß die effektive Steuerbelastung der Armen geringer ist als die der Reichen, da die ersteren einen größeren Teil ihrer Einkommen für Nahrungsmittel ausgeben. Umgekehrt ist es möglich, durch die Erhebung eines erhöhten Steuersatzes auf Luxusgegenstände wie große Autos die Steuerbelastung derjenigen zu

---

[4] Insbesondere die juristische Literatur spricht statt von einer Konsumsteuer häufig von einer Verbrauchsteuer, wobei nicht immer klar erfaßt wird, daß es sich tatsächlich nur um eine Besteuerung des Verbrauchs der Konsumenten, nicht eines von Produktionsfaktoren handelt. Überhaupt besteht über das Steuerobjekt der Umsatzsteuer unter Juristen noch einige Unklarheit. Dies kommt in ihrer Einstufung als „Verkehrsteuer" zum Ausdruck. Vgl. hierzu Tipke op. cit. S. 443.

erhöhen, die einen Teil ihres Einkommens für solche Luxusgüter verausgaben. Ein analoges Vorgehen ist auch bei einer Mehrwertsteuer vom Konsumtyp möglich und wird auch tatsächlich praktiziert. Nicht zuletzt wegen der Verzerrungen, die eine derartige Differenzierung der Steuersätze zur Folge hat, ist diese Vorgehensweise nicht unproblematisch und wir werden einige Schwierigkeiten, die damit verbunden sind, weiter unten erörtern[5].

Probleme der Abgrenzung der Steuerbemessungsgrundlage

Bei der Erhebung einer Mehrwertsteuer tauchen sowohl im Fall einer Wertschöpfungsteuer als auch in dem einer Mehrwertsteuer vom Konsumtyp Probleme auf, die ganz analog zu denen einer Einkommensteuer sind. Hierzu gehört beispielsweise die Unterscheidung zwischen Betriebsausgaben, bei denen ein Vorsteuerabzug möglich, und persönlichem Konsum, bei dem er nicht möglich sein sollte. Ein derartiges Problem entsteht bei jedem Inhaber eines Unternehmens. Das deutsche Steuerrecht bestimmt, daß Entnahmen von Gütern aus dem Unternehmen zum Zwecke des sogenannten Eigenverbrauchs zu versteuern sind, wobei die Abgrenzungsprobleme zwischen diesem Eigenverbrauch und dem aus betrieblichen Gründen erfolgtem Verbrauch im Prinzip den Abgrenzungsproblemen bei der Einkommensteuer entsprechen. Der Einkommensbesteuerung analoge Probleme entstehen auch bei der Produktion von Gütern und Diensten im Haushalt, die der Einkommensbesteuerung entgeht. Die Mehrwertsteuer kann diese Probleme nicht aus der Welt schaffen.

Im einzelnen werden diese Abgrenzungsprobleme im deutschen Umsatzsteuerrecht oft anders „gelöst" als im Einkommensteuerrecht. Dies mag man für mißlich halten. Es rührt nicht zuletzt von den Begriffen her, mit denen das Recht der Umsatzsteuer operiert. Eine zentrale Rolle spielt dort der Begriff des Leistungsaustauschs, an den die Besteuerung anknüpft. Zu einer Besteuerung kommt es nur, wenn ein Leistungsaustausch vorliegt, also wenn eine Leistung vorliegt, beispielsweise die Lieferung eines Gutes, und eine Gegenleistung, beispielsweise die Zahlung von Geld[6]. Umsatzsteuerpflichtig sind nur Wirtschaftssubjekte, die eine Unternehmereigenschaft im Sinne des Umsatzsteuerrechts aufweisen. Das Gegenstück zum Unternehmer ist der sog. Endabnehmer. Das deutsche Umsatzsteuerrecht hat auf die steuerliche Erfassung einer Lieferung von Leistungen durch Wirtschaftssubjekte verzichtet, die nicht die Unternehmereigenschaft aufweisen. Hierfür bedarf es einer Definition des Begriffs Unternehmer. Das deutsche Umsatzsteuerrecht grenzt den Begriff des Unternehmers derart ab, daß zum Teil Tätigkeiten als unternehmerisch eingestuft werden, die für die Einkommens-

---

[5] Im Kapitel 19 hatten wir die Frage aufgeworfen, ob unterschiedliche Güter mit unterschiedlichen Sätzen besteuert werden sollten. Die Ergebnisse waren nicht eindeutig. Besteht eine optimale Konsumsteuer, sind Unterschiede in der Produktivität der Individuen der Grund für die Einkommensungleichheit und hängt die Grenzrate der Substitution zwischen unterschiedlichen Gütern für die verschiedenen Individuen nicht davon ab, wieviel sie arbeiten, empfiehlt sich eine Mehrwertsteuer mit nur einem Steuersatz. Gibt es keine Konsumsteuer, sprechen Verteilungserwägungen für höhere Steuersätze auf Luxusgüter, und Erwägungen, die die Zusatzlast betreffen, für geringere Steuersätze auf Luxusgüter.
[6] Bei der Haushaltsproduktion etwa fehlt es normalerweise an diesem engen Zusammenhang zwischen Leistung und Gegenleistung.

besteuerung nur eine Liebhaberei darstellen und folglich nicht zur Einkommensteuer herangezogen werden. Andererseits bleiben einkommensteuerlich relevante Wertschöpfungsvorgänge umsatzsteuerlich unberücksichtigt, weil ihr Urheber nicht die Unternehmereigenschaft im Sinne des Umsatzsteuergesetzes besitzt. Für dieses kommt es darauf an, daß die betreffende Person derartige Güter oder Dienste nachhaltig und nicht nur gelegentlich verkauft. Die Rechtsform, in der sie sich betätigt[7], und die Natur der erbrachten Leistungen sind hingegen unerheblich.

Besteuerung der Eigenheime und Eigentumswohnungen. Der Erwerb eines Eigenheims (und der Erwerb anderer langlebiger Konsumgüter) stellt für die Mehrwertsteuer ebensosehr ein Problem dar wie für die Einkommensteuer. Wir haben im Zusammenhang mit der Einkommensteuer argumentiert, daß es im Prinzip richtig wäre, zum Einkommen einen Betrag hinzuzuzählen, der dem Wert der Dienste entspricht, die das Eigenheim gewährt, also eine hypothetische Miete hinzuzuaddieren. Im Rahmen einer Mehrwertsteuer sollte bei derartigen Investitionen analog zu den Investitionen von Industriebetrieben ein Vorsteuerabzug für die Abschreibungen möglich sein (also kein Abzug der gesamten entrichteten Vorsteuer im Jahre des Erwerbs des Eigenheims) und von dem Haushalt eine Umsatzsteuer auf die Dienste, die ihm das Eigenheim stiftet, erhoben werden[8]. Gegen eine derartige Erfassung nicht nur der Unternehmen, sondern auch der Haushalte, sofern sie Häuser und andere langlebige Konsumgüter besitzen, wurde eingewendet, daß sie zu einer außerordentlichen Verkomplizierung der Umsatzsteuererhebung führen würde. Sicherlich würde die Zahl der Steuerpflichtigen stark ansteigen und dies würde den Verwaltungsaufwand erhöhen. Dieses Argument ist trotzdem vielleicht nicht völlig überzeugend, hat man es doch bei der Einkommensteuer sehr wohl für möglich gehalten, den Nutzungswert des Eigenheims und die Abschreibungen auf das Eigenheim bei der Besteuerung zu berücksichtigen. Es bringt eben gewisse Nachteile mit sich, wenn man Steuerobjekte, die weitgehend äquivalent sind, mit mehreren verschiedenen Steuern belegt, die sich einer unterschiedlichen Steuertechnik bedienen, entsteht doch bei der Erhebung jeder einzelnen ein erheblicher Aufwand.

Kleinunternehmer. Ebenfalls mit erhebungstechnischem Gesichtspunkt wird begründet, daß von sog. Kleinunternehmern Umsatzsteuer auch dann nicht erhoben wird, wenn sie eigentlich Unternehmer im Sinne des Umsatzsteuerrechts sind. Als Kleinunternehmer gilt ein Steuerpflichtiger, wenn der Umsatz im vorangegangenen Kalenderjahr 20 000 DM (ab 1990: 25 000) nicht überstiegen hat und im laufenden Kalenderjahr 100 000 DM voraussichtlich nicht übersteigen wird. Auch diese Regelung führt dazu, daß die Steuerbemessungsgrundlage der Umsatzsteuer (auch bei einer Ausgestaltung als Wertschöpfungsteuer) kleiner ist als bei einer umfassenden Einkommensteuer. Ein Jahresumsatz von 25 000 DM kann zum Entstehen eines recht erheblichen Einkommens führen, dessen steuerliche Erfassung an sich wünschenswert wäre.

---

[7] beispielsweise ist auch ein Freiberufler Unternehmer im Sinne des Umsatzsteuerrechts, ebenso ein Landwirt, und zwar unabhängig davon, ob die umsatzsteuerpflichtige Tätigkeit haupt- oder nebenberuflich ausgeübt wird.

[8] Mit den Begriffen, die das geltende Umsatzsteuerrecht verwendet, käme man dann allerdings in Schwierigkeiten – insbesondere mit dem Begriff des Leistungsaustauschs, an den die Steuer anknüpft. Ein solcher liegt hier nämlich nicht vor.

Gebrauchtwaren. Die Regelung, daß Umsatzsteuer nur von Unternehmen erhoben wird, hat Komplikationen zur Folge, wenn ein Gut aus dem Haushalts- in den Unternehmenssektor zurückfließt. Dies ist der Fall beim Handel mit gebrauchten Gegenständen. In der Praxis ist insbesondere der Gebrauchtwagenhandel bedeutsam. Verkauft ein Haushalt an einen anderen einen Gebrauchtwagen, unterliegt er nicht der Umsatzsteuer (da kein Unternehmer). Verkauft er ihn hingegen an einen Gebrauchwagenhändler und verkauft der Händler den Gebrauchtwagen dann an einen Haushalt, würde der Händler normalerweise der Umsatzsteuer unterliegen, ohne eine Vorsteuer abziehen zu können. Dies würde zu einer Verzerrung gegen den gewerbemäßigen Handel mit gebrauchten Gegenständen führen und sich negativ auf eine Wiederverwendung derselben auswirken. Dies kann schwerlich wünschenswert sein. Es mußte also eine Sonderregelung gefunden werden. Derzeit wird das Problem mehr oder minder dadurch „gelöst", daß der Händler nicht als Käufer, sondern nur als Vermittler auftritt. Auf EG Ebene wird eine Regelung derart angestrebt, daß für den Gebrauchwagenhändler die Möglichkeit geschaffen wird, eine fiktive Vorsteuer von seiner Umsatzsteuerschuld abzuziehen, nämlich eine „Vorsteuer" auf den Anschaffungspreis des Gebrauchtwagens, den er bezahlen muß.

Argumente zugunsten einer Besteuerung des Konsums

Bei der Reform der Umsatzsteuer hat man sich letztlich für eine Konsumsteuer und gegen eine Wertschöpfungssteuer entschieden. Dies wirft die Frage auf, ob eine Konsumsteuer im Vergleich zu einer Wertschöpfungssteuer Vorteile hat. Wir haben diese Frage bereits im Kapitel 19 berührt. Es handelt sich im Grunde um die Frage, ob Kapitaleinkommen besteuert werden soll.

Ob der Konsum oder das Einkommen eine bessere Grundlage für die Besteuerung darstellen, wird seit über fünfzig Jahren diskutiert. Irving Fisher argumentierte, es sei angemessener die Bürger auf der Grundlage dessen zu besteuern, was sie der Gesellschaft nehmen (ihrem Konsum), als auf der Grundlage dessen, was sie der Gesellschaft geben (ihre Wertschöpfung, also ihr Einkommen). Dies läuft darauf hinaus, daß eine Besteuerung des Konsums gerechter sei als eine des Einkommens. Ein anderes traditionelles Argument zugunsten einer Besteuerung des Konsums ist, daß sie mit geringeren Verzerrungen verbunden sei.

Für einen wesentlichen Fall, nämlich den, daß die Einkommensunterschiede zwischen den verschiedenen Bürgern nur von unterschiedlichen Fähigkeiten herrühren, und daß die Grenzrate der Substitution zwischen Konsum in jungen Jahren und dem in höherem Alter nicht davon abhängt, wieviel die Individuen arbeiten, konnte immerhin gezeigt werden, daß eine Konsumsteuer tatsächlich eine (Pareto-) effiziente Form der Besteuerung darstellt. Wir hatten auf dieses Resultat im Kapitel 19 aufmerksam gemacht. Hierbei wurde aber eine progressive Konsumsteuer unterstellt. Wird eine Konsumsteuer in Form einer Umsatzsteuer erhoben, so läßt sich eine Progression durch eine Differenzierung der Steuersätze herbeiführen. Wir hatten im Kapitel 19 gezeigt, daß dies vermutlich ineffizient ist. Eine zweite Möglichkeit, Progression in eine Konsumsteuer einzuführen, wäre, einen Teil des Steueraufkommens den Haushalten im Wege eines Pauschaltransfers zurückzugeben. Dies wäre der Typ einer progressiven Flat-Rate-Tax (auf Konsum)[9].

---

[9] Möglicherweise wünscht man mehr Progression als im Rahmen einer solchen Flat-Rate-Tax verwirklicht würde. Dann sollte man eine Konsumsteuer nicht als Umsatzsteuer erheben. Wegen anderer denkbarer Ausgestaltungen einer Konsumsteuer siehe Kap. 27.

Ferner wurde gezeigt, daß dann, wenn diese zwei Voraussetzungen für die Pareto-Effizienz einer Konsumsteuer[10] nicht erfüllt sind, es in manchen Fällen wünschenswert ist, das Zinseinkommen zu subventionieren statt es zu besteuern. In zwei Fällen läßt sich ein überzeugendes Argument zugunsten einer Besteuerung des Zinseinkommens (zusätzlich zur Besteuerung des Konsums) aufbauen:

a) Wenn eine derartige Steuer die Einkommensverteilung vor Steuern in einer wünschenswerten Weise verändert. Genauer gesagt: Wenn eine Verminderung des Kapitalertrags nach Steuern die Ersparnis verringert und wenn Kapital und ungelernte Arbeit Substitute darstellen, wird ein geringeres Kapitalangebot zu einer Erhöhung der relativen Löhne der ungelernten Arbeiter führen. Da eine Einkommensumverteilung immer mit einer Zusatzlast verbunden ist, ist es regelmäßig empfehlenswert, einiges an Zusatzlast in Kauf zu nehmen, wenn damit die Einkommensverteilung vor Steuern verändert werden kann.

b) Wenn die Individuen sich in bezug auf ihre Fähigkeit, Investitionen vorzunehmen, unterscheiden, in der Art, daß manche auf ihre Investitionen einen höheren Ertrag erzielen als andere, ist es mittels einer Besteuerung nur der Arbeitseinkommen (bzw. des Konsums) nicht möglich, Einkommen effizient umzuverteilen.

Das Interesse, auf das die Konsumbesteuerung in der steuertheoretischen Literatur der letzten Jahre gestoßen ist, rührt aber nicht von diesen Gerechtigkeits- oder Effizienzerwägungen her. Vielmehr stehen hier zwei andere Erwägungen im Vordergrund. Wir werden im Kapitel 24 noch näher darlegen, daß ein beträchtlicher Teil der Verzerrungen des bestehenden Steuersystems von der Vielzahl der Sonderbestimmungen herrühren, die die Besteuerung des Kapitals betreffen. Unter dem bestehenden System der Einkommensbesteuerung ist ein beträchtlicher Teil der Kapitaleinkommen von der Steuer befreit oder genießt Steuervergünstigungen (Wertzuwächse, Eigenheim). Andere Kapitaleinkommen wiederum werden mehrfach belastet. Wir haben es bei der Einkommensteuer mit einem System zu tun, das teils einer Konsumsteuer, teils einer echten Einkommensteuer entspricht, und dann durch eine Mehrzahl gesonderter Kapitalsteuern „ergänzt" wird. Ein derartiger Zwitter ist möglicherweise weniger gerecht, stärker verzerrend und verwaltungstechnisch aufwendiger als dies entweder eine echte Einkommensteuer wäre, die auf das gesamte Einkommen abstellt, oder aber eine echte Konsumsteuer.

Ein wesentlicher Grund für das Interesse an einer Besteuerung des Konsums ist das Mißvergnügen an der Komplexität des Steuerrechts und die Vermutung, daß die Wurzeln dieser Komplexität vor allem bei der Kapitalbesteuerung zu finden sind. In der Tat haben die Möglichkeiten einer Steuerausweichung vor allem mit den Einzelheiten der Kapitalbesteuerung zu tun. Sicherlich würde auch die Mehrwertsteuer komplizierter, würde man sie als Wertschöpfungsteuer ausgestalten.

Ein weitverbreiteter Einwand gegen eine Konsumbesteuerung ist, daß sie weniger egalitär sei als eine Einkommensbesteuerung, daß sie die Armen stärker

---

[10] Tatsächlich benötigt man noch eine dritte Voraussetzung. Dies ist, daß die Besteuerung die Einkommensverteilung vor Steuern, was die Arbeitseinkommen anbetrifft, nicht verändert.

treffe als die Reichen, weil die Armen einen größeren Teil ihres Einkommens konsumierten. Dieser Einwand beruht auf mehreren irrigen Vorstellungen. Eine erste ist, daß Konsumsteuer mit Umsatzsteuer identifiziert wird. Im Rahmen einer Umsatzsteuer sind die Möglichkeiten einer progressiven Ausgestaltung tatsächlich relativ begrenzt. Es gibt aber noch andere Formen einer Konsumsteuer, die wesentlich stärker progressiv ausgestaltet werden können. Außerdem kommt hier einige Konfusion darüber zum Vorschein, wie Progression gemessen werden sollte. Glaubt man, daß der Konsum eine gerechtere Besteuerungsgrundlage ist als das Einkommen, wäre es konsequent, Progression bezogen auf den Konsum zu messen und nicht bezogen auf das Einkommen; der Umstand, daß der Anteil des Einkommens, der in den Konsum fließt, mit steigendem Einkommen abnimmt, so daß der Anteil der Steuer an demselben auch bei einer progressiven Ausgestaltung der Konsumsteuer nicht so stark ansteigt wie ihr Anteil am Konsum und möglicherweise sogar abnimmt, ist dann irrelevant.

Befreiungen und ermäßigte Steuersätze

Die Umsatzsteuer beträgt für steuerpflichtige Umsätze normalerweise 14% (Normalsatz). Für bestimmte Umsätze gilt der ermäßigte Satz von 7%. Dies betrifft u.a. die Umsätze im Personennahverkehr, fast alle Lebensmittel (mit Ausnahme von Getränken und Gaststättenumsätze) und Bücher. Des weiteren gibt es besondere Besteuerungsformen, insbesondere die sogenannte Besteuerung nach Durchschnittssätzen für land- und forstwirtschaftliche Betriebe[11]. Bestimmte Umsätze sind von der Steuer befreit.

Das Umsatzsteuergesetz benennt unter anderem die folgenden Befreiungstatbestände: Von der Steuer befreit sind Umsätze aus der Tätigkeit als Arzt, Hebamme und anderen heilberuflichen Tätigkeiten, die Umsätze der Krankenhäuser, der Theater, Orchester, Museen u.ä., die Umsätze für die Seeschiffahrt und die Luftfahrt, die Umsätze der Bahn und der Post, ferner die „Umsätze", der Banken, Versicherungen, Sozialversicherungen und Bausparkassen, also etwa die Gewährung von Kredit oder von Schadensleistungen[12].

---

[11] Die besonderen Besteuerungsformen in der Land- und Forstwirtschaft laufen auf eine sehr günstige steuerliche Behandlung hinaus.

[12] Die Befreiungen sind aufgeführt in Paragraph 4 des UStG. Siehe auch Paragraph 2. Für die Befreiungen werden mannigfaltige Gründe angeführt. Für die Befreiung der Theater lassen sich etwa kulturpolitische Gründe anführen, für die Steuerbefreiung von Ärzten und Krankenhäusern werden gesundheitspolitische Gründe geltend gemacht. Wenn man diese Begründung akzeptieren will, kommt man allerdings nicht umhin sich zu wundern, warum etwa Medikamentenumsätze nicht befreit sind, sondern mit dem Normalsatz belastet werden. Noch nicht einmal der ermäßigte Satz wird ihnen zugestanden. Für die Befreiung der Banken und Versicherungen wiederum sind ganz andere Gründe maßgeblich – eine Belastung von deren „Umsätzen" wäre mit dem Konzept einer Konsumsteuer nicht vereinbar. Systemgerecht wäre es, den Wert der Dienste dieser Finanzintermediäre mit Umsatzsteuer zu belasten. Das Problem dabei ist, daß dieser Wert kaum ermittelbar ist. Man könnte sich etwa im Fall einer Versicherung behelfen, indem man die Verwaltungs- und Vertriebskosten besteuert.
Nach dem Umsatzsteuer-Harmonisierungskonzept der Europäischen Gemeinschaften sollen einige dieser Befreiungen gestrichen werden, beispielsweise die für die Post. Die Begründung für die Steuerbefreiung der Post ist, daß es sich dabei (nach deutschem Recht) nicht um einen gewerblichen Betrieb, sondern um einen „Hoheitsträger" handle.

Tätigt man steuerfreie Umsätze, dann erfolgt auch keine Erstattung der Vorsteuer auf die (Vor)Leistungen, die für die Erbringung der steuerbefreiten Leistungen benötigt werden. Dies heißt, daß auch die Investitionen, die diesem Zweck dienen, mit Umsatzsteuer belastet sind. Dies bedeutet eine Durchbrechung des Konzepts einer Konsumsteuer. Ein Unternehmen, das steuerbefreite Leistungen ausführt, wird steuerlich behandelt wie ein Endverbraucher, der ja ebenfalls nicht zu einem Vorsteuerabzug berechtigt ist. Da die Wertschöpfung bei der Erbringung dieser steuerbefreiten Leistungen nicht mit Umsatzsteuer belastet, ergibt sich immer dann, wenn die Abnehmer dieser Leistungen Endverbraucher sind, eine steuerliche Begünstigung derselben.

Ähnlich verhält es sich mit selbstgenutztem Wohnraum, bei dem ebenfalls keine Vorsteuererstattung gewährt wird, dafür aber auch die hypothetische Miete des Bewohners unversteuert bleibt. Bei Vermietung wäre es folgerichtig, wenn der Hausbesitzer beim Erwerb des Hauses Vorsteuerabzug geltend machen könnte und dann die Mieteinnahmen mit Umsatzsteuer belegt würden. Tatsächlich ist auch die Vermietung und Verpachtung von Grundstücken und Wohungen zumeist steuerfrei. Ein Vorsteuerabzug kann daher ebenfalls nicht geltend gemacht werden.

Von der Befreiung bestimmter Leistungen von der Umsatzsteuer wohl zu unterscheiden ist die Erhebung einer Umsatzsteuer mit dem „ermäßigten" Steuersatz null. Bei einer Befreiung ist ein Abzug der Vorsteuer auf Leistungen, die der Unternehmer zur Ausführung steuerfreier Umsätze verwendet, nicht möglich. Bei einem Steuersatz von null auf diese Umsätze ist ein Vorsteuerabzug möglich. Dies wäre unter Umständen mit einer Nettozahlung vom Finanzamt an das Unternehmen verbunden. Ein derartiges Arrangement gibt es im deutschen Umsatzsteuerrecht nicht, wohl aber im Vereinigten Königreich.

Ermäßigte Steuersätze und Befreiungen bewirken zwar eine gewisse – praktisch stets bescheidene – Progression der Umsatzsteuer, dafür muß aber ein Preis bezahlt werden. Eine der Tugenden einer Mehrwertsteuer ist an sich ihre vergleichsweise Einfachheit, das Fehlen jener Vielzahl steuerrechtlicher Bestimmungen, die bei einer Einkommensteuer erforderlich sind und die die Erhebungskosten dieser Steuer bedeutend erhöhen. Sobald für verschiedene Güter unterschiedliche Sätze eingeführt werden, entstehen Abgrenzungsprobleme und wächst der Erhebungsaufwand. Dies gilt vermehrt, wenn, wie es in Italien, Frankreich, Belgien und Griechenland der Fall ist, noch ein dritter erhöhter Satz für sogenannte Luxusgüter eingeführt wird oder aber die Zahl der Steuersätze sogar noch weiter differenziert wird. Wie groß muß ein Auto sein, damit es ein Luxusgut darstellt? Ist der Kinderreichtum des Käufers ein Kriterium dafür, ob es sich um ein Luxusgut handelt? Die Abgrenzungen, die hier vorgenommen werden, sind praktisch stets fragwürdig. Die Einführung differenzierter Steuersätze provoziert eine heftige Aktivität von Interessenverbänden, die durchzusetzen versuchen, daß ihre Produkte in die Gruppe mit ermäßigten Steuersätzen einbezogen werden. Beispielsweise klagen in Deutschland seit langem die Gastwirte

---

Daß diese Weisheit von den EG-Behörden nicht nachvollzogen werden konnte, ist kaum erstaunlich. In der Tat fehlt es für einen beträchtlichen Teil der bestehenden Steuerbefreiungstatbestände an einer überzeugenden Begründung.

und die pharmazeutische Industrie über ihre Behandlung[13]. Soll über eine Konsumsteuer umverteilt werden, soll sie also progressiv ausgestaltet werden, ist auch aus diesem Grund eine Differenzierung der Steuersätze einer Mehrwertsteuer vom Konsumtyp hierfür vermutlich kein sonderlich geeignetes Verfahren.

Bei einer Mehrwertsteuer mit differenzierten Sätzen und Befreiungen tritt eine sogenannte Nachbelastung ein, wenn Produkte mit einem ermäßigten Steuersatz bzw. befreite Produkte von einem anderen Unternehmen mit normalem Steuersatz als Vorprodukte verwendet werden. Dieses Unternehmen kann nur einen geringeren (oder gar keinen) Vorsteuerabzug geltend machen und seine Wertschöpfung wird entsprechend stärker belastet. Die Steuerermäßigung für diese Vorprodukte wird also auf der nächsten Produktionsstufe wieder rückgängig gemacht.

Finden steuerbefreite Leistungen als Vorprodukte Verwendung, kommt es zu einer Verzerrung in der Produktion (zusätzlich zu den Verzerrungen des Konsums). Dies kann man sich folgendermaßen klarmachen: Nehmen wir an, ein Produkt durchlaufe auf dem Weg zur Konsumreife drei verschiedene Fertigungsstufen in drei unterschiedlichen Unternehmen, wobei der Output der zweiten Fertigungsstufe steuerbefreit ist und der der ersten und dritten mit dem normalen Satz besteuert wird. Wegen der Befreiung kann das zweite Unternehmen keinen Vorsteuerabzug geltend machen. Ebensowenig kann das dritte Unternehmen einen Vorsteuerabzug geltend machen, da auf den Erzeugnissen des zweiten Unternehmens keine Umsatzsteuer ruht. Rechnet man die Steuerbelastung des Endprodukts aus, stellt man fest, daß sie tatsächlich höher ist als wenn es überhaupt keine Steuerbefreiung einer Stufe gegeben hätte. Zusätzlich zu der Belastung des Endprodukts mit 14% ist nämlich noch die Umsatzsteuer von 14% auf das Vorprodukt zu berücksichtigen, das vom ersten Unternehmen gefertigt wurde und die niemals zurückerstattet wurde. Es würde sich lohnen, die drei Produktionsstufen vertikal in einem Unternehmen zu integrieren: dadurch würde die Steuerbelastung tatsächlich verringert[14].

---

[13] Nach dem Brüsseler Konzept soll ihren Klagen nun entsprochen werden, indem sie ebenfalls in den Genuß des ermäßigten Steuersatzes kommen. Naturgemäß werden derartige Klagen umso lauter, je größer die Unterschiede zwischen Normal- und ermäßigten Sätzen sind. Deswegen wird etwa in den Niederlanden über derartige Fragen viel heftiger gestritten als in der BR Deutschland.

[14] Es kann sich für ein großes Unternehmen deswegen beispielsweise lohnen, Dienstleistungen, die der Bank- und der Versicherungssphäre zuzuordnen sind, selber zu produzieren statt sie von außen zu beziehen.
Die Behandlung steuerbefreiter Unternehmen veranlaßt diese ferner zu den folgenden Ausweichreaktionen: Da der Kapitaleinsatz in diesen Unternehmen durch die Umsatzsteuer verteuert wird (kein Vorsteuerabzug für bezogene Kapitalgüter), empfiehlt es sich für sie, kapitalintensive Dienste, die im Rahmen ihrer Tätigkeit benötigt werden, nicht selber zu produzieren, sondern sie von außen – von einem steuerpflichtigen Unternehmen – zu beziehen. So kann eine Bank steuerlich bedingte Kostensenkungen erreichen, indem sie Dienste von Rechenanlagen von steuerpflichtigen Unternehmen, evt. Tochterunternehmen, bezieht. Umgekehrt empfiehlt es sich für steuerbefreite Unternehmen, arbeitsintensive Leistungen möglichst selbst zu produzieren. So kann es für ein Krankenhaus aus steuerlichen Gründen vorteilhafter sein, sich Dienstleistungseinheiten anzugliedern, also etwa eine Wäscherei selbst zu betreiben oder Reinigungsarbeiten selbst vorzunehmen statt damit ein Reinigungsunternehmen zu beauftragen.

Dieser Effekt wird vermieden, wenn die Möglichkeit geschaffen wird, auf die Befreiung von der Umsatzsteuer zu verzichten oder aber wenn statt einer Befreiung eine Besteuerung mit dem Steuersatz null eingeführt würde. Bei einigen steuerbefreiten Umsätzen ist vom deutschen Umsatzsteuerrecht für Unternehmen, die solche Umsätze an andere Unternehmen ausführen, tatsächlich die Option eingeführt worden, auf die Steuerbefreiung zu verzichten[15].

Argumente für und wider die Mehrwertsteuer

Die Befürworter einer Mehrwertsteuer vertreten im allgemeinen nicht die Auffassung, daß sie die Einkommensteuer ersetzen sollte. Vielmehr glauben sie, daß eine Mehrwertsteuer das Steueraufkommen, das mittels der Einkommensbesteuerung erzielt werden muß, verringert und folglich eine Senkung der Grenzsteuersätze der Einkommensteuer erlaubt. Da Steuerausweichungsbemühungen von der Höhe der Grenzsteuersätze abhängen, glauben sie, daß dies zu einer Verringerung der Verzerrungen und zu mehr steuerlicher Gerechtigkeit führe. Kritiker dieser These weisen darauf hin, daß die Verzerrungen durch das Steuersystem von der Summe des Grenzsteuersatzes der Einkommensteuer und desjenigen der Mehrwertsteuer (und weiterer Steuern) abhängen und daß mit einer Verringerung der Zusatzlast nur dann zu rechnen ist, wenn diese Summe verringert wird. Schließlich verweisen manche darauf, daß bei einer Mehrwertsteuer die Verbraucher wegen der Erhebungsmethode – bei jedem Unternehmen, das das Produkt auf dem Weg zur Konsumreife durchläuft, wird ein Teil der Steuer erhoben – sich vielleicht nicht über die volle Höhe der Steuern klar sind und daß es dies den Politikern möglicherweise erleichtert, die Steuerbelastung zu erhöhen: Wünscht man eine Vergrößerung des Staatssektors, ist dies vielleicht ein Vorteil, wünscht man sie nicht, ein Nachteil[16].

---

[15] Aber gerade die wichtigsten Vorprodukterzeuger unter den befreiten Unternehmen haben diese Option nicht. Beispielsweise kann die Deutsche Bundespost auf die Befreiung nicht verzichten. Sollte sie ab 1992 der Umsatzsteuer unterliegen, wäre dies für Unternehmen, die Leistungen der Post in Anspruch nehmen, ein Vorteil.

[16] Wird der Steuersatz auf der Rechnung offen ausgewiesen – was allerdings zumeist nicht der Fall ist – und ist die Zahl unterschiedlicher Steuersätze gering, könnte man meinen, daß auch die Mehrwertsteuer eine relativ transparente Steuer ist. Es kommt aber nicht nur darauf an, daß der Konsument den Steuersatz kennt, sondern daß er die Belastung durch die Mehrwertsteuer richtig zu der durch andere Steuern addiert. Dies ist vielleicht nicht der Fall. Angesichts dessen, daß in der BR Deutschland das Einkommen je nach Herkunft und Verwendung von mehreren unterschiedlichen Steuern erfaßt wird, ist das gar keine einfache Aufgabe.

Zusammenfassung

1. In den Ländern der Europäischen Gemeinschaft wird eine Umsatzsteuer in der Form der Mehrwertsteuer (Nettoallphasenumsatzsteuer) erhoben. Eine derartige Steuer kann sowohl als Wertschöpfungsteuer als auch als Konsumsteuer ausgestaltet sein. In der BR Deutschland und in den anderen EG Ländern ist sie im wesentlichen als Konsumsteuer ausgestaltet.
2. In der Theorie der optimalen Besteuerung wurden Fälle gefunden, in denen eine Konsumsteuer einer Einkommensteuer überlegen ist. Die meisten werden dann aber fordern, daß diese Konsumsteuer einen progressiven Tarif hat.
3. Wird eine Konsumsteuer als Umsatzsteuer erhoben, sind die Möglichkeiten, sie progressiv auszugestalten, verhältnismäßig begrenzt. Die Einführung einer Mehrzahl von Steuersätzen ist mit erheblichen Problemen verbunden, insbesondere einer sprunghaften Erhöhung des Erhebungsaufwands je größer die Zahl der Steuersätze wird.
4. Die Probleme, die die Abgrenzung der Steuerbemessungsgrundlage aufwirft, sind bei der Mehrwertsteuer oft im Grunde ähnlich wie bei der Einkommensteuer, werden aber in der Praxis oft anders gelöst.

Schlüsselbegriffe

Vorsteuermethode
Konsumsteuer

Allphasenbruttoumsatzsteuer
Nachbelastung

Fragen und Probleme

1. In der Schweiz gibt es bislang noch keine Mehrwertsteuer, sondern nur eine Einphasenbruttoumsatzsteuer, die beim Großhandel („Grossisten") erhoben wird. Welche Vorteile und Nachteile einer solchen Steuer könnten Sie im Vergleich zur Mehrwertsteuer benennen?
2. Welche Schwierigkeiten würden entstehen, wenn man statt einer Mehrwertsteuer vom Konsumtyp eine vom Einkommenstyp einführen würde?
3. „Eine steuerliche Erfassung kleiner Umsätze würde einen übermäßigen Verwaltungsaufwand verursachen und zu erheblicher Steuerhinterziehung führen". Nehmen Sie zu dieser These Stellung!
4. Welche Schwierigkeiten dürften sich ergeben, wenn innerhalb eines Staates die verschiedenen Länder oder Gemeinden das Recht haben, die Steuersätze der Mehrwertsteuer für ihr Territorium festzulegen?
5. In der BR Deutschland dürfte Steuerhinterziehung bei der Mehrwertsteuer nur eine relativ geringe Rolle spielen. Für Italien wird hingegen geschätzt, daß ca. 40% des Steueraufkommens hinterzogen werden. Woran könnte das liegen?

23. Kapitel
Die Gewerbesteuer

Seit Jahrzehnten wird die Abschaffung der Gewerbesteuer gefordert. Als der damalige Bundeswirtschaftsminister Bangemann im Februar 1988 diese Forderung erneut auf das Tapet brachte, erntete er allerdings eine Flut von Protesten seitens der Gemeinden, für die die Gewerbesteuer eine ihrer wichtigsten Einnahmequellen darstellt. Die Gewerbesteuer ist bei den deutschen Ökonomen nicht sonderlich beliebt. Die Finanzwissenschaftler haben seit langem nahezu einhellig ihre Abschaffung oder zumindest eine weitgehende Reform befürwortet. Tatsächlich hat das Gewicht der Gewerbesteuer in den letzten Jahrzehnten eher zugenommen. Sie wurde in jüngerer Zeit zweimal reformiert, nämlich 1980 und 1983/84. Wir werden zu prüfen haben, ob diese Reformen zu einer sinnvolleren Einordnung der Gewerbesteuer in die Gesamtheit der Steuern beigetragen haben.

Bestandteile der Gewerbesteuer

Die Gewerbesteuer besteht aus der Gewerbeertrag- und aus der Gewerbekapitalsteuer. Steuerbemessungsgrundlage der Gewerbeertragsteuer ist der sogenannte Gewerbeertrag. Er ermittelt sich aus dem einkommensteuerlichen Gewinn mit bestimmten Hinzurechnungen und Kürzungen. Die wichtigste dieser Hinzurechnungen sind die sogenannten Dauerschuldzinsen. Diese werden zu 50% dem Gewinn hinzugerechnet. Dauerschulden sind Fremdkapital, das der nicht nur vorübergehenden Verstärkung des Betriebskapitals dient. Bei Schulden mit einer Laufzeit von weniger als drei Monaten wird vermutet, daß es sich nicht um Dauerschulden handelt, bei Schulden mit einer Laufzeit von über einem Jahr wird vermutet, daß es sich um solche handelt. Beide Vermutungen können „widerlegt" werden. Würden die Zinsen auf Dauerschulden zu 100% besteuert, so würde es sich im Grunde um eine Kapitalertragsteuer handeln, bei der im Unterschied zur Körperschaftsteuer der Kapitalertrag unabhängig davon besteuert wird, ob es sich um Eigen- oder Fremdkapital handelt. Nur kurzfristig aufgenommenes Fremdkapital ist hiervon ausgenommen. Auch ein Teil der weiteren Hinzurechnungen läßt sich unter dem Vorzeichen verstehen, daß der Ertrag des Fremdkapitals besteuert werden soll. Derartige Hinzurechnungen sind die Miet- und Pachtzinsen für Anlagegüter, die zur Hälfte hinzugerechnet werden und betriebliche Renten und dauernde Lasten, die mit der Gründung oder dem Erwerb des Betriebs oder eines Betriebsanteils zusammenhängen[1].

Bemessungsgrundlage der Gewerbekapitalsteuer ist der sogenannte Einheitswert des Betriebs mit bestimmten Hinzurechnungen. Dieser Einheitswert ist nach den Vorschriften des Bewertungsgesetzes zu ermitteln. Man spricht vom Einheitswert, weil ein- und dieselbe Bewertung für mehrere verschiedene Steu-

---

[1] Würden beispielsweise derartige Miet- und Pachtzinsen nicht hinzugerechnet, so bestünde die folgende einfache Möglichkeit der Umgehung der Gewerbesteuer: Statt Anlagegüter durch Fremdkapital zu finanzieren, werden sie gemietet.

ern maßgeblich ist, die deswegen auch als Einheitswertsteuern bezeichnet werden. Es handelt sich außer der Gewerbe- noch um die Vermögen-, die Grund-, die Erbschaft- und Schenkung- und die Grunderwerbsteuer. Dieser Einheitswert ist nicht mit dem Wert des Eigenkapitals aus der Steuerbilanz identisch. Bestimmte Vermögensgegenstände, beispielsweise Wertpapiere oder immaterielle Wirtschaftsgüter werden bei der Einheitswertermittlung anders bewertet als bei der Aufstellung der Steuerbilanz. Die Hinzurechnungen zum Einheitswert, die zur Ermittlung der Bemessungsgrundlage vorgenommen werden, betreffen erneut in erster Linie die sogenannten Dauerschulden. Diese werden zu 50% hinzugerechnet. Weitere Hinzurechnungen betreffen (kapitalisierte) Rentenverpflichtungen und fremde Wirtschaftsgüter usw.[2]. Es werden auch gewisse Kürzungen vorgenommen, wobei es sich unter anderem um einen Abzug des Wertes der zum Betrieb gehörenden Grundstücke und Baulichkeiten handelt. Der Grund hierfür ist, daß diese der Grundsteuer unterliegen und es zu keiner Doppelbelastung aus Grund- und Gewerbesteuer kommen soll.

Da die Gewerbeertragsteuer auf die tatsächlichen Erträge abstellt, spricht man von einer Ist-Ertragsteuer, wohingegen die Gewerbekapitalsteuer (ebenso wie die Grundsteuer) unabhängig davon zu entrichten ist, ob tatsächlich ein Ertrag anfällt. Deswegen wird sie mitunter als eine Soll-Ertragsteuer bezeichnet[3].

Vor 1980 bestand daneben noch die sogenannte Lohnsummensteuer. Bemessungsgrundlage war die Summe der vom Gewerbebetrieb gezahlten Arbeitsentgelte.

Das Steueraufkommen aus der Gewerbesteuer fließt überwiegend, nämlich bis auf die Gewerbesteuerumlage, den Gemeinden zu. Diese haben einen Einfluß auf die Höhe der Steuersätze. Die Gewerbesteuer wird in einem zweistufigen Verfahren festgesetzt. Die Finanzämter setzen den einheitlichen Steuermeßbetrag fest. Dabei werden auf die Bemessungsgrundlagen die gesetzlichen Steuermaßzahlen angewandt, die bei der Gewerbeertragsteuer 5% und bei der Gewerbekapitalsteuer 0,2% betragen. Die Gemeinden setzen die Gewerbesteuer fest, indem sie auf den einheitlichen Steuermeßbetrag ihren sogenannten Hebesatz anwenden, d.h. den Steuermeßbetrag mit diesem multiplizieren. Den Hebesatz kann die Gemeinde festlegen. 1988 betrug der Hebesatz im Bundesdurchschnitt 405[4]. Hieraus ergibt sich ein durchschnittlicher Steuersatz von 20,3% bei der Gewerbeertrag- und von 0,8% bei der Gewerbekapitalsteuer. Beide Steuern vermindern an der Grenze den Kapitalertrag, sofern dieses Kapital nicht über kurzfristige Kredite aufgenommen werden kann[5], und zwar zusammengenommen in einem keineswegs unwesentlichen Ausmaß. Will man die Höhe der Steuerbelastung an der Grenze ermitteln, muß man berücksichtigen, daß die Gewerbesteu-

---

[2] Diese Hinzurechnungen lassen sich mit demselben Argument rechtfertigen, das wir bei der Gewerbeertragsteuer vorgebracht haben.

[3] Das dritte wesentliche Beispiel für Soll-Ertragsteuern im deutschen Steuerrecht ist die Vermögensteuer.

[4] In verschiedenen Gemeinden weichen die Hebesätze stark voneinander ab. In fast allen Großstädten liegen sie inzwischen über 400. 1988 war der Rekordhalter Frankfurt mit 480. Es gibt aber auch Gemeinden mit einem Hebesatz unter 200.

[5] Genau genommen kommt es nicht auf die Fristigkeit des Kredits an, sondern darum, ob es sich um Dauerschulden handelt.

er bei der Ermittlung der Bemessungsgrundlage für die Einkommen- bzw. Körperschaftsteuer abzugsfähig ist. Werden die Gewinne des Unternehmens von der Körperschaftsteuer mit 56% besteuert, beträgt der Grenzsteuersatz der Gewerbeertragsteuer 20,3 × (1 − 0,56) = 8,93%. Ist die Steuerbelastung der Gewinne durch Einkommen- bzw. Körperschaftsteuer niedriger, dann steigt die Belastung durch die Gewerbesteuer. Besonders ungünstig ist die Lage, wenn keine oder nur geringe Gewinne erwirtschaftet werden und dennoch Gewerbesteuer entrichtet werden muß.

Der Gewerbesteuer unterliegen alle Gewerbebetriebe, wobei die Abgrenzung im Prinzip analog zur Einkommensteuer mit ihrer Kategorie der Einkünfte aus Gewerbebetrieb verläuft. Nicht der Gewerbesteuer unterliegen unter anderem Freiberufler, Land- und Forstwirtschaft und die Vermögensverwaltung. Nicht der Gewerbesteuer unterliegen damit Einkünfte aus Vermietung und Verpachtung von Grundstücken[6]. Im einzelnen gerät die Abgrenzung zwischen gewerbesteuerpflichtigen Tätigkeiten und nicht gewerbesteuerpflichtigen oft zur Haarspalterei. Das Gesetz enthält keine griffigen Abgrenzungsregelungen, weswegen diese Lücke durch die Rechtsprechung ausgefüllt werden mußte[7].

Steuersystematische Einordnung der Gewerbesteuer

Insbesondere in der juristischen Literatur werden die Gewerbesteuer und die Grundsteuer zusammen häufig als Real- oder Objektsteuern bezeichnet. Diese Bezeichnung wird dadurch motiviert, daß im Mittelpunkt der Besteuerung eine Sache stehe und keine Person. Steuergegenstand ist in dem einen Fall der Grundbesitz und im anderen der stehende Gewerbebetrieb und der Reisegewerbebetrieb. Dies ändert nichts daran, daß die Steuern von Personen getragen werden und nicht von Sachen. Immerhin trifft die Bezeichnung insofern einen wesentlichen Punkt, als die Steuer unabhängig von der steuerlichen Leistungsfähigkeit

---

[6] Vermietung und Verpachtung, sofern diese nicht hauptsächlich mit dem Ziel ausgeübt wird, Wertsteigerungen zu erzielen und diese durch einen Verkauf zu realisieren. Grundstückshandel ist Gewerbebetrieb. Im einzelnen kann man sich nicht selten darüber streiten, ob die unternehmerische Tätigkeit einer Person in die gewerbesteuerfreien Tätigkeitsbereiche (Freiberufler, Vermietung und Verpachtung, Landwirtschaft) fällt oder nicht. Man stelle sich etwa einen Architekten vor, der auch noch Grundstücke kauft und verkauft. Insoweit betreibt er einen Gewerbebetrieb und unterliegt folglich der Gewerbesteuer. Was aber, wenn zwischen Erwerb und Veräußerung eine lange Zeit verstreicht, während derer der Architekt die Grundstücke verpachtet? Dann sind seine Aussichten günstig, daß es sich nicht um einen Gewerbebetrieb handelt.
[7] Ob ein sogenannter Zahnpraktiker gewerbesteuerpflichtig ist oder nicht, hängt davon ab, ob er den Zahnersatz selbst einpaßt (Freiberufler, nicht gewerbesteuerpflichtig) oder nicht (gewerbesteuerpflichtig). Ein Betriebswirt, der als Unternehmensberater tätig ist, ist normalerweise Freiberufler, wenn er sich aber auf bestimmte Arten der Unternehmensberatung spezialisiert, etwa die Vornahme von Inventuren, dann wird er zum „Gewerbetreibenden" und folglich gewerbesteuerpflichtig. Es ist beinahe überflüssig, zu betonen, daß sich hier bei entsprechendem Geschick reichlich Möglichkeiten ergeben, Gewerbesteuer zu vermeiden, indem man seine Berufstätigkeit so ausrichtet, daß man noch als Freiberufler anerkannt wird.

der Personen erhoben wird, denen der Grund bzw. der Gewerbebetrieb gehört. Insofern ist dies also tatsächlich eine objekt- und nicht eine personenbezogene Abgabe. Dies wird in der Ausgestaltung der Steuer aber nicht konsequent durchgehalten. Man hat nämlich 1980 bzw. 1981[8] bei der Gewerbeertragsteuer einen Freibetrag von 36 000 DM für natürliche Personen und Personengesellschaften und in der Gewerbekapitalsteuer einen Freibetrag von 120 000 DM eingeführt[9]. Auf diese Weise wird eine Progression in die Gewerbesteuer eingeführt, die aber nur dann mit dem Prinzip einer Besteuerung nach der Leistungsfähigkeit begründet werden kann, wenn die Inhaber derartiger kleiner Gewerbebetriebe tatsächlich steuerlich weniger leistungsfähig sind. Dies steht keineswegs fest. Die Einführung dieser Freibeträge hat dazu geführt, daß heute nur mehr ca. 30% der Gewerbebetriebe der Gewerbeertragsteuer[10] und sogar nur mehr ca. 16% der Gewerbekapitalsteuer unterliegen.

Ferner werden Grund- und Gewerbesteuer häufig als Ertragsteuern bezeichnet. In diesem Zusammenhang wird von einem analytischen Verfahren der Bestimmung der Erträge der Produktionsfaktoren gesprochen. Den einzelnen Produktionsfaktoren werden Erträge zugeordnet und diese werden jeweils mit gesonderten Teilertragsteuern besteuert. So werden die (Soll-) Erträge von Grund und Boden mit Grundsteuer belastet, die des Faktors Arbeit (früher) mit der Lohnsummensteuer und die des Faktors Kapital mit der Gewerbeertragsteuer und der Gewerbekapitalsteuer. Nichtsdestoweniger ist auch das eine sehr unbefriedigende Einordnung dieser Steuern. Schließlich wird die Lohnsummensteuer nicht mehr erhoben und das Gewerbekapital wird gleich zweimal belastet. Kapitalerträge, die weder in Gewerbebetrieben anfallen und folglich nicht mit Gewerbesteuer belastet werden, noch im Rahmen der Grundsteuer besteuert werden (beispielsweise Kapitalerträge, die im Rahmen freiberuflicher Tätigkeit anfallen), werden demgegenüber im Rahmen der Ertragsteuern überhaupt nicht besteuert. Der Grund, warum bestimmte Unternehmen als sogenannte Gewerbe der Gewerbesteuer unterliegen und andere nicht, ist kein besserer als der historische, daß diese Unternehmen Gewerbe im Sinne des preußischen allgemeinen

---

[8] Auch vor 1980 bzw. 1981 gab es Freibeträge, aber diese waren weit geringer. Eine deutliche Anhebung der Freibeträge hatte allerdings schon 1978 stattgefunden. Vor 1978 betrug der Freibetrag beispielsweise bei der Gewerbekapitalsteuer nur 6000 DM.

[9] Vor 1978 gab es unterschiedliche Meßzahlen für unterschiedliche Betriebsgrößen und Rechtsformen. Parallel zu der Vereinheitlichung der Meßzahlen wurden die Freibeträge angehoben. Eine Begründung, die für die Einführung des Freibetrags bei der Gewerbeertragsteuer gegeben wurde, ist, daß der Unternehmerlohn nicht besteuert werden solle. Bei natürlichen Personen und Personengesellschaften enthält das Einkommen des Gewerbetreibenden einen Bestandteil, der weder als Kapitaleinkommen noch als Reingewinn aufgefaßt werden kann und stattdessen ein Entgelt für die Arbeitsleistung des Unternehmers darstellt. Ob die Gewährung eines Freibetrags ein geeignetes Verfahren ist, dies zu berücksichtigen, ist allerdings unklar. Sicherlich nicht mit dem Verweis auf den Unternehmerlohn begründen läßt sich der Freibetrag bei der Gewerbekapitalsteuer, da er unabhängig von der Rechtsform gewährt wird. Das Problem, wie man den Unternehmerlohn bemißt, ist eine der Schwierigkeiten, in die man gerät, wenn man unterschiedliche Einkunftsarten unterschiedlich besteuert.

[10] Je nach der Struktur des örtlichen Gewerbes ist der Anteil der steuerpflichtigen Gewerbebetriebe in verschiedenen Städten höchst unterschiedlich. In der Stadt Münster beträgt er beispielsweise nur 15%.

Landrechts von 1796 waren[11]. Darüberhinaus ist die Klassifizierung von Gewerbe- und Grundsteuer als Ertragsteuern auch deswegen wenig überzeugend, weil die Einkommen- und Körperschaftsteuer schließlich auch nichts anderes als die Erträge von Produktionsfaktoren besteuern. Letztlich läßt sich diese Klassifikation nur historisch verstehen. Sie gingen aus Steuern hervor, die vor der Einführung der Einkommen- und Körperschaftsteuer bestanden. Diese historischen Steuern hatten nach heutigen Maßstäben eine merkwürdige archaisch anmutende Gestalt, die durch die Schwierigkeiten einer Steuererhebung unter den Verhältnissen des 19. Jahrhunderts begründet waren. Immerhin handelte es sich bei diesern Steuern um den Versuch, nach Maßgabe der beschränkten steuertechnischen Mitteln, die damals zur Verfügung standen, die Faktorerträge zu besteuern.

Inzidenz der Gewerbesteuer und ihre Auswirkungen auf die wirtschaftliche Effizienz

Ähnlich wie bei der Körperschaftsteuer ist die Ermittlung der Inzidenz der Gewerbesteuer mit erheblichen Schwierigkeiten verbunden. Im Unterschied zur Körperschaftsteuer wurden über die Inzidenz der Gewerbesteuer kaum Untersuchungen angestellt[12]. Die Analyse der Inzidenz der Gewerbesteuer wird dadurch erschwert, daß die Steuersätze in unterschiedlichen Gemeinden sehr verschieden hoch sind. Die Effekte, die dadurch ausgelöst werden können, werden wir erst im Kapitel 29 eingehender diskutieren. In diesem Kapitel sehen wir von dieser Schwierigkeit erst einmal ab und unterstellen, daß der Steuersatz in allen Gemeinden derselbe ist. In der Tat wird ja auch in jeder deutschen Gemeinde Gewerbesteuer erhoben. Eine erste Voraussetzung für eine Analyse der Inzidenz der Gewerbesteuer ist, daß geklärt wird, was hier eigentlich besteuert wird.

Bestünde die Lohnsummensteuer noch und wäre die Steuerbelastung des Kapitaleinkommens und des Lohneinkommens gleich groß[13] ergäbe sich die Möglichkeit, die Gewerbesteuer als eine Steuer zu begreifen, die einer Wertschöpfungsteuer oder einer proportionalen Einkommensteuer äquivalent wäre. Tatsächlich hatten die Gemeinden in den zwanziger Jahren die Wahl, entweder eine Lohnsummensteuer oder eine Gewerbekapitalsteuer zu erheben, so daß vielerorts tatsächlich eine Grundsteuer, eine Lohnsummensteuer und eine Gewerbeertragsteuer bestand. Historisch kam diese Steuer damit einer Gemeindeeinkom-

---
[11] Dem preußischen allgemeinen Landrecht ging es bei dieser Bestimmung des Begriffs Gewerbe auch gar nicht um die Gewerbesteuer, sondern vielmehr um den damals noch bestehenden Zunftzwang, der allerdings wenige Jahre später aufgehoben wurde.
[12] Einige Überlegungen hierzu finden sich in Local Business Taxes in Britain and Germany. Baden-Baden 1988.
[13] und wenn die Steuer nicht nur Faktorerträge treffen würde, die in Gewerbebetrieben anfallen.

mensteuer oder vielmehr einer Gemeindewertschöpfungsteuer relativ nahe[14]. Dies ist Geschichte – von der heute bestehenden Gewerbesteuer wird tatsächlich nur ein relativer kleiner Teil aller Einkommen belastet. Immerhin wird heute vorgeschlagen, die Gewerbesteuer als Gemeindesteuer durch eine Gemeindeeinkommensteuer zu ersetzen oder aber wieder in Richtung auf eine Wertschöpfungsteuer umzugestalten.

Als Begründung für die Abschaffung der Lohnsummensteuer wurde angegeben, diese sei „beschäftigungsfeindlich"[15]. Es bereitet gewisse Schwierigkeiten, diese Aussage nachzuvollziehen. Die Abschaffung der Lohnsummensteuer und zusätzlich noch die damit einhergehende stärkere Belastung des Kapitaleinkommen bewirkten, daß sich der Einsatz von Arbeit als Produktionsfaktor im Verhältnis zu Kapital verbilligte. Kurzfristig, d.h. solange der Kapitalstock sich nicht an die veränderten Faktorpreisverhältnisse anpassen konnte, mag dies zu einer Erhöhung der Nachfrage nach Arbeit geführt haben. Längerfristig ist davon auszugehen, daß das Angebot an Kapital elastisch ist. Es ist infolgedessen zu erwarten, daß die Nachfrage nach Arbeit längerfristig wieder zurückgeht. Längerfristig werden aufgrund der verringerten Kapitalausstattung vermutlich auch die Arbeitseinkommen zurückgehen.

Eine zweite Möglichkeit, sich einem Verständnis der heute bestehenden Gewerbesteuer zu nähern, wäre,sie als eine Steuer auf das Kapitaleinkommen aus Gewerbebetrieben aufzufassen. Voraussetzung hierfür wäre im Fall der Gewerbeertragsteuer, daß Schuldzinsen nicht abzugsfähig wären und daß die Abschreibungen, die bei der Ermittlung des Gewerbeertrags angesetzt werden, der ökonomisch korrekten Abschreibung entsprächen. Im Fall der Gewerbekapitalsteuer wäre die Voraussetzung dafür, daß das Kapital besteuert würde unabhängig davon, ob es sich um Fremd- oder um Eigenkapital handelte. Tatsächlich sind die Abschreibungen dieselben wie bei der Gewinnermittlung für die Einkommen- und Körperschaftsteuer. Von 1980 bis 1983 entsprach die Gewerbesteuer einigermaßen der Einstufung als Kapitaleinkommensteuer. Bis 1983 wurden die Zinsen auf Dauerschulden zu 100% und nicht wie ab 1984 nur zu 50% erfaßt und ebenso die Dauerschulden selbst zu 100%. Nicht im Einklang mit der Konzeption einer Kapitaleinkommensteuer steht die Beschränkung der Besteuerung der Kapitaleinkommen auf die Zinsen auf Dauerschulden. Da diese allerdings derart definiert sind, daß praktisch der Großteil des Fremdkapitals als Dauerschulden klassifiziert wird, stellt dies vielleicht nur eine relativ geringfügige Unterlassung dar[16]. Diese gleichmäßige Belastung sowohl des Fremd- als auch Eigenkapitals

---

[14] Im Kapitel 17 hatten wir dargetan, daß eine allgemeine und gleichmäßige Wertschöpfungsteuer mit einer allgemeinen und gleichmäßigen Einkommensteuer äquivalent ist. Diese Aussage muß modifiziert werden, wenn die Steuersätze in unterschiedlichen Gemeinden verschieden hoch sind und wenn man berücksichtigt, daß das Aufkommen bei Einkommen- und Wertschöpfungsteuer u.U. unterschiedlichen Gemeinden zufließt. Siehe hierzu Kapitel 29.

[15] Diese Vorstellung ist in den Köpfen der Politiker noch heute relativ weit verbreitet und steht einer Überführung der Gewerbesteuer in eine Wertschöpfungsteuer im Wege.

[16] Die Abgrenzung des Begriffs der Dauerschulden ist im einzelnen eine verwickelte Angelegenheit. Wie erwähnt, wird bei Krediten und sonstigen Schuldtiteln, die länger als ein Jahr lang laufen, vermutet, daß es sich um Dauerschulden handelt. Auch ein Kontokorrentkredit ist eine Dauerschuld, insoweit ein über einen längeren Zeitraum hinweg feststellbarer Mindestbestand an Kontokorrentschulden vorliegt. Nicht als Dauerschuld gilt normalerweise beispielsweise ein Lieferantenkredit. Grundsätzlich ist festzustellen, daß

23. Kapitel: Die Gewerbesteuer

wurde 1983/4 mit der Begründung abgeschafft, daß die Unternehmen steuerlich entlastet werden sollten[17]. Immerhin werden bei der Gewerbesteuer auch heute noch Fremdkapitalzinsen, wenn auch eingeschränkt, besteuert. Insoweit handelt es sich also um eine Kapitaleinkommensteuer.

Für die Überwälzung der Gewerbesteuer werden damit aber Überlegungen bedeutsam, die wir im Zusammenhang mit der Körperschaftsteuer angestellt haben. Langfristig ist die Elastizität des Kapitalangebots vermutlich groß. Dies gilt selbst dann, wenn der Steuersatz der Gewerbesteuer im gesamten Land derselbe ist, wenn wir also die Möglichkeit außer Acht lassen, daß Kapital aus Gemeinden mit überdurchschnittlich hohen Hebesätzen abwandert. Da es sich bei der Gewerbesteuer vor allem in Verbindung mit der Grundsteuer um eine Steuer handelt, die einem erheblichen Teil der Wirtschaft auferlegt wird, bewirkt sie langfristig eine Verringerung des investieren Kapitals und damit der Prokopfeinkommen. Insbesondere sind die Konsumenten von Gütern und Diensten betroffen, deren Produktion nur in einem Gewerbebetrieb möglich ist.

Durch die Refomen vom 1983/84 wurde die Gewerbesteuer einer Körperschaftsteuer vom klassischen Typ angenähert mit dem Unterschied, daß von ihr nicht nur Körperschaften betroffen sind, sondern die Gewerbebetriebe unabhängig davon, ob sie eine Rechtspersönlichkeit besitzen oder nicht[18]. Das Eigenkapital wird von ihr nunmehr stärker belastet als das Fremdkapital. Damit hat sie sich in Richtung auf eine Steuer auf unternehmerisches Handeln entwickelt. Belastet

---

diese Regelung einer Steuerpflicht nur für die Zinsen auf Dauerschulden eine Verzerrung der Finanzierungsentscheidung zugunsten bestimmter kurzfristiger Finanzierungsformen bewirkt. Es ergeben sich Manipulationsmöglichkeiten. So kann man versuchen, die Einstufung eines Kontokorrentkredits als Dauerschuld zu vermeiden, indem man diesen Kredit ein paar Tage im Jahr auf null zurückführt. Die dafür erforderlichen Mittel kann man sich durch irgendeinen kurzfristigen Kredit, etwa einen Lieferantenkredit, oder aber durch Verkauf von Forderungen an ein Factoringhaus beschaffen. Allerdings handelt es sich bei der Regelung, daß kurzfristige Schulden keine Dauerschuld darstellen, nur um eine Vermutung. Das Finanzamt kann also versuchen, diese Vermutung zu widerlegen. Grundsätzlich ist vorgesehen, daß Schuldverhältnisse mit verschiedenen Kreditgebern einzeln zu beurteilen sind. Die Ersetzung eines Kredits durch Eigenmittel für einen kurzen Zeitraum um den Bilanzstichtag kann einen Mißbrauch rechtlicher Gestaltungsmittel im Sinne des § 42 der Abgabenordnung darstellen. Dann gilt, daß der Steuerpflichtige so besteuert wird, als ob er die „angemessene", d.h. vom (Steuer-) Gesetz erfaßte Gestaltung gewählt hat. D.h. er wird besteuert. Im einzelnen sind die verschiedenen Hinzurechnungen und Kürzungen, die die Gewerbesteuer vorsieht, eine ständige Quelle von Streit und Ärgernis und haben zu einer Vielzahl von Gerichtsverfahren geführt.

[17] Tatsächlich ging das Aufkommen der Gewerbesteuer nach den Steuerrechtsänderungen aber nicht nennenswert zurück. Die Gemeinden wurden für die „Einbußen" „entschädigt", indem die Gewerbesteuerumlage verringert wurde, also indem der Anteil am Steueraufkommen der Gewerbesteuer, der den Gemeinden zufließt, erhöht wurde. In den letzten Jahren wurden die Hebesätze von den Gemeinden zumeist kräftig angehoben.

[18] Im Prinzip ist die Bemessungsgrundlage der Gewerbesteuer breiter als die der Körperschaftsteuer, durch die Freibeträge ist sie allerdings erheblich verengt worden. Da sie breiter ist und der Steuersatz infolgedessen geringer sein kann, werden auch die Verzerrungen der Allokation von Kapital auf den Sektor, der der Steuer unterliegt, und den, der ihr nicht unterliegt, vermutlich geringer sein. Dies mag man als einen Vorteil gegenüber der klassischen Körperschaftsteuer ansehen.

werden in erster Linie diejenigen Unternehmen, die nicht oder nur sehr begrenzt in der Lage sind, Fremdkapital aufzunehmen und daher auf eine Finanzierung durch Eigenkapital angewiesen sind[19]. Diese Entwicklung der Gewerbesteuer in Richtung auf ein Gebilde, das einer Körperschaftsteuer vom klassischen Typ ähnelt, hat auch noch andere Verzerrungen zur Folge, die wir im Zusammenhang mit dieser bereits diskutiert haben.

Eine weitere Frage, die im Zusammenhang mit der Gewerbesteuer entsteht, ist, inwieweit sie die Bereitschaft zur Risikoübernahme beeinflußt, ob sie also darauf einwirkt, ob ein Unternehmen seine Mittel in ein stärker oder weniger risikobehaftetes Vorhaben steckt. Die Gewerbekapitalsteuer fällt zumindest solange, als das Unternehmen nicht in Konkurs geht, unabhängig davon an, ob es sich um ein mehr oder weniger risikobehaftetes Vorhaben handelt. Daraus folgt aber noch nicht, daß sie keinen Einfluß auf die Bereitschaft zur Risikoübernahme hat. Sie mindert einfach das Einkommen – dies führt bei „normalem" Risikoverhalten zu einer verringerten Bereitschaft, bestimmte Risiken einzugehen. Wir haben des weiteren gesehen, daß aufgrund der Abzugsfähigkeit der Gewerbesteuer von der Bemessungsgrundlage der Einkommen- bzw. der Körperschaftsteuer die effektive (Gewerbe-)Steuerbelastung der Kapitalerträge an der Grenze bei einem Unternehmen, das keine Gewinne erwirtschaftet, sogar höher ist als bei einem gewinnbringenden. Bei der Gewerbesteuer beteiligt sich der Staat in vollem Umfang an den Gewinnen, nicht aber an den Verlusten, werden doch auch verlustbringende Unternehmen besteuert. Infolgedessen ist zu erwarten, daß sie sich negativ auf die Risikobereitschaft der Unternehmen auswirkt.

Gibt es eine Rechtfertigung für den Fortbestand der Gewerbesteuer?

Die Zählebigkeit der Gewerbesteuer verdankt sich vor allem dem historischem Umstand, daß Ende des letzten Jahrhunderts im Zusammenhang mit der Einführung einer Einkommen- und Körperschaftsteuer im modernen Sinne die hergebrachten „Ertragsteuern" nach einer gewissen Umgestaltung den Gemeinden als Gemeindesteuern übertragen wurden. Da es im Rahmen eines förderalistischen System wünschenswert erscheint, daß die Gemeinden über eigene Einnahmequellen verfügen, auf deren Aufkommen sie auch einen Einfluß ausüben können, bei denen sie also ein Hebesatzrecht haben, wäre eine Abschaffung der Gewerbesteuer nur derart vorstellbar, daß man eine andere ergiebige Gemeindesteuer einführt. Aufgrund der Ergebnisse der ökonomischen Theorie des Förderalismus würde man wohl wünschen, daß die Gemeinden bei dieser Steuer ebenfalls ein Hebesatzrecht haben sollten. Die Eignung der Gewerbesteuer als Gemeindesteuer wird erst weiter unten im Abschnitt über Föderalismus erörtert werden können. Wir können vorwegnehmen, daß die letzten Reformen diese Eignung sicherlich verringert haben[20].

Aber auch abgesehen davon haben die letzten größeren Reformen die Gewerbesteuer zunehmend unsinniger gemacht. Handelte es sich bei ihr ursprünglich um ein wertschöpfungsteuerähnliches Gebilde mit einer breiten Bemessungs-

---

[19] Diese Interpretation der Gewerbesteuer ist allerdings nur begrenzt tragfähig. Es kann nämlich sein, daß derartige Unternehmen, die zur Aufnahme von Fremdkapital nicht imstande sind, gar keine Gewerbesteuer zahlen, weil sie unter die Freigrenze fallen.
[20] Vgl. Kapitel 28 und 29.

grundlage und einem relativ bescheidenen Steuersatz, so haben sie die Reformen in Richtung auf eine Körperschaftsteuer vom klassischen Typ hin verändert. Diese Verengung der Besteuerungsgrundlage ging mit wachsenden Steuersätzen einher und hat die Verzerrungen, die die Gewerbesteuer bewirkt, sicherlich erhöht. Ein Ärgernis ist schließlich auch noch, daß die Erhebung der Gewerbesteuer ziemlich aufwendig ist. Dies liegt unter anderem am Verfahren der Einheitsbewertung, an Abgrenzungsproblemen bei den Dauerschulden und der Gewährung hoher Freibeträge.

Die Einführung erheblicher Freibeträge in die Gewerbesteuer war ein steuerpolitischer Schildbürgerstreich. Durch sie sind neue Möglichkeiten der Steuervermeidung entstanden und gleichzeitig damit kam es zu einer Komplizierung des Gewerbesteuerrechts, da man durch zusätzliche Vorschriften wiederum versucht, die neugeschaffenen Möglichkeiten der Steuerausweichung zu verbauen. Diese laufen darauf hinaus, den Gewerbeertrag bzw. das Gewerbekapital derart zu senken, daß sie unter die Freigrenzen fallen oder Freibeträge mehrmals in Anspruch genommen werden können. Hierzu gibt es verschiedene Wege. Eine Möglichkeit ist eine Aufspaltung eines vormals einheitlichen Unternehmens in mehrere kleinere. Unterscheiden sich diese Unternehmungen „wesensgemäß", erkennt dies das Finanzamt an[21]. Weitere Möglichkeiten der Steuerausweichung sind Formen der verdeckten Gewinnausschüttung wie der Abschluß von Ehegattenarbeits- oder Leasingverträgen. Bei einem Ehegattenarbeitsvertrag verwandelt sich Einkommen, das normalerweise als Gewinn anfiele, in Arbeitseinkommen des Ehegatten und der Gewerbeertrag wird verringert.

Für die Gewerbesteuer gilt heute sicherlich mehr denn je, daß es keinen guten Grund für ihren Fortbestand gibt.

Zusammenfassung

1. Die Gewerbesteuer besteht aus der Gewerbeertragsteuer und der Gewerbekapitalsteuer. Bis 1980 bestand darüberhinaus noch eine Lohnsummensteuer. Zusammen mit den Grundsteuern bezeichnet man die Gewerbesteuer als die Realsteuern.

2. Gewerbesteuerpflichtig sind nur Gewerbebetriebe. Für diese Regelung gibt es keinen guten Grund und sie führt zu Verzerrungen.

3. Ursprünglich hatte die Gewerbesteuer eine gewisse Ähnlichkeit mit einer Wertschöpfungsteuer. Durch die Abschaffung der Lohnsummensteuer wurde sie zu einer Sondersteuer auf Kapitaleinkommen aus Gewerbebetrieb. Die neueren Reformen haben sie etwas in Richtung auf eine Steuer auf das Unternehmertum verändert.

4. Die deutschen Ökonomen fordern seit langem eine grundlegende Reform der Gemeindebesteuerung, die eine Abschaffung der Gewerbesteuer oder ihre Verwandlung in eine Wertschöpfungsteuer beinhalten würde.

5. Die Ausgestaltung der Gewerbesteuer, u.a. die Abgrenzung des Gewerbebegriffs, die Vornahme von Zurechnungen und Kürzungen und die Freibetragsregelung machen sie zu einer sehr komplizierten Steuer, um deren Anwendung oft vor Gericht gestritten wird.

---

[21] Die Rechtsprechung stellt hier darauf ab, ob diese verschiedenen Betriebe eine „wirtschaftliche Einheit" bilden und „erläutert" dies dahingehend, daß es darauf ankäme, ob sie wirtschaftlich, finanziell und organisatorisch innerlich zusammenhängen. Ist das der Fall, dann liegt trotz Betriebsaufspaltung nur ein einziges Steuerobjekt vor.

Schlüsselbegriffe

Dauerschulden
Ertragsteuer
Soll-Ertragsteuer
Betriebsaufspaltung

Hebesatz
Realsteuer
Ist-Ertragsteuer

Fragen und Probleme

1. Insbesondere in der älteren Literatur wird die Gewerbesteuer damit gerechtfertigt, daß sie den Gemeinden ein Interesse daran gebe, für eine Ansiedlung von Gewerbebetrieben Sorge zu tragen und sie für die dadurch entstehenden Infrastrukturaufwendungen entschädige. Was halten Sie von diesem Argument?

2. „Bei der Einkommensteuer wird Kapitaleinkommen oft nicht erfaßt. Die Gewerbesteuer füllt diese Lücke aus und sorgt damit dafür, daß Kapitaleinkommen der Besteuerung nicht entgeht." Diskutieren Sie diese These!

3. Die Vorratshaltung eines Handelshauses schwankt während eines Jahres stark und infolgedessen der Kapitalbedarf für die Finanzierung der Vorräte. Könnte die Gewerbesteuer einen Einfluß auf die Lagerhaltungs- und Bestellpolitik des Unternehmens ausüben?

4. Stellen Sie sich vor, Sie wollen ein Softwarehaus eröffnen. Welche Fragen sollten Sie sich dann zum Thema Gewerbesteuer stellen?

24. Kapitel
Die Besteuerung des Kapitals

Der deutsche Staat greift auf die Erträge des Sparens, also die Zinsen, die den Sparern auf ihre Bankguthaben gutgeschrieben werden, die Dividenden und Gewinnanteile, die sie erhalten, die Wertzuwächse der Vermögensgegenstände in ihrem Besitz mit einer Vielzahl von Steuern zu. Ähnlich verhält es sich in den meisten anderen Nationen. Außer der Einkommensteuer gibt es auch noch eine Vermögensteuer. Stirbt jemand, unterliegt sein Nachlaß der Erbschaftsteuer. Das Einkommen der Körperschaften, das zum Teil den Ertrag des in diesen Körperschaften steckenden Kapitals darstellt, wird besteuert. Alle diese Steuern bezeichnen wir als **Kapitalsteuern**.

Manche haben diese Steuern für unbefriedigendes Wirtschaftswachstum verantwortlich gemacht, da sie – so das Argument – Sparen, Investieren und Risikoübernahme bestrafen. In den einschlägigen Steuergesetzen findet sich eine Vielzahl von Sonderbestimmungen, unter Ausnutzung derer es vor allem denen, die sich einen Steuerberater leisten können, möglich ist, in beträchtlichem Umfang Steuern zu vermeiden. Viele Ökonomen glauben, daß die Ungerechtigkeiten und Ineffizienzen, die mit der Kapitalbesteuerung verbunden sind, zum beträchtlichen Teil auf diese Bestimmungen zurückzuführen sind. Wieder andere glauben, daß es praktisch unmöglich ist, eine Kapitalsteuer zu konstruieren, die sowohl gerecht als auch nicht verzerrend ist. Manche begründen damit die Forderung nach einer Abschaffung der Kapitalbesteuerung.

Die Kapitalsteuern

Es gibt sechs größere Steuern auf Kapital: die Einkommensteuer; die Körperschaftsteuer; die Gewerbesteuer; die Vermögensteuer; die Erbschaft- und Schenkungsteuer und die Grundsteuer. Ferner gibt es noch eine Reihe von kleineren Steuern, die das Kapital ebenfalls mehr oder minder ausgeprägt belasten[1]. Die Erbschaftsteuer ist eine Steuer auf den Transfer von Kapital, die Körperschaftsteuer, die Einkommensteuer und die Gewerbeertragsteuer sind Steuern auf den Kapitalertrag und die Vermögen-, Grund- und die Gewerbekapitalsteuer sind Steuern auf den Bestand an bzw. Sollertrag (bestimmter Arten) von Kapital[2].

In der steuerpolitischen Diskussion ist argumentiert worden, eine Steuer auf das Nettovermögen sei wünschenswert, also eine Steuer auf den Gesamt(netto)-wert des Vermögens eines jeden Bürgers. Man könnte meinen, daß unsere Vermögensteuer diesem Typ relativ nahekommt. Bei näherer Betrachtung stellt sich jedoch heraus, daß dies nicht der Fall ist. Dies liegt vor allem an der Bewertungs-

---

[1] Dies sind die Gesellschaftsteuer, die Börsenumsatzsteuer und die Grunderwerbsteuer.
[2] Weiter oben haben wir gezeigt, daß es in der Tat nicht unumstritten ist, ob und inwieweit die Körperschaftsteuer eine Steuer auf Kapital ist.

praxis bei der Vermögensteuer, an der Nichterfassung großer Teile des Privatvermögens und an der Doppelbelastung des Betriebsvermögens körperschaftlich organisierter Unternehmen, die durch eine Vermögensteuerpflicht auch der juristischen Personen entsteht. Die deutschen Ökonomen befürworten daher zumeist eine Abschaffung der Vermögensteuer.

In der deutschen Vermögensteuer wird insbesondere Grundbesitz mit sehr stark unter den tatsächlichen Werten liegenden Wertansätzen besteuert. Überhaupt nicht besteuert werden Sozialversicherungsansprüche mit Vermögenscharakter (Rentenversicherung). Betriebsvermögen wird nach dem Einheitswert besteuert, wobei dieser dem Marktwert der Unternehmung wesentlich näher kommt als der Einheitswert bei Grundbesitz. Aktien, Sparguthaben, Wertpapiere im Privatvermögen werden zum Kurswert bzw. zum sogenannten gemeinen Wert besteuert und damit mit Werten, die dem Marktwert entsprechen oder nahekommen. Allerdings spielt hier in der Praxis Steuerhinterziehung eine erhebliche Rolle. Natürlichen Personen wird ein Freibetrag von 70 000 DM gewährt. Juristische Personen erhalten keinen Freibetrag, sondern nur eine Freigrenze von 19 999 DM, d.h., wenn ihr Vermögen 19 999 DM überschreitet, werden sie mit ihrem gesamten Vermögen zur Vermögensteuer herangezogen. Infolgedessen erbringen juristische Personen ca. 60% des Aufkommens der Vermögensteuer. De facto handelt es sich also nicht so sehr um eine Nettovermögensteuer für Privatvermögen als um eine Variante einer Körperschaftsteuer, die im Unterschied zur üblichen Form dieser Steuer als Sollertragsteuer ausgestaltet ist. Mißlich ist an der Vermögensteuer schließlich auch noch, daß nicht selten Vermögen besteuert wird, dessen Entstehung andererseits steuerlich gefördert wird. Steuerbelastung und Steuervergünstigung treffen also zusammen.

Nachdem wir uns nochmals einige der wichtigsten Bestimmungen der Einkommensteuer über die Besteuerung von Kapital vor Augen führen, werden wir im folgenden die Ursachen dafür untersuchen, warum es so schwierig ist, eine einfache, gerechte und nicht verzerrende Kapitalsteuer zu konstruieren. Wir diskutieren dann die Folgen einer einfachen und umfassenden Kapitalsteuer und zeigen einige der Verzerrungen auf, die mit den gegenwärtig bestehenden Sonderbestimmungen im Steuerrecht verbunden sind. Wir beschließen das Kapitel mit einer kurzen Beschreibung und Analyse der Erbschaft- und Schenkungsteuer.

Die Behandlung des Kapitals durch die Einkommensteuer

Im Rahmen der Einkommensteuer wird Kapitaleinkommen in mehrfacher Hinsicht anders behandelt als Arbeitseinkommen. Diese Bestimmungen laufen zumeist auf eine vorteilhafte Behandlung der Ersparnisse hinaus.

1. Freibeträge und Steuervergünstigungen bei Kapitalerträgen

Sparzinsen bis zu 400 DM (bzw. bei Verheirateten und Zusammenveranlagung bis zu 800 DM; demnächst sollen diese Beträge auf 700 DM bzw. 1 400 DM angehoben werden) unterliegen keiner Besteuerung. Es wird nämlich ein Sparerfreibetrag zuzüglich einem Werbungskostenpauschbetrag eingeräumt. Diese Freibeträge gelten auch für andere Kapitaleinkommen, z.B. für Dividenden und Gewinnanteile aus GmbH – Anteilen. Die Motivation für die Schaffung dieser Freibeträge ist nicht ganz klar. Ein möglicher Grund könnte sein, daß die Erfassung derartig kleiner Zinseinkünfte verwaltungstechnisch zu aufwendig wäre. Diese Begründung ist nicht ohne weiteres einleuchtend – bei einem Quellenabzug derartiger Einkünfte, bleibt der Aufwand begrenzt. Ein anderer Grund könnte sein, daß – zumindest wenn es keinen Quellenabzug gibt – derartige kleine Zinseinkünfte in der Praxis sowieso den Finanzämtern verschwiegen werden.

Bausparzinsen sind (bislang) im Rahmen der Sonderausgabenhöchstbeträge ebenso wie die Beiträge zu Bausparkassen selbst als Sonderausgaben abzugsfähig. Ferner wird die Überlassung von Vermögensbeteiligungen an Arbeitnehmer dadurch steuerlich begünstigt, daß derartige Beteiligungen, also etwa die Ausgabe von Arbeitnehmeraktien, bis zu 500 DM im Jahr zur Hälfte steuerfrei sind. An sich würden derartige Überlassungen einen Einkommensbestandteil darstellen. Die Steuervergünstigung wird insbesondere mit dem Ziel der Vermögensbildung in Arbeitnehmerhand gerechtfertigt.

1989 wurde eine sog. kleine Kapitalertragsteuer (Quellensteuer) in Höhe von 10% eingeführt und wieder abgeschafft. Dies war an sich keine neue Steuer, sondern nur eine besondere Erhebungsform der Einkommensteuer. Sie betraf Kapitaleinkommen, nämlich Zinsen, die im Prinzip (zumeist) auch früher schon zu versteuern waren und auch nach Abschaffung der Quellensteuer noch zu versteuern sind. Sie sind nämlich bei der Veranlagung anzugeben, was von den Steuerpflichtigen in der Realität oft verabsäumt wird. Zugleich mit diesen Bemühungen um eine gleichmäßigere und vollständigere Erfassung der Kapitaleinkommen taten sich aber auch neue Schlupflöcher auf. Von der Quellensteuer befreit waren u.a. Spareinlagen mit gesetzlicher Kündigungsfrist, bestimmte Bauspargutagen und die Zinsen auf bestimmte Wertpapiere, insbesondere Auslandsanleihen[3].

2. Steuervergünstigungen für Alterseinkünfte und andere Renten

Verschiedene Bestimmungen zum Versicherungsparen ermöglichen es, die Steuern auf Ersparnisse zeitlich zu verschieben und befreien die Erträge dieses Sparens sogar fast vollständig von der Besteuerung. Beiträge zur sozialen Rentenversicherung werden nicht als steuerpflichtiges Einkommen behandelt. Der steuerliche Zugriff erfolgt erst dann, wenn die Renten ausgezahlt werden. Bei einer Leibrente, die ab dem 65. Lebensjahr gewährt wird, also beispielsweise einem Altersruhegeld, gelten dann 24% desselben als sogenannter Ertragsanteil und sind steuerpflichtig. Wegen des niedrigen Ertragsanteils kommt es bei diesen Renten tatsächlich nur dann zu einer Besteuerung, wenn der Grundfreibetrag und die anderen bei der Ermittlung des zu versteuernden Einkommens zu berücksichtigenden Abzüge und Freibeträge bereits durch andere Einkünfte ausgeschöpft sind. Falls es doch zu einer Belastung kommt, ist diese meist gering. Der Steuerpflichtige verschiebt hier also Einkommen aus einem Lebensabschnitt, in dem er einen hohen Grenzsteuersatz hat, in einen anderen, in dem der Grenzsteuersatz niedrig ist. Bei betrieblichen Pensionszusagen verhält es sich ähnlich:

---

[3] Genauer: Anleihen, die von ausländischen Schuldnern (zum Beispiel) in der BR Deutschland ausgegeben werden. Sie können sowohl auf DM als auch auf ausländische Währung lauten. Die Steuerfreiheit dieser Auslandsanleihen führte zu einer erheblichen Kapitalflucht. Falls noch irgendein Beweis dafür erforderlich gewesen sein sollte, daß die meisten Steuerpflichtigen ihre Zinseinkünfte nicht ordnungsgemäß versteuern, so lieferte ihn diese Kapitalflucht. Bei einer ordnungsgemäßen Versteuerung hätte für sie gar kein Motiv bestanden.

Die Pensionsrückstellungen, die der Betrieb bildet, stellen kein steuerpflichtiges Einkommen des Begünstigten dar und mindern darüberhinaus den Gewinn des Unternehmens. Bei Auszahlung der Betriebsrente kommt es zu einer Besteuerung, wobei allerdings unter bestimmten Voraussetzungen ein Pensionsfreibetrag von bis zu 4800 DM gewährt wird. Bei Beiträgen zu privaten Lebensversicherungen und ebenso bei Witwen- oder Waisenkassen, Sterbekassen, Aussteuer- oder Erbschaftsteuerversicherungen ist ein Abzug als Sonderausgabe möglich, wenn die Höchstbeträge nicht bereits ausgeschöpft sind, was allerdings bei einem Teil der Steuerpflichtigen der Fall ist. Die Zinsen auf die Rücklagen, die das Versicherungsunternehmen bildet, werden ebenfalls (zumeist) nicht besteuert. Werden die Leistungen dieser Versicherung in Form einer Leibrente gewährt, erfolgt die Besteuerung analog zu der der Sozialversicherungsrenten. Werden sie hingegen in Form einer einmaligen Auszahlung bei Ablauf der Versicherung oder beim Eintritt des Versicherungsfalls gewährt, dann entgehen sie (zumeist) der Besteuerung.[4].

3. Immobilienerwerb

Die bedeutendste Investition, die die meisten von uns im Laufe ihres Lebens tätigen, ist der Erwerb eines Hauses bzw. einer Eigentumswohnung. Die Sonderbestimmungen, die hier eingreifen, werden in diesem Kapitel weiter unten noch näher dargestellt.

4. Wertzuwächse

Wertzuwächse im Privatvermögen bleiben unversteuert, wenn sie nicht unter die Kategorie der Spekulationsgeschäfte fallen oder bei der Veräußerung wesentlicher Beteiligungen anfallen. Dies eröffnet Möglichkeiten der Steuerausweichung. So könnte man beispielsweise eine Besteuerung von Zinsen weitgehend vermeiden, indem man Wertpapiere mit einer niedrigen Verzinsung kauft (sog. Abzinsungspapiere). Wegen der niedrigen Verzinsung werden diese Wertpapiere vor allem dann, wenn sie noch länger laufen, mit erheblichen Abschlägen gegenüber dem Nennwert gehandelt. Die Erträge aus diesen Wertpapieren fallen dann zum Teil in Form von Wertsteigerungen an, die mit dem Ablauf der Frist bis zur Einlösung des Wertpapiers zufließen. Diese waren früher nicht steuerbar. Der gleiche Effekt entsteht, wenn von einem Privatmann hochverzinsliche Wertpapiere in Zeiten niedriger Zinsen außerhalb der Spekulationsfrist verkauft werden[5].

---

[4] Zumindest was die Einkommensteuer anbetrifft. Unter Umständen fällt Erbschaftsteuer an.
[5] Es wurden inzwischen Anstrengungen unternommen, diese Schlupflöcher wenigstens teilweise zu schließen. Der Ausgangspunkt hierfür ist, daß Unternehmen in der Vergangenheit nicht selten Obligationen mit einem Zinssatz emittiert haben, der erheblich unter dem Marktzinssatz lag. Diese Obligationen wurden natürlich mit einem erheblichen Abschlag, einem Disagio gehandelt, und es traten während der Laufzeit dann Wertzuwächse auf. Diese Wertzuwächse waren im Privatvermögen nicht steuerbar. Der Bundesfinanzhof befand schließlich, daß dieses Disagio beim Ersterwerber des Wertpapiers zu versteuerndes Einkommen darstellt. Zu versteuern ist es bei Rückgabe des Wertpapiers.

Bei einer Realisierung von Wertzuwächsen innerhalb der Spekulationsfrist bleiben Gewinne aus Spekulationsgeschäften bis 1000 DM im Jahr steuerfrei. Bei einer Veräußerung wesentlicher Beteiligungen gibt es ebenfalls einen bestimmten Höchstbetrag, bis zu dem der Veräußerungsgewinn steuerfrei bleibt. Außerdem kommt hier unter Umständen nur ein ermäßigter Steuersatz zur Anwendung[6].

Wertzuwächse, die im Betriebsvermögen anfallen, sind im Prinzip steuerliches Einkommen, wenn sie realisiert werden. Aber auch da gibt es Möglichkeiten, Steuern zu sparen. Wir werden sie weiter unten in diesem Kapitel noch etwas näher darstellen.

Einige Gründe für die Komplexität der Kapitalbesteuerung

Warum ist die Besteuerung von Kapital so verwickelt? Ein Teil der Verwicklungen rührt von dem Bemühen her, ein gerechtes und effizientes Steuersystem zu schaffen. Ein anderer Teil erklärt sich aus dem politischen Entscheidungsprozeß, dessen Ergebnis das Steuerrecht ist.

Beobachtbarkeit und Verwaltungskosten

Ein beträchtlicher Teil der Kapitalerträge wird nicht besteuert oder genießt Steuervorteile, weil es sehr kostspielig ist, die Höhe des Ertrags und die Personen, denen dieser zufließt, zu ermitteln.

Der Grund dafür, warum die Dienste von Häusern, die von ihren Eigentümern bewohnt werden – also der Nutzungswert – nicht besteuert werden, ist zum Teil, daß es schwierig ist, diese zu bewerten; der Grund, warum Wertzuwächse nicht besteuert werden, ist nicht zuletzt, daß es sich, solange es nicht zu einer Veräußerung des jeweiligen Vermögensgegenstandes kommt, schwer feststellen läßt, wie groß diese Wertzuwächse sind[7].

Manche Unternehmen haben ihren Arbeitnehmern Pensionszusagen gegeben, ohne daß in einem solchen Ausmaß Pensionsrückstellungen gebildet worden sind, daß diese Pensionen mit Sicherheit vollständig aus diesen Rückstellungen finanziert werden können. Der Rest wird jeweils aus den laufenden Einnahmen bestritten. Nur wenn der Betrieb tatsächlich eine voll ausreichende Pensionsrückstellung gebildet hat, also für eine jede Anwartschaft eine nach versicherungsmathematischen Verfahren und vorsichtig kalkulierte[8] Summe zurückgestellt hat, wäre es ohne weiteres möglich, zu ermitteln, wieviel Steuern für diesen Vorteil vom Arbeitnehmer erhoben werden müßten.

---

[6] Aufgrund von § 34 EStG.
[7] Wollte man nichtrealisierte Wertzuwächse besteuern, müßte man wohl auch nichtrealisierte Wertverluste steuerlich berücksichtigen. Man müßte also über jeden Vermögensgegenstand und seine Wertveränderungen Buch führen. Das wäre zweifellos ein höchst aufwendiges Unterfangen.
[8] Die Rückstellungen wären dann tendenziell eher höher als der Erwartungswert der Anwartschaften.

Horizontale Gerechtigkeit und Effizienz

Oft lassen sich Vermögensgegenstände benennen, deren Erträge beobachtbar sind, und ganz ähnliche, deren Erträge nicht oder nur sehr schwer wahrnehmbar sind; die Erhebung einer Steuer auf die Erträge der ersteren wäre dann aber mit horizontaler Ungerechtigkeit und mit Verzerrungen verbunden.

Bei vielen Vermögensgegenständen ist es beinahe unmöglich, Wertzuwächse zu besteuern, wenn diese anfallen (beispielsweise bei Gemälden oder antiken Möbeln). Bei anderen, etwa bei marktgängigen Wertpapieren ist dies hingegen möglich. Aber eine Besteuerung von Wertzuwächsen bei derartigen Vermögensgegenständen, während nichtmarktgängige nicht besteuert werden, schafft eine Ungerechtigkeit und eine Verzerrung.

Wir haben betont, daß es theoretisch möglich wäre, Pensionszusagen zu besteuern, wenn versicherungsmathematisch kalkulierte Pensionsrückstellungen gebildet worden sind. Täte man dies aber nur in diesem Fall und nicht auch bei anderen Formen der Alterssicherung, wäre das ungerecht und verzerrend; Unternehmen würden es, insoweit sie die Wahl haben, vermeiden, derartige Pensionsrückstellungen zu bilden und steuerlich nicht oder weniger belastete Formen der Alterssicherung ihrer Arbeitnehmer bevorzugen.

Eine gerechte Behandlung der Selbständigen würde konsequenterweise erfordern, daß diese sich selbst in einer Höhe eine private Rentenversicherung kaufen könnten, die der Summe der Renten- und Pensionsansprüche von Arbeitnehmern mit entsprechendem Einkommen entspräche, und daß diese Versicherungsbeiträge stets voll als Sonderausgaben abzugsfähig wären und dann auch die Versicherungsleistung steuerlich genauso behandelt würde wie bei vergleichbaren Arbeitnehmern.

Was nun aber, wenn einer für ein Unternehmen arbeitet, das keine Betriebsrenten gewährt? Und was ist mit seinem Ehepartner? Ist dieser eine Hausfrau, sollte man dann nicht unterstellen, daß er seinen Ehepartner beschäftigt und ist es dann nicht ebenso wichtig, daß für diesen eine Alterssicherung aufgebaut wird (bei gleichzeitigem Ansatz der Anwartschaft als Einkommen)[9]?

Zur horizontalen Gerechtigkeit bei der Besteuerung der Alterseinkünfte im deutschen Recht ist festzustellen, daß sie zwar allgemein begünstigt werden, aber keineswegs gleichmäßig, und daß insofern erhebliche Verstöße gegen das Gebot der horizontalen Gerechtigkeit vorliegen[10].

---

[9] Im amerikanischen Recht sind Hausfrauen nicht in der Lage, Aufwendungen für eine Alterssicherung steuerlich geltend zu machen. Dennoch ist die Ungerechtigkeit, die dadurch entsteht, vielleicht mehr Schein als Sein: Die Wertschöpfung von Hausfrauen (also das Einkommen, das sie erhielten, würden sie ähnliche Dienste auf dem Markt anbieten), wird nicht besteuert. Im deutschen Steuerrecht gibt es die Möglichkeit der Zusammenveranlagung der Ehegatten, bei der dann auch für die Hausfrauen Vorsorgeaufwendungen als Sonderausgaben abzugsfähig sind. De facto stellt sich die Ehegattin, die als Hausfrau tätig ist, in steuerlicher Hinsicht sogar ganz besonders günstig.

[10] Wegen einer näheren Darlegung der Unterschiedlichkeit der Behandlung verschiedener Arten von Alterseinkünften vgl. auch W. Albers: Soziale Sicherung. Stuttgart 1982 S. 108ff.

Andere Gerechtigkeitserwägungen

Gerechtigkeitserwägungen spielen bei der Sonderbehandlung von Kapitaleinkommen auch noch in anderer Hinsicht eine Rolle. Die Nichtbesteuerung von Wertzuwächsen, die nicht innerhalb der Spekulationsfrist entstehen und realisiert werden, ist zum Teil durch Gerechtigkeitsüberlegungen begründet. Ein beträchtlicher Teil dieser Wertzuwächse entsteht infolge inflationistischer Geldentwertung; solche Wertzuwächse sind reiner Schein. Der tatsächliche Wert des Objekts mag sich sogar verringert haben, wenn man den Effekt der Inflation herausrechnet. Es erscheint ungerecht, rein nominale Wertzuwächse zu besteuern[11]. Dieses Argument ist zwar überzeugend, erklärt die Sonderbehandlung von Wertzuwächsen aber nur teilweise – ginge es nur darum, dann gäbe es möglicherweise direktere und gerechtere Möglichkeiten, die Wirkungen der Inflation zu berücksichtigen.

Politische Druckausübung

Manche Bestimmungen lassen sich auf den Einfluß bestimmter Interessensgruppen zurückführen. Dies ist besonders deutlich bei der Besteuerung der Einkünfte aus Land- und Forstwirtschaft, der der Wohnungswirtschaft[12], des Bergbaus und des Schiffsbaus zu erkennen.

Anreizeffekte

Schließlich werden einige Bestimmungen auch mit ihren vorteilhaften Anreizwirkungen gerechtfertigt; beispielsweise hat man die Nichtbesteuerung von Wertzuwachsgewinnen damit zu rechtfertigen versucht, daß sie die Risikobereitschaft fördere. Obschon Wertzuwächse zu den bedeutenderen Formen eines Ertrags risikobehafteter Investitionen gehören, kann dieser Ertrag auch andere Formen annehmen; Wertzuwächse können auch bei relativ wenig risikobehafteten Investitionen auftreten.

Allgemeiner gesprochen wurde die Sonderbehandlung von Ersparnissen eingeführt, um das Sparen zu fördern. Aber selbst wenn man der Meinung ist, daß dies ein erstrebenswertes Ziel ist, stellt es sich doch heraus, daß die Art und Weise, in der das geschieht, wahrscheinlich nicht sonderlich effizient ist.

Gerechtigkeits- und Effizienzüberlegungen bei der Besteuerung des Kapitals

Sollte Kapital besteuert werden? Handelt es sich bei der Besteuerung des Kapitals um eine Doppelbesteuerung (der Steuerpflichtige wird einmal besteuert, wenn er das Einkommen verdient und dann nochmals die Zinsen, die er auf seine Ersparnisse erhält)? Verhilft uns der analytische Rahmen, den wir in den Kapiteln 16 bis 19 entwickelt haben, zu einigen Einsichten in diesen Fragestellungen?

---

[11] Anderweitig hält das Steuerrecht bislang aber am Nominalprinzip fest.
[12] Die Steuervergünstigungen für den Erwerber von Immobilien kommen indirekt der Bauwirtschaft in Gestalt erhöhter Nachfrage nach ihren Leistungen zugute.

Zunächst hatten wir festgestellt, daß aufgrund philosophischer Erwägungen sowohl ein Plädoyer zugunsten einer Einkommen- als auch zugunsten einer Konsumsteuer möglich ist, einer Steuer, die das Zinseinkommen ausspart. Gäbe es eine progressive Steuer auf den Konsum oder das Arbeitseinkommen, sollten unter bestimmten Voraussetzungen Zinsen unversteuert bleiben. Eine Zinsbesteuerung ist einer Steuer äquivalent, die zukünftigen Konsum stärker besteuert als gegenwärtigen. Unterschiedliche steuerliche Behandlung unterschiedlicher Güter (Konsum zu unterschiedlichen Zeitpunkten stellt jeweils ein unterschiedliches Gut dar) vergrößert möglicherweise nur die Zusatzlast, die mit der Besteuerung verbunden ist, ohne mehr Gleichheit herbeizuführen. Obwohl die Voraussetzungen, unter denen dieses Ergebnis gilt, ein wenig restriktiv sind, ist bei der Wahl anderer Voraussetzungen die Wahrscheinlichkeit, daß eine Subvention des Zinseinkommens wünschenswert ist, geradeso groß wie die, daß eine Besteuerung des Zinseinkommens wünschenswert ist.

Eine kritische Voraussetzung bei dieser Analyse war aber, daß es möglich ist, Arbeit- und Kapitaleinkommen eindeutig auseinanderzuhalten, und daß die Individuen sich nur in Bezug auf ihre Arbeitsfähigkeit, nicht aber in Bezug auf ihre Fähigkeit, Kapital zu investieren unterscheiden. Sind einige bessere Investoren als andere, gibt es einen wesentlichen Zielkonflikt zwischen Effizienz und Gerechtigkeit. Besteuern wir Zinseinkommen nicht, werden diejenigen, die die Fähigkeit haben, höhere Kapitalerträge zu erwirtschaften, nicht die höheren Steuern zahlen, die sie nach der Meinung der meisten Leute entrichten sollten.

Andererseits verringert eine Besteuerung der Kapitalerträge die Anreize zu einer Suche nach möglichst gewinnbringenden Anlagen[13]. Darüberhinaus ist es im Interesse effizienter Produktion erforderlich, daß diejenigen Personen über das Kapital disponieren, die dazu die besten Fähigkeiten haben; ist die Fähigkeit, gute Investitionsentscheidungen zu treffen, über die Zeit hinweg korreliert – erwirtschaften also diejenigen, die in einem Jahr einen hohen Kapitalertrag erzielen, im Durchschnitt auch in den folgenden Jahren einen hohen Ertrag – verringert eine Besteuerung dieser Personen die Menge an Kapital, über die sie verfügen, die sie also anlegen können, und infolgedessen die Effizienz der Wirtschaft.

Auswirkungen von Veränderungen der Steuersätze auf die steuerliche Gerechtigkeit

Veränderungen der Steuersätze auf Kapitalgüter können schwerwiegende Gerechtigkeitsprobleme aufwerfen. Stellen wir uns vor, daß eine Steuer auf die Erträge des Bodens eingeführt wird. Dies bewirkt unverzüglich, daß der Bodenpreis sinkt. Die Steuer wird von dem Grundbesitzer getragen, der den Grund zu dem Zeitpunkt besitzt, in dem die Steuer eingeführt wird, weil die Steuer im Marktwert des Vermögensgegenstandes kapitalisiert wird.

Derartige Gerechtigkeitserwägungen sind besonders bedeutsam, wenn nur eine bestimmte Gruppe von Vermögensgegenständen von einer Steuerrechtsänderung betroffen wird. Es läßt sich nur selten ein guter Grund dafür finden, warum

---

[13] Insoweit Anstrengungen, die auf das Auffinden guter Anlagemöglichkeiten gerichtet sind, den Kapitalertrag erhöhen, sollte man einen Teil der zusätzlichen Erträge als Entlohnung der Arbeit auffassen; in der Praxis gibt es aber keine Möglichkeit, abzugrenzen, welcher Teil des Kapitalertrags das Ergebnis derartiger Anstrengungen des Anlegers ist.

derjenige, der zu dem Zeitpunkt der Steueränderung zufällig gerade Eigentümer des Gegenstandes ist, die Last der Steuer tragen sollte. Beseitigt man beispielsweise die Abzugsfähigkeit von Schuldzinsen beim Erwerb einer zu eigenen Wohnzwecken erworbenen Eigentumswohnung, wäre die unmittelbare Wirkung dieser Maßnahme eine Verringerung der Nachfrage nach Eigentumswohnungen und folglich eine Verringerung von deren Preis und ebenso dem Preis von bebauungsfähigen Grundstücken. Die Last der Steuer ruht also auf denjenigen, die zu dem Zeitpunkt, da die Steuerrechtsveränderung voraussehbar wird, Besitzer derartiger Objekte sind. Langfristig wird der Preis für die Wohnung von den Baukosten abhängen; bei dem geringeren Preis für Eigentumswohnungen wird es sich nicht lohnen, so viele Häuser zu bauen. Das Angebot an Wohnraum wird sich verringern, sein Preis wird steigen bis zu dem Punkt, an dem der Bau neuer Häuser wieder lukrativ wird[14].

Wirkungen einer umfassenden Kapitalbesteuerung

Eine der Folgen der verwickelten Struktur der bestehenden Kapitalsteuern ist, daß es für einen geschickten Steuerpflichtigen möglich ist, die Kapitalsteuern, die er entrichtet, wesentlich zu verringern oder sie ganz zu umgehen und zusätzlich sogar noch Steuern auf Arbeitseinkommen einzusparen. Um das zu erreichen, werden Verzerrungen der Struktur der Ersparnisse und Investitionen in Kauf genommen. Die Folge dieser Bestimmungen ist in jedem Fall, daß es schwierig ist, festzustellen, wie hoch Kapital denn nun tatsächlich besteuert wird.

In diesem und dem nächsten Abschnitt werden wir diese Komplikationen aber vernachlässigen und uns auf die Wirkungen einer einfachen Steuer auf alle Kapitaleinkommen konzentrieren.

Auswirkungen einer Kapitalsteuer auf die Ersparnisse

Aus dem Kapitel 18 wissen wir, daß wir die Effekte einer Zinssteuer in einen Einkommens- und einen Substitutionseffekt zerlegen können. Der Substitutionseffekt führt immer zu einer Erhöhung des Konsums in der Gegenwart (also zu einer Verringerung der Ersparnis). Ob der Einkommenseffekt positiv oder negativ ist, hängt davon ab, ob der Steuerpflichtige ein Nettoschuldner oder ein Nettogläubiger ist. Eine steuerliche Abzugsfähigkeit von Zinsen impliziert, daß sich der Schuldner besser stellt; der Einkommenseffekt ist positiv und er vergrößert den Konsum in der Gegenwart. Bei Schuldnern wirken also Einkommens- und Substitutionseffekt beide in Richtung auf eine Erhöhung des Gegenwartskonsums und auf eine Verringerung der Ersparnis. Gläubiger (Anbieter von Kapital) stellen sich schlechter: sie verringern ihren Gegenwartskonsum. Substitutions- und Einkommenseffekt wirken in einander entgegengesetzte Richtung.

---

[14] Tatsächlich wurde bei uns die Abzugsfähigkeit dieser Schuldzinsen 1987 beseitigt. Gleichzeitig damit wurde aber auch die Besteuerung des Nutzungswerts abgeschafft. Dies dürfte die Wirkung der Abschaffung des Schuldzinsenabzugs mindestens wettgemacht haben.

Die vorliegenden empirischen Untersuchungen zu der Frage, ob die aggregierten Ersparnisse bei einer Erhöhung des Ertrags nach Steuern zu- oder abnehmen, kommen zu dem Schluß, daß sie geringfügig zunehmen[15].

Ersparnisse der Haushalte und Körperschaften: Der Körperschaftschleier. Ein großer Teil der Ersparnisse wird nicht direkt von den Haushalten gebildet, sondern von Körperschaften im Wege einer Einbehaltung von Gewinnen. Wie wir im Kapitel 21 sahen, haben die Bestimmungen der Körperschaftsteuer einen erheblichen Einfluß auf die Anreize, Ersparnisse in dieser Form zu bilden. Die Auswirkungen, die dies auf das Sparen der Haushalte hat, sind stark umstritten. Manche glauben, daß die Steuerpflichtigen durch den **Körperschaftschleier** hindurchsehen und daß sie beispielsweise eine Ersparnis von 1000 DM durch eine Körperschaft, von der sie 1% der Anteile besitzen, so behandeln, als hätten sie selbst 10 DM gespart[16].

Es ist wichtig, sich klarzumachen, daß es hierfür nicht nötig ist, daß alle Investoren so gut informiert sind, daß sie den Körperschaftschleier durchschauen. Es ist nur erforderlich, daß genügend Anleger erkennen, daß der Marktwert eines Unternehmens, das 1 Million DM investiert hat, um 1 Million steigen sollte, um den Marktpreis der Anteile um eben diesen Betrag abzuheben. Uninformierte Aktionäre mögen ahnungslos sein, warum es zu diesem Wertzuwachs ihrer Aktien gekommen ist. Alles, was sie wissen, ist, daß es zu ihm gekommen ist. Die Vergrößerung ihres Vermögens führt dann zu größerem Konsum (verringerten Ersparnissen).

In dieser Sicht ist die Aufteilung der Ersparnisse in solche der Haushalte und solche der Körperschaften nur ein Geschöpf des Steuerrechts. Die Körperschaft verhält sich einfach so, als würde sie alle ihre Gewinne ihren Anteilseignern ausschütten und als würden diese dann entscheiden, wieviel gespart werden soll.

Viele Ökonomen glauben hingegen, daß Anteilseigner nicht so wohlinformiert oder rational sind, daß sie die Ersparnisse der Körperschaft vollständig ihrem Haushalt gutschreiben. Gemäß dieser Sicht vermögen sie den Körperschaftschleier nicht vollständig zu durchschauen. Die Vertreter dieser Auffassung verweisen darauf, daß die einzelnen Aktionäre nur selten die Bilanzen der Unternehmung lesen, und daß sie, selbst wenn sie dies tun würden, es schwierig fänden, herauszufinden, wieviel Ersparnisse diese für sie angelegt hat. Glaubt man, daß die Börsenkurse der Aktien den wahren Wert der Unternehmung widerspiegeln, könnten die Aktionäre hieraus Schlüsse ziehen, wieviel sie erspart haben. Aber

---

[15] Michael Boskin ermittelt, daß eine Erhöhung der Erträge des Sparens um 1%, also sagen wir von 4 auf 5%, die Ersparnis um 1% vergrößere. Howrey and Hymans behaupten demgegenüber, daß sich kein nennenswerter Effekt feststellen lasse. Vgl. M. Boskin: Taxation, Savings and the Rate of Interest. Journal of Political Economy 86 (1978): S. 3-27 und E. Philip Howrey, Saul H. Hymans in: What Should be taxed: Income or Expenditure, J. A. Pechman (Hrsg.). Washington 1980.

[16] Gemäß dieser Sicht der Dinge macht es, wenn es keine Steuern gibt, keinen Unterschied, ob die Unternehmen Dividenden zahlen oder ihre Gewinne einbehalten. Diese These wurde vorgetragen von F. Modigliani und M. H. Miller: The Cost of Capital, Corporation Finance, and the Theory of Investment. American Economic Review 48 (1958) S. 261-97 und J. E. Stiglitz: On the Irrelevance of Corporation Financial Policy. American Economic Review 64 (1974) S. 851-66.

diejenigen, die an die Existenz eines Körperschaftschleiers glauben, gehen davon aus, daß die Aktienkurse den tatsächlichen Unternehmenswert nur höchst unvollkommen widergeben, und verweisen darauf, daß die Haushalte den täglichen Schwankungen der Aktienkurse keine besondere Beachtung schenken[17]. Gemäß dieser Sicht kann man zumindest bei einer kurzfristigen Betrachtung die Wirkungen der Kapitalbesteuerung auf die Ersparnisse der Körperschaften und auf die der Haushalte voneinander trennen.

Beide Seiten stimmen darin überein, daß längerfristig jede Politik, die zu einer systematischen Vergrößerung der Ersparnisse der Körperschaften führt, auch Auswirkungen auf die der Haushalte haben muß, und sei es nur deswegen, weil sie einen systematischen Einfluß auf den Wert der Körperschaften und infolgedessen auch auf die Vorstellungen der Individuen von diesem Wert haben wird.

Folgen einer Verringerung der Ersparnisse. Es gibt zwar einigen Streit über die Größenordnungen und unter Umständen sogar über das Vorzeichen der Veränderungen der Ersparnis, die aus einer Veränderung der Zinsbesteuerung resultiert. Im allgemeinen vermutet man jedoch, daß eine Erhöhung dieser Besteuerung zu einer leichten Verringerung der Ersparnis fuhrt. Die nächste Frage ist dann: Was sind die Folgen? Sollte uns das bekümmern? Eine Verringerung der Ersparnis wird normalerweise zu einer Verringerung der Kapitalakkumulation und langfristig daher zu einer Verringerung des Prokopf-Outputs führen.

Diesen Effekten kann man mit vier verschiedenen Maßnahmen entgegenwirken. Erstens: Der Staat kann versuchen, die Ersparnis mit anderen Mitteln zu fördern. Beispielsweise kann er die Renten der gesetzlichen Rentenversicherung verringern. Dann fühlen sich die Individuen womöglich veranlaßt, mehr für ihr Alter zu sparen. Zweitens kann er versuchen, den Teil der Ersparnis, der in Staatsschuldtiteln angelegt wird, zu verkleinern und damit den Teil, der zu Produktivkapital wird, zu vergrößern. (Hierzu muß er die Schuldenaufnahme einschränken). Drittens hat eine Verringerung des Bestands an Kapital Auswirkungen auf den Marktwert anderer Vermögensgegenstände, insbesondere von Land. Sind Land und Kapital komplementäre Güter, verringert sich bei einem Schrumpfen des Kapitalbestands der Ertrag des Bodens und folglich auch sein Marktwert. Die Verringerung des Kapitalbestands ist infolgedessen geringer als die der Ersparnis[18]. (Das heißt, ein Teil der Verringerung der Ersparnisse nimmt die Form eines verringerten Werts des Grundbesitzes an.)

---

[17] Bemerkenswerterweise hat man festgestellt, daß der Quotient aus Börsenkurs der Aktien und geschätztem Unternehmenswert erheblichen Schwankungen unterliegt. Die meisten Beobachter führen dies darauf zurück, daß der Börsenkurs den wahren Unternehmenswert nur unvollkommen wiedergibt.

[18] Der Marktwert des Bodens vor Steuern ist (im langfristigen Gleichgewicht) gerade gleich dem abdiskontierten Gegenwartswert der Grundrente, also R/r, wobei R die Rente ist und r der Zinssatz. Kurzfristig und wenn das Angebot an Kapital gleich bleibt, läßt eine Steuer auf den Ertrag von Boden und Kapital den Grundstückswert unverändert mit $(1 - t) R / (1 - t) r = R/r$. Schrumpft der Kapitalbestand hingegen, erhöht sich der Zins und (wenn Kapital und Land komplementär sind) geht R zurück. Beide Effekte führen zu einer Verringerung des Bodenpreises. (Beachten Sie, daß es, wenn Kapital und Land Substitute sind, möglich ist, daß ein Schrumpfen des Kapitalstocks tatsächlich zu einem Anstieg des Marktwerts des Bodens führen kann, so daß der Kapitalstock sogar noch stärker schrumpft.)

Viertens kann der Staat die Investitionen fördern, indem er Investitionszulagen gewährt und Sonderabschreibungen erlaubt. Dies haben wir in der Zeichnung 24.1 dargestellt, in der wir der Einfachheit halber angenommen haben, daß alle Ersparnisse in Kapital investiert werden (wir vernachlässigen mit anderen Worten Ersparnisbildung in Form von Staatsschuldtiteln und Grundbesitz). Die Zinsbesteuerung verringert für jeden bestimmten Zinssatz das Angebot an Ersparnissen, so daß sie im Gleichgewicht von S_1 auf S_2 schrumpfen. Eine Investitionszulage verschiebt die Investitionsfunktion derart, daß bei jedem bestimmten r die Nachfrage nach Investitionen steigt. Dies ist die Bewegung von II nach I'I'; ist die Investitionszulage groß genug, sind die Investitionen wieder so groß wie ursprünglich, also S_1. Der Ertrag nach Steuern ist wieder auf sein ursprüngliches Niveau angestiegen. Diese Betrachtung provoziert die Frage: Wäre es nicht einfacher und wahrscheinlich auch weniger verzerrend gewesen, wenn man die Ersparnisse von der Besteuerung ausgenommen und dann auch keine Investitionszulage gewährt hätte[19]?

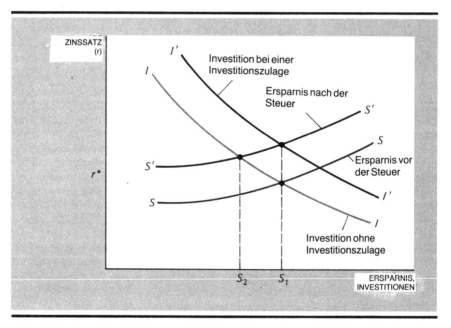

Abb. 24.1 **Investitionsförderung mittels Investitionszulagen.** Die Auswirkungen einer Verringerung der Ersparnisse lassen sich durch Investitionszulagen beseitigen.

Auswirkungen der Kapitalsteuern auf die Risikobereitschaft

Daß die Besteuerung des Kapitals die Bereitschaft zum Tragen von Risiko verringern könnte, hat seit langem Anlaß zur Besorgnis gegeben. Wir werden uns überzeugen, daß eine geschickt konstruierte Kapitalsteuer diese Bereitschaft mög-

---

[19] Eine Investitionszulage kommt nur neuen Investitionen zugute, wohingegen eine Verringerung der Kapitalsteuersätze auch alte berührt. Die Umverteilungswirkungen des Übergangs von der einen Politik zur anderen können infolgedessen erheblich sein.

licherweise sogar erhöht, daß andererseits manche Bestimmungen unseres Steuerrechts die Risikoübernahme bestrafen.

Obwohl manche immer wieder gerne gewisse Risiken eingehen und die meisten mit Vergnügen gelegentlich ein kleines Risiko übernehmen (wie die Popularität der Lotterie oder der Kasinos in Monaco und anderswo zeigt), werden sie bedeutend vorsichtiger, wenn es darum geht, über ihr Vermögen zu disponieren. Sie sind bereit, Risiken einzugehen, aber nur, wenn sie als Entschädigung hierfür einen Ertrag erhalten, der in einem befriedigendem Maß den Ertrag sicherer Investitionen überschreitet. Die Sorge, daß man mit einer Besteuerung des Kapitals möglicherweise tatsächlich den Ertrag auf die Risikoübernahme besteuert, die Risikoprämie, die die Investoren für die Inkaufnahme des Risikos erhalten, ist weit verbreitet. In diesem Fall wird das Ergebnis eine geringere Bereitschaft zur Risikoübernahme sein.

Der Grund dafür, daß dies Anlaß zu Kopfschmerzen gibt, ist die Vorstellung, daß die Dynamik einer kapitalistischen Gesellschaft vor allem von der Bereitschaft zum Unternehmertum abhängt, und daß diese untrennbar mit Risikoübernahme verbunden ist. Würden die Unternehmer von der Vornahme riskanter Projekte abgeschreckt, wären die Auswirkungen auf das Wirtschaftswachstum verheerend.

Warum eine Kapitalsteuer die Risikobereitschaft erhöhen kann. In welchem Maße das bestehende Steuersystem die Risikoübernahme verringert, ist umstritten. Möglicherweise erhöht es sie.

Daß die Einkommensteuer die Risikobereitschaft erhöhen kann, kann man sich am leichtesten an einem extremen Beispiel klarmachen. Nehmen Sie an, daß einer sich zwischen zwei Vermögensgegenständen entscheiden muß: Einem sicheren, der keinen Ertrag abwirft, und einem risikobehafteten, der mit der Wahrscheinlichkeit von 50% einen sehr großen Ertrag abwirft und ebenfalls mit der Wahrscheinlichkeit von 50% einen Verlust. Der Durchschnittsertrag sei positiv, um den Investor für die Risikoübernahme zu entschädigen. Er ist vorsichtig und legt einen Teil seines Vermögens in dem sicheren Vermögensgegenstand und den Rest in dem riskanten Vermögensgegenstand an. Jetzt führen wir eine 5%ige Steuer auf den Kapitalertrag ein, wir erlauben aber eine volle Verrechnung der Verluste mit anderen Einkünften. Auf den sicheren Vermögensgegenstand hat dies keinen Einfluß. Bei dem riskanten wird der Ertrag auf die Hälfte reduziert, aber auch der Verlust. Wie reagiert der Investor hierauf? Investiert er nunmehr doppelt so viel wie vorher in das riskante Objekt, ist das Einkommen nach Steuer bei einem positiven Ergebnis gleich hoch und bei einem negativen Ergebnis ist es ebenfalls gleich hoch wie zuvor. Die Steuer hat also keinerlei Einfluß auf seine Lage. Der Staat beteiligt sich im Grunde an seinem Risiko. Mit seiner Bereitschaft, sich an dem Risiko – an den Gewinnen wie auch an den Verlusten – zu beteiligen, verhält er sich als stiller Teilhaber. Und weil der Staat bereit ist, das Risiko zu teilen, ist der Investor bereit, mehr Risiko zu tragen[20].

---

[20] Wegen einer länger zurückliegenden Untersuchung der Auswirkungen einer Steuer auf die Risikoübernahme, siehe E. D. Domar und R. A. Musgrave, Proportional Income Taxation and Risk-Taking. Quarterly Journal of Economic 58 (1944) S. 388-422. Die heute übliche Analyse ist enthalten in J. E. Stiglitz: The Effects of Income, Wealth and Capital Gains Taxation on Risk Taking. Quarterly Journal of Economics 83 (1969): S. 262-83. Vgl. auch A. B. Atkinson and J. E. Stiglitz: Lectures on Public Economics. New York 1980.

Diese Situation ist auch noch in anderer Hinsicht interessant: es handelt sich um eine Steuer, die im Durchschnitt dem Staat ein positives Steueraufkommen erbringt, aber keinen Einfluß auf den Wohlstand des Investors hat. Er befindet sich nach Auflage der Steuer in derselben Lage wie vorher (unabhängig davon, ob das riskante Objekt einen positiven oder einen negativen Ertrag abwirft).

Diese Steuer hat also geradezu wundersame Fähigkeiten. Sie macht möglich, was sonst unerreichbar ist: Sie erhöht die Staatseinnahmen, ohne den Wohlstand irgendeiner Person zu verringern[21]. Aber bevor wir uns an diesen Perspektiven allzusehr berauschen, sollten wir einige Einschränkungen beachten.

Warum Kapitalsteuern die Nettorisikoübernahme verringern können. Erstens werden bei einer progressiven Steuer die Erträge einer erfolgreichen Investition stärker besteuert, als die Verluste aus einer erfolglosen subventioniert werden. Dies schafft einen Anreiz, kein Risiko zu übernehmen.

Zweitens sind Verluste (gemäß den Rechtsordnungen vieler Länder) nur begrenzt absetzbar. Diese Grenzen werden bei einem Haushalt dadurch gesetzt, daß Verluste zwar prinzipiell mit positiven Einkünften desselben Jahres verrechenbar sind, ein Verlustrück- oder vortrag aber nur begrenzt möglich ist[22]. Sind in einem Jahr die Verluste also größer als die positiven Einkünfte, sind sie mitunter nicht voll abziehbar. In diesem Fall beteiligt sich der Staat also an den Gewinnen, aber nur begrenzt an den Verlusten. Auch dies verringert die Bereitschaft zur Risikoübernahme.

Wie wichtig es ist, daß der Staat sich an Risiken beteiligt, hängt davon ab, wie gut der Markt funktioniert. Bei börsengängigen Wertpapieren ist eine erhebliche Risikominderung durch Anlagenstreuung möglich, und es gibt infolgedessen keinen Grund zu der Annahme, daß der Staat sehr viel zu einer weiteren Risikokonsolidierung beitragen kann. Für kleinere Unternehmen hingegen stellt der Staat vielleicht eine Möglichkeit der Teilung des Risikos bereit, die der Markt nicht bietet.

Ein letzter Einwand betrifft unsere Annahme, daß die sichere Ertragsrate null beträgt[23]. Ist der Ertrag auf sichere Anlagen deutlich größer als null und wird er besteuert, bewirkt eine Kapitalsteuer einen deutlichen Vermögenseffekt. Dieser Vermögenseffekt kann die Nachfrage nach risikobehafteten Anlagen vermindern.

Zusammenfassend ist festzustellen, daß eine proportionale Steuer auf den Kapitalertrag vermutlich die Risikoübernahme fördert, daß dies möglicherweise aber durch die negativen Faktoren, die wir gerade beschrieben haben, mehr als

---

[21] Daß sie es versäumt, diese Möglichkeiten auszunutzen, ist vielleicht der wichtigste Schwachpunkt einer Sollertragssteuer.
[22] bei Investitionen in Humankapital und einigen anderen speziellen Investitionen wie beispielsweise dem Schreiben eines Buchs fast gar nicht. Siehe hierzu allerdings den neuen § 34 EStG.
[23] Der reale Ertrag auf Staatsschuldtitel war in den USA im Laufe des letzten halben Jahrhunderts in der Tat nahezu null (er betrug im Durchschnitt um 1%). In der BR Deutschland war er nicht sehr viel höher. Es ist aber auch zu beachten, daß im Sinne unserer Analyse Staatsschuldtitel nur dann realwirtschaftlich sichere Anlagen sind, wenn es keine Unsicherheit über die Höhe der Inflationsrate gibt.

aufgewogen wird. Die bedeutendste negative Wirkung geht vermutlich von der Progression der Einkommensteuer aus.

Wertzuwachsbesteuerung

Bedeutende Verzerrungen rühren von der Sonderbehandlung der Wertzuwächse her. Bei Haushalten bleiben diese normalerweise unbesteuert, im Rahmen des Betriebsvermögens werden sie im Prinzip bei Realisierung besteuert. Die Ausgestaltung der Wertzuwachsbesteuerung eröffnet Möglichkeiten einer Steuerarbitrage: Individuen können bestimmte Finanzierungstransaktionen tätigen, ohne daß reale Effekte auftreten, und hierdurch ihre Steuerschuld vermindern. In den Kapiteln 20 und 26 zeigen wir verschiedene Möglichkeiten, wie das geschehen kann. Hier geht es um die Verzerrungen, die mit der Wertzuwachsbesteuerung verbunden sind.

Der Locked-in Effekt

Eine wesentliche Verzerrung ist der **locked-in Effekt (Einschließungseffekt)**. Er rührt daher, daß Wertzuwächse, wenn überhaupt, dann nur bei einer Realisation besteuert werden. Infolgedessen mag ein Steuerpflichtiger, der ein Wertpapier besitzt, dessen Wert sich erhöht hat, davor zurückschrecken, dieses zu verkaufen, da er weiß, daß er bei Verkauf Steuer zu entrichten hat. Wenn er das Wertpapier nicht verkauft, kann er die Steuer auf einen späteren Zeitpunkt verschieben. Wir haben festgestellt, daß eine Mark heute mehr wert ist als eine Mark morgen (könnte man doch eine Mark heute investieren und dafür $1+r$ Mark morgen erhalten, wobei r die Ertragsrate des Kapitals ist). Infolgedessen ist es einem Steuerpflichtigen lieber, eine Steuer morgen zu zahlen als heute. Der Gegenwartswert der Steuerschuld wird durch die Verschiebung der Steuer reduziert[24]. Der Steuerpflichtige hat also einen Anreiz, das Wertpapier zu behalten, statt es zu verkaufen. Dies nennt man den locked-in Effekt.

Die Folgen sind leicht einzusehen. Nehmen Sie an, daß ein Steuerpflichtiger ein Wertpapier für 1 DM erworben hat und daß sich sein Wert plötzlich auf 101 DM erhöht. Nunmehr rechnet er damit, daß der Ertrag auf dieses Wertpapier geringer sein wird als der, den er bei einer anderen Geldanlage erzielen könnte. Nehmen Sie beispielsweise an, daß er eine andere Anlagemöglichkeit kennt, die sich mit 10% verzinst. Gäbe es keine Steuer, würde er einfach sein Wertpapier verkaufen und dieses andere Objekt kaufen.

Betrachten Sie nun, was geschieht, wenn der Steuerpflichtige sein Wertpapier verkauft. Nehmen wir an, er bezieht Einkommen aus Gewerbebetrieb, und das Wertpapier ist Teil des Betriebsvermögens. Er hat einem derartigen Grenzsteuersatz, daß er 50 DM Steuer auf den Wertzuwachs entrichten muß. Infolgedessen könnte er nur 51 DM reinvestieren.

---

[24] Rufen Sie sich aus dem Kapitel 10 die Definition des Gegenwartswerts ins Gedächtnis zurück. Der Gegenwartswert einer Mark morgen ist $1 DM/1+r$; eine Mark morgen ist also soviel wert wie $1 DM/1+r$ heute.

Stellen Sie sich vor, er glaubt, daß im nächsten Jahr sein Geschäft schlecht läuft und daß er das Geld infolgedessen in einem Jahr benötigen wird. Er rechnet damit, daß sein Nettoeinkommen so gering sein wird, daß er nur einen Grenzsteuersatz von 20% haben wird.

Verkauft er das Wertpapier heute und investiert er in das (ohne Berücksichtigung von Steuern) profitablere Wertpapier, erzielt er auf diese Investition einen Nettozins von $0{,}8 \times 10\% = 8\%$. In einem Jahr besitzt er infolgedessen

$$51 \, \text{DM} \times 1{,}08 = 55 \, \text{DM}.$$

Verkauft er hingegen das Wertpapier nicht und tritt kein zusätzlicher Wertzuwachs ein, besitzt er im nächsten Jahr doch immerhin

$$0{,}08 \times 101 \, \text{DM} = 80 \, \text{DM}.$$

Er stellt sich im letzteren Fall also besser und zwar, obwohl das Wertpapier keinen Ertrag stiftet.

Konsequenzen und Bedeutung des Locked-in Effekts

Die Folgen und die Bedeutung des Locked-in Effekts sind umstritten. Für die USA, in denen auch Haushalte einer Wertzuwachssteuer unterliegen[25], hat Martin Feldstein behauptet, daß der hieraus resultierende Locked-in Effekt derart bedeutend sei, daß eine Verringerung der Wertzuwachssteuer die Individuen dazu veranlassen werde, in einem solchen Umfang Wertpapiere zu veräußern, daß die Steuereinnahmen des Staates sogar zunähmen[26].

Feldsteins Kritiker meldeten nicht nur Zweifel an der Verläßlichkeit der statistischen Verfahren an, mittels derer er seine Ergebnisse gewonnen hatte, sondern wiesen auch darauf hin, daß dies nur ein kurzfristiger Zuwachs an Steuereinnahmen sei. Ein kurzfristiger Zuwachs könne schon auftreten, längerfristig käme es aber zu keiner oder nur einer geringfügigen Veränderung der Staatseinnahmen. Da die Steuerpflichtigen sich infolge der Verringerung der Steuer besser stellen, kann diese zu einer Erhöhung des laufenden Konsums in demselben Zeitraum führen, während dessen auch die Staatseinnahmen steigen.

Es gibt auch noch Streit um den Wohlfahrtseffekt des Locked-in Effekts. Ein großer Teil der Debatte hat sich auf den Kauf von Wertpapieren durch Individuen konzentriert. Für wirtschaftliche Effizienz ist erforderlich, daß ein jedes Wertpapier von dem gehalten wird, der ihm den höchsten Wert beimißt, der also glaubt, daß sein Ertrag besonders hoch sein wird[27]. Der Locked-in Effekt führt

---

[25] Andere Länder, in denen Wertzuwächse auch dann grundsätzlich zu versteuern sind, wenn sie im Privatvermögen anfallen, sind England und Frankreich.

[26] M. S. Feldstein, J. Slemrod und S. Yitzhaki: The Effects of Taxing on Selling and Switching of Common Stock and the Realization of Capital Gains. Quarterly Journal of Economics 94 (1980) S. 777-91.

[27] Wir definieren wirtschaftliche Effizienz in dem üblichen Sinn einer Paretoeffizienz. Unter Risiko ist aber nicht ganz klar, wie man die Wohlfahrt eines Individuums messen sollte. Wir beziehen uns hier auf seine Erwartungen über den Ertrag des Wertpapiers unabhängig davon, ob diese der Realität entsprechen.

24. Kapitel: Die Besteuerung des Kapitals

dazu, daß einer ein Wertpapier behält, obwohl jemand anderes ihm einen höheren Wert beimißt. Die Folge davon wird **Austauschineffizienz** genannt. Manche Ökonomen glauben allerdings, daß die wirtschaftlichen Folgen dieser Erscheinung nicht allzu ernst genommen werden sollten. Sie behaupten, daß die Börse im Grunde den Charakter eines Spielkasinos für reiche Leute habe und daß der Locked-in Effekt zwar die Effizienz dieses Kasinos verringere, die Auswirkungen auf den Rest der Wirtschaft aber gering seien. Dieser Sicht zufolge gibt es keine unmittelbaren und ausgeprägten Zusammenhänge zwischen den Wirkungen einer Wertzuwachssteuer auf das Geschehen an der Börse und den Entscheidungen der Manager und der Unternehmenseigner über ihre Investitionen und die Produktion des Unternehmens.

Immerhin gibt es einige Bereiche, in denen die Wertzuwachsbesteuerung vermutlich wesentliche Auswirkungen auf die Effizienz der Produktion hat. Ein Beispiel hierfür ist der Fall kleinerer Unternehmen, die von ihrem Eigentümer geleitet werden. Im Laufe des Lebens eines solchen Eigentümers kommt ein Punkt, an dem er die Unternehmung besser an einen anderen verkaufen sollte. Käme es zu keiner Besteuerung des Veräußerungsgewinns, der aus der Auflösung der stillen Reserven[28] und der Realisierung der Wertzuwächse herrührt, könnte es wohl sein, daß der ursprüngliche Eigentümer sein Unternehmen würde verkaufen wollen; aber er wird davon durch die hohen Kosten abgeschreckt, die ihm die Besteuerung der Veräußerungsgewinne bei der Veräußerung wesentlicher Beteiligungen aufbürdet.

Das deutsche Steuerrecht kennt einige Vorkehrungen, die die Bedeutung des Locked-in Effekts bei Wertzuwächsen im Betriebsvermögen zu mindern geeignet sind. Veräußerungsgewinne, die bei der Veräußerung bestimmter (im § 6b des Einkommensteuergesetzes genannter) Wirtschaftsgüter und Anteile an Kapitalgesellschaften durch einen Betrieb anfallen, unterliegen einer steuerlichen Sonderbehandlung, wenn sie (im selben Jahr) für die Beschaffung bzw. Herstellung bestimmter anderer (ebenfalls in diesem Paragraphen näher bezeichneter) Wirtschaftsgüter verwendet werden. Die Sonderbehandlung läuft darauf hinaus, daß dieser Veräußerungsgewinn mit unter Umständen großer zeitlicher Verzögerung nur sukzessive in den Folgejahren versteuert wird[29]. Wenn diese Veräußerungsgewinne nicht im selben Jahr wieder investiert werden, dann gibt es die Möglichkeit, durch Bildung einer den Gewinn mindernden Rücklage auch noch in den zwei darauffolgenden Jahren eine Sonderbehandlung für diese Gewinne zu errei-

---

[28] Als stille Reserven bezeichnet man den Teil des Eigenkapitals, der in der Bilanz wegen der dort verwendeten Wertansätze für verschiedene Vermögensgegenstände nicht sichtbar wird. Solche stille Reserven entstehen beispielsweise, wenn die bilanziellen Abschreibungen höher sind als der tatsächliche Werteverzehr oder wenn Wertzuwächse eintreten, die nicht durch eine entsprechende Erhöhung der Buchwerte in der Bilanz nachvollzogen werden (können).

[29] Der Veräußerungsgewinn des veräußerten Anlageguts (manchmal auch nur ein Teil davon) kann von den Anschaffungskosten des neu angeschafften Anlageguts abgezogen werden. Dadurch vermindert sich die Bemessungsbasis für die Abschreibungen auf das Anlagegut für die Folgejahre. Insgesamt schrumpft damit das Aufwandspotential; der Gewinn der Folgejahre erhöht sich im Vergleich zum Zustand ohne Übertragung des Veräußerungsgewinnes. Es handelt sich um eine zeitliche Verlagerung der Steuerzahlung, die zu einer Verringerung des Gegenwartswerts der Steuerschuld führt.

chen. Diese Vorschrift bewirkt, daß ein Locked-in Effekt in der Praxis vor allem dann anfällt, wenn der Veräußerungsgewinn dem Konsum zufließt und infolgedessen nicht mehr investiert wird. Unserem Unternehmer, der sich zur Ruhe setzen soll, hilft dieser Paragraph also wenig.

Bei Betriebsveräußerungen bzw. einer Betriebsaufgabe werden gewisse Freibeträge gewährt, innerhalb derer Veräußerungsgewinne nicht besteuert werden. Wenn der Steuerpflichtige den Gewerbebetrieb nach Vollendung des 55. Lebensjahrs veräußert bzw. aufgibt, dann gibt es beim Veräußerungsgewinn einen Freibetrag von 120000 DM. Dieser Freibetrag mindert sich allerdings, wenn und soweit der Veräußerungsgewinn mehr als 300000 DM beträgt. Ferner unterliegt der Veräußerungsgewinn (auf Antrag) einem ermäßigten Steuersatz[30]. Außer bei ausgesprochenen Kleinunternehmen sind die genannten Freibeträge sicherlich zu gering, um das Auftreten eines Locked-in Effekts zu verhindern. Schließlich gibt es bei einer Übergabe des Betriebs an die Kinder noch weitere Gestaltungsmöglichkeiten, die es erlauben, die Auflösung stiller Reserven und ihre Besteuerung aufzuschieben bzw. zu vermeiden[31].

Die Ineffizienzen, die mit der Besteuerung von Wertzuwächsen verbunden sind, werden durch derartige Regelungen gelindert und zum Teil vermieden, aber um den Preis, daß tatsächlich auch jene Wertzuwächse, die im Rahmen des Betriebsvermögens anfallen, teilweise unversteuert bleiben.

Folgen bestimmter anderer Bestimmungen des Steuerrechts über die Besteuerung der Kapitaleinkommen

Im Kapitel 21 haben wir darauf verwiesen, daß die Festsetzung der AfA und die Gewährung von Sonderabschreibungen zu erheblichen Unterschieden in den effektiven Steuersätzen auf unterschiedliche Arten von Kapital führen. Bei dem Versuch, Investitionen zu fördern, verzerrt das Steuersystem also die Struktur derselben und fördert bestimmte Arten der Mittelverwendung. Genauso verhält es sich mit der vorteilhaften Behandlung, die Immobilien im Steuerrecht erfahren. Diese führt dazu, daß weniger Produktivkapital gebildet wird und ein größerer Teil der Ersparnisse für den Bau von Häusern verwendet wird. Dies ist ineffizient.

---

[30] Nach § 34 EStG.
[31] Einige Beispiele für Gestaltungsmöglichkeiten: Eine ist, daß der Steuerpflichtige Vermögensgegenstände, bei denen Wertzuwächse zu erwarten sind, von vornherein nicht im Betriebsvermögen, sondern im Privatvermögen hält. Diese Option besteht bei beweglichen Wirtschaftsgütern, die sowohl privaten als auch betrieblichen Zwecken dienen. Sie gehören nur dann auf jeden Fall zum Betriebsvermögen, wenn sie zu mehr als 50% betrieblich genutzt werden. Ist der Betrieb als Kapitalgesellschaft organisiert, so kann eine Betriebsaufspaltung helfen, wobei die Vermögensgegenstände, bei denen die stillen Reserven vorliegen, in ein Besitzunternehmen überführt werden und der Rest an ein Betriebsunternehmen. Das Betriebsunternehmen wird dann veräußert, das Besitzunternehmen nicht. Vgl. hierzu weiter unten Kapitel 26.

Eigenheime und Mietwohnungen

Ein Beispiel sowohl für die Komplexität des Steuerrechts als auch dafür, wie schwer die Wirkungen des Steuerrechts im einzelnen nachzuvollziehen sind, ist die Besteuerung von Immobilien. Der Erwerber eines Eigenheims genießt insbesondere die folgenden steuerlichen Vorteile: a) Der Mietwert wird nicht besteuert; b) während der sieben auf den Erwerb des Hauses bzw. der Eigentumswohnung folgenden Jahre, können 5% des Kaufpreises bzw. der Baukosten (bis zu 15000 DM) wie Sonderausgaben abgesetzt werden (dafür ist aber, sobald die Wohnung vom Eigentümer bewohnt wird, kein Schuldzinsabzug mehr möglich, und es können auch nach Ablauf dieser 7 Jahre keine weiteren Abschreibungen auf die Anschaffungs- und Herstellungskosten steuerlich geltend gemacht werden); c) es wird ein sogenanntes Baukindergeld gewährt, d.h. pro Kind sind zusätzlich 600 DM (ab 1990: 750) im Jahr von der Steuerschuld abzuziehen; d) Wertzuwächse bleiben unversteuert; e) die Belastung mit Vermögensteuer ist aufgrund der veralteten Einheitswerte gering.

Demgegenüber fallen bei Erwerb bzw. Bau eines Hauses oder einer Wohnung, die vermietet oder verpachtet wird, insbesondere die folgenden Steuervorteile an: a) Schuldzinsen sind abzugsfähig; b) bei einem Neubau ist eine Sonderabschreibung zulässig und zwar in Höhe von 5% während der ersten 7 Jahre (künftig wahrscheinlich 7% in den ersten 4 Jahren und 5% in den folgenden 6 Jahren). Nach diesen 7 Jahren sinkt die zulässige Abschreibung auf 2,5%; c) Erhaltungs- und Modernisierungsaufwand, Grundsteuer, Müllabfuhr, Versicherungsbeiträge usw. können als Werbungskosten abgezogen werden; d) keine Wertzuwachsbesteuerung und keine nennenswerte Vermögensteuerbelastung. Die Mieteinnahmen sind zu versteuern.

Wird hier der Eigenheimerwerb, insbesondere bei Familien, steuerlich stärker gefördert als der Immobilienerwerb zum Zweck der Vermietung oder nicht? Dies ist ziemlich schwierig zu entscheiden. Man mag argumentieren, daß der Erwerber einer Immobilie diese nicht zum Zweck der Vermietung erwerben würde, wenn der Gegenwartswert der Differenz aus Mieteinnahmen und Abschreibungen, Schuldzinsen, Erhaltungsaufwand usw. nicht positiv wäre. Da beim Eigenheim der Mietwert unversteuert bleibt (dafür aber auch Schuldzinsen, Erhaltungsaufwand usw. nur in weit geringerem Maße steuerlich abzugsfähig sind), scheint letzteres auf eine stärkere Förderung des Eigenheimerwerbs hinauszulaufen. Dieses Argument verkennt, daß es sehr wohl der Fall sein kann, daß der Gegenwartswert der Nettoeinnahmen aus Vermietung vor Steuern negativ ist, nach Steuern aber positiv. Dies ist etwa dann der Fall, wenn der Erwerber des Objekts während des Zeitraums, während dessen oft (steuerlich) Verluste aus Vermietung und Verpachtung anfallen, nämlich nach dem Erwerb (hohe Schuldzinsen, Sonderabschreibungen) einen hohen Grenzsteuersatz hat, wohingegen er Jahre später, wenn die Gewinne aus dem Objekt anfallen, einen niedrigen hat.

Es ist zu beachten, daß auf einem Wettbewerbsmarkt die steuerliche Förderung des Wohnungsbaus längerfristig an den Mieter weitergegeben wird. Hat der marginale Investor, der in Immobilien investiert, einem Grenzsteuersatz von 50%, fließen die steuerlichen Vorteile den Mietern in Gestalt einer verminderten Miete ebenso zu, als hätten diese selbst einem 50%igen Grenzsteuersatz. Die Verteilungswirkungen der steuerlichen Begünstigung des Wohnungseigentums hängen hiervon in starkem Maße ab. Würde der Erwerb von Eigenheimen stärker gefördert als der von Mietwohnungen, so hätte dies regressive Verteilungswirkungen. Die ärmeren Teile der Bevölkerung, die es sich nicht leisten können, Wohnungseigentum zu erwerben, könnten von diesen Steuervorteilen nicht profitieren. Aber auch, wenn dieser Effekt durch eine entsprechende steuerliche Förderung des Mietwohnungsbaus vermieden wird, lassen sich doch gewisse andere regressive Wirkungen der Förderung des Immobilienerwerbs schwerlich bestreiten, die darauf beruhen, daß der marginale Investor eine Person sein dürfte, deren Grenzsteuersatz deutlich unter dem Spitzensteuersatz liegt. Die anderen Investoren, die einem höheren Grenzsteuersatz unterliegen, profitieren von den steuerlichen Vergünstigungen nachhaltiger.

Der marginale Steuersatz auf Investitionen in Immobilien ist höchstwahrscheinlich negativ. Diese Art von Mittelverwendung wird an der Grenze also subventioniert. Ist diese Subvention größer als die Subventionierung von Investitionen in Produktivkapital, tritt eine Verzerrung der Kapitalallokation und ein Übermaß an Investitionen in Kapitalgüter ein, die einen geringen und möglicherweise negativen Ertrag abwerfen.

Die Besteuerung des Kapitaleinkommens bei einer Inflation

In den siebziger Jahren und zu Beginn der achtziger Jahre waren in der BR Deutschland die Inflationsraten relativ hoch und überschritten 5%. (Im Vergleich zu den meisten anderen Ländern war das allerdings immer noch recht wenig.) Dabei wurde deutlich, daß bei höheren Inflationsraten unser Steuersystem Kapitaleinkommen weder effizient noch gerecht besteuert.

Die Steuer belastet nominale, nicht reale Erträge. Eine Inflation führt infolgedessen dazu, daß die Anleger, die vor Steuern einen geringfügigen Kapitalertrag erzielen, nach Steuern tatsächlich Verluste erleiden.

Betrachten wir ein Individuum mit einem Grenzsteuersatz von 50%. Auf seine Wertpapiere verdient es einen Zins von 10%. Die Inflationsrate beträgt 6%. Bei einer fühlbaren Inflation stellt ein großer Teil der Zinsen nur eine Anpassung an die Geldentwertung dar. Der Realzins beträgt 4%. (Der Realzins ist gleich dem Nominalzins minus der Inflationsrate.) Das bestehende Steuersystem nimmt darauf aber keine Rücksicht. Das Individuum müßte Steuern in Höhe von 50% des Nominalertrags zahlen, so daß der Nettonominalzins nach Steuern nur 5% beträgt. Der Nettorealzins wäre dann minus 1%. Das Individuum verliert 1% seiner Möglichkeiten zu konsumieren einfach deswegen, weil er den Konsum um ein Jahr aufschiebt. Höchstwahrscheinlich schreckt dies vom Sparen ab.

Ein beträchtlicher Teil des Wertzuwachses, den beispielsweise Aktionäre in den siebziger Jahren erzielten, war rein nominaler Natur: Die Aktienkurse hielten nur eben Schritt mit der Inflation. Diejenigen Steuerpflichtigen, die den Wertzuwachs versteuern mußten, zahlten nichtsdestoweniger erhebliche Steuern. Erneut erscheint dies als ungerecht. Es hätte vermutlich keine unüberwindlichen Schwierigkeiten bereitet, nur die tatsächlichen Wertwächse zu besteuern, nämlich Kurssteigerungen, die die Inflationsrate übersteigen.

Andererseits bewirkt der Umstand, daß die abzugsfähigen Schuldzinsen nominale Zinsen sind (die Mark, die man zurückzahlt, ist weniger wert als die Mark, die man geliehen hat, und die nominalen Zinszahlungen übertreffen damit die tatsächlichen Kapitalkosten), eine Verzerrung zugunsten einer Kreditaufnahme. Zusammen mit der Nichtbesteuerung bestimmter Wertzuwächse kann dies zu einem negativen effektiven Steuersatz auf bestimmte Kapitalgüter führen und damit zu einer Verzerrung der Allokation von Kapital.

Eine Inflation bewirkt nicht nur, daß die nominalen Wertzuwächse größer sind als die realen und daß die nominalen Zinsen höher sind als die tatsächlichen Kosten einer Kreditaufnahme, sondern auch, daß die Absetzungen für Abnutzung nicht dem tatsächlichen Werteverzehr des Anlagevermögens entsprechen.

Es ist offenbar, daß unser Steuersystem nicht inflationsneutral ist; bei einer Inflation wird bei manchen Kapitalgütern, deren Ertrag vor Steuern positiv war, dieser Ertrag nach Steuern negativ, und eine Investition in diese Kapitalgüter infolgedessen unvorteilhaft, während andere Investitionen vom Steuersystem gefördert werden.

Erforderlich wäre eine Indexierung des gesamten Steuersystems. Eine teilweise Indexierung könnte eine Verschärfung bestimmter Verzerrungen bewirken und bei der Beseitigung anderer versagen. Bei der amerikanischen Steuerreform 1986 wurde die Möglichkeit geprüft, eine Indexierung einzuführen, aber mit dem Verweis auf erhebliche Verwaltungskosten verworfen.

Erbschaft- und Schenkungsteuer

Die Erbschaft- und Schenkungsteuer belastet den Transfer von Vermögen von einem Individuum auf ein anderes. Eines der Ziele dieser Steuer ist, die Vermögenskonzentration zu verringern.

Erbschaft- und Schenkungsteuer sind in der BR Deutschland voll ineinander integriert. Erbschaften und Schenkungen unterliegen im Prinzip denselben Steuersätzen, und es gelten dieselben Freibeträge. Steuersätze und Freibeträge richten sich nach dem Verwandtschaftsgrad. So beträgt der Freibetrag beim Ehegatten 250 000 DM und die überschießenden Beträge werden progressiv mit einem Satz von 3 bis 35% besteuert. Bei Kindern beträgt der Freibetrag 90 000 DM, und überschießende Beträge werden mit denselben Sätzen besteuert wie die Erbschaften des Ehegatten. Bei entfernteren Verwandten hingegen, wie etwa Geschwistern, sind die Freibeträge wesentlich geringer, und der Steuersatz steigt auf bis zu 65% an.

Da im Rahmen der Schenkungsteuer der Freibetrag alle zehn Jahre anfällt, jeder der beiden Ehegatten somit alle zehn Jahre an jedes Kind 90 000 DM schenkungsteuerfrei übertragen kann und für viele Vermögensgegenstände, insbesondere aber Grundstücke, die Wertansätze für die Erbschaft- und Schenkungsteuer weit unter dem Verkehrswert bleiben, ist es einem Familienvater mit zwei oder drei Kindern bei geschicktem Vorgehen unschwer möglich, sogar ein Millionenvermögen nahezu steuerfrei auf seine Sprößlinge zu übertragen.

Man kann die Erbschaft- und Schenkungsteuer als eine Abgabe auffassen, die bestimmte Arten von Ausgaben trifft, nämlich Erbschaften und Schenkungen. Wie jede andere Steuer hat sie einen Einkommens- und einen Substitutionseffekt: Weil Erbschaften „teurer" werden – ein Vater muß auf einen größeren Teil seines Gegenwartkonsums verzichten, um seinem Erben eine Einheit Konsum zukommen zu lassen – erhöht sich der Gegenwartskonsum; weil die Individuen sich schlechter stellen, konsumieren sie weniger. Der Gesamteffekt der Steuer ist also nicht eindeutig auszumachen. Allerdings besteht der dringende Verdacht, daß bei den konfiskatorischen Tarifen, die in manchen anderen Nationen, bei bestimmten Erbgängen (Erbgänge an Geschwister beispielsweise) aber auch in der BR Deutschland angelegt werden, der Substitutionseffekt den Einkommenseffekt überwiegt und die Ersparnisse verringert werden.

Über die Bedeutung dieses Effekts läßt sich streiten. Es gibt wenigstens zwei wesentliche Gründe für das Sparen: der erste ist, für das Alter vorzusorgen (sogenannte Lebenszyklusersparnisse), und der zweite ist, für seine Erben zu sorgen. Man glaubte lange Zeit, daß die tatsächlichen Ersparnisse vor allem auf das erste Motiv zurückzuführen sind, so daß selbst dann, wenn die Erbschaftsteuer vom Vererben abschreckt, die Auswirkungen auf die aggregierten Ersparnisse gering sind. Neuere Arbeiten haben die Vermutung begründet, daß Erbschaften tatsächlich eine viel bedeutendere Rolle spielen: Es ist nicht nur schwierig, die Gesamtsumme der Ersparnisse mit Hilfe eines Lebenszyklusmodells zu erklären, sondern die Vermögensverteilung (die sehr schief ist, das heißt ein kleiner Teil der Bevölkerung besitzt einen ziemlich großen Teil des gesamten Vermögens der Nation und zwar einen deutlich größeren Teil ihres Vermögens als ihres Einkommens) deutet darauf hin, daß Erbschaften tatsächlich eine erhebliche Rolle spielen[32].

Die effektive Steuer auf Kapitaleinkommen

Um die Auswirkungen des Steuersystems zu erkennen, muß man alle Kapitalsteuern und die Vielzahl von Bestimmungen berücksichtigen, die in ihnen enthalten sind. Jemand investiert eine Mark in ein Kapitalgut, das vor Steuern beispielsweise 10% Ertrag abwirft. Die Frage ist dann, was wird der Ertrag nach Steuern sein, also nach der Entrichtung von Vermögensteuer, Gewerbesteuer, Körperschaftsteuer, Einkommensteuer usw.? Oder anders ausgedrückt: Wie groß muß der Ertrag vor Steuern sein, damit der Steuerpflichtige nach Steuern einen Ertrag von beispielsweise 10% erhalten kann?

Bei unserer Diskussion der Einkommensteuer haben wir darauf hingewiesen, daß der Unterschied zwischen effektiven Durchschnittssteuersätzen und effektiven Grenzsteuersätzen möglicherweise erheblich ist. Dort stellten wir fest, daß die Grenzsteuersätze normalerweise höher sind als die Durchschnittssteuersätze. Bei manchen Kapitalgütern ist wegen günstiger Abschreibungsmöglichkeiten gerade das Gegenteil der Fall. Die Durchschnittssteuersätze bleiben positiv, die

---

[32] Eine Studie von L. Kotlikoff und L. Summers legt die Vermutung nahe, daß bis zu zwei Drittel der gesamten Kapitalakkumulation auf Erbschaften zurückzuführen sind. Vgl. Kotlikoff und Summers: The Role of Intergenerational Transfers in Aggregate Capital Accumulation. Journal of Political Economy 89 (1981) S. 706-32. Vgl. ferner J. S. Fleming: The Effects of Earnings Inequality, Imperfect Capital Markets and Dynastic Altruism on the Distribution of Wealth in Life Cycle Models. Economica 46 (1979) S. 363-80.

Grenzsteuersätze hingegen sind für diese negativ, obwohl sie für andere positiv sind.

Für die Allokation der Ressourcen kommt es natürlich auf die Grenzsteuersätze an. Ihre Ermittlung bereitet erhebliche Schwierigkeiten. Zu der Gesamtheit der Kapitalsteuern zählen auch die Gewerbe- und Grundsteuer, bei denen die Gemeinden ein Hebesatzsatzrecht besitzen. Die Hebesätze sind sehr unterschiedlich. Betrachten wir beispielsweise eine Investition in Höhe von 100000 DM, die über 10 Jahre hinweg Erträge abwirft, und versuchen wir, den Ertrag nach Steuern zu ermitteln. Der Ertragsstrom wird durch die Körperschaftsteuerbelastung auf marginale Investitionen vermindert. Die Steuerschuld ist aber wegen der steuerlich zulässigen Abschreibungen und wegen der Abzugsfähigkeit von Schuldzinsen möglicherweise negativ. Der Ertragsstrom wird weiterhin durch die Gewerbesteuer vermindert, die das Unternehmen entrichten muß. Aber das ist noch nicht das Ende: Die Gewinne müssen irgendwohin fließen (bzw. jemand muß für die Verluste aufkommen). Werden sie einbehalten, erhöht sich der Wert des Unternehmens. Sind die Aktionäre Haushalte, muß zumeist allerdings keine Wertzuwachssteuer entrichtet werden. Werden die Erträge in Form von Dividenden verteilt, vermindern sich die Nettoerträge noch um die Einkommensteuer (abzüglich anzurechnender Körperschaftsteuer). Eine Schätzung des gesamten effektiven Grenzsteuersatzes berücksichtigt alle Steuern, die an der Grenze zu entrichten sind: die Gewerbesteuer, Körperschaftsteuer, Vermögensteuer und Einkommensteuer, die wegen der Investition anfallen.

Eine Schätzung derartiger Grenzsteuersätze wurde im Rahmen eines internationalen Forschungsprojekts für die BR Deutschland von Willi Leibfritz vorgenommen[33]. Hierbei war es erforderlich, eine Annahme über die reale Investitionsrendite vor Steuern zu treffen. Wir geben hier die Ergebnisse für eine Investitionsrendite von 5% wieder[34]. Unter dieser Voraussetzung betrugen die marginalen effektiven Steuersätze im körperschaftlich organisierten Sektor laut Leibfritz:

---

[33] Die Ergebnisse dieses Forschungsprojekts sind enthalten in M. King, D. Fullerton (Hrsg.): The Taxation of Income from Capital. Chicago 1984. Die Berechnungen wurden aktualisiert in W. Leibfritz: Steuerliche Belastung und staatliche Förderung der Kapitalbildung in der BR Deutschland. München 1986 und derselbe: Taxation of Capital Income in the Federal Republic of Germany. Unveröffentlichtes Manuskript. München 1987.
[34] Bei einer höheren Investitionsrendite sind die effektiven Steuersätze im allgemeinen niedriger.

	1965	1970	1980	1987	1990
Investitionsarten					
Ausrüstungen	72,1	72,2	70,6	66,6	62,1
Bauten	74,1	71,5	64,8	50,8	46,1
Vorräte	75,5	74,9	72,1	70,7	66,7
Sektoren					
Verarbeitendes Gewerbe	74,4	73,5	70,3	64,9	60,4
Baugewerbe, Verkehr	75,7	74,7	71	65,7	61,7
Handel	70,5	68,6	62,3	55,2	50,9
Finanzierungsquelle					
Fremdkapital	34,3	30,2	11,9	−8,0	−3,1
Kapitalerhöhung	90,4	89,6	80,3	74,7	70,8
Einbehaltene Gewinne	90,9	90,3	88,7	86,4	82,3
Sparergruppen					
Private Haushalte	85,8	84,4	78,3	73	66,7
Steuerfreie Organisationen	41,6	41,3	43,6	37,5	36,5
Versicherungen	32,5	32,1	38,9	30,2	37,2

Bei der Ermittlung der Grenzsteuersätze für die Investitionsarten, Sektoren und Sparergruppen unterstellt Leibfritz, daß die marginale Finanzierungsstruktur, also der Finanzierungsanteil, den die drei verschiedenen Finanzierungsquellen an der Finanzierung der marginalen Investition haben, der durchschnittlichen entspricht. Diese Annahme ist höchst problematisch[35]. Wird demgegenüber die für große Unternehmen wohl weit realistischere Annahme gemacht, daß die marginale Investition nur durch Schuldenaufnahme (Fremdkapital) finanziert wird, ist der Grenzsteuersatz negativ. Er ist aber für die drei aufgeführten Investitionsarten in unterschiedlichem Maße negativ – am ausgeprägtesten negativ ist er für Bauten und am wenigsten für Vorräte. Dies liegt an den relativ strikten Vorschriften zur Bewertung von Vorräten im deutschen Steuerrecht. Ein negativer Grenzsteuersatz auf den Kapitalertrag bedeutet, daß sich für das Unternehmen auch Investitionen noch lohnen, die vor Steuern per saldo einen Verlust bringen.

Der Ermittlung des Steuersatzes bei Fremdfinanzierung liegt darüberhinaus die Annahme zugrunde, daß der Teil der Schuldzinsen, der Haushalten zufließt – ein anderer Teil fließt Versicherungen (oder steuerfreien Organisationen) zu und erfährt dort im Rahmen des sogenannten Deckungsstocks eine sehr günstige steuerliche Behandlung[36] – von diesen voll versteuert wird. Dies ist eine sehr optimistische Annahme. Leibfritz hat eine alternative Rechnung mit der realistischeren Annahme durchgeführt, daß die Haushalte nur die Hälfte der ihnen zufließenden Zinsen versteuern. Die Ergebnisse reagieren hierauf sehr sensibel. In den Jahren, in denen der marginale Steuersatz bei voller Steuerehrlichkeit positiv war (65, 70, 80), wird er bei 50%iger Steuerehrlichkeit negativ und in den Jahren (87, 90), in denen er geringfügig negativ war, stark negativ. Bei voller Steuerehrlichkeit der Haushalte ist die marginale Besteuerung der durch Schuldenaufnahme

---

[35] Vgl. dazu Kapitel 21.
[36] Der Anstieg des Steuersatzes bei Versicherungen von 30,2 auf 37,2 erklärt sich durch die 1988 beschlossene Einführung der kleinen Kapitalertragsteuer (Quellensteuer) für Zinsen aus Lebensversicherungen. Mit der Rücknahme dieser Steuer ist auch dieser Anstieg hinfällig geworden.

24. Kapitel: Die Besteuerung des Kapitals

bei Haushalten finanzierten Investitionen trotz der Abschreibungsmöglichkeiten noch positiv und der negative Steuersatz für fremdfinanzierte Investitionen kommt nur dadurch zustande, daß ein beträchtlicher Teil der Zinserträge tatsächlich Versicherungen und steuerfreien Institutionen zufließt[37].

In der Entwicklung der Steuersätze schlagen sich deutlich die Steuerrechtsveränderungen seit den sechziger Jahren nieder. Ein Einschnitt ist insbesondere die Körperschaftsteuerreform, durch die die Beteiligungsfinanzierung einen gewissen (aufgrund der Nebenkosten der Beteiligungsfinanzierung aber keineswegs durchschlagenden) Vorzug gegenüber der Einbehaltung von Gewinnen erhielt. Der Trend zu sinkenden Steuersätzen erklärt sich in erster Linie aus allmählich großzügiger werdenden Abschreibungsmöglichkeiten. Der Handel unterliegt einer geringeren Besteuerung als die Industrie, weil bei ihm der Anteil der steuerlich günstigen Fremdfinanzierung größer ist als in der Industrie.

Eine Berechnung der Grenzsteuersätze für verschiedene Inflationsraten ergibt schließlich, daß der Grenzsteuersatz auf fremdfinanzierte Investitionen sinkt, wenn die Geldentwertung sich beschleunigt.

Die Grenzsteuersätze unterscheiden sich für verschiedene Wirtschaftszweige aufgrund von Abschreibungserleichterungen, Investitionszulagen und steuerlichen Sonderbestimmungen erheblich. Untersucht man, welche Wirtschaftszweige durch derartige Steuervergünstigungen (und Investitionszulagen) besonders stark gefördert werden, so gebührt die Palme der Eisenbahn. Nachhaltig gefördert werden auch die Landwirtschaft, die Elektrizitätserzeugung, der Bergbau, der Schiffsbau, der Wassertransport und die Stahlerzeugung. Gefördert werden also Wirtschaftszweige, die im Niedergang begriffen sind. Sogenannte Zukunftsindustrien werden demgegenüber kaum oder gar nicht gefördert. Die Politiker verkaufen diese Politik unter der euphemistischen Bezeichnung Wirtschaftsförderung.

Zusammenfassend ist zu den Ergebnissen dieser Untersuchung festzustellen, daß Kapitaleinkommen, die in Unternehmen anfallen, in der BR Deutschland trotz einer vergleichsweise milden Behandlung durch die Einkommensteuer, im Durchschnitt stark besteuert werden. Die milde Behandlung durch die Einkommensteuer, derettwegen wir diese als einen Zwitter aus einer echten Einkommensteuer und einer Konsumsteuer bezeichnet haben, wird für bestimmte Kapitalgüter durch die Vielzahl anderer Kapitalsteuern ausgeglichen, unter denen die Gewerbesteuer die bedeutendste ist. Aufgrund mangelhafter Abstimmung zwischen diesen Steuern ergeben sich nicht selten Doppel- und Dreifachbelastungen. Andererseits sind bestimmte andere Kapitalgüter nahezu steuerfrei. Eine überzeugende Rechtfertigung für diesen Zustand läßt sich kaum finden.

---

[37] Als Finanzierung durch „steuerfreie Institutionen" betrachtet Leibfritz auch die Finanzierung von Investitionen aus Pensionsrückstellungen.

Zusammenfassung

1. Die zahlreichen Sonderbestimmungen zur Kapitalbesteuerung lassen sich zurückführen a) auf Gerechtigkeitserwägungen, b) auf verwaltungstechnische Probleme, c) darauf, daß der Staat Steuervergünstigungen gewährt, um bestimmte Arten wirtschaftlicher Aktivität zu fördern, und d) darauf, daß Interessengruppen bei dem Versuch erfolgreich waren, eine Sonderbehandlung für sich durchzusetzen.

2. Bei der Analyse der Kapitalsteuern haben wir zwischen den Auswirkungen einer umfassenden Steuer auf den Kapitalertrag und bestimmter Teilsteuern unterschieden.

3. Das Gleichgewichtsniveau der Investitionen hängt von drei Faktoren ab: Vom Angebot an Ersparnissen, von der Nachfrage nach Investitionen und von der staatlichen Wirtschaftspolitik, die Angebot (und Nachfrage) an Wertpapieren und Geld beeinflußt.

4. Aufgrund theoretischer Erwägungen könnte eine allgemeine Steuer auf die Erträge des Sparens sowohl zu einer Vergrößerung als auch zu einer Verringerung desselben führen. Es gibt einige empirische Arbeiten, die uns vermuten lassen, daß eine Verringerung der Erträge nach Steuern zu einer geringfügigen Abnahme der Ersparnisse führen dürfte. Da ein großer Teil der Ersparnisse innerhalb von Organisationen wie Körperschaften gebildet wird, ist die langfristige Reaktion auf Veränderungen des Ertrags nach Steuern möglicherweise erheblich ausgeprägter als die kurzfristige.

5. Die Investitionsneigung hängt von der Höhe der steuerlich zulässigen Abschreibungen ab.

6. Eine proportionale Steuer auf den Kapitalertrag mag die Bereitschaft zur Risikoübernahme vergrößern, eine progressive hingegen verringern. Zu welchem Urteil man über die Einflüsse des Steuersystems auf die Risikobereitschaft gelangt, hängt zum Teil von den Ansichten ab, die man über die Fähigkeit des Markts hat, eine Konsolidierung von Risiko herbeizuführen.

7. Spekulationsgewinne und Wertzuwächse, die bei Einkünften aus Gewerbebetrieb anfallen, werden bei einer Realisation besteuert. Infolgedessen kommt es zu einem Locked-in Effekt. Die Größe und ökonomische Bedeutung dieses Effekts ist umstritten.

8. Die Sonderbehandlung von Hausbesitz, die Zulässigkeit von Abschreibungen, die die Ertragswertabschreibung übersteigen, und die Möglichkeit, bei verschiedenen Kapitalanlagen davon zu profitieren, daß Wertzuwächse oft unversteuert bleiben, verursachen erhebliche Verzerrungen in der Struktur der Investitionen; der effektive Grenzsteuersatz auf bestimmte Arten von Investitionen wird dadurch negativ.

Schlüsselbegriffe

Locked-in Effekt   Kapitalisierung

Fragen und Probleme

1. Diskutieren Sie die Auswirkungen folgender (hypothetischer) Veränderung der steuerlichen Behandlung des Lebensversicherungssparens auf Effizienz und Gerechtigkeit: Insoweit die Lebensversicherungsbeiträge eines Kunden die Höchstbeträge für Vorsorgeaufwendungen überschreiten, werden die Zinsen, die das Lebensversicherungsunternehmen zugunsten eines Kunden auf die überschießenden Beträge erwirtschaftet, dessen zu versteuernden Einkommen zugerechnet. Erörtern Sie insbesondere die Frage, ob unter diesen Umständen die steuerliche Begünstigung der Beiträge, soweit sie die Höchstbeträge nicht überschreiten, zu einer Erhöhung oder einer Verminderung der Ersparnis der Besserverdienenden führt.

2. Vergleichen Sie die Folgen, die eine Erhöhung der Vermögensteuer durch eine einzelne Gemeinde, verglichen mit einer in allen Gemeinden hat (tatsächlich haben die deutschen Gemeinden bei der Vermögensteuer gar kein Hebesatzrecht. Es handelt sich nicht um eine Gemeindesteuer, sondern um eine Ländersteuer. Nehmen Sie aber einmal einen Augenblick an, daß die Vermögensteuer eine Gemeindesteuer ist und diese ein Hebesatzrecht haben)!

3. Garantiert eine Politik, die das Sparen fördert, höhere Investitionen? Wenn Sie Investitionen in Produktivkapital fördern wollen, was für Maßnahmen würden Sie vorschlagen? Stimuliert die gegenwärtige Steuerpolitik Investitionen in Produktivkapital? Inwiefern hängen ihre Antworten davon ab, welche Theorie der Spar- und Investitionsentscheidungen Sie für richtig halten?

25. Kapitel
Besteuerung und Arbeitsangebot

Die Ökonomen haben den Auswirkungen der Besteuerung auf das Arbeitsangebot besonders viel Beachtung geschenkt. Viele glauben, daß unser Steuersystem negative Auswirkungen sowohl auf seine Quantität als auch auf seine Qualität hat.

Auswirkungen der Besteuerung auf die Quantität des Arbeitsangebots

Unglücklicherweise ist es schwierig, die Qualität des Arbeitsangebots oder die Leistung zu messen, und entsprechend ist es schwierig, die Auswirkungen der Besteuerung zu quantifizieren. Die Ökonomen haben in erster Linie die Auswirkungen der Besteuerung auf die Quantität des Arbeitsangebots studiert. Insbesondere drei Aspekte sind untersucht worden: a) Arbeitsangebot der Männer in Stunden; b) Erwerbsquote der Frauen und c) die Entscheidung zum Eintritt in den Ruhestand.

Die Steuern und die Zahl der Arbeitsstunden

Hat das Steuersystem die Steuerpflichtigen dazu veranlaßt, länger oder kürzer zu arbeiten, als sie es sonst getan hätten?

Viele Studenten (und einige Ökonomen) neigen zunächst dazu, diese Frage dahingehend zu beantworten, daß Steuern mit der Zahl der geleisteten Arbeitsstunden wenig zu tun haben; in den meisten Berufen ist die Zahl der zu leistenden Arbeitsstunden fixiert; der Arbeitnehmer hat kaum eine Auswahl. Die Zahl der Stunden, die man arbeiten muß, ist wiederum eine Folge von technologischen und institutionellen Bedingungen, von Tarifverträgen und arbeitsrechtlichen Festlegungen. Diese Beschränkungen bedeuten, daß kurzfristig relativ wenig Spielraum besteht. Aber Tarifverträge und arbeitsrechtliche Bestimmungen ändern sich. Im Verlauf der letzten 80 Jahre hat sich die Zahl der Wochenstunden eines normalen Arbeitsverhältnisses drastisch verringert; in der Industrie ist sie beispielsweise von sechzig im Jahr 1900 auf unter vierzig heute zurückgegangen.

Viele Ökonomen stellen sich auf den Standpunkt, daß dieser ausgeprägte Wandel in der Länge der Arbeitswoche zumindest teilweise auf ökonomische Zusammenhänge zurückzuführen ist; es mag zwar sein, daß jeder einzelne nicht allzuviel Spielraum bei der Festlegung der Stundenzahl hat, die er pro Woche arbeiten will, aber der Arbeitsvertrag, der ihm von einem Unternehmen angeboten wird, oder die Tarifverträge, auf die die Gewerkschaften hinwirken, könnten dennoch die Präferenzen der Arbeiter wiedergeben. In dem Maße wie die Arbeitslöhne gestiegen sind, haben sie sich entschieden, einen Teil dieser Verbesserung ihrer Lage in Gestalt vermehrter Freizeit zu genießen. Die Erhöhung der Löhne hat zwei Effekte. Der Einkommenseffekt veranlaßt die Individuen, weniger zu arbeiten; der Substitutionseffekt veranlaßt sie dazu, mehr zu arbeiten. Die

Tatsache, daß mit dem Anstieg der Arbeitseinkommen die Zahl der Arbeitsstunden gesunken ist, deutet darauf hin, daß der Einkommenseffekt den Substitutionseffekt überwogen hat. Die Arbeitsangebotskurve ist infolgedessen rückwärtig geneigt, wie dies in der Zeichnung 25.1 dargestellt ist[1].

Die Auferlegung einer **proportionalen** Steuer ist einer Verringerung der Löhne gleichwertig. Bei einer rückwärts geneigten Angebotskurve führt eine proportionale Einkommensteuer also zu einer Vergrößerung der Zahl der geleisteten Arbeitsstunden (im Vergleich zu der Situation vor Auferlegung der Steuer), wir bewegen uns vom Punkt A in der Zeichnung 25.1 zum Punkt B. Bei einer progressiven Einkommensteuer ist der Substitutionseffekt stärker (der Grenzsteuersatz ist größer als der Durchschnittssteuersatz) und folglich ist es möglich, daß der Gesamteffekt negativ ist (eine Bewegung von B nach C in der Zeichnung 25.1)[2].

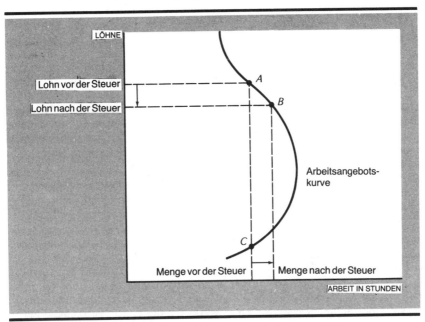

Abb. 25.1 **Arbeitsangebotskurve.** Bei einer rückwärts geneigten Angebotskurve führt eine Erhöhung der Steuern auf Arbeitseinkommen – dies ist äquivalent zu einer Verringerung der Löhne – zu erhöhtem Arbeitsangebot.

---

[1] Bei der Verwendung von Zeitreihen für eine Vorhersage dessen, was geschehen würde, wenn der Lohn heute (auf Dauer) abgesenkt wird, ist Vorsicht am Platz. Vieles hat sich geändert (beispielsweise die Preise verschiedener Güter einschließlich solcher, die einen Einfluß auf die Nachfrage nach Freizeit haben dürften). Der Eindruck, den uns die Zeitreihen vermittelt, wird aber noch durch andere Beobachtungen bestätigt, die wir weiter unten erörtern.

[2] Betrachten wir die einfachste progressive Steuer, eine Flat Rate Tax. Wird der Grundfreibetrag angehoben, werden bei einem gegebenen Grenzsteuersatz alle weniger arbeiten; es tritt nur ein Einkommenseffekt auf. Dieser kann stark genug sein, um zu bewirken, daß eine progressive Steuer das Arbeitsangebot verringert, während eine proportionale Steuer es vergrößert.

Steuern und Erwerbstätigkeit der Frauen

Im Verlauf der letzten achtzig Jahre hat sich die **Beteiligung** verschiedener Bevölkerungsgruppen **am Erwerbsleben**, die sogenannte **Erwerbsquote**, deutlich verändert. Der Prozentanteil der Frauen (zwischen 15 und 65), die berufstätig sind, hat sich von ca. 40% im Jahre 1907 auf 52,7% im Jahre 1985 erhöht[3]. Dies ist auf viele Faktoren zurückzuführen, aber wirtschaftliche – und darunter auch die Steuern – gehören zu den wichtigsten. Die Partizipation der Frauen am Arbeitsmarkt könnte stärker zugenommen haben, wenn sie davon nicht durch die Steuern abgeschreckt würden. Dieser Effekt dürfte bei Familien mit stark unterdurchschnittlichem und stark überdurchschnittlichem Einkommen eine besonders große Rolle spielen[4].

Um uns klarzumachen, wie das Steuer-Transfer-System alleinstehende Mütter mit geringem Einkommen vom Eintritt in das Berufsleben abhalten kann, betrachten wir die Zeichnung 25.2, in der wir den Fall dargestellt haben, daß der Staat ein Minimaleinkommen mittels der Sozialhilfe garantiert und einen hohen (hier 100%igen) Grenzsteuersatz verlangt. In dieser Lage ist der zusätzliche Konsum, der durch den Verzicht auf Freizeit erlangt werden kann, minimal. Das bestehende Sozialhilfesystem hat genau diese Wirkung. Wenn das Einkommen der alleinstehenden Mutter unter dem Bedarfssatz der Sozialhilfe liegt, dann ist die Grenzbelastung des Arbeitseinkommens bis zum Bedarfssatz der Sozialhilfe 100%; für jede Mark, die sie verdient, verliert sie eine Mark an Sozialhilfeleistung. Die Zeichnung 25.2. stellt ihre Budgetrestriktion dar. Die Indifferenzkurve, die sie erreicht, wenn sie nicht arbeitet und Sozialhilfe bezieht, ist mit A bezeichnet. Bei diesem Beispiel liegt es auf der Hand, daß es für sie die optimale Entscheidung ist, nicht zu arbeiten. Es ist auch klar, daß sie mehr arbeiten würde, wenn man ihr von jeder Mark, die sie verdient, 50 Pfennig ließe. Die Staatsausgaben für Sozialhilfe werden durch eine derartige Regelung reduziert, und sie stellt sich besser. (Das neue Gleichgewicht ist mit E' bezeichnet.)

Die Ursache dafür, daß Ehefrauen reicher Männer keinen besonderen Anreiz haben zu arbeiten, ist anderer Natur. Die theoretische Analyse liefert Gründe für die Erwartung, daß die Auswirkungen einer Besteuerung auf den Hauptverdiener (normalerweise den Familienvater) ganz andere sind als auf Nebenverdiener (in der Regel verheiratete Frauen). Weil Familien zumeist den Splittingtarif wählen, kann der Steuersatz auf die erste Mark, die die Gattin verdient, erheblich sein. Es tritt damit ein starker Substitutionseffekt auf, und die Verringerung des Arbeitsangebots und die Zusatzlast sind infolgedessen wahrscheinlich wesentlich größer als beim Hauptverdiener. Die empitischen Untersuchungen, die wir weiter unten beschreiben, stehen im Einklang mit dieser These. (Natürlich ist der Gesamteffekt der Steuern auf das Arbeitsangebot der Frauen theoretisch unbestimmt. Der Einkommenseffekt – einschließlich der Verringerung des Einkommens des Gatten nach Steuern – führt zu einem erhöhten Arbeitsangebot, der Substitutionseffekt demgegenüber zu einer Verringerung.)

---

[3] Die Zahl für 1907 basiert auf der damaligen Berufszählung. Die erwerbstätigen Frauen waren überwiegend als mithelfende Familienangehörige tätig, fast 50% davon in der Landwirtschaft. Nur eine Minderheit hatte den Status eines Arbeitnehmers und diese Frauen waren zumeist entweder als Dienstpersonal oder als Industriearbeiterinnen tätig.

[4] Wie es bei den Haushalten mit mittlerem Einkommen steht, hängt vom genauen Verlauf der Grenzbelastungskurve ab. Vgl. dazu Kapitel 16.

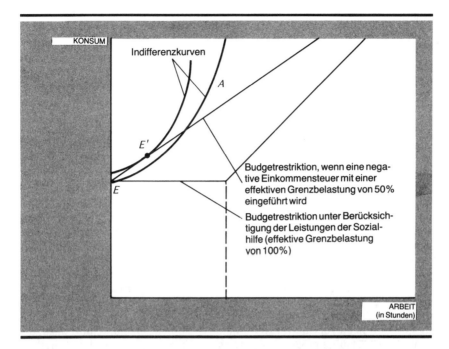

Abb. 25.2 Wirkungen der Sozialhilfe auf die Budgetrestriktion und auf das Arbeitsangebot. Bei der Sozialhilfe beträgt die Grenzbelastung 100%. Dies beseitigt den Anreiz, eine Erwerbstätigkeit aufzunehmen. Eine Verringerung des effektiven Grenzsteuersatzes auf 50% erhöht das Arbeitsangebot, den Wohlstand des Empfängers und verringert die Kosten.

Trotzdem gibt es Gründe für die Vermutung, daß die Frauen tatsächlich höchst sensibel auf Veränderungen der Arbeitseinkommen nach Steuern reagieren. Auch wenn eine verheiratete Frau nicht berufstätig ist, ist sie immer noch produktiv; ihre Dienste werden nur nicht Gegenstand des Austauschs und infolgedessen auch nicht besteuert. Wird sie berufstätig, sieht sich die Familie häufig vor die Situation gestellt, daß sie diese Dienste irgendwie ersetzen muß. Sie kann jemanden zum Kochen oder Aufräumen anwerben; sie kann sich auf Tiefkühlkost umstellen oder öfter im Restaurant essen (und damit die Kochdienste käuflich erwerben, die die Gattin vorher bereitgestellt hat). Der Nettoeinkommenszuwachs der Familie ist in Wirklichkeit also weit geringer als das Bruttoeinkommen der Gattin. Nehmen wir an, daß die Frau im Jahr 20 000 DM verdient und die Familie 14 000 DM ausgeben muß, um die Dienste zu ersetzen, die sie vorher geleistet hat. Der Einkommenszuwachs beträgt also 6 000 DM. Vom Standpunkt wirtschaftlicher Effizienz sollte die Frau berufstätig sein. Im Beruf ist sie produktiver als daheim. Nun betrachten wir, was passiert, wenn sie wegen des Einkommens ihres Gatten einen Grenzsteuersatz von 40% hat. Ihr Einkommen nach Steuern beträgt 12 000 DM, aber sie muß 14 000 DM zahlen, um die Dienste zu ersetzen, die sie vorher geleistet hat. Die Familie stellt sich schlechter. Wenn ihre Entscheidung, berufstätig zu sein, von ökonomischen Überlegungen geleitet ist, fehlt ihr dazu der Anreiz. Die Steuer beträgt zwar nur 40% ihres Einkommens, aber mehr als 100% des Überschusses ihres Einkommens über die Kosten der Ersetzung ihrer Dienste. Es ist also nicht überraschend, wenn die Frauen in bezug auf den Lohnsatz, den sie erhalten, sehr feinfühlig sind.

Darüberhinaus mögen auch noch institutionelle Faktoren wie die beschränkte Verfügbarkeit von Teilzeittätigkeiten die negativen Auswirkungen des Steuersystems auf die Erwerbstätigkeit der Mütter verschärfen. Sie sehen sich mit einer Alles-oder-Nichts-Entscheidung konfrontiert, entweder vierzig Stunden zu arbeiten oder gar nicht. Wenn es möglich wäre, könnte es wohl sein, daß sie eine Zwanzigstundenwoche bevorzugen würden. Weil sie aber nur die Wahl zwischen den Extremen haben, ziehen sie es angesichts der erheblichen Verringerung des Nettoeinkommens durch die Steuer vor, daheim zu bleiben[5].

Eintritt in den Ruhestand

Die letzte wesentliche Entscheidung über das Arbeitsangebot ist der Eintritt in den Ruhestand. Im Kapitel 13 haben wir gesehen, daß die Erwerbstätigkeit der Bevölkerung über sechzig Jahren deutlich zurückgegangen ist und daß diese Entwicklung durch die gesetzliche Rentenversicherung beeinflußt wurde. Sie wird aber auch noch von einer Reihe anderer Maßnahmen des Staates berührt. So wirkt beispielsweise die steuerliche Behandlung von Ersparnissen auf die Anreize zum Sparen ein und dies steht in einer ausgeprägten Wechselwirkung mit der Entscheidung, in den Ruhestand zu treten. Die öffentliche Finanzierung von Bildungseinrichtungen verschafft Eltern finanzielle Spielräume und führt dazu, daß sie wahrscheinlich über größere Ersparnisse verfügen, wenn sie in den Ruhestand treten.

Abschätzung der Auswirkungen der Steuern auf das Arbeitsangebot

Der Umstand, daß die Wirkung der Einkommensteuer auf das Arbeitsangebot theoretisch unbestimmt ist, macht es besonders wesentlich, zu versuchen, sich durch empirische Untersuchungen Klarheit zu verschaffen. Trotz erheblicher Anstrengungen der Ökonomen ist hierüber jedoch keine Übereinstimmung erzielt worden. Es wurden drei Methoden angewandt: Umfragen, ökonometrische Untersuchungen von Querschnittsdaten und Experimente.

Umfragen

Bei diesem Verfahren werden Individuen gefragt, ob sie wegen der Steuern mehr oder weniger arbeiten, als sie es sonst tun würden. Es ist nicht überraschend, daß die Antworten stets sehr unterschiedlich waren; manche behaupten, daß sie in der Tat mehr arbeiten, weil sie ersetzen müssen, was ihnen der Staat wegnimmt (für diese Personen überwiegt der Einkommens- offenbar den Substitutionsef-

---

[5] Auch wenn es im Prinzip möglich ist, eine Teilzeitbeschäftigung zu finden, ist die Bezahlung für derartige Tätigkeiten oft wesentlich geringer als für eine an sich völlig gleichartige Vollzeitstelle.

fekt), wohingegen andere behaupten, daß gerade das Gegenteil der Fall sei (dahinter steckt die Aussage, daß der Substitutionseffekt überwiege)[6]. Diese Studien unterstützen zwar die Behauptung der Ökonomen, daß die Wirkungen der Besteuerung auf das Arbeitsangebot unbestimmt seien, sind aber nicht allzu hilfreich: sie liefern keine zuverlässigen quantitativen Informationen[7].

Statistische Untersuchungen, die auf Marktbeobachtungen basieren

Das zweite Verfahren besteht darin, daß statistische Methoden für die Beantwortung der Frage eingesetzt werden, wie Individuen in der Vergangenheit auf Veränderungen der Löhne nach Steuern reagiert haben. Im allgemeinen besitzen wir keine Daten über die Reaktionen von bestimmten Individuen auf die Veränderung ihres Arbeitsentgelts. Vielmehr sind nur Daten darüber vorhanden, wieviele Stunden Arbeitnehmer arbeiten, denen ein unterschiedliches Arbeitsentgelt gewährt wird. Es scheint so, als ob die Bezieher höherer Löhne auch mehr arbeiten. Hieraus können wir den „durchschnittlichen" Einfluß der Lohnhöhe auf die Zahl der geleisteten Arbeitsstunden ermitteln.

Bislang haben wir einfach eine Korreleation beschrieben, einen beobachteten Zusammenhang zwischen zwei ökonomischen Variablen. Diesen wollen wir nun ausnutzen, um einen statistischen Schluß zu ziehen, eine Vorhersage über die Auswirkungen einer Verringerung der Nettolöhne zu machen, die durch die Besteuerung bedingt ist. Um einen derartigen Schluß zu ziehen, müssen wir eine Annahme treffen, nämlich daß der Grund dafür, daß Bezieher höherer Gehälter mehr arbeiten, eben der ist, daß sie wegen des höheren Lohns mehr arbeiten wollen; mit anderen Worten, es gibt keine anderen wesentlichen Unterschiede zwischen einem, der einen höheren Lohn erhält, und einem, der einen geringeren erhält. Nur der Gehaltsunterschied ist wesentlich und eben dieser ist für den Unterschied in der Zahl der Arbeitsstunden verantwortlich. In Wirklichkeit gibt es natürlich noch andere Unterschiede, und weniger naive statistische Analysen versuchen, soviele wie möglich (etwa Lebensalter, Beruf und Geschlecht) zu berücksichtigen; man versucht dann, zu ermitteln, ob bei Individuen mit demselben Alter, Beruf und Geschlecht (bzw. solchen, die bestimmte andere Eigenschaften miteinander gemein haben) festzustellen ist, daß diejenigen, die einen höheren Lohn erhalten, auch mehr arbeiten.

Alle diese Studien[8] gelangen in einem Punkt zum selben Ergebnis: Der Gesamteffekt der Steuer auf das Arbeitsangebot der Männer ist gering, aber der auf

---

[6] Zu den berühmtesten Studien dieser Art gehören die Arbeiten von Dan Holland and George Break. Vgl. D. M. Holland: The Effect of Taxation on Effort: Some Results for Business Executives. National Tax Association Proceedings of the Sixty-Second Annual Conference. September 29-Oktober 3, 1969; und G. Break: Income Taxes and Incentives to Work: An Empirical Study. AER 47 (1957) S. 529-49.

[7] Darüberhinaus haben sich Umfragen bei anderen Gelegenheiten als ein wenig zuverlässiges Verfahren zur Gewinnung von Erkenntnissen über das Verhalten von Individuen herausgestellt. Umfragen zeigen uns, welche Vorstellungen Individuen über ihr eigenes Verhalten haben. Es bestehen aber oft erhebliche Unterschiede zwischen diesen Vorstellungen und ihrem tatsächlichen Verhalten.

[8] In Deutschland haben derartige Untersuchungen Seltenheitswert. Erwähnenswert ist immerhin S. Strom, G. Wagenhals: Female Labour Supply in the Federal Republic of Germany, Manuskript. Heidelberg 1988.

das Arbeitsangebot der Frauen ist möglicherweise sehr erheblich. Rufen Sie sich in Erinnerung, daß die Zusatzlast einer Steuer mit dem Substitutionseffekt zusammenhängt; obwohl der Gesamteffekt einer Steuer gering sein kann, weil der Einkommenseffekt den Substitutionseffekt wettmacht, ist der Substitutionseffekt möglicherweise erheblich und folglich auch die Zusatzlast. Die Ökonomen sind sich nicht darüber einig, wie schwer die Zusatzlast ist.

Eine der anspruchsvolleren Arbeiten über das Arbeitsangebot stammt von Jerry Hausman. Bei seiner statistischen Analyse, die auf amerikanischen Daten basiert, versuchte er sowohl den Umstand in Rechnung zu stellen, daß die Individuen sich in bezug auf ihre Vorliebe für Güter bzw. Freizeit unterscheiden, als auch wesentliche Einzelheiten des Steuersystems und der Sozialfürsorge zu berücksichtigen. Seine wichtigsten Ergebnisse sind:

a) die amerikanischen Bundessteuern haben bei einem „durchschnittlichen Mann" mit einem Einkommen zwischen 8000 und 12000 Dollar (1975) die Wirkung, daß er um 8% weniger arbeitet, als er es ohne Steuern tun würde. Der Substitutionseffekt ist erheblich und die Zusatzlast damit groß. (Rufen Sie sich die Erörterungen zur Messung der Zusatzlast aus dem Kapitel 18 ins Gedächtnis zurück.) Für eine „durchschnittliche Person" betrug diese Zusatzlast 235 Dollar, also 2,4% seines Nettoeinkommens und stattliche 21,8% seiner Steuerschuld. Für jemanden, der in der Stunde 10 Dollar verdiente (zu jener Zeit betrug der durchschnittliche Lohnsatz 6,18 Dollar), betrug die Zusatzlast nicht weniger als 1883 Dollar im Jahr bzw. 11,7% des Nettoeinkommens und 54,2% seiner Steuerschuld (siehe Tabelle 25.1).

b) Während die (unkompensierte, Marshallsche) Lohnelastizität (die prozentuale Veränderung des Arbeitsangebots infolge einer 1%igen Veränderung des Lohnsatzes) für Männer nahezu gleich null war, betrug sie bei Frauen ungefähr 0,9. Dies bedeutet, daß eine Verringerung des Lohns nach Steuern um 20% bei Frauen zu einer Verringerung ihrer durchschnittlichen Arbeitsstundenzahl um durchschnittlich 18% führt.

Unsere aus theoretischen Erwägungen herrührende Erwartung, daß der Substitutionseffekt groß sein würde, wird also bestätigt. Die Zusatzlast, die eine Frau mit einer Vollzeitstelle und einem Arbeitslohn von 4 Dollar pro Stunde und einem Gatten mit einem Einkommen von 10000 Dollar trug (ihr Grenzsteuersatz war dann 28%), belief sich auf 1208 Dollar und damit 58,1% der Steuerschuld. Hätte man sie steuerlich wie eine alleinstehende Person behandelt[9], dann wäre die Zusatzlast mit 731 Dollar immer noch erheblich, aber doch wesentlich geringer gewesen.

c) Die Stärke der Reaktion von Haushalten mit weiblichem Haushaltsvorstand liegt zwischen der der Reaktion der Männer und der verheirateter Frauen.

Es ist darauf zu verweisen, daß andere Studien der Elastizität des Arbeitsangebots der Männer zu keinen so hohen Werten für die Verzerrungen gelangen wie

---

[9] Das amerikanische Steuerrecht kennt im Unterschied zum deutschen kein Ehegattensplitting. Es gibt zwar bestimmte Regelungen, die – unter Umständen – eine geringere Besteuerung von Familien bewirken, de facto kommt es aber infolge einer Verheiratung oft zu einer stärkeren Besteuerung. Die Heirat wird gewissermaßen steuerlich bestraft.

25. Kapitel: Besteuerung und Arbeitsangebot

Tabelle 25.1 Berechnung der Zusatzlast für einen durchschnittlichen Erwerbstätigen

in Dollar soweit nicht anders bezeichnet		
Durchschnittlicher Lohn (Dollar)	6,18 pro Stunde	10,00 pro Stunde
Einkommen vor Steuern	10 976	19 662
Steuerschuld	1 078	3 474
Zusatzlast	235	1 883
Zusatzlast als Prozentsatz des Einkommens	2,4	11,7
Zusatzlast als Prozentsatz der Steuerschuld	21,8	54,2
Zusatzlast bei proportionaler Besteuerung	129	885

Quelle: J. Hausman: Labor Supply. In: How Taxes Affect Economic Behavior, H.J. Aaron und J. Pechman, (Hrsg.). Washington 1981 S. 27-72.

Hausman. Die Ökonomen sind sich nicht darüber einig, ob die Effizienzgewinne, die sich mit Hilfe einer Senkung der Grenzsteuersätze erreichen lassen, tatsächlich so groß sind, wie Hausmann behauptet.

Experimente mit einer negativen Einkommensteuer

Das dritte Verfahren zur Messung der Veränderung des Arbeitsangebots ist die Vornahme von Experimenten. Die Frage, um die es uns geht, ist: Was würde mit dem Arbeitsangebot geschehen, wenn wir die Steuersätze herunter- oder heraufsetzen (oder das Steuersystem in anderer Weise abändern)? Eine mögliche Vorgehensweise bei der Beantwortung der Frage ist: „Ändern wir das Steuersystem und verfolgen wir, was geschieht". Dies kann teuer werden: Die negativen Auswirkungen auf das Arbeitsangebot sind möglicherweise sehr erheblich, und bevor wir sie überhaupt wahrgenommen haben und das Steuersystem erneut abändern können, wären bereits schwere Schäden (Wohlfahrtseinbußen) eingetreten.

Wir können Erkenntnisse gewinnen, indem wir das Steuersystem nur für einen kleinen Teil der Bevölkerung abändern. Ebenso wie Repräsentativerhebungen relativ zuverlässige Erkenntnisse über das Wahlverhalten der Bevölkerung in den nächsten Wahlen erbringen (oft werden bei diesen Befragungen nicht einmal tausend Leute erfaßt), mag auch die Reaktion einer (relativ kleinen) Teilgesamtheit recht verläßliche Hinweise zu vermitteln, wie die Grundgesamtheit reagieren würde, wenn sie mit einem derartigen Steuersystem konfrontiert würden. Bei Anwendungen des Stichprobenverfahrens wird jeweils sorgfältig darauf geachtet, daß man eine repräsentative Auswahl der Erhebungseinheiten gewährleistet; man versucht also sicherzustellen, daß die Ansichten von Alten und Jungen, von Reichen und Armen, von gelernten und ungelernten Arbeitnehmern, von Verheirateten und Unverheirateten usw. sämtlich vertreten sind, und bei der Gewinnung von Aussagen darüber, wie die Bevölkerung als ganzes wählen wird, werden den verschiedenen Bevölkerungsgruppen Gewichte zugeordnet, die ihrer relativen Bedeutung entsprechen (wenn es um die Vorhersage eines Wahlergebnisses geht, dann werden Gewichte verwendet, die die Wahrscheinlichkeit wiedergeben, daß die Mitglieder der jeweiligen Gruppen zur Wahl gehen).

In den späten sechziger Jahren und Anfang der siebziger Jahre wurden in den USA eine Reihe von Experimenten vorgenommen, bei denen versucht wurde, die Auswirkungen einer Veränderung des Steuer- und Sozialfürsorgesystems auf das Arbeitsangebot der Armen zu ermitteln. Verschiedene Bürger wurden mit verschiedenen Steuersystemen konfrontiert, und es wurde damit zumindest im Prinzip möglich, nicht nur den Gesamteffekt einer Steuerveränderung zu schätzen, sondern den Einkommenseffekt vom Substitutionseffekt zu trennen.

Das bestehende Sozialfürsorgesystem ist durch hohe Grenzbelastungen gekenntzeichnet. Bei einer negativen Einkommensteuer verringert der Staat die Sozialfürsorgeleistungen, die einer erhält, um weniger als sein Einkommen wächst. Da Experimente mit einer negativen Einkommensteuer Individuen mit einem geringen Einkommen betreffen, ging es hauptsächlich um die Einflüsse auf das Arbeitsangebot. Der Staat wollte die Auswirkungen verschiedener Sozialfürsorgeleistungen und Steuersätze ermitteln. Änliche Individuen erhielten unterschiedliche Sozialfürsorgebezüge bei unverändertem Steuersatz bzw. unterschiedliche Steuersätze wurden Personen mit denselben Sozialfürsorgebezügen auferlegt. Damit ermöglichte es das Experiment im Prinzip, Einkommens- und Substitutionseffekte zu trennen.

Die Ergebnisse standen mit der These im Einklang, daß die Auswirkungen von Steuern auf das Arbeitsangebot im großen und ganzen gering sind. In dem Bericht, der über das erste derartige Experiment abgefaßt wurde, hieß es, daß die Änderungen des Arbeitsangebots, die die Konfrontation mit einem anderen System von Steuern und Sozialfürsorgesätzen als dem bestehenden bewirkte, geringfügig waren. „Nur bei den Frauen, deren Arbeitsangebot im Schnitt von vornherein gering war, waren die Unterschiede verhältnismäßig erheblich."[10]

Das Experiment ermöglichte noch einige weitere Aussagen über die Wirkungen einer Veränderung des Steuer- und Sozialfürsorgesystems. Gab man den Armen mehr Unterstützung, führte das dazu, daß sie nach einer Entlassung länger nach einer neuen Arbeit suchten als zuvor.

Bei diesem relativ lang zurückliegenden Experiment ging es vor allem um die Auswirkungen unterschiedlicher Steuer- und Sozialfürsorgesysteme auf das Arbeitsangebot (und damit zusammenhängende Variablen wie die Länge der Arbeitssuche). Spätere Studien versuchten, noch andere Effekte zu erfassen. Beispielsweise fand man bei einem Experiment in Gary, Indiana, daß die Babys von Familien, deren Einkommen man erhöhte, ein höheres Geburtsgewicht hatten. Dies ist ein Hinweis auf den Gesundheitszustand des Kindes. Ein Experiment, das in Seattle, Washington, durchgeführt wurde, kam zu dem Schluß, daß die Gewährleistung eines garantierten Mindesteinkommens für die Frauen, wie es bei einer negativen Einkommensteuer der Fall ist, möglicherweise das Auseinanderbrechen von Familien begünstigt. Viele bleiben vielleicht nur deswegen zusammen, weil die wirtschaftlichen Verhältnisse sie dazu zwingen.

Derartige Experimente stellen einen bedeutenden Fortschritt in bezug auf die Forschungsinstrumente dar, die dem Sozialwissenschaftler zur Verfügung stehen. Zugleich aber sind der Erkenntnisgewinnung auch Grenzen gesetzt, insbesondere bei den eben erwähnten Experimenten. Diese Grenzen sollte man bei ihrer Auswertung nicht aus den Augen verlieren.

Erstens ist mit dem Auftreten eines wohlbekannten Phänomens zu rechnen, des sogenannten **Hawthorne Effekt**, der sich bei allen Versuchen, Experimente

---

[10] US Department of Health, Education and Welfare. Summary Report: New Jersey Graduated Work Incentive Experiments. Washington 1973.

mit bestimmten Personen durchzuführen, störend bemerkbar macht. Wird eine Person in eine Erhebung einbezogen und weiß sie, daß ihr Verhalten beobachtet wird, kann sich dieses Verhalten selbst verändern.

Zweitens treten Probleme auf, wenn man versucht, eine repräsentative Stichprobe zusammenzustellen. Da die Teilnahme an derartigen Experimenten auf freiwilliger Basis erfolgt, kann es zu einer systematischen Verzerrung kommen, die mit den Eigenschaften derjenigen Personen zu tun hat, die ihre Teilnahme verweigern.

Drittens reagieren Individuen auf kurzfristige Veränderungen möglicherweise anders als auf langfristige. Eine vorübergehende Veränderung des Steuersystems, die zu einer Besserung ihrer Lage führt, hat auf ihr Lebenseinkommen eine schwächere Wirkung als eine dauerhafte; infolgedessen fällt der Einkommenseffekt möglicherweise zu gering aus. An den Experimenten beteiligten sich in beträchtlichem Maße Personen, die während desselben einen erhöhten Grenzsteuersatz und daher ein geringeres Nettoeinkommen hatten. Eine vorübergehende Verringerung des Einkommens nach Steuern hat eventuell aber andere Auswirkungen als eine dauerhafte. Wenn keine Anpassungskosten auftreten, ist zu vermuten, daß diese Teilnehmer weniger arbeiten (mehr Freizeit in Anspruch nehmen) als sie dies bei einer dauerhaften Verringerung ihres Arbeitseinkommens tun würden. Einer, der sowieso beabsichtigte, einige Zeit lang nicht zu arbeiten (beispielsweise eine Frau, die plante, demnächst ein Kind zur Welt zu bringen) mag die Gelegenheit, daß für einige Zeit Transfereinkommen zugänglich wurde, dankbar beim Schopf ergriffen haben. Wenn das der Fall ist, dann ist der Substitutionseffekt, der bei dem Experiment ermittelt wurde, zu hoch. Andererseits kann es sein, daß die Anpassungskosten sehr erheblich sind; ein Arbeitnehmer kündigt seine Stellung vielleicht höchst ungern, weil er weiß, daß er in drei Jahren diese Stelle gern wieder hätte (nämlich wenn das Experiment vorbei ist) und weil er befürchtet, daß das dann schwierig sein wird. Sind diese Effekte bedeutsam, führt ein derartiges Experiment zu einer Unterschätzung sowohl der Einkommens- als auch der Substitutionseffekte. Bei einigen neueren Erhebungen hat man versucht, die Verzerrungen der Schätzer zu ermitteln, die daraus resultieren, daß die Veränderung des Steuer- bzw. Sozialfürsorgesystems im Rahmen derselben nur vorübergehender Natur war, indem man den Teilnehmern garantierte, daß das neue Steuer- und Sozialfürsorgesystem über eine längere Zeit beibehalten wird (bis zu zwanzig Jahren).

Ein letzter Vorbehalt bei der Prüfung der Frage, ob die Experimente genaue Aussagen über das Ausmaß zulassen, in dem sich das Arbeitsangebot bei Reformen des Steuer- und Sozialfürsorgesystems verändert, betrifft die Rolle tarifvertraglicher (und anderweitiger) Regelungen der Wochenarbeitszeit. Wir äußerten uns weiter oben dahingehend, daß derartige Verkrustungen kurzfristig die freie Entscheidung der Arbeitnehmer, wie lange sie arbeiten wollen, wesentlich beschränken, daß sie aber selbst einen Wandel unterworfen sind und dieser teilweise auf Veränderungen des wirtschaftlichen Umfelds zurückzuführen ist. Ein beträchtlicher Teil der Teilnehmer an den Experimenten mag wenig Auswahl bezug auf die Zahl an Arbeitsstunden gehabt haben; wenn aber die ganze Gesellschaft mit dem neuen System an Steuer- und Unterstützungssätzen konfrontiert würde, könnte ein Druck in Richtung auf Veränderung dieser Regelungen entstehen, der diese stärker in Einklang mit den Präferenzen der Individuen brächte.

Implikationen der Schätzwerte für die Elastizität des Arbeitsangebots

Ist die kompensierte Angebotselastizität der Arbeit groß, ist die Zusatzlast, die mit der Besteuerung verbunden ist, erheblich. In diesem Fall lassen sich durch eine Verringerung der Progression beeindruckende Effizienzgewinne erzielen, ohne daß man deswegen in sehr bedeutendem Maße auf Umverteilung verzichten müßte. Dies waren die Ergebnisse von J. Hausman. Er berechnete Steuersätze einer Flat Rate Einkommensteuer für verschiedene Grundfreibeträge, mittels derer sich dasselbe Steueraufkommen erzielen läßt wie mit der im Jahre 1975 in den USA bestehenden Einkommensteuer, und verglich die Zahl der Arbeitsstunden und die Zusatzlast unter dem amerikanischen Einkommensteuerrecht 1975 mit diesen Alternativen. Wenn der Grundfreibetrag angehoben wird, dann erhöhen sich natürlich auch die erforderlichen Steuersätze.

Die Ergebnisse werden in der Tabelle 25.2. dargestellt. Drei Ergebnisse verdienen besondere Hervorhebung. Erstens: Die dargelegten Alternativen der Besteuerung verringern das Arbeitsangebot weit weniger als das tatsächlich bestehende Steuersystem. Zweitens: Während Hausman die Zusatzlast unter dem bestehenden System auf 28,7% des Steueraufkommens schätzt, verringert sich diese Last bei einer Flat Rate Tax selbst bei einem Grundfreibetrag von 4 000 $ auf die Hälfte, nämlich auf 14,5%. Entfällt der Grundfreibetrag, handelt es sich also um eine proportionale Steuer, macht die Zusatzlast nur 7% des Steueraufkommens aus. Drittens: Wegen der erheblichen Vergrößerung des Arbeitsangebots läßt sich für die meisten der Steuersatz senken, ohne daß dies zu einer Verringerung des Steueraufkommens führen würde. Ein Individuum mit einem Einkommen von 4 000 $ hat bei einer Steuer mit konstantem Grenzsteuersatz und einem Grundfreibetrag von 1 000 $ einen niedrigeren Durchschnittssteuersatz als unter dem bestehenden System. Bei Steuerpflichtigen mit einem höheren Einkommen ist die Verringerung der Durchschnittsbelastung sogar noch ausgeprägter. Möglicherweise ist das bestehende System „ineffizient": Dann wäre es möglich, durch eine Steuerreform fast jedermann besser zu stellen.

Tabelle 25.2 Wirkungen einer Flat Rate Tax mit Grundfreibetrag

Grundfreibetrag (in Dollar)	Steuersatz (in Prozent)	Auswirkung auf die gewünschte Zahl an Arbeitsstunden im Jahr	Zusatzlast als Prozentsatz des Steueraufkommens	Durchschnittssteuersatz auf ein Jahreseinkommen von			
				$4 000	$8 000	$16 000	$24 000
0	14,6	− 27,5	7,1	0,146	0,146	0,146	0,146
1 000	15,4	− 28,2	8,3	0,116	0,135	0,144	0,148
2 000	16,9	− 29,9	9,8	0,085	0,127	0,148	0,155
4 000	20,7	− 34,5	14,5	0,000	0,104	0,155	0,172
das bestehende System[11]	wie derzeit	− 197,5	28,7	0,119	0,147	0,173	0,188

Quelle: J. Hausman: Labor Supply S. 64

---
[11] Damit ist das System gemeint, das im Jahre 1975 in den USA bestand.

Andere Aspekte des Arbeitsangebots

Bislang haben wir erörtert, wie die Steuersätze die Entscheidungen der Steuerpflichtigen beeinflussen, erwerbstätig zu sein, und wieviele Stunden sie arbeiten wollen. Eine derartige Vorgehensweise stellt eigentlich eine übermäßige Vereinfachung dar, die mehrere wesentliche Aspekte vernachlässigt.

Leistungsbereitschaft

Erstens, vernachlässigt sie die Vielzahl von Entscheidungen, die einer über die Qualität der Arbeit trifft, die er auf dem Markt anbietet. Erwerbstätige haben beträchtliche Spielräume bei der Entscheidung, wieviel sie in einer beruflichen Position leisten; eines der wesentlichen Folgen erhöhter Leistungsbereitschaft ist die bessere Bezahlung, zu der diese vermutlich führt, sei es direkt oder indirekt in Gestalt einer Beförderung. Die Bezahlung ist natürlich nur einer der Gründe dafür, warum Individuen bereit sind, etwas zu leisten. Andere Gründe sind der Sozialstatus, Ansehen unter ihresgleichen usw. Die Bedeutung dieser anderen Faktoren soll hier nicht abgeleugnet werden. Für unsere Analyse ist es nur erforderlich, daß es ihnen zumindest zum Teil um einen finanziellen Ertrag geht; bei den meisten und in der Mehrzahl der Berufen ist dies sicherlich der Fall.

Berufswahl

Die Struktur des Steuersystems beeinflußt die Berufswahl. Individuen mit denselben Fähigkeiten erhalten im allgemeinen in unterschiedlichen Berufen verschiedene Gehälter. Einige Berufe sind besonders unangenehm und die Beschäftigten werden dafür entschädigt; Beispiele hierfür sind Tätigkeiten bei der Reinigung sanitärer Anlagen oder solche mit überlangen und unbequemen Arbeitszeiten.

Andere Berufe wiederum gelten als ungewöhnlich angenehm und viele sind bereit, derartige Berufe zu ergreifen, obwohl die Bezahlung schlechter ist als in anderen Tätigkeiten, die ähnliche Fähigkeiten erfordern. Lehrer beispielsweise arbeiten im Durchschnitt weniger als andere Berufstätige. Ein Skilehrer verbringt jeden Tag einen Teil seiner Arbeitszeit mit Skifahren. Wiederum andere Berufe verhelfen zu einem angehobenen Sozialstatus oder zu bestimmten Vorrechten. Wir bezeichnen derartige Vorteile als **nichtpekuniäre Nutzen**. Das Steuersystem benachteiligt Berufe mit negativen nichtpekuniären Nutzen; das gesamte Arbeitsentgelt wird besteuert, obwohl ein Teil davon nur der Entschädigung für die speziellen Unannehmlichkeiten dieser Tätigkeit dient. Berufe mit erheblichen nichtpekuniären Nutzen werden hingegen bevorteilt. Infolgedessen wird die Allokation der Arbeit verzerrt.

Ausbildung

Weiter oben haben wir erörtert, wie eine Vielzahl von staatlichen Eingriffen das Renteneintrittsalter beeinflußt. Ganz ähnlich verhält es sich mit dem Eintritt ins Berufsleben. Die Finanzierung der Schulen und Hochschulen durch den Staat gibt den Studenten einen Anreiz, diesen hinauszuzögern.

Arbeitsangebot und andere Entscheidungen eines Haushalts

Die Entscheidungen über das Arbeitsangebot, die wir beschrieben haben, wirken auf eine Vielzahl anderer Entscheidungen des Haushalts ein und diese werden wiederum durch staatliche Maßnahmen beeinflußt. Heirat und Scheidung werden durch das Steuerrecht gefördert bzw. behindert (siehe Kapitel 20 wegen der Steuervorteile einer Verehelichung und der Steuernachteile einer Scheidung). Das bestehende Steuerrecht hält die Frauen von einer Erwerbstätigkeit ab, aber fördert bis zum gewissen Grad eine der Kinder. In den meisten Ländern Europas versucht der Staat die Fortpflanzung mit steuerlichen Mitteln zu fördern. In manchen Ländern der dritten Welt wie beispielsweise der VR China versucht er das Gegenteil.

Wir haben bereits auf die Bedeutung der Ersparnisse für die Entscheidung zum Eintritt in den Ruhestand hingewiesen. Diese werden von der Steuerpolitik beeinflußt, aber auch von Ausgabenprogrammen des Staates. Die Bereitstellung einer Krankenversicherung verringert die Notwendigkeit, durch Bildung von Ersparnissen vorzusorgen; die Unentgeltlichkeit des Schulbesuchs der Kinder macht es unnötig, größere Ersparnisse für eine Finanzierung der Ausbildung der Kinder anzulegen.

Worauf es uns hier ankommt, ist, uns in Erinnerung zu rufen, daß alle diese Entscheidungen miteinander zusammenhängen, obwohl wir hier das Arbeitsangebot und das Sparen getrennt untersucht haben. Jede Maßnahme des Staates hat direkt oder indirekt einen Einfluß auf jeden einzelnen dieser Entschlüsse.

Die Form des Arbeitsentgelts

Schließlich hat das Steuersystem auch einen Einfluß darauf, in welcher Form die Individuen ihr Arbeitsentgelt erhalten. Dies gibt den Unternehmen einen Anreiz, ihre Beschäftigten in einer Form zu entlohnen, die nicht besteuert wird. So erklärt sich zum Teil das Anwachsen der Sozialleistungen. Spesenkonten, Seminare an landschaftlich attraktiven Orten oder verbilligtes Mittagessen im firmeneigenen Restaurant sind Formen unversteuerter Entlohnung. Vielleicht wichtiger als all dies ist, daß das Steuersystem einen Anreiz schafft, Pensionszusagen zu machen.

Zusammenfassung

1. Aus der Sicht der Theorie ist der Einfluß der Besteuerung auf das Arbeitsangebot nicht eindeutig feststellbar. Einkommens- und Substitutionseffekt wirken in entgegengesetzte Richtungen.
2. Empirische Untersuchungen legen die Vermutung nahe, daß sich bei Männern Substitutions- und Einkommenseffekt wechselseitig aufheben und der Gesamteffekt auf das Arbeitsangebot vermutlich gering ist; bei Frauen hingegen wird die Entscheidung, berufstätig zu sein, erheblich beeinflußt. Andererseits ist der Substitutionseffekt bei Männern vielleicht stark und folglich auch die Zusatzlast, obwohl der Gesamteffekt gering ist.
3. Reformen – wie die Ersetzung des gegenwärtig bestehenden Systems durch eine Flat Rate Tax – verhelfen möglicherweise den meisten Individuen zu einem höheren Nutzenniveau, vergrößern das Arbeitsangebot und verringern die Zusatzlast.

4. Das Steuersystem fördert Berufe mit erheblichen nichtpekuniären Nutzen und die Gewährung des Arbeitsentgelts in Formen, die nicht besteuert werden oder Steuervorteile genießen.

Schlüsselbegriffe

Hawthorne Effekt
Nichtpekuniäre Nutzen

Erwerbsquote

Fragen und Probleme

1. Stellen Sie sich vor, beim Erziehungsgeld sei der implizite Grenzsteuersatz 60% (in der Realität ist der implizite Grenzsteuersatz bei den Erziehungsgeldern zwar auch nicht unerheblich, aber komplexerer Natur). Zeichnen Sie die Budgetrestriktion! Tragen Sie die Indifferenzkurve einer alleinstehenden Mutter auf, die es angesichts dieses Steuersatzes vorzieht, nicht zu arbeiten! Zeichnen Sie die Indifferenzkurve einer, die es vorzieht, zu arbeiten! Zeigen Sie, daß eine Verminderung des Grenzsteuersatzes zu einer Wohlfahrtserhöhung, einer verringerten Belastung des Staatshaushalts und zu einer Erhöhung des Arbeitsangebots führen kann! Welche Aussagen sind über die Steuerpolitik möglich, wenn es Mütter vom ersten Bezieher wie vom zweiten Typ gibt?

2. Erörtern Sie die Folgen eines Übergangs zu einer Flat Rate Tax! Dieser bewirkt, daß Bezieher hoher Einkommen geringere Grenzsteuersätze haben als gegenwärtig. Was werden die Wirkungen auf das Arbeitsangebot sein, wenn a) der Durchschnittssteuersatz im Vergleich zu heute steigt oder b) der Durchschnittssteuersatz sinkt? Einige Bezieher mittlerer Einkommen werden nach einem solchen Übergang feststellen, daß der Grenzsteuersatz für sie derselbe geblieben ist. Welche Wirkung auf das Arbeitsangebot sind zu erwarten, wenn ihr Durchschnittssteuersatz gestiegen ist? gesunken ist? Einige arme Individuen müßten der Tatsache ins Auge sehen, daß ihr Grenzsteuersatz gestiegen ist. Was sind die Folgen für ihr Arbeitsangebot, wenn ihr Durchschnittssteuersatz gestiegen ist? gesunken ist? Was kann man aufgrund theoretischer Überlegungen über den Gesamteffekt sagen?

3. Bis sie vom Bundesverfassungsgericht im Jahr 1957 für grundgesetzwidrig erklärt wurde, galt in der BR Deutschland die Haushaltsbesteuerung, bei der das Einkommen der Ehegatten zusammengezählt und auf die Summe der Steuertarif angewandt wurde. Statt das Ehegattensplitting zu ermöglichen, hätte man damals auch die getrennte Veranlagung verbindlich einführen können. Was wären die Auswirkungen auf die Erwerbstätigkeit der Ehefrauen gewesen?

4. Steuern und Staatsausgaben beeinflussen das Verhalten der Haushalte in vieler Hinsicht. Einige Ökonomen vertreten beispielsweise die Ansicht, daß sie die Geburtenhäufigkeit beeinflussen. Welche Bestimmungen des Steuerrechts beeinflussen möglicherweise die Entscheidung, ein Kind auf die Welt zu bringen? Welche Ausgaben des Staates?

26. Kapitel
Eine Anleitung zur Steuerausweichung

Gemäß einer weitverbreiteten Ansicht versuchen die Reichen mit großem Erfolg, durch Ausnutzung von Lücken im Steuerrecht den auf sie entfallenden Steuern auszuweichen. Die bedeutendsten Schlupflöcher entstehen im Zusammenhang mit der Besteuerung von Kapitaleinkommen. Der Anreiz, nach Schlupflöchern zu suchen, wird durch die starke Progression des Steuertarifs sehr vergrößert.

Das Steuerrecht ändert sich, der Gesetzgeber und die Finanzämter sind bestrebt, Schlupflöcher zu schließen. Tatsächlich schneiden sie in dem Wettlauf mit den Steuerberatern, die neue Schlupflöcher suchen, nicht allzu gut ab. Hat man einmal die Grundprinzipien der Steuerausweichung verstanden, kann man sich diesen Veränderungen in der aktuellen Rechtslage unschwer anpassen.

Für die Finanzpolitik ist es aus zwei Gründen wesentlich, sich über die Charakteristika derartiger Schlupflöcher klar zu werden. Der Gesamteffekt des Steuerrechts hängt von den Detailbestimmungen ebensosehr ab wie von den Grundsatzentscheidungen. Es ist möglicherweise nicht sehr wesentlich, daß wir einen progressiven Steuersatz haben, wenn die Reichen nur genügend Schlupflöcher fin-

„Und das hier, das ist der Grund, warum Sie ins Gefängnis müssen."

Drawing by Mankoff; © 1982 The New Yorker Magazine, Inc.

den, mit Hilfe derer sie es vermeiden können, diese hohen Steuern dann auch tatsächlich zu bezahlen. Zweitens sind die Verzerrungen der Investitionsstruktur, für die diese Detailbestimmungen verantwortlich sind, möglicherweise schwerwiegender als die Beeinträchtigung der Spar- und Investitionsneigung, die eine allgemeine Kapitalsteuer bewirkt.

Hier geht es um **Steuerausweichung**, nicht um **Steuerhinterziehung**. Steuerhinterziehung ist eine strafbare Handlung. Steuerausweichung ist legal und besteht in der vollen Ausnutzung der Bestimmungen des Steuerrechts mit dem Ziel, die eigene Steuerschuld zu senken[1].

Der Steuerausweichung liegen drei Prinzipien zugrunde: Aufspaltung von Einkommen, zeitliche Verlagerung von Steuern und Arbitrage zwischen den verschiedenen Sätzen, mit denen Kapitalerträge besteuert werden.

In den nächsten drei Abschnitten wird jedes dieser drei Prinzipien näher erörtert.

Verlagerung von Einkünften

Das erste Prinzip ist höchst einfach. Bei einem Steuersystem mit zunehmenden Grenzsteuersätzen beträgt die Einkommensteuer auf ein (zu versteuerndes) Einkommen von 80 000 DM fast das Dreifache der Steuer auf 40 000 DM. 1988 zahlte der Bezieher des ersteren Einkommens, wenn er alleinstehend war, 26 974 DM Steuern, der des letzteren 9 418 DM. Infolgedessen lohnt es sich, das Einkommen auf andere Angehörige, vor allem Kinder, zu verlagern, die einen niedrigeren Grenzsteuersatz haben.

Weiter oben haben wir ein Beispiel erörtert, in dem ein Vater den Kindern Vermögen durch Schenkung übertrug. Dies ist allerdings mit dem Nachteil verbunden, daß der Vater nach Mündigkeit der Kinder nicht mehr sehr viel Einfluß darauf nehmen kann, wie diese das ihnen geschenkte Vermögen verwenden. Deswegen lohnt es sich, nach anderen Wegen der Verlagerung von Einkünften Ausschau zu halten.

Kinder können im Betrieb der Eltern mitarbeiten. Die Entlohnung soll nicht in einem krassen Mißverhältnis zu der tatsächlichen Arbeitsleistung stehen[2]. Im einzelnen ist dies allerdings ein eher vages Kriterium. Man kann die Kinder am eigenen Unternehmen als Gesellschafter beteiligen. Durch die Verteilung des Gewinns auf mehrere Personen ergeben sich dann Progressionsvorteile, ferner kann unter Umständen auch noch Erbschaftsteuer gespart werden. Allerdings ist erforderlich, daß die Gesellschafter auch tatsächlich Mitunternehmer sind, also einen Einfluß auf die Geschäftsführung haben und unternehmerisches Risiko tragen.

---

[1] Statt Steuerausweichung werden in der finanzwissenschaftlichen Literatur auch die Bezeichnungen Steuervermeidung oder Steuerumgehung verwendet. Im Steuerrecht hat der Begriff Steuerumgehung einen enger eingegrenzten Sinn.
[2] Nach den Regeln für die Zurechnung von Einkünften bei der Einkommensbesteuerung erzielt das Kind nur eigene Bezüge, wenn es sie selbst erwirtschaftet.

Eine beliebte Möglichkeit der Verlagerung von Einkünften ist die Bestellung von Nießbrauch. Nießbrauch ist das unbeschränkte Recht auf Nutzung von Sachen, Rechten oder an einem Unternehmen. Der Vorteil des Nießbrauchs ist, daß der Nießbrauchbesteller das Eigentum an dem Nießbrauchobjekt nicht verliert. Allerdings führt nicht jede Nießbrauchbestellung dazu, daß die Einkünfte aus der Sache, dem Unternehmen etc. einkommensteuerlich tatsächlich dem mit dem Nießbrauch Beschenkten zugerechnet werden. Hier kommt erneut die (soeben angeführte) Zurechnungsregel zum Tragen, daß die Einkünfte demjenigen zuzurechnen sind, der sie „erzielt" hat. Die Auslegung dieser Regel und der Nachweis eines bestimmten Sachverhalts bereiten bei Nießbrauchkonstruktionen oft erhebliche Schwierigkeiten.

Ein weiteres beliebtes Mittel der Einkunftsverlagerung sind Darlehensvereinbarungen zwischen Eltern und Kindern. Die Finanzverwaltung und die Rechtsprechung des Bundesfinanzhofes stehen derartigen Darlehensvereinbarungen skeptisch gegenüber; für ihre steuerliche Anerkennung kommt es auf die genauen Modalitäten – insbesondere auf ihre zivilrechtliche Gültigkeit – an. Das Geld, das die Kinder den Eltern als Darlehen überlassen, fließt den Kindern zunächst im Wege einer Schenkung zu. Alsdann gewähren diese ihren Eltern das Darlehen. Für die steuerliche Anerkennung kommt es unter anderem darauf an, daß die Modalitäten der Darlehensgewährung dem zwischen Fremden üblichen entsprechen. Der Vorteil von Darlehensvereinbarungen ist, daß während der gesamten Laufzeit des Darlehens die Eltern wesentlichen Einfluß darüber behalten, was mit dem Geld geschieht.

In der Vergangenheit war bei großen Vermögen die Gründung einer Familienstiftung oft empfehlenswert. Der Sinn der Errichtung solcher Familienstiftungen war insbesondere, Erbschaftsteuer zu vermeiden. Das war vor allem dann möglich, wenn sie eine lange Zeit bestand und mehrere Generationen in den Genuß ihrer Leistungen kamen. Der Gesetzgeber hat versucht, dies abzustellen, indem er für Familienstiftungen eine sog. Erbersatzsteuer eingeführt hat. Sie unterliegen nun alle dreißig Jahre dieser Erbersatzsteuer. Dies wiederum hat zu Bemühungen Anlaß gegeben, die Erbersatzsteuer zu umgehen, indem man die Stiftung so ausgestaltet, daß sie nicht mehr als Familienstiftung gilt. Entscheidend ist, ob sie „wesentlich"[3] im Interesse einer Familie errichtet wurde. Was „wesentlich" heißt, darüber streiten sich die Geister. Maßgebliche Kommentare vertreten die Auffassung, „wesentlich" heiße, daß mindestens 75% der laufenden Bezüge und 75% des Vermögens bei Auflösung der Stiftung den Familienmitgliedern zugute kommen. Beteiligt man dritte Personen wesentlich (also zu wohl mindestens 25%), ist es unter Umständen möglich, der Qualifikation als „Familien"stiftung zu entgehen und der Erbersatzsteuer auszuweichen.

Aktivitäten zur Verlagerung von Einkünften werden erst durch eine Steuerreform zwecklos, bei der der Grenzsteuersatz nicht mehr mit dem Einkommen zunimmt. Bei einer Steuer mit konstantem Grenzsteuersatz gibt es keinen Anreiz zur Verlagerung des Einkommens innerhalb der Familie, wenn der Grundfreibetrag für die Familie sich nach der Zahl der Familienangehörigen richtet.

---

[3] Erbschaftsteuergesetz § 1.

Zeitliche Verschiebung von Steuern

Eine Mark heute ist mehr wert als eine in einem Jahr. Hat man die Wahl, ist es infolgedessen fast stets vorteilhaft, Steuern hinauszuschieben. (Formal sagen wir, daß der Gegenwartswert der Steuerschuld eines Individuums sich auf diese Weise verringern läßt.)

Es gibt mehrere Verfahren zur zeitlichen Verschiebung von Steuern.

Lebensversicherungen und betriebliche Pensionsfonds

Lebensversicherungen und betriebliche Pensionszusagen stellen die bedeutendste Methode einer zeitlichen Verschiebung von Steuern dar. Sie sind darüberhinaus auch noch mit weiteren Steuervorteilen verbunden[4]. Wird Einkommen hierfür aufgewendet, bleibt es unversteuert (bei Lebensversicherungsbeiträgen im Rahmen der Höchstbeiträge für Vorsorgeaufwendungen). Nur die Versicherungsleistung wird unter Umständen versteuert – dies hängt davon ab, in welcher Form sie anfällt. Dies wird häufig damit gerechtfertigt, daß die eigenverantwortliche Altersvorsorge und die Vorsorge für Hinterbliebene gefördert werden solle. Es werden aber auch Kapitallebensversicherungsverträge steuerlich gefördert, die sich für derartige Zwecke weniger eignen, etwa weil die Versicherungssumme bereits lange vor Erreichen des Rentenalters ausbezahlt wird.

Wertzuwächse und zeitliche Verschiebung von Steuern

Wertzuwächse werden, wenn überhaupt, dann nur bei Realisierung besteuert. Erwirbt man einen Vermögensgegenstand und steigt sein Wert, kann man die Steuer zeitlich verschieben, indem man ihn einfach nicht verkauft. Man verkauft ihn in einem Jahr, in dem man einen niedrigen Grenzsteuersatz hat. Würde man gern schon vorher einen Teil des Einkommens verkonsumieren, hat man aber in dem jeweiligen Jahr einen hohen Grenzsteuersatz, ist es besser, einen Kredit aufzunehmen. Das Objekt kann dabei als Sicherheit dienen.

Vermeidung der Risiken, die mit der zeitlichen Verschiebung einer Versteuerung von Wertzuwächsen verbunden sind

Auf die Realisation eines Wertzuwachses zu verzichten kann mit einem Risiko behaftet sein, da der Preis bzw. Kurs des jeweiligen Vermögensgegenstands vielleicht wieder zurückgeht. Es gibt aber die Möglichkeit, dieses Risiko zu eliminieren. Findet sich etwa ein Wertpapier, dessen Ertrag mit dem des ersten vollkommen negativ korreliert ist (sein Ertrag bzw. Kurs sinkt, wenn der des ersteren steigt, und umgekehrt), empfiehlt es sich, dieses zu erwerben. Das Risiko wird dadurch eliminiert. Muß zum Erwerb des Wertpapiers ein Kredit aufgenommen werden, sind die Schuldzinsen unter Umständen auch noch steuerlich abzugsfähig.

Ist der Ertrag des Wertpapiers mit dem Wert des Vermögensgegenstands positiv korreliert, empfiehlt es sich demgegenüber, das Wertpapier auf Termin zu

---
[4] Bei der Rente bzw. bei einer Verrentung der Lebensversicherungssumme fällt nur eine Besteuerung des Ertragsanteils an. Todesfalleistungen an Angehörige unterliegen zwar im Prinzip der Erbschaftsteuer, fallen de facto aber normalerweise unter die Freibeträge.

verkaufen. Ein Terminverkauf ist im Grunde mit der Aufnahme eines Kredits vergleichbar mit dem Unterschied, daß die Summe, die der Verkäufer am Ende des Jahres zurückzahlen muß, vom Kurs des Papiers abhängt. Steigt sein Kurs, muß der Verkäufer mehr zurückzahlen und stellt sich schlechter; sinkt er, muß er weniger zurückzahlen und stellt sich besser. Nehmen Sie beispielsweise an, daß 100 Aktien des Unternehmens Supereiskrem gegenwärtig zum Wert 1 000 DM gehandelt werden. Jemand bietet Ihnen 1 000 DM für das Versprechen an, daß Sie in einem Jahr den Kaufpreis für 100 Aktien dieses Unternehmens Supereiskrem zu dem Kurs bezahlen werden, der dann notiert wird. Ist der Kurs einer Aktie von 10 DM auf 11 DM angestiegen, müssen Sie am Ende 1 100 DM bezahlen; fällt er vonn 10 DM auf 9 DM, müssen Sie nur 900 DM bezahlen. Das Wesentliche an diesem Geschäft ist, daß das Risiko, das mit dem Besitz von 100 derartigen Aktien verbunden ist, durch das Termingeschäft eliminiert wird.

Allgemeiner gesprochen lassen sich auf einem vollkommenen Kapitalmarkt stets Transaktionen finden, mittels derer sich das Risiko beseitigen läßt, das mit dem Besitz eines Papiers verbunden ist, das einen Wertzuwachs erfahren hat. Die Spekulationsfrist, während derer Wertzuwächse nicht realisiert werden können, ohne daß sie einer Steuer als Spekulationsgeschäfte unterliegen, kann man bei vollkommenen Kapitalmärkten also stets ungestraft verstreichen lassen, wenn man sich nur mit Hilfe derartiger Transaktionen absichert[5].

Zeitliche Verschiebung von Steuern mit Hilfe negativ korrelierter Wertpapiere

Erneut betrachten wir Wertzuwächse, die besteuert werden müssen, etwa weil sie im Rahmen des Betriebsvermögens anfallen. Stellen wir uns vor, das Unternehmen kaufe das Wertpapier A und das Wertpapier B, dessen Kurs mit dem von A fast vollkommen negativ korreliert ist. Das Unternehmen würde infolgedessen fast kein Risiko tragen. Steigt der Kurs von A, würde es sich dadurch besser stellen, zugleich aber auch schlechter, weil der Kurs von B entsprechend fällt. Warum sollte irgendjemand so etwas tun wollen? Es gibt einen Grund, das zu tun: Stellt man sich geschickt an, kann man Steuervorteile erzielen.

Ist zum 31. Dezember, also am Ende des Wirtschaftsjahrs, der Kurs von A gestiegen, darf dem in der Bilanz nicht Rechnung getragen werden, wenn die Kurssteigerung über die Anschaffungskosten des Wertpapiers hinausgeht, weil die Anschaffungskosten die Obergrenze der Bewertung bilden. Wird nun gleichzeitig Wertpapier B, dessen Kurswert unter die Anschaffungskosten gesunken ist, veräußert, wird damit ein Veräußerungsverlust realisiert (statt der Veräußerung

---

[5] In der Praxis sind die Kosten derartiger Transaktionen allerdings erheblich genug, daß sie sich bei einem kleinen Vermögen nicht rentieren. In der BR Deutschland ist der Markt für Termingeschäfte darüberhinaus (bislang noch) unterentwickelt. Dies liegt an staatlichen Regulierungen. Aufgrund der §§ 762 und 764 BGB sind Termingeschäfte grundsätzlich Spiel- und Wettgeschäfte und als solche rechtlich unverbindlich. Unbedingte Wertpapiertermingeschäfte sind verboten und man muß daher, wenn man solche Geschäfte vornehmen will, auf ausländische Börsen zurückgreifen. Diese Bestimmungen des BGB haben nach einer Entscheidung des Bundesfinanzhofs für die Spekulanten auch gewisse Vorteile: Bestimmte private Termingeschäfte gelten deswegen steuerlich nämlich nicht als Spekulationsgeschäfte. Gewinne aus derartigen Geschäften bleiben infolgedessen steuerfrei. Inzwischen gibt es starke Bestrebungen, die Bedingungen für Termingeschäfte in Deutschland zu verbessern.

käme auch eine – ebenfalls gewinnmindernde Teilwertabschreibung in Betracht). Im laufenden Geschäftsjahr wird also ein gewinnmindernder Verlust erzielt und auf diese Weise die Steuerschuld gesenkt.

Im folgenden Jahr veräußert das Unternehmen das Wertpapier A unter Realisierung eines Veräußerungsgewinns (verstanden als Differenz zwischen Veräußerungserlös und Buchwert bzw. Anschaffungskosten). Bei gleichzeitigem Erwerb und späterer Wiederveräußerung eines verlustträchtigen Wertpapiers C noch in diesem Geschäftsjahr läßt sich der Veräußerungsgewinn aus Wertpapier A unter Umständen wiederum steuerfrei vereinnahmen. Möglich wäre es auch, auf die Veräußerung des Wertpapiers A in diesem Geschäftsjahr zu verzichten und damit die Veräußerungsgewinnversteuerung zeitlich hinauszuschieben, was allerdings voraussetzt, daß der Kurs des Wertpapiers A aller Voraussicht nach nicht zurückgehen wird (Das Ziel könnte sein, „stille Reserven" für ein eventuelles Verlustjahr anzulegen).

Warenterminmärkte

Ein ähnlicher Trick läßt sich auch auf Warenterminmärkten anwenden. Auf Warenterminmärkten gibt es Kontrakte, die miteinander eng positiv korreliert sind. Ein Beispiel hierfür ist etwa ein Terminkontrakt für Weizen mit Termin im Februar und einer mit Termin im Januar[6]. Der Kurs dieser beiden Kontrakte ist eng, aber nicht vollkommen korreliert. Wird es gegen Ende des Jahres klar, wie sich der Weizenpreis auf dem Weltmarkt entwickeln wird, weil das Ergebnis der sowjetischen Weizenernte bekannt wird, verändern sich die Preise beider Kontrakte gleichsinnig, aber nicht stets um genau denselben Prozentsatz. Der Grund dafür ist, daß der Weizenpreis im Frebruar wegen der höheren Lagerhaltungskosten höher ist als im Januar. Diese Lagerhaltungskosten sind vor allem Zinskosten, und die Zinsen können sich ändern.

Ein den obigen Darlegungen analoges Spiel zur Vermeidung von Steuern läßt sich spielen, indem man etwa im November (bevor das russische Ernteergebnis bekannt ist) Januarweizen kauft und Februarweizen verkauft.

Steuerarbitrage

Bei der Steuerarbitrage handelt es sich um die bewußte Ausnutzung des Umstands, daß die Erträge unterschiedlicher Kapitalgüter unterschiedlich besteuert werden. Steuerarbitrage beinhaltet eine Kombination mehrerer finanzieller Transaktionen mit dem Ergebnis, daß der Gegenwartswert der Steuerschuld verringert wird, ohne daß dies mit einem erheblichen Risiko verbunden ist[7].

---

[6] Verkauft wird ein Versprechen, Weizen sagen wir innerhalb von drei Monaten zu liefern. Die meisten Leute, die derartige Versprechen kaufen und verkaufen, verfügen weder über Weizen noch haben sie ein Interesse daran, Weizen zu liefern. Der Kontrakt (das „Versprechen") hat einen Marktpreis. Wenn sie diesen Kontrakt kaufen, dann, weil sie hoffen, ihn später zu einem höheren Preis wieder verkaufen zu können.

[7] Diese Definition von Steuerarbitrage paßt auch auf einen Teil der Vorgänge, die wir unter dem Stichpunkt zeitlicher Verschiebung von Steuern erörtert haben.

Genau genommen bezieht sich der Begriff **Arbitrage** auf Situationen, in denen ein Ertrag ohne jedes Risiko erzielt werden kann. Theoretisch gibt es viele Möglichkeiten einer völlig risikolosen Steuerarbitrage, in der Praxis muß aber zumeist doch ein Risiko in Kauf genommen werden. Dies ist nicht zuletzt deswegen der Fall, weil bei bestimmten Transaktionen die günstige steuerliche Behandlung nicht gewährt wird, wenn offenkundig ist, daß sie nur um der Steuerersparnis willen vorgenommen wurden. In diesen Situationen hilft es gegenüber dem Finanzamt, wenn man zeigen kann, daß man ein Risiko trägt.

Der Begriff Steuerarbitrage wird auch bei Situationen verwendet, bei denen zwei verschiedene Steuerpflichtige unterschiedliche Grenzsteuersätze haben und sich Transaktionen finden lassen, durch die Steuern gespart werden, weil Einkünfte zu dem weniger belasteten verlagert werden.

Schuldenaufnahme zum Zweck des Erwerbs von Kapitalgütern

Der Umstand, daß Wertzuwächse oft gar nicht versteuert werden und dann, wenn dies doch geschieht oft mit einem ermäßigten Steuersatz, eröffnet eine Vielzahl von Möglichkeiten zur Steuerersparnis. Ein Beispiel hierfür ist die Schuldenaufnahme zum Zweck des Erwerbs eines Objekts, bei dem langfristig Wertzuwächse zu erwarten sind.

Wirtschaftlich macht es keinen Unterschied, ob der Kapitalertrag in Gestalt einer Verzinsung, Dividenden oder eines Wertzuwachses anfällt. Auf den Gesamtertrag kommt es an, unabhängig davon, wie er anfällt. Das Steuerrecht hingegen unterscheidet zwischen diesen verschiedenen Formen des Kapitaleinkommens und schafft infolgedessen einen Anreiz, dafür zu sorgen, daß der Kapitalertrag in Form eines Wertzuwachses anfällt.

Die Folgen – und die Möglichkeiten, die hierdurch entstehen, lassen sich am klarsten bei Immobilien erkennen. Betrachten wir ein unbebautes Grundstück, das, gäbe es keine Besteuerung, als Spekulationsobjekt gehalten würde. Der Käufer in spe sieht voraus, daß an dieser Stelle in 7 Jahren eine erhebliche Nachfrage nach unbebauten Grundstücken auftreten wird und daß infolgedessen der Grundstückspreis bis dahin jährlich um 10% steigen wird, was gerade dem Zinssatz entsprechen soll. Der Preis verdoppelt sich innerhalb von 7 Jahren also. Heute soll das Grundstück 1 000 DM kosten.

Stellen wir uns vor, das Individuum borge diese 1 000 DM und vereinbare mit der Bank, daß es in den ersten sieben Jahren keinen Zins zahlen muß. Beim Verkauf des Grundstücks erhält es 2 000 DM. Und es schuldet der Bank an Tilgung, Zins und Zinseszins 2 000 DM. Es deckt gerade seine Kosten und gewinnt nichts.

Ganz anders verhält es sich, wenn wir steuerliche Aspekte in die Betrachtung einbeziehen. Die Schuldzinsen sind unter bestimmten Voraussetzungen (Diese sind insbesondere, daß er das Grundstück gekauft hat, um damit später Einkommen aus Vermietung und Verpachtung zu erzielen. Dies ist also glaubhaft zu machen) abzugsfähig.

Für diese Operation benötigt der Steuerpflichtige im Prinzip keinerlei Eigenkapital[8]. Es handelt sich um einen Fall von Steuerarbitrage. Im Prinzip läßt sich

---

[8] Allerdings mag es sein, daß die Bank bestimmte Sicherheiten haben will.

dieses Spiel treiben, bis er sich seiner gesamten Steuerschuld einschließlich der auf sein Arbeitseinkommen entledigt hat.

Die Finanzverwaltungen haben dieses Schlupfloch durchaus erkannt. Sie fordern, daß bei derartigen Transaktionen (die sich ebensowohl mit Wertpapieren vornehmen lassen) die Absicht vorhanden sein muß, positive Nettoeinkünfte zu erzielen, die nicht nur in der Form von Wertzuwächsen anfallen. Indes läßt sich für den Außenstehenden oft kaum ermitteln, was die wahre Absicht ist und ob das Nichteintreten positiver Einkünfte außer in Gestalt von Wertzuwächsen nur das Pech des Investors war oder von vornherein einkalkuliert. Außerdem kann man diese Transaktion mit einigen anderen Aktivitäten kombinieren, die dann dazu führen, daß Einkommen nicht nur in Form von Wertzuwächsen anfällt.

Wertzuwächse und Abschreibungen

Damit kommen wir zu einem zweiten Beispiel. Hier ist es die Wechselwirkung zwischen Wertzuwachsbesteuerung und Abschreibungen, die Möglichkeiten der Steuerausweichung eröffnet. Wir sahen im Kapitel 21, daß die steuerlich zulässigen Abschreibungen (AfA) den tatsächlichen Wertverzehr zumeist übersteigen. Wir argumentierten, daß bestimmte verzerrenden Effekte nicht eintreten würden, wenn ökonomisch korrekte Abschreibungen angesetzt werden müßten; insbesondere sollte es so sein, daß bei Projekten, bei denen der Gegenwartswert der Einnahmen ohne Berücksichtigung von Steuern gerade dem der Ausgaben entspricht, diese beiden Größen auch nach Steuern gleich sein sollten. Gehen die AfA in den ersten Jahren der Existenz des Objekts über den tatsächlichen Werteverzehr hinaus, ist der Gegenwartswert der Einnahmen jedoch höher als der der Ausgaben. Während zuvor ein Steuerpflichtiger, der sich verschuldet, um das Projekt durchführen zu können, gerade seine Kosten gedeckt hätte, erwirtschaftet er jetzt einen Gewinn. Die Quelle des Gewinns ist die Steuerersparnis aufgrund der überhöhten Abschreibung.

Weiter oben haben wir darauf hingewiesen, daß der Steuerpflichtige, wenn er dieses Anlagegut verkauft und die „stillen Reserven" dadurch aufgedeckt werden, unter Umständen (nämlich wenn Betriebsvermögen) hierauf Steuern zahlen muß. Es gibt allerdings Wege, dieser Besteuerung teilweise zu entgehen – insbesondere durch Reinvestition des Verkaufserlöses in bestimmte andere Anlagegüter.

Machen wir beispielsweise die zugegebenermaßen extreme Annahme, daß ein Steuerpflichtiger ein Haus erwirbt, das ewig erhalten bleibt, daß die Inflationsrate null und der Realzinssatz 2% beträgt[9]. Die Mieteinnahmen sollen sich im Jahr auf 2 000 DM belaufen und der Wert des Hauses wäre infolgedessen, wenn es keine Steuern gäbe, 100 000 DM. Der Steuerpflichtige könnte 100 000 DM borgen und mit den Mieteinnahmen gerade seine Schuldzinsen bezahlen. Nunmehr soll der Staat dem Eigentümer des Hauses einen Schuldzinsabzug erlauben, die Mieteinnahmen besteuern, in den ersten sieben Jahren eine Abschreibung des Gebäudes mit einem Satz von 5% zulassen und die Differenz zwischen einem eventuellen Verkaufserlös des Gebäudes und dem Buchwert besteuern, wenn die Spekulationsfrist unterschritten wird. Stellen wir uns nunmehr vor, daß der Eigentümer

---
[9] Der Wert eines Hauses, das sehr lang erhalten bleibt, berechnet sich auf eine Weise, die der Berechnung des Wertes eines ewig bestehenden Hauses stark ähnelt.

das Haus nur zwei Jahre behält und dann wieder veräußert (er wartet gerade lange genug, damit dies nicht als Spekulationsgeschäft gilt). Im Laufe dieser zwei Jahre zieht der Eigentümer also 10000 DM an AfA von seinen Einkünften ab. Des weiteren nehmen wir an, daß seine Schuldzinsen und der Mietzins erneut gerade gleich groß sind. Bei einem Grenzsteuersatz von 50% erzielt er (dank AfA) in jedem dieser zwei Jahre eine Steuerersparnis von 2500 DM. Im dritten Jahr verkauft er das Haus, und zwar wieder zu 100000 DM, da es sich nicht abnutzt und es auch keine Inflation gibt. Die Differenz zwischen Verkaufserlös und Buchwert bleibt unversteuert.

Auswirkungen einer Inflation. Bei einer Inflation stellt sich unser Hausbesitzer sogar noch besser. Stellen wir uns vor, der Nominalzinssatz betrage 12% und die Inflationsrate 10%, so daß der Realzins sich wiederum auf 2% beläuft. Beträgt die Miete im ersten Jahr 2000 DM und wird sie jedes Jahr um 10% erhöht, ist der Wert des Hauses ursprünglich 100000 DM. Er wächst jedes Jahr um 10%. In einer Welt ohne Steuern würde es für unseren Investor dann erneut keinen Unterschied machen, ob er das Haus kauft oder nicht. Er hätte das Haus durch Schuldenaufnahme finanzieren können. Am Ende des ersten Jahres hätte er der Bank gerade 112000 DM zurückzahlen müssen (100000 DM plus 12% Zins). Er könnte das Haus für 110000 DM verkaufen (100000 DM plus 10% Inflation) und würde 2000 DM an Miete vereinnahmen.

Die Schuldzinsen, die nun wegen der Inflation nominal höher ausfallen, sind aber erneut steuerlich abzugsfähig. Die Miete des ersten Jahres sei hingegen dieselbe wie in dem Fall ohne Inflation. Seine Steuerersparnis im ersten Jahr beträgt nun 2500 DM wegen AfA plus 50% des Überschusses der Schuldzinsen über die Mieteinnahmen, also 5000 DM, zusammengenommen sind das 7500 DM. Im zweiten Jahr erzielt er ebenfalls eine erhöhte Steuerersparnis. Im dritten Jahr verkauft er das Haus. Wir weisen darauf hin, daß auch für diese Operation keinerlei Eigenkapital erforderlich war.

Erhaltungsaufwand und Wertzuwächse

Wir kommen zu einem dritten Beispiel. Diesmal betrachten wir den Erhaltungsaufwand für ein vermietetes Gebäude, der als Werbungskosten steuerlich absetzbar ist. Das Steuerrecht unterscheidet zwischen Erhaltungs- und Modernisierungsaufwand einerseits und Aufwendungen für die Erneuerung verbrauchter selbständiger Gebäudeteile andererseits. Letztere können nicht sofort zu 100% abgeschrieben werden, sondern die Abschreibungen müssen über mehrere Jahre verteilt werden[10]. In der Praxis grenzt diese Unterscheidung mitunter an Haarspalterei. Insoweit es möglich ist, Aufwendungen als Erhaltungs- und Modernisierungsaufwand zu deklarieren und damit sofort voll abzuschreiben, oder aber Sonderabschreibungen auf Aufwendungen für die Erneuerung verbrauchter selbständiger Gebäudeteile vorzunehmen, können hiervon erhebliche Verzerrungen ausgehen, die mit übermäßigen Ausgaben für diesen Zweck verbunden sind. De facto ist stets das eine oder das andere möglich.

---

[10] Bei Erhaltungs- und Modernisierungsaufwand hat der Hausbesitzer unter Umständen die Option, ebenfalls eine Abschreibung über mehrer Jahre hinweg anstelle eines Sofortabzugs als Werbungskosten vorzunehmen. Ob diese Option interessant ist, hängt von den Grenzsteuersätzen ab, die Hausbesitzer jeweils in diesen Jahren hat.

Betrachten wir einen Investor, der ein Gebäude erwirbt. Es soll 100 000 DM kosten. Das Gebäude hält, wenn keinerlei Erhaltungsaufwendungen vorgenommen werden, nur 30 Jahre, müßte dann abgerissen werden (der Einfachheit halber nehmen wir an, die Abbruchkosten seien vernachlässigbar) und im Anschluß müßte man ein neues Gebäude errichten. Beträgt der Erhaltunsaufwand im Jahr real (d.h. inflationsbereinigt) 2 500 DM, soll es möglich sein, das Gebäude auf alle Zeit zu erhalten. Beträgt die Inflationsrate 10%, wäre es in 30 Jahren dann möglich, es zum Zwanzigfachen des heutigen Preises zu verkaufen (10% Zins mit Zinseszins über 30 Jahre hinweg). Der (abdiskontierte) Gegenwartswert der Erhaltungsaufwendungen über diese Jahre hinweg beträgt (bei einem Nominalzinssatz von 12%) 56 400 DM; der Ertrag, den diese Aufwendungen erbringen, ist der Wert des Gebäudes: ohne Erhaltungsaufwendungen wäre das Gebäude wertlos; nunmehr aber kann es für 2 000 000 DM verkauft werden[11]. Der Gegenwartswert dieser 2 000 000 DM ist 54 648 DM. Es rentiert sich also nicht, das Gebäude zu erhalten. Es ist rentabler, es verfallen zu lassen und in 30 Jahren ein neues zu bauen.

Um zu sehen, wie steuerliche Aspekte die Entscheidung beeinflussen, nehmen wir an, daß das Individuum einen Kredit aufnimmt, um das Gebäude zu errichten. Wir unterstellen, daß vor Einführung der Steuer der Gegenwartswert der Mieten (über dreißig Jahre hinweg) gerade den Kosten des Gebäudes entspricht. Das heißt, daß der Hausbesitzer, wenn er einen Kredit aufnimmt, um das Haus zu bauen, am Ende der dreißig Jahre gerade genug eingenommen hat, um den Kredit zu tilgen und die Zinsen zu bezahlen. Gäbe es keine Steuern, wäre es ihm gleich, ob er das Haus baut oder nicht. Nun betrachten wir, was sich durch die Steuern ändert. Die Einkünfte aus Vermietung werden besteuert, aber er kann von seinen Einkünften die Abschreibungen für das Gebäude und den Erhaltungsaufwand absetzen. Die AfA, die steuerliche Abzugsfähigkeit der Schuldzinsen und des Erhaltungsaufwands führen zusammengenommen dazu, daß der Gegenwartswert seiner Steuerschuld negativ ist.

Der Staat subventioniert den Wohnungsbau also gleich dreimal – einmal durch die Gewährung von Sonderabschreibungen für die Herstellungskosten, dann durch die sofortige Abzugsfähigkeit von Erhaltungsaufwand und drittens durch die Nichtbesteuerung von Wertzuwächsen. Wiederum benötigte der Hausbesitzer in unserem Beispiel keinerlei Eigenkapital – ein positives Einkommen kam ausschließlich aufgrund der Steuervorteile zustande.

Versteuerung von Wertzuwächsen bei Betriebsaufgabe und bei der Veräußerung wesentlicher Beteiligungen

Wertzuwächse werden zwar im Prinzip versteuert, wenn sie im Rahmen des Betriebsvermögens, bei Spekulationsgeschäften oder bei einer Veräußerung wesentlicher Beteiligungen anfallen, aber wir haben weiter oben gezeigt, daß verschiedene Möglichkeiten geschaffen wurden, um diese Versteuerung weitgehend zu vermeiden. Wenn nun allerdings freigewordene Mittel nicht wieder reinvestiert werden – also bei einer Betriebsaufgabe oder Betriebsverkleinerung und ei-

---

[11] Diese Zahl mag groß erscheinen, aber das ist eben das „Zauberkunststück" des Zinseszinses. Bei stetiger Verzinsung mit einem Zinssatz von 10% verwandelt sich eine Mark heute in 1 DM $\times$ $e^{1 \times 30}$ = 20 DM in 30 Jahren. Bei jährlicher Verzinsung ist eine Mark heute in 30 Jahren 1 DM $\times$ $(1,1)^{30}$ = 17,45 DM wert.

ner Verwendung der freigewordenen Mittel zu konsumptiven Zwecken – und wenn der Veräußerungsgewinn erheblich ist, fällt doch einiges an Steuerschuld an. Erneut lassen sich aber Mittel und Wege finden, der Besteuerung der Wertzuwächse auszuweichen. Eine Möglichkeit ist, daß man den Betrieb nicht verkauft, sondern verpachtet, ohne die Betriebsaufgabe zu erklären. Eine andere Möglichkeit ist, daß das Unternehmen gegen eine Leibrente, eine sogenannte Veräußerungsrente, veräußert wird. Diese Leibrente ist dann zwar zu versteuern, aber die Steuerbelastung kann je nach der Lage der Dinge deutlich niedriger sein, als sie es sonst gewesen wäre.

Schließlich kann man den Umstand ausnutzen, daß im Privatvermögen Veräußerungsgewinne bzw. -verluste bei der Veräußerung von Beteiligungen nur dann steuerlich relevant sind, wenn die Beteiligung wesentlich ist, es sich also um eine Beteiligung von mehr als 25% handelt[12]. Läßt es sich absehen, daß es zu einem Verlust kommen wird, empfiehlt es sich, die Beteiligung etwas zu vergrößern, wenn man damit über die 25% Grenze kommt. Dann kann man nämlich den Verlust von positiven Einkünften abziehen. Umgekehrt sollte man bei einem Veräußerungsgewinn versuchen, den Anteil rechtzeitig unter die 25% zu manipulieren.

Berlindarlehen

Eine beliebte Form der Steuerarbitrage ist die Gewährung von Berlindarlehen. Um im größtmöglichen Umfang in den Genuß der Steuervergünstigung nach Berlinförderungsgesetz zu kommen, muß ein solches Darlehen mindestens 25 Jahre laufen. 20% der Darlehenssumme können von der Steuerschuld des Jahres abgezogen werden, in dem das Darlehen gewährt wird. Die Abzugsfähigkeit ist jedoch auf maximal die Hälfte der Einkommensteuer begrenzt, die ohne die Ermäßigung zu zahlen wäre. Zur Finanzierung des Darlehens nimmt man einen Kredit auf, wobei dann die Schuldzinsen und ein eventuelles Disagio als Werbungskosten (vom Gesamtbetrag der Einkünfte) abzugsfähig sind. Tatsächlich sehen die Kreditkonditionen regelmäßig ein erhebliches Disagio vor, so daß die Werbungskosten zu einem beträchtlichen Teil im Jahr der Darlehensgewährung anfallen. Um diesen Kredit zurückzahlen zu können, kann man eine Kapitallebensversicherung abschließen. Dann kann man noch die Beiträge als Sonderausgaben abziehen (vorausgesetzt die Höchstbeträge sind noch nicht ausgeschöpft). Eine erhebliche Steuerersparnis ergibt sich insbesondere dann, wenn der Darlehensgeber im Jahr der Darlehensvergabe einen hohen Grenzsteuersatz hat, hingegen in den Jahren, in denen die Zinsen auf das Darlehen anfallen, einen geringen, ferner wenn die Höchstbeträge für Sonderausgaben noch nicht ausgeschöpft sind.

Es handelt sich hier um eine ineffiziente Methode der Förderung Berlins. Warum? Für den marginalen Darlehensgeber muß die Verzinsung des Darlehens nach Steuern dieselbe sein wie die anderer Kapitalanlagen. Der marginale Darlehensgeber ist normalerweise nicht der, der im Jahr der Darlehensvergabe einen Grenzsteuersatz von 56% hat und infolgedessen in ganz besonderem Maße von dem Abzug des Disagio als Werbungskosten profitiert. Ist der marginale Darlehensgeber aber eine Person, für die das Berlindarlehen nicht das Maximum an

---

[12] oder wenn der Veräußerer im Laufe der letzten fünf Jahre eine solche Beteiligung besaß.

möglicher Steuerersparnis bringt, gibt es andere, für die die Steuerersparnis höher ist. Das aber bedeutet, daß die Verringerung des Steueraufkommens durch das Berlin-Darlehen größer ist als der Subventionseffekt für Berlin. Würde der Bund die Darlehensaufnahme durch die begünstigten Berliner Unternehmen direkt subventionieren, indem er einen Teil der Zinsen übernimmt, statt den Darlehensgebern bestimmte Steuervergünstigungen zu gewähren, könnte er dieselbe Förderungswirkung erreichen und Mittel einsparen.

Steuerarbitrage aufgrund von Bewertungsunterschieden bei den Einheitswerten

Möglichkeiten der Steuerersparnis ergeben sich bei den Einheitswertsteuern (bei denen der Steuertarif auf die Einheitswerte angewandt wird) aufgrund dessen, daß die Einheitswerte von den tatsächlichen Werten unterschiedlich stark abweichen. Vor allem die Einheitswerte der Grundstücke liegen sehr stark unter dem tatsächlichen Wert. Dies kann man sich beispielsweise bei der Erbschaft- und Schenkungsteuer zunutze machen. Indem man Vermögen, das man vererben will, in Gegenständen anlegt, deren Einheitswerte erheblich geringer sind als der Marktwert, kann man der Erbschaftsteuer ausweichen. Auf diese Weise wird nämlich eine Überschreitung der Freibeträge, die es bei der Erbschaftsteuer gibt, häufig vermieden. Der Erbe verkauft dann das Objekt und bezieht auf diese Weise steuerfreie Einkünfte.

Steuerarbitrage aufgrund von Steuerbelastungsunterschieden zwischen verschiedenen Steuerpflichtigen

Ein Beispiel hierfür ist das Leasing, das wir im Kapitel 21 erörtert haben. Ob dies funktioniert, hängt davon ab, daß der geleaste Gegenstand auch tatsächlich als wirtschaftliches Eigentum des Leasing-Gebers anerkannt wird. Geschieht das, kann dieser Sonderabschreibungen vornehmen, die der Leasing-Nehmer wegen mangelnden Gewinns nicht ausnutzen könnte.

Beliebte Steuersparobjekte

Vorhaben, die vor allem deswegen unternommen werden, weil man damit Steuern sparen kann, werden **Steuersparobjekte** genannt. Eine wichtige Rolle spielen hierbei sogenannte Verlustzuweisungsmodelle. Derartige Modelle waren in den siebziger Jahren außerordentlich beliebt. Seitdem haben sie wieder an Popularität verloren, weil der Gesetzgeber einerseits einiges unternommen hat, um steuerliche Schlupflöcher zu schließen, andererseits ein beträchtlicher Teil dieser Unternehmen sich als unredlich herausstellte und die Steuerpflichtigen, die sich von einer Beteiligung letztlich große Gewinne erhofften, oft am Ende die Betrogenen waren.

Es gibt eine beträchtliche Zahl derartiger Verlustzuweisungsmodelle. Eine beliebte Form war die Gründung einer GmbH und Co.KG, wobei der Steuerpflichtige sich als Kommanditist beteiligte. Dieses Unternehmen erwirtschaftete dann für einige Jahre Verluste, die nicht nur die Einlage des Kommanditisten aufzehrten, sondern ihm möglicherweise auch noch in Form eines negativen Kapitalkontos „gutgeschrieben" wurden[13]. Diese Verluste sollten möglichst während solcher Jahre anfallen, in denen der Steuerpflichtige einen hohen Grenzsteuersatz hatte. Die Erziehung von Gewinnen hingegen wurde für spätere Jahre in Aussicht gestellt, in denen der Steuerpflichtige einen niedrigen Grenzsteuersatz haben würde. Dies war eine typische Konstruktion. Der Gesetzgeber und die Rechtsprechung haben seitdem einiges unternommen, den Tatendrang der Steuersparbranche zu bremsen. Unter anderem wird jetzt gründlich geprüft, ob der Steuerpflichtige wirklich Mitunternehmer ist und als solcher gewerbliche Einkünfte hat und daher Verluste aus Gewerbebetrieb geltend machen kann. Hierzu muß er zusammen mit anderen Personen Unternehmerinitiative entfalten können und ein Unternehmerrisiko tragen.

Beliebte Steuersparobjekte sind nach wie vor Berlin-Objekte – nicht zuletzt wegen der erheblichen Sonderabschreibungen, die bei Investitionen in Berlin möglich sind –, Schiffahrtsobjekte, Filmobjekte (die beim Drehen eines Films anfallenden Aufwendungen sind sofort als Betriebsausgabe abzugsfähig, Gewinne fallen erst später an), Zonenrandobjekte (in Ausnutzung der steuerlichen Förderung des Zonenrandgebiets), Umweltschutzinvestitionen, Forschungs- und Entwicklungsinvestitionen usw.

Beliebte Steuersparobjekte sind ferner Immobilien. Diese werden zum Zweck der Erzielung von Verlusten aus Vermietung und Verpachtung erworben. Derartige Verluste entstehen vor allem aufgrund der Möglichkeit zur Vornahme von Sonderabschreibungen. Darüberhinaus wurden auch im Immobilienbereich besondere Verlustzuweisungsmodelle entwickelt. In den siebziger Jahren spielte das sogenannte Bauherrenmodell eine erhebliche Rolle. Inzwischen hat es seine Bedeutung verloren und einige andere Modelle wie etwa das sogenannte Erwerbermodell sind in den Vordergrund gerückt. Der Sinn dieses Modells ist, einen Teil der Aufwendungen, die normalerweise als Anschaffungs- und Herstellungskosten der Immobilie im Rahmen der Abschreibungen und Sonderabschreibungen im Verlauf der nächsten Jahre und Jahrzehnte abzuschreiben wären, sofort als Werbungskosten abzuziehen. Als Werbungskosten werden unter Umständen die Bezahlungen für bestimmte Leistungen des Bauträgers anerkannt, die sich auf Kreditvermittlung, Rechtsberatung, treuhänderische Tätigkeit u.ä.m. beziehen.

Weitere Steuersparobjekte lassen sich im Wege einer Erweiterung eines Hobbys zum Nebenberuf errichten. Hierbei kommt es darauf an, daß das Vorhaben nicht nur eine Liebhaberei (im Sinne des Steuerrechts) darstellt. Beispielsweise eignen sich Tätigkeiten als Erfinder, Autor, Künstler, Fotograph oder Antiquitätenhändler dafür, über den Rahmen einer Liebhaberei hinauszuwachsen und steuerlich berücksichtigungsfähige Verluste zu erbringen[14].

---

[13] Das negative Kapitalkonto ist inzwischen durch die Einfügung eines neuen Paragraphen in das EStG, den § 15a, weitgehend uninteressant geworden. Davon gibt es allerdings Ausnahmen, beispielsweise sind bei „Berlin-Objekten" nach Berlinförderungsgesetz Verluste auch dann ausgleichsfähig, wenn sie zur Entstehung oder Erhöhung eines negativen Kapitalkontos führen.

[14] Vgl. hierzu Kapitel 20.

Wem fließt der Nutzen aus Steuersparobjekten zu?

In diesem Kapitel war nicht beabsichtigt, die verschiedensten Steuersparmöglichkeiten und Steuersparobjekte vollständig aufzulisten. Die Steuersparbranche ist einem ständigen Wandel unterworfen; bestimmte Schlupflöcher werden gestopft und andere öffnen sich. Das Prinzip, das ihnen zugrunde liegt, bleibt jedoch dasselbe.

Eine jede Wirtschaftsbranche hat einen starken Anreiz, auf eine steuerliche Sonderbehandlung zu dringen. Für derartige Sonderbehandlungen lassen sich zumeist gewisse Rechtfertigungsgründe finden. Wird sie gewährt, so entsteht dadurch ein Schlupfloch und dieses läßt sich regelmäßig in eine der obigen Kategorien einordnen. Es ist wichtig, sich klarzumachen, wem der Vorteile aus der Öffnung des Schlupflochs zufließt. Normalerweise profitiert davon nicht wirklich der Investor, der versucht, davon zu profitieren. Hierfür trägt der Wettbewerb auf dem Markt Sorge: Die verschiedenen Investoren liefern sich bei dem Versuch, den Vorteil aus dem Schlupfloch an sich zu ziehen, einen Wettbewerb, so daß der Ertrag nach Steuern bei den steuerbegünstigten Investitionen schließlich auf den Ertrag in anderen Wirtschaftszweigen sinkt. Die wahren Auswirkungen der Sonderbehandlung sind folglich: Erstens lenkt sie Ressourcen in den Wirtschaftszweig um, dem sie gewährt wird. Der Gesetzgeber ist sich dieser Konsequenz seines Handelns allzu häufig nicht bewußt. Zweitens: Die Begünstigten sind vor allem diejenigen, die zu dem Zeitpunkt, zu dem die günstige steuerliche Behandlung einer Branche eingeführt wird, ihr Kapital in dieser investiert haben. Es dauert nämlich normalerweise einige Zeit, bis der Zustrom zusätzlicher Ressourcen in Gang kommt. Während dieser Zeit kommen die Altsassen in den Genuß eines „windfall profits", also einer Rente. Der Vorteil wird im Marktwert ihres Kapitals kapitalisiert; wenn die Altsassen ihr Kapital veräußern, werden sie also einen höheren Preis als zuvor erhalten; derjenige, der als Käufer auftritt, wird bereit sein, hierfür soviel zu zahlen, daß der Ertrag nach Steuern wieder derselbe ist wie in anderen Wirtschaftszweigen.

Nicht nur die Einführung einer solchen Steuervergünstigung führt zu einer Ungerechtigkeit, nämlich einem unerwarteten Gewinn für die alteingesessenen Unternehmen, sondern auch ihre Abschaffung. Sie verursacht einen unverhofften Verlust. Sind es dieselben Personen, die das Kapital in der Branche bei Einführung und Abschaffung der Steuervergünstigung besitzen, gleichen sich die Gewinne und Verluste für sie wechselseitig aus. Häufig ist dies aber nicht der Fall, die Steuervergünstigungen werden erst Jahre später wieder aufgehoben, und dann sind die Verlierer zumeist andere Personen als die Gewinner. Die Schließung eines Schlupflochs führt also höchstwahrscheinlich zu Ungerechtigkeiten.

In der Öffentlichkeit ist die vorteilhafte steuerliche Behandlung der Landwirtschaft relativ intensiv diskutiert worden.

Die Landwirtschaft

Einkommen und Vermögen der Landwirte werden nur verhältnismäßig geringfügig besteuert. Das Einkommen der Landwirte wird anders ermittelt als bei anderen Steuerpflichtigen. Das angewandte Verfahren ist bei etwa drei Viertel aller landwirtschaftlichen Betriebe die sogenannte Gewinnberechnung nach Durchschnittssätzen[15]. Hierbei wird der Gewinn pauschal auf der Basis der Einheitswerte ermittelt. Die Einheitswerte betragen zwischen 1 und 10% der tatsächlichen Werte. Im Ergebnis unterliegen die Landwirte bei der Einkommensteuer nur einem Durchschnittssteuersatz von schätzungsweise 1%. Wer hat den Vorteil hiervon? Dies sind nicht notwendigerweise die Landwirte selbst. Höhere Erträge nach Steuern führen zu einem Markteintritt neuer landwirtschaftlicher Unternehmen (bzw. verhindern eine normalerweise zu erwartende Betriebsaufgabe); dies drückt die Preise bis zu dem Punkt, an dem der Ertrag nach Steuern in etwa derselbe ist wie in anderen Wirtschaftszweigen. Der Grund dafür ist, daß das Angebot an landwirtschaftlichen Erzeugnissen ziemlich elastisch ist. Im Kapitel 17 hatten wir gesehen, daß sich eine Steuer auf einen Wirtschaftszweig mit einer elastischen Angebotskurve vollständig im Preis des Produkts niederschlägt, den die Konsumenten bezahlen; die Produzenten bleiben von der Last verschont. Dasselbe gilt dann aber auch bei Subventionen: sie kommen den Konsumenten zugute, die Produzenten profitieren nicht davon.

Der Ertrag aller vollkommen beweglichen Faktoren – insbesondere Kapital – wird von der Subvention nicht beeinflußt. Insoweit die Vorteile den Besitzern der Produktionsfaktoren zugute kommen – und bei einem nicht vollkommen elastischen Angebot ist dies zum Teil der Fall –, fließen sie den Inhabern derjenigen Produktionsfaktoren zu, die nur in der steuerlich geförderten Branche einsatzfähig sind, wie beispielsweise Land, das nur landwirtschaftlich genutzt werden kann. Sind alle Faktoren einschließlich Land „beweglich" – auch Land ist in einem wirtschaftlichen Sinn eine bewegliche Sache, nämlich insoweit eine Umwidmung für andere Zwecke wie Bebauung, Forstwirtschaft, Erholungsgebiet möglich ist – fließen die Vorteile den Konsumenten zu. Sorgt die EG-Agrarpreispolitik dafür, daß die Preise trotz erhöhter Produktion nicht unter einen bestimmten Schwellenwert absinken, folgt daraus ebenfalls noch nicht notwendigerweise, daß die Nutzen den Bauern zufließen. Schließlich ist auch eine Rückwälzung der Nutzen an die Lieferanten der Bauern möglich. Dies ist beispielsweise der Fall, wenn das Angebot an bestimmten landwirtschaftlichen Maschinen oder Kunstdünger nur begrenzt elastisch ist. Ferner ist der Landwirt oft nicht mit dem Besitzer des Grund und Bodens zum Zeitpunkt der Einführung der Steuervorteile und dieser Preisstützungen identisch[16].

Zusammenfassend ist festzustellen, daß die steuerlichen Vorteile für die Landwirtschaft den Landwirten selbst mit Sicherheit nur zum Teil zugute kommen.

---

[15] Das eine Viertel, das seine Einkommensteuerschuld nicht nach Durchschnittssätzen ermitteln darf – das sind landwirtschaftliche Großbetriebe – erhält dafür einen anderen steuerlichen Vorteil, eine Ermäßigung der Steuerschuld um bis zu 2000 DM.

[16] Untersuchungen der Agrarpolitik der EG und ihrer Mitgliedsländer kommen zu dem Schluß, daß ihre Nutzen weitgehend in den Grundstückspreisen für landwirtschaftlich nutzbare Grundstücke kapitalisiert werden. Vgl. Traill, B.: The Effect of Price Support Policies on Agricultural Investment, Employment, Farm Incomes and Land Values in the UK. Journal of Agricultural Economics 1982 (33) S. 369-386. Die Ausgaben der Landwirte für Pachten haben auch in der BR Deutschland überproportional zugenommen. Daß die direkten und indirekten Subventionen für die Landwirtschaft deutlich höher sind als das Einkommen der Landwirte, liegt aber nicht nur an derartigen Überwälzungsvorgängen, sondern auch an anderen Ineffizienzen wie z.B. hohen Kosten der (aus öffentlichen Mitteln finanzierten) Lagerung von Überschußprodukten, die mitunter höher sind als der Verkaufspreis. Vgl. auch H. Priebe: Die subventionierte Unvernunft. Landwirtschaft und Naturhaushalt. Berlin 1985.

Zusammenfassung

1. Es gibt drei Grundprinzipien, die den meisten „Tricks" zugrundeliegen, mit deren Hilfe Steuerpflichtige legal ihre Steuerschuld verringern können: Verlagerung von Einkünften, zeitliche Verschiebung einer Steuerzahlung und Steuerarbitrage.
2. Eine Verlagerung von Einkünften etwa zu den Kindern empfiehlt sich bei einer progressiven Besteuerung, da sie zu einer Verminderung der Steuerschuld der Familie führt.
3. Zeitliche Verschiebung der Steuerzahlung beruht darauf, daß eine Mark heute mehr wert ist als eine Mark morgen, so daß eine Steuerzahlung in der Zukunft besser ist als eine Steuerzahlung heute.
4. Steuerarbitrage nützt den Umstand aus, daß verschiedene Kapitalgüter unterschiedlich besteuert werden. Eine besondere Rolle spielt dabei die steuerliche Behandlung der Wertzuwächse.
5. Steuerschlupflöcher bewirken Verzerrungen. Die Nutzen fließen oft nicht denjenigen zu, die sich einbilden, daß sie den Vorteil davon haben. Der Vorteil branchenspezifischer Steuervergünstigungen fließt den Besitzern unelastischer Faktoren zu, nicht den Inhabern elastischer.

Schlüsselbegriffe

Steuerausweichung
Steuerhinterziehung
Steuersparobjekte

Einkommensaufspaltung
Steuerarbitrage

Fragen und Probleme

1. In der Vergangenheit waren sogenannte Abschreibungsgesellschaften in weit bedeutenderem Umfang zulässig als heute. Sie wurden oft als Kommanditgesellschaften konstruiert, wobei die Kommanditisten in Verlustjahren eine Verlustzuweisung erhielten, die den Betrag ihrer Einlage nicht selten überstieg. Derartige Verlustzuweisungen wurden oft steuerlich anerkannt. Erklären Sie, wie ein Steuerpflichtiger durch eine Beteiligung an einer Abschreibungsgesellschaft Steuern sparen konnte!
2. Eine Möglichkeit der Verlagerung von Einkünften, die in der BR Deutschland nicht besteht, ist die Vergabe von zinslosen Krediten innerhalb einer Familie. Wie könnte bei einer etwas anderen Gestaltung des Einkommensteuerrechts ein Familienvater, der einen Grenzsteuersatz von 50% hat, Steuern sparen, indem er seinen Kindern derartige Kredite gewährt?
3. Welche Steuerersparnis kann ein Geschäftsmann, der ein Unternehmen mit einem Gewinn von 10000 DM besitzt, und einem Grenzsteuersatz von 50% unterliegt, erzielen, indem er sein Unternehmen in eine Körperschaft umwandelt und seinen Kindern 50% der Geschäftsanteile überträgt?
4. Diskutieren Sie mit Hilfe eines Diagramms mit Angebots- und Nachfragekurven die Wirkungen einer Steuervergünstigung für die Erzeugung von Schweinefleisch und für die Gewinnung von Öl (nehmen Sie bei letzterem an, daß die Angebotskurve vertikal ist)!

27. Kapitel
Steuerreform

Vor einigen Jahren setzte der Ministerpräsident von Baden Württemberg eine Arbeitsgruppe Steuerreform ein. Diese äußerte sich in den von ihr erarbeiteten „Leitlinien für eine Reform" über das bestehende Steuersystem:

„Unser Steuerwesen hat viele Mängel. Es ist zu kompliziert, es gibt zu viele Steuern, Erleichterungen und Befreiungen sind Stückwerk, zum Teil wird das volkswirtschaftlich Falsche begünstigt, die Gewichte der einzelnen Steuern haben sich in einer Weise verschoben, die von kaum jemandem gewünscht worden ist... Das geltende Steuerrecht hemmt und belastet Wachstum und Beschäftigung auf mannigfache Weise. Es hat sich immer mehr zu einem Steuerdickicht von Einzelregelungen mit vielen Ausnahmetatbeständen und hohen Steuersätzen entwickelt, das für den Steuerpflichtigen nicht mehr durchschaubar ist und von der Verwaltung in Teilbereichen nicht mehr vollzogen werden kann. Die zunehmende Komplizierung hat dabei keineswegs ein höheres Maß an Steuergerechtigkeit mit sich gebracht, sondern im Gegenteil bei vielen Bürgern zu einer Steuerverdrossenheit geführt, die das Ausweichen in die Schattenwirtschaft verstärkte und die den Nährboden für kapitalfehllenkende Steuersparmodelle bildete[1]."

Quiz zur amerikanischen Steuerreform von 1986

1. Welcher der beiden Bände enthält das alte Steuerrecht und welcher das neue vereinfachte?

2. Warum grinsen diese Burschen immer noch?

Reprinted by permission: Tribune Media Services

[1] Arbeitsgruppe Steuerreform. Steuern der neunziger Jahre. Leitlinien für eine Reform. Stuttgart 1987 S. 7-8.

Es mag wohl sein, daß diese Ausführungen im Einklang mit den Vorstellungen stehen, die ein beträchtlicher Teil der Deutschen über das Steuersystem hat. Umfragen wurden in Deutschland hierzu kaum vorgenommen[2]. Es dürfte weitgehende Einigkeit darüber bestehen, daß eine Steuerreform erforderlich ist. Wie sie durchgeführt werden sollte, ist demgegenüber weit umstrittener. Der Referentenentwurf für eine Reform der Einkommensteuer, der 1987 veröffentlicht wurde, löste heftige Proteste bei denjenigen Gruppen aus, die nach diesem Entwurf bestimmter Steuerprivilegien verlustig gegangen wären. Da eine Reform einer Gemeinschaftsteuer in der BR Deutschland nicht nur der Zustimmung des Bundestages, sondern auch des Bundesrates bedarf, ergab sich für verschiedene Landesregierungen die Gelegenheit, sich für die Belange dieser Interessengruppe einzusetzen. Sie waren damit auch keineswegs erfolglos.

Eine jegliche Reform wird bestimmte Interessengruppen schädigen; die meisten Ökonomen sind jedoch der Ansicht, daß Reformen möglich wären, die insgesamt enorme Vorteile brächten. Könnte man alle Interessengruppen dazu bewegen, gleichzeitig auf ihre Steuerprivilegien zu verzichten, könnte man ein gerechteres und effizienteres Steuersystem entwickeln. Kurzfristig mögen sich einzelne Steuerpflichtige in einer schlechteren Lage befinden, aber gleichzeitig würden von einer derartigen Reform Impulse auf die Wirtschaft ausgehen, die sicherstellen, daß fast jeder sich längerfristig besser stellt. Die Gruppen, die Nachteile erleiden, sehen ihre kurzfristigen Verluste und sind sich über ihre langfristigen Vorteile unsicher. Die Steuerpflichtigen finden es schwierig, die Vor- und Nachteile abzuwägen. Die Befürchtung, man könnte zu den Benachteiligten gehören, wirkt ansteckend. Im Ergebnis ist die Durchführung einer echten Steuerreform schwierig. Nach der Auffassung zahlreicher Ökonomen sind es auch gerade diese Schwierigkeiten, die für die Einführung eines möglichst einfachen Steuersystems sprechen, bei dem Interessengruppen möglichst wenig Ansatzpunkte für die Gewährung von versteckten Steuerprivilegien finden. In diesem Kapitel erörtern wir in erster Linie drei Vorschläge einer grundlegenden Reform des Steuersystems, die international stark diskutiert werden: die Einführung einer umfassenden Einkommensteuer, eine Steuer mit konstantem Grenzsteuersatz und eine Konsumsteuer. Ferner erörtern wir die Steuerreform des Jahres 1990 sowie die Reagansche Steuerreform in den USA.

Der Anstoß zu Reformen

Den Anstoß zu einer grundlegenden Reform des Steuersystems gibt die weitverbreitete Ansicht, daß die Kosten der Steuererhebung hoch sind, daß trotzdem die Steuerhinterziehung bedeutend und im Zunehmen begriffen ist, daß das Steuerrecht von Ungerechtigkeiten durchsetzt ist und daß die hohen Grenzsteuersätze und die Vielzahl von Sonderbestimmungen erhebliche Ineffizienzen bewirken.

---

[2] In den USA mangelt es demgegenüber nicht an Umfragen. Diese Umfragen führen typischerweise zu dem Ergebnis, daß die Mehrzahl der Amerikaner das Steuersystem für hochgradig ungerecht hält. Vgl. The New York Times/CBS News Poll, In: The New York Times, Januar 24, 1986 S. D1.

Kosten der Steuererhebung

Der Großteil der Erhebungskosten beispielsweise der Einkommensteuer wird von den Steuerzahlern selber getragen; hierzu zählen nicht nur die unmittelbaren Kosten des Ausfüllens der Formulare, sondern auch die einer Buchhaltung, Aufbewahrung von Belegen usw., die erforderlich sind, um die entsprechenden Nachweise zu erbringen.

Gegenwärtig praktizieren in der BR Deutschland über 46 000 Steuerberater und -bevollmächtigte, und die meisten von ihnen verdienen recht gut daran. Etwa 40% aller Haushalte nehmen die Hilfe von Beratern in Anspruch. Zu den Kosten der Steuererhebung zählen ferner die Kosten für Beschwerden und Finanzgerichtsverfahren. Deutsche Untersuchungen über die Kosten der Steuererhebung in ihrer Gesamtheit – die Personal- und Sachkosten des Finanzamts stellen nur einen kleineren Teil davon dar – veranschlagen sie mit mindestens 10% des Steueraufkommens. Amerikanische Schätzungen gelangen ebenfalls zu Werten, die 10 Prozent des Steueraufkommens überschreiten[3].

Komplexität

Die Komplexität des Steuerrechts trägt zu den beträchtlichen Erhebungskosten, zur Steuerhinterziehung und zu dem weitverbreiteten Gefühl bei, ungerecht behandelt zu werden. Diese Komplexität läßt sich auf vielerlei Weise illustrieren. Der Versuch von Biergans, wenigstens das Recht der Einkommensteuer – und nur dieses – in einem Buch umfassend abzuhandeln, führte zu einem Band von – in der 4. Auflage – nicht weniger als 1 450 Seiten. Die Loseblattsammlung der Steuererlasse umfaßte in der Auflage von 1987 11 700 Seiten, die der Rechtssprechung des Bundesfinanzhofs 15 200 Seiten. Ergänzungslieferungen erscheinen monatlich. Das deutsche Steuerrecht gilt als das komplizierteste in Europa. Tipke schildert die Verfassung der Finanzverwaltung mit den folgenden Worten: „Insgesamt hat der Gesetzgeber die Finanzverwaltung in den letzten zwanzig Jahren derart überfordert, daß ihr Zustand dem der deutschen Wehrmacht im Jahre 1944 gleicht".[4] Die Komplexität des Steuerrechts führt dazu, daß die Finanzverwaltung selbst Schwierigkeiten hat, die Steuerschuld richtig zu bestimmen, und daß der Steuerzahler nicht selten von den Ergebnissen, zu denen sie gelangt, einigermaßen überrascht ist[5]. Ein Indiz hierfür liefert die wachsende Zahl der Ein-

---

[3] Vgl. J. Slemrod and N. Sorum: The Compliance Cost of the US Individual Income Tax System. Feburar 1984, University of Minnesota, Manuskript; C. Tiebel: Überwälzte Kosten der Gesetze. Göttingen 1986; G. Täuber: Folgekosten der Besteuerung. Spardorf 1984.
[4] K. Tipke: Steuerrecht. Köln 1988 S. 408.
[5] Wie die Finanzverwaltung die Lage „meistert", läßt sich mit den folgenden Äußerungen illustrieren: „Würde das Personal alle Gesetze, Durchführungsverordnungen, Richtlinien, Erlasse und Verfügungen während der Dienstzeit auch nur lesen, geschweige denn verarbeiten, wäre für andere Tätigkeiten, also für die eigentlichen Dienstaufgaben, keine Zeit mehr vorhanden" (Deutsche Steuergewerkschaft: Steuergerechtigkeit durch Vereinfachung. Blaubuch 1977 S. 7) „Berücksichtigt man die doppelte Überlastung der Steuerverwaltung durch Rechtstoffüberflutung und Fallüberlastung, so müßte der steuerliche Sachbearbeiter doppelt oder sogar dreimal soviel arbeiten... Obwohl er sicher mehr arbeitet als das in vielen Verwaltungszweigen als zumutbar erachtet wird, so arbeitet er doch nicht doppelt soviel. Die unteren Verwaltungsbehörden haben zur Abwehr der

sprüche – es handelt sich um mehr als 2 Millionen jährlich – und die Überlastung der Finanzgerichte. Kein Land der Welt hat pro Kopf der Bevölkerung soviele Finanzrichter wie die BR Deutschland und trotzdem dauern nirgendwo die Verfahren so lange wie hier. 1984 erreichten die Rückstände, die beim Bundesfinanzhof aufgelaufen waren, eine Größenordnung, die ausreichte, einen Senat des Bundesfinanzhofs auf 17 Jahre zu beschäftigen. Die durchschnittliche Länge der Verfahren vom Veranlagungsjahr bis zur rechtskräftigen Entscheidung durch den Bundesfinanzhof beträgt etwa neun Jahre. In Einzelfällen haben sich Verfahren aber auch schon bis zu zwanzig Jahre hingezogen. In der Mehrzahl der Fälle gewinnt letztlich das Finanzamt und nicht der Steuerzahler[6].

Daß das Steuerrecht tatsächlich zu einem Dickicht geworden ist, daß sein Vollzug nicht mehr gewährleistet ist, läßt sich besonders deutlich am Beispiel der sog. Einheitsbewertung zeigen. Die Einheitswerte sind insbesondere für die Erhebung der Grund-, der Vermögen-, der Gewerbe-, der Erbschaft- und Schenkungsteuer bedeutsam. Besonders groß sind die Schwierigkeiten einer Ermittlung des Einheitswertes bei Immobilien. Sie sollte eigentlich zeitnah erfolgen. Alle sechs Jahre sollte eine Hauptfeststellung stattfinden. Tatsächlich sah sich die Finanzverwaltung seit dem 2. Weltkrieg erst einmal, nämlich 1964, dazu in der Lage, eine solche durchzuführen, und mit der nächsten ist allenfalls gegen Ende dieses Jahrhunderts zu rechnen. Die Hauptfeststellung von 1964 war mit einem enormen Aufwand verbunden. Rund 9% des Personals der Finanzverwaltung waren mit ihr beschäftigt, und die Steuerpflichtigen mußten Fragebogen ausfüllen, in denen von ihnen Architekten- und Ingenieurkenntnisse erwartet wurden[7]. Aufgrund der faktischen Unmöglichkeit, diese Einheitswerte zeitnah zu ermitteln, wurden bis 1974 die von 1935 verwendet. Seitdem finden die von 1964 Anwendung. Tatsächlich erreichen die Einheitswerte bei Immobilien und beim land- und forstwirtschaftlichen Vermögen regelmäßig höchstens 10 Prozent des wirklichen Marktwerts[8].

Hinterziehung

Bei der Eintreibung der Steuern rechnen die Finanzämter auf die Mitwirkung der Steuerpflichtigen, die zur Abgabe von Steuererklärungen verpflichtet sind, greifen aber darüberhinaus auch noch zu anderen Mitteln der Sachaufklärung wie der Entsendung von Prüfern oder den Mitteln der Steuerfahndung unter Einschaltung der Steuerkriminalpolizei. Bei nachgewiesener Hinterziehung oder Steuerverkürzung werden empfindliche Geldbußen bzw. -strafen auferlegt. Um Steuerpflichtigen, denen es bei der Steuerhinterziehung an Schuldgefühlen mangelt, bei

---

Überlastungen Strategien entwickelt, die formal eine einigermaßen reibungslose Erledigung der Arbeitsmenge sicherstellen und den Anschein einer hinreichenden Sachverhaltsermittlung und dogmatisch sauberen Rechtsanwendung aufrechterhalten." (J. Jenetzky: Die Misere der Steuerverwaltung. Steuer und Wirtschaft 1982: 3 S. 276)

[6] F. Klein: Zur Belastung des Bundesfinanzhofs und Möglichkeiten seiner Entlastung. Steuerberater Jahrbuch 1984/85. Köln 1985 S. 21-38. Inzwischen konnten die Rückstände etwas abgebaut werden.

[7] Vgl. S. Strunck: Einheitsbewertung von Grundstücken. Köln 1982.

[8] Dies ist einer der Gründe für den wesentlichen Rückgang der Bedeutung der Grundsteuer.

der wahrheitsgemäßen Angabe ihrer sämtlichen Einkünfte auf die Sprünge zu helfen, wird bei Einkünften aus nichtselbständiger Arbeit, bei Dividenden und einigen anderen Kapitaleinkünften ein Quellenabzugsverfahren angewandt. Die Möglichkeiten des Staates, Transaktionen zu erfassen, die mit baren Mitteln abgewickelt werden, sind allerdings begrenzt. Daß man Steuern hinterziehen kann, indem man für geleistete Dienste bar zahlt, hat zu Entstehung und Wachstum der sogenannten Schattenwirtschaft geführt. Es ist schwierig, ihre Größe zu messen. Verschiedene Studien gelangen für die BR Deutschland zu Schätzwerten zwischen 8 und 27%[9]. Zur Schattenwirtschaft gehört das unversteuerte Einkommen von Rauschgifthändlern, Babysittern, Haushaltsgehilfen, Prostituierten, Handwerkern, Schwarzarbeitern usw[10].

Man hat versucht, den Umfang der Schwarzarbeit durch Befragungen festzustellen. Das Ergebnis war, daß ca. 12% der Erwerbstätigen schwarz arbeiten und zwar im Durchschnitt drei Stunden am Tag[11]. Andererseits wird argumentiert, daß zumindest bei den Lohn- und Gehaltseinkommen die Methoden der steuerlichen Erfassung im Verlauf der letzten Jahrzehnte erheblich verbessert worden seien, so daß die Möglichkeiten der Steuerhinterziehung zurückgegangen seien[12].

Wenn auch die einzelnen Schätzansätze für die Schattenwirtschaft höchst unvollkommen sind, herrscht doch weitgehend Übereinstimmung darüber, daß der Anteil der Schattenwirtschaft am Bruttosozialprodukt seit den sechziger Jahren deutlich zugenommen hat.

Weitere bedeutende hinterzogene Einkommen sind die Zinseinkünfte. Nach Mitteilung der Deutschen Bundesbank betrug das Einkommen aller privaten Haushalte aus Geldvermögen im Jahre 1981 80,5 Mrd. DM. Im selben Jahr wurden 16,6 Mrd. DM Einkünfte aus Kapitalvermögen steuerlich erfaßt. Dies entspricht einer Deklarierungsquote von 21%. Die „verschwundenen" 79% sind nicht alle auf Steuerunehrlichkeit zurückzuführen, aber doch wohl ein beträchtlicher Teil. Der Bundesrechnungshof untersuchte bei 827 Erbfällen anhand der bei den Erbschaftsteuerstellen vorgefundenen Informationen, in welchem Umfang die Erblasser die Zinserträge aus privatem Geldvermögen in ihren Einkommensteuererklärungen angegeben hatten. Es handelte sich sämtlich um Steuerpflichtige mit erheblichem Vermögen. Es stellte sich heraus, daß die Deklarierungsquote zwischen 3,7% und 47,7% schwankte. Im Durchschnitt wurde nur ein Viertel des vorhandenen Vermögens erklärt. In der Praxis versuchen die Finanzämter bei kleineren Einkommen gar nicht, wahrheitsgemäße Auskünfte über die

---

[9] K. Gretschmann, B. Mettelsiefen: Die Schattenwirtschaft – eine Retrospektive. In: Schattenwirtschaft. Göttingen 1984 S. 29.

[10] Es werden verschiedene Schätzverfahren angewandt. Eines davon basiert auf der Überlegung, daß angesichts der zunehmenden Verbreitung des bargeldlosen Zahlungsverkehrs in der offiziellen Wirtschaft die Umlaufgeschwindigkeit des Geldes zunehmen sollte. Es wird versucht, die Bargeldmenge zu ermitteln, die angesichts dieser zunehmenden Umlaufgeschwindigkeit eigentlich erforderlich wäre. Aus der Differenz zwischen der tatsächlichen Bargeldmenge und dieser Bargeldmenge wird auf die Größe der Schattenwirtschaft geschlossen.

[11] H. Weck, W. Pommerehne, B. Frey: Schattenwirtschaft. München 1984 S. 9.

[12] B. Mettelsiefen: Besteuerung und Schattenwirtschaft. In: Schattenwirtschaft S. 51.

Zinseinkommen zu erhalten. Selbst bei sehr erheblichen Vermögen wird meist nicht nachgeprüft[13].

Steuerausweichung

Die Steuerausweichung, also die Ausnützung von Steuersparmöglichkeiten, führt zu einer bedeutungsvollen Aushöhlung der Steuergrundlage. Die Steuerausweichung hat in den letzten 20 Jahren mit Sicherheit vor allem bei den besserverdienenden zugenommen. Die Steuertarifreformen, die seit 1965 vorgenommen wurden, haben die inflationsbedingten Anhebungen des Grenzsteuersatzes nur teilweise, und zwar vorwiegend für die unterdurchschnittlich und durchschnittlich verdienenden Steuerzahler rückgängig gemacht. Für die überdurchschnittlich verdienenden hingegen hat es sich zunehmend gelohnt, über Möglichkeiten der Steuerausweichung nachzudenken, statt ihr Einkommen auf andere Art und Weise zu erhöhen. Besonders stark gefördert wurden dadurch Kapitalanlagen, bei denen Sonderabschreibungen möglich sind, also beispielsweise Investitionen in Immobilien und in Forschung und Entwicklung. Die Steuerpolitik der letzten Jahrzehnte läuft im Grunde auf eine besondere Förderung bestimmter Wirtschaftszweige wie der Wohnungs- oder der Landwirtschaft hinaus, die effektiv von Steuern weitgehend befreit sind.

Das Unbehagen am Steuersystem hat trotz einer seit Jahrzehnten bemerkenswert konstanten Steuerquote zugenommen. In der BR Deutschland hat dies im Unterschied zu den USA oder zum Vereinigten Königreich bislang aber nicht dazu geführt, daß radikale Reformen wie eine wesentliche Verringerung der Einkommensteuerprogression oder eine Veränderung der Besteuerungsgrundlage (vom Einkommen zum Konsum) eine breite Anhängerschaft gefunden hätten.

Grundsätze einer Steuerreform

Unsere Erörterungen liefern eine Reihe von Erkenntnissen, die bei einer Reform des Steuersystems beachtet werden sollten.

Erstens hängt die Größe der Verzerrungen von der Höhe der Grenzsteuersätze ab. Man sollte also versuchen, ein Steuersystem zu konstruieren, bei dem die Grenzsteuersätze gering sind. Bei der Diskussion unseres Steuersystems sind wir wiederholt darauf gestoßen, daß viele Steuerpflichtige, insbesondere aber besserverdienende, mit einem hohen Grenzsteuersatz konfrontiert sind, obwohl der Durchschnittssatz in einem vertretbaren Rahmen bleibt. Gerade wegen der zahlreichen Bestimmungen des Steuerrechts, die einen Abzug verschiedener Einkommensbestandteile vom Gesamtbetrag der Einkünfte ermöglichen oder auf eine Erfassung bestimmter Einkünfte des Steuerpflichtigen von vornherein verzichten, müssen die Steuersätze, die auf den Rest angewandt werden, relativ hoch sein, damit ein bestimmtes Steueraufkommen erreicht werden kann. Sind Sonderabschreibungen in bedeutendem Maße zulässig oder entgehen Wertzuwächse der Besteuerung weitgehend, so ist das Aufkommen der Körperschaftsteuer (und der Einkommensteuer soweit sie Einkünfte aus Gewerbebetriebe be-

---

[13] Vgl. Bundestagsdrucksache 10/4367, S. 92.

trifft) verhältnismäßig gering. Der Grenzsteuersatz kann nichtsdestoweniger erheblich sein und infolgedessen bemerkenswerte Verzerrungswirkungen auslösen.

Zweitens. Steuerausweichungsbemühungen und Investitionen in Steuersparprojekte hängen stark von der Progression des Steuertarifs und von der Kapitalbesteuerung ab – insbesondere von dem Umstand, daß de facto verschiedene Arten von Kapitaleinkommen mit höchst unterschiedlichen Sätzen besteuert werden. Eine Verringerung der Grenzsteuersätze würde die Anreize vermindern, Steuern zu vermeiden oder zu hinterziehen. Eine Verringerung oder Beseitigung der Unterschiede in der Behandlung verschiedener Einkommensarten würde Möglichkeit und Anreiz zur Vornahme einer Steuerarbitrage vermindern.

Drittens. Die Komplexität des Steuerrechts rührt von denselben Ursachen her, die auch die Steuerausweichung bedingen. Beispielsweise werden die Steuerpflichtigen immer dann, wenn unterschiedliche Einkommensarten verschieden besteuert werden, versuchen, ihr Einkommen in der Art anfallen zu lassen, daß es eine günstige steuerliche Behandlung erfährt. Im allgemeinen ist es bei der Formulierung eines Gesetzes in der Praxis weit schwieriger, griffige Abgrenzungen zu finden, als man sich das am grünen Tisch vorstellt. Wir haben gesehen, daß die Abgrenzung zwischen Zinsen und Werzuwächsen weit schwieriger ist, als es auf den ersten Blick der Fall zu sein scheint. Wenn man heute eine Obligation auflegt, deren Emittent in 10 Jahren 100 Mark zu zahlen hat, und wenn man sie mit einem Zinssatz von null ausstattet (also einen sogenannten Zero-Bond emittiert), dann ist ihr heutiger Kurs gering (bei einem Zinssatz von 7 Prozent ist er ungefähr 50 DM). Ist die Wertsteigerung, die sich dann im Laufe der nächsten 10 Jahre vollzieht, ein Wertzuwachs, oder sind es versteckte Zinszahlungen? Die Finanzbehörden haben zwar versucht, diese Möglichkeit zur Steuerausweichung zu verbauen. Schlaue Steuerpflichtige werden aber nicht müde, nach raffinierteren Methoden einer Verwandlung von Zinsen in Wertzuwächse zu suchen. Selbst wenn es dem Finanzamt gelingt, eine derartige Lücke im Steuerrecht tatsächlich zu schließen, ist der Preis dafür doch eine zunehmende Komplexität des Steuerrechts. Daß sie ständig zunimmt, läßt sich daran erkennen, daß bei den Steuerberatern der Beratungsaufwand pro Mandant ständig wächst. Man rechnet mit einer jährlichen Wachstumsrate von 10%.

Steuerausweichung und -hinterziehung mindern nicht nur die Progression des Steuersystems (und machen es ungerechter, sind doch verschiedene Steuerpflichtige in ganz unterschiedlichem Maße in der Lage, derartige Schlupflöcher auszunutzen), sondern führen auch zu bedeutenden Ineffizienzen. Die Kosten der Suche nach solchen Schlupflöchern und der Entwicklung von Verfahren ihrer Nutzung (einschließlich der Kosten für den Steuerberater) sind tote Kosten, eine zusätzliche Last der Besteuerung[14]. Darüberhinaus ensteht noch eine zusätzliche Last infolge der Fehlallokation, die hier herbeigeführt wird. So hat die vorteilhafte steuerliche Behandlung der Landwirtschaft vermutlich zu einem Übermaß an Investitionen in diese geführt.

Ein weiteres, ganz andersartiges Argument zugunsten einfacher Steuern ist, daß eine „gute Steuer" die Eigenschaft hat, daß man weiß, wer ihre Last trägt. Da

---

[14] Der Begriff der zusätzlichen Last wird hier in einem weiteren Sinn gebraucht als der oben eingeführte der Zusatzlast.

die Last entweder auf die Konsumenten oder auf die Anteilseigner überwälzt wird, ist die Körperschaftsteuer in dieser Hinsicht eine ganz besonders schlechte Steuer.

Die Grundsätze, die wir entwickelt haben, stehen oft im Widerspruch zu anderen Grundsätzen der staatliche Politik. Es gab und gibt Leute, die glauben, eine gute Steuer sei eine unmerkliche Steuer. So bevorzugte Bismarck Steuern, die nicht „mit einer gewissen eckigen Brutalität auf dem Pflichtigen lasten"[15]. In dieser Hinsicht sind Körperschaftsteuer und Gewerbesteuer gute Steuern.

Wir haben ferner darauf hingewiesen, daß einige der Unterscheidungen, die das Steuerrecht verkomplizieren, möglicherweise ungerecht machen und mit Sicherheit verzerrend wirken, zumindest zum Teil eingeführt wurden, um es gerechter zu machen (Behinderte sollten weniger Steuern zahlen als Gesunde) oder um die Effizienz der Ressourcenallokation zu erhöhen (die steuerliche Begünstigung von Investitionen, die der Energiesparung dienen, wurde eingeführt, weil man glaubte, daß die Privaten sonst nicht genügend Anreize haben, Energie zu sparen).

Auf jeden Fall ist klar geworden, daß man vom Steuerrecht nicht zuviel erwarten darf. Sind unsere Erwartungen überzogen, werden andere Ziele verfehlt. Die grundlegenden Fragen, denen sich eine Steuerreform stellen muß, sind:

1) Gibt es Möglichkeiten, das Steuersystem derert zu vereinfachen, daß „nicht zuviel" an verteilungspolitischer Zielsetzung geopfert werden muß und gleichzeitig erhebliche ökonomische Effizienzgewinne erzielt werden?

2) Die Gesellschaft mag sich zwar infolge einer Steuerreform erheblich besser stellen, dennoch sind diese Reformen nur selten „Pareto-Verbesserungen". Gibt es die Möglichkeit, den Übergang von einem Steuersystem zu einem anderen derart zu vollziehen, daß nur relativ wenige Steuerpflichtige wesentliche Nachteile erleiden? Dies ist eine wichtige Frage, hängen hiervon doch die Erfolgsaussichten einer Steuerreform ab.

3) Man hat das Steuersystem traditionell für ein relativ geeignetes Mittel für die Verwirklichung bestimmter Ziele durch den Staat gehalten. Es wäre nicht einfach gewesen, ein System direkter Subventionen zur Förderung energieeinsparender Maßnahmen zu entwickeln, das einen Verzicht auf eine steuerliche Förderung solcher Maßnahmen ermöglicht hätte. Die Förderung der Energieeinsparung durch das Steuersystem schien ein effizientes (und verwaltungstechnisch relativ einfaches) Verfahren zu sein. Immerhin haben die Ökonomen seit langem für die Verwendung von Pigousteuern plädiert, um die Ineffizienzen zu lindern, die mit externen Effekten verbunden sind (Kapitel 8). Wenn für eine Vereinfachung des Steuersystems ein Verzicht auf den Einsatz von Pigousteuern erforderlich wäre, stünden andere Instrumente zur Verfügung, die wenigstens ebenso effizient sind?

---

[15] Holtfort: Bismarcks finanz- und steuerpolitische Auffassungen im Lichte der heutigen Finanzwissenschaft. Würzburg 1937 S. 37f.

Einige Vorschläge für eine grundlegende Steuerreform

Die folgenden Vorschläge für eine grundlegende Steuerreform wurden in den USA intensiv diskutiert, während sie in Deutschland weit weniger in das Bewußtsein der breiteren Öffentlichkeit eingedrungen sind[16]. Die Fragen, um die es dabei geht, sind dennoch auch für uns von besonderer Bedeutung. Diese Vorschläge sind:

1) Eine Verbreiterung der Steuerbemessungsgrundlage durch eine Beseitigung zahlreicher Abzüge vom Gesamtbetrag der Einküfte. Können bei der Ermittlung des zu versteuernden Einkommens Ausgaben, die Einkommensverwendung darstellen (im Unterschied zu den Kosten der Einkommenserzielung), nicht mehr abgezogen werden, spricht man von einer **umfassenden Einkommensteuer**.

2) Eine Angleichung der Grenzsteuersätze für die verschiedenen Steuerpflichtigen. Am weitestgehenden wird dies beim Projekt einer **Flat Rate Tax** realisiert, bei dem alle Steuerpflichtigen denselben Grenzsteuersatz haben (die Steuer wäre immer noch progressiv, da ein Grundfreibetrag abgezogen werden kann).

3) Eine Veränderung des Steuerobjekts. Das wichtigste Steuerobjekt ist nicht mehr das Einkommen, sondern der Konsum. **(Konsumsteuer)**.

Es gibt konkrete Reformvorschläge, die diese Konzepte in unterschiedlicher Weise miteinander kombinieren. Beispielsweise gibt es Modelle, die den Konsum zum Steuerobjekt machen und die Progression vermindern; viele sprechen sich für eine Verringerung, aber gegen eine völlige Beseitigung von Abzugsmöglichkeiten aus und für eine teilweise, aber keine vollständige Angleichung der Grenzsteuersätze. Manche Denkmodelle laufen auf eine Ergänzung der bestehenden Einkommensteuer statt auf ihre Beseitigung hinaus. In diesem Kapitel geht es uns darum, wie drei „Reinformen" derartiger Vorschläge im Licht der dargelegten Grundsätze einer Steuerreform zu beurteilen sind, und in welchem Maß sie den kritischen Einwendungen entgehen, die gegen das bestehende System vorgebracht werden.

Eine umfassende Einkommensteuer

Die zentrale Streitfrage bei der Beurteilung des Konzepts der umfassenden Einkommensteuer ist, inwieweit die bestehenden Abzüge einen Versuch darstellen, ein gerechtes Steuersystem zu finden, das bestimmte lobenswürdige Handlungen fördert, oder inwieweit es sich hierbei um das Ergebnis des Drucks verschiedener

---

[16] Bekanntere deutsche Beiträge zu einer grundlegenden Reform der Besteuerung sind der Vorschlag einer sog. Bürgersteuer, der von Mitschke und dem Kronberger Kreis unterbreitet wurde – hierbei handelt es sich um eine Version einer Konsumsteuer – und der Vorschlag von Gaddum. Die Argumentation von Gaddum ist aus der Sicht der Finanzwissenschaft allerdings in beträchtlichen Teilen nur schwer nachvollziehbar. Der Gaddum-Vorschlag geht in Richtung auf eine umfassende Einkommensteuer. Siehe: Frankfurter Institut: Bürgersteuer. Frankfurt 1986; J. Mitschke: Steuer- und Transferordnung aus einem Guß. Baden-Baden 1985; J. W. Gaddum: Steuerreform. Stuttgart: 1986.

Interessengruppen handelt, die eine Sonderbehandlung auf Kosten der Allgemeinheit erreichen konnten. Damit hängt es zusammen, ob es politisch durchsetzbar ist, einen Teil der bedeutenderen Abzüge zu beseitigen und auf diese Weise eine erheblich breitere Besteuerungsgrundlage zu erreichen.

Der Grundgedanke der umfassenden Einkommensteuer ist eine solche Verbreiterung der Bemessungsgrundlage, die eine Verminderung der Steuersätze erlauben würde. Bei einer Prüfung der Abzüge in der Einkommensteuer und der Lücken in der steuerlichen Erfassung von Einkünften stößt man insbesondere auf die folgenden Möglichkeiten einer Streichung von Abzügen bzw. einer Ausweitung der steuerlich erfaßten Einkünfte: abzuschaffen wären die Steuervergünstigungen beim Erwerb eines Eigenheims, die Sonderabschreibungen und die steuerlichen Vergünstigungen beim Erwerb eines Hauses zum Zweck der Erzielung von Einkünften aus Vermietung und Verpachtung; die Abzugsfähigkeit von Versicherungs- und Sozialversicherungsbeiträgen als Sonderausgaben bzw. von Krankheitskosten u.ä. als außergewöhnliche Belastungen; die Abzugsfähigkeit von Spenden und Beiträgen für als förderungswürdig anerkannte Zwecke; anzustreben wäre eine möglichst weitgehende Angleichung sämtlicher AfA an den tatsächlichen Werteverzehr; abzuschaffen sind die besonderen Freibeträge bei Kapitaleinkommen wie der Sparerfreibetrag usw. Einzuführen wäre eine Besteuerung sämtlicher Wertzuwächse, und zu gewährleisten wäre, daß alle Zinsen versteuert werden.

In der BR Deutschland stieße vielleicht insbesondere die Abschaffung einer Abzugsfähigkeit von Vorsorgeaufwendungen sowie der Sonderbehandlung von Immobilien auf kaum überwindbare politische Schwierigkeiten. Nahezu alle Steuerpflichtigen würden sich hiervon betroffen fühlen. Man könnte versuchen, hier Kompromisse zu schließen. Es gibt Vorschläge, die heute bereits vielfach bestehenden Höchstbeträge für derartige Abzüge herabzusetzen. Puristen glauben, daß nur die Einführung einer Reinform der umfassenden Einkommensteuer eine grundlegende Reform darstellen würde: Wenn das Prinzip, keine Abzüge zuzulassen, einmal durchbrochen werde, dann gebe es kein Halten mehr.

Es gibt noch andere Möglichkeiten, die Bemessungsgrundlage zu erweitern. Man könnte die bei bestimmten Betriebsausgaben/Werbungskosten bereits bestehenden Abzugsverbote ausweiten. Wieviel an zusätzlichem Steueraufkommen dabei herauskäme und inwiefern derartige Veränderungen zu Ungerechtigkeiten (einer Besteuerung echter Betriebsausgaben) oder Ineffizienzen (wenn die Unternehmen dann nach anderen Möglichkeiten suchen, ihren Mitarbeitern „Annehmlichkeiten" zu gewähren) führen würde, ist keineswegs klar. Manche glauben, daß eine größere Strenge zu verminderter Effizienz der Unternehmen führen würde, während andere behaupten, daß das gegenwärtige Steuersystem Ausgaben steuerlich begünstigte, die pure Verschwendung darstellten.

Die Flat Rate Tax

Ein zweiter wesentlicher Reformvorschlag ist die Flat Rate Tax. Seine Befürworter glauben, daß vor allem die starke Progression der Steuersätze für die Probleme mit dem gegenwärtigen Steuersystem verantwortlich ist.

Sie glauben, daß das Steuersystem vereinfacht würde, wenn es nur einen einzigen Steuersatz gäbe. Nach Abzug eines Grundfreibetrags würde das Einkommen eines Steuerpflichtigen der Flat Rate Tax unterliegen. Alle sähen sich mit demselben Grenzsteuersatz konfrontiert.

Vorteile der Flat Rate Tax: Weniger Steuerausweichung

Die Beseitigung der hohen Grenzsteuersätze würde für die Reichen den Anreiz beseitigen, Steuersparprojekte und Schlupflöcher ausfindig zu machen. Steuerarbitrage und zeitliche Verlagerung der Besteuerung wären keine ernstzunehmenden Verlockungen mehr.

Für einen Steuerpflichtigen, der einen Grenzsteuersatz von 50% hat, lohnt es sich weit mehr, seine Ressourcen, seine Zeit und Energie in Anstrengungen zur Verminderung seiner Steuerschuld zu investieren statt in volkswirtschaftlich produktive Vorhaben. Die Steuerersparnisse, die er dabei erzielt, sind oft mehr Schein als Sein. Viele Steuersparobjekte sind mit hohen Transaktionskosten verbunden; es kann sein, daß Kosten in Höhe von 90 Pfennig entstehen, wenn 1 DM an Steuern gespart wird. Nichtdestoweniger stellt sich der Steuerpflichtige immer noch besser. Eine Verringerung der Grenzsteuersätze würde eine große Zahl von Steuersparobjekten unrentabel machen. Bei einer Flat Rate Tax hätten alle Familienmitglieder denselben Grenzsteuersatz, so daß sich Verlagerungen von Einkünften innerhalb der Familie nicht mehr rentieren.

Beim gegenwärtig bestehenden System kann es sich für einen Steuerpflichtigen mit einem hohen Grenzsteuersatz rentieren, für ein Objekt, bei dem ein Schuldzinsenabzug möglich ist, eine Anleihe von jemanden mit einem niedrigem Grenzsteuersatz aufzunehmen, da die Steuerersparnis des Kreditnehmers infolge Schuldzinsenabzug die Steuerschuld des Kreditgebers durch Zinseinnahmen übertrifft. Diese nichtökonomischen Motive für die Aufnahme von Kreditbeziehungen würden eliminiert, wenn alle denselben Grenzsteuersatz haben.

Verwaltungstechnische Vorzüge der Flat Rate Tax

Die Einheitlichkeit des Grenzsteuersatzes hat auch erhebungstechnische Vorzüge, weil es für die Besteuerung keinen Unterschied macht, wem Einkommen zufließt. Insbesondere würde der Quellenabzug wesentlich umfassender anwendbar. Er verhindert Steuerhinterziehung und verringert die Kosten der Steuererhebung. Es wäre dann einfacher, Nebenleistungen des Arbeitgebers (wie unentgeltliche oder subventionierte Mahlzeiten für die Arbeitnehmer) der Steuer zu unterwerfen; da die (marginale) Steuerbelastung bei allen Begünstigten dieselbe ist, braucht nicht festgestellt zu werden, wer sie sind.

Eine andere mögliche Erhebungsform einer derartigen Einkommensteuer wäre eine Mehrwertsteuer mit einem einzigen Steuersatz, die anders als die bei uns bestehende Mehrwertsteuer nicht als Konsumsteuer ausgestaltet wäre[17]. Anstelle eines Grundfreibetrags könnte man dann jedem Bürger einen Pauschaltransfer gewähren. Dies würde eine (indirekte) Progression der Steuer hervorrufen. Die Befürworter der Flate Rate Tax weisen auch auf die verwaltungstechnischen Vor-

---

[17] Die Mehrwertsteuerpflicht dürfte auch nicht auf diejenigen Personen beschränkt bleiben, die Unternehmer im Sinne des geltenden Mehrwertsteuerrechts darstellen.

züge hin, die bei einer vollständigen Integration der Körperschaftsteuer in eine Einkommensteuer vom Typ der Flat Rate Tax auftreten würden.

Da jede Zinszahlung sowohl zu einer Verringerung (beim Kreditnehmer) als auch zu einer Vergrößerung der Einkünfte führt (beim Kreditgeber), kürzen sich diese zwei Posten bei einem konstanten Grenzsteuersatz weg. Da alle Steuerpflichtigen mit demselben Steuersatz besteuert werden, kann man bei einer Flat Rate Tax einfach so verfahren, daß man das (hierfür entsprechend zu definierende) Nettoeinkommen aller Unternehmen besteuert und bei den Haushalten dann nur das Arbeitseinkommen. Auf diese Weise würden die Individuen effektiv auf ihr gesamtes Kapitaleinkommen Steuern entrichten, nicht nur auf dasjenige, das in Gestalt von Zinsen und Dividenden ausgeschüttet wird. Die Steuer aber würde „an der Quelle" d.h. vom Unternehmen erhoben.

Umverteilung und Flat Rate Tax

Auch mit einer Flat Rate Tax lassen sich Umverteilungsziele realisieren. Je größer der Grundfreibetrag (oder Pauschaltransfer) ist, umso größer ist der Teil der Steuerlast, den die Steuerpflichtigen mit höherem Einkommen tragen müssen. Im Kapitel 25 haben wir die Arbeit von Hausman diskutiert, der behauptet, es sei bei der Einführung einer Flat Rate Tax möglich, den Grenzsteuersatz für fast alle Einkommensbezieher zu senken; die Verzerrungen würden verringert, und es käme zu einer erheblichen Vergrößerung des Arbeitsangebots.

Diese Ergebnisse sind jedoch nicht unumstritten. Diejenigen, die glauben, daß das Arbeitsangebot verhältnismäßig unelastisch ist, sind besorgt, daß es bei einem ansehnlichen Grundfreibetrag erforderlich würde, daß der Grenzsteuersatz für die Steuerpflichtigen, die mehr als den Grundfreibetrag verdienen, sehr erheblich wird.

Vorschläge einer modifizierten Flat Rate Tax

Auch viele Kritiker der Flat Rate Tax gestehen zu, daß die Vorteile einer Verringerung der Progression erheblich wären. Manche schlagen vor, es solle nur zwei bis drei Steuersätze geben, wobei der Spitzensteuersatz erheblich niedriger sein sollte, als es gegenwärtig der Fall ist. Wird der Abstand zwischen den verschiedenen Grenzsteuersätzen verringert (sagen wir, ein Einkommen, das den Grundfreibetrag etwas überschreitet, wird mit einem Grenzsteuersatz von 15 Prozent besteuert und der Spitzensteuersatz sei 35 Prozent), verschwindet ein Teil der Anreize zur Steuerausweichung, und Umverteilungsziele ließen sich doch leichter erreichen als mit nur einem einzigen Grenzsteuersatz. Die britische Steuerreform des Jahres 1988 und die amerikanische von 1986 gehen in die Richtung dieses Vorschlags.

Derartige modifizierte Versionen der Flat Rate Tax könnten und sollten mit einer Verbreiterung der Bemessungsgrundlage einhergehen. Puristen behaupten, daß eine jegliche Abweichung vom Grundkonzept der Flat Rate Tax die verwaltungstechnischen Schwierigkeiten stark vergrößern muß. Ist das Steueraufkommen erheblich, würden damit unvermeidlich wieder starke Anreize für Steuerausweichungsbemühungen entstehen.

Die Konsumsteuer

Eine mögliche Variante der Flat Rate Tax besteht in einer Kombination dieser Konzeption mit einem Übergang zum Konsum als Steuerobjekt. Wir haben bereits im Kapitel 22 verschiedene Vorzüge und Probleme einer Konsumsteuer erörtert.

Um den Konsum zu besteuern, ist es nicht erforderlich, das Konsumverhalten der Haushalte im einzelnen zu beobachten. Man muß nur die Einkünfte der Haushalte ermitteln. Da das Einkommen sich in Konsum und Ersparnis aufteilt, kann man den ersteren ausrechnen, indem man Einkommen und Ersparnisse ermittelt. Eine Konsumsteuer könnte beispielsweise in der Form einer Cash Flow Steuer erhoben werden. Besteuert würde das Einkommen abzüglich bestimmter Ausgaben, die der Bildung von Ersparnissen dienen, also Nettoeinzahlungen aufs Sparbuch, Erwerb von Beteiligungen (netto) usw. Ein Problem entsteht offenbar beim Erwerb langlebiger Konsumgüter.

Eine andere mögliche Methode der Besteuerung des Konsums haben wir bereits kennengelernt: Es handelt sich um die bestehende Form der Mehrwertsteuer, die, gäbe es keine unterschiedlichen Steuersätze für verschiedene Gütergruppen und wäre die Steuerpflicht nicht auf Unternehmer beschränkt, eine Version einer Flat Rate Tax auf den Konsum darstellen würde, aber ohne Grundfreibetrag.

Wir haben bereits gezeigt, daß eine proportionale Konsumsteuer einer proportionalen Steuer auf das Arbeitseinkommen äquivalent ist und damit einer Befreiung des Kapitaleinkommens von einer Besteuerung. Diejenigen, die meinen, daß die wesentlichsten Probleme des bestehenden Steuersystems vor allem von der Besteuerung des Kapitaleinkommens herrühren, glauben, daß sich diese durch den Übergang zu einer Konsumsteuer beseitigen lassen. Diejenigen, die der Überzeugung sind, daß eine Befreiung der Kapitaleinkommen von der Besteuerung ungerecht ist, halten auch die Konsumsteuer für ungerecht. (Der Vorschlag einer Besteuerung nur der Arbeitseinkommen würde – im Unterschied zum Vorschlag einer Konsumsteuer – schwerlich besondere Popularität erlangen. Wirtschaftlich sind die beiden Steuern aber äquivalent.) Immerhin ist eine dritte mögliche Methode der Erhebung einer Konsumsteuer eine Besteuerung nur des Arbeitseinkommens.

Obwohl eine Konsumsteuer, die in Gestalt einer Mehrwertsteuer vom Konsumtyp oder einer Cash Flow Steuer erhoben wird, und eine Konsumsteuer, die als eine Steuer auf das Arbeitseinkommen erhoben wird, theoretisch äquivalent sind, unterscheiden sie sich in bezug auf den Zeitpunkt, an dem die Steuereinnahmen dem Staatshaushalt zufließen und in bezug auf die Probleme, die ein Übergang zu einer derartigen Steuer hervorruft. Wenn die Steuerpflichtigen im Durchschnitt sparen, dann ist das Arbeitseinkommen im Durchschnitt größer als der Konsum. Der **Gegenwartswert** der Steuereinnahmen aus einer Steuer auf das Arbeitseinkommen und aus einer Cash Flow Steuer wäre zwar derselbe. Wenn man sich aber eine Situation vorstellt, in der eine dieser Steuern neu eingeführt wird, fielen bei einer Mehrwertsteuer vom Konsumtyp und bei einer Cash Flow Steuer die Kasseneinnahmen des Staates später an; in der Zwischenzeit müßte der Staat seine Ausgaben über eine Vergrößerung der Staatsschuld finanzieren.

Bei einer steuerlichen Erfassung der Nachlässe (und Schenkungen) als einer Form des Konsums des Erblassers sind Konsum und Einkommen (in bezug auf ihren Gegenwartswert) identisch. Daher kann man eine Konsumsteuer auch als eine **Lebenseinkommensteuer** auffassen. Die meisten Ökonomen würden wohl der These zustimmen, daß das Lebenseinkommen ein besseres Steuerobjekt darstellt als das Jahreseinkommen. So gesehen ist die Kluft zwischen den Befürwortern einer Einkommen- und einer Konsumsteuer gar nicht so tief.

Argumente zugunsten einer Konsumsteuer

Einen Teil der möglichen Argumente haben wir bereits in den Kapiteln 19 und 22 dargestellt. Im Kapitel 26 haben wir gesehen, daß ein großer Teil der Steuerausweichungsmöglichkeiten mit der Besteuerung von Kapital zu tun hat. Diese und die damit einhergehenden Verzerrungen könnten also durch den Übergang zu einer Konsumsteuer vermieden werden.

Ähnlich verhält es sich mit den Komplikationen und Verzerrungen, die das Zusammenwirken der Einkommensteuer und verschiedener Kapitalsteuern, nämlich der Körperschaft-, der Gewerbe- und der Vermögensteuer, hervorruft. Ein Übergang zur Konsumsteuer könnte sie beseitigen. Besteuert würden die Dividenden (und andere Kapitaleinkünfte) abzüglich der Einlagen in das Unternehmen und der anderen Ausgaben zur Bildung zusätzlicher Ersparnisse. Die Komplexitäten einer Körperschaftsteuer einschließlich der Verzerrungen, die in der Praxis regelmäßig mit der Festlegung der AfA verbunden sind, verschwänden und man müßte nicht befürchten, daß die Körperschaften zum Steuersparobjekt gerieten.

Eine Konsumsteuer löst aber nicht alle Probleme der Finanzverwaltung. Es verbleibt beispielsweise das Problem, Betriebsausgaben von Konsumausgaben abzugrenzen, wie wir bereits angedeutet haben.

Die Kritiker der Konsumsteuer sind von den verwaltungstechnischen Argumenten zugunsten einer Konsumsteuer nicht überzeugt. Sie weisen erstens darauf hin, daß man die verwaltungstechnischen Probleme einer Steuer natürlich stets beseitigen kann, indem man die Steuer selbst beseitigt. Die Tatsache, daß eine Besteuerung des Kapitals mit verwaltungstechnischen Problemen behaftet ist, taugt nur dann als ein Argument für ihre Abschaffung, wenn gezeigt worden ist, daß es schlechterdings unmöglich ist, sie so auszugestalten, daß sie nicht „allzu" verzerrend und „allzu" ungerecht ist. Die Befürworter einer umfassenden Einkommensteuer glauben, daß es möglich ist, die Kapitaleinkommensbesteuerung in diesem Sinne umzugestalten, indem beispielsweise die Zinsen und Wertzuwächse vollständig besteuert werden. Selbst wenn der Mietwert von Eigenheimen dann immer noch unbesteuert bleibt und ebenso Versicherungsbeiträge, ist es ihrer Meinung nach immer noch möglich, einen recht beträchtlichen Teil der Kapitaleinkommen steuerlich zu erfassen. Sie glauben, daß die Verzerrungen, die daher rühren, daß bestimmte Kapitaleinkommen besteuert werden und andere nicht, kein zu hoher Preis für das Mehr an Gerechtigkeit sind, das durch die Besteuerung erreicht wird.

Kritiker der Konsumsteuer befürchten darüber hinaus, daß sie uns nur deshalb so unproblematisch vorkommt, weil wir mit den Schwierigkeiten des bestehenden Systems zwar wohl vertraut sind, mit den meisten Versionen einer Konsumsteuer aber bislang nur relativ wenige Erfahrungen gesammelt haben. Es wird befürchtet, daß sich nach einer Einführung derartiger Steuern herausstellen würde, daß sie mit ebenso schwerwiegenden Problemen verknüpft sind wie die bestehenden.

Einige Aspekte der Ausgestaltung einer Konsumsteuer

In der Tat träten bei der Ausgestaltung einer Konsumsteuer in der Praxis vermutlich einige Probleme auf[18]. Drei wesentliche Problemkreise sind:

1. **Die zu eigenen Wohnzwecken benutzte Wohnung im eigenen Haus.** Derartige Wohnungen stellen für eine Konsumsteuer ebensosehr ein Problem dar wie für die Einkommensteuer. Verfolgt man den Cash Flow Ansatz der Konsumbesteuerung, wäre es folgerichtig, den Kauf bzw. Bau eines Eigenheims als eine Investition zu betrachten und von der Besteuerung zu befreien. Der Mietwert des Eigenheims sollte demgegenüber besteuert werden. Da die Ermittlung desselben mit Schwierigkeiten verbunden ist, hat die (bei der Mehrwertsteuer vom Konsumtyp) tatsächlich angewandte Prozedur, die Ausgaben für das Eigenheim nicht abzugsfähig zu machen und dafür die Dienste des Hauses auch nicht zu besteuern, gewisse Vorteile.

Die Nachteile dieser Vorgehensweise treten jedoch hervor, wenn die Steuersätze der Konsumsteuer (direkt) progressiv sind. Dann kann ein Steuerpflichtiger Wertpapiere verkaufen und dafür ein Haus erwerben, und dies erscheint dann als ein Entsparen (die Verringerung seines Wertpapierbesitzes tritt als Entsparen in Erscheinung). Diese „Verringerung" seiner Ersparnisse würde bei einer Cash Flow Steuer dem Einkommen hinzugezählt, um die Größe seines Konsums zu ermitteln. In Wirklichkeit verändert dieser Steuerpflichtige aber nur die Form, in der er seine Ersparnisse hält; er substituiert ein Anlagegut (Wertpapiere) durch ein anderes (ein Haus bzw. eine Wohnung)[19]. Jede Version der Konsumsteuer bedarf also bestimmter Spezialregelungen für die zu eigenen Wohnzwecken genutzte Eigentumswohnung.

2. **Nachlässe.** Das zweite Problem ist mit den Nachlässen verknüpft. Sollten sie als ein Konsum des Erblassers und als Einkommen des Erben behandelt werden? Ein denkbarer Ansatz behandelt ein Individuum und seine Nachkommen als eine

---

[18] In den USA beriet während der Präsidentschaft von Ford eine Arbeitsgruppe des Schatzamts unter dem Vorsitz von David Bradford über die praktische Verwirklichung einer Konsumsteuer. Diese Arbeitsgruppe kam zu der Überzeugung, daß die verwaltungstechnischen Probleme einer Konsumsteuer tatsächlich weit weniger schwerwiegend sind als die des bestehenden Einkommensteuersystems.

[19] Bei einer Konsumsteuer vom Flat Rate Typ macht dies keinen Unterschied; seine Steuerschuld würde zu einem bestimmten Zeitpunkt erhöht und zu einem anderen verringert. Wenn das Lebenseinkommen mit Hilfe einer Methode ermittelt wird, die wir gleich beschreiben werden, dann würde die erhöhte Steuerbelastung in der Periode, in der das Haus erworben wird (verbunden mit einer verringerten Steuerbelastung in der Zukunft), ebenfalls keine Probleme hervorrufen, wenn der Steuerpflichtige nur die nötigen liquiden Mittel hat, um die Steuer zu zahlen.
Mit Hilfe der modernen Computertechnik ist es möglich, Steuern zu entwickeln, die auf den Lebenskonsum abstellen. Über den (abdiskontierten) Konsum eines Steuerpflichtigen und seine Steuerzahlungen würde ein Konto geführt. Man könnte Steuerpflichtigen unter bestimmten Umständen die Möglichkeit eröffnen, ihre Steuern entweder vorauszuzahlen oder sie ihnen stunden.

einzige Familie. Gemäß dieser Betrachtungsweise sollten Transfers zwischen Eltern und Kindern nicht besteuert werden. Konsum sollte nur einmal besteuert werden. Wenn ein Elternteil einem Kind ein Anlagegut überläßt und das Kind es verkauft, um Konsumgüter zu erwerben, wird das Kind besteuert. Gemäß einer anderen Betrachtungsweise unterscheidet sich die Übertragung von Geld an ein Kind nicht grundsätzlich von anderen Möglichkeiten, sein Geld auszugeben. Das Elternteil nimmt die Übertragung vermutlich deswegen vor, weil ihm das Vergnügen bereitet. So gesehen handelt es sich um eine „Konsum"ausgabe. Nachlässe sollten dann ebenso besteuert werden wie andere Konsumausgaben. Ferner sollten sie gleichzeitig als Einkommen des Kindes betrachtet werden; verkauft das Kind die empfangenen Anlagegüter, um Konsumgüter zu erwerben, hätte es eine Konsumsteuer zu entrichten.

Diese alternativen Vorgehensweisen haben offenbar unterschiedliche Auswirkungen auf die Nachlässe. Einige Kritiker der Konsumsteuer befürchten, daß eine vollständige Befreiung der Nachlässe von der Besteuerung zu einer übermäßigen Vermögenskonzentration führen könnte. Die Befürworter der Konsumsteuer argumentieren demgegenüber, daß man, wenn man über die Vermögenskonzentration besorgt ist, dieses Problem besser direkt angehen sollte – etwa im Wege der Einführung einer progressiven Reinvermögensteuer. Kritiker der Konsumsteuer behaupten, daß die Reichen Mittel und Wege finden werden, eine solche Steuer zu vermeiden. Eine Besteuerung sowohl des Kapitaleinkommens als auch der Nachlässe sei der geeignete Weg, die Wahrscheinlichkeit, daß die Reichen in angemessenen Umfang steuerlich herangezogen werden, soweit wie möglich zu erhöhen.

3. **Übergangsprobleme.** Einige Ökonomen haben sich über mögliche Probleme eines Übergangs von einer Einkommen- zu einer Konsumsteuer Gedanken gemacht. Eines haben wir bereits erörtert: Die Kasseneinnahmen des Staates können vorübergehend sinken, und es kann zu einer Vergrößerung der Staatsschuld kommen[20].

Ein zweites ist die steuerliche Behandlung des in der Vergangenheit akkumulierten Kapitalstocks. Sollen Individuen besteuert werden, wenn sie vor der Einführung der Steuer erworbene Anlagegüter verkaufen, um Konsumgüter zu erwerben? Stellen Sie sich vor, einer hätte Teile seines Arbeitseinkommens gespart; es ist bereits einer Einkommensteuer unterworfen worden. Es erscheint ungerecht, ihn anläßlich seines Konsums erneut zu besteuern. Das wäre eine Sondersteuer für Sparsame (Wir machen darauf aufmerksam, daß wir hier von einer Steuer nicht nur auf das Zinseinkommen, sondern auf den gesamten Wert des veräußerten Anlagegutes sprechen). Eine derartige Steuer nennt man eine **Vermögensabgabe** (capital levy). Wird sie nicht vorhergesehen und erwarten die Steuerpflichtigen nicht, daß sie nochmals erhoben wird, hat sie keine verzerrende Wirkung. Glauben die Steuerpflichtigen hingegen, daß dies nochmals geschehen könnte, ist dies für die Bereitschaft zum Sparen höchst abträglich.

---

[20] Diese Vergrößerung der Staatsschuld sollte aber keine wesentlichen negativen Auswirkungen auf die Wirtschaft haben; da die Steuerpflichtigen voraussehen dürften, daß sie in der Zukunft größere Steuerschulden erfüllen werden müssen, würden sie wohl ihre Ersparnisse entsprechend vergrößern.

Andererseits läßt sich argumentieren, daß ein nicht unbeträchtlicher Teil der bestehenden Ersparnisse der Besteuerung tatsächlich entgangen ist. Hat ein Individuum ein Anlagegut geerbt, das einen beträchtlichen unversteuerten Wertzuwachs erfahren hat, erscheint es ungerecht, die Auflösung dieser Ersparnisse von der Besteuerung auszunehmen. Das Problem ist, daß wir zwischen diesen zwei Arten von Ersparnissen nicht ohne weiteres unterscheiden können. Die Übergangsregelungen, die bei einem Wechsel von der Einkommen- zur Konsumsteuer geschaffen werden müßten, wären davon geprägt, wie man Ersparnisse behandeln will, die vor diesem Übergang angehäuft wurden.

Glaubt man, daß diese Ersparnisse nicht besteuert werden sollten, ist bei einer Cash Flow Steuer alles einfach: man würde den Individuen erlauben, Konsum im Wege eines Verkaufs derartiger Objekte zu finanzieren, ohne daß dies besteuert würde. Will man diese Ersparnisse besteuern, ergäben sich bei einer Cash Flow Steuer Schwierigkeiten. Man müßte die Steuerpflichtigen auffordern, anzugeben, was sie an Vermögen besitzen. Dann müßte man beim Verkauf dieses Vermögens den Verkaufserlös registrieren und besteuern. Eventuell würden die Steuerpflichtigen keine wahrheitsgemäßen Aussagen über die Größe ihres Vermögens machen, und ihr tatsächlicher Konsum wäre dann größer als ihr angeblicher. Wie schwerwiegend dieses Problem in der Praxis wäre, läßt sich nicht ohne weiteres voraussagen. Zumindest bei der Veräußerung von Aktien und Wertpapieren wäre es durchaus möglich, eine wirksame Kontrolle vorzunehmen.

Es tritt noch ein weiteres Übergangsproblem auf: Der Anteil des Konsums am Einkommen ist bei Steuerpflichtigen, die sich in verschiedenen Lebensabschnitten befinden, unterschiedlich groß. Bei Rentnern, die entsparen, übersteigt der Konsum typischerweise das Einkommen; bei jüngeren Leuten übersteigt mitunter das Einkommen den Konsum. Werden die Ersparnisse, die vor der Einführung der Konsumbesteuerung aufgehäuft wurden, bei Auflösung einer Besteuerung unterworfen, würden sich die Rentner während der Übergangsperiode schlechter stellen.

Einem hartnäckigen Gerücht zufolge sind Rentner arm, und es wäre ungerecht, sie schlechter zu stellen. Hierzu ist das folgende zu sagen: unter den älteren Individuen würden sich insbesondere diejenigen schlechter stellen, auf die das nicht zutrifft (die Armen haben wenige Ersparnisse, die sie auflösen könnten). Darüberhinaus kann eine Konsumsteuer progressiv ausgestaltet werden (siehe weiter unten), so daß die ärmeren Rentner nur sehr wenig Steuern entrichten müßten. Noch wesentlicher aber ist: Hat man sich einmal auf eine bestimmte Antwort auf die Frage nach dem geeigneten Steuerobjekt festgelegt, (also die Grundsatzentscheidung getroffen hat, ob sich die steuerliche Leistungsfähigkeit besser mit dem Einkommen oder mit dem Konsum messen läßt), gibt es keinen Grund mehr, warum ein Greis, der dasselbe Einkommen oder denselben Konsum wie ein Mann in mittlerem Alter aufweist, steuerlich anders behandelt werden sollte als der letztere (dies gilt insbesondere, wenn die Krankheitskosten des Greises von einer Krankenversicherung getragen werden und die Leistungen dieser Versicherung nicht besteuert werden). Schließlich ist darauf zu verweisen, daß derartige Übergangsprobleme überhaupt nur auftreten, wenn Konsum besteuert wird, der durch Entsparen finanziert wird. Geschieht das nicht, sind die Alten vermutlich bevorteilt. (Wenn sie ihren Konsum mit Sozialrenten und anderen Leibrenten finanzieren, bei denen die Versicherungsbeiträge und die Zinsen der Besteuerung entgangen sind, dann sollten diese Renten besteuert werden.)

Ist eine Konsumsteuer ungerecht?

Die Vorstellung, daß eine Konsumsteuer ungerecht sei, basiert darauf, daß nicht erkannt wird, daß es bei bestimmten Formen einer Konsumsteuer ohne weiteres möglich ist, einen sehr progressiven Steuertarif anzuwenden. Dies ist sowohl bei einer Ausgestaltung der Konsumsteuer als Cash Flow Steuer als auch bei einer als Arbeitseinkommensteuer der Fall. Eine derartige Steuer kann hochgradig progressiv sein. Man könnte beispielsweise für den Konsum einen Grundfreibetrag von 8000 DM einführen und dann eine stark progressiven Tarif mit einem Spitzensteuersatz von 50% für Konsum einführen, der den Betrag von 50000 DM im Jahr übersteigt. Nur bei einer Ausgestaltung der Konsumsteuer als einer Mehrwertsteuer vom Konsumtyp oder einer Einzelhandelsumsatzsteuer sind die Möglichkeiten einer Progression sehr begrenzt. Die Schwierigkeiten und Verzerrungen, die sich bei dem Versuch ergeben, eine Progression durch eine Besteuerung unterschiedlicher Gütergruppen mit verschiedenen Sätzen herbeizuführen, haben wir in den Kapiteln 19 und 22 erörtert. Es ist zu vermuten, daß einer Umsatzsteuer am besten derart der Charakter einer Progressivsteuer verliehen wird, daß man auf auf alle Güter denselben Satz anwendet, aber den Haushalten einen Pauschaltransfer gewährt. Dies wäre eine Version einer Flate Rate Konsumsteuer.

Die Flat Rate Konsumsteuer

Obwohl es möglich ist, eine Konsumsteuer stark progressiv auszugestalten und mit Grenzsteuersätzen auszustatten, die sich mit dem Einkommen stark erhöhen, haben sich verschiedene Ökonomen für eine Flat Rate Konsumsteuer ausgesprochen. Der Grenzsteuersatz auf den Konsum wäre nach Abzug eines bestimmten Grundfreibetrags konstant. Der Grundfreibetrag bliebe unbesteuert.

Weiter oben haben wir darauf verwiesen, daß eine Flat Rate Einkommensteuer erhebliche verwaltungstechnische Vorzüge aufweist. Mit den Vorzügen einer Flat Rate Konsumsteuer verhält es sich ähnlich. Die Steuer könnte vornehmlich im Wege des Quellenabzugs erhoben werden. Alle Personalausgaben (Löhne, Gehälter und Nebenleistungen) würden einer derartigen Quellensteuer unterworfen. Das Formblatt für die Vornahme des Konsumsteuerjahresausgleichs könnte auf Postkartenformat schrumpfen. Eine derartige Steuer wurde von Robert Hall und Alvin Rabushka vorgeschlagen. Nach ihren Berechnungen, die sich auf die USA beziehen, würde eine Flat Rate Konsumsteuer mit einem Steuersatz von 19% und einem Grundfreibetrag von 6800 $ für ein verheiratetes Paar ohne Kinder dasselbe Steueraufkommen erbringen wir die Gesamtheit der bestehenden amerikanischen Bundessteuern[21]. (Im Hall/Rabushka Plan ist eine 19%ige Vermögensabgabe vorgesehen – also alle früheren Ersparnisse werden ebenfalls mit 19% besteuert).

Die Kritiker äußern sich skeptisch über diese Steuer. Da die Bemessungsgrundlage bei einer Konsumsteuer kleiner ist als bei einer umfassenden Flat Rate

---

[21] In den USA finanzieren sich der Bund, die Einzelstaaten und die Gemeinden jeweils aus unterschiedlichen Steuern. Es handelt sich im Unterschied zur BR Deutschland um ein sog. Trennsystem. Siehe Kapitel 28.

Einkommensteuer muß auch der Steuersatz höher sein. Wie hoch er sein muß, hängt wesentlich von der Reaktion des Arbeit- und Kapitalangebots ab. Wenn sich das Arbeitsangebot bei einer Senkung des Grenzsteuersatzes wesentlich erhöht und die Investitionen derart stark zunehmen, daß die Wirtschaft deutlich rascher wächst, dann mag eine Konsumsteuer mit einem Satz von 19% wohl ein ausreichendes Steueraufkommen erbringen. Ist die Elastizität des Arbeitsangebots und der Ersparnis hingegen gering, ist es unwahrscheinlich, daß das Aufkommen einer solchen Steuer ausreicht.

Die amerikanische Steuerreform im Jahre 1986

Die amerikanische Steuerreform führte in dreierlei Hinsicht zu bedeutenden Fortschritten. Erstens wurde der Spitzensteuersatz von 50 auf 33 bzw. 28% gesenkt. Damit ist er niedriger als in fast allen anderen westlichen Industrieländern. Zweitens wurden der Grundfreibetrag und bestimmte Pauschbeträge erheblich angehoben, so daß ca. 6 Millionen vormalige Steuerpflichtige nicht mehr steuerpflichtig sind. Drittens wurde die Ausnutzung einer Vielzahl von Steuerausweichmöglichkeiten erschwert, und sie wurden ihrer Attraktivität weitgehend beraubt. Einige der Maßnahmen, die dies bewirkten, sind: Realisierte Wertzuwächse werden generell mit demselben Steuersatz besteuert wie andere Einkünfte. Die Möglichkeiten zur Vornahme von Sonderabschreibungen insbesondere bei Immobilien wurden drastisch reduziert. Es wurde eine sog. Mindeststeuer eingeführt, der das gesamte weit definierte Einkommen auf jeden Fall unterliegt, wobei die Möglichkeiten, bestimmte Verluste und Ausgaben von diesem Einkommen abzuziehen äußerst begrenzt sind. Der Satz dieser Mindeststeuer beträgt für Steuerpflichtige mit überdurchschnittlichem Einkommen 21%[22]. Außerdem wurden die Möglichkeiten, Verluste aus bestimmten Einkunftsarten von positiven Einkünften aus anderen Einkunftsarten abzuziehen, weitgehend beseitigt.

Zu der Verminderung der Grenzsteuersätze wurde kritisch angemerkt, daß sie zum großen Teil nur die inflationsbedingten Erhöhungen der sechziger und siebziger Jahre ausgeglichen hätten. Für einen beträchtlichen Teil der Steuerpflichtigen verminderten sich die Grenzsteuersätze nicht sonderlich stark.

Ein großer Teil jener Ziele, die die Steuerreform angestrebt hatte, wurde nicht oder nur ganz ungenügend erreicht. Erstens kam es zu keiner nennenswerten Vereinfachung des Steuerrechts, eher im Gegenteil. Zweitens wurde das Ziel, steuerliche Ungerechtigkeiten und Steuersparobjekte zu beseitigen, nur sehr beschränkt erreicht. Die Abschreibungen bei Mietwohnungen wurden dem tatsächlichen Werteverzehr angenähert, aber bei vielen anderen Kapitalgütern sind nach wie vor stark überhöhte Abschreibungen möglich. Die Vorzugsbehandlung der zu eigenen Wohnzwecken genutzten Wohnung im eigenen Haus blieb weitgehend erhalten. Viele halten die stärkere Besteuerung der Wertzuwächse für einen großen Fortschritt. Allerdings schießt die Reform über das Ziel hinaus. Nicht reale Wertzuwächse werden besteuert, sondern nominale. Ursprünglich wollte

---
[22] Wenn die Steuerschuld, die bei der normalen Veranlagung zur Einkommensteuer ermittelt wird wegen der Ausnützung verschiedener Steuersparmöglichkeiten geringer ist als die Steuerschuld dieser Mindeststeuer, dann ist die letztere zu entrichten.

das amerikanische Finanzministerium ein Indexierungssystem einführen, das eine Besteuerung nominaler Wertzuwächse verhindern sollte. Dies stellte sich aber als zu schwierig heraus.

Drittens. Vielleicht der größte Mißerfolg war, daß die Bemessungsgrundlage nur sehr begrenzt verbreitert wurde. Die ersten Entwürfe des Reformgesetzes sahen vor, daß eine Vielzahl von Abzugsmöglichkeiten und Sonderbestimmungen gestrichen werden sollte. Daraufhin kam es zu einem heftigen Gezeter der verschiedensten Lobbies. Ihr Widerstand war relativ erfolgreich. Nur ein Bruchteil der ursprünglich vorgesehenen Streichungen findet sich in dem letztlich verabschiedeten Gesetz.

Die Steuerreform brachte keinerlei Fortschritte auf dem Gebiet der Integration von Einkommen- und Körperschaftsteuer. Das Steuerobjekt der Einkommensteuer wurde nicht wesentlich verändert. Sie blieb ein Zwitter aus einer umfassenden Einkommensteuer und einer Konsumsteuer, wobei die stärkere Besteuerung der Wertzuwächse zu einer gewissen Abwandlung in Richtung auf eine umfassende Einkommensteuer geführt hat. Trotzdem erfährt ein großer Teil der Kapitaleinkommen immer noch eine günstigere steuerliche Behandlung.

Ungewiß ist das weitere Schicksal der amerikanischen Steuerreform. Die Pessimisten glauben, daß die hohen Haushaltsdefizite in den nächsten Jahren eine Anhebung der Steuersätze erzwingen werden. Dadurch aber würde der vielleicht größte Fortschritt der Steuerreform, die Senkung der Grenzsteuersätze, möglicherweise zunichte gemacht.

Die deutsche Steuerreform im Jahre 1990

Die deutsche Steuerreform des Jahres 1990 stellt allenfalls eine Miniaturausgabe einer Reform in Richtung auf eine Verbreiterung der Bemessungsgrundlage mit verringerten Grenzsteuersätzen dar. Allerdings ist es in der BR Deutschland in den letzten Jahrzehnten nicht zu einer derart weitgehenden Aushöhlung der Besteuerungsgrundlage gekommen wie in den USA, in Schweden oder im Vereinigten Königreich[23]. Die deutsche Einkommensteuer war insofern vielleicht von vornherein etwas näher am Pol der umfassenden Einkommensteuer angesiedelt. Daß es gerade im Sinne einer angemessenen Besteuerung der Reichen sinnvoll sein kann, den Spitzensteuersatz kräftig zu senken, ist in Deutschland in das Bewußtsein der Öffentlichkeit erst ungenügend eingedrungen.

Die Reform des Jahres 1990 bringt de facto in erster Linie eine größere Steuertarifveränderung. Kleinere Steuertarifanpassungen hat es seit 1965 schon viele gegeben. Diese Steuertarifanpassungen reichten zumeist nicht einmal aus, das durch die Geldentwertung selbst bei unverändertem Realeinkommen bewirkte Hineinwachsen in höhere Progressionsstufen auszugleichen. Dies wird durch die

---

[23] Im Vereinigten Königreich wurde im Jahre 1988 eine bedeutende Reform der Einkommensteuer vorgenommen. Steuerreformbemühungen gibt es auch in zahlreichen anderen westeuropäischen Ländern. Zu der Erkenntnis, daß eine Senkung des Spitzensteuersatzes empfehlenswert sein kann, ist man in relativ vielen Ländern gelangt. Sogar in Schweden wurde der Spitzensteuersatz der Einkommensteuer gesenkt, von 87% auf 80%, in Italien von 72% auf 50%.

Steuerreform 1990 wohl einigermaßen erreicht. Der Spitzensteuersatz wird geringfügig von 56 auf 53% gesenkt. Bedeutungsvoller ist, daß die Gestalt der Kurve des Grenzsteuersatzes geändert wird. Diese wies bislang im Bereich zwischen einem zu versteuernden Jahreseinkommen von 17000 DM und 50000 DM einen deutlichen Buckel und damit eine sehr starke Steigung auf, so daß bereits bei einem zu versteuernden Einkommen von 70000 DM ein Grenzsteuersatz von 50% erreicht wurde[24]. Diese Kurve wird erheblich abgeflacht, nämlich durch den linearen Verlauf des Grenzsteuersatzes ersetzt, den wir im Kapitel 20 dargestellt haben.

Die Fortschritte in Richtung auf eine Verbreiterung der Besteuerungsgrundlage sind demgegenüber gering. Ein Fortschritt wäre immerhin die Einführung einer zehnprozentigen Quellensteuer für Zinseinkommen gewesen. Durch diese Maßnahme wäre die in diesem Bereich bedeutsame Steuerhinterziehung zumindest verringert worden. Diese Maßnahme wurde inzwischen allerdings bereits wieder zurückgenommen. Andere Maßnahmen sind die Beschränkung der Steuerfreiheit von Belegschaftsrabatten auf 2400 DM pro Jahr, also eine Reduzierung der Möglichkeit, der Belegschaft auf diese Weise unversteuertes Einkommen zufließen zu lassen, und die Kürzung der Berlinförderung. Von Konsequenz im Bestreben, die Bemessungsgrundlage zu verbreitern, ist nur wenig zu spüren, was beispielsweise daran erkennbar wird, daß das sogenannte Baukindergeld, eine höchst merkwürdige Schöpfung, sogar noch erhöht wird.

Eine Vereinfachung des Steuerrechts wurde nicht erreicht, eher das Gegenteil. Eine Ausnahme hiervon ist die Schaffung eines Arbeitnehmerpauschbetrags von 2000 DM bei gleichzeitigem Wegfall des vormaligen Arbeitnehmerfreibetrags, Weihnachtsfreibetrags[25] und Werbungskostenpauschbetrags (zusammen 1644 DM). Arbeitnehmer, deren Werbungskosten den Arbeitnehmerpauschbetrag überschreiten, können diese wie bisher steuerlich geltend machen, müssen derartige Werbungskosten also nachweisen. Sind ihre Werbungskosten hingegen geringer als 2000 DM, brauchen sie das nicht mehr zu tun. Für eine wohl beträchtliche Zahl von Arbeitnehmern wurde dadurch der Lohnsteuerjahresausgleich bzw. die Einkommensteuerveranlagung vereinfacht.

Immerhin wird diese Reform bewirken, daß für nahezu alle Steuerpflichtigen der Grenzsteuersatz sinkt, Grenzsteuersatz und Durchschnittssteuersatz bei den überdurchschnittlich verdienenden Steuerpflichtigen zumindest etwas angenähert werden und die Zahl der steuerpflichtigen Bürger – vor allem wegen der Erhöhung des Grundfreibetrags – um ca. eine halbe Million zurückgeht.

---

[24] Da in diesem Bereich große Teile des „Mittelstands" einkommensmäßig angesiedelt sind, spricht man vom „Mittelstandsbauch" der Kurve des Grenzsteuersatzes.

[25] Der Weihnachtsfreibetrag war ein Beispiel für die Irrwege der Finanzpolitik. Dieses eigenartige Weihnachtsgeschenk vom Fiskus wurde wohl hauptsächlich deswegen eingeführt, damit den Arbeitnehmern nicht anläßlich der Weihnachtsgeldzahlung drastisch vor Augen geführt wird, wie hoch ihr Grenzsteuersatz ist.

Zusammenfassung

1) Die wichtigsten Vorschläge für eine grundsätzliche Steuerreform haben die folgenden Anliegen miteinander gemeinsam:
   a) Die Kosten der Steuererhebung, die den Steuerpflichtigen aufgebürdet werden, sind zu hoch und sollen gesenkt werden;
   b) im bestehenden Steuersystem spielt die Steuerausweichung eine erhebliche Rolle. Dies führt zu einer Einengung der Steuerbemessungsgrundlage und zu Ungerechtigkeiten;
   c) die Wohlfahrtsverluste, die durch die hohen Grenzsteuersätze hervorgerufen werden, sind vermutlich erheblich.

2) Das Ziel der Reformprojekte, die wir beschrieben haben, ist eine Vereinfachung des Steuersystems, eine Verbreiterung der Bemessungsgrundlage und eine Verringerung der Grenzsteuersätze. Umstritten ist, wie man das am besten erreichen und dennoch ein Steuersystem konstruieren kann, das „gerecht" ist und bei dem die Reichen einen größeren Teil ihres Einkommens entrichten als die Armen.

3) Die Probleme rühren hauptsächlich daher, daß wir versuchen, mit Hilfe des Steuersystems Einkommen umzuverteilen und einen großen Teil der Steuerlast den Reichen aufzuerlegen. Der kritische Punkt ist, ob bei dem Versuch, das zu erreichen, ein System herausgekommen ist, bei dem die Reichen tatsächlich weniger Steuern entrichten als dies bei einem Steuersystem der Fall sein könnte, das der Grundkonzeption nach weniger ehrgeizige verteilungspolitische Ziele verfolgt.

4) Es ist klar, daß die meisten Vorschläge einer Verringerung der Progression die nominelle Steuerbelastung der Reichen verringern. Wie man dies beurteilt, hängt von den Effizienzgewinnen ab, mit denen eine Flat Rate Tax verbunden ist. Sind diese erheblich genug, ist es unter Umständen möglich, daß sich infolge einer Einführung einer solchen Steuer alle besser stellen. Dies ist es, was die Befürworter der Flat Rate Tax erwarten.

5) Die verschiedenen Reformprojekte schließen sich nicht wechselseitig aus. Wenn sich die Steuerbasis nur geringfügig verbreitern läßt, wie dies unsere Diskussion der umfassenden Einkommensteuer und die praktischen Erfahrungen befürchten lassen, dann mag es wohl wünschenswert sein, eine Flat Rate Tax einzuführen, damit die Grenzsteuersätze gesenkt werden. Diese könnte auch in Gestalt einer Umsatzsteuer mit einem einheitlichen Steuersatz erhoben werden.

6) Wenn wir irgend etwas aus der Steuergeschichte lernen können, dann dies, daß jegliche Steuerreform, die im Wege eines demokratischen Entscheidungsprozesses zustandekommt, einen Kompromiß darstellt: Es mag sich um eine modifizierte Flat Rate Tax handeln (eine erhebliche Senkung des Grenzsteuersatzes, der aber immer noch ansteigt, womöglich ein treppenförmiger Tarif mit zwei oder drei Stufen wie in den USA) oder eine modifizierte umfassende Einkommensteuer (bei der nicht alle Einkommen besteuert werden, beispielsweise Sozialleistungen und Spenden für gemeinnützige Zwecke unversteuert bleiben), die einen Zwitter zwischen einer Konsum- und einer Einkommensteuer darstellt (bei der womöglich sogar ein noch größerer Teil der Kapitaleinkommen unversteuert bleibt, als dies gegenwärtig der Fall ist). Ob ein derartiger Kompromiß die Ungerechtigkeiten und Ineffizienzen des bestehenden Systems lindert, bleibt abzuwarten.

Schlüsselbegriffe

Umfassende Einkommensteuer Flat Rate Tax
Cash Flow Steuer

Fragen und Probleme

1. Johann Schmidt hat ein Familieneinkommen von 50 000 DM. Er spendet hiervon 2 000 DM für gemeinnützige Zwecke, kann 5 000 DM an Sonderabschreibungen für seine Eigentumswohnung absetzen und zahlt 8 000 DM an steuerlich abzugsfähigen Versicherungsbeiträgen. Er hat zwei Kinder. Berechnen Sie seine Steuerschuld aufgrund des gegenwärtig gültigen Einkommensteuertarifs! Stellen Sie sich vor, daß eine umfassende Flat Rate Tax eingeführt würde mit einem Grundfreibetrag von 3 000 DM pro Person. Bei welchem Steuersatz einer derartigen Steuer würde er sich ebenso gut stellen wie unter dem gegenwärtigen System?

2. Stellen Sie Bestimmungen des Einkommensteuerrechts zusammen, die bei einer Einführung einer umfassenden Einkommensteuer gestrichen werden könnten! Welche von diesen Bestimmungen lassen sich aufgrund von Gerechtigkeits-, welche aufgrund von Effizienzerwägungen rechtfertigen?

3. Die Vorstellung, daß eine Konsumsteuer die Armen benachteiligen würde, ist weit verbreitet. Ist dies tatsächlich unvermeidlich der Fall?

4. Die Einführung einer umfassenden Einkommensteuer dürfte einen wesentlichen Einfluß auf den Marktwert verschiedener Kapitalgüter haben. Welche Kapitalgüter dürften im Wert sinken? Welche würden steigen? Sollte der Staat irgend etwas unternehmen, um die Verlierer zu entschädigen und die Gewinner zu besteuern? Die Einführung einer Konsumsteuer würde ebenfalls einen wesentlichen Einfluß auf den Marktwert von Kapitalgütern haben. Welche würden vermutlich im Wert sinken, welche würden steigen?

5. Die Ansicht, daß das Lebenseinkommen (bzw. der Lebenskonsum) die eigentlich angemessene Steuerbemessungsgrundlage wäre, erfreut sich einer stattlichen Anhängerschaft. Erörtern Sie die Ungerechtigkeiten und Ineffizienzen, die eine Konsumsteuer mit progressivem Tarifverlauf nach sich zöge, wenn keine Möglichkeiten einer Durchschnittsbildung über die Jahre hinweg eingeführt würden! Welche Auswirkungen hätte demgegenüber eine Flate Rate Konsumsteuer?

6. Im Kapitel 20 haben wir die Probleme erörtert, die mit der Wahl der geeigneten Bezugseinheit der Besteuerung (Familie, Individuum, Ehepaar) verbunden sind. Wie würden sich diese Probleme darstellen, wenn eine Konsumsteuer eingeführt würde? Eine Flat Rate Einkommensteuer?

Teil VI

Verschiedenes

Die Staatsform der BR Deutschland ist föderalistisch. Ein Teil der Aufgaben des Staates obliegt den Ländern und Gemeinden, ein anderer dem Bund. Im Kapitel 28 stellen wir die Begründung dafür dar, warum ein föderalistisches System vorteilhaft ist, und schildern einige der wichtigsten Wechselbeziehungen zwischen Bund, Ländern und Gemeinden. Wir untersuchen auch die Rolle des Wettbewerbs zwischen verschiedenen Gebietskörperschaften, wenn es darum geht, sicherzustellen, daß die öffentlichen Güter in der Art und Menge, die den Präferenzen der Bürger entspricht, und effizient produziert werden.

Kapitel 29 erörtert in Kürze die Ausgaben und Einnahmen der Länder und Gemeinden. Hierbei geht es uns besonders um die Inzidenz dieser Ausgaben und Einnahmen in einer Situation, in der Kapital und Arbeit sehr mobil sind.

Kapitel 30 bringt die steuerpolitischen Implikationen der Integration in der europäischen Gemeinschaft und Aspekte des Finanzausgleichs in der EG zur Sprache. Besondere Aufmerksamkeit gilt dabei den Plänen einer Harmonisierung der Steuern im Zusammenhang mit dem geplanten Übergang zum Binnenmarkt.

Kapitel 31 behandelt in Kürze einige makroökonomische Probleme, insbesondere die Wirkungen der Staatsschuld und die Möglichkeiten des Staates, das Wirtschaftswachstum zu beeinflussen. Der Hintergrund ist ein relativ schwaches Wirtschaftswachstum in der BR Deutschland und die nicht unerhebliche Staatsverschuldung.

28. Kapitel
Föderalismus

Unter dem Nationalsozialismus wurde Deutschland zentralistisch regiert. Nach 1945 erfolgte der Wiederaufbau deutscher staatlicher Organe zunächst auf der Ebene der Gemeinden und Länder. Die BR Deutschland wurde als förderalistischer Staat errichtet, wobei insbesondere auf dem Gebiet der Gesetzgebung der Bund im Lauf der Zeit den Löwenanteil der Kompetenzen an sich gezogen hat. Bei den Verwaltungskompetenzen liegt der Schwerpunkt hingegen bei den Ländern. Die Verteilung der Kompetenzen zwischen den Gebietskörperschaften wird durch das Grundgesetz geregelt[1]. Im Vergleich zu einigen anderen Ländern wie den USA, der Schweiz, Jugoslawien oder dem deutschen Kaiserreich vor dem 1. Weltkrieg ist die BR Deutschland verhältnismäßig zentralistisch aufgebaut.

Die finanziellen Beziehungen zwischen dem Bund, den Ländern und den Gemeinden

Entsprechend ihrem Anteil an den öffentlichen Aufgaben steht dem Bund und den Ländern im Prinzip auch ein Anteil an den öffentlichen Einnahmen zu (Lastverteilungsgrundsatz, man spricht auch vom Trennsystem bei den Finanzierungszuständigkeiten). So sind Bund und Länder jeweils für die Finanzierung der Aufgaben zuständig, die in ihre Verwaltungszuständigkeit fallen. Davon gibt es aber bedeutende Ausnahmen. Die Gemeinden bilden keine dritte staatliche Ebene, sondern sind Teile der Länder. Sie verfügen über eigene Einnahmen, aber diese reichen bei weitem nicht für die Finanzierung ihrer Aufgaben aus und sie erhalten deswegen Zuweisungen der Länder.

Bei der Lastenverteilung zwischen Bund und Ländern sind insbesondere die folgenden Ausnahmen vom Lastenverteilungsgrundsatz hervorzuheben. Da ist erstens die sogenannte Bundesauftragsverwaltung. Bei ihr übernehmen die Länder die verwaltungsmäßige Abwicklung bestimmter Aufgaben im Auftrag und unter Kontrolle des Bundes, wobei der Bund die dabei entstehenden Ausgaben zu einem beträchtlichen Teil zu tragen hat. Bereiche der Bundesauftragsverwaltung sind Luftverkehr, Bundesautobahnen und -fernstraßen und Teile der Finanzverwaltung. Zweitens kommt es im Zusammenhang mit Bundesgesetzen, die den Bürgern oder Unternehmen Geldleistungen gewähren und von den Ländern verwaltungsmäßig ausgeführt werden, dazu, daß der Bund die dadurch entstehenden Lasten teilweise oder vollständig trägt. Dies wird jeweils in dem Leistungsgesetz bestimmt. Ein solches Gesetz ist das Wohngeldgesetz, bei dem der Bund 50% der Ausgaben trägt. Eine dritte Ausnahme sind die sogenannten Gemeinschaftsaufgaben. Bei ihnen beteiligt sich der Bund an der Finanzierung. Gemeinschaftsaufgaben sind der Ausbau und Neubau von Hochschulen, Maßnahmen zur Verbesserung der regionalen Wirtschaftsstruktur und zur Verbesserung

---
[1] Vgl. hierzu Kapitel 2.

der Agrarstruktur sowie Maßnahmen des Küstenschutzes. Der vierte Ausnahmebereich sind schließlich Finanzierungsbeteiligungen des Bundes an Investitionen der Länder und Gemeinden. Durch sie will der Bund die Vornahme derartiger Investitionen durch Länder und Gemeinden fördern. Die Zuweisungen („Finanzhilfen"), die der Bund gewährt, sind dabei zumeist als gebundene Zuweisungen mit (überwiegender) Eigenbeteiligung des Empfängers ausgestaltet. So beteiligt sich der Bund mit 33% an Investitionen zum Zweck der Stadtsanierung und Stadtentwicklung. Andere Beispiele sind der Ausbau von Verkehrswegen der Gemeinden und Maßnahmen zur Energieeinsparung.

In den Beziehungen zwischen Ländern und Gemeinden spielen die sogenannten Pflichtaufgaben der Gemeinden, die Gemeinschaftsaufgaben (die vom Land und von der Gemeinde gemeinsam wahrgenommen werden) sowie die sogenannten Auftragsangelegenheiten der Gemeinden eine zentrale Rolle[2]. Ein sehr beträchtlicher Teil der Aktivitäten der Gemeinden fällt in den Bereich dieser Aufgaben und Angelegenheiten. Gemeinschaftsaufgaben sind beispielsweise das Schulwesen, die Polizei und der Straßenbau. Auftragsangelegenheiten sind insbesondere Verwaltungsaufgaben, die die Gemeinden im Auftrag des Landes wahrnehmen, wie beispielsweise der Betrieb der Einwohnermelde- und Standesämter. Die Gemeinden können in diesem Zusammenhang und für andere Zwecke von den Ländern eine Vielzahl von Finanzzuweisungen erhalten. Nicht zuletzt über die Bewilligungsbedingungen für Zuweisungen nehmen die Länder in erheblichem Maße auf die Tätigkeit der Gemeinden Einfluß. Die Gemeinden verfügen über zahlreiches Personal, das für den Zweck eingestellt wird, bei den Ländern (und beim Bund) die verschiedensten Zuweisungen zu beantragen. Die freiwilligen Selbstverwaltungsaufgaben der Gemeinden, bei deren Vollzug sie weite Handlungsspielräume haben, betreffen zum beträchtlichen Teil nur die „Prestigeinfrastruktur" wie Museen, Theater, Kulturpflege, Parkanlagen, aber auch Kindergärten.

Finanzausgleich

Ein Finanzausgleich findet sowohl zwischen den Ländern als auch zwischen den Gemeinden statt. Er soll dem Ausgleich von Finanzkraftunterschieden zwischen den Gebietskörperschaften dienen. Wir stellen hier vor allem den Länderfinanzausgleich dar.

Der Länderfinanzausgleich vollzieht sich in mehreren Stufen. Die erste Stufe ist die sogenannte Lohn- und Körperschaftsteuerzerlegung. Die zweite ist die Verteilung der Umsatzsteuer. Die Zerlegung ist erforderlich, weil Arbeitsplatz und Wohnort der Arbeitnehmer bzw. Betriebsstätte und Sitz des Unternehmens oft nicht im gleichen Bundesland liegen. Lebt ein Arbeitnehmer beispielsweise in einem Vorort von Hamburg, arbeitet er aber in Hamburg, wird seine Lohnsteuer im Wege des Quellenabzugs in Hamburg vereinnahmt. Sie wird dann (das ist die Zerlegung) vom Hamburgischen Finanzamt an das Land abgeführt, in dem der Arbeitnehmer seinen Wohnsitz hat (Niedersachsen oder Schleswig-Holstein). Entsprechend wird die Körperschaftsteuer dorthin abgeführt, wo die Betriebs-

---

[2] Die verschiedenen Pflichtaufgaben und pflichtigen Selbstverwaltungsaufgaben der Gemeinden unterscheiden sich im einzelnen recht stark in bezug auf den Handlungsspielraum, der der Gemeinde beim Vollzug dieser Aufgaben verbleibt.

stätte angesiedelt ist. Bei der Umsatzsteuer werden drei Viertel des Umsatzsteueranteils der Länder nicht nach dem „örtlichen Aufkommen", sondern nach der Einwohnerzahl verteilt. Vom restlichen Viertel erhalten die finanzschwachen Länder Zuweisungen, bis sie 92% der durchschnittlichen Steuerkraft aller Bundesländer erreichen.

Die dritte Stufe des Finanzausgleichs sind Ausgleichszahlungen von finanzstarken an finanzschwache Länder. Dies ist der sogenannte horizontale Finanzausgleich. Er liefert den meisten Anlaß zum Streit. Die Finanzkraft der Länder wird gemessen, indem die Summe der ausgleichsrelevanten Ländereinnahmen pro „veredelten" Einwohner errechnet wird. Ausgleichsrelevante Ländereinnahmen sind nicht nur ihre Steuereinnahmen, sondern auch betimmte andere Einnahmen. Bei der „Einwohnerveredelung" wird die Einwohnerzahl der Stadtstaaten Bremen und Hamburg mit dem Faktor 1,35 multipliziert. Die Höherbewertung der Bremer und Hamburger wird damit begründet, daß diese Städte Dienstleistungen für ihr Umland erbringen und der Finanzbedarf eines Ortes mit der Massierung der Bevölkerung ansteigt. Durch die Ausgleichszahlungen soll die Finanzkraft der finanzschwachen Länder auf 95% des Länderdurchschnitts angehoben werden.

Ein vierter Schritt des Finanzausgleichs sind die Bundesergänzungszuweisungen an leistungsschwache Länder. Dies ist der vertikale Finanzausgleich.

Der Gemeindefinanzausgleich (im engeren Sinne) ist durch Landesrecht geregelt und damit in den Bundesländern recht unterschiedlich. Ihm vorgelagert ist die sog. Gewerbesteuerzerlegung. Der Gewerbesteuermeßbetrag eines Unternehmens ist auf mehrere Gemeinden zu zerlegen, wenn es in diesen Betriebstätten unterhält. Der vertikale Finanzausgleich vollzieht sich vorwiegend durch Zuweisungen der Länder an die Gemeinden[3]. Diese Zuweisungen machen ca. ein Viertel der Einnahmen der Gemeinden aus. Es ist zwischen den sogenannten Schlüsselzuweisungen und den Zweckzuweisungen zu unterscheiden. Erstere sind im Gegensatz zu letzteren nicht zweckgebunden. Erstere haben gegenüber letzteren ein leichtes Übergewicht. Den Schlüsselzuweisungen liegt ein Vergleich zwischen der Finanzkraft und dem Finanzbedarf der Gemeinde zugrunde. Die Differenz zwischen diesen zwei Größen wird durch sie (mehr oder minder) ausgeglichen. Bei der Ermittlung des Finanzbedarfs wird wiederum vor allem von der Einwohnerzahl ausgegangen, wobei diese erneut „veredelt" wird. Der Veredelungsfaktor richtet sich nach der Größe der Gemeinde. Bei großen Gemeinden wird unterstellt, daß der Finanzbedarf pro Einwohner bis zum 1,4fachen desselben in kleinen Gemeinden beträgt. Große Gemeinden haben zwar zumeist auch höhere eigene Steuereinnahmen, aufgrund der „Einwohnerveredelung" erhalten sie aber ebenso oft hohe Zuweisungen pro Einwohner wie kleinere. Im interkommunalen Finanzausgleich spielen schließlich noch die sog. Umlagen eine Rolle. Sie werden von den Gemeindeverbänden (Kreisen) und den Zweckverbänden erhoben. Ein Beispiel ist die Kreisumlage, aus der sich die Kreise finanzieren.

---

[3] Bei den Zuweisungen an die Gemeinden handelt es sich fast ausschließlich um Landeszuweisungen. Wenn Mittel vom Bund stammen, werden sie überwiegend über den Landeshaushalt geleitet.

Prinzipien des Förderalismus

Im Kapitel 4 haben wir die Gründe für staatliche Aktivität erörtert. Der Hauptsatz der Wohlfahrtsökonomik – die „unsichtbare Hand" des Adam Smith – besagt, daß die Wirtschaft Pareto-effizient funktionieren würde, gäbe es kein Marktversagen. Die Individuen werden in Verfolgung ihres Eigeninteresses Entscheidungen fällen, die Pareto-Effizienz herbeiführen. Der Wettbewerb zwischen den verschiedenen Erzeugern nötigt sie dazu, daß sie die Güter, nach denen eine Nachfrage besteht, zu den geringstmöglichen Kosten produzieren.

Es lassen sich ähnlich Gründe für die Bereitstellung von Gütern und Diensten durch die Länder und Gemeinden statt durch den Bund benennen. Wettbewerb zwischen verschiedenen Gebietskörperschaften, so wird argumentiert, wird dazu führen, daß diese diejenigen Güter und Dienste bereitstellen, die ihre Bürger wünschen, und daß sie diese Güter auf effiziente Weise produzieren. Dies wird als die **Tiebout Hypothese** bezeichnet nach Charles Tiebout, der derartige Argumente im Jahre 1956 zum ersten Mal formalisierte.[4]

Tiebout ging es zunächst um die Problematik der Enthüllung von Präferenzen, die wir im Kapitel 5 besprochen haben: Während die Individuen ihre Präferenzen für private Güter zum Ausdruck bringen, indem sie diese kaufen, ist es nicht klar, wie sie ihre Präferenzen in bezug auf öffentliche Güter enthüllen können. Gehen sie zur Wahl, wählen sie die Kandidaten, die ihren Wertvorstellungen im allgemeinen entsprechen, aber sie haben keine Möglichkeiten, in diesem Rahmen ihre Ansichten über die verschiedenen Staatsausgaben im einzelnen zur Geltung zu bringen. Selbst wenn die Individuen in der Lage wären, direkt über die Ausgaben im Rahmen bestimmter Ausgabenprogramme abzustimmen, wäre das Gleichgewicht, das sich ergibt, dennoch im allgemeinen nicht Pareto-effizient.

Tiebout verwies darauf, daß die Bürger mit den Füßen abstimmen können und daß die Wahl zwischen verschiedenen Wohnorten, die sie treffen, ihre Präferenzen in bezug auf örtlich bereitgestellte öffentliche Güter infolgedessen ebenso enthüllt, wie dies bei den Kaufentscheidungen für private Güter der Fall ist. Mehr noch, ebenso wie es Anreize für Unternehmen gibt, zu ermitteln, welche Güter die Individuen vorziehen, und diese in effizienter Weise bereitzustellen, so gibt es Anreize für die Gemeinden herauszufinden, welche Arten von örtlich bereitgestellten öffentlichen Gütern sie vorziehen, und diese in effizienter Weise bereitzustellen. Man kann sich dies durch einen Vergleich mit einem Wohnungsbauunternehmen deutlich machen, das ein größeres bebauungsfähiges Areal neu bebaut. Vor allem in jüngerer Zeit haben derartige Unternehmen den Umstand zu berücksichtigen begonnen, daß viele Nachfrager von Wohnungen mehr öffentlich bereitgestellte Güter (Spielplätze, Schwimmbäder, Parkanlagen, eventuell auch Bewachungsdienste usw.) wünschen als in der jeweiligen Gegend von der Gemeinde angeboten werden. Ist die Nachfrage nach derartigen Gütern tatsächlich stark genug, werden die Mieter bzw. Käufer von Eigentumswohnungen im Gegenzug bereit sein, höhere Preise bzw. Mieten zu zahlen, und es lohnt sich für das Unternehmen, Informationen über die diesbezüglichen Wünsche der Individuen zu sammeln und sie zu befriedigen.

---

[4] Vgl. C. Tiebout: A Pure Theory of Local Expenditure. Journal of Political Economy 64 (1956), S. 416-24.

Im allgemeinen werden Gemeinden, die die gewünschten Dienste auf effiziente Weise bereitstellen, eine Zuwanderung verzeichnen, während Gemeinden, die dies nicht tun, unter einer Abwanderung leiden. Derartige Wanderungsbewegungen (mit den entsprechenden Veränderungen in den Grundstückpreisen) liefern den Stadtverwaltungen in ganz ebensolcher Weise Informationen, wie dies der Markt für Unternehmen tut (ein Unternehmen, dem es nicht gelingt, Güter zu erzeugen, die das Publikum begehrt, wird feststellen, daß seine Verkaufszahlen zurückgehen. Eines, dem dies gelingt, wird seine Verkaufszahlen steigern können). Die Politiker reagieren auf diese Signale ebenso wie das Management eines Unternehmens auf Marktsignale (zumindest unter dem Druck ihrer Wählerschaft).

Die Analogie ist aufschlußreich. Unter bestimmten Voraussetzungen werden die unabhängig voneinander getroffenen Entscheidungen der verschiedenen Gemeinden darüber, welche öffentlichen Güter bereitgestellt werden sollen und wie das geschehen und finanziert werden soll, zu einer Pareto-effizienten Allokation führen, ebenso wie dies bei den unabhängig voneinander getroffenen Entscheidungen der verschiedenen Unternehmen und Haushalte, private Güter betreffend, der Fall ist[5].

Marktversagen

Es besteht eine große Ähnlichkeit zwischen den Einschränkungen, denen die Gültigkeit der Tieboutschen Hypothese unterliegt und denjenigen, denen die Aussage unterworfen ist, daß Marktallokationen Pareto-optimal sind. Letztere haben wir im Kapital 4 erörtert. Im wesentlichen handelt es sich um dreierlei Einschränkungen: Das Auftreten einer Form von Marktversagen, Unzufriedenheit mit der Einkommensverteilung; die Überzeugung, daß die Konsumenten bestimmte Handlungen unterlassen, obwohl sie in ihrem ureigensten Interesse sind.

Nationale öffentliche Güter und lokale öffentliche Güter

Bei einigen öffentlichen Gütern fließen die Vorteile denen zu, die in einer bestimmten Gemeinde leben. Dies ist beispielsweise beim Brandschutz der Fall. Bei anderen fließen die Vorteile hingegen den Bewohnern des ganzen Landes zu. Landesverteidigung ist ein Beispiel hierfür.

Diesselben Argumente, die angeführt werden, um zu beweisen, daß öffentliche Güter nur dann effizient angeboten werden, wenn sie öffentlich bereitgestellt werden, lassen sich dafür geltend machen, daß nationale öffentliche Güter auch national angeboten werden müssen.

---

[5] Seit Tiebout ist eine umfangreiche Literatur entstanden, die sich mit den Voraussetzungen befaßt, unter denen seine Schlußfolgerungen gerechtfertigt sind. Vgl. insbesondere J. E. Stiglitz: Public Goods in Open Economies with Heterogenous Individual. In: Locational Analysis of Public Facitilities, J. F. Thisse, H. G. Zoller (Hrsg.) New York 1983; J. E. Stiglitz: Theory of Local Public Goods. In: The Economics of Public Services, M. Feldstein and R. Imman, Hrsg. New York 1977; S. 274-233 und T. Bewley: A Critique of Tiebout's Theory of Local Public Expenditure. Econometrica 49 (1981), S. 713-40.

Reine öffentliche Güter (das sind Güter, bei denen das Ausschlußprinzip unanwendbar und seine Anwendung nicht wünschenswert ist), deren Nutzen nur in einer bestimmten Gegend anfallen, werden **lokale öffentliche Güter** genannt. Verkehrsampeln sind dafür ein Beispiel. Ebenso wie die meisten Güter, die auf der Ebene einer Nation öffentlich bereitgestellt werden, keine reinen öffentlichen Güter sind, sind auch die meisten, die örtlich öffentlich bereitgestellt werden, keine reinen lokalen öffentlichen Güter. Bei manchen, wie z.b. öffentlichen Bibliotheken, läßt sich das Ausschlußprinzip leicht anwenden, aber seine Anwendung ist nicht wünschenswert, weil die Kosten der Benutzung durch ein zusätzliches Individuum beinahe null sind. Andere Güter, die die Gemeinden bereitstellen, wie z.b. Bildungseinrichtungen oder Krankenhäuser, sind im Grunde private Güter. Wir verwenden den Begriff **lokale öffentliche Güter** für alle öffentlich bereitgestellten Güter.

Im Kapitel 5 haben wir die Vorzüge und Nachteile einer öffentlichen im Vergleich zu einer privaten Bereitstellung von Gütern wie etwa Bildung erörtert, die keine reinen öffentlichen Güter darstellen. Wenn sie öffentlich bereitgestellt werden, dann können sie von der nationalen Regierung (das Bildungswesen in Frankreich), von den Ländern (Bildungswesen in der BR Deutschland) oder von den Gemeinden (beträchtliche Teile des Bildungswesens in den USA) bereitgestellt werden. Der Vorteil der Gemeinden oder Länder ist, daß sie örtlichen bzw. regionalen Bedürfnissen und Präferenzen stärker Rechnung tragen können; Nachteile sind die möglicherweise höheren Transaktionskosten (muß doch z.B. bei einer Verwaltung des Schulwesens durch die Gemeinden eine jede Ressourcen aufwenden, um ihren eigenen Lehrplan zu entwickeln). Außerdem könnte man die Qualitätsunterschiede, die zwischen verschiedenen Gemeinden bzw. Ländern bei dezentralisierter Entscheidungsbefugnis unvermeidlich aufkommen, für einen Nachteil halten. Dies gilt besonders für das Bildungswesen.

Externe Effekte

Die Aktivitäten einer Gemeinde können nachhaltige Wirkungen auf andere Gemeinden haben. Errichtet sie an der Gemeindegrenze Abwasserbeseitigungsanlagen oder erlaubt sie den Bau eines Industriegebiets, und zwar in einer solchen Lage, daß der Wind den Gestank in die Nachbargemeinden bläst, liegt ein wichtiger externer Effekt vor. Manchmal bezeichnen wir derartige externe Effekte als **Spillovers oder interregionale Externalitäten**. Nicht alle Spillovers sind mit negativen Folgen verbunden. Manche Ökonomen glauben, daß ein hoher Bildungsstand der Bevölkerung mit bedeutenden Vorzügen für die Allgemeinheit verbunden ist und daß sich hieraus eine Rechtfertigung für staatliche Bildungsaufwendung ableiten läßt. Wenn das wahr ist und die Individuen aus der Gemeinde, die ihnen unentgeltlich Bildungseinrichtungen zugänglich gemacht hat, fortziehen, kommt es zu Spillovers des Bildungswesens der Gemeinde.

Wanderungsbewegungen und ineffiziente Standortverteilung. Wanderungsbewegungen kann man als Auslöser einer besonders wesentlichen Gruppe externer Effekte betrachten. Wenn Individuen in eine Gemeinde ziehen, bringen sie dieser sowohl Nutzen als auch Kosten; sie vergrößern möglicherweise ihr Steueraufkommen, sie bewirken aber auch eine stärkere Beanspruchung der öffentlichen Dienste und möglicherweise eine Überfüllung (beispielsweise der Straßen und Parkanlagen). Da sie vielfach weder für diese Kosten zahlen noch etwas für die

Nutzen erhalten, ist zu erwarten, daß die Ortswahl mit Ineffizienzen verbunden ist. In vielen Ländern hat die Konzentration der Bevölkerung auf einige Ballungszentren (London, Paris, Athen, Moskau), die als übermäßig empfunden wird, in zunehmendem Maße Besorgnis erregt, und es wurden Dezentralisierungsmaßnahmen ergriffen, die dazu beitragen sollen, daß eine gemäß dieser Sicht effizientere Wohn- und Standortwahl herbeigeführt wird.

Wettbewerb und Maximierungsverhalten

Der Analyse der Wohlfahrtsökonomik liegt die Voraussetzung zugrunde, daß es viele profitmaximierende Unternehmen gibt. Die Tiebout Hypothese basiert ganz analog auf der Voraussetzung, daß es viele miteinander im Wettbewerb stehende Gemeinden gibt[6]. Selbst wenn diese tatsächlich den Entscheidungsspielraum haben, den die Tiebout Hypothese voraussetzt, gibt es in den meisten Gebieten doch nur eine recht begrenzte Zahl von miteinander konkurrierenden Gemeinden; dementsprechend herrscht nur ein beschränkter Wettbewerb. Darüberhinaus treffen die Gemeinden ihre Entscheidungen nicht auf der Grundlage einer einfachen Maximierung der Grundstückwerte, sondern im Wege eines politischen Entscheidungsprozesses, wie wir ihn im Kapitel 6 diskutiert haben. Die Ineffizienzen, zu denen dies führen kann, werden im nächsten Kapitel beschrieben; hier machen wir nur darauf aufmerksam, daß die Unvollkommenheit des Wettbewerbs ein Grund ist, die Tiebout Hypothese mit Skepsis zu betrachten.

Umverteilung

Noch wesentlicher für die Rechtfertigung der Rolle des Bundes sind verteilungspolitische Erwägungen. Hierbei geht es sowohl um die Einkommensverteilung zwischen den Individuen als auch um die zwischen den Gemeinden.

Ungleichheit zwischen den Individuen

Sollte über die Umverteilung auf örtlicher oder auf gesamtstaatlicher Ebene entschieden werden? Ist „Umverteilung" ein lokales öffentliches Gut? Stellen wir uns vor, die Bewohner einer Stadt glauben daran, daß niemand in einem Elendsviertel hausen sollte, und sorgen deshalb in ihrer Gemeinde für die Bereitstellung einer großen Zahl von Sozialwohnungen, während die einer anderen Gemeinde eine andere Ethik haben. Gibt es einen Grund dafür, daß die Bewohner der ersten Gemeinde den Versuch unternehmen sollten, der zweiten ihre Ethik aufzuzwingen, indem sie sich dafür einsetzen, daß durch Bundesgesetz die Bereitstellung einer bestimmten Mindestzahl von Sozialwohnungen gewährleistet wird?

---

[6] In der Tat, es muß sogar derart viele davon geben, daß alle Bewohner derselben Gemeinde, die dieselben Fähigkeiten besitzen, auch dieselben Präferenzen in bezug auf öffentliche Güter haben. Eine andere Konsequenz ist, daß (vorausgesetzt, daß die Wähler rational wählen) beim Wahlverhalten Einstimmigkeit beobachtet wird. Diese Konsequenzen sind offensichtlich beide nicht eingetreten. Vgl. J. E. Stiglitz: Public Goods in Open Economies; R. W. Eberts und T. J. Gronberg: Jurisdictional Homogeneity and the Tiebout Hypothesis. Journal of Urban Economics 10 (1981), S. 227-339; and H. Pack und J. Pack: Metropolitan Fragmentation and Local Public Expenditure. National Tax Journal 31 (1978), S. 349-62.

Die Antwort hierauf ist ja. Der Grund ist, daß bei relativ ungehindertem Zuzug Umverteilungsbemühungen im Rahmen einer Stadt enge Grenzen gesetzt sind. Eine jede Gemeinde, die die Versorgung mit Sozialwohnungen oder mit unentgeltlich an die Armen abgegebenen Gesundheitsgütern verbessert oder die Sozialhilfesätze wesentlich erhöht, sähe sich vermutlich mit einem Zustrom von Armen konfrontiert. Gemeinden haben einen Anreiz, sich selbst für die Armen unattraktiv zu machen, so daß diese woandershin umziehen. Ein mögliches Mittel hierfür ist der Bebauungsplan. Dieser könnte beispielsweise vorsehen, daß auf dem Boden einer Gemeinde nur Einfamilienhäuser mit großen Gärten errichtet werden dürfen. Eine andere Möglichkeit ist, bestimmte öffentliche Dienste zu kürzen, die besonders von den Armen in Anspruch genommen werden, während die Reichen leicht auf private Substitute ausweichen können. Ein Beispiel hierfür ist der öffentliche Personennahverkehr.

In der Tat führt ein vollkommener Wettbewerb zwischen den Gemeinden um eine für den Steuerzahler möglichst kostengünstige Bereitstellung lokaler öffentlicher Dienste dazu, daß die Steuerzahler nur in dem Maße Steuern entrichten, wie sie selber dieser Dienste teilhaftig werden. Eine Gemeinde, in der es keine Sozialfürsorge gibt und die in dem Bestreben erfolgreich ist, die Armen zur Abwanderung zu bewegen, könnte ihre sonstigen öffentlichen Dienste (Bildungswesen, Abwasserbeseitigung, öffentliche Bibliotheken usw.) zu geringeren Steuersätzen bereitstellen als eine, die ein umfangreiches Sozialprogramm besitzt (Wohnungen für Obdachlose, Sozialhilfe usw.) oder Anstrengungen zur Förderung benachteiligter Kinder unternimmt. Die Beschränkung (Unvollkommenheit) des Wettbewerbs und der Umstand, daß die Entscheidungen über öffentliche Dienste im Wege eines politischen Entscheidungsprozesses gefällt werden, führen dazu, daß es in der Realität vielfach Umverteilungsbemühungen der Gemeinden (und Länder) gegeben hat und gibt. Nichtsdestoweniger bleiben diese begrenzt.

Ungleichheit zwischen den Gemeinden und Regionen

Würde kein Finanzausgleich vorgenommen, wären die Unterschiede in bezug auf Prokopfeinnahmen und -ausgaben zwischen den verschiedenen Ländern und Gemeinden recht erheblich. Die Stadt Schwäbisch Hall ist wesentlich reicher als die Stadt Coesfeld. Soll eine arme Gemeinde im selben Maße Dienste bereitstellen wie eine reiche, muß sie wesentlich höhere Gemeindesteuern erheben. Das Grundgesetz gebietet, daß der Staat auf eine „Einheitlichkeit der Lebensverhältnisse" in der ganzen BR Deutschland hinwirken solle.

Warum aber sollte uns die Ungleichheit, die durch Unterschiede in der örtlichen Bereitstellung öffentlicher Güter bedingt ist (und unterschiedlich hohe Steuern), mehr bekümmern als Ungleichheit im allgemeinen? Gibt es einen Grund dafür, daß ein Finanzausgleich zwischen den Gebietskörperschaften wünschenswert ist? Wenn wir mehr Umverteilung wollen, warum nicht einfach über die Einführung einer stärker progressiven Besteuerung? Dies ließe den Bürgern dann die Freiheit, ihr Einkommen nach Steuern nach ihrem Gutdünken zu verwenden. Wenn sie in einer Gemeinde leben wollen, die weniger oder mehr für lokale öffentliche Güter ausgibt, warum sollen sie das nicht dürfen? Diese Fragestellungen sind verwandt mit der weiter oben gestellten Frage, ob der Staat spezielle Maßnahmen ergreifen sollte, um die Ungleichheit bei der Versorgung mit bestimmten Gütern, wie Gesundheitsgütern, Grundnahrungsmitteln oder Wohnraum, zu vermindern. Wir haben das Konzept des **gutspezifischen Egalitarismus** eingeführt, die Ansicht, daß der Konsum bestimmter Güter nicht von dem eigenen Einkommen oder Vermögen (bzw. dem der Eltern) abhängen sollte. Bildung als das bedeutendste von den Gemeinden bzw. Ländern öffentlich bereitgestellte Gut ist auch dasjenige, bei dem die besten Argumente für eine gleichmäßige Bereitstellung verfügbar sind.

Immerhin läßt sich einiges gegen Maßnahmen einwenden, die auf eine Verminderung der Ungleichheit in der Versorgung mit lokalen öffentlichen Diensten abzielen.

Konsumentensouveränität. Das erste Gegenargument ist die wohlbekannte Forderung nach „Konsumentensouveränität": die Individuen sollen die Güter auswählen dürfen, die sie haben wollen. Der Staat sollte armen Gemeinden nicht seine Präferenzen – für Personennahverkehr, Wohnraumversorgung und Bildungsgüter – aufzwingen. Insoweit sie erfolgreich sind, bewirken Programme, die die Ungleichheit in der Bereitstellung lokaler öffentlicher Güter verringern, eine Verzerrung der Verbrauchsstruktur der Armen; sie führen zu einem stärkeren Verbrauch „lokaler öffentlicher Güter" und einem geringeren privater Güter, als dies bei Umverteilungsmaßnahmen der Fall wäre, die ihnen einfach Bargeld geben. Zweckgebundene Zuschüsse bewirken eine Verzerrung in der Zusammensetzung der örtlich bereitgestellten öffentlichen Güter (erneut natürlich nur in dem Maße, wie sie nicht zweckentfremdet werden); beispielsweise können sie zu höheren Bildungsaufwendungen oder vermehrten Anstrengungen der Altstadtsanierung führen, während gleichzeitig die Müllabfuhr weniger oft kommt. Immer dann, wenn solche Verzerrungen auftreten, gibt es eine Zusatzlast.

Dieser Verweis auf die Konsumentensouveränität ist zwar sicherlich ernstzunehmen, im Zusammenhang mit bestimmten örtlich öffentlich bereitgestellten Gütern aber doch weniger überzeugend als bei anderen. Entscheidungen über die Schulbildung werden nicht von den Schülern selbst, sondern von ihren Eltern gefällt; und die über die Bereitstellung lokaler öffentlicher Güter fallen im Wege eines politischen Prozesses, der, wie wir im Kapital 6 gesehen haben, nicht zu effizienten Ergebnissen zu führen braucht[7].

Schwierigkeiten bei der Auswahl der Gemeinden, die durch den Finanzausgleich bessergestellt werden sollen. Ein zweites Argument gegen Programme, die auf eine Umverteilung von Einkommen zwischen Gemeinden (Regionen, Ländern) abzielen, ist, daß derartige Programme unter einem Gießkanneneffekt leiden. In den meisten Gemeinden leben sowohl Arme als auch Reiche. Ein Programm, das einer Gemeinde Ressourcen zuführt, in der das Durchschnittseinkommen gering ist, könnte bewirken, daß die Steuern in dieser Gemeinde gesenkt werden; hiervon profitieren dann vielleicht aber in erster Linie die Reichen, die in dieser armen Gemeinde leben. Andererseits mögen bestimmte Programme, wie z.B. die Bereitstellung billiger und gut ausgestatteter Kindergarten-

---

[7] Sind die restriktiven Bedingungen für die Gültigkeit der Tiebout Hypothese erfüllt, dann werden örtlich bereitgestellte öffentliche Güter in einem effizienten Ausmaß verfügbar gemacht. Wenn das so ist, dann werden Eingriffe des Bundes in diese Bereitstellung möglicherweise der Effizienz abträglich sein, weil diese Eingriffe selbst im Wege eines politischen Entscheidungsprozesses zustandekommen.

28. Kapitel: Föderalismus

plätze für Familien mit niedrigem Einkommen, bei der Einkommensumverteilung zugunsten von Kindern aus Familien mit geringem Einkommen sogar effizienter sein als beispielsweise Bargeldzahlungen an diese Familien.

Effiziente Standortwahl. Ein drittes Argument ist, daß Programme, die Einkommen zwischen verschiedenen Gemeinden umverteilen, zu einer ineffizienten Standortwahl führen. Sie verzerren die Entscheidungen der Haushalte und Unternehmen betreff ihres Wohn- und Standorts.

Eine beträchtliche Zahl von Individuen wechselt im Verlauf ihres Lebens mindestens einmal ihren Wohnort. Es gibt Entleerungs- und Zuzugsgebiete. Beispielsweise sind München und Stuttgart Zuzugsgebiete, das Emsland hingegen ist ein Entleerungsgebiet. Eine Vielzahl von Gründen mögen dafür eine Rolle spielen, daß sich jemand zum Umzug entschließt, die wirtschaftlichen sind aber von herausragender Bedeutung. Hierbei spielen nicht nur die Möglichkeiten eine Rolle, die jemand hat, Arbeit zu finden, und der Lohn, mit dem er rechnen kann, sondern auch die Steuerbelastung und das Vorhandensein öffentlicher Güter. Da Nachfrage und Technologien einem Wandel unterliegen, ist es für wirtschaftliche Effizienz erforderlich, daß die Individuen dahin ziehen, wo sie am produktivsten sein können. Dies kann es erfordern, daß manche Gemeinden, ja sogar ganze Regionen sich entleeren, während in anderen die Bevölkerung stark ansteigt. Wenn der Bund oder die Länder Einkommen von einer Gemeinde zur anderen umverteilen, so kann dies die effiziente Allokation von Arbeit und Kapital behindern. Die Steuerbelastung und die Versorgung mit öffentlichen Gütern in einer bestimmten Gemeinde werden dann deren wirtschaftliche Möglichkeiten nicht getreu widerspiegeln. Die Ineffizienzen, die dies mit sich bringt, dürften, kurzfristig gesehen, gering sein, langfristig aber erheblich. Individuen mögen sich ermutigt fühlen, dort zu bleiben, wo sie sind, statt in produktivere Gemeinden zu ziehen. Möglicherweise wäre es vorteilhafter, die Auswanderung aus unproduktiven Regionen zu subventionieren.

Infolge des Ausbaus des Autobahn- und Straßennetzes könnte es sein, daß die starke Agglomeration der Bevölkerung in einigen Ballungszentren ineffizient geworden ist. Ein Finanzausgleich, der auf „veredelte" Einwohnerzahlen abstellt, und andere Maßnahmen, die die Ballungszentren begünstigen, mag infolgedessen zur Verewigung ineffizienter Besiedlungsmuster beitragen[8]. Eine solche Maßnahme, die die Agglomeration in Ballungszentren begünstigt, ist beispielsweise die regionale Differenzierung des Wohngelds. Das Wohngeld, das ein Bewohner eines Ballungszentrums mit hohen Mieten erhält, ist bei gleichem Einkommen höher als für einen Bewohner des flachen Landes, wo die Mieten niedrig sind. Dies wird von den Politikern damit gerechtfertigt, daß die Mieten im Ballungszentrum höher sind. Bei dieser Argumentation wird übersehen, daß die Miete des Wohngeldempfängers – sagen wir im Hamburg – auch ein Entgelt für eine Vielzahl von Leistungen und Chancen enthält, die einem Wohngeldempfän-

---

[8] Andererseits kann es sein, daß diese Hilfen positive externe Effekte abgelten, die von den Ballungszentren bereitgestellt werden. Dies ist eines der Hauptargumente für das Verfahren, das im Rahmen des Finanzausgleichs bei der Ermittlung der Steuerkraft angewendet wird. Die Behauptung, daß größere Orte regelmäßig einen höheren Finanzbedarf hätten, wird als das „Brechtsche Gesetz" bezeichnet.

ger in Minden oder in einem kleinen Dorf nicht zur Verfügung stehen[9]. Wird dieses Entgelt durch höhere Wohngeldzumessungen statt von dem Mieter selbst vom Steuerzahler getragen, bedeutet das nichts anderes, als daß man den Umzug in ein Ballungszentrum subventioniert.

Derartige Ineffizienzen rühren wohlgemerkt vor allem von dem Bestreben her, Einkommen zwischen Gemeinden umzuverteilen. Geht es uns in erster Linie um Ungleichheit zwischen den Individuen, sollten Umverteilungsmaßnahmen auf Individuen ausgerichtet sein, nicht auf Regionen oder Gemeinden.

Umverteilungsversuche können, wenn sie nicht wohlkonzipiert sind, bedeutende Verzerrungen bewirken. Beispielsweise könnte ein Programm des Bundes oder der Länder, das die Wohnungsnot der Armen mittels Subventionen lindern soll und dabei von der Zahl der von einer derartigen Wohnungsnot betroffenen Einwohner der Gemeinden ausgeht, die Gemeinde dazu veranlassen. Maßnahmen zu ergreifen, die diese Wohnungsnot sogar noch vergrößern (wie z.b. größere Strenge bei der Überprüfung dessen, ob geforderte Mieterhöhungen nicht über die „örtliche Vergleichsmiete" hinausgehen[10], eine restriktive Politik bei der Ausweisung von Bauland usw.). Eine Politik des Bundes bzw. der Länder, hochverschuldeten Städten (oder Ländern, z.B. dem Saarland) unter die Arme zu greifen, könnte andere Städte ermuntern, sich stärker als sonst zu verschulden, weil sie wissen, daß im Zweifelsfall der Bund einspringen wird.

Finanzausgleich in der BR Deutschland. In der BR Deutschland werden Maßnahmen des Länder- und des Gemeindefinanzausgleichs vor allem im letzteren Fall damit begründet, daß das Steuersystem zu einer höchst ungleichmäßigen Verteilung des Steueraufkommens führe und das Aufkommen der Gemeindesteuern regelmäßig für die Erfüllung der Aufgaben der Gemeinde nicht ausreiche. Dies ist tatsächlich der Fall. Dies provoziert aber die Frage, ob es nicht zweckmäßiger wäre, das Steuersystem, insbesondere das System der Gemeindesteuern, zu ändern.

Wenn die europäische Einigung in der Zukunft voranschreitet, dürfte der Finanzausgleich in der BR Deutschland in zunehmendem Maße in Legitimationsprobleme geraten. Keine deutsche Regierung dürfte von der Vorstellung begeistert sein, daß die Finanzkraft der Gebietskörperschaften in der BR Deutschland im Wege eines Finanzausgleichs in der Europäischen Gemeinschaft an die Finanzkraft Portugals oder Irlands auch nur annähernd angeglichen wird. Wenn man die europäische Einigung bejaht und eine solche Angleichung im Rahmen der BR Deutschland wünscht, warum dann nicht auch im Rahmen der Europäischen Gemeinschaft?

---

[9] Wie z.B. das Vorhandensein eines dichten Nahverkehrsnetzes, das ihm viel Bewegungsfreiheit bietet, die bessere medizinische Versorgung, eine Vielzahl von leicht zugänglichen lokalen öffentlichen Gütern.

[10] Im Rahmen des gegenwärtig gültigen Mietrechts sind die Möglichkeiten der Gemeinde (Ausnahme: Berlin), hier Einfluß zu nehmen, allerdings nicht allzu erheblich. Immerhin kann sie für die Aufstellung eines Mietspiegels sorgen, und dies kann (in manchen Gerichtsbezirken) bei der Abwehr einer Mieterhöhung von einem gewissen Vorteil sein.

Produktion oder Finanzierung

Weiter oben haben wir auf den wesentlichen Unterschied hingewiesen, den es bedeutet, ob ein Gut öffentlich produziert oder aber seine Bereitstellung öffentlich finanziert wird. An dieser Stelle muß eine ähnliche Unterscheidung vorgenommen werden. Der Bund kann bestimmte Aufgaben selbst wahrnehmen oder sich der (anderen) Gebietskörperschaften für die Bereitstellung der entsprechenden Dienste bedienen (ebenso wie er sich im Prinzip hierfür auch privater Vertragsunternehmen bedienen könnte). Weiter oben haben wir darauf hingewiesen, daß das Grundgesetz den Ländern und Gemeinden vielfach die verwaltungsmäßige Abwicklung der Maßnahmen des Bundes überträgt.

Die Argumente, die sich zugunsten einer örtlichen Produktion öffentlicher Güter statt einer durch den Bund anführen lassen, entsprechen den Argumenten, die wir im Kapitel 7 vorgebracht haben: a) Fähigkeit, auf örtliche Präferenzen und Bedürfnisse zu reagieren. Die örtlichen Staatsorgane haben die Informationen und Anreize, lokale öffentliche Güter derart bereitzustellen, wie es den Bedürfnissen und Präferenzen der örtlichen Bevölkerung am besten entspricht. Gibt es erhebliche Unterschiede zwischen verschiedenen Gemeinden bzw. verschiedenen Ländern (beispielsweise bei den Werturteilen, die in der Bildungspolitik zum Ausdruck kommen), kann dies ein wesentlicher Vorteil sein. b) Anreize zur effizienten Produktion. Ebenso wie Wettbewerb zwischen Unternehmen einen Anreiz schafft, effizient zu produzieren und den Wünschen des Konsumenten zu entsprechen, schafft auch Wettbewerb zwischen Gemeinden einen Anreiz hierzu.

Wir haben bereits auf gewisse Schwächen dieses Arguments hingewiesen, z.B. die Begrenztheit der Zahl der Gemeinden, die eine Beschränkung des Wettbewerbs bewirken dürfte. Auch gibt es zusätzlich noch einen bedeutenden Unterschied zwischen privaten und örtlich bereitgestellten öffentlichen Gütern: Wenn ein Unternehmen eine bessere Mausefalle produziert oder die Kosten der Produktion einer solchen senkt, dann profitiert hiervon ihr Erwerber. Für jeden, der einen Bedarf nach Mausefallen hat, lohnt es sich, nach besseren und billigeren Mausefallen Ausschau zu halten. Suchen die Wähler aber nach besseren Bürgermeistern und wenden für diese Suche Ressourcen auf, profitieren von den Ergebnissen alle Steuerzahler und Bürger[11]. „Gute Regierung" ist, wie wir im Kapitel 6 gesehen haben, ein öffentliches Gut. Ob dieses Problem auf örtlicher oder Bundesebene massiver auftritt, ist unklar.

Die Effektivität zweckgebundener Zuweisungen an die Gemeinden

Der Sinn (zweck)gebundener Zuschüsse der Länder (Zweckzuweisungen) an die Gemeinden ist, das Engagement der Gemeinden bei der Erfüllung bestimmter

---

[11] Es ist behauptet worden, daß es für einen Politiker Anreize gibt, öffentliche Dienste möglichst effizient bereitzustellen und die Wählerschaft hiervon zu informieren.

öffentlicher Aufgaben zu fördern[12]. Beispielsweise mag das Land die Errichtung eines Theaters oder bestimmter Bildungseinrichtungen finanziell unterstützen. Der Zweck einer solchen Unterstützung ist, die Gemeinde zu veranlassen, mehr von diesen Gütern bereitzustellen, als sie es von sich aus getan hätte. Wie wirkungsvoll sind die darauf gerichteten Maßnahmen der Länder? Ersetzen die Ländermittel einfach örtliche Mittel, oder haben sie wirklich einen Einfluß auf das Ausgabenvolumen für den jeweiligen Zweck?

Aus theoretischer Sicht geht es um dieselbe Fragestellung, wie wir sie im Kapitel 9 diskutiert haben. Wie wirkungsvoll sind (zweck)gebundene Hilfen an Individuen bei dem Bemühen, sie zu einer Erhöhung ihrer Ausgaben für Wohnung

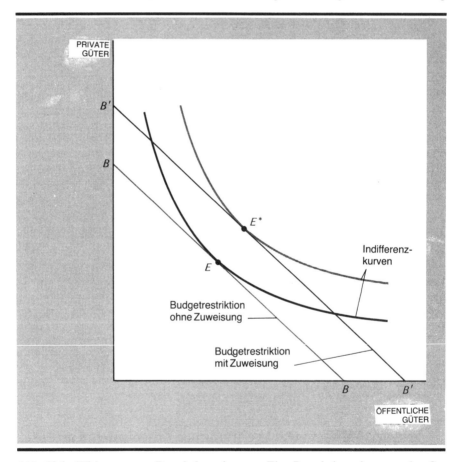

Abb. 28.1 Wirkungen von Pauschalzuweisungen. Eine Pauschalzuweisung an eine Gemeinde führt zu erhöhten öffentlichen Ausgaben, aber nicht in demselben Maße, in dem die Zuweisungen erhöht wurden. Die Gemeindesteuern werden nämlich gesenkt.

---

[12] Tatsächlich ist die Zahl der Finanzhilfen, die die Länder den Gemeinden unter Umständen gewähren, in der BR Deutschland kaum mehr überschaubar. Da es sich um Landesrecht handelt, ist die Lage in den einzelnen Ländern unterschiedlich.

oder Gesundheitsgüter zu veranlassen? Dies hängt davon ab, ob ein Substitutionseffekt auftritt oder nur ein Einkommenseffekt.

In der Zeichnung 28.1 haben wir die Budgetrestriktion der Gemeinde aufgezeichnet. (Der Einfachheit halber nehmen wir an, daß alle Individuen innerhalb derselben identisch sind, so daß wir Geschmacksunterschiede nicht berücksichtigen müssen.) Die Gemeinde würde den Punkt E wählen, den Tangentialpunkt zwischen der Budgetrestriktion und der Indifferenzkurve des repräsentativen Individuums. Nun nehmen wir an, daß die Landesregierung der Gemeinde eine allgemeine Zuweisung (eine Pauschalübertragung) gewährt[13]. Dies verschiebt die Budgetrestriktion, die Linie B'B'. Ein neues Gleichgewicht wird erreicht, nämlich E*. Es ist mit einem höheren Ausgabenniveau für lokale öffentliche Güter und einem höheren Prokopfkonsum privater Güter verbunden. Das heißt, die Unterstützung durch das Land hat in Wirklichkeit zu einer Verringerung der Besteuerung der Bürger der Gemeinde geführt; Landesmittel haben teilweise solche der Gemeinde substituiert. Es handelt sich aber nur um eine teilweise Substitution. Die Gemeinde wendet mehr für öffentliche Güter auf, da ihre Budgetrestriktion gelockert wurde.

Nehmen wir nun aber an, daß es zwei unterschiedliche öffentliche Güter gibt, sagen wir Abfallbeseitigung und Bildungswesen, für die die Gemeinde ihre Mittel verausgaben kann. Wir stellen ihre allokative Entscheidung zwischen den zwei öffentlichen Gütern mit demselben Diagramm dar, das wir gerade für die Darstellung der Allokation auf private und öffentliche Güter verwandt haben[14]. Die Gemeinde hat eine Budgetrestriktion; sie muß ihren Haushalt auf die zwei öffentlichen Güter verteilen, wie dies in der Zeichnung 28.2 dargestellt ist. Sie besitzt auch Indifferenzkurven zwischen den zwei öffentlichen Gütern. Das ursprüngliche Gleichgewicht wird in der Zeichnung 28.2 durch E dargestellt. Dank der Landeshilfe bewegt sich die Budgetrestriktion nach außen, und das neue Gleichgewicht ist E*. Ist es von irgendeiner Bedeutung, ob die Landesregierung bestimmt, daß die Mittel aus Finanzzuweisungen für das eine oder andere öffentliche Gut eingesetzt werden müssen? Normalerweise nicht. Solange die Finanzzuweisung hinter dem Betrag zurückbleibt, den die Gemeinde sowieso für diesen Zweck ausgeben will, ersetzt die Landeshilfe nur eine örtliche Finanzierung dieses speziellen Gutes, beinahe Mark für Mark. Wendet die Gemeinde sagen wir 5% eventueller zusätzlicher Gemeindeeinnahmen für Bildungsgüter auf und 5% für Müllabfuhr, wird eine Zuweisung von 1 Million DM dazu führen, daß 50 000 DM davon für zusätzliche Bildungsaufwendungen und 50 000 DM für Müllabfuhr ein-

---

[13] Wenn diese Zuweisung in Form eines festen Betrages erfolgt, dann wird sie eine Blockzuweisung genannt. In der Praxis des Gemeindefinanzausgleichs werden allgemeine Zuweisungen in erster Linie in Form der Schlüsselzuweisungen verliehen und bei der Zumessung dieser Zuweisungen wird ein Verfahren verwendet, das den hier dargestellten Effekt verhindern soll.

[14] Einer derartigen Analyse liegt die Annahme zugrunde, daß wir die Allokationsentscheidung zwischen verschiedenen öffentlichen Gütern von der zwischen privaten und öffentlichen Gütern trennen können; eine derartige Trennung ist nur unter recht restriktiven mathematischen Voraussetzungen, die Präferenzen betreffend, möglich, die als Separabilität bezeichnet werden. Separabilität bedeutet, daß angenommen wird, daß die Grenzrate der Substitution zwischen den öffentlichen Gütern 1 und 2 nicht vom Konsumniveau anderer Güter abhängt.

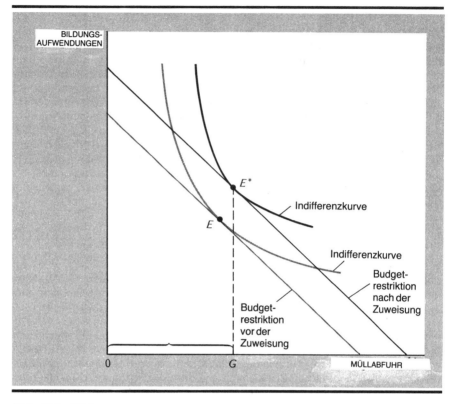

Abb. 28.2 Wirkungen von Zweckzuweisungen ohne Mitfinanzierungsverpflichtung. Es ist belanglos, ob die Landesregierung bestimmt, daß die Mittel für die Müllabfuhr verwendet werden oder für das Bildungswesen, solange die Zweckzuweisung geringer ist als was die Gemeinde sowieso für diesen Zweck verausgabt hätte (im Fall der Müllabfuhr also solange die Zweckzuweisung geringer ist als OG).

gesetzt werden. Die restlichen 900000 DM werden verwendet, um die Gemeindesteuern zu senken. Es spielt keine Rolle, ob das Land bestimmt, daß die Zuweisung für Bildungsgüter eingesetzt werden muß, oder nicht, solange die Gemeinde vor Erhalt derselben mehr als 1 Million DM für Bildungsgüter verausgabt hat. War das nicht der Fall, ist die Wirkung auf das Ausgabenniveau etwas ausgeprägter; die Ausgaben würden in dem Maße anwachsen, wie die Finanzzuweisungen das vormalige Ausgabenniveau übersteigen[15].

Anders verhält es sich, wenn das Land gebundene Zuweisungen mit Eigenbeteiligung der Gemeinden gewährt (matching grants, sogenannte Mitfinanzierungspflicht). Nehmen wir das Beispiel der Finanzierung einer Stadtbücherei. Will die Gemeinde ein Buch anschaffen, das 100 DM kostet, muß sie bei einer derart ausgestalteten Zuweisung und einem Eigenbeteiligungssatz von 50% nur

---

[15] Für eine vollständige Analyse dieses Problems wäre ein dreidimensionales Diagramm erforderlich mit den drei Achsen Bildungsausgaben, Müllabfuhr und private Güter.

50 DM zahlen, weil das Land für die andere Hälfte aufkommt. Das erzeugt offenbar einen erheblichen Anreiz, mehr Bücher zu kaufen. Dies wird in der Zeichnung 28.3 dargestellt. Die Zuweisung bewirkt eine Drehung der Budgetrestriktion um den Punkt B. Würde die Gemeinde sich entscheiden, keine Bücher (diese sind das öffentliche Gut) zu kaufen, würde sie keinerlei Landesmittel erhalten. Für jede Mark an privaten Gütern, auf die die Gemeinde verzichtet, kann sie nunmehr doppelt so viele öffentliche Güter erwerben wie zuvor. Die Budgetrestriktion ist infolgedessen wesentlich flacher. Die Verschiebung der Budgetrestriktion nach außen hat wie zuvor einen Einkommenseffekt; nunmehr tritt aber zusätzlich ein Substitutionseffekt ein. Da die öffentlichen Güter im Vergleich zu privaten billiger geworden sind, wird die Gemeinde mehr für öffentliche Güter aufwenden

Werden Landesmittel im Wege einer gebundenen Zuweisung mit Eigenbeteiligung zugeführt, hat die Hilfe des Landes eine nachhaltige Wirkung auf die Zusammensetzung des Haushalts; sie wird den Erwerb derjenigen Güter fördern,

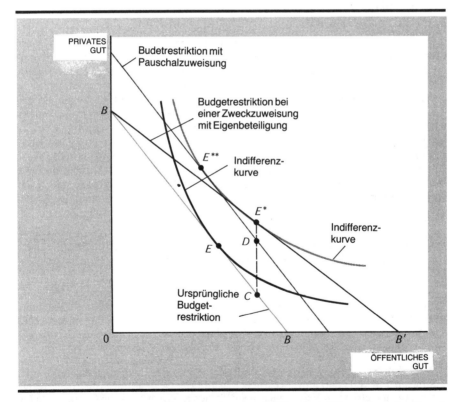

Abb. 28.3 Die Wirkung von Zweckzuweisungen mit Eigenbeteiligung. Derartige Zuweisungen verringern den Preis bestimmter lokaler öffentlicher Güter und bewirken eine Erhöhung des Konsums derselben. Bei einer Eigenbeteiligung von 50% muß die Gemeinde private Güter nur im Wert von 50 Pfennig aufgeben, um öffentliche Güter im Wert von 1 DM zu erhalten.

deren Preis für die Gemeinde vermindert wurde (vielleicht teilweise auf Kosten anderer, deren relativer Preis sich damit erhöht hat).

Es sollte klar sein, daß ein System von gebundenen Zuweisungen mit Eigenbeteiligungen immer dann weit überlegen ist, wenn es der zuweisenden Stelle, also der Landesregierung, darum geht, den Konsum bestimmter lokaler öffentlicher Güter zu fördern.

In der Zeichnung 28.3 haben wir die Budgetrestriktion der Gemeinde bei einer allgemeinen Zuweisung eingetragen, die der Gemeinde zu demselben Wohlfahrtsniveau verhilft wie die gebundene Zuweisung mit Eigenbeteiligung. (Diese Budgetrestriktion verläuft parallel zu der vor Gewährung der Zuweisung). Wir machen auf die folgenden zwei Punkte aufmerksam: Die Ausgaben für das öffentliche Gut werden im Gleichgewicht geringer sein als bei einer gebundenen Zuweisung mit Eigenbeteiligung, und die Kosten für die Landesregierung ebenfalls. Mit der gebundenen Zuweisung mit Eigenbeteiligung ist eine Zusatzlast verbunden (gemessen in privaten Gütern beträgt sie DE*).

Theorie und Praxis

Die Voraussage, daß gebundene Zuweisungen mit Eigenbeteiligung bei der Steuerung des Gemeindeverhaltens mehr bewirken als allgemeine, hat sich in der Praxis bewahrheitet, die, daß gebundene Zuweisungen ohne Eigenbeteiligung dieselbe Wirkung ausüben wie pauschale Erhöhungen der privaten Einkommen, hingegen nicht; die Tatsachen zeigen, daß zweckgebundene Zuweisungen auch ohne Mitfinanzierungspflicht der Gemeinde eine Wirkung auf ihr Verhalten haben[16]. In den USA hat man dies als den Flypaper Effekt bezeichnet: money sticks where it hits[17] („das Geld bleibt da hängen, wo es hinfließt"). Verschiedene Erklärungen wurden angeboten. Eine davon ist, daß die Wähler, wenn Zuweisungen ohne Eigenbeteiligung vorliegen, die wahren Grenzkosten öffentlicher Ausgaben nicht erkennen; sie liegen dann über den Durchschnittskosten, und die Wähler verstehen eher, was Durchschnittskosten als was Grenzkosten sind. Eine andere Erklärung ist, daß zumindest auf kurze Frist die Bürokraten in den Stadtverwaltungen bei der Verausgabung ihrer Haushalte erhebliche Spielräume haben[18].

Erhalten sie zusätzliche Mittel, dauert es geraume Zeit, bevor die Wähler hiervon erfahren; selbst wenn sie davon relativ rasch erfahren würden, mangelte es

---

[16] Vgl. E. M. Gramlich: Intergovernmental Grants: A Review of the Empirical Literature. In: The Political Economy of Fiscal Federalism, Hrsg. W. E. Oates. Lexington MA 1977.

[17] P. N. Courant, E. M. Gramlich und D. L. Rubinfeld: The Stimulative Effect of Intergovernmental Grants: Or why Money Sticks where it Hits. In: Fiscal Federalism and Grants-in-Aid, Hrsg. P. Mieszkowski und W. Oakland. Washington D. C. 1979. S. 5-21.

[18] Wegen einer Erörterung dieser These vgl. beispielsweise J. Hannaway: Administrative Structures: Why do they grow? Teachers Record 1978. Der Ausbruch von „Steuerrevolten", Bemühungen von Vereinigungen von Steuerzahlern, gesetzliche Obergrenzen für die Steuern und Staatsausgaben einzuführen, läßt vermuten, daß das Gefühl weitverbreitet ist, daß die Steuerzahler tatsächlich nur recht wenig Einfluß auf das Verhalten der staatlichen Bürokratie nehmen können. Wegen einer Diskussion derartiger „Steuerrevolten" vgl. A. Rabushka und P. Ryan: The Tax Revolt. Stanford CA 1982. In Deutschland sind derartige Steuerrevolten bislang nicht zu verzeichnen gewesen.

ihnen doch an Mitteln, um die Bürokraten dazu zu nötigen, das Geld an sie weiterzuleiten. Eine dritte Erklärung ist, daß die Länder in der Lage sind, sicherzustellen, daß die Zuschüsse tatsächlich zu einer entsprechenden Erhöhung der Ausgaben auf dem Gebiet führen, für das sie gedacht sind; sie haben Möglichkeiten, Zuschüsse zu streichen. wenn sie glauben, daß sie einfach dazu verwendet werden, örtliche Mittel zu substituieren[19].

Das Steuersystem und die Ausgaben der Länder und Gemeinden

Es wäre denkbar, daß man im Rahmen des Einkommensteuerrechts die Regelung vorsieht, daß die Zinsen auf Schuldtitel, die von den Ländern und Gemeinden emittiert werden, von ihren Empfängern nicht versteuert werden müssen. In der BR Deutschland ist dies im wesentlichen überwunden – in der Vergangenheit gab es derartige Arrangements auch im deutschen Steuerrecht[20]. In anderen Staaten, beispielsweise in den USA, gibt es derartige Bestimmungen nach wie vor. Reagan setzte sich für eine Abschaffung dieser Steuervergünstigungen ein, konnte sich aber nicht durchsetzen. Hat ein Steuerpflichtiger einen Grenzsteuersatz von 50%, bewirkt diese Regelung, daß der Zins nach Steuern bei einem solchen Schuldtitel mit einer Verzinsung von 5% gerade so hoch ist wie bei einem normalen Wertpapier mit einer Verzinsung von 10%, bei dem der Zins zu versteuern ist.

Eine zweite für die Gemeindefinanzen relevante Bestimmung des Einkommensteuerrechts ist eine eventuelle Abzugsfähigkeit der Gemeindesteuern von der Einkommensteuerschuld oder der Steuerbemessungsgrundlage der Einkommensteuer. Tatsächlich werden Gewerbe- und Grundsteuer vom deutschen Steuerrecht als eine „durch den Betrieb veranlaßte Aufwendung" betrachtet und mindern als solche die Einkommen- und Körperschaftsteuer. Durch diese Regelung führt eine Erhöhung der Gemeindesteuern zu einer Verringerung des Einkommen- und Körperschaftsteueraufkommens des Bundes und der Länder.

Eine derartige Behandlung der Zinsen auf Schuldtitel der Gemeinden bzw. der Gemeindesteuern führt zu einer Erhöhung der Ausgaben für lokale öffentliche Güter und schafft einen Anreiz dazu, diese Ausgaben durch Schuldenaufnahme zu finanzieren. Betrachten wir eine Gemeinde, in der alle Bürger einem Grenzsteuersatz von 33% haben. Erhöht die Gemeinde ihre Ausgaben für Bildungsgüter pro Familie um 1 000 DM, wird dies durch eine Erhöhung der Gemeindesteuern finanziert, und werden diese Gemeindesteuern von der Steuerbemessungsgrundlage der Einkommensteuer abgezogen, sind die Kosten nach Steuern für eine Familie nur 670 DM[21]. Die Wirkung ist dieselbe, als ob der Bund der Gemeinde eine zweckgebundene Zuweisung mit Eigenbeteiligung gewähren würde.

Das Haushaltsrecht schreibt zumeist vor, daß Länder und Gemeinden Kredit nur zu dem Zweck aufnehmen dürfen, um Investitionen zu finanzieren. Damit führt eine Steuerfreiheit

---

[19] Tatsächlich verbinden in Deutschland die Landesbehörden die Gewährung von Zweckzuweisungen mit einer Vielzahl von oft sehr detaillierten Einzelbestimmungen, die gelegentlich bis ins Skurrile reichen. Der Ermessensspielraum der Landesbehörden bei der Gewährung von Zuweisungen an die Gemeinden ist erheblich und die Abhängigkeit der letzteren von diesen groß. Es ist also für die Gemeinde durchaus ratsam, den Vorstellungen der Landesbehörden Beachtung zu schenken.

[20] Vgl. Paragraph 3a EStG. Wertpapieren, die nach dem 1.1.1955 emittiert wurden, wurde keine derartige Steuerbefreiung mehr gewährt.

[21] Bei dieser Rechnung vernachlässigen wir die Auswirkungen der Gewerbesteuerumlage und bestimmter Regelungen des Gemeindefinanzausgleichs.

der Zinsen auf ihre Schuldtitel dazu, daß die effektiven Kosten des Kapitals für die Gemeinden bzw. Länder niedriger sind als die effektiven Kosten für Arbeit oder die laufenden Unterhaltskosten; dies schafft eine Neigung, übermäßig kapitalintensiv zu planen.

Derartige Steuervergünstigungen für die Gemeinden sind aus mindestens drei Gründen vermutlich ineffizient[22]. Den ersten haben wir gerade dargestellt: Die Steuervergünstigung schafft einen Anreiz für eine öffentliche Bereitstellung von Gütern, unabhängig davon, wie effizient die Gemeinden hierbei sind. Die Gemeinden konzentrieren und beschränken sich nicht auf die Bereitstellung derjenigen öffentlichen Güter, bei denen sie (unter dem Gesichtspunkt der Allokationseffizienz) eigentlich aktiv werden sollten.

Der zweite Grund ist, daß ein beträchtlicher Teil der Vorteile einer Steuerbefreiung der Zinsen nicht den Gemeinden zufließt, sondern besonders reichen Steuerpflichtigen. Von der Steuerbefreiung profitiert der Steuerpflichtige umso mehr, je höher sein Grenzsteuersatz ist. Ist bei einem Grenzsteuersatz von 30% der Zins auf eine Kommunalobligation nach Steuer derselbe ist wie bei anderen Wertpapieren, deren Zins versteuert wird, dann ist es für alle diejenigen, die einen höheren Grenzsteuersatz als 30% haben, höchst vorteilhaft, derartige Schuldtitel zu erwerben.

Ein dritter Grund ist, daß wegen der Konkurrenz zwischen den Gemeinden um eine Ansiedlung von Unternehmen ein Teil der Vorteile diesen Unternehmen zufließt statt den Gemeinden selbst. Die Gemeinden können beispielsweise Schuldtitel emittieren und damit Infrastruktur finanzieren, die sie Unternehmen zur Verfügung stellen, wenn sie sich ansiedeln. Oder sie können den Unternehmen andere Gefälligkeiten anbieten und diese durch Erhöhung der Gemeindesteuern finanzieren.

Zusammenfassung

1. Die Gesetzgebungskompetenz liegt in der BR Deutschland vornehmlich beim Bund. Darüberhinaus kann er durch die Gewährung von Finanzhilfen auf das Verhalten der Länder einwirken. Bei den Aufgaben der Gemeinden überwiegen die Pflichtaufgaben. Sie sind finanziell stark von Zuweisungen der Länder abhängig. Mögliche Formen von Finanzhilfen sind gebundene und ungebundene Zuweisungen. Bei gebundenen Zuweisungen (Zweckzuweisungen) mit Eigenbeteiligung hängt der Umfang der Zuweisung von den Ausgaben des Empfängers ab.

2. Die Tiebout Hypothese behauptet, daß Wettbewerb zwischen den Gemeinden zu einer effizienten Versorgung mit lokalen öffentlichen Gütern führte. Gründe dafür, daß Eingriffe des Bundes erforderlich sein können, sind Marktversagen (nationale öffentliche Güter, externe Effekte, insbesondere solche, die mit der Standortwahl verbunden sind, Wettbewerbsbeschränkungen) und Einkommensumverteilung (die begrenzten Möglichkeiten einer Einkommensumverteilung im örtlichen Rahmen).

3. Zwischen den verschiedenen Ländern und Gemeinden bestehen wesentliche Unterschiede im Prokopfeinkommen und bei der Versorgung mit lokalen öffentlichen Gütern. Ob der Staat bestrebt sein sollte, diese Unterschiede abzubauen (oder stattdessen die Einkommensungleichheit zwischen den Individuen), ist strittig.

4. Die Argumente zugunsten einer örtlichen Erstellung öffentlicher Güter sind mit den Argumenten zugunsten einer privaten Produktion verwandt: größere Reaktionsfähigkeit auf Bedürfnisse und Präferenzen und stärkere Anreize zu einer effizienten Bereitstellung der Dienste.

---

[22] Trotzdem spielen in der Debatte über die Gemeindefinanzreform Vorschläge eine Rolle, die darauf hinauslaufen, die Steuervergünstigungen für die Gemeinden sogar noch erheblich auszuweiten.

28. Kapitel: Föderalismus

5. Gebundene Zuweisungen mit Eigenbeteiligung sind besser geeignet, eine Lenkung der Ausgaben in die gewünschte Richtung zu gewährleisten, aber mit ihrer Gewährung ist eine Zusatzlast verbunden. Obwohl die traditionellen theoretischen Argumente darauf hinauslaufen, daß Zweckzuweisungen ohne Eigenbeteiligung nur einen Einkommenseffekt haben und infolgedessen einem Transfer an private Haushalte äquivalent sind, deuten die Tatsachen darauf hin, daß es einen Flypaper Effekt gibt.

6. Steuervergünstigungen für die Gemeinden führen zu übermäßigen Ausgaben für lokale öffentliche Güter und übermäßige Investitionsaufwendungen. Sie stellen eine ineffiziente Methode der Subventionierung der Gemeinden dar; ein Großteil der Vorteile kommt reichen Investoren zugute und nicht den Gemeinden; ein beträchtlicher Teil der Nutzen wird auf Unternehmen überwälzt (und nicht auf die Einwohner der Gemeinden); sie führen zu einer Diskriminierung zugunsten von Individuen mit hohem Einkommen und solchen, die eine ausgeprägte Vorliebe für lokale öffentliche Güter haben.

Schlüsselbegriffe

Gebundene Zuweisungen mit
 Eigenbeteiligung
Einkommensteuerzerlegung
Blockzuweisungen
Umlagen

Lokale öffentliche Güter
Spillovers
Gutspezifischer Egalitarismus
Flypaper Effekt

Fragen und Probleme

1. Erörtern Sie für die folgenden Transfer- bzw. Versicherungsprogramme die Vor- und Nachteile einer Bestimmung der Anspruchsvoraussetzungen (für Empfänger von Leistungen) durch die Länder statt durch den Bund: Sozialhilfe, gesetzliche Krankenversicherung, Arbeitslosenversicherung, soziale Rentenversicherung, Familienlastenausgleich!

2. Der niedersächsische Ministerpräsident Albrecht setzte sich dafür ein, daß die Kosten der Sozialhilfe zum Teil vom Bund statt von den Ländern und Gemeinden getragen werden. Erörtern Sie diesen Vorschlag aufgrund der Analyse in diesem Kapitel!

3. Wenn die Einkommenselastizität der Nachfrage nach einem Bildungsgut eins beträgt, was werden die Auswirkungen einer (kleinen) Blockzuweisung in Höhe von 200 000 DM an eine Gemeinde auf die Bildungsaufwendungen sein, wenn diese 5% ihrer Mittel für das Bildungsgut aufwendet?

4. Bei bestimmten Aufgaben beteiligt sich das Land derart an ihrer Finanzierung, daß es 50% der Kosten trägt und die Gemeinde die anderen 50% tragen muß. Man kann sich zusätzlich vorstellen, daß das Land die Kosten nur bis zu einem bestimmten Höchstbetrag übernimmt. Zeichnen Sie die Budgetrestriktion für private und lokale öffentliche Güter für eine Gemeinde, deren Einwohner identische Präferenzen und Einkommen haben! Erörtern Sie die Folgen der Beteiligung des Landes bei Gemeinden die weniger als diesen Höchstbetrag ausgeben! Erörtern Sie die Folgen für Gemeinden, die mehr als diesen Höchstbetrag ausgeben!

5. Erörtern Sie unter Bezugnahme auf die Darlegung in den Kapiteln 7, 8 und 9 die Eignung einer Landesaufsicht über die Gemeinden (Kommunalaufsicht) als Mittel, sie zu einem bestimmten Verhalten zu bewegen, und zwar im Vergleich zu zweckgebundenen Zuweisungen mit Eigenbeteiligung!

29. Kapitel
Steuern und Ausgaben der Länder und Gemeinden

Im Kapitel 2 haben wir die Struktur und das Aufkommen der Länder und Gemeindesteuern erörtert. Nun stellen wir die Frage: Was ist ihre Inzidenz? Wir wenden uns auch der damit verwandten Fragestellung zu: Wem fließen die Nutzen aus den Gütern und Diensten zu, die die Gebietskörperschaften bereitstellen? Mit anderen Worten, was ist die Inzidenz dieser Ausgaben? Diese Fragen müssen beantwortet werden, wenn wir Aussagen darüber treffen wollen, wie im Rahmen der Gebietskörperschaften Entscheidungen über Höhe und Zusammensetzung der öffentlichen Ausgaben getroffen werden.

Inzidenzanalyse der Gemeindefinanzen

Im Kapitel 17 haben wir die Grundlagen der Inzidenzanalyse entwickelt. Wir haben dort gezeigt, daß die Inzidenz einer Verbrauchsteuer auf ein Gut oder einer Steuer auf den Ertrag eines Produktionsfaktors von der Angebots- und Nachfrageelastizität dieses Gutes bzw. dieses Faktors abhängt.

Im Gleichgewicht bestimmt sich die Entlohnung eines Produktionsfaktors nach dem Schnittpunkt der Angebots- und der Nachfragekurve für diesen. Nunmehr soll die Verwendung des Faktors besteuert werden. Graphisch läßt sich dies entweder als eine Verschiebung der Angebotskurve darstellen (damit ihm dieselbe Menge abgeboten wird, muß der Käufer mehr zahlen, und zwar gerade um den Steuerbetrag mehr) oder aber als eine Verschiebung der Nachfragekurve nach unten (das Nettoentgelt, das der Anbieter für eine bestimmte Menge vom Käufer erhält, verringert sich). Im Grenzfall hat die Angebotskurve unendliche Elastizität, d.h. sie ist vollständig waagrecht. Dann ruht die ganze Last der Steuer auf dem Käufer. Die Bruttofaktorentlohnung steigt um den Steuerbetrag. Die Nettofaktorentlohnung bleibt dieselbe.

Die Konsequenzen für Gemeindesteuern lassen sich leicht ableiten. Langfristig gesehen sind die meisten Produktionsfaktoren mobil; das heißt, sie können leicht von Gemeinde zu Gemeinde umziehen. Besonders ausgeprägt ist die Mobilität des Kapitals. Ein Investor wird in einer Gemeinde nur dann investieren, wenn er dieselbe Rendite erhält wie anderswo.

Örtliche Kapitalsteuern

Eine Gemeinde, die ihre Steuern auf Kapital erhöht, wird festellen müssen, daß sie von den Investoren gemieden wird; für diejenigen Anleger, deren Kapital in unbeweglichen Anlagen wie z.B. einem Stahlwerk steckt, wird es zwar unmöglich sein, diese zu entfernen, sie verringern aber ihre Investitionen, bis die Rendite vor Steuern ansteigt. Dieser Prozeß setzt sich fort, bis die Rendite nach Steuern dieselbe ist wie anderswo.

Infolgedessen ruht die Last einer Kapitalsteuer langfristig nicht auf den Kapitaleignern, sondern auf dem Boden und der Arbeit. Weil weniger Kapital vorhanden ist, geht die Produktivität von Land und Arbeit zurück und infolgedessen die Entlohnung dieser Faktoren.

Sinkt wegen der Kapitalsteuer die Arbeitsproduktivität, fallen die Löhne. Sind die Arbeiter mobil, werden sie längerfristig auswandern; bei vollkommener Mobilität setzt sich dieser Prozeß fort, bis das Arbeitseinkommen (nach Steuern) dasselbe ist wie anderswo. Damit bleibt nur der Boden als der einzige Faktor übrig, der nicht auswandern kann. Nach der Emigration des Kapitals und der Arbeit ruht langfristig die volle Last der Steuern auf den Grundbesitzern.

Dieses Ergebnis setzt voraus, daß Arbeit vollkommen mobil ist. Natürlich werden die Arbeiter kurzfristig nicht auf eine geringe Veränderung des Kapitalsteuersatzes durch Auswanderung reagieren. In der Tat haben viele eine ausgeprägte Präferenz , in der Gemeinde zu leben, in der sie aufgewachsen sind. Solche Arbeitskräfte sind nur teilweise mobil. Sie werden die Last der Steuer zum Teil tragen. Ihre Löhne gehen infolge eines Abflusses des Kapitals zurück.

Übersieht man diese Zusammenhänge, hat dies dramatische Folgen. In der BR Deutschland verändern Gemeinden häufig die Hebesätze der Gewerbesteuer. Haben diese Gemeinden nicht besondere Vorteil für Investoren aufzuweisen, wird eine Hebesatzanhebung zu einer spürbaren Abwanderung von Unternehmen führen.

Einkommen, Löhne und Umsatzsteuer

Ähnliche Prinzipien gelten für die Besteuerung der Arbeit. Sind die Individuen nicht mit ihrer Gemeinde in spezieller Weise verbunden, ist die Arbeitsangebotskurve in einer kleinen Gemeinde vollkommen elastisch. Eine Steuer auf Arbeit würde einfach zu einer Erhöhung der Entlohnung der Arbeit vor Steuern führen, die die Entlohnung nach Steuern unverändert ließe. Erneut liegt die Last der Lohnsteuer nicht auf den Arbeitern, sondern auf den Grundbesitzern. Es handelt sich im Grunde um eine indirekte – aber ineffiziente – Grundsteuer.

Eine allgemeine Umsatzsteuer ist, wie wir im Kapitel 17 gesehen haben, äquivalent mit einer proportionalen Einkommensteuer. Ihre Effekte haben einige Ähnlichkeit mit denen einer Arbeitseinkommensteuer[1]. Diese Steuern werden von den Grundbesitzern getragen (und von Arbeitern mit begrenzter Mobilität)

Verzerrungen

Aus dem Ergebnis, daß alle denkbaren Gemeindesteuern von denselben immobilen Produktionsfaktoren getragen werden, folgt nicht, daß sie alle dieselben Reaktionen auslösen. Eine direkte Steuer auf Land ist nichtverzerrend. Alle anderen Methoden der Besteuerung bewirken demgegenüber Verzerrungen. Eine

---

[1] Eine Einkommensteuer ist eine Steuer auf Arbeitseinkommen plus eine auf Kapitaleinkommen. Eine derartige Steuer übt einen besonders ausgeprägten verzerrenden Effekt auf die Wohnortwahl reicher Individuen aus; sie mögen sich entscheiden, nicht in dem Ort zu leben und zu arbeiten, in dem ihre Produktivität besonders hoch ist, weil der Nettoertrag für sie (unter Inrechnungstellung der zusätzlichen Steuern, die sie auf ihr Kapitaleinkommen entrichten müssen) geringer ist.

Steuer vom Typ der deutschen Grundsteuer (die zum Teil eine Steuer auf den Faktor Boden, zum Teil eine auf Kapital ist) erhöht die Kapitalkosten in der Gemeinde und führt zu einer geringeren Kapitalverwendung; eine Lohnsteuer und eine Umsatzsteuer erhöhen die Lohnkosten und verursachen infolgedessen eine geringere Verwendung von Arbeitskraft. Außerdem kann eine Umsatzsteuer die Individuen dazu veranlassen, jenseits der Gemeinde- oder Landesgrenzen einzukaufen. In den USA ist die (Einzelhandels)Umsatzsteuer eine Steuer der Gliedstaaten, und ihr Tarif ist in diesen Staaten sehr unterschiedlich. In der BR Deutschland ist die Belastung durch die Umsatzsteuer überall dieselbe, ein ähnliches Phänomen läßt sich aber im Rahmen der EG und an den Grenzen zu Österreich beobachten. Dies ist ineffizient, u.a. weil es unnötige Ausgaben für Fahrtkosten verursacht. Unterschiede in der Einkommensbesteuerung können ähnliche Effekte auslösen. In den USA erheben außer dem Bund viele Einzelstaaten eine Einkommensteuer, andere aber nicht. Beispielsweise erhebt New Hampshire keine Einkommensteuer. Dies führt dazu, daß viele Leute, die in Massachusetts arbeiten, in New Hampshire wohnhaft sind.

Dies ist der Fall, wenn für die Heranziehung zu der Einkommensteuer der Gliedstaaten das Wohnsitzland entscheidend ist. Man spricht vom Wohnsitzlandprinzip. Das Einkommen des Steuerpflichtigen wird dann unabhängig davon, wo es erworben wird, nach dem Recht des Landes besteuert, in dem er seinen Wohnsitz hat. Man könnte sich auch andere Ausgestaltungen der Steuerpflicht denken, nämlich das sogenannte Quellenlandprinzip. Hierbei wird das Einkommen nach dem Recht des Landes besteuert, in dem es erworben wird. Wird von den Unternehmen eine Wertschöpfungssteuer erhoben, so läuft dies darauf hinaus, daß das Quellenlandprinzip angewendet wird, es sei denn, man führt einen „Grenzausgleich" durch[2]. Wird in verschiedenen Gebieten das Einkommen teils nach dem Wohnsitz-, teils nach dem Quellenlandprinzip besteuert, kann es zu Doppelbesteuerung oder auch zu faktischer Steuerfreiheit kommen. Dann kann eine Abstimmung etwa durch Doppelbesteuerungsabkommen erforderlich werden[3]. Die BR Deutschland hat über 50 Doppelbesteuerungsabkommen abgeschlossen. Doppelbesteuerungsabkommen (oder andere Vorkehrungen, die einen ähnlichen Effekt haben) können aber auch zwischen verschiedenen Ländern eines Bundesstaates erforderlich werden, wenn in diesen Ländern unterschiedliche Steuern erhoben werden. Beispielsweise gibt es ein entwickeltes System von Doppelbesteuerungsabkommen zwischen den verschiedenen Kantonen der Schweiz.

Grenzen der Möglichkeiten einer Einkommensumverteilung

Der Umstand, daß Steuern von den unbeweglichen Produktionsfaktoren getragen werden, führt dazu, daß einer Umverteilung im Rahmen einer Gemeinde Grenzen gesetzt sind. Stellen Sie sich beispielsweise vor, daß eine Gemeinde der Auffassung ist, daß die niedergelassenen Ärzte unverhältnismäßig gut verdienen.

---

[2] Siehe dazu Kapitel 30.
[3] Im deutschen Einkommensteuerrecht unterliegt das Einkommen einer Person, die ihren Wohnsitz in der BR Deutschland hat, der deutschen Einkommensteuer unabhängig davon, wo es erworben wird. Steuerobjekt ist das „Welteinkommen". Insofern wird das Wohnsitzlandprinzip angewendet. Darüber hinaus besteuert die deutsche Einkommensteuer aber auch noch nach dem Quellenlandprinzip. Steuerpflichtig sind nämlich auch Personen, die keinen Wohnsitz in der BR Deutschland haben, und zwar mit ihren inländischen Einkünften. Ähnliche Regelungen kennt das Einkommensteuerrecht zahlreicher anderer Länder. Dies würde, gäbe es keine Doppelbesteuerungsabkommen bzw. keine Möglichkeiten der Steueranrechnung, in vielen Fällen zur Doppelbesteuerung führen.

Der Stadtrat führt infolgedessen eine Niederlassungssteuer ein in dem Bestreben, Einkommen von diesen begüterten Individuen zu anderen umzuverteilen[4]. Die Ärzte werden alsdann bei der Entscheidung über die Eröffnung einer Praxis nach anderen Gemeinden Ausschau halten. Wenn sie zu dem Schluß kommen, daß ihr Einkommen nach Steuern in anderen Gemeinden höher ist, wird ihr Enthusiasmus, eine Praxis in der mit Niederlassungssteuer zu eröffnen, gering sein. Ist die Steuer nicht zu hoch, werden die bereits vorhandenen Praxen nicht geschlossen werden – die Umzugskosten sind höher als die Steuerersparnis. Die Beobachtung, daß die eigenen Ärzte nicht abwandern, mag die Gemeinde zu der irrigen Ansicht veranlassen, daß sie durch eine zusätzliche Besteuerung von Ärzten tatsächlich zusätzliche Mittel aufgebracht hat; kurzfristig mag dies so sein. Längerfristig, wenn weniger Ärzte zuziehen, wird die Knappheit an Ärzten immer fühlbarer, sie werden einen größeren Zulauf haben, und ihre Honorare werden steigen (wenn sie darauf einen Einfluß haben). Dies wird sich fortsetzen, bis das Einkommen der Ärzte nach Steuern genau dasselbe ist wie anderswo. Langfristig sind es nicht die Ärzte, die die Last der Steuern tragen (kurzfristig sind sie es). Langfristig trägt die Gemeinde als Ganzes die Last der Steuern in Form von weniger ärztlichen Diensten und höheren Preisen für diese.

Dasselbe gilt für jeden Produktionsfaktor, der langfristig beweglich ist. Manche Länder haben versucht, das Einkommen, das multinationale Konzerne, die in ihrem Land tätig sind, außerhalb desselben erwirtschaften, im Rahmen der Körperschaftsteuer mitzuerfassen, die diesen Konzernen auferlegt wird. Trifft unsere Analyse zu, können derartige Versuche längerfristig nicht erfolgreich sein. Die Politiker mögen durch die Beobachtung, daß das Kapital nicht sofort abfließt, zu dem irrigen Schluß verleitet werden, daß sie doch Erfolg haben.

Mietpreisbindung

Manche Gemeindepolitiker bilden sich ein, daß eine Gemeinde in der Lage sei, die Einkommen der Hausbesitzer zu verringern, von denen sie glauben, daß sie die Mieter ausbeuten. Man könnte sich vorstellen, daß ein Gemeinderat Statuten erläßt, die darauf abzielen, Mieterhöhungen zu begrenzen. Kurzfristig mögen solche Maßnahmen tatsächlich erfolgreich sein. Langfristig kommt es darauf an, ob die Hausbesitzer die Entscheidung treffen, neue Wohnhäuser zu errichten und die bestehenden zu renovieren und instand zu halten. Sinkt der Ertrag hierauf unter die Kapitalrendite ab, die in anderen Wirtschaftszweigen erzielt werden kann, gibt es keinen Grund für sie, weiter in Wohnhäuser zu investieren[5]. Der Wohnungsmarkt trocknet aus. Langfristig stellen sich die Mieter schlechter, als wenn die Gemeinde die Mietpreise freigegeben hätte; manche geraten in die Lage, daß sie überhaupt keine Wohnung finden. (Es ist nicht verwunderlich, daß dann die Forderung laut wird, der Staat solle den Wohnungsbau stärker subventionieren;

---

[4] In diesem Beispiel wird angenommen, daß weder bei der Besteuerung noch bei der Honorierung der Ärzte die Rechtsordnung die Grenzen setzt, die in der BR Deutschland tatsächlich bestehen.

[5] Es muß nicht sein, daß der Ertrag auf Investitionen in Immobilien nach Steuern in allen Gemeinden derselbe ist. Manche Individuen mögen aus Loyalität in der eigenen Gemeinde investieren, obwohl sie anderswo einen höheren Ertrag erwirtschaften könnten. Informationslücken können die Individuen ebenfalls dazu veranlassen, im eigenen Land zu investieren und nicht anderswo.

die Folge ist, daß die Gemeinschaft die Mieten aus dem allgemeinen Steueraufkommen subventioniert, statt daß die Hausbesitzer alleine die Last tragen.)

Gemeindesteuern in der BR Deutschland

Zu den Gemeindesteuern zählen in der BR Deutschland die Grundsteuer, die Gewerbesteuer und die örtlichen Verbrauchsteuern. Die letztgenannte Gruppe ist ihrem Aufkommen nach nahezu bedeutungslos. Bei Grund- und Gewerbesteuer haben die Gemeinden ein Hebesatzrecht. Das Aufkommen der Grundsteuer fließt ihnen vollständig zu, das Aufkommen der Gewerbesteuer abzüglich der sogenannten Gewerbesteuerumlage, die zur Hälfte an Bund und Länder fließt und 1986 14% des Steueraufkommens der Gewerbesteuer ausmachte. Eine zusätzliche Steuerquelle für die Gemeinde sind dann noch die 15% des Einkommensteueraufkommens des Landes, die ihnen zustehen[6]. Diesbezüglich haben die Gemeinden aber kein Hebesatzrecht. De facto ist die Gewerbesteuer die wichtigste eigene Finanzierungsquelle der Gemeinden. 1986 betrug das Steueraufkommen der Gemeinden insgesamt 44 Mrd. DM. Hiervon entstammten 5,2 Mrd. der Grundsteuer, 21,3 Mrd. der Gewerbesteuer (nach Abzug der Gewerbesteuerumlage) und 17,6 Mrd. der Einkommensteuer[7]. Außer aus Steuereinnahmen finanzieren sich die Gemeinden noch aus anderen Einnahmen, u.a. Finanzhilfen und Zuweisungen anderer Gebietskörperschaften und aus Entgelten wie z.B. Verwaltungsgebühren. Zusammengenommen sind diese anderen Einnahmequellen bedeutsamer als die Steuereinnahmen der Gemeinden.

Aufgrund unserer Überlegungen eignet sich die Grundsteuer offenbar relativ gut als Gemeindesteuer. Dieses Urteil muß insofern eingeschränkt werden, als die deutsche Grundsteuer tatsächlich nicht nur eine Steuer auf den Produktionsfaktor Boden ist, sondern vielmehr eine auf den Grund einschließlich der auf ihm stehenden Bauten, also de facto zum Teil auch eine Steuer auf Kapital.

Für eine Gemeindesteuer wenig geeignet ist die Gewerbesteuer, die, wie wir oben gesehen haben, zu einer Steuer vor allem auf das Eigenkapital gewerblicher Großbetriebe geworden ist. Diese sind mobil genug, daß größere Belastungsunterschiede zwischen den verschiedenen Gemeinden zu erheblichen Verzerrungen führen müssen[8]. Weitere Probleme mit der Gewerbesteuer als Gemeindesteuer ergeben sich daraus, daß nur die Wertschöpfung in Gewerbebetrieben besteuert wird. Sind die Bewohner der Gemeinde also vornehmlich in solchen Formen unternehmerisch tätig, die der Gewerbesteuer nicht unterliegen, also freiberuflich, in der Vermögensverwaltung oder in der Land- und Forstwirtschaft, ist das Steueraufkommen der Gewerbesteuer in dieser Gemeinde gering. Kein nennenswertes Gewerbesteueraufkommen fällt ferner in solchen Gemeinden an, deren Bewohner vornehmlich in andere einpendeln. Das Gewerbesteueraufkommen schwankt zwischen verschiedenen Gemeinden außerordentlich stark, ohne daß

---

[6] Dieser Anteil wird nach einem bestimmten Verteilungsverfahren, das sich bis zu bestimmten Höchstgrenzen am lokalen Aufkommen orientiert, auf die einzelnen Gemeinden verteilt.
[7] Vgl. Statistisches Jahrbuch deutscher Gemeinden 1987 S. 409.
[8] Dies ist zumindest dann der Fall, wenn die höhere Steuerbelastung nicht dadurch ausgeglichen wird, daß die Gemeinde diesen Betrieben dann auch in höherem Maße Leistungen, lokale öffentliche Güter zukommen läßt.

ein Zusammenhang mit dem Einkommen der Bewohner zu bestehen braucht. Dies schafft einen Anreiz für Gemeinden, eine Ansiedlung von Gewerbebetrieben zu betreiben, auch wenn dies unter Gesichtspunkten der externen Effekte dieser Betriebe und einer sinnvollen Flächennutzung gar nicht empfehlenswert ist. Diese merkwürdigen Effekte haben den Grund für die Schaffung der Gewerbesteuerumlage und die Beteiligung der Gemeinden am Aufkommen der Einkommensteuer geliefert. Diese Maßnahmen haben die Lage wohl gebessert, aber das Problem nicht völlig gelöst[9].

Es gibt zahlreiche Vorschläge für eine Reform der Gemeindesteuern. In der Diskussion ist unter anderem eine Ersetzung der Gewerbesteuer durch eine Wertschöpfungsteuer, die nicht nur die Gewerbebetriebe beträfe, sondern auch Freiberufler. Ein anderer Vorschlag ist eine Gemeindeeinkommensteuer mit Hebesatzrecht der Gemeinde. Dieser Vorschlag scheint sich wegen der großen Transparenz einer solchen Finanzierung der Gemeinden bei diesen keiner sonderlichen Beliebtheit zu erfreuen. Denkbar wäre auch eine Einzelhandelsumsatzsteuer der Gemeinden oder eine Beteiligung der Gemeinden am Aufkommen der Umsatzsteuer auf dem Gebiet der Gemeinde. Um die Verzerrungen möglichst gering zu halten, wird eine Steuer mit einer breiten Bemessungsgrundlage empfohlen, so daß der Steuersatz gering bleiben kann. Diesem Kriterium entspräche beispielsweise eine Wertschöpfung- oder Mehrwertsteuer, aber auch eine Gemeindeeinkommensteuer. Denkbar wäre auch, die Grundsteuer wieder aufzuwerten und wieder zu einer der wichtigsten Steuerquellen der Gemeinde zu machen. Dazu wäre es wohl erforderlich, das bislang sehr komplizierte Verfahren zur Ermittlung der Einheitswerte zu vereinfachen und zu zeitnahen Bewertungen vorzudringen. Dies wäre nicht unmöglich[10].

Kapitalisierung

Betrachten wir zwei Gemeinden, die sich voneinander in nichts unterscheiden, außer daß die Steuern in der einen höher sind als in der anderen (beispielsweise, weil die öffentlichen Güter in der ersten Gemeinde weniger effizient produziert werden). Wären die Mieten in den beiden Gemeinden dieselben, würde es offenbar ein jeder vorziehen, in der letzten Gemeinde zu wohnen. Dies kann kein Gleichgewicht darstellen. Die Mieter interessieren sich nur dafür, wieviel es insgesamt kostet, in einer bestimmten Gemeinde zu wohnen; es ist ihnen gleich, ob das Geld dem Hausbesitzer oder der Stadtverwaltung zufließt. Im Gleichgewicht müssen die Kosten des Wohnens in den beiden Gemeinden also gleich hoch sein. Das bedeutet, daß die Gemeinde mit den höheren Steuern feststellen muß, daß die Preise für Häuser (und Grundstücke) entsprechend gefallen sind. Man sagt, daß die Steuern in den Immobilienpreisen kapitalisiert werden.

---
[9] Im Rahmen der Gebietsreform war man bestrebt, die Grenzen der Gemeinden bzw. der Kreise an die Verflechtungsbereiche anzupassen, so daß derartige Effekte möglichst vermieden werden.
[10] Dies würde zu einer Annäherung der deutschen Gemeindesteuern an die Verhältnisse in anderen westeuropäischen Staaten führen, die fast alle keine Gewerbesteuer kennen, in denen aber die Grundsteuer (property tax) zumeist von größerer Bedeutung ist als in der BR Deutschland.

Mit dem Begriff „Kapitalisierung" wird darauf Bezug genommen, daß der Preis nicht nur die gegenwärtigen Steuern, sondern auch alle zukünftigen widerspiegelt. Um die Wirkung einer konstanten Steuer von, sagen wir, 1000 DM pro Jahr auf den Preis von Häusern zu berechnen, rufen wir uns ins Gedächtnis zurück, daß eine Mark im nächsten Jahr weniger wert ist als eine Mark heute. Wenn wir dieses Jahr eine Mark erhalten und sie auf die Bank bringen und der Zins 10% beträgt, dann erhalten wir am Ende des Jahres 1,10 DM. Allgemeiner ist eine Mark heute 1+r im nächsten Jahr wert, wobei r der Zinssatz ist (das heißt, eine Mark im nächsten Jahr ist heute 1/1+r wert)[11]. Der Wert einer Steuer in Höhe von T, die dieses Jahr, nächstes Jahr, übernächstes Jahr usw. zu entrichten ist, ist

$$T + T/(1+r) + T/(1+r)^2 + T/(1+r)^3 \ldots$$

Dies ist der Gegenwartswert der Steuerschuld. Wenn der Betrag, um den sich der Preis eines Hauses vermindert, gleich dem Gegenwartswert der Steuerschuld ist, dann sagen wir, daß die Steuerschuld im Preis des Hauses vollständig kapitalisiert wird. Wenn zwei Häuser bis auf die Steuerschuld vollständig identisch sind, die Preise dieser Häuser aber weniger voneinander abweichen als die Gegenwartswerte der Steuerschuld, sprechen wir von einer **teilweisen Kapitalisierung** der Steuerschuld beim billigeren Haus.

Anreize für Pensionszusagen

Der Umstand, daß bestimmte künftige Belastungen möglicherweise nicht vollständig kapitalisiert werden, hat wesentliche Implikationen. Es gibt einen Anreiz für die Gemeinden, dies auszunutzen. Wenn jemand in einer Gemeinde lebt und vermutet, daß er in 10 Jahren in eine andere Gemeinde umziehen wird, dann mag er dafür sein, daß die Gemeinde ihren städtischen Beamten großzügige Pensionszusagen macht, ohne daß sie entsprechende Rücklagen anlegt. Derartige Pensionszusagen ermöglichen es Gemeinden, Beamte einzustellen, selbst wenn die Gehälter gegenwärtig relativ gering sind. Im Grunde werden damit die Hausbesitzer der Zukunft in dieser Gemeinde gezwungen, für die Dienste von heute zu zahlen. In einem gewissen Sinn wird der zukünftige Erwerber eines Hauses hier ebenso getäuscht, wie es der Fall ist, wenn ein Fabrikant ein Produkt verkauft und wesentliche Eigenschaften desselben verschweigt. Eine wesentliche Eigenschaft eines Hauses (oder anderer Vermögensgegenstände) ist die zukünftige Steuerschuld, die man zusammen mit dem Haus erwirbt, und um das zu wissen, muß man die Verschuldung der Gemeinde einschließlich der nicht durch Rücklagen gedeckten Pensionszusagen kennen. Ob man dieses Problem am besten dadurch löst, daß man der Gemeinde vorschreibt, ihre gesamte Verschuldung offenzulegen (man könnte sie verpflichten, jedem Interessenten an einem Grundstück in der Gemeinde Informationen über ihre gesamten Schulden zu geben), oder durch Beschränkungen der Schuldenaufnahme durch die Gemeinde, ist eine offene Frage. In der BR Deutschland sind die Möglichkeiten der Gemeinden, ihren Arbeitnehmern neben den üblichen Beamtenpensionen bzw. Renten für An-

---

[11] Eben deswegen ist eine Mark in zwei Jahren im nächsten Jahr 1 DM/1 + r = 1 DM/1,10 wert. Da aber eine Mark im nächsten Jahr 1 DM/1 + r = 1 DM/1,10 heute wert ist, ist eine Mark in zwei Jahren heute 1 DM/(1,10 × 1,10) wert, also 1 DM/(1 + r)². Vgl. Kapitel 10 wegen einer eingehenderen Erörterung des Gegenwartswerts.

gestellte und Arbeiter, zusätzliche Pensionen zu gewähren, sehr beschränkt. Dasselbe Prinzip gilt aber auch für andere Formen der Schuldenaufnahme durch die Gemeinden[12].

Die Wahl zwischen einer Finanzierung der Gemeindeausgaben durch Schuldenaufnahme oder durch die Erhöhung der Gemeindesteuern

Inwieweit es zu einer Kapitalisierung kommt, hat weitreichende Bedeutung für die Entscheidung darüber, ob die Gemeindeausgaben durch Schuldenaufnahme oder durch Erhöhung der Gemeindesteuern finanziert werden sollen. Bei einer vollständigen Kapitalisierung vermindert eine Erhöhung der Schuld der Gemeinde um eine Mark einfach den Marktwert der Gemeinde um eine Mark. Da der Erwerber von Hausbesitz sich frei entscheiden kann, ob er in dieser Gemeinde leben will oder in einer anderen, ist auch die Übernahme der Schuldenlast eine freiwillige Entscheidung. Er muß hierfür also entschädigt werden, und zwar durch eine entsprechende Verminderung des Preises der Immobilie. Dies ist ganz unabhängig davon, wie weit der Zeitpunkt in der Zukunft liegt, an dem die Schuld bezahlt werden muß. Es ist keineswegs erforderlich, daß die Tilgung anfällt, bevor das Haus erneut den Eigentümer wechselt. Angenommen, die Schuld wird in vierzig Jahren getilgt, das Haus aber wechselt alle 10 Jahre den Eigentümer. Die Person, der das Haus gehört, wenn die Schuld getilgt wird, wird mit Sicherheit weniger für das Haus zahlen, da sie als Käufer desselben die Vergrößerung der Steuerbelastung berücksichtigt, mit der die Tilgung der Schuld verbunden ist. Der vorherige Besitzer weiß aber bereits, daß die Person, an die er das Haus verkaufen will, ihm weniger dafür zahlen wird, und folglich wird er auch seinem eigenen Vorgänger (um die Steuerschuld) weniger für dieses Haus zu zahlen bereit sein. Dies wiederum weiß derjenige, der noch vor diesem Vorgänger das Haus besitzt usw.

Bei einer vollen Kapitalisierung zahlen diejenigen, die das Haus zu einem bestimmten Zeitpunkt besitzen, auch die Dienste, die zu diesem Zeitpunkt erbracht werden, sei es direkt durch Steuern oder indirekt durch die Erwartung, daß sie beim Verkauf des Hauses weniger erlösen, weil die Gemeinde stärker verschuldet ist. Wenn die Zinsen, die die Gemeinden auf ihre Schuld zahlt, von der Besteuerung befreit sind, dann existiert nichtsdestoweniger ein Anreiz für die Gemeinde, sich möglichst hoch zu verschulden. Wir haben dies im vorletzten Kapitel ausgeführt[13].

Kurzfristige und langfristige Kapitalisierung

Stellen Sie sich vor, daß die Grundsteuer B[14] angehoben wird und Mietwohnungen infolgedessen stärker besteuert werden. Ändert sich an den Diensten, die die

---

[12] Die Entscheidungsspielräume der Gemeinde in ihrer Verschuldungspolitik werden in der BR Deutschland durch die Aufsicht der Landesbehörden eingeschränkt.
[13] Wenn die Kredite rationiert werden (wenn also nicht der volle Kaufpreis eines Hauses durch Hypotheken finanziert werden kann), mag der verringerte Preis von Häusern ihre Verkäuflichkeit erhöhen. Der Umstand, daß Gemeinden sich leichter verschulden können als Individuen, liefert dann ein Argument dafür, daß Gemeinden sich bis an ihre Verschuldensgrenze verschulden sollten.
[14] Das ist die Grundsteuer auf Grundstücke, die nicht der Land- und Forstwirtschaft dienen. Letztere unterliegen der Grundsteuer A.

Gemeinde den Bürgern gewährt, dadurch nichts, bleiben die Mieten dieselben: für die Mieter spielt es keine Rolle, wie hoch die Kosten sind, die der Hausbesitzer tragen muß. Kurzfristig wird der Marktpreis der Mietwohnungen infolgedessen sinken. Dies aber wird Investitionen in den Wohnungsbau in der Gemeinde weniger attraktiv machen; das Angebot an Mietwohnungen verringert sich (die alten Mietwohnungen verfallen), oder aber zumindest wächst das Angebot nicht im selben Maß wie die Bevölkerung. Infolgedessen erhöhen sich die Mieten. Am Ende steigen die Mieten bis zu dem Punkt, an dem der Ertrag nach Steuern auf eine Mietwohnung für den Investor derselbe ist wie bei einer Investition in einer anderen Gemeinde. Obwohl die Steuer dem Hausbesitzer auferlegt wird, sind es langfristig der Grundbesitzer und immobile Individuen (die höhere Mieten zahlen müssen), die ihre Last tragen[15]. Der Marktwert der Mietwohnungen wird langfristig also nicht um den vollen Gegenwartswert der Steuern absinken, die deren Besitzer entrichten müssen.

Wem der Nutzen aus örtlichen öffentlichen Gütern zufließt:
Die Kapitalisierungshypothese

Aus denselben Gründen, die uns zu dem Schluß veranlassen, daß die Last der Steuer auf dem Grundbesitzer ruht (und auf den Besitzern anderer nur teilweise mobiler Produktionsfaktoren), ist zu erwarten, daß die Nutzen aus der Bereitstellung öffentlicher Güter auf die Grundbesitzer (und auf die Besitzer anderer teilweise immobiler Produktionsfaktoren) überwälzt werden. Jedes öffentliche Gut, das es begehrenswert macht, in einer Gemeinde zu leben, erhöht die Mieten und folglich die Grundstückspreise in ihr. Kurzfristig fließt ein Teil der Vorteile also den Hausbesitzern zu; aber die erhöhten Mieten führen zu erhöhten Investitionen in die Wohnungswirtschaft (neue Bauten von Mietwohnungen, Ersetzung kleiner Miethäuser durch größere), und dies verringert den Kapitalertrag[16]. Letztendlich schlägt sich der Wert des öffentlichen Gutes in den Grundstückspreisen nieder.

---

[15] In der Realität sind der Haus- und der Grundbesitzer häufig ein- und dieselbe Person. Analytisch ist es jedoch vorteilhaft, sich vorzustellen, daß dies zwei verschiedene Personen sind bzw. ein- und dieselbe Person in zwei verschiedenen Rollen auftritt, nämlich einmal in der Rolle des Kapitaleigners, der das Gebäude besitzt, und das andere Mal in der Rolle des Grundbesitzers, der den Grund und Boden ohne die Auf- und Einbauten besitzt, die auf ihm vorgenommen werden.

[16] Die alteingesessenen Haubesitzer haben einen Anreiz, ihre erhöhten Erträge dadurch zu verteidigen, daß sie neue Investitionen in die örtliche Wohnungswirtschaft verhindern. Das administrative Instrument hierzu ist der Bebauungsplan. Die alteingesessenen Hausbesitzer wenden sich also gegen den Ausweis von neuem Bauland. Wenn ein Stadtrat sich beispielsweise unter dem Vorzeichen, die „Zubetonierung der Stadt" verhindern zu wollen, gegen den Ausweis von Bauland wendet, fließen die Vorteile daraus vor allem den alteingesessenen Hausbesitzern zu, einer Personengruppe, deren Interessen zu vertreten dieser Stadtrat sich schwerlich in aller Öffentlichkeit rühmen wird. Die höheren Erträge, in deren Genuß diese alteingesessenen Hausbesitzer dann kommen, sollte man nicht als einen Kapitalertrag betrachten, sondern als den Ertrag aus den Eigentumsrechten (property rights), die der Bebauungsplan schafft.

Analog dazu erhöht das Vorhandensein eines öffentlichen Gutes die Anziehungskraft der Gemeinde auf Arbeitnehmer. Dies verringert den Lohnsatz, den die ansässigen Unternehmen bieten müssen, um Arbeitnehmer anwerben zu können. Erneut ist es letztendlich aber der Grundbesitzer, dem die Vorteile zufließen.

Um uns diesen Zusammenhang noch etwas klarer zu machen, betrachten wir den Fall, daß der Stadtrat beschließt, die Oper der Stadt stärker zu subventionieren und dadurch eine Anhebung der Qualität ihrer Darbietungen zu ermöglichen. Dies führt dazu, daß die Stadt für Musikliebhaber an Anziehungskraft gewinnt. Ein Arbeitnehmer, der zugleich ein Musikliebhaber ist, wird in diese Stadt ziehen wollen, auch wenn der Arbeitslohn, den er dort verdient, ein wenig geringer ist als anderswo. In dem Maße, wie die lokalen öffentlichen Güter die Anziehungskraft der Stadt für Arbeitnehmer heben, ist sie auch für Unternehmen ein vorteilhafter Standort. Wenn sich weitere Unternehmen dort ansiedeln, werden die Grundstückspreise hochgetrieben. Das Gleichgewicht wird erreicht, wenn diese gerade so stark angestiegen sind, daß sie den Vorteil aus geringeren Arbeitslöhnen ausgleichen, so daß die Unternehmen dieselben Kapitalerträge erwirtschaften wie anderswo. Letztendlich haben die Grundbesitzer den Vorteil aus der Bereitstellung höherwertiger öffentlicher Güter, und nicht die Bewohner der Stadt.

Bei dieser Analyse wird natürlich vorausgesetzt, daß die Arbeit tatsächlich sehr mobil ist, so daß bei der Steigerung der Attraktivität einer Stadt durch ein Mehr an öffentlichen Gütern tatsächlich eine Zuwanderung einsetzt, die ausreicht, die Löhne zu senken und die Grundstückspreise in die Höhe zu treiben. Ist Arbeit nicht sehr mobil (und kurzfristig ist sie das vermutlich nicht), werden sich die Löhne nicht in dem Maße verringern, in dem die Attraktivität der Stadt gewachsen ist, und ein Teil der Nutzen wird den Bewohnern der Stadt zufließen. Wir machen darauf aufmerksam, daß ein Teil dieser Bewohner durch die erhöhten Subventionen für die Oper möglicherweise Nachteile erleiden. Das sind die Bewohner, denen die Oper gleichgültig ist, die aber nichtsdestoweniger eine höhere Miete zahlen müssen oder aber deren Löhne sinken.

Die Bereitstellung einer Oper verursacht wesentliche Spillovers zugunsten der umliegenden Gemeinden. Insbesondere werden sich die Unternehmen, die im Umland angesiedelt sind, bei der Anwerbung von Arbeitskräften leichter tun. Dies führt zu einer Erhöhung der Grundstückspreise im Umland. Vororte, deren Bevölkerung vor allem aus Pendlern besteht, werden ebenfalls feststellen, daß die Nachfrage nach Wohnraum zugenommen hat.

Absolute und relative Kapitalisierung

Wir haben dargelegt, wie sich eine Ausgabenerhöhung für ein lokales öffentliches Gut in einer Gemeinde in den Grundstückspreisen niederschlägt. Es bedeutet aber einen wesentlichen Unterschied, ob nur eine einzige Gemeinde ihre Ausgaben für das öffentliche Gut erhöht oder ob alle diese tun. Im letzten Fall ändert sich an der relativen Attraktivität der einzelnen Gemeinden natürlich nichts und an den Mieten dementsprechend auch nicht[17].

Dies ist ein Beispiel für ein Phänomen, auf das wir bereits weiter oben hingewiesen haben. Die Wirkungen in einem Partialmodell – die Wirkungen von Veränderungen in einer einzigen Gemeinde (oder einer Veränderung des Satzes einer speziellen Verbrauchsteuer) – können sich erheblich von den Wirkungen in einem Totalmodell – Wirkungen von Veränderungen in allen Gemeinden (oder Veränderungen des Steuersatzes einer allgemeinen Umsatzsteuer) – unterscheiden.

Die Verwendung von Bodenpreisänderungen zur Messung des Nutzens aus lokalen öffentlichen Gütern

Veränderungen der Grundrente sind oft für eine Messung des Werts bestimmter öffentlicher Dienste herangezogen worden. In Arbeiten über die Wirkungen des Eisenbahnbaus im 19. Jahrhundert war es nicht unüblich, seine Vorzüge durch Veränderungen der Grundstückspreise zu messen. Wiederum muß man sorgfältig zwischen einer Partial- und einer Totalanalyse unterscheiden. Wird ein bestimmtes Grundstück besser zugänglich, erhöht sich die Nachfrage nach diesem Grundstück; dann liefert die Veränderung der Grundrente einen guten Schätzwert für die Verringerung der Reise- und Transportkosten, die in Kauf genommen werden müssen, um zu dem Grundstück zu gelangen. Werden aber eine große Zahl von Grundstücken leichter zugänglich – und eben das hat der Eisenbahnbau bewirkt – ergeben sich Effekte, die nur im Rahmen einer Totalanalyse erfaßt werden können; die Veränderung der Grundrente wird also den Nutzen des Eisenbahnbaus nicht richtig wiedergeben[18].

Grundstückspreise geben die Bewertung durch die marginalen Individuen wieder, also durch jene, die zwischen einem Leben in dieser Gemeinde und anderswo indifferent sind. Ist die Zahl der Gemeinden groß genug, stellt die Bewertung durch diese marginalen Individuen einen guten Maßstab für die Bewertung durch die gesamte Gemeinde dar, andernfalls nicht[19].

---

[17] Wenn die Gemeinden ein öffentliches Gut bereitstellen, das Grundbesitz begehrenswerter macht, dann werden alle Individuen versuchen, Land zu kaufen oder zu pachten, und dies wird den Grundstückspreis erhöhen. Das Gegenteil ist der Fall, wenn die Gemeinden ein öffentliches Gut bereitstellen, das den Grundbesitz weniger begehrenswert macht. Da öffentliche Parkanlagen zumindest bis zum gewissen Grad ein Substitut für einen Vorgarten sind, kann man sich vorstellen, daß die Grundstückspreise tatsächlich etwas sinken, wenn alle Gemeinden mehr für öffentliche Parkanlagen aufwenden.

[18] Es gibt noch einen zweiten Vorbehalt gegen die Heranziehung von Grundrenten für die Quantifizierung des Werts solcher Veränderungen: Eine genaue Messung ist auf diese Weise nur möglich, wenn es keine inframarginalen Individuen gibt, also keine, die dadurch, daß sie in der Gemeinde leben, in den Genuß einer Konsumentenrente gelangen.

[19] R. Arnott und J. E. Stiglitz: Aggregate Land Rents, Expenditure on Public Goods and Optimal City Size. Quarterly Journal of Economics 93 (1972) S. 472-500; R. Arnott und J. E. Stiglitz: Aggregate Land Rents and Aggregate Transport Costs. Economic Journal 91 (1981) S. 331-47; D. Starrett: Principles of Optimal Location in a Large Homogeneous Area. Journal of Economic Theory 9 (1974) S. 418-48.

Tests der Kapitalisierungshypothese

Die Frage, in welchem Maße sich die Vorteile aus der Bereitstellung öffentlicher Güter und die Nachteile durch Steuererhebung in den Grundstückspreisen tatsächlich niederschlagen, ist in der Literatur eingehend erörtert worden.

Wenn einige Gemeinden bei der Bereitstellung öffentlicher Güter effizienter sind als andere, so daß sie dieselbe Versorgung mit öffentlichen Gütern mit einem geringeren Steueraufkommen finanzieren können, dann sollten die Grundstückspreise in diesen höher sein. Wenn alle Gemeinden gleich effizient sind und den Wert der Grundstücke auf ihrem Territorium maximieren, stünden Unterschieden in den Steuersätzen entsprechende Unterschiede in den Nutzen gegen. Es träte kein systematischer Zusammenhang zwischen Grundstückspreisen und Gemeindeausgaben auf. Dies ist das Ergebnis von Jan Brueckner bei einer Untersuchung von vierundfünfzig Gemeinden in Massachusetts[20].

Der Anteil der Gemeinden, die ein relativ hohes Versorgungsniveau mit öffentlichen Gütern bereitstellen, entspricht dem Anteil der Individuen an der Gesamtbevölkerung, die ein solches wünschen. Würden zu viele Gemeinden ein solch hohes Niveau anbieten, würden die Grundstückspreise in diesen Gemeinden gedrückt. Das Fehlen systematischer Zusammenhänge zwischen Grundstückspreisen und Ausgaben der Gemeinden läßt infolgedessen vermuten, daß es weder eine Unter- noch eine Überversorgung mit Gemeinden gibt, die sich durch hohe bzw. niedrige Versorgungsniveaus mit öffentlichen Gütern auszeichnen.

Andererseits gibt es Anzeichen, daß der Wert von Annehmlichkeiten, denen keine Steuerbelastung gegenübersteht, in den Grundstückspreisen kapitalisiert wird. Ein Beispiel für eine solche Annehmlichkeit ist saubere Luft.

Zur politischen Ökonomie der Entscheidungen auf Gemeindeebene

Im Kapitel 6 haben wir erörtert, wie politische Entscheidungen gefällt werden; wir zeigten, daß bei Abstimmungen mit einfacher Mehrheit die Allokation den Präferenzen des Medianwählers entspricht. Dieser entscheidet sich danach, wie groß die Kosten und Nutzen der Verausgabung einer zusätzlichen Mark für öffentliche Güter für ihn sind. Wir haben die Effizienz von Abstimmungen mit einfacher Mehrheit erörtert.

Bei politischen Entscheidungsprozessen im Rahmen einer Gemeinde spielt sich im Prinzip dasselbe ab; eine zusätzliche interessante Frage ist aber die nach der Inzidenz der Kosten und Nutzen, die mit einer Vergrößerung der Ausgaben bzw. Steuern verbunden sind. Wir müssen zwischen den Auswirkungen auf die Mieter und auf die Grundbesitzer unterscheiden, und zwar jeweils bei vollkommener und unvollkommener Mobilität (und für die Fälle, daß die Zahl der miteinander konkurrierenden Gemeinden groß oder klein ist).

---

[20] J. K. Brueckner: A Test for the Allocative Efficiency in the Local Public Sector. Journal of Public Economics 19 (1982) S. 311-31.

Bei vollkommener Mobilität und einer großen Zahl miteinander konkurrierender Gemeinden wird sich eine jegliche Vergrößerung der Annehmlichkeiten, die eine Gemeinde bereitstellt, in einer Erhöhung der Mieten niederschlagen; den marginalen Mietern ist es hingegen egal, welche öffentlichen Güter bereitgestellt werden. Da die Mieten nur von der Qualität der öffentlichen Dienste abhängen, nicht aber von den Steuersätzen, ist es für die Mieter völlig gleichgültig, mit welcher Effizienz diese Dienste bereitgestellt werden.

Unter dieser Voraussetzung ist die Gruppe der Grundbesitzer dafür, daß die öffentlichen Dienste solange ausgeweitet werden, wie die Erhöhung der Mieten die Erhöhung der Steuern übersteigt. In einer Gemeinde, in der die Grundbesitzer maßgeblichen politischen Einfluß haben, ist damit zu rechnen, daß im Gleichgewicht eine Erhöhung der Ausgaben für öffentliche Güter um 1000 DM gerade zu einer Erhöhung der Gesamtheit der Mieten um 1000 DM führt. In einer Gemeinde, die von den Grundbesitzern beherrscht wird, werden die öffentlichen Dienste infolgedessen in einem effizienten Ausmaß bereitgestellt. Derartige Gemeinden haben allen Grund, zu gewährleisten, daß die öffentlichen Dienste effizient bereitgestellt werden, ließen sich doch die Einnahmen der Grundbesitzer nach Steuern erhöhen, wenn die Gemeinde dieselben Dienste auch zu geringeren Kosten verfügbar machen könnte.

Alles verändert sich aber, wenn nur wenige Gemeinden miteinander im Wettbewerb stehen. Betrachten wir eine verstädterte Region, in der zwei Städte, nämlich N und F existieren. N hat hohe Steuern und ein hohes Versorgungsniveau mit öffentlichen Gütern. F hat niedrige Steuern und ein niedriges Versorgungsniveau mit öffentlichen Gütern. Diejenigen, die eine ausgeprägte Präferenz für öffentliche Güter (verglichen mit privaten Gütern) haben, wohnen in N; diejenigen, die eine ausgeprägte Präferenz für private Güter haben, wohnen in F. Ein Individuum, das in bezug auf eine Wohnung in N bzw. in F indifferent ist, nennen wir das marginale Individuum; das Mehr an öffentlichen Gütern in N entschädigt es gerade für das Mehr an Steuerbelastung. Alle anderen Individuen werden inframarginal genannt. Für den Teil derselben, der in N wohnt, wiegt die zusätzlichen Dienste schwerer als die zusätzlichen Steuern, die entrichtet werden müssen. Selbst wenn N die Steuern noch etwas weiter heraufsetzen würde, um das Angebot an öffentlichen Diensten noch zu erweitern, würden sie nicht nach F umziehen.

Unterstellen Sie, daß die eine Hälfte des gesamten zur Verfügung stehenden Wohnraums in N steht und die andere in F und daß es nur Mietwohnungen gibt. Entscheidet F, das Angebot an öffentlichen Diensten weiter zu reduzieren, müssen sich die Mieten in F derartig verändern, daß das marginale Individuum immer noch indifferent ist zwischen den Wohnsitzen N und F. Von allen Individuen mit Wohnsitz in F ist es aber dieses marginale, das die ausgeprägteste Präferenz für öffentliche Güter hat: die Verminderung der Mieten in F entschädigt es gerade für die schlechtere Versorgung mit öffentlichen Gütern. Wenn die Mieten ausreichend stark sinken, so daß das marginale Individuum immer noch indifferent zwischen den beiden Wohnsitzen ist, stellen sich die anderen Bewohner von F dadurch sogar besser. Insbesondere wird der Medianmieter in F einen Anreiz haben, für eine sehr geringe Versorgung mit öffentlichen Gütern zu stimmen, einer geringeren als Pareto-optimal ist. Mit Hilfe desselben Begründungszusammenhangs läßt sich zeigen, daß der Medianmieter in der Gemeinde N einen Anreiz hat, für ein hohes Versorgungsniveau mit öffentlichen Gütern zu stimmen und zwar ein höheres als Pareto-effizient ist.

Bei Grundbesitzern tritt gerade die gegenteilige Tendenz auf. Sie interessieren sich nur für die Auswirkungen erhöhter Ausgaben auf die Grundstückspreise (auf die Mieten). Wenn die Erhöhung der Mieten größer ist als die Erhöhung der Ausgaben, dann lohnt sich das für sie. In der Gemeinde N schlagen sich in der Mieterhöhung, die durch eine Erhöhung der Ausgaben bewirkt wird, die Präferenzen des marginalen Individuums nieder; dies ist das Individuum, das die am wenigsten ausgeprägte Vorliebe für öffentliche Güter hat. Der Vorteil, den die anderen haben (die inframarginalen Mieter), ist also größer als der, den der marginale Mieter hat; aber das interessiert den Grundbesitzer nicht. Infolgedessen stimmen die Grundbesitzer für zu geringe Aufwendungen für öffentliche Güter. Aus demselben Grund werden in der Gemeinde F die Grundbesitzer für überhöhte Aufwendungen für öffentliche Güter stimmen.

Im Kapitel 6 hatten wir gesehen, daß Mehrheitswahl nicht zu einer Pareto-effizienten Versorgung mit öffentlichen Gütern führt. Dies gilt also auch in dem Fall, daß die Zahl der Gemeinden gering ist. Ist der Wettbewerb beschränkt, kann es eine systematische Verzerrung bei der Allokation geben und wesentliche Unterschiede zwischen Gemeinden, in denen die Mieter im politischen Leben dominieren (dann werden die Unterschiede im Versorgungsniveau mit lokalen öffentlichen Gütern übermäßig sein) und Gemeinden, in denen die Grundbesitzer dominieren (wenn die Grundbesitzer dominieren, werden die Unterschiede zwischen den Gemeinden zu gering sein). Gibt es hingegen eine große Zahl von Gemeinden und sehen sie alle ein, daß Kapital und Arbeit vollkommen mobil sind, werden sie (wenn sie das dürfen) in Wettbewerb treten, und dieser wird zu einer effizienten Versorgung mit öffentlichen Gütern führen, die den Präferenzen der Individuen in den verschiedenen Gemeinden entspricht. Unter diesen Umständen wird es den Mietern, nicht aber den Grundbesitzern gleich sein, was die Gebietskörperschaften tun.

Zusammenfassung

1. Sind Kapital und Arbeit mobil, wird jede Steuer auf das Land als den unbeweglichen Produktionsfaktor überwälzt. Wenn Arbeit nur begrenzt beweglich ist, dann bleibt ein Teil der Steuerlast auf der Arbeit liegen.
2. Gemeindesteuern, die anderen als den unbeweglichen Faktoren auferlegt werden, wie eine Umsatzsteuer (die einer Einkommensteuer äquivalent ist), Lohnsteuer, Körperschaftsteuer, eine Steuer auf das in Häusern investierte Kapital – bewirken Verzerrungen.
3. Verbesserte Dienste, die von der Gemeinde bereitgestellt werden, schlagen sich in den Mieten nieder, die gefordert werden. Bei vollkommener Konkurrenz (und bei einer großen Zahl von Gemeinden mit ähnlichen Bewohnern) fließen die Vorteile aus Verbesserungen dieser Dienste ausschließlich den Grundbesitzern zu.
4. Wenn das Ausgabenniveau so gewählt wird, daß die Grundstückspreise maximiert werden, und wenn zwischen den Gemeinden ausgeprägter Wettbewerb herrscht, ist die Allokation, die sich ergibt, Pareto-effizient.
5. Ist der Wettbewerb hingegen beschränkt, dann ist das Gleichgewicht, das sich ergibt, nicht Pareto-effizient; werden die Gemeinden von den Hausbesitzern regiert, kommt es zu einer ungenügenden Vielfalt zwischen den Gemeinden in bezug auf die Dienste, die sie anbieten.
6. Beherrschen hingegen die Mieter die Gemeinde, entsteht (unter sonst gleichen Verhältnissen) ein Übermaß an Unterschieden zwischen den Gemeinden. Gemeinden mit ei-

nem hohen Versorgungsniveau mit öffentlichen Gütern bieten ein allzu hohes, solche, mit einem niedrigen Versorgungsniveau mit öffentlichen Gütern ein allzuniedriges.
7. Darüberhinaus fehlt es für die Mieter an einem Anreiz, dafür zu sorgen, daß die Gemeinde ihre Dienste möglichst effizient produziert.

Schlüsselbegriffe

Kapitalisierung
Inframarginale Individuen
Wohnsitzlandprinzip

Absolute und relative Kapitalisierung
Teilweise Kapitalisierung
Quellenlandprinzip

Fragen und Probleme

1. Erläutern Sie, warum eine Grundsteuer bewirken kann, daß der Kapitaleinsatz (Aufbauten) pro Einheit Land zurückgeht!
2. Viele Unternehmen haben Teilbetriebe in mehreren Städten, sie beschäftigen Arbeitnehmer und verkaufen in allen diesen Städten. Bei der Erhebung der Gewerbesteuer werden die Gewinne des Unternehmens nach einem bestimmten Verfahren auf diese verschiedenen Städte aufgespalten. Ist es von irgendeiner Bedeutung, was für ein Verfahren angewandt wird? Erörtern Sie die Folgen unterschiedlicher Verfahren!
3. Viele der Probleme, die bei der Steuererhebung durch Länder und Gemeinden entstehen, ähneln Problemen, die im internationalen Rahmen auftreten. Viele Länder besteuern ausländisches Kapital höher als das der Inländer. Erörtern Sie die Inzidenz solcher Steuern! Würde es sich lohnen, stattdessen Kapital, das Ausländern gehört, zu subventionieren?
4. Diskutieren Sie die Inzidenz einer Gemeindesteuer auf Arbeitseinkommen!
5. Manche deutschen Gemeinden haben (in der Vergangenheit) Maßnahmen ergriffen, die Mieterhöhungen behindern sollen. In Berlin wurde kürzlich die Wiedereinführung einer Mietpreisbindung diskutiert. Erörtern Sie sorgfältig, wem die Vorteile und Nachteile aus solchen Maßnahmen zufließen! Unterscheiden Sie zwischen der kurzen und der langen Frist! Erörtern Sie die Entscheidung, derartige Maßnahmen zu ergreifen, im Lichte der neuen politischen Ökonomie!

   In Amerika gibt es auch solche Gemeinden. Präsident Reagan hat vorgeschlagen, daß derartigen Gemeinden die Zuschüsse für ihren sozialen Wohnungsbau gestrichen werden sollen. Was spricht für einen solchen Vorschlag?
6. Henry George, ein berühmter amerikanischer Ökonom des 19. Jahrhunderts, hat vorgeschlagen, daß nur Grund und Boden (nicht die Aufbauten auf diesem Boden) besteuert werden sollen (damit hatte er einen Vorschlag wieder aufgegriffen, der ursprünglich von den französischen Physiokraten stammte). Würden die Grundbesitzer damit ungerecht behandelt? Würde damit eine Allokationsstörung hervorgerufen (etwa indem Land im Vergleich zu Bauten zu teuer würde)?
7. Wer hat den Vorteil vom U-Bahn Bau in München: a) Die Grundbesitzer in der Umgebung der U-Bahnlinie zu dem Zeitpunkt, zu dem die Planung bekanntgemacht wird; b) die Grundbesitzer in der Umgebung der U-Bahnlinie zum Zeitpunkt der Fertigstellung; c) die Mieter der Häuser in der Nähe der U-Bahnlinie zu der Zeit, zu der die Planung bekanntgegeben wird; d) letztere, aber nach der Fertigstellung der Linie; oder e) Mieter von Wohnungen, die nicht in der Nähe der U-Bahnlinie liegen? Legen Sie die Annahmen offen, die Sie machen!
8. Eignet sich die Gewerbesteuer in der gegenwärtig bestehenden Form als Gemeindesteuer? Machen Sie Reformvorschläge und erörtern Sie die Vorteile und Nachteile bestimmter Reformen!

30. Kapitel
Harmonisierung der Finanzpolitiken und Finanzausgleich in der Europäischen Gemeinschaft

Bis 1992 sollen im Rahmen der Europäischen Gemeinschaften binnenmarktähnliche Verhältnisse hergestellt werden. Damit würde ein Ziel erreicht, das bereits seit der Gründung der Europäischen Wirtschaftsgemeinschaft im Jahre 1957 anvisiert worden war.

Zwei wesentliche Hindernisse auf dem Weg zum Binnenmarkt, die bis dahin noch beseitigt werden sollen, sind erstens gewisse Kapitalverkehrsbeschränkungen und zweitens die vorerst an den Grenzen zwischen den EG-Ländern noch vorgenommenen Kontrollen. Diese Kontrollen haben seit der Abschaffung der Zölle innerhalb der EG nicht mehr den Zweck, die ordnungsgemäße Entrichtung derselben zu gewährleisten, sondern sie dienen nur mehr der Aufrechterhaltung der bislang noch bestehenden Steuergrenzen. Ihre Abschaffung war bereits im EWG-Vertrag vorgesehen, und das Europäische Parlament hatte ursprünglich die Vorstellung, daß dies bis 1968 erreicht werden sollte.

Der Grenzausgleich, der bisher an den Grenzen noch vorgenommen wird, dient dem Ausgleich von Belastungsunterschieden bei den sogenannten produktgebundenen Steuern, womit die Mehrwertsteuer und die speziellen Verbrauchsteuern gemeint sind. Damit soll eine Besteuerung nach dem sogenannten Bestimmungslandprinzip bei den indirekten Steuern gewährleistet werden, die im EWG-Vertrag verankert ist. Hierbei werden beim Export eines Gutes in ein anderes EG-Land an der Grenze die produktgebundenen Steuern von der Regierung des exportierenden Landes erstattet und das Gut dafür mit den produktgebundenen Steuern des importierenden Landes belastet[1]. Diese Steuern fließen der Regierung des importierenden Landes zu.

Von einer Abschaffung der Grenzkontrollen innerhalb der Europäischen Gemeinschaft könnten in der Tat erhebliche Effizienzgewinne ausgehen. Diese bestehen zunächst im Wegfall der Kosten der Grenzkontrollen zwischen den EG-Staaten. Hierzu gehören die sehr erheblichen Kosten der Stillstands- und Wartezeiten, die insbesondere im Güterverkehr an den Grenzen bislang noch auftreten. Der Wettbewerb zwischen Unternehmen aus verschiedenen EG-Ländern würde dadurch intensiver. Ferner würde eine derartige Beseitigung der Grenzkontrollen den Aufbau neuer Handelshemmnisse zwischen den EG-Staaten anstelle der durch EWG-Vertrag abgeschafften Hemmnisse wohl erschweren. Schließlich wird auf die psychologischen Vorteile einer derartigen Abschaffung von Grenzkontrollen, auf das dadurch gewonnene Gefühl der Gemeinschaft verwiesen.

---

[1] Im Fall der Umsatzsteuer wird dies als Einfuhrumsatzsteuer bezeichnet.

Die Europäische Gemeinschaft als föderalistische Organisation

Je mehr sich die Verhältnisse innerhalb der EG denen eines Binnenmarktes annähern, umso mehr wird die Analyse der Finanzpolitik in der Europäischen Gemeinschaft zu einem Anwendungsbereich der traditionellen Analyse eines föderalistisch organisierten Systems. Ein wesentlicher verbleibender Unterschied ist, daß auch nach 1992 die verschiedenen EG-Staaten noch nationale Währungen besitzen und damit die Möglichkeit bestehen bleiben wird, daß Preisniveauunterschiede zwischen den verschiedenen Ländern, die durch Unterschiede in der Besteuerung und der Versorgung mit öffentlichen Gütern (und andere Faktoren) hervorgerufen werden, durch Wechselkursveränderungen ausgeglichen werden. Insoweit die Ziele des Europäischen Währungssystems verwirklicht werden und zwischen diesen Staaten tatsächlich feste Wechselkurse bestehen, fällt dieser Unterschied zu einem föderalistisch organisierten Staatsverband weg.

Daß sich Länder mit recht unterschiedlichen Steuersystemen und Finanzpolitiken zu einem einheitlichen Wirtschaftsgebiet ohne Grenzkontrollen zusammenschließen und infolgedessen die Frage nach einer Harmonisierung dieser Politiken auftritt, ist historisch keineswegs eine neue Situation. Ähnliche Probleme traten im Prinzip im 19. Jahrhundert im Rahmen des Deutschen Bundes und dann verstärkt bei der Gründung des Deutschen Reiches oder in Amerika bei der Gründung der USA auf. Auch in der Schweiz waren und sind (auch heute noch) die Unterschiede in der Besteuerung zwischen den verschiedenen Kantonen erheblich, ohne daß dies der Funktionsfähigkeit des Wirtschaftsraums Schweiz allzuviel Abbruch täte. Weder in den USA noch in der Schweiz muß man sich beim Verlassen eines Einzelstaats bzw. eine Kantons einem Grenzausgleich unterziehen. Steuergrenzen bestehen nicht. Diese Beispiele zeigen zugleich, daß es anscheinend gar nicht unbedingt erforderlich ist, die Steuersysteme der verschiedenen Mitglieder einer Föderation weitestgehend zu harmonisieren.

Mit Harmonisierung ist eine Angleichung gemeint. Ein „Bedarf" nach Angleichung wird von der EG – Kommission insbesondere im Bereich der Besteuerung, der Sozialpolitik und der Vergabe von Transfers und Subventionen gesehen.

Die in den letzten Kapiteln dargelegte ökonomische Theorie des Föderalismus leistet uns einige Dienste bei der Beantwortung der Frage, was harmonisiert werden sollte.

Wesentliche Unterschiede zwischen den gewohnten Anwendungen der Föderalismustheorie und ihrer Anwendung auf die EG sind, daß die Präferenzen zwischen den Bewohnern der verschiedenen EG-Länder relativ stark voneinander abweichen und daß selbst dann, wenn alle administrativen Hemmnisse für Wanderungsbewegungen innerhalb der EG abgebaut sind, die Mobilität der Bevölkerung innerhalb der EG realtiv begrenzt ist. Aus ersterem folgt, daß eine weitgehende Angleichung des Angebots an öffentlichen Gütern in den verschiedenen EG-Staaten nicht wünschenswert wäre[2]. Aus letzterem folgt, daß auch erhebli-

---

[2] Deswegen ist das folgende Argument irrig, das sich in der Literatur findet: Es wird argumentiert, die Steuern in der EG sollten völlig vereinheitlicht werden, weil sonst die Grenzraten der Substitution bzw. Transformation zwischen verschiedenen privaten Gü-

che Belastungsunterschiede bei der Besteuerung der Arbeitseinkommen nur in relativ geringem Maße zu Wanderungsbewegungen führen werden. Es sind daher wesentlich größere Unterschiede bei der Besteuerung der Arbeitseinkommen möglich als innerhalb der einzelnen EG-Staaten, ohne daß es zu den Verzerrungen kommen müßte, die wir im letzten Kapitel aufgezeigt haben. Was die Arbeitseinkommen anbelangt, ist der Spielraum für Umverteilung in einem EG – Mitgliedsstaat deswegen größer als etwa innerhalb einer Gemeinde der BR Deutschland.

Anders verhält es sich mit den Kapitaleinkommen. Kapital ist selbst heute, da in einem Teil der Mitgliedsländer noch Kapitalverkehrskontrollen bestehen, sehr mobil, so daß bei den Kapitalsteuern der Bedarf nach einer Harmonisierung größer ist, wenn bedeutende Verzerrungen vermieden werden sollen.

Nichtsdestoweniger konzentrieren sich die Harmonisierungsbemühungen auf die Mehrwertsteuersysteme, die sämtlich vom Typ einer Konsumsteuer und infolgedessen, wie wir gesehen haben, einer Besteuerung der Arbeitseinkommen äquivalent sind. Warum ist das so?

Harmonisierung der Steuern

Umsatzsteuer und wirtschaftliche Integration

Als die EG gegründet wurde, bestanden in den meisten EG-Mitgliedsstaaten noch Systeme einer Allphasenbruttoumsatzsteuer. Bei einer derartigen Steuer ergeben sich für unterschiedliche Produkte je nach Steuersätzen und je nach der Zahl der „Phasen", die sie auf dem Weg zur Konsumreife durchlaufen, sehr unterschiedlich starke Belastungen. In den sechziger Jahren wurden diese Systeme durch das System der Mehrwertsteuer ersetzt.

Das Bestimmungslandprinzip. Für die Umsatzbesteuerung wurde bereits in den fünfziger Jahren das Bestimmungslandprinzip eingeführt[3]. Ein Nachteil der alten Allphasenumsatzsteuer war, daß es sich praktisch kaum ermitteln ließ, wieviel Steuer auf das Produkt einschließlich seiner sämtlichen Vorprodukte eigentlich entrichtet worden war, und daß es infolgedessen kaum möglich war, diese

---

tern für EG-Bürger aus verschiedenen Ländern nicht dieselben sind. Dieses Argument ist aus demselben Grund unrichtig, aus dem eine völlige Abschaffung von Gemeindesteuern mit gemeindlichem Hebesatzrecht nicht empfehlenswert ist. Die grundlegenden Allokationsstörungen sind, daß nicht alle Güter privat effizient erzeugt werden können, und daß die Mittel zur Finanzierung öffentlicher Güter nicht im Wege von Pauschalsteuern aufgebracht werden können. Sind die Präferenzen für öffentliche Güter unterschiedlich, haben verschiedene Bürger eine unterschiedlich ausgeprägte Vorliebe für öffentliche Güter, ermöglicht eine föderalistische Organisation des Staatswesens ein höheres Wohlfahrtsniveau, auch wenn dafür gewisse zusätzliche Verzerrungen infolge von Belastungsunterschieden zwischen den verschiedenen Gebietskörperschaften in Kauf genommen werden müssen.

[3] Das Bestimmungslandprinzip ist nicht nur ein Geschöpf der Europäischen Gemeinschaften, sondern auch in den GATT Regeln verankert.

Steuer an der Grenze wieder zurückerstatten[4]. Was die Durchführbarkeit einer Besteuerung nach dem Bestimmungslandprinzip anbelangt, hatte die Mehrwertsteuer also Vorteile.

Dafür, daß nach dem Bestimmungslandprinzip besteuert werden sollte, wurde angeführt[5], daß dadurch „Wettbewerbsverzerrungen" vermieden würden. Dies sei der Fall, weil bei einer Besteuerung nach dem Bestimmungslandprinzip ein und dasselbe Produkt auf einem nationalen Markt demselben Steuersatz unterliege, unabhängig davon, in welchem Land es gefertigt worden sei. Textilien werden in der BR Deutschland mit 14% besteuert unabhängig davon, ob sie in Deutschland, Italien oder Frankreich erzeugt worden sind. Daß Italien oder Frankreich andere Umsatzsteuersätze haben, spielt keine Rolle, weil diese Steuer an der Grenze zurückerstattet wird und die eingeführte Textilie stattdessen mit dem deutschen Steuersatz belastet wird. Eine Diskriminierung oder Bevorteilung der Erzeugnisse anderer EG-Länder im Vergleich zu den eigenen wird also unterbunden. Es scheint so, als würde die Besteuerung keine verzerrenden Effekte auslösen.

Bei näherer Betrachtung erscheint diese Argumentation nicht mehr als vollkommen einleuchtend. Hierbei konzentrieren wir uns zunächst auf den Fall, daß die Umsatzsteuerbelastung für alle Güter eines Landes dieselbe ist. Betrachten wir zwei Länder, die bis auf einen Unterschied vollständig identisch sind. Der Einfachheit halber vernachlässigen wir Transportkosten. Präferenzen und Produktionsfunktionen sind in beiden Ländern dieselben, es werden auch dieselben öffentlichen Güter bereitgestellt. Der einzige Unterschied besteht darin, wie diese öffentlichen Güter finanziert werden. Im Land A wird das Arbeitseinkommen ausschließlich im Wege einer Umsatzsteuer besteuert, im Land B hingegen im Wege einer „direkten Steuer", also durch eine Einkommensteuer. Auf einem Produkt, das aus A nach B geliefert wird, scheint bei einer Erhebung der Umsatzsteuer nach dem Bestimmungslandprinzip infolgedessen eine erheblich geringere Steuerlast zu ruhen als auf einem Produkt des Landes B. Denn die hohe Umsatzsteuer des Landes A wird zurückerstattet, während B keine Umsatzsteuer erhebt. Bei der Steuerbelastung, die das Produkt durch die direkten Steuern, insbesondere die Einkommensteuer erfährt, kommt es aber zu keinem derartigen Grenzausgleich. De facto unterliegt also eine Textilie, die aus A importiert wird, einer Steuerbelastung, die sich von einer in B produzierten Textilie erheblich unterscheidet. Soll es zu keinen Handelsbilanzungleichgewichten kommen, muß diese Belastungsdifferenz durch entsprechende Wechselkurse kompensiert werden, also durch einen relativ hohen Kurs der Währung des Landes A (gemessen in B-Währung).

---

[4] Je nachdem, ob ein- und dasselbe Produkt seine verschiedenen Reifestadien in einem vertikal integrierten Konzern oder in einer Vielzahl von Unternehmen durchlaufen hatte, ergab sich eine völlig unterschiedliche Steuerbelastung. Es war daher möglich, Exporte im Wege einer im Vergleich zur tatsächlichen Steuerbelastung überhöhten Steuerrückerstattung an der Grenze zu subventionieren, ohne daß dies für die Kommission ohne weiteres nachweisbar und vor dem Europäischen Gerichtshof mit Aussicht auf Erfolg einklagbar gewesen wäre.

[5] Siehe der sogenannte „Neumark-Report", d.i. Report of the Fiscal and Financial Committee, Kommission der EG, Brüssel 1963.

Alternative Ursprungslandprinzip. Eine Alternative zum Bestimmungslandprinzp stellt die Besteuerung nach dem Ursprungslandprinzip dar. Bei einer Besteuerung nach dem Ursprungslandprinzip wird kein Grenzausgleich vorgenommen. Der Umsatz (oder die Wertschöpfung) wird nach dem Satz des Landes besteuert, in dem das Produkt erzeugt wird[6].

Direktimporte durch Endverbraucher. Wie oben gezeigt wurde, ist es bei einem Umsatzsteuersystem mit Grenzausgleich nach dem Bestimmungslandprinzip (und vorausgesetzt, daß sich die Wechselkurse entsprechend anpassen) für die Unternehmen unerheblich, ob sie mit dem In- oder Ausland ihre Geschäfte tätigen, da sie auf jeden Fall nach dem entsprechenden inländischen System besteuert werden.

Im Prinzip ist ein Grenzausgleich auch für Direktimporte von Endverbrauchern vorgesehen. Ein Haushalt ist ein Endverbraucher im Sinne des Mehrwertsteuerrechts und kann im Wege einer Einkaufsfahrt einen Direktimport vornehmen. Wird der Direktimporteur nicht durch entsprechende Grenzkontrollen zur Vornahme eines Grenzausgleichs gezwungen, so wird er ihn nur dann in Anspruch nehmen, wenn es für ihn vorteilhaft ist, also dann, wenn der ausländische Mehrwertsteuersatz über dem inländischen Satz liegt.

Ist der inländische Satz höher als der ausländische, werden die Direktimporteure ihre Einkäufe im Ausland nicht freiwillig an der Grenze abgeben. Kommen sie damit davon, gilt für sie das Ursprungslandprinzip. Wenn man so will, realisieren sie für sich einen günstigeren als den offiziellen Wechselkurs. Bislang existieren noch sogenannte Höchstbeträge für den Wert der Waren, die ein EG-Bürger aus einem anderen EG-Land mitbringen kann, ohne sich an der Grenze einem Grenzausgleich unterziehen zu müssen. Die Kommission der EG hatte mit ihren Bemühungen, eine Erhöhung dieses Betrags zu erreichen, bei den Mitgliedsstaaten nur sehr begrenzte Erfolge[7].

Das Bestimmungslandprinzip hat auch Auswirkungen auf den Direkt„import" durch Touristen im Ausland. Ein Land mit geringen Mehrwertsteuersätzen ist tendenziell ein billiges, ein Land mit höheren Sätzen ein tendenziell teures Urlaubsland.

Es stellt sich erstens die Frage, ob die Möglichkeiten günstiger Einkaufsfahrten und billiger Ferien zu solchen Nachfrageverschiebungen führen, daß sich trotz unterschiedlicher Steuersätze die Endverbraucherpreise im In- und Ausland annähern, und zweitens, ob dies dann zu entsprechenden Wechselkursverschiebungen führt, die dem Trend wieder entgegenwirken würde. Bestimmt wird diese Entwicklung in erster Linie durch die Quantität dieser Transaktionen. In aller

---

[6] Manche Ökonomen haben einen Übergang zum Ursprungslandprinzip nicht nur für die EG, sondern auch für das GATT vorgeschlagen. Vgl. H. Möller: Ursprungs- und Bestimmungslandprinzip. Finanzarchiv 1968 S. 385-458; R. Peffekoven: Die Besteuerung des internationalen Handels. WiSt 1978: 4 S. 163-169. Zugunsten des Ursprungslandprinzips wird vorgebracht, daß es technisch einfacher sei – die Komplikationen mit dem Grenzausgleich entfallen – und die Beseitigung der Steuergrenzen mit ihm viel leichter möglich sei. Deswegen empfehle es sich für einen Integrationsraum.

[7] Bei einem Teil der EG-Länder, beispielsweise zwischen Frankreich, den Benelux-Ländern und der BR Deutschland, sind die Grenzkontrollen inzwischen allerdings soweit abgebaut, daß die Mißachtung dieser Höchstbeträge gang und gäbe geworden ist.

Regel ist sie wesentlich geringer als die der Bezüge durch mehrwertsteuerpflichtige Wirtschaftssubjekte, also durch Unternehmen. Letzeres wird daher vermutlich den maßgeblichen Einfluß auf den Wechselkurs ausüben. Infolgedessen wird es wohl bei Niveauunterschieden der Endverbraucherpreise bleiben, solange die Mehrwertsteuerbelastung in unterschiedlichen EG-Ländern unterschiedlich ist. Dies schafft einen Anreiz für Einkaufsfahrten. Wir haben darauf hingewiesen, daß diese Kosten verursachen, diese Art der Besteuerung also Effizienzverluste hervorruft. Vermutlich ist der Wohlfahrtsverlust aber im Vergleich zu den Kosten einer strikten Durchsetzung von Steuergrenzen geringer.

Manche Ökonomen haben die Konsequenzen des Bestimmungslandprinzips mit einem System multipler (gespaltener) Wechselkurse verglichen. Bei Systemen multipler Wechselkurse können bestimmte Wirtschaftssubjekte (beispielsweise Unternehmen) Devisen zu einem anderen Kurs umtauschen als andere (beispielsweise private Haushalte). Bei einer Umsatzsteuer nach dem Bestimmungslandprinzip richtet sich die Vorsteuer auf bezogene Leistungen für ein Unternehmen nach dem Steuersatz des Landes, in dem es tätig ist, nicht nach dem Steuersatz des Landes, aus dem es die Leistungen bezieht. Anders bei Direktimporten von Endverbrauchern (Einkaufsfahrten und Touristen). Bei diesen richtet sich die Steuerbelastung der von ihnen bezogenen Leistungen nach dem Steuersatz des Landes, aus dem sie es beziehen[8]. Sind die Steuersätze der Mehrwertsteuer in den verschiedenen EG-Ländern unterschiedlich, so ist die Lage also ganz ähnlich als gäbe es unterschiedliche Wechselkurse für Unternehmen und Endverbraucher.

Die Pläne der Kommission. Nach den Plänen der Kommission soll der grenzüberschreitende Warenverkehr innerhalb der Gemeinschaft ab 1993 bei der Mehrwertbesteuerung ganz genauso behandelt werden wie Warenlieferungen im Inland. Wenn beispielsweise ein deutsches Unternehmen eine Maschine nach Paris liefert, hat es diesen Umsatz genauso – also mit dem deutschen Mehrwertsteuersatz von 14% – zu versteuern wie eine Lieferung nach Köln. Der französische Importeur kann die ihm vom deutschen Exporteur in Rechnung gestellte Umsatzsteuer bei seinem Finanzamt in Paris nach den dort geltenden Vorschriften als Vorsteuer abziehen. Jegliche Grenzkontrollen und der Grenzausgleich würden entfallen. Nicht zum Vorsteuerabzug berechtigte Wirtschaftssubjekte, also beispielsweise Haushalte, würden den Mehrwertsteuersatz des Landes zu entrichten haben, in bzw. aus dem sie die jeweilige Ware beziehen.

Was die Endverbraucher anbetrifft, läuft dieser Vorschlag also darauf hinaus, innerhalb der Gemeinschaft generell vom Bestimmungslandprinzip zum Ursprungslandprinzip überzugehen. Für mehrwertsteuerpflichtige Wirtschaftssubjekte führt dies hingegen zu einer neuen Version des Bestimmungslandprinzips, bei der es keinen Grenzausgleich mehr gibt. Man hat sie auch als das „Gemeinsamer-Markt-Prinzip" bezeichnet. Hierbei bestimmt die Steuer des Importlandes die endgültige Steuerbelastung eines Gutes, wenn die Importeure steuerpflichtig sind und damit die Vorsteuer anrechnen können. Allerdings soll das Steueraufkommen letztlich weiterhin so auf die Mitgliedstaaten verteilt werden, als wäre der Grenzausgleich noch in Kraft. In unserem Beispiel hat der französische Fiskus Umsatzsteuer erstattet, die dem deutschen zugeflossen ist. Sind die Steuersätze in beiden Ländern dieselben und sind die Handelsbilanzen ausgeglichen, wird dieser „Verlust" für den französischen Fiskus durch entsprechende „Gewin-

---

[8] Ausnahme Einkaufsfahrten, wenn die Höchstbeträge überschritten werden und die Haushalte der Pflicht, die mitgeführten Waren anzugeben, tatsächlich nachkommen.

ne" bei der Besteuerung der Exporte aus Frankreich nach Deutschland kompensiert, und durch den Systemwechsel hat sich damit an der Verteilung des Steueraufkommens auf die beiden Länder nichts geändert. Sind die Steuersätze aber unterschiedlich oder ist die Handelsbilanz nicht ausgeglichen, dann ist das keineswegs der Fall. Das Land mit den höheren Steuersätzen würde dann (bei ausgeglichener Handelsbilanz) einen Teil seines Aufkommens auf Kosten des Landes mit den niedrigeren Steuersätzen erzielen. Man könnte von Steuerexporten des ersteren Landes sprechen. Dies soll durch eine neue Art von Finanzausgleich, ein „Clearing-System", verhindert werden. Wie das im einzelnen geschehen soll, ist bislang noch nicht klar. Die Komplikationen, die sich dabei ergeben, werden möglicherweise erheblich sein. Um diese und andere Schwierigkeiten zu verringern, hatte die Kommission ursprünglich eine Verringerung der Zahl der Mehrwertsteuersätze auf zwei in allen EG-Ländern und eine Annäherung dieser Sätze bis auf eine Bandbreite von ± 2,5% vorgeschlagen. Angesichts der Widerstände, auf die dieser Vorschlag stieß, hat sie sich mittlerweile darauf beschränkt, bestimmte Mindestsätze zu verlangen, die die nationalen Mehrwertsteuersätze nicht unterschreiten dürfen. In der Darstellung 30.1 zeigen wir die Steuersätze im Jahr 1988. Wir betrachten die zusätzlichen Komplikationen, die aus einer Mehrzahl von Steuersätzen in einem Land herrühren, etwas weiter unten. Aber bereits bei einem System, bei dem in jedem Land nur ein einziger nationaler Mehrwertsteuersatz besteht, gibt es noch Probleme.

Um uns diese klarzumachen, kommen wir erneut auf die weiter oben dargestellten zwei Länder A und B zurück. Nunmehr nehmen wir an, daß in beiden Ländern eine Umsatzsteuer besteht, daß sie aber in A verhältnismäßig hoch und in B verhältnismäßig gering ist. Wie weiter oben sei das Steueraufkommen aus indirekter und direkter Besteuerung der Arbeitseinkommen dasselbe. Wird ein Gut von A nach B exportiert, erstattet das Finanzamt in B die hohe Umsatzsteuerbelastung, die es in A erfahren hat. Dieses Gut wird also im Vergleich zu genau demselben Gut, wenn es in B produziert wird, steuerlich entlastet. Soll die Leistungsbilanz dennoch ausgeglichen sein und haben die Transaktionen zwischen Unternehmen für die Leistungsbilanz ausschlaggebende Bedeutung, muß die A-Währung offenbar wie oben dargestellt im Verhältnis zur B-Währung so weit aufgewertet werden, daß das Gut aus dem Lande A trotz der hohen Vorsteuerrückerstattung keinen Wettbewerbsvorteil mehr hat. Diese Wechselkursbewegung führt dazu, daß das Land B für Endverbraucher aus A ein niedriges Preisniveau aufweist. Für sie lohnen sich Direktimporte aus A. Erneut ergibt sich also eine Situation, in der die Endverbraucherpreise in A, dem Land mit hohen Umsatzsteuersätzen, verhältnismäßig hoch sind, in B aber niedrig. Um diese Vorteile auszunutzen, müßte ein Haushalt des A-Landes sich nun aber gar nicht mehr auf Einkaufsreise begeben. Man könnte im Lande B Versandhäuser eröffnen. Diese Versandhäuser würden ein blühendes Geschäft mit Kunden aus A machen[9].

Wie mißlich die Situation ist, wird erst dann in vollem Umfang deutlich, wenn man sich klarmacht, daß keineswegs nur die Haushalte nicht zum Vorsteuerabzug berechtigt sind, sondern noch eine Vielzahl anderer Wirtschaftsobjekte.

---

[9] Konkret würde sich bei unveränderten Steuersätzen in der EG Luxemburg als künftiger Standort für den Versandhandel außerordentlich eignen. Der Normalsteuersatz in Luxemburg beträgt derzeit 12%. Ein Däne, der in Luxemburg bestellt, könnte also nicht weniger als 10% sparen.

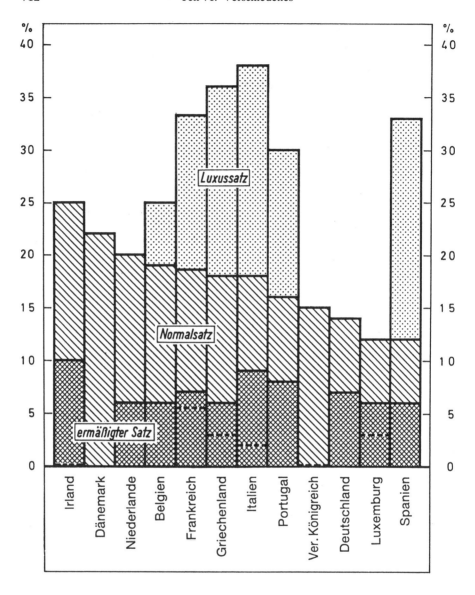

Abb. 30.1 Mehrwertsteuersätze in den Mitgliedsländern der europäischen Gemeinschaften. Die Tabelle zeigt den Stand im Jahre 1987. Seitdem sind in mehreren Mitgliedsländern Reformen vollzogen worden. Dänemark kennt nur einen Mehrwertsteuersatz, der aber vergleichsweise hoch liegt. Quelle: IFO-Schnelldienst 88:6.

Hierzu gehören beispielsweise die Kleinunternehmer, die nicht der Umsatzsteuer unterliegen, Unternehmen, die Leistungen erbringen, die von der Umsatzsteuer befreit sind, Banken und Versicherungen, die Gebietskörperschaften, Kirchen und caritative Organisationen. Für alle diese Wirtschaftssubjekte in A wäre es also wesentlich vorteilhafter, Vorleistungen künftig aus B zu beziehen. Es werden Kleinunternehmen entstehen, die sich darauf spezialisieren, Ware aus B ins A-Land zu bringen und dort zu verkaufen[10]. Die wesentliche Zunahme der Importe durch Endverbraucher und nicht mehrwertsteuerpflichtige Unternehmen im Lande A würde vermutlich einen gewissen Abwertungseffekt auf die Währung des Landes A ausüben, der aber nicht ausreichen dürfte, um das Preisniveau in den beiden Ländern anzugleichen. Insgesamt käme es zu einer bedeutsamen Umlenkung von Handelsströmen: Für Unternehmen des B-Landes würde es vorteilhaft, Vorprodukte aus A zu importieren, wohingegen nicht zum Vorsteuerabzug berechtigte Wirtschaftssubjekte möglichst Leistungen aus B würden beziehen wollen. Die Kosten einer derartigen Umlenkung der Handelsströme und der resultierenden Strukturveränderungen stellen eine durch die Besteuerung bedingte Ineffizienz dar. Für den Fiskus des Landes A käme es zu Steuerausfällen.

Diese Effekte lassen sich vermeiden, indem die Mehrwertsteuersätze weitgehend angeglichen werden. Umstritten ist, ob die von der Kommission ursprünglich vorgeschlagene Bandbreite von 5% nicht noch zu weit ist.

Umsatzsteuer mit differenzierten Steuersätzen. Bislang haben wir angenommen, daß alle Güter ein und desselben Landes mit demselben Umsatzsteuersatz besteuert werden. Das ist in Wirklichkeit nicht der Fall. Darüber hinaus sind es in den verschiedenen EG-Ländern immer noch unterschiedliche Gütergruppen, für die ein ermäßigter oder ein erhöhter Steuersatz gilt oder aber eine Steuerbefreiung. Die Zahl der Steuersätze ist in den verschiedenen Ländern sehr unterschiedlich. Beispielsweise gab es bislang in Frankreich mehrere ermäßigte Sätze (2,1; 4; 5,5 und 7%), einen normalen Umsatzsteuersatz (18,6%) und noch einen weiteren erhöhten Satz für sogenannte Luxusgüter (33,3%). In Großbritannien unterliegen Lebensmittel generell einem Umsatzsteuersatz von null. Die Kommission der EG hat sich darum bemüht, die Bemessungsgrundlage der Mehrwertsteuer zu harmonisieren, zu erreichen, daß in allen EG-Ländern dieselben Güter der Mehrwertsteuer unterliegen und auf dieselben Güter ermäßigte Steuersätze angewandt werden. Es wurden zwar wesentliche Fortschritte in dieser Richtung erzielt, der Prozeß der Angleichung – insbesondere der Ermäßigungstatbestände – ist aber noch keineswegs abgeschlossen.

Bei einer Umsatzsteuer mit einer Vielzahl unterschiedlicher Sätze treten bei einer Besteuerung nach dem Ursprungslandprinzip erhebliche Verzerrungen auf. Der Einfachheit halber sehen wir erneut von Transportkosten ab[11]. Nehmen wir das Beispiel der Automobile. Diese unterliegen in Frankreich der „Luxussteuer", also dem höchsten Satz der Umsatzsteuer, in Deutschland nicht. Bleibt das

---

[10] In diesem Bereich wäre mit einem Umsichgreifen von Steuerhinterziehung zu rechnen. Bestimmte Personen könnten sich darauf spezialisieren, Waren aus Niedrigsteuerländern in Hochsteuerländer zu befördern und dort direkt an Endverbraucher zu veräußern. Sie hätten einen Anreiz, dem Finanzamt die wahre Höhe ihrer Umsätze zu verheimlichen, damit sie als Kleinunternehmer anerkannt werden.
[11] Ebenso unterstellen wir vollständige Markttransparenz.

so und werden ab 1992 von Endverbrauchern eingeführte Waren tatsächlich nach dem Ursprungslandprinzip besteuert, würde es sich für einen Franzosen, der ein Auto kaufen will, lohnen, zu diesem Zweck nach Deutschland zu fahren. Autos würden in Frankreich praktisch nicht mehr verkauft[12]. Mit Luxussteuer belegte Produkte würden in Frankreich nur mehr dann verkauft, wenn die Beträge so gering sind, daß es sich nicht lohnt, für ihren Kauf nach Deutschland zu fahren. Die Luxussteuer würde sich weitgehend von selbst erledigen. Wir erkennen in diesem Zusammenhang einen bislang noch nicht aufgezeigten Nachteil eines Versuchs, mit Hilfe von Verbrauchsteuern umzuverteilen. Wenn nicht alle Länder eines Integrationsraums eine solche Umverteilung in derselben Art und Weise vornehmen, ist sie mit einer Aufhebung der Steuergrenzen unvereinbar. Der Abschied von derartigen Umverteilungsbemühungen sollte Industrieländern nicht allzu schwer fallen. Wir hatten gezeigt, daß dort effizientere Formen einer Umverteilung zur Verfügung stehen. Anders, wenn dem Integrationsraum auch noch rückständige Länder angehören, in denen eine effiziente Einkommen- oder Konsumbesteuerung steuertechnisch nicht durchführbar ist.

Harmonisierung auch der direkten Steuern? Mitunter wird eine Harmonisierung nicht nur der indirekten, sondern auch der direkten Steuern gefordert mit dem Ziel, daß Belastungsunterschiede zwischen den verschiedenen EG-Staaten beseitigt werden. Angesichts der geringen Bereitschaft der verschiedenen EG-Mitglieder, Harmonisierungsvorschläge der der EG zu akzeptierten – und de facto ist diese Kommission das einzige Organ, das sich nachhaltiger für derartige Harmonisierungsvorschläge einsetzt – erscheint ein solcher Versuch zumindest in diesem Jahrhundert hoffnungslos. Im Bereich der direkten Steuern hat es seit der Gründung der EG praktisch keine Harmonisierungsfortschritte gegeben. Inzwischen gibt es wieder gewisse Bestrebungen, in den neunziger Jahren die Kapitalbesteuerung zu harmonisieren. Aufgrund der größeren Mobilität des Kapitals ist hier der Anreiz zu einer gewissen Kooperationsbereitschaft für die Mitgliedsstaaten auch stärker[13].

Gegen den Versuch, zu einer weitgehenden Harmonisierung der direkten Steuern zu gelangen, sind darüber hinaus grundsätzliche Bedenken anzumelden. Wir haben bereits gesehen, daß ein jeder Versuch einer größeren Steuerreform bereits im Rahmen einer Nation mit größten Schwierigkeiten behaftet ist. Würde zusätzlich verlangt, daß eine derartige Steuerreform nur dann durchgeführt werden soll, wenn auch die anderen Nationen eines Integrationsraums eine ähnliche Reform in etwa zum selben Zeitpunkt durchführen, dann hieße das, jede Hoff-

---

[12] In den USA wird dieser Effekt vermieden, indem bei der Registrierung eines Kfz von dem Kfz-Halter verlangt wird, daß er die Umsatzsteuer des registrierenden Staates nachweist. Auf diese Weise läßt sich bei zulassungspflichtigen Gütern eine Steuerumgehung durch Kauf in einem Niedrigsteuerstaat verhindern. Bei allen anderen Gütern ist diese Möglichkeit aber verschlossen.

[13] Die Kommission hat bereits 1976 den Entwurf einer Direktive für eine Harmonisierung der Körperschaftsteuer vorgelegt. Der Ministerrat hat sich mit dieser Direktive bis heute nicht ernsthaft befaßt. Frankreich setzt sich seit neuestem stark für eine Harmonisierung der Zinsbesteuerung ein. Der Grund dafür ist, daß die französische Finanzverwaltung dafür gesorgt hat, daß ihr die Zinsen nicht verschwiegen werden können. In anderen EG-Ländern hingegen werden Zinseinkünfte den Finanzverwaltungen ebenso verheimlicht wie dies in der BR Deutschland der Fall ist. Wenn das so bleibt, muß Frankreich bei einer Aufhebung der Kapitalverkehrskontrollen eine Kapitalflucht befürchten.

nung auf eine derartige Reform fahren zu lassen und den status quo festzuschreiben. Angesichts der bedeutenden Vorteile, die eine Steuerreform bringen kann, wäre dies wohl ein allzu hoher Preis. Eine weitgehende Harmonisierung der direkten Steuern ist damit allenfalls dann anstrebenswert, wenn es tatsächlich ein handlungsfähiges europäisches Parlament gibt, das wesentliche Gesetzgebungsbefugnisse auf dem Gebiet der Einkommenbesteuerung hat.

Spezielle Verbrauch- und Verkehrsteuern

Bei einer Aufhebung von Grenzkontrollen treten bei den speziellen Verbrauchsteuern ähnliche Probleme auf wie bei einer Umsatzsteuer mit produktgruppenspezifischen Sätzen. Bei den speziellen Verbrauchsteuern sind die Steuersätze zum Teil hoch, so daß bedeutende Verzerrungen auftreten können. Betrachten wir den Fall der Mineralölsteuer, der bedeutendsten unter den speziellen Verbrauchsteuern. Wir haben weiter oben gesehen, daß sie den seltenen Fall einer Steuer darstellt, die vermutlich keine Verzerrungen bewirkt, weil sie eine reine Rente, die Ölrente, abschöpft[14]. Diese angenehme Eigenschaft und möglicherweise auch noch andere Gründe lassen es wünschenswert erscheinen, Mineralöl stark zu besteuern. Von den Gütern, auf denen spezielle Verbrauchsteuern ruhen, findet insbesondere Mineralöl in starkem Maße als Vorprodukt Verwendung. Weichen die Steuersätze für die Mineralölsteuer zwischen den verschiedenen EG-Ländern voneinander ab, würde dies dazu führen, daß diejenigen EG-Länder, in denen es relativ wenig besteuert wird – dies ist insbesondere die Bundesrepublik –, sich auf die Erzeugung von Produkten spezialisieren, für deren Erzeugung viel Mineralöl verbraucht wird. Es käme für die Länder mit hohen Steuersätzen zu erheblichen Steuerausfällen, was dort einen Druck erzeugen würde, die Steuersätze zu senken. Die Ziele, die Ölrente abzuschöpfen und Energieeinsparungen zu fördern, würden dadurch zum Teil unterlaufen.

Insgesamt ist der Harmonisierungsgrad, der bislang in der EG bei den speziellen Verbrauchsteuern erreicht wurde, bescheiden[15]. Nur bei der Tabaksteuer hat es größere Fortschritte gegeben. Die Kommission der EG will erreichen, daß von den Mitgliedstaaten spezielle Verbrauchsteuern nur auf Mineralöl, alkoholische Getränke und Tabak erhoben werden. Dies würde in der BR Deutschland die Abschaffung mehrerer Steuern und die Einführung einer Weinsteuer erforderlich machen[16].

---

[14] Wird allerdings, wie etwa in der BR Deutschland der Satz und die Steuerpflicht bei der Mineralölsteuer danach differenziert, wofür das Mineralöl verwendet wird, also beispielsweise Flugbenzin von der Steuer befreit, kommt es sehr wohl zu Verzerrungen.
[15] Wegen der Vorschläge der Kommission über eine Harmonisierung der verschiedenen Verbrauchsteuern siehe Die Beseitigung der Steuergrenzen in der Europäischen Gemeinschaft. Deutsches Institut für Wirtschaftsforschung Sonderheft 145. Berlin 1988.
[16] Bei den abzuschaffenden Steuern handelt es sich um die Salzsteuer, die Kaffeesteuer, die Teesteuer und die Leuchtmittelsteuer. Dies sind sämtlich höchst merkwürdige und eher skurrile Steuern, deren Abschaffung sicherlich ein Fortschritt wäre. Beispielsweise kennt die Leuchtmittelsteuer je nach Art der Lampe (Glühlampen, Kraftfahrzeuglampen, Entladungslampen) 29 verschiedene Steuersätze. Es würden nur diejenigen Verbrauchsteuern übrigbleiben, für die sich eine Rechtfertigung als Pigousteuern oder Instrument einer Demeritorisierung (Tabak- und Alkoholgenuß) finden läßt.

Spezielle Verbrauchsteuern und erhöhte Sätze bei der Mehrwertsteuer für bestimmte Produkte können ähnliche Wirkungen wie Zölle haben. Dies ist offenbar, wenn derartige Steuern Produkten auferlegt werden, die im Land nicht erzeugt werden und deswegen sämtlich importiert werden müssen. Beispielsweise trifft die griechische Luxussteuer insbesondere Produkte, die in Griechenland nicht oder nur in geringem Maße erzeugt werden, und ist deswegen einer Zollerhebung äquivalent. Die Ähnlichkeit mit einem Zoll ist umso weniger ausgeprägt, je größer der Anteil der einheimischen Produktion an dem mit der Luxussteuer belegten Produkt ist. Ein Vorteil der Schaffung binnenmarktähnlicher Verhältnisse ist, daß derartige spezielle Verbrauchsteuern nur mehr sehr begrenzt als Zollersatz eingesetzt werden können, weil die Endverbraucher ihnen sonst durch Direktbezug aus dem Ausland weitgehend ausweichen würden.

Ein Harmonisierungsbedarf entsteht nicht nur bei den speziellen Verbrauchsteuern, sondern auch noch bei einigen anderen Steuern, die manchmal (zusammen mit der Mehrwertsteuer) unter dem Überbegriff der Verkehrsteuern zusammengefaßt werden. Ein Beispiel hierfür ist die Kraftfahrzeugsteuer. Im Binnenmarkt soll der Güterkraftverkehr liberalisiert sein, der bislang stark reguliert war. Hierbei würden im Gütertransport tätige Unternehmen aus Ländern mit stark überdurchschnittlicher KFZ-Steuer erhebliche Wettbewerbsnachteile erleiden. Solche Länder stünden vor der Alternative, entweder ihre KFZ-Steuer abzusenken oder aber die heimischen Betriebe dem Untergang zu überantworten, was zum Versiegen dieser Steuerquelle führen würde. Was die anderen sog. Verkehrsteuern anbetrifft, hat die Kommission u.a. die Abschaffung der Gesellschafts- und der Börsenumsatzsteuern vorgeschlagen. Die meisten Ökonomen würden einen solchen Schritt begrüßen.

Daß die Kommission bis 1992 die Steuergrenzen abschaffen will, erscheint als ein ehrgeiziges Ziel. Damit dieses Ziel erreicht wird, ist es aber nicht unbedingt erforderlich, daß die Mehrwertsteuer und die speziellen Verbrauchsteuern bereits bis dahin vollständig vereinheitlicht werden. Insoweit das Fortbestehen unterschiedlicher Steuersysteme bei einem Wegfall der Steuergrenzen tatsächlich zu Nachfrageverlagerung und einer bedeutenden Steuerhinterziehung führen würde, wäre dies für die betroffenen Staaten, also Staaten mit vergleichsweise hohen Steuersätzen, zumeist Anreiz genug, ihre Steuern nach 1992 abzusenken. Das ist aber wohl kein ausreichender Grund, bis dahin auf sämtliche Harmonisierungsanstrengungen zu verzichten. Derzeit sind die Unterschiede zwischen den EG-Staaten noch so erheblich, daß es ohne deutliche Harmonisierungsfortschritte 1992 zu außerordentlichen Turbulenzen kommen müßte. In einigen EG-Staaten, so in Frankreich, Italien und den Niederlanden sind inzwischen immerhin erste Angleichungen der Mehrwertsteuersätze an die von der Kommission vorgeschlagenen Zielwerte vorgenommen worden.

Finanzausgleich und EG-Haushalt

Seit Ende der siebziger Jahre sind die Beiträge, die die verschiedenen Mitgliedsstaaten zur EG leisten, Gegenstand heftiger Kontroversen geworden. Die BR Deutschland und das Vereinigte Königreich sahen sich in der Rolle der Nettozahler innerhalb der EG, und insbesondere das Vereinigte Königreich versuchte mit einigem Erfolg, dies zu ändern.

Die EG verfügt über einen eigenen Haushalt und im Prinzip über eigene Einnahmen. Der Umfang des Haushalts ist verhältnismäßig bescheiden, und er macht bislang nicht einmal 1% des Bruttosozialprodukts der EG-Länder aus. Die Einnahmen dieses Haushalts bestehen im wesentlichen aus den Zolleinnahmen aus dem Gemeinsamen Zoll der EG, aus den Agrarabschöpfungen, d.h. aus den Zöllen, die auf Agrarimporte in die EG erhoben werden, und aus einem Teil des Mehrwertsteueraufkommens der Mitgliedsstaaten, der bis zu 1,4% betragen kann. Der Anteil am Volkseinkommen der einzelnen Mitgliedsländer, den dieses Steueraufkommen der EG aus der Mehrwertsteuer ausmacht, ist in den älteren EG-Ländern in etwa derselbe, so daß sich hieraus keine größeren Belastungsunterschiede für die einzelnen Mitgliedsländer ergeben[17]. Anders verhält sich mit den Zöllen und Agrarabschöpfungen, da die verschiedenen EG-Länder in unterschiedlichem Maße aus dem Nicht-EG-Bereich importieren. Bei der Berechnung der Nettopositionen der verschiedenen EG-Mitglieder, auf die der Streit sich bezieht, werden die an den Grenzen des jeweiligen Landes erhobenen Zölle als Beitrag dieses Landes gewertet.

Die Ausgaben der EG bestehen weit überwiegend nicht in Ausgaben für die Erstellung von öffentlichen Gütern, sondern in Transfers und Subventionen. Zwischen 60 und 70% des Haushalts fließen in die Agrarpolitik und hier insbesondere in die Preisgarantien. Dies sind die Ausgaben für die Aufrechterhaltung der Interventionspreise für bestimmte landwirtschaftliche Erzeugnisse. Die EG ist bereit, sie zu diesen Preisen aufzukaufen. Sinkt der Marktpreis unter den Interventionspreis, wird dieses Angebot von den Erzeugern wahrgenommen.

Die hieraus entstehenden Ausgaben, also die Ausgaben für die Lagerung der Erzeugnisse, für ihre Vermarktung auf dem Weltmarkt, was eine Ausfuhrsubvention erfordert, für eine unentgeltliche Abgabe als Nahrungsmittelhilfe an Entwicklungsländer und gelegentlich auch für eine Vernichtung werden bei der Ermittlung der Nettopositionen berücksichtigt, und zwar derart, daß sie dem Land gutgeschrieben werden, in dem diese Kosten anfallen. Diese Kosten sind erheblich, weil die garantierten Mindestpreise für bestimmte wichtige landwirtschaftliche Erzeugnisse wie Getreide oder Milch deutlich über den Weltmarktpreisen liegen. Wäre das nicht der Fall, so könnten diese Erzeugnisse unschwer auf dem Weltmarkt abgesetzt werden.

Diese Regelung kommt in erster Linie denjenigen Staaten zugute, deren landwirtschaftliche Erzeugung über den Eigenverbrauch erheblich hinausgeht, deren Selbstversorgungsgrad mit landwirtschaftlichen Erzeugnissen also über 100% liegt, und ferner bis zum gewissen Grad noch denjenigen, in denen der Anteil der Landwirtschaft am Bruttosozialprodukt überdurchschnittlich hoch ist. Insbesondere die Niederlande und Dänemark haben erhebliche landwirtschaftliche Überschüsse. In Irland, Griechenland und bei den neu hinzukommenden EG-Ländern Spanien und Portugal ist der Anteil der Landwirtschaft am Bruttosozialprodukt überdurchschnittlich. Der Selbstversorgungsgrad der BR Deutschland ist hinge-

---

[17] Der Grund hierfür ist, daß die Unterschiede der nationalen Mehrwertsteuersysteme bei diesen Steuereinnahmen der EG zum Teil nicht zur Geltung kommen, weil hierbei die durch die 6. EG Direktive zur Mehrwertsteuer vereinheitlichte Besteuerungsgrundlage für die Mehrwertsteuer angewendet wird. Noch verbleibende Unterschiede werden durch Korrekturen ausgeglichen.

gen nach dem Vereinigten Königreich der zweitniedrigste in der EG, und ebenso verhält es sich mit dem Anteil der Landwirtschaft am Bruttosozialprodukt. Hieraus erklärt sich die Nettozahlerposition der BR Deutschland und des Vereinigten Königreichs innerhalb der EG.

Der Sozialfond und der Regionalfond, vermittelst derer darüber hinaus noch Einkommen in die ärmeren Mitgliedstaaten umverteilt werden, spielen mangels Masse nur eine ganz untergeordnete Rolle. Beide Fonds zusammen machen kaum mehr als 10% des EG-Haushalts aus. Im Wege einer negativen Nettoposition der BR Deutschland im Rahmen des EG-Haushalts wurden in den letzten Jahren insgesamt maximal 0,4% des Nettosozialprodukts der BR Deutschland an andere EG-Staaten umverteilt[18].

Die Nettoposition ist kein geeignetes Maß für die Belastung, die die Nation insbesondere aufgrund der EG-Agrarpolitik trägt. Zusätzlich zu berücksichtigen ist der Verlust an Konsumentenrente, der den Konsumenten daraus entsteht, daß sie landwirtschaftliche Produkte nicht zu den niedrigeren Weltmarktpreisen, sondern zu den höheren EG-Preisen erwerben. Wir haben das Konzept der Konsumentenrente im Kapital 10 dargestellt. Die Einbuße an Konsumentenrente ist sicherlich erheblich und wohl größer als die negative Nettoposition. Diese Einbuße an Konsumentenrente sollte man als Deutscher allerdings nicht der EG anlasten. Die deutsche Regierung gehört im Rahmen der EG zu denjenigen, die sich allen Versuchen, die Garantiepreise abzusenken, am heftigsten widersetzt hat, und sie hat die im Rahmen der EG durch das System der sogenannten grünen Kurse verbleibenden Variationsmöglichkeiten für die Interventionspreise dazu genutzt, daß die Interventionspreise in der BR Deutschland tatsächlich meist höher waren als in sämtlichen anderen EG-Ländern[19]. Die deutsche Regierung hat damit alles getan, um den Verlust an Konsumentenrente für den deutschen Konsumenten möglichst zu vergrößern[20]. Hätte die deutsche Regierung die Möglichkeit, ihre

---

[18] Im einzelnen kann man sich über die Art und Weise, wie diese Nettoposition berechnet werden sollte, streiten, und es wurde eine Vielzahl von Schätzungen vorgelegt. 0,4% entsprechen den höchsten vorliegenden Schätzungen, die man noch einigermaßen ernstnehmen kann. Diese 0,4% stellen selbstverständlich nicht den Nettonutzen bzw. die Nettokosten der Mitgliedschaft der BR Deutschland in der EG dar. Um diese zu kalkulieren, müßte man diese Kosten mit den Kosten und Nutzen vergleichen, die für die BR Deutschland bei einem Austritt aus der EG entstünden. Die Kosten eines solchen Austritts in Gestalt der Überwindung von Handelshemmnissen, die dann bei einem Export in die bislang relativ frei zugänglichen westeuropäischen Märkte zu überwinden wären, und die anderen Kosten eines solchen Schritts, wie etwa die politische Isolierung, in die die BR Deutschland geriete, wären sicherlich sehr erheblich. Trotz einer negativen Nettoposition zieht die BR Deutschland infolgedessen aus ihrer Mitgliedschaft in der EG einen Nettogewinn.

[19] Das System der grünen Kurse basiert darauf, daß die Interventionspreise ab 1969 in europäischen Rechnungseinheiten (später ECU) festgelegt wurden und für die Bestimmung der Interventionspreise in nationalen Währungen ein fiktiver „Wechselkurs" angewendet wurde. Da dieser „grüne Kurs" der DM von dem Kurs der DM auf den Devisenmärkten abwich – die „grüne" DM war unterbewertet – waren die Agrarpreise in der BR Deutschland – verglichen mit anderen EG-Ländern – höher.

[20] Zum Teil war dies wohl dadurch motiviert, daß es durch eine Unterbewertung der „grünen Mark" möglich ist, die Nettoposition der BR Deutschland gegenüber dem EG-Haushalt zu vermindern.

Agrarmarktpolitik unabhängig zu bestimmen, könnte es durchaus sein, daß sie noch protektionistischer wäre als die der EG. So gesehen stellen sich die deutschen Konsumenten durch die EG sogar besser.

Ob man an der negativen Nettoposition der BR Deutschland innerhalb der EG Anstoß nimmt, also daran, daß eine Einkommensumverteilung weg von der BR Deutschland erfolgt, obschon in höchst bescheidenem Umfang, hängt vor allem von zwei Gesichtspunkten ab. Erstens wird derjenige, der generell eine Einkommensumverteilung durch den Staat ablehnt, auch eine Einkommensumverteilung durch die EG ablehnen. Die meisten werden allerdings eine Einkommensumverteilung durch den Staat für durchaus wünschenswert halten. Zweitens kommt es darauf an, ob man die EG als Keimzelle eines europäischen Staates betrachtet. Tut man dies – und die EG-Mitglieder haben wiederholt zum Ausdruck gebracht, daß das der Fall ist – wäre es konsequent, eine Einkommensumverteilung auch innerhalb der EG zu bejahen. Und bei einer solchen Einkommensumverteilung befände sich die BR Deutschland folgerichtig unter den Nettozahlern. Den Nettopositionen der einzelnen Mitgliedsländer sollte dann eine ganz andere Bedeutung beigemessen werden als dies gegenwärtig geschieht.

Gegen die gegenwärtig praktizierte Form der Einkommensumverteilung läßt sich dann immer noch einwenden, daß sie ineffizient sei. Die umverteilten Einkommen fließen zum größten Teil nicht den Bedürftigen zu. So befindet sich Dänemark aufgrund seiner hohen Agrarüberschüsse in der Position des Nettoempfängers, obwohl es ein Land mit hohen Prokopfeinkommen ist. Auch in den ärmeren Ländern hat die Agrarpolitik unerwünschte Einkommenseffekte. Von der Preisstützung profitieren am stärksten diejenigen Bauern, die am meisten produzieren, also die großen Höfe. Unter den Konsumenten tragen vor allem diejenigen die Last, die einen überdurchschnittlichen Teil ihres Einkommens für Lebensmittel ausgeben, also die Bedürftigen[21]. Zu empfehlen wäre also eine Revision der Agrarmarktpolitik, bei der die Garantiepreise in Richtung auf das Weltmarktniveau abgesenkt werden. Die verfügbaren Mittel sollten dann mit Hilfe eines neuen geeigneteren Systems von Finanzhilfen vor allem in die ärmeren Länder gelenkt werden.

---

[21] Im einzelnen ist es ziemlich schwierig, die Verteilungseffekte der Landwirtschaftspolitik der EG zu verfolgen. Sie hängen wesentlich davon ab, wie hoch der Protektionsgrad bei den verschiedenen Erzeugnissen ist. Traditionell ist dieser Protektionsgrad bei verschiedenen Erzeugnissen sehr unterschiedlich hoch, besonders hoch ist er bei Milcherzeugnissen, Getreide, Zucker und Rindfleisch. Insbesondere die reichen EG-Mitglieder weisen einen Überschuß an derartigen Erzeugnissen auf. So kommt es, daß beispielsweise Italien aufgrund seines Defizits bei Milcherzeugnissen relativ wenig von der EG-Landwirtschaftspolitik profitiert. Insoweit die armen Mitglieder ein Defizit an Produkten mit besonders hohem Protektionsgrad aufweisen, kommt es zu einer Umverteilung vom Steuerzahler und Verbraucher der armen Mitgliedsländer zu den Bauern der reichen Mitgliedsländer.

Harmonisierung der Sozialpolitik

Ohne eine Abstimmung der Sozialpolitik, insbesondere aber der sozialen Rentenversicherung, bliebe die Freizügigkeit der Arbeitnehmer in der EG weitgehend auf dem Papier. Das deutsche Rentenrecht beispielsweise gewährt Ansprüche auf eine Altersrente erst nach einer Wartezeit von 15 Arbeitsjahren. Auch Ansprüche auf eine Invalidenrente entstehen erst nach einer erheblichen Wartezeit. Bis zum Ablauf dieser Wartezeit ist der Arbeitnehmer vor dem Risiko der Invalidität nicht geschützt. Ähnlich verhält es sich mit Hinterbliebenenrenten. Bei gleichartigen Verhältnissen in anderen Mitgliedstaaten wäre ein Umzug in ein anderes EG-Land für einen Großteil der Arbeitnehmer selbst bei beträchtlichen Lohnunterschieden nicht empfehlenswert, da die Ansprüche auf eine Altersrente verlorengehen. Es mußte also eine Regelung gefunden werden, wie man Arbeitszeiten in verschiedenen EG-Staaten für die Ermittlung der Rentenansprüche zusammenzählt. Ferner mußte geregelt werden, nach dem Rentenrecht welchen Landes sich die Rente letztlich errechnet und wer dafür zahlt.

In der EG wurde die Regelung gefunden, daß sich die Rentenansprüche nach dem Sozialrecht des Landes bestimmen, in dem der Arbeitnehmer zum Zeitpunkt der Berentung arbeitet, und daß dabei Beitragszeiten in anderen EG-Ländern so behandelt werden, als wären sie in eben diesem Land angefallen. Ein Finanzausgleich zwischen den Sozialversicherungsträgern ist nicht vorgesehen. Da das Rentenrecht in den verschiedenen EG-Staaten sehr unterschiedlich ist, ist es aufgrund dieser Regelung für einen Arbeitnehmer an sich vorteilhaft, sein Arbeitsleben in einem EG-Staat mit hoch dotierten Renten abzuschließen, den Großteil seines Arbeitslebens aber in einem EG-Land mit niedriger Beitragsbelastung (und infolgedessen vermutlich auch geringen Rentenansprüchen) zu verbringen. Tatsächlich ist es aber innerhalb der EG nicht zu größeren Wanderungsbewegungen aufgrund derartiger Unterschiede des Sozialrechts gekommen. Würden derartige Wanderungsbewegungen in bedeutenderem Umfang ausgelöst, so ließe sich das bestehende System nicht aufrechterhalten. Dann könnte man entweder das Rentenrecht harmonisieren, oder aber die Sozialrente an den versicherungsthematischen Wert der Beitragsleistung annähern und einen an diesen versicherungsthematischen Werten orientieren Finanzausgleich zwischen den Sozialversicherungsträgern vornehmen. Beide Alternativen wären in der Praxis nur unter größten Schwierigkeiten realisierbar.

Zusammenfassung

1. Die Erkenntnisse der ökonomischen Förderalismustheorie lassen sich auch auf die Europäische Gemeinschaft anwenden. Allerdings ist die Mobilität des Faktors Arbeit in der EG weit geringer als innerhalb der BR Deutschland und die Präferenzen der Haushalte unterscheiden sich stärker.
2. Eine Harmonisierung der Steuern wird insbesondere bei der Mehrwertsteuer und bei den speziellen Verbrauchssteuern angestrebt. Bei diesen Steuern gibt es bislang noch Steuergrenzen zwischen den EG-Staaten. Es wird argumentiert, daß eine Beseitigung dieser Steuergrenzen ohne vorherige Harmonisierung zu Nachfrageverlagerungen, zu Steuerhinterziehung und -flucht führen würde.

3. Die Mehrwertsteuer und spezielle Verbrauchsteuern können entweder nach dem Bestimmungsland- oder nach dem Ursprungslandprinzip erhoben werden. Der EWG-Vertrag sieht eine Erhebung nach dem Bestimmungslandprinzip vor.
4. Das Bestimmungslandprinzip bewirkt, daß das Preisniveau der Endverbraucherpreise in den verschiedenen Ländern, in denen die Steuersätze unterschiedlich sind, unterschiedlich hoch sind. Dies schafft einen Anreiz zur Vornahme von Einkaufsfahrten und zu Urlaubsreisen in Ländern mit niedrigerem Mehrwertsteuersatz.
5. Bei einem Wegfall der Steuergrenzen kann ein Land nur mehr in geringem Maße eigene, von seinen Nachbarn abweichende, verteilungspolitische Zielsetzungen mit Hilfe der Verbrauchsteuern und der Mehrwertsteuer durchsetzen.
6. Akzeptiert man die Vorstellung, daß der Staat eine Umverteilung vornehmen sollte, und sieht man in der EG mehr als eine Freihandelszone, sollte man auch bejahen, daß die reichen EG-Länder über den EG-Haushalt Ressourcen an die ärmeren abgeben. Das gegenwärtig praktizierte System der Umverteilung durch den EG-Haushalt ist verteilungspolitisch ineffizient.

Schlüsselbegriffe

Bestimmungslandprinzip   Ursprungslandprinzip
Nettoposition

Fragen und Probleme

1. Stellen Sie sich vor, man wäre in den sechziger Jahren in den EG-Ländern nicht dem Vorschlag gefolgt, die Mehrwertsteuer einzuführen, sondern hätte stattdessen entsprechend den niederländischen Vorschlägen in allen EG-Ländern eine Einzelhandelsumsatzsteuer eingeführt. Was wären die Folgen, insbesondere in bezug auf Steuergrenzen?
2. Stellen Sie sich vor, das Bestimmungslandprinzip würde abgeschafft und generell durch das Ursprungslandprinzip ersetzt. Die Vorumsatzmethode würde eingeführt und die Wertschöpfung verschiedener Industriezweige mit unterschiedlichen Sätzen besteuert. Diese Steuersätze seien nicht harmonisiert. Welche Folgen würden sich für die Standortwahl der Unternehmen ergeben?
3. Nehmen Sie an, Luxemburg würde die Arbeitseinkommen wesentlich höher besteuern als seine Nachbarländer. Welche Folgen würden sich ergeben? Erinnern Sie sich in diesem Zusammenhang an die Unterscheidung zwischen Quellenland- und Wohnsitzlandprinzip!
4. Was sind die Gemeinsamkeiten und die Unterschiede zwischen Quellenland- und Wohnsitzlandprinzip einerseits, Bestimmungsland- und Ursprungslandprinzip andererseits?
5. Mitunter wird eine europäische Sozialpolitik gefordert. Was könnte man sich darunter vorstellen?
6. Stellen Sie sich vor, Sie wohnen im Saarland und hätten Gelegenheit, sowohl diesseits als auch jenseits der Grenze zu arbeiten und den Arbeitsplatz öfters zu wechseln. Inwiefern beeinflußt das Rentenrecht ihre Entscheidung?

31. Kapitel
Defizite, Wirtschaftliche Stabilität und Wachstum

Die recht erheblichen Defizite der öffentlichen Haushalte haben in den letzten Jahren der sozialliberalen Koalition zu einiger Besorgnis geführt, stellen aber auch heute noch ein wichtiges Thema der politischen Auseinandersetzung dar. Im Jahre 1987 betrug das Defizit des Bundeshaushaltes, das durch Neuverschuldung gedeckt wurde, über 25 Mrd. DM. 1988 wuchs es sprunghaft an und erreicht beinahe 38 Mrd. DM. 1989 soll sie nur mehr 28 Mrd. DM betragen. Die Neuverschuldung aller öffentlichen Haushalte belief sich 1988 auf 58 Mrd. DM. Die Gesamtverschuldung der öffentlichen Haushalte hatte Mitte 1988 einen Wert von 873,7 Mrd. DM erreicht, über die Hälfte davon entfiel auf die Verschuldung des Bundes. 1988 wurden ca. 13% der Ausgaben des Bundes durch Neuverschuldung finanziert. Verglichen mit 1970 hat sich die gesamte öffentliche Verschuldung versiebenfacht, verglichen mit 1980 hat sie sich immer noch fast verdoppelt. Ein beträchtlicher Teil dieses Anstiegs ist natürlich Schein und eine Folge der Inflation. Nichtsdestoweniger ist auch die reale Schuld stark gewachsen. In der Zeichnung 31.1 zeigen wir das Wachstum der nominalen und der realen Staatsschuld seit der Jahrhundertwende[1].

Ein zweiter Grund zur Besorgnis ist die anhaltend hohe Arbeitslosigkeit. In den letzten Jahren ist die Wirtschaft gewachsen, aber die Zahl der Arbeitslosen ist nicht zurückgegangen. Die Zahl der Beschäftigten hat sich seit 1983 zwar etwas erhöht[2], nicht zuletzt aber aufgrund der demographischen Situation hat der Anteil der Erwerbspersonen und Arbeitsuchenden an der Gesamtbevölkerung zugenommen. Dieses vergrößerte Arbeitskräftepotential hat zum Teil keine Arbeit gefunden. Die Arbeitslosenquote lag 1988 bei knapp 8%. Vergleicht man den tatsächlichen Output der Wirtschaft mit dem möglichen Output bei voller Nutzung des Arbeitskräftepotentials, dann ergibt sich eine erhebliche Differenz, die man als Maß für eine bedeutende Ineffizienz heranziehen könnte.

Haushaltsdefizit und wirtschaftliche Stabilität

Vor John Maynard Keynes waren viele Ökonomen der Auffassung, daß Arbeitslosigkeit vornehmlich dadurch verursacht wird, daß die Löhne im Verhältnis zu den Preisen zu hoch sind. Dies verringert die Zahl der Arbeiter, die die Unternehmen einzustellen bereit sind. Der Quotient aus Löhnen und Preisen wird als Reallohn bezeichnet. Eine Verringerung des Reallohnes würde die Beschäftigung erhöhen. Diese These wird auch heute nicht selten in bezug auf die Arbeits-

---

[1] Wegen einer Darstellung der Entwicklung der realen Staatsschuld in neuerer Zeit siehe Kapitel 2.
[2] Im Vergleich beispielsweise zu den USA ist diese Erhöhung aber sehr bescheiden ausgefallen.

31. Kapitel: Defizite, wirtschaftliche Stabilität und Wachstum   723

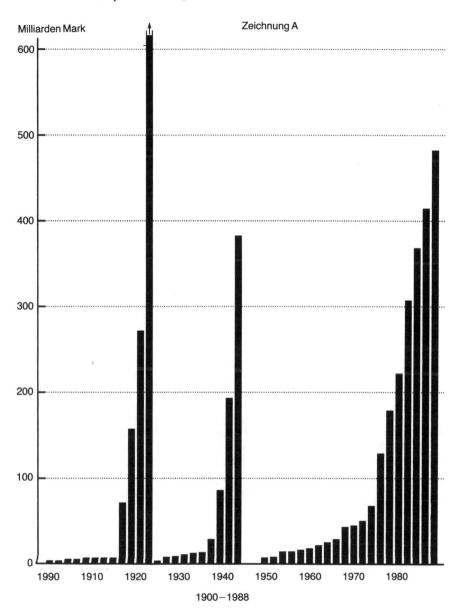

Abb. 31.1 Verschuldung des Deutschen Reichs bzw. der BR Deutschland. Die Zeichnung A zeigt die nominelle Verschuldung. Zu Beginn der zwanziger Jahre erreichte sie Rekordwerte – die Säule für 1922 paßt nicht auf diese Seite, es handelte sich um eine Schuld von 6675 Mark – die reale Staatsverschuldung blieb aber wegen der gallopierenden Inflation relativ beschränkt. Aufgrund des Preisstops und des Kaufkraftüberhangs wuchs sie im Zweiten Weltkrieg viel stärker an. Die reale Staatsschuld ausgedrückt in Mrd. Mark des Jahres 1913 haben wir in der Zeichnung B dargestellt. Wegen der Entwicklung seit 1945 siehe Abb. 2.10.

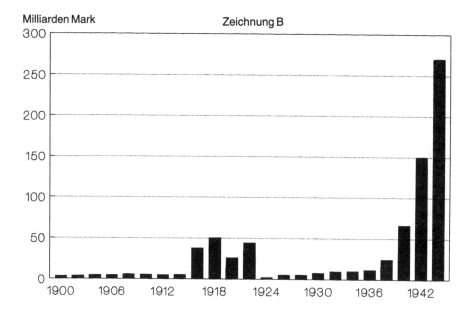

losigkeit in der BR Deutschland vertreten. Keynes argumentierte demgegenüber, daß die Beschäftigung durch die Nachfrage beschränkt werde; die Unternehmen wären bereit, zusätzliche Arbeiter einzustellen, wenn sie nur die Waren verkaufen könnten, die diese Arbeiter erzeugen.

Keynes lieferte nicht nur eine neue Diagnose des Problems, sondern auch eine Therapie: Wenn die aggregierte Nachfrage, also entweder der private Konsum, oder die Investitionen oder Staatsausgaben angehoben werden, verringert sich die Arbeitslosigkeit. Keynes glaubte, daß es zumindest bei schweren Rezessionen schwierig sei, die Investitionen zu stimulieren, so daß sich die aggregierte Nachfrage am effektivsten entweder durch eine Erhöhung der Staatsausgaben oder eine Senkung der Steuern vergrößern ließe – letztere würde den privaten Konsum erhöhen.

Kritiker der Keynesschen Lehre haben drei verschiedene Positionen eingenommen: a) Keynes Diagnose des Problems ist irrig. Zumindest in einigen wesentlichen Fällen rührt die Arbeitslosigkeit tatsächlich von zu hohen Löhnen und nicht von einer ungenügenden aggregierten Nachfrage her. (b) Der Staat kann wahrscheinlich wenig tun, um die aggregierte Nachfrage zu erhöhen; öffentliche Ausgaben beispielsweise „verdrängen" private – erhöhen sich die öffentlichen Ausgaben, verringern sich die privaten in demselben Ausmaß; insbesondere führen staatliche Maßnahmen, die den privaten Konsum erhöhen sollen, und Staatsausgaben nur dazu, daß die Investitionen zurückgehen und sich infolgedessen das Wirtschaftswachstum verlangsamt. (c) Selbst wenn der Staat im Prinzip etwas ausrichten könnte, ist es für die Regierung doch sehr schwierig, den richtigen Zeitpunkt zum Einsatz von Interventionen zu finden. Infolgedessen ist es wahrscheinlich, daß sie ihre Ausgaben gerade dann vergrößert, wenn sie eigentlich sinken sollten, und umgekehrt.

Die meisten Ökonomen sind heute der Ansicht, daß es einige wichtige Fälle gibt, in denen Arbeitslosigkeit tatsächlich auf eine ungenügende aggregierte Nachfrage zurückgeht. Umstrittener ist, wie wirkungsvoll die Wirtschaftspolitik bei der Bekämpfung der Arbeitslosigkeit gewesen ist und sein kann.

In diesem Kapitel befassen wir uns mit der Rolle der Steuern, der Staatsausgaben und eines Haushaltsdefizits bei der Stimulierung der aggregierten Nachfrage, also mit der sog. Fiskalpolitik. Es gibt noch ein zweites wesentliches Mittel staatlicher Politik, die Geldpolitik. Mit dieser befassen wir uns hier nicht. In der nachfolgenden Diskussion müssen wir den buchhalterischen Zusammenhang zwischen Steuern, Ausgaben und Defizit im Auge behalten. Wenn der Staat die Steuern senkt, seine Ausgaben aber unverändert bleiben, wächst das Defizit. Einen Teil der Wirkungen einer Veränderung der Wirtschaftspolitik könnte man auf die Veränderung der Steuersätze zurückführen; einen anderen auf das vergrößerte Defizit. Es kann schwierig sein, festzustellen, was worauf zurückgeht. Ähnlich verhält es sich, wenn der Staat seine Ausgaben erhöht, aber nicht seine Steuern, und das Defizit infolgedessen ansteigt. Bei einer Erhöhung der Ausgaben, die mit entsprechenden Steuererhöhungen einhergehen, spricht man von einem **ausgeglichenen wachsenden Haushalt**. Wir werden jetzt die Bestimmungsgrößen des Konsums und der Staatsausgaben erörtern.

Stimulierung des Konsums

Ältere Theorien behaupteten, daß der Konsum vom **verfügbaren Einkommen** abhängt. Das ist das Einkommen, das einem Haushalt nach Entrichtung der Steuern verbleibt. Nach dieser Sicht führt eine Verringerung der Steuerschuld eines Haushalts zu einer Vergrößerung seines verfügbaren Einkommens und infolgedessen der aggregierten Nachfrage.

In den letzten dreißig Jahren hat sich viel an dieser Sicht geändert. Die Nobelpreisträger Milton Friedman und Franco Modigliani verwiesen beide darauf, daß der Jahreskonsum eines Haushalts außer vom verfübaren Einkommen des jeweiligen Jahres noch von vielen anderen Faktoren abhängt. Friedman machte darauf aufmerksam, daß das Einkommen eines Individuums von Jahr zu Jahr großen Schwankungen unterliegt. Seiner Auffassung nach hängt der Konsum von einer Größe ab, die er das permanente Einkommen dieses Individuums nannte, nämlich dem durchschnittlichen Wert seines Einkommens über eine Reihe von Jahren hinweg. In guten Jahren spart es, in schlechten zehrt es seine Ersparnisse auf, und der Konsum schwankt weit weniger stark als das Einkommen.

Modigliani wies darauf hin, daß ein Individuum typischerweise am Anfang und am Ende seines Lebens relativ wenig Einkommen bezieht, in seinen mittleren Jahren aber verhältnismäßig viel. Sein Konsum aber entwickelt sich im Lauf des Lebens tendenziell gleichmäßig bzw. wächst relativ gleichmäßig. Es scheint also, als orientieren sich die Individuen bei ihrer Entscheidung über den Konsum eher am Lebenseinkommen, als am Einkommen einzelner Perioden. Die Theorie von Modigliani wird die **Lebenszyklustheorie des Konsums** genannt.

Nach diesen beiden Theorien übt eine **temporäre** Veränderung der Steuersätze verhältnismäßig wenig Einfluß auf die Höhe des Konsums aus, da eine derartige temporäre oder vorübergehende Veränderung wenig Einfluß auf das Lebens- oder permanente Einkommen des Individuums hat. Das Individuum dürfte das zusätzliche Einkommen über sein Leben hinweg verteilen, statt seinen Konsum vor allem in dem Jahr zu erhöhen, in dem die Steuersenkung erfolgt. Mit anderen Worten es dürfte einen großen Teil einer temporären Vergrößerung des Einkommens sparen[3].

Die Wirkungen einer temporären Verringerung der Einkommensteuer sind ganz andere als die einer vorübergehenden Verringerung einer speziellen Verbrauchsteuer auf irgendein dauerhaftes Konsumgut. Die letztere Maßnahme würde zu erhöhter Nachfrage nach diesem Konsumgut führen, weil die Haushalte es vorziehen, das Gut während der Zeit zu erwerben, während der es verhältnismäßig billig ist.[4]

Der Unterschied zwischen den Wirkungen einer temporären Verringerung der Einkommensteuer und einer temporären Verringerung einer speziellen Verbrauchsteuer entspricht dem zwischen dem Einkommen- und dem Substitutionseffekt einer Preisveränderung, den wir im Kapitel 18 dargestellt haben. Eine zeitweilige Verringerung der Einkommensteuer hat in erster Linie einen Einkommenseffekt und verschiebt die Budgetrestriktion, wie in der Zeichnung 31.2A gezeigt wird. Eine temporäre Verringerung einer speziellen Verbrauchsteuer hat auch einen Substitutionseffekt. Die Budgetrestriktion „dreht" sich, wie in der Zeichnung 31.2B gezeigt wird. Das Individuum kann die Steuersenkung nur dadurch ausnützen, daß es heute mehr kauft.

Eine Schwierigkeit mit temporären Tarifveränderungen bei speziellen Verbrauchsteuern ist, daß sie zwar während rezessiver Perioden eine verstärkte Nachfrage nach den jeweiligen Konsumgütern herbeiführen, aber auch einen Einfluß auf die Zeit vorher und nachher ausüben. Wird die Veränderung des Steuersatzes von den privaten Haushalten vorhergesehen, vermindert sich die Nachfrage nach den Gütern, deren Steuerbelastung in der vorhersehbaren Zukunft verringert wird. Unmittelbar bevor die Steuerbelastung wieder auf das normale Niveau angehoben wird, erhöht sich die Nachfrage erheblich. Derartige zeitliche Verschiebungen haben zur Folge, daß temporäre Veränderungen der Steuersätze erhebliche Auswirkungen außerhalb der Perioden haben, während derer dies eigentlich erwünscht ist.

---

[3] Die Einkommensteuer besteuert auch den Ertrag auf das Sparen. Die traditionelle keynesianische Analyse basiert auf der Annahme, daß die Zinselastizität des Konsums gering ist und daß man diesen Effekt infolgedessen vernachlässigen kann, daß der Einkommenseffekt also den Substitutionseffekt dominiert.

[4] Eine vorübergehende Verringerung der Einkommensteuer sollte auch einen kurzfristigen Einfluß auf das Arbeitsangebot ausüben. Da der Lohn für die Arbeit höher ist, solange der Einkommensteuersatz geringer ist, würden es die Individuen vorziehen, mehr zu arbeiten und auf diese Weise heutige Freizeit durch zukünftige Freizeit zu ersetzen. Dieser Effekt ist wahrscheinlich in Perioden der Rezession nicht bedeutsam, weil die Individuen sich in bezug auf die Mengen an Arbeit, die sie verkaufen können, Beschränkungen ausgesetzt sehen. Ferner haben sie selbst dann, wenn die Zeiten gut sind, wenig Entscheidungsspielraum in bezug auf die gewünschte Zahl an Arbeitsstunden. Aus diesen Gründen sind die meisten Ökonomen der Meinung, daß die Auswirkungen vorübergehender Veränderungen des Einkommensteuersatzes auf das Arbeitsangebot geringfügig sind.

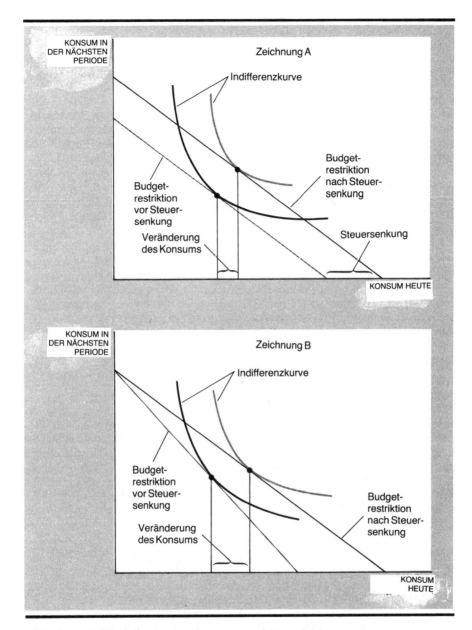

Abb. 31.2 Wirkungen einer vorübergehenden Senkung der Einkommen- und einer Verbrauchsteuer. (A) Eine vorübergehende Senkung der Einkommensteuer hat auf das permanente Einkommen nur geringe Auswirkungen. Die Budgetrestriktion wird etwas nach oben verschoben, der heutige Konsum erhöht sich geringfügig. (B) Eine vorübergehende Senkung einer Verbrauchsteuer führt zu einer Senkung der Kosten des Gegenwartskonsums und dies kann die Nachfrage heute erheblich erhöhen.

Liquiditätswirkungen

Einige Ökonomen halten allerdings daran fest, daß es einen Wirkungszusammenhang gibt, der dafür sorgt, daß selbst temporäre Veränderungen der Einkommensteuer erheblichen Einfluß auf die Nachfrage ausüben können. Der Nobelpreisträger James Tobin hat betont, daß viele Individuen Liquiditätsbeschränkungen unterliegen: sie würden es vorziehen, heute mehr zu konsumieren, aber sie können das nicht, weil sie nicht kreditwürdig sind. Mit anderen Worten, sie glauben, daß ihr Lebenseinkommen ein höheres Konsumniveau rechtfertigt, als sie es gegenwärtig erreichen, aber ihre Bank ist darüber anderer Ansicht und nicht bereit, ihnen etwas auszuleihen. Solange sie sich nicht vom Gegenteil überzeugen läßt, sehen sich diese ausgabefreudigen Individuen gezwungen, ihren Konsum auf ihr gegenwärtiges Einkommen zurückzuführen. Nimmt dieses zu – wie dies bei einer Verringerung der Einkommensteuersätze der Fall ist – erblicken sie darin eine günstige Gelegenheit; sie erhöhen ihre Ausgaben für Konsumgüter.

Mangel an liquiden Mitteln ist insbesondere eine Schranke für die Möglichkeiten der Individuen, langlebige Konsumgüter wie Fernseher anzuschaffen, deren Nutzen ihnen eine lange Reihe von Jahren zufließen. Wenn sie mit einem verringerten verfügbaren Einkommen auskommen müssen und keinen Kredit aufnehmen können, schränken sie als erstes ihre Ausgaben für langlebige Konsumgüter ein. Diese durchlaufen einen weit ausgeprägteren Konjunkturzyklus als etwa die Ausgaben für Nahrungsmittel.

Wirkungen langfristiger Verschuldung

Andere Ökonomen wiederum, insbesondere Robert Barro, glauben, daß alle bislang vorgetragenen Theorien auf stark übertriebene Erwartungen in bezug auf die wahrscheinliche Vergrößerung der Konsumgüternachfrage hinauslaufen, die von einer Verringerung des Steuersatzes ausgeht. Wenn die Staatsausgaben dieselben bleiben, dann führt eine Steuersenkung zu einer Vergrößerung der Staatsschuld. Eine derartige Vergrößerung der Staatsschuld bedeutet, daß in Zukunft die Steuern erhöht werden müssen. Wird dies von den Steuerpflichtigen berücksichtigt, kommen sie zu dem Schluß, daß sie sich bei einer Steuersenkung nicht wirklich besser stellen. Sie wissen, daß die Steuerzahlung nur hinausgeschoben wurde, daß es sich im Grunde nur um eine Steuerstundung handelt[5]. Die Verringerung der Steuersätze ruft keinen Einkommenseffekt hervor – und entsprechend auch keine Erhöhung des Konsums[6].

Über die These Barros ist das Urteil noch nicht gefällt. Barro setzt eine hohe Rationalität voraus, für deren Existenz wenig empirisches Beweismaterial vorliegt. Die Individuen müssen nicht nur erkennen, daß eine Steuersenkung heute zu einer Steuererhöhung in der Zukunft führen wird, sondern sie müssen auch davon ausgehen, daß sie selbst diese Steuern werden zahlen müssen. Vielleicht ist für sie eine zeitliche Verschiebung der Steuer dasselbe wie eine Befreiung: mög-

---

[5] Diese Sicht wurde in R. Barro: Are Government Bonds Net Wealth? Journal of Political Economy 1974 (82) S. 1095-1117 vorgetragen.
[6] Allerdings kann ein geringfügiger Substitutionseffekt auftreten – die Individuen würden es vorziehen, während Perioden mit niedrigem Steuersatz zu arbeiten.

licherweise sind es zukünftige Generationen, die stattdessen die Last der Steuer tragen. In diesem Fall mag eine Steuersenkung heute tatsächlich dazu führen, daß die gegenwärtig lebenden Generationen besser gestellt sind und infolgedessen mehr konsumieren[7].

Konsumeffekte einer Verringerung der Körperschaftsteuer

Auf ähnliche Probleme mit dem Grad der Rationalität, den man von den Konsumenten erwarten kann, stößt man bei Diskussionen über die Wirkung einer Verringerung der Körperschaftsteuer. Führt diese zu einer Vergrößerung der Dividenden und folglich des verfügbaren Einkommens, wird sich der Konsum wahrscheinlich etwas erhöhen. Verursacht sie stattdessen vorwiegend eine Vergrößerung der einbehaltenen Gewinne, kommt es nur dann zu erhöhtem Konsum, wenn die Aktionäre des Unternehmens den Körperschaftsschleier durchschauen. Ist das der Fall, werden sie erkennen, daß sie infolge der Zunahme der einbehaltenen Gewinne besser gestellt sind, und da sie sich reicher fühlen, werden sie auch mehr konsumieren. In welchem Maße durchschauen die Konsumenten den Körperschaftsschleier? Die meisten Ökonomen sind der Meinung, daß die Konsumenten ihn zum Teil durchschauen, daß sie die Vergrößerung des Kapitals der Unternehmung so behandeln, als wäre ihr eigenes Kapital gewachsen, und ihren Konsum entsprechend erhöhen[8].

Förderung der Investitionen

Es gibt drei Ansatzpunkte für eine Beeinflussung der Investitionen durch den Staat: (1) er wirkt auf die Investitionsfunktion ein, das Investitionsvolumen, das die Unternehmen bei einem bestimmten Zinssatz tätigen wollen; (2) er beeinflußt die Sparfunktion, also wieviel die Individuen bei einem bestimmten Zinssatz zu sparen bereit sind; und (3) er wirkt auf die Verwendung der verfügbaren Ersparnisse ein.

Konsum kann Investitionen verdrängen

Im vorigen Abschnitt haben wir gesehen, wie die Fiskalpolitik auf den Konsum einwirkt. Wenn es die aggregierte Nachfrage ist, die den Output beschränkt, dann wird eine Vergrößerung der aggregierten Nachfrage zu einer Vergrößerung des Outputs und der Beschäftigungszahl führen.

Was aber, wenn die Unternehmen nicht bereit sind, ihren Output zu erhöhen, etwa, weil die Löhne im Verhältnis zu den Preisen zu hoch sind? Dann wird die Vergrößerung des Konsums zu einer Verringerung der Ersparnis führen und nicht zu einer Erhöhung des Outputs; die Verknappung der für Investitionen verfügbare Mittel wird dann eine Erhöhung der Zinssätze verursachen. Der Konsum verdrängt die Investition. Die aggregierte Nachfrage wird nicht zunehmen und die Arbeitslosigkeit nicht abnehmen.

---

[7] Barro stellt sich auf den Standpunkt, daß selbst dann, wenn zukünftige Generationen die Steuer zahlen, die heutige Generation um die Wohlfahrt dieser zukünftigen Generationen besorgt sein wird und ihren Nachlaß an sie entsprechend vergrößern wird.
[8] Wir verweisen auf unsere Erörterung des Einflusses des Körperschaftschleiers auf die Ersparnis im Kapitel 24.

Die Nachfrage nach Investitionen

Die wichtigsten Instrumente, die der Staat im Rahmen der Stabilisierungspolitik für eine Förderung der Investitionen einsetzt, sind Sonderabschreibungen und Investitionszulagen[9]. Wird eine 10%ige Investitionszulage gewährt, kostet eine Maschine mit dem Preis von 100 DM dem Unternehmen nur 90 DM; der Staat zahlt effektiv 10% des Preises. Die Wirkung einer während eines bestimmten Zeitraums gewährten Investitionszulage ist also dieselbe wie die eines Sonderverkaufs; die Unternehmen werden versuchen, das Investitionsgut zu kaufen, solange es verbilligt angeboten wird, anstelle zu warten, bis der Sonderverkauf vorbei ist.

Ebenso wie eine vorübergehende Senkung einer speziellen Verbrauchsteuer bei einem langlebigen Konsumgut hat eine vorübergehend gewährte Investitionszulage Wirkungen auf die vorhergehenden und auf die nachfolgenden Perioden. Wird vorhergesehen, daß eine Investitionszulage gewährt werden wird, werden diejenigen Unternehmen, die eine Investition planen, sie solange verschieben, bis die Investitionszulage eingeführt wird; und gegen Ende des Zeitraums, während dessen diese Zulage gewährt wird, werden diejenigen, die eigentlich ihre Investition erst etwas später vornehmen wollten, sie vorziehen. Die Verringerung der Investitionen, bevor die Investitionszulage eingeführt und nachdem sie wieder abgeschafft wird, kann einen störenden Einfluß auf die Wirtschaft ausüben.

Eine vorübergehende Senkung der Körperschaftsteuersätze ist möglicherweise bei der Stimulierung der Investitionstätigkeit noch weit weniger wirksam. Wenn die Unternehmen über eine Investition entscheiden, berechnen sie den Gegenwartswert der erforderlichen Ausgaben nach Steuern und vergleichen ihn mit dem der Einnahmen nach Steuern. Eine vorübergehende Verringerung des Körperschaftsteuersatzes übt nur einen geringen Einfluß auf den Gegenwartswert der Erträge einer langfristigen Investition aus (sogar die Ankündigung einer dauerhaften Senkung der Körperschaftssteuer mag wirkungslos sein, wenn die Unternehmen nicht glauben, daß dies tatsächlich geschehen wird).

Finanzieren die Unternehmen ihre marginale Investition durch Schuldenaufnahme, hat eine Veränderung des Tarifs der Körperschaftsteuer keinen Einfluß auf die Grenzkosten des Kapitals. Der Grund ist, daß die Schuldzinsen abzugsfähig sind. Die effektiven Kapitalkosten eines Unternehmens, das Mittel zum Zinssatz r aufnimmt, sind $r(1-t)$. Die Körperschaftsteuer verringert den Grenzertrag der Investition ebenfalls um den Faktor $1-t$. Da sowohl die Grenzkosten als auch der Grenzertrag im selben Maße verringert werden, hat die Körperschaftsteuer an der Grenze keine Wirkung auf das Investitionsvolumen. Unter diesen Umständen wird eine Verringerung des Tarifs der Körperschaftsteuer keinen direkten Einfluß auf die Investitionstätigkeit ausüben[10].

---

[9] Das Stabilitäts- und Wachstumsgesetz sieht die Gewährung einer Investitionszulage von bis zu 7,5% der Anschaffungs- und Herstellungskosten von Investitionsgütern sowie eine Senkung der Einkommen- und Körperschaftsteuersätze um höchstens 10% für längstens ein Jahr als Mittel der Förderung von Investitionen vor. Für den Fall einer Konjunkturüberhitzung sieht es die Aussetzung von Sonderabschreibungen vor.

[10] Über eine Veränderung des Zinssatzes kann ein indirekter Einfluß auftreten.

Wenn die Unternehmen nur begrenzte Mengen Fremdkapital aufnehmen können und ihre Möglichkeiten, Aktien zu emittieren, begrenzt sind, dann gibt es einen Wirkungszusammenhang zwischen einer Verringerung der Körperschaftsteuer und der Investitionstätigkeit; dieser Zusammenhang stellt sich analog zu Tobins Theorie des Liquiditätseffekts bei Konsumenten dar. Viele Unternehmen würden gern mehr investieren, sind dazu aber nicht in der Lage, weil sie keine Anleihen aufnehmen können. Sie können sich nicht stärker verschulden (oder nur dann, wenn das Grundkapital erhöht wird, und das ist während einer Rezession schwierig). Die Verringerung der Körperschaftsteuer liefert den Unternehmen Mittel, die sie investieren und durch Schuldenaufnahme ergänzen können, wobei das zusätzliche Eigenkapital als Kreditsicherheit dient.

Defizit und Investitionen

Es wird vielfach befürchtet, daß die Staatsausgaben und die Haushaltsdefizite private Investitionen verdrängt haben.

Es gibt zweierlei Möglichkeiten, Ersparnisse zu verwenden: Man kann damit Investitionen finanzieren oder die Defizite des Staates. In der Zeichnung 31.3 haben wir private Ersparnisse und Investitionen als eine Funktion des Zinssatzes dargestellt. Die Differenz zwischen privaten Ersparnissen und Investitionen ist im Gleichgewicht (in einer geschlossenen Volkswirtschaft) gleich dem Defizit. Vergrößert sich das Defizit, konkurrieren die öffentlichen Haushalte und private

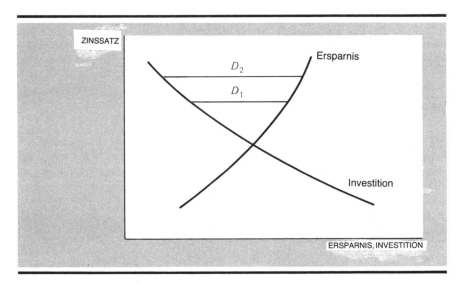

Abb. 31.3 Private Ersparnisse und Investitionen als eine Funktion des Zinssatzes. Verschiebt sich die Sparfunktion bei einem erhöhten Defizit des Staatshaushalts nicht, bewirkt eine derartige Erhöhung von D_1 auf D_2 verringerte Investitionen.

Investoren um die verfügbaren Ersparnisse, und die Zinssätze steigen[11]. Durch die höheren Zinssätzen wird die Investitionstätigkeit gedrosselt. Nur dann, wenn die Vergrößerung des Defizits zu einer Vergrößerung der Ersparnisse im gleichen Ausmaß führt, werden die Zinsen nicht steigen (vgl. Zeichnung 31.4). Selbst wenn man glaubt, daß höhere Defizite tatsächlich zu höheren Ersparnissen führen (da die Haushalte angesichts der Steuererhöhungen, die sie für die Zukunft wegen des gestiegenen Defizits vorhersehen, mehr sparen), ist es unwahrscheinlich, daß die Ersparnisse wirklich im selben Ausmaß wachsen wie das Defizit.

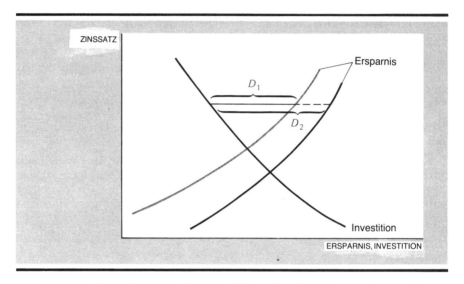

Abb. 31.4 Der Sonderfall, in dem Defizite nicht zu einer Veränderung der Investitionen führen. Führt eine Erhöhung des Defizits von D_1 auf D_2 zu einer Verschiebung der Sparfunktion um denselben Betrag, verändert sich der Zinssatz nicht und die Investitionen bleiben gleich.

Die Last der Schuld

Soeben haben wir die zentrale Fragestellung in der alten Debatte über die Last der Staatsschuld berührt. Hinterläßt ein Vater seinem Sohn bei seinem Tod eine Schuld (und wenn die Rechtsordnung den Sohn dazu zwingt, für diese Schuld einzustehen, wenn er dieses Erbe also nicht ausschlagen kann – tatsächlich gibt es einige Länder, in denen das Erbrecht derartige Möglichkeiten, das Erbe auszuschlagen, nicht vorsieht), stellt sich der Sohn dadurch sicherlich schlechter. Je größer die Schuld, umso schlechter stellt er sich. Ganz analog zu dieser Betrachtung der Last einer privaten Schuld glauben viele, daß eine große Staatsschuld künftigen Generationen eine Last aufbürdet. Vergrößern wir die Staatsschuld, vergrößern wir die Last, die wir künftigen Generationen auferlegen.

---

[11] Dieses Ergebnis muß modifiziert werden, sobald wir die Möglichkeit berücksichtigen, daß heimische Defizite durch ausländische Ersparnisse finanziert werden. Vergleiche hierzu die Erörterung zu Defiziten in einer offenen Wirtschaft weiter unten.

Nach dem 2. Weltkrieg kam die Vorstellung in Mode, daß die Staatsschuld keine Last darstellt. Sie ist einfach ein Anspruch gegen uns selbst. Wie kann dies eine Last sein? Gemäß dieser Sicht ist die Analogie zwischen privater und öffentlicher Schuld irreführend. Ein privater Haushalt schuldet das Geld einer anderen Person. Die Staatsschuld schulden wir uns selbst. Gemäß dieser Sicht fallen die Kosten eines Krieges zu der Zeit an, da der Krieg stattfindet: der Konsum wird eben zu dieser Zeit verringert, um Militärausgaben zu finanzieren, und das ist in Wahrheit die Last des Krieges.

In einem gewissen Sinne ist es zwar wahr, daß wir die Staatschuld uns selber schulden. Nichtsdestoweniger haben unterschiedliche Politiken unterschiedliche Folgen für den Wohlstand zukünftiger Generationen. Es gibt wesentliche Tradeoffs und wirtschaftspolitische Maßnahmen, die eine Generation zu Lasten künftiger bevorzugen.

Die Generation, die während des 2. Weltkrieges lebte, war möglicherweise nicht die einzige, die die Last dieses Krieges trug[12]. Finanzierte der Staat seine Militärausgaben durch Schuldenaufnahme statt durch Besteuerung, vergrößert sich der (Lebens)Konsum der Generation, die sonst die Steuern hätte zahlen müssen. Die Staatsschuldtitel traten an die Stelle von Realkapital, die Investitionen verringerten sich, und der zukünftige Kapitalstock wurde vermindert. Infolgedessen verringerten sich die Arbeitseinkommen künftiger Generationen. Die Generation, die den Krieg führte, kann sich schließlich im Wege des demokratischen Entscheidungsprozesses auch noch ansehnliche Renten zukommen lassen, für die ebenfalls die nächste Generation aufkommt. In beiden Fällen hat es die kriegsführende Generation verstanden, einen Teil der Kosten des Krieges auf künftige Generationen zu überwälzen.

Defizite in offenen Volkswirtschaften

Bei unserer Analyse haben wir angenommen, daß Investitionen und Defizite mit einheimischen Ersparnissen finanziert werden müssen. Defizite können stattdessen auch durch Auslandskredit finanziert werden. Die Staatsschuld einer kleinen offenen Wirtschaft[13] hat keinen wesentlichen Effekt auf die Zinssätze in der Welt. Bleibt der Zinssatz derselbe, bleiben auch die Investitionen und die Ersparnisse gleich (abgesehen von der zusätzlichen Ersparnis, die davon herrührt, daß die Bewohner des Landes künftige Steuererhöhungen vorhersehen). Die einzige Wirkung, die das Defizit hat, ist eine Vergrößerung der Verschuldung im Ausland. So gesehen macht es keinen Unterschied, ob der Staat im Ausland Kredit aufnimmt oder ob die Staatsverschuldung im Inland die Unternehmen dazu veranlaßt, sich stärker im Ausland zu verschulden. Da die Staatsschuld keine direkten Wirkungen auf die Investitionen hat (Zeichnung 31.5), hat sie auch keine auf

---

[12] Bei dieser Betrachtung sehen wir davon ab, daß sich der Staat in Deutschland nach dem Krieg seiner Schuld entledigte, indem er anläßlich der Währungsreform die Inhaber dieser Schuldtitel weitgehend enteignete. Für die Zwecke dieser Betrachtung ist es vorteilhafter, sich amerikanische Verhältnisse vorzustellen, unter denen keine derartige Entschuldung erfolgte.

[13] Von einer Wirtschaft, die keine Beziehungen zu anderen Wirtschaften unterhält, sagt man, sie sei geschlossen. Eine Wirtschaft, die mit anderen Ländern Handel treibt oder bei ihnen Kredit aufnimmt oder von ihnen Arbeitskräfte einführt, wird offen genannt.

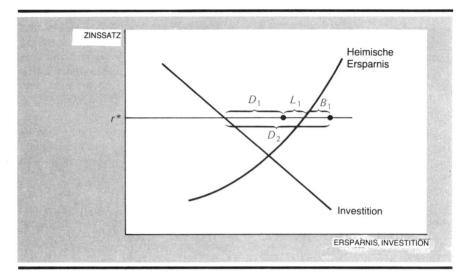

Abb. 31.5 Defizite in einer offenen Volkswirtschaft. Bei einer kleinen offenen Volkswirtschaft führt eine Erhöhung des Defizits nicht zu einer Veränderung des Marktzinssatzes (r^*) und der Investitionen. Beim Defizit D_1 gewährt das Land Ausländern Kredit in Höhe L_1, wohingegen es sich bei dem Defizit D_2 im Ausland in der Höhe B_1 verschuldet.

das Wachstum des Bruttosozialprodukts des Landes; es muß aber künftig mehr vom Output des Landes ins Ausland verbracht werden, um für die Schulden zu bezahlen, die man dort eingegangen ist. Die traditionelle Analogie zwischen einer Staatsschuld und einer privaten Schuld erscheint so gesehen keineswegs unvernünftig: Das erhöhte Defizit heute verringert den Konsum künftiger Generationen von Bewohnern dieses Landes. Dies gilt unabhängig davon, ob sie die Gläubiger des Staates sind oder nicht[14].

Die westeuropäischen Länder fallen alle mehr oder minder in die Kategorie des kleinen Landes, nicht aber die USA. Die amerikanische Wirtschaftspolitik hat eine Wirkung auf den internationalen Kapitalmarkt. In den achtziger Jahren wies der amerikanische Staatshaushalt Defizite in einer bis dahin in Friedenszeiten nicht dagewesenen Größenordnung auf. Das Defizit des Jahres 1986 machte nahezu 30% aller Ersparnisse der USA aus[15], ihr Anteil an den Weltersparnissen ist allerdings weit geringer. Dieses Defizit mag infolgedessen zu einer gewissen Erhöhung der Zinssätze geführt haben, aber auch zu einem stärkeren Kapitalzustrom in die USA (verglichen mit dem Zustrom, der sonst eingetreten wäre). So

---

[14] Es kann eine indirekte Wirkung auf die Investitionen auftreten: Das verringerte Niveau des inländischen Konsums, das sich schließlich aus einem verringerten Einkommen der Bewohner des Landes ergibt, kann letztendlich eine negative Wirkung auf die Investitionen in diesem Land ausüben.

[15] Im Jahr 1986 betrug das Defizit des Haushalts des amerikanischen Bundes 240 Milliarden Dollar. Die gesamten Ersparnisse amerikanischer Unternehmen, Haushalte, Bundesstaaten und Gemeinden wurden auf 741 Milliarden Dollar geschätzt. Quelle: Economic Report of the President, 1987, Tabelle B-27 und B-78.

gesehen war es kein Zufall, daß die Verschuldung der USA im Ausland in den frühen achtziger Jahren ungefähr genauso stark zunahm wie die Verschuldung des amerikanischen Staates[16]. Zukünftige Generationen von Amerikanern werden die Last dieser Schuld tragen müssen. Ob dies wünschenswert ist oder nicht, ist eine Frage der intertemporalen Verteilung der Einkommen, ob man Einkommen zugunsten oder zuungunsten künftiger Generationen umverteilen will.

Geschichte der öffentlichen Verschuldung in Deutschland

Vor dem 1. Weltkrieg war die Schuldenaufnahme der öffentlichen Haushalte relativ bescheiden. Für das Jahr 1913 wurde die Neuverschuldung aller öffentlichen Haushalte auf ca. 1% des Nettosozialprodukts geschätzt. Im 1. Weltkrieg wurden etwa 70% der Kriegsausgaben durch inländische Kreditaufnahme finanziert. Der Rest stammte zu ungefähr gleichen Teilen aus Steuern und aus der Notenemission. Auch nach dem 1. Weltkrieg ging die Finanzierung des Staatshaushalts vornehmlich durch Schuldenaufnahme und Geldemission noch bis 1924 weiter und führte zu der großen Inflation. Dies lag nicht nur daran, daß erhebliche Reparationen entrichtet werden mußten, sondern auch daran, daß die Regierung angesichts der labilen politischen Lage davor zurückschreckte, die Steuern nachhaltig zu erhöhen. Durch die Inflation wurde die aufgelaufene Staatsschuld fast vollständig entwertet. Insbesondere nach der Regelung der Reparationsleistungen durch den Dawes Plan 1924 konnte ein Ausgleich des Reichshaushalts weitgehend herbeigeführt werden. Auch in der Weltwirtschaftskrise war die Reichsregierung bemüht, die Ausgaben durch Kürzungen an die sinkenden Steuereinnahmen anzupassen. Die Regierung Brüning betrieb während der Weltwirtschaftskrise eine deflatorische Politik, da sie hoffte, durch ein Sinken der Preise die Exporte anzukurbeln und mit den Exporterlösen die Reparationsverpflichtungen erfüllen zu können. Nominal nahm die Verschuldung der öffentlichen Haushalte von 1930 bis 1933 nicht zu. Unter dem Nationalsozialismus gewann die Finanzierung der öffentlichen Haushalte durch Verschuldung und Notenemission rasch große Bedeutung. 1938 betrug die Neuverschuldung der öffentlichen Haushalte 26% des Nettosozialprodukts. Auch der zweite Weltkrieg wurde im wesentlichen nicht durch Erhöhung der Steuern finanziert. Anläßlich der Währungsreform 1948 wurden die öffentlichen Schulden annulliert. Während der ersten 20 Jahre der Existenz der BR Deutschland war die öffentliche Verschuldung vergleichsweise gering, in manchen Jahren sogar rückläufig. Selbst in den Jahren mit einer verhältnismäßig starken Neuverschuldung wie etwa 1961 überstieg diese kaum 1% des Nettosozialprodukts. Ab dem Jahr 1970 änderte sich das wesentlich. Seitdem hat die Neuverschuldung der öffentlichen Haushalte auch in günstigen Jahren 2% des Nettosozialprodukts nicht mehr unterschritten.

---

[16] So gesehen liefert uns dieses Defizit in der Tat ein wesentliches Erklärungsmoment, warum die Importe größer waren als die Exporte. Die Kreditaufnahme im Ausland nahm zu, um das Defizit zu finanzieren. Ausländer, die den USA Kredit gewähren wollten, trieben den Dollarkurs in die Höhe, was die amerikanischen Exporte weniger attraktiv und die Importe attraktiver machte. Das Handelsbilanzdefizit war also eine Folge der Kreditvergabe des Auslands an Amerika, die wiederum eine Folge des Haushaltsdefizits des amerikanischen Staates war.

Andere Ansichten über die Wirksamkeit der Fiskalpolitik

In den letzten zwei Jahrzehnten war die Makroökonomik durch heftige Kontroversen geprägt. Die traditionellen keynesianischen Auffassungen sahen sich schweren Angriffen ausgesetzt. In diesem Buch können wir keinen umfassenden Überblick über die verschiedenen Schulen geben, die miteinander im Streit liegen. Wir verweisen hier nur auf die Implikationen dreier Denkrichtungen, die in den späten siebziger und frühen achtziger Jahren auf starkes Interesse gestoßen sind.

Supply Side Ökonomen

Keynesianer betonen traditionell die Bedeutung der aggregierten Nachfrage, angebotsorientierte Ökonomen (Supply Side Economists), wie etwa Arthur Laffer, stellen hingegen die Rolle des aggregierten Angebots in den Vordergrund. Diese Denkrichtung erfreute sich in den ersten Jahren der Ära Reagan besonderer Popularität. Ihre Vertreter glaubten, daß es bei einer Verringerung der Steuersätze zu einem derartig starken Wachstum der Produktion käme (vermutlich durch vergrößerte Investitionen und vergrößerte Anstrengungen der Arbeiter und Manager), daß sich die Steuereinnahmen sogar erhöhen würden. Darüberhinaus glaubte man, daß das vergrößerte Angebot an Gütern zu einer Dämpfung der Inflation führen würde.

Umstritten war nicht, ob es theoretisch möglich ist, daß die Steuersätze so hoch sind, daß ihre Senkung tatsächlich zu einer so starken Erhöhung des Outputs führt, daß die Staatseinnahmen wachsen. Umstritten war vielmehr, ob die tatsächlichen Steuersätze wirklich so hoch waren, daß mit derartigen Folgen zu rechnen war. Sowohl die vorliegenden ökonometrischen Untersuchungen[17] als auch die Erfahrungen mit den Steuersenkungen, die in den USA im Jahre 1981 vorgenommen wurden, weisen nachdrücklich darauf hin, daß das nicht der Fall war[18].

Es scheint so, als hätten die angebotsorientierten Ökonomen zwei Fehler gemacht. Erstens überschätzten sie die Elastizität des Arbeitsangebots und die Reaktion der Investitionen auf Veränderungen der Steuersätze. Zweitens unterschätzten sie die Länge des Zeitraums, den die Wirtschaft benötigt, um sich anzupassen. Selbst wenn das Arbeitsangebot sehr elastisch ist, dauert es wahrscheinlich mehrere Jahre, bis sich die Tarifverträge an die veränderten Rahmenbedingungen anpassen. Selbst wenn die Investitionen langfristig sehr nachhaltig auf Anreize reagieren, könnte es mehrere Jahre dauern, bis die Unternehmen ihre Investitionspolitik neu durchdacht haben.

---

[17] Vgl. Don Fullerton: On the Possibility of an Inverse Relationship between Tax Rates and Government Revenues. Journal of Public Economics 1982 (19) No. 1 S. 3-22.

[18] Die angebotsorientierten Ökonomen mögen wohl recht haben, wenn sie auf die Bedeutung der Reaktion des Angebots verweisen und Steuersenkungen befürworten. Was hier in Frage gestellt wird, ist nur die Vorstellung, daß die Reaktion der Angebotsseite so stark sein wird, daß eine Verringerung des Steuersatzes zu einer Vergrößerung des Steueraufkommens führen wird.

Die angebotsorientierten Ökonomen dürften für das Entstehen der großen Defizite des amerikanischen Staatshaushalts einige Verantwortung tragen. Reagan mag sich wohl deswegen so sehr für Steuersenkungen eingesetzt haben, weil er nicht damit rechnete, daß dies zu den großen Defiziten führen würde, die sich dann tatsächlich einstellten, und wären die Prognosen der angebotsorientierten Ökonomen richtig gewesen, wäre es zu diesen großen Defiziten auch nicht gekommen.

New Classical Economics

Die Supply Side Ökonomen und die Keynesianer stimmen darin überein, daß die staatliche Wirtschaftspolitik eine wesentliche Wirkung auf die Wirtschaft hat. Eine andere wichtige Denkrichtung, „**New Classical Economics**", vertreten etwa durch Tom Sargent und Robert Lucas, stellte die Wirksamkeit der staatlichen Wirtschaftspolitik in Frage. Diese Ökonomen sind der Auffassung, daß die Märkte auf Aktivitäten des Staates so reagieren, daß diese ihrer Wirksamkeit beraubt werden. Wir haben schon einige Beispiele für diese Sicht vorgetragen: wir haben die Bedingungen geprüft, unter denen eine Zunahme der Staatsausgaben zu einer Verminderung des privaten Konsums im gleichen Umfang führt. Damit private Haushalte die Handlungen des Staates neutralisieren können, müssen sie natürlich dieselben beobachten und ihre Folgen verstehen. Die Ökonomen der „New Classical Economics" glauben, daß die Haushalte bei ihren Entscheidungen die ihnen zur Verfügung stehenden Informationen vollständig ausnutzen und auf diese Weise beispielsweise Prognosen über die Folgen bestimmter Handlungen der Regierung erstellen. Bilden die Individuen ihre Erwartungen auf eine derartig hochintellektuelle Weise, sagt man, daß sie **rationale Erwartungen** haben. Die Ökonomen der „New Classical Economics" gehen davon aus, daß der Staat die privaten Haushalte nicht hinters Licht führen kann.

Die Schlußfolgerungen über die begrenzte Effektivität der Fiskalpolitik hängen aber nicht von der Voraussetzung rationaler Erwartungen ab. Wir sahen beispielsweise weiter oben, daß verringerte Steuern möglicherweise nicht zu größeren privaten Ersparnissen in genau demselben Umfang führen, weil (a) die Individuen Liquiditätsbeschränkungen unterliegen, oder (b) wegen der Auswirkungen der Wirtschaftspolitik auf die Verteilung zwischen den Generationen[19].

Die Ökonomen der „New Classical Economics" gehen zum Teil von denselben Annahmen aus wie die Ökonomen der früheren Klassik. Die letzteren glaubten, daß die Märkte gut funktionieren, daß Löhne und Preise flexibel sind und daß, sollte es zu keinen Interventionen des Staates oder möglicherweise seitens monopolistischer Vereinigungen und Gewerkschaften kommen, die Märkte sich rasch anpassen und Angebot und Nachfrage auf allen Märkten einschließlich des Arbeitsmarktes zum Ausgleich gelangen. Gemäß dieser Sicht ist Arbeitslosigkeit entweder ein kurzfristiges, vorübergehendes Phänomen oder die Folge davon, daß die Gewerkschaften (oder der Staat) die Löhne hoch halten. Die keynesianische Theorie wies diese Annahmen ausdrücklich zurück.

---

[19] Mit anderen Worten, einige der heute Lebenden haben keine Nachkommen in zukünftigen Generationen oder sie lieben diese Nachkommen nicht genug, um ihre Nachlässe in einem ebensolchen Maße aufzustocken, wie sich die künftigen Steuerschulden dieser Nachkommen erhöhen.

Die Ökonomen der „New Classical Economics" haben die Annahme flexibler Löhne und Preise wieder eingeführt (obzwar oft in einer etwas heimlichen Art und Weise). Bei vollständig flexiblen Löhnen und Preisen und wenn sich alle Märkte (einschließlich des Arbeitsmarkts) im Gleichgewicht befinden, bleibt für den Staat bei der Bestimmung des Niveaus der wirtschaftlichen Aktivität in der Tat nicht mehr sehr viel zu tun. Die Schlußfolgerung einer Ineffizienz staatlicher Politik beruht vor allem auf der Voraussetzung der Flexibilität der Löhne und Preise, nicht so sehr auf der Annahme rationaler Erwartungen. Wenn man Starrheit der Löhne und Preise zuläßt, dann ist in Modellen mit rationalen Erwartungen der „Multiplikator", d.h. der Betrag, um den sich das Bruttosozialprodukt bei einer Erhöhung der Staatsausgaben um eine Mark erhöht, sogar größer als in den traditionellen keynesianischen Modellen, in denen der Konsum des Haushalts von seinem verfügbaren Einkommen abhängt[20].

Monetaristen

Monetaristen wie der Nobelpreisträger Milton Friedman glauben, daß der Staat auf den Privatsektor insbesondere durch die Kontrolle des Geldangebots einwirkt. Die meisten Monetaristen stimmen mit den Ökonomen der „New Classical Economics" darin überein, daß der Staat langfristig kaum einen Einfluß auf das Niveau der wirtschaftlichen Tätigkeit hat; kurzfristig jedoch kann er nach ihrer Meinung Einfluß ausüben. Die meisten Monetaristen glauben, daß der Staat am besten versuchen solle, das Preisniveau zu stabilisieren und daß er dies tun könne, indem er das Geldangebot so steuert, daß es in etwa im selben Maße wie das reale Sozialprodukt wächst.

Der Monetarismus erlebte während der späten siebziger und der frühen achtziger Jahre seine Blütezeit. Damals stand die Inflation im Mittelpunkt der Aufmerksamkeit der Wirtschaftspolitik zahlreicher Länder. Er schien ein einfaches Mittel zur Lösung dessen zu liefern, was man für das Hauptproblem jener Zeit hielt. Inzwischen hat sich seine Beliebtheit etwas gemindert. Ein Grund ist der Mangel an einer theoretischen Fundierung des Monetarismus. In bestimmten Ländern, die den monetaristischen Vorschlägen relativ weitgehend gefolgt sind, stellten sich die Erfolge bei der Inflationsbekämpfung nur langsam ein, die Arbeitslosigkeit aber stieg stark an. Der Zusammenhang zwischen der Geldmenge und dem Wert des Sozialprodukts, der in der monetaristischen Doktrin zentralen Stellenwert hat, war in den letzten Jahren nicht stabil.

---

[20] Der Grund ist einfach: die Individuen sparen in erster Linie für zukünftigen Konsum. Wenn das Einkommen heute ansteigt, dann fließt ein Teil des vergrößerten Einkommens in Ersparnisse. Diese verwandeln sich zu einem zukünftigen Zeitpunkt in größere aggregierte Nachfrage und Output. Die Individuen werden, da sie das voraussehen, einsehen, daß ihr zukünftiges Einkommen infolge der Erhöhung der Staatsausgaben größer ist, als es sonst gewesen wäre. Dieses höhere zukünftige Einkommen wiederum erhöht ihre Bereitschaft, heute mehr zu konsumieren, und das erhöht die aggregierte Nachfrage heute. Vgl. P. Neary und J. E. Stiglitz: Towards a Reconstruction of Keynesian Economics: Constraints and Expectations. Quarterly Journal of Economics, 1983 Supplement S. 199-228.

Die zeitliche Dosierung von Veränderungen der Wirtschaftspolitik: Diskretionäre oder regelgebundene Eingriffe

Soll der Staat die Wirtschaft mit Erfolg durch Steueränderungen stabilisieren, ist es nicht nur erforderlich, daß seine Handlungen nicht durch entgegengesetzte Handlungen der Konsumenten und Produzenten neutralisiert werden, sondern auch, daß die Regierung ihre Absichten rechtzeitig in die Tat umsetzen kann.

Versucht der Staat, die Nachfrage zu verringern, um eine Inflation einzudämmen, wird er dabei aber zu langsam tätig, kann es sein, daß die Konjunktur zu dem Zeitpunkt, da die Nachfrageminderung tatsächlich eintritt, bereits wieder im Abschwung begriffen ist. Ebenso kann ein staatlicher Eingriff, der die Nachfrage erhöhen soll, aber erst dann wirksam wird, wenn die Rezession bereits überwunden ist, zur Inflation führen.

Die Probleme, die mit dem rechtzeitigen Einsatz der Fiskalpolitik verbunden sind, lassen sich in drei Kategorien einordnen; Erkennungsverzögerungen (recognition lags), also eine Verzögerung bei der Gewinnung der Erkenntnis, daß die Wirtschaftspolitik geändert werden sollte; Durchführungsverzögerungen (implementation lags) und Wirkungsverzögerungen (lags in effectiveness). Die Zeichnung 31.6 zeigt einen Konjunkturzyklus. In A beginnt ein Abschwung der Wirtschaft, aber bis B nimmt niemand wahr, daß eine Rezession begonnen hat. Sobald das erkannt ist, müssen sich die Politiker erst einmal darüber einigen, was getan werden soll; soll man die Einkommensteuer verrringern, die Staatsausgaben erhöhen oder versuchen, die Investitionen zu fördern, indem man Investitionszulagen gewährt, oder durch eine Geldpolitik, die zu einer Verringerung der Zinssätze führt. Die Änderungsvorschläge müssen den politischen Entscheindungsprozeß durchlaufen. Das kann Monate dauern; dies erklärt den Lag, der in der Zeichnung 31.6 mit BC bezeichnet ist.

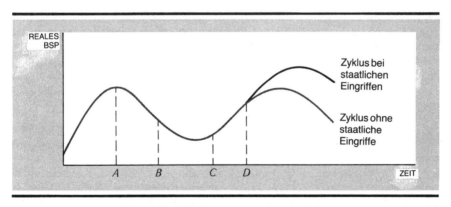

Abb. 31.6 Lags in der Konjunkturpolitik. Infolge verschiedener Verzögerungen (lags), mit der das finanzpolitische Instrumentarium zum Einsatz und zur Wirkung kommt, kann eine antizyklische Fiskalpolitik tatsächlich zu einer Verschärfung zyklischer Schwankungen statt zu ihrer Milderung führen. In A beginnt ein Konjunkturabschwung. In B wird die Regierung sich erst dessen bewußt. AB: Erkennungsverzögerung. In C kommen antizyklische Maßnahmen zum Einsatz. BC: Entscheidungsverzögerung. In D werden diese Maßnahmen wirksam. CD: Wirksamkeitsverzögerung.

Selbst nachdem die entsprechenden Gesetzesänderungen in Kraft getreten sind, kommt es womöglich noch zu weiteren Verzögerungen, bevor sie wirksam werden. So wird eine Veranlagung zur Einkommensteuer nur einmal im Jahr vorgenommen, ebenso wie eine Reihe anderer Steuern nur einmal im Jahr entrichtet wird. Senkt der Bundestag also im Oktober die Einkommensteuer, wirkt sich das erst im Frühjahr des nächsten Jahres voll aus. Dies bedingt die nächste Verzögerung, die in der Zeichnung mit CD bezeichnet wird.

Bis die Wirkung der Steueränderungen voll fühlbar wird, kann noch geraume Zeit vergehen. Wird die Einführung einer Investitionszulage von den Unternehmen nicht vorhergesehen, werden sie ihre Investitionsplanung verändern müssen, und auch dies nimmt Monate in Anspruch. Verfügen sie über eine Reihe vollständig durchgeplanter Projekte, dann ist es relativ einfach, ihre Ausführung zeitlich vorzuziehen. Die Planung neuer Projekte kann hingegen Jahre in Anspruch nehmen.

Diese Verzögerungen sind so groß, daß die wirtschaftspolitischen Maßnahmen erst dann wirken, wenn die Wirtschaft schon wieder in Erholung begriffen ist, es sei denn, die Regierung hätte die Rezession vorausgesehen. (In der Nachkriegszeit kam es etwa alle fünf Jahre zu Rezessionen. Seit Ende der siebziger Jahre ist das aber nicht mehr der Fall.)

Könnte die Regierung Rezession und Boomphasen des Konjunkturzyklus voraussehen, könnte sie wohl versuchen, ihre Wirtschaftspolitik rechtzeitig zu verändern, so daß sie wirksam wird. Der Staat war bei derartigen Prognosen nicht sonderlich erfolgreich (oder zumindest waren die vorliegenden Prognosen über bevorstehende Konjunkturveränderungen nicht so eindeutig, daß man sich vor Einsetzen der Rezession auf eine bestimmte Wirtschaftspolitik hätte einigen können.)

Viele Ökonomen (wie z.B. Milton Friedman) sind der Ansicht, daß die Versuche des Staates, die Wirtschaft zu stabilisieren, tatsächlich die Konjunkturschwankungen eher verstärkt haben. Selbst wenn dies nicht der Fall war, haben sie die Unsicherheit, unter der die Unternehmen und die Haushalte tätig werden mußten, vergrößert. Diese Ökonomen sind der Ansicht, daß der Staat sich keiner diskretionären Instrumente bedienen sollte; er sollte ein System von Regeln entwickeln, die auf die Konjunkturentwicklung abgestellt sind, und Veränderungen der Steuersätze, der Staatsausgaben und anderer finanzpolitischer Instrumente vorsehen. Solche Regeln hätten den Vorteil, daß die Verzögerungen vermieden würden, die mit dem politischen Entscheidungsprozeß verbunden sind. Sie würden die automatischen Stabilisierungswirkungen (built-in flexiblity), die von der bestehenden Ordnung der öffentlichen Finanzen ausgehen, noch verstärken. Bei der bestehenden Ordnung der öffentlichen Finanzen tritt durch die Progression der Besteuerung bei einem Konjunkturabschwung eine Verringerung des durchschnittlichen Steuersatzes ein. Die Leistungen der Bundesanstalt für Arbeit beispielsweise wachsen im Konjunkturabschwung; dasselbe gilt für die der Sozialfürsorge und die der Rentenversicherung, weil mehr Arbeitnehmer frühzeitig in den Ruhestand treten. Die öffentlichen Ausgaben nehmen im Konjunkturabschwung also zu.

Ein Beispiel für eine einfache Regel wäre die Vorschrift, daß bei einer Arbeitslosenquote von über 10% die Steuersätze der Einkommensteuer um 5% verringert werden, und daß es noch zu einer weiteren Verringerung der Einkommensteuer kommt, wenn die Arbeitslosenquote 12% übersteigt.

Befürworter einer regelgebundenen statt einer diskretionären Politik argumentieren, daß die Individuen und die Unternehmen besser planen können, wenn sie genau vorhersagen können, was der Staat tun wird. Eine der größten Unsicherheitsfaktoren für Unternehmen ist „politische Unsicherheit" – die Unsicherheit darüber, was der Staat tun wird.

Diejenigen, die diskretionäre Eingriffe einer regelgebundenen Politik vorziehen, stellen sich auf den Standpunkt, daß die Annahme derartiger Regeln mit einer Verringerung des politischen Handlungsspielraums identisch sei: jeder Konjunkturzyklus unterscheide sich aber derart stark von allen anderen, daß es gar nicht möglich sei, eine sinnvolle und einfache Regel zu entwickeln. Die Befürworter von Regeln sehen in dieser Verringerung des Handlungsspielraums einen Vorteil: eine Verringerung der „politischen Unsicherheit" sei wünschenswert.

In der BR Deutschland erhoffte man sich vor allem vom Stabilitäts- und Wachstumsgesetz eine Verringerung der Verzögerungen bei der Konjunkturpolitik. Dieses Gesetz sieht einen Katalog von Maßnahmen vor, die einer Konjunkturdämpfung oder -belebung dienen. Das Verfahren, das für die Einführung dieser Maßnahmen erforderlich ist, wurde dadurch verkürzt. Das Gesetz enthielt aber keine Regeln dafür, wann diese Maßnahmen ergriffen werden sollten. Tatsächlich wurden die Möglichkeiten des Stabilitätsgesetzes in über 20 Jahren kein einziges Mal vollständig genutzt. Nur ausnahmsweise hat man auf diese Möglichkeiten überhaupt – und dann nur teilweise – zurückgegriffen. Für die praktische Konjunkturpolitik hatte das Stabilitäts- und Wachstumsgesetz kaum nachhaltigere Folgen.

Wachstum

Im Laufe der achtziger Jahre hat das langsame Wachstum der deutschen Wirtschaft erhebliches Mißvergnügen ausgelöst. Eine Reihe anderer Industrieländer wie beispielsweise Italien oder Japan hatte eine günstigere Wirtschaftsentwicklung zu verzeichnen. Es heißt, der Wunderknabe sei altersschwach geworden. Auf jeden Fall hat sich die wirtschaftliche Entwicklung im Vergleich zu den fünfziger und sechziger Jahren sehr verlangsamt.

Über die Gründe dafür herrscht zwischen den Ökonomen keine Einigkeit; ein jeder hat seine Lieblingstheorie. Übereinstimmung besteht eigentlich nur darin, daß die staatliche Wirtschaftspolitik eine wichtige Rolle spielt.

Das Wirtschaftswachstum hängt von drei kritischen Faktoren ab; dem Wachstum des Kapitalstocks (den Investitionen), dem technischen Fortschritt (Forschung und Entwicklung) und der Entwicklung und der Nutzung der natürlichen Ressourcen[21]. Wir werden sehen, daß bei jeder Diskussion über Wirtschaftswachstum unvermeidlich auch das Problem der Verteilungsgerechtigkeit berührt wird.

---

[21] Ein vierter wichtiger Faktor ist das Wachstum der Bevölkerung und die Verbesserung der Qualität der Arbeitskräfte (Humankapital).

Investitionen und Wachstum

Obwohl es darüber einigen Streit gegeben hat, wie groß die Bedeutung der Investitionen für das Wirtschaftswachstum eigentlich ist – einige Ökonomen wie Dale Jorgenson haben behauptet, daß fast das ganze Wachstum des Outputs pro Arbeitskraft während des letzten Jahrhunderts auf das Wachstum des Kapitalstocks zurückzuführen sei, während andere wie Robert Solow dem technischen Fortschritt die dominierende Rolle zuschreiben[22] – besteht kaum ein Zweifel, daß geringe Investitionen dazu führen werden, daß die Wirtschaft nur wenig wächst.

Zeitweise war es die herrschende Ansicht, daß der Staat die Investitionen aktiv fördern sollte. Weiter oben haben wir einige Möglichkeiten beschrieben, wie er das tun kann. Inzwischen hat sich aber weitgehend die Ansicht durchgesetzt, daß der Staat darauf achten sollte, daß er die Investitionen nicht behindert, daß er aber auch nicht eingreifen sollte, um sie zu fördern. Würde er aktiv werden, riefe er höchstwahrscheinlich eine Verzerrung der Struktur der Investitionen hervor und damit eine Fehlallokation der investierten Mittel. Der Staat sollte sich bei der Anhebung der Steuersätze und bei der Aufnahme von Schulden Zurückhaltung auferlegen (weil sie private Investitionen verdrängen können); eine Politik der Gewährung (und Wiederabschaffung) von Investitionszulagen und Sonderabschreibungen hingegen trägt zu einer Verzerrung der Allokation ebensoviel bei wie zur Stimulierung der Investitionen.

Forschung und Entwicklung und das Wirtschaftswachstum

Der Staat spielt auf dem Gebiet der Forschung und Entwicklung eine wesentliche Rolle. Unsere Diskussion im Kapitel 5 trug einiges zur Erklärung dafür bei. Rufen Sie sich die zwei wesentlichen Eigenschaften öffentlicher Güter ins Gedächtnis zurück: Das Ausschlußprinzip ist nicht anwendbar, und beim Konsum besteht keine Rivalität; eine Anwendung des Ausschlußprinzips ist also nicht wünschenswert, auch wenn sie möglich sein sollte. Forschung und Entwicklung (oder genauer gesagt: Erkenntnisse, also die Ergebnisse der Forschung) besitzen die zweite Eigenschaft und oft auch die erste. Eine Weitervermittlung dieser Erkenntnisse an ein zusätzliches Individuum schmälert nicht den Wissensstand derjenigen, die über diese bereits verfügten[23]. Würden Erkenntnisse aber unentgeltlich bereitgestellt, würde es sich für niemanden lohnen, Wissen zu produzieren. Deswegen muß entweder der Staat für eine Produktion von Wissen sorgen, indem er Forschung und Entwicklung finanziert, oder aber er muß gewährleisten, daß diejenigen, die Wissen produzieren, hierfür auf irgendeine Weise entlohnt werden.

Patente

Der Staat gewährleistet eine derartige Entlohnung, indem er „Eigentumsrechte" an Wissen verleiht; das heißt, es wird ein Patent zugesprochen, das dem Erfinder

---

[22] Solow schätzte, daß 37% des Wachstums des (amerikanischen) Pro-Kopf-Einkommens während der Periode 1909-1949 auf technischen Fortschritt zurückzuführen sind. R. Solow: Technical Change and the Aggregate Production Function. Review of Economics and Statistics 39 (1957) S. 312-20.

[23] Diese Tatsache sollte nicht damit verwechselt werden, daß der Gewinn, den einer dank dieses Erkenntnisvorsprungs einstreichen kann, sehr wohl davon abhängen dürfte, wieviele andere Personen über diese Erkenntnis ebenfalls verfügen.

auf eine bestimmte Zeit das ausschließliche Recht auf die Nutzung der Erfindung (einschließlich dem Verkauf von Lizenzen an andere) verleiht. Nicht alle Einfälle und Erfindungen sind patentfähig, und selbst dann, wenn eine bestimmte Erfindung patentfähig ist, ist es oft möglich, das Patent zu umgehen. Man kann ein bestimmtes Medikament patentieren, aber es ist oft nicht schwer, ein chemisch unterschiedliches Nachahmerpräparat zu entwickeln, das eine ähnliche Wirkung hat. Aus diesem Grund, und weil zudem die Anmeldung eines Patents mit der Offenlegung einer beträchtlichen Fülle an Informationen verbunden ist (was die Nachahmung sehr erleichtert), verzichten viele Unternehmen auf die Patentierung ihrer Erfindungen. Sie versuchen ihren Wissensvorsprung durch Geheimhaltung zu verteidigen. Ein Beispiel: Das Rezept für Coca-Cola wurde nicht patentiert; die Erfinder hielten es für klüger, es in einem Banktresor zu deponieren[24].

Machen Sie sich klar, daß Erfindungen, die patentierbar sind, nur eine der zwei Eigenschaften eines öffentlichen Gutes aufweisen (da das Patent es ermöglicht, andere von der Nutzung der Erfindung auszuschließen). Kann das Ergebnis von Forschung und Entwicklung weder durch Geheimhaltung noch durch Patentierung geschützt werden, und können andere die Neuentwicklung leicht nachahmen, weisen Forschung und Entwicklung beide wesentlichen Eigenschaften eines reinen öffentlichen Gutes auf.

Wenn der Staat die Gültigkeitsdauer von Patenten (oder ihren Umfang, d.h. den Schutzbereich des Patents) festlegt, steht er vor einem Trade-off. Verlängert er sie, vergrößert er den Anreiz für private Unternehmen, Forschung und Entwicklung zu betreiben; andererseits wird das neue Wissen auf längere Zeit nicht effizient genutzt. Ein Beispiel: Ein Unternehmen hat ein neues, billigeres Verfahren für die Erzeugung eines Gutes gefunden, das so viel billiger ist, daß es alle seine Konkurrenten unterbieten kann. Wird das neue Verfahren patentiert, erringt das Unternehmen eine Monopolposition. Von dem Gut wird weniger produziert, als es bei einer freien Verbreitung der Informationen der Fall wäre.

Wir stellen den Wohlfahrtsverlust, für den das Patent verantwortlich ist, in der Zeichnung 31.7 dar. In der Zeichnung ist eine Nachfragekurve für ein bestimmtes Medikament eingetragen. Vor der Erfindung betrugen die Produktionskosten des Medikaments C_0 und das Wettbewerbsgleichgewicht (P_0, Q_0) lag infolgedessen bei D. Macht das Unternehmen eine kleine Erfindung, verringern sich die Produktionskosten auf C_1. Das Unternehmen verlangt einen Preis, der gerade etwas unterhalb P_0 liegt und erobert damit den gesamten Markt. Seine Gewinne werden durch die Fläche ABDE dargestellt, sein Umsatz durch Q_0[25]. Wären die Informationen über die Erfindung frei zugänglich, fiele der Preis auf C_1 und die produzierte Menge stiege auf Q_1 an. Die Verleihung eines Monopols an das Unternehmen durch die Patentierung seines Wissens hat dazu geführt, daß der Out-

---

[24] Die praktische Bedeutung des Patentwesens scheint eher rückläufig zu sein. Anscheinend wird ein wachsender Teil der Erfindungen nicht patentiert.

[25] Das Unternehmen ist natürlich nicht in der Lage, seinen Preis und Output so zu wählen, daß der Grenzerlös gleich den Grenzkosten ist (das sind die üblichen Maximierungsbedingungen für ein Monopol), da es bei einem Preis größer oder gleich C_0 seine Monopolposition verliert. Mit anderen Worten, das Unternehmen maximiert seine Gewinne unter der Nebenbedingung, daß $P_1 < C_0$.

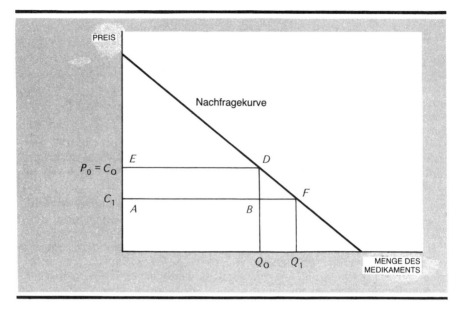

Abb. 31.7 Wirkungen eines Patents. Ein Patent führt zu einer Verringerung des Outputs verglichen mit der Situation, in der das neue Know-how frei zugänglich ist. Der Wohlfahrtsverlust wird durch das Dreieck BDF dargestellt.

put kleiner ist, als er es anderenfalls wäre, und hat einen Wohlfahrtsverlust von BDF bewirkt. Läuft das Patent aus, fällt der Preis auf C_1, und der Lohn für den Erfinder wird null. Je länger das Patent also gültig ist, umso größer ist der Wohlfahrtsverlust, der aus der Gewährung eines Monopols für das Unternehmen resultiert; umso größer aber ist der Lohn für den Erfinder und der Anreiz, etwas zu erfinden.

Wenn das Patentwesen ineffizient ist, warum übernimmt dann der Staat nicht einfach die Finanzierung der Forschung[26]? Das Patentwesen hat gegenüber einer unmittelbaren Finanzierung durch den Staat zwei wesentliche Vorzüge.

---

[26] In der Bundesrepublik Deutschland spielt der Staat bei der Finanzierung nicht nur der universitären, sondern auch der außeruniversitären Forschung eine erhebliche Rolle. Die universitäre Forschung wird weit überwiegend vom Staat finanziert. Die zwei wichtigsten außeruniversitären Großforschungseinrichtungen sind die Max-Planck-Gesellschaft und die Fraunhofer-Gesellschaft (zusammen etwa 19000 Mitarbeiter). Die Max-Planck-Gesellschaft betreibt vornehmlich Grundlagenforschung und finanziert sich zu 90% aus öffentlichen Mitteln. Die Institute der Fraunhofer-Gesellschaft betreiben hauptsächlich angewandte Forschung, und zwar als Vertragsforschung für Unternehmen, Verbände und den Staat. Sie werden von den Auftraggebern bezahlt. Die öffentliche Hand leistet nur einen sogenannten Grundzuschuß, der tatsächlich relativ bescheiden ist. Ferner subventioniert der Staat Forschungsvorhaben privater Unternehmen durch Zuschüsse. Ihr Anteil an den F.u.E. Aufwendungen privater Unternehmen ist allerdings relativ bescheiden. Kritiker verweisen darauf, daß ein unverhältnismäßig großer Teil dieser Zuschüsse einigen wenigen Großunternehmen zufließt.

Erstens ist bei einer Finanzierung durch den Staat ein Auswahlverfahren zwischen den verschiedenen Forschern erforderlich. Man muß also Prognosen erstellen, wer ein tüchtiger Erfinder sein wird und welche Projekte erfolgreich sein werden. Derartige Prognosen stellen sich oft als falsch heraus[27]. Beim Patentwesen werden die Erfinder nicht aufgrund derartiger Prognosen, sondern nach ihrer tatsächlichen Leistung entlohnt. Diejenigen, die etwas erfinden, was nach dem Urteil anderer etwas wert ist, erhalten den Lohn. Und diejenigen, die glauben, daß sie ein vielversprechendes Forschungsvorhaben gefunden haben, können sich an dem Rennen beteiligen, wenn sie genügend Kapital besitzen oder jemand anderen mit genügend Kapital dafür gewinnen, sich zu beteiligen.

Zweitens bewirkt das Patentwesen, daß diejenigen, die den Vorteil von einer Erfindung haben, auch dafür zahlen. Es wird ähnlich verfahren wie bei einer Besteuerung nach dem Äquivalenzprinzip. Wird ein besseres Produkt entwickelt, ist es der Verbraucher dieses Produkts, der den Lohn, d.h. die Gewinne des Erfinders, bezahlt.

Man sollte sich aber auch klarmachen, daß das Patentwesen trotz dieser Vorteile eine unvollkommene Art der Entlohnung für Erfindungen ist. Die Zahlungen, die der Erfinder erhält, mögen erheblich von seiner tatsächlichen marginalen Leistung abweichen. Wenn irgendeine Erfindung sowieso kurz bevorstand, dann ist die marginale Leistung desjenigen, der sie einen Tag früher macht als die anderen, nur die zusätzliche Wertschöpfung, die durch den Zeitgewinn von einem Tag möglich wird. Durch das Patent erhält der Erfinder weit mehr als diese zusätzliche Wertschöpfung. Der Erfinder macht sich bei seiner Arbeit das Vorhandensein einer Vielzahl von Erkenntnissen anderer zunutze, und ein Teil des Wertes der patentierbaren Erfindung mag tatsächlich mehr auf diese Erkenntnisse zurückführbar sein als auf den unmittelbaren Beitrag des Erfinders. In der Praxis ist es unmöglich, hier eine Abgrenzung vorzunehmen.

Allerdings eignet sich der Erfinder in der Realität zumeist nur einen Bruchteil des Wertes der Erfindung an. Als DuPont die Kunstseide erfand, wurde dies patentiert. Ein Nebenprodukt dieser Erfindung war aber die Erkenntnis, daß man Kunstfasern erzeugen kann. Außerdem vermittelte das Verfahren der Erzeugung von Kunstseide vermutlich erhebliche zusätzliche Einsichten, deren Vorteile sich DuPont trotz Patentierung nicht vollständig aneignen konnte.

Diese nicht aneignungsfähigen Nutzen der Forschung sind bei der Grundlagenforschung besonders bedeutsam, und deswegen bedarf es einer Form der unmittelbaren Unterstützung durch den Staat, wenn es zu einer effizienten Ressourcenallokation kommen soll. Zwei neuere Beispiele der „Grundlagenforschung", nämlich Erfindungen, die Auswirkungen auf eine Vielzahl von Industrien hatten, sind Transistoren und Laser.

---

[27] Zwei berühmte Beispiele für solche Fehlprognosen sind die Atomkraftwerke und der Airbus. In beiden Fällen traten die erhofften Erfolge im wesentlichen nicht ein. So hat das Airbus-Projekt bislang ca. 25 Mrd. DM an öffentlichen Mitteln gekostet – ein Ende des Subventionsbedarfs ist trotzdem nicht absehbar. Auch die Atomenergie erwies sich keineswegs als die Schlüsseltechnologie, für die man sie gehalten hatte.

Steuerliche Förderung von Forschung und Entwicklung

In den USA hat der Staat versucht, durch Gewährung eines Steuerkredits Forschungsförderung zu betreiben. So gibt es die Regelung, daß ein Unternehmen bei einer Vergrößerung seiner Ausgaben für Forschung und Entwicklung 20% dieser zusätzlichen Ausgaben von seiner Steuerschuld abziehen kann. Diese Regelung ist einiger Kritik ausgesetzt, ist es doch schwierig, Forschungsaufwendungen als solche zu identifizieren. Oft gelingt es den Unternehmen, irgendwelche Kosten oder den Aufwand für Marktforschung als Forschungsaufwand zu deklarieren. In der BR Deutschland spielen bei der Forschungsförderung unter anderem die folgenden steuerlichen Instrumente eine erhebliche Rolle: Sonderabschreibungen für abnutzbare Wirtschaftsgüter des Anlagevermögens, die der Forschung und Entwicklung dienen; Steuersatzermäßigungen für Erfinder; Steuerbefreiungen für bestimmte öffentliche Unternehmen, die Forschung und Entwicklung betreiben. Von diesen drei Instrumenten lassen sich Steuersatzermäßigungen für Erfinder am leichtesten rechtfertigen. Der progressive Tarif der Einkommensteuer führt dazu, daß Einkommen, das ungleichmäßig anfällt, unverhältnismäßig stark belastet wird. Einkommen aus Erfindungen fällt ungleichmäßig an, und dieser Nachteil wird durch diese Steuersatzermäßigung unter Umständen wettgemacht.

Natürliche Ressourcen und Wirtschaftswachstum

Im Lauf der letzten zwei Jahrzehnte ist zunehmende Besorgnis darüber aufgekommen, daß die Erschöpfung der Vorräte natürlicher Ressourcen – Boden, Öl, Kohle, reine Luft und Wasser und verschiedene Mineralien – dem Wirtschaftswachstum Grenzen setzen könnte[28]. Der dramatische Anstieg der Erdölpreise in den Jahren 1973–1974 bzw. 1978–1980 machte uns darauf aufmerksam, wie abhängig wir von dieser erschöpfbaren Ressource sind. Es ist umstritten, ob wir mit den Vorräten zu verschwenderisch umgehen, ob wir sie zu schnell aufbrauchen. Nach einer populären Ansicht, die von den meisten Ökonomen nicht geteilt wird, gewährleistet der Marktmechanismus nicht, daß zukünftige Generationen genügend Ressourcen zur Verfügung haben, und ist eine Intervention des Staates erforderlich, um dies zu verbürgen.

In diesem Abschnitt stellen wir zwei Fragen: Gibt es Marktversagen, das eine staatliche Intervention bei natürlichen Ressourcen erforderlich macht? Welche Maßnahmen hat der Staat ergriffen, um die Effizienz, mit der wir unsere natürlichen Ressourcen nutzen, zu erhöhen, und haben sie dieses Marktversagen geheilt?

Markversagen und natürliche Ressourcen. Im Kapitel 4 haben wir darauf aufmerksam gemacht, daß eine der Bedingungen dafür, daß die Allokation durch den Markt effizient ist, das Vorhandensein eines vollständigen Systems von Zukunfts- und Versicherungsmärkten ist; also daß beispielsweise Unternehmen Verträge über die Lieferung von Öl in 2000 Jahren abschließen können und daß sie sich sogar gegen die abenteuerlichsten Zufälle versichern können, wie z.B. gegen die Möglichkeit, daß die Kernfusion sich als eine ergiebige Energiequelle

---

[28] Die berühmteste Studie, die zu diesem Schluß kam, war D. Meadows und andere: The Limits to Growth. New York 1972.

herausstellt und der Ölpreis dadurch gedrückt wird. Sind die Zukunftsmärkte vollständig, haben die Eigentümer des Öls die Wahl, ob sie Öl heute oder „auf Termin" nächstes Jahr oder später verkaufen wollen. Der Preis eines Termingeschäfts gibt uns für jeden Termin den Knappheitspreis des Öls zu diesem Termin. Die Preise werden sicherstellen, daß Öl so verbraucht wird, daß der (abdiskontierte) Grenzvorteil aus seinem Verbrauch zu jedem Verbrauchstermin derselbe ist. Die Art und Weise, wie die Preise eine Allokation über die Zeit hinweg steuern, ist ganz dieselbe, wie sie die Allokation von Ressourcen auf verschiedene Verwendungszwecke für einen bestimmten Zeitpunkt steuern.

Aber es gibt kein vollständiges System von Zukunftsmärkten. Die Eigentümer der Ressourcen müssen die zukünftigen Preise erraten. Raten sie richtig, ist die Ressourcenallokation dieselbe, wie wenn es tatsächlich derartige Zukunftsmärkte gäbe, auf denen die Individuen mit Kontrakten über Öl, das zu verschiedenen Zeitpunkten geliefert wird, Handel treiben könnten. Die Antwort auf die Frage, ob der Markt verschwenderisch mit Öl umgeht, hängt dann davon ab, ob der Markt übermäßig pessimistisch in bezug auf den künftigen Ölpreis ist, also diesen für niedriger hält, als er vermutlich sein wird[29].

Wie ist es möglich, daß eine Gesellschaft egoistischer Individuen, die nur siebzig oder achtzig Jahre lang leben, Vorkehrungen für Generationen trifft, die erst in 100 oder 200 Jahren geboren werden? Ist hierfür nicht eine Intervention des Staates erforderlich? In Wirklichkeit kann der Markt die Folgen von Investitionsentscheidungen für künftige Generationen sehr wohl berücksichtigen, und er tut es auch. Man kann das am Beispiel der Wälder besonders deutlich erkennen. Die Menschen pflanzen Bäume, die dreißig bis vierzig Jahre brauchen, um zu wachsen, und damit möglicherweise erheblich länger als der Förster noch lebt. Nehmen wir an, er will den Wald in zwanzig Jahren verkaufen. Dennoch pflanzt er die Bäume, weil er weiß, daß sie in zwanzig Jahren einen hohen Wert haben werden; er kann dann einen jüngeren finden, an den er den Wald verkauft. Selbst wenn es ein Jahrhundert dauert, bis die Bäume ihren vollen Holzwert erreichen, wäre der Wald noch eine gewinnbringende Investition: der Investor weiß, daß er ihn an einen jüngeren verkaufen kann, und dieser kann ihn wiederum an einen jüngeren verkaufen.

Dasselbe gilt bei Öl oder bei anderen natürlichen Ressourcen. Weiß ich, daß die Nachfrage nach Öl in vierzig Jahren groß sein wird, lohnt es sich für mich, Ölvorkommen aufzukaufen und sie, sagen wir, in zwanzig Jahren zu verkaufen, wenn jeder einzusehen beginnt, daß diese Vorkommen in der Zukunft benötigt werden. Dieses Beispiel zeigt zugleich eine Schwierigkeit, wenn Märkte derartige Zukunftsvorsorge treiben sollen. Glaubt der Unternehmer, daß der Markt erst in

---

[29] Beim Öl gibt es vermutlich noch andere Arten von Marktversagen. Im Kapitel 8 haben wir das Allmendeproblem erörtert und das Heilmittel der Unitization, ohne das es zu einem übermäßig raschen Verbrauch des Öls kommen dürfte. In Ländern, in denen ausländische Ölunternehmen die Ölvorkommen ausbeuten, kann es ebenfalls zu einer übermäßig raschen Ausbeutung kommen, wenn diese Unternehmen befürchten, enteignet zu werden; die Ölunternehmen versuchen, soviel Öl zu fördern wie möglich, bevor sie enteignet werden. Im Kapitel 16 haben wir darauf hingewiesen, daß die Verbrennung fossiler Energieträger möglicherweise erhebliche externe Effekte auslöst, die durch eine übermäßige Emission bestimmter Gase hervorgerufen werden. Wenn das so ist, dann wäre eine Pigousteuer empfehlenswert.

35 Jahren einsehen wird, daß diese Vorkommen benötigt werden, will er sie in 20 Jahren aber wieder verkaufen, ist das möglicherweise eine schlechte Investition.

Die Frage, ob der Staat eingreifen sollte, ist weit komplizierter. Gibt es einen Grund für die Annahme, daß der Staat bessere Prognosen macht als Private? Verfügen viele über Informationen über den zukünftigen Bedarf, wird der Marktpreis diese Informationen widerspiegeln. Es gibt Anreize für private Unternehmen, langfristige Voraussagen über den Energiebedarf zu erstellen.

Staatliche Wirtschaftspolitik und natürliche Ressourcen. Der Staat hat der Energiepolitik große Beachtung geschenkt (allerdings sind einige Ökonomen der Ansicht, daß die Verknappung bestimmter anderer Rohstoffe in der Zukunft weit ernstere Folgen haben könnte als die der Energieträger). Seit 1966 gibt es eine Kohlepolitik, die vor allem in der Subventionierung der Steinkohleförderung besteht. Von ihren Befürwortern wird dies damit begründet, daß die Kohle die einzige „krisenfeste" Energiequelle sei, deren Vorräte auf Generationen hinaus ausreichen. Diese Argumente erweisen sich bei näherer Betrachtung als wenig stichhaltig. Wenn die deutsche Kohle tatsächlich die Energiequelle der Zukunft sein sollte, würde es sich empfehlen, sie im Boden zu lassen, bis diese Zukunft angebrochen ist. Insoweit Kohle heute tatsächlich als Energieträger verwendet werden sollte, ist es wesentlich billiger sie einzuführen. Daß die BR Deutschland in einer vorhersehbaren Zukunft einer Kohleblockade ausgesetzt sein wird, ist ein extrem unwahrscheinlicher Fall. Wollte man sich im Namen der „Versorgungssicherheit" auf derartige Eventualitäten vorbereiten, müßte man mit demselben Argument bei vielen anderen Produkten nach Autarkie streben. Daß dies die deutsche Wirtschaft zur Stagnation und zum Niedergang verurteilen würde, ist heute fast allgemein anerkannt. Was als Energiesicherungspolitik verkauft wird, erweist sich bei näherer Betrachtung als eine Politik im Sinne einer speziellen Interessengruppe, nämlich der Unternehmen des Steinkohlebergbaus und ihrer Beschäftigten.

Wachstum und Gerechtigkeit

Die Wirtschaftspolitik verfolgt viele Ziele. Eines dieser Ziele ist die effiziente Nutzung der Ressourcen. Ein anderes ist das Wirtschaftswachstum zu fördern. Wieder ein anderes ist, eine gerechte Einkommensverteilung sowohl innerhalb einer Generation als auch zwischen den Generationen zu gewährleisten (oder doch wenigstens ein Sicherheitsnetz zu errichten, das den Armen einen gewissen Lebensstandard garantiert). Zwischen diesen Zielen bestehen oft Konflikte.

Bei erschöpfbaren Ressourcen wie dem Öl ist es klar, daß möglicherweise ein wesentlicher Konflikt zwischen den Generationen vorliegt: Öl, das heute verbraucht wird, steht für zukünftigen Verbrauch nicht mehr zur Verfügung. Ökonomen geht es nicht so sehr um die Beziehung zwischen dem Ölverbrauch der gegenwärtigen und dem künftiger Generationen als um die Beziehung zwischen dem Wohlstand dieser Generationen. Aus der Tatsache, daß künftige Generationen vielleicht weniger Öl zur Verfügung haben, folgt noch nicht, daß es ihnen schlechter gehen wird. Es gibt Substitute für Öl (wie z.B. Kohle). Spart die heutige Generation mehr, hinterläßt sie künftigen Generationen einen größeren Kapitalstock, diese stellen sich infolgedessen besser. Auch könnte der technische Fortschritt dazu führen, daß künftige Generationen weniger Öl benötigen. Der

31. Kapitel: Defizite, wirtschaftliche Stabilität und Wachstum

Benzinverbrauch der Autos ist im letzten Jahrzehnt deutlich zurückgegangen. Dies zeigt die Möglichkeiten auf diesem Gebiet.

Weiter oben haben wir auf den Trade-off zwischen kurzfristiger Effizienz und Wachstum hingewiesen. Eine Stärkung der Rechte von Patentinhabern (eine Verlängerung von deren Laufzeit) schafft zusätzliche Anreize für Forschung und Entwicklung[30], aber die vorübergehende Gewährung von Monopolrechten führt zu statischer Ineffizienz.

Ebenso kann ein Trade-off zwischen Wirtschaftswachstum und Verteilungsgerechtigkeit auftreten. Bestimmte Maßnahmen, die die Vermögensverteilung verändern, können die Wachstumsrate verringern. Maßnahmen, die das Wirtschaftswachstum fördern, indem sie die Arbeitsproduktivität erhöhen, können indirekt erhebliche Vorteile für die Arbeitnehmer, insbesondere für die Zukunft mit sich bringen.

Jede Maßnahme, die die Sparneigung (wie z.B. Erbschaftsteuern) oder die Investitionsbereitschaft schwächt, kann die Kapitalakkumulation verrringern; die Verringerung des Kapitalstocks führt zu einer Verringerung der Löhne und zu einer Schlechterstellung der Arbeitnehmer. Unternimmt der Staat nichts, um diese Effekte wieder wettzumachen, kann sich die Ungleichheit sogar vertiefen. Steuern, die zur Finanzierung von Umverteilungsmaßnahmen erhoben werden, bewirken stets Verzerrungen, die die Verteilungsmasse verringern: die Armen mögen infolgedessen zwar einen größeren Teil des Sozialprodukts erhalten, sich aber durch die Umverteilungsbemühungen trotzdem nicht sehr viel besser stellen. Eine wachstumsorientierte Politik dürfte hingegen den Armen einen kleineren Teil des Sozialprodukts zur Verfügung stellen; wächst das Sozialprodukt aber dann erheblich stärker, stellen sich die Armen tatsächlich besser[31]. Befürworter einer wachstumsorientierten Politik verweisen darauf, daß eine Erhöhung der Wachstumsrate um 1 1/2% pro Jahr innerhalb von zwei Generationen (siebzig Jahren) zu einem doppelt so hohen Sozialprodukt führt und damit zu einer Erhöhung der Einkommen der Armen, die selbst die ehrgeizigsten Umverteilungsbemühungen nicht bewirken könnten. Diejenigen, die heute arm sind, mögen es aber als wenig tröstlich empfinden, daß es ihren Nachkommen besser gehen wird. Die Befürworter einer Umverteilung verweisen darauf, daß die Früchte des Wirtschaftswachstums ungleichmäßig verteilt sein werden; Langzeitarbeitslose und ungelernte Arbeitskräfte werden vom Wirtschaftswachstum wahrscheinlich am wenigsten profitieren.

---

[30] In manchen Fällen können sehr starke Eigentumsrechte des Patentinhabers Forschung und Entwicklung behindern. Wenn auf einem Gebiet für eine Entwicklung von zentraler Bedeutung ein Patent gewährt wird, kann dies dazu führen, daß andere davon abgehalten werden, auf diesem Gebiet zu forschen.

[31] Dies setzt natürlich voraus, daß ihr Wohlstand von der absoluten Höhe ihres Konsums abhängt und nicht davon, wie groß ihr Konsum im Vergleich zu anderen ist.

Zusammenfassung

1. Die Steuer- und Ausgabenpolitik des Staates hat einen Einfluß auf die Arbeitslosigkeit und das Wirtschaftswachstum. Die Vorstellung, daß der Staat aktiv auf eine Stabilisierung der Wirtschaft hinwirken und die aggregierte Nachfrage während inflationärer Perioden verringern und während einer Rezession vergrößern sollte, ist weit verbreitet.

2. Maßnahmen, die hauptsächlich Einkommenseffekte auslösen, haben vermutlich nur relativ wenig Einfluß auf den Konsum während einer Rezession, es sei denn, dieser wird durch Liquiditätsrestriktionen beschränkt. Maßnahmen, die mit einem starken Substitutionseffekt verbunden sind, wie z.b. eine vorübergehende Abschaffung von speziellen Verbrauchsteuern, mögen bei der Förderung der Investitionen und des Konsums während einer Rezession wirkungsvoller sein, aber sie haben negative Auswirkungen auf den Zeitraum, in welchem diese Verbrauchsteuern nicht abgeschafft sind.

3. Einige Ökonomen glauben, daß der Staat nicht allzuviel tun kann, um den Konjunkturzyklus einzuebnen. Erstens neigt die private Wirtschaft dazu, Maßnahmen zu ergreifen, die die staatliche Politik ihrer Wirkung berauben. Ein Haushaltsdefizit des Staates beispielsweise kann private Investitionen verdrängen. Zweitens muß der Staat Veränderungen seiner Ausgaben und Steuern rechtzeitig vornehmen, damit sie ihre Wirkung nicht verfehlen. Bei der Gewinung von Erkenntnissen über die Wirtschaftslage, beim Ergreifen konjunkturpolitischer Maßnahmen und bei ihrem Wirksamwerden treten wesentliche Verzögerungen auf. Dies kann dazu führen, daß der Staat tatsächlich die zyklischen Schwankungen des Einkommens und der Beschäftigung verschärft, statt sie zu lindern.

4. Einige Ökonomen sind der Ansicht, daß der Staat einer der Hauptschuldigen an Konjunkturschwankungen ist. Sie befürworten, daß Geld- und Fiskalpolitik bestimmten einfachen Regeln unterliegen sollten.

5. Die Entscheidung, öffentliche Ausgaben statt durch Steuern durch Schuldenaufnahme zu finanzieren, vergrößert wahrscheinlich den Wohlstand gegenwärtiger auf Kosten künftiger Generationen. Die Vergrößerung der Staatsschuld verringert die Kapitalakkumulation und dementsprechend die künftige Produktivität.

6. Es gibt keine überzeugenden Gründe für die These, daß der Markt im Fall erschöpfbarer Ressourcen nicht im angemessenen Umfang für die Zukunft vorsorgt.

7. Die staatliche Forschungspolitik hat wesentlichen Einfluß auf die längerfristigen Wirtschaftsaussichten. Die staatlichen Eingriffe haben ihren Grund darin, daß Forschung und Entwicklung Züge eines öffentlichen Gutes aufweisen. Patente schaffen ein vorübergehendes Monopol für den Erfinder; dies führt zu einer ineffizienten Allokation (wie dies auch bei einem jeden anderen Monopol der Fall ist).

8. Die Wahl einer bestimmten Wirtschaftspolitik ist oft mit Zielkonflikten zwischen der Wohlfahrt der gegenwärtigen und der künftigen Generationen verbunden, zwischen statischer Effizienz und Wachstum und zwischen Wachstum und Gerechtigkeit.

Schlüsselbegriffe

Permanentes Einkommen
Lebenszyklustheorie des Konsums
Liquiditätsbeschränkungen
Crowding out
Last der Staatsschuld

Angebotsorientierte Ökonomen
New Classical Economics
Monetaristen
Patente

Fragen und Probleme

1. Vergleichen Sie die Wirkungen eines Haushaltsdefizits auf die Investitionen für den Fall eines kleinen Landes, das sich zu einem vorgegebenem Zinssatz so stark verschulden kann, wie es will, mit dem Fall eines Landes, das weder im Ausland Kredit aufnehmen noch dem Ausland Kredit gewähren kann!

2. „Die Ressourcen, die der Zweite Weltkrieg verschlang, wurden von 1939-1945 verbraucht. Es war die Generation, die damals lebte und Steuern zahlte, die die Last der Kriegskosten trug, und zwar unabhängig davon, wie der Krieg finanziert wurde." Erörtern Sie diese These!

3. Warum kann die Rentenversicherung einen Einfluß auf die Ersparnisse haben? Vergleichen Sie die Auswirkungen der Errichtung einer nach dem Umlageverfahren betriebenen Rentenversicherung in einem kleinen Land, das im Ausland zu einem festen Zinssatz so viel Kredit aufnehmen kann, wie es will, mit den Wirkungen einer solchen Maßnahme in einem Land, das keine Kreditbeziehungen mit dem Ausland aufnehmen kann! (Rufen Sie sich aus dem Kapitel 13 die Definition des Umlageverfahrens aus dem Gedächtnis zurück).

4. Im Kapitel 26 haben wir zwischen lokalen und nationalen öffentlichen Gütern unterschieden. Inwieweit sind Forschung und Entwicklung ein internationales öffentliches Gut? Welche Folgen hat dies für die deutsche Forschungsförderung? Welche Folgen hat dies für die Wissenschaftspolitik eines (unter den Wissenschaftsnationen) kleinen Landes?

5. Was sind Beispiele für wirtschaftspolitische Maßnahmen, bei denen Trade-offs zwischen dem Wohlstand verschiedener Generationen zu berücksichtigen sind, bei denen also die Maßnahmen des Staates die Verteilung zwischen künftigen Generationen und den heute lebenden verändern?

6. Im Text haben wir beschrieben, wie eine Erweiterung der öffentlichen Ausgaben sowohl sowohl den Konsum als auch die Investitionen beeinflussen kann. Erörtern Sie, wie bestimmte konkrete Projekte (wie z.B. die Entwicklung eines neuen Wintersportgebietes oder der Bau einer neuen Straße) den Konsum oder die Investitionen beeinflussen! Stellen Sie einige Projekte dar, die private Investitionen fördern können. Welche können private Investitionen, welche können privaten Konsum verdrängen?

Bibliographie

Vorbemerkung: Im Rahmen des Handbuchs der Finanzwissenschaft liegt eine umfassende Bibliographie der älteren Literatur vor und zwar insbesondere der deutschen. Darauf kann an dieser Stelle also verzichtet werden. Stattdessen wird die Bibliographie wiedergegeben, die J. Stiglitz gibt, soweit die dort angegebenen Titel für den deutschen Leser von Interesse erscheinen – insgesamt halten wir die Bibliographie von Stiglitz für einen vortrefflichen Einstieg in die englischsprachige Literatur –, und eine Bibliographie neuer deutscher Titel gegeben, die etwa im Handbuch der Finanzwissenschaft und in den meisten anderen finanzwissenschaftlichen Lehrbüchern noch nicht berücksichtigt werden konnten. Wegen weiterer bibliographischer Information ist insbesondere auf die jährlich erscheinende Bibliographie des Instituts für Weltwirtschaft Kiel zu verweisen.

Kapitel 1   Der öffentliche Sektor in einem gemischtwirtschaftlichen System

A. O. Hirschman: Shifting Involvement: Private Interest and Public Action. Princeton: Princeton University Press 1982; deutsche Übersetzung: Engagement und Enttäuschung. Frankfurt: Suhrkamp 1984.

A. B. Atkinson and J. E. Stiglitz: Lectures in Public Economics. New York: McGraw Hill 1980 Kapitel 1 und 8.

C. Wolf, Jr.: Markets or Governments: Choosing between Imperfect Alternatives. Cambridge: MIT Press 1988.

Kapitel 2   Der öffentliche Sektor in der BR Deutschland

Wegen einer Darstellung der öffentlichen Finanzwirtschaft, insbesondere des Bundeshaushalts siehe Finanzbericht. Bonn: Bundesministerium der Finanzen, erscheint jährlich. Eine Gesamtdarstellung vorwiegend aus dem Blickwinkel des Juristen findet sich ferner in V. Arnold, O. E. Geske (Hrsg.): Öffentliche Finanzwirtschaft. München: Vahlen 1988.

Einen Überblick über die unternehmerische Tätigkeit des Staates verschafft G. Ambrosius: Der Staat als Unternehmer. Göttingen: Vandenhoeck und Ruprecht 1984.

Einen Überblick über die Eingriffe des Staates auf den verschiedensten Märkten geben R. Soltwedel et al.: Zur staatlichen Marktregulierung in der Bundesrepublik. Kiel: Institut für Weltwirtschaft 1987; R. Soltwedel et al.: Deregulierungspotentiale in der Bundesrepublik. Tübingen: Mohr 1986. Wegen einiger Fallstudien über Regulierung in den USA siehe R. A. Leone: Who Profits? Winners, Losers, and Government Regulations. New York: Basic Books 1986. Wegen einer Bestandsaufnahme der Ergebnisse der Deregulierung in den USA siehe E. E. Bailey: Deregulation: Causes and Consequences. Science, 5. Dez., 1986 S. 1211-16.

Wegen einer kritischen Darstellung der Subventionspolitik siehe A. Gutowski, E. Thiel, M. Weilepp: Analyse der Subventionspolitik: das Beispiel der Schiffbau-, Luft- und Raumfahrtindustrie. Hamburg: Weltwirtschaft 1984.

Um die Ursachen für das Wachstum der Staatstätigkeit gibt es einen anhaltenden Streit. Siehe beispielsweise D. C. North: The Growth of Government in the United States: An Economic Historian's Perspective. Journal of Public Economics 28 (1985) S. 383-99; W. G. Nutter: Growth of Government in the West. Washington: American Enterprise Institute 1978. Wegen einer Diskussion am Beispiel des Vereinigten Königreichs siehe R. W. Bacon, W. A. Eltis: Britain's Economic Problem: Too Few Producers. London: Macmillan 1978.

Wegen eines Überblicks über das amerikanische Steuersystem siehe J. A. Pechman: Federal Tax Policy. Washington: Brookings Institution 1983.

Kapitel 3 Wohlfahrtsökonomik

Wegen einer Einführung siehe E. von Böventer: Einführung in die Mikroökonomie. München: Oldenbourg 1987.

Weiterführend verweisen wir insbesondere auf E. Sohmen: Allokationstheorie. Tübingen: Mohr 1981; E. J. Mishan: Introduction to Normative Economics. New York: Oxford University Press 1981.

Das Konzept der sozialen Indifferenzkurve wurde von A. Bergson entwickelt in A Reformulation of Certain Aspects of Welfare Economics. Quarterly Journal of Economics 1983 (52).

Eine breitere Darlegung der Gegenstände der Wohlfahrtsökonomie enthalten W. J. Baumol: Welfare Economics and the Theory of the State. Cambridge: Harvard University Press 2. Ausgabe 1965; I. Little: A Critique of Welfare Economics. Oxford. Clarendon Press 2. Ausg. 1957 und J. deV. Graaf: Theoretical Welfare Economics. London: Cambridge University Press 1957.

Beiträge zum Streit über die Kompensationskriterien sind N. Kaldor: Welfare Propositions in Economics and Interpersonal Comparisons of Uitliy. Economic Journal 1941 (9) S. 549-52 und T. Scitovksy: A Note on Welfare Propositions in Economics. Review of Economic Studies, November 1941.

Zwei Philosophen, deren Thesen in neuerer Zeit bei den Ökonomen erhebliches Aufsehen erregt haben, sind J. Rawls: A Theory of Justice. Cambridge: Harvard University Press 1971 (deutsche Übersetzung Frankfurt: Suhrkamp 1975) und R. Nozick: Anarchy, State and Utopia. New York: Basic Books 1974. Eine knappe Zusammenfassung der Rawlsschen Position findet sich in J. Rawls: Concepts of Distributional Equity: Some Reasons for the Maximin Criterion. American Economic Review 1974 (64) S. 141-46.

Probleme interpersoneller Nutzenvergleiche werden erörtert in A. Sen: On Economic Inequality. Oxford: Clarendon Press 1973.

W. A. Baumol: Superfairness: Applications and Theory. Cambridge: MIT Press 1986 untersucht den Konflikt zwischen Effizienz und Gerechtigkeit in bestimmten Aufgabenbereichen, so der Sozialhilfe, der Besteuerung, dem Scheidungsrecht, Tarifverhandlungen usw.

Kapitel 4 Die Rolle des öffentlichen Sektors

F. Bator: The Anatomy of Market Failure. Quarterly Journal of Economics 1958 (72).

C. Wolf, Jr.: A Theory of Nonmarket Failure: Framework for Implementation Analysis. Journal of Law and Economics, October 1980.

F. Bator: The Simple Analytics of Welfare Maximation. American Economic Review 1957 (47).

Kapitel 5 Öffentliche Güter und öffentlich bereitgestellte private Güter

Der Klassiker der Theorie der reinen öffentlichen Güter ist P. A. Samuelson: The Pure Theory of Public Expenditure. Review of Economics and Statistics 1954 (36) S. 387-89 und Diagrammatic Exposition of a Theory of Public Expenditure. Review of Economics and Statistics 1955 (35) S. 350-56. Letzterer Aufsatz ist ins Deutsche übertragen in Finanztheorie. Neue Wissenschaftliche Bibliothek Bd. 33 1969.

Vgl. hierzu auch J. Buchanan: The Demand and Supply of Public Goods. Chicago: Rand McNally 1968.

Das Konzept öffentlich bereitgestellter privater Güter wird erörtert in J. E. Stiglitz: The Demand for Education in Public and Private School Systems. Journal of Public Economics 1974 (3) S. 349-85.

Wegen einer anspruchsvolleren Analyse der Themen des Kapitels siehe Atkinson, Stiglitz: Lectures... S. 482-505.

Kapitel 6   Ökonomische Theorie der Politik

Ein Überblick über die ökonomische Theorie der Politik findet sich in P. Bernholz: Grundlagen der politischen Ökonomie, 3 Bände, 2. Aufl. Tübingen: Mohr 1984 und Frey: Theorie demokratischer Wirtschaftspolitik. München: Vahlen 1981.

Eine hervorragende Darstellung vieler Themen dieses Kapitels ist D. C. Mueller: Public Choice. New York: Cambridge University Press 1979. Ein Überblicksaufsatz mit fortgeschrittenem Niveau ist G. Kramer: Theories of Political Processes. In: Frontiers of Quantitative Economics III, Hrsg. M. D. Intrilligator. Amsterdam: North Holland 1977.

Der Klassiker zum Wahlparadox ist K. Arrow: Social Choice and Individual Values. New York: Wiley 2. Ausgabe 1963. Ein Lehrbuch für Fortgeschrittene ist A. Sen: Collective Choice and Social Welfare. Oakland: Holden Day 1970.

Zwei wichtige Bücher über die Anwendung des Instrumentariums der Ökonomie für die Analyse der Politik sind A. Downs: An Economic Theory of Democracy. New York: Harper and Row 1957 und W. Niskanen: Bureaucracy and Representative Government. Chicago: Aldine 1971.

Das Problem der Enthüllung von Präferenzen wird erörtert in J. Green; J. J. Laffont: Individual Incentives in Public Decision-Making. Amsterdam: North Holland 1979.

Argumente dafür, daß bei der Analyse politischer Entscheidungsprozesse das Motiv, etwas für das Gemeinwohl tun zu wollen, nicht vernachlässigt werden sollte, bringt S. Kelman: „Public Choice" and the Public Spirit. The Public Interest (Frühjahr 1987) S. 80-94.

Kapitel 7   Staatliche Produktion und Bürokratie

Standardwerke sind C. Blankart: Ökonomie der öffentlichen Unternehmen. München 1980 und D. Bös: Public Enterprise Economics. Amsterdam: North Holland 1986.

Ferner ist zu verweisen insbesondere auf R. Windisch (Hrsg.): Privatisierung natürlicher Monopole im Bereich von Bahn, Post und Telekommunikation. Tübingen: Mohr 1987. H. Brede und A. v. Loesch (Hrsg.): Die Unternehmen der öffentlichen Wirtschaft in der BR Deutschland. Baden-Baden: Nomos 1986.

Zu den Personalausgaben im öffentlichen Sektor siehe B. Mettelsiefen, L. Pelz, B. Rahmann: Verdienstdynamik im öffentlichen Sektor. Göttingen: Vandenhoeck und Ruprecht 1986.

Wegen eines Überblicks über die öffentlichen Unternehmen in allen EG-Staaten und in Österreich empfiehlt sich das alle drei Jahre erscheinende Jahrbuch Die öffentliche Wirtschaft in der EG. CEEP-Jahrbuch 1987. Brüssel: CEEP 1987.

Eine Bibliographie neuer Arbeiten zur öffentlichen Wirtschaft ist H. Brede: Bibliographie zur öffentlichen Unternehmung und Verwaltung 1981-85. Zeitschrift für öffentliche und gemeinwirtschaftliche Unternehmen 1987 Beiheft 9.

Wegen zweier entgegengesetzter Auffassungen zur staatlichen Produktion siehe E. S. Savas: Privatizing the Public Sector. Chatham: Chatham House Publishers 1982 und C. T. Goodsell: The Case for Bureaucracy. Chatham: Chatham House Publishers 1983. Wegen einem frühen Versuch zur Erklärung des Wachstums der Bürokratien siehe C. Parkinson: Parkinson's Law: Economist, November 1955, wieder abgedruckt in E. Mansfield (Hrsg.): Managerial Economics and Operations Research. New York: Norton 4. Auflage 1980.

Einige der Folgen, die es hat, wenn man keine Wahl hat, erörtert A. Hirschman: Exit, Voice and Loyalty. Cambridge. Harvard University Press 1970.

Eine Studie der britischen Privatisierungsbemühungen ist J. Vickers, G. Yarrow: Privatization. Cambridge: MIT Press 1988.

Kapitel 8 Externe Effekte

Es gibt inzwischen eine beträchtliche Zahl von Arbeiten zur Umweltökonomik. Im deutschen Schrifttum siehe insbesondere L. Wicke: Umweltökonomie. München: Vahlen 1982. H. Siebert: Analyse der Instrumente des Umweltschutzes. Göttingen 1976. Derselbe: Economics of the Environment. 2. Auflage. Berlin: Springer 1987. A. Endres: Umwelt- und Ressourcenökonomie. Darmstadt: Wissenschaftliche Buchgesellschaft 1985. H. Bonus: Marktwirtschaftliche Konzepte im Umweltschutz. Stuttgart 1984. M. Faber, G. Stephan, P. Michaelis: Umdenken in der Abfallwirtschaft. Berlin: Springer 1988.

In der amerikanischen Literatur ist zu verweisen vor allem auf W. J. Baumol, W. E. Oates: The Theory of Environmental Policy. Englewood Cliffs: Prentice Hall 1975 und P. Dasgupta: The Control of Resources. Oxford: Basil Blackwell 1982. Wegen einer Erörterung bestimmter Maßnahmen des Umweltschutzes vgl. L. G. Hines: Environmental Issues: Population, Pollution, and Economics. New York: Norton 1973.

Der Klassiker zum Coase Theorem ist R. Coase: The Problem of Social Cost. Journal of Law and Economics 1960 (3) S. 1-44. Zusammen mit neueren Arbeiten ist der Aufsatz wiederabgedruckt in R. H. Coase: The Firm, the Market and the Law. Chicago: University of Chicago Press 1988.

Wegen seiner anspruchsvolleren Erörterung der Pigou-Steuern siehe A. Sandmo: Optimal Taxation in the Presence of Externalities. Swedish Journal of Economics 1975 (77) S. 86-98 und derselbe: Direct versus Indirect Pigovian Taxation. European Economic Review 1976 (7) S. 337-49.

Kapitel 9 Die Analyse öffentlicher Ausgaben

Eine empfehlenswerte Sammlung von Arbeiten über die Entwicklung und Ausgestaltung von Programmen ist R. H. Havemann, J. Margolis (Hrsg.): Public Expenditure and Policy Analysis. Boston: Houghton Mifflin, 3. Ausgabe 1983.

Wegen einer Erörterung verschiedener Möglichkeiten, Güter und Dienste öffentlich bereitzustellen, und unter welchen Umständen was vorzuziehen ist, siehe E. S. Savas (Hrsg.): Alternatives for Delivering Public Services. Boulder: Westview Press 1977.

Kapitel 10 Kosten-Nutzen-Analyse

Ein deutsches Lehrbuch hierzu ist H. Hanusch: Nutzen-Kosten-Analyse. München: Vahlen 1987.

Die amerikanische Literatur zur Kosten-Nutzen-Analyse ist außerordentlich umfangreich. Wegen eines Überblicks siehe E. M. Gramlich: Benefit Cost Analysis of Government Programs. Englewood Cliffs: Prentice Hall 1981.

Die Kosten-Nutzen-Analyse ist auch auf Entwicklungsländer nachhaltig angewendet worden, vgl. hierzu insbesondere T. N. Srinivasan: General Equilibrium Theory, Project Evaluation, and Economic Development. In: M. Gersovitz et al. (Hrsg.): The Theory and Experience of Economic Development. London: Allen and Unwin 1982. Klassiker auf diesem Gebiet sind I.M.D. Little, J. A. Mirrlees: Project Appraisal and Planning for Developing Countries. London: Heinemann 1974 und P. Dasgupta, S. Marglin, A. Sen: Guidelines for Project Evaluation. New York: United Nations 1972.

Neuere Beiträge zur Bewertung von Menschenleben sind W. K. Viscusi: The Valuation of Risks to Life and Health: Guidelines for Policy Analysis. In: J. Bentkover et al. (Hrsg.): Benefits Assessment: The State of the Art. Boston: D. Reidel 1986; J. Broome: Trying to Value a Life. Journal of Public Economics 1978 S. 91-200 und E. J. Mishan: Evaluation of Life and Limb: A Theoretical Approach. Journal of Political Economy 1971 (79) S. 687-705.

Eine andere Anwendung der Kosten-Nutzen-Analyse enthält L. J. White: Reforming Regulation. Englewood Cliffs: Prentice Hall 1981.

Kapitel 11 Gesundheitswesen

Einen hervorragenden Überblick über die rasch anwachsende Literatur zur Gesundheitsökonomik geben H. Andersen; J. M. Schulenburg: Kommentierte Bibliographie zur Gesundheitsökonomie. Berlin: Sigma 1987. Wichtige deutsche Arbeiten sind P. Herder-Dorneich, J. Wasen: Krankenhausökonomik zwischen Humanität und Wirtschaftlichkeit. Baden-Baden: Nomos 1986. I. Metze: Gesundheitspolitik. Stuttgart: Kohlhammer 1982; Schulenburg, J. M.: Selbstbeteiligung. Tübingen: Mohr 1987. Beiträge zur Gesundheitsökonomie. Robert Bosch Stiftung. Gerlingen: Bleicher (zahlreiche Bände); G. Gäfgen (Hrsg.): Ökonomie des Gesundheitswesens. Berlin: Huncker und Humblot 1986.

Eine wichtige amerikanische Arbeit ist P. Feldstein: Health Care Economics. New York: Wiley 2. Auflage 1983. Wegen einer hervorragenden Diskussion der Grundprobleme siehe V. Fuchs: Who Shall Live? Health, Economics, and Social Choice. New York: Basic Books 1983. Siehe ferner V. Fuchs: The Health Economy. Cambridge: Harvard University Press 1986 and Mancur Olson (Hrsg.): A New Approach to the Economics of Health Care. Washington: American Enterprise Institute 1981. Eine Arbeit, die eine ökonomische Analyse der Prozesse wegen ärztlicher Kunstfehler liefert, ist P. M. Danzon: Medical Malpractice: Theory, Evidence, and Public Policy. Cambridge: Harvard University Press 1985.

Wegen einer Einführung in die Problematik dieses Kapitels und der Kapitel 13 und 14 siehe insbesondere auch H. Lampert: Sozialpolitik. Berlin: Springer 1985, J. Frerich: Sozialpolitik. München: Oldenbourg 1987 und H. G. Petersen: Sozialökonomik. Stuttgart: Kohlhammer 1989.

Einen Überblick über das Gesundheitswesen und die Rentenversicherung der sozialistischen Länder gibt B. Schönfelder: Sozialpolitik in den sozialistischen Ländern. München: Olzog 1987.

Kapitel 12 Landesverteidigung

Die deutschen Wirtschaftswissenschaftler haben sich seit dem 2. Weltkrieg nur verhältnismäßig wenig mit den ökonomischen Problemen der Landesverteidigung befaßt, so daß hier besonders auf die amerikanische Literatur verwiesen werden muß. Im Rahmen der deutschen Wirtschaftswissenschaft haben sich in erster Linie Betriebswirte der „Militärökonomik" (früher Wehrwirtschaftslehre) verschrieben. Die meisten Arbeiten blieben unveröffentlicht. Eine erste Einführung verschafft immerhin G. Kirchhoff (Hrsg.): Handbuch zur Ökonomie der Verteidigungspolitik. Regensburg: Walhalla 1986. Nicht zuletzt wegen ihrer umfangreichen Bibliographien sind empfehlenswert K. E. Schulz (Hrsg.): Militär und Ökonomie. Göttingen: Vandenhoeck und Ruprecht 1978 und L. Köllner: Militär und Finanzen. München: Bernard und Graefe 1982. Erwähnenswert sind ferner A. Paulus: Sicherheitsrisiko Kostenexplosion. München: Bernard und Graefe 1981; K. Beiwinkel: Wehrgerechtigkeit als finanzpolitisches Verteilungsproblem. Frankfurt: Lang 1986.

Das vielleicht beste (amerikanische) Lehrbuch der Ökonomik der Verteidigung ist L. D. Olvey, J. R. Golden und R. C. Kelly: The Economics of National Security. Wayne: Avery Publishing Group 1984. Eine umfassende Erörterung der verteidigungspolitischen Probleme, darunter der ökonomischen, enthält J. Fallows: National Defense. New York: Random House 1981.

Wichtige Beiträge zur Ökonomik der Landesverteidigung sind C. J. Hitch, R. N. McKean: The Economics of Defense in the Nuclear Age. Cambridge: Harvard University Press 1965; E. S. Quade (Hrsg.): Analysis for Military Decisions. Chicago: Rand McNally 1964; A. C. Enthoven, K. W. Smith: How Much is Enough: Shaping the Defense Program, 1961-1969. New York: Harper and Row 1971.

Eine Zusammenfassung einer neueren Studie zur Organisation der Landesverteidigung, die an der Georgetown University erstellt wurde, enthält Toward a More Effective Defense. Washington: Georgetown University 1985.

Die ökonomischen und nichtökonomischen Probleme einer reinen Freiwilligenarmee werden erörtert in W. R. Bowman, R. D. Little und G. T. Siocilia (Hrsg.): The All-Volunteer Force after a Decade. New York: Pergamon-Brassey 1986. Wegen einer ökonomischen Analyse der Anwerbung von Soldaten siehe J. R. Hosek, C. E. Peterson: Enlistment Decisions of Young Men. Santa Monica: Rand Corp. Juli 1986.

Die Rolle des sog. militärindustriellen Komplexes wird diskutiert in M. Halperin, J. Stockfisch, M. Weidenbaum: The Political Economy of the Military-Industrial Complex. Berkely: University of California Press 1973.

Das American Enterprise Institute veröffentlicht oft Aufsätze zu Fragen der Ökonomik der Landesverteidigung. Siehe ferner W. W. Kaufmann: Defense in the 1980s. Washington: Brookings Institution 1981.

Wegen einer allgemeineren Diskussion der Verteidigungsausgaben, unter anderem der Frage, ob sie konsumptiven oder investiven Charakter haben, siehe P. N. Courant, E. M. Gramlich: Federal Budget Deficits: America's Great Consumption Binge: Englewood Cliffs: Prentice Hall 1986.

Kapitel 13   Die soziale Rentenversicherung

In den letzten Jahren ist hierzu eine Flut von Veröffentlichungen erschienen. Eine Einführung in die Problematik enthält beispielsweise H. G. Petersen: Sozialökonomik. Stuttgart: Kohlhammer 1989.

Eine wichtige Arbeit mit einer umfassenden Bibliographie ist G. Wagner: Umverteilung in der gesetzlichen Rentenversicherung. Frankfurt: Campus 1984.

Zu verweisen ist auch auf die Veröffentlichungen des Max Planck Instituts für Sozialrecht. Amerikanische Arbeiten zur Sozialversicherung (einschließlich Arbeitslosenversicherung) sind H. J. Aaron, G. Burtless (Hrsg.): Retirement and Economic Behavior. Washington: Brookings Institution 1984; M. J. Boskin. The Social Security System. New York: Twentieth Century Fund 1984; L. H. Thompson: The Social Security Reform Debate. Journal of Economic Literature, December 1983 S. 1425-67. M. D. Hurd, J. B. Shoven: The Distributional Impact of Social Security. In: D. A. Wise (Hrsg.): Pensions, Labor, and Individual Choice. Chicago: University of Chicago Press 1985, S. 193-215.

Arbeiten über Probleme der Arbeitslosenversicherung sind D. Hammermesh: Jobless Pay and the Economy. Baltimore: John Hopkins University Press 1977; M. Feldstein: Unemployment Insurance: Time for Reform. Harvard Business Review, March/April 1975, derselbe: Unemployment Compensation: Adverse Incentives and Distributional Anomalies. National Tax Journal 1974 (27) S. 231-44.

Kapitel 14   Verschiedene Transfersysteme

Zur Sozialhilfe siehe R. Hauser, H. Cremer-Schäfer, U. Nouvertné: Armut, Niedrigeinkommen und Unterversorgung in der BR Deutschland. Frankfurt: Campus 1981; T. Klein: Sozialer Abstieg und Verarmung von Familien durch Arbeitslosigkeit. Frankfurt: Campus 1987.

Einen Überblick über die Literatur zu Wohnungsmärkten und eine Einführung enthält: L. Smith, K. Rosen, G. Fallis: Recent Development in Economic Models of Housing Markets. Journal of Economic Literature 1988: 1 S. 29-64.

Der einzige Versuch einer lehrbuchmäßigen Aufbereitung der Wohnungswirtschaft, der in der BR Deutschland seit dem 2. Weltkrieg unternommen wurde, ist J. Heuer: Lehrbuch der Wohnungswirtschaft. 2. Aufl. Frankfurt: Knapp 1985. Vgl. hierzu ferner J. Eekhoff: Wohnungs- und Bodenmarkt. Tübingen: Mohr 1986; H. Schellhaaß, E. Schulz: Die soziale Sicherung des Wohnens. Berlin 1987 und K. Stahl, R. Struyk (Hrsg.): US and West German Housing Markets. Washington: Urban Institute Press 1985.

Zur Bevölkerungsökonomik siehe Felderer, B. (Hrsg.): Beiträge zur Bevölkerungsökonomik. Berlin: Duncker und Humblot 1986.

Den Versuch einer Gesamtbetrachtung der Sozialtransfers im Zusammenhang mit Steuern und Sozialversicherung unternimmt R. Zeppernick: Transfer-Einkommen und Einkommensverteilung. Berlin: Duncker und Humblot 1986.

Einen Überblick über die amerikanischen Arbeiten zur Sozialfürsorge und über Sozialtransfers im allgemeinen geben S. Danzinger, R. Havemann, R. Poltnick: How Income Transfers Affect Work, Savings, and the Income Distribution. Journal of Economic Literature 1981 (19) S. 975-1028. Siehe ferner auch A. Okun: Equality and Efficiency: The Big Trade-Off. Washington: Brookings Institution 1975; H. Aaron: Why is Welfare so Hard to Reform. Washington: Brookings Institution 1975.

Zum amerikanischen Sozialhilfesystem siehe S. A. Levitan: Programs in Aid for the Poor. Baltimore: Johns Hopkins University Press, 5. Aufl. 1985; S. Danziger, D. Weinberg (Hrsg.): Fighting Poverty: What Works and What Doesn't. Cambridge. Harvard University Press 1986.

Kapitel 15   Bildungswesen

Grundsatzfragen erörtern U. van Lith: Der Markt als Ordnungsprinzip des Bildungsbereichs. München: Oldenbourg 1985; Probleme der Bildungsfinanzierung. Schriften des Vereins für Socialpolitik. Neue Folge Bd. 146. Berlin: Duncker und Humblot 1985.

Wegen einiger Überlegungen, nicht nur die akademische Lehre, sondern auch die Forschung zu privatisieren, siehe P. Tanghe: Wissenschaft als Resultat der unsichtbaren Hand. Berlin: Duncker und Humblot 1987.

Einen Überblick über die ökonomischen Fragen, die im Zusammenhang mit dem Bildungswesen auftreten, siehe E. Cohn: The Economics of Education. Cambridge: Balling 1979 und Economic Dimensions of Education. A Report of a Committee of the National Academy of Education.

Zwei kritische Beiträge über die Rolle des Staates bei der höheren Bildung sind M. Friedman: The Higher Schooling in America. Public Interest, April 1968 und D. M. Windham: Social Benefits and the Subsidization of Higher Education: A Critique. Higher Education 1976 (5) S. 237-52.

Wegen einer Diskussion über den Zusammenhang zwischen Bildung und Ungleichheit siehe J. E. Stiglitz: Education and Inequality. Annals of the American Academy of Political and Social Sciences 1973 (409) S. 135-45. Zu der Hypothese, daß die Schule eine Filterfunktion habe siehe derselbe: The Theory of Screening, Education and the Distribution of Income. American Economic Review 1975 (65) S. 283-900. Ein Thema, das wir nicht erörtert haben, ist das Gleichgewichtsniveau für Bildungsaufwendungen bei Mehrheitswahl. Eine Analyse dieser Frage enthält J. E. Stiglitz: Demands for Education in Public and Private School Systems. Journal of Public Economics 1974 (3) S. 349-86.

Kapitel 16   Besteuerung: Eine Einführung

Einen gemeinverständlichen Überblick über das Steuersystem der BR Deutschland enthält Bundesminister der Finanzen: Unsere Steuern von A-Z. 9. Auflage Bonn 1987.

Wegen einer Darstellung der Entwicklung des Steuersystems in Deutschland in diesem Jahrhundert siehe Muscheid, J.: Die Steuerpolitik in der BR Deutschland 1949-82. Berlin: Duncker und Humblot 198?.

Sehr empfehlenswert ist die Lektüre der Gutachten des wissenschaftlichen Beirats beim Bundesfinanzministerium. Sie sind gesammelt in Der Wissenschaftliche Beirat beim Bundesfinanzministerium. Tübingen: Mohr 1987.

Einige der Gerechtigkeitsprobleme erörtern W. J. Blum, H. Kalven: The Uneasy Case for Progressive Taxation. Chicago: University of Chicago Press 1953.

Kapitel 17   Wer zahlt die Steuern: Steuerinzidenz

Die Untersuchung mit der umfangreichsten Datenbasis ist die von I. Stolz: Einkommensumverteilung in der BR Deutschland. Frankfurt: Campus 1983. Wegen einer vergleichenden Analyse des amerikanischen Steuersystems und des verschiedener anderer westlicher Länder siehe J. A. Pechman: The Rich, the Poor, and the Taxes They Pay. Boulder: Westview Press 1986.

Kapitel 18   Besteuerung und ökonomische Effizienz

A. Harberger, Three Basic Postulates for Applied Welfare Economics: An Interpretative Essay. Journal of Economic Literature 1971 (9) S. 785-97 und derselbe: Taxation, Resource Allocation, and Welfare. In: Harberger (Hrsg.): Taxation and Welfare. Boston: Little Brown 1974.

Kapitel 19   Optimale Besteuerung

In der deutschsprachigen Literatur vermitteln die folgenden zwei Werke Einblicke in die Theorie optimaler Besteuerung: D. Bös, M. Rose, S. Seidl: Beiträge zur neueren Steuertheorie. Berlin: Springer 1984 und D. Pohmer (Hrsg.): Zur Optimalen Besteuerung. Berlin: Duncker und Humlot 1983.

Wegen einer anspruchsvolleren Darstellung dieses Themas siehe A. B. Atkinson, J. E. Stiglitz: Lectures ... Kapitel 12, 13, 14. Wegen einer Analyse des Konzepts Pareto-effizienter Besteuerung siehe J. E. Stiglitz: Self-Selection and Pareto Efficient Taxation. Journal of Public Economics 1982 (17) S. 213-40.

Einen Überblick über die umfangreiche Literatur gibt J. E. Stiglitz: Pareto Efficient and Optimal Taxation and the New New Welfare Economics. In: Handbook of Public Economics. Band 2, Amsterdam: North Holland 1988.

Ebenfalls zu empfehlen sind J. Slemrod: Do We Know how Progressive the Income Tax System Should Be? National Tax Journal 1983 (36) S. 361-60 und E. K. Browning, W. R. Johnson: The Trade-off between Equality and Efficiency. Journal of Political Exonomy 92 (1984) S. 175-203.

Der Klassiker zur optimalen Einkommensbesteuerung ist J. Mirrlees: An Exploration in the Theory of Optimum Income Taxation. Review of Economix Studies 1971 (38) S. 175-208.

Die Klassiker zur optimalen Besteuerung bestimmter Güter sind F. Ramsey: A Contribution to the Theory of Taxation. Exonomic Journal 1927 (37) S. 47-61; P. Diamond, J. Mirrlees: Optimal Taxation and Public Production. American Economice Review 1971 (61) S. 8-27 und S. 261-78.

Eine Synthese zwischen beiden Theorien wird vorgetragen in A. B. Atkinson, J. E. Stiglitz: The Design of Tax Structures: Direct versus Indirect Taxation. Journal of Public Economics 1976 (6) S. 55-75.

Kapitel 20   Einkommenssteuer

Eine umfassende Darstellung der Einkommensteuer ist E. Biergans: Einkommensteuer und Steuerbilanz. München: Oldenbourg, jeweils die neueste Auflage.

Eine knappe Darstellung der Einkommensteuer und der anderen wichtigen Steuern aus der Perspektive des Juristen enthält K. Tipke: Steuerrecht. Köln: Schmidt, jeweils die neueste Auflage.

Wegen eines Überblicks über die amerikanische Literatur zu den Spenden und Beiträgen für gemeinnützige Organisationen siehe C. T. Clotfelder, C. E. Steuerle: Charitable Contributions. In: H. J. Aaron, J. A. Pechman (Hrsg.): How Taxes Affect Economic Behavior. Washington: Brookings Institution 1981 und C. T. Clotfelter: Federal Tax Policy and Charitable Giving. Chicago: University of Chicago Press 1985. Siehe ferner auch K. H. Paqué: Philantrophie und Steuerpolitik. Eine ökonomische Analyse der Förderung privater Wohltätigkeit. Tübingen: Mohr 1986.

Kapitel 21 Körperschaftsteuer

Wegen einer etwas anspruchsvolleren Darstellung der Gegenstände dieses Kapitels siehe Atkinson, Stiglitz: Lectures ... Kapitel 5-7, ferner P. Mieskowski: Tax Incidence Theory: The Effects of Taxes on the Distribution Income. Journal of Economic Literature 1983 (21) S. 905-40. In der deutschen Literatur hierzu ist vor allem zu verweisen auf H. W. Sinn: Kapitaleinkommensbesteuerung. Tübingen: Mohr 1985.

Zu der Integration von Körperschafts- und Einkommensteuer siehe auch C. E. McLure: Must Corporate Income be Taxed Twice? Washington: Brookings Institution 1979.

Kapitel 22 Umsatzsteuer

D. Dziadkowski: Umsatzsteuer. München: Oldenbourg 1987.

H. Aaron: The Value-Added Tax: Lessons from Europe. Washington: Brookings Institution 1981; OECD-Bericht: L'impôt sur la consommation. Paris 1988.

Kapitel 23 Gewerbesteuer

G. Wöhe: Die Steuern der Unternehmung. München: Vahlen jeweils neueste Auflage

G. Petzold: Gewerbesteuer. München: Oldenbourg 1987.

R. Bennett, G. Krebs (Hrsg.): Local Business Taxes in Britain and Germany. Baden-Baden: Nomos 1988.

Vgl. ferner auch die Literaturangaben zum Kapitel 29.

Kapitel 24 Die Besteuerung des Kapitals

Lange wurden die verschiedenen Kapitalsteuer nur je für sich und nicht in ihrer Gesamtheit betrachtet. Eine wichtige Ausnahme ist C. E. Steuerle: Taxes, Loans, and Inflation. Washington: Brookings Institution 1985. Im deutschen Schrifttum siehe hierzu Willi Leibfritz: Steuerliche Belastung und staatliche Förderung der Kapitalbildung in der BR Deutschland. München: Ifo 1986.

Wegen der Besteuerung von Wertzuwächsen siehe J. Hackmann: Konsequenzen einer einkommensteuerlichen Freistellung von Vermögenswertänderungen. Finanzarchiv 1985 (43) S. 421-450; M. David: Alternative Approaches to Capital Gains Taxation. Washington: Brookings Institution 1968; J. E. Stiglitz: Some Aspects of the Taxation on Capital Gains. Journal of Public Economics 1983 (21) S. 257-94; ferner: J. A. Minarik: Capital Gains. In: How Taxes Affect Economic Behavior. Washington: Brookings Institution 1981; M. S. Feldstein, S. Yitzhaki: The Effects of the Capital Gains Tax on the Selling and Switching of Common Stock. Journal of Public Economics 1978 (9) S. 17-36; M. S. Feldstein, J. Slemrod, S. Yitzhaki: The Effects of Taxing on the Selling of Corporate Stock and the Realization of Capital Gains. Quarterly Journal of Economics 1980 (94) S. 777-91.

Einige der Beiträge zur der Kontroverse über die Auswirkungen von Kapitalsteuern auf das Sparen sind M. J. Boskin: Taxation, Saving and the Rate of Interest. Journal of Political Economy 1978 (86) S. 23-27; E. P. Howley, S. H. Hymans: The Measurement and Determination of Lonable-Funds Savings. In: What Should be Taxed: Income or Expenditure. Washington: Brookings Institution 1980; L. J. Kotlikoff: Taxation and Savings – A Neoclassical Perspective. Journal of Economic Literature, Dezember 1984.

Zur Erbschaftsteuer siehe H. Timm: Entwicklungslinie in Theorie und Praxis der Erbschaftsbesteuerung während der letzten hundert Jahre. Finanzarchiv 1984 (12) S. 553-576.

Wegen eines internationalen Vergleichs der Kapitalbesteuerung siehe M. King, D. Fullerton: The Taxation of Income from Capital. Chicago: University of Chicago Press 1984.

Eine Untersuchung der Auswirkungen der Kapitalsteuern enthält ferner F. Wittmann: Der Einfluß der Steuer auf die Investitionsentscheidungen der Unternehmen. Frankfurt: Campus 1986.

Wegen einer Analyse der Auswirkungen einer Inflation siehe H. J. Aaron (Hrsg.): Inflation and the Income Tax. Washington: Brookings Institution 1976; M. S. Feldstein: Inflation, Tax Rules, and Capital Formation. Chicago: University of Chicago Press 1983; A. Auerbach: Inflation and the Choice of Asset Life. Journal of Political Economy (87) S. 621-38.

Wegen der Auswirkungen auf die Risikobereitschaft siehe E. D. Domar, R. A. Musgrave: Proportional Income Taxation and Tisk-Taking. Quarterly Journal of Economics 1944 (58) S. 388-422, J. E. Stiglitz: The Effects of Income, Wealth and Capital Gains Taxation on Risk-taking. Quarterly Journal of Economics 1969 (83) S. 262-83.

Wegen einer Diskussion der Gegenstände dieses Kapitels auf fortgeschrittenem Niveau siehe A. Sandmo: The Effects of Taxation on Savings and Risk Taking. In: Handbook of Public Economics. Amsterdam: North Holland 1985.

Kapitel 25   Besteuerung und Arbeitsangebot

Einen Überblick verschafft H. S. Rosen: What is Labor Supply and Do Taxes Affect it? American Economic Review, Papers and Proceedings, May 1980 S. 171-76. Eine Studie, die zu dem Schluß kommt, daß die amerikanische Steuer- und Transferpolitik keine nennenswerten Verzerrungen auf den Arbeitsmärkten hervorruft, ist G. T. Burtless, R. H. Havemann: Taxes and Transfers: How Much Economic Loss? Challenge, März/April 1987 S. 45-51. Eine berühmte Arbeit, die zeigt, daß eine Verringerung der impliziten Grenzsteuersätze bei Sozialhilfeprogrammen möglicherweise an den Arbeitsanreizen kaum etwas ändert, ist F. Levy: The Supply of Female Households Heads. Journal of Human Resources 14 (1979) S. 76-97. Zu den Experimenten mit negativen Einkommensteuern siehe P. K. Robbins: The Labor Supply Results from the Negative Income Tax Experiments. Journal of Human Resources 20 (1985) S. 567-82. Studien des Arbeitsangebots auf einem fortgeschrittenem Niveau enthalten:

O. Ashenfelter, R. Layard (Hrsg.): Handbook of Labor Economics. Amsterdam: North Holland 1985; J. Hausman: Labor Supply. In: How Taxes Affect Economic Behavior. Washington: Brookings Institution 1981; M. R. Killingsworth: Labor Supply. New York: Cambridge University Press 1983; J. Hausman: Taxes and Labor Supply. In: Handbook of Public Economics. Amsterdam: North Holland 1985.

Kapitel 26   Eine Anleitung zur Steuerausweichung

Zu Beginn eines jeden Jahres erscheinen Neuauflagen mehrerer Bücher, die Hilfestellungen insbesondere in Bezug auf die Einkommensteuer geben. Einige davon sind inzwischen Bestseller, so z.B. F. Konz: 1000 ganz legale Steuertricks. München: Knaur, der nach eigenen Angaben 1,1 Millionen Exemplare verkauft hat. Diese Bücher sind für einen Privathaushalt mit relativ bescheidenem Vermögen vermutlich ausreichend, bei einem größeren Vermögen oder einem eigenen Unternehmen sollte man wissenschaftlich fundiertere Lektüre zur Hand nehmen. Einige Gedanken über die umfangreiche betriebswirtschaftliche Literatur zur Besteuerung macht sich F. Wagner in: Der gesellschaftliche Nutzen einer betriebswirtschaftlichen Steuervermeidungslehre. Finanzarchiv 1986 (44) S. 32-54. Die Grundlagen der Steuervermeidung werden detaillierter erörtert von J. E. Stiglitz: The General Theory of Tax Avoidance. National Tax Journal 38 (1985) S. 325-38.

Kapitel 27 Steuerreform

Eine hervorragende Erörterung des Vorschlags einer Konsumsteuer vom Typ einer Flat-Rate-Tax enthält R. E. Hall, A. Rabushka: Low Tax, Simple Tax, Flat Tax. New York: McGraw-Hill 1983.

Eine umfangreiche deutsche Arbeit zum Thema Konsumsteuer und mögliche Reformen der Einkommensteuer ist H. Naust: Direkte Steuern und intertemporale Allokation. Eine wohlfahrtsökonomische Betrachtung. Köln: Carl Heymanns 1983. Einen konkreten Vorschlag zur Einführung einer Konsumsteuer macht J. Mitschke: Steuer- und Transferordnung aus einem Guß. Baden-Baden: Nomos 1985.

D. Bradford: Untangling the Income Tax. Cambridge: Harvad University Press 1986 argumentiert, daß die Komplexität der Einkommensteuer hauptsächlich davon herrührt, daß sie ein Zwitter aus einer Konsum- und einer Einkommensteuer sei. Er liefert eine vorzügliche Darstellung einer Konsumsteuer und wie man sie einführen könnte.

Weitere wichtige Arbeiten zum Thema Konsumsteuer sind US Treasury: Blueprints for Basic Tax Reform 1977; J. Meade: The Structure and Reform of Direct Taxation. London: Allen and Unwin 1978. Eine hervorragende Analyse des britischen Steuersystems und der Vorteile einer Konsumsteuer findet sich in J. A. Kay, M. A. King: The British Tax System. London: Oxford University Press 1978.

Zu einer umfassenden Einkommensteuer siehe J. A. Pechman (Hrsg.): Comprehensive Income Taxation. Washington: Brookings Institution 1977.

Zu den Problemen der Steuerausweichung siehe J. Skinner, J. Slemrod: An Economic Perspective on Tax Evasion. National Tax Journal 38 (1985) S. 345-53.

Arbeiten über die amerikanische Steuerreform von 1986 sind A. S. Blinder: Hard Heads, Soft Hearts. Reading: Addison-Wesley 1987 und J. A. Pechman (Hrsg.): Tax Reform and the US Economy. Washington: Brookings Institution 1987. Zur deutschen Steuerreform vergleiche zahlreiche Aufsätze im Jahrgang 1988 der Zeitschrift Finanzarchiv.

Kapitel 28 Föderalismus

Einen guten Einblick verschafft H. Pagenkopf: Der Finanzausgleich im Bundesstaat. Stuttgart: Kohlhammer 1981.

Der Klassiker zum Föderalismus ist C. Tiebout: A Pure Theory of Local Expenditures. Journal of Political Economy 1956 (64) S. 416-24.

Einen Überblick über die amerikanische Literatur zur ökonomischen Föderalismustheorie enthält G. R. E. Zodrow (Hrsg.): Local Provision of Public Services: The Tiebout Model after Twenty-Five Years. New York: Academic Press 1983.

Die Tiebout Hypothese läßt sich oft nicht halten. Dies wird näher diskutiert in J. E. Stiglitz: Public Goods in Open Economies with Heterogenous Individuals. In: J. F. Thisse, H. G. Zoller (Hrsg.): Locational Analysis of Public Facilities. New York: Elsevier-North Holland 1983 und G. R. Zodrow, P. Mieszkowski: Pigou, Tiebout, Property Taxation and the Underprovision of Local Public Goods. Journal of Urban Economics 19 (1986) S. 356-70.

Die Grundfragen des Föderalismus werden erörtert in W. Oates: Fiscal Federalism. New York: Harcourt Brace Yovanovich 1978 und G. F. Break: Financing Government in a Federal System. Washington: Brookings Institution 1980. Siehe auch G. J. Stigler: The Tenable

Range of Functions of Local Government. In: E Phelps (Hrsg.): Private Wants and Public Needs. New York: Norton 1965.

Die freiwillige Bildung von Gruppen, um für ihre Mitglieder bestimmte Dienste und Güter bereitzustellen wird von der ökonomischen Theorie der Klubs analysiert. Siehe insbesondere J. M. Buchanan: An Economic Theory of Clubs. Economic 1965 (32) S. 1-14 und M. Pauly: Clubs, Commonality, and the Core. Economica 1967 (34) S. 314-24.

Neue empirische Arbeiten über Föderalismus sind enthalten in H. S. Rosen (Hrsg.): Fiscal Federalism: Quantitative Studies. Chicago: University of Chicago Press 1988.

Kapitel 29 Steuern und Ausgaben der Länder und Gemeinden

Zwei neue Arbeiten sind H. Zimmermann, U. Hardt, R. D. Postlep: Bestimmungsgründe der kommunalen Finanzsituation. Bonn: Gesellschaft für Regionale Strukturentwicklung 1987; P. Marcus: Das kommunale Finanzsystem der BR Deutschland. Darmstadt: Wissenschaftliche Buchgesellschaft 1987.

Zur Reform der Gemeindebesteuerung siehe W. Strauss: Probleme und Möglichkeiten einer Substituierung der Gewerbesteuer. Opladen: Westdeutscher Verlag 1984.

Als Nachschlagewerk zu empfehlen ist Handbuch der kommunalen Wissenschaft und Praxis. 2. Auflage, 6 Bände, Berlin: Springer 1981-85.

Zur Inzidenz der Grundsteuer siehe P. Mieszkowski: The Property Tax: An Excise Tax or a Profit Tax? Journal of Public Economics 1972 S. 73-96; H. J. Aaron: Who Pays The Property Tax? Washington: Brookings Institution 1975.

Wegen einer gut lesbaren Einführung in die Gegenstände, die in diesem Kapitel angesprochen sind, siehe C. F. Break (Hrsg.): State and Local Finance. Madison: University of Wisconsin Press 1983. Siehe ferner H. S. Rosen (Hrsg.): Studies in State and Local Public Finance. Chicago: University of Chicago Press 1986.

Kapitel 30 Harmonisierung der Finanzpolitiken und Finanzausgleich in der Europäischen Gemeinschaft

Wegen einer Einführung in die ökonomische Analyse der EG siehe El-Agraa, A. M. (Hrsg.): The Economics of the European Community. Oxford: Philip Allan 1985.

Eine wichtige Arbeit speziell zur Frage der Steuerharmonisierung ist I. Metze: Steuerharmonisierung in einer Wirtschaftsgemeinschaft. Hamburg: Weltarchiv 1969.

Wegen einer Darstellung der politischen Schwierigkeiten, die bei der Harmonisierung der Umsatzsteuerung aufgetreten sind, siehe D. Puchala: Fiscal Harmonization in the European Communities. London: Frances Pinter 1984.

Zu anderen Aspekten der EG siehe auch G. Ott: Internationale Verteilungswirkungen im Finanzausgleich der Europäischen Gemeinschaften. Frankfurt am Main: Lang 1987; B. May: Kosten und Nutzen der deutschen EG-Mitgliedschaft. Bonn: Europa 1982.

Zur Steuerharmonisierung in der Schweiz vgl. F. Zuppinger et. al.: Steuerharmonisierung. Bern: Stämpfli 1984.

Kapitel 31 Defizite, wirtschaftliche Stabilität und Wachstum

Wegen eines Vergleichs keynesianischer und nichtkeynesianischer Wirtschaftspolitik in den USA siehe J. Tobin, M. Weidenbaum (Hrsg.): Two Revolutions in Economic Policy: The First Economic Reports of Presidents Kennedy and Reagan. Cambridge: MIT Press 1988.

Zu den Wirkungen der Steuern auf die Investitionen siehe B. P. Bosworth: Tax Incentives and Economic Growth. Washington: Brookings Institutions 1984.

Zur staatlichen Forschungsförderung und zur Erhaltung natürlicher Ressourcen siehe Gutberlet, K. L.: Alternative Strategien der Forschungsförderung. Tübingen: Mohr 1984; Klodt, H.: Wettlauf um die Zukunft. Tübingen: Mohr 1987; Ströbele, W.: Rohstoffökonomik. München: Vahlen 1987.

Register

Abschreibungserleichterungen 549
Absetzung für Abnutzung (AfA) 534, 536, 544, 546Fn., 549f., 609, 637
Abwasserabgabe 411
adverse selection 339
AfA-Tabelle 549
allgemeine Bemessungsgrundlage 335, 343Fn.
Allmende 70, 209, 211, 212, 213, 229, 747Fn.
Allphasenbruttoumsatzsteuer 403, 569, 707
Allphasennettoumsatzsteuer 403, 444, 569
Altersentlastungsbetrag 413Fn.
Altershilfe für Landwirte 331, 334
Altersquotient 332
Altstadtsanierung 105
Ambulatorium 286Fn.
Annehmlichkeiten 510
Anrechnungsverfahren 559
Äquivalenzprinzip 422f., 745Fn.
Arbeitnehmerpauschbetrag 666
Arbeitslosenhilfe 356, 360
Arbeitsunwilligkeit 357
Arbeitsvermittlung 27
Armenfürsorge 237Fn., 343, 353, 379
Armutsbevölkerung 279
Armutsgrenze 61, 279, 343
Arrow Kenneth 158
Ärzteschwemme 385Fn.
außergewöhnliche Belastung 392Fn., 423, 506, 509f., 512, 516Fn., 525, 528
Aufwandssubvention 362
Äquivalenzprinzip 422
Ausbildungsförderung 37, 104, 362, 378, 385, 387f., 395f.
Ausfallzeit 351
Ausgabensubvention 35, 239
Ausgleichszahlung 672
Ausschlußprinzip 114f., 175, 675, 742
Ausschreibung 316, 318

Bankenerlaß 558Fn.
Barro Robert 450, 728
Baukindergeld 373Fn., 607, 666
Bauland 368
Beamtenpension 331, 696
Beamtenprivilegien 205
Bebauungsplan 364, 372, 677, 698Fn.
Bedarfsplanung 286, 293
Bedarfssatz 279, 355f., 367, 374, 378
Bedürftigkeitsprüfung 355, 360Fn.
Beförderung 197, 204

Befreiungstatbestände (bei der Umsatzsteuer) 574f., 713
Behindertenrente 331
Beitragsbemessungsgrenze 284, 333, 337, 406
Belastungsgebiete 227
Bentham Jeremy 77
Benutzerkosten 286
Bepreisung 119
Bergwerkseigentum 212Fn.
Berlinförderung 36, 640f., 642, 666
Berufsarmee 312, 318
Bestimmungslandprinzip 705, 707f.
Beteiligungen des Bundes 28, 56, 175f.
Betriebsausgaben 520f., 525Fn., 529, 570, 659
Betriebskrankenkasse 284f.
Betriebspensionen 335, 592, 593f.
Bevölkerungsrückgang 376
Bevölkerungspolitik 350, 373f.
Bewirtungskosten 520f.
Biersteuer 491
Bildungsdarlehen 240, 249, 387f., 395f.
Bildungsplanung 385
Bildungsschein 240, 393f.
Blockzuweisung 683Fn.
Börsenumsatzsteuer 589, 716
Brechtsches Gesetz 679Fn.
Bruttoeinkommenskurve 454, 481
Budgetinzidenz 448
built-in flexibility 740
Bundesamt für Wehrtechnik 190, 317
Bundesauftragsverwaltung 10, 670
Bundessozialhilfegesetz 353
Bundessteuern 47
Bundesversicherungsanstalt für Angestellte 331
Bürgersteuer 645Fn.
Bürgschaften 34, 36f., 56, 103, 104, 388, 395

Capital gains 509
Capital levy 661
Cash Flow Steuer 658
Chancengleichheit 384f., 389f.
Clearing-System 711
Coase-Theorem 213
Colbert Jean Baptiste 87
Common Law 229
contrat social 80
Crowding out 270

Dauerschuld 579f., 584

DDR 6, 7
Deckungskapital 337f., 613
Depositenversicherung 103
Deregulierung 6, 27f., 176, 302, 306
Diskont(ierungs)faktor 258f., 268f., 550
Diskontsatz 260, 264Fn., 268f., 538Fn., 547
diskretionär 739f.
Dividendenparadox 560f.
Doppelbelastung 555f.
Doppelbesteuerungsabkommen 557Fn., 692
duales System 16, 283Fn., 286, 294, 302f.
Durchschnittssteuersatz 430, 479, 480, 513, 529f., 611, 644
Dynamisierung 332, 336, 337f., 524Fn.

Ehegattensplitting 406, 418, 513Fn., 515f., 618, 622Fn.2
Eigenbeteiligung 238, 296f., 298, 299, 300f., 307, 671, 684f.
Eigenkapital 544f., 612f.
Eigenverbrauch 570
Einfuhrumsatzsteuer 705Fn.
Eingangssteuersatz 405, 513
Eingipfligkeit 155
Einheitsschule 387Fn., 391
Einheitswert 579f., 590, 607, 641, 644, 649, 695
Einheitswertsteuer 580, 641
Einkommenseffekt 242f., 262, 345, 367, 452, 454f., 458, 462f., 465f., 598, 610, 616f., 624f., 683f., 726, 728
Einkommensteuererklärung 504, 650
Einphasenbruttoumsatzsteuer 444
Einschließungseffekt 559f., 603f.
Einsteuersystem 490
Einwohnerveredelung 672
Einzelhandelsumsatzsteuer 445, 663
Einzelleistungsvergütung 286, 303
Eisenbahn 3, 5, 28, 36, 56, 176f., 184Fn., 193, 194, 197, 533Fn., 574, 613, 700
Elastizitätenoptimismus 479
Endabnehmer 570
Endverbraucher 498, 570, 575, 709
Energiewirtschaft 6, 27, 29, 748
Erbersatzsteuer 632
Erbschaften 269Fn., 421Fn., 422, 445, 610f.
Erbschaftsteuer 446, 448, 559, 580, 592Fn., 610f., 632, 641
Erfinder 746
Ergebnisgleichheit 389, 391
Erhaltungsaufwand 412
Erlebensfall 336
Ernteversicherung 103
Ersatzkasse 284f., 302Fn., 304Fn.

Ertragsabschreibung 548, 550
Ertragsanteil 334, 349, 524, 591, 633Fn.
Ertragsteuer 403, 580, 582
Erwerbermodell 642
Erwerbseinkünfte 403
Erwerbsquote 616, 618
Erzbergersche Steuerreform 403
Erziehungsgeld 373, 377
Etat 50, 202
Europäischer Rüstungsmarkt 318
Excess burden 460
Existenzminimum 279, 374Fn.
Experimente 623
Exportkreditversicherung 37, 103

Familienlastenausgleich 354, 373f., 379, 380
Familiensplitting 516Fn.
Familienstiftung 632
Fehlbeleger 370f.
Feldstein Martin 344, 490Fn., 526Fn., 604
Festbetrag 299f.
Feuerschutzabgabe 115Fn.
Feuerschutzsteuer 115Fn.
Filter 391
Finanzausgleich 48, 671f., 677f., 711, 716f., 720
Finanzhilfen 33f., 43, 50, 671, 682Fn., 694
Finanzkabinett 51
Fisher Irving 572
Fiskalpolitik 725f.
Flat-Rate Tax 480f., 486, 487, 518f., 572, 617Fn., 626f., 655f.
flexible Altersgrenze 345
Flypaper Effekt 686
Folgekostenrechnung 204, 324
Formeltarif 512
Frauenerwerbstätigkeit 616, 618f.
Freibetrag 380, 413Fn., 509, 582, 587, 590, 606, 610
freie Wohlfahrtspflege 354f., 528Fn.
freigemeinnütziges Krankenhaus 285, 308
Freigrenze 590
freihändige Vergabe 316, 318
Fremdkapital 544f., 612f.
Friedman Milton 10, 725, 728, 740
Fürsorge 348

Gebühren 25Fn.
Gebührenordnung 304, 308
Gegenwartskonsum 464f., 495, 610, 727
Gegenwartswert 258f., 421, 519Fn., 547f., 600Fn., 604, 637, 696
Gemeindefinanzausgleich 672, 683f.
gemeinnützige Wohnungsunternehmen 178, 362f.

Gemeinnützigkeit 526f.
Gemeinschaftsaufgaben 43, 670
Gemeinschaftsklage 230
Gemeinschaftspraxis 286, 308
Gemeinschaftsteuern 48, 647
Generalinspekteur 315
Generationenvertrag 334Fn.
geringwertige Wirtschaftsgüter 549
Gesamtbetrag der Einkünfte 392, 413Fn., 506, 527
Gesamteinkommensteuer 407Fn.
Gesellschaftsteuer 563, 589Fn., 716
Gesellschaftsvertrag 80
Gesetzgebungskompetenz 10, 47
gesetzliche Krankenversicherung 284f.
Gewerbeertragsteuer 560Fn., 579f.
Gewerbekapitalsteuer 579f.
Gewerbesteuerumlage 48, 580, 694
Gewißheitäquivalent 272
Gini-Koeffizient 278f., 379
Grenzabgabenbelastung 348, 361f.
Grenzausgleich 692, 705, 706, 708f.
Grenzbelastung 361, 370, 378, 405f., 618
Grenznutzen des Einkommens 274, 489
Grenznutzenelastizität 274
Grundfreibetrag 380Fn., 405Fn., 479, 482, 484, 485, 512f., 569, 591, 626, 663
Grundrente 700
Grundsteuer 368Fn., 380, 397, 403f., 414, 580, 581, 649, 687, 691f., 694, 697
gutsspezifischer Egalitarismus 288, 302, 319, 358, 366, 678

Hall-Rabushka Plan 663
Harberger Modell 539f., 553
Harberger-Dreieck 470
Harmonisierung 533, 568, 705f.
Haushaltsausschuß 51
Haushaltsbesteuerung 515
Haushaltsgrundsätze 50, 257
Haushaltsplan 14, 50f., 54f.
Hawthorne Effekt 624
Health Maintenance Organization 306f.
Hebesatz 414, 580, 691, 694
Hickssche Nachfragekurve 260Fn., 262
Hilfe in besonderen Lebenslagen 355f.
Hilfe zum Lebensunterhalt 355f.
Hinterbliebenenrente 250Fn., 331, 346f.
Hirschmann Albert 127, 196
Humankapital 55, 391, 396, 741Fn.

Indexierung 609, 665
Indexierungsverbot 337/8
indikative Planung 194Fn.
indirekte Progression 479Fn., 656

indirekte Nutzenfunktion 501
Individualbesteuerung 515
inframarginal 700Fn., 702, 703
Integration 386
Interessengruppen 162f.
interne Subventionierung 187
interpersonelle Nutzenvergleiche 82
Investitionszulage 35, 36, 548Fn., 600f., 730, 740f.
Inzidenz 248, 430f., 534f., 583f., 690f.
– differentielle 448
– effektive 248
– formale 248
– materielle 248
irreversible Kosten 185f.

Jorgenson Dale 742
jungfräulicher Boden 437, 452

Kameralismus 8Fn., 257Fn.
Kapitaldeckungsverfahren 335
Kapitalisierung 228, 597, 643, 644Fn., 695f.
Kapitallebensversicherung 336, 633, 640
Kartelle 5
Kassenarzt 285f.
kassenärztliche Vereinigung 7, 238, 286, 289, 290
Katastrophenfall 338
Keynes John Maynard 722f.
Kinderbetreuungskosten 377, 517f.
Kinderfreibetrag 373, 374, 394, 516f.
Kirchensteuer 525Fn.
Kleinunternehmer 571, 711
Knappschaft 284, 331, 334
kognitive Dissonanz 265Fn.
Kohlepfennig 248
kollektive Entscheidungen (collective choice) 14
Kollusion 171, 439
Kommanditgesellschaft 533, 565, 641
Kompensation 213, 216, 222, 224, 228f., 454
Kompensationsprinzip 70f.
kompensierte Nachfragekurve 121Fn., 260f., 468f.
kompensierte Elastizität 461, 470, 479, 492, 626f.
Konsumentenrente 260, 467f., 700Fn., 718
Konsumsteuer 444f., 495, 568f., 572f., 658f., 707
Kontrahierungszwang 285, 301
Kontrollmitteilungen 558Fn.
Konzentrationsmaß 276f.
Konzertierte Aktion 304
Kopfsteuer 410, 452

Körperschaftschleier 558Fn., 562f., 598f., 729
Kosten-Wirksamkeitsanalyse 265f., 314, 320f.
Kostenexplosion 238, 282, 302Fn.
Kostenmiete 370
Kostenüberschreitungen 316f.
Kostenvoranschläge 191, 203, 316f.
Kraftfahrzeugsteuer 411, 412Fn., 716
Krankengeld 282Fn., 298, 505
Krankenhausfinanzierungsgesetz 283
Krankenhilfe 284, 355, 356, 381
Kreisumlage 672
Kunstfehler 292f.

Laffer-Kurve 136
Lag 739f.
laissez faire Doktrin 9
Länderfinanzausgleich 671f.
Ländersteuern 48
Landeseigenverwaltung 10
Landesversicherungsanstalt 331
Landwirtschaft 29, 34, 103, 165, 242, 253, 504, 505, 574, 581, 595, 613, 643f., 717f.
Lastenverteilungsgrundsatz 43, 670
Leasing 552f., 587, 641
Lebenseinkommen 381, 421f., 519, 524, 659, 725, 728
Lebensversicherung 336, 339, 341, 506, 592, 633
Lebenszeitkosten 324
Lebenszyklusersparnisse 610, 725
Lebenszyklustheorie 725
Leerstand 353Fn., 365, 370
Leibrente 331, 504, 505, 591, 640, 662
Leistungsaustausch 570
Leistungsfähigkeit 48, 374, 414, 418, 419f., 423f., 477, 506, 510, 516, 524, 528, 582
Liberalismus 4
Liebhaberei 505, 523, 571, 642
Lindahl-Gleichgewicht 166, 171
Lindahl Erik 166
Lindahlpreis 147Fn.
Liquiditätsbeschränkung 728, 737
Lobbies 51, 655
Locked-in-Effekt 559f., 603f.
Lohnfortzahlung 282Fn.
Lohnsteuerjahresausgleich 504
Lohnsummensteuer 444, 580, 582, 583, 584
lokale öffentliche Güter 675f., 700f.
Lonsummensteuer 437
Lorenz-Kurve 276f.
Lucas Robert 737
Lücke Plan 354
Lufthansa 11, 28, 176

Luxusgüter 575, 712, 713f.

Marginalanalyse 67, 326
Markteintrittsbarrieren 20
Marshallsche Nachfragekurve 260Fn., 262, 461
Marx Karl 9
matching grants 684
Maximalmedizin 293, 294
Medianwähler 151f., 701f.
Medicaid 308, 381
Medicare 307
Mehrbelastung 460
Mehrheitswahl 141, 144f., 703
Mengensteuer 441f.
meritorische Güter 108, 237, 341, 367, 377, 525, 715Fn.
Merkantilismus 8, 87f.
Mieterschutz 366
Mietpreisbindung 15, 19, 366Fn., 693f.
Mietrecht 366
Mietwert 510f., 571, 593, 559, 660
Milchrente 242
Militarisierung 311
Mindestrente 343
Mineralölsteuer 411, 437f., 715
Mirrlees James 487
Mitfinanzierungspflicht 684
Mittelstandsförderung 37, 104
Modigliani Franco 725
Monetarist 738
moral hazard 297
moralisches Risiko 297f., 299, 300, 340
Multiplikator 738

Nachbelastung 576
Nationalsozialismus 5f., 7, 30, 42, 177, 283, 354, 670, 735
natürliches Monopol 98, 100, 184f.
Negativauslese 339
Negative Einkommensteuer 360f., 481, 619, 623f.
Neokorporativismus 304
Neomerkantilismus 5
Netto-Standard-Rentenniveau 337Fn.
Nettoeinkommenskurve 454, 482
Nettoposition 717f.
New Classical Economics 737f.
Nichtlinearer Tarif 226
Nießbrauch 632
Niskanen W. A. 200
Nominalprinzip 417, 595
Normalsatz 574, 711Fn., 712
normative Analyse 15f.

Nutzenmöglichkeitsgrenze 67f., 89f., 116f., 165, 483f.
Nutzenmöglichkeitskurve 64f.
Nutzungswert 510f., 571, 593, 660

Objektförderung 367f.
Objektsteuer 581
öffentliche Banken 30
öffentlicher Dienst 31f.
ökonomische Abschreibung 547f., 568, 584
Oligopol 443, 537Fn.
Opportunitätskosten 258, 267, 268f., 319, 320, 377, 395
Ortskrankenkasse 284f., 301
Österreich 11, 178, 193, 366Fn.

Parafisci 10f., 15
Parkinson Northkote 199
Partialanalyse 446, 700
Patent 96Fn., 97, 287, 300, 396, 742f., 749Fn.
Paternalismus 63f., 108, 357, 377, 385
Pauschalsteuer 410, 449, 452, 458f., 464, 465f., 468, 471, 476, 477f.
Pauschaltransfer 482f., 572, 656
Pauschalübertragung 683
Pensions-Sicherungs-Verein 2, 336Fn.
Pensionsrückstellung 335, 592, 593
Pflegegeld 246, 355
Pflegerisiko 282, 300, 355
Pflegesatz 286, 290Fn., 292, 293f., 296, 302f., 304
Pflichtaufgaben 671
Phase 444, 568, 707
Pigou-Steuern 217, 410f., 653, 715Fn.
Popitzsches Gesetz 42
positive Analyse 15f.
Post 10, 28, 36, 38, 56, 97, 98, 175f., 183, 187, 191, 197, 533Fn., 574
potentielle Konkurrenz 185f.
Preisstützungen 34, 242, 253, 717f.
Privatisierung 29, 180f., 306
Privatklinik 193, 285, 286, 308
Privatschule 180, 384f.
produktgebundene Abgabe 490f., 705
Produktionsmöglichkeitsgrenze 12f., 496
Produktionsteuer 431
Produzentenrente 471
Programming-Planning-Budgeting System (PPBS) 320f.
Progression 349, 413, 479f., 511, 512f., 515, 519, 569, 572, 575, 582, 603, 626f., 655
progressiv 249, 250, 380, 417, 425, 430, 477, 478, 479, 499, 524, 534, 569, 572f., 602, 610, 617, 663

Public Veil 449
Punktewahl 158

Quellenabzug 56, 535, 556, 558, 590, 650, 656f., 663, 671
Quellenlandprinzip 692
Quellensteuer 535, 558, 591, 663
Quersubventionierung 187

Ramsey Steuer 492f., 501f.
Ramsey Frank 189Fn., 492
rationale Erwartungen 737
Rationierungsverfahren 125f.
Rawls John 77, 426, 485
Rawlsianismus 76f., 425, 426, 485
Reagan Ronald 22, 47, 664, 687, 736f.
Realsteuer 581
Rechnungshof 190, 257Fn., 318, 650
Rechtsformneutralität 534Fn., 565
regelgebunden 739f.
Regelsatz 355
Regiebetrieb 56
regressiv 249, 373, 394Fn., 430, 479Fn., 499, 569, 608
Regulierung 26f., 98, 102, 181f., 222f., 238, 239, 283Fn., 287, 305Fn., 340, 393, 563f., 634Fn.
Reichsversicherungsordnung (RVO) 285, 301, 304Fn., 333
Reingewinn 536, 544, 550f., 569
Rentenalter 59, 345, 349, 351
Rentenberg 332, 349
Rentendynamisierung 59
Rentenformel 335, 337
Ricardo David 450Fn.
Risikoaversion 274, 295, 317
Risikodiskontierungsfaktor 272f.
Risikokapital 545
Risikoprämie 272f., 317, 601
Risikoscheu 204
Risikozuschlag 339
Rivalität 117, 742
Rosseau Jean Jacques 80
Rückwälzung 430, 536, 644

Sachbezüge 510
Sachleistungen 40, 356f.
Samuelson Paul 548Fn.
Sargent Tom 737
Schadensersatzansprüche 229
Schadenslast 339
Schattenpreis 267
Schattenwirtschaft 504, 650
Schedulensteuer 407

Schenkungsteuer 518, 580, 610f.
Schiedsgerichtsverfahren 290
Schlüsselzuweisung 672, 683Fn.
Schuldzinsen 411f., 465, 467, 524, 528f.,
    534, 536, 544f., 564, 584, 597, 607, 609,
    613, 633, 636f., 656, 730
Schulgebühren 384, 392
Schütt-aus-Hol-zurück Politik 560, 565
Schwarzfahrerproblem 114f., 214, 230, 402
Schweiz 33, 88, 178, 231, 307Fn., 319Fn.,
    411Fn., 555, 692, 706
Selbstbeschränkungsabkommen 287
Selbsthilfeorganisationen 236f.
Selbstkostendeckungsprinzip 292
Selbstkostenerstattungspreis 317
Selbstkostenfestpreis 317
Selbstverwaltung 285
Separabilität 683Fn.
Skalenerträge 97f., 184, 544, 553
Smith Adam 8f., 87f., 96, 164, 291, 673
Smogverordnung 227
Solidaritätsprinzip 285Fn.
Solow Robert 742
Sonderabgaben 47
Sonderabschreibungen 36, 363, 512Fn.,
    548f., 563Fn., 600f., 607, 639, 642, 730,
    746
Sonderausgabe 334, 392f., 409, 506f.,
    509, 512, 519, 524f., 591, 592, 594,
    607, 640
Sondervermögen 56, 362
Sozialamt 354, 355Fn., 360
Sozialbindung 363Fn.
sozialer Wohnungsbau 178, 358, 360, 362f.
soziales Risiko 337f.
Sozialgesetzbuch 360
Sozialwahlen 285Fn.
Sozialwohnung 363f., 367, 676
Sparerfreibetrag 512, 590
Sparförderung 378
Spekulationsgeschäft 504f., 511, 592f., 634
Spenden 397Fn., 413, 508, 512, 525
Spendenfreudigkeit 526
Spieltheorie 328
Spillover 675, 699
Spitzensteuersatz 403, 513, 534, 556, 565,
    608, 657, 664, 665
Splittingvorteil 380Fn., 409Fn.
Staatskonsum 38f.
Staatsquote 6, 43
Staatsverbrauch 38f.
Staatswald 177
Stabilitäts- und Wachstumsgesetz 54,
    730Fn., 741
Stagflation 413

Standesethik 291
Standortwahl 679
Steigerungssatz 335
Steinkohle 34, 748
Steuerabschnitt 519
Steuerarbitrage 635f., 652
Steuerberater 504, 630, 648
Steuerbetragsfunktion 513
Steuerexport 711
Steuergegenstand 420
Steuergrenze 705, 706, 709Fn.
Steuerhinterziehung 402, 491, 504, 558,
    590, 631, 649f., 713Fn.
Steuerkredit 375, 518, 548, 746
Steuermeßbetrag 580
Steuerquote 405
Steuerrevolte 686Fn.
Steuersparobjekt 407, 641f., 656
Steuersubventionen 35f., 392
Steuerträger 416, 432
Steuertraglast 430, 431, 554
Steuerzahllast 430
Stigler George 8, 10
stille Reserven 605, 635, 637
Strategische Verteidigungsinitiative 328
Studiengebühren 240, 394f.
Studienzeiten 395
Subjektförderung 367f.
Substitutionseffekt 242f., 345, 356f., 367,
    449, 454f., 459, 462f., 465f., 479, 482,
    598, 610, 616f., 618, 622, 624f., 683f.,
    726, 728Fn.
Substitutionselastizität 460, 486Fn., 540,
    554
Subvention 33f., 362f., 549, 550, 552, 608,
    639, 641, 644, 680, 699, 717
Subventionsbericht 33f., 363Fn.
sunk costs 186
Supply-Side Economics 136, 736f.

Tabaksteuer 430, 470, 715
Tax Expenditure 35, 56, 392
Tax Credit 392
Technische Anleitung Abfall 222, 254
Technische Anleitung Luft 222
Teilanrechnung 555Fn.
Teilhabersteuer 556, 557Fn.
Terminmärkte 253, 634, 635, 747
Tiebout Hypothese 673
Tobin James 728
Totalanalyse 446f., 452Fn., 700
Transfer 35, 37, 38, 40f., 45, 104, 243f., 253,
    341, 343, 344Fn., 345, 347, 353f., 374,
    393, 395f., 406, 481, 717

Transformationskurve 12f., 496f.
Trennsystem 48f., 670
treuhänderische Stellung 204
Tür- und Fenstersteuer 19

Überfüllung 102, 118f., 189, 675
Übertragungen 38f., 40
Überwälzung 248, 430
Umlageverfahren 334f.
Umweltschutzverbände 231
Umweltsteuer 17, 102
Unitization 213, 215, 747Fn.
Unmöglichkeitstheorem 158, 165
Unterhaltsverpflichtung 356, 358Fn., 409Fn., 509, 516
Unterlassungsklage 229
Unternehmenszusammenschluß aus steuerlichen Gründen 552, 561, 564
unvollständige Märkte 103f.
Ursprungslandprinzip 709
Utilitarismus 76f., 425f., 483f., 487, 489, 517

Veranlagung 414, 557, 591, 740
Veräußerungsgewinn 559, 561f., 593, 606, 640
Verbandsklage 230
Verbraucherschutz 105f., 182, 231Fn.
Verbrauchsteuer, spezielle oder partielle 462, 484, 490f., 496f., 499, 542, 543, 705, 715f., 726f.
Verbundsystem 48f.
verdeckte Gewinnausschüttung 556Fn.
Verkehrsteuer 569Fn., 715f.
Verkehrswesen 6, 26f., 176f., 184Fn.
Verlustrücktrag 519, 552Fn., 602
Verlustvortrag 519, 552Fn., 602
Verlustzuweisung 641
Vermögensabgabe 661
Vermögensstatistik 55
Vermögensteuer 380, 412Fn., 533, 564, 580, 589f., 607
Vermögensvergleich 505
Verschmutzungsabgaben 216, 217f.
Versicherungsaufsicht 26f., 285, 307, 338Fn.
versicherungsfremde Leistung 348Fn.
Versicherungsjahr 335, 337, 350Fn.
Versicherungsmathematik 37, 341, 347, 351, 380, 594
Versicherungspflichtgrenze 284, 333
Versorgungsniveau 337, 349
Versorgungsunternehmen 3, 97f., 176f., 184
versunkene Kosten 186f., 193, 365

Verteidigungsplan 315f.
Verteilungsgewicht 273f.
Verteilungsmaß 273f.
Vertragsarzt 305f.
Verweilzeiten 303
vested interest 254
Vorhaltungskosten 286
Vorsorgeaufwendung 506, 512, 525
Vorsteuerabzug 497, 568f., 575f., 710
Vorsteuermethode 568
Vorwälzung 430, 536, 553f.

Wagnersches Gesetz 45
Wagnisfinanzierungsgesellschaft 103
Wahlbeteiligung 161f.
Wahlparadox 154
Wartezeit 335, 720
Wechselkursspaltung 710
Wehrbeauftragter 314
Wehrpflichtersatzabgabe 319Fn.
Weihnachtsfreibetrag 666
Weinsteuer 491, 715
Werbungskosten 505, 511, 524, 529, 607, 638, 640, 642, 666
Werteinheit 335
Wertschöpfung des Staates 31f.
Wertschöpfungsteuer 444, 568f., 695
Wertsteuer 441f.
Wertzuwachs 412, 509, 511f., 546Fn., 551, 556, 557, 559f., 592f., 603f., 609, 636f., 652, 664
wesentliche Beteiligung 511, 559, 592f., 640
Wettbewerbsbeschränkungen 6, 26
Windfall profit 643
Wirtschaftsförderung 33, 88, 613
Witwenrente 250Fn., 331, 343, 346f.
Wohlfeilheit 408
Wohngeld 245, 246f., 360, 362f., 670, 679f.
Wohnsitzlandprinzip 692
Wohnungsbauförderung 252, 362f.
Wohnungsberechtigungsschein 368
Wohnungswirtschaft 6, 178, 353, 595
Wohnungszwangswirtschaft 353f., 372

Zeitpräferenzrate 270Fn.
Zentralisierungshypothese 201
Zerlegung 671, 672
Zero-Bond 652
Zinssteuer 411, 465f., 495f., 573, 596, 598, 714Fn.
Zukunftskonsum 464f., 495
Zukunftsmärkte 746f.
Zulage 35
Zunft 4, 583Fn.
Zurechnung von Einkünften 631Fn., 632

Zusammenveranlagung 392, 515
Zusatzlast 460, 463f., 468f., 471f., 475f., 522, 542, 544Fn., 554, 573, 596, 618, 622f., 652Fn., 678, 686

Zwangssparen 341
Zwangsversicherung 123
Zweckzuweisung 672, 681f.
zweitbeste Lösung 185, 221Fn., 475f.